清儒學案

第五册

徐世昌等 編纂
沈芝盈 梁運華 點校

中華書局

清儒學案卷一百二

容甫學案

容甫治經，專宗漢學，不喜宋儒。其學無所不窺，尤深於史，覃求三代學制，及文字訓詁，制度名物，故所著以述學名。文特淵雅，考據、詞章二者兼之。述容甫學案。

汪先生中

汪中字容甫，江都人。少孤，家貧不能就外傅，母鄒授以四子書。稍長，就書賈鬻書於市，因徧讀經史百家，過目成誦。年二十，補諸生，乾隆丁酉選拔貢生，學使謝墉每試，别置一榜，曰：「余之先容甫爵也，若以學，當北面事之。」以母老，竟不赴朝考。先生篤志經術，與同郡王念孫、劉台拱爲友，共事討論。其治尚書，有尚書考異；治禮，有儀禮經注正譌、大戴禮記正誤；治春秋，有春秋述義、春秋列國官名異同考；治小學，有爾雅補注及小學説文求端。其論國朝古學之興，顧炎武開其端，河、洛矯誣，至胡渭而絀；中西推步，至梅文鼎而精；力攻古文者，閻若璩也；專治漢易者，惠棟也，凡此皆千餘年不傳之絶學，及戴震出而集其大成。擬作六儒頌，未成。嘗博考先秦古籍，三代以上學制廢興，使知古人所以爲學者：凡虞夏第一，周禮之制第二，周衰列國第三，孔門第四，七十子後學者第五。又列通論、釋經、舊聞、典籍、數典、世官，目録凡六，而自題其端曰：「周禮太史云。」云：「當時行一事則有一書，其後執書以行事，又其後則事廢而書存，至宋儒已後，則并其書之事而去之矣。」又曰：「有官府之典籍，有學士大夫之典籍，有故老之傳聞，行一事有一書傳之，後世奉以爲成憲，此官府之典籍也。先王之禮樂政事，遭世之衰廢而不失，有司徒守其文，故老能言其事，好古之君子閔其浸久而遂亡也，而書之簡畢，此學士大夫之典籍也。」又曰：「古之爲學士者，官師之長，但教之以其事，其所誦者詩、書而已。其他典籍，則皆官府藏，而世守之，民間無有也。苟非其官，官亦無有也。其所謂士者，非王侯公卿大夫之子，則一命之士，外此則鄉學小學而已。自辟雍之制無聞，太史之官失守，於是布衣有授業之徒，草野多載筆之士，教學之官，記載之職，不在上而在下。及其衰也，諸子各以其學鳴，而先王之道荒矣。然當時諸侯去籍，秦政焚書，有司之所掌蕩然無存，猶賴學士相傳，存其一二，斯不幸中之幸也。」又曰：「孔子所言，則學士所能爲者，留爲世教；若其政教之大者，聖人無位，不復以教子弟。」又曰：「古人學在官府，人世其官，故官世其業，官既失守，故專門之學廢。」其書稿草略具，亦未成。後乃即其考三代典禮，及文字、訓詁、名物、象數，益以論撰之文，爲述學内篇三卷，外篇一卷。子喜荀，續輯補遺一卷，别録一卷，凡六卷。又熟於諸史地理，山川阨要，著有廣陵通典十卷，及秦蠶食六國地表、金陵地圖考。他著有經義知新記一卷，國語校文一卷，舊學釋疑一卷，遺詩五卷。乾隆五十九年卒，年五十一。參王引之撰行狀、淩廷堪撰墓誌銘、子喜荀撰家傳、繆荃孫撰清史儒學傳稿。

述學

釋三九上

一奇二偶，一二不可以爲數，二乘一則爲三，故三者數之成也。積而至十，則復歸於一。十不可以爲數，故九者數之終也。於是先王之制禮，凡一二之所不能盡者，則以三爲之節，三加三推之屬是也；三之所不能盡者，則以九爲之節，九章九命之屬是也。此制度之實數也。因而生人之措辭，凡一二之所不能盡者，則約之三，以見其多；三之所不能盡者，則約之九，以見其極多。此言語之虛數也。實數可稽也，虛數不可執也。何以知其然也？易「近利市三倍」，詩「如賈三倍」，論語「焉往而不三黜」，春秋傳「三折肱爲良醫」，楚辭作九折肱。此不必限以三也。論語「季文子三思而後行」，「雌雉三嗅而作」，孟子書陳仲子「食李三咽」，此不可知其爲三也。論語「子文三仕三已」，史記管仲「三仕三見逐於君，三戰三走」，田忌「三戰三勝」，范蠡「三致千金」，此不必其果爲三也。故知三者虛數也。楚辭「雖九死其猶未悔」，此不能有九也。詩「九十其儀」，史記「若九牛之亡一毛」，又「腸一日而九迴」，此不必限以九也。孫子「善守者藏於九地之下，善攻者動於九天之上」，此不可以言九也。故知九者虛數也。推之十百千萬固亦如此。故學古者通其語言，則不膠其文字矣。

釋三九中

古之名物制度，不與今同也；古之語，不與今同也，故古之事，不可盡知也。若其辭，則又有二焉：曰曲，曰形容。何以知其然也？曲禮「歲凶，年穀不登，膳不祭肺」，禮「食殺牲則祭先」，周人以肺，不祭肺，則不殺也。鄭義。然不云不殺，而云不祭肺。坊記「大夫不坐羊，士不坐犬」，古者殺牲食其肉，坐其皮，不坐犬羊，是不無故殺之。鄭義。然不云不無故殺之，而云不坐犬羊。春秋傳「衞懿公好鶴，鶴有乘軒者」，鶴無樂乎軒，好鶴者不求其行遠，謂以卿之秩寵之，以卿之禄食之也，故曰鶴實有禄位。然不云視卿，而云乘軒。論語「孔子見冕者，雖狎必以貌」，冕非常服，當其行禮夫人而以貌也。惟卿有玄冕，云冕者，斥其人也，謂上大夫也。然不云上大夫，而云冕者，此辭之曲者也。禮器雜記「晏平仲祀其先人，豚肩不揜豆」，豚實於俎，不實於豆，豆徑尺，併豚兩肩無容不揜，此言乎其儉也。本鄭義。樂記「武王克商，未及下車而封黄帝、堯、舜之後」，大封必於廟，因祭策命，不可於車上行之，此言乎以是爲先務也。詩「嵩高維嶽，峻極於天」，此言乎其高也，本劉熙義。此辭之形容者也。周人尚文，君子之於言不徑而致也，是以有曲焉；辭不過其意則不鬯，是以有形容焉。名物制度可考也，語可通也。至於二者，非好學深思，莫知其意焉。故學古者知其意，則不疑其語言矣。

釋三九下

孔子曰：「父在觀其志，父没觀其行，三年無改於父之道，可謂孝矣。」三年者，言其久也。何以不改也？爲其爲道也。若其非道，雖朝没而夕改可也。何以知其然也？昔者鯀陻洪水，汩陳其五行，彝倫攸斁，天乃不畀。洪範九疇：「鯀則殛死，禹乃嗣興，彝倫攸敍，天乃畀禹。」洪範九疇：「蔡叔啟商，惎閒王室，其子蔡仲，改行帥德，周公以爲卿士，見諸王而命之以蔡。」此改乎其父者也。不寧惟是，虞舜側微，父頑，母嚚，象傲，克諧以孝，烝烝乂不格姦，祗載見瞽瞍，夔夔齊栗，瞽瞍亦允若。曾子曰：「君子之所謂孝者，先意承志。」諭父母於道，此父在而改於其子者也，是非以不改爲孝也。然則何以不改也？爲其爲道也。三年云者，雖終其身可也。自斯義不明，而後章惇、高拱之邪説出矣。

婦人無主答問

問曰：「凡祭，婦人無主，於禮有徵乎？」答曰：「謹按春秋公羊文公二年傳『虞主用桑』，檀弓『虞而立尸』，士虞禮記『男男尸，女女尸，虞卒哭，祔練祥禫，皆男女别尸』。别尸則别主，虞卒哭，祔，婦人既有主矣。公羊傳『練主用栗』，注『期年練祭，埋虞主於兩階之閒，易用栗』。祥禫之祭，婦人猶有尸，而於練不爲作主，斯不然也。埋其虞主，而不作練主，斯又不然也。自練至毁廟，惟一主，然則婦人有主明矣。祔禮之見於雜記、喪服小記者，婦祔於祖姑，妾祔於妾祖姑。公子公孫之爲士大夫者，其妻祔於諸祖姑，亡則皆中一以上而祔。妾無妾祖姑者，易牲而祔於女君。祖姑有三人，則祔於親者。始來仕無廟者，夫卒而祔於其妻，其妻爲大夫而卒，而後其夫不爲大夫，而祔於其妻則不易牲；妻卒而後夫爲大夫，而祔於其妻則以大夫牲。苟所祔者無主於廟，則後之虞主於何而祔？婦雖與夫同廟，亦有分祭之禮，故雜記『男子祔於王父則配，女子祔於王母則不配』。若婦人無主，王母何以得專其祭？穀梁傳文公二年正義『麋信敍録字南山，東海人，魏樂平太守。引衛次仲「次」當作「敬」。云：宗廟主皆用栗，右主八寸，左主七寸，廣厚三寸，祭訖納於西壁埳中，去地一尺六寸。』右主謂父，左主謂母，是可據也。」問曰：「吉祭，婦人何以無尸也？」答曰：「謹按少牢饋食禮『筮尸之命曰：孝孫某，來日丁亥用薦歲事於皇祖伯某，以某妃配某氏，以某之某爲尸，尚饗！』是婦人與夫共筮一尸，非無尸也。吉祭雖止男尸，尸既孫行，其體於祖父母則一，斯不必更象以孫婦矣。鄭注『司几筵』云『雖合葬及同時在殯皆異几，體實不同，祭於廟中同几，精氣合』，是其義也。」中又論之婦人之尸，必使異姓，不使賤者。若並筮二尸，其爲夫婦不可，必知交錯室中，於事爲褻。在於禘祫，尤不可行。故援爵謚從夫之義，不立女尸。至於主則無嫌也。其有異宮，若周祭姜嫄，魯祭仲子，亦必有尸矣。

方苞侍郎家廟不爲婦人作主，以爲禮也。中謹據禮正之如此。

女子許嫁而壻死從死及守志議

女子之嫁，其禮有三：親迎也，同牢也，見舅姑也。若夫納采、問名、納吉、納徵、請期，固六禮與然，是禮所由行也，非禮所由成也。何以知其然也？曾子問曰：「昏禮既納幣，有吉日，女之父母死，則如之何？」孔子曰：「壻使人弔。如壻之父母死，則女之家亦使人弔。父喪稱父，母喪稱母，父母不在則稱伯父世母。壻已葬，壻之伯父致命女氏曰：『某之子有父母之喪，不得嗣爲兄弟，使某致命。』女氏許諾，而不敢嫁，禮也。壻免喪，女之父母使人請，壻弗取，而後嫁之，禮也。女之父母死，壻亦如之。」由是觀之，請期之後，其可以改嫁者凡四焉，而皆謂之禮。然則納采、問名、納吉、納徵、請期，是禮之所由行也，非禮之所由成也。故曾子問曰：「取女有吉日，而女死，如之何？」孔子曰：「壻齊衰而弔，既葬而除之。夫死亦如之。」曾子問曰：「親迎女在塗，而壻之父母死，如之何？」孔子曰：「女改服，布深衣，縞總，以趨喪。女在塗，而女之父母死，則女反。」於是，鄭氏增成其義曰：「未有期三年之恩也。」明乎親迎，而後可以喪其舅姑，親迎而後可以出降之服，服其父母也。先王制禮，以是爲不可過也。故女子許嫁而壻死，從而死之；與適壻之家，事其父母，爲之立後。而不嫁者，非禮也。夫婦之禮，人道之始也，子得而妻之，則父母得而婦之。故昏之明日，乃見於舅姑。父得而妻之，則子得而母之，故繼母如母。不爲子之妻者，是不爲舅姑之婦也；不爲父之妻者，是不爲子之母也。故許嫁而壻死，適壻之家，事其父母，爲之立後。而不嫁者，非禮也。禮女未廟見而死，不遷於祖，不祔於皇姑，壻不杖，不菲，不次，歸葬於女氏之黨，示未成婦也。今也生不同室，而死則同穴，存爲貞女，没稱先妣，其非禮孰甚焉！婦人內夫家，外父母家。父母，生我者也；夫，成我者也，父母之喪無貴賤一也。婦人不二斬，故爲夫斬則爲父母期。未有夫婦之恩，而重爲之服，以降其父母，於壻爲無因，於父母爲不孝，失禮之中又失禮焉。女之嫁者，爲人後者，並以出降爲父母期。若使非我大宗，而强爲之後，是所謂不愛其親，而愛他人者也。何以異於是？先王惡人之以死傷生也，故爲之喪禮以節之。其有不勝喪而死者，禮之所不許也；其有以死爲殉者，尤禮之所不許也。雖然父子之親，君臣之義，夫婦之恩，不可解於心，過而爲之死，君子猶哀之。苟未嘗以身事之，而以身殉之，則不仁矣。女事夫，猶臣事君也。仇牧、荀息，君亡與亡，忠之盛也。其君苟正命而終於寢，雖近臣猶不必死也。若使巖穴之士，未執贄爲臣，號呼而自殺，則亦不得謂之忠臣也。何以異於是哉！劉台拱曰：「歸太僕曰：『女子未有以身許人之道也，女未嫁而爲其夫死，且不改適，是六禮不備；壻不親迎，比之於奔。』其言婉而篤矣。」中以爲未盡也。事苟非禮，雖有父母之命，夫家之禮，猶不得遂也。是故女子欲之，父母若壻之父母得而止之。父母若壻之父母欲之，邦之有司、鄉之士君子得而止之。周公監於二代而制爲是禮，孔子述之，意周公、孔子不可非乎？則其禮不可過也，故曰過猶不及。

昏姻之禮成於親迎，後世不知，乃重受聘。以中所見，錢塘袁庶吉士之妹，幼許嫁於高，秀水鄭贊善之婢，幼許嫁於郭，既而二子皆不肖，流蕩轉徙更十餘年，壻及女之父母咸願改圖，而二女執志不移。袁嫁數年，備受箠楚，後竟賣之。其兄訟諸官而迎以歸，遂終於家。鄭之婢爲郭所窘，服毒而死。傳曰：「好仁不好學，其蔽也愚。」若二女者，可謂愚矣。本不知禮，而自謂守禮，以殞其生，良可哀也。傳曰「一與之齊，終身不二」，不謂一受其聘，終身不二也。又曰「烈女不事二夫」，不謂不聘二夫也。歸太僕曰：「女子在室，惟其父母爲許聘于人，而已無與焉。」純乎女道而已，善夫！

居喪釋服解義

居喪釋服之禮，王制「祭天地社稷，越紼而行事」，一也。曾子問「天子崩，未殯，五祀之祭不行；既殯而祭，自啟至於反哭，五祀之祭不行；已葬而祭」，二也。周語「襄王使大宰文公及內史興賜晉文公命，命於武宮〔一〕設桑主，布几筵，大宰莅之，晉侯端委以入。大宰以王命命冕服，內史贊之，三命而後即冕服。」時去獻公之卒，已十有六年，文公不欲繼於惠、懷，故假居喪即位之禮行之，其天子錫命諸侯之正禮固如此也，三也。曲禮「既葬，見天子，曰類見」，四也。又「言謚曰類」，注「使大夫行象聘問之禮」，大夫爲君三年，見於天子，則玄冕，五也。左氏春秋文公元年傳「凡君即位，卿出並聘」，六也。聘禮「遭喪將命於大夫，主人長衣練冠以受」，注「不以純凶接純吉」，七也。又「聘君若薨於後，赴者未至，則哭於巷，衰於館」，注「衰於館，未可以凶服出見人，其聘享之事，自若吉也」，賈公彥云「其行正聘享，則著吉服」，雜記云「執玉不麻」是也，八也。聘禮又云「歸使衆介，先衰而從之」，注「君納之，乃朝服，反命出公門，釋服」，九也。檀弓「士惟公門說齊衰」，曲禮「苞屨扱衽厭冠不入公門」，服問「惟公門有稅齊」，曲禮正義引熊安生云「父之喪，惟扱上衽不入公門，杖齊衰則屨不得入」，十也。郊特牲「郊祭之

〔一〕「宮」，原作「官」，今改。

日，喪者不敢凶服」，十一也。喪服小記「養有疾者不喪服」，十二也。曾子問「君薨，世子生，告於君，大祝大宗大宰皆裨冕」，十三也。士喪禮「筮宅既朝哭，主人皆往兆南北面免絰」，十四也。檀弓「弁葛絰而葬，與神交之道也」，十五也。喪服小記、雜記「祥祭朝服，既祭，乃服素縞麻衣」，十六也。其非三年之喪釋服者，雜記「大夫卜宅與葬日，有司麻衣，布帶，因喪屨，緇布冠不蕤，占者皮弁」，一也。又「如筮，則史練冠長衣以筮，占者朝服」，二也。士喪禮將葬卜日，族長涖卜，及宗人吉服立於門西東面南上」三也。雜記「含者委璧於殯東南，宰夫朝服即喪屨，升自西階，西面坐，取璧」，正義「以鄰國執玉而來，執玉不麻，故著朝服」，四也。又「宰舉璧與圭」，則「上介賵，執圭將命」，宰亦朝服也，五也。其率是禮而行之者，漢書律麻志引伊訓「大甲元年十有二月乙丑朔，伊尹祀於先王，誕資有牧方明」，言雖有成湯、大甲、外丙之喪，以冬至越綍祀先王於方明，以配上帝，一也。周書顧命「成王崩，康王麻冕黼裳即位，卿士邦君麻冕蟻裳，大保大史大宗麻冕彤裳」，二也。春秋傳隱公元年三月惠公之喪，下凡元二年，以意求之。「公及邾儀父盟於蔑」，三也。九月「及宋人盟於宿」，四也。是年「公子豫及邾人鄭人盟於翼」，子爲父，臣爲君，皆斬衰三年，會盟皆吉服，五也。三年三月「平王崩」，十二月「齊侯、鄭伯盟於石門」，六也。桓公元年「公即位」，與顧命同。桓公弑兄而自立，猶用遭喪繼位之禮，故書即位，七也。三月「公會鄭伯於垂」，八也。四月「及鄭伯盟於越」，九也。二年三月「公會諸侯於稷」，十也。七月「杞侯來朝」，十一也。九月「公及戎盟於唐」，十二也。十四年十二月「齊僖公」卒，十五年六月「襄公會魯桓公於艾」，十三也。莊公十二年八月「宋弑閔公」，十三年春「宋人會於北杏」，十四也。閔公元年八月「公及齊侯盟於落姑」，十五也。僖公元年「會諸侯於檉」，臣不殤君，閔公祔廟成喪，十六也。九年三月「宋桓公卒，未葬，襄公會諸侯於葵邱」，十七也。九月「晉獻公卒」，十一年春，「王使召武公、内史過錫晉侯命，受玉」，十八也。十二年十月「陳宣公卒」，十三年四月「穆公會諸侯於鹹」，十九也。十七年十二月「齊桓公卒」，十九年冬「諸侯盟於齊，孝公與盟」，二十也。二十五年四月「衛文公卒」，十二月「成公會諸侯於洮」，二十一也。二十六年正月「衛寧速會魯、莒，盟於向」，二十二也。二十七年六月「齊孝公卒」，二十八年二月「昭公與晉盟於斂盂」，二十三也。五月「昭公又與諸侯盟於踐土」，二十四也。冬「又會於溫」，二十五也。五月「陳穆公卒」，冬「共公會於溫」，二十六也。三十二年十二月「晉文公卒」，間一歲，文公元年「襄公朝王於溫」，下言「五月圍戚」，則此在四月以前，猶未大祥，二十七也。文公元年「公即位」，二十八也。四月「王使毛伯來錫公命」，「叔孫得臣如周拜」，公及得臣皆當禫冕，二十九也，三十也。二年三月「公如晉及陽處父盟」，三十一也。「公孫敖與盟於垂隴」，三十二也。六年八月「晉襄公卒」，七年八月「趙盾及諸侯盟於扈」，三十三也。十四年九月「公孫敖卒於齊」，十五年夏「惠叔〔一〕猶毁以爲請，立於朝以待命」，三十四也。宣公元年「公即位」，三十五也。六月「公會齊侯於平州」，三十六也。宣公喪取襄仲，如齊聘，其事非禮，故不數之。元年十月「匡王崩」，三年「春不郊而望」，三十七也。八年六月「敬嬴薨」，九年正月「公如齊」，三十八也。十年四月「齊惠公卒」，冬「國佐來聘」，三十九

〔一〕「惠叔」，原作「惠伯」，據左傳改。

也。成公元年「公即位」，四十也。夏「臧孫許及晉侯盟於赤棘」，四十一也。二年八月「衞穆公卒」，三年十一月「孫良夫來聘」，且尋盟，四十二也。二年八月「宋文公卒」，四年春「華元來聘」，四十三也。五年十一月「定王崩」，六年六月「邾子來朝」，四十四也。六年六月「鄭悼公卒」，七年春「鄭子良相成公如晉」，四十五也。十四年十月「衞定公卒」，十五年三月「獻公會諸侯，盟於戚」，四十六也。十二月「孫林父會諸侯之大夫於鍾離」，四十七也。十八年八月「公薨」，十二月「仲孫蔑會諸侯及崔杼盟於虚朾」，四十八也。襄公元年「公即位」，四十九也。夏「又會諸侯之大夫於鄫」，五十也。「邾子來朝」，五十一也。冬「衞使公孫剽來聘，魯並受之於廟」，五十二也。「晉使荀罃來聘」，五十三也。二年七月「仲孫蔑會諸侯之大夫於戚」，五十四也。冬「又會於戚」，五十五也。其年七月「叔孫豹聘於宋」，五十六也。四年三月「陳成公卒」，五年秋「哀公會諸侯於戚」，五十七也。五年十二月「季孫行父卒」，六年冬「季孫宿如晉」，五十八也。七年秋「又如衞」，五十九也。十年冬「盜殺鄭子耳於西宫之朝」，十一年九月「鄭使良霄如楚」，三年之喪，期不使，此未及期，六十也。十五年十一月「晉悼公卒」，十六年春「平公會諸侯於澶淵」，六十一也。二十九年「鄭子展卒，子皮即位」，按位無定名，期祭喪賓皆有之，此則嗣父爲卿，有位於朝，六十二也。二十八年十二月「楚康王卒」，三十年正月「楚子使薳罷來聘」，六十三也。昭公元年「公即位」，六十四也。「叔孫豹會諸侯之大夫於虢，既入於鄭，鄭又享之」，六十五也。二年「晉韓起來聘，受聘必於廟，且受玉，又享之」，公及大夫皆當禫冕，六十六也。又「宴於季氏」，季氏當朝服，六十七也。四年十二月「叔孫豹卒」，五年正月「昭子即位」，與子皮同，六十八也。十年十二月「宋平公卒」，十一年五月「華亥會諸侯之大夫於厥慭」，六十九也。十二年夏「華定來聘」，七十也。十二年二月「鄭簡公卒」，夏「子産相定公朝於晉」，七十一也。十六年「晉昭公卒」，十七年秋「晉使屠蒯如周請，有事於雒與三塗」，見王及祭皆吉服，七十二也。定公元年六月「公即位」，七十三也。三年二月「邾莊公卒」，冬「仲孫何忌及邾子盟於拔」，七十四也。四年二月「陳惠公卒」，三月「懷公會諸侯於召陵」，五月「又盟於皋鼬」，七十五也。五年六月「季孫意如卒」，六年夏「季孫斯如晉」，七十六也。哀公元年「公即位」，七十七也。二年二月「叔孫州仇、仲孫何忌及邾子盟於句繹」，七十八也。三年「季孫斯卒」，既葬「康子在朝」，七十九也。以上皆居喪釋服，而金革之事不與焉。左氏春秋僖公三十二年十二月「晉文公卒」，三十三年四月「未葬，襄公禦秦師，墨衰絰」。喪大記「既卒哭，弁絰帶金革之事無辟也」。軍禮變服，有此二條，若禡及禱，則亦吉服。於是中爲之解其義曰：衰麻哭泣，喪之文也；不飲酒，不食肉，不御内，喪之實也。然郊之日，喪者不敢哭；寡婦不夜哭；奔喪哭，辟市朝；君使人弔，主人迎賓不哭；君視斂，主人見馬首不哭；徹大斂奠，設朝奠，婦人拊心不哭；公史讀遣，主人主婦皆不哭；婦人下堂不哭；男子出寢門外，見人不哭。凡封大夫命毋哭，士哭者相止也。大荒哭不留日。有疾飲酒食肉，七十者飲酒食肉。既葬，君食之則食之，大夫父之友食之則食之矣，不辟粱肉。君命遺之酒肉，則不敢辭。古之居喪者，惟御内爲不可假，故孟獻子比御而不入，孔子以爲加人一等。至於哭泣飲食，皆可通也，則夫衰麻之有時而可釋焉宜矣。弔於人，是日不樂，不飲酒食肉，一日之喪也。故雖天子諸侯，有弔服釋服斯須之敬也。故既事而復，故君有臣民之恩，疾則問之，喪則臨之，遇柩於路則使人弔之。故冠絰衰屨，皆入公門，當事而君至，主人不變。圭璧以禮神合瑞，故雖含必即吉。祖考與死者爲一體，故天子崩，諸侯薨，祝取羣廟之主，藏之祖廟，卒哭成事，而後主各反其廟，喪不祭。神人異道，故外事則吉服，因喪以接神則變。喪莫哀於始死，故后之喪雖嘗禘郊社之祭，簠簋既陳，天子廢其禮。神不可以乏祀，故五祀之祭，既殯而行。有國者不以人之死爲諱，故朝聘而終以尸，將事賓禮不可以衰麻行之，故聘而君薨於國，其聘享自若，吉也。此所謂人道之至文者也。雖然君子不奪人之喪，亦不可奪喪也。苟有可以不釋者，則不釋之矣。季武子寢疾，蟜固不説齊衰而入見，曰：「斯禮也，將亡矣。士惟公門説齊衰。」武子曰：「不亦善乎！君子表微。」晉平公卒，既葬，諸侯之大夫送葬者，欲因見新君，叔孫昭子曰：「非禮也。」弗聽。叔向辭之曰：「大夫之事畢矣，而又命孤孤斬焉在衰絰之中，其以嘉服見則喪禮未畢，其以喪服見是重受弔也。大夫將若之何！」皆無辭以見，是其事也。明乎此，然後可以解墨子「久喪不能從事聽治」之惑，可以破杜預、段暢「天子諸侯卒哭除喪諒陰終三年」之謬，可以釋蘇軾「康王吉服即位」之疑。

春秋述義

諸侯受國于天子，而盡臣其封內，生殺慶賞咸莫不專之。故史之所書，內事從君，舉郕太子朱儒來奔，公以諸侯之禮逆之，則史以郕伯書之，此邦交從乎君舉也。莊公、子赤、襄公並爲世嫡，其生也惟莊公書，桓公以太子生之禮舉之，則史以「子同生」書之，此繼體從乎君舉也。公子買戍衛，楚人救衛不克，公懼于晉，殺子叢以説焉，謂楚人曰：「不卒戍也。」公以不卒戍刺之，則史以不卒戍書之，此刑人從乎君舉也。文姜、哀姜、聲姜、齊姜、孟子皆夫人也，文姜、哀姜、穆姜皆有罪，而哀姜又齊人所殺也；子氏、聲子、成風、敬嬴、二定姒、齊歸皆妾女也，赴于諸侯，反哭于寢，祔于姑，則曰「夫人某薨，葬我小君某」，不赴則不稱夫人，不反哭則不言葬小君，此喪禮從乎君舉也。傳據簡牘，務詳其事；經爲策書，必循其體，明乎此則經與傳之不合者，可以息其疑矣。至于經所不書，其例非一，而非公命不書，隱元年發其例，雖至改葬先君，鄰國之會葬，亦以公不臨不見，故不書。是知内事之繫乎君也，君舉必書，此之謂也。

魯之春秋，策書之法，實本周禮，韓起所見，祝鮀所述，有其徵矣。有即位之禮，周書顧命篇、國語周語。故桓、文、宣、成、襄、昭、定、哀皆書即位；隱不書攝也，莊不書文姜出也，閔不書亂也，僖不書公出也。使周禮無即位之禮，則春秋所書爲無據矣。有君卒于路寢之禮，喪大記。故莊、宣、成三公書公薨于路寢，傳于成發其例曰「言道也」；僖薨于小寢，文薨于臺下，襄薨于楚宮，定薨于高寢，傳于僖發其例曰「即安也」；昭薨于乾侯，言失其所也；隱、閔書公薨而不言地，明其爲弒也；桓書公薨于齊，明其爲戕也。使周禮無君卒于路寢之禮，則春秋所書爲無據矣。周公制禮，事爲之制，曲爲之防，伯禽受之，以封于魯，魯之史世守之以爲春秋，莫敢損益焉，故曰：「魯猶秉周禮。」又曰：「吾今而知周公之德與周之所以王也。」春秋本一代之禮，成一國之史，上不可通于夏、商，旁不可施于吴、楚，而後之君子欲援春秋之法，以定列代之史，斯不然矣。問者曰：「周禮具在，魯之史據而書之，何待于孔子而後作哉？」答曰：「譬折獄，雖有刑書，猶求聖哲之上，明察之官，忠信之長，慈惠之師，然後能聽其情而議其輕重，以徵于書。春秋，亦猶是也。有君不事，周有常刑，必有董狐，然後能正其惡；周衰史失其官，而禮經將廢，自孔子修之，而後先王之典存焉。故禮之與春秋，相爲權衡也，非周公不能作，非孔子不能修，豈可汎然望諸衰世之史哉！

魯叔仲惠伯之死，荀息之忠也，不書何也？曰：以諸侯之策書之，則當曰「魯公子遂弑其君，惡及其大夫彭生」。春秋内諱，書「子卒」而不地。其君既諱，則其臣無所繫，無所繫則不書。忠如彭生，惡如公子翬，皆是也。若曰公子遂殺叔仲彭生，則是兩下相殺之詞，無以昭惠伯之忠，故不書者，辭窮也。杜謂史畏襄仲，非也。

春秋有通例，有變例，諸侯失地名，「荆敗蔡師于莘，以蔡侯獻舞歸」是也。而「齊師〔一〕滅譚，譚子奔莒」，譚子不書名。滅同姓名，「衛侯燬滅邢」是也。而「楚人滅夔」，楚人不名。入國曰滅，而「虞師、晉師滅下陽」，取邑而曰滅。「宋公入曹，以曹伯陽歸」，滅國而曰入。弑君稱君，君無道也，晉靈公、陳靈公、齊莊公無道，而不稱君。襄二十六年澶淵之盟，晉趙武、宋向戌、曹人皆稱人。趙武卿，不會公侯也；向戌後也；曹微者也；一稱人，同辭不同義。襄二年「夫人姜氏薨」，襄公嫡母也；四年「夫人姒氏薨」，襄公母也；九年「夫人姜氏薨」，襄公祖母也，而其辭不别。成十年傳「晉景公有疾，立太子州蒲爲君，以伐鄭」。經書「五月，公會晉侯、齊侯、宋公、衛侯、曹伯伐鄭」，此晉侯厲公也；丙午晉侯獳卒，此

〔一〕「齊師」，原作「齊人」，據春秋改。

景公也。而二晉侯同辭，是其義也。

左氏春秋釋疑

左氏春秋，典策之遺，本乎周公；筆削之意，依乎孔子。聖人之道莫備於周公、孔子，明周公、孔子之道莫若左氏春秋，學者其何疑焉！然古者左史記事，動則書之，是爲春秋。而左氏所書，不專人事，其别有五：曰天道，曰鬼神，曰災祥，曰卜筮，曰夢。其失也巫，斯之謂與！吾就其書求之，楚子庚侵鄭，董叔言「天道多在西北，南師不時，必無功」。叔向以爲「在其君之德」。有星孛於大辰西及漢，裨竈曰：「宋、衛、陳、鄭將同日火，若我用瓘斝、玉瓚，鄭必不火。」子產不與。明年鄭火，裨竈曰：「不用吾言，鄭又將火。」子産以爲：「天道遠，人道邇，竈焉知天道？是亦多言矣，豈不或信！」遂不與，亦不復火。由是言之，左氏之言天道，未嘗廢人事也。隨侯以牲牷肥腯，粢盛豐備，謂「可信於神」，季良以爲「民，神之主也，聖王先成民而後致力於神，民和而神降之福」。齊侯疾，梁丘據請誅於祝固、史嚚，晏子以爲祝不勝詛。由是言之，左氏之言鬼神，未嘗廢人事也。鄭内蛇與外蛇鬭，内蛇死，申繻以爲「妖由人興，人無釁焉，妖不自作」。隕石於宋五，六鷁退飛過宋都，内史叔興以爲「是陰陽之事，非吉凶所生，吉凶由人」。由是言之，左氏之言災祥，未嘗廢人事也。晉獻公筮嫁伯姬於秦，史蘇占之不吉，及惠公爲秦所執，曰：「先君若從史蘇之言，吾不及此。」韓簡以爲「先君多敗德，史蘇是占，勿從何益」。南蒯將反，筮之，得坤之比，子服惠伯以爲「忠信之事則可，不然必敗，易不可以占險」。由是言之，左氏之言卜筮，未嘗廢人事也。衛成公遷於帝邱，夢康叔曰：「相奪予享。」公命祀相，甯武子以爲「相之不享於此久矣，非衛之辠，不可以閒成王、周公之命祀」。晉趙嬰通於莊姬，嬰夢天使謂己：「祭余，余福女。」士貞伯以爲「神福仁而禍淫，淫而無罰，福也，祭其得亡乎？」祭之之明日而放於齊。由是言之，左氏之言夢，未嘗廢人事也。此十者，後世儒者之所執以疑左氏春秋者也。而當時深識遠見之君子，類能爲之矢德音，蔽羣疑，而左氏則已廣記而備言之，後人其何疑焉？若夫瓊弁玉纓，子玉弗致，庶乎知道，而卒之兵敗身死；臧會爲僭僂句告吉而終，後臧氏天網恢恢，吉凶之應，有時而爽，策書舊文，謹而志之，所以明教也。問者曰：「天道、鬼神、災祥、卜筮、夢之備書於策者何也？」曰：「此史之職也。其在周官，大史、小史、內史、外史、御史皆屬春官；若馮相氏、保章氏、眡祲，司天者也；大祝、喪祝、甸祝、司巫、宗人，司鬼神者也；大卜、卜師、龜人、華氏、簭人，司卜筮者也；占夢，司夢者也，與五史皆同官。周之東遷，官失其守，而列國又不備官，則史皆得而治之，其見於典籍者曰瞽史，曰祝史，曰史巫，曰宗祝、巫史，曰祝宗、卜史，明乎其爲聯事也。楚公子棄疾滅陳，史趙以爲歲在析木之津，猶將復由；吳始用師於越，史墨以爲越得歲而吳伐之，必受其凶。然則史固司天矣。有神降於莘，惠王問諸內史過，過請以其物享焉；狄人囚史華龍滑與禮孔，二人曰：「我大史也，實掌其祭。」然則史固司鬼神矣。隕石於宋五，六鷁退飛過宋都，襄公問吉凶於周內史叔興；有雲如衆赤鳥，夾日以飛，三日，楚子使問諸周大史。然則史固司災祥矣。陳敬仲之生，周大史有以周易見陳侯者，陳侯使筮之；韓起觀書於大史，見易象；孔成子筮立君，以示史朝。然則史固司卜筮矣。昭公將適楚，夢襄公祖，梓愼以爲不果行；

趙簡子夢童子贏而轉以歌，占諸史墨。然則史固司夢矣。司其事而不書，則爲失官，故曰天道、鬼神、災祥、卜筮、夢之備書於策者，史之職也。古者詩、書、禮、樂大司樂掌之，易象、春秋大史掌之，而儒則有道者、有德者，使教國之子弟，死則以爲樂祖，祭於瞽宗者也。後世二官俱亡，而六藝之學并於儒者，於是即儒之所業以疑大史，此偏知之所得，未足語於大道也。」曰：「是皆然矣。抑猶有可疑者？」「左氏之紀人事，所以聳善抑惡，以詔後世也，而有不信者焉，有不平者焉，其類有百，請約言之。鄭、息有違言，息伐鄭而敗，左氏以其犯五不韙而伐人，知其將亡。鄭請成於陳，陳桓公不許，左氏謂其長惡不悛。按鄭莊公之在位，四鄰搆怨，無歲無兵。取周禾麥，射王中肩，寘母城潁，誓不復見，人道盡矣，而爲周孟侯，以没元身。陳、息一眚，而亟稱其惡，其可疑者一也。楚武王將齊而心蕩，鄧曼知其禄盡。莫敖舉趾高，鬬伯比知其必敗。按商臣弑父與君，享國十二年，滅江、六、蓼，服陳、鄭、宋，身獲考終，子有令德。潘崇教人之子，使爲大逆，奄有大子之室，爲大師掌環列之尹，伐麇襲舒，屢主兵事，有庇及黨，爲國世臣。比於武王、莫敖，其咎孰多？其徵安在？其可疑二也。有神降於莘，虢公享神，神賜之土田，内史過、史嚚知其將亡。虢公敗戎於渭汭桑田，舟之僑、卜偃知其將亡。按虢爲卿士，於周爲睦，子頹之亂，勳在王室，不幸晉方薦食，不祀忽諸，而四子備舉其亡徵。且周之東遷，拜戎不暇，渭汭桑田之役，豈不亦敵王所愾，以張中國之威？而以爲召殃，斯過矣。晉獻上烝，諸母盡滅；桓、莊之族，以妾爲妻，逐羣公子而殺其世子；虢多涼德，豈其若是而日闢百里，晉是以大，其可疑三也。公孫歸父言魯樂，晏桓子知其將亡。按歸父欲去三桓以張公室，與公謀而聘於晉，欲以晉人去之，其忠盛矣。不幸宣公即世，其事不成，行父假於公義，以敵私怨，遂逐子家。由是公室四分，昭、哀失國，斯可謂國之不幸，而遠以懷魯蔽其辠。且意如内攘國政，外結齊、晉之臣，同惡相濟，賊殺不辜，有君不事，使之野死，又廢其子，其爲謀人不已多乎？而及身無咎，後嗣蒙業，其可疑四也。凡若此者，是有故焉。天道福善而禍淫，禍福之至必有其幾，君子見微知著，明徵其辭，其後或遠或近，其應也如響。作史者比事而書之策，侍於其君則誦之，有問焉則以告之，其善而適福，足以勸焉，淫而適禍，足以戒焉，此史之職也。故國語史獻書，又臨事有瞽史之道。又楚有左史倚相，能道訓典，以敍百物，以朝夕獻善敗於君，使無忘先王之業。禮運『王前巫而後史』，保傅傳『瞽史誦詩』，又博聞强記，接給而善對者謂之承，承者，承天子之遺忘者，常立於後，是史佚也。其見於左氏春秋者，曰『君舉必書』，曰『史爲書』，曰『諸侯之會，其德刑禮義無國不記，及夫國中失之事，咸問之史』。是其事也。意主於戒勸，不專於記述，其所載之事，時有異聞，故史克數舜之功，十六相四凶之名不同於尚書，意有所偏重；故昭公失國，史墨謂『爲君慎器與名，不可以假人，君父不校之義，非所及也』。所謂『言豈一端，各有所當』者，此也。其有善而無福，淫而無禍，雖有先事之言，不足以戒勸，則遂削而不書。其事不可没，則載之。其故不可知，則不復爲之辭。故史之於禍福，舉其已驗者也。其在上知，不聞亦式，不諫亦入，其於戒勸，無所用之，則禍福雖無驗焉，可也。其在下愚，不可教誨，不知話言，其於戒勸，亦無所用之，則禍福雖無驗焉，可也。天下之上知下愚少而中人多，故先王設之史，使鑒於前世之善淫禍福，以知戒勸者，爲中人也。苟爲中人，則舉其已驗者可也，此史之職也。雖然史之戒勸猶有二焉：蔡侯般弑其君，歲在豕韋，萇弘知其弗過此，於是楚靈王誘之於申，伏甲而殺之，此明著其禍，以爲戒者也。商臣以宮甲圍成王，王縊，此直書其事，以爲戒者也。禍之有無，史之所不得爲者也。書法無隱，史之所得爲者也。君子亦爲其所得爲者而已矣，此史之職也。百世之上，時異事殊，故曰：『古之人與其不可傳者死矣，所貴乎心知其意也。』明乎此，則左氏春秋之疑於是乎釋！」

周官徵文

漢書河間獻王傳：「獻王所得書皆古文先秦舊書，周官、尚書、禮、禮記、孟子、老子之屬。」藝文志：「周官經六篇，王莽時劉歆置博士。」經典敍録：「或曰河間獻王時有李氏上周官五篇，失事官一篇，乃購千金不得，取考工記補之。」據此三文，漢以前周官傳授源流皆不能詳，故爲衆儒所排。賈公彦序周禮廢興，載馬融傳云：「秦自孝公以下，用商君之法，其政酷烈，與周官相反，故始皇禁挾書，特疾惡，欲滅絶之，搜求焚燒之。」獨悉其言，亦無所據。中攷之于古，凡得六徵：逸周書職方解即夏官職方。職文據序在穆王之世，云「王化雖弛，天命方永，四夷八蠻，攸尊王政，作職方」。一也。藝文志「六國之君，魏文侯最爲好古，孝文時得其樂人竇公獻其書，乃周官大宗伯之大司樂章也」。二也。太傅禮朝事載秋官典瑞、大行人、小行人、司儀四職文。三也。禮記燕義，夏官諸子職文。四也，諸、庶字通。內則「食齊視春時」以下，天官食醫職文；「春宜膏豚膳膏薌」以下，庖人職文；「牛夜鳴則庮」以下，內饔職文。五也，詩生民傳「嘗之日，莅卜來歲之芟」以下，春官肆師職文。六也。遠則西周之世，王朝之政典，大史所記，及列國之官，世守之以食其業，官失而師儒傳之，七十子後學者繫之于六藝，其傳習之緒，明白可據也。如是而以其晚出疑之，斯不學之過也。或曰：「周官周公所定，而言穆王作職方何也？」曰：「賦詩之義，有造篇，有述古，夫作亦猶是也。召穆公糾合宗族于成周，而作常棣之詩，則述古亦謂之作。詳職方大司樂二條，知周官之文，各官皆分載其一以爲官灋，故每職之下皆繫曰掌，而太宰建之以爲六典，則合爲一書，穆王作之，特申其告誡，俾舉其職爾。若夫古之典籍，自四術以外，不能盡人而誦習之，故孟子論井地爵禄，漢博士作王制，皆不見周官，不可執是以議之也。古今異宜，其有不可通者，信古而闕疑可也。

周公居東證

書金縢：「武王既喪，管叔及其羣弟乃流言於國曰：『公將不利於孺子。』周公乃告二公曰：『我之弗辟，我無以告我先王。』周公居東二年，則辠人斯得，於後公乃爲詩以貽王，名之曰鴟鴞。」詩鴟鴞：「鴟鴞鴟鴞，既取我子，無毀我室。」傳：「寧亡二子，不可以毀我周室。」逸周書作雒解：「武王克殷，乃立王子禄父，俾守商祀；建管叔於東，建蔡叔、霍叔於殷，俾監殷臣。武王既歸，乃歲十二月崩於鎬，肂於岐周。周公立相天子，三叔及殷、東、徐、奄及熊、盈以略。疑當作畔。周公、召公内弭父兄，外撫諸侯。元年夏六月葬武王於畢；二年又作師旅，臨衛攻殷。殷大震，潰降。辟三叔，王子禄父北奔，管叔經而卒，乃囚蔡叔於郭淩。凡所征熊、盈族十有七國，俘維九邑。

俘殷獻民，遷於九畢。俾康叔宇於殷，俾中旄父宇於東。」

明堂解：「武王崩，成王嗣，幼弱未能踐天子之位。周公攝政君天下，弭亂六年而天下大治，七年致位於成王。」

列子楊朱篇：「武王既終，成王幼弱，周公攝天子之政。召公不説，四國流言。周公居東三年，誅兄放弟。」

史記周本紀：「成王少，周初定天下，周公恐諸侯畔，周公乃攝行政當國。管叔、蔡叔羣弟疑周公，與武庚作亂畔周。周公奉成王命，伐誅武庚、管叔，放蔡叔。」

管蔡世家：「武王既崩，成王少，周公旦專王室。管叔、蔡叔疑周公之爲不利於成王，乃挾武庚以作亂。周公旦承成王命，伐誅武庚，殺管叔而放蔡叔，遷之，與車十乘，徒七十人。」

宋微子世家：「武王崩，成王少，周公旦代行政當國。管、蔡疑之，乃與武庚作亂，欲襲成王、周公。周公既承成王命，誅武庚，殺管叔，放蔡叔，乃命微子開代殷後奉其先祀。」

説文：「辥，治也。周書曰：我之不辥。」

豳譜正義引王肅金縢注：「武王九十三而崩，以冬十二月。其明年稱元年，周公攝政，遭流言，作大誥而東征。二年克殷，殺管、蔡，三年而歸。」金縢云「武王既喪」，即云「管、蔡流言，周公居東」，則是武王崩，管、蔡即流言，周公即東征也。或曰：「詩序『三年而歸』，此言『居東二年』，其錯何也？」曰：「書言其辠人斯得之年，詩言其歸之年也。」

詩車攻「駕言徂東」。傳：「東，洛邑也。」

右凡十一條，尚書文簡而事覈，毛公淵源子夏，偏得詩事，逸周書經緯年月，節目尤詳，列子次第明了，最可據。依史記於周本紀、管蔡、宋微子二世家並不誤，勝於魯周公世家。許叔重稱書孔氏，乃用古文，辥之從丼，訓治，孔壁遺簡，安國講授，其相承固然。逸周書凡三言東，不知爲何地，證以車攻傳，乃知即是東都。王肅好與鄭異，是注持義獨正，因具録之。

史記魯周公世家「武王既崩，成王少，在强葆之中。周公恐天下聞武王崩而畔，周公乃踐阼，代成王攝行政當國。管叔及其羣弟流言於國，曰：『周公將不利於成王。』周公乃告太公望、召公奭曰：『我之所以弗辟而攝行政者，恐天下畔周，無以告我先王。太王、王季、文王之憂勞天下久矣，於今而後成。武王蚤終，成王少，將以成周，我所以爲之若此。』於是卒相成王，而使其子伯禽代就封於魯。管叔、武庚等果率淮夷而反。周公乃奉成王命，興師東伐，作大誥，遂誅管叔，殺武庚，放蔡叔。」

右一條據大傳禮「成王即位年十三」，云「强葆」，甚言其小也。解「弗辟」爲「弗辟攝行政」，是或一義。遷雖從安國受尚書，證以説文，則此非孔義也。至於先流言而後反揆諸情事，諒亦宜然。惟曲阜之封，實惟奄、宅奄與三國同畔，始見翦滅，前此禽父無緣就封。然讀「辟」爲「避」，而不言避居東都，猶愈於馬、鄭爾。

錢少詹事云：「春秋傳但云『因商、奄之民』，以魯爲古奄國，出自續漢志，未知何據。康成、元凱俱未實指奄所在也，更宜攷之。」中按：漢書藝文志：「禮古經者，出魯淹中。」蘇林曰：「里名也。」楚元王傳：「少時嘗與魯穆生、白生、申公俱受詩於浮丘伯。」服虔曰：「白生，魯國奄里人。」續漢志注引皇覽曰：「奄里伯公冢在城内祥舍中，民傳言魯五德奄里伯公葬其宅也。」説文：「郇，周公所誅，郇國在魯。」括地志：「兖州曲阜縣奄里即奄國之地也。」淹、郇、奄古今字爾。墨子耕柱篇：「古者周公旦非關叔，辭三公，東處於商。」

按：武王克商，已建商後，洎其晏出管叔、禄父相倚爲姦，周公豈得棄其官位，投身必死之地？此之不實，昭然可見。而避之爲説，實以此言爲之緣起，以其事在諸子。自宋以後，學者勞於師心，逸於考古，雖在方策，略不窺尋，是以具爲説之。「管」之爲「關」，則語轉也。

經典釋文：「弗辟，馬、鄭音避，謂避居東都。」

馬義今不傳，賴此著之。

豳譜正義引鄭氏金縢注：「周公以武王崩後三年出，五年秋反而居攝。」「辠人，周公之屬與知攝者，周公出奔二年，盡爲成王所得，謂之辠人，史書成王意也。」「成王非周公，意未解，今又爲辠人，言欲讓之，推其恩親，故未敢。」

豳譜：「成王之時，周公避流言之難，出居東都二年。」

鴟鴞箋：「時周公竟武王之喪，欲攝政，成周道，致太平之功。管叔、蔡叔等流言云：『公將不利於孺子。』成王不知其意，而多辠其屬黨。興者喻此諸臣乃世臣之子孫，其父祖以勤勞有此官位土地，今若誅殺之，無絶其官位，奪其土地。王意欲誚公，此之由然。」

文王世子正義引鄭氏金縢注：「文王崩後明年生成王，則武王崩時成王年十歲。服喪三年畢，成王年十二，明年將踐阼。周公欲代之攝政，羣叔流言，周公辟之。居東都時，成王年十三也。居東二年，成王收捕周公之屬黨，時成王年十四也。明年秋大孰，遭雷風之變，時周公居東三年，成王年十五。迎周公反，而居攝之元年也。居攝四年，封康叔，作康誥，是成王年十八也。故書傳云：『天子太子十八稱孟侯。』居攝七年，成王年二十一也。明年成王即政，年二十二也。」

詩邶風譜：「武王既喪，管叔及其羣弟見周公將攝政，乃流言於國曰：『公將不利於孺子。』周公避之，居東都二年。秋大孰，未穫，有雷電疾風之異，乃後成王説而迎之反，而遂居攝。三監道武庚叛，成王既黜殷命，殺武庚，復伐三監。」

鴟鴞正義引王肅云：「按經傳内外周公之黨具存，成王無所誅殺，横造此言，其非一也。設有所誅，不救其無辜之死，而請其官位土地，緩其大而急其細，其非二也。設已有誅，不得云無辜，其非三也。」

按：馬、鄭尚書之學，是爲古文，鄭氏詩箋，多異毛義，而以此諸條求之，則違於道。夫君在諒闇，三年不言，百官總己以聽於冢宰，尚書、論語、檀弓具有明文。故曾子問：「君薨而世子生，則有攝主。」春秋：「國君未踰年，則謂之子。」斯前代成憲，仲尼所據。成王之立，年止十三，又在不言之地，周公方抗世子之法，於伯禽使王，知父子君臣長幼之義，念社稷新造，旋遭大喪，自以王室懿親，身爲冢宰，踐阼而治，以填天下。而三叔覬主少國疑，大臣未附，苟肆惡言，詿誤百姓，相率拒命，以濟其姦。周公秉國之鈞，禮樂征伐，皆自己出，傷丕基之將墜，憂四方之不寧，龔行天罰，以執有辠，是誠不得已者也。洎夫管叔既經，蔡、霍流放，雖任常刑，猶悼同氣，是故咎鴟鴞之取子，睹零雨而心悲。詩東山「我心西悲」，傳：「公族有辟，公親素服，不舉樂爲之變，如其倫之喪。」其言有文焉，其聲有哀焉，斯其仁至義盡者已。必若所言，流言一至，公即避位，流言再至，公得不殺身乎？釋萬乘之國而爲匹夫，以遯於野，一死士之力足以制之，是豈不爲之寒心哉！公之既出，此二年中，宫府之事竟將誰屬？使二公可代，則周公始之亦將不攝，況管、蔡能以流言間公，其不能以流言間二公乎？此又進退無據者也。當成王之立，朝野宴然，三叔輒思動摇王室，及宗臣釋位，國釁已生，乃俯首帖耳，圜視不動，待至三年而後反，非其理也。故使攝位之舉，自公創始，處非其據，是之謂攘。浮言朝播，大權夕謝，倉皇竄伏，若恐不及，王躬國事，莫復誰何，是之謂愚。居東二年，東征又三年，國步既夷，王年亦長，比其反也，乃更居攝，是之謂貪。且公之攝位，卿尹牧伯下及士庶，其誰不知？而云「辠人，周公之〔一〕屬與知攝者」，此又私黨陰謀之説，不可以論周公。至於臣屬之誅，官位土地之請，王肅糾之當矣。鄭、王時代相接，鄭義苟有所本，王肅無容不見，鄭之門人亦何妨據之難王。今既不爾，謂之横造，殆不誣也。至云「欲讓未敢」，則又水火無端，互爲生滅，豈所謂甚難而實非乎？夫孟爲庶長之稱，侯乃五等之爵，以目元良，且斷以歲，斯固委巷之無稽，俗

〔一〕「之」，原作「臣」，據豳譜正義引鄭氏金縢注改。

師之鄙背，今則奉爲科律，遷就古書，以求符合，亦已過矣。在呂氏春秋正名篇曰：「齊湣王，周室之孟侯也。」固與康侯、寧侯之類同其美號，又何太子十八之云？聖人作事，通於神明，書闕有閒，宜折其中。馬、鄭前世大儒，立義有誤，不容骫隨，後人襲謬，固無譏焉。

史記魯周公世家：「初成王少時病，周公乃自揃其蚤，沈之河，以祝於神曰：『王少未有識，奸神命者乃旦也。』亦藏其策於府。成王病有瘳。及成王用事，人或譖周公，周公奔楚。成王發府見周公禱書，乃泣反周公。」

索隱曰：「經典無文，其事或別有所出。」而譙周云：「秦既燔書，時人欲言金縢之事，失其本末，乃云『成王少時病，周公禱河，欲代王死，藏祝策於府。成王用事，人讒周公，周公奔楚。成王發府見策，乃迎周公。』又與蒙恬傳同，事或然也。」

蒙恬傳：「昔周成王初立，未離襁褓，周公旦負王以朝，卒定天下。及成王有病，甚殆，公旦自揃其爪，以沈於河，曰『王未有識，是旦執事，有辠殃旦，受其不祥。』乃書而藏之記府。及王能治國，有賊臣言：『周公旦欲爲亂久矣，王若不備，必有大事。』王乃大怒，周公旦走而奔於楚。成王觀於記府，得周公旦沈書，乃流涕曰：『孰謂周公旦欲爲亂乎？』殺言之者，而反周公旦。」

右秦、漢之際，言周公事，異義如此。

墨子序

墨子七十一篇，亡十八篇，今見五十三篇。明陸穩所敘刻，視它本爲完。其書多誤字，文義昧晦不可讀。今以意粗爲是正，闕所不知。又采古書之涉於墨子者，別爲表微一卷，而爲之敘曰：周太史尹佚，實爲文王所訪，晉語。克商營洛，祝筴遷鼎，有勞於王室。周書克殷解、書洛誥。成王聽朝，與周、召、太公同爲四輔。賈誼新書保傅篇。數有論諫，淮南子主術訓、史記晉世家。身没而言立。東遷以後，魯季文子、春秋傳成四年。惠伯，文十五年。晉荀偃、襄十五年。叔向，周語。秦子桑、僖十五年。后子昭元年。及左邱明，宣十二年。並見引重。遺書十二篇，劉向校書，列諸墨六家之首。説苑政理篇亦載其文。莊周述墨者之學，而原其始曰：「不侈於後世，不靡於萬物，不暉於數度，以繩墨自矯，而備世之急，古之道術有在於是者。」天下篇。可謂知言矣。古之史官實秉禮經，以成國典，其學皆有所受。魯惠公請郊廟之禮於天子，桓王使史角往，惠公止之，其後在於魯，墨子學焉。吕氏春秋當染篇。其淵原所漸，固可攷而知也。劉向以爲出於清廟之守。夫有事於廟者，非巫則史，史佚、史角皆其人也。史佚之書至漢具存，而夏之禮在周已不足徵，則莊周、禽滑釐傅之禹者，莊子天下篇、列子楊朱篇。非也。司馬遷云：「墨翟，宋大夫，或曰並孔子時，或曰在其後。」今按耕柱、魯問二篇，墨子於魯陽文子多所陳説。楚語「惠王以梁與魯陽文子」，韋昭注「文子，平王之孫，司馬子期之子」，其言實出世本。故貴義篇「墨子南游於楚，見獻惠王，獻惠王以老辭」。獻惠王之爲惠王，猶頃襄王之爲襄王。由是言之，墨子實與楚惠王同時，其仕宋當景公、昭公之世，其年於孔子差後，或猶及見孔子矣。藝文志以爲在孔子後者是也。非攻中篇言「知伯以好戰亡」，事在春秋後二十七年；又言「蔡亡」，則爲楚惠王四十二年，墨子並當時及見其事。非攻下篇言「今天下好戰之國齊、晉、楚、越」，又言「唐叔、吕尚邦齊、晉，今與楚、越四分天下」，節葬下篇言「諸侯力征，南有楚、越之王，北有齊、晉之君」，明在句踐稱伯之後，魯問篇「越王請裂故吴地方五百里以封墨子」，亦一證。秦獻公未得志之前，全晉之時，三家未分，齊未爲陳氏也。檀弓下「季康子之母死，公輸般請以機封」，此事不得其年。季康子之卒在哀公二十七年，楚惠王以哀公七年即位，般固逮事惠王。公輸篇「楚人與越人舟戰於江，公輸子自魯南游楚，作鉤强以備越」，亦吴亡後楚與越爲鄰國事。惠王在位五十七年，本書既載其以老辭墨子，則墨子亦壽考人與！親士、修身二篇，其言淳實，與曾子立事相表裏，似七十子後學者所述。經上至小取六篇，當時謂之墨經，莊周稱「相里勤之弟子，五侯之徒，南方之墨者苦獲、己齒、鄧陵子之屬，以堅白異同之辨相訾，以觭偶不仵之辭相應」者也。公孫龍爲平原君客，當趙惠文、孝成二王之世；惠施相魏，當惠、襄二王之世，二子實始爲是學。是時墨子之没久矣，其徒誦之，並非墨子本書。所染篇亦見吕氏春秋，其言「宋康染於唐鞅、田不禮」，宋康之滅，在楚惠王卒後一百五十七年，墨子蓋嘗見染絲者而歎之，爲墨之學者增成其説耳，故本篇稱禽子，吕氏春秋并稱墨子。親士篇錯入道家言二條，與前後不類，今出而附之篇末。又言「吴起之裂」，起之裂以楚悼王二十一年，亦非墨子之所知也。今定其書爲内外二篇，而以其徒之所附著爲雜篇，倣劉向校晏子春秋例，輒於篇末述所以進退之意，覽者詳之。墨子之學，其自言者曰：「國家昏亂，則語之尚賢、尚同；國家貧，則語之節用、節葬；國家喜音沈湎，則語之非樂、非命；國家淫僻無禮，則語之尊天、事鬼；國家務奪侵陵，則語之兼愛、非攻。」此其救世亦多術矣。備城門以下，臨敵應變，纖悉周密，斯其所以爲才士與！傳曰：「世之學老子者則絀儒學，儒學亦絀老子」，惟儒墨則亦然。儒之絀墨子者，孟氏、荀氏。藝文志董無心一卷，非墨子，今亡。孔叢詰墨，僞書，不數之。荀之禮論、樂論爲王者治定功成盛德之事，而墨之節葬、非樂所以救衰世之敝，其意相反而相成也。若夫兼愛，特墨之一端，然其所謂兼者，欲國家慎其封守而無虐其鄰之人民畜産也，雖昔先王制爲聘問弔恤之禮，以睦諸侯之邦交者，豈有異哉？彼且以兼愛教天下之爲人子者，使以孝其親，而謂之無父，斯已過矣。後之君子，日習孟子之説，而未覩墨子之本書，衆口交攻，抑又甚焉！世莫不以其誣孔子爲墨子辠。雖然自儒者言之，孔子之尊，固生民以來所未有矣。自墨者言之，則孔子魯之大夫也，而墨子宋之大夫也，其位相埒，其年又相近，其操術不同，而立言務以求勝，此在諸子百家，莫不如是。是故墨子之誣孔子，猶老子之絀儒學也，歸於不相爲謀而已矣。吾讀其書，惟以三年之喪爲敗男女之交，有悖於道。至其述堯、舜，陳仁義，禁攻暴，止淫用，感王者之不作，而哀生人之長勤，百世之下，如見其心焉，詩所謂「凡民有喪，匍匐救之」之仁人也。其在九流之中，惟儒足與之相抗，自餘諸子皆非其比。歷觀周、漢之書，凡百餘條，並孔墨、儒墨對舉。楊朱之書，惟貴放逸，當時亦莫之宗，躋之於墨，誠非其倫。自墨子没，其學離而爲三，徒屬充滿天下，吕不韋再稱鉅子，去私篇、尚德篇。韓非謂之顯學，至楚、漢之際而微，淮南子氾論訓。孝武之世猶有傳者，見於司馬談所述，於後遂無聞焉。惜夫！以彼勤生薄死，而務急國家之事，後之從政者，固宜假正議以惡之哉！

墨子後序

中既治墨子，牽於人事，且作且止。越六年，友人陽湖孫季仇星衍以刊本示余，則巡撫畢侍郎、盧學士咸有事焉，出入羣籍，以是正文字，博而能精，中不勞日力，於是書盡通其癥結。且舊文孤學，得二三好古君子與我同志，於是有三喜焉。既受而卒業，意有未盡，乃爲後序，以復於季仇。曰：季仇謂墨子之學出於禹，其論偉矣。非獨禽滑釐有是言也，莊周之書則亦道之曰：「不以自苦爲極者，非禹之道」，是皆謂墨之道與禹同耳，非謂其出於禹也。昔在成周，禮器大備，凡古之道術，皆設官以掌之。官失其業，九流以興，於是各執其一術以爲學，諱其所從出，而託於上古神聖，以爲名高。不曰神農，則曰黃帝。墨子質實，未嘗援人以自重，其則古昔稱先王，言堯、舜、禹、湯、文、武者六，言禹、湯、文、武者四，言文王者三，而未嘗專及禹。墨子固非儒，而不非周也，又不言其學之出於禹也。公孟謂「君子必古言服然後仁」，墨子既非之，而曰：「子法周而未法夏，則子之古非古也」，此因其所好而激之，且屬之言服，甚明而易曉，然則謂墨子背周而從夏者非也。惟夫墨離爲三，取舍相反，倍譎不同，自謂別墨，然後託於禹以尊其術。而淮南著之書爾，雖然謂墨子之學出於禹，未害也。謂「禹制三月之喪」，則尸子之誤也，從而信之，非也。何以明其然也？古者喪期無數，黃帝、堯、舜垂衣裳而天下治，則五服精粗之制立矣。放勳殂落，百姓如喪考妣，其可見者也。夏后氏三年之喪，既殯而致事，則夏之爲父三年矣。禹崩，三年之喪畢，益避禹之子於箕山之陰，則夏之爲君三年矣。從是觀之，它服術可知也。士喪禮自小斂奠，大斂奠，朔月半薦，遣奠，大遣奠，皆用夏祝，使夏后氏制喪三月，祝豈能習其禮以贊周人三年之喪哉？若夫陵死葬陵，澤死葬澤，此爲天下大水不能具禮者言之也。荒政殺哀，周何嘗不因於夏禮，以聚萬民哉？行有死人，尚或殣之，此節葬也；斂首足形，還葬而無槨，此又節葬也，豈可執是以言周禮哉？若然，夏不節喪。史佚固節喪與？夫下殤，墓遠，棺斂於宮中，召公爲言於周公而後行之。若是其篤終也，先王制禮，其敢有不至者哉！墨子者，蓋學焉而自爲其道者也，故其節葬曰「聖王制爲節葬之法」，又曰「墨子制爲節葬之法」，則謂墨子自制者是也。故曰「墨之治喪，以薄爲其道」；孟子滕文公篇。曰「墨子生不歌，死不服，桐棺三寸而無槨，以爲法式」；莊子天下篇。曰「墨者之葬也，冬日冬服，夏日夏服，桐棺三寸，服喪三月。」韓非子顯學篇。使夏后氏有是制，三子者不以之蔽墨子矣！

荀卿子通論

荀卿之學，出於孔氏，而尤有功於諸經。經典敘録毛詩：「徐整云：『子夏授高行子，高行子授薛倉子，薛倉子授帛妙子，帛妙子授河間人大毛公，毛公爲詩故訓傳于家，以授趙人小毛公。』一云：『子夏傳曾申，申傳魏人李克，克傳魯人孟仲子，孟仲子傳根牟子，根牟子傳趙人孫卿子，孫卿子傳魯人大毛公。』」由是言之，毛詩，荀卿子之傳也。漢書楚元王交傳：「少時嘗與魯穆生、白生、申公同受詩於浮丘伯，伯者，孫卿門人也。」鹽鐵論云：「包丘子與李斯俱事荀卿。」包丘子即浮丘伯。劉向敍云：「浮丘伯受業爲名儒。」漢書儒林傳：「申公，魯人也，少與楚元王交俱事齊人浮丘伯受詩。」又云：「申公卒以詩、春秋授，而瑕丘江公盡能傳之。」由是言之，魯詩，荀卿子之傳也。韓詩之存者，外傳而已，其引荀卿子以説詩者四十有四。由是言之，韓詩，荀卿子之別子也。經典敍録云：「左丘明作傳以授曾申，申傳衛人吴起，起傳其子期，期傳楚人鐸椒，椒傳趙人虞卿，卿傳同郡荀卿，名況，況傳武威武威據史記張丞相傳當作陽武。張蒼，蒼傳洛陽賈誼。」由是言之，左氏春秋，荀卿子之傳也。儒林傳云：「瑕丘江公受穀梁春秋及詩于魯申公，傳子至孫爲博士。」由是言之，穀梁春秋荀卿子之傳也。荀卿所學本長于禮，儒林傳云：「東海蘭陵孟卿善爲禮、春秋，授后蒼、疏廣。」劉向敍云：「蘭陵多善爲學，蓋以荀卿也。長老至今稱之。」曰：「蘭陵人喜字爲『卿』，蓋以法荀卿。」又二戴禮並傳自孟卿，大戴曾子立事篇載修身、大略二篇文，小戴樂記、三年問、鄉飲酒義篇載禮論、樂論篇文。由是言之，曲臺之禮，荀卿之支與餘裔也。蓋自七十子之徒既没，漢諸儒未興，中更戰國暴秦之亂，六藝之傳賴以不絶者，荀卿也。周公作之，孔子述之，荀卿子傳之，其揆一也。故其説「霜降逆女」與毛同義。禮論、大略二篇，穀梁義具在。又解蔽篇説卷耳，儒效篇説風、雅、頌，大略篇説魚麗國風好色，並先師之逸典。又大略篇「春秋賢穆公，善胥命」，則爲公羊春秋之學。楚元王交本學於浮丘伯，故劉向傳魯詩、穀梁春秋，劉歆治毛詩、左氏春秋，董仲舒治公羊春秋，故作書美荀卿，其學皆有所本。劉向又稱荀卿善爲易，其義亦見非相、大略二篇。蓋荀卿於諸經無不通，而古籍闕亡，其授受不可盡知矣。史記載孟子受業於子思之門人，於荀卿則未詳焉。今考其書，始於勸學，終於堯問，劉向所編堯問第二十，其下仍有君子賦二篇。然堯問末附荀卿弟子之詞，則爲末篇無疑，當以楊倞改訂爲是。篇次實仿論語。六藝論云：「論語，子夏、仲弓合撰。」風俗通云：「穀梁爲子夏門人。」而非相、非十二子、儒效三篇，每以仲尼、子弓並稱，子弓之爲仲弓，猶子路之爲季路，知荀卿之學實出於子夏、仲弓也。宥坐、子道、法行、哀公、堯問五篇，雜記孔子及諸弟子言行，蓋據其平日之聞於師友者，亦由淵源所漸，傳習有素而然也。故曰荀卿之學出於孔氏，而尤有功於諸經。

韓詩外傳「客有説春申君者，曰：『湯以七十里，文王以百里，皆兼天下。今孫子，天下之賢人也，君藉之百里之勢，臣竊以爲不便于君。若何？』春申君曰：『善。』于是使人謝孫子。孫子去而之趙，趙以爲上卿。客又説春申君曰：『昔伊尹去夏之殷，殷王而夏亡。管仲去魯入齊，齊强而魯弱。由是觀之，賢者之所在，其君未嘗不善，其國未嘗不安也。今孫子，天下之賢人，何爲辭而去？』春申君又云：『善。』于是使請孫子。孫子僞喜，戰國策作「爲書」。謝之曰：『鄙語曰「厲憐王」，此不恭之語也。雖然，不可不審也。此爲劫殺死亡之主言也。夫人主年少而放，無術法以知姦，即大臣以專斷圖私，以禁誅於己也。故舍賢長而立幼弱，廢正適而立不善，故春秋志之〔一〕曰：「楚王之子圍聘於鄭，未出竟，聞王疾，反問疾，遂以冠纓絞王而殺之，因自立。齊崔杼之妻美，莊公通之。崔杼率其羣黨而攻莊公。莊公請與分國，崔杼不許。欲自刃於廟，崔杼又不許。莊公出走，踰于外墻，射中其股，遂殺而立其弟景公。」近代所見，李兑用趙，餓主父于沙丘，百日而殺之；淖齒用齊，擢湣王之筋，而懸之於廟梁，夙昔而殺之。夫厲雖癰腫痂疕，上比遠世，未至絞頸射股

〔一〕「志之」，原作「之志」，據文義乙。

也；下比近世，未至擢筋餓死也。由是觀之，厲雖憐王，可也。』因爲賦曰：『璇玉瑶珠不知珮，雜布與錦不知異。閭娵、子都莫之媒，嫫母、力父是之喜。以盲爲明，以聾爲聰，以是爲非，以吉爲凶。嗚乎上天，曷維其同！』詩曰：『上帝甚慆，無自瘵焉。』」按春申君請孫子，孫子答書，或去或就，曾不一言，而泛引前世劫殺死亡之事，未知其意何屬。且靈王雖無道，固楚之先君也，豈宜向其臣子斥言其罪？不知何人鑿空爲此，韓嬰誤以説詩。劉向不察，采入國策，其敍荀子新書，又載之，斯失之矣。此書自「厲憐王」以下，乃韓非子姦劫弒臣篇文，其言刻覈，舞知以禦人，固非之本志；其賦詞乃荀子佹詩之小歌，見於賦篇。由二書雜采成篇，故文義前後不屬。幸本書具在，其妄不難破爾。孫卿自爲蘭陵令，逮春申之死，凡十八年，其間實未嘗適趙，亦無以荀卿爲上卿之事。本傳稱齊人或讒荀卿，荀卿乃適楚。詩外傳、國策所載或説春申君之詞，即因此以爲緣飾。周、秦間記載若是者多矣。至引事説詩，韓嬰書之成例，國策載其文而不去其詩，此故奏之葛龔也。

今本荀子二十卷，元時槧本，題云：唐大理評事楊倞注。一本題云：唐登仕郎守大理評事楊倞。事實無可考。新唐書藝文志以倞爲楊汝士子，而宰相世系表則載汝士三子，一名知温，一名知遠，一名知至，無名倞者。表、志同出一手，何以互異若此？古刻叢抄載「唐故銀青光禄大夫、使持節蔚州諸軍事、行蔚州刺史、兼御史中丞馬公墓志銘」，其文則楊倞所作，題云：「朝請大夫、使持節汾州諸軍事、守汾州刺史楊倞撰。」結銜校荀子加詳。其書馬公卒葬年月云：「以會昌四年三月十日卒，以其年七月十日葬。」據此，則楊倞爲唐武宗時人。

賈誼新書序

新書五十八篇，漢梁太傅洛陽賈誼撰。今亡一篇。校本傳，自「凡之知」至「胡不引殷、周、秦事以觀之也」，四百三十四字，書亡其文，據以補之。問孝禮、容語上二篇，有録亡書。藝文志但云：「賈誼」稱新書者，劉向校録所加。」荀卿子稱荀卿新書，見於楊倞之序，是其證也。過秦三篇，本書題下亡「論」字，陳涉項籍傳論引此，應邵注云「賈誼書之首篇也」，足明篇之非論。吴志闞稜傳始目爲論，左思昭明太子並沿其文，誤也。自數寧至輔佐三十三篇，皆陳政事，按鼂錯傳「錯言宜削諸侯事，及法令可更定者，書凡三十篇」，則知當日封事事各一篇，合爲一書，固有其體。班氏約其文而分載之本傳、食貨志爾。其指事類情，優游詳鬯，或不及本書。自春秋至君道，皆國中失之事；自官人至大政，皆通論；修政上下皆重言也，三古之遺緒，託以傳焉。容經以下，則皆古禮逸篇與其義，舊本編録亡次第，今略以意屬之，定爲六卷。題下有事勢，有連語，有雜事，與管子書同例，今亦仍之。别爲年表一篇，俾覽者詳焉。經典序録所次本劉向别録，其敍左氏傳云「荀卿授陽武張蒼，蒼授洛陽賈誼」，然則生固荀氏再傳弟子也。故其學長於禮，其所陳立諸侯王制度、教太子敬大臣，皆先王之成法，周公舊典，仲尼之志，蓋春秋經世之學在焉。是故備物典策，國所與立，君舉必書，以詔後世。春秋者，秉周禮而謹其變者也，吾於荀氏、賈氏之言禮也，益信劉子駿稱漢朝之儒，惟賈生而已，豈虚也哉！其書述左氏事，止禮容篇叔孫昭子一條；先醒篇言宋昭公出亡而復位，號君出走，其御進酒食及枕土而死；耳痺篇言子胥何籠而自投於江；諭誠篇言楚昭王以當房之德復國，皆不合左氏。審微篇言晉文公請隧叔孫于奚，救孫桓子；春秋篇言衛懿公喜鶴而亡其國；先醒篇言楚莊王與晉人戰於兩棠，會諸侯於漢陽，申天子之禁，皆與左氏異。同其時，經之受授不著竹帛，解詁屬讀率皆口學，其有故書雅記異人之聞，則亦依事枚舉，取足以明教而已。禮篇、君道篇説詩騶虞、鴛鴦、靈臺、皇矣、旱麓，均非毛義。於時三家之學未立，故秦時老師大儒猶有存者。師友所承，不可盡知，使得是千百説而通之，豈復有末師之陋哉？於乎！漢世慕尚經術，史氏稱其緣飾，故公卿或持禄保位，被阿諛之譏，博士講授之師，僅僅方幅自守，文吏又一切取勝。蓋仲尼既没，六藝之學其卓然著於世用者，賈生也。傳曰「稱先王」，詩曰「秩秩大猷，聖人莫之」，賈生有焉。班氏敍梁捍吴、楚及淮南四子之敗，於其經國體遠，既明列其功，而不詳其學之所本，是以表而出之。若夫五餌三表，秦穆用之，遂伯西戎，而中行説亦以戒匈奴，則既有徵矣。謂之爲疏，斯一隅之見也。漢世是書盛行於世，司馬遷、劉向著書動見稱述，孝昭通保傅傳，則當時以教胄子。傅職保傅連語，輔佐胎教，戴德采之。禮篇之文，載在曲禮。今二書並尊爲經，而是書傳習蓋寡，道之行廢，豈命也與？藝文志「賦七篇」，今見弔屈原、惜誓、服賦、旱雲賦、簴賦，蔚爲辭宗賦頌之首，可謂多材矣。録而附之，亦成相賦篇意也。

附録

先生自言少日問學，實私淑顧寧人處士，故嘗推六經之旨，以合於世用。及爲考古之學，惟實事求是，不尚墨守。所爲文恒患意不稱物，文不逮意，不專一體。於周、秦古籍，多所校正。與畢侍郎書。

先生才學通敏，冠絶江南，素傲睨，好詆議人，輒招時忌，無能合其意者。負笈從朱笥河游，笥河禮遇之有加，常若弗及之也。李威朱先生從游記。

朱文正公提學浙江，先生往謁，答述揚州割據之迹，死節之人，作廣陵對三千言，博綜古今，天下奇文也。畢尚書沅總督湖廣，招來文學之士，先生往就之，爲撰黄鶴樓銘。歙程孝廉方正瑶田書石，嘉定錢州判坫篆額，時人以爲三絶。王引之撰行狀。

王石臞曰：「容甫才學識三者皆過人，在我輩中且當手詘一指也。」與劉端臨書。

阮雲臺敍録述學曰：「容甫孤秀獨出，凌鑠一時，心貫九流，口敝萬卷，鴻文崇論，上擬漢、唐，劉焯、劉炫略同其槩。」小嫏嬛仙館敍録。

焦里堂贊述學曰：「明經頴頴，無書勿讀，擷其精華，謂之述學。周官古書，其徵有六，職方一篇，申告自穆；左氏所敍，神鬼夢卜，福善禍淫，史職用告；三九之釋，形容與曲，婦人無主，厥辨尤篤。」雕菰集。

劉端臨曰：「容甫晚年顓治經術，舉其大者，釋以義例，縱横貫穴，博大淹通，卓然成一家言。病後人之誣左氏、疑周官也，作左氏春秋釋疑、周官徵文。病女子子未嫁守貞之非禮，作女子許嫁壻死從死及守志議。病近世立家廟，有不爲婦人作主者，作婦人無主答問。」又云：「媒氏中春會男女，讀若司會之會，作釋媒氏文。」汪氏學行記。

段懋堂曰：「能文章者，不必精考據；精考據者，不必能文章。二者兼而有之，惟東原師與容甫耳。」同上。

江鄭堂曰：「潛心讀史之人，不可多得，先進惟錢竹汀、邵二雲兩先生，友朋中則李君孝臣、汪君容甫、淩君仲子三人而已。」同上。

胡培翬曰：「容甫先生校本儀禮經注，在乾隆四十四年，是時金璞園浦聲之書尚未行世，吴東壁、沈冠雲之書亦未甚章顯。其中同者固多，而其異者，如士相見禮『非以君命使，則不稱寡，大夫士則曰寡君之老』，先生改『士』爲『使』，曰『據鄭注讀經，不稱寡爲句』，又曰『其使則皆曰寡君之某可證』。特牲饋食禮『賓坐取觶，還東面拜』，先生删『拜』字，姜上均、蔡宸錫皆疑賓兩拜，主人止答一拜，而不知還東面下之『拜』字爲衍字也。少牢饋食禮『葵菹蠃醢』，注『葵菹在綍』，先生改爲『左』，鄭注士喪禮釋綍爲屈，據疏，几筵東向，以北方爲左，故云『左綍』。有司徹『主人酌酢於長賓』，注『主人酌自酢，序賓意』，先生改序爲『遂』，據疏云『達其意』，則賈所見本是『遂』字，古訓遂爲達，賓卑不敢酢，故主人自酢以遂其意。凡此諸條，深有功於經義。」研六室文鈔儀禮經注校本書後。

容甫家學

汪先生喜荀

汪喜荀原名喜孫，字孟慈，容甫長子也。嘉慶丁卯舉人。初入貲爲内閣中書，改户部員外郎，出爲河南懷慶府知府。在户曹治事精覈，以薦發東河河工從栗恭勤公毓美治河，及任懷慶，治獄、治河、治賑，皆著名績。道光二十八年卒於官，年六十二。先生少孤力學，生有至性，每稱述先德，泫然流涕，於先人所著書，片言隻字，析及精微。輯名公先輩所譔傳誌詩文爲汪氏學行記。自著有國朝名臣言行録、經師言行録、尚友記、從政録、孤兒編、喪服答問紀實、且住庵文稿，凡若干卷。子保和，字綏伯，諸生，通左氏春秋。參劉文淇撰墓表。

從政録

與任階平先生書

張古餘夫子一生用力於六書九數，六書未有著作，九數有開方補記、求一算術兩書。一則先秦古法，一則四元真傳。求一之書已墨於板，傳世致少；開方則未經刊行，板本存顧晴崖家。其公子久久不歸，恐無人料理，書册零落。講院内好古有力之士，儻能醵金印行，廣爲傳習，不獨表章遺書，亦經師之所有事也。敝本家士鐸、管甥嗣復，並用力算書，惟境地清貧，力不能振。儻山長登高而呼，或有起而應之者，安見盧學士抱經先生、錢少詹辛楣先生不再見於執事？而胡民部竹村，相知素深，定同聲相應耳。抑有請者，盧、錢通經而品地不讓宋人，胡亦矯矯自好，然則漢、宋之學可不必分，通經與力行更不必别，安有學周公、孔子之道而行與言違？又安有讀程子、朱子之書可束書不觀者？是故董子之正誼明道，上紹七十子之微言大義，下開程、朱之道學。歐陽、大、小夏侯、齊、魯、韓之學，周公之藝，孔氏之文也。許君訓詁，鄭君名物，周公爾雅之學，孔子多識之傳也。讀周、孔之書，爲周、孔之學，安有所謂漢學哉？且虞翻、皇甫侃、徐遵明、熊安生、劉焯、劉炫生於兩漢之後，無古今文之别，不皆漢人師承，亦謂之漢學耶？孔沖遠、陸元朗易學好王氏清虚之談，亦謂之漢學耶？朱子謂康成是大儒，得謂之不習漢學耶？王伯厚輯三家詩，得謂之不習漢學耶？僕願與閣下大聲疾呼，破當世門户之見，根柢周禮，師儒道德，得民仰止，冉閔、顔淵，孔門善言德行，庶乎經明行修，經通致用，由博文而約禮，由多識而一貫。夫子之文章在詩、書、禮、樂，夫子之言性天道在大易，夫子之雅言詩、書、執禮，爲四術之教士，夫子之罕言利命與仁，爲五十之學易，道與藝合，道與器俱。周公多才多藝，誠在驕吝，孔氏孝弟謹信，餘力學文，志道據德，依仁游藝。形上爲道，形下爲藝，凡士人所誦習，安可忽諸？願執事昌明大道，不勝景仰。

容甫交游

盧先生文弨 別爲抱經學案。

王先生念孫 別爲石臞學案。

劉先生台拱 別爲端臨學案。

阮先生元 別爲儀徵學案。

焦先生循 別爲里堂學案。

淩先生廷堪 別爲次仲學案。

段先生玉裁 別爲懋堂學案。

江先生藩 別爲鄭堂學案。

江先生德量

江德量字成嘉，號秋史，江都人。父恂，好金石文字。世父昱，通聲音訓詁之學。先生少承家學，勵志肄經，及長，與容甫爲友，學益進。乾隆庚子一甲二名進士，授編修，遷御史，居朝多識舊聞，博通掌故，精於小學。著有泉志三十卷，又撰廣雅疏未成。乾隆五十八年卒，年四十一。參容甫撰墓志、江藩漢學師承記。

清儒學案卷一百三

錢塘二梁學案

曜北之於史記，處素之於左氏傳，皆專家之學也。述錢塘二梁學案。

梁先生玉繩

梁玉繩字曜北，號諫庵，錢塘人。東閣大學士詩正孫，工部侍郎敦書子。世父同書，字元穎，號山舟，乾隆壬申進士，授編修，遷侍講。嘉慶十二年重宴鹿鳴，加侍講學士銜。平生澹於榮利，行己誠慤，事必依禮制。工書，尤名重於世。無子，先生爲之後。先生家世貴盛，爲名諸生。年未四十，棄舉子業，專心撰著，尤精於史部。撰史記志疑三十六卷，據經傳以糾乖違，參班、荀以究同異，從事幾二十年。錢大昕稱其書爲龍門功臣，可與集解、索隱、正義並傳。人表考九卷，旁搜曲證，尤爲精博。又著有呂子校補二卷，元號略四卷，補遺一卷，誌銘廣例二卷。其他攷訂之説，爲瞥記七卷；删存平生所爲詩文，爲蜕稿四卷；合人表考以下五種爲清白士集，取淮南子語以自號也。嘗遺書弟履繩曰：「吾與弟迂野性成，淡面鈍口，不合時趨，衹宜寢迹衡闈，繼承素業。他日得有數十卷書傳於後，不至姓名湮没，足矣。」嘉慶二十四年卒，年七十六。參史傳。

史記志疑序

余自少好太史公書，綴學之暇，常所鑽仰。然百三十篇中，愆違疏略，觸處滋疑。加以非才删續，使金鍮罔别，鏡璞不完，良可閔歎。解家匡謬甄疵，豈無裨益？第文繁事博，舛漏尚多，因思策勵駑蹇，澄廓波源，采裴、張、司馬之舊言，搜今昔名儒之高論，兼下愚管，聊比取芻，作史記志疑三十六卷，凡五易稿乃成。在宋劉氏撰兩漢刊誤，翼贊顔注，吴斗南復著刊誤補遺，深慚鄙淺，何敢繼祖前修？衹以勤苦硯席，星歷一終，享帚徒珍，惜肋莫棄，則剟其瑕而縫其闕，實有望於後之爲斗南者。

志疑後序

曩賢多注漢書，僂指三十餘家，而注史記者甚少。延篤、徐廣、鄒誕生、劉伯莊俱作音義，别有音隱五卷，莫詳其人，竝佚不傳，惟經裴參軍等引用，什獲一二。裴氏集解與小司馬索隱、張長史正義，附見于史，僅止三家，甄釋探討，庶幾子長忠臣。然屢涉誤端，瑕瑜相準。唐藝文志許子儒、王元感、徐堅、李鎮、陳伯宣均注史記，又子儒音三卷，李鎮義林及裴安時纂訓各二十卷。攷索隱後序，小司馬已罔覩許注，則唐初遂亡。宋史志衹載伯宣注，是元感諸儒所纂亡於宋代，而馬氏通考言伯宣注殘缺，今并殘本不可得。柳宗元龍城録稱「漢末大儒張昶撰龍山史記注」，金史蕭貢傳「注史記一百卷」，皆未之見也。後序謂隋柳顧言善此史，劉伯莊先人常從受業，隨手記録，伯莊緣以作音義。張嘉會亦善此史，小司馬少從之學，因成索隱。柳、張二公之旨，殆絶而不絶矣。昔曹子桓云：「人生不朽，其次莫如著篇籍。」劉孔昭云：「使我數十卷書行於後，不易齊景千駟。」誠見自古著述傳之實難。獨怪史記擅奇六經之餘，漢章帝乃詔楊終刪之，終雖有聞西蜀，而才謝龍門，輒敢妄加筆削，殊爲顔厚。且踳駮之處，歷歷具在，所刪究屬何詒？史册元文，尚不能完保行世，奚論其他。刊整既畢，綴書紙尾，用寄喟然。

人表攷

班漢人表創例也，范史列女傳言：「班固著漢書八表、天文志未竟而卒，和帝詔固妹曹大家昭成之，復詔馬融兄續踵成其書。」唐劉知幾史通遂稱人表馬續撰，宋晁公武讀書志疑製自班昭。然隋志云：「建初中，班固奏表及紀傳、十志未就，固卒後，命大家纘成。」説又不同。案：敍傳曰：「篇章博舉，通於上下，略差名號九品之序，述古今人表第八。」是科段竝出固手，昭特覆更綴輯爾。前哲每議此表爲妄作，如史通表歷、品藻諸篇，宋鄭樵通志序，吕祖謙大事記解題十，羅泌路史後紀十四，王觀國學林三，明楊慎升菴集人表論，皆競相彈射，少所推嘉，故欽玩者鮮。其實褒貶進退，史官之職，始三皇以迄嬴秦，聖仁智愚，不勝指數。馬遷既未能盡録，班氏廣徵典籍，蒐列將及二千人，存其大都，彰善戒惡，準古鑒今，非苟作者。開元時韓祐續之，猶見收於唐志。矧本表朗垂遠久，又何譏焉？錢宮詹嘗謂余云：「此表用章儒學，有功名教，觀其尊仲尼於上聖，顏、閔、思、孟於大賢，弟子居上者三十餘人，而老、墨、莊、列諸家咸置中等。書首祖述夫子之言，論語中人物悉見於表，而他書則有去取。詳列孔氏譜系，儼以統緒屬之，孟堅具此特識，故卓然爲史家之宗，不獨文章雄跨百代而已。」余甚服膺斯語，惟是定以三科，區分尚易，別以九品，確當爲難，人表借用禹貢田賦九等之目，造端自馬遷，史記李將軍傳云「李、蔡爲人在下中」是也。毫釐之差，誠所不免。而屢經傳寫，紊脱尤多，元序有「崇侯張晏謂」，有「嫪毒」，宋重修廣韻「公」字注有「齊大夫公幹」，「士」字注有「士思癸」，通志氏族略四有「司褐拘」，而今俱無之，斯疎脱之譣也。元序「桀爲下愚」，學林引表亦在九等，張晏謂、田單、魯仲連、藺相如第五，寺人孟子第三，史通謂陽處父第四，士會、高漸離第五，鄧三甥、荆軻第六，鄧祁侯、秦舞陽第七，俱與今異，斯紊次之譣也。他若標署譌複，時代乖違，均由乎此。然則豈盡班氏之咎哉？余勘校各本，摭采羣編，缺不敢補，誤不敢改，爲攷九卷，附載別稱，媿未能該備，間涉隱奧莫甯，以俟學覽之君子。

元號略

古者人君不改元，不紀號，繼體之主，惟即位踰年稱元而已。自魏惠王更三十六年爲元年，秦惠文王更十四年爲元年，而改元於是乎始。故漢文、景有後元年，中元年，說者謂起於周之文王，妄也。鄭厲公、衛獻公及出公，史皆書曰後元年出亡、復國，不在此例。自漢孝武假天瑞名年，冠以建元，而紀號於是乎始。說者謂昉於周之共和，非也。厥後義例乖違，單複錯雜，或改元而未踰年，或踰年而不改元，或一年而三易元，一帝而十餘號，或取先皇之號而仍用之，或昧昔朝之號而謬襲之，又或與前代宫殿、陵謚及州縣之名相同，其他僭僞迭出，難以縷數。蓋上下千八百年間，幾至千名，而盡欲彊識弗誤，固有所不能矣。余自庚戌之夏，卜居城東，因病得閒，輯元號略四卷，攷譌校異，旁采曲收，依韻類編，取便尋閲，聊爲讀史之小助云。

本朝列聖紀元，謹録於卷首，尊國體也。

自漢迄今，分專號重號，編爲三卷，其擬而未用，及無考者，別爲佚號一卷，以俟參覈。

歷代正統與南北分統諸帝，皆前列大書，次偏霸，次外蕃，皆書國書名，而注其事於下。草竊者，直書姓名，以圈別之。凡都地、鄉貫、氏名、年壽、廟謚、山陵，兼載備覽。

昔人論改號有關休咎者，注各處下，見讖應之異。

金石文字必據年月爲驗，則更元之月不可不詳，兹竝審對無誤，一檢即知。

虚造元號，如道家言天帝、中皇、無極之類，理所宜删，用袪荒誕。

諸史述亂賊事，有但言改元，不著年名，而他書亦不載者，又有自立號名，而非改元者，概不羼入。

是編惟輯年號，不排甲子，如欲稽歷朝之修短，代系之干支，前賢紀年諸書具在，可覆視焉。

文集

復盧學士論諱書

承示古人生不辟名，卒哭乃諱，引據精核，先生之論詳已。然竊有疑焉，即以天子諸侯言之，周襄王名鄭，而其後不聞鄭國改封；魯廢具、敖二山，而有公孫敖；衛襄公名惡，而其後有大夫齊惡，何以不諱？齊有昭公，而其兄孝公名昭；宋有成公，而其孫平公名成，舉謚則犯名，諱名則廢謚，將如何辟乎？且有子孫與其先世同名者，高圉之父名辟方，而孝王名辟方；厲王名胡，而僖王名胡齊；晉惠公名夷吾，而靈公名夷皋；鄭武公名掘突，而厲公名突；蔡文侯名申，而昭侯名申；杞桓公名姑容，而文公名益姑；莒渠丘公名朱，而犂比公名買朱鉏；若夫武王一代之宗也，而衛有公叔發，鄭有公子發；伯禽不祧之君也，而有柳下惠展禽；兹輿期，莒之祖也，而後世有兹丕公及展輿、庚輿；季勝，趙之祖也，而春秋有趙勝，戰國有公子勝，平原君亦名勝；陳完，田齊之始祖也，而陳成子有兄曰完。凡此，豈得援舍故諱新之例以爲辭耶？又有以祖父之名爲氏者，如杜世族譜、鄭氏族略所載則祖宗之名，世世不可復諱，亦不必入門而問矣。是皆愚昧所未解，願先生再誨之。

答錢詹事論漢侯國封户書

閣下謂高祖功臣盡食一縣者，惟曲逆侯陳平一人，敬聞命矣。由是知列侯封國，雖計户口之多少爲限，而仍以畺域爲斷。史公言漢初大侯不過萬家，小者五六百户，後數世民咸歸鄉里，户益息。蕭、曹、絳、灌之屬，或至四萬，小侯自倍，則復業户口在列侯封内者，例得兼食之，故有始封户少，而免絶時户多者。曹參萬六百户，至國除凡二萬三千，推之曲周、潁陰諸國俱然。有始封户多，而免絶時户少者，柳丘侯戎賜八千户，至國除僅三千，昌武亦然。儻但限之以户，安得有前後盈絀之殊？且未聞多者從而損之，少者從而益之也。匡衡因郡國誤閩佰爲平陵佰，遂封真平陵佰以爲界，衡食止六百户。表云：「六百四十七户。」假使閩佰爲界，户數有餘于六百之外，猶將歸之有司，何論平陵？而郡國之誤不誤，并與安樂侯國無涉，胡乃盜土自益，卒坐亂滅郡界之罪哉？蓋始封户數元有一定，嗣後或孳生，或衰耗，或遷徙，居乎國界則得食，出乎國界則不得食也。至閣下謂武安侯田蚡爲丞相，其奉邑食鄃，而其時俞侯欒布子賁嗣侯尚無恙，布封邑千八百户，鄃縣户口必不止此數，亦是以布所食外之餘户益封田蚡，竊恐未然。班、馬兩表書俞侯年數多舛錯不合，曾細校之，布以景六年封，中四年薨，在位六年；賁以元朔二年封，元狩六年免，在位十年。中絶十八年，政當蚡作相時，故得食於鄃。意蚡爲丞相，別食奉邑，如張安世國在陳留，別邑在魏之比，霍光亦有別邑，蓋異數也。蚡卒而邑歸有司。其卒在元光三年，迨元朔二年，仍以歈續封布子賁，未必一鄃兩封，如後漢伏湛、宋酆之封不其侯也。狂瞽無當，惟閣下更誨焉。

答翟晴江丈書

來教辨五霸有二：三代之五霸，夏昆吾，商大彭、豕韋，周齊桓、晉文；春秋之五霸，齊桓、晉文、秦穆、宋襄、楚莊。夫以昆吾、大彭、豕韋、桓、文爲五霸者，據白虎、風俗二通及服虔、高誘、杜預、顔師古、楊士勛諸人之解，是則然矣。若以秦穆、宋襄列春秋五霸之中，雖亦本白虎通，其後趙岐、高誘、李善皆從之，而不甚確也。白虎通又載桓、文、秦繆、楚莊、吴闔廬爲五霸，荀子則取桓、文、楚莊、闔閭、越句踐，師古注漢書諸侯王表則數桓、文、宋襄、秦穆、吴夫差。師古注異姓表、地理志及此，三處各異。綜而考之，穆公僅霸西戎，未得志諸夏，故傳云：「秦穆不爲盟主。」書録秦誓，嘉其悔過，豈以其霸哉？宋襄求霸不成，傷於泓以卒；闔閭黷兵楚、越，傷指而死；夫差驕侈不道，甬東之事，羞見伍胥，均不可言霸。竊意春秋之霸，宜以齊桓公、晉文公、悼公、楚莊王、越句踐五君爲斷。悼公之霸，左傳書之，黄東發謂其功德在桓文之上；句踐之霸，史記著之，董仲舒對江都王、淮南子齊俗訓並同其説。或疑悼爲文後，不應一國兩霸。而霸者論功不論世，如以世，則大彭、豕韋亦猶晉之文、悼也，將不得爲商之二伯乎？或又疑荀子仲尼之門，羞稱五伯，句踐在仲尼後，何以稱之？不知五霸之名，始於周末，孔子時無是稱也，殆以追述之辭，誤認出孔門之口矣。

附録

先生治諸經，不墨守一師，嘗補爾雅郭注未詳三事，釋木「髡梱」，謂「凡木枝葉彫落曰髡，亦謂之梱，方言『梱，就也』，注『成就貌』，蓋自榮至枯，亦物之一成也」。釋鳥「鷽鵯鶋」，謂「樊孫本『鷽』作『鷽』，釋文本作『與』，則即『鷽』，斯也。小爾雅、廣雅並云『此類有三：純黑而反哺者謂之烏；小而腹下白，不反哺者謂之雅；白項而羣飛者謂之燕。』烏鵯鶋必燕烏矣。鵯爲項義，鶋爲白義，詩『有女如荼』，亦言其白」。「鸕諸雉」，謂「是錯簡，鸕字在下文『鷺舂鉏』之上，黑爲鸕，白爲鷺也。『諸雉』二字在下文『雞雉等』之上，雉有數類，故以諸雉冠之」。先生又言「景純注爾雅，自謂沈研鑽極，歷二九載，然未詳者尚有百數十事。偶解一二，或可備闕。若必備說無遺，恐失之鑿」。此似爲翟晴江補郭而發，然可見其持論名通，不爲穿鑿矣。

先生喜讀檀弓，爲沽説二卷。後見徐穆如檀弓通、邵鶴亭檀弓疑問，頗有同者，乃删存十餘條，易其名爲剩義。又與孫頤谷及處素校列女傳未竟，適顧千里校本刻行，乃取參對，就取未及者存二百餘條。又補人表考十餘條，皆次入瞥記中。

先生又謂：「孔明讀書，但觀大意；淵明讀書，不求甚解，非中人以下所得妄託。」此言可爲學者箴砭。

梁先生履繩

梁履繩字處素，號夬庵，乾隆戊申舉人。刻意於學，蕭然如寒素，與兄曜北互相礱錯，有二難之目。博聞强識，兼通羣經，治左氏傳尤專。嘗彙輯賈、服以下諸家之説，而折其衷，爲左通一書。分以六門：一曰補釋，古注輯存雖富，惟合者録之；一曰考異，取石經羣籍以證異同；一曰廣傳，取諸子雜家之與傳相表裏者以補左氏；一曰駁證，旁采諸書，以駁杜氏之偏執；一曰古音；一曰臆説。今刊行者，惟補釋三十二卷，考異已分附各條，廣傳、駁證屬稿已具，古音、臆説有録無書。乾隆五十八年卒，年四十六。參史傳。張雲璈梁孝廉小傳。

左通補釋序

隋志載賈逵解詁、服虔解義各數十卷，今俱已佚。杜氏參用賈、服、仲達作疏，間有稱引，恨未覩其全，亦如馬融諸儒之説，僅存單文隻義爾。唐以後注左氏者，代不乏人，惟張洽、趙汸最爲明晰，大抵詳書法而略紀載。所行林堯叟本，又大半勦襲，絶少會心。余綜覽諸家，旁采衆籍，以廣杜之所未備，作補釋三十二卷。

附録

先生左通補釋外，無他著述。事親至孝，葬父自北歸，風日燥烈，塵埃漲天，熱氣中人，毒甚，抵家尚無恙。在山月餘，親畚杵維謹，坐面富春江，時當秋末，江風射人作寒，未幾病卒。

張簡松曰：處素爲人和易，無疾言厲色，又誠謹，重然諾，不輕爲人謀事，謀則必要其成。雖生富貴，泊無嗜好，惟鋭意經史，屢躓棘闈，四十外始一當，又數年卒。張雲璈撰小傳。

盧抱經嘗稱二人氣象，曜北則侃侃然，處素誾誾然。史傳。

曜北家學

梁先生學昌

梁學昌字蛾子，曜北先生長子。與弟耆、弟衆、弟田自爲師友，朝經暮史，樂以忘榮。嘗以其父所著史記志疑及清白士集梓行之。後續有更加，不能刊改，隨筆識於刻本上方。恐歷久失遺，乃摘次之，爲庭立紀聞四卷，附清白集後。參庭立紀聞序。

二梁交游

杭先生世駿 别爲堇浦學案。

盧先生文弨 别爲抱經學案。

錢先生大昕 别爲潛研學案〔一〕。

孫先生志祖 别爲頤谷學案。

翟先生灝 别見頤谷學案。

許先生宗彦 别見儀徵學案。

〔一〕「潛研學案」，原作「竹汀學案」，據目録及正文改。

張先生雲璈

張雲璈字仲雅，一字簡松，先世本海寧陳氏，繼姓於張，遂爲錢塘人。兵部侍郎映辰子。乾隆庚寅舉人。嘉慶中選授湖南安福知縣，歷任湘潭、安福，有政聲。於學無所不窺，精究選學，攷據明審，有選學膠言二十卷，選藻八卷，四寸學六卷，垂綏録十卷，異字同音義録、湖南湘潭縣志若干卷。別有簡松草堂詩集二十卷，蠟味小稿五卷，歸艎草一卷，知還草四卷，復丁老人草二卷，金牛湖漁唱一卷，三影閣箏語四卷，文集十二卷。與修兩淮鹽法志。道光九年卒，年八十三。參姚椿撰墓誌銘。

按清吟閣書目有人事投瓶録六册，不分卷，亦先生撰，其書未見。

選學膠言自序

選學向無專本，所有者前人評騭而已。如孫月峯、俞犀月、李安溪、何義門諸先輩，字櫛句比，不留餘蘊，足爲詞人之圭臬，藝苑之津梁矣。然大都於行文之法綦詳，而於摭實之義多略，一二訂正，如寸珠尺璧，令人視爲希世之寶。其中義門先生考覈較多，最稱該洽，視諸家尤長，故學者宗之，具在讀書記中。近金壇于氏晴川復總括纂注、評林、瀹注、約注、賦彙、疏解等書，及張伯起、陸雨侯並孫、俞、李、何之説，擷其菁華而删訂之，名曰集評，盛行於世，所謂無千金之腋，而有千金之裘，何其善也！予讀文選久矣，凡詩賦之源流，文章之體格，得其解，心領而神會之，不得其解，則有諸家之説在，一展卷可以瞭然，誠無所置喙。顧文義不無舛誤，注家尚多異同，與夫名物、典故、字句、音釋有出於諸説所備之外者，不能無疑。隨疑隨檢，隨記簡眉牘尾間，久而漸滿，繙之則如黑蟻屯聚，相雜於白蟫趁趕之中，幾不復辨。長夏無事，件繫條録，凡諸説未及者補之，諸説已有者删之，諸説未盡者詳之，諸説未安者辨之，且因此以見彼有不必爲文選設者，觸類而引伸，共存如干卷。魏都賦云「牽膠言而踰侈」，注引李克書曰：「言語辨聰之説，而不度於義者，謂之膠言。」取以顔其書，蓋誌媿也。夫文選有李善，猶詩、禮有康成，沈博絶麗，後人莫由窺其堂奥。今欲於尋行數墨中，効愚者之一得，不惟不值李氏一哂，直恐爲當世噎鄙。然而芻蕘之言，聖人所詢，且袛備遺忘，非關著述，故既毁而復存。至五臣之注，最爲乖謬，誠有如李濟翁資暇録、丘光庭兼明書所言者，乃後人反以李注爲迂繁，莫不習尚五臣，舉唐、宋以來名家所引，往往皆五臣之注，其實多竊李注而人不知，此古來最不可解之一事。故是編專據李氏，於五臣偶一及之，誠不足與辨也。家貧無書，且流寓江都，交遊絶少，多從郡博李齋生同年借資尋閲，并就正焉，所得於良友之教益者深矣。予既雅好是書，又適客李氏之鄉里，即此附仰止之心，亦後學者之大幸已。

注例説

李氏之注文選，自有其例，不明其例，則李注之次第不可得而知也。凡五臣注之闌入李氏者，不可得而知也。且非五臣注而闌入李氏者，更不可得而知也。例者何如？諸引文證皆舉先以明後，以示作者必有所祖述也，或引後以明前，示不敢專也。又如同卷再見者，則云已見上文，其他卷再見者，云已見某篇，務從省也。舊注並於篇首題其姓名，有乖謬乃具釋，必稱善以别之，不攘人以爲己有也。其引詩，如自引，則稱毛詩，若舊注所引，則止云詩，蓋劉淵林、張孟陽諸人之注所引詩，未必是毛詩，觀魏都賦「牒牒坰野」注可見也。引漢書，如太子報桓榮書之在榮傳，谷永與王譚書之在永傳之類，初不稱班、范二史也。音釋多在注末，而不在正文下，凡音之在正文下者，皆非李氏舊也。稱「然則」必單用「然」字，此通注中悉如此，其有「則」字者，後人誤增也。凡此皆李氏注一定之例，其後轉輾合并，遞相羼雜，往往舛錯，幾不可讀，顯慶奏上之本，無復廬山真面矣。何義門、陳少章據袁本、茶陵本，雖句櫛字比，僅得十之四五。近鄱陽胡果泉中丞據宋淳熙尤延之貴池重鋟本，參以袁、茶之校而互訂之，成攷異十卷，反覆詳論，李氏之舊，雖未能盡復，然已思過半矣。胡氏言文選之異起於五臣，然有五臣而不與善注合并，即合并矣，而未經合并者具在，即任其異而弗攷，無不可也。今世所存僅袁、茶及尤延之本，或沿前而有譌，或改舊而成誤，割裂删削，殊非崇賢舊觀。是李氏之注一厄於五臣之合并，再厄於尤氏之增删，故五臣而闌入李氏者猶可攷，有非五臣而闌入李氏者無從攷正也。惟一準乎注例，尋流而溯源，或不致迷途之難返云爾。

李善注有數本

舊唐書儒學傳：「李善，揚州江都人，崇賢館直學士，嘗注解文選，分爲六十卷，表上之。賜絹一百二十四，詔藏於祕閣。」新唐書文藝傳云：「善淹貫古今，而不能屬文，人號爲書簏。注文選，釋事而忘意。書成，以示子邕，邕嘿然，意欲有所更。善曰：『試爲我補益之。』邕附事見義，善以其注不可易，故兩書並行。」又李邕傳：「父善嘗受文選於同郡人曹憲，後爲賀蘭敏之所薦，引爲崇賢館學士，轉蘭臺郎。敏之敗，善坐配流嶺外，會赦還，因寓居汴、鄭之閒，以講文選爲業。」又李濟翁資暇録云：「李氏文選有初注、覆注、三注、四注，其絶筆之本，皆釋音訓義。」據此，則李注有數本，今惟顯慶所上之本，此外絶不可見，即邕書亦不傳，反留乖謬之五臣與李注並傳不朽，亦有幸有不幸也。又李氏於選注之外，又撰漢書辨惑三十卷，必有與選注互相發明者，其書竟不傳。惜哉！

清儒學案卷一百四

授堂學案

中州人士，多以理學名家，授堂嗜古研經，獨精漢學。通籍後，出宰數月，遽以伉直罷官。刻苦授徒，勇於著作。論者謂中州之知讀古書崇經學者，實自授堂倡之。述授堂學案。

武先生億

武億字虚谷，號授堂，偃師人。父紹周，雍正癸卯進士，由知縣官至吏部郎中。先生年十七，喪父，家貧力學，深自刻勵。值河、洛水溢，廬舍傾圮，架蓆處洿泥中，誦讀不輟。後以鄉薦入都，從大興朱笥河學士游，益爲博通之學。乾隆庚子成進士。越十年，選山東博山縣知縣，興利除弊，訟無留牘。會步軍統領番役入東境，緝捕要犯，其頭目恃權相和珅勢，率徒黨十一人，横行各州縣，莫敢誰何。至博山宿逆旅三日，恣意飲博。先生率役往捕，杖責其尤横者。上官懼忤和珅意，遂隱其事實，遽以任性濫刑劾罷之。旋主講啟文、清源兩書院，授徒以自給，既乃辭歸里居。嘉慶四年，仁宗既誅和珅，其冬命吏部行查去官原案，送京引見，而先生已先一月卒，年五十有五。先生淹貫羣籍，七經注疏、三史、通鑑，皆能闇誦。其講學依據漢儒師授，不蹈空虛臆説之習。考訂經義，皆稽之古書傳記，旁引遠徵，遇微罅輒剖抉藴要，比詞達義，以成一例。生平篤嗜金石，游歷所至，如嵩山、泰岱，見有碑刻，必捫苔剔蘚，盡心椎拓，其不能施氈椎者，即手録其文。故所藏多有爲前人未見者，凡所考跋，皆足補正史傳。嘗纂修安陽、魯山、寶豐、郟縣諸志，詳贍精覈，世稱善本。所著有經讀考異八卷，補二卷，句讀序述二卷，羣經義證八卷，三禮義證十六卷，金石三跋十卷，授堂金石文字續跋十四卷，偃師金石記四卷，授堂文鈔八卷，續鈔二卷，授堂詩鈔八卷。其未刻者尚有竹書紀年補注、新唐書索隱、讀史金石集目、古錢譜、授堂劄記等書。參史傳、朱珪撰墓誌、法式善撰傳、孫星衍撰傳、武穆淳撰行述、漢學師承記、文獻徵存録。

經讀考異自序

經讀考異八卷，序述二卷，合十卷。又補二卷。綴輯少具倫次，蓄已數歲，不敢一眎於人。自丁未館西霞先生西齋，日課兩生，與之授讀，因檢昔所究心故讀，至某字屬句，世已口習不復可破，及塾師堅執一讀，不能兼通他讀，或一字而上屬下屬，於文皆可兩從，輒有義證，求其致確，時爲兩生言之。後於他方二三從遊者，亦有所授焉。由是日益流聞於外，同人多欲搆寫。予苦無以悉應其求，乃竭貲覓工校刻，凡閲歲而成。蓋夫今之君子，宏達周覽，明章雅訓，實於文字形聲詁訓，悉闡其所以，至於離析經讀，亦其爲小學之所先事，然尚未聞有成書。因遂自忘其愚，妄有記述，用此以歎俗流未能離經辨義，而牽綴乖隔，紛擾不復成文，然後以曲解傳之，以鑿説錮之，於是展轉浸易，古訓沉没，爲可惜也。昔鮑季詳甚明禮，聽其離文析句，自然大略可解。今予之區區爲此，蓋欲學者知所從事，而識厥趣焉，夫亦猶是矣。

偃師金石記自序

偃師與洛壤接，由漢、魏以迄隋、唐，皆爲京輔都會之區。其閒宫觀寺宇，與夫陵墓所在，多侈於他縣，而銘誌刻記，附以流傳至今者，亦頽廢敗没于榛莽無人之墟。予方童幼時，閒過其下，輒知摩拭存之，歸即條記某所某刻石，略能道其歲月事迹始末。自是三十餘年，癖好益甚，聞鄉人有新獲自土中者，必屬其多方祕護，或竟倍價搆覓以歸。會修縣志，陽湖孫君季逑屬稿未就，以書致當事者，必要予續成之。予感孫君之意，爲出舊所蓄金石諸文字，别其存佚，較其頂脱，具録成帙，附證于史籍傳志，以與縣之山川、都邑、道里、墟聚，凡見于碑刻者，轉相推明。蓋實于當日廢興、沿革、割并之跡，古事之存，悉得其據依。而旁及前志鑿空皮傅之失，與今志小爲牽附者，亦時有規焉。既成上之，當事者已編入志内。爲金石録，于是又擇其案跋，釐爲四卷，自覓工刊刻，意欲别行于世，更俾後之人因予所記，以考遺文，因遺文以證方志。其尤取資于徵信者，必非一端可盡，則予之此編之所聿述，其可不謂之勤且要與！然又不能不跂望于來者，益爲搜著，以終成予硜硜之志，則庶其無負也與！

文集

漢志六馬考

漢之駕以六馬也，非漢創爲之也。昔孔沖遠氏於書正義云：「春秋公羊説天子駕六，毛詩説天子至大夫皆駕四。」許慎案：「王度記云：天子駕六。」鄭玄以周禮校人「養馬乘四，一師四圉」，四馬曰乘，康王之誥云「皆布乘黄朱」，以爲天子駕四。漢世天子駕六。然則依康成之言，蓋必于周之盛時，其制始用四馬也。然而易稱「時乘六龍，以御天也」，則固以六爻位數之也。書言「若朽索之御六馬也」，作僞者雜羣言以亂之也。路史注「五子歌言六馬，天子駕六久矣」。此亦僞尚書所誤。大戴禮「子張問入官，六馬之離，必于四面之衢」，子張，周人也，其亦爲是言者，其當周既衰，列國因踵事附益而僭爲之也。列子「六馬可御」，荀子「伯牙鼓琴而六馬仰秣」，晏子春秋「梁丘據御六馬而來」，莊子逸篇「金鐵蒙以大緤，載六驥之上，則致千里」，數子所爲書，皆在周之季世，方于六馬始侈言之也。其浸淫而愈以非制者，則又如翟王子羨臣於景公，以重駕，下。晏子曰：「夫駕八固非制也，今又重此，其爲非制也，不滋甚乎？」然則馬之用六，增至于八，又重之至于十六，當時者亦有不悦乎此也。迨後迄諸暴秦，乃益著爲令。今見于太史公者，秦始皇紀數以六爲紀，李斯列傳「二世曰：夫人生居世間也，譬猶騁六驥過決隙也」，是其事也。吕氏春秋忠廉篇：「吴王曰：吾嘗以六馬逐之江上。」漢興，承秦之弊，侵尋而不知所易，故推校諸傳録記，如漢書萬石君傳：「上問車中幾馬？慶以策數馬，舉手曰六馬。」爰盎傳：「今陛下騁六，飛馳不測。」梁孝王傳：「景帝使使持乘輿駟迎梁王於闕下。」臣瓚曰：「言駟不駕六馬耳，天子副車駕四馬。」王莽傳：「駕坤六馬。」白虎通：「天子之馬六者，示有事于天地四方也。」周遷輿服雜記：「六駕，六馬也。」續漢志：「天子五路駕六馬。」東京賦「六玄虯之奕奕」，注：「六馬也，天子駕六馬。」西京賦：「天子駕彫軫，六駿駮然。」則漢制之六馬，承于秦，實沿于周之季也。

周禮名所由始考

今爲禮經之學者，宗于賈氏公彦之説，皆以設位言之，謂之周官，以制作言之，謂之周禮，其意固兩存焉，信其可以兼名也。宋王伯厚云：「鄭衆傳周官經，後馬融作周官傳，授鄭玄，玄作周官注。」猶未以周禮名也。隋志自馬融注以下始曰周官禮，太原閻伯詩更推其旨，案之康成序云：「世祖以來，通人達士，鄭氏父子、衛宏、賈逵、馬季長，皆作周禮解詁，周禮之名已見于此。」後漢書盧植傳：「植疏曰：中興以來，通儒達士，班固、賈逵、鄭興父子，毛詩、左氏、周禮各有傳記。」余以斯二説者，所據周官、周禮之名，並起于漢，似也。然其言亦時有偏漏，後人未嘗綜覽而詳辨之，何哉？伯厚之論，其失也襲於舛，方鄭夾漈作通志略，已云「漢曰周官，江左曰周官禮」，而因仍其説，更謂「自康成作周官注，猶未以周禮名」。夫康成之爲書也，于儀禮、禮記注通引周禮，其他經説文字答問，凡所引據，皆作周禮。又前乎康成者，有許叔重，叔重之説文解字、五經異義，已引作周禮。與康成並世者，高誘呂氏春秋注及淮南王書注引周禮，趙岐注孟子、應劭風俗通義、蔡邕所論著銘頌，亦皆引之而名周禮。西嶽華山袁逢、樊毅凡二碑，並據周禮職方氏爲詞。然則當康成時，豈復有未名爲周禮者與？是王氏之論爲失其實也。然伯詩從而訂之者，其失又病于疎。蓋康成之所序，序爲周禮作解詁之人，起于世祖以來，非謂周禮名肇于此也。況周禮之名，已見于前漢之季，漢書王莽傳「劉歆與博士上議引周禮曰：『王爲諸侯緦衰弁而加環絰。』」今此文在春官司服，云「王爲三公六卿錫衰，爲諸侯緦衰，爲大夫士疑衰，其首服皆弁絰」是也。唯所異者，于弁下多「而加環」三字爾。又莽至明堂授諸侯茅土，下書曰：「禹貢之九州無并、幽，周禮司馬則無徐、梁。」其所引司馬即職方文，而以爲司馬者，職方氏爲夏官之屬故也。又言「周禮膳羞百有二十品」，今膳夫文。又崔發上言「周禮春官之屬，女巫氏之職，凡邦之大災，歌哭而請」是也。然則周禮名之所自起，固起于成、哀間也。然則周禮之名孰名之？必于劉歆附王莽爲之也。莽之陰賊，蓋愚于泥古，而果爲誕謾欺誣之説，既已獨奮其詐，并思以愚天下。方其所爲于官制、地理、役賦，紛淆錯易，一歲數更，至使人不可究詰，而甚乃極于周公經世之書，亦悍然肆其妄。故劉歆從爲佐而成之，其見于荀悦之紀云：「劉歆以周官十六篇十字疑衍。爲周禮。」王莽時，歆奏以爲經，置博士，是其徵也。經典序録云：「劉歆始建立周官經，以爲周禮。」故班氏于莽一傳之中，凡莽及臣下施于詔議章奏，自號曰周禮，必大書之；而自爲史文，乃更端見例，復仍其本名，謂「莽以周官王制之文」。食貨志「莽乃下詔曰：夫周禮有賒貸」，及後云「又以周官稅民」，是亦一志而兩見，由其意觀之，固未有以著明于此也。禮樂志：「周詩既備，而其器用張陳，周官具焉。」師古曰：「謂大司樂以下諸官所掌。」至如郊祀志「莽改南北郊祭禮，曰周官天墬之祀，樂有別有合」，下又言「臣謹案：周官『兆五帝于四郊』，山川各因其方」，當是時猶未居攝，是以不敢紊易至此也。莽傳：「徵天下通一藝教授十一人以上，及有逸禮、古書、毛詩、周官、爾雅、天文、圖讖、鍾律、月令、兵法、史篇文字通知其意者，皆詣公車。」又張純等奏：「謹以六藝通義，經文所見，周官、禮記宜於今者，爲九命之錫。」皆在未居攝時。然迨東漢通儒，因仍其名而不之易者，固以名此書之始爲劉歆也。歆弟子散亡，唯杜子春能通其讀。其後賈逵、鄭衆又親傳子春之業而受之，故羣相遞述，以墨守其師之説，不敢倍焉，無疑也。故曰周官之易名周禮，歆附莽爲之，而後儒又附歆傳之，是以世莫知其非也。

古鄭國處留辨

公羊傳云：「古者鄭國處于留，先鄭伯有善于鄶公者，通乎夫人以取其國，而遷鄭焉，而野留。」鄭發墨守云：「鄭始封君曰桓公者，周宣王之母弟，國在宗周畿内，今京兆鄭縣是也。桓公生武公，武公生莊公，遷居東周畿内，國在虢、鄶之間，今河南新鄭是也。武公生莊公，因其國焉。留乃在陳、宋之東，左傳：「侵宋呂、留。」後漢彭城有留縣，張良所封。鄭受封至此適三世，安得古者鄭國處于留，祭仲將往省留之事乎？」余曰：鄭之説果信以留在陳、宋之東，而使如所引侵宋呂、留屬彭城者，謂此足以實之，則其地之與虢、鄶相去幾千里，固然其有足疑者。然以余考之，殆非也。漢書地理志注：「孟康曰：留，鄭邑也，後爲陳所并，故曰陳留。」襄三十年：「伯有死于羊肆，子産襚之，枕之股而哭之。斂而殯諸伯有之臣在市側者，既而葬諸斗城。」桓十四年：「宋人以諸侯伐鄭，伐東郊，取牛首」。今牛首及斗城其地並在陳留，而是地又居鄭東鄙，故意當時之留即在此。後遷鄭而野留，乃遂以僻于遠爾。鄭語史伯對桓公曰：「若克二邑，鄢、蔽、補、丹、依、騍、歷、莘，君之土也。」後乃東寄孥與賄，虢、鄶受之，十邑皆有寄地。由是以觀虢、鄶，其二君者惛于欲而日窮于利，貪鄭伯區區之餌，以奉其孥而居之，必先在十邑之內。而晉太康地志云：「陳留北三十五里有莘城，爲古莘國。」故以是推之，莘爲十邑之一，其十邑又皆有寄地，則鄭國之舊處于留，固亦其孥先寄居于此耶？其後通乎夫人，始取其國，而遷鄭。而鄭之東偏實與宋壤接而錯制焉，故祭仲將往省留，途出於宋，爲宋所執，亦勢所必至者也，尚曷疑乎？

原　字

古者冠而字之，成人之道也。然則孰字之？父戒于賓而爲辭以字之，所謂「昭告爾字，爰字孔嘉」者也。由是而朋友等夷之倫，相與字其字，以敬其名，禮也。雖然，舍是無有與爲字者乎？漢書高帝紀云：「運籌帷帳之中，決勝千里之外，吾不如子房。」竇嬰傳：「景帝曰：『天下有急，王孫寧可以讓邪？』」鄭當時傳：「上曰：『吾聞鄭莊行千里不齎糧。』」是三者固以君字其臣，禮之殊也，殊則不可以概言之也。然而春秋之世，天子亦字諸侯，書文侯之命是也。又字諸侯之使臣，國語「王曰：『叔父使士季，實來修德，以奬王室。』」是也。宜其踵事而隆謙者，皆有寵于臣也。君之分，尊者也，然舍是而逮于師，亦尊也。家語載孔子之言曰：「吾以貌取人，失之子羽。」新序引孔子曰：「君子哉！子賤師于弟。」有時而字之，分有略焉，不以過苟曲也。今夫五服之倫，母氏於屬尊，然其接夫子也，稱之以字，蓋謂夫。夫歿而身從於子，不可甚卑以接之也。後漢趙苞傳：「母遥謂曰：『威豪，人各有命，何得相顧，以虧忠義！』」范式傳：「張邵死，將窆而柩不肯進，其母撫之曰：『元伯寧有望邪！』」此其義也。而父亦字其子，曲阜桂未谷馥鄭固碑跋云「太平御覽引劉向別傳疑是揚雄別傳。『楊信字子烏，雄第二子，幼而聰慧』」云云，始知烏是其字，而法言亦稱烏。父字其子，猶曹孟德之稱子建是也。母之外，其尊有世母，王莽傳：「莽大怒，切責光。光母曰：『汝自視孰〔一〕與長孫、中孫？』」師古曰：「長孫、中孫，莽子宇及獲字也。」循是而舉之，兄也，亦字其弟，翟方進傳：「宣謂後母曰：『東郡太守文仲素俶儻。』」文仲，翟義字也。丁鴻傳：「願辭爵仲公。」仲公，盛之字也。范滂傳：「滂白母曰：『仲博孝敬，足以供養。』」注：「仲博，滂弟也。」滂既字孟博，則仲博亦弟字也。姊與兄之尊等也，其字弟亦等也，郭解傳「解姊怒曰：『以翁伯之義〔二〕，人殺吾子，賊不得。』棄其尸道旁」是也。妻于夫，子于父，孫于祖，兄之子于季父，甥之于舅氏，卑屬也，然不嫌于字尊者之字，古之人質，無所緣以滋僞也。高帝紀：「吕后曰：『季所居上常有雲氣。』」王章傳：「章疾病無被，卧牛衣中，與妻決，涕泣。其妻呵怒之曰：『仲卿京師尊貴，在朝廷，人誰踰仲卿者！』」又案之詩所云「伯兮」，而鄭箋以爲：「伯，君子字也。」妻之字其夫者，其所從固遠甚也。班固敘傳云：「叔皮唯聖人之道然後盡心焉。」張晏曰：「固不欲言父諱，舉其字耳。」字其父也。子思著中庸，引「仲尼曰」，字其祖也。論語：「子貢曰：『仲尼，日月也。』」字其師也。淮陽

〔一〕「孰」，原脱，據漢書王莽傳補。

〔二〕「之義」，原作「時」，據史記改。

憲王傳：「報博書曰：『子高迺幸左顧存恤。』」字其舅也。爰盎傳：「種謂盎曰：『絲。』」字其叔也。皆卑以加其尊也。然又其通于此者，薛宣傳：「瑯琊太守趙貢行縣，見宣，甚悦其能。從宣歷行屬縣，還至府，令妻子與相見，戒曰：『贛君至丞相，我兩子亦中丞相史。』」趙貢，太守也，而字其丞佐。蕭望之傳：「字謂雲曰：『游，趣和藥來，無久留我死！』」望之，師相也，而以字其門下生。崔駰傳「駰候竇憲，憲屣履迎門，笑謂駰曰：『亭伯，吾受詔交公，公何得薄哉？』」憲，貴戚也，而以字于疎賤。又樓護傳「護獨東向正坐，字謂邑曰：『公子貴如何？』」此固抗執交之義，字其故舊之子，亦猶用友之道自處，故無限于尊卑，相與字其字者，于禮皆可相衡也。然而霍光傳所載任宣言「大將軍時，百官已下，但事馮子都、王子方等」，夫子都者，晉灼引漢語以爲馮殷，則子都亦字也。嗚呼！以士大夫而字人之奴，于是字之義無復存焉者矣。

廣廣韻註義

昔宋王伯厚困學紀聞云：「廣韻言姓氏甚詳，然『充』字有充虞，『歸』字有齊歸，其遺闕多矣。」及余以是推之，審如王氏之所指，而廣韻之爲書，于某字下收姓氏，尤採複姓，其多至于八十五氏，如一東「公」字注是也。今案「子」下于複姓失註者，魯之公族有子駒氏，見王符潛夫論；子南彌牟，見檀弓；子南勁，見紀年。「左」下複姓失註者，有左丘氏，見太史公自敍「左丘失明，厥有國語」。「里」下原註「漢複姓有相里氏」，攷墨子書「昔者齊莊君之所謂王里國、中里繳者」，王里、中里亦複姓也。「浩」下原註唯曰「漢複姓，魯人浩星公，治穀梁」，今攷漢書趙充國傳「所善浩星賜，迎説充國」，鄧展曰「浩星姓，賜名也」，而註不及。「游」下註唯云「又姓出馮翊廣平，前燕慕容廆以廣平游邃爲股肱」。今案漢書郊祀志「游水發根言上郡有巫病而鬼下之」，師古曰：「游水姓也，發根名也。」則游水亦複氏，而註不及。「伊」下複姓不載伊耆氏，此亦漢姓，見鄭康成註，云：「今姓有伊耆氏。」「閭」下不載漢複姓有閭葵氏，見漢成陽令唐君碑陰「處士閭葵斑」是也。單氏失註者，漢韓勑造孔廟禮器碑有「故涿郡太守麃次公、故樂安相麃季公」，今不見于「麃」字下。左傳有養由基，高誘戰國策註云「養姓，由基名」，今不見于「養」字下。漢有蜀郡掌氏，見揚雄答劉歆書，不見于「掌」字下。丹朱，貍姓也，在周爲傅氏，見國語，不見于「貍」字下。漢書張敞傳有絮舜，師古曰「絮姓也」，不見于「絮」字下。苑氏其先出自苑伯何，爲晉樂正，又云「有苑子園賓，能掌陰陽之理」，見漢苑鎮碑，亦不見于「苑」字下。至其徵引前後失倫者，「戎」字下原註「漢宣帝戎婕妤，生中山哀王竟」，而不知吕氏春秋已有「戎夷違齊如魯」。「譚」字下原註「漢有河南尹譚閎」，而不知新序「吴有士曰譚夫吾」。「里」字下原註「漢複姓，有相里氏」，而不知莊子稱相里勤之弟子，韓非子有相里氏之墨。凡此皆非漢始見此複姓也。又「段」字下原註「本自共叔段之後」，又引風俗通云「段干木之後」，其説蓋兩從。然共叔段之後，則以段爲氏，韓有段産，趙有段規是也。段干木之後，則以段干爲氏，史記「老子之子名宗，宗爲魏將，封于段干」；戰國策註「段干姓，倫名也」；又有段干崇。而皆未有所取資，何也？故予綜其遺脱者，爲補于此，亦欲學者循其例，以類求之，蓋亦不可以更僕數，其所得必有進乎此矣。

秦漢瓦當文字記跋尾

歙程君彝齋著秦漢瓦當文字記一卷，由同時數君子所搜輯，恐其衆之易于亡佚，乃各録所從，并附以舊聞，其説多可依。然程君于「八風壽存當」，謂「八字筆畫疏少，故與風字合爲一，見古人繆篆分布之妙」。予竊以宋楊南仲所云「古語二字相屬者，多爲一字書之，若秦鐘銘有𡭔、小子。旁四方。之字」是也。薛尚功鐘鼎款識季婦鼎「命𡭔小臣。陵師望」，簋「𡭔小子。師望」。今此當𠙨二字合爲一，豈亦倣古篆籀之遺趣與？八風于詞固宜屬，屬而連之，信然也。余淺識，姑以是爲跋，亦未稔當于程君意否也。

跋墨子

漢書藝文志「墨子七十一篇」，注云「墨翟爲宋大夫，在孔子後」，而不著其地。惟吕氏春秋慎大覽高誘注：「墨子名翟，魯人也。」魯即魯陽，春秋時屬楚。古人于地名兩字，或單舉一字，是其例也。路史國名紀「魯，汝之魯山縣，非兖地」。翟見諸傳記，多稱爲宋大夫，以予考之，亦未盡舉其實。蓋墨子居于魯陽，疑嘗爲文子之臣。觀魯問一篇，首言「吾願主君之上者尊天事鬼，下者愛利百姓，厚爲皮幣卑辭，令亟徧禮四鄰諸侯，敺國而以事齊」。又言：「吾願主君之合其志功而觀焉。」案春秋左氏傳昭二十九年：「春，公至自乾侯，處于鄆。齊侯使高張來唁公，稱主君。」注：「比公于大夫。」周禮太宰九兩「六曰主以利得民」。注：「鄭司農謂公卿大夫。」調人：「主友之讐。」注：「主大夫君也。」吕氏春秋愛士篇：

「陽城胥渠處廣門之官，夜款門而謁曰：『主君之臣胥渠有疾。』」注：「趙簡子，晉大夫也，大夫稱主者也。」然則翟之尊文子爲主君，意其屬于文子也。禮記禮運：「仕於家爲僕。」方氏曰：「僕者對主之稱，故仕于家曰僕，而大夫稱主。」是也。翟在魯睠然知鄉邦之重，始勸文子屈禮事齊，繼止文子攻鄭，皆反覆言之，冀以誠人。其後文子卒能受聽，故于時魯陽之民，身不致重困于兵役，以保恤其家室，皆翟之賜也。史記荀卿列傳云：「翟，或曰並孔子時，或曰在其後。」索隱按別錄云：「墨子書有文子，文子，子夏之弟子，問于墨子。」如此則墨子者，在七十子後也。案外傳楚語：「惠王以梁與魯陽文子。」注：「文子，平王之孫，司馬子期子，魯陽公也。」惠王十年，爲魯哀公十六年，孔子方卒。又翟本書貴義篇：「子墨子南游于楚，見楚獻惠王。」楚世家無此名，是獻惠即惠王，誤衍一「獻」字。審是，則翟實當楚惠王時，上接孔子未卒，故太史公一云「並孔子時」，説非無據。自班志專謂在孔子後，後人益爲推衍，至如畢氏據本書稱「中山諸國亡于燕、代、胡、貊之國」，以中山之滅在趙惠文王四年，當周赧王二十年，則翟實六國時人，至周末猶存。愚竊以翟既與楚惠王接時，後必不能歷一百九十餘年尚未即化，此固不然也。中山諸國之亡，蓋墨子之徒續記而竄入其師之説，以貽此謬，何可依也？予故爲摭其時地始末如是，以附于篇，庶覽者得以詳焉。

與桂未谷書

昨承見過，語及説文序魯恭王壞孔子宅而得禮記、尚書、春秋、論語、孝經，足下按此禮記，非今之戴記，據漢志有古禮經，當是儀禮，某以足下言是也。爾雅釋言郭景純注引禮記曰「屝用席」，釋詁注引禮記曰「安而後傳言」，邢氏證之有司徹、士相見禮文，悉以稱禮記者爲誤，或云疑傳寫之訛。釋草注引禮記曰「苴麻之有蕡者」，邢氏又以此儀禮喪服傳文，傳所以解經，故亦謂之禮記。其説凡數歧，未有從而衷于一者，某固以心疑之矣，然終亦未解其所以。後檢宋張淳儀禮識誤序云：「出于孔氏之宅壁者曰禮記，河間獻王之得先秦古書者曰禮記。禮者，今之儀禮；記者，今儀禮之記。時未有儀禮之名也。」乃以見郭氏之所引定名指歸，實有所自。蓋迄兩漢以來，皆指儀禮爲禮記，鄭康成箋詩采蘩引少牢饋食禮「主婦被裼」，亦作禮記，亦其證也。足下垂示及此，非惟與張氏同爲致確之解，而某積年蓄之于懷，不敢向他人請質者，亦自幸其不孤矣。敢以鄙識覆左右，想更有以進之，佇俟佇俟。

答黄小松書

承示隸釋、隸續，并已接到。某在京師，於二書略爲寓目，苦不悉究所以，後屬人轉覓致之，終不見獲。頃乃得閣下藏本，研覽尋味，益知洪氏專門之學，不獨網收殘逸，證其事跡本末，爲有資於多聞，而文字通借之間，辨釋推析，尤於小學功不爲細。然就其中時有得失，恐不免爲後人所掇拾者。樊毅修華嶽碑云：「有漢元舅，五侯之胄，謝陽之孫。」洪氏謂：「水經云：『泚水西南流，謝水注之。』詩所謂『申伯番番，既入于謝』者。樊丹封謝陽，即其國。」又云：「自廣陵出白馬湖，逕山陽城西，即射陽縣之故城，高祖封項纏爲謝陽侯，乃其地。據此，則傳以丹爲射陽誤。」某攷其實，射、謝古多通用，碑言謝陽，即傳所謂射陽，詳見某跋樊毅修華嶽碑內。蓋同爲一地，而傳非誤也。其誤在章懷太子注，不解古義，遽指臨淮别有射陽，又疑遠非此地，以致洪氏更據水經之注，而訾及傳文，是其踈也。漢都鄉正街彈碑，洪氏依水經注「魯陽縣有都鄉正衛爲碑，平氏縣有南陽都鄉正衛彈勸碑」，指趙氏誤認衛爲街。案周禮注正作「街彈」，疏謂「漢時在街置室，檢彈一里之民」，以此碑證之符合，而景伯不宜詆趙氏爲誤。又「王稚子闕河内緤令」，「緤」即「緼」字，隸法少異耳，洪氏誤認「緼」爲「緤」，而以意附會之，云：「河内縣令者，以郡爲尊」，蓋謂河内之縣令，即温。然「緼」與「温」古亦通用，詩「飲酒温克」，禮器「温之至也」，内則「柔色以温之」，漢書義縱傳「少温藉」，義並與蘊藉通。則一字而從糸從水，其研審不覈，以自貽舛者，又著明也。又如隸續案「衡方碑：嘗爲會稽東部都尉，乃威宗之時，則東都蓋有此官，未嘗併省，范史雖不具載，而他書亦叮稽據」。某檢後漢書彭修傳「修，會稽毗陵人也，仕郡爲功曹，時西部都尉宰鼂行太守事」，此會稽設東西部都尉，又見于史如此。處士嚴發殘碑，洪氏案「百官志：『孝子、順孫、義夫及學士，爲民法式者，皆扁表其門。』許氏説文云：『扁者，題門户之文。』則旌閭之事，東都蓋已有之」。愚謂荀子大略篇「武王始入殷，表商容之閭」，當有周之初，旌别淑慝，亦已肇其端矣，然則非自東漢始有也。「五君桮柈，有真人君」，洪氏謂延熹中蔡邕作。王子喬及仙人唐公房碑，皆有真人之稱，攷之莊子，已謂關尹、老聃古之博大真人，而秦始皇亦曰「吾慕真人」，自謂「真人」，不稱朕，蓋亦不獨伯喈爲文始然。其他尚有不及備檢，姑就某所知數端，爲閣下妄言之，幸垂教不宣。

附録

先生游朱笥河之門，一時賢俊盡與交游，獨以文章氣誼相勖。惟樸直不喜干謁，布衣屨蹻，就日下書肆購異書，所得金石皆爲考證。孫星衍撰傳。

先生講學，依據漢儒師授，不蹈宋、明人空虚臆説之習。所著經義，原本三代古書，疏通賈、孔疑滯凡數百事。同上。

與童二樹同修偃師縣志，二樹好收藏碑版，君考訂秦、漢以來金石文字，童服其精審。游歷所至，盡心摸拓，或不能施氈墨者，必手録一本。偃師杏莊去所居十餘里，民家掘井得晉劉韜墓志，肩之以歸。漢學師承記。

教諸子讀書，當期有實用，實用莫過于地志之學，謂山川形勝關津要害，能瞭如指掌，庶胸中包羅有物。又曰：「性貴有定，平昔無一定之守，臨事惶惑，有悮終身矣。」行述。

阮雲臺曰：「武君治博山，民愛之如父母。縛杖宰相差役，被劾罷官，力學著書，見諸實事。朱文正公爲之墓志，法時帆、孫淵如並爲之傳，足以傳矣。余憶武君有二事：博山故産五色琉璃器，省司將徵爲土貢，武君抗之。上官曰：『汝具以來，吾償汝直。』武君曰：『予非較直，此器故不入貢，今上官以直來，後之上官必有不以直索者，非累民，即虧庫，況京朝官見此悉索之，將何以應？余不敢倡此弊政。』卒亦以此忤上官。武君以金石文字補經史遺悮甚多，余在山左集碑本，於小滄浪亭延武君校之，武君鉤考精博，繫以跋語。山左金石志考證出君手者三之一，并記之不敢没君苦也。」武徵君遺事記。

授堂家學

武先生穆淳

武穆淳字小谷，授堂子。少承家學，勤於紹述，授堂所著遺書，悉爲編校付刻。中嘉慶丁卯舉人，以知縣分發江西，歷署吉水、龍泉、樂平、萬載、信豐等縣事，有政聲。當去萬載時，嘗捐置十三經注疏於龍河、高魁兩書院，俾諸生童誦讀講貫。特爲之序曰：「古人三年而通一經，窮經即以致用。漢儒去聖未遠，師傳淵源，訓詁有自；宋儒倡明理學，而朱子未嘗不以道問學爲宗；惟明人衍語録空談，直欲舉聖人删定贊修，瘁一生之精勤思以貽教萬世者，皆可庋架高閣，廢爲無用之書，良足慨也。我朝經學昌明，御纂欽定各經説，直接聖人心印，今學宫已頒有全書。惟注疏卷帙浩繁，虞有無力購者，故以是書餉之諸生，誠能從事於訓詁之學，其於禮樂制度名物象數之委竟，皆可就是而瞭如指掌。物格而後知至，宋儒誠正之學，不外乎此，推而至於治國平天下之道，又豈能外乎此哉？尤願有志之士，由經而史，而子集，逐漸購藏，用以擴充見聞，將見士盡經明行修，人鮮空疏無用，未始非余有以肇其端也。」道光十二年卒，祀江西名宦祠。著有讀畫山房文鈔二卷。子耒，字稼堂，貢生，候選，教職，能世其學。參劉大觀謁虛谷墓詩、楊以增跋、錢儀吉題謁墓詩注、讀畫山房文鈔及跋。

授堂交游

李先生威

別見大興二朱學案。

孫先生星衍

別爲淵如學案。

桂先生馥

別爲未谷學案。

黄先生易

別爲蘇齋學案。

余先生鵬翀

余鵬翀字少雲，淮寧人。監生，與授堂同游朱笥河學士之門。百氏傳記，一覽不忘。嘗爲友人校修一統志，于前人迕舛錯置，洞徹纖微，發閒摘隙，動中要妙。所爲詩近千餘篇，其長句尤有雄厲魁傑之氣。乾隆四十八年卒，年甫二十有八。有雜著若干卷，授堂爲敍而存之。參武億所撰哀詞、文獻徵存録。

授堂私淑

張先生宗泰

張宗泰字魯巖，魯山人。嘉慶丁卯舉人，官河南府教授。生長山縣，癖嗜讀書，爲校官二十餘年，益肆力於學。每讀一書，旁通取證，評其得失，正其訛舛，補其未備，自編爲所學集。阮文達晚年見其所校書，異之。及往謁，古樸如農夫。談久，有學士大夫所不及，嘉其能讀人所不讀之書。又有魯巖餘事稿。參阮元題識語。

清儒學案卷一百五

北江學案

北江與孫氏淵如同里齊名，皆以詞章傑才進臻樸學，治經研求古義，不涉宋以後之說。淵如兼通九流，北江則尤深於乙部地理，毘陵多才，二人鬱爲冠冕。北江晚歲家居，倡導後進，沐其餘風者尤衆焉，述北江學案。

洪先生亮吉

洪亮吉原名禮吉，字君直，一字稚存，號北江，陽湖人。六歲而孤，母蔣，撫教有法。性至孝，伉爽尚氣節，以孤童力學，負異才。初以詩古文辭爲先達所稱，從大興朱學士筠安徽學使幕，乃窮究經史，登鄉舉。游關中，依畢撫部沅，與纂修宋元通鑑，益究心地理之學。乾隆庚戌成一甲二名進士，授翰林院編修，未散館，充壬子鄉試同考官，督貴州學政。疏陳元、陳澔禮記集説舛漏，不足闡發經義，請功令試士，改用鄭康成古注，格於部議。課士敦勵實學，購經史足本及文選、通典等書，俾諸生誦習，黔士爭奮於古學。任滿入直上書房，授皇曾孫奕純讀書，充咸安宮官學總裁。大考翰詹，於征邪教疏中力陳中外弊政，爲時相所忌，會有弟喪，以古人期功去官之義引疾歸。及高宗升遐，以曾直內廷，入都哭臨，充實録館纂修官。時川、陝賊未平，先生欲有獻替，顧翰林例不奏事，於是上書於成親王及座主朱尚書珪、劉都御史權之，冀其轉奏。書近萬言，指斥故貝子福康安督師奉使，所過繁費，州縣虛帑藏以供億；故大學士和珅擅權，時有達官清選，或執贄門下，或屈節求擢官出使。凡羅列中外罔上負國者四十餘人。又及上「視朝太晏，小人熒惑」等語。成親王等以其書上陳，仁宗震怒，革職逮問，王大臣訊擬大辟，詔免死，戍伊犁。次年夏，京師旱，祈雨不應，詔減釋軍流，乃特赦先生，是日大雨。御製得雨詩記事，諭曰：「亮吉原書有愛君之誠，足以啟沃朕心，裝潢成卷，以作良規，以勸言事。」在戍所僅百日，歸里後自號更生居士，徧游名山，主講洋川書院，杜門撰述，過從講學問字者無虛日。嘉慶十四年卒，年六十有四。先生好善疾惡，慕古人節義，上書獲罪，終能格君，直聲震天下。生平好學，嘗引荀子言「戒有暇日」，精力過人，撰述繁富，於經深於春秋左氏傳及小學音訓，於史深於地理，所著書春秋左傳詁二十卷，弟子職箋釋一卷，漢魏音四卷，比雅十卷，六書轉注録十卷，傳經表一卷，通經表一卷，補三國疆域志二卷，補東晉疆域志四卷，補十六國疆域志十六卷，乾隆府廳州縣圖志五十卷，四史發伏十二卷，曉讀書齋雜録八卷，伊犁日記一卷，天山客話一卷，外家紀聞一卷，卷施閣文甲集十卷，補遺一卷，文乙集八卷，續編一卷，詩集二十卷，更生齋文甲集四卷，文乙集四卷，續集二卷，詩集八卷，詩續集十卷，附鮚軒詩集八卷，冰天雪窖詞一卷，機聲燈影詞一卷，兩晉南北史樂府二卷，唐宋小樂府一卷，北江詩話六卷，皆刊行。未刊者毛詩天文考、公穀古義、後漢書補注、兩漢同姓名録、宋書音義、宋元通鑑、地理通釋各若干卷，西夏國志十六卷。其所纂輯府縣志有寧國府志、懷慶府志、延安府志、涇縣志、登封縣志、固始縣志、澄城縣志、淳化縣志、長武縣志。參孫星衍撰傳。趙懷玉撰墓志、年譜、授經堂遺集書目。

春秋左傳詁序

余少從師受春秋左氏傳，即覺杜元凱于訓詁地理之學殊疏。及長，博覽漢儒説經諸書，而益覺元凱之注，其望文生義，不臻古訓者，十居五六，未嘗不歎漢儒專家之學，至孫炎、薛夏、韋昭、唐固之後，法已盡亡。自魏受禪至晉平吴之歲，不及百年，戎馬倥偬，著書者漸少。輔嗣既啟空疎之習，子雍復開飾僞之門，而孔門之弟子門人一綫相承，不絶如縷者，至此始斷，而不克續矣。然又竊怪元凱雖無師承，然其時精輿地之學者，裴秀、京相璠、司馬彪之儔，尚布列中外，即以訓詁論左氏一經，陳元、鄭衆、賈逵、馬融、延篤、服虔、彭汪、許淑、潁容諸人之説俱在，儻精心搜采，參酌得中，何至師心自用若此？豈平吴之後，位望既顯，心跡較麤，又一時諸儒學淺位下，不復能駁難故耶？自此書盛行千六百年，雖有樂遜序義、劉炫規過之書，不能敵也。況今日去劉炫等又復千載，其敢明目張膽起而與之爭乎？然以後人證前人之失，人或不信之，以前人以前之人正前人之失，則庶可鳌然服矣。於是冥心搜録，以他經證此經，以別傳校此傳，寒暑不輟者又十年。分經爲四卷，傳爲十六卷，遵漢藝文志例也。訓詁則以賈、許、鄭、服爲主，以三家固專門，許則親問業於賈者也。掇及通俗文者，服子慎之所注，與李虔所續者，截然而兩，徐堅初學記等所引可證也。地理則以班固、應劭、京相璠、司馬彪等爲主，輔而晉以前輿地圖經，可信者亦酌取焉。又舊經多古字古音，半亡於杜氏，而俗字之無從鉤校者，又半出此書，因一一依本經與三傳暨漢、唐石經、陸氏釋文與先儒之説，信而可徵者，逐件校正，疑者闕之，大旨則以前古之人正中古之失，雖旁證曲引，惟求申古人之旨而已，無預焉者也。卷中凡用賈、服舊注者，曰杜取此；用漢、魏諸儒訓詁者，曰杜本此；用京相、馬彪諸人之説者，曰杜同此，以別之。書成，合爲二十卷，藏諸家塾，以教子弟焉。名爲春秋左傳詁者，詁古故字通，欲存春秋左傳之古學耳。

弟子職集釋序

敍曰：古之教弟子者，纖悉無不至也。在小戴禮者曰「内則教弟子所以事父兄」，在管子雜篇者曰「弟子職教弟子所以事師長」，二者缺一不可。三代以前，國家風俗之厚，士大夫家法之修，無不由此。孔子之言曰：「弟子入則孝，出則弟，謹而信，汎愛衆而親仁，行有餘力，則以學文。」孔子之言，内則、弟子職之綱也。子夏氏最得孔氏之傳，故其教門人小子以洒掃應對進退爲務。陵夷至戰國，風教盡矣，然孟子之言尚曰：「爲長者折枝。」趙岐注：「折枝，按摩折手節解罷枝也。」西漢以來，萬石君之家法，江都相之師範，以迄趙恭之步儋，劉般之頌詩，荀爽之御李膺，殷陶之侍孟博，尚皆有三代之風。烏乎！風俗之壞，蓋肇於魏黄初、正始間乎？其上則祖尚玄虛，描摩莊、列，於是爲子弟者，亦相率以跌蕩爲高，通脱是務。阮籍則居喪食蒸豚矣，胡母輔之之子則直呼父字爲彦國矣，弟子之繩檢盡去，而天下之風俗隨之。於是劉、石入中國，而懷、愍皆下堂，百年之中，四海鼎沸，其不至於爲禽獸者，僅僅一間耳。弟子職不講之害，一至此乎？蓋弟子者，成人之基也。成人者，一鄉一國所取法也。正弟子，方可以正成人矣；成人正，方可以正一鄉一國及天下矣。語有之「少成若天性，習慣成自然」。聖人又豈好爲此委曲煩重以苦弟子哉！觀三代之風俗如彼，魏、晉之風俗如此，亦可以憬然悟矣。今桉弟子職亦非管子所爲，乃古塾師相傳以教弟子，管子作内政時取以訓士，後人遂入之於管子耳。總之，弟子職之在管子，與内則之在小戴禮等也。班固漢書藝文志本劉向之舊，附弟子職於孝經，最得聖人之旨。自隋書經籍志以下，皆雜入管子中，不更分出，則魏徵、歐陽修等讀書之無識也。余少習是書，凡子弟入塾，皆以是書爲始。又病唐尹知章注簡陋，劉績補注亦未該洽，因仿漢儒注經之法，一一箋釋，俾是書得專行。烏乎！後之教弟子者，其慎之哉！

漢魏音序

敍曰：古之訓詁即聲音，易說卦曰「乾，健也」；「坤，順也」；論語曰「政者正也」；基之爲始，叔向告于周；榪之爲秏，梓慎言于魯。又若王制「刑者，侀也；侀者，成也」。展轉相訓，不離初音。漢儒言經，咸臻斯義，以迄劉熙釋名、張揖廣雅，魏、晉以來聲類、字詁諸作，靡不皆然。聲音之理通，而六經之恉得矣。許君爲說文記字，字各著聲，覽而易明，斯爲至善。又通其變爲讀若聲近之言，則逵、嚴詁字之精，杜、鄭說經之例，義或不可同，而音皆轉相訓，亦其善也。蓋有定者文也，無定者聲也，即一字一聲，而讀又有輕重緩急。古今風土之不同，如台之爲吾，吾之又爲我；伊之爲而，而之復爲爾也。古人音聲清，故爲台爲伊，中世稍轉則爲吾爲而，後人口語重，則爲我爲爾。以及施之讀爲繆，閔之讀近鴻，則急氣緩氣之分。秦呼卷爲委，齊呼卷爲武，則齊人秦人之別。若一以孫炎、沈約以後之音例之，則重讀者不能輕，急讀者不容緩，台、伊遞降，既淆今古之聲，委、武隨方，又擯齊、秦之語。反語出而一字拘于一音，四聲作而一音又拘于一韻，而聲音之道，有執而不通者焉。是以里師授讀，俗士言詩，皆執音韻之書以疑天籟；越客適秦，魯人入蜀，又泥聽聞之素以訝方音。由聲音之道不明，欲合輕重緩急之讀爲一音，强東西南朔之聲出一口也。夫求漢、魏人之訓詁，而不先求其聲音，是謂舍本事末。今漢、魏音之作，蓋欲爲守漢、魏諸儒訓詁之學者設耳。止於魏者，以反語之作，始于孫炎，而古音之亡，亦由于是，故以此爲斷焉。又嘗考之漢廷諸儒，精研聲訓，厥惟許君，而康成次之。許君之義均見説文外，又有注淮南王書，今不傳，惟道藏中淮南鴻烈篇二十八卷，尚題漢南閣祭酒許慎注，或當有據。然世所盛行之本，則皆題漢涿郡高誘注。今考許君之注，有淆入誘注中者，或本誘采用許君之説，後人遂誤以爲誘也。今略論之：淮南王書「軵其肘」，高誘注：「軵讀近茸，急察言之。」又「罧者扣舟」，高誘注：「今沇州人積柴水中搏魚爲罧。」皆與説文之説同，此類尚多。以是知許君之注有淆入誘者矣。康成注易、書、詩、三禮及易緯乾坤二鑿度等，皆有音讀。今考漢書，音義有鄭氏。薛瓚云：「是鄭德。」晉灼云：「北海人，不知其名。」案：漢書高帝紀「盱眙」注「鄭氏音煦怡」，武帝紀「蛇邱」注「鄭氏蛇音移」，郊祀志「推終始傳」注「鄭氏音亭傳」，而史記集解皆作鄭玄。漢書揚雄傳「抾靈蠵」注「鄭氏抾音怯」，而文選注亦作鄭玄。是漢書音義所稱鄭氏，蓋康成居多，故晉灼亦曰：「北海人也。」其間有出于鄭德者，如高帝紀「方輿」注「音房預」之類，集解亦别標出之。裴駰，劉宋時人，必非無據，是康成又或爲漢書音義，世所不及知矣。今以許、鄭二君之説參校，又各有異同。許君云「豐，从豆，象形」，而康成儀禮大射儀注云「豐，其爲字从豆幽聲」。今考幽不成字，不當爲聲，康成蓋誤以象形之字爲諧聲也。許君云「槸，从木埶聲」，而康成考工記注云「槷，讀如涅，从木，熱省聲」。今考埶本可作聲，不必從熱省。許君云「裘，古文作求」，而康成詩箋云「裘，當作求，聲相近故也」。今考裘、求本一，不必改字。合此數條，疑許君之説爲長矣。蓋許君生及東漢之初，親從賈逵、衛宏等問受，其于西漢諸儒張敞、劉向、揚雄、鄭興等，不啻親承提命，其學既專，故其説獨博而諦，又非他儒之所可及也。今編次仍從説文舊部，而以所無者附見于後；或説文所有，而後復譌爲他字者，則注云「某字本某字」，不移其部；若傳譌已久，則亦各從其部，正附兩列焉；其後儒以反語改漢人之音者，亦置不録，以非其舊也。排比闕失，成于六旬，演贊前後，斷爲四卷，書成，值乾隆四十九年，歲在閼逢執徐長至日，爰付之梓，庶幾諧聲故讀，復厥舊音，反語四聲，此爲前導云爾。

六書轉注録序

敍曰：六書自諧聲外，轉注最多，惟轉注斯可通訓詁之窮。轉注又半皆諧聲，即以易言之，象及説卦云：「乾爲天，行健。乾，天也。乾，健也。」繫辭云：「易者，象也，象也者像也。盛德大業至矣哉，富有之謂大業，日新之謂盛德。」以及序卦一篇，皆轉注也。其餘各散見九經與諸子傳，下迄漢以來儒者注釋箋疏中，如宫謂之室，室謂之宫；羅謂之離，離謂之羅；明明扃扃，扃扃明明；迹迹屑屑，屑屑迹迹；烏乎吁嗟也，吁嗟烏乎也；游亦豫也，豫亦游也之類，特其顯著者耳。自羅、離以下，又皆諧聲，是轉注又通乎諧聲矣。唐、宋以來，學者不明轉注之理，遂横生異説，而轉注益晦。暇日偶刺取經傳中轉注之字，以爾雅、説文、小爾雅、方言、釋名、廣雅爲綱，已共得八卷。止於釋名、廣雅者，以漢儒訓詁之書，已盡於此也。旁采則迄於周、隋者，以非此不足盡轉注之變。又録及釋文者，以陸元朗此書卒業於隋代也。

傳經表序

六經權輿于孔子，六經之師亦權輿于孔子。易，孔子十五傳至劉軼。尚書，家學二十一傳至孔昱。詩，魯十五傳至許晏，毛十六傳至賈逵。春秋經，左氏十九傳至馬、嚴，公羊十三傳至孫寶，穀梁十一傳至侯霸。佗若今文尚書，伏勝十七傳至王肅。齊詩，轅固七傳至伏恭。韓詩，韓嬰六傳至張就。禮，高堂生六傳至慶咸。上自春秋迄于三國六百年中，父以傳子，師以授弟，其耆門高義，開門授徒者，編牒不下萬人，多者至著録萬六千人，少者亦數百人，盛矣。降自典午，則無聞焉。豈非孔子之學，專門授受，逮孫炎、王肅以後，始散絶乎？暇日采綴羣書，第其本末，校正譌漏，作傳經表一卷。其師承無可考者，復以通經表一卷綴之。而通二經以上至十數經者，咸附録焉。較明朱睦㮮授經圖、國朝朱彝尊經義考承師所録，詳實佁之。蓋周、秦、漢、魏經學授受之原，至此乃備也。

補三國疆域志序

陳壽三國志有紀傳而無志，然如天文、五行之類略備沈約宋書，皆可不補，其尤要而不可闕者，惟地理一志。元郝經所補，全録晉書地理志，本文即見于沈志中者，亦近而不采，他可知矣。予自戊戌歲校四史畢，即有志於此，留心裒輯者二載，然因有數難，輒復中輟。沈約云「三國無志，事出帝紀」，雖立郡時見，而置縣不書，此一難也。晉司馬彪撰續漢書郡國志，凡郡縣增省在安、順以後者，即不置録，是前無所承；唐初修晉書，于地理學最不精，建置沿革舛錯過半，是後無所據，此二難也。即云出帝紀矣，而荆州江夏則南北竝立，蘄春、廣陵又魏、吴不常，能析其州郡本末，尤不易辨其縣道遷徙，又或居巢、狄道，兩國置壘；鍾離、逡遒，空地不居；臨賀郡所屬，則荆、廣之説不同；宜都郡立名，則魏、蜀之辭不一，此三難也。從前諸地志，上論沿革，每自漢越晉，中闕三國不書，彼傳信之體則然。今既欲補志，則須上詳郡縣與東漢異者若干，下與西晉異者若干。全據金行，既謂以孫而定祖；槩徵炎運，又嫌有昔而無今，此四難也。沈約著宋書，去三國不過二百祀，當時册籍輿圖，諒存祕省，所引太康、元康定户十餘種，最資證左。而汝陰建郡，顯背魏書，蒙縣著文，復乖漢志，此五難也。今世所存諸地志，可采者如李吉甫元和郡縣圖志、樂史太平寰宇記等不過五六種，而邱頭、旌武一人而前後不同，油口、虢公三書而彼此互異，此六難也。三國土壤既分，輿圖復窄，州郡之號，類多遥領，吴有犍爲之守，蜀存京兆之名。武都一郡，土歸西國，而名立扶風；房陵一區，實隸當塗，而虛領益土，近而易混，縣每不詳，此七難也。葭萌改漢壽之名，則與屬武陵者亂；上庸建北巫之號，則與隸建平者淆。東京所無而西魏忽置，誰別建始之年？南邦所創而太康已廢，難識革除之始！此八難也。陳壽史例最號精嚴，而高陵、海陵之縣，沿著舊名；新安、新昌之稱，復標近號。加以松之注史，好采殊説，始興未建，作守者已有羊君；東安未立，臨郡者先推郭智，作者既視睫而不見，閲者復貯心而不疑，此九難也。繼此九難，遠閲千載，沈約所據十餘種，僅存其二，而又不能稍參己意，增定郡邑，此十難也。然用力既久，終不忍輟作，而證左俱絶者則闕，疑以待焉。蓋地理之難也，班生録本朝之書，猶存俟考；沈氏徵近世之壤，每著存疑，從事于此者，當若是矣。今大類倣宋書州郡志之例，而于扼要之地，爭鬬之區，可考者附見諸郡縣下，參用郡國志例焉。其郡之未經分割者，置縣次第準郡國志爲多；或已分割，及廢而復置者，則先後類從晉志，要在有補原書，而不汩其實，此裒輯之意也。然天下州邑之志，繁如星草，安知所疑而闕者，不皆散見于諸郡邑圖志中？補是志者，既非爲己，何必皆出一人？同好之君子，苟能隨所見而足之，以成一史未竟之事，則是書亦補三國志疆域者之權輿矣。

補東晉疆域志序

歷史地志，互有得失，若求其最舛者，則惟晉史地理志乎？其爲志也，惟詳太始、太康，而永嘉以後，僅掇數語，又不能據太康地志、元康定户等書以爲準則，故其志州也，梁州之建，與王隱地道先後不同，湘、廣之分，與沈約宋書多寡互异；其志郡也，北海則一方全脱，濟、岷則兩縣無徵；其志縣也，巴東無漢豐，梁國無西華。既异晉初之疆理，滎陽有陽武，南郡有監利，又非江左之輿圖。雖分卷至四，洵可謂本末倒置，後先失據者焉。然余以爲且無論其得失也，即其以永嘉爲斷，亦止可稱西晉之地志，而于江左則尚無預焉，此東晉疆域之不可不作也。又有甚者，僑州郡縣之設，始于東晉，而僑州郡縣之與實土相混，則莫若初唐。即以此書之外論之，顔師古注前漢書，以京兆南陵爲今寧國府南陵縣，李賢注後漢書，以九江當塗爲今太平府當塗縣，遂使方州之志，郡國之書，遇荆、揚之土著，皆疑并、冀之流人；譜楚、越之名區，悉改燕、秦之郡望，喧客奪主，以假亂真，此則實土之與僑置，不可不分者也。然而志東晉實土之難也，其時全得者不過荆、揚及分建之湘、江數州，他若梁、益，則李氏僭于前，譙縱王于後；交、廣，則李遜踞其始，盧循亂其終；青、徐，則地不全屬，兖、豫，則户已半淪；司州雖時置戍卒，而僅服于德宗，雍州則纔振兵威，而即亡于夏國。其蹙境也，始于咸和，甚于寧康，再甚于隆安；其拓疆也，肇于永和，再振于太元，大啟于義熙，其朝南莫北，旋有旋亡者，雖巧術不能算也。至若志僑置之難也，僑州至十數，僑郡至百，僑縣至數百，而皆不出荆、揚二州之域。東海一郡，寄治海虞，而又移京口；汝南諸縣，僑留金水，而又説塗中。襄垣寓邑，並奪蕪湖之舊稱，合肥主名，乃改汝陰之客號，其他僑而不知所在者尚多，輿地之記既不克並徵，州縣之圖亦殊難盡信，此則行迷路者多窮，而理亂絲者易紊也矣。將謂沈志可據乎？而新昌、壽昌之縣合作一區，軍平、軍安之名不知兩縣，壽春重鎮而存没不著于篇，營陽新建而懷穆互殊其説。其他與紀傳舛錯者，又時時而有也。又或謂晉書紀傳可據乎？

而寧境罷州，既顯殊於宋志，漢嘉改郡，又互異於蜀書；梁水之建，亦傳紀之不同，武寧之分，乃後先之各出。蓋傳述者既非一輩，搜采者又非一書，無怪其虚實並陳，始終不照矣。暇日以晉書紀傳爲主，詳求沈約，輔以魏收，外若太康地志、元康定户，王隱、虞預、臧榮緒、謝靈運、孫盛、干寶諸人所著，僅存于今者參之，以酈元、李吉甫、樂史、祝穆之所撰，旁搜乎雜録，間采乎方書，統標東晉之名，略以義熙爲斷，其間州郡之得而旋失者，亦因類附見焉。凡兩閱歲，而成其紀，及于山川邑里，鄉堡聚落，臺殿宫閣，園林冢墓者，非特仿馬彪、魏收之例，亦以自西晉以來陸機、華延儁等數十輩造述，今已悉亡，其佚説見他書者，懼其復歸淪没，爰爲采掇之，悉著于編，庶藉羣賢之簡牘，成一代之掌故焉。書成，藏之篋笥者又十年，乃序而付之梓云爾。

補十六國疆域志序

十六國疆域志固與東晉疆域相輔而行者也，然志十六國之難，則更難于東晉，何則？其竊據之久者，不過數十年，劉曜續開之州郡，既迥异于淵、聰；石虎晚定之山河，又大逾于襄國。甚者姚萇以馬牧起事，故崇鎮堡之勢，以敵方州；赫連以統萬建基，故芟郡縣之名，盡歸城主。後先錯出，彼此互殊，縱欲指陳，殊難畫一，一也。近時崔鴻十六國春秋既係明人所輯，不足據憑。惟太平御覽中所録，及諸輿地圖經所引，尚屬當日舊書，而簡略特甚，十止二三。晉書載記又非詳核，是依據者少，二也。當時霸史之見于隋、唐經籍志者，有常璩漢之書十卷，舊唐書作蜀李書九卷。田融趙書十卷，舊唐書作趙石記二十卷。

王度二石傳二卷，舊唐書作二石記二十卷，不著名。又二石僞事二卷，舊唐書作六卷。范亨燕書二十卷，張詮南燕録五卷，王景暉南燕録六卷，游覽先生南燕書七卷，高閭燕志十卷，何沖熙秦書八卷，席惠明秦記十一卷，姚和都秦紀十卷，張諮涼記八卷，舊唐書作十卷。劉景涼書十卷，史喻歸西河記二卷，舊唐書作段龜龍，誤。段龜龍涼記十卷，高道讓涼書十卷，沮渠國史涼書十卷，無名氏拓跋涼録十卷，劉景敦煌實録十卷，和苞漢趙記十卷，吐谷渾記二卷，翟遼書二卷，諸國略記二卷，永嘉後纂年紀二卷，段業傳一卷，南宋時已漸次散失，是可搜采者盡亡，三也。即有附見于晉、宋諸書紀傳中者，與載記又多不合，如晉書列女傳「王廣仕劉聰，爲西揚州刺史」，而前趙録等不載有此州；桑虞傳「石虎青州刺史劉徵，請虞爲長史，帶祝阿郡」，而後趙録等又不載有此郡，四也。又或名號則彼此分建，方隅則叛服不常，長子屬建興之郡，名乃肇于西燕；赫連築骨律之城，土早歸于後魏。豫州則石趙、東晉共治一城，壽春則江左、苻秦各分要地，五也。復有逞其胸臆，則務廣虚名，核彼輿圖，則多非事實，如石氏建揚州之號，僅得一城；前燕標荆土之名，惟餘數縣；夏宋誓書指恒山爲界，既涉張皇；慕容郡冊援唐國爲稱，亦慙假借，六也。甚有指南爲北，革舊標新，赫連也以陝地爲荆州，乞伏也以溼川爲益土，琅邪之國，强號幽燕，朔代之區，忽標齊服，近而易混，驟每不詳，七也。又王彌、曹嶷、段匹磾、慕容永、翟遼、段業等皆建有國都，跨連郡縣，雖不別爲作志，亦例得附書，若非舉要而削繁，又慮喧賓而奪主，八也。又兖、豫、青、徐之境，空地常多，既不隸于諸方，又不歸于江左，若此者，其郡縣之空名，每以戰爭而附見，列爲實土，已無户口之可稽，目以僑邦，則又山川之未改，此則去留不可，位置尤難，九也。即云魏收、酈元、李吉甫、樂史等諸人所述，可以取材矣，而靈昌立渡，各異其方，梁馬名臺，互殊其號，魏該一合之塢，與晉傳而先殊，石家太武之堂，在襄國而疑誤，十也。乙巳歲，客開封節樓，燕居多暇，因雜取諸書，輯成之，距東晉疆域之成，不逾二稔，其附書山川宫閣，一如東晉志之例。他若田融、段龜龍等書之僅存者，並一一録入之，非廣異聞，亦所以存故事也。時中秋後五日，是爲序。越十四年戊午仲春，乃刊之于京邸云爾。

乾隆府廳州縣圖志序

蓋聞方圓有象，白阜成書，流峙初形，緑圖有記，黄帝中經之外，乃逮于九丘，重華益地之餘，聿聞夫禹貢，周禮職方實係九州之志，春秋内傳洵爲百國之書。秦圖三六，由四極而四荒，漢郡百三，乃一候而一尉。由兹以降，可得而言。若夫斷代爲書，建元表號，則太康地記始有成規，永初山川實標定目。開元十道之記，既開吉甫之前，元豐九域之書，又繼元和而作。若據兹見在以定厥歸，則李相所編，執朿斯在，而其得失，又可推焉。夫爲地説者，右圖左記，既屬良模，舉要撮凡，斯歸至當。故裴秀舉地官之職，惟表川原，蕭何得御府之圖，藉知阨塞。必有資乎經國，非欲助夫游觀。乃今觀其所采，則嚴光江岸、莊子濠梁，前喆釣游，有而必録，此則郭象述征之記，延之攬勝之編，非地理之要也。昭仁等慈，丹臺仙觀，二宗創置，靡不畢詳，此又名僧西域之經，高士老君之傳，非地理之要也。又有甚者，夫挂劍徐君之壠，灑酒喬公之墟，同係昔賢，均堪凴弔，然與其有詳有略，何妨概屬闕如。今則關中諸兆，存班固而削馬遷，江左崇封，登陶侃而芟卞壼，載籍並存，無疑可闕，而乃如此者，洵莫詳其用意焉。又如周禮職方，春秋國邑，孟堅一志，文命一書，洵海宇之權輿，肇山川之名號，必謂生年已後無得而徵，則疑者不言，盍衷諸聖？今則春秋土地，視杜預而尤疎，禹貢方名，較魏收而益誤，前者既不知所本，則後者亦莫敢復承。且其言曰：「古今言地理者凡數十家，尚古遠者或搜古而略今，採謠俗者多傳疑而失實，飾州邦而敍人物，因丘墓而徵鬼神。」旨哉斯言，實皆自背。夫大別、小別，各立其名，內方、外方，强標其號，以至天興一縣，載二事而皆虛，襄邑一區，設兩言而亦誤，此非尚古遠而失者乎？五星升渚，一聖名山，石則陽翟婦人，竹則霍山天使，此非采謠俗而失者乎？至于陵爲蛇骨，水繫蛟潭，陶侃則一龍作梭，跖拔則七魚猶串，馬融經學先表讀書之臺，謝朓文人乃紀賦詩之所，非飾州邦而敍人物乎？孝童營冢，烏口先傷，力士鑿山，牛形遽變，舒女化魚，水聞歌而赴節，思王埋舄，魂在冢而能呼，非因丘墓而徵鬼神乎？雖然責人斯易，考古良難，安知今之所爲是者，後之人不又叢責備也？要即今所見以揆其所安，則雷同附會有皆不敢，而其間因革亦微具體裁焉。今者每布政司所轄，各冠以圖，統以三京，爲圖二十。昔則赤緊畿望，今則衝繁疲難，道里之數，一準近圖，户口所凴，要于今册，故城舊縣，有則必書，鑿嶺開渠，遠而必録，此則遵彼良規，無容改作。至若金牛、聖渚，因水利而登編，白鹿、神禾，以分疆而入録。外此則畸人逸士，昔賢前聖之遺跡，概不列焉。五岳四瀆，圭瑁之尊，同于牧伯，故并列其祠。外此而浮圖宫觀不與焉。帝升王降，弓劍之所，比于山陵，故各詳其地。外此即聖賢冢墓亦不及焉。同知通判，分駐必詳，則班生記都尉治所之意；郵亭鎮堡，隨方亦録，則馬彪載郡國鄉聚之遺。五金利用，標所出之山，近鹽便民，記置場之所。水道則據今時出入而綴以故名，陂塘則記歷代廢興而并詳創始。形勢所在，非可空言，戰爭之區，因事附録。又名之可合于禹貢、益名、班書、左傳者，疑則或闕，徵則必書，此又其復古之初心，作書之微旨也。我國家膺圖百年，闢地三萬，東西視日，過無雷、咸鏡之方，南北建斗，逾黎母、呼孫之外，光于唐、漢，遠過殷、周，然而大一統之書，内三館所繪祕圖，則流傳匪易，鴻編則家有爲難，非尋櫽括之方，懼啟津涯之歎。臣遭逢聖世，得預儒流，四及計偕，再膺里選，九州歷八，親探禹穴之書，四部窺全，曾寫蘭臺之字，粗知湛濁，稍別方輿，閲以歲年，撰成此志，卷裁五十，慚管見之難，周譜及八荒表，盛朝之無外云爾。

文集

釋大別山一篇寄邵編修晉涵

今俗以漢水入江，左側之山爲大別山，始見李吉甫元和郡縣志，余每不爲然。今細核之，益知無據。尚書正義稱鄭康成注云：「大別在廬江安豐縣西南。」漢書地理志六安國安豐縣班固云：「禹貢大別山在西南。」孔穎達尚書正義云：「地理志無大別。」唐人疎謬皆此。酈道元稱京相璠春秋土地名云：「大別，漢東山名也，在安豐縣南。」康成注經如此，孟堅著史若彼，春秋土地，京相有其明徵，禹貢山川，漢儒均無別義，此一證也。水經：「江水又東北至江夏沙羡縣西北，沔水從北來注之。」道元注云：「江水又東逕魯山南，古翼際山也。」地説曰『漢與江合于衡北翼際山旁』者也。」自道元注經以迄君卿作典，祇標魯翼之名，無有別山之號，此二證也。首疑大別山不在安豐者自杜預，預於地理既非所長，然終不敢遽指翼際山爲大別，蓋其時去漢尚近，而同時裴秀、京相璠等於地理又屬專家，必知翼際、大別二山不可混而爲一，故止云「然則二别在江夏界」，姑設疑詞，以啟來惑，而究不能定指一山，奪茲舊義，此三證也。必知翼際非大別山，又實有據。道元於江水下引地說云：「漢與江合于翼際山旁。」于沔水下又引地說云：「漢水東行觸大別之坂，南與江合。」夫同云地說，則必出於一人或一書，而一則云翼際之山，一則云大別之坂，各標一號，明係二山，此四證也。杜預之所疑者，不過因左傳定公四年，吳師伐郢，楚子常濟漢而陳，自小別至大別，以爲二別近漢之名，無緣在安豐。今細繹傳文，吳舍舟于淮汭，自豫章與楚夾漢，則吳師在漢北，楚在漢南。楚司馬謂子常曰「子沿漢而與之上下」，蓋欲子常在漢南沿水與之上下，以綴吳師，而已則往漢北，故云：「我悉方城外以毁其舟，還塞大隧、直轅、冥阨。」今方城山在南陽府葉縣南，大隧、直轅、冥阨皆在汝南府信陽州界，均漢水以北之地也。下又云「子濟漢而伐之」，蓋楚都郢在漢南，濟水始至漢北，及子常濟漢而陳，自小別至于大別，則已在漢北矣。推此則大別、小別皆淮南漢北之山，大別既在安豐，則小别在今光、黄之間。豈有吳師自淮而南，未及交戰，先自退五六百里之地，至今之沔口者乎？且楚都郢，即至沔口，亦不過沿漢而東，何得云濟？此五證也。夫師行三十，吉行五十，至于轉戰，則道里不常。若疑距漢稍遠，則傳所云大隧、直轅、冥阨及下云塞城口而入，皆距漢在五百里以外，又可以夫漢較遠疑之乎？此六證也。夫欲求大別、小別所在，必先求柏舉所在。柏舉之地，杜預不詳，高誘注吕覽，京璠釋春秋，雖或云楚鄙，或云漢東，皆無指實。惟墨子非攻篇云：「吳闔閭次注林，出于冥阨之徑，戰于柏舉，中楚國而朝。」當子常不從司馬之計，濟漢轉戰，至于柏舉。其時吴已出隘而西，楚事不可爲矣。夫云「出隘而西」，則已出今信陽州之隘，即上所云大隧、直轅、冥阨也。據此而推，則柏舉當在今黄、隨左右，京相璠云「柏舉在漢東」最諦。又按水經注「舉水出龜頭山」，今山在黄州府麻城縣東，相近有黄檗山，圖經亦云「舉水出黄檗山也」。檗、柏聲同，則柏舉或即在此。吉甫亦知春秋柏舉爲龜頭山，而乃移二別至漢南入江之處，可乎？又傳文云「自小別至于大別，三戰」，下始云「二師陳于柏舉」，則并當求自大別至柏舉之道。今麻城縣東北至河南商城縣七十里，商城縣東至安徽霍丘縣一百十五里，而龜頭山又在麻城縣東六十里，大別山又在霍丘縣西南九十里，則自大別西至柏舉，實不出三十餘里，可以按圖而索，此七證也。柏舉下即云：「吴從楚師及清發。」杜預不注所在。水經「溳水又南過安陸縣西」，道元注：「左傳定公四年，吴敗楚師于柏舉，從之及于清發。」蓋溳水又兼清水之目矣，是清發在安陸縣。漢安陸縣兼今德安府安陸、雲夢二縣界。今考麻城西南至黄陂縣七十里，黄陂西至孝感縣六十里，孝感西至雲夢縣十里，是柏舉至清發又約百三四十里，皆自東北而漸至西南，此八證也。下又云：「敗諸雍澨。」禹貢云：「過三澨至于大別。」鄭注「三澨，水名，在江夏竟陵之界」。今澨水在安陸府京山縣西南，南流入天門縣爲汊水。雍澨或取雍遏之義，與沔水有「死沔」之稱同。吉甫又以爲岳州巴陵縣南十一里之滍湖。足下于「滍反入」下，正義取之，無論近舍禹貢，遠取唐賢。今考巴陵，又在荆州府東南四五百里，又隔大江，吴欲至郢，必不反越郢而遠詣巴陵。司馬自息還敗吴師于此，司馬必不舍國都，而遠趨江外。其種種謬誤，殊不足辯。又滍湖本名翁湖，見道元注。其水實沅、湘、澧、汨之餘波，非河水決出而復入者。足下欲明雅訓，而反引此以汨經，殊非所望矣。蓋至此漸趨而南，距郢都不過一百餘里，故下復統而言之云：「五戰及郢也。」傳文及字甚明，斷無越郢而反至巴陵之理。傳又云：「左司馬戌及息而還，敗吴師于雍澨。」雍澨正在息及郢之中，道里適合。蓋禹貢導水由西而東，故先言三澨，而後及大別。吴師入郢，則自東及西，故既至大別，乃及雍澨，非特釋左傳地名，益可證禹貢山水，千年疑竇，一旦豁如此，九證也。次又當求豫章所在，而二別益可推。杜預釋地云：「柏舉之役，吴人舍舟于淮汭，而自豫章與楚夾漢，此皆當在江北淮南，後徙在江南之豫章。」杜之意蓋以春秋時柏舉、豫章皆當在江北淮南也。夫云「江北淮南」，則正今霍丘縣，大別山所在矣。杜得之于柏舉、豫章，而失之于大別、小別，則不察也。然因此益信漢儒詁經及著史之確，雖疑之者，亦無心與之發明，又按定公二年傳文「吴人見舟于豫章，而潛師于巢」，巢即今巢縣，與霍丘皆在江北淮南。此十證也。傳文云「左司馬戌及息而還」，杜預注：「司馬至息，聞楚敗，故還息。」即今光州息縣。而大別山實在今光州固始縣，與安徽霍丘接壤處，距息止二百里。蓋司馬欲與子常夾擊吴師，并毁淮汭之舟，至此聞敗乃反。則大別山又近息可知，此十一證也。又司馬云：「我自後擊之。」蓋吴師自淮汭舍舟西南趨，子常濟漢擊之，正出吴師之前，司馬自息取道至淮汭，則出吴師之後，一則當其軍鋒，一或邀其輜重，此十二證也。又今漢川縣小別山者，本名甑山，隋立甑山縣，取名于此，强名爲小別，亦始吉甫。元和郡縣志「小別山在漢川縣東南五十里，春秋吴伐楚，令尹子常濟漢而陳，自小別至于大別即此」。夫二別之山，見于經傳，如果有可牽合，則京相、道元等何並不言？且杜預正以大別致疑，若小別可指實則無難，由西驗東，因一得二，而卒無一言，可知非實，此十三證也。且因此小別之疑，并識今内方之妄。漢書地理志江夏郡竟陵縣，班固云：「章山在東北，古文以爲内方山。」今山在安陸府鍾祥縣西南，接荆門州界。而漢川縣之有内方山，亦始吉甫，至樂史遂據以爲禹貢内方矣。尋其初不過泥漢水以强求二别，又因二别而僞立内方，而極其弊則禹貢一章隨其竄易，春秋諸地皆可强名。若又信彼虚詞，删諸古義，則必宋、唐以上絶無地理之書，樂、李以前并乏淹通之士而後可，此十四證也。總之，後人之流傳，因吉甫之附會；吉甫之附會，成于杜預之致疑。然預之咎尚可解釋者，預注云：「二别在江夏界。」今考晉初江夏郡尚兼今信陽羅山諸州縣界，則與京相璠在漢東之説尚不甚遠，非若吉甫終日釋地，而尚不知郢在漢南，吴來淮汭，百程遥隔，忽求縮地之方，二别强名，乃有移山之術。予故謂小顔注史，反汩班書；吉甫繪圖，全乖禹蹟者，此也。足下于經甚深，所爲爾雅正義，必傳無疑，而乃云：「殷時荆州，以漢水爲界，自大别以東，江南之地屬于揚州。大别以西，漢東之地屬于豫州。」蒙竊有疑，敢獻其惑。夫僕願學于足下者也，昔者鄭君一志，有張逸之更端，孟叟七篇，喜屋廬之得間，況僕之與足下乎？又漢水以南皆屬荆州云云，亦似誤以西漢水爲漢水，今别陳漢水釋一篇，正之左右，幸皆有以教之。

又與邵編修辨爾雅斥山書

爾雅：「九府東北之美者，有斥山之文皮焉。」斥山，高誘注淮南王書及郭璞均不言所在。今足下作正義，稱隋書地理志及樂史太平寰宇記，以爲斥山在今榮成縣南一百二十里。今考隋志，雖言文登縣有斥山，然偶同其名，不能定爲即爾雅所指。惟樂史始言即爾雅之斥山。樂史之于地理，其疎誤足下所知也。然則足下注殷、商古制，而僅據北宋單詞，僕竊以爲過矣。今敢據周禮、爾雅爲足下陳之。周禮職方氏：「正東曰青州，其山鎮曰沂山；東北曰幽州，其山鎮曰醫無閭。」爾雅惟以東方爲東北，東北爲東方，與職方略異。今考爾雅九州本屬殷制，夫殷都河内，故以沂山爲東北，而以醫無閭爲東；周都雍州，故又以沂山爲正東，而醫無閭爲東北。古圖今雖不存，然宋劉豫阜昌七年所刊禹蹟圖者，尚屬賈耽相傳舊本，今核二山所在，以正兩代之名，既無累黍之差，益信立言之審，此一證也。職方氏九州之山，除五嶽外，餘即四鎮。職方氏舉周制，四極之内，故不及昆侖墟，惟此與爾雅異。爾雅四荒云：「觚竹、北户、西王母、日下。」今西王母石室即在昆侖山。若常山即今恒山，爾雅恒山爲北嶽，堯典宅朔方曰幽都，則北岳可名幽都之證，故郭注亦曰「幽都，山名」是也。餘七山，則盡與爾雅同，此二證也。隋開皇十五年，詔祠名山大川，以沂山爲東鎮，醫無閭爲北鎮，會稽爲南鎮，霍山爲西鎮。是四鎮皆不出周禮職方及爾雅九府，此三證也。四鎮之名，周禮大司樂注與新唐書地理志所載不同。周禮注云：「四鎮：揚州會稽、青州沂、幽州醫無閭、冀州霍山。」而唐志則云：「東沂山，南會稽，西吴山，北醫無閭。」是西鎮有時變遷，而東沂絶無異説，此四證也。若云「東北之美」，則周書王會解「孤竹距虚，不令支玄獏，不屠何青熊，江胡黄羆」，注云：「皆東北夷。距虚，野獸驢騾之屬；獏，白狐，玄獏，則黑狐。」又鹽鐵論「燕、齊之魚鹽、旃裘」。蓋壤地既連，則珍奇易萃，此不特羽畎之貢，載自堯時，綾絹之徵，詳于近代，而黄羆墨狐，且與紫草紅藍而并著矣。新唐書地理志青州貢紅藍紫草。此五證也。今登州府榮成縣雖有斥山，山既辟小，隋書地志僅有其名，外此則自漢迄唐皆無著録，必非爾雅九府之山，至樂史之言，又最不足據，故不辯。

此六證也。沂、斥字隸書本近，或省文作斤，隸書又誤寫增「、」，蓋沂山以沂水所出得名，故山字可不从水，猶之汧山爲汧水所出，灊山爲灊水所出，後人省文亦止作幵山鬵山，此七證也。爾雅既屬殷制，殷之九州爲冀、豫、雝、荆、揚、兖、徐、幽、營，則九府係一州舉一山，冀州霍山，豫州華山，雝州昆侖山，昆侖山在今肅州西南，禹貢「雍州昆侖、析支、渠搜、西戎」，又云：「厥貢惟球琳琅玕。」荆州梁山，揚州會稽山，兖州岱岳，徐州沂山，幽州幽都山，晉太康地志幽州本以幽都得名。營州醫無閭。尚書疏云：「青州之境，非止海畔而已，堯時青州越海而有遼東，舜爲十二州，分青州爲營州。」營州即遼東也。禹貢又并營于青，爾雅營州之境與禹貢青州同，故醫無閭得在營州。若謂今榮成縣南之斥山，則與醫無閭同屬營州，一州舉二山，而徐州反闕，既乖任土作貢之義，又失辨方正位之規，聖哲立言，不當如此，此八證也。況足下八山，皆據周禮職方及考工記，獨東北斥山乃近據樂史，而不信職方，可乎？又足下能別梁山之爲衡山，而乃失之于此者，則不察也。僕近爲乾隆府廳州縣志，雖于古人之外，時有一得，然卷帙既廣，訛舛實多，海内故人多聞直諒如足下者，亦僅見，他日亦欲足下引繩披根，是正缺失，故敢先貢其愚，幸不吝教我也。

與孔檢討廣森論中牟書

承詢中牟所在，昨客次口陳，恐尚未悉，敢略布之。閻百詩徵君著四書釋地，于春秋、戰國地理發明者甚多，獨于中牟以爲真不可考，余竊爲不然。管子云「築五鹿、中牟、鄴」者，三城相接也。五鹿今直隸大名府元城縣，鄴即今河南彰德府安陽縣，是中牟在當時與五鹿、鄴相接矣。韓非子外儲説「晉平公問趙武曰：「中牟，三國之股肱，邯鄲之肩髀」，邯鄲即今直隸廣平府邯鄲縣，是中牟在當時又與邯鄲咫尺矣。臣瓚引汲郡古文云：「齊師伐趙東鄙，圍中牟。」趙時已都邯鄲，是中牟又在趙邯鄲之東矣。戰國齊策：「昔者趙氏襲衛，魏王身披甲底劍，挑趙索戰。邯鄲之中鶩，河、山之間亂。衛得是籍也，亦收餘甲而北面殘剛平，墮中牟之郭。」是中牟又在衛之北境矣。暇日閲太平寰宇記：「湯水在湯陰縣治北，源出縣西牟山，去縣三十五里。」元豐九域志亦云：「湯陰縣有牟山。」即疑中牟，當在湯陰縣左近，或以牟山得名。及見戰國策舊注云：「中牟在相州湯陰縣。」史記孔子世家「佛肸爲中牟宰」，司馬貞索隱云：「此河北之中牟，蓋在漢陽西。」漢陽蓋濮陽之誤，今湯陰縣正在濮州西也。張守節史記正義亦云：「湯陰縣西五十八里有牟山，蓋中牟邑在此山側。」益信古今人所見如出一轍，則中牟在今湯陰縣境内無疑也。今湯陰去安陽不五十里，去邯鄲元城五鹿城在今元城縣。亦不出一二百里，益信管子、韓非子所云「相接」，云「肩髀」，無一字妄設也。春秋定九年左傳「晉軍千乘在中牟」，及「衛侯過中牟，中牟人欲伐之」。哀五年「趙鞅伐衛，圍中牟」亦同。杜預以滎陽中牟爲注，而疑其回遠，裴駰史記直解又以中牟非自衛適晉之次，不知春秋傳之中牟，即今蕩陰之中牟也。淮南子道應訓趙簡子死未葬，中牟入齊。晉在衛之西北，今蕩陰縣止在滑縣等西北二百餘里，爲衛入晉必由之道矣。蓋河南之中牟，漢雖立爲縣，而其名實未嘗見于經傳，其見于經傳者，皆湯陰境之中牟也。吾又獨怪班固著漢書地理志最爲精審，獨于河南郡中牟縣下原注云「趙獻侯自耿徙此」，則以鄭之中牟爲趙之中牟，雖偶有未檢，然殊非小失矣。唐孔穎達左傳正義以爲中牟在河北，不復知其處，而又引臣瓚云：「中牟當在温水之上。」史記集解引瓚説温水又作溧水，則又未知何據？敢并以質之足下。至足下解春秋左傳「桓公如夫人六人，懿公母氏位次在第六，故以甲乙之數名之曰夫己氏」，其説甚新，而未敢遽信，容再詳之，并白。

與錢少詹論地理書一

秦分天下爲三十六郡，其目見裴駰史記集解，而晉書地理志因之，嘗以爲不然。今考之，愈知其妄。漢書地理志「本秦京師爲内史，分天下作三十六郡」，小顔注云：「京畿所統，特號内史，言其在内，以别于諸郡守也。」是三十六郡内，本無内史，而以數不足，强牽合之，此則裴駰之妄矣。宋劉攽又謂：「秦三十六郡，無鄣郡。」今考地理志丹陽郡下班注云「故鄣郡」，而劉顯注司馬彪郡國志則明言「丹陽郡即秦鄣郡」，且于故鄣縣下注「秦鄣郡所治」，以迄圖經、吴地志等無不然，而以爲秦無鄣郡，則劉攽之妄矣。至閣下以爲楚、漢之際所置，此約略之詞，亦嫌無明據也。亮吉以爲秦三十六郡，當以史記、漢書地理志爲證，蓋與其信裴駰，不若信馬遷、班固、應劭諸人之説爲是也。今細校地理志，秦郡自河東至長沙共三十四郡，皆見于班固原注中，河東、太原、上黨、三川、東郡、潁川、南郡、九江、泗水、鉅鹿、齊郡、琅邪、會稽、鄣郡、漢中、蜀郡、巴郡、隴西、北地、上郡、九原、雲中、雁門、代郡、上谷、漁陽、右北平、遼西、遼東、邯鄲、碭郡、薛郡、長沙。他若黔中郡見史記楚世家，郯郡見漢書高祖本紀及地理志，東海郡下應劭曰：「秦郯郡。」而魏收地形志亦云：「郯郡，秦置，漢高改爲東海郡。」御覽引十道紀：「海州東海郡，秦爲薛郡地，後分薛郡爲郯，水經注：「始皇二十三年，置薛郡。」疑分薛爲郯，即在三十六年并天下之後也。漢改郯爲東海郡。」水經注沂水下：「郯故國也，東海郡治。秦始皇以爲郯郡，漢高帝二年更從今名。」郯郡由薛郡所分，故高祖本紀亦薛郡、郯郡連書，蓋薛郡入漢爲魯國，郯郡入漢爲東海郡，細核地理志自明。是則秦有郯郡之明證，而前人考秦三十六郡，皆未言及，何也？至閣下又以桂林、南海、象郡爲即在三十六郡内，則益不敢爲然。蓋秦分三十六郡，在始皇二十六年，而桂林等三郡之置，則在三十三年，相距尚八年，必不預爲計及明矣。又既數及桂林等三郡，則閩中一郡，置又在三郡之前，不宜反漏。史記閩粤王傳：「秦并天下，以其地爲閩中郡。」按秦并天下在二十六年，是閩中郡之置尚在桂林等三郡之先。若統行數入，即除内史及鄣、郯二郡不計外，亦與三十六之數不符，恐即如閣下言，亦當慮前後失據耳。況秦制天下爲四十郡，除内史外，其名皆見於史記、漢書，故唐以前地志皆遵用之，又非可意爲增減。裴駰之過，惟以内史足三十六之數，而不知有郯郡。閣下則又欲并四十郡爲三十六郡，遂不得不引劉攽之邪說，既又知其不安，則以爲置在楚、漢之際，且又并閩中郡削之以附會當日成數。亮吉恐皆不足以傳信，而啟後人之惑也，用敢論及之。

與錢少詹論地理書二

來示又云：據宋志南梁郡之睢陽縣即漢、晉之壽春縣，疑太元收復以後，即僑立南梁郡，不更立淮南郡，又避鄭太后名，不立壽春縣，即以睢陽當之云云。今考沈志，義熙十三年宋高祖以義慶爲豫州刺史，鎮壽陽；元熙元年，義康督豫、幽、司、并四州諸軍事，亦鎮壽陽。劉敬宣傳「遣使持節督馬頭、淮西諸郡軍事，鎮蠻護軍，淮南、安豐二郡太守，梁國内史」，事在義熙五年。又劉湛傳：「高祖以義康爲豫州刺史，留鎮壽陽，以湛爲長史，梁郡太守。」劉粹傳亦言：「以豫州刺史領梁郡，鎮壽陽。」此梁郡即南梁郡，是晉末淮南、南梁二太守並立，兼有壽陽縣之證也。近又得一顯據云：隋書州郡志淮南郡壽春縣下云「舊有淮南、梁郡、北譙、汝陰等郡」，則晉末二郡並置，益可知。杜佑、李吉甫等云：「東晉時以鄭太后諱，改壽春爲壽陽。」儻竟省壽春，則又無容改矣。又舊圖經云：「合肥縣古滁陽城，東晉于此置南梁郡。」是南梁郡又在滁陽，不在壽春。今考滁陽城在合肥縣東北，壽州在其西，相距不遠，以其近故，豫州刺史常兼領梁郡也。尋閣下致疑之由，當因宋書州郡志「孝武大明六年廢南梁郡屬南豫，改名淮南；睢陽令亦于是年改名壽春」，以此疑晉無淮南郡及壽春縣耳，不知二郡之合，實在宋永初以後，于晉無預也。

與錢少詹論地理書三

史記曹相國世家「杜天侯反于衍氏」，小司馬本作天柱侯，又引廬江灊縣之天柱以實之，閣下又信其說，而登之于考異，不知非也。無論史記、漢書皆作杜天，小司馬求其地而不得，遂倒轉作天柱，已屬曲說，一也。漢書地理志廬江灊縣，班固原注：「天柱山在南。」劉昭注郡國志亦同。是天柱山名，而非地名，秦、漢之世，侯國未有以山封者，二也。又衍氏魏邑，與廬江之灊相去甚遠，三也。蓋云杜天者，不過夸大其詞，言若天之有杜耳，實非地名也。後漢書齊武王縯傳「自稱杜天都尉，杜天大將軍」，賈綜傳「交阯兵自稱杜天將軍」，即同此意。豈南陽郡及交阯，又有天柱山得以曲爲之說乎？小司馬之妄，往往有名號侯而必欲求其地以實之。即如高祖功臣，亦有始終名號侯，不別封邑者，如信武侯靳歙，位次最高，在第二，而封非實邑是矣。周緤傳「亦爲信武侯」，小顏注云：「以其忠信，故加此號。」緤後更封鄘城侯，則與歙異矣。又考歙爲信武侯食四千六百户，蓋皆以名號侯食實邑制，當與後來關内侯等相仿。小司馬不知，而云地理志無信武縣，當是後廢，豈非曲説乎？至蔡邕傳「出補河平長」，閣下以爲郡國志無河平縣。今考兩漢河南郡皆有平縣，疑此「河」字下脱一「南」字。又陳寔傳「除太丘長」，李賢注：「屬沛國。」案漢書地理志沛郡無太丘縣，惟敬丘下應劭曰：「春秋遇于犬丘，明帝更名犬丘。」下「犬」字應作「太」，傳寫誤在上耳。水經注「淮水又東逕太丘縣故城北」，班固地理志曰「故敬丘也」，然則犬丘即敬丘，而閣下復欲以瑕丘當之，似亦微誤也。

昆侖山釋

昆侖山即天山也，其首在西域。山海經「昆侖墟在西北，河水出其東北隅」。釋氏西域記謂之阿耨達山。爾雅釋水云「河出昆侖墟」，史記太史公曰「禹本紀言河出昆侖墟，其高二千五百餘里」之類是也。其尾在今肅州及西寧府。漢書地理志金城郡臨羌縣有弱水昆侖山祠，郡國志臨羌有昆侖山，其地在今西寧塞外。崔鴻十六國春秋云：「張駿時，酒泉太守馬岌上言酒泉南山即昆侖之體，周穆王見西王母樂而忘歸，謂此山也。」括地志、元和郡縣志、輿地廣記、太平寰宇記並云「昆侖山在酒泉縣西南八十里」是矣。杜佑通典云：「吐蕃自云昆侖山在國中西南，河之所出。」唐書吐蕃傳云：「劉元鼎使還，言自湟水入河處，西南行二千三百里，有紫山、直大、羊同國，古所謂昆侖虜，曰悶摩黎山，東距長安五千里，在今青海界。」一統志今黄河發源之處，雖有三山，而其最西而大爲真源所在者，巴顔喀喇也。東北去西寧邊外一千四百五十五里，延袤約千餘里，山不極峻，而地勢甚高，自查靈、鄂靈二海子之西，以漸而高登至三百里，始抵其下。山脈自金沙江發源之犁石山蜿蜒東來，結爲此山。自此分支向北，層岡疊嶂，直抵嘉峪關，東趨大雪山，至西寧邊東北達甘肅涼州以南大小諸山，並黄河南岸至西傾山，抵河、洮、階諸州，至四川松潘口諸山，河源其東，而其枝幹盤繞黄河西岸，勢相連屬，蒙古槩名之爲枯爾坤。枯爾坤華言昆侖也，益可知自賀諾木爾至葉爾羌以及青海之枯爾坤，緜延東北千五百里，至嘉峪關以迄西寧，皆昆侖山也。華言或名敦薨之山，或名葱嶺山，或名于闐南山，或名紫山，或名天山，或名大雪山，或名酒泉南山。又有大昆侖、小昆侖、昆侖丘、昆侖墟諸異名。譯言則名阿耨達山，又云悶摩黎山，又名騰七里塔，又名麻琫剌山，又名枯爾坤，其實皆一山也。善乎馬岌之言曰：「酒泉南山即昆侖之體。」明昆侖山首在西域，而其體則緜亘漢敦煌、（漢書地理志敦煌郡廣至有昆侖障。）酒泉、金城等郡界。穆天子傳、爾雅以及史記、漢書所言昆侖，皆指今酒泉南山及臨羌大雪山而言，不遠迹至于闐、葉爾羌以及先零、燒當等境也。禹貢所言昆侖、析支、渠搜亦當去雍州不遠。昆侖國蓋因附近昆侖山而名。今考水經注引涼土異物志：「葱嶺之水分流東西，東爲河源，禹紀所謂昆侖山者是也。」是葱嶺名昆侖之證。漢書張騫傳：「天子按古圖書名河所出爲昆侖山。」此昆侖山即指今于闐南山，是于闐南山名昆侖之證。唐書吐蕃傳：「其南二百里，三山中高而四下，曰紫山、直大、羊同國，古所謂昆侖者也。」是紫山名昆侖之證。元史河源附録云：「吐蕃朶甘思東北有大雪山，亦名麻不莫剌其山，最高，譯言騰乞里塔，即昆侖也。」是大雪山名昆侖之證。馬岌言酒泉南山爲昆侖之體，是酒泉南山爲昆侖之證。總之，昆侖者，人之首，昆侖山者，山之首，亦地之首，故以爲名。河圖括地象云「昆侖山爲地首」是也。今攷南山自西域至酒泉、金城，實皆南條諸山之首，故可總名爲昆侖。此山邐迤至雍州境，即爲太乙、終南諸山，山名終南，明塞外之南山至此已終也。

西海釋

吾家容齋隨筆以爲四海一也，無所謂西海，其實不然。山海經海外大荒經云：「西海之南，流沙之濵，有大山名曰昆侖。」漢書西域傳云：「于闐之西，水皆西流，注西海。」水經注引涼土異物志云：「蔥嶺之水分流東西，西入大海。」大海即西海，與西域傳略同。又引康泰扶南傳云：「恒水之源乃極西北，出昆侖山中，有五大源，枝、扈、離、大江，出山西北流，東南注大海。」又引法顯云：「恒水又東到多摩犂軒國，即海口。」云海口，即西海口也。班固西域傳：「犂靬條支國臨西海。」范蔚宗西域傳論云：「甘英臨西海以望大秦。」晉書：「安息、天筑人與大秦國交市海中。」又云：「鄰國使到者，途經大海，海水不可食。」杜佑通典：「大秦國即拂菻。在西海之西，亦云海西國。」此西海之見于唐以前史傳者。若以近今證之，葉爾欽即古于闐國。西域聞見録「葉爾欽西行六十餘日，至克食米爾，克食米爾復西南行四十餘日，至温都斯坦，水亦可通」云云。又云：「温都斯坦其地之江河皆通海洋，時有閩、廣海航到彼停泊。」是西海即在温都斯坦之西，東西南北之海，無不通，故西海中亦時有閩、廣船到也。所云葉爾欽水可通温都斯坦，又可證西域傳于闐之西水皆西流，注西海矣。余遣戍伊犂，親遇温都斯坦人，以筆詢其曲折甚悉。土人又云：「喀什噶爾道界有阿諦國，在西海之濱。」而一統志于榜葛剌、拂菻、古里柯枝、錫蘭山、西洋瑣里諸國下，皆云「在西海中」，又可知昆侖之西實有西海，與東南北三面之海並通，非乾遠浩渺無所指實者可比矣。蓋西海有泛言者，漢書王莽立西海郡，在今青海，續漢志「建安末，以張掖居延屬國置西海郡」，歐陽忞輿地志「北庭大都護」下有西海縣，云「唐寶應二年置」等是也。有土俗名爲西海而實非西海者，禹貢山水澤地記「谷水出姑臧南山，北至武威，入海，届此，水流兩分，一水北入休屠澤，俗謂之西海」，水經注又云「敦薨之水自西海逕尉犁國，去都護治所三百里」，此西海即鹽澤，一名泑澤，水經稱爲蒲昌海等是也。容齋又疑西海即蒲昌海亦非是。有實言西海所在者，前、後漢書西域傳及山海經、水經注，以迄上文所稱異物志、扶南傳及一統志、西域見聞録等所述是也。或又難余曰：「故書言河源上通天漢，則河源當在地之極西，今既言實有西海，則河源在西海之外乎？西海之内乎？」曰：河源介西海之南，淮南子墬形訓可證矣。云「河出昆侖東北陬，貫勃海，入禹貢所導積石山」，高誘注：「勃海，大海也。河水自昆侖由地中行，書曰道河積石，入猶出也。」蓋河水伏流至積石山始出耳。故漢書西域傳云：「于闐之西，水皆西流，注西海，其東，水東流，注鹽澤，河源出焉。」下語極有斟酌，不言水東流注黄河，而云「注鹽澤，河源出焉」者，明從此以上河皆伏流，不礙于闐以西之水注西海也。是黄河又伏流于西海之下，與濟水之伏流于河水下等耳。南宋疆域既蹙，臯蘭以外即如异域，又何況萬里外之葉爾欽、溫都斯坦等乎？此則校容齋隨筆又未嘗不首欽昭代輿圖之廣，得以目驗口述者，證前人所未及也。

附　録

先生天性過人，事母至孝。母歿，先生方在處州。家人先以病告，歸，過郡城之八字橋，得凶問，失足墜河幾死。三年不食肉，不入於内，不與里中祭弔。又以母疾時方聽樂，遂終身不近絲竹。篤愛其弟，存歿無間。秦瀛撰墓表、孫星衍撰傳、謝階樹撰傳。

先生長身火色，性超邁，論當世大事，則目直視，頸皆發赤，以氣加人，人不能堪。惲敬撰遺事述。

先生在陝西畢公沅幕，畢公入覲，摩唐開成石經進呈，擬薦先生及孫君星衍、江君聲書國朝三禮石經，即在西安刻石以進，爲當軸者所阻而止。及入翰林，會石經館開，充收掌及詳覆官。以蔣衡所書十三經字多譌俗，有上石經館總裁書，所言凡二十餘事：一、經注參錯宜正。一、前後倒置宜正。一、脱文宜補。一、又有因數字之脱，而上下不貫者宜補。一、衍文宜去。一、又有因一句之衍，而文義不續者宜削。一、因一字之削，而本義全乖者宜改。一、前後宜畫一。一、偏旁宜急削。一、字有誤自魏、晉以前者，一、字有誤自唐、宋以前者，二端並宜裁定。一、字雖非俗，而亦當定从本字。一、同一俗字，當酌去其已甚者。一、經不可改從注。一、此經有可以彼經改者。一、此經有必不可以彼經改者。一、有因上下文而誤者，亦當改正。一、前代之制宜改。一、漢石經有急宜从者。一、唐石經有宜酌从者。

一、两宋石經有可从有不可从者。一、唐、宋石經外，刊本宜搜羅。一、字當以説文爲本，而从否亦當斟酌。一、本當以釋文爲據，而録取亦當鑒别。總裁不能從也。年譜及上總裁書。

先生在貴州，撰貴州水道考三卷，凡經流七，皆水之直達江海者；大水八，皆水之絡。數十小水至貴州境以外合經流者，中水百八十一，皆水之能絡。小水在貴州境以内合經流及大水者，小水一百五十二，皆合中水以入大水者。而水之無名及不知所歸者不與焉。貴州水道考序。

先生自塞外歸，尤喜道揚後進，如同里劉編修嗣綰，莊上舍曾詒，黄孝廉載華，丁明經履恒，陸孝廉繼輅，秀才耀遹，黄上舍乙生，莊秀才綬甲，周孝廉儀暐，陸上舍鏞，高秀才星紫，瞿孝廉溶，皆得奬勵之益。其專心古學者，如劉孝廉逢禄，董上舍士錫諸人，則以漢、魏諸儒勖之。年譜。

北江家學

洪先生飴孫

洪飴孫字孟慈，一字祐甫，北江長子。嘉慶戊午舉人，官湖北東湖縣知縣。北江諸子並能承家學，先生纂述尤勤，有世本輯補十卷。近世爲世本之學者甚衆，先生鉤稽義類，釐訛補闕，復還世本舊觀。以稿請質於父執孫氏淵如，孫後以付江都秦氏刻之，遂冒秦名，改爲三卷。又有三國職官表三卷，史目

表二卷，毘陵藝文志四卷，續漢書藝文志若干卷，青埵山人集十卷；其未成者，有漢書地理志考證、漢書藝文志考證、隋書經籍志考證、諸史考略、世本識餘諸種。參李兆洛撰墓志及洪孟慈遺書序、洪用懃刻史目表跋及授經堂未刊書目。

世本輯補序

飴孫自束髮受經，即好爲氏姓之學，既采補世本，越十年，粗畢，乃次而序之曰：自世本亡而春秋之旨晦矣，自世本亡而史官之法廢矣。夫春秋之旨微而顯，志而晦，婉而成章，盡而不汙，懲惡而勸善。而世本有帝系及紀，以彰五德之運；有譜及世家及傳，以著治忽久暫之故；有居作氏姓謚法，以明是非美惡之效，疇者可勸，疇者足戒，讀此而春秋之旨昭然如揭。然則劉向撰别録，班固志藝文，以世本次春秋後，亦其宜也。夫世本何爲而作乎？古者外史之職，奠繫世，辨昭穆，明天子諸侯世及之義，生則著其統，没則定其謚，而諸侯之史，亦得有簡牘以進退，卿大夫之族姓、班位、貴賤、能否列史相承，守而不失。蓋有以彰善癉惡，而使之交相警焉；防微杜漸，而使之不得爭焉。觀乎太史之記崔杼，知果之稱輔氏，周之史法其可推而見矣。夫春秋爲編年，世本爲紀傳，太史公述世本以成史記，紀傳不自史記始也。自史記以後，史家始表古今，表游俠矣；志符瑞，志釋、老矣；傳文苑，傳隱逸，傳寒儁，傳鬼神矣。無與乎治亂，無當乎褒貶，爭立名目，以相炫異。不知史記之意者，是不明世本之旨者也。不知世本之旨者，皆不明古史之法者也，吾故曰世本亡而史官之法廢也。夫能述世本者，於漢莫如司馬遷，於吴、晉莫如韋昭、杜預。韋、杜注國語、左傳，其世系竝據世本，見本書序。今世本亡而三家之説猶存，其即以此爲世本乎？吾未敢也；其竟以此爲非世本乎？吾不忍也。有者據之，無者據三者而補之，加别焉可耳。夫古書存者日尠，漢、唐遺文，學者猶思采録，況世本爲三代之書，春秋之緒餘，史記之所本，不及而今哀集，其將誰竢乎？善乎劉子駿之言曰：「與其過而棄也，毋寧過而存之。」不惜蹈穿鑿之譏，冀以存古人之事，則鄙意存焉。

三國職官表序

史家以表志爲難作，史者如天文、律麻、五行、地理、河渠、食貨諸志，王侯大事諸表，皆有專門之學，攷核之能，降而至於職官，惟期詳備而已。若三國時則不然，曹氏官制名與漢同而實變之。統而言之，禄秩則改爲九品矣，三公則廣爲五府矣。内則尚書侍中别爲一臺，而不屬少府；中書祕書創爲二省，而專典機宜。宫禁不主於光禄勳，更置殿中諸司；屯衛不歸於南北軍，别設領軍之職。司農管度支而更領屯田，符節屬九卿而轉爲臺主。公府之屬增至百餘，軍師之名偏列諸署。外則諸州屬於四征，而將軍忽爲方鎮；都督加於岳牧，而刺史僅號單車。典兵則征鎮安平之號十倍於兩京，郎將則東西南北之稱不止於三署。是則紛更升降，與漢大殊。古今名號之改移，兩晉、南北朝之建置，實皆權輿於此時者也。而況吴、蜀，名因漢制，亦有異同。蜀猶略祖東京，吴則大形增省，此又攷三國職官者，但明承創，而體例已繁，豈能第求詳備乎？夫即詳備之求，已有闕如之憾。承祚之史既略而不詳，世期之注復雜而無準，上則班表、劉註存限制而不及後來，下則晉志、宋書志本朝而罕詳前代。躊躇其際，撰述爲難。夫言官制者，或因或創，班氏既有成規，乃志典午者略古漏今，蕪疏全無師法，攷古者所以廢書而嘆也。飴孫幼聞庭訓，稍别體裁，搜采諸書，載離寒暑，欲踵家君疆域之志，以成此史一家之言，不揣蒙昧，爲職官表三卷。改志爲表，庶幾集三國之異同，彙一時之體制。大略則踵前代者因而不言，創一職者有而必著。復參用公卿表之例，志其居官之人，將以驗此官之有無；記其遷轉之階，即以較諸職之高下。公卿以下可攷者，因並録焉，明知去之始當於史裁，顧書非附於正史者，亦遂列而存之。夫正統之説，創自習氏，定於紫陽，先蜀後魏，體方居正。顧魏制較詳，蜀官最略，以詳綴略，勢有不能參校互稽，或當相諒。昔者鄭子通設官之學，聖人稱之，繼則應劭著漢官之儀，王隆爲小學之解，垂之於久，文獻足徵，區區之忱，私願竊比。且古人志職官者，其與諸志皆可會通，則此表之成，蓋欲使攷三國官制者有所據依，未敢云有補於正史也。書成，爰攬其意而敘之。

史目表序

龍門作史，筆揮如椽，動必師古，何嘗自專？春秋、世本獨窺淵源，降至篇目，亦有發端。懲勸紛若，賢愚暸然，保此至鑒，垂諸不刊。二十四史踵其成觀，或創序例，略分言，詮範圍，莫過終始相緣。繁則未括，簡則未宣，當削不削，當傳不傳，不善學史，空矜藻翰，徵文攷籍，敢告史官。

洪先生符孫

洪符孫字幼懷，北江仲子。績學不遇，久客河南。著有禹貢地名疏證、齊雲山人甲乙稿各四卷，詩集十二卷，禹州志、鄢陵縣志、河内縣志。參授經堂書目。

洪先生齮孫

洪齮孫字子齡，北江少子。道光己亥舉人，官廣東鎮平縣知縣。著有戰國地名考補、梁疆域志、淳則齋駢體文詩集八卷。參授經堂書目。

北江弟子

吕先生培

吕培，旌德人。北江主講洋川書院，從游最久。編定春秋左傳詁，與校録刻成板，即歸之，編次北江年譜。參春秋左傳詁跋及年譜。

北江交游

錢先生大昕 別爲潛研學案。

錢先生坫 別見潛研學案。

孔先生廣森 別爲顨軒學案。

邵先生晉涵 別爲南江學案。

汪先生中 別爲容甫學案。

章先生學誠 別爲實齋學案。

孫先生星衍 別爲淵如學案。

莊先生述祖 別見方耕學案。

臧先生庸 別見玉林學案。

趙先生懷玉 別見子居學案。

清儒學案卷一百六

端臨學案

寶應劉氏，代有聞人。端臨邃於經學，考證名物，孯精理義，未嘗離而二之。所著論語駢枝，精深諦確，能發先儒所未發。楚楨、叔俛父子繼之，遂成論語正義一書，尤稱有功經訓。有清一代治論語學者，蓋以劉氏爲集大成矣。述端臨學案。

劉先生台拱

劉台拱字端臨，一字江嶺，寶應人。父世謩，官靖江縣訓導，教士有聲。先生幼不好戲，六歲母朱殁，哀毁如成人，既而事繼母鍾，亦盡孝。入家塾，終日端坐，未嘗離席，獨處一室，亦必以正。九歲作顔子贊，十歲心慕理學，嘗於其居設宋五子位，朝夕禮之。出入里閈，目不旁睞，時有小朱子之目。年十五，從同里王雒師學，及見王予中、朱止泉兩先生書，遂篤志程、朱之學。十六補縣學生，二十一中式，乾隆庚寅舉人。試禮部，大興朱文正公時以翰林分校，得先生經義，用古注，識爲積學之士，亟呈薦。已中式矣，以次藝偶疵被放，文正惜之。時方開四庫館，海内方聞綴學之士雲集，先生所交游，自大興朱學士筠、歙程編修晉芳外，休寧戴庶常震、餘姚邵學士晉涵、同郡任御史大椿、王給事念孫，並爲昆弟交。稽經考古，旦夕講論，先生齒最少，每發一議，諸老先生莫不折服。先生之學，自天文、律吕、六書、九數、聲韻等事，靡不貫洽，諸經中於三禮尤精研之，不爲虚詞穿鑿，能發先儒所未發，當世儒者撰書多采其説。官丹徒縣訓導，勤於職，月必考課，其教以敦行立品爲先，而能以身示之。常謂「教官不常接士子，則術業無從聞知」。諸生以時進見者，必以廉恥氣節爲敦勉。暇則誦習古訓，親爲講畫。境内饑，大吏以賑事委先生，先生慨然曰：「校官無事可自效於國，此我職也。」乃親歷窮巷，俾胥吏無侵刻，一邑感之。生平無嗜好，惟聚書數萬卷，及金石文字而已。虀鹽淡泊，晏如也。父疾，辭官歸，日侍湯藥，晝夜不倦。及父與繼母相繼卒，先生水漿不入口，出就外寢，蔬食五年之久。居家教諸弟，雖嚴，然怡怡和悦，人皆歎羡之。宗族有少孤不能讀書，及困苦不能自振者，皆賙給之。人有所長，必誘掖之使進，若有短則絶口不言，但勸勉之，使自愧悔。嘉慶十年卒，年五十有五。所著論語駢枝、經傳小記、國語補校、荀子補注、淮南子補校、方言補校、漢學拾遺暨文集共八種，參朱彬撰行狀、阮元撰墓表。

論語駢枝

子貢曰：「詩云『如切如磋，如琢如磨』，其斯之謂與！」謹案：釋器云：「骨謂之切，象謂之磋，玉謂之琢，石謂之磨。」釋訓云：「如切如磋，道學也；如琢如磨，自修也。」三百篇古訓古義存者僅矣，獨此二句，則此章問答之旨，斷可識矣。蓋無諂無驕者，生質之美，樂道好禮者，學問之功夫。子言「十室之邑，必有忠信，不如某之好學」，而七十子之徒獨稱顏淵爲好學，顏淵而下，穎悟莫若子貢，故夫子進之以此。然語意渾融，引而不發，子貢能識此意，而引詩以證明之，所以爲告往知來。集解及皇、邢二疏竝鶻突不分明。朱注不用爾雅，而創爲已精益精之説。推是義不過以切琢喻可也，磋磨喻未若比例。雖切，而於聖人之意初無所引伸，何足發告往知來之歎？況此例句法，本篇即有「如金如錫，如圭如璧」，綜計全經，「如山如阜，如岡如陵」之類，不下十數句，皆一字一義，不以綴屬聯貫爲文。以是推之，爾雅舊義恐不可復易也。皇侃本作「貧而樂道」，開成石經「貧而樂」旁注「道」字。

子夏問孝，子曰：「色難，有事弟子服其勞，有酒食先生饌，曾是以爲孝乎？」謹案：年幼者爲弟子，年長者爲先生，皆謂人子也。饌，具也。有事幼者服其勞，有酒食長者共具之，是皆子職之常，何足爲孝？內則曰：「男女未冠笄者，昧爽而朝，問何食飲矣。若已食，則退；若未食，則佐長者視具。」長者即先生也，具即饌也。鄭注內則即訓爲饌。論語中言弟子者七，其二皆年幼者，其五謂門人。言先生者二，皆謂年長者。憲問篇「見其與先生竝行也」，包氏曰：「先生，成人也。」皇疏云：「先生者，成人。」謂先己之生也，非謂師也。禮「父之齒隨行，兄之齒雁行」，此童子行不讓於長，故云與先生竝行也。

子貢欲去告朔之餼羊，子曰：「賜也，爾愛其羊，我愛其禮。」謹案：告讀如字，舊音古篤反，非也。周禮大史「正歲年以序事頒之于官府及都鄙，頒告朔于邦國」。先鄭司農云：「頒讀爲班，班布也，以十二月朔告布天下諸侯。」孔子三朝記曰：「天子告朔於諸侯，率天道而敬行之，以示威於天下也。」又數夏桀、商紂之惡，曰：「不告朔於諸侯。」穀梁文六年傳曰：「閏月者，附月之餘日也，天子不以告朔。」又十六年傳曰：「天子告朔于諸侯，諸侯受乎禰廟，禮也。」然則告朔云者，以上告下爲文，不以下告上爲義，天子所以爲政於天下，而非諸侯所以禮於先君也。餼之爲言乞也，謂乞與也。凡供給賓客，或以牲牢，或以禾米，生致之皆曰餼。説文「氣，饋客芻米也，從米乞聲，或作餼」。其見於經傳者曰饔餼，曰稍餼，曰餼牢，曰餼獻，曰餼牽。天子之於諸侯有行禮，有告事。行禮於諸侯，若頫問，賀慶，脤膰，賵禬之屬，大使卿，小使大夫；告事於諸侯，若冢宰布治，司徒布教，司馬布政，司寇布刑之屬，皆常事也。以其爲歲終之常事，又所至非一國，故不使卿大夫，而使微者行之以傳，遽達之以旌節，然後能周且速焉。諸侯以其命數禮之，或以少牢，或以特羊而已。幽王以後不告朔於諸侯，而魯之有司循例供羊，至於定、哀之間猶秩之。夫謂文公始不視朔者，據「十六年夏五月公四不視朔」之文言之也。夫四不視朔，而謂之始不視朔，可乎？四不視朔，曠也；始不視朔，廢也，曠之與廢則必有分矣。曠四月不視朔，又必詳其月數而具書之，而況其廢乎？變古易常，春秋之所謹也。初税畝，作丘甲，用田賦，皆謹而書之，始不視朔，豈得不書？鄭君此言出於公羊。公羊之説曰：「公曷爲四不視朔？公有疾也。何言乎公有疾不視朔？自是公無疾不視朔也。然則曷爲不言公無疾不視朔？有疾猶可言也，無疾不可言也。」彼欲遷就其大惡諱、小惡書之例，因虚造此言爾。如其説，自十六年二月「公有疾」，至十八年「公薨」，竝閏月數之，其爲不視朔者二十有六，而春秋横以己意爲之限斷，書於前而諱於後，存其少而没其多，何以爲信史乎？

子曰：「關雎樂而不淫，哀而不傷。」謹案：哀而不傷，舊説多異。毛詩篇義云：「哀窈窕，思賢才，而無傷善之心。」鄭注云：「哀世夫婦不得此人，不爲減傷其愛。」二義皆回穴難通。朱注以詩詞分配哀樂，似少近理。而「寤寐反側」，與哀義絶遠，注雖勉强傅合，亦但云「寤寐反側之憂」，而不得言哀，則其義之不愜，亦可見矣。程大昌聲音之説，尤爲無據。傳曰：「哀樂而樂哀皆喪心也。」記曰：「其哀心感者其聲噍以殺，其樂心感者其聲嘽以緩。」哀與樂相反也，噍殺與嘽緩亦相反也，而謂關雎一詩兼而有之，何得謂性情之正？又何以爲聲音乎？推尋衆説，未得所安，因竊以己意妄論之曰：詩有關雎，樂亦有關雎，此章特據樂言之也。古之樂章皆三篇爲一，傳曰「肆夏之三，文王之三，鹿鳴之三」，記曰「宵雅肄三」，鄉飲酒禮「工入升歌三終，笙入三終，閒歌三終，合樂三終」，蓋樂章之通例如此。國語曰：「文王、大明、緜，兩君相見之樂也。」左傳但曰「文王兩君相見之樂」，不言大明、緜。儀禮「合樂周南關雎、葛覃、卷耳，召南鵲巢、采蘩、采蘋」，而孔子但曰「關雎之亂」，亦不及葛覃以下，此其例也。樂亡而詩存，説者遂徒執關雎一詩以求之，豈可通哉！樂而不淫者，關雎、葛覃也；哀而不傷者，卷耳也。關雎樂妃匹也，葛覃樂得婦職也，卷耳哀遠人也。哀樂者，性情之極致，王道之權輿也。能哀能樂，不失其節，詩之教無以加於是矣。葛覃之賦女功，與七月之陳耕織，一也。季札聞歌豳，而曰「美哉！樂而不淫」，即葛覃可知矣。

子曰：「師摯之始，關雎之亂，洋洋乎盈耳哉！」謹案：始者樂之始，亂者樂之終。樂記曰「始奏以文，復亂以武」，又曰「再始以著往，復亂以飭歸」，皆以始亂對舉，其義可見。凡樂之大節，有歌有笙，有閒有合，是爲一成。始於升歌，終於合樂，是故升歌謂之始，合樂謂之亂。周禮大師職「大祭祀，帥瞽登歌」，儀禮燕及大射皆大師升歌，摯爲大師，是以云「師摯之始」也。合樂周南關雎、葛覃、卷耳，召南鵲巢、采蘩、采蘋，凡六篇，而謂之關雎之亂者，舉上以該下，猶之言文王之三，鹿鳴之三云爾。升歌言入，合樂言詩，互相備也。洋洋盈耳，總歎之也。自始至終，咸得其條理，而後聲之美盛可言始亂，則笙間在其中矣。孔子反魯正樂，其效如此。

自「入公門」已下至「私覿愉愉如也」一節，總記聘問之事，「復位」已上，通論聘享時出入升降之節，「執圭」已下，以聘享私覿分析言之。邢疏誤斷爲二，遂以上一節爲趨朝之容，下一節爲聘問之禮。案：正朝在路寢門外，無所謂「過位升堂」之事。内朝在路寢庭，非日接羣臣之地，雖朝公族，亦不升堂。參驗禮文，並爲乖錯矣。聘禮記曰：「賓入門皇，升堂讓，將授志趨。下階，發氣怡焉，再三舉足又趨。及門正焉，執圭，入門，鞠躬焉，如恐失之。及享，發氣焉盈容。私覿，愉愉焉。入門主敬，升堂主慎。」玉藻曰：「賓入不中門，不履閾。」注云：「謂聘客也。」足與此篇所記表裏證明。鄭君注聘禮記，具引論語之文，云「孔子之升堂鞠躬如也，屏氣似不息者；出降一等，逞顏色，怡怡如也；没階趨進，翼如也」，則亦以爲聘問之事。可知過位者，過主君之位，廟門之内，中庭之位也。復其位者，復聘賓之位，廟門之外，接西塾之位也。主君先入門右，即中庭之位，俟賓。賓後入門左及中庭，乃與主君竝行，故以過位爲節，而色勃如，足躩如，事彌至，容彌蹙也。有揖讓之禮，即有應對之辭，故曰「其言似不足」者。過位一條，在入門之下，升堂之上，亦其次也。攝齊與摳衣不同，攝者收斂之言，整飭之義。弟子職曰：「攝衣共盥」，又曰「攝衽盥漱」，義與此同。兩手摳衣，自是即席之容，非上階之法也。聘享每訖，即出廟門以俟命。「出」字爲下文之目，復其位所謂「出」也。

「吉月必朝服而朝」，說者以爲孔子事，非也。鄉黨記禮之書也，吉月必朝服而朝，禮也。孔子述之，而七十子之徒記之也。玉藻曰：「諸侯皮弁以聽朔於太廟，朝服以日視朝於內朝。」聽朔亦謂之視朔，視朝亦謂之聽朝，雖有在朝在廟之異，其爲君臣相見，聽治國政則同。既視朔則疑於不復視朝也，故曰「吉月必朝服而〔一〕朝」，明不以一廢一也。朝正者，一年之禮也；視朔者，一月之禮也；視朝者，一日之禮也。不以月廢日，不以大禮廢小禮也。玉藻記孔子之言，曰「朝服而朝，卒朔然後服之」，是其義也。曰：「卒朔然後朝，不已晏乎？」曰：「周以夜半爲朔，其時早矣，卒朔而朝，無妨也。」「其曰『朝服而朝』，何也？」曰：「告朔則朝於廟。春秋書閏月不告月，猶朝於廟，是也。但言朝，則未知朝於廟與？朝於內朝與？故以其服別之也，朝服對皮弁而言之也。」

「孔子時其亡也，而往拜之。」謹案：玉藻曰：「大夫親賜士，士拜受，又拜於其室。」又曰：「敵者不在，拜於其室。」說者謂大夫賜士，士拜受於家，又就拜於大夫之家，是爲再拜。敵者之賜，但拜受於家而已，不得受於家然後就拜於其家，則一拜也。由是言之，陽貨饋豚而矙孔子之亡，正欲以敵者之禮致孔子，而孔子亦以敵者之禮拜貨，是故貨不爲驕，孔子不爲詘。孟子以一拜爲大夫賜士之禮，與玉藻不

〔一〕「而」上原衍「而」字，據論語鄉黨刪。

合。以事理論之，則玉藻是也。不然貨非大夫，而以大夫自處，其妄甚矣。而孔子因即以大夫之禮禮之，何以爲孔子！

文集

周公居東論

書之金縢，詩之豳風，載周公遭變之事最爲詳盡。而自漢以來，説者紛紜顛倒，失其本末。鄭氏以辟爲避，以居東爲出居東都，驗之伐柯、九罭諸詩，辭意良合。至注「罪人斯得」，云「是周公之屬黨，爲成王所得」，則可謂迂僻而難通矣。而又曲解鴟鴞之詩，以傅會其説，支離牽强，抑又甚焉！然則鄭氏之説雖較勝諸儒，而亦復有所未盡也。且鄭氏知周公之避，而未知周公之所以避，所謂見其表不見其裏，得其一而遺其二者也。夫周公自克商以來，曷嘗一日忘東方之患哉！向以王室未安，四方未集，至於請命三王，願以身代武王之死，則聖人之深識遠慮，亦從可知矣。四國之變，非天下之小故也，武庚席勝國之餘業，地方千里，連大國而鬩周室；而管、蔡以骨肉至親，爲之陰伺虚實，相機舉事，表裏相應，動出百全。當此之時，周室之不亡者幸耳。然猶以周公之故，不敢遽發，故以流言之謗，爲反間之謀，意欲先陷周公而後逞志於成王。詩曰：「相彼雨雪，先集維霰。」禍亂之萌，見於此矣。而周公於此，顧乃懵然而不察，坦然而無疑，引嫌畏罪，去不旋踵，以墮於敵人之術中，直至四國并起，猖獗中原，然後倉皇奔命，僥倖於一日之成功，則周公之智，何遠出管、蔡下哉？論者必曰：「周公弟也，管叔兄也，豈忍料其將爲變哉？」此以施於使監之時，則至言也；施之於流言之後，則妄説也。今有人聞謗而不辨者，是君子也；無故加己以篡弑之名，而安然不問，則冥頑不靈之人而已矣。況其爲反間之謀，覬覦之漸，豈有安然受之而不究所從來者乎？是故流言之初起也，周公萬萬不料其爲管、蔡，而心識其爲商人之間已，則不敢以不察；察而得之，必且始而駭，中而疑，終則痛哭流涕，引以爲終身之大慼。此天理人情之至，以義推之而可見者也。曾參殺人，至於三告，則投杼而起，而謂周公之必當守不忍料之意以終身，則舜何以知象之將殺己哉？且夫周公之不可避也，亦明矣。王室未安，四方未集，則武王不可死；武王死而周公存，則周公之身一武王之身也，而周公不可去。人謂成王疑周公，於勢不得以不去，固也，而不知周公豈苟去者哉？鄭氏之説以爲避位待罪，以須成王之察己者，此周公之迹也。乃若其心，則欲就居東國，密邇商人，得以陰察諸侯之動靜而爲之備也。蓋周自后稷、公劉以來，修德行義，十有餘世，大統甫集，而忽焉喪之，此周公之所大懼，而不敢不以爲身任者也。故曰：「我之弗辟，我無以告我先王。」若但引嫌畏罪，鰓鰓爲一身之憂，於先王何與焉？至於二年之久，然後主名區處，一一得之。故曰：「周公居東二年，則罪人斯得。」罪人者，非一之辭也；得者，廉而得之也。「鴟鴞鴟鴞，既取我子，無毀我室。迨天之未陰雨，徹彼桑土，綢繆牖户。」成王、二公未始以爲憂，而公獨識之，此所謂「罪人斯得」者也。吾於鴟鴞見人道之極焉。鴟鴞取子，以喻管、蔡爲武庚之所脅從。「恩斯勤斯，鬻子之閔斯」，所以末減其倡亂之罪，而不忍盡其辭，親親之道也。至於閔王業之艱難，懼覆亡之無日，情危辭蹙，幾於大聲而疾呼，自書契以來，哀痛迫切，未有若此詩之甚者。史臣以「於後」二字繫於「罪人斯得」之下，實與詩之辭旨表裏相應，明白無疑。而說者紛紜顛倒，致使周公救亂之志闇而不章，豈不惜哉！或曰：「然則成王得詩而欲誚公，何也？」曰：「非此之謂也。史臣自管、蔡流言以後，即備記周公之事，而未論成王之心，故特著此句以見之也。周公去位，而成王不留，居東二年，而成王無後命，及得鴟鴞之詩，猶尚不悟，但自始至終，未敢致誚讓於公耳。此出後人之手，次第曲折，凡幾言而後盡。古人記事，文約而旨明，一言蔽之，而情事了然矣。故言亦有舉後以包前之辭也，所以上結流言之案，而下起風雷之事也。說者便謂成王得鴟鴞之詩，始欲誚公，殊失作者之本意。而鄭氏箋詩亦由此致誤，是亦拘文牽義之過矣。」或曰：「風雷之變，周公所不能逆料也。向使成王不悟，周公不歸，四國之兵乘間而起，公於是時將坐視而不爲之所乎？」曰：「公雖以待罪居東，而親則叔父，尊則冢宰，詩曰：『我覯之子，衮衣繡裳。』公之親貴，蓋亦不減於平日矣。洛邑，天下之咽喉，而京師之屏翰也，北阻孟津以距商，東據虎牢之險以控諸侯，而公以成周之衆，坐鎮其中，此亦足以待天下之非常，而無憂王室矣。彼四國陰蓄異謀，旦夕思逞，而二年之中，環視而不敢動，則是畏憚周公之明效也。漢七國之亂，有一梁孝王爲之扞蔽，而吴、楚、齊、趙之兵不敢鼓行而西嚮，況以周公元聖，豈僅孝王之比哉？嗚呼！此周公之避，所爲熟計而審處也。」或曰：「先發制人，後發制於人，周公之歸也，何以不即舉兵，而待商人之發難乎？」曰：「武庚、管、蔡之惡未形，而周公探其邪謀而逆誅焉，天下不服也，周公不忍也，張皇六師，有備無患而已矣。此鴟鴞之志也。」

釋畢郢

「畢郢」，徐廣史記音義引孟子作「畢程」，逸周書「維周王季宅程」，徐廣引作「郢」。程、郢字異音同。司馬相如列傳：「文王改制，爰周郅隆。」徐廣以「郅」爲「郢」字之誤。自來注孟子者，不詳郢地所在，則以文字不明故也。今按汲冢紀年：「武乙二十四年，周師伐程，戰于畢，克之。」「文丁五年，周作程邑。」然則畢、程二地矣。漢書地理志右扶風安陵，闞駰以爲本周之程邑。括地志云：「安陵故城在雍州咸陽縣東二十一里，周之程邑也。」此邑中之地爲程也。其西有畢陌，一名畢原，皇甫謐所謂「安陵西畢陌」。元和郡縣志云：「畢原即咸陽縣所理也，原南北數十里，東西二三百里，亦謂之畢陌。」此邑外之地爲畢也。然畢者程地之大名，程者畢中之小號也。故紀年言「西伯初禴于畢」，而杜佑亦云「王季都畢」，皆通國內而言之。春秋昭九年傳，周景王之言曰：「我自夏以后稷魏、駘、芮、岐、畢吾西土也。」注言「在夏世以后稷功受此五國爲西土之長」。是則岐也、畢也，皆古之建國也。周者，大王所邑，而岐之小別也，故繫岐而言之曰岐周；高誘呂覽注云：「古公避獯鬻之難，邑於岐。謂岐山之陽有周地，及受命，因爲天下號也。」鄭氏詩譜云：「文王受命作邑于豐，乃分岐邦周、召之地爲周公旦、召公奭之采地。」周爲岐別，此足徵矣。程者，王季所邑，而畢之小別也，故繫畢而言之曰畢程。呂覽具備篇云：「武王嘗窮於畢程矣。」畢程即畢郢。刻本「程」誤作「裎」，高誘注云：「畢程，畢豐。」非也。周書史記解云：「昔有畢程氏，損禄增爵，羣臣貌匱，比而戾民，畢程氏以亡。」繇是推之，則畢郢之名之所起遠矣。又按畢地有二：其一畢陌，其一文王墓地也。太史公曰：「畢在鎬東南杜中。」

皇覽云：「周文王、武王、周公冢在京兆長安縣鎬聚東杜中。」而括地志以爲在雍州萬年縣西南二十八里畢原上，則唐亦謂之畢原。是故有咸陽縣之畢原，所謂文王葬於畢也。一在渭北，一在渭南，異所同名，往往相亂。杜佑言畢初王季都之，後畢公封焉，此言在渭北者當矣。而以爲文王所葬，則失之。帝王世紀云：「文、武葬於畢，畢在杜南。」晉書地道記亦云：「畢在杜南，與畢陌別。」此則文、武所葬，不在畢陌明矣。是以裴駰辨之云：「皇覽曰『秦武王冢在扶風安陵縣西北畢陌中大冢』是也，人以爲周文王冢，非也。周文王冢在杜中。」張守節亦云「括地志云『秦惠文王陵在雍州咸陽縣西北一十四里，秦悼武王陵在雍州咸陽縣西十里』，俗名周武王陵，非也。」羣書剖析，具有明文。惟顔師古注漢書劉向傳「文王、周公葬於畢」，用畢陌爲釋，而杜亦云然。自兹以降，莫不謬指秦陵，誣稱周墓，傳之方志，載之祀典，誤所從來，非一世矣。此辨已見日知録「歷代帝王陵寢」條。趙岐言「畢，文王墓，近於酆、鎬之地」，此言「在渭南」者當矣。而以訓畢郢，則失之。文王始亦宅程，周書稱文王在程，作程寤、程典。其後作邑于酆，而先君宗廟故居宫室猶於是乎存。紀年云「西伯初禴于畢」，謂畢郢也。此王季廟在郢之證。王季廟在郢，亦若文王廟在酆。僖二十四年傳云：「畢原、酆郇，文之昭也。」畢、酆皆宗邑，故武王以封兄弟。因是往來舊都，而末年仍卒乎此。以情事推之，昭然可見。卒于畢郢，不言爲葬，而趙以墓地當之畢地既誤，何郢之可言？闕而不究，其不以此乎？若邵武士人僞疏謂郢故楚都，在南郡，固不辨而可知其妄矣。

武王既定天下，以王季舊都封畢公高，而畢陌其封内之地，後之言地理者，專以畢陌當之，亦未爲非。畢陌，漢、魏安陵縣地，皇覽、帝王世紀皆云安陵，知魏有安陵。晉省安陵爲長安縣地，故杜預曰：「畢國在長安縣西北。」唐置咸陽縣治焉，故通典以爲在咸陽矣。閻百詩謂二杜不同，是不然。觀顔籀所稱畢陌在長安西北四十里，以此申元凱之説，即與君卿無二，正咸陽縣地。注漢書，故以長安言之。

史記正義引括地志，以萬年縣西南二十八里畢原爲畢公高之國，以咸陽縣東二十一里安陵故城爲程伯休父之國，斯兩失之。續漢書郡國志河南雒縣有上程聚，劉昭注云：「古程國。」史記曰：「重黎之後，伯休父之國也。」關中更有程地，帝王世紀曰：「文王居程，徙都豐，故此加爲上程。」

偏檢諸刻本，悉易以「程」字，惟震澤王氏翻刻宋本一註之中，「程」「郢」互見，分明可據。

轉注假借説

許叔重以考老爲轉注，後人多不得其説而妄議。戴東原以本書説之曰：「老，考也；考，老也，謂之轉注。」是解也，許君所旦暮遇之者，台拱轉得之懷祖，無由聞其説之詳。懷祖疑其與他義相混，亦未質言之。竊謂郭璞所謂轉相訓者，即轉注之義；而所謂語轉者，乃轉注之原也。語轉之中，又自有假借，大抵釋詁、釋言兩篇不出轉注假借二義，郭君亦第舉一隅耳。指事、象形、形聲、會意四者，制字之原盡此矣。天下無有出於事、形、聲、意之外者，則天下之文字，豈能出四義之外哉？轉注假借，特用以通音義無窮之變耳。以一義生數字，謂之轉注；以一字攝數義，謂之假借。隨音立字，謂之轉注；依音託字，謂之假借。假借者，離乎事、意、形、聲以見義者也，異則易見；轉注者，依乎事、意、形、聲以立文者也，同則難知。即如老爲會意，考爲形聲，而許君合之以爲轉注，則其不出前四者，亦可明矣。由是推之，古今異言，方俗殊語，當書契始興，即不能無故爲立此一義，而三代以來文字，必當有隨世增加者矣。當其時，外史達書名，則上之文字無不通於下也；太史陳風詩，則下之聲音無不達於上也。閭里之謌謡，豈盡合乎聖明之制作哉？轉注之塗，由此寖廢，亦其勢然也。後世所造俗書，多轉注之流。其一字而二音三四音者，蓋假借之變。俗書不可通行，故文字之變簡；方音不能無異，故聲音之變繁。惟其不得變於文字，而乃變於聲音，此其勢亦如井田之爲阡陌，五等之爲郡縣也。

律呂説

一者陽也，黄鐘之數也。九而去一以生太蔟，故八；太蔟九而去一以生姑洗，故六十四；姑洗九而去一以生蕤賓，故五百一十二；蕤賓九而去一以生夷則，故四千九十六；夷則九而去一以生無射，故三萬二千七百六十八。二者陰也，林鐘之數也。九而去一以生南吕，故十六；南吕九而去一以生應鐘，故一百二十八；應鐘九而去一以生大吕，故一千二十四；大吕九而去一以生夾鐘，故八千一百九十二；夾鐘九而去一以生中吕，故六萬五千五百三十六。

或問：「黄鐘之度，或以爲九寸，或以爲八寸十分寸之一，二者孰爲黄鐘之正度？」曰：「聞以律生度矣，未聞度生律也。黄鐘有數而無度。」曰：「苟無度，則十二律之長短奚由定？」曰：「昔者聖人作六律以象乾，故自黄鐘而下，皆以九爲實，以乾之六爻皆九也。作六吕以象坤，故自林鐘而下，皆以六爲實，以坤之六爻皆六也。天地之道，陽能統陰，陰不能統陽，是以聖人之於律吕一以九爲法。九分黄鐘之長而去一爲太蔟，九分太蔟之長而去一爲姑洗。自姑洗而蕤賓，而夷則，而無射，皆九分遞減也。九分林鐘之長而去一爲南吕，九分南吕之長而去一爲應鐘。自應鐘而大吕，而夾鐘，而中吕，皆九分遞減也。然後命黄鐘爲九寸，林鐘爲六寸，所以著陰陽之象也，斯度之所由生也。律生度，度生量，量生權，此著作之先後也。

古人因律以起度，後人執度以命律，故或以十分爲寸，而析十以爲百，析百以爲千，析千而爲萬；或以九分爲寸，而破寸以爲分，破分以爲釐，破釐以爲豪，破豪以爲絲。執後起之度，以御先出之律，是以參錯而不齊，繁賾而難治。

附　録

王懷祖敍端臨遺書，略曰：「端臨邃於古學，自天文、律吕至於聲音、文字，靡不該貫。其於漢、宋諸儒之説，不專一家，而惟是之求。精思所到，如與古作者晤言一室，而知其意旨所在。比之徵君閻百詩、先師戴庶常、亡友程易疇，學識蓋相伯仲。以視鑿空之談，株守之見，猶黄鵠之於壤蟲也。」

汪容甫與先生書曰：「中見族兄觀魯，道足下涵養寧静之言，以爲深中吾病，相對咨嗟累日。觀魯曰：『君往者不受人言，而今心折劉君者，有說與？』中曰：『劉君欲吾養其德性而無騁乎血氣，此吾所以服也。』述學。

先生司鐸丹徒，嘗以朱子纂儀禮經傳通解，即孔門執禮之教，取禮經十七篇，繪爲圖，與諸生習禮容，發明先王制作之精意。成孺撰寶應儒林傳。

端臨家學

劉先生寶楠

劉寶楠字楚楨，號念樓，端臨從子。父履恂，舉人，國子監典簿，著有秋槎雜記。先生生五歲而孤，母喬教育之。始從端臨請業，以學行聞鄉里。爲諸生時，與儀徵劉文淇齊名，稱揚州二劉。道光乙未成進士，授直隸文安縣知縣。文安地窪下，隄堰歲久失修，屢潰溢爲民患，先生履勘興築，遂獲有秋。再補元氏縣，會歲旱，蝗大作，延袤二十餘里，捐俸設廠捕之，歲則大熟。咸豐元年調三河，值東三省兵過境，遣使往通州以民價雇車應役，民得不擾。民有涉兄弟戚屬爭財訟者，婉詞諭之，率感悟解散而罷。五年卒，年六十五。先生於經，初治毛氏詩、鄭氏禮，後與劉文淇及江都梅植之、涇包慎言、丹徒柳興恩、句容陳立各治一經，先生發策得論語。病皇、邢疏蕪陋，乃蒐輯漢儒舊說，益以宋儒長義，及近世諸家，仿焦循孟子正義例，先爲長編，次乃薈萃而折衷之，著論語正義二十四卷。因官事繁，未卒業，命子恭冕續成之。他著有釋穀四卷，於豆麥麻三種多補正程氏九穀考之説；漢石例六卷，於碑志體例考證詳博；寶應圖經六卷，勝朝殉揚録三卷，文安隄工録六卷，愈愚録六卷，念樓詩文集若干卷。又輯先世詩文爲清芬集十卷，寶應文徵百餘卷。參戴望撰事狀、成孺寶應儒林傳。

論語正義

「有子言禮之用」章。案：有子此章之旨，所以發明夫子中庸之義也。説文「庸，用也」，凡事所可常用，故庸又訓常。鄭君中庸目録云：「名曰中庸者，以其記中和之爲用也。」注「君子中庸」云：「庸，常也，用中爲常道也。」兩義自爲引申。堯咨舜，舜咨禹，云：「允執其中」，孟子言「湯執中」，執中即用中也；「舜執兩端，用其中於民」，用中即中庸之倒文。周官大司樂言「六德中和，祇庸孝友」，言中和，又言庸。夫子本之，故言中庸之德；子思本之，乃作中庸；而有子於此章已明言之。其謂「以禮節之者」，禮貴得中，知所節則知所中。中庸云：「和而不流，强哉矯！中立而不倚，强哉矯！」和而不流，則禮以節之也，則禮之中也。中庸皆所以行禮，故禮篇載之。逸周書度訓「和，非中不立；中，非禮不慎，禮，非樂不履」。樂謂和樂，即此義也。

夫子五十知天命。天命者，説文云「命，使也」，言天使己如此也。書召誥云：「今天其命哲，命吉凶，命歷年。」哲與愚對，是生質之異，而皆可以爲善，則德命也。吉凶、歷年，則禄命也。君子修其德命，自能安處祿命。韓詩外傳，子曰：「不知命，無以爲君子。」言天之所生皆有仁、義、禮、智、順善之心，不知天之所以命生，則無仁、義、禮、智、順善之心，謂之小人。」漢書董仲舒傳對策曰：「天令之爲命，人受命於天，固超然異於羣生，貴〔一〕於物也。故曰：『天地之性人爲貴。』明於天性，知自貴於物，然後知仁、義、禮、智，安處善，樂循理，謂之君子。故孔子曰：『不知命無以爲君子。』此之謂也。」二文皆主德命，意以知德命必能知祿命矣，是故君子知命之原於天，必亦則天而行，故盛德之至，期於同天。中庸云：「仲尼上律天時，下襲水土，辟如天地之無不持載，無不覆幬，辟如四時之錯行，如日月之代。」明言聖人之德，能合天也；能合天，斯爲不負天命；不負天命，斯可以云知天命。知天命者，知己爲天所命，非虛生也。蓋夫子當衰周之時，賢聖不作久矣，及年至五十，得易學之，知其有得而自謙，言「無大過」。則知天之所以生己，所以命己，與己之不負乎天，故以「知天命」自任。命者立之於己，而受之於天，聖人所不敢辭也。他日桓魋之難，夫子言：「天生德於予。」天之所生，是爲天命矣，惟知天命，故又言：「知我者其天！」明天心與己心得相通也。孟子言：「天欲平治天下，舍我其誰！」亦孟子知天命生德當在我也。是故知有仁、義、禮、智之道，奉而行之，此君子之知天命也。知己有得於仁、義、禮、智之道，而因推而行之，此聖人之知天命也。

告子游問孝。孝經云：「用天之道，分地之利，謹身節用，以養父母，此庶人之孝也。」大戴禮曾

〔一〕「貴」，原作「其」，據漢書董仲舒傳改。

子本孝云：「庶人之孝也，以力惡食。」盧辯注「分地任力，致甘美，蓋庶人能養，不能敬。若語於士，則養未足爲孝。」故坊記言：「小人皆能養其親，君子不敬，何以辨？」小人即庶人，君子則士以上通稱。又曾子立孝云：「君子之孝也，忠愛以敬。」又云：「盡力無禮，則小人也。」盡力即以力致養之事，無禮即不敬也。孝經又云：「故母取其愛，而君取其敬，兼之者父也。」蓋士之孝也，與曾子立孝所言君子之孝同，明能敬爲士之孝。夫子告子游正以爲士之道責之矣。孝經又云：「孝子之事親也，居則致其敬，養則致其樂。」禮内則：「曾子云：孝子之養老也，樂其心不違其志，樂其耳目，安其寢處，以其飲食忠養之。」二文所言養，皆養志之道，其不廢敬可知。祭義云：「衆之本教曰孝，其行曰養，養可能也，敬爲難；敬可能也，安爲難，安可能也，卒爲難。」是敬猶非至孝，特視祇能養者爲難耳。

告子夏問孝。竊謂服勞視饌，並言庶人之孝。視饌即能養。服勞者，尚書大傳言「入小學，知有父子之道，長幼之敍」，又言「歲事既畢，餘子入學，所謂小學之教，則輕任并，重任分，班白不提挈，皆是服勞之道」。曾子大孝云：「小孝用力，慈愛忘勞，可謂用力矣。」孔氏廣森補注：「庶人之孝，夫子以士之孝告子夏，故示以色難，明非士之達於學術者，未能幾此也。」

乘桴浮海居九夷。王氏瑬四書地理考：「浮海指勃海。」説文：「海，天池也，以納百川者。」又云：「瀨，勃瀨，海之别也。」潛丘劄記：「太史公多言勃海，河渠書謂永平之勃海，封禪書謂登萊之勃海，蘇秦列傳指天津衛之海，朝鮮列傳指海之在遼東者。勃海之水大矣，非專爲近勃海郡者也。」案：

漢書地理志「玄菟、樂浪，武帝時置〔一〕，皆朝鮮、濊貉、句驪蠻夷。殷道衰，箕子去之朝鮮，教其民以禮義、田蠶、織作。樂浪朝鮮民犯禁八條：相殺，以當時償殺；相傷，以穀償；相盜者，男没入爲其家奴，女子爲婢，欲自贖者人五十萬，雖免爲民，俗猶羞之，嫁娶無所讎，是以其民終不相盜，無門户之閉，婦人貞信不淫辟。可貴哉！仁賢之化也。然東夷天性柔順，異於三方之外，故孔子悼道不行，設浮於海，欲居九夷，有以也。」顔注言：「欲乘桴筏而適東夷，以其國有仁賢之化，可以行道也。」據志言則浮海指東夷，即勃海也。夫子當日必實有所指之地，漢世師説未失，故尚能知其義，非泛言四海也。夫子本欲行道於魯，魯不能竟其用，乃去而之他國，最後乃如楚。則以楚雖蠻夷，而與中國通已久，其時昭王又賢，葉公好士，故遂如楚，以冀其用，則是望道之行也。至楚又不見用，始不得已而欲浮海居九夷。史記、世家雖未載「浮海」及「居九夷」二語，爲在周遊之後，然以意測之，當是也。其欲浮海居九夷，仍爲行道，由漢志注繹之，則非遯世幽隱，但爲世外之想可知。即其後浮海居九夷，皆不果行，然亦見夫子憂道之切，未嘗一日忘諸懷矣。

興於詩，立於禮，成於樂。禮内則云：「十年出就外傅，朝夕學幼儀；十有三年學樂、誦詩、舞勺，成童舞象；二十而冠，始學禮，舞大夏。」又王制言造士之教云：「樂正崇四術，立四教，順先王詩、書、禮、樂以造士。」春秋教以禮、樂，冬夏教以詩、書，並自古相傳教學之法。夫子時世卿持禄，人不由

〔一〕「置」，原缺，據漢書地理志補。

學進，故學制盡失，聖門弟子自遠至者，多是未學。夫子因略本古法教之，學詩之後即學禮，繼乃學樂。蓋詩即樂章，而樂隨禮以行，禮立而後樂可用也。大戴禮衞將軍文子篇：「吾聞夫子之施教也，先以詩，世道者孝弟，説之以義，而視諸體，成之以文德。」蓋入室升堂七十有餘人。體者禮也，文德者樂也。入室升堂則能興、能立、能成者也。大戴所言正此文實義。又孔子世家言：「孔子以詩、書、禮、樂教弟子，蓋三千焉，身通六藝者七十二人。」六藝兼易、春秋言之，身通六藝，則興於詩，立於禮，成於樂之實效也。易與春秋，夫子不以教，其教惟以詩、書、禮、樂。論語不及書者，書言政事，成德之後自學之也。

民可使由，不可使知。凌氏鳴喈論語解義以此章承上章詩、禮、樂言，謂「詩、禮、樂可使民由之，不可使知之」。其説是也。愚謂上章是夫子教弟子之法，此民亦指弟子。孔子世家言：「孔子以詩、書、禮、樂教弟子，蓋三千焉，身通六藝者七十有二人。」身通六藝則能興、能立、能成者也，其能興、能立、能成，是由夫子教之，故大戴禮言其事云「説之以義，而視諸體」也。此則可使知之者也。自七十二人之外，凡未能通六藝者，夫子亦以詩、書、禮、樂教之，則此所謂可使由之不可使知之之民也。謂之民者，荀子王制篇「雖王公士大夫之子孫，不能屬於禮義，則歸之庶人」。庶人即民也，是也。鄭此注云：「民，冥也，其見人道遠。由，從也，言王者設教，務使人從之。若皆知其本末，則愚者或輕而不行。」鄭君雖泛説人道，其義亦未爲誤。蓋詩、禮、樂皆不外言人道也。春秋繁露深察名號篇：「民者，瞑也。民之號，取之瞑也。冥、瞑皆無知之貌。」注先釋民爲冥，後言愚者，正以民即愚者，非泛言萬民也。本末猶終始輕重，若皆使知之，則愚者以己爲知道而輕視之，將恐不能致思，妄有解説，或更爲訾議，致侮聖言也。孟子盡心篇：「孟子曰：行之而不著焉，習矣而不察焉，終身由之而不知其道者，衆也。」衆謂庸凡之衆，即此所謂民也。禮緇衣云：「夫民閉於人而有鄙心。」注言「民不通於人道，而心鄙詐，難卒告諭」，即此章之義。説者以民爲羣下之通稱，可使由不可使知，乃先王教民之定法，其説似是而非。韓詩外傳：「詩曰：『俾民不迷。』昔之君子，道其百姓，不使迷，是以威厲而刑厝不用也。故形其仁義，謹其教道，使民目晰焉而見之，使民耳晰焉而聞之，使民心晰焉而知之，則道不迷，而民志不惑矣。詩曰：『示我顯德行。』故道義不易，民不由也；禮樂不明，民不見也。詩曰『周道如砥，其直如矢』，言其易也；『君子所履，小人所視』，言其明也。」據外傳之文，則先王教民，非概不使知者，故家立之塾，黨立之庠，其秀異者則别爲教之，教之而可使知之也。若其愚者，但使由之，俾就於範圍之中，而不可使知其義，故曰：「君子議道自己，而置法以民。」

文王既没，文不在兹乎？　兹者有所指之辭，下兩言斯文，斯兹同義。文、武之道，皆存方策，夫子周遊以所得典籍自隨，故此指而言之。文在兹，即道在兹，故孟子以孔子爲聞而知之也。天將喪斯文，久當湮没，必不令夫子得之。後死者，夫子自謂後文王死也。後死者既與於斯文，是天未欲喪斯文可知，天未欲喪斯文，匡人必不能違天害己，致使斯文遭毁失也。

樊遲從遊於舞雩之下。　崇德修慝辨惑者，此當是雩禱之辭，以德、慝、惑爲韻，如湯禱桑林，以六事自責也。

朋友切切偲偲，兄弟怡怡。　朋友以義合，兄弟以恩合，處之各有所宜。此盡倫之事，非凡民不學者所能，故如此乃可稱士也。「斯可謂之士矣」，皇本無「之」字。釋文：「偲音絲，本又作愢。」集韻云：「偲或作愢。」則偲、愢一字。切切偲偲，怡怡如也，可謂士矣。夫子語止此，當時皆習見語，故夫子總言之。記者恐人不明，故釋之曰：「朋友切切偲偲，兄弟怡怡」，所謂七十子之大義也。皇本「兄弟怡怡」句末有「如也」二字，高麗本同。阮氏元校勘記、文選求通親親表注、初學記十七、藝文類聚二十一、太平御覽四百十六引此文，並有「如也」二字。大戴禮、曾子立事篇：「宮中雍雍，外焉肅肅，兄弟憘憘，朋友切切，遠者以貌，近者以情，友以立其所能，而遠其所不能，苟無失其所守，亦可與終身矣。」憘、怡音義略同。案：孟子言父子不責善，責善，朋友之道也。父子責善，賊恩之大者。合夫子此語觀之，是兄弟亦不可責善，當時諷諭之，于道乃得宜也。

謂伯魚爲周南、召南。二南皆言夫婦之道，爲王化之始，故君子反身必先修諸己，而後可刑于寡妻，至于兄弟，以御于家邦。漢書匡衡傳謂「室家之道修，則天下之理得」，即此義也。時或伯魚授室，故夫子特舉二南以訓之與？

四海困窮。四海困窮者，孟子滕文公上：「當堯之時，天下猶未平，洪水橫流，氾濫於天下，草木暢茂，禽獸繁殖，五穀不登，禽獸偪人，獸蹄鳥跡之道，交於中國。堯獨憂之，舉舜而敷治焉。」又滕文公下：「當堯之時，水逆行氾濫於中國，蛇龍居之，民無所定，下者爲巢，上者爲營窟。」書曰：「洚水警余。」洚水者，洪水也，是堯時四海困窮之徵。堯舉舜敷治之，故此咨告之言，當憂恤之也。

文集

書閻氏四書釋地後

閻氏四書釋地，今與傳註並行，誠不刊之書也。然其誤不可不辨。又續中「燕毛」條云：「唐開元十三年敕曰：『朕每讀洪範至無偏無頗，無頗一字於韻不協，宜改作陂。蓋爲陂則文亦會意，爲頗則聲不成文，亟須刊正，以免魯魚。』此又考文也。」案：書以頗、義爲韻，義從我聲，古音如莪，頗從皮聲，皮古音如婆，皆歌部之字。陂亦從皮，與頗音同，不必改頗作陂。而閻氏引以證考文，其失一也。三續中「入公門」條云：「汪武曹云：『古者天子諸侯皆有三朝，以魯制言之，庫門之內爲外朝，雉門之內爲治朝，路門之內爲燕朝。庫門內之外朝，非君所常御之朝，故曰君之虛位。惟國有非常之事，然後御於此，致萬民而詢謀之焉。而所謂燕朝者，玉藻則云：「君日視朝，退適路寢聽政，使人視大夫，大夫退，然後適小寢。」路寢即燕朝也，以此見羣臣不從君入也。周禮「王眡燕朝，則大僕正位掌擯相」。注云：「王圖宗人之嘉事則燕朝。」以此合之公族朝於內朝之文，益知異姓之臣不得常在燕朝也。蓋羣臣日所常朝之地，乃在治朝，則所謂攝齊升堂者，當必在此。存疑誤以過位爲治朝，而以升堂爲路寢之內朝。集註「位，君之虛位」，若以此爲治朝，則羣臣方日朝以此，何緣人君乃有虛位？何緣不行朝禮而反過之？』余按：『成六年韓獻子將新中軍，且爲僕大夫，公揖而入，獻子從公立於寢庭。』此足見韓厥卿也，得從景公入至燕朝，以兼大僕故。」案：閻氏以韓厥兼大僕，得至燕朝，正汪氏異姓之臣不得常在燕朝之說。然云「兼大僕」，其兼大僕者，不得至燕朝矣。至從汪氏以過位爲庫門內之外朝，攝齊升堂爲雉門內之治朝，其說尤誤。鄭康成「朝士」注云：「外朝在庫門外。」孔氏曲禮疏云：「天子三朝，庫門之外謂之外朝。」諸侯當與天子同。外朝所在，雖無明文，鄭、孔以義而知。然必謂外朝在庫門內，亦屬臆斷，何如仍從舊說。諸侯三門，庫門、雉門、路門。外朝在庫門外，論語過位在入公門後，則知過位非過外朝之位。不爲外朝之位，自是治朝之位。過位既屬治朝，則升堂非治朝矣。司士：「正朝儀之位。」鄭康成注：「此王日視朝事於路門外之位。」位在路門外，所謂門屏之間，當宁而立。天子諸侯與羣臣揖畢，退入路門，其地無堂。鄭注文王世子，云「外朝路寢門之外庭，外朝即治朝」是也。而謂治朝有堂，與禮注全背。玉藻云：「天子皮弁以日視朝，諸侯朝服以日視朝於內朝，退適路寢聽政。」視朝無堂，退適路寢始有堂，路寢之堂即燕朝之堂。江慎修鄉黨圖考曰：「路寢門內之朝有四：一爲與宗人圖嘉事，文王世子『公族朝於內朝』，鄭云『謂以宗族事會』是也。一爲與羣臣燕飲，燕禮所言是也。一爲君臣有謀，議臣有所進言，則治朝既畢，復視內朝，鄉黨所記是也。聘禮『君與卿圖事，遂命使者』，亦是在內朝也。一是羣臣以元端服夕見，亦是有事謀議也。四事外，則君與四方之賓燕亦在寢，非朝禮。又或臣燕見於君，士相見禮所謂『君在堂，升見，無方階，辨君所在』，亦非朝禮。孔子侍坐侍食，對問政，對儒行，皆是燕見時也。大僕職『王視燕朝，則前正位，掌擯相』，本不止一事，鄭以宗人圖嘉事解之，舉一端耳，非謂燕朝專爲宗族視也。」又云：「位者，君立寢門外揖羣臣之處，既揖入寢門，則此位虛矣。」案：江氏之說是也。朱子釋「過位」云：「人君宁立之處。」所謂宁也，明其無堂。又語類云「路寢庭在路門之裏，議政事則在此朝」，明有其堂。而汪氏謂治朝有堂，異姓之臣不得常在燕朝，閻氏從之，其失二也。「論語之書，獨二子以子稱」條云：「魏華父曰：『昔柳宗元謂，論語所載弟子，必以字，惟曾子、有子不字，遂謂是書出於曾門。蓋字與子皆得兼稱，如門人之於孔子，進而稱子，不敢氏，退而稱仲尼，不言子。其次亦有既子且字，如閔子之等，不一二人，或字或子者，又數人。然淵、弓至游、夏，最號高弟，字而不能子也；有子、曾子，子而不得字也。就二者而論，則字爲尊。蓋子雖有師道之稱，係於氏者，不過男子之美稱耳。故孝經字仲尼而子曾子，禮運字仲尼而名言偃。至於子思字其祖，孟子字其師之祖，相傳至今。人之字仲尼者，無敢以爲疑。仲尼作春秋，字而不名者，僅十有二人，而游、夏諸子之門人，亦各字所師，相承至於漢初，猶未敢輕以字許之，則知字不易於子也。』此亦妙論，足廣序説之未備。」案：此説不盡然，閻氏誤從之也。名不如字，字不如子，此經中定例。曾子、有子獨不字，而疑論語出於曾子、有子之門，其説近理。然稱夫子皆曰子，間有稱孔子者，而稱子爲多。古者稱師爲子，公羊傳中子公羊子、子沈子，上子字指其師，下子字則男子之美稱，而謂稱子不如稱字，其可從乎？孝經字仲尼而子曾子，曾子稱子，義自從優，而下文稱夫子皆單稱曰子，是尤尊於曾子之以氏冠子矣。至其首句稱字，此先標其字，以明下文「子曰」即仲尼也。至禮運字仲尼而名言偃，名不如字，此其著也。子思、孟子稱仲尼者，字雖不若子，然稱字則已爲褒辭，公羊傳云：「曷爲稱字？褒之也。」是也。且子思之父伯魚，孟子之師子思，子思不稱仲尼，無以別於伯魚，孟子不稱仲尼，無以別於子思。且子思稱仲尼亦稱「子曰」，孟子稱仲尼亦稱「孔子曰」，篇中錯見其文，正以見仲尼即子，即孔子，而無混於伯魚、子思。而乃援此以爲子不如字，許爲妙論，豈通論乎？其失三也。「有一言」條云：「秦、漢以來，始有句稱，古謂之言，亦謂之章。左傳宣十二年『武王克商，又作武，其卒章曰』是也。」案：以一章爲一句，古無是説。毛詩標章句云：「關雎五章，章四句。故言三章，一章章四句，二章章八句。」陸氏釋文曰：「五章，是鄭所分。故言以下，是毛公本意。」孔氏疏曰：「自古而有篇章之名，與詩體俱興，故那序曰『得商頌十二篇』，東山序曰『一章，言其完』是也。句則古者謂之爲言，論語以『思無邪』一句爲一言。左氏曰『臣之業在揚水卒章之四言』，謂第四句不敢告人也。秦、漢以來，乃有句稱，論語註云『此我行其野之句』是也。」閻氏「秦、漢以來，始有句稱」之説，本孔疏，而以一章爲一句，故反其説。果爾，則左氏所謂卒章之四言，是卒句之四句，成何文理？左宣十二年傳：「武王克商，作頌曰云云，又作武，其卒章曰『耆定爾功』，其三曰『鋪時繹思，我徂維求定』，其六曰『綏萬邦，屢豐年』。」杜注：「武頌，篇名，其三三篇，其六六篇。」孔疏：「頌皆一章，言其卒章者，謂終章之句也。其三周頌賚之篇也，其六周頌桓之篇也。」繹左氏之義，謂武非一章，其卒章之辭云云，其三章之辭云云，其六章之辭云云，其三其六並指章，不言者，統于上句卒章「章」字。蓋魯頌皆分章，商頌或一章，或分章，周頌亦當然。左氏自言其引詩之義，曰「賦詩斷章」是也。杜、孔之義，則以賚、桓爲各篇三六，爲楚樂之次第。然其卒、其三、其六，三「其」字承上作武，「其」字即指武，武者篇名，偏括諸章之義。杜氏以篇亂章，而孔氏從之，與疏詩異，非也。然孔氏之言其卒章者，謂終章之句，孔氏不誤。閻氏直以卒章作卒句，誤會孔疏，其失四也。又其中自相矛盾者，釋地續謂費惠公戰國時，魯季氏以邑爲國，而僭稱公；謂曹已滅，復封，與郯、薛同。曹交爲曹君弟，不誤，以此二説皆確。而三續復云「曹交以國爲氏，非君弟。惠公小國之君，非費邑」，何前後説之不相符乎？又「闕黨、闕里，子游、子夏，王宫有學，曲肱而枕」諸條，往往疊出。案：釋地一卷，釋地續一卷，閻氏及身刊行，審訂精善。又續、三續，身後付刊，子姓輩或以已删之説羼入其中，致多舛誤。後世誰相知訂予文，其謂斯乎？

附　録

先生幼孤，母喬茹甘蘗苦，躬自授經。先生先意承志，以博其歡，一事未嘗自專，一錢未嘗自私。敬事兄嫂，撫教孤姪。所生三子，皆令出嗣兄弟之無後者。嘗曰：「兄弟之子猶子，己之子亦猶兄弟之子。」實應儒林傳。

先生遠承職方之訓，近受端臨之學，故所學樸實正大，不矜名，不立異，不與人標榜爭辨。雖嘗從事漢學，然推崇朱子，絶不蹈非毁宋儒之習。同上。

劉先生恭冕

劉恭冕字叔俛，念樓次子。光緒己卯舉人。父官文安、三河，先生皆從過庭，時噉質經義。入安徽學政朱蘭幕，爲校李貽德春秋賈服注輯述，移補百數十事。曾文正克復金陵，首闢書局，朱以先生薦。

文正素聞名，相見益訢合。校勘諸史，爲世所重。後主講湖北經心書院，專課經訓，湖北人士爭興於學。黄州、漢陽、沔陽、黄岡諸志，竝出其手。念樓治論語正義，未成而卒。先生蚤夜釐定，爬羅諸家異說，必求其是，凡十餘年，訖刊書成。自著僅何休論語注訓述、廣經室文鈔。光緒九年卒，年六十。參史傳、劉嶽雲撰事略。

論語正義後序

班生有言，仲尼没而微言絶，七十子喪而大義乖。聖人之言中正和易，而天下萬世莫易其理，故曰微言，非祇謂性與天道也。大義者，微言之義，七十子之所述者也，今其著者咸見論語。竊以先聖存時，諸賢親承指授，當已屬稿，或經先聖筆削，故言特精善。迨後追録言行，勒爲此編，作之者非一人，成之者非一時。先儒謂孔子没後，弟子始共撰述，未盡然也。曾子、子思、孟子、荀子皆有著書，於先聖之道多所發明，而注家未之能及。至八佾、鄉黨二篇，多言禮、樂制度，漢人注者，惟康成最善言禮，又其就魯論兼考齊、古而爲之注，知其所擇善矣。魏人集解，於鄭注多所删佚，而僞孔、王肅之說，反藉以存，此其失也。梁皇侃依集解爲疏，所載魏、晉諸儒講義，多涉清玄，於宫室衣服諸禮，闕而不言。宋邢昺又本皇氏别爲之疏，依文衍義，益無足取。我朝崇尚實學，經術昌明，諸家說論語者彬彬可觀，而於疏義之作，尚未遑也。先君子少受經於從叔端臨公，研精羣籍，繼而授館郡城，多識方聞綴學之士，時於毛氏詩、鄭氏禮注皆思有所述録。初著毛詩詳注、鄭氏釋經例，後皆輟業。及道光戊子，先君子應省試，與儀徵劉先生文淇、江都梅先生植之、涇包先生慎言、丹徒柳先生興恩、句容陳君立，始爲約各治一經，加以疏證。先君子發策得論語，自是屏棄他務，專精致思，依焦氏作孟子正義之法，先爲長編，得數十巨册，次乃薈萃而折衷之，不爲專己之學，亦不欲分漢、宋門户之見，凡以發揮聖道，證明典禮，期於實事求是而已。既而作宰畿輔，簿書繁瑣，精力亦少就衰，後所闕卷，舉畀恭冕使續成之。恭冕承命惶悚，謹事編纂。及咸豐乙卯秋將卒業，而先君子病足腫，遂以不起，蓋知此書之將成而不及見矣。傷哉！丙辰後，邑中時有兵警，恭冕兢兢慎持，懼有遺失。暇日，亟將此稿重復審校，手自繕録，蓋又十年，及乙丑之秋而後寫定。述其義例，列於卷首，繼自今但求精校，或更得未見書讀之，冀少有裨益，是則先君子之所以爲學，而恭冕之所受於先君子者，不敢違也。世有鴻博碩儒，幸不吝言，補其罅漏，正其迷誤，跂予望之。

文集

孔子閒居多逸詩説

孔子曰：「無聲之樂，無體之禮，無服之喪，此之謂三無。」子夏曰：「敢問何詩近之？」孔子曰：「夙夜其命，宥密無聲之樂也；威儀逮逮，不可選也，無體之禮也；凡民有喪，匍匐救之，無服之喪也。」又曰：「君子之服之也，猶有五起焉，無聲之樂，氣志不違；無體之禮，威儀遲遲；無服之喪，内恕孔悲。無聲之樂，氣志既得；無體之禮，威儀翼翼；無服之喪，施及四國。無聲之樂，氣志既從；無體之禮，上下和同；無服之喪，以畜萬邦。無聲之樂，日聞四方；無體之禮，日就月將；無服之喪，純德孔明。無聲之樂，氣志既起；無體之禮，施及四海；無服之喪，施於孫子。」案：夫子因子夏三無與詩相近之問，以詩之近者告之，則下文所告以五起之語，必皆詩辭無疑。故如「以畜萬邦，日就月將，施於孫子」，皆見今詩；其「威儀遲遲，内恕孔悲，威儀翼翼，施及四國，上下和同，日聞四方，純德孔明，施及四海」，亦絶似詩語，其爲逸詩無疑。惟「氣志不違，氣志既得，氣志既從，氣志既起」四句爲可疑。然以「樂只君子，豈弟君子」證之，固有一語而數見者。且詩辭前後章相同者甚多，是亦無可疑矣。夫子引詩以證五起，而中自成韻，真是絶妙。若以爲夫子所屬之文，則五節内或詩或不詩，於文體不相應矣。

廣經室記

廣經室者，家君授恭冕兄弟讀書之所。既以所聞思述前業而旁及百氏，凡周、秦、漢人所述遺文逸禮，皆嘗深究其旨趣，略涉其章句，欲譔爲一編，以附學官羣經之後，而因請於家君爲書以榜之。復私爲之記曰：今世治經者言十三經尚矣。金壇段若膺先生謂宜益以國語、大戴禮、史記、漢書、資治通鑑、説文解字、九章算術、周髀算經爲廿一經。嘉興沈匏廬先生又以五經合諸緯書，取周續之之言爲十經，若膺先生爲之記。冕謂緯書雜出附會，不足擬經，而史、漢、通鑑又別自爲史，不比國語之與左氏傳相輔以行也。冕則取國語、大戴禮、周髀算經、九章算術、説文解字而益以逸周書、荀子入焉。漢書藝文志：「周書七十一篇，周史記。」此明是百篇之遺，與張霸、枚賾書不同。荀子源出聖學，當時與孟子并稱，故太史公以孟、荀合傳，漢書古今人表孟、荀同列大賢，藝文志孟、荀並列諸子，而勸學、修身、禮論、樂論、大略、哀公諸篇，大、小戴記並見稱述，則信乎爲聖門微言大義之所繫矣。汪氏中述學曰：「荀卿之學出於孔氏，而尤有功於諸經。」經典敘録毛詩一云：「子夏傳曾申，申傳魏人李克，克傳魯人孟仲子，孟仲子傳根牟子，根牟子傳趙人孫卿子，孫卿子傳魯人大毛公。」由是言之，毛詩荀卿子之傳也。漢書楚元王交傳：「少時嘗與魯穆生、白生、申公同受詩於浮丘伯，伯者孫卿門人也。」鹽鐵論云：「包丘子即浮丘伯。與李斯俱事荀卿。」由是言之，魯詩荀卿子之傳也。韓詩之存者外傳而已，其引荀卿子以説詩者四十有四。由是言之，韓詩荀卿子之別子也。經典敘録云：「左丘明作傳以授曾申，申傳魏人吴起，起傳其子期，期傳楚人鐸椒，椒傳趙人虞卿，卿傳同郡荀卿，名況。」由是言之，左氏春秋荀子之傳也。儒林傳云：「瑕丘江公受穀梁春秋及詩於魯申公，傳子至孫爲博士。」由是言之，穀梁春秋荀卿子之傳也。荀卿所學，本長於禮，儒林傳云：「東海蘭陵孟卿善爲禮。」劉向敘云：「蘭陵多善爲學，蓋以荀卿也，長老至今稱之。」曰：「蘭陵人喜字爲卿，蓋以法荀卿。」又二戴禮並傳自孟卿，大戴曾子立事篇載修身、大略二篇文，小戴樂記、三年問、鄉飲酒義篇載禮論、樂論篇文。由是言之，曲臺之禮，荀卿子之支與餘裔也。蓋自七十子之徒既没，漢諸儒未興，中更戰國暴秦之亂，六藝之傳賴以不絶者，荀卿也。周公作之，孔子述之，荀卿子傳之，其揆一也。劉向又稱荀卿善爲易，其義亦見非相、大略二篇。蓋荀卿於諸經無不通，而古籍闕亡，其授受不可盡知矣。恭冕謹案：楊士勛穀梁序疏云：「穀梁子受經於子夏，爲經作傳，傳孫卿。」亦荀子傳穀梁之證。乃世之論者，祇以性惡、非十二子爲荀子詬，不知「性惡」乃感時之激論。家君作戴筠帆侍御文集序曾發明之。大旨謂性惡乃説當時之人，篇中屢明言今人可證。其云「善者僞也」，僞與爲同義，爲善即孔、孟爲仁求仁之學。孔子言性相近，孟子則言性善，惟性相近，而乃得爲善也。荀子見當時之人多惡少善，故以性惡爲言，而求其反惡而歸於善，不能無待於人。爲此感時之激論，非謂古今人性皆不善也。準之聖言，不能無差，然聖門立言，惟有子似夫子，曾子亦最稱篤實外，此若子夏、子游、子張皆不免有過不及之失，而何疑於荀子耶？唐韓文公原道，後人多所訾議，明王陽明良知之學，見斥於儒者尤衆，而皆不得不以正學之儒歸之，蓋立言之難如此。非十二子，韓詩外傳止有十子，昔人疑子思、孟子乃李斯等所附益。且此亦第言其學之有異於孔，而非議其人，此雖小有僻違，究亦何害爲大儒耶？此外若管子弟子職與少儀相輔，孫氏同元曰：「管子第五十九篇之弟子職，漢時本別行，故班固志藝文列在孝經類，許君作説文解字，鄭君注三禮，皆引其文。至唐陸德明經典釋文，孔穎達五經正義引用，始云在管子書。蓋後人羼入，亦如夏小正之入大戴禮，小尒疋之入孔叢子也。」恭冕案：周、秦諸子雜采古籍，故管子有弟子職，漢時弟子職自别有單行本，如月令之比。非謂管書本無，而後人羼入也。夏小正、小尒疋亦戴德、孔叢所采，非後人羼入，孫氏説疑非。吕氏春秋大樂、侈樂、適音、古樂、音律多古樂記之説，諸篇當采入漢樂經，特今亡不可考耳。孫君詒讓云：「蔡中郎明堂月令論引樂記『武王伐殷，薦俘馘於京太室』，其文見吕覽古樂篇。」是古樂爲樂記逸篇也。別録樂記篇名。無古樂，以吕覽覈之，當爲逸樂記樂作篇文。上農、任地、辨土、審時則古教耕之法。賈子容經「禮容」語下「立後」義，則古禮家之説。傅職、保傅、連語、輔佐、勸學、胎教、禮篇已見大、小戴記，兹故不及。皆足以羽翼羣經，啟資來哲。又吕書月令十二紀爲漢儒集禮者所本，涿郡高誘爲之注，亦宜別出，與鄭注小戴本並行。景鸞、蔡中郎有月令章句，是漢時月令有單行本。孫君詒讓曰：「康成月令注所載，今月令異文，即説文、淮南子注所引明堂月令，與戴記文字小有異同。」是漢時月令有單本别行之證。如是而古經略具，治經之士庶以獲所纘述云爾。

昏禮重别論序

古禮之存於經典，多有彼此歧異，前後殊軌，賴有傳注及後儒者之所論難，而其義始明。故班生敍白虎通義，鄭君駁五經異義，凡以詳列師説，互證得失，同爲實事求是之學而已。吾友儀徵劉伯山明經，博綜經史，凡立一義，必洞悉古今同異之故。閩劉鷺汀刺史，孶精三禮，與其師陳恭甫編修相似。二君皆以言學締交，明經習左氏春秋，曾著先配、後祖、賈服義三篇，謂大夫以上皆三月成昏，據列女傳所載宋共伯姬、齊孝孟姬事證之。又以其説推之草蟲諸詩，皆同此禮。刺史則援士昏禮篇首無士字，而曰昏禮下達，刺史初説如此，後從鄭氏以下達爲媒氏通言，義似遜前。又昏義、郊特牲皆通説昏禮，則自天子至大夫士，皆當夕成昏，無三月成昏之禮。列女傳所載共伯姬、孝孟姬，皆記禮者之失。反復辨論，成昏禮重别論，質之明經，決其可否。明經爲之平，刺史更爲之對，皆各尊所聞，俟相見時議之。而明經遽歸道山，明經之子恭甫大令亦以儁才世其家學，爰取先著引信其義，又取刺史論對臚列而詳辨之，成昏禮重别論對駁議，凡萬餘言。援引賅洽，雖辨不爭，以視世之黨同伐異，好名競勝者，偭乎其不可同年語矣。冕同謂明經所據列女傳必不可駁，而昏禮所言下達實爲大夫以下通行之禮，玉藻「始冠緇布冠，自諸侯下達」，與此言下達義同。故曰無大夫冠禮，而有其昏禮，則知大夫亦是當夕成昏也。至天子諸侯皆三月廟見後成昏，三月者所以致齋戒也。月令於仲夏、仲冬皆言「君子齋戒」，足知齋戒本無定期，非但如散齋七日，致齋三日矣。蓋爵愈貴，則禮愈尊，亦愈嚴。故凡禮之近人情者，皆非其至者也。鄭公子忽就昏於陳，不俟歸國廟見而即成昏，諸侯世子命於天子，其禮當視小國之君。故先配後祖，陳鍼子譏之。其後共伯姬、孝孟姬皆克守禮以行，而列女傳亦即特載其事，則知當時之諸侯多不循此禮矣。昏義即昏禮之義，昏義、郊特牲雜説昏制，文皆完善，不必疑其有闕佚也，凡此與明經刺史説稍有異，故因大令此編爲附著之。大令好學深思，心知其意，試更爲冕決之何如！

劉先生嶽雲

劉嶽雲字佛青，號震庵，光緒丙戌進士，官浙江紹興知府。父元浩，官六合訓導，旌表孝子。先生承族兄叔俛累世之傳，又受業成心巢門下，其著書以經證經，不爲支離破碎，於凡訓詁、聲音、天算、地輿、雜家、技藝靡不切究。著有光緒會計表四卷，礦政輯略十六卷，後編十六卷，農曹案彙十六卷，算學十三種二十卷，格物中法二十四卷，藹言一卷，食舊德齋雜著若干卷，賦鈔二卷，尊經書院講義二卷。參章梫撰墓志。

雜著

跋續方言疏證

右續方言疏證，沈與九先生所撰也。先生名齡，江都監生，爲道、咸間宿儒。遭亂，稿本爲通州一宵人所得，輾轉歸儀徵劉氏，即書中所稱劉先生毓崧家也。是書采摭甚博，亦無强經從我之習。如「是月邊也」，疏云：「何注『在正月之幾盡』是也。邊即盡也，古所謂邊竟者，亦盡之義。説文云『樂曲盡爲竟』，又竟之引申爲終，儒行注『竟，終也』是也。又引申之爲窮，廣雅『竟，窮也』是也。終窮皆盡也，古人邊竟連舉，是邊即盡也。」「楚人名圜曰摶」，疏云：「周禮大司徒『其民專而長』，注『專，圜也』。由此推之，則凡同聲者義無不通也。」「青、徐人言立曰偉」，疏云：「偉疑傳字轉寫之譌，太宰職『六曰事典以富邦國，以任百官』，注『任猶傳也』。釋文『傳，側吏反，猶立也』，疏云『東齊人物立地中爲傳』，張耳傳『莫敢傳刃公之腹中』，正義云『東方人以物臿地中爲傳』，皆與此云『青、徐人言立』義合。」「瓴甋」，疏云：「西漢以前不用甎，祇用墼。説文『墼，瓴適也，一曰未燒也』，是墼爲未燒之甎，甓爲已燒之甎。禮記疏云『燒土爲之』，是其證也。」「潁川人名小兒所書寫爲笘」，疏曰：「古凡占聲字皆可云書寫，如巾部帖下云：『帛書署也，竹爲之，則謂之笘巾；帛爲之，則謂之帖。』今人用帖字，亦謂書寫也。」嶽雲按：「佔畢之佔，亦書寫之意。」「秦謂陵阪曰阺」，疏云：「漢書揚雄解嘲曰『響若坻隤』，應劭云：『天水有大坂，名曰隴坻，其山堆旁著嵭落，作聲聞數百里，故曰坻隤。』按：仲遠誤也。依説文，則『巴、蜀名山岸脅之旁，箸欲落墒者曰氏，氏嵭聞數百里。』秦謂陵阪曰阺，其字則氏與阺不同，其語言則秦與巴、蜀不同，且氏主謂石，故嵭聲聞遠，阺主謂土，陵阪皆土阜也。氏或譌作坻，韋昭音若是理之是，不誤。阺字或作坻，音丁兮、丁禮二反。高唐賦『臨大阺之稸水』，是其正字也。自仲遠合而一之，古音十六、十五部之別亦淆矣。」並精核。他如謂從軍之字有運聲，引六證以明之。據説文繫傳引字書蒴藋一名堇堇，與堇相似，故玉篇、集韻誤以蔛藋爲堇，而佐邵氏爾雅正義之説，匡段注説文之失。據説文黿字下云「先黿，詹諸也」，謂「爾雅鼁䵶當作先黿，䵶即鼁字重文，其後誤爲鼁䵶，同字異文而誤也。繼則改鼁爲黿，因形相似而誤。顧野王玉篇尚無黿字。」並裨益小學不淺。我朝經術昌明，方聞綴學之士于六書雅故，多所是正，揚州故稱多儒者。自王氏、阮氏提唱，尤稱極盛。予嘗謂凡一義而有數文，一物而有數名，大半由于方言，抑方言之不同，尤多由于方音，蓋五方氣禀有剛柔清濁之殊，因之言語有緩氣急氣、呂覽慎行注：「閧讀近鴻，緩氣言之。」淮南本經注：「䲢讀近殆，緩氣。」原道注「蛟讀人情性交易之交，緩氣言，乃得耳」。地形注：「旄讀近綢繆之繆，急氣言，乃得之。」又：「唾讀權衡之權，急氣言之。」氾論注：「軵讀近茸，急察言之。」説林注：「轔讀似鄰，急氣言，乃得之。」緩舌急舌、淮南修務注：「駤讀似質，緩氣言之者，在舌頭乃得。」説山注：「轔讀近藺，急舌言之，乃得也。」長言短言、公羊莊二十八年傳注「伐人者爲客」，讀伐，長言之；「見伐者爲主」，讀伐，短言之。橫口合脣、蹴口開脣、釋名「風，兗、豫、同、冀橫口合脣言之，青、徐言風，蹴口開脣，推氣言之」。閉口籠口淮南俶真注「涔讀延祜曷閒，急氣閉口言也」。地形注：「春讀春然無知之春，籠口言，乃得之。」之別，以其音之不同，而別擇一字以當之，更或增制一字以實之，此方言所以日多也。惟能通聲轉之源，不以俗字入書，不爲望文生訓，而後于方言可以會通，聲音訓詁一以貫之。爾雅一書，凡某也之某，皆雅言論語「子所雅言」，謂雅正之言，四方共解。也。其所釋，則閒有方俗之殊言矣。是方言者，實爾雅之證佐。然則先生之功，豈獨方言已哉？是書能刻與否，尚未可知，爰揭其要而跋之。

端臨弟子

苗先生之鋋

苗之鋋字劒銛，號稾山，寶應人。諸生。素博識經史而外，百家之言靡不孳貫，而一以宋五子爲宗。少時讀鄉先進劉練江、王白田、朱止泉遺書，即慨然慕其爲人，而於端臨尤所親炙。端臨居鄉里，不輕講學，惟接見從子楚楨及先生，輒娓娓不倦。先生尤得其性理之傳。性孝友，邑大饑，先生率家人食粗糲，而獨以精鑿奉親。嘉慶己卯，與弟之鋹同赴省試，弟病，遽偕歸，弟竟不起，由是不與省試。訓生徒諄諄，以力行爲先。嘗舉朱子小學、近思録及劉蕺山人譜示之，曰：「此最切要，舍此則無以爲人。」咸豐紀元邑令欲舉先生孝廉方正，上書固辭。參成孺撰寶應儒林傳。

端臨交游

朱先生筠

別爲大興二朱學案。

盧先生文弨　別爲抱經學案。

王先生昶　別爲蘭泉學案。

戴先生震　別爲東原學案。

邵先生晉涵　別爲南江學案。

程先生晉芳　別見大興二朱學案。

程先生瑤田　別爲讓堂學案。

任先生大椿　別見東原學案。

段先生玉裁　別爲懋堂學案。

王先生念孫 別爲石臞學案。

汪先生中 別爲容甫學案。

錢先生塘 別見潛研學案。

阮先生元 別爲儀徵學案。

清儒學案卷一百七

鶴皋學案

鶴皋深於史學，在史館最久，所創纂諸書，皆内檢黄册，外譯舌人，通曉源流，衷諸史法。又涉歷萬里，博訪周咨，匪止獲諸紀載也。衍其緒者，星伯、月齋爲最著。述鶴皋學案。

祁先生韻士

祁韻士字諧庭，號鶴皋，壽陽人。乾隆戊戌進士，官編修，擢中允，大考改户部主事。嘉慶初，以郎中監督寶泉局，局庫虧銅案發，戍伊犂。未幾赦還，卒於保定書院，年六十五。先生生而穎特，善屬文，喜治史，於疆域山川形勝、古人爵里、名氏，靡不記覽。既入翰林，充國史館纂修，時創立蒙古王公表傳，先生通覈立傳體例。計内札薩克四十九旗，外札薩克、喀爾喀、土謝圖汗、車臣汗、札薩克圖汗、賽音諾顔，若青海、若阿拉善、若土爾扈特，多至二百餘旗，以至西藏及回部，均應立總傳分傳。羌無故實，文獻莫徵，雖有鈔送旗册，雜亂糾紛，即人名難卒讀，無可作據。乃悉發大庫所藏紅本，督閲搜稽，凡有關於外藩事蹟者，概爲檢出，以次覆閲詳校。每於灰塵坌積中，忽有所得，如獲異聞。積累既久，端緒可尋，於是按各部落條分縷析，人立一傳，必以見諸實録紅本者爲準。又以西北一帶，山川疆域，必先明其地界方向，乃以皇輿全圖爲提綱，其王公等源流支派，則覈以理藩院所存世譜，訂正無訛。如是者八年而書始成，即今著録四庫之欽定外藩蒙古部王公表傳也。又著藩部要略十八卷，先以年月日編次，條其歸附之先後，叛服之始終，封爵之次第，以爲綱領，蓋傳仿史記，而要略則仿通鑑焉。及戍伊犂，則創纂伊犂總統事略。厥後徐星伯再事纂修，松文清以其書奏進，賜名新疆事略。先生又别山川疆里爲西域釋地一卷，西陲要略四卷，條分件繫，考古證今，簡而能覈。外有萬里行程記、己庚編、書史輯要、珥筆集、袖爽軒文集、覆瓿詩集、濛池行稿、西陲百詠、訪山隨筆。參史傳。

己庚編序

滇司之繁以漕，漕爲國家廪禄之需，歲輓數千百艘，轉運北上，厥費不貲。自運丁裝兑，以至沿途盤撥抵通交倉，支放俸餉既竣，米石費至十三四金，視民閒糴糶之值，不啻數倍過之。然卒不敢有議停運者，則以京師爲四方會歸之區，兵民商賈羣萃而居，胥賴是米流通以裕食用，聖天子固不惜數百萬帑金，爲萬世計久遠耳。然而漕爲弊藪，久則其弊滋多。己未、庚申之歲，值清釐漕政之時，内外言漕弊者踵相接。每下議，司農必命余秉筆爲疏草，兹編皆其疏草也，彙之期便省覽，兼紀時事焉。

西陲要略自序

近年士大夫于役西陲，率攜瑣談聞見録等書爲枕中祕。惜所載不免附會失實，有好奇誌怪之癖，山川沿革，按之歷代史乘，皆無攷據。又於開闢新疆之始末，僅就傳聞耳食，爲之演敘，訛舛尤多。夫記載地理之書，體裁近史，貴乎簡要，儻不足以信今而證古，是無益之書，可以不作。赤奮若之歲，余奉讁濛池，橐筆自效。緬思新疆周二萬餘里，爲高宗純皇帝神武獨闢之區，千古未有。余既得親履其地，多所周歷，得自目覩。而昔年備員史職，又嘗伏讀御製文集、詩集，及平定準噶爾、回部方略二書，故於新疆舊事，知之最詳，頗堪自信。適松湘浦先生駐節邊庭，以伊江爲總統南北兩路之地，親事丹鉛，創爲事略十二卷。已又奉有續輯同文志之命，將彙送各城故實事蹟。余獲總司校核，參證見聞，益覺信而有據。爰就要者攷而録之，備存其略，凡四卷。並掇聞見録諸書中之可信者，證以所見，纂爲二篇，附載書後，俾後之人知所折衷云。

南北兩路疆域總敘

今之新疆，即古西域。出肅州嘉峪關而西，過安西州，至哈密，爲新疆門户。天山横亘其間，南北兩路，從此而分。由哈密循天山之南，迤邐西南行，曰土魯番，曰喀喇沙爾，曰庫車，曰阿克蘇，曰烏什，曰葉爾羌，曰和闐，曰英吉沙爾，曰喀什噶爾，是爲南路；由哈密踰天山之北，迤邐由北而西，曰巴里坤，曰古城，曰烏魯木齊，曰庫爾喀喇烏蘇，曰塔爾巴哈台，曰伊犂，是爲北路。漢書西域傳所載南道北道，皆在天山以南；今之所謂南路北路，則合天山南北而中分之，總屬於伊犂。全境之地，東界安西州，東北界阿拉善及喀爾喀蒙古，北界科布多，西北界哈薩克部，西南界布魯特及霍罕、安集延等部，南界西藏，東南界青海、蒙古，東西七千餘里，南北三千餘里，周圍二萬餘里。就其相距道里計之，自伊犂惠遠城東北行一千五百餘里，至塔爾巴哈台城，又東北七百餘里，與科布多以額爾齊斯河爲界，伊犂自北而西，及塔爾巴哈台東北一帶，皆哈薩克游牧，伊犂西南一帶，邊外皆布魯特游牧。自伊犂惠遠城東行一千餘里，至庫爾喀喇烏蘇城，又東經綏來、昌吉二縣，行八百餘里，至烏魯木齊城，即迪化州，俗呼爲紅廟子者也。自烏魯木齊東南越博克達山，通土魯番五百餘里，自烏魯木齊東行經阜康縣，行四百餘里，至古城，又東經奇台縣，行七百餘里，至巴里坤城，有鎮西府及宜禾縣在焉。南即天山，極高峻，路經天山，行三百餘里，抵哈密城，此北路之疆域也。自伊犂惠遠城南越穆蘇爾達巴罕，至阿克蘇一千餘里，由阿克蘇西北二百餘里，至烏什，由烏什而西經樹窩子草地，行七百餘里，直達喀什噶爾城，乃捷徑，布魯特游牧於此。凡伊犂西南及阿克蘇、烏什西北一帶，皆布魯特游牧，即所謂東布魯特是也。自阿克蘇由南而西一千四百餘里，至葉爾羌城，自葉爾羌西北五百九十餘里，至哈什噶爾城，中有英吉沙爾城，其巴達克山回部，距英吉沙爾西南烏魯克卡倫一千七百餘里，喀什噶爾所屬卡倫以外與布魯特游牧連界，即所謂西布魯特是也。外通安集延及霍罕諸部落。又自葉爾羌東南行七百餘里，至和闐城，迤南沙磧戈壁，或雪嶠連岡，路不復通。自葉爾羌東南出庫車雅爾卡倫，經和闐西南行月餘，可達西藏。沿途山徑狹隘，兼多煙瘴，路極難行，詢之克什米爾及安集延喀齊商回，言由西藏西北拉達克之地，往復貿易，有至葉爾羌者。先年準噶爾台吉策妄阿喇布坦遣其將大策淩敦多卜擾藏，曾由此路。云自阿克蘇東北行七百餘里，至庫車城。庫車西南一帶界阿克蘇、和闐，西北至伊犂一千七百餘里。庫車東南皆沮洳草澤，人馬難行。自庫車東北行九百餘里，至喀喇沙爾城，由城西北經著勒土斯河，至納喇特達巴罕四百八十里，接伊犂東南界。喀喇沙爾東南一帶或沙磧戈壁，或湖灘泥淖，人馬難行。自喀喇沙爾東北行九百餘里，至土魯番，東南經闢展回城約五百餘里，至羅卜諾爾，即古蒲昌海也。又東南多戈壁大山，界連青海，西北界連烏魯木齊。自土魯番東北行一千二百餘里，抵哈密城，此南路之疆域也。由哈密南至南湖三十里，外俱戈壁，北與巴里坤、宜禾縣連界，東至嘉峪關一千五百餘里，其嘉峪關外赤斤湖地方南行百餘里，至庫克拖羅垓，即青頭山，路通青海，凡關外赴藏熬茶之蒙古人等，經行此路焉。

南北兩路山水總敘

新疆境内之山，發脈於蔥嶺，自西而東，天山最大，即漢書所謂祁連山。山之陽爲土魯番、哈密，山之陰爲巴里坤。然跨越數千里，重巖疊嶂，隨地異名。最著者在北路，若伊犂之額琳哈畢爾罕，塔爾巴哈台之楚呼楚，烏魯木齊之博克達；在南路若喀什噶爾之玉斯圖阿爾圖什，葉爾羌之密爾迪，和闐之桑谷樹雅，烏什之亙古魯克，阿克蘇之穆蘇爾達巴罕，喀喇沙爾之博爾圖達巴罕，皆其分支。盛夏積雪不消，俗概以雪山呼之。新疆諸水分流異趨，南路之水皆東流，出自南北山中，若喀什噶爾之烏蘭烏蘇，葉爾羌之玉河，和闐之哈喇哈什、玉隴哈什二河，烏什之瑚什奇，阿克蘇之渾巴什，庫車之渭干，喀喇沙爾之開都，悉東匯於土魯番之羅卜淖爾。凡南北山積雪融化之水，皆入之奫淪渟滀，伏流地中，即古蒲昌海也。北路之水，若伊犂諸河多西流，塔爾巴哈台之額爾齊斯諸河多東流，烏魯木齊之瑪納斯諸河多北流，或歸入淖爾，或流經葦湖，或伏入沙磧，以及雪融會合之水甚多，蓋嘗一一詳攷之。

伊犂駐兵書始

新疆滿洲緑營官兵分布南北兩路，有駐防换防之分。駐防者，攜眷之兵，永遠駐守，惟伊犂及烏魯木齊、古城、巴里坤滿洲緑營皆然。土魯番滿營兵亦如之。北路之塔爾巴哈台滿兵，則自伊犂調撥，南路之喀什噶爾、英吉沙爾、葉爾羌、烏什、阿克蘇滿兵，則自烏魯木齊、古城、巴里坤調撥，其緑營兵則自内地調撥，皆輪班更替，非常駐者也。伊犂地極西徼，又爲將軍帥庭，故較之烏魯木齊駐兵尤多，有滿洲蒙古八旗兵，有緑營屯兵，有錫伯、索倫、察哈爾、厄魯特等兵，環衛森嚴，所以靖邊圉而資控馭，最爲整肅。溯其始駐之年，惠遠城滿營始自乾隆二十九年至三十一年，由熱河、涼州、莊浪移駐。惠寧城滿營始自乾隆三十五年至三十六年，由西安移駐。錫伯營始自乾隆三十年，由盛京移駐。索倫達虎爾營始自乾隆二十九年，由黑龍江移駐。察哈爾營始自乾隆二十九年，由張家口外移駐。厄魯特有自乾隆二十九年由熱河移駐者，爲達什達瓦厄魯特。達什達瓦者，準噶爾台吉小策零敦多卜之子，爲其汗喇嘛達爾札所殺，屬衆投誠，安插熱河，事在準噶爾未滅之前。有自準噶爾既滅，於乾隆二十五年以後，陸續招撫，並由哈薩克、布魯特投出者。又有沙畢納爾人等，於乾隆三十六年隨土爾扈特歸順安插伊犂者。此外緑營屯兵則自乾隆二十五年以後，三十五年以前，由陝、甘兩省陸續移駐，至四十三年，始改爲攜眷。此各營官兵先後駐防之大略也。

伊犂興屯書始

新疆各城屯田，有兵屯，有回屯，有户屯，而無旗屯，惟伊犂皆有之。兵屯者，緑營兵丁之屯，回屯者，回民之屯，皆創自乾隆二十五年。時初設兵駐守，高宗純皇帝以武定功成，農政宜舉，特命參贊大臣阿桂專理屯田。由阿克蘇率滿洲索倫驍騎五百名，緑營兵百名，回子三百名，越穆蘇爾達巴罕至伊犂鎮守辦事，搜捕瑪哈沁，招撫潰散之厄魯特，即以緑營兵築城，回子乘時興屯，開渠灌溉，是爲伊犂屯田之始。二十六年至三十四年，陸續由内地增調屯田兵至二千五百名，五年更替，以五百名差操，二千名屯種。四十三年將軍伊勒圖奏准改爲攜眷，定額三千名，以一千二百名差操，一千八百名屯種，分爲十八屯，仍視倉儲之多寡，隨時增減屯種，此兵屯也。回屯自阿克蘇原帶回子三百名，於伊犂河南海努克之地，分撥墾種，次年調取伯克，並由烏什、葉爾羌、和闐、哈密、土魯番等處，陸續增調回子，至三十三年共有六千三百八十三户。内除彦齊回子彦齊者，隨伯克品級給與服役之回子。三百二十三户，種地所收之麥，爲大小伯克及挖鐵回子六十户養贍口糧外，奏定種地回子六千户，分爲九屯，於固爾札建寧遠城居之，設阿奇木、伯克管轄，此回屯也。户屯者，商民之屯，創自乾隆三十七年，將軍舒赫德奏明客民莊世福等四十八户，以無礙屯工之隙地，請撥令開墾，即於本年陞科，永爲土著，此户屯也。以上兵、回、户屯等項，行之有年，其來已久，惟旗屯一項，則前此所未有，至嘉慶七年而始興。先是乾隆二十九年奉高宗純皇帝諭旨：「伊犁田土肥潤，如敷多人耕作，莫若令滿洲官兵分種，既得勤於力農，而於養贍家口，喂養馬匹，均屬有益。著查明地畝，俟滿兵到齊後，酌量分給耕種。」其時將軍明瑞覆奏，以附近伊犁二百里以内可種之地甚多，俟官兵到齊，再爲妥議辦理。嗣於回屯之東，開築新渠，因地勢較高，未就而罷。三十七年，又設法引水爲土爾扈特屯田，不一二年亦罷。迨乾隆五十年、五十五年，疊奉諭旨：「駐防官兵生齒日繁，而國家經費有常，伊犁地廣田肥，著分給官兵地畝，佃人耕種，用資生計。」歷任將軍皆以灌溉乏水，未及籌辦。嘉慶七年將軍松筠相度地形，親爲履勘，始得導水要領，奏明於惠遠城東伊犁河北岸，濬大渠一道，逶迤數十里，引用河水灌田。又於城西北草湖中覓得泉水，設法疏濬，築堤岸，開支渠，引溉旗屯地畝。又於城東北就渠畔擇可種善地，分授惠遠城官兵播種，而以前此緑營裁撤之屯，授惠寧城八旗官兵，均令閒散餘丁代耕，並雇人佃種，永爲世業，得旨允行。嗣又濬大渠一道，與前所濬渠通，名通惠渠。並於其東阿奇烏蘇地方，濬大渠引丕里沁山泉之水灌田數萬畝，此又旗屯之所由始也。

土爾扈特源流

土爾扈特舊爲四衛拉特之一，徙居俄羅斯境，其俗重黄教，置鄂拓克，設宰桑，悉同準噶爾。乾隆三十六年，其汗渥巴錫等率全部來歸，受封爵。先是康熙年間有阿玉奇汗，名最著，慕天朝威德，曾通貢。聖祖仁皇帝遣侍讀圖麗琛等，假道鄂羅斯，往宣諭。而俄羅斯故爲紆繞其程，凡行三年又數月，始反命。圖麗琛有異域風土記紀其事。阿玉奇之父曰棚楚克，其祖曰書庫爾岱青，其曾祖曰和鄂爾勒克，其高祖曰卓立甘和鄂爾勒克，其高祖之父曰貝果鄂爾勒克，以上世遠，無可攷。自貝果鄂爾勒克至和鄂爾勒克，皆單傳。和鄂爾勒克有子六人，一即書庫爾岱青，餘三無子，其二有子孫，皆式微，無足傳。書庫爾岱青子四人，絶嗣者二，其一即棚楚克，是爲汗渥巴錫之曾祖。其一曰那木策楞，是爲郡王巴木巴爾之曾祖。阿玉奇有子八人，其六皆無嗣，其一曰袞扎布，是爲親王策伯克多爾濟之曾祖。其先世之徙俄羅斯也，蓋自阿玉奇之曾祖和鄂爾勒克始。其時四衛拉特各自爲汗，無所統屬。和鄂爾勒克與準噶爾巴圖魯渾台吉不睦，率子書庫爾岱青等北徙俄羅斯，屯牧額濟勒河，倚騰吉思巨澤，所居地曰瑪努托海。時阿玉奇尚在繈褓，以巴圖魯渾台吉乃其外祖，被留不遣。後書庫爾岱青往西藏，還至準噶爾，始索阿玉奇以歸。其額濟勒之境，北界俄羅斯，南界哈薩克，東界哈喇哈爾榜，西界圖里雅斯科，以鄰牧互市皮馬。俄羅斯嘗與雪西洋及西費雅斯科戰，土爾扈特以兵助之。厥後稍就弱，俄羅斯因稱爲己屬，然本附之，非降之也。迨渥巴錫之父敦羅布時，俄羅斯益征調師旅不息，繼復徵子入質，不堪其虐。而俄羅斯又屬別教，非黃教比，故渥巴錫與合族台吉密謀，挈全部歸順中國以息肩焉。其遠族有舍稜者，曾以計誘害我副都統唐喀祿，懼誅，逃往額濟勒，至是亦隨渥巴錫來歸。以乾隆三十五年冬，自額濟勒啟行，歷哈薩克，繞巴勒喀什淖爾戈壁，於次年六月始至伊犂之沙拉伯勒界。凡八閱月，歷萬餘里，本有户三萬三千有奇，口十六萬九千有奇，及抵伊犂，僅存其半，且皆饑餒，狀甚憊。高宗純皇帝鑒其歸順之誠，撫而納之，且爲贍其生，所以優恤之者無微弗至。事具御製記中甚詳。封汗一曰渥巴錫親王；一曰策伯克多爾濟郡王；二曰巴木巴爾，曰舍稜貝勒；二曰默們圖，曰恭格貝子；三曰沙喇扣肯，曰旺丹色布騰，曰雅蘭丕勒輔國公；一曰拜濟呼札薩克台吉；四曰達木拜，曰德爾德什，曰札爾桑，曰諾海，餘皆以次遞授，爵秩有差。渥巴錫同族設十扎薩克，爲烏訥恩蘇珠克圖盟，稱舊土爾扈特；舍稜族設兩扎薩克，爲青色特啟勒圖盟，稱新土爾扈特。恭格、雅蘭丕勒、諾海，本和碩特族，其先亦徙俄羅斯，今偕渥巴錫來歸，其同族設四扎薩克，爲巴圖色特啟勒圖盟。游牧之地共分五處，其分駐喀喇沙爾之著勒土斯地方者，爲土爾扈特汗渥巴錫、和碩特貝勒恭格等部衆，游牧東南界喀喇沙爾城，西北界伊犂之納喇特達巴罕，東北界烏魯木齊南山，西南界阿克蘇、庫車。其分駐伊犂之東精河地方者，爲土爾扈特貝勒默們圖等部衆，游牧東界精河城，南界伊犂圍場哈什山陰，西北與伊犂屬之察哈爾游牧連界。其分駐庫爾喀喇烏蘇之濟爾哈朗地方者，爲土爾扈特郡王巴木巴爾等部衆，游牧東與瑪納斯，即綏來縣西界接壤，北與塔爾巴哈台之沙喇布拉克地方連界，南界奎屯溝，西界托多克軍台。其分駐塔爾巴哈台之和博克薩里地方者，爲土爾扈特親王策伯克多爾濟等部衆，游牧西南與彼處所屬之察哈爾厄魯特連界，西北與哈薩克連界，東南皆戈壁荒山，東北界噶札勒巴什淖爾，與科布多之烏梁海接壤。此四游牧，即所謂舊土爾扈特及和碩特，皆屬伊犁將軍統轄者也。其新土爾扈特游牧則分駐科布多所屬阿勒台地方，隸科布多參贊大臣專轄。此外有杜爾伯特布汗、王、貝勒、貝子、公、台吉，凡十四扎薩克，游牧烏蘭固木；又輝特兩扎薩克台吉，均隸科布多，以其皆爲四衛拉特之遺，故並敍之。

哈薩克源流

向傳哈薩克爲古大宛國，非也。漢書言大宛有城郭，而今哈薩克則隨畜徙牧，與大宛異俗，且距伊犁西、北二面。伊犁爲烏孫故地，證以漢書所言，烏孫西、北與康居接之文，則哈薩克當即古康居國，詳見高宗純皇帝御製集中。其部有三：曰左部，曰右部，曰西部，其實東、中、西耳。距京師萬餘里，向爲準噶爾所阻，未通聲教。乾隆二十二年，大軍追勦叛賊阿睦爾撒納，直入其境，哈薩克謀擒之以獻。其左部汗阿布賚稱臣内屬，受封爵，尋遣使扎噶喇等入貢。是年秋，參贊大臣富德率兵追捕準夷餘黨哈薩克錫拉，至右部境，會其與塔什罕部搆釁互攻，方背水決勝，因遣侍衛蒙古爾岱單騎入其陣，宣諭威德，哈薩克稽顙聽命，而塔什罕回目亦悔悟息爭。右部汗阿布勒比斯即日遣使入貢，其書略曰：「右部與左部阿布賚同爲雄長，今得均隸臣僕，請陪左部自效。」語極真摯，使至均賜宴優賚遣歸。二十四年，阿布賚遣其從子俄羅斯蘇爾統入覲。蘇爾統者，其汗近族之貴稱，猶準噶爾所謂台吉也。二十五年，復遣從子都勒特赫勒蘇爾統入覲，上慮其道遠，不能急馳，傳諭緩程而行，於十月初旬至熱河。而蘇爾統以九月三日自烏里雅蘇台啟行，月之十八已抵波羅河屯，奏言：「途中驛騎餼糧，極蒙優恤，不致跋涉之勞，急欲瞻覲天顔，以抒誠悃。」上優獎之。其同來之陪臣鄂莫爾、色楞伯特爾皆乞留充宿衛，命爲乾清門侍衛。二十八年，西哈薩克啟齊玉蘇部之努喇麗汗、巴圖爾汗，烏爾根齊部之哈雅布汗，同遣使奉表貢，賜賚如左右二部例。三十四年，阿布賚遣子斡里蘇爾統等，阿布勒比斯遣子卓勒齊等，先後入覲，宴賚有加。四十七年，阿布賚卒，上念哈薩克誠心歸順，歷久益虔，即封阿布賚之子斡里爲汗。尋遣其弟沙海蘇爾統來謝恩，阿布勒比斯亦遣子噶岱入覲，並賜宴賚。嗣西部努喇麗汗遣子阿布賴蘇爾統來貢，卒於途，陪臣哈喇托霍代至，亦預宴賚。蓋自哈薩克向化輸誠以來，備極恭順，朝貢至今不絶云。所部本回種，而游牧散處，無屋宇定居，其屬雖設鄂托克，以頭目領之，然攘竊成風，漫無約束，即其汗亦不能禁止。風俗大抵與回人相似，惟不知禮拜諷經之事，宴會以牛羊馬駝爲饌，馬湩爲酒，以衣多爲華美。其附近伊犂塔爾巴哈台一帶游牧者，往往潛入卡倫竊馬，必嚴緝懲治之。每遇冬季，邊外雪大，許其附近卡倫牧放牲畜，暫爲度冬。每馬百匹，例收租馬一匹，每年夏秋，其台吉頭目等各率所屬分運牛羊馬匹，並由安集延所販氈片牛皮等物至伊犂貿易，以綢緞布疋償之。塔爾巴哈台亦然。其初來之時，各卡倫官兵查明禀報，始准放入。及貿易，則另派官兵照料，台吉頭目照例筵宴。此撫馭之大略也。

布魯特源流

布魯特在伊犂西南邊外，有東西二部，其游牧阿克蘇、烏什西北及伊犂西南者，爲東布魯特；游牧喀什噶爾北與西，及葉爾羌西南者，爲西布魯特。環繞近邊之地，逐水草而居，與外番安集延、霍罕諸部接壤。按漢書「休循國出蔥嶺西，捐毒國與蔥嶺屬西北」，皆當大宛。大宛有城郭、土著，休循、捐毒皆塞種，無城郭。今安集延即古大宛城，郭居，而布魯特密邇與鄰，無城郭，當即所謂休循、捐毒二國者。是又唐書西域傳大、小勃律王，其地直土魯番，西去長安八千里，以方域攷之，亦即今布魯特之地。詳見高宗純皇帝御製集中。布魯特向爲回部别族，與中土聲教不通。乾隆二十三年，大軍討逆回布喇呢敦、霍集占，將軍兆惠以搜捕伊犂餘孽，旋師會勦，道經布魯特界。其酋長圖魯起拜等，遮道自陳，言向爲厄魯特所阻，外王化，今西域蕩平，所部人衆，咸願内屬，乞遣大首領赴闕輸款。事聞，上以布魯特本遐荒殊域，並未脅以兵威，又非馭以智術，玆望風歸附，納款稱臣，情詞甚爲諄懇，特允其遣使入覲，用抒向化之忱。比使至，優加宴賚。上復念其部畜牧爲生，非若回人之習耕作，盡地利，雖經慕化歸誠，祇令職貢效忱，免其納賦。布魯特感聖恩厚，亟圖報，偵知霍集占被圍葉爾羌，布喇呢敦自喀什噶爾往援，乃以兵襲其後，刼掠屬邑，爲我軍應。布喇呢敦懼，不敢進，及霍集占等敗竄，布魯特兵猶攻喀什噶爾之布喇村，檄以逆賊兄弟已遁葉爾羌，喀什噶爾皆底定，乃止。尋大軍追賊至阿爾楚爾，破其伏，斬馘千餘。是時布魯特皆隨軍爲嚮導。三十年，烏什逆回賴黑木圖拉糾衆叛，恐大軍追勦，不克抗，潛遣其黨巴布敦偕安集延貿易回人，齎書幣間道赴霍罕乞援，且通安集延，道出布魯特，揚言諸回城皆叛，爲煽惑計。適伯克噶岱默特遣屬赴布魯特額爾格訥、薩爾巴噶什諸鄂拓克，告言自烏什外，他城悉安堵。布魯特比齊里克齊乃誘巴布敦擒之，遣其弟喀爾們縛獻喀什噶爾，伏法。賊自是窘卒就誅滅。布魯特俗重牲畜，與哈薩克略同，其部落沿邊散處，凡十有七，大首領稱爲比，猶回部阿奇木、伯克也。比以下有阿哈拉、克齊，大小頭目皆由喀什噶爾參贊大臣奏放，給以翎頂二品至七品有差。每歲遣人進馬，酌賚綢緞羊隻，商回以牲畜皮張貿易至者，税減内地商民三分之一。其游牧之地有近伊犂界者，間歲將軍遣領隊大臣親往巡查一次，至常年稽察約束，則歸喀什噶爾參贊大臣專轄。

西域釋地

古之西域，今爲新疆，伊犂其總匯之區也。出嘉峪關，由安西州西行千五百一十里，至哈密，爲新疆門户。天山自西來，横亘其間，南北兩路從兹而分。自哈密循天山之南迤邐西南行千三百里至土魯番，又八百七十里至喀喇沙爾，又九百五十里至庫車，又七百三十里至阿克蘇，其西北二百里至烏什，西南千三百五十五里至葉爾羌，其東南七百七十里至和闐，西二百九十里至英吉沙爾，又西北二百一十里至喀什噶爾而極，是爲南路；自哈密踰天山之北迤邐西北行三百二十五里至巴里坤，又七百二十里至古城，又四百五十里至烏魯木齊，又八百三十里至庫爾喀喇烏蘇，其北七百六十里至塔爾巴哈台，西一千九十里至伊犂而極，是爲北路。攷漢書西域傳所載南道北道，皆在天山迤南，今之所謂南北路，乃合天山迤北而中分之兩路。雖分，皆稱新疆，總屬於伊犁。東西相距凡七千餘里，南北三千餘里，周圜二萬餘里。東界安西州，東北界阿拉善及喀爾喀，北界科布多，西北界哈薩克，西南界布魯特及霍罕、安集延，南界西藏，東南界青海，此全境之大略也。先是北路之地爲準噶爾所據，南路之地爲回部所據，國初哈密即內屬，土魯番亦奉表貢，餘部尚未臣服。準噶爾有渾台吉噶爾丹者，其先本元之臣僕，稱衛拉特，即今額魯特。其部有四：曰綽羅斯，是爲準噶爾，曰都爾伯特，曰和碩特，曰土爾扈特。後以輝特代之準噶爾世爲四衛拉特部長。傳至噶爾丹，恃其强，虐鄰部，擾及喀爾喀。康熙三十五年，聖祖仁皇帝親臨朔漠，授大將軍費揚古方略，大破之於昭莫多，噶爾丹走死。其姪策妄阿喇布坦懼，獻噶爾丹尸及女鍾濟海，班師還。策妄阿喇布坦既代噶爾丹爲渾台吉，漸驕横，以計襲哈密，入西藏，我軍擊走之。策妄阿喇布坦死，子噶爾丹策凌嗣，性尤狡，每伺侵喀爾喀。雍正十年，額駙超勇親王策稜奉命率軍進討，大敗之於額爾德尼昭，以其乞和乃罷兵。當是時，準噶爾據有天山南北地，逼役諸回，供貢賦取給，號富强。我軍留屯巴里坤及土魯番，屢有偏師告捷，然未及掃穴犁庭也。既而噶爾丹策凌死，子策妄多爾濟那木札爾殘暴，庶兄喇嘛達爾札篡之，其族達瓦齊又篡喇嘛達爾札而自立，酗虐滋甚，所屬不堪命，內亂。都爾伯特台吉策凌率衆內附，尋輝特台吉阿睦爾撒納亦降，具言準噶爾將亡狀，乞進兵爲嚮導甚力。高宗純皇帝以降衆日集，錯處喀爾喀邊境，非久計，莫若因其地其俗而安集之。且準噶爾人民陷水火宜拯，乃定議出師，時乾隆十有九年也。明年將軍班第等統師進勦，所過簞食壺漿，迎師恐後。師以二月啟行，五月直抵其幕庭，即今伊犁也。達瓦齊敗遁，旋就擒，準噶爾平。

回部諸城聞之，相率乞降。未幾，阿睦爾撒納以覬爲渾台吉，弗遂，煽衆宰桑喇嘛等作亂，師再進。二十二年伊犂始定。初回酋有大、小和卓木兄弟二人，兄曰布喇呢敦，弟曰霍集占，世居葉爾羌，自其父瑪哈墨特爲準噶爾所忌，誘執之，禁諸阿巴噶斯，瑪哈墨特死，二子仍被禁有年。伊犂既平，釋令還故土，不意其糾衆叛，諸回應之。大軍還擊，霍集占兄弟抗拒，繼乃克庫車，徇阿克蘇，略烏什，收和闐，破葉爾羌，喀什噶爾諸城以次降。賊窮蹙西遁，布喇呢敦死於道，霍集占竄巴達克山部，爲其汗素勒坦沙所戮，以尸獻。二十四年，回部平。蓋自興師以來，前後凡五載，叛黨悉就殲滅，南北兩路肅清，新疆底定，皆賴宸謨廣運，廟算丕昭，闢從來未闢之土，竟兩朝未竟之緒，聖德神功，超越千古。爰是築城堡，畫疆圻，開兵屯，設將軍及都統、參贊、辦事、領隊各大臣鎮撫其地，安輯其民，制度大備，與內地郡縣無異，實千古所未有也。攷歷代史所稱中國，號令班於西域者，莫如漢、唐都護校尉兼置都督，節度遞設，紀載綦詳矣。由今攷之，三十六國叛服靡常，安西四鎮興革屢易，大抵羈縻勿絶，非能式廓版圖。元代起自和林，削平西北，幅員最廣，然角端之見，印度海水之淺，欽察史臣夸大之詞，祗述兵威所極，雖云達嚕噶齊設官監治於久遠，奠定之謀未審焉。孰若我國家建不拔之基，規模宏遠若此！允宜垂諸方册，昭示來茲者矣。

昔人言天下山脈起於崑崙，山脈所起，即水源所出，顧崑崙究在何地？其距中國道里遠近，史册所載，言人人殊。就今新疆之山攷之，皆發脈於葱嶺，起西南，趨東北，蜿蜒內向，袤延數千里，亘南北兩路之中，疑古所謂崑崙者，與今葱嶺相近。然自張騫鑿空，史遷已有烏睹崑崙之說，降及近代，益無可攷，茲不具論。論其可據者，大抵新疆境内諸山，東以天山爲主，西以葱嶺爲宗。葱嶺者，葉爾羌西南之大雪山，回人呼爲塔爾塔什達巴罕者也。山脈起葱嶺，分爲二支：其一南折而東，越和闐，通青海，還抱安、肅、甘、涼之境，爲南祁連，漢書所謂南山者是；其一西折而北，越喀什噶爾，通伊犂、烏什、阿克蘇，直趨土魯番、哈密，爲北祁連，漢書所謂北山者是。祁連即天字之切音，山之陽爲土魯番、哈密，山之陰爲巴里坤。其迤西諸山，巍然高而大者，以百數。其最著者在北路，則有伊犂之額琳哈畢爾罕，塔爾巴哈台之楚呼楚，烏魯木齊之博克達；在南路則有喀什噶爾之玉斯圖阿爾圖什，葉爾羌之密爾岱，和闐之桑谷樹雅，烏什之貢古魯克，阿克蘇之穆蘇爾達巴罕，喀喇沙爾之博爾圖達巴罕。重巖疊嶂，所在不一，類多積雪，俗概以雪山呼之。雖隨地異名，實葱嶺一脈所分也。就新疆之水言之，南北兩路，河流異趨，與山之共爲一脈者不同。大抵南路之水皆東流，出自南北山中，最著者若喀什噶爾之烏蘭烏蘇，葉爾羌之塔里木，和闐之哈喇哈什、玉隴哈什、哈琅圭塔克，烏什之瑚什奇，阿克蘇之渾巴什，庫車之渭干，喀喇沙爾之開都，其下流皆東滙於土魯番之羅卜諾爾。又南北兩山積雪融化之水，亦入之瀚淪渟蓄，伏流地中，即古所謂蒲昌海，一名鹽澤也。北路之水，在伊犂者，如伊犂、薩瑪爾諸河多西流；在塔爾巴哈台者，如額爾齊斯諸河多東流；在烏魯木齊者，如瑪納斯諸河多北流，或注諸爾，或歸葦湖，或伏沙磧，以及雪融會合之水，不可勝紀。語云「山本同而末異，水本異而末同」，其説諒矣。或疑史載西域山川，多與今不合，謂由元太祖平西域，盡易前代地名以蒙古語，於是皆不可攷。不知名目雖更，山水猶昔。鄭樵云：「郡縣有時而更，山川千古不易。」設非撫有其疆域，奚由詳攷其山川？國朝自戡定新疆以來，南北兩路山水，按之圖籍，證所見聞，莫不瞭然可稽。

附録

先生年十九，館於靜樂李氏。李氏多藏書，書樓十餘楹，且弆善本。先生寢饋凡五稔，益博洽。程恩澤撰神道碑。

先生性耿介，不與時爲俯仰，同時朱文正、阿文成、王文端、紀文達諸公，皆器重之。戴文端、那文毅、松文清尤服其才識，有大事必咨斷焉。史傳。

先生充寶泉局監督，故事交卸憑册籍，不盤，盤有期。先生不及盤期而案發，故得罪。及赦還，一以著書授經爲事。同上。

張月齋曰：西域釋地一卷，祁鶴皋先生謫戍時所著書之一也。天山南北疆域山川，條分件繫，攷古證今，簡而核矣。至喀什噶爾、烏什、庫車之譯名，與欽定新疆識略不同者，先生成書在丁卯戊辰間，傳聞異詞，早登簡札，非誤也。巴顔喀喇山之即古崑崙也，欽定河源紀略有定論矣，先生以非所親歷略之，而於葱嶺之南北兩支，星宿海之潛源重發，則縷擘焉。昔人爲輿地之學者，每云目驗得之，先生亦猶是義爾。西域釋地張穆序

李申耆曰：淳父學使視學江左，行轅在江陰，而兆洛忝主講席，因進見。叩鶴皋先生諸書，學使因以西陲要略、西域釋地見賜，而曰：「藩部要略尚未刻也。」兆洛因請而讀之。先生此書，於皇朝數百年

以來所以綏養藩服者，無不綜具。其緣起悉載，著列聖恩德之所由隆，明威之所以畀，恍然造化之亭毒，皇極之相協。如讀邃皇之書，睹鴻蒙開闢之規模焉，烏可不令承學之士聞所未聞，見所未見，了然於天人之故哉！養一齋文集。

鶴臯家學

祁先生寯藻

祁寯藻字叔穎，鶴臯子，學者稱春圃先生。嘉慶甲戌進士，改庶吉士，散館授編修，入直南書房。官至體仁閣大學士，充軍機大臣。秉軸七年，門無雜賓，不通賄賂，後以年老乞休。文宗登極，命在弘德殿授讀，先後典試及視學凡六次，五主禮闈，得士幾徧天下。其爲學好許氏書，視學江蘇，獲景宋鈔本說文繫傳，亟付梓，於是小徐書始行於世。一時如王菉友、苗先麓輩，精研訓詁聲韻，皆先生提倡之力也。咸豐初，日召見便殿，詢用人行政之道，輒敷陳經史，動逾晷刻。同治初，嘗疏陳近來考試，詞章之學尚多，根柢之學甚少，士不通經，不足致用。而通經之學，義理與訓詁不可偏重，漢儒許慎說文解字、鄭康成詩、禮箋注，各有師承，羽翼經傳，厥功甚鉅，歷代名臣碩彥由此其選。至宋周、程、張、朱數大儒，因注疏以闡明義經，學術人心允足範圍後世，此大學正心誠意之功必本於格物致知也。後學不察，往往以訓詁專屬漢、唐諸儒，以義理專屬宋儒，遂使聖門四科畫分界限。竊謂經術之士知之者希，亟應先爲表彰，俾士氣文風有所矜式。」後五年，没於京邸，年七十有四，謚文端。平生清介凝重，雅負時望。篤於故舊，每卹其後人，刻其遺書。程春海侍郎諸公著作，先後助之刊行。所自撰者，有祼欿亭集四十四卷。子世長，字子禾，咸豐庚申進士，由翰林院編修，歷官至工部尚書，謚文恪。少承家學，又與張石州、苗先麓諸人游，學有本原，屢掌文衡，立朝持正，世稱清德云。參史傳、家傳。

鶴皋交游

孔先生廣森

別爲顨軒學案。

馮先生敏昌

別見蘇齋學案。

邵先生晉涵

別爲南江學案。

孫先生星衍

別爲淵如學案。

洪先生亮吉

别爲北江學案。

孫先生希旦

孫希旦字紹周，號敬軒，瑞安人。幼穎異，讀書三四過即成誦。乾隆壬午舉人，己丑會試，挑取中正榜，用中書。四庫全書館開，爲分校官。戊戌成一甲三名進士，授編修，充武英殿分校官，國史、三通館纂修官。初修四庫書，于文襄敏中爲總裁，以王應麟玉海徵引繁博，俾先生專任校勘。又屬先生釐定契丹國志、大金國志，書成，高宗以爲善，勅部議敍。其爲學務在博覽，自天文地輿、厤算卜筮之書，無所不研究，其於諸經尤深於三禮。辛卯以後，始專治小戴注，說有未當，輒以己意爲之詁釋，謂之注疏駁誤。己亥居憂，乃益取宋、元以來諸家之書，推廣其說，爲集解六十一卷。其大指在博參衆說，以明古義，而不爲詭詞曲論。常自言「讀禮經當如目親見之，而身親行之」，其著書之旨，蓋可見矣。他著有尚書顧命解一卷，求放心齋詩文集若干卷。甲辰卒，年四十有九。參孫衣言撰行狀。

郭先生在逵

郭在逵字可之，號謙齋，介休人。乾隆庚子進士，官檢討，改刑部主事，升禮部郎中。在史館時，與鶴皋同纂蒙古王公表傳。先是武進管松崖纂傳數篇，不久離館。嵇文恭爲總裁，知鶴皋諳習清文，遂令接纂，八年始成。鶴皋謂與其同修此書者，惟可之一人耳。參鶴皋自訂年譜。

春圃交游

苗先生夔

苗夔字先麓，肅寧人。幼即嗜六書形聲之學，讀説文，若有夙悟。已又得音學五書，慕之彌篤。年二十餘，已有纂述。道光辛卯舉優貢生。高郵王氏父子聞其説，以禮先之，遂與暢論音學源流，由是譽望日隆。先生以爲，許書多有爲後人妄删或附益者，乃訂正説文聲類八百餘事，爲説文聲訂二卷。又以顧氏所立古音表十部宏綱已具，然猶病其太密，而戈麻既雜，西音不應别立一部，於是併耕清及蒸登於東冬部，併歌戈於支脂部，定以七部，櫽括羣經之韻爲説文聲讀表七卷。又以古音點定説文建首五百四十字，爲説文建首字讀一卷。詩自鄭箋而後不能專主古音，然有未盡改者，乃采戚氏之漢學諧聲、詩經正讀，無錫安氏之均徵，爲毛詩韻訂十卷。春圃先生視學江蘇，致之幕下，及還京師，乃醵金刻之。他著有説文聲讀考、集韻經存韻補、正經韻鈎沈、廣籀諸書，未見刊行。先生雖處困約，而與張石洲、何願船、陳頌南、何子貞、曾滌生諸先生往覆辨論，有以自怡。咸豐七年卒，年七十有五。遺命葬書叢中，其子乃擇書之尤嗜者納棺中殉焉。參史傳、曾國藩撰墓志銘。

按：王灝輯刻畿輔叢書有戈麻古韻考卷中不著撰人，目中題曰「苗夔補注」，其文與雲南吴樹聲鼎堂之作畢同。鼎堂與先生同時而少後，傳誌並無先生爲此書補注之説，疑畿輔叢書考之未審也。

説文聲讀表敍

昔虙戲一畫開天，苞符洩焉。皇頡造書契，百官以治，萬民以察。蓋取諸夬，夬者，決也，剛決柔也。又夬者，訣也，書有讀法祕訣也。使當年無此，將官何以治？而民何以察也？唐、虞聲教四訖，周監二代，郁郁乎文。宣王時，太史籀著大篆十五篇，文不厭繁縟，字皆有聲，而讀法之訣露矣。秦焚詩、書，斯文將喪，李斯改大篆爲小篆，字多省聲，下杜程邈，隸書出焉。然秦之黔首，皆周遺黎民也，故先秦之書，字少異讀。西漢宣帝召能通倉頡讀者，張敞、杜業、秦近、爰禮，孝平帝徵禮等百餘人，令説文字未央庭中，以禮爲小學元士。黄門侍郎揚雄采以作訓纂篇，份份稱極盛焉。東漢明帝永平八年，佛法入中國，始有以西音亂聖人之雅樂者。太尉南閤祭酒許君叔重有憂之，博訪通人，師事賈逵，作説文解字十四篇，意以諧聲一門爲經韻撦柱，誠有功聖道，萬世不刊之典也。惜魏世反語大行，而聲讀之法亡矣。宋周續之、雷次宗同受詩義於慧遠法師，捨絳帳之皋比，仰緇流之衣盋，佞佛成風，通儒無地，當時經學之無人可知，詩亡、樂亡。汝南周彦倫等之韻學出焉，隨俗趨時，荒經蔑古。唐混一區宇，陸德明生於陳代，其所著經典釋文，時讀在前，正音在後，亦飲水忘源，而承流莫辨也。宋大、小徐音學極疏，不能藉説文以存經韻。至鄭庠古音辯，吴棫韻補，皆苦經韻難讀，寤周、孔自有周、孔之韻，則非近世之所謂韻，而始費此鉤稽也。明三山陳第毛詩古音攷，力辨叶韻之非。崑山顧炎武本之，爲詩本音，復作古音表，爲十部。其後婺源江永十三部，東原戴震十六部，金壇段玉裁十七部，曲阜孔廣森十八部，高郵王念孫、歙縣江有誥之各二十一部，皆費盡畢生精力，力復周、孔經韻，始稍得其梗概。就中而定一尊，則顧氏猶近之。嘉慶乙丑，余以經解詩賦受知於陳荔峯師，師勉以河間毛詩即韻書之祖，亦詩之原而樂之宗也。丙寅得顧氏音學五書讀之，復得大興朱學士筠重刊説文敍，謂近日顧氏炎武修紹絶業，學者所宗。丁卯授徒，課毛詩，悉遵詩本音，獨於斯干末章之裼，玄鳥〔一〕末章之祁，歎爲本節聲韻砥柱。小弁首章，巧言末章，竝以斯字領韻，更無忽然改韻之理。顧氏分戈麻别爲一部之説，心覺未安。後見説文「𣏟之爲言微也」，春秋説題辭作「麻之爲言微也」，漢儒訓詁義兼聲，既以微字釋林與麻，知古人讀麻從林，必在支齊部矣。説文戈從弋一，今本一下無聲字，必傳鈔者以今韻而删之也。唐僧元應一切經音義一書，細玩味之，知弋麻本西音，周人未嘗有也。春秋宣公八年「葬我小君敬嬴」，公羊、穀梁二傳竝作「頃熊」。熊何以不從嬴？收耕清青而在東冬也。顧氏唐韻正謂熊當改入蒸韻，及檢説文「熊從炎省聲」，如果炎聲，則又當收侵覃矣。思之不得，忘寢食者數晝夜，忽悟炎乃[illegible]譌，後人寫[illegible]作大，故譌成雙火。集韻熊與雁竝收十六蒸，因悟雁從佳爿，[illegible]省聲，心部雁從雁聲，夫子傳易，於

〔一〕「鳥」，原作「息」，形近而訛，據詩經改。

蒙、於比、於未濟三用䧹字，皆與中功從窮終韻。顧氏易音謂「夫子用方音」，不敢强解，亦爲謬本説文「䧹從瘖省聲」所誤，不知熊與䧹所省之聲乃[illegible]，本東冬部中字也。余成毛詩韻訂及此書，遂據春秋説題辭及説文「杙」下説解，併戈麻於支齊，復據春秋公羊、穀梁二傳，併耕清青蒸登於東冬爲七部。計丁卯至今三十六年矣，因經證外無他證，未敢輕以示人。昨見晉江陳頌南農部齊陳氏韶舞樂罍銘攷釋，週桼昀即調七韻，知周人七韻即唐、虞、三代聲教之遺，亦何幸於經證外而又得此一確證也。去年冬，祁春圃尚書刻余説文聲訂，凡六朝、五代以來傳刊説文者多非其人，人每以周沈音韻改許君聲讀，古籀倒亂，及省聲亦聲之類，聲訂已詳言之，兹不更贅。此書字以聲從，韻以部分，若綱在綱，有條不紊。北齊黄門侍郎顔之推家訓所謂「使不得誤，誤則覺之者」此也。此以聲定韻，韻準之以三百篇，尊周、孔也；經約之以九千字，溯蒼、籀也；文非許不録，瓣香祭酒也；韻定七部，宗罍銘，而樂則韶舞也。洪洞李子德謂亭林韻學直接周、孔，吾謂許君聲學直通蒼、籀，自魏、晉至今，薶晦二千有餘載矣。唐以説文、字林試士，李陽冰外求涉此學者蓋尟。宋大徐際雍、熙之盛日，從事説文，不知許君以聲學冠古今也。我朝稽古右文，崇尚小學，孫淵如謂今世多深於説文之學者，歸安姚文信説文聲系，烏程嚴孝廉可均説文聲類，皆聲襲舊本之謬，韻與經乖，系而不系、類而不類者有之。今徹底澄清，其有舊本聲謬，未能一綫串起者，思之思之，鬼神通之，天之未喪斯文，幸何如之。以聲爲綱，韻已按部而就班，字則支分而派别，經可窮流以溯原，將見六經明而唐、虞、三代之聲教可復也。藉以仰追皇頡造書契，官治民察之盛，不難再見於今日，必如此而後庶可稍慰鄭、吴、陳、顧諸君子尊經復古之苦心也夫！

清儒學案卷一百八

鶴泉學案

鶴泉精於音聲訓詁之學，所著漢學諧聲，自成一家之言。蓋説文爲聲類、字林淆亂，今并聲類、字林亦不可見，遑論説文原次。就其存者，以意通之，洵得讀古書之法。至其四書、詩經諸解，如「采薪之憂」等條，或病其穿鑿，而新義異聞俱有根据，要不失經生家法也。述鶴泉學案。

戚先生學標

戚學標字鶴泉，浙江太平人。乾隆庚子進士。涉縣知縣。改寧波教授，未幾歸。幼有異禀，從天台齊息園游，稱高第。宰涉縣時，民苦闊布征，先生請於大府，謂「派辦一事，既視其地之所産，而數之多寡，尤衡其邑之大小」，得減額。攝林縣，有兄弟爭産者，集李白句爲斗粟謡以諷，皆感悔。性强項，多與上官齟齬，卒以是罷。精攷證，著漢學諧聲二十三卷，總論一卷，取説文之字，自一至亘條，系其諧聲，偏旁以次相附；其聲無所附者，別爲雜字一卷，詳於自序。又有毛詩證讀若干卷，詩聲辨定陰陽譜四卷，四書偶談四卷，内外篇二卷，字易二卷，鶴泉文鈔二卷，續選九卷，景文堂詩集十三卷。先生修邑乘，備載婦人貞烈事，懼見聞之或有誤，因讀列女傳，感而書曰：「劉向列女傳，説詩之異，如『燕燕于飛』，衛姑定姜作。衛定公之夫人，公子之母，公子既娶而死，其婦無子，畢三年之喪，定姜歸其婦，自送之于野，賦詩云云。君子謂定姜爲慈姑。『碩人其頎』篇，齊女莊姜，爲衛莊夫人，始往，操行衰惰，傅母見其婦道不正，諭之，乃作詩云云。女遂感而自修。汝墳周南大夫妻作。大夫受命平治水土，過時不來，妻恐其懈於王事，乃作詩云云。君子以是知其能匡夫也。『雖速我獄』，召南申人之女，既許嫁於酆，夫家禮不備而欲迎之，女持義不往，作詩云云。柏舟，衛宣夫人作。齊侯之女嫁於衛，至城門而衛君死，保母曰：『可以還矣。』女不聽，入持三年喪。弟立，請同庖，兄弟皆欲與君，女不聽，作詩云云。其云『威儀棣棣，不可選也』，言左右無賢臣，皆順其君之意也。芣苢，蔡人之妻作。宋女嫁於蔡，而夫有惡疾，其母將改嫁之，女不聽。言芣苢之草，雖其臭惡，猶始於捋采，終於懷襭，浸以益親，況夫婦之道乎？式微，黎莊夫人作。衛女嫁於黎，甚不得意。傅母云：『夫婦之道，有義則合，無義則去。』乃作詩諷之歸。夫人終執貞一，不違婦道，以俟君命。君子故序之以編。詩『穀則異室』，息君夫人作。楚伐息破之，將妻其夫人，夫人不聽，作詩云云，遂自殺，息君亦自殺。夫一宣姜，在毛、鄭爲淫婦人，在此則貞婦；一息夫人，在春秋傳爲失節之婦，在此則殺身以全操，非特紀載之異，是非賢否有大相懸絶者，其他則又何説？君子讀書不好矜異，而舊聞未可盡廢。向，前世巨儒，去古未遠，其言必有所受，亦非後人得僞撰。如更始韓夫人、明德皇后之顯然附入，然而傳載互異，如是則考信衷於一是之難也。」

又考宋高宗幸台彙、繫年要録、北盟會編、李氏乘桴記、熊氏日歷等書，條貫件繫，足補正史之闕。又作臨海嶠考，精鑿可補選注。參史傳、鶴泉文鈔。

漢學諧聲自序

今天下爭言說文，學者以不讀許君書爲恥。其論音學，則務宗孫愐唐韻，詆宋人併韻一百七部爲非古。實則讀說文未爲知說文，即於唐韻亦不過謂韻書傳者莫先於此，其中得失無辨也。許君書名說文解字，固統字之形與聲解之。後學略習篆古，苟自矜異，惟形是求，至某字某讀，一從徐氏所附孫韻之音切，於本書云從某某聲，讀若某，概置不問，有顯相違背，而安之爲固然者。如是，何取於讀說文邪？六書之體，三曰形聲，言聲不離形，形者聲之本也。而聲又隨乎氣，氣有陰有陽，故一字之音而或從陰，或從陽，或陽而陰，或陰而陽，或陰陽各造其偏。淮南子云：「輕土多利，重土多遲，清水音小，濁水音大，五方風氣有遲疾輕重之不同，其爲聲固未可以執也。」昔人知其然。故但以某聲者明字音所出，以耑其本，以讀若某者設爲譬況之詞，使人依類而求。即離絶遠去，而因此聲之本，以究此聲之變，無患其不合。易曰：「同聲相應，同氣相求。」諧聲之法，引而上，引而下，即氣求之理。若反切之興，在於漢後，許君時烏有此哉？鄭康成毛詩箋云：「古聲填寘塵同。」其注他經，言「古者聲某，某同古，讀若某」之類，不一而足。周、秦先代之音，不能不變而爲漢，漢不能不變而爲魏、晉、六朝，固亦其時爲之。韻書之作，彙取各家音注，準以當時所讀，别其輕重清濁，爲之部分。學士遵行已久，所謂古今異宜，何必盡非。至論字音之本，實與説文違異。以説文形聲相繫，韻書就聲言聲；説文聲氣相求，韻書祇論同聲之應。又其部居錯雜，分合類出肊見。此學興，而學者苟趨其便，衷於一讀，且狃於平上去入之界之不可移易，諧聲之法廢，而許君之學從兹晦矣。昧者至以徐氏之説文爲説文，如宋祁筆記引説文：「卒鳥者，繫生鳥以來之，名圝。圝音由。」蓋宋人已不知辨，後此無論已。鄭樵譏説文爲目學，廣韻爲耳學。今以孫韻音切，强綴許書之後，不幾於兩失而兼聾瞽乎？夫學必明乎古今，讀魏、晉、六朝以後之文，用韻書可也；若讀漢世之文，循而溯於周、秦先代，韻書不足用也。詩、易、楚詞，其音節皆出於天籟自然，作者不知有韻。據韻書而通之叶之，或反疑前人之假借，尚得謂有識哉？兹書論聲，一本許君，由本聲以推變聲，既列本注，旁采古讀，以爲之證。於徐氏所附孫韻音切，悉芟去之，復就原書別爲之次，俾人可循聲而得，雖亦韻書之意，而未始有韻之一見横於中。計卷二十三，總論一卷，名曰漢學諧聲，附以説文補考、又考、三考，於以推究音理，表章許君，庶與今世之言説文者異焉。

漢學諧聲後序

余撰漢學諧聲廿四卷，明許君舊法，而於其建首字置不用，名宗説文，而故違之，議者紛起矣。竊謂説文一書，自宋後行者，皆徐鉉校本；其前傳者，南唐徐鍇本，及李陽冰所刊定而已。許君敍稱「立一爲耑，畢終於亥」，此自爲書前後之起訖，其部端五百字，所謂共理相貫，據形聯系者。今以理推，以形求，往往不合，齒牙足一類，眉目鼻一類，首面須又一類，牛在一卷，羊四卷，馬鹿兔犬均十卷，四五六七九數相接也，而一三在卷首，八十又錯見卷二、三，蓋多有經後來羼亂，非原次者。又建首字例有「凡某之屬皆屬某」，今如甲丙丁止虚存其目，所謂甲屬、丙屬、丁屬字何在？以此悟偏旁字，悉後人妄取聯綴。若如原次，則从甲字如柙、如狎、如窜，必隸甲下；从丙字如邴、如炳、如柄、如鈵，必隸丙下；从丁字如汀、如玎、如盯、如亭，必隸丁下。自六書道微，制字本意浸失，俗儒鄙夫謬謂説文以形次不以聲次，舉从甲、从丙、从丁字各以偏傍附入他部，而虚其本目，其目下子字僅存。惟句目拘、笱、鉤三字，復嫌於例不合，謂此會意兼聲字，於本注句聲增爲句亦聲。若絞从交系聲，匏从包夸聲，皆以其不當在交下包下而妄易之。而左形右聲之説，牢不可破，至有以仁从人二聲，明从囧月聲者，見之繫傳者，可笑也。大抵反切行而諧聲廢，隸書盛而篆法衰，聲類字林繼出，并説文之部居次第亦亂。議者謂余宜如徐鉉析出新附字，鉉新修字義上言：「有許慎注義，序例中所載，而諸部不見者，審知漏落〔一〕，悉從補録。復有經典相承傳寫及時俗要用，而説文不載者〔三〕，承詔皆附益之。」前人言説文多惚令所加，蓋雖欲析之，不勝析也。古書經千百年後，鉤鈲析亂，加以魚魯傳録不一，就其存者以意通之，期不失前賢作書本恉而已，亦安得盡原書而讀之述之耶？

〔一〕「漏落」，原作「漏略」，據説文解字卷一五下改。

〔三〕「者」，原脱，據説文解字卷一五下補。

文集

論未婚守志

歸震川甚詆未婚守節之非，以爲「女在家從父，未婚猶在家也，惟父之從，義不及於夫。義不及而强至其家爲服，是非守節而奔也」。其説因讀曾子問而誤。曾子問：「取女有吉日，而女死如之何？」孔子曰：「壻齊衰而弔，既葬而除之。夫死亦如之。」夫果在家，義不及於夫，不應齊衰爲弔，弔則已至壻家矣。大夫士庶人三月而葬，除服於葬畢，在壻家并爲服三月矣。其必除服者，既還，父母在，不得凶服，非謂一弔還家，即義絶於夫，可宴然即吉也。女來從葬聽還者，嫁否從其父母。夫之父母有所不敢留也。父母亦不聽女之卒留者，未審女之志也。夫禮順人情，未婚夫死而更嫁，女子十人而九，聖人不能禁也。若志節之女，則必守靡佗之義，始默聽兩家父母之命，終必自請父母，轉請夫之父母，允而禮迎，乃公然至其家爲未亡人，而終守夫之服，此於義篤而兼得禮之正，豈有聖人反禁之者？特其事難爲，女子所稀見，不可以著例，故但存其意於言外，而於既葬除服後，不謂當更嫁，亦不謂不當更嫁。然既於壻有弔，則爲義亦顯然矣。曾子問：「壻之伯父致命女氏曰：『某之子有父母之喪，不得嗣爲兄弟，使某致命。』女氏許諾而不敢嫁，禮也。壻免喪，女之父母使人請，壻弗取而后嫁之，禮也。女之父母喪壻亦如之。」陳澔解「后嫁此女於他族」，因而震川誤以更嫁爲不妨於禮。天下未有無故而絶婚者，更嫁，事之至變也。觀記文，亦兩家致命之恒辭，非有他故，安得輒有更嫁之事，而轉謂之禮？蓋古者婚嫁以時，過時則愆期，而有摽梅之感爲非禮。今以壻免喪請之，而壻以不得嗣爲兄弟，故或牽於勢，或絀於力，弗能即取，因而緩嫁之期，徐以待壻之更諏日，雖過時而不爲失，故曰禮。豈此女之必嫁於他族哉？陳澔說，羅文莊已疑之，特不能申明壻所以弗取。而后嫁者，仍嫁於其壻，則禮意未顯，而震川之妄論從茲起矣。難者曰：「娶女三月，未廟見，死而歸葬母氏之黨，不成其乎婦也。未婚，何婦爲？而曷爲守？」曰：「娶婦以嗣親也，故婦從姑。此未逮見姑，葬因不從。所謂不成乎婦，蓋子婦而非謂夫婦。」易曰「婦人從一而終」，納幣有吉日，不幸夫死，而心已決於所從，儼然有爲婦之義，可以弔。安在其不可以守哉？震川有盛名，恐說禮者爲之惑，是以論。

論韻書入聲皆誤

韻書入聲之字，竝不類入。以既云入，即不得作開口呼，且去入之間，不過一音分弇，侈未有兩讀判然相離之遠者。今以諧聲陽開陰闔之理明之：如「作」，去聲讀「做」，入聲宜讀近「足」。易林困之大壯：「緣山升木，中墮於谷；之子劬勞，黃鳥哀作。」馬融廣成頌：「曹伍相保，各有分局；遊雉羣驚，晨鳧輩作。」其音也，今讀則洛反，非入聲矣。「度」，去聲讀「渡」，入聲宜讀「獨」。左傳：「山有木，工則度之。」陸雲美祈陽詩：「其德伊何，和貞虔告。師民履素，言謀慮度。」其音也，今讀徒洛反，非入聲矣。「惡」，去聲爲「污」，入聲宜讀「屋」。太玄：「從初七，拂其惡，從其淑，雄黃食肉。」易林蠱之姤：「反蛇三足，醜聲可惡。」史記龜策傳：「地生五穀，以知善惡。」馬融長笛賦：「澮臺載尸歸，皐魚節其哭，長萬輟其謀，渠彌不復惡。」其音也，今讀烏各反，非入聲矣。「獲」，去聲讀「互」，入聲宜讀「斛」。易林泰之蠱：「敏捷勁疾，如猿升木；彤弓雖調，終不能獲。」復之坎：「桎梏拘獲，身入牢獄。」張衡應閒：「昔有文王，自求多福，人生在勤，何索不獲。」其音也，今讀黃郭反，非入聲矣。「錯」，去聲讀「措」，入聲宜讀「促」。潘岳西征賦：「而菜蔬芼實，水物惟錯，乃有贍乎原〔一〕陸。」其音也，今讀七各反，非入聲矣。「索」，去聲讀「素」，入聲宜讀「速」。王褒僮約：「日暮以歸，當送乾薪兩三束。四月當披，五月當穫。斛。十月收豆，多取蒲苧，益作繩索。」其音也，今讀蘇各反，非入聲矣。「若」，去聲讀「樹」，入聲宜讀近「辱」。史記：「地生五穀，以知善惡，屋。人民莫知辨也，與禽獸相若。」王逸憫上：「思靈澤兮一膏沐，懷蘭英兮把瓊若。」其音也，今讀而灼反，非入聲矣。乃若「閣」之讀「谷」，如易林否之大有：「四夷賓服，干戈橐閣。」司馬相如上林賦：「於是乎離宮別館，彌山跨谷，高廊四注，重坐曲閣。」「落」之讀「陸」，如易林豐之屯：「東山皐落，叛逆不服。」班固北征頌：「斷温禺，分尸逐，電激私渠，星流霰落。」「薄」之讀「僕」，如易林坎之升：「鰥寡孤獨，禄命苦薄。」益之大畜：「和氣相薄，生我嘉穀。」「琢」之讀「足」，如陳琳神武賦：「華瓚玉瑶，金麟牙琢，文貝紫瑛，縹碧元緑。」「駁」之讀「卜」，如易林「循谷直北，經涉六駁，爲所傷賊，死於牙腹」。「石」之讀「熟」，如易林小過之渙：「求玉得石，失其所欲。」揚雄太玄賦：「升崑崙而散髮兮，踞弱水以濯足；朝發軔於流沙兮，夕翺翔乎碣石。」張衡冢賦：「爾乃隳巍山。平險

〔一〕「原」，原作「其」，據西征賦改。

陸，刊叢林，鑿盤石。」王逸九思：「指正義兮爲曲，訿碧玉兮爲石。」「澤」之讀「獨」，如太玄：「從首於淵，於澤，於田，於嶽，獄。物企其足。」史記龜策傳：「鳥有雌雄，布之林澤，有介之蟲，置之谿谷。」易林噬嗑之蒙：「注斯膏澤，祈衛百毒」，馬融廣成頌：「於是營圍恢廓。酷。充斥川谷，罦罝羅羂，彌綸阬澤。」凡此皆音理自然，真所謂入聲。推此以讀古人書，無不合者。而今讀閣，古落反；落，盧各反；薄，旁各反；琢，竹角反；駁，補各反；石，常約反；澤，達各反，無一不以開口呼之。由諧聲學廢，周、沈輩不明陽開陰闔祇一音之轉，謬以俗聲定爲韻譜，名爲去入，而去入之理已失於是。「著」字去聲讀「注」，入聲則讀「灼」；「臄」字去聲讀「句」，入聲則讀「劇」，判然兩音之不相蒙。音讀既歧，因而去聲字多無入，入聲字多無去，後人守韻書爲圭臬，轉疑古音非正，强加以叶韻之目。而操謬説者，或妄謂古無入聲，如顧氏作唐韻正，亦意在轉入爲去，有開無闔，有陽無陰，豈復成音理？此詩聲辨定陰陽譜所以不能已於作也。

姤卦説

姤象天下有風，與觀之風行地上異。風以陰爲體，以陽爲用。觀二奇四偶，以巽、臨、坤爲陽在陰上，有風之用，故其象爲周徧庶物。姤上乾下巽，五奇一偶，爲陽之極盛，而一陰始生在下，與復之上坤下震，五偶一奇，爲陰之極盛，而一陽始生在下相對。姤言「天下有風」，猶復言「雷在地中」耳。復者陽之始，姤者陰之始。始則爲風尚微，非重巽申命之時，何所取而爲周徧庶物之象？君子貴陽而抑陰，實則陰陽不能相無，均當養之於始。月令：「仲夏之月，日長至，陰陽爭，死生分，君子齋戒，處必檢身毋躁，百官靜事毋刑，以定晏陰之所成。」以此推之，當與復之「閉關，商旅不行，后不省方」，同一順時靜養，不得有施命誥四方事。漢書魯恭傳言「易五月姤用事」。其解經云：「以夏至之月，施命止四方行者，所以助微陰也。」說即本月令，與程傳不同，似得古人取象陰陽交養之理。特誥四方不徒止行者，又經文所無，難可依據。愚謂施當讀爲君子不施其親之施，蓋本弛字，古多通。弛命者，其時以養微陰，當行政令暫停止，告四方均知之，即月令所謂「百官靜事毋刑」也。大抵君人出令，多乘陽氣而行，姤一陰之始，時非可有爲。九五以含章爲君德，而初爻方有羸豕蹢躅之象，安得與觀同論哉？然則天下爲天之下，而有之云者，明陰始生，亦未及風之行也。省方觀民設教，於姤何有焉？嘗疑姤「女壯，勿用取女」，謂男女婚嫁以時，皆須及壯，若稺陰不能生育，故曰「不可與長也」。「天地不交，則萬物不興。歸妹，人之終始也」，愆期，憫其遲；未壯而取，戒其早。或謂：「枯楊生梯，老夫得其女妻，无不利，何說？」曰：「此爲年老而無子者，或繼配，或娶妾言之，又不盡以年之少長論也。」

周公東征説

余讀孟子「周公相武王誅紂伐奄，三年討其君，驅飛廉於海隅而戮之，滅國者五十」。又引書「有攸不爲臣東征，綏厥士女，匪厥玄黃，紹我周王見休，惟臣附于大邑周。」因悟東山、破斧之作，即是時事，非成王時公又東征。蓋紂雖誅，奄與飛廉恃以東方之遠，連五十國同惡相濟，未肯臣服，故須三年始定。滅國非貪其地，所謂「哀我人斯，亦孔之將」，即救民水火之心。其始凶殘如狼，卒皆首尾不能相顧，自就夷滅。「赤舄几几」，又見公安閒不動聲色而功成也。維時武王在，公得受命久出，若身輔幼主，豈容一日不在朝廷？就如大誥云「肆朕誕以爾東征」，明係管、蔡甚閒王室，小腆妄思紀敘，不容不誅。然申誥友邦，庶士御事，未必公身自請行。彼諸叛人，皆非有大才，以公命討，如決癰之易，豈有難起不即時定，任其抗衡連結，勞師三年，斧斨爲之破缺者哉！東山諸篇，但憫師行之久，與喜於成功而歸，初不言其所征何人。即鴟鴞之詩，亦祇以國家新定，托爲鳥言，見未雨綢繆之意。在武庚固得鴟鴞目之，而以所取之子比管、蔡，恩勤鬻子爲公自比，兄弟之間，有如是立言之體乎？公膺顧命之重，方主少國疑，安危所係，必不爲流言所動，而輕避去。居東説固非，而以詩言東征爲征管、蔡、武庚，亦疑非事實。書傳紀載，展轉違背，迄無一是。信金縢、尚書大傳、史記、孔鄭詩説，不如信孟子。公羊僖四年傳「周公東征則西國怨，西征則東國怨」。荀子王制篇説相仿。後漢書班固傳亦有「周公一舉而三方怨」語。滅國五十是實事，總爲東方國，言東征足統之。又奄地即魯境，惟伐在武王時，故魯得以封。書序踐奄爲成王事，所不敢信。

訓詁取同音説

余館曲阜孔氏洪谷，主人言及古訓詁取同音。易「爻也者，效此者也；象也者，象此者也」，中庸「仁者，人也；義者，宜也」，竝此法。孟子：「泄泄猶沓沓也。」泄，説文引詩作詍、作呭，訓多言，讀如字，正與沓訓語沓沓聲義同，今讀若異，非。凡從夅字聲皆近洪，説文栙讀若鴻，漢書絳侯，即紅侯，尚書北過降即共水，然則洚水者，洪水也，亦非二音也。大抵古以聲爲義，字固無一定耳。余曰：不但此七篇中「庠者養也」，「校者教也」，「序者射也」，射音本如序。「助者藉也」，「徹者徹也」，藉音亦如助。鄉射禮「豫則鉤楹內」，注「豫讀成周宣榭之榭」，周禮作序。詩「既入于謝」，別作序，作徐。射義「小大莫處，御于君所，以燕以射」。此讀射如序之證。籍、藉古通。淮南子「履天子之籍」，籍或作阼。新序「周室歸籍」，本歸阼。周禮「合耦于耡」，鄭司農云：「耡讀爲藉。」「殷人七十而助」，周禮本作耡。助、藉無二音。又畜字古音同好，故祭法曰：「孝者畜也」，孔子閒居「以畜萬邦」，鄭注「畜，孝也」，兩音互相訓。説文：「旭，日旦出皃，讀若好。」雪宫篇「畜君者，好君也」。竝是同音作釋，與泄泄沓沓同理。古音亡，聖賢之本旨全失矣。蒹谷曰：我嘗謂聖言出於天籟，自然而叶。古讀尤爲怡，論語「多聞闕疑」六句，尤與疑叶，悔與殆叶；中庸「故栽者培之」，培古聲近踣，上叶篤，下叶覆；「肫肫其仁」三句，淵音同姻，天近吞，亦有韻。往往人不信，安得如君者一指後學之迷耶？柳洲附論：畜、好二字，古竝讀如臭。逸周書「民善之則畜也，不善即讎也」，與詩「不我能慉，反以我爲讎」，音讀正同。大學「與其有聚斂之臣」，古本有作畜，聲之譌也。好篆作孜，字從丑得聲，詩「左旋右抽，中軍作好」。「無我魗兮，不寁好也」。「羔裘豹褎，自我人究究。豈無他人，維子之好」。俱可證兩音之同。「孝」字古亦此音，詳漢學諧聲。

復崔明府東壁書

奉到翰教，具佩虚心直道，期於是非共質，惟恨客中無一本書，記憶未真，安敢妄對？所見三正論，黄梨洲最精核，顧寧人亦重之。閻百詩力攻古文尚書，其中年月甲子，俱以曆法推步斷其不合。所論周正改時月，引詩經、左氏傳，尊著固已見及，有詳有不詳耳。如春秋書雩二十，皆在七、八、九月，正百穀望雨之時。綦母邃謂周之秋在夏爲盛陽之月，故孟子曰：「秋陽。」取證原非一端。見春秋傳者，惟晉顯用夏正，宋用商正，實則周時民俗參用夏時。周官有直言正月之吉者，周正也；不直曰十有二月，而曰歲十有二月者，夏時也。大司徒言正月，又言正歲，三正竝行，見之教令，何害其爲民用？先生不信周官，概不之引，亦缺典也。古今曆法不同，又有歲差，一部春秋止兩閏月，置閏必在歲終，至漢太初曆，始隨時置閏。古以斗柄初昏建寅爲歲首，宋時正月初昏斗柄建丑，見於沈存中筆談。講曆元者全取冬至，今造曆必據建寅〔一〕甲子夜半冬至，則子正也，其説本之新唐書、五代史，非古法。法既不同，即長曆未必盡準。史記所載年月更叵信，孔子生卒已與公、穀兩傳不合，而穀梁言孔子生以魯襄公二十一年冬十月，據孔氏譜爲今之八月，又周改時月之證矣。受田百畝，原論大概，大抵畫井不始三代，區皆百畝，井法如是。易代紛紜，改定經界，能無擾乎？鄙論一區爲一夫，以一家力不能勝百畝；先生以古人父子兄弟聚處受田，可兩三區，此意見不同處。臨淄下户三男子，就多者遞減言之，亦料兵大數，下户更有止一二丁者，家受一區，種作已難，況二三區之多，且國家安得此多田分給？惟後來豪家并兼，始有之田多不能自種，因有佃雇分收。董仲舒所謂「或耕豪民之田，見税十五」，與朱子所言「民

〔一〕「建寅」，原倒，今乙。

得其九，公取其一，故謂之徹」者，所收相懸之甚，未可援貴鄉大户例，以今證古。「通力合作，計畝均收」八字，疑朱子撰出。蓋通力計畝，則公私内外俱可不立，於孟子「井九百畝」節難通；合作則無夫之上下均收，并無食之多寡，按之「上農夫食九人」節，亦碍。且通力之云，將君與民通力乎？無是體也。謂是衆夫均力，而君不與，則資民力以耕，仍是助，君不出力，而坐得粟，又即是貢。故謂徹無公田，與助法異，此理之難通者。詩經言徹無助，周官言助無徹，其實異者，祇名目及受田七十百畝多寡耳。周官助作耡，遂人「以土宜教甿稼穡，興耡利甿」，鄭大夫讀耡爲耤，耤即藉。孟子云：「助者藉也。」春秋宣十五年傳：「穀出不過藉。」穀梁亦云：「什一而藉。」大戴禮云：「在貧如客，使其民如藉，助以借民力，立名徹，以君民一體爲義。」助藉無二音，助徹亦非兩法。孟子言「雖周亦助」，乃指實，非借義，必謂徹無公田，所不敢信。

再與崔東壁書

先生解孟子，愚滋有惑。請野九一而助云云，但就滕遠近規算，分野與國中，並無鄉遂都鄙名色。鄉遂用貢，都鄙用助，此説出鄭氏私肊。遽以都鄙爲野，鄉遂指國中，未見其允。書「魯人三郊三遂」，遂地在郊外，周官遂人「五酇爲鄙」，鄙又即在遂中。周官六鄉明言九夫爲井，是田亦井授。今以鄉遂概屬國中，而行貢法，可乎？君禄卿禄總自田出，傳所謂「穀出不過藉」，鄭太宰注「都鄙，公卿大夫之采邑，王子弟所食邑」，此亦謂卿大夫王子弟食邑，在都鄙中，非盡都鄙食之王者，於野間無一地也。孟子言「鄉田同井」，不專用貢，可知矣。國城下都竝得都名，都不專屬野，亦可知矣。先生有「助行於國」之說，誠通人之論，惜信朱之太過也。至說論語，謂「方年饑，不應君思加賦，憂用不足，何故臣請行徹？」皆讀書能致其疑。徹法之行，授田則君得一，民得八，計入則民得九，君得一。民得各私所有，以爲荒歲之儲，君雖薄於所收，而省賑救之費。今變爲稅畝，以公田併入民田中，所借仍民力也，取民仍什一也，而輸自民間，有任輦之勞，官苛於收，增斛面之耗，君得固倍，民費實多，於是逢有歉歲，即常稅不供，而嗷嗷之狀，君不得不議賑議糴。魯病坐此，有若所言，乃正本之法，非目前救荒；哀公之疑，亦恐後更不足，豈便要加賦？「二吾猶不足」，不必解十而取二，觀魏李悝盡地力之說，云「每夫受田百畝，歲率收粟百五十石，除十一之稅十五石，餘百三十五石」。變法以愚黔首，什一名目，何必便增？取下則有四五倍不止者，「二」字但以「賦稅倍他日」解之可耳。

答王伯申侍講書

轉注之說不一，裴務齊切韻猥云：「考字左回，老字右轉。」戴仲達、周伯琦據叔重書，老屬會意，考屬諧聲，已正其失，而別舉「側山爲𨸏，反人爲匕」等象形之變轉者當之，則仍左回右轉之說也。徐鍇、鄭樵等就考字傅會，謂「祖考之考，古銘識用丂，於丂之本訓轉其義，而加老字注明之」，此以轉義爲轉注。而蕭楚、張有諸人，又謂轉注即轉聲。近戴東原以「說文訓老考也，考老也，轉注者猶互相訓也」，并以「爾雅釋詁有多至四十字共一義者，皆六書轉注之法」，則離形聲以爲說，尤失之泛。竊以叔重言轉注「建類一首，同意相受」，指考老二字明之，而於考老本注轉未言及，以考老也，老考也，互相訓，其爲同意不待言。二字上皆从耂，建類一首，亦易明。因考而及老，謂之轉注，猶云挹此而注彼也。然建類一首，有取類在上者：如「譱，吉也，从羊」，此與義美同意。「茍〔一〕，自急敕也，从羊省」，从羊與義美善同意。「奔，走也，从夭，賁省聲」，與丞同意，俱从夭。有取類在中者：如爾注「麗爾，猶靡麗也，从冂从㸚，其孔㸚尒聲，此與爽同意」。「央，中央也，从大在冂之内。大，人也。央旁同意」。有取類在下者：如「官，吏事君也，从宀从𠂤，𠂤猶衆也，此與師同意」。有取類偏旁者：如「勺，挹取也，象形中有實，與包同意」。「弢，弓衣也，从弓从𡴀，𡴀垂飾，與鼓同意」。由是以推，裘與衰同意，裘皮衣，衰草雨衣，建類同爲衣也。臺與室、屋同意，建類同爲至也。亞與畱同意，建類同爲丣也。高與倉、舍同意，建類同爲口也。皿與豆同意，建類同爲一也。槑與庶同意，建類同爲廿也。尋與㲋同意，建類同彡工交口也。㗊與爵同意，今爵注無从吅字，則文之脱也。𦘔與羣同意，今𦘔注誤作牽，則字之譌也。凡此皆轉注之字，初不拘體之變左轉爲右回。而奔下云賁省聲，則轉注兼諧聲。若皿若㗊，又竝云象形，可悟制字六法，義本相兼，非若後人之滯於一體。至於「芊，羊鳴」，「牟，牛鳴」，此但取意同，而不必建類之一。夙夕爲夙，晨辰爲晨，早匕爲卓，匕卩爲卬，云同義，亦即同意，均之爲轉注之字。叔重即考老二字明其大恉，使人推類求之，故於字下或注或不注。有互相注者，工曰與巫同意，巫曰與工同意是也。有

〔一〕「茍」，原作「苟」，形近而訛。

止注一字者，非曰與耑同意，耑下即不復注也。義類甚明，可以隅反。習許書者不求之本注，紛爲異說，如置注「赦也，从內直」，徐鍇曰「从直，與罷同意」，試問从直與罷何與乎？徐氏兄弟於會意字既誤解，轉注之理尤非其所及也。

向面論六書會意，猶有未盡，今再申之。用武期於止戈，戒忿兵也；相信謹於人言，懼無實也。止戈非武，人言叵信，皆以相反見字意，須會而得之。推類以求，如「言，从口辛聲」；「辛，辠也」；「訟，爭也，从言公聲」；「醉，卒也，卒其度量不至於亂〔一〕也」；「肥，多肉，从肉从卪」，卪即節也；「利，从和省」；「稼」，在野而从家；「靜，審也，从青爭聲」；「寇，暴也，从攴完」；「夙，早敬也，从丮持事，雖夕不休，早敬者也」；「步，行也，从止屮相背」；「逄」，義爲「行不相遇」；「足，人之足也，从止口」；「走，趨也，从夭止，止者屈也」；「毋，止也，从女有奸之者」，皆於制字隱然寓垂戒之恉，意非一直，故曰會意。二徐所云會意，悉義之顯然者，試問古人何字無意耶？

與趙渭川書

某白小學不講久矣，近稍有人從事於此，朋輩中如虛谷、獻之好之尤篤，叔重之學庶幾復興！足下孜孜此事，聞已有年，每見示大著，深服議論精審，多有虛谷、獻之所不及者。如今本說文「溓，薄冰也，

〔一〕「亂」，原作「醉」，據說文解字改。

一日中絶小水」。足下據玉篇作「漮，薄也，大水中絶，小水出也」。「蔓」，注「蔓母，都醜也」，謂「都醜當爲鄙醜」。「俞，空中木爲舟也」，「中字衍」。「豣，三歲豕，肩相反者」，「反爲及之誤」。「訬，讀若毚」。「聲不近」。據廣雅『訬毚，獪也』，爲讀若訬毚，如該讀若心中滿該之例，毚上脱訬字」。又謂：「褱，从衣眔聲，徐氏疑非聲，不知本从眔衣聲，傳録倒。裔，从衣冏聲，誤亦同此類。」於理甚長，僕所深服。惟「逴，讀若掉苕之掉」，「疑掉苕應是掉磬」，此則意揣之。至瓠之非瓡，尤顯然。按：「㚔」，注「所以驚人也，从大从羊，一曰大聲也，一曰讀若瓠」。古凡大及大聲，或驚人，竝作瓠，音㧺，横大也。左傳云「大者不㧺」，謂聲也。鱯讀若瓠，魚之大者也，字通作魱。何承天曰「魚之大口者曰吴」，吴亦即鱯，其音胡化反。化古通貨，何本讀瓠，後人侈讀化，乃謬作話音。以此推之，吴字雖不得从口大，本注一曰大言也。詩「不吴不敖」，當作是音無疑也。詩「后稷呱矣」，呱，大聲也，叶去叶路，瓠音也。芋，大也，傳曰：「大葉實根駭人，故謂之芋。」詩「君子攸芋」。叶除叶去，亦瓠音也。説文無瓡，瓠，别體耳。史記年表「瓡讘侯扜〔一〕者」，徐廣曰：「瓡音胡。」前漢王子侯表「瓡節侯」，師古曰：「瓡即瓠也。」在説文作狐。讘見讘注。地理志注「瓡即執字」，乃瓠之譌文。鱯胡音輕重，證之兩讀皆不誤。足下無緣信一處誤文，於㚔讀若瓠者，遽改作執字之音。若詆宋本説文以「琫爲刀下飾」之誤，今毛本已據小徐改，段氏説文訂曾及之。而戴東原誤琕作鞞，僕復有辨，可無論也。字，孳生者也，古字少，後世漸增，經傳中字

〔一〕「扜」，原作「扞」，形近而訛，據史記年表改。

多有說文未收者，或本有脫，往往見各書所引。新附字非盡出徐氏，僕意經傳中所有，不害其爲新附；其有乖經傳者，在正文亦當辨正。今以徐氏作新附，輒謂俗字，非論之允。尊著考據鑿鑿，多可傳。方負盛名，不當示人以瑕。古人讀書在善用其長，不必事事與人爭勝。同年至好，又官在一處，辱愛之深，敢於直言。有意攻難，僕不爲也。更質之獻之、虛谷何如？

與洪筠軒書

書分六體，不越形聲，若意又貫乎形聲之中，無字無之。故既有象形矣，諧聲仍以形聲爲義；既云會意矣，轉注復取同意相受。凡以體雖有六，理得相兼，不然十四篇五百四十部，爲文九千餘，何以形聲字居十之七八乎？據六書云：指事者，視而可識，察而可見，上下是也。會意者，比類合誼，以見指撝，武信是也。觀察所謂「据一字之形知之，則爲指事。會，合也，合兩字則爲會意」，其說誠是。僕則於會意復得一解。六書均之有意，何獨其四曰會意？即兩字合形之字亦多，何獨于武信徵其爲會意？僕以爲指事象形，形聲假借，皆意之顯然者，無待于會。其須會而得者，則字之若相反而相成，作者於是乎深有意焉。如止戈非武也，而合以爲武，人言非信也，而合以爲信，皆相反見義，使人顧名而思，惕然于武不可黷，而人言之無所爲。苟乃若皿蟲爲蠱，則象形而已，反正爲乏，則指事而已，雖合兩字爲一字，何意之須會耶？然則比類合誼者，字之體；以見指撝者，字之用。於制字之體得其意，則此字不迷於所用矣。每怪二徐于說文本注私有增删，如示部神祔祫等字，皆疑注多聲字，似凡有義可指之字，俱當爲會意，非諧聲。又以諧聲字言「某聲」，會意兼諧聲，則增「亦」字，云：「某亦聲。」「葻」注「艸得風貌，从草風，風亦聲」，鍇曰：「此會意。」「菜」注「艸之可食者，从草采聲」，鍇曰：「采亦聲，少亦字。」是也。僕以有亦無亦，古人行文隨手之變，如讀若某，讀若某同，非必一字見意，又或出後人妄增。至於全書求其例，則「世」下云：「三十年爲一世，从卅而曳長之，亦取其聲也。」又「禿，無髮也，从人上象禾粟之形，取其聲。此于文取上當有亦字，傳録脱。」皆謂象形兼取聲，餘當同此，與會意無涉也。二徐一家之學，而所校本已不同，説文原書經後人攙亂者，不知凡幾，僕于讀説文、説文補考及自跋頗嘗言之。

再與洪筠軒書

來教云：與尊見不符者，臭字條。據稱詩「鶴鳴于九皐」云云。按釋文引韓詩「九皐，九折之澤」，王逸楚詞章句云「澤曲曰皐」，皆以澤釋皐，非謂兩字古通。左傳「澤門」，釋文云：「本或作皐門，蓋澤傍傳録脱水。」陸氏徵異文亦非謂「澤本當作皐」。東觀記言「皐字或从四下羊，訛體，與睪相似」，水經注「潁水逕睪城北，即古城皐亭」。皋睪相似，名與字乖。書傳中从睪字與从皐相亂不一。一切經音義「嚁，咆也，本嗥也」。大戴禮「鵜鳩先滜」，字或誤澤。此注古文，以爲澤字本皋字訛。或如史記天官書「大圜黄滜」之滜，足下謂古皋、澤通，澤非訛文，并云「皋讀澤聲之斂」。古無此讀，再詳之。又謂趡、趭古今字，非譌文。説文有趡無趭，相如、揚雄賦中趡字，傳録或誤趭。師古漢書注「子笑反」，文選注作「子召反」，唐韻收二十五笑皆謬从焦讀，而未攷説文爲隹聲字，廣韻沿襲，莫辨諸本異同，不須辨也。

孫觀察蒼頡篇輯本，心慕未見，顧僕有説焉。許君解字，博訪通人，蒼頡篇流傳，必非未見本書，不甚徵引，蓋本秦隸書，假托古帝所作，自敍已言之。觀察采取各書，存古人大概，第不必轉據以難説文耳。王懷祖先生向與陳主事伯思同寓，僕數往還，淳雅博古，久所欽佩。今雲泥相望，足下許寄所撰廣雅疏證，幸甚幸甚！段氏説文訂參校各本，衷于一是，其書現行，僕補攷中不復引，期各成一家言。經訓堂所刻説文補，豫省無有，聞採集一切經音義、文選各注爲之。古人引書檃括大意，不盡用原文，字句間有增減，又或一時記憶偶誤，頗違本書。所見本兼有不同，玄應、李善所引説文，不皆可據。説文音隱未曉誰作，其書與孫韻相先後，大抵一時俗讀，爲二徐附音之作俑，僕所不取也。張楧敍字鑑，言「字學處説文之先者，非説文無以明；處説文之後者，非説文無以法」。三蒼處説文之先者也，廣雅、一切經音義、文選注、音隱等書，處説文之後者也。僕知就説文論説文而已，因足下書復覼縷及之。

周易觀象序

國朝言易有名數家，黄宗羲易學象數，以易至焦、京流爲方術，迨陳摶歧入道家，九流百氏，莫不依託，作此以糾其失，所論卦變、互卦、占筮皆古法，而仍雜以納音、月建之説。李光地周易通論易本、易教二篇理最融貫，其觀象一書，於説卦傳天地定位章略及，與語録、文集中明先天圖者異，蓋亦知其非畫卦之本。胡渭易圖明辨，自河洛、五行、九宮、先天太極以及龍圖、易數鉤隱圖、象數流弊，莫不申辨明據，古義鑿鑿。近則任啟運易學洗心，發明圖學，時標精理。惠棟周易述，則專發揮漢儒之學。至毛奇齡仲氏易、推易始末等書，於變易、交易外，復出反易、對易、移易三義，實則所列三義，不出交變之中，移易又即本繫詞剛柔相推之文。就諸家而論，李爲醇，毛最駁，要皆精心義、文，各有深得，非專循誦習傳者也。今乃復得元城黄先生之周易觀象，先生天資明敏，書無不覽，於易終身以之。凡所論説，於後人依託子夏易説，弗尚也；於易緯稽覽圖所引卦氣起中孚，六十卦主六日七分，本之孟喜、京房者，弗取也；於鄭康成著乾鑿度，言大乙行九宫法，流爲異學者，弗録也；於陳應潤所駁周子太極圖，自成一家之説，不可以釋易，及先後天方圖、圓圖，各存其解，而亦不深辨也。其發明義理，雖亦取王弼、韓康伯，務去其涉老、莊入玄虚之弊。觀自敍力糾來知德言錯卦、綜卦之失，與所以辨正毛氏，不遺餘力，知其所得深而言之有本矣。蓋先生以爲，易，象而已，河出圖，洛出書，聖人則之，則者象也。仰觀俯察，近取遠取，所觀、所察、所取，皆象也。象而後有數，數不外此象也。象在而理寓，理即在象中也。郭雍有言：「易之爲書，其道其辭，皆由象出，未有忘象而知易者。」熊過譏蔡清蒙引陳義而不及象。魏濬作明象總論，大旨謂周文之易即象著易，孔子之易以理明象。蓋先儒有見及此者，不能如先生之精。易有内卦、外卦，即有内卦外卦之象；有本卦之卦，即有本卦之卦之象；有互卦有反對卦，即有互卦反對卦之象。自一畫而三畫而六畫而成卦，重爲六十四，而六十四卦又各有變，故象不可執也。先生謂本卦具上下兩卦之象，具中四爻之互象，具下四爻之環互象，具上下反對之象，即由夫子序卦、説卦、雜卦傳而悟得其象，而卦之體，卦之位，卦之德，卦之變，卦之辭，卦之占，無不得矣。雖其所引雙峯胡氏厚離、厚坎之説，用解頤、損、益三卦之取象於危，似過立異，固不礙其書之大醇。

附録

先生辨明成祖誅方正學十族，引遜國諸臣傳云：方克家子孝復，於洪武二十五年湯和城海上，加賦邑民，毅然赴闕奏減，謫寧夏慶遠衛軍，攜宗圖以行。正學死難時，抄民不及軍，孝復幸脱，洪熙時逢宥。孝復子琬，援例抱宗圖以告，奉户部浙字一千一百二號，勘合調海門衛，尋釋爲民。謝文肅鐸贈琬孫志淵詩「孫枝一葉是君恩」是也。孝復以軍支免，則當時非舉族滅之可知。正學與齊泰、黄子澄事同一體，泰之死，從兄弟敬宗等皆死，叔時永、陽彦等謫戍，兒六歲給配；子澄之死，族人皆斬，姻黨戍邊，一子走，易姓名爲田經。何必正學之死，姻戚之不足而慘及朋徒？鶴泉文鈔。

先生論泰伯云：泰伯之逃，必逃於父喪卒哭之後，不逃於父疾未愈之日，此可以理斷也。人子無忍離其親者，況親之有疾，扶持省問之不暇，而可決然去，并挈其弟而去哉！伯無子而季有子，太王喜於得孫，情之常也，遂欲傳國於季以及昌。當日無此言，并亦無此心。就果有之，伯欲成其志，俟其父考終後，傳之弟可矣。又不然，己立而卒傳弟之子亦可矣。今乃父方疾而託辭以去，又必去之甚遠，萬一父因念子之故，深自悔恨，鬱鬱增疾至不起，爲之子者，心其安乎？吾故曰「伯之逃在父既歿，而不在其未歿」，以父疾非去時也。此理不明，因更有太王死後，伯奔喪不奔喪之疑，説愈紛而惑滋甚矣。若荆蠻、句吴，相距之遠非一地，而斷髮文身，更以在句吴者加之荆蠻，記載錯出，皆其失之小者，可以無辨。同上。

又曰：泰伯之君荆蠻，亦必無之事也。何者？伯委國而去，其不以國利可知矣。因荆蠻之歸己復爲之君，是失之於此，而取償於彼也。且伯之生，猶當殷之盛時，撻伐之威見於詩、頌，荆蠻之地皆天子號令所及，伯無從而得爲君長。果有其事，無朝命而私南面王，與莊蹻、尉佗何異？父疾而逃去，伯爲不子；有君而擅立，伯又爲不臣。烏有不忠不孝之人，而得稱之爲至德者哉？據韋昭言，吴伯由武王時追封，史記則直謂荆蠻義而歸之，立爲吴太伯。立者，誰立之？非伯之心乎？立，不當曰「自號句吴」矣。斷髮文身，棄禮義之教，而蠻夷同俗，皆非理，誣古人之甚者！同上。

先生論伯夷云：覆舟之下無伯夷。紂雖暴，於伯夷罪不相及。避者，避其政之虐耳。昏德日甚，生民塗炭，田野荒蕪，道路榛梗，遁跡海濱，猝不能至，首陽之餓，當在斯時。蓋賢人之失養甚矣，聞文王作，於是慨思就養，然則餓豈其心哉？而況死之甘哉？方其歸，周文王不及知，伯夷亦不令文王知，而并太公彼此之不相知。潔身遠害，去亂就安，有聖人之德，在商、周之閒，溷跡編氓，上不臣天子，下不及諸侯，夫是之謂逸民也。同上。

先生説周官婚氏云：婚氏「仲春之月，令會男女。於是時也，奔者不禁，若無故而不用令者，罰之」。此近於今之律文。「令會男女」者，核其婚嫁之數，恐失時也。「奔者不禁」，爲徇子女之私，此責在父母。「無故而不用令」，爲父母禁之而不聽，此責在子女。「罰之」，總上言，或金贖，或薄懲。止於罰者，事已成，免其離異也。「若」之爲言，及也。刑統言某罪及某罪，皆以「若」言，是也。經文自明，後人誤解耳。同上。

李越縵曰：漢學諧聲，鶴泉成於嘉慶八年，官涉縣時。其書務明許君古音，辨正二徐及孫愐唐均之誤，徵引經籍傳注，精確爲多，於古人通轉假借之法，言之尤悉。惟過疑今本說文，以爲後人竄亂，全非許君之舊，謂「原本必以聲相附，後人盡改附於形，故今說文有衹存部首一字，而下無所从者，則何以云凡某之屬皆从某？又何以謂之建首」？又謂「轉注者，考老字皆从耂爲建類一首，考老互訓爲同意相受，由老而考，如挹彼注兹，故謂之轉注。推此而爾與爽轉注也，叕爲建首，爾爽同意。裘與衰轉注也，衣爲建首，裘衰同意。苟與美善轉注也，羊爲建首，苟美善同意。許所言勹與包同意，皿與豆同意，巫與工同意，置與罷同意，舁與䙴同意，皆轉注之字」。而譏戴氏以爾雅釋詁證轉注之非，其論皆偏駁。許書固形聲並重，然既爲文字，取義則自當以形統部，而不以聲。轉注與假借皆六書之用，而非六書之本體，戴氏之說，確不可易者也。鶴泉又謂：「古人不知有韻，猶漢人不知有反切；今取韻以言詩，已不可；取韻以言易，則更傎矣。顧氏之音學五書，江氏之古均標準，皆論均之書，不可以言音，尤不可以言經。」亦可謂獨闢之論。越縵堂日記。

鶴泉交游

孔先生繼涵

別見東原學案。

崔先生述 別爲東壁學案。

武先生億 別爲虚谷學案。

錢先生坫 別見潛研學案。

王先生引之 別見石臞學案。

許先生宗彦 別見儀徵學案。

洪先生頤煊 別見儀徵學案。

洪先生震煊 別見儀徵學案。

宋先生大樽

宋大樽字左彝，一字茗香，仁和人。乾隆己卯舉人，官國子監助教。弱歲刲股愈母疾，讓財於弟。精壬遁推步，嘗夜觀星，言某郡當水，某防某時有兵。又自京書寓家曰：「明歲家防火，産爲破。」屆期驗若左券，皆世所稀見。然先生非方術技能之士也。其學本四子書，反覆躭玩而得其旨趣，非聖之言戒勿道，教内外舍生不以文先行，恂恂乎有道儒者。爲詩善言性情。初亦爲流連光景之詞，後乃一切掃去。自十九首上推三百篇，温厚和平，有古風人之遺意。官京師，不久即告歸。歷江、浙諸名勝，晚取所著詩古文辭删乙而棄之。子咸熙爲敘録成書，皆删餘也。卒年五十九。著有學古集、牧牛村外集各四卷，詩論一卷，讀我書塾課本略八卷，續方言補正十二卷，校定爾雅新義二十卷。鶴泉爲作學古集序，並志其墓。參鶴泉文鈔、陳斌撰傳。

徐先生秉文

徐秉文原名公鑭，字玉成，號桐山，一號敬亭，天台人。嘉慶乙未進士，歸班命在武英殿行走。選思恩知縣。先生少而有聞，出齊息園之門。長復從諸名宿游，見聞日拓。洎在京師，分校内府書籍，以精洽見重。堂事出宰思恩，因杖府役，爲知府所銜，摭入前任劾案，論罷。符下，方與邑士營修文廟，創義學，集生徒講文字，意陽陽然不知也。或爲不平，則曰：「得失何常？要歸足見吾親耳。」抵家無私物，出笥中衣示人曰：「此猶吾赴任時，黄葭塘太史所製贈也。」久之，入都祝釐，復原職。在韓城相國坐，相國偶戲言官非錢不行，先生進言曰：「公爲宰相，此風不能革耶？」相國爲動容。尋歸里事親，殫心著述，歿年六十五。鶴泉志其墓。著有典學齋五經解、衣德樓詩文集。參鶴泉文鈔。

鶴泉私淑

李先生誠

李誠字師林，號靜軒，黄巖人。父秉鈞，字平齋，歲貢生，嘗從鶴泉游，專治經學，著有名物類求六十卷、文典類要一卷、庶用稽疑一卷。先生少承庭訓，益加博綜。以嘉慶癸酉拔貢生，補雲南姚州州判，歷署新平、順寧知縣。所至訪求利病，鋭意興革，尤以振文教，修志乘，表章忠義爲急務。去官後，居雲南志局凡五載，成通志二百二十卷，稿出其手者十之八九，爲總督阮文達所稱。其説經參酌古今，著十三經集解二百六十卷，首臚漢、魏諸家之説，次採近人精確之語，唐、宋諸儒之徵實者，亦不廢焉。尤精輿地學，嘗謂紀水之書，自酈道元後，代不乏人，而言山者尚無成編，乃作萬山綱目六十卷，以配齊侍郎召南之水道提綱。博稽詳考於諸山之支幹脈絡，尋求貫串，朗若列眉。又以齊氏書網羅既富，其中不無譌缺，因作水道提綱補訂二十八卷，以正其失。他所著有易章句述八卷，詩意十卷，雲南水道攷五卷，雲南載籍辨誤二卷，新平縣志八卷，宦游日記二卷，微言管窺二十卷，醫學指迷一卷，敦説樓集四卷，外集八卷，及詩通義、詩篇義、古禮樂述、皇輿紀略、蒙古地理攷等書。子春枝，字芝亭，廪生，能世其家學，著有毛詩名物攷、經字彙纂、歷代金石録、精益求精齋集。參史傳、台州府志、萬山綱目王舟瑶跋。

萬山綱目自序

大地之中，水流山峙盡之矣。言水者必源星宿，言山者必祖昆侖，其大較也。顧水不盡出星宿，如大江之源，遠自巴薩通拉木山；大金沙江之源，遠自達木楚克哈巴布山；黑龍之源，遠自阿即格骨山，其説古人罕及之。而山則漠南祖岡底斯，漠北祖阿爾泰，亦不專屬昆侖也。大抵山水融結，陰陽互根，水源於山，始分而終合；山別於水，始合而終分。川流自古無異議。山則自禹貢「導岍及岐，至於荆山，逾於壺口、雷首」，説者謂壺口、雷首之脈，自荆山來；「岷山之陽，至於衡山」，説者謂衡山之脈，自岷山來。豈知山遇水則止，荆山、岷山斷無有越大河、大江而爲壺口、雷首及衡山之理。況乎自岷至衡，大江而外，東來則有漢水，東南則有嘉陵，南下則有黔江，而沅水橫界其下，俱不能越。蓋禹貢所言者，人行之路，而非山行之脈。後人不督，如唐一行輩，遂有山河兩戒之説。宋、元諸儒，悉沿其誤，即朱子亦不能定也。紀水之書，自酈道元而下，代不乏人，至我朝齊息園先生水道提綱，集其大成。惟山經缺如。昭代幅員，遠過前朝，北抵鄂羅斯，西至歐羅巴，南及温都斯坦，復遣監臣四出，測驗數萬里山河，瞭如指掌。以故珥筆諸臣，於諸山經由派别，紀載獨詳。誠不敏，未能足徧天下，而博稽載籍，參互攷訂，尋其脈絡，正其譌缺，作爲萬山綱目六十卷，以補古今之缺典。雖不敢自附於作者之列，然漠南北朗若列眉。並循其自然之曲折，絶無矯揉造作其間，庶幾四海之内，萬山交錯，而若者爲枝，若者爲幹，無不按册可稽，於水經外，自樹一幟。後之有志地輿之學者，或亦有取於是云。

按靜軒著作雖富，然全書已成者無多，且稿藏於家，亦强半散佚。萬山綱目一種，至光緒中，經同郡人校訂付梓，今存二十一卷。

清儒學案卷一百九

顨軒學案

顨軒研經明算，聲韵尤精，聖裔儒宗，曠代一遇。其於公羊，别立三科，自成一家之言，與武進莊氏、劉氏諸家墨守何氏之説者，宗旨故殊也。述顨軒學案。

孔先生廣森

孔廣森字衆仲，一字撝約，號顨軒，孔子六十八代孫，襲封衍聖公。傳鐸之孫。父繼汾，户部主事，有聞於時。兄廣林，字叢伯，長於三禮，專研鄭學，輯通德遺書所見録，自著有周禮臆測、儀禮臆測、儀禮士冠禮箋、吉凶服名用篇、禘祫觿解篇、明堂臆諸書。先生乾隆辛卯進士，授翰林院檢討。年少入官，翩翩華胄，一時爭與之交。然性恬淡，耽著述，裹足不與要人通謁。告養歸，不復出。及居大母與父喪，意以哀卒。時乾隆五十一年，年三十有五。先生聰穎特達，經史小學，沈覽妙解。所學在公羊春秋，著春秋公羊傳通義十一卷，於胡母子都、董仲舒、何邵公條例師法不墜。凡漢、晉以來，治春秋者不下數百家，靡不綜覽。嘗謂：「左氏舊學，湮於征南；穀梁本義，汩於武子。王祖游謂：『何休志通公羊，往往爲公羊疚疾。』其餘啖助、趙匡之徒，又横生義例，不無承訛率臆。」於是旁通諸家，兼采左、穀，擇善而從。凡諸經籍，義有可通於公羊者，多著録之；其不同於解詁者，大端數事，詳見自序中。謂：「春秋上本天道，中用王法，而下理人情。天道者，一曰時，二曰月，三曰日；王法者，一曰譏，二曰貶，三曰絶；人情者，一曰尊，二曰親，三曰賢。」此三科九旨，與何氏文謚例云「新周故宋，以春秋當新王」，「所見異辭，所聞異辭，所傳聞異辭」，「内其國而外諸夏，内諸夏而外夷狄」者，斯爲絶異。他如何氏所據，間有失者，多所裨損，以成一家之言。先生於音韻之學，獨具神悟，嘗謂：「幸生於陳季立、顧寧人之後，既已辨去叶音之惑，而識所指歸；又有段氏六書音均表，藉得折衷諸家。」即唐韵以爲柢，指毛詩以爲正。所著詩聲類十二卷，分例一卷，推偏旁以諧衆聲，其字之同一偏旁，而唐韵誤在他部，竝爲釐正，分古音爲陽聲九部，陰聲九部，於對轉之故，方音之殊，疏通證明，略無疑滯。其後爲古音之學者，分部雖各不同，而於先生偏旁條貫，莫能越焉。又著有大戴禮記補注十三卷，序録一卷，禮學卮言六卷，經學卮言六卷，少廣正負術内外篇六卷，駢儷文三卷。參阮元撰傳、阮元撰春秋公羊通義序、阮元小滄浪筆談、孫星衍撰駢儷文序、詩聲類。

春秋公羊經傳通義敍

昔我夫子有帝王之德，無帝王之位，又不得爲帝王之輔佐，乃思以其治天下之大法，損益六代禮樂文質之經制，發爲文章，以垂後世。而見夫周綱解弛，魯道陵遲，攻戰相尋，彝倫或熄，以爲雖有繼周王者，猶不能以三皇之象州，二帝之干羽，議可坐而化也；必將因衰世之宜，定新國之典，寬於勸賢，而峻於治不肖，庶幾風俗可漸更，仁義可漸明，政教可漸興。烏乎託之，託之春秋。春秋之爲書也，上本天道，中用王法，而下理人情。不奉天道，王法不正；不合人情，王法不行。天道者，一曰時，二曰月，三曰日；王法者，一曰譏，二曰貶，三曰絶；人情者，一曰尊，二曰親，三曰賢。此三科九旨既布，而壹裁以内外之異例，遠近之異辭，錯綜酌劑，相須成體。凡傳春秋者三家，粤唯公羊氏有是説焉。漢初求六經於燼火之餘，時則有胡母子都、董仲舒皆治公羊春秋，以其學鳴于朝廷，立于校官。董生授弟子嬴公，嬴公授眭孟，孟授東海嚴彭祖、魯國顔安樂，各專門教授，由是公羊分爲嚴、顔之學。方東漢時，帝者號稱以經術治天下，而博士弟子因端獻諛，妄言西狩獲麟，是庶姓劉季之瑞，聖人應符，爲漢制作，黜周王魯，以春秋當新王云云之説，皆絶不見本傳，重自誣其師，以召二家之糾摘矣。然而孟子有言「春秋，天子之事也」，經有「變周之文，從殷之質」，非天子之因革耶？甸服之君三等，蕃衛之君七等，大夫不世，小國大夫不以名氏通，非天子之爵禄耶？上抑杞，下存宋，褒滕、薛、邾婁、儀父，賤穀、鄧，而貴盛、郜，非天子之絀陟耶？内其國而外諸夏，内諸夏而外四裔，殆所謂天下之本在國，國之本在家者，非耶？愚以爲公羊家學獨有合於孟子，乃若對齊宣王言小事大，則紀季之所以爲善；對滕文王言效死勿去，則萊侯之所以爲正。其論異姓之卿，則曹羈之所以爲賢；論貴戚之卿，又寔本於不言剽立以惡衎之義。且論語責輒以讓國，而公羊許石曼姑圍戚，今以曼姑擬臯陶，則以瞽瞍殺人之對正若符契。故孟子最善言春秋，豈徒見「稅畝」、「伯于陽」兩傳文句之偶合哉？嗚呼！是非相淆，靡不然矣。自有書，而梅、姚僞之；自有禮，而鄭、王爭之；自有易，而荀、虞之象，陳、邵之數，焦、京之五行，王弼、何晏之浮虛，並起而持之。往時詩有齊、魯、韓、毛四家，今毛詩孤行，亦既杜其歧矣，顧小序復不信於後世。況乃公羊、穀梁、左丘明並出於周、秦之交，源於七十子之黨，學者固不得而畸尚而偏詆也。雖然古之通經者首重師法，三傳要皆有得失。學者守一傳即篤信一傳，斤斤罔敢廢墜其失者，猶曰有所受之。其得者因而疏通證明，誠可以俟聖人復起而不惑。倘將參而從焉，衡而取焉，彼孰不自以爲擇善者？詎揣量其智識之所及，匪唯謬于聖人，且不逮三子者萬分。一逞臆奮筆，恐所取者適一傳之所大失，所棄者反一傳之所獨得，斯去經意彌遠已。晉、唐以來，公羊、穀梁皆成絕緒，唯左氏不讀於講誦，然今之左氏，失其師說久矣。漢世謂公羊爲今學，左氏爲古學，以其書多古文訓讀。賈逵、服虔號能明之，雖時與此傳牴牾，而一字予奪必有意，日月名氏詳略必有說，大指猶不甚相背。杜預始變亂賈、服古訓，以爲經承舊史，史承赴告，苟如是，因陋就簡，整齊册牘云爾。董狐、倚相之才，偏優爲之，而又何貴乎聖人？大凡學者謂春秋事略，左傳事詳，經傳必相待而行，此即大惑。文王繫易，安知異日有爲之作十翼者？周公次詩，安知異日有爲之作小序者？必待傳而後顯，則且等於揚雄之首贊，朱子之綱目，非自作而自解之不可也。聖人之所爲經，詞以意立，意以詞達，雖無三子者之傳，方且揭日月而不晦，永終古而不敝。魯之春秋，史也，君子修之，則經也。經主義，史主事，事故繁，義故文，少而用廣，世俗莫知求春秋之義，徒知求春秋之事，其視聖經，竟似左氏記事之標目，名存而實亡矣。啖、趙橫興，宋儒踵煽，加以鑿空懸擬，直出於三傳之外者，淺識之士，動爲所奪，其訾毁三傳，率摭拾本例而膚引，例不可通者，以致其詰。董生不云乎：「易無達占，詩無達詁，春秋無達例。」夫唯有例而又有不囿於例者，乃足起事同辭異之端，以互發其藴。記曰「屬辭比事，春秋之教也」，此之謂也。十二公之篇，二百四十二年之紀，文成數萬，赴問數千，應問數百，操其要歸，不越乎同辭異辭二途而已矣。當其無嫌，則鄭忽之正，陳佗、莒展之賤，曹羈、宋萬、宋督之爲大夫，未嘗不同號。祭伯奔而曰來，祭公使而曰來，介葛盧朝而曰來，齊仲孫外之而曰來，未嘗不同辭。入者爲篡，天王入于成周，乃非篡；出者爲有外，天王出居於鄭，乃非外，此無他，正名，天王灼然不嫌也。夫人婦姜，夫人氏，夫人孫于齊，則辭有異。楚屈完來盟于師，齊侯使國佐如師，則辭有異。衛侯言歸，以成叔武之意；曹伯言歸，以順喜時之志，而或加復，或不加復，則同辭之中猶有異。此言負芻出，惡已見於伯討；成公出，惡未有所見也。若是之屬，有不勝僂指述者。諸滅同姓莫名，獨衛侯燬名；諸葬稱公，獨蔡桓侯不稱公；諸來稱使，獨武氏子毛伯不稱使。一「難而」而乃異，一「救而」言次之先後異，一人之名而曼何之有無異，一年之内而糾與子糾異。凡皆片言榮辱，筆削所繫，不可不比觀，不可不深察。春秋有當略而詳，當詳而略。詳之甚者，莫如録伯姬；略之甚者，莫如鄭祭仲之事。祭仲權一時之計，紓宗社之患，君子取之，亦與其進，不與其退之意焉爾。若左傳所載，忽之弒亹，儀之立仲，循循無能匡救。苟並存其迹，將不可爲訓，故斷至昭公復正，厲公居櫟，取足伸仲之權而止，此春秋重義不重事之效也。董生曰：「正朝夕者視北辰，正嫌疑者視聖人。」聖人以祭仲易君，季子殺母兄，皆處乎嫌疑之間，特殊異二子于衆人之中，而貴而字之而不名，尚猶有援左氏之事，以駮公羊行權之義者，盍思仲之稱字，正逆知天下後世必有呶呶議仲者，乃大著其善也。淳于髡設滑稽之辨，欲窮孟子，孟子直應之曰：「君子之所爲，衆人固不識也。」方將任膠滯庸鄙之見，而贊游、夏之所不能贊，不亦難矣。世俗之爲説者曰：「春秋据事直書，美惡無所避，豈不甚明，而顧假時月日以爲例乎？」此言非是。春秋之序事甚簡，稱言甚約。記戰伐，知戰伐而已，不知其師之名；記盟聘，知盟聘而已，不知其事之爲。若乃情狀委曲，有同功而異賞，亦殊罪而共罰，抑揚進退，要皆隨文各具，非可外求。但据記事，一言終無自尋其抑揚進退之緒，誠求諸繫時繫月繫日，繁殺之不相襲，則其明析，有不啻若史傳之論贊者。東山趙氏嘗言之曰：「事以日決者繫日，以月決者繫月，踰月則繫時，此史氏之恒法也。東周王室衰微，夷狄僭號，五等邦君，以强弱易周班，而伯者之興，幾於改物。其災祥禍福之變，禮樂政刑之亂，必皆有非常之故焉。史氏以其三例者一以施之，是非得失混淆，雖有彼善於此者，亦無從見矣。孔子之修春秋也，至於上下内外之無別，天道人事之反常。史之所書，或文同事異，事同文異者，則皆假日月以明其變，決其疑。大抵以日爲詳，則以不日爲略；以月爲詳，則以不月爲略。其以不日爲恒，則以日爲變；以日爲恒，則以不日爲變。甚則以不月爲異。其以月爲恒，則以不月爲變；以不月爲恒，則以月爲變。甚則以日爲異。將使學者屬辭比事以求之，其等衰勢分甚嚴，善惡淺深奇變極亂，皆以日月見之，如示諸掌。」善哉！自唐迄今，知此者惟汸一人哉！推舉其概，及齊平，及鄭平，均平也，而一信一否，月不月之判也。郯伯姬來歸，杞叔姬來歸，均出也，而一有罪一無罪，月不月之判也。城楚丘之不嫌於内邑，以其月也。晉人執季孫行父，何以别於齊人執單伯？以其月也。晉侯入曹，何以別於宋公入曹，以其日也。武宮亦立，煬宮亦立，而知季孫隱如之爲之者，以其不日也。諸侯相執例時，始見於宋人執滕子嬰齊，則惡而月之。公如例時，襄昭如楚，則危而月之。會例時，終桓公之篇，悉危而月之。可得謂無意乎？嘗辭偏戰日，詐戰不日，獨至於殽詐戰而亦日。讀其經曰：「辛巳，晉人及姜戎敗秦于殽。癸巳，葬晉文公。」背殯之罪，日之而益見。復歸未有言日者，獨衛獻公日。讀其經曰：「辛卯，衛甯喜弒其君剽。甲午，衛侯衎復歸于衛。」諼弒之迹，亦日之而益見。春秋雖魯史舊名，聖人因而不革，必有新意焉。春者陽中萬物以生，秋者陰中萬物以成，善以春賞，惡以秋刑，故以是名其經。丙戌之再也，疑於衍而非衍。夏五或無月，十有二月或無冬，疑於脱而非脱。春以統王，王以統月，月以統日，春秋所甚重甚謹者莫若此。世俗之說又曰：「譏貶當各就其事，而傳說有先事貶者，有終身貶者，得無乖論語『不逆億』之訓，且疾惡已甚乎？」是未知春秋之用譏貶，當事而施者，小過惡耳；至其未事而先貶，既事而終絶，則必蹈名教之宏罪，犯今古之極慝，有雖孝子慈孫，百世不可改者。中人之情，固有始善終咎，先後易轍，惟若公子翬之媚桓弒隱，公子招之脅君亂國，充其惡可以至於此極，則平日處心積思，出謀發慮，久已不範于禮義。先師言：「春秋，夫子之行事也。」向使夫子與翬、招並時立朝，必不待其弒君亂國，蚤已放流之，竄殛之，又何不逆億之？有以誅不待教之惡人，而且使之出師，而且使之會諸侯之大夫，是則陳、魯之君無知人之明，以自召其禍也。故貶招于溯，貶翬于伐鄭、伐宋，以戒後世之爲人君者。若曰有臣如此，則不可以長三軍而使四方，豈唯決二公子之辜而已。翬，公子也，而弗謂公子；招，弟也，雖弗謂弟，存公子焉。若曰疎者不良，當絶其位。親者不良，但不當任之，亦勿可失其貴。此深中之深，微中之微也。俗儒不知春秋，病於不能探深窺微。翬在所傳聞之世，訟言貶之；遂在所聞之世，唯一貶於其卒。逮所見之世，隱如疑不得貶矣。然而辭不屬不明，事不比不章，昭公之篇，一曰隱如至自晉，一曰叔孫舍至自晉，同事而氏不氏異，氏者賢，不氏者惡，亦因得見端焉。且遂卒而貶，猶未終身貶也。春秋之義，人道莫重乎終始，用致夫人，弗正其始，則終身不免爲篡。成風之含賵，會葬王，弗稱天，則終身不正，其爲小君，其於追命桓公亦然。故翬、招貶之於始，仲、遂貶之於終，皆言乎罪大惡極，足以貫其没世者也。譏貶絶不槩施，每就人情所易惑者而顯示之法。人莫知大夫不敵君，而後以楚人書；人莫知卿不得憂諸侯，而後以晉人、宋人書。溴梁以降，大夫交政，未嘗貶也。郤缺之徒義，公子側之偃革，宜若有善焉，轉發其專平專廢置之罪，而以人書。不寧惟是，又因是以知士匄、公子結專其所可專，得免於貶，雖於名氏之外，未有加焉，固已榮矣。鄭襄公背華附楚，賤之曰「鄭伐許」，與「吴伐郯」、「狄伐晉」文無以異。至其子衰絰興戎，則正言之曰「鄭伯伐許」，以爲不待貶絶爾，第未若狄之之顯也。故襄公書葬，悼公不書葬，其葬猶之突也，其不葬也猶前之接，後之睔，而蔡之肸也。傳曰：「春秋不待貶絶而罪惡見者，不貶絶以見罪惡也；貶絶然後罪惡見者，貶絶以見罪惡也。」又曰：「春秋見者不復見。」皆讀此經之要法也。楚子虔哆哆然自以爲討賊，而取絶于春秋，何則？般之弒父已見，虔之誘討難知也。名虔矣，般可以無誅乎？則又見諸絶世子有。絶有矣，蔡之臣子可釋憾於楚乎？則又見諸葬蔡靈公以爲廬，伸其復讎之志。凡義無常，唯時所當。方君意屬固，則般也賊；及君義屬般，則虔也讎。此其比在刺欒館，譏猶繹王姬可以無逆，不可以逆而外之。遂不宜爲大夫，既爲大夫，即不得薄其恩義。生殺不相悖，天以成其施；刑賞不相廢，王以成其化，非春秋孰能則之？撥亂之術，譏與貶絶備矣，而又曰：「爲尊者諱，爲親者諱，爲賢者諱。」惡如可諱，何以癉惡？聞之有虞氏貴德，夏侯氏貴爵，「殷、周貴親，春秋監四代之令模，建百王之通軌，尊尊親親，而賢其賢。尊者有過，是不敢譏；親者有過，是不可譏；賢者有過，是不忍譏，爰變其文而爲之諱，諱猶譏也。傳以諱與讐狩爲譏，重是也。所謂父子相隱，直在其中，豈曲佞飾過之云乎？無駭貶去氏故入極；不嫌非滅，承徐人伐英氏〔一〕則滅項，不嫌非齊書；戍鄭虎牢於下乃可以城，不繫鄭書；孟子卒於後，昭公取夫人乃可以不書，其諱文而存實有如此者。於紀侯大去見諸侯以國爲體，於入曹見同姓滅之當救，於公孫會見司寇有八議之辟，於防、於暨、於處父見君臣無相爲盟之法，其假諱而立義有如此者。世爭則示之以讓，世詐則示之以信，是以美召陵，高泓、霍，而於讓國公子三致意焉；衛子之諱殺也，捷之諱宋也，三亡國之諱亡也，其緣賢者之心而隱惡有如此者。將因其所諱，達之於所不諱，則會稽〔二〕成亂，以嚴君臣之分；乾時伐敗，以隆父子之恩；子般忍日，以正世及之坊，然乃知祖之逮聞所以爲始爲將，推而遠之，而後得盡其辭，又炳炳彰彰如此。嘗病左氏規隨擬議，續經三年，顧云齊陳恒執其君，寘于舒州。夫凡伯以天子之使，諱不言執，況可加之其君乎？

〔一〕「英氏」，原作「吴氏」，據左傳改。

〔二〕「稽」，原作「稷」，形近而訛。「會稽戰亂，以嚴君臣之分」，指句踐、范蠡事，今改。

斥言成叛，抑非圍棘取運，内邑不聽之例也。故曰「左氏之事詳，公羊之義長，春秋重義不重事」，斯公羊傳尤不可廢。方今左氏舊學湮於征南，穀梁本義汩于武子，唯此傳相沿以漢司空掾任城何休解詁，列在註疏，漢儒授受之旨，藉可考見。其餘公羊墨守、穀梁廢疾、左氏膏肓、春秋漢議、文謚例之等尚數十篇，惜無存者。解詁體大思精，詞意奥衍，亦時有承訛率臆，未能醇會傳意。三世之限，誤以所聞始文，所見始昭，遂强殊鼻我于快，而季姬、季友、公孫慈之日卒，皆不得其解。外大夫奔，例時。諸侯出奔，無罪時，有罪月。内大夫出，無罪月，有罪日。功過之别，内外之差，宜然也。何邵公自設例，與經詭戾，而公孫敖之日，歸父之不日，兩費詞焉。叔術妻嫂，傳所不信，邵公反張大之，目爲非常異義，可怪之論。亦猶傳本未與輒拒父，雋不疑詭引以斷衛太子之獄，致令不曉者爲傳詬病，此其不通之一端也。七十子没而微言絶，三傳作而大義睽，春秋之不幸耳。幸其猶有相通者，而三家之師必故各異之，使其愈久而愈歧，何氏屢蹈斯失。若「盟于包來」下，不肯援穀梁以釋傳：「叛者五人」，不取證左傳，而鑿造「諫不以禮」之説，又其不通之一端也。今將祛此二惑，歸於大通，輒因原注存其精粹，删其支離，破其拘窒，增其隱漏，冀備一家之言，依舊帙次爲十一卷，竊名曰通義。胡母生、董生既皆此經先師，雖義出傳表，卓然可信。董生緒言猶存繁露，而解詁自序以爲略依胡母生條例，故亦未敢輕易也。晉韓文公遺殷侍御書云：「近世公羊學幾絶，何氏注外，不見他書。聖經賢傳，屏而不省，要妙之義，無自而尋。非先生好之樂之，味於衆人之所不味，務張而明之，其孰能勤勤拳拳，若此之至？固鄙心之所最急者。如遂蒙開釋，章分句斷，其心曉然，直使序所注掛名經端，自託不腐，其又奚辭？」蓋自有唐巨儒，惜此傳之墜絶，而望人之講明也如是。今殷侑之注已復不存，更以穴知孔見，期推測於千百禩之後，安得有道如昌黎者，而就正其失也。鑽仰既竭，不知所裁！

大戴禮記補注序録

昔甘讒宅鼎，天秋既敍，淹中發簡，古經亦出。后倉曲臺，文成數萬，則有信都太傅戴德延君，與其兄子戴聖次君，皆著録牒親金章句，二戴禮記由是興焉。赤兑之世，大小竝業，黄序以降，顯晦斯判。大戴全篇八十有五，今所存見，劣及四十，文句譌互，卷帙散亡，因未列於校官，亦罔聞於傳述。唯北周僕射范陽公盧辯景宣始爲之注，起漢氏之墜學，紹涿郡之家緒矣。但經記綿褫，詞旨簡略，大義雖舉，微言仍隱。廣森不揣淺聞，輒爲補注，更釐亥虎，參證卯穀，敢希後鄭足，申裨于毛義，庶比小劉，兼規正于杜失。其第一、第二、第七、第九、第十二凡五卷，舊注既逸，稍以己意備其訓詁云爾。

王言第三十九

舊本題爲主言。篇中「王」字凡十九見，皆誤作「主」，唯第十六字不誤，今据以改正。古者主之稱，亞於君，故三世仕家君之，再世以下主之。鄭君坊記注曰：「大夫有臣者稱之曰主，不言君，避諸侯也。」然左傳云：「以德輔此則明主也。」是周末已有以主爲王侯之通稱者，但此篇至於霸王亦作霸主，其誤明耳。王肅家語取此，即名王言篇。

哀公問五義第四十

文同荀子哀公篇。「五義」，荀子作「五儀」，此義字正當讀儀。鄭司農周官解詁曰：「古者書儀但爲義，今時所謂義爲誼。」

哀公問於孔子第四十一

文同小戴記哀公問。

禮三本第四十二

文同荀子禮論，史記禮書取此。

右第一卷

禮察第四十六

言人君審察取舍之事，故以禮察名篇。首章文同經解，自「凡人之知」以下，取賈誼論時政疏也。

夏小正第四十七

太史公曰：「孔子正夏時，學者多稱夏小正。」今其遺篇上紀星文之昏旦，雨澤之寒暑，下陳草木稊秀之候，蟲羽飛伏之時，旁及冠昏、祭薦、耕穫、蠶桑之節，先王所以敬授人時，與明堂月令實表裏焉。漢世諸經解詁，皆與本書别行，故熹平石經春秋傳不載經文，小正亦别有全經，此特其傳耳。傳或一事分釋，或兩言兼訓，後人復就此篇分别經傳，失其真矣。記本文頗脱誤，世單行夏小正非一家，唯宋山陰傅崧卿所定者尤多可取云。

右第二卷。

保傅第四十八

取賈子書保傅、傅職、容經、胎教四篇，其保傅一篇，漢書誼傳有之。

右第三卷。

曾子立事第四十九

以下十篇，竝取曾子書。漢藝文志儒家有曾子十八篇，今其八篇亡。

曾子本孝第五十

曾子立孝第五十一

曾子大孝第五十二

曾子事父母第五十三

祭義有其文。

右第四卷。

曾子制言上第五十四

曾子制言中第五十五

曾子制言下第五十六

制言者，法言也。篇大，故分爲三。

曾子疾病第五十七

曾子天圓第五十八

右第五卷。

武王踐阼第五十九

宋王應麟有注。

衞將軍文子第六十

右第六卷。

五帝德第六十二

太史公曰：「孔子所傳宰予問五帝德及帝繫姓，儒者或不傳。」謂此篇及下帝繫篇也。五帝本紀、三代世表多依此爲之。

帝繫第六十三

周官「瞽矇世奠繫」，故書爲帝繫。杜子春云：「謂帝繫諸侯卿大夫，世本之屬是也。小史次序先王之世，昭穆之繫，述其德行。瞽矇主誦詩，並誦世繫，以戒勸人君也。故國語曰：『教之，世爲之昭明德，而廢幽昏焉，以怵懼其動。』」然則帝繫者，先王所藏諸册府，以爲勸戒，此篇猶古史之遺乎！

勸學第六十四

文與荀子勸學同。珠玉一章見管子侈靡篇，問水一章見荀子宥坐篇，説苑亦有之。

右第七卷。

子張問入官第六十五

盛德第六十六

許叔重五經異義説明堂之制，引禮戴説，盛德記即此篇也。未知何時析明堂别爲一篇，故以後篇第錯易，乃有兩七十四。今仍合之，以復古本。

右第八卷。

千乘第六十七

劉向曰：「孔子三見哀公，作三朝記七篇。」今在大戴禮，蓋千乘、四代、虞戴德、誥志、小辨、用兵、少閒是也。漢書藝文志「孔子三朝七篇」，師古曰：「今大戴禮有其一篇。」高帝紀注臣瓚引三朝記「蚩尤，庶人之貪者」，師古曰：「出用兵篇，非三朝記也。」以别録證之，小顔説誤。

四代第六十八

虞戴德第六十九

誥志第七十

右第九卷。

文王官人第七十一

文同逸周書官人篇。舊本云：「官人一作觀人。」

諸侯遷廟第七十二

諸侯釁廟第七十三

漢藝文志曰：「禮古經者，出於魯淹中及孔氏，與〔一〕七十當作十七。篇文相似，多三十九篇。及明堂陰陽、王史氏記所見，多天子諸侯卿大夫之制，雖不能備，猶瘉倉等推士禮而致于天子之說。」按戴記遷廟、釁廟、公冠、投壺、奔喪諸篇，即其遺也。鄭君禮注每引烝嘗禮，禘於太廟禮，朝貢禮，巡守禮，中霤禮，王居明堂禮〔二〕，皆古經之逸篇，惜今不存焉。

右第十卷。

小辨第七十四

用兵第七十五

少閒第七十六

以上三篇當次文王官人之前，使三朝記相屬。

右第十一卷。

〔一〕「與」，原作「學」，據漢書藝文志改。

〔二〕「王居明堂禮」，原作「王居明禮堂」，今改。

朝事第七十七 此篇多録周官典命、行人、司儀諸職，中有覲義、聘義、諸侯相朝義，則儀禮之傳也。其聘義與小戴記同。

投壺第七十八 與小戴記投壺篇文互相備，末附射事一章，小戴無之。舊説戴聖删戴德之書爲今禮記，故大戴缺篇，並是小戴所取。然哀公問、大孝、聘義、投壺之等已見小戴者，是書猶存，斯言不然矣。唐皮日休有補大戴禮祭法文，今記無祭法篇，似又後人以其重出小戴而去之者。東原戴震曰：隋志：「戴聖删大戴之書爲四十六篇，馬融足月令、明堂位、樂記合爲四十九篇。」今考孔穎達義疏於樂記云：「按别録禮記四十九篇，樂記第十九。」然則樂記篇第，劉向列之别録，即與今不殊。後漢書橋玄傳云：「七世祖仁著禮記章句四十九篇。」劉向當成帝時校理祕書，橋仁親受業小戴之門，亦成帝時爲大鴻臚，劉、橋所見篇數已爲四十有九，不待融足三篇甚明。作隋書者徒附會大戴闕篇，以爲即小戴所録，而尚多三篇不符，遂漫歸之融耳。

右第十二卷。

公冠第七十九 冠義曰：「公侯之有冠禮，夏之末造也。」則周公制禮時，固有公冠禮矣。此篇亦古經之遺也。經唯言公冠與士異者，餘皆大同，可推而知，故其儀略焉。末有昭帝冠頌及郊祀祝辭，則漢世述禮者所附耳。篇題舊作公符，字誤。

本命第八十

說苑辯物篇、小戴喪服四制文有與此同者。

易本命第八十一

淮南子墬形訓取此。

右第十三卷。

録曰：大戴禮記八十五篇，第三十八以上今亡，中間又缺四十三、四十四、四十五、六十一四篇，及八十二以後四篇，凡存三十九篇，爲十三卷如右。按隋經籍志、唐藝文志著録亦十三卷，然唐人正義稱大戴禮尚有王度記、辨名記、禘于太廟諸篇，見曲禮及詩魏風、儀禮少牢饋食疏。豈今本較唐時舊本卷雖同，而篇或逸與？鄭君喪服注云「神不歆非族」；檀弓注云「吉笄無首素總」；郊特牲注云「庭燎之差，公蓋五十，侯伯子男皆三十」，疏者竝以爲大戴禮文。又詩雲漢正義引「一穀不升徹鶉鴳，二穀不升去鳧雁，三穀不升去兔，四穀不升去囿獸，五穀不升祭不備牲」；樂記正義引「文王年十五而生武王發」；士冠禮疏引「文王十三生伯邑考」；喪服疏引「大功以上唯唯，小功以下頷頷然」；士喪禮疏引「大夫於君，命升聽，命降拜」；少牢饋食疏引「卿大夫之蓍長五尺」，白虎通義三正記曰：「天子蓍長九尺，諸侯七尺，大夫五尺，士三尺」，據此疏似三正記亦大戴篇名也。文選景福殿賦注引「禮義之不僭，何恤人言」；舞賦注引「驪駒在門，僕夫具存」；歸去來辭注引「君道當則萬物皆得其宜」；後漢書注引「六十無妻曰鰥，五十無夫曰寡」，今記皆無其語，則唐本信有增多於今者矣。今最舊唯宋刊本，已多脱衍譌互，顧尚未大離。淳熙乙未潁川韓元吉刻于建安郡齋者。別有元本，元至正甲午，海岱劉貞庭刻于嘉興路學宫，分上下卷，無注。漢魏叢書本，舛謬最甚，注亦不完。朱本，明浙江朱養純刻。高安本，故大學士高安朱文端公軾所刻藏書十三種之一。盧本，前輩仁和盧學士文弨刻者，多所是正。戴氏校本。休寧戴吉士震在四庫全書館所校。其旁見它書者：儀禮經傳通解有九篇，夏小正、保傅、曾子事父母，踐阼、遷廟、釁廟、朝事、投壺、公冠。慈湖楊氏先聖大訓有十三篇，王言、五義、哀公問、衞將軍、文子、八官、本命及三朝記七篇。臨川吴氏儀禮逸經有五篇，遷廟、釁廟、朝事、投壺、公冠。永樂大典有二十二篇。大典以戴記諸篇分隸韻字之下，今中祕貯本已殘缺，唯五義、哀公問、夏小正、曾子立事、事父母、制言上、中、下、疾病、天圓、踐阼、衞將軍、文子、官人、遷廟、釁廟、小辨、少閒、朝事、投壺、公冠、本命、易本命，在所存韻中。互相讎勘，從其善者，義有兩通，則並著之。凡宋本字誤，以別本校改者，注云「宋本譌某」；其誤之不顯者，必識云「从某本改」；有諸本俱誤，以意正者八處，云「今校改」別之。至於盧注異字，但依善本，不悉標識。小戴記、周禮、周書、管子、荀子、吕氏春秋、淮南子、賈誼新書、韓詩外傳、史記、漢書、説苑諸籍，多與是記相出入，亦並載之音義，取資博驗。其一字之異同，片言之多少，無關意訓，乃省略焉。家語者，先儒馬昭之徒以爲王肅增加。漢志孔子家語二十七篇，師古曰：「非今所有家語。」肅横詆鄭君，自爲聖證論，其説不見經據，皆借證於家語，大氐抄撮二記，採集諸子，而古文奥解，悉潤色之，使易通俗讀。唯問郊、五帝之等傳記所無者，斯與肅説，若合符券，其爲依託，不言已明。公冠篇述孝昭冠辭云：「陛下者，謂昭帝也；文、武者，謂漢文帝、武帝也。」而肅竊其文，遂并列爲成王冠頌，是尚不能尋章摘句。舉此一隅，謬陋彌顯，況以禮是鄭學，無取妄滋異端，故於家語殊文別讀，獨置而弗論也。

詩聲類

書有六，諧聲居其一焉。偏傍謂之形，所以讀之謂之聲。聲者，從其偏傍而類之者也。小學文字之書，以形爲經者，莫善於説文；以聲爲經者，莫備於唐韻。夫去古日遠，篆降而隸，隸降而楷，雖形猶失其本，況聲之無所準者乎？今据唐韻以上求漢、魏人詩歌銘頌，已合者半，否者半。据漢、魏人之文，以上求三百篇，又合者半，否者半。雖然所合與否，固皆有蹤跡理絡可尋而復也。唐韻二百六部，蓋本於隋陸法言等數人之所定，其意大率斟酌消息，使通乎今，不硋乎古。古者讀灰近皆，後世讀灰近咍，切韻則厠灰于皆咍之間而兩别之；古者讀庚入唐，後世讀庚入耕，切韻則厠庚于唐耕之間而兩别之。既分古侯虞之屬爲二，而侯未敢混於尤，虞未敢混於模。其它冬鍾覃談先仙蕭宵之界，莫不各有意義。迨唐功令以詞賦取士，病其部狹律嚴，一切同用，而聲學始訛矣。是故知蕭宵之不可併，而後知古音蕭本幽之類也，宵則肴豪之類也；知先仙之不可併，而後知古音先與真諄臻文殷魂痕爲一類，仙與元寒桓删山爲一類；知覃談之不可併，而後知侵覃凡爲一類，談鹽添咸銜嚴自爲一類；知冬鍾之不可併，而後知東鍾江爲一類，冬自爲一類；知侯虞之不可分，而後知虞與魚模兩類之辨；知唐庚之不可分，而後知庚與耕清青兩類之辨；知灰不可離皆合咍，而後知咍類於之也，皆灰類於脂微齊也，又知其各與支佳不相類也。竊嘗基於唐韻，階於漢、魏，躋稽於二雅、三頌、十五國之風，而繹之，而審之，而條分之，而類聚之，久而得之，有本韻，有通韻，有轉韻。通韻聚爲十二，取其收聲之大同；本韻分爲十八，乃又剖析於斂侈清濁豪釐纖眇之際。曰元之屬，耕之屬，真之屬，陽之屬，東之屬，冬之屬，侵之屬，蒸之屬，談之屬，是爲陽聲者九；曰歌之屬，支之屬，脂之屬，魚之屬，侯之屬，幽之屬，宵之屬，之之屬，合之屬，是爲陰聲者九。此九部者，各以陰陽相配，而可以對轉。其用韻疎者，或耕與真通，支與脂通，蒸侵與冬通，之宵與幽通。然所謂通者，非可全部混淆，間有數字借協而已。至於入聲，則自緝合等閉口音外，悉當分隸；自支至之七部，而轉爲去聲。蓋入聲創自江左，非中原舊讀。其在詩曰「參差荇菜，左右芼之，窈窕淑女，鐘鼓樂之」，初不知哀樂之樂，當入聲也。離騷曰「理弱而媒拙兮，恐導言之不固，時溷濁而嫉賢兮，好蔽美而稱惡」，初不知美惡之惡，當入聲也。昔周捨舉天子聖哲以曉梁武帝，帝雅不信用。沈約作郊居賦以示王筠，讀至雌霓連蜷句，常恐筠呼霓爲倪。是則江左文人尚有不知入聲者，況可執以律三代之文章哉？自沈氏釋詩，顔氏注漢書，多有合韻音某。至吴才老大暢叶音之説，而作韻補，要其謬有三：一者若慶之讀羌，皮之讀婆，此今音訛，古音正，而不得謂之叶；二者古人未有平聲仄聲之名，一東三鍾之目，苟聲相近皆可同用，而不必謂之叶；三者凡字必有一定之部類，豈容望文改讀，漫無紀理，以至行露「家」字一章音谷，三章音公；「於嗟乎」騶虞首章五加反，次章五紅反，抑重可嗤已。廣森學古音，幸生於陳季立、顧寧人二君子之後，既已辨去叶音之惑，而識所指歸；近世又有段氏六書音均表出，藉得折衷諸家，從其美善。若之止志收尤有宥之半，模姥暮收麻馬禡之半，歌哿箇收支紙寘之半，耕耿諍收庚梗映之半，昔入於陌，錫入於麥，而別以其半歸於沃藥，皆顧氏得之矣。真元之列爲二支，脂之之列爲三幽，別於宵侯，別於幽，而復別於魚，皆段氏得之矣。至乃通校東韻之偏傍，使冬割其半，鍾江通其半，故大明、雲漢諸篇雖出入于蒸侵，而不嫌其氾濫。分陰分陽，九部之大綱，轉陽轉陰，五方之殊音，則獨抱遺經，研求豁悟。於「思我小怨」，「祇自疷分」，「肆戎疾不殄」等向之不可得韻者，皆一以貫之，無所牽强，無所疑滯。誠慮罕發於前聞，沿疑於後進，知此者稀，倘昭所尤，輒復旁引博驗，疏通證明，即唐韻以爲柢，指毛詩以爲正，所因所革，總而録之。竊取李登聲類之名，以名是編。蓋文字雖多類，其偏傍不過數百，而偏傍之見於詩者，固已什舉八九，苟不知推偏傍以諧衆聲，雖徧列六經諸子之韻語，而字終不能盡也，故左方載詩所見字而止。有信愚説者，觸類而長之，觀其會通焉可也。

陽聲一原類凡韻目字，古音不在本類者，圍以别之。

唐韻平聲元、寒、桓、山、仙。

上聲阮、旱、緩、潸、産、[獮]。

去聲願、翰、換、諫、襇、線。

其偏傍見詩者，有从泉、袁、亘、爰、采、樊、繁、半、言、干、吅、難、安、旻、奻、旦、莧、戔、元、丸、專、卄、厂、官、山、閒、閑、嚣、大、延、丹、廛、連、肙、虔、衍、焉、肩、鬳、死、展、巽、憲、柬、奐、毌、亂、段、曼、弁、羡、散、見、燕五十四類。凡此類諧聲，唐韻誤在他部之字，竝當改入〔一〕，唯與歌、哥、

〔一〕「入」，原作「八」，形近而誤，今改。

箇、戈、果、過、麻、馬、禡部，可以互收。

陽聲二上丁類辰通用。

唐韻平聲耕、清、青。

上聲耿、靜、迥。

去聲諍、勁、徑。

从丁、䀠、爭、生、嬴、盈、𤇾、貞、壬、殸、正、名、令、頃、騂、巠、幵、㗊、寧、冥、平、敬、鳴、甹二十四類。凡此類諧聲，唐韻誤在他部之字，竝當改入，唯與支、紙、寘、麥、佳、蟹、卦，錫部，可以互收。

陽聲二下辰類

唐韻平聲真、諄、臻、先、文、殷、魂、痕。

上聲軫、準、銑、吻、隱、混、很。

去聲震、稕、霰、問、焮、慁、恨。

从玄、胤、辰、㐱、垔、因、辛、臣、人、申、頻、粦、真、塵、巾、困、分、身、民、殷、旬、匀、屯、㚖、秦、命、先、、千、田、𡿺、天、門、云、員、焚、尹、熏、斤、堇、昆、䓣、孫、飧、存、軍、侖、艮、川、扁、𣎆、矜、文、刃、𦘔、引、允、昷、豚、壼、典、免、丏、卉、亹、凡、普六十六類。凡此類諧聲，唐韻誤在他部之字，竝當改入，唯與脂、旨、至、質、術、櫛、微、尾、未、物、迄、月、没、齊、薺、霽、祭、屑、薛、皆、駭、泰、怪、夬、黠、轄、灰、賄、隊、廢、曷、末部可以互收。

陽聲三陽類

唐韻平聲陽、唐、庚。

上聲養、蕩、梗。

去聲漾、宕、映。

从昜、羊、亡、長、畺、昌、方、章、商、香、量、襄、相、爿、刃、向、尚、上、倉、王、㞷、央、桑、爽、网、网、卬、光、黄、亢、庚、京、羹、明、彭、亨、兵、兄、行、卯、慶、丙、永、競四十四類。凡此類諧聲，唐韻誤在他部之字，竝當改入，唯與魚、語、御、鐸、模、姥、暮、陌、昔部可以互收。

陽聲四東類

唐韻平聲東、鍾、江。

上聲董、腫、講。

去聲送、用、絳。

从東、同、丰、充、公、工、冢、囪、从、龍、容、用、封、凶、邕、共、送、雙、龙十九類。凡此類諧聲，唐韻誤在他部之字，竝當改入，唯與侯、厚、候、屋、虞、麌、遇、燭部可以互收。

陽聲五上冬類綅蒸通用。

唐韻平聲冬。

上聲腫。

去聲宋。

从冬、眾、宗、中、蟲、戎、宮、農、夅、宋十類。凡此類諧聲，唐韻誤在他部之字，竝當收入，唯與幽、黝、幼、尤、有、宥、蕭、篠、嘯、沃部可以互收。

陽聲五中綅類

唐韻平聲侵、覃、凡。

上聲寢、感、范。

去聲沁、勘、梵。

从㬻、兂、林、品、㝄、甚、壬、心、今、音、彡、三、南、男、冘、马、毚、凡、臽、占、覃、乏二十二類。凡此類諧聲，唐韻誤在他部之字，竝當改入，唯與宵、小、笑、肴、巧、效、豪、皓、号、蘖、覺部，可以互收。

陽聲五下蒸類

唐韻平聲蒸、登。

上聲拯、等。詩經未用上聲字。

去聲證、嶝。

从丞、徵、夌、應、朋、仌、黽、升、朕、兢、興、登、曾、𡿨、弓、瞢、亘、乘十八類。凡此類諧聲，唐韻誤在他部之字，竝當改入，唯與之、止、志、職、咍、海、代、德部，可以互收。

陽聲六談類

唐韻平聲談、鹽、添、咸、銜、嚴。

上聲敢、琰、忝、豏、檻、儼。

去聲闞、豔、㮇、陷、鑑、釅。

从炎、甘、監、詹、敢、斬六類。凡此類諧聲，唐韻誤在他部之字，竝當改入，唯與緝、合、盍、葉、帖、洽、狎、業，可以互收。

陰聲一歌類

唐韻平聲歌、戈、麻。

上聲哿、果、馬。

去聲箇、過、禡。

从可、左、我、沙、麻、加、皮、爲、吹、离、羅、那、多、禾、它、也、瓦、咼、化、罷二十類。凡此類諧聲,唐韻誤在他部之字,竝當改入,唯與元、阮、願、寒、旱、翰、桓、緩、換、删、潸、諫、山、産、襇、仙、獮、線部,可以互收。

陰聲二上支類脂通用。

唐韻平聲支、佳。

上聲紙、蟹。

去聲寘、卦。轉入入聲。

入聲麥、錫。

从支、斯、圭、巂、卑、知、虒、氏、是、此、只、解、鮮、朿、帝、益、易、厄、析、狊、狄、辟、脊、鬲二十四類。凡此類諧聲,唐韻誤在他部之字,竝當改入,唯與耕、耿、諍、清、靜、勁、青、迥、徑部,可以互收。

陰聲二下脂類

唐韻平聲脂、微、齊、皆、灰。

上聲旨、尾、薺、駭、賄。

去聲至、未、霽、祭、泰、怪、夬、隊、癈。轉入。

入聲質、術、櫛、物、迄、月、没、曷、末、黠、鎋、屑、薛。

从一、二、四、七、七、夷、弟、韋、自、几、氐、尾、屖、尸、厶、示、矢、隹、晶、皋、省、米、貴、微、非、飛、幾、希、衣、齊、妻、西、利、虫、田、由、美、兕、屰、死、履、水、豈、豊、叕、毀、火、至、位、豕、惠、卒、對、未、必、旡、季、聿、胃、尉、气、隶、棄、彗、丰、戾、疐、戌、兑、欸、折、世、萬、列、舌、昏、匃、又、大、帶、伐、巜、外、會、介、甶、祭、拜、貝、退、内、吠、喙、日、乙、實、桼、匹、吉、栗、术、血、出、穴、弗、鬱、月、戉、友、𣥠、殳、勿、怛、末、最、夻、叕、犛、截、桀、熱、徹、設、逸、卩、抑、妥百二十七類。凡此類諧聲，唐韻誤在他部之字，竝當改入，唯與真、軫、震、諄、臻、準、稕、先、銑、霰、文、吻、問、殷、隱、焮、魂、混、慁、痕、很、恨，可以互收。

陰聲三魚類

唐韻平聲魚、模。

上聲語、姥。

去聲御、暮。轉入。

入聲鐸、陌、昔。

从魚、余、予、與、旅、者、古、車、疋、巨、且、亏、虍、去、父、瓜、乎、壺、無、圖、土、女、烏、叚、家、巴、牙、夫、五、圉、宁、卸、鼠、黍、雨、午、户、吕、鼓、股、馬、寡、下、夏、吴、武、羽、禹、庶、幵、兔、睪、各、蒦、屰、素、亞、乍、昔、舄、夕、射、石、畢、䀠、壑、若、霍、郭、百、白、谷、乇、尺、亦、赤、炙、戟七十八類。凡此類諧聲，唐韻誤在他部之字，竝當改入，唯與陽、養、漾、唐、蕩、宕、庚、梗、映部，可以互收。

陰聲四侯類

唐韻平聲侯、虞。

上聲厚、麌。

去聲候、遇。轉入。

入聲屋、燭。

从侯、區、句、婁、禺、芻、需、俞、殳、朱、取、豆、口、后、後、厚、斗、主、臾、侮、奏、冓、扇、具、付、畀、飫、谷、屋、蜀、賣、㱿、束、鹿、录、族、業、卜、木、玉、獄、辱、曲、足、粟、角、豕四十七類。凡此類諧聲，唐韻誤在他部之字，竝當改入，唯與東、董、送、鍾、腫、用、江、講、絳部，可以互收。

陰聲五上幽類宵之通用。

唐韻平聲幽、尤、蕭。

上聲黝、有、篠。

去聲幼、宥、嘯。轉入。

入聲沃。

从幺、求、九、丣、丣、酉、流、秋、斿、攸、由、翏、收、州、周、舟、舀、孚、牟、憂、囚、休、㝮、矛、雔、壽、咎、舅、叉、缶、𣎆、牢、包、𡭴、焦、㝅、丑、丂、韭、首、手、阜、卣、受、秀、鳥、告、昊、老、早、艸、棗、丞、𠂔、帚、牡、戊、好、簋、守、臭、裦、就、售、祝、六、复、宿、、夙、肅、畜、報、月、奧、學、廟、毒、竹、逐、匊、肉、穆、局八十三類。凡此類諧聲，唐韻誤在他部之字，竝當改入，唯與冬、腫、宋部，可以互收。

陰聲五中宵類

唐韻平聲宵、肴、豪。

上聲小、巧、皓。

去聲笑、效、号。轉入。

入聲覺、藥。

从小、朝、嚻、麃、苗、要、票、爻、尞、勞、堯、巢、䍃、夭、交、高、敖、毛、刀、呶、兆、丩、梟、到、盜、号、皃、暴、㫬、卓、莘、勺、龠、弱、虐、爵、樂、翟三十八類。凡此類諧聲，唐韻誤在他部之字，竝當改入，唯與侵、寢、沁、覃、感、勘、凡、范、梵部，可以互收。

陰聲五下之類

唐韻平聲之、咍。

上聲止、海。

去聲志、代。轉入。

入聲職、德。

从㞢、㠯、絲、其、𦣞、里、才、茲、來、思、不、龜、某、母、九、郵、邱、牛、止、喜、己、巳、史、耳、子、士、梓、采、在、音、又、舊、久、婦、負、戠、司、弋、事、異、意、亟、塞、葡、佩、北、戒、畐、直、力、食、敕、息、則、畟、色、棘、或、奭、㝵、匿、克、黑、革、伏、服、而六十七類。凡此類諧聲，唐韻誤在他部之字，竝當改入，唯與蒸、拯、證、登、等、嶝部，可以互收。

陰聲六合類

合、盇談之陰。緝鹽之陰。葉、帖添之陰。洽咸之陰。狎銜之陰。業嚴之陰。乏妊、泛見梵韻，當削餘字，併入業韻。

从合、軜、咠、巠、蟄、立、及、業、邑、枼、疌、涉、甲、集十四類。凡此類諧聲，唐韻誤在他部之字，竝當改入，唯與談、敢、闞已下十八韻，可以互收。

禮學卮言

辟雍四學解

古者學有二：曰鄉學，曰國學。國學亦有二：曰大學，曰小學。王制曰：「小學在公宮南之左，大學在郊。」此天子諸侯同之。周禮「師保之學，居於虎闈」，則小學在國中明矣。詩曰：「振鷺于飛，于彼西雍。」西雍者，辟雍，在西郊也。王制又曰：「虞庠在國之西郊。」四學同地，言虞庠者，舉一隅耳。鄭君謂「王國大學在内，小學在外；諸侯大學在外，小學在内」，及謂「周有四郊之虞庠」，皆不然也。蔡邕引易太初篇曰：「天子旦入東學，晝入南學，夕入西學，暮入北學。」四學同日而徧，其近在同地可知。蓋太學如明堂之制，四方有堂。明堂、辟雍、靈臺並同制，故稱三雍宫。東堂謂之東序，一名東膠。如青陽。王制曰「養國老於東膠」，文王世子曰「適東序釋奠於先老，遂設三老五更羣老之席位」，明東序、東膠異名同實。序，夏后氏之學也，孟子「夏曰校」，乃夏之鄉學，殷遷夏禮，更以夏之國學名其鄉學矣。殷國學名瞽宗，周人以爲西堂。如總章。大司樂「凡有道者，有德者，死則以爲樂祖，祭於瞽宗」，而記云「祭先賢於西學」，非其證歟？北堂謂之上庠，如玄堂。文王世子曰：「秋學禮，執禮者詔之；冬讀書，典書者詔之。」禮在瞽宗，書在上庠。於時秋爲西方，冬爲北方故也。庠，有虞氏之學，故又名虞庠。南堂，成均也，如明堂。大司樂獨言「掌成均之法」者，以斯爲周學之正名。殷人尚白，先西方，蓋以總章統四堂，大戴禮記曰「成湯合諸侯，制八政，命於總章」是也。周人尚赤，先南方，是以五宫首明堂，五學首成均。董仲舒説成均五帝之學，正見學爲明堂制，有五行之室，象五帝之位。今誤解爲五帝時學名，失其本意。土室位中央，達四方，在明堂曰太室，在成均曰中學，周垣亦有四門，門側之室所謂塾也。虎門唯教貴遊子弟。其餘學小學者，蓋於學門，下逮鄉之羣老，皆坐左塾右塾，以教餘子。後魏立四門之學，猶其意焉。魯效天子設四學，見於明堂位，惟南學稱泮宫爲異。禮「諸侯軒縣」，春秋説諸侯軒城並闕一面，以繝於天子。「於樂辟雍」，水環其宮。泮者半之，東西門以南通水而闕其北。辟、泮皆澤也，學號澤宮，取諸此也。

論禘

禘，大祭也，祭莫大於祭天。大傳曰：「禮不王不禘，王者禘其祖之所自出，以其祖配之。」韋玄成曰：「言始受命而王，祭天以其祖配，而不爲立廟，親盡也。」此周、秦儒者相承之正說，鄭注因之，無異詞焉。自康成學微，王肅說起，滋以趙、匡之謬奪，重以宋人之迂疏，遂以禘爲祭廟，非祭天。又誤名圜丘之禘爲郊，謂郊非祭五帝，抑何不信古之甚也？彼以禘爲宗廟之祭者，必引春秋「禘於太廟」，及逸禮之禘於太廟篇爲證。然祭統云：「春曰礿，夏曰禘，秋曰嘗，冬曰烝。」禘者，特時祭之名耳。國語每言禘郊之事，戴記每言嘗禘之禮，嘗禘之義，而禘祫無聞焉。夫記之禘與嘗對舉，則時祭，非大祭，可知也。國語之禘與郊連文，且先於郊，則祭天，非祭廟，又可知也。春秋「大事於太廟」，公羊傳曰：「大事者何？大祫也。大祫者何？合祭也。其合祭奈何？毁廟之主陳於太祖，未毁廟之主皆升，合食於太祖，五年而再殷祭。」初未嘗言及於禘，然則再殷祭者，再祫而已。緯書三年一祫，五年一禘之說，亦又未經見也。王制云：「天子犆礿，祫禘，祫嘗，祫烝。」犆則專祭一廟，祫則並祭五廟，大祫則兼祭毁廟，曷嘗別有所謂禘哉？且魯嘗僭天子之禘禮樂矣，魯之視文王，猶周之視帝嚳也，明堂位曰：「季夏六月，以禘禮祀周公於太廟」，不祀文王，益可信俗儒所云「祭始祖之父於始祖廟者」，周本無是禮矣。王者自天受命，推所自出，本之於天，固無足怪。況大人履敏、鳦鳥命降，商、周之興，實由神感。諸儒乃疑祖之所自出，乃得爲天，獨非陋歟？今試更舉一隅，明其梗概。國語云：「禘郊之事，則有全烝。王公立飫，則有房烝。」全〔一〕烝，合升也；房烝，胖升也。毛詩大房傳曰：「半體之俎。」儀禮用牲合升有四：冠之醮也，昏之共牢也，盥饋也，喪之斂奠也，而皆用特豚。自餘凡成牲者，則皆胖升。王制曰：「祭天地之牛角繭栗，宗廟之牛角握。」祭天用犢特豚之類，故亦合升。牛小曰犢，羊小曰羔，豕小曰豚。若禘果爲宗廟之祭，則角握之牛，無不胖升者也。此又南北諸儒申鄭學者之所未及也。

論郊

圜丘名禘，不名郊。禮之以郊名者，又有六焉：正月上辛祈穀一也，春祀蒼帝於東郊二也，夏祀赤帝於南郊三也，季夏祀黃帝亦於南郊四也，漢禮赤帝位在丙巳之地，黃帝位在丁未之地。秋祀白帝於西郊五也，冬祀黑帝於北郊六也。周人以高辛氏爲始祖，以后稷爲始封之祖，故禘事上帝，配以帝嚳，郊事上帝，配以后稷。周禮「冬日至祀圜丘」，曲禮云「大享不問卜」，而郊特牲言「郊用辛，春秋之郊轉卜三正」，是其與禘異矣。周官司服曰：「王祀昊天上帝則服大裘，而冕祀五帝亦如之。」小宗伯曰：「兆五帝於四郊。」然則五帝之尊與事天同，而既兆於郊，自亦皆謂之郊。魯頌曰：「春秋匪解，享祀不忒，皇皇后帝，皇祖后稷。」此秋亦祭天之證也。春秋經曰：「九月辛丑用郊。」此秋祭天亦稱郊之證也。蓋舉其虛空

〔一〕「全」，原作「合」，涉下「合升」而訛，今改。

之體則曰天，指其生成之神則曰帝，隨其時方之位則有五帝，語其造化之宰則仍一天。彼春之名青帝，夏之名赤帝，猶春之爲蒼天，夏之爲昊天也。令五方之帝不得爲上帝，則蒼天昊天之等亦非天乎？秦居西垂，周京在焉，封禪書有吳陽武畤、雍東好畤，並周人四郊之兆，遺址灼然，而王肅等横謂「郊唯一祀，有五人帝，無五天帝」，謬之甚也，妄之甚也！

九廟辨

殷制天子五廟，無七廟；周制天子七廟，無九廟。殷之三宗，其立廟之法未詳。今梅氏古文書有「七世之廟，可以觀德」，乃本吕覽引書「五世之廟，可以觀怪」，而增改其文，不足據也。周因殷禮，四廟遞遷，文、武功德宜百世祀，特爲二祧，親盡弗毁。祭法云：「王立七廟，曰考廟，曰王考廟，曰皇考廟，曰顯考廟，曰祖考廟，皆月祭之。遠廟爲祧，有二祧，享嘗乃止。」此言爲不易矣。韋玄成廟議云：「周之所以七廟者，以后稷始封，文王、武王受命而王，是以三廟不毁，與親廟四而七。」漢儒近古，亦無異詞。喪服傳曰：「公子之子孫有封爲國君者，則世世祖是人也，不祖公子。」然則諸侯之子孫有爲天子者，亦世世祖是人也，不祖諸侯，此自尊别於卑者也。武王以克殷之功，歸善列祖，故追而王之。禮由義起，武王末受命宗廟之制，未及更立。周公制禮當成王時，太王爲高祖，王季爲曾祖，文王爲祖，武王爲考，自太王以上，廟所不祭，亦不追崇。小記云：「王者禘其祖之所自出，以其祖配之，而立四廟，仁之至也，義之盡也。」周官隸僕「掌五寢埽除糞灑之事。祭祀，脩寢」。七廟皆後有寢，其祧則守祧掌之，故寢止言五，二祧不在七廟之外，信矣。周公營東都，立太廟，后稷。宗宮，文王。考宮，武王。而無四親，見周書作雒篇。洛誥亦云：「戊辰，王在新邑，烝祭歲，文王騂牛一，武王騂牛一。」平王東遷，因舊宮室，以宗宮、考宮爲二祧，傳云：「天子有事於文、武。」別立親廟，亦止於四。何以明之？厲王名胡，其仍孫釐王復名胡齊，周人以諱事神名，令六廟之親未盡，莊王不得以厲王之名名其子也，故知自莊王時厲廟固已毀矣。且記云「周旅酬六尸」，又未聞兼文、武爲八尸也。六廟不計文、武，劉歆始創其說。新莽用之，以立九廟。王肅申之，以難鄭君。後之儒者，咸以爲歸，遂使王制三昭三穆之數，溢而爲四。荀卿「有天下者事七世」之文，廣而爲九，其不然乎？其不然乎！

五門考

周制天子五門，先鄭說外曰皋門，二曰雉門，三曰庫門，四曰應門，五曰路門。後鄭更之，雉門爲中門，其外庫門、皋門，其內應門、路門。廣森之聞也，昔太公邑於岐，乃立皋門，皋門有伉，乃立應門，應門將將。周人因之，以爲王者之制，諸侯所不敢擬，是以魯三門有庫、雉，無皋、應。九章之降爲七，自上而下綱，五門之降爲三，自外而内滅，必無科取其名者也。而二鄭並言皋與應不相屬，夫豈其然？毛詩緜傳曰：「王之郭門曰皋門。」郭門即王城南門，其門内之庭，是爲外朝。匠人營國，前朝後市，市朝皆在王宮之外，凡民之出入城者，得由於朝，故縣法則萬民觀之，詢衆庶則萬民造之，嘉肺之石，民之罷者窮者至之。春秋左傳曰：「卿喪自朝。」奔喪禮曰：「哭辟市朝。」令朝在王宮之內，尸柩衰絰何由而過乎？外朝九棘之下，有卿大夫治事之處，所謂「外有九室，九卿朝焉」者也。鄭注尚書云：「卿之私朝在國門」者，亦以此。舜典注：「卿士〔一〕之私朝在國門。」魯有東門襄仲，宋有桐門右師，是後之取法於前也。案：左傳「皐門之晳」。宋有王禮，其國門亦得名皐門。蓋皇國父爲太宰，聽事於皐門外朝，因以稱之。東觀漢記言城皐丞印「皐」字「四」下「羊」。顏氏家訓曰：「皐分澤片。」古書皐多爲睪，故今本轉誤作澤門。皐門之内曰應門，門之左右是設觀闕。明堂位曰：「庫門，天子皐門；雉門，天子應門。」春秋經書「雉門及兩觀災」，魯之兩觀於雉，知王之兩觀當於應。諸侯無皐、應，即以庫門爲國門，故記曰：「魯莊公之喪即葬，而經不入庫門。」應門之内曰庫門，宗廟位其左，社稷位其右。穀梁傳曰：「禮，送女，父不下堂，母不出祭門，諸母兄弟不出闕門。」范武子注：「祭門，廟門也；闕，兩觀也，在祭門之外。」禮運曰：「昔者，仲尼與於蜡賓，事畢，出遊於觀之上。」内廟外觀，故以出言之。鄭君以爲廟在闕旁，誤矣。徵諸聘禮，先云「賓至於朝」，外朝也；然後云「公皮弁迎賓於大門內」，闕門內也；闕門稱大門，明朝在宫門之外，而朝之前門即城門，審矣。然後云「賓入門左」，入闕門也；然後云「每門每曲揖，及廟門」，是闕在外，廟在內，甚明。諸侯以雉門爲闕門，廟社即在雉門內，故左傳「間於兩社，爲公室輔」，說者以爲夾治朝也。庫門之内曰雉門，雉之言治也，以其近治朝名之。舊說康王之誥「應門之内」爲視治朝，愚謂彼喪中變禮，未忍履先王常朝，故異其處耳。若以爲即常朝之位，則治朝之在列者，唯三公、孤卿、大夫、王族、故士、虎士、僕右，曷得於治朝見諸侯乎？治朝在雉門之内，畢門之外。畢門者，路寢之南門，故謂

〔一〕「士」，原作「上」，形殘而訛，今改。

之路門。路門，中門也，中非五門之中，猶言内門云爾。周官閽人「掌中門之禁」，注以雉門當之。閽人，内官之屬，雉門非所掌也。宋儒劉敞又有「天子諸侯皆三門，天子名臯、應、畢，侯國名庫、雉、路」之説。案：記「王之郊也，獻命庫門之内」，周書作雒亦有應門、庫臺，天子臺門，故庫門謂之庫臺。而謂天子無庫門，廣森以爲不可。

周禮雜義

小宗伯「辨廟祧之昭穆」，注云：「自始祖之後，父曰昭，子曰穆。」今案：昭，左也；穆，右也。人道尚左，神道尚右，廟祧之位，當先三穆，後三昭。又冢人墓地亦以昭穆爲左右，而謂先昭後穆，得無於地道尊右之義尤未協歟？夫殷人上親，右宗廟，左社稷；周人上尊，右社稷，左宗廟，先儒之舊説也。廟與社并論，既以在右者爲尊，則就廟中而論，亦必以在右者爲尊，此理甚明。文王稱穆，武王稱昭，二祧並立，百世不毁。若以昭先穆，是終周之世，武常先於文矣。且昭主藏于武王廟，穆主藏于文王廟，是周之諸王，無不子先於父者矣。愚謂父昭子穆，蓋通始祖計之，據其生時世次，始祖爲昭，始祖之子爲穆，及其入廟，始祖居中，而始祖之子乃適以穆爲四親首，故昭穆不異名，而左右已異尚。然經言昭穆，不言穆昭者，唯据父昭子穆爲正也。漢宗廟猶尚右，故漢書云：「皇后配食于左坐。」衛宏説右主八寸，左主七寸，右主父也，左主母也。

律止於十二，而編縣鍾磬以十六枚共一虡者，蓋本於造律之始，三分損益，自黄鍾九寸下生林鍾六寸，林鍾上生太簇八寸，太簇下生南吕五寸三分强，南吕上生姑洗七寸一分强，姑洗下生應鍾四寸七分强，應鍾上生蕤賓六寸三分强，蕤賓下生大吕四寸二分强，大吕上生夷則五寸六分强，夷則下生夾鍾三寸七分半弱，夾鍾上生無射五寸弱，無射下生小吕三寸三分强，小吕上生幾及黄鍾之半，復得黄鍾清聲，而生生窮矣。聖人以所生大吕、夾鍾、小吕三管皆在半黄鍾以下，太高則近淫，故倍而用之，大吕八寸四分强，夾鍾七寸半弱，中吕六寸六分强，謂之三間，而仍存其未倍之本管，與半黄鍾共爲四清，於是十六律立焉。後世清鐘有太簇，無半中吕，似相沿之譌。周禮夾鍾或稱圜鍾，中吕皆稱小吕，据其未倍時本於諸管爲最短，故仍得小吕之名；据其既倍者言之，則長短居三吕之中，故或謂之中吕，此有義可尋者也。天神之樂，金奏尚黄鍾，升歌尚大吕，堂下合樂則以圜鍾爲宫，黄鍾爲角，太簇爲徵，姑洗爲羽，此黄帝之聲也。黄鍾子，大吕丑，太簇寅，圜鍾卯，姑洗辰，以相次爲用者也。無大吕者，大吕爲商也。地示之樂，金奏尚太簇，升歌尚應鍾，合樂則以林鍾爲宫，太蔟爲角，姑洗爲徵，南吕爲羽，陶唐氏之聲也。黄鍾生林鍾，林鍾生太簇，太簇生南吕，南吕生姑洗，以相生爲用者也。無黄鍾者，亦黄鍾爲商也。宗廟所用，金奏尚無射，升歌尚夾鍾，文舞則有虞氏之九磬。黄鍾爲宫，大吕爲角，子與丑合也。太簇爲徵，應鍾爲羽，寅與亥合也。武舞則大武，經雖未詳，其律然。周語泠州鳩之言可以互相備，所云「夷則之上宫」者，大吕也；「黄鍾之下宫」者，林鍾也；「太簇之下宫」者，南吕也；「無射之上宫」者，夾鍾也。所生曰下宫，所自生曰上宫，蓋以大吕爲宫，丑。林鍾爲角，未。南吕爲徵，酉。夾鍾爲羽。卯。雲門取相次，咸池取相生，磬取相合，武取相衝，所謂五帝殊時，不相沿樂。商音不用者，乃周人損益六樂，以成一代之制，故曰聲淫及商，非武音也。商者金聲，周以木王，惡其所尅，獨取宮角徵羽四音，各主一律，以爲均音。觀於武樂羽、厲、宣、嬴四均，各有其名，而無射上宮以卒終，謂之嬴亂，則大司樂之四律，亦各爲一均，可推矣。

九筮蓋皆蓍卦占象之法，筮更者，更變也。重卦有兩體，自非八純，皆内外相變，内爲貞，外爲𠧪，更言其𠧪也。筮咸者，咸動也。易爻以動者爲占，有遇卦即有之卦，咸言其之也。筮式者，占有局，位有式，若壬式以月將加時，太乙式以和德運計。易亦有八方之局，五行之位，故言式也。日者傳曰：「分筮定卦，旋式正棊。」太史抱天時，鄭司農以爲「抱，式也」。漢書字作栻。筮目者，數目也，謂七八九六及六爻之數。筮易者，玩三易之辭，以處吉凶，審悔吝也。筮比者，觀彼比此，陰陽交錯，以盡其變，後世言互體伏應之屬近之。筮祠者，將筮有禱祠，今可知者，唯「命辭假爾，泰筮有常」云。「假」當讀如昭格之「格」。筮參者，參三也，洪範曰：「三人占，則從二人之言。」禮：「旅占必三人參之。」筮環者，環之言還也，一筮不決，還復再筮，所謂原筮也。古占術散軼，唯筮略具於易及左氏内、外傳，猶可依仿其事，説之如此。休寧金狀元榜曰：「占法載在左氏者，唯六爻不變，以彖占；一爻變，以爻占〔一〕；五爻變，以不變爻占；六爻盡變，乾占用九，坤占用六，餘則占之卦象。凡四者有占耳。兩爻或四三爻變，無占。」蒙彖曰：「初筮比。」彖曰：「原筮。」曲禮「卜筮不過三」，則無占者，宜改筮歟？廣森謂二三四爻相錯，休咎

〔一〕「占」，原作「古」，形近而誤，今改。

莫從，理宜改筮。唯内卦三爻全變，或外卦三爻全變者，可論卦而不論爻，乃亦有占法。晉人筮成公之歸，遇乾之否，曰：「配而不終，君三出焉。」此其例也。六爻盡變，則貞悔皆動；三爻變而相聚，則貞悔有一動一靜，二者皆筮更也。周易占變，唯筮更、筮咸爲正法，然豈必其常遇，故有筮參之道，鄭君所謂「三易各用，占者一人，遇六爻不變、一爻不變者，即從連山、歸藏。占之三易，皆不可占，然後再筮三筮。三筮而三易無一合焉，則亦龜焦之類，其凶可知，不必筮矣」。

儀禮雜義

嘗謂近世爲人後者，輒改其父母稱謂，同於伯叔，甚誤。禮經降服，直爲持重，於大宗不貳斬耳，非以伯叔父母之服服之也。凡爲後所以降其本屬一等者，禮有服必廢祭，既主大宗之祭，不可以私族之不虞，頻累廢之，故減其日月，初不關生時稱謂。今俗自同祖，以及無服，通稱伯叔，古人則不然。父之昆弟爲世父、叔父，父之從父昆弟爲從祖父，父之從祖昆弟爲族父。若壹以所爲後者之服屬降其父母，則爲從祖父後者，即稱其父爲從祖父，爲族父後者，即稱其父爲族父。既以從祖父、族父稱之，又當以從祖父、族父服之，是父母有時降而功緦矣，其不可明矣。且令親屬無支子，而取後於疏屬，則有不同祖以上者，然經有降父母而無降祖父母，可見祖父母不但生無改名，亦且死無改服也。王氏寅旭降服辨曰：「孫爲人後，爲其本生祖父母何服？女適人者，爲祖父母不降，爲人後者，亦不降也。何以不降？窮乎無可降也。

小戴禮記雜義

考工記曰：「六尺有六寸，與步相中也。」王制曰：「今以周尺六尺四寸爲步。」篆文六四字相似，此四寸亦六寸之誤。下言「古者百里當今百二十一里六十步四尺二寸二分」，三百步爲里，計八尺之步，百里凡二十四萬尺。以六尺六寸之步除之，適得百二十一里餘六十三步四尺二寸，大數相符。記六十下脱三字，衍二分二字。若以六尺四寸爲步，則較古步正少五分之一。故注云：「以此計之，古者百里，當今百二十五里。」鄭君亦致疑於此也。

五經異義尚書今文説，肝，木也；心，火也；脾，土也；肺，金也；腎，水也。古文説，脾，木也；肺，火也；心，土也；肝，金也；腎，水也。許叔重据月令春祭脾，夏祭肺，季夏祭心，秋祭肝，冬祭腎，以古尚書爲是。其撰説文解字，則以肺爲木藏，肝爲火藏，脾爲金藏，腎爲水藏，心爲土藏，非從古文之説。太平御覽所引説文如此。今本仍作肺金藏，肝木藏，脾土藏，乃徐鉉妄改耳。其肉部肝、脾、肺三字雖已改注，而心部下土藏尚存舊文，遂使心脾同行，而火藏獨缺。徐氏竄易之跡，於此可見。管子水地篇云：「酸主脾，木。鹹主肺，水。辛主腎，金。苦主肝，火。甘主心，土。」又與上數説不同。文字云：「膽爲雲，肺爲氣，脾爲風，腎爲雨，肝爲雷。」鄭氏獨取今文書説，合於素問醫疾之術。然難經三十三難曰：「肝青象木，肺白象金。肝得水而沈，木得水而浮，肺得水而浮，金得水而沈，其意何也？」肝者，非爲純木也，乙，角也，庚之柔，釋其微陽，而吸其微陰之氣，其意樂金。肺者，非爲純金也，辛，商也，丙之柔，釋其微陰，婚而就火，其意樂火。若然，肝本乙、木與庚合，故從金；肺本辛，金與丙合，故從火；脾本己土〔一〕與甲合，故從木，義得相兼矣。

經學卮言

易

先庚三日，後庚三日。巽。

經於甲庚同有先後三日之文，明無他義，先甲三日者，甲子、甲戌、甲申；後甲三日者，甲午、甲辰、甲寅也。先庚後庚亦即謂六庚耳。蠱事也，君子敬其事，則用日之始，故六甲皆吉。此文王之辭，時尚未忌甲子。巽卦所以言庚者，周易以變爲占〔二〕，蠱䷑之巽䷸，止五爻一變，故巽五爻即承蠱象辭而言之。自蠱六五至巽九五，環歷六位，有甲乙丙丁戊己六日之象，是以七索而得庚矣。若必牽合五行，及取丁辛癸字訓之，説俱未敢確信。

大衍之數五十，其用四十有九。繫辭傳。

蓋聞土寄王於四行，故水一，火二，木三，金四，各以五上乘之，則水五，火十，木十五，金二十，合之是爲大衍五十。然而五十之蓍若盡用之，無以成七八九六之變，又必四十有九，乃能取其用。

〔一〕「土」，原作「士」，形近而誤，今改。
〔二〕「占」，原作「古」，形近而誤，今改。

此天地之至數，而周髀亦法於此。是故句廣三，天數也；股修四，地數也；徑隅五，參天兩地之數也。三三而九，四四而十六，五五而二十五，兩矩之合，亦五十焉。句股和而方之，合於四十九，句股較而方之，合於虛其一。聖人以句股測天行，以蓍卦象天道，理一而已。周髀不可通於大衍，則句〔一〕股之數非至數也。大衍不可通於周髀，則大衍之數亦非至數也。

書

武王伐殷，往伐歸獸，識其政事，作武成。

按歸獸之事，蓋孟子所謂驅虎豹犀象而遠之者，出於此篇。梅氏古文但摭拾樂記「放牛歸馬」二語，恐未足以當之。漢律曆志引武成曰：「惟一月壬辰，旁死霸，孟康曰：「月二日。」若翌日癸巳，武王迺朝步自周，于征伐紂。」又曰：「粵若來二月，既死霸，粵五日甲子，咸劉商王紂。」又曰：「惟四月既旁生霸，粵六日庚戌，武王燎于周廟。翌日辛亥，祀于天位。粵五日乙卯，乃以庶國祀馘于周廟。」今逸周書世俘篇具有其語。而世俘載虎二十有二，貓二，麋五千二百三十五，犀十有二，氂七百二十有一，熊百五十有一，羆百一十有八，豕三百五十有二，貉十有八，麈十有六，麝五十，麋三十，鹿三千五百有八。此一節頗與歸獸事相類，意武成、世俘文多大同。但孟子所謂武成有「血之

〔一〕「句」，原作「旬」，形近而訛，今改。

流杵」，世俘乃無之，則又未可竟以世俘當武成耳。孔壁中真古文尚書五十七篇，堯典一，舜典二，汩作三，九共四至十二，大禹謨十三，咎繇謨十四，棄稷十五，禹貢十六，甘誓十七，五子之歌十八，胤征十九，湯誓二十，湯誥二十一，咸有一德二十二，典寶二十三，伊訓二十四，肆命二十五，原命二十六，般庚二十七至二十九，高宗肜日三十，西伯戡黎三十一，微子三十二，大誓三十三，經典釋文云：「漢宣帝本始中，河內女子得大誓一篇獻之，與伏生所誦合三十篇，漢世行之。」按劉向別録曰：「武帝末，民有得泰誓于壁內者。」陸謂本始中，非也。然其云「大誓一篇」者，得之。蓋漢世止見三篇之一，故語、孟、左傳所引大誓，皆適在其所未見兩篇中，意時博士有附會書序而强分爲三者，乃適〔一〕致爲融之疑耳。「白角躍舟」、「前歌後舞」等語，伏生書大傳已具載之。李顒作尚書集注，於今文太誓內，多引孔安國語，此乃真孔傳，子國親見壁中古文者。而於民間所獻太誓，亦併爲作傳。司馬子長從子國問古文尚書說，亦取而載之周本紀，未可斥其僞也。牧誓三十四，武成三十五，洪範三十六，旅獒三十七，金縢三十八，大誥三十九，康誥四十，酒誥四十一，梓材四十二，召誥四十三，洛誥四十四，多士四十五，無逸四十六，君奭四十七，多方四十八，立政四十九，顧命五十，康王之誥五十一，畢命五十二，一云冏命。柴誓五十三，吕刑五十四，文侯之命五十五，秦誓五十六，序五十七。其九共九篇同卷，般庚三篇同卷，康王之誥與顧命同卷，故藝文志云：「尚書古文經四十六卷，爲五十七篇。」鄭康成曰：「武成逸篇，建武之際亡。」劉歆三統厤在建武前，故及引之。師古乃以爲今文尚書之辭，

〔一〕「適」，原作「滴」，形近而誤，今改。

今文焉得有武成耶？伐商月日見於武成逸篇者，固可徵信。即世俘，亦姬氏之遺文也。三統厤推是年閏二月，蓋歆以一月爲周正月，正月二日壬辰，則四月不得有辛亥、乙卯之等，故置閏以足之。其實古法歸餘於終，魯閏三月，君子以爲非禮，春秋經傳及秦、漢本紀書閏月恒在歲末，斷無閏二月者也。廣森受説于子竹厂陳子，以爲一月者殷之正月，二月者殷之二月，時猶因商正。詩大明正義曰：「鄭注尚書，謂武王伐紂，時日皆用殷曆。」既事于牧野，遂改正朔，以殷三月爲四月，故武成無三月，丑月而往，卯月而還，司馬法所謂師出不踰時者歟？國語曰：「昔武王伐殷，辰在斗柄。」殷之正月，斗柄建丑，其月朔，猶接冬至之氣，故日月得合辰於星紀之末，與斗柄同在丑位。此一月壬辰爲丑月之證。彼上文云「月在天駟，日在析木之津」，則是諸侯師始發之日，月在房，日在箕斗之間也，故今文太誓曰：「惟丙午王逮師。」見大傳。言師先發，武王後發，至丙午日與師相及矣。世俘紀干支最詳，然前後複亂，今校以太誓、武成之文，著譜左方，庶有益于覽稽。

殷一月。周二月。

〔辛卯〕朔。

〔壬辰〕二日。　武成曰：「惟一月壬辰，旁死霸。」

〔癸巳〕三日。　武成曰：「若翌日癸巳，武王迺朝步自周，于征伐紂。」

〔丙午〕十六日。　太誓曰：「惟丙午，王逮師。」

〔戊午〕廿八日。　書序曰：「一月戊午，師度孟津。」

殷二月。周三月。

〔庚申〕朔。

〔癸亥〕四日。國語曰：「王以二月癸亥夜陳。」

〔甲子〕五日。武成曰：「粤若來二月，既死霸，粤五日甲子，咸劉商王紂。」

〔丁卯〕八日。世俘曰：「太公望命禦方來，丁卯望至，告以馘俘。」

〔戊辰〕九日。世俘曰：「戊辰，王遂禦循，自祀文王時日，王立政。」

〔壬申〕十三日。世俘曰：「呂他命伐越戲方，壬申至，告以馘俘。」

〔辛巳〕廿二日。世俘曰：「侯來命伐靡，集于陳，辛巳至，告以馘俘。」

〔甲申〕廿五日。世俘曰：「甲申，百弇以虎賁誓命伐衛，告以馘俘。」

周四月。

〔庚寅〕朔。

〔乙未〕六日。世俘曰：「維四月乙未日，武王成辟，四方通，殷命有國。」

〔庚子〕十一日。世俘曰：「庚子，陳本命伐磨、百韋，命伐宣方、新荒，命伐蜀。」

〔乙巳〕十六日世俘曰：「乙巳，陳本、新荒、蜀、磨至，告禽霍侯，俘艾佚侯小臣四十有六，禽禦八百有三百兩，告以馘俘。百韋至，告以禽宣方，禽禦三十兩，告以馘俘。百韋命伐厲，告以馘俘。」

武成曰：「惟四月既旁生霸。」三統曆曰：「死霸，朔也；生霸，望也。」是月甲辰望，乙巳旁之。

〔庚戌〕廿一日。武成曰：「粤六日庚戌，武王燎于周廟。」

〔辛亥〕廿二日。武成曰：「翌日辛亥，祀于天位。」世俘曰：「辛亥薦俘，殷王鼎，武王乃翼矢珪矢憲告天宗上帝王不革服，格于廟，秉語治庶國，籥人九終。王烈祖自太王、太伯、王季、虞公、文王、邑考以列升，維告殷罪。」

〔壬子〕廿三日。世俘曰：「壬子，王服衮衣，矢琰格廟。籥人造。王秉黄鉞，正邦君。」

〔癸丑〕廿四日。世俘曰：「癸丑薦俘，殷王士百人。籥人造。王矢琰，秉黄鉞，執戈，王奏庸大享一終。王拜手稽首，王定，奏其大享三終。」

〔甲寅〕廿五日。世俘曰：「甲寅，謁戎殷于牧野。謁，告也，祭神而告代殷于牧野之事也。王佩赤白旗，籥人奏武，王入，進萬獻明明三終。」

〔乙卯〕廿六日。武成曰：「粤五日乙卯，乃以庶國祀馘于周廟。籥人奏崇禹、生開三終，王定。」此十一字据世俘增。按崇禹、生開似夏詩歌之名，崇蓋崇伯也，開即夏后啟也。春秋公羊説「王者始起未制作之時，取先王之樂與己同者，假以風化天下；天下大同，乃自作樂。」周所以舞夏樂者，與周俱文也。愚以是知武王祀馘周廟，所用皆夏樂。

春秋左氏傳

亥有二首、六身，下二如身，是其日數也。襄公三十年。

注曰：亥字二畫在上，併三六爲身，如算之六。宣城梅氏以此證古籌算縱横記數之法。按宋、元人算草六七八九或爲𝍥𝍦𝍧𝍨，或爲𝍮𝍯𝍰𝍱，蓋權輿自古，射禮「釋獲橫縮相變」，即其遺像。留侯發八難云：「請借前箸以籌之。」言以箸當籌，時方食，有兩箸，復借高帝前箸，得四箸，每發一難，輒下一籌，至五橫之，六𝍥之，七𝍦之，八𝍧之，故用四箸而足。篆文亥爲𠀅，其乚與𝍮相似，𠃌與𝍥相似，是有三六形。若移首上二畫下置身傍，則成𝍧𝍥，正如布算橫列四位，起二萬，次六千，次六百，次六十也。但古文亥本作豕，與豕同意，見說文解字。故子夏讀晉史以三豕爲己亥之誤，己亥是己亥，三豕是三豕。史趙晉人，而稱𠀅字，豈其聞識之博，抑亦浮夸潤色，傳或有焉。

孟子

主司城貞子，爲陳侯周臣。

趙氏云：「司城貞子，宋卿也。」下又云：「是時孔子遭阨難，不暇擇大賢臣，而主貞子爲陳侯周臣也。」則貞子仍似陳卿，蓋順經意明是陳人，特膠於司城當爲宋官，故依違兩說之。集註亦相沿而不加核。愚謂陳之司寇可效楚官名司敗，安見其司空不可效宋官，亦名司城耶？若以左傳「子展入陳司空致地」之文爲疑，則服注以三司爲陳官者，固不若劉炫謂爲鄭官者之説善也。且司城亦不定是貞子之官，檀弓有司寇惠子、司徒敬子，鄭注曰：「司徒，官氏也。」惠子雖官司寇，至其子虎，則亦以司寇爲氏，見於世本。宋華向之族，奔陳者非一，而司城師之後仲佗，即宋人之在陳者，安知非有以先世宋官爲其族氏者乎？宋大夫皆遵殷之制，以字爲謚，通左傳、世本未有稱子而配謚者。別詳後卷。今据稱貞子，即決非宋卿。愚故獨信史記世家曰「孔子遂至陳，主於司城貞子家」，爲讀孟子不誤也。近儒有謂夫子在陳，不得謂之爲臣者，此尊聖而過耳。羈旅之臣，是亦臣也。還以孟子之言證之，孔子三月無君，則皇皇如也，若所至之國皆不爲臣，不且終歲而無君乎？但世家載至陳歲餘，吴王夫差伐陳，取三邑而去。楚圍蔡，蔡遷於吴，此魯哀公二年之事。而又云：「居陳三歲，陳常被寇，於是孔子去陳。過蒲，會公叔氏以蒲畔，蒲人止孔子，曰：『苟毋適衛，吾出子。』與之盟，出孔子東門。孔子遂適衛。衛靈公聞孔子來，喜，郊迎。」校其年歲，靈公殁已久矣。考先聖生平嘗再至陳，十二諸侯年表陳湣公六年下云：「孔子來。」魯定公十四年。是初如陳也。主司城貞子者，再如陳也。過蒲要盟，則初至陳而去陳時事，太史公誤著之於此耳。先聖年譜率多附會失實，唯當以世家近古，爲最可據，然頗復錯亂。觀其敍歸與之歎，主蘧伯玉之事，及蔡之請遷於吴，皆前後兩見，非稍爲整比，條理棼然。謹按世家，先聖自三十五歲以前，皆居於魯，嘗爲乘田，爲委吏。昭公二十五年，三家攻昭公，魯亂，始適齊，聞韶，學之三月，是其時事。故昭公二十七年，吴公子札聘于上國，而檀弓記先聖在齊，嘗觀季札葬子於嬴、博之間，此可徵者也。顧世家既誤以孟僖子不能相禮之歲，就爲其死歲，故併南宫敬叔之隨子適周，亦舉而置諸適齊之前。考左傳，孟僖子實卒於昭二十四年，將死乃命敬叔來學，比敬叔服闋，魯已無君矣，知所謂言於魯君，與之一車兩馬者，必定公，非昭公也。子在周時，家語有劉文公論聖人之語。定公四年，文公即卒，元二兩年未没。昭公之喪，訪樂萇弘又非攸宜。前後推校，則適周其在定之三年歟？莊子云：「孔子行年五十有一，南之沛，見老聃。」計五十一歲，當定公八年，時尚未仕於魯，容有之沛之事。但南華多寓言，不必据爲實蹟也。世家云：「定公九年，以孔子爲中都宰，一年，四方皆則之。」由中都宰爲司空，由司空爲大司寇，定公十年會於夾谷，攝相事，十三年墮三都，十四年與聞國政，三月季桓子受齊女樂，孔子遂行，此並與左傳合。且定十四年春秋經不書冬，公羊師説亦以爲齊人歸女樂之歲也。世家云：「孔子遂適衛，主〔一〕於子路妻兄顏濁鄒家。居頃之，去衛。將適陳，過匡，匡人止孔子。去即過蒲。月餘，反乎衛。」按此過蒲之下，即當以後文「會公叔氏以蒲畔」，云云。至「作爲陬操，以哀之」六百六十四字移置其間。蓋過匡至陳，去陳過蒲，自蒲如衛，去衛如晉，臨河而返，乃復至衛，主蘧伯玉家焉。尋以醜南子之行，會靈公禮貌衰，又復去衛。世家「他日靈公問兵陳。孔子曰：『俎豆之事，則嘗聞之，軍旅之事，未之學也。』明日，與孔子語，見蜚雁，仰視之，色不在孔子。孔子遂行」四十七字，則又當移於「於是醜之」之下，「去衛，過曹。是歲，魯定公卒」之上。檢子國注論語問陳章即云：「孔子去衛如曹，曹不容，又之宋。」與世家云「去衛，過〔二〕曹。去曹適宋，桓魋欲殺孔子。去適鄭，遂至陳」者正合。其所以在陳絶糧者，或如子國所言，吴伐陳，陳亂乏食之故，抑或就以微服避難，倉卒喪其所賫，皆未可知。要與異日在蔡被圍之事，不可混合爲一也。既至陳，主司城貞子家，於是有對「肅慎矢」之語，有「桓、僖

〔一〕「主」，原作「王」，形近而誤，據孔子世家改。
〔二〕「過」，原作「適」，據孔子世家改。

廟災」之語，最後有「歸與歸與」之語，實哀公之三年，而陳侯周之十年也。世家前云「蔡遷于吳」，後云「蔡遷于州來」，即是一事。若將中間橫出過蒲在衛等事，移著於前，則於「試求之故府，果得之」句下，直接「是歲魯哀公三年」句，文順事從矣。世家又云：「明年，孔子自陳遷於蔡。三歲，楚使人聘孔子。陳、蔡大夫圍孔子於野，楚昭王興師迎孔子，然後得免。其秋。楚昭王卒，於是孔子自楚反乎衛。」由是推之，定十四年以前，仕魯時也；哀元年以迄六年，居陳、蔡時也；自六年反衛，以迄左傳所載「魯人以幣召夫子」之歲，則恒在於衛，孟子所謂「於衛孝公，公養之仕」者也。子之去魯，所謂大夫以道去君者，非有君命召，則終不可復歸，夫豈出入自如，而好爲旅人哉！其見衛靈公，主顏讎，由畏于匡，畏于蒲，歷曹、鄭、杞、宋，遭桓司馬之難，則皆在定末哀初一二年間也。爲是先聖出處大端，敬徵審而備識之。

少廣正負術

少廣者，所以測量物之形體，推積以知冪，推冪以知邊。凡數之始，必生於邊，邊與邊乘，是爲平冪，邊與冪乘，是爲立積，冪與冪乘，是爲三乘方，冪與積乘，是爲四乘方，積與積乘，是爲五乘方。其廣袤相等者爲正，諸乘方不等者爲從。諸乘方有廣袤，故有和較，有和較故有正負。和則以所求之邊減之，較則於所求之邊加之，得多爲正，得少爲負。凡以正乘者，同名不變，異名則變。凡以負乘者，異名不變，同名則變。正負交變，必視其異形同實之件，相權而互齊之，斯隱詭糅錯之數皆見。蓋其理近於方程，而其用可以該商功句股之變，簡以御繁，易以知難者焉。自唐王孝通緝古算經，宋秦九韶數學九章，已寓其術。厥後欒城李氏大申明之，著測圓海鏡、益古演段二書。至明而失其傳，遂有顧氏測圓釋術之編出，不達敬齋所立天元一細草，盡舉而删去，妄哉！西人入中國，見此法，取而更修之，謂之借根方。然彼或譯言東來，法未嘗泯。其得自中國也，但借根方，不復因天元以取定法。又開方不用古從廉負隅益積翻積諸式，於是有數無法，煩亂而不可究，非本少廣之意矣。廣森備官翰林，與窺中秘，得見王、秦、李三家之書，覃思研究，通其義類，試諸籌計，得草若干。顧今人尠習於開諸乘方之法，苦其方廉稠疊，而莫明其方廉之所由生。宣城梅氏少廣拾遺，亦但有平方立方廉隅圖，至三乘方以上，則云不能爲圖。愚謂物之形體，平方立方盡之矣，特平冪立積之不可知者，乃借諸乘方以求之。本有其數而無其形，將圖其有形者，則冪不可以爲邊，積不可以爲冪；將於其無形者而假圖以明其數，則冪積即可變爲邊，諸乘皆可變爲平方也。輒構諸乘方廉隅圖書首。

文集

戴氏遺書總序

東原先生姓戴氏，諱震，徽州休寧人也。學於古訓，言行可法。以薦爲四庫全書纂修，賜庶吉士。春秋五十有五，乾隆丁酉五月二十七日疾卒。凡所著文章經義若干卷，叔父農部公，先生之昏因也。綴而刊之。廣森常聞先生緒論，又感先生崇闡漢儒而不終其志以没，乃爲序曰：緬維樂遊講藝，訪太傅於石渠，元日談經，坐侍中於重席，時則玉羊既遠，金虎初開，著學官者凡十四家，説稽古者成數萬字。至若五是六沴之徵，定君陽武；三科七缺之法，斃獄淮南，士茍通經，皆能致用。蓋原其授受，本屬參商，敘其世年，未睽昌闕，是以祖之前師，沿之後葉，北方戎馬，不能屏視月之儒，南國浮屠，不能改經天之義。夫學有優劣者時也，經有顯晦者數也，五君晚出，非漢博士之傳，千禩相仍，廢鄭司農之注。縱橫異說，別捌先天，顛倒聖文，悉更後定。特以腐儒炫視，易謬驪黃，末士明經，原求青紫，但遵甲令，粗知帖括之辭，疇克庚言，紹彼先民之作。敏而好學，信而好古，惟於戴君見之已。君以梅、姚售僞，孔、蔡謬悠，妄云壁下之書，猥有航頭之字，古文一卷，祇出西州，小序百篇，舊名北斗，正謨攝誥，歷黃序而僅存，月采豐刑，遘赤眉而已燼。乃或誤援伊訓，滋元年正月之疑，强執周官，推五服一朝之解，譬之爭年鄭市，本自兩非，議瓜驪山，良無一是。是用翦除假託，折衷羣淆，步驟五三，録目四七，爲尚書義考，未成，成堯典一卷。又以要聞五際，尚論四家，毛傳孤行，是觴源於牟、妙，鄭箋破字，每毫采於韓、嬰，莫不假聲注文，以意逆志，誠古訓之所式，多識之所資也。雖其篇冠以序，擇焉不精，或云託諸西河，或云造諸東海。然嗣衿貽玖，何必欲色之音，交扈羅鴽，實爲陳古之刺，爲毛鄭詩考正四卷，別爲詩補傳未成，成周南、召南二卷。君之入書局也，西京客史，夙善徐生，東觀中文，遂分淹禮，乃取忠甫識誤，德明釋文，殫求豕亥之差，期復鴻都之舊，互相參檢，頗有整齊。削康成長衍之條，退喪服傳經之傳，爲儀禮正誤一卷。鄭斤粤鑄之篇，備遺事職，穹蓋星弓之教，首列巾車，九經九緯，營國有方，五溝五涂，奠水有則，尋筵既度，遂知洛邑之朝，圭槷未縣，孰辨營丘之夕？以至肆懸舞甬，五等琮璜，槐里樽空，椎成劍没，大夫嫁女之器，未必皆真，單于賄漢之銘，何嘗盡僞？諶、鎰之所畫績，梁、聶之所更鞶，不有參稽，將無競爽，爲考工記圖二卷。古者冕服以祭，弁服以朝，祭則衣純，朝則以布，芾形連帶，制異於直方，屨色從裳，次分於繢繡，周壇饗帝，大裘降繁露之華，魯禘嫌王，旒璪飾丹鷄之祝，等威昭焉，文質備焉。道學起而儒林衰，性理興而曲臺絶，齊、秦委武，莫識稱名，殷、夏圜章，焉能考據？溯增冰於積水，示祭海於先河，爲學禮篇一卷，冠其文集十卷之首。且夫一陰一陽之爲道，見仁見知之爲性，通於六籍之爲學，辨於萬事之爲理。謂理具靈臺，則師智者得，謂學遺象罔，則悟寂者先。豈有略窺語録，便詡知天，解斥陽明，即稱希聖？信洛黨之盡善，疑孟氏之未醇，其説空空，其見小小。蓋繹鄭君生質之訓，誦周雅教木之箋，所謂受中曰天，秉彝攸好，孔提可按，漢學非謁，爲原善一卷，孟子字義疏證三卷，大學、中庸補注各一卷。君之學術，此其大端歟！景純有云：「爾雅者，九流之津涉，六藝之鈐鍵。」虎闈小學，未束髮而知書，豹鼠奇編，不下席而觀古。故辨言之樂，對於三朝，首基之文，問於五始，至於殊方別語，絶代離詞，皆轉注之指歸，亦凡將之墜緒，爲爾雅文字考十卷，方言考證十三卷。書教有六，最夥諧聲，叔重無雙，惟傳解字。若乃部分平仄，母別見溪，官家恨狹，羊戎之所自爲，天子聖哲，梁武之所不信。古人韻緩，止屬椎輪，後世音繁，實精引墨。君審其清濁，導其源流，旁通反紐，發周、沈之舊聞，上協詩、騷，闡顧、江之新義，爲聲韻考四卷，聲類表十卷。先生文集尚有轉語二十章，及六書論三卷，自序此二種遺稿未見。於是辨韻之餘，流觀百氏，研音之下，雅愛三閭。以爲娀臺訪女，近窈窕之遺聲，湘水搴芳，續榛苓之逸響。叔師注而未詳，辨招附而不可，覈之漢志，名從主人，爲屈原賦注四卷。自疇人分散，鄒大失居，九章中落，昧商高積矩之言，八綫西來，竊師氏旁要之算，而耳聽下士，穴見小儒，不知五五之開方，輒薄九九之賤技。哨壺斗五，律管徑三，元晦以之存疑，季通以之强説。未知紀步，何能讀宅柳之經？未曉倨句，何能治上輿之記？爲九章補圖一卷，原象一卷，古曆考二卷，曆問二卷。昔趙商難禮，先求五服之方，景伯受詩，即涉七州之地。君山川能説，郡縣成圖，酈元故籍，證其緜褫，崑、渤今流，條其絡脈，爲戴氏水經注四十卷，水地記一卷，直隸河渠書六十四卷。嗚呼！君之著書，可謂博矣，君之見道，可謂深矣。向使壽之以年，行其所志，下安輪於都尉，授梯几於鴻臚，雍宫未建命，曹褒以定儀，大予將成詔，宋登而持節，雖復辨卿訟闕，公羊未必能明，子駿移書，逸禮難其置立，而太山郡將北面稱師，上蔡通侯西行受業，則何、湯既貴，輜車方賜於五更，君上從遊，録牒庶多於萬計。豈謂陰堂告祲，圓石鐫名，一經之寫定無年，三歲之瓊瑰已夢，清明卷佚，長封下馬之陵，通德人亡，不待嗟蛇之歲。然而太玄覆瓿，終遇桓譚，都養陳譔，彌尊伏勝，鄭鄉絶學，儻千百載而重興，戴氏遺書，於十三經其有補。悲懷逝者，延佇將來。

附録

姚姬傳曰：「乾隆三十三年，余主山東鄉試，得君及君兄户部之子廣林時，廣森才十七歲。姚鼐孔信夫墓誌銘。

又曰：「撝約博學，工爲詞章，天下方誦以爲善，撝約顧不自足，作堂於其居，名之曰儀鄭，自庶幾於康成。」姚鼐儀鄭堂記。

阮伯元曰：「大戴禮記自漢至今，惟北周盧僕射爲之注，且未能精備。自是以來，章句溷淆，古字更舛，良可慨歎。近時戴東原、盧紹弓相繼校訂，蹊逕漸闢。顨軒乃博稽羣書，參會衆說，爲注十三卷，使二千餘年之古經傳復明於世，用力勤而爲功鉅矣。」阮元大戴禮記補注序。

又曰：「顨軒謂左氏之事詳，公羊之義長，春秋重義不重事，可謂好學深思，心知其意者矣。故能醇會貫通，使是非之旨不謬於聖人。」阮元春秋公羊通義序。

孔靜吾曰：「先生卒前數夕，語其弟廣廉曰：『生平所述詎逮古人，公羊一編，差堪自信。藐孤成立，尚不可知，千秋之託，將在吾弟。』」孔廣廉公羊春秋通義敍略。

陳卓人曰：「孔氏著公羊通義，遺何氏而雜用宋氏。」陳立公羊義疏。

孫淵如曰：「余在江、淮間，友人汪容甫出顨軒駢體文相示，歎爲絶手。」孫星衍儀鄭堂駢儷文序。

顨軒家學

孔先生廣廉

孔廣廉字靜吾，顨軒先生弟，出爲季父繼涑後。顨軒遺書纂輯寫定，率出先生手。有校栞公羊春秋通義敍略一篇，其禮學卮言、經學卮言、少廣正負術、駢儷文，則以屬之顨軒子昭虔者也。參顨軒所著書。

孔先生昭虔

孔昭虔字荃溪，顨軒先生子。嘉慶辛酉進士，由編修歷官貴州布政使。著有鏡虹吟室遺集。阮文達稱其能以詞章世其家學。參阮元小滄浪筆談。

顨軒弟子

朱先生文翰

朱文翰字屏滋，號滄湄，歙縣人。顨軒先生之甥。乾隆庚戌進士，刑部主事，官至浙江温處道。著有退思粗訂稿。參退思粗訂稿、顨軒所著書。

文集

論墓誌不書妾例書金石要例後

姚江黄氏輯金石要例，爲潘、王二家拾殘補闕，頗多所發明。惟妾不書例一條，歷引舊文爲證。予以人情事變揆之，乃知定法之不可盡拘，而其言亦未能盡善無弊也。古人立言，原有微意寓乎其間，而使人得之於言外，於是乎文成而法立，要未可鑿而求之，據言外之意以爲一定之法。古者有世禄，是以有世廟，有世家，於是乎重宗法，重宗子。宗子重，故嫡庶之辨嚴。唐去古未遠，雖宗法無存，而特重官爵門閥。唐太宗詔諸臣撰氏族志，以爲太上立德，其次立功立言，其次有爵爲卿大夫，世世不絶，謂之門户。按此，則唐時不重宗法，而重世家，或亦維持宗法之微意，而嫡庶之辨，初無明文。其時之載筆銘幽，以信今而傳後者，意未可知也。昌黎誌李郱云：「夫人崔氏，七男三女，郱某官，其嫡激某官。」夫郱，庶子也，而以齒則居序之長，又有爵於朝，故表而出之，以長故書，或亦以爵故書也。激爲嫡子，而初非止書此一嫡，不及他人，則亦以其官故書也。冠之以夫人崔氏者，妾不勝書，故統于妻也。其誌鄭羣云：「其餘男幾人，女幾人者。」蓋于初後兩娶，既書其爲韋出，李出，而妾之氏族半出單微，要難具考，且或不止一妾，則又難具書，是以該以省文，不復一一詳其所出，要以著韋、李之爲華胄，餘皆非其比而已。此則重門閥之微意，皆所謂文成法立，不可以例拘者也。金石文字，義貴謹嚴，元、明以來，誌墓之文多以嫡庶並列，將疑於狥俗而變法。要知母以子貴，亦是經義，而偶然一代一家之文，亦初非一成而遂不可以略變。自其謹嚴者論之，則書子不書女，或書子不書孫，或書子而不及其母，且有不書其妻者，則以女可統于男也，孫可統于子也，母可統于父也，妻可統于夫也，皆古法也。乃若所書，則亦有泛濫而莫可究詰者。如因其立碑求文，則孫亦書矣；外孫至四十九人之多，則外孫亦書矣；壻之祖若父或爲勳貴，則女之所適亦書矣；女再適皆達宦，則女之先後兩適亦書矣。此皆前賢所撰，載于例中者，而欲據以爲例，則其誰適從耶？夫宗法誠不能復矣，親親之意又寖衰矣。愚謂有志於世教人心者，不在於求宗法，而在於重宗誼；不在于辨嫡庶，而在于維骨肉；不在於摹仿古人，而在于善體其言，因得其所以言。世人諛墓之文，崇飾虛浮，連篇累牘，幾無一真切語。而於遺孤孽子，或反至拘拘于古人無例之例，作軒輊之深文，曰吾重嫡子也，遵古法也。嗚呼！吾恐家庭骨肉之間，動分門户，而嫡庶紛爭，同室操戈之變，有時亦由此而起，不可不深長思也。孔子作春秋，而歎息曰「知我」、「罪我」，是春秋之微意，雖孔子亦不能自言之也。自創而言例，而後之説春秋者，鑿鑿求之，遂覺孔子以一布衣，日日操數寸之簡，以進退夫王侯卿大夫士，殆不盡然也。然則以例言春秋，而春秋之義愈微；以例言金石，而金石之法亦愈弊也。

重宗重嫡論再書金石要例後

嫡庶之分，何以重？以宗子重也。古有大宗，有小宗。以繼禰而論，則嫡出之長子爲宗，故班固有四宗之説，以爲宗其爲父後者爲父宗。此説按之于禮「小宗以五世爲率」之法，雖有不合，而老泉蘇氏即主其說，自定爲宗法得隨近相宗之義。蓋一世有一嫡長子，即各有一宗子，宗以子爲定，不必計其父之爲嫡與否。即不予以宗之名，而已自有宗之實。以此推之，宗子之後有宗，支庶之後亦各有宗，通乎世世可也。世世各以嫡子爲宗而更壹以禮經爲法。以云理財治生，則凡共禰之兄弟異居而同財，有餘則歸之宗，不足則資之宗。一世有一宗，相維相繫，不至於貧富縣絶，秦、越異視，是宗法愈密，而治生保庶，敦宗睦族之道亦寓乎其間，甚盛事也。然則一宗子也，而一家之欣戚安危係焉，故宗子甚重，而凡世爵世禄，暨後世一切廕敍恩榮之典，皆必以宗子承之。如無宗子，義當及孫。或無孫，而後以嫡次，不以庶長也。妾媵所出爲庶子，非宗子之比，而亦非凡嫡子之比也。但近古之世與往古又自不同，古之妾媵皆以妻之娣姪爲之，不必皆出于微賤。迨後古法不行，因有買妾卜姓之事，不復取之妻黨。于是凡所謂妾者，不以其子係重輕，而僅于其身分貴賤，是則重嫡初非以重宗，而所謂重嫡者，亦徒有其名而亡其義，或反階之以致禍者有之矣。是知有世禄世家而後有宗法，有宗法而後重宗子，重宗子而後嫡庶之辨嚴，嫡庶嚴而後妻妾之貴賤以判。昔者，魯之成風氏，莊公之妾，僖公之母也，稱爲夫人。哀公庶子荆之母嬖，將立爲夫人，使宗人釁夏獻其禮，對曰：「無之。」公以荆爲太子，卒立之。前明洪武中，有都指揮爲次妻請封，禮臣任昂即據此二義駁之，且言「古者夫人歿，使貴妾攝内事，不得稱夫人，爲庶子而貴，推恩其母，亦不得稱夫人以竝嫡」，是説也，似不免于迂。且論臣道而引古國君之事爲證，亦嫌于僭。但其時天下甫定，正論功行賞頒爵封土之時，則夫引經據古，以申明嫡庶之辨，乃禮臣之專責，不得已于言者也。古所謂毋以妾爲妻者，懼其匹嫡也，匹嫡則奪嫡，奪嫡則宗紊，宗紊則世爵世禄因之而亡，世爵禄亡則君子之澤因之而斬，誠不可不慮也。若夫母以子貴，則又公羊氏之言也，經義也，春秋以來殆難以更僕數。近如晉裴秀之母，系出于微賤，嫡母宣氏不爲之禮。嘗使進饌於客，客爲之起。母曰：「微賤如此，而客爲之起，當爲小兒故也。」又周顗母李氏，字絡秀，嘗謂顗曰：「我屈節爲汝家妾，門户計耳。汝不與我家爲親親者，吾亦何惜餘年。」顗悚然從命，由是李氏遂得爲方雅之族。此皆母以子貴之説也。然則宗法雖未能復，而有能敦宗睦族之人，則可陳經義，援古法，以嚴嫡庶之辨；苟非其人，則幸毋執咫聞偏見，妄爲人區分門户，以啟骨肉乖離之漸也。

答客問服制

先外祖孔止堂先生嘗攷核喪服，既著其紀，復爲之表，以便覽觀，至爲精密。其義賾文繁，釋卷後殊難省記。壬子歲，予客楚中，適有以喪服疑義相質者，予語焉而未能詳。歸而檢諸故籍，著是篇以寄之。問：「爲人後而承重者，爲所後之慈母，其服何若？」曰：「此等服制，律令無明文。凡孫爲庶祖母之慈養己者，則服齊衰不杖期。又嫡孫衆孫爲庶祖母則服小功五月。以上二條，乃乾隆四十年禮部議，從江西按察使歐陽永琦之請，增爲定制。永琦復建言將嫡孫衆孫之婦服，及庶祖母爲嫡孫衆孫嫡孫婦衆孫婦之報服，咨請申明，載入服制圖經。禮官題駁略云：『按禮載妾母不世祭，故庶母服制，止及子而不及孫。若必概增，與本宗漫無區别，揆之情分，轉多未協，應毋庸議。』又乾隆二十九年，闕里聖廟九品官孔傳贊生祖母田卒，其祖父嫡祖母皆没，疑當承重。衍聖公特咨請吏部，部覆云：『爲祖母承重，專指嫡長孫而言，庶子爲生母服斬衰，自有專條。今孔傳贇之父係應爲田氏服斬衰三年者，既早亡，故孔傳贇係田氏長孫，可代父服斬衰三年。』據此，則雖有代父服斬衰之條，而竟謂之承重則不可也。夫孫爲庶祖母成服，既經部議，續增矣，養子爲慈母成服斬衰三年，載在禮經，著於大清會典。考其所由，本名義服。義服者，禮所本無，特以義起，義之所在，恩之所在也。至于養子之子，于義已無可援，況養子之嗣子，則于恩尤不相屬。獨是身爲人後，重在承祧，而慈母如母，又難漠視，今權之于正服降服加服之間，參之以上殺下殺旁殺之意，若如孔氏之代服斬衰則太過，僅如孫爲庶祖母之服小功則不及，揆情度理，擬諸孫爲庶祖母之慈養己者，服齊衰不杖期爲宜。雖然此書生臆説耳，既未經申請于朝，頒行海内，且按之禮官舊議，亦未便紛紛議增。如猝值其變，則參以心喪之義，斟酌處之可也。」

問：「爲人後而承重者，爲所後之祖父母曾高祖父母服，與本宗同否？」曰：「斬衰三年，載之于經，會典並同。」問：「祖父在堂，承重者爲祖母何服？」曰：「服齊衰杖期，律文無，會典有。」問：「爲慈母服三年，有官者去官守制否？」曰：「慈母之服，禮經與會典同。服係斬衰，安得不丁艱守制？若在古人，則期功之喪皆去官矣。嗚呼！厚矣哉！」

舞軒交游

翁先生方綱 別爲蘇齋學案。

邵先生晉涵 别爲南江學案。

嚴先生長明 别見蘭泉學案。

程先生晉芳 别見大興二朱學案。

畢先生沅 别見蘭泉學案。

阮先生元 别爲儀徵學案。

孫先生星衍 别爲淵如學案。

洪先生亮吉 别爲北江學案。

洪先生榜 别見東原學案。

清儒學案卷一百十

淵如學案

淵如信而好古，博極羣書，治經不取宋以後説，通九流之學，於周、秦古書，貫串靡遺，博辯皆有義據，古所謂能讀三墳、五典、八索、九丘者歟！述淵如學案。

孫先生星衍

孫星衍字季逑，號淵如，陽湖人。乾隆丁未一甲二名進士。授翰林院編修，散館，試厲志賦，用史記「匔匔如畏」。大學士和珅疑爲别字，置次等，改刑部主事。故事，一甲進士改部，或奏請留館，又編修改官可得員外郎。和珅示意欲使往見，先生不肯屈節，自是編修改主事遂爲成例。在刑部，執法寬恕，爲管部阿文成公桂及胡尚書季堂所重，有疑獄，輒令依古義平議。洊升郎中，出爲山東兖沂曹濟道。嘉慶元年，河溢單縣地，偕按察使康基田築隄遏禦，得不決。署按察使，七閲月，平反數十事，活死罪誣服者十餘獄，亦不以罪縣官，曰：「縣官實不盡明刑律，皆幕客誤之也。」有賄通和珅家人，來屬託大吏者，捕治之。及回本任，大吏尋奏操守廉潔，不長河工，請留補地方之職。以母憂去。服闋，補山東督糧道，署布政使。在糧道任凡六年，引疾歸。居林下有年，著述不輟。嘉慶二十三年卒，年六十六。先生少負奇才，不欲以詞章名，深究經史小學，旁及諸子百家，皆心通其義。於經尤深於尚書，嘗病古文尚書爲東晉梅賾所亂，集古文尚書馬鄭注十卷，逸文二卷。晚年，成尚書今古文注疏三十九卷，意在網羅放失舊聞，録漢、魏人佚説爲多，兼采近代漢學家諸人之説，惟不取趙宋以來諸人注，積二十餘年而後成。論者以爲勝王氏後案。其他撰輯，有周易集解十卷，夏小正傳校正三卷，明堂考三卷，考注春秋别典十五卷，爾雅廣雅詁訓韻編五卷，魏三體石經殘字考一卷，孔子集語十七卷，晏子春秋音義二卷，史記天官書考證十卷，建立伏生博士始末二卷，寰宇訪碑録十二卷，金石萃編二十卷，續古文苑二十卷，詩文集二十五卷。參史傳、阮元撰傳。

孫氏周易集解序并注

易者，出於河圖。河圖者，八卦也。易繫辭：「河出圖，聖人則之。」尚書顧命：「河圖在東序。」論語：「河不出圖。」孔安國注：「河圖，八卦是也。」易乾坤鑿度曰：「河圖八文。」按：孔安國以河圖爲八卦，則西漢相傳之學，班固五行志及王充論衡用其義也。又見禮紀正義引中候握河紀。古者名圖，蓋無文字；名洛書，則有文字。故班固以爲洪範「初一日五行」之文也。又按：乾、坤等八卦及六十四卦之名，皆文王所加。説文序：「倉頡之初作書，蓋依類象形，故謂之文；其後形聲相益，即謂之字。字者，言孳乳而浸多也。」是伏羲時無文字，且乾坤等字，並非象形之文，則爲倉頡後所益之字，故知爲文王名之。至繫辭所稱包犧、神農取離取益之言，亦謂取卦象，非字也。重之爲六十四者，伏羲。淮南要略訓：「八卦可以識吉凶，知禍福矣。然而伏羲爲之六十四變。」按：周禮春官：「三易，一曰連山，經卦皆八，别皆六十有四。」則夏已前已重矣。或以爲神農，或以爲夏禹，或以爲文王，皆非也。魏志易博士淳于俊曰：「包羲因燧皇之圖而制八卦，神農演之爲六十四。」史記日者傳司馬季主曰：「文王演三百八十四爻。」論衡正説篇：「説易者皆謂伏羲作八卦，文王演爲六十四。」鄭玄之徒以爲神農，孫盛以爲夏禹，史遷等以爲文王。按：鄭康成謂神農重卦者，以神農有重卦經也，孫盛以爲夏禹者，以周官、連山别卦六十四也，史遷以爲文王者，以名周易，此褚少孫日者傳文，非太史公書，孔穎達誤也。且司馬季主言演爻，不言重卦。卦之始，有象無字，文王名之，又爲之卦辭，曰周易，周官：「三易，三曰周易。」春秋左傳：「周史有以周易見陳侯者。」易緯云：「因代以題周。」漢書揚雄傳：「宓犧氏經以八卦，文王附六爻。」論衡正説篇：「周人曰周易，其經卦皆六十四。文王、周公曰彖十八章，究六爻。」易曰：「伏羲作十言之教，曰：乾、坤、震、巽、坎、離、艮、兑、消、息。」按：前文出易緯，伏羲八卦有象無字，既有消息，知已重爲六十四卦也。禮記禮運：「觀殷道，得坤乾。」殷易以坤爲首，亦卦象，非卦名也。知卦名及卦辭，是文王所名者。元亨利貞，孔子引文言曰「元者，亨者，利者，貞者」，又引文言曰「坤」，而釋其文。是元亨利貞四字，坤之一字，皆文王之言。以此推之，卦名、卦辭皆文言矣。其下云「善之長也」，又「至柔而動也剛」，皆孔子之釋文也。前儒未及辯此。分上下二篇。易乾鑿度：「孔子曰：陽三陰四，位之正也。」故易卦六十四，分而爲上下，象陰陽也。夫陽道純而奇，故上篇三十，所以象陽也；陰道純而偶，故下篇三十四，所以法陰也。子夏傳云：「分爲上下二篇。」周公作爻辭，春秋傳：「晉韓宣子來聘，觀書太史氏，見易象，曰：『吾乃知周公之德。』」淮南要略訓：「周室增以六爻。」馬融陸績等説，卦辭，文王；爻辭，周公。按：爻辭升卦：「王用享于岐山。」明夷卦：「箕子之明夷。」皆文王後事，故以周公作爻辭爲是。孔子作十翼，論語：「五十以學易。」易乾鑿度：「仲尼五十究易，作十翼，明也。明易幾教。」史記孔子世家：「孔子晚而喜易，序彖、繫、象、説卦、文言。」漢書揚雄傳：「孔子錯其象而彖其辭。」鄭學之徒同，説十翼云：「上彖一，下彖二，上象三，下象四，上繫五，下繫六，文言七，説卦八，序卦九，雜卦十。」名經亦曰傳。禮記經解：「絜靜精微，易教也。」易正義序子夏傳云：「雖分上下二篇，未有經字。」前漢孟喜易本云：「分上下二經。」是孟喜之前，已題經字。按：禮經解有易，則易題經字，在子夏前矣。史記易大傳曰：「天下一致而百慮，同歸而殊塗。」張宴注：「大傳謂易繫辭。」漢書儒林傳：「孔子晚而好易，讀之韋編三絶，而爲之傳。」按：此則十翼名爲傳也。易經文未火于秦，獨爲全書。史記始皇本紀：「三十三年，丞相臣斯言：『臣請史官，非秦紀皆燒之，非博士官所職，天下敢有藏詩、書百家語者，悉詣守、尉雜燒之。所不去者，醫藥卜筮之書。』」或傳漢宣帝時得佚篇益之，其言不可信。論衡正説篇：「孝宣皇帝之時，河内女子發老屋，得逸易、禮、尚書各一篇，奏之宣帝，下示博士，然后易、禮、尚書各益一篇。」隋經籍志：「惟失説卦三篇，後河内女子得之。」按：論衡云逸易一篇，隋志言三篇已誤。而尚書序正義引别録曰「武帝末，民有得泰誓書於壁内」云云。又引「論衡及後漢史獻帝建安十四年，黄門侍郎房宏等説，云宣帝本始元年，河内女子有壞老子屋，得古文泰誓三篇。」按：泰誓與逸易同得，而或以爲武帝時，或云老屋，或云老子屋，説俱乖異，不足信。且易本未逸，或後又得藏篇，書中仍有之，非益也。自商瞿受之孔子，六傳至田何。史記儒林傳：「商瞿受易，六世至齊人田何，字子莊。」漢書儒林傳：「自魯商瞿受易孔子，以授魯橋庇子庸，子庸授江東馯臂子弓，子弓授燕周醜子家，子家授東武孫虞子乘，子乘授齊田何子裝。」漢興，易學本田、楊，史記儒林傳：「漢興，田何傳東武人王同子仲，子仲傳菑川楊何。齊人即墨成。廣川人孟但。魯人周霸。莒人衡胡。臨菑人主父偃。然要言易者，本於楊何之家。」有施、孟、梁丘、京氏之學，列於學官。漢儒林傳：「丁寬從田何受易，授田王孫，王孫授施讐、孟喜、梁丘賀。」藝文志：「易經十二篇，施、孟、梁丘三家。」顔師古注：「上、下經及十翼，故十二篇。」崇文總目：「田何之易，卦象爻彖與文言、説卦等離爲十二篇，而自爲章句，易之本經也。」孟氏古文，見於説文，説文序：「其偁易孟氏，古文也。」而三家經或脱字，亡於晉代。漢藝文志：「章句施、孟、梁丘氏各二篇。劉向以中古文易經校施、孟、梁丘經，或脱去無咎、悔亡，唯費氏經與古文同。」釋文序：「永嘉之亂，施氏、梁丘之易亡，孟、京、費之易，人亡傳者。」隋經籍志：「梁丘、施氏、高氏亡於西晉。」釋文序：「孟喜章句十卷，無上經。」七録云：「又下經無旅至節，無上繫。」京房之學，受自焦延壽，云出孟喜後，漢亦列於學官。漢儒林傳：「京房受易梁人焦延壽，延壽云：『嘗從孟喜問易。』」藝文志：「孟氏、京房十一篇，災異孟氏京房六十六篇。」後漢儒林傳：「施、孟、梁丘、京氏四家，皆立博士。」七録：「京房章句十卷，目一卷。」按：七録所云，即藝文志之十一篇。費氏易者，與古文同，始以彖、象、繫辭十篇文言解説上下經，行於民間。漢儒林傳：「費直治易，長於卦筮，亡章句，徒以彖、象、繫辭十篇文言解説上下經。」後漢儒林傳：「費直傳易，本以古字，號古文易。」七録云：「直易章句四卷殘缺。」後漢馬融、鄭康成諸人爲之傳注，而費氏學興。後漢儒林傳：「陳元〔一〕、鄭衆皆傳費氏易，其後馬融亦爲其傳。融授鄭玄，玄作易注，荀爽又作易傳，自是費氏興，而京氏遂衰。」或云康成始合彖、象於經。魏志高貴鄉公紀：「帝問曰：『孔子作彖、象，鄭玄作注，雖聖賢不同，其所釋經義一也。今彖、象不與經文相連，而注連之，何也？』俊對曰：『鄭玄合彖、象於經者，欲使學者尋省易了也。』」或云王弼始以文言附乾、坤二卦，又加乾傳、泰傳字。玉海朱震曰：「王弼以文言附乾、坤二卦，自康成而後，其本加彖曰、象曰，自弼而後，加文言曰，至於文辭連屬，不可附卦爻，則仍其舊篇。」又孔穎達曰：「輔嗣之意，象本釋經，宜相附，近分爻之象辭，各附當爻。則費氏時猶若今乾卦彖、象繫卦之末歟！」又云：「康成注本無乾傳、泰傳字，輔嗣加之。」以卷首之卦，題曰傳，離爲六篇。」自王弼以老、莊之學注易，而古學失其傳，隋經籍志：「周易十卷，魏尚書郎王弼注六十四卦

〔一〕「陳元」，原作「鄭玄」，據後漢書改。

六卷，晉太常韓康伯注繫辭以下三卷，弼又撰易略例一卷。」孫盛曰：「雖有可觀，恐泥大道。」王濟曰：「見弼易注所誤者多。」按：王弼注雖爲當時所譏，然既是注疏本，行之既久，不可偏廢。且弼用道家之言解經，疑亦襲取古注，是以兼存之。自唐用王弼本作正義，而古注散佚，鄭學遂微。釋文序：「江左中興，唯置王氏博士，太常荀崧奏請置鄭易博士，詔許。值王敦亂，不果立。」易正義序：「魏世王輔嗣之注，江左並傳其學，河北學者罕能及之。其江南義疏十有餘家，皆辭尚虛玄，義多浮誕，斯乃義涉於釋氏，非爲教於孔門也。既背其本，又違於注，今既奉敕撰定，爲之正義，凡十有四卷。」按：序云十有四卷，唐經籍志作十八卷，書錄解題作十三卷，疑後人合併之異。惠棟易漢學序：「王輔嗣以假象說易，根本黄、老，而漢經師之義，蕩然無復有存者矣。」著作郎李鼎祚撰集子夏已下傳注，名曰集解，凡有十卷，行于今代。其漢、魏人易說，時時見于古書傳注，及史徵周易口訣義中。李鼎祚自序：「刊輔嗣之野文，補康成之逸象。」中興書目：「集解十卷，唐著作郎李鼎祚集子夏、孟喜、京房、馬融、荀爽、鄭康成、劉表、何宴、宋衷、虞翻、陸績、干寶、王肅、王輔嗣、姚信、王廙、張璠、向秀、王凱沖、侯果、蜀才、翟元、韓康伯、劉瓛、何妥、崔憬、沈驎士、盧士、崔覲、孔穎達等凡三十餘家，附以九家乾鑿度，凡十七篇。其所取荀、虞之說爲多，取序卦冠之卦首。」按：朱睦㮮考增焦贛、伏曼容，朱彝尊考增姚規、朱仰之、蔡景君，共三十五家。蒙念學者病王弼之玄虛，慨古學之廢絶，因以李氏易解合於王注，又采集書傳所載馬融、鄭康成諸人之注，及易口訣義中古注，附於其後。凡說文、釋文所引經文，異字異音，附見本文，命曰周易集解。庶幾商瞿所傳，漢人師說，不墜於地。俾學者觀其所聚，循覽易明。其稱解者，李氏所輯；注者，王弼所注；稱集解者，蒙所採也。先以李氏解者，以其多引古注，最後附集解者，不敢掩前人也。易有子夏傳，蓋出於韓嬰，或云漢儒所爲，其書久亡，世有僞本。劉向七略有子夏易傳，漢興，韓嬰傳。中經簿錄：「子夏易傳四卷，或云丁寬所作。」阮氏七錄：「子夏易傳六卷，或云韓嬰作，或云丁寬作。」釋文序：「張璠云：或馯臂子弓所作。」薛虞、記虞不詳何許人。按：此子夏傳見釋文、正義、集解，唯「元始亨通」及以「井谷射鮒爲蝦蟇」數條，是古所傳也。今有子夏易傳十一卷，則唐張弧僞作也。京氏章句亦亡。今陸績注者三卷，或曰錯卦。漢藝文志：孟氏、京氏十一篇，災異：孟氏、京房六十六篇。七録：十卷録，一卷目。釋文序：「京房章句十二卷。」按：漢五行志及傳、記所引京房易傳甚多，七録之十卷録，一卷目，即藝文志之十二卷。二，蓋一字誤也。其書今佚。今有京氏易傳三卷，晁公武疑爲隋、唐志之錯卦，是也。本四卷，又佚雜占條例。及魏伯陽參同契，僞關朗易傳，宋陳摶所摭僞子華子，戴九履一河圖之學，先天太極之説，皆無可採。子華子：「大道爲二與四抱九而上躋也，六與八蹈一而下沈也。戴九而履一，據三而持七，五居中宫，數之所由成。」按：九宫之數，出於易緯，又見僞子華子，俱不云河圖。宋陳摶摭此説，而妄言復有祕傳，以九爲河圖，十爲洛書，其言不可信。易者，聖人效天法地之書，人與天地參，則易與天地準。通天地人之謂儒，天大地大人亦大，故易稱「大人」，亦稱「君子」。爾雅釋詁：「君，大也。」君子即大人。大人者，合於天地日月四時鬼神，先奉時而後不違，則自天佑之吉，无不利，大象必稱君子以先王。以者，以用也。卦有否、泰，道有消長，君子用之，皆吉。道消，斯用儉德也。易不可以占險，是以黄裳元吉，不利小人。易緯言易有三名，其在人道，乾爲積善，坤爲積不善。言善則應，言不善則違。言行所以動天地，易知易能，所謂易此「易」字，與上二「易」字，俱讀難易之易。也。知進退存亡得喪，所謂變易也；知而不失正，所謂不易也；孔子曰「五十學易」，又曰「五十知天命」，又曰「文王既没，文不在兹」，皆謂易也。古之學者，八歲入小學，學六甲五方書計之事。於易學，蓋近而易明，則孟氏之卦氣，京氏之世應飛伏，荀氏之升降，漢、魏已來，象數之學，不可訾議也。經師家法，既絶於晉，自六朝至唐，諸儒悉守古經義，不敢滕其臆說。至宋而人人言易，繁而寡要，直以爲卜筮書，豈知言哉？近世惠徵君棟作周易述、易例、易漢學諸書，實出於唐、宋諸儒之上。蒙爲此書，無所發明，竊比於信而好古，網羅天下放失舊聞云爾。此書之成，左右採獲，東海畢徵君以田之力爲多，東吳周孝廉雋、瑕丘牛徵君鈞及其子廉夫，互加校勘，以助予之不及。四君者，皆好學深思之士，尤不敢略其美也。如其疏釋，以待能者。時嘉慶三年六月丁未，書成，序於兖州巡使署中。

尚書今古文注疏序

書有孔氏穎達正義，復又作疏者，以孔氏用梅賾書，雜于廿九篇，析亂書序，以冠各篇之首，又作僞傳而舍古說。欽奉高宗純皇帝鑒定四庫書，採梅鷟、閻若璩之議，以梅氏書爲非真古文，則書疏之不能已于復作也。兼疏今古文者，放詩疏之例，毛、鄭異義，各如其說以疏之。史遷所說，則孔安國故；書大傳則夏侯、歐陽說；馬、鄭注則本衞宏、賈逵、孔壁古文說。皆有師法，不可遺也。今古文說之不能合一，猶三家詩及三傳難以折衷。即鄭注三禮，亦引今古文異字及鄭司農、杜子春說。至晉已後，乃用李斯「別白黑〔一〕而定一尊」之學，獨申己見，自杜預之注左傳，王弼之注易，郭璞之注爾雅，濫觴也。經廿九篇，并序爲三十卷者，伏生出自壁藏，授之鼂錯，教于齊、魯，立于學官。大、小夏侯、歐陽爲之句

〔一〕「別白黑」，原作「別黑白」，據史記李斯傳乙。

解，傳述有本。後人疑爲口授經文説，爲略以其意屬讀者，誤也。孔壁所出古文，獻自安國，漢人謂之逸十六篇。後漢衛宏、杜林、賈逵、許氏慎等，皆爲其學，未有注釋，而經文并亡于晉永嘉之代，不可復見也。書大傳：「孔子謂顔淵曰：『堯典可以觀美，禹貢可以觀事，咎繇謨可以觀治，鴻範可以觀度，六誓可以觀義，五誥可以觀仁，甫刑可以觀誡。』」凡此七觀之書，皆在二十九篇中，故漢儒以尚書爲備，又以爲法斗七宿。四七二十八宿，其一斗也。又云：「孔子更選二十九篇。」二十九篇獨有法也。尋此諸説，即非正論，可證漢儒之篤守二十九篇，無異辭也。二十九篇析爲三十四篇者，伏、鄭本分合之不同。大誓後得，然見于史記、書大傳，似止上下二篇。至唐已後，并失之。其詞見于傳記，猶可徵也。書大傳存本亦爲後人删節，馬、鄭注至宋散佚，王應麟及近代諸儒，或從書傳輯存之，故可附經而爲之疏也。文有今古之分者，孔壁書科斗文字，安國以今文讀之，蓋秦已來改篆爲隸，或以今文寫書，安國據以讀古文，其字則異，其辭不異也。司馬氏用安國故，夏侯、歐陽用伏生説，馬、鄭用衛、賈説，其説與文字雖異，而經文不異也。古文篆籀之學，絶于秦、漢；聲音訓詁之學，絶于魏、晉；典章制度之學，絶于隋、唐。尚書爲唐、虞、三代之文，字蹟奇古，詁訓與後世方言不同，制度或在禮經之先，後人不考時代，率爲之注解，致訓故乖違，句讀舛誤，謂之佶屈聱牙，殊可歎也。孔氏之爲書正義，序云：「据蔡大寶、巢猗、費甝、顧彪、劉焯、劉炫等。」又云：「覽古人之傳記，質近代之異同，存其是而去其非，削其煩而增其簡。」是孔氏之疏，不專出于己。今依其例，偏採古人傳記之涉書義者，自漢、魏迄于隋、唐。不取宋已來諸人注者，以其時文籍散亡，較今代無異聞，又無師傳，恐滋臆説也。又採近代王光禄鳴盛、江徵君聲、段大令玉裁諸君書説，皆有古書證據，而王氏念孫父子，尤精訓詁。但王光禄用鄭注，兼存僞傳，不載史記、大傳異説；江氏篆寫經文，又依説文改字，所注禹貢，僅有古地名，不便學者循誦；段氏撰異一書，亦僅分别今古文字。及惠氏棟、宋氏鑒、唐氏焕，俱能辨證僞傳。莊進士述祖、畢孝廉以田，解經又多有心得。合其所長，亦孔氏云「質近代之異同，存其是而削煩增簡」者也。爲書始自乾隆五十九年，迄于嘉慶二十年。既有厥逆之疾，不能夕食，恐壽命之不長，亟以數十年中條記書義，編纂成書，必多疏漏謬誤之處。然人之精神自有止境，經學淵深，亦非一人所能究極，聊存梗概，以俟後賢。或炳燭餘光，更有所得，尚當改授梓人，不至詒譏來哲也。

凡例

一、此書之作，意在網羅放失舊聞，故録漢、魏人佚説爲多。其前哲編纂書義，具有成書，或列在學官，或爲時循誦，不敢勦説雷同。

一、尚書古注散佚，今刺取書傳，升爲注者，五家三科之説，一司馬氏遷，從孔氏安國問故，是古文説；一書大傳，伏生所傳歐陽高、大夏侯勝、小夏侯建，是今文説；一馬氏融、鄭氏康成，雖有異同，多本衛氏宏、賈氏逵，是孔壁古文説。皆疏明出典。其先秦諸子所引古書説，及緯書、白虎通等漢、魏諸儒今文説，許氏説文所載孔壁古文，注中存其異文異字，其説則附疏中。大傳于章句之外，别撰大義，故擇取其文，不能全録。

一、經文相傳既久，謹依孔氏穎達正義本，參用唐開成石經，即今世列學官循誦之本。若改從古文，便恐驚俗，止注明文字同異，疏其出處。惟堯典分出舜典，皋陶謨分益稷。書序一篇，分列各篇之首，前人俱以爲非，不得不改從舊本，以符二十九篇之數。盤庚等三篇爲一，依漢石經，每篇空格；及泰誓〔一〕用史記，參以書大傳，不敢湊集佚文，説俱見疏中。

一、尚書佚文，見于先秦經傳、諸子及漢人所引，有篇名可考者，各附書序，並存原注。其僅稱「書曰」、「書云」者，或不必盡是尚書，或是逸周書及周書六弢，不便採入。惟孟子所引，似是舜典，趙注不爲注明，亦不敢據增。

一、同時諸君之説，有已刻行世之書，亦有未經授梓者，有雜載經義札記者，故須採附經本，以諗來學，俱載明姓氏。其不載者，或因引據書傳，爲習見之文，或與拙撰舊稿暗合，是以略之，非敢掠美。

一、緯書言三百年斗曆改憲，古時曆法夏、殷、周、魯已有不同，今既注經，須用考靈燿及淮南天文訓、史記曆書、天官書、漢書律曆志等引證，方與先秦曆法符合。六朝、唐人如祖沖之、僧一行異説，或用梅氏書胤征、大甲等篇考證年月，殊不可信。西法雖密，與古不同，亦不足爲經證。

一、禹貢地理俱用古説，見于漢地理志，當時據周地圖、桑欽等書説。後人以臆見移易山川，如以成皋、大伾爲在黎陽，以安豐、大別爲在漢陽之屬，皆不敢濫從。郡縣應釋以今名，方便學人檢閲，庶補

〔一〕「泰誓」，原作「秦誓」，今改。

江氏聲所未備。

一、引用各書，其爲本書不具，及今世所無之本，俱載明出處。説文用宋本，或載他書引用異文。惟家語、孔叢、小爾雅、神異經、搜神記等，或係僞書，或同小説，不敢取以説經，疑誤後學。

一、宋本注疏，注爲雙行小字，明本或以注爲單行，疏爲雙行。汲古閣本始以注爲中字，疏爲雙行小字，行世甚廣，今依其式。如邵氏晉涵之注爾雅，或有可採，以便附入經疏。

文集

原性篇

古之言性者多異，孔子言「性相近」，周人世碩、宓子賤、漆雕開、公孫尼子之徒言「性有善惡」，孟子言「性善」，告子言「人性無分於善不善」，荀子言「性惡」，董仲舒言「性有善質而未能盡善」。何以核其實也？古者性與天道通，不明於陰陽五行，不可以言性。民受天地之中以生，在天曰命，在人曰性，故神農經言「養命以應天，養性以應人」。天爲陽，主性；地爲陰，主情。天先成而地後定，故情欲後於性命。五六，天地之中，合性有五常，情有六欲。五常者，仁義禮智信；六欲者，喜怒哀樂好惡也。陽者善，故性善；陰有欲，故情有不善。陽極生陰，故性之動爲情；陰極勝陽，故情之動爲欲。性動而之情，變而之欲，變者情也；情動而有欲，變而之不善，化而復還於善，善者性也。性對情，則性爲陽，情爲陰。單言性，則性有陰陽。猶以天地言之，天爲陽，地爲陰；以天地分言之，天地各有陰陽，鬼臾區〔二〕言「天有陰陽，地亦有陰陽」是也。以四時言之，春夏爲陽，秋冬爲陰；以孟仲季言之，一時又各有陰陽，鬼臾區言「陽中有陰，陰中有陽」也。以五行言之，木火爲陽，土金水爲陰；以八卦言之，陽木震，陰木巽，陽土艮，陰土坤，陽金乾，陰金兑，離火陽含陰，坎水陰含陽也。故言性兼陰陽者，性中五常皆屬陽，五常分仁禮爲陽，義智爲陰，信爲陽。情亦有陰陽者，情中六欲皆屬陰，六欲又分喜好樂爲陽，怒惡哀爲陰也。孔子言性兼陰陽，又言性善，又言性待教而爲善。易曰：「一陰一陽之謂道，成之者性也，繼之者善也。」又曰：「成性存存，道義之門。」又曰：「和順於道德，而理於義，窮理盡性，以至於命。」又曰：「將以順性命之理，立人之道曰仁與義。」夫言性中有道德，有仁有義，則是謂其本善；言成，言盡，言順，則待教而爲善。然則孔子他日言「性相近，習相遠」，後漢書釋云：「言嗜欲之本同，而遷染之途異。」其云上智與下愚者，上智謂生而知之，下愚謂困而不學，言不移者中。」黄子所云：「人有五位，智人與愚人不同位，或者以智愚爲美惡，誤矣。」賈誼引孔子曰：「少成若天性，習慣如自然。」又云：「習與智長，故切而不愧；化〔三〕與心成，故中道若性。」夫言「習慣如自然」，則非本然之性；又云「中道若性」，則非天命之性。故祖伊言「王不虞天性」者，不度其善性也。惟僞尚書伊尹曰「習與性

〔二〕「鬼臾區」，原作「鬼區臾」，今乙。下同。
〔三〕「化」，原作「況」，據漢書賈誼傳改。

成」，則似性中有惡。魏、晉人之言，不足深辨矣。孔子以陰陽言性者，不對情而言，實則性質爲陽。世子之徒言「性有善有惡」者，兼性之動而言，實則情之惡。荀子言「性惡」，直誤以情爲性。告子言「人性無分於善不善」，則不分陰陽。孟子言「性善」，而言「良知良能」，亦不教之性。蓋名不正則言不順，善乎許叔重之言性，曰：「人之陽氣，性善者也。」其言情，曰：「人之陰氣，有欲者。」其言酒，曰：「所以就人性之善惡。」夫言性陽曰善，論其質也；言情不曰有惡，而曰有欲者，欲有善有惡也；言酒則言性有善惡者，酒屬欲，欲有善惡。麥陰黍陽相得，動而爲酒，人之性得酒而動。許君以酒觀人性，據其動而言，則性兼情，故有善惡。其善者性也，惡者情之欲也。謂欲有惡，而不可謂情有惡，謂情有惡，尤不可謂性有惡。譬如夏至陰生，而夏不得謂之冬；冬至陽生，而冬不得謂之夏也。許君説本孝經鉤命訣，曰：「情生於陰，性生於陽，陽氣者仁，陰氣者貪，故情有利欲，性有仁也。」緯書出於漢末，多本孔子之言。文子書曰：「人生而靜，天之性也；感物而動，性之欲也。」管子曰：「凡民之生也，必以正平，所以失之也，必以喜怒哀樂。」漢詔曰：「夫人之性，皆有五常，及其少長，耳目牽於嗜欲，故五常銷而邪心作，情亂其性，利亂其義。」張宴曰：「性者所受而生也，情者見物而動者也。」董仲舒曰：「命者天之令也，性者生之質也，情者人之欲也。」又曰：「謂性已善，柰其情何？」此言性與情皆得之矣。何以言情亦有善也？禮記之言喜怒哀樂曰：「未發謂之中，發而中節謂之和。」管子曰：「好不迫於惡，惡不失其理，欲不過其情。」是情未嘗不善，故易曰：「利貞者，性情也。」孟子曰：「乃若其情，則可以爲善矣。」情有善，將欲與貪利亦善乎？欲與貪利，即情之有喜有樂，發而中節，則無不善也。孔子曰：「我欲仁。」

又曰：「己欲立達，而立達人。」夫己欲立達，貪利也；能立達人，則貪利亦善。故公劉、太王之好，百姓同之。孔子曰「飲食男女，人之大欲存焉」，欲未嘗不善也。欲勝則能亂性，故曰：「欲焉得剛？」又曰：「欲不行爲仁。」欲可以至於不善，而欲之名則無不善也。人不能有性而無情，天不能有陽而無陰，天之時，若即人之中節也。浮屠之言曰：「斷欲去愛。」又曰：「愛欲交錯，心中興濁；清淨無垢，即自見性。」夫不斷不善，而斷愛欲，則獨陽不生，亢而有悔，反可以至於不善。故彼教離五常，所謂不教之性，剛健而失中正也。何以言性待教而爲善？易言：「天道陰陽，地道柔剛，人道仁義，后以裁成輔相左右民。」禮記言：「盡人物之性，與天地參。」書言：「剛克柔克正直。」剛屬性，柔屬情，平康之者教也。禮記言：「天命謂性，率性謂道，修道謂教。」教者何？性有善而教之，以止於至善。故禮記之言「明德」也，曰「新民」，曰「止至善」。止者，如文王止於仁敬孝慈信，即性中之五常，必教而能之，學而知之也。孟子以孩提之童「愛其親，敬其長」是也。然童而愛其親，非能愛親，慈母乳之而愛移；敬其長，非能敬長，嚴師扑之而敬移。然則良知良能不足恃，必教學成而後真知愛親敬長也。故董仲舒之言性，待教而爲善，是也。又曰：「善如米，性如禾，禾雖出米，而禾未可謂米也。性雖出善，而性未可謂善也。」又曰：「今按聖人言中本無性善名，而有善人，吾不得而見之矣。使萬民之性皆已善，善人者何爲不見也？」又曰：「聖人之性不可以名性，斗筲之性又不可以名性，名性者中名之性。」又曰：「善出於性，而性不可謂善。」按此諸說，董欲正名而名愈不正也。夫人生皆中民也，已教則性勝情，謂之聖；人失教，則情勝性，謂之斗筲，非性有三等。孔子言善人者，謂已教之性，猶稱道盛德至善，故難得見也。禾雖出米，而未可謂米，固也；然亦不可謂之中無米也。此亦董之疏也。至告子以食色爲性，食色者情也；荀子以爲好利而欲得者人之情性，又云：「人之性生而好利疾惡，有耳目之欲，有好聲色。」周書謂喜怒欲懼憂爲五氣，大戴改五氣爲五性，是皆以情爲性，然則後儒之不通陰陽，不能正名情性甚矣。或曰：「商臣、越椒，生而惡形，梟鳥食母，蒼鷹搏擊，此皆性惡也。」答曰：「此形惡，非性惡也。」爲其情將成于惡，故形先見。人之爲不善也，必以長而貪欲，其貪欲者，情也；其少而不知貪欲，未至於爲不善者，性也。梟鷹之惡也，以求食而動，亦欲也，是情之惡，不可謂性也。聖人之治性情也以禮樂，禮節性，樂防情；其用性情也以忠恕，忠率性，恕推情；其善性情也以道德，道其情之中和謂之道，得其性之至善謂之德。道德忠恕皆本五常之教，舍五常則虛位也。五常以格物而能止於善，格者，蒼頡篇曰：「量度也。」物者，事也。格物猶言量事，量其事之至善，即五常之事也。或言「格，正也」，格物言正名其事，而後能擇善，知其事之至善，故曰致知。若魏顆用先人治命，晏子謂「君爲社稷死則死之」，孔子謂「要盟神勿信」之類，此謂執中之權。大學篇之致知，即中庸篇稱舜之大知；其格物，即用中，中庸猶言用中。解者以庸爲常，失之也。何以言道德爲虛位？道德離五常，易稱小人道長，禮稱左道，書稱凶德，傳稱昏德是也。忠恕非五常，亦爲虛位。非其親暱，誰敢任之？則忠者非忠；以小人之腹，爲君子之心，則恕者非恕也。故聖人貴實而惡虛，言有不言無，貴剛而賤柔，則儒家之異於道家，三代之學之異於宋學也。

先天卦位辨

内經、周易皆言先天，非邵雍所謂先天。莊子內篇云：「神鬼神帝生天生地，在太極之先。」又云：「先天地生。」又云：「伏羲得之，以襲氣母。」干寶注周禮曰：「伏羲之易小成爲先天，神農之易中成爲中天，黄帝之易大成爲後天。」小成謂八卦也，中成謂重卦，大成謂備物制用也，似爲邵雍所本，而不言卦位。今所傳伏羲先天八卦，乾南坤北，及乾一兑二，以别于文王卦位，考之書，無所本。蓋邵雍誤讀易説卦爲之。易之言卦有二象：從象一上一下，横象分布八方，天動地静之道也。説卦云：「天地定位，山澤通氣，雷風相薄，水火不相射者，謂乾上坤下，象天地；離上坎下，象水火；艮上兑下，象山澤；震上巽下，象雷風。」故孔子於易上經言「同聲相應」，謂震、巽；「同氣相求」，謂艮、兑；「水流濕，火就燥」，謂坎、離；「雲從龍，風從虎」，謂乾、坤。虞翻之注良是。又曰：「本乎天者親上，本乎地者親下。」繫辭又曰：「天高地卑，乾坤定，卑高以陳，貴賤位。」既曰卑高，是説卦天地定位，明爲上下之象，而非南北之位也。邵雍誤會其辭，造爲乾南坤北、離東坎西卦位，命曰先天。又見其文有「數往者順，知來者逆」，及「易逆數」之言，以爲八卦當起乾，逆數至兑，造爲乾一兑二之序。攷虞翻注易「數往者順」，謂乾消從午至亥，上下故順也；注「知來者逆」，謂乾息從子至巳，下上故逆也。古人列八卦方位，乾、坎、艮在下方爲北，巽、離、坤在上方爲南，震東，兑西。李氏云：「從午至亥，即從離至乾。」云：「從子至巳，即從坎至巽。」蓋坎、艮、震、乾四卦爲陽，進自下方而上其位逆；巽、離、坤、兑四卦爲陰，退自上方而下其位順。即二至陽遁陰遁之分，通謂之逆數者，八卦俱起坎也。邵雍未見虞氏之解，直以逆數爲乾一兌二，則於四時五行人事皆不合。乾九月卦，兌八月卦，四時何爲起季秋入仲秋？乾陽金，兌陰金，五行何爲起金？乾老父，兌少女，對中女，則少之言小，絶陽小陰，何能相生？説經之儒，合天地人無所不通，邵雍之言何其窒閡也？古書言天地之象，多兼上下四方。堯典之言「堯曰假于上下，亦曰横被四表」，經典如此，不可更僕。五行亦有上下四方之象，韋昭注律曆志「天之中數五」云：「一三在上，七九在下。」注「地之中數六」云：「二四在上，八七在下。」鄭康成注易云：「天一生水於北，地二生火於南，天三生木於東，地四生金於西，天五生土於中。陽无耦，陰无配，未得相成。地六成水於北，與天一并；天七成火於南，與地二并；地八成木於東，與天三并；天九成金於西，與地四并；地十成土於中，與天五并也。」韋以從象言，鄭以横象言，不相妨矣。邵雍又見説卦「帝出乎震」之辭，以爲文王後天八卦，尤無所本。説卦之言震曰東方，巽曰東南，離曰南方，乾曰西北，坎曰正北方，艮曰東北，惟坤、兌無方位。易乾鑿度：「孔子以坤配六七月，則在西南；兌正秋，則西方。」此四正四維，分布八方之象，亦伏羲之卦位。何以明之？易乾鑿度稱庖犧氏畫四象，立四隅，以定羣物。繫辭曰：「易有太極，是生兩儀，兩儀生四象，四象生八卦。」易稽覽圖以四正卦爲四象，乾鑿度：「孔子曰：易始於太極，太極分而爲二，故生天地。天地有春秋冬夏之節，故生四時。四時各有陰陽剛柔之分，故生八卦。」虞翻易注云：「震春、兌秋、坎冬、離夏，故兩儀生四象。」諸儒以四象爲四時，蓋本孔子之言八卦方位，必先有四正，而後有四維，故繫辭云：「四象生八卦。」庖犧氏所爲畫四象立四隅者，既置坎、離、震、兌以象春夏秋冬，又置乾、坤、艮、巽以象四孟四季，亦如洛書五行之敘，先生後成，生於一二三四五，水火木金土爲之四正，然後成於六七八九十也。宋儒縱不信緯書，何能不信繫辭乎？且陳摶乘隋焚讖緯之後，方竊乾鑿度太乙下行九宫式，以爲河圖欺世，朱文公諸人爲其所惑，緯書之緒餘，以爲祕傳，反不信其與經不倍之言耶？必欲求先天之卦，或取考靈耀天左動起於牽牛，地右動起於畢之説，謂牽牛屬艮，畢屬兑，艮在丑宫爲太一，兑在西宫爲太陰，謂之太極在坎、離之先，義猶有取。若所謂乾一兑二者，求之書傳，果何由附會其説乎？宋人考古之疏，固不止一端。如朱文公問蔡季通，以爲十二相屬起於何時？曾見何書？又謂「虎當在西而反在寅，雞爲鳥屬而反居西。」今撿十二辰屬禽，近出王充論衡及抱朴子。賈誼新書胎教篇有云：「雞者東方之牲，狗者南方之牲，牛者中央之牲，羊者西方之牲，彘者北方之牲。」非其物也。又博古圖及今出土漢鏡，鑄十二禽象甚悉。朱文公未見其書，亦可怪矣。十二屬之所本，無關經學。吾疾夫世之刊易經及陰陽書，必列邵雍先天八卦于簡端，至相宅家爲人作坎宅坤門，以爲先天坤即後天離，不悟土來克水，得禍甚速，是不可以不辨，故詳著於篇。

河圖洛書考

漢人以八卦爲河圖，九疇爲洛書，其説見孔安國注論語「河不出圖」，及馬融注書「九疇」。又漢五行志引劉歆説亦同，以「初一曰五行」已下六十五字爲雒書本文。禮記疏引中候握河紀：「伏羲氏有天下，龍馬負圖出於河，遂法之作八卦。」又：「龜書，洛出也。」李鼎祚周易集解引孔安國注繫辭、班固漢書敍傳及李奇注，悉用其説。惟鄭康成注易始用春秋緯云：「河圖有九篇，洛書有六篇也。」鄭所稱河圖、洛書，今多見開元占經，未必太古時文，此則鄭氏信讖緯之過。按易乾卦言龍，坤卦言馬，是稱龍馬負圖，即八卦爲河圖之證。洪範五行一曰水火，在北方，玄武之位，是稱神龜負文，即九疇爲洛書之證。可知孔安國、劉歆、馬融諸儒所説長於鄭氏矣。至宋人乃妄以洪範五行爲河圖，又以太乙下行九宫式爲洛書。近人毛奇齡闢之甚辨，而不能篤信漢人以八卦、九疇爲河圖、洛書之説。顧炎武、惠棟知九宫爲易緯，而不知其出於黄帝。核宋人致誤之由，亦非無本。北周甄鸞注數術記遺九宫算云：「九宫者，即二四爲肩，六八爲足，左三右七，戴九履一，五居中央。」又盧辯注大戴禮明堂篇「二九四七五三六一八」云：「記用九室，謂法龜文，故取此數以明其制也。」宋人見甄鸞有肩足戴履之言，又見盧辯有九式法龜文之説，遂以九宫爲龜文。不知甄鸞以肩足戴履别上下前後之位，未言在於龜背，大戴禮所云二九四七五三六一八者，言明堂户牖堂室之數，逢十則有餘數，若十餘二，三十餘六，七十餘二之類也。盧辯謂法龜文，特因九室而言。如僞孔尚書傳云：「神龜負文而出列，於背有數至於九」，亦即謂九疇，不必是九宫之式也。以戴九履一，二四爲肩，六八爲足，爲是龜文，果何所出，亦復何所取義乎？太乙九宫式之傳甚古，攷其始，實出黄帝素問五常政大論。岐伯有云：「眚於三。」王冰注：「三，東方也。」云：「眚於九。」注：「九，南方也。」云：「其眚四維。」注：「東南、西南、東北、西北土之位也。」云：「眚於七。」注：「七，西方也。」云：「眚於一。」注：「一，北方也。」六元正紀大論則有「災七宫」之屬。隋經籍志載九宫經三卷，鄭玄注又稱：「梁有黄帝四部九宫五卷。」唐會要稱「會昌三年，王起等奏案黄帝九宫經。」羅苹路史注引壺子云：「黄帝體九竅，以定九宫。」是九宫之式，黄帝時即有之，故遁甲書亦用其法。淮南天文訓：「太陰元始建於甲寅，一終而建甲戌，二終而建甲午，三終而復得甲寅之元。」如法推之，甲寅在坎宫，則甲戌在離；甲戌在坎宫，則甲午在離；甲午在坎宫，則甲寅在離，則西漢人亦多知九宫者，故劉歆有「八卦九章相爲表裏」之語。至易乾鑿度載其式云：「易一陰一陽，合而爲十五之謂道。」又云：「太乙取其數以行九宫，四正四維皆合於十五。」鄭康成注：「太乙下行九宫，從坎宫始，坎，中男，始亦言無適也。自此而從於坤宫，坤，母也。又自此而從震宫，震，長男也。又自此而從巽宫，巽，長女也。所行者半矣，還息於中央之宫。既又自此而從乾宫，乾，父也。自此而從兑宫，兑，少女也。又自此行於艮宫，艮，少男也。又自此從於離宫，離，中女也。行則周矣，上遊息於太乙天一之宫，而反於紫宫。行從坎宫始，終於離宫，數自太乙行之，坎爲名耳，出從中男，入從中女，亦因陰陽男女之偶爲終始。云從自坎宫，必先之坤者，母於子養之勤勞者；次之震，又之巽，母從異姓來，此其所以敬爲生者；從息中而復之乾者，父於子教之而已，於事逸也；次之兑，又之艮，父或老，順其心所愛，以爲長育。多少大小之行，已爲施此數者，合十五。」言其法也詳，注義多未精確，或是後人僞託。今攷九宫之法，不外陽進陰退，起坎者，乾貞於十一月子，坎陽，進而上行之坤；坤貞於六月未，坤陰土，退而下行之震；震陽木，進而上行之巽；巽陰木，退而下行之中；中兼艮、坤，坤陰土，退而下行之乾；乾陽金，進而上行之兑；兑陰金，退而下行之艮；艮陽土，進而上行之離；離陰，退而下行之坎。一陰一陽俱起者，天左旋，地右動之道。陽動而之陰，陰動而之陽者，乾鑿度所謂「並治而交錯，行閒時而治六辰」，董仲舒春秋繁露所謂「陰適右，陽適左。適左者其道順，適右者其道逆。逆氣左上，順氣右下」是也。一白、二黑、三碧、四緑、五黄、七赤、八白、九紫者，唐會要載「九宫貴神」，「天蓬星太乙坎水白，天内星攝提坤土黑，天衝星軒轅震木碧，天輔星招摇巽木緑，天禽星天符中土黄，天心星青龍乾金白，天柱星咸池兑金赤，天任星太陰艮土白，天英星天乙離火紫」，是也。九宫即算法之捷，故遁甲式用之。知日月星奇所在，及九星所臨，自古皆有之，既非出於龜文，亦不得以爲神禹洛書。隋焚讖緯，或尚記九宫以示，陳摶遂訛爲洛書。於時乾鑿度未出，朱文公諸人不能博考，致爲所惑，並忽素問而不觀，則無能復辨九宫之緣起矣。

三禘釋

周制大禘有三：一曰圜丘之祭，配以帝嚳，出祭法。云：「有虞氏、夏后氏禘黄帝，殷人、周人禘嚳也。」鄭注云：「此禘謂祭昊天於圜丘也。」鄭知爲祭天者，據王制云：「祭天地之牛角繭栗。」何休注公羊引禮「祭天牲角繭栗」，而楚語觀射父有「郊禘不過繭栗」之言，以牲角繭栗知禘爲祭天之稱。周人無嚳廟，而云禘嚳，又與郊並稱，是知爲圜丘配天之祭矣。已上明禘爲圜丘之祭。一曰夏正郊天，配以后稷，出大傳。云：「禮不王不禘，王者禘其祖之所自出，以其祖配之。」鄭注云：「凡大祭曰禘。自，由也，大祭其先祖所由生。謂郊，祀天也。王者之先祖皆感太微五帝之精以生，皆用正歲之正月祭之，蓋特尊焉。」孝經曰：「郊祀后稷以配天，配靈威仰也。」鄭注周官「圜丘」亦引大傳此文。鄭知祖之所自出爲天者，据郊特牲云：「萬物本乎天，人本乎祖，此所以配上帝也。」荀子禮論：「王者天太祖。」春秋繁露觀德篇云：「天地者，先祖之所出也。」謂天爲先祖之所出，本之荀子；董仲舒名之爲禘，本之大傳。且詩序云「長發，大禘也」，而有「帝立子生商」之文。公羊傳云：「郊則曷爲？必祭稷，王者必以其祖配。」又云：「自内出者無匹不行，自外至者無主不止。」外謂天也，故荀子禮論云：「郊者并百王于上天而祭祀之也。」此郊謂吉禘，承上喪三年言之。鄭注禮運「魯之郊禘」，但以爲郊，皆即郊爲禘之證矣。已上明禘爲夏正月郊祭。一曰明堂之祭，五天帝配以文王曰祖，五人帝配以武王曰宗。出詩周頌序。曰：「雝禘大祖也。」鄭箋云：「禘，大祭也，大祖謂文王，蓋即宗祀文王于明堂，以配上帝。」鄭知大祖爲明堂者，据堯典云「受終于文祖」，又云「歸格于藝祖」，又云「舜格于文祖」，上云「賓于四門」，下云「闢四門，明四目，達四聰」，以四門證之本文，知文祖爲明堂。故馬融注云：「文祖，天也，天爲文，萬物之祖，故曰文祖。」鄭注云：「文祖者，五府之大名，猶周之明堂。」又云：「藝祖、文祖，猶周之明堂。」又司馬遷從孔安國問故云：「文祖者，堯大祖也。」史記云：「大祖亦即明堂。」淮南主術訓云：「神農以時嘗穀，祀于明堂。」周書嘗麥解云：「王乃嘗麥于大祖。」是大祖即明堂之證。素問五運行大論「黄帝坐明堂，始正天綱」，合之「受終文祖，在璿璣玉衡」之文，又文祖爲明堂之證。故洛誥「承保乃文祖，受命民及乃單文祖德」，鄭注俱以爲明堂，實本孔、馬之説，及案古書傳，非僅据緯候，蔡邕明堂月令論引禮記檀弓曰：「王齋禘于清廟明堂」，蓋逸禮大祖既是明堂，而詩序云「禘大祖」，逸禮云「禘明堂」，即是禘爲明堂配天之證矣。已上明禘爲明堂配天之祭。而王肅非之，如以禘爲非祭天，則不信王制、逸禮、楚語三書「牲用繭栗」之言也。

以禘爲非郊，則不信大傳、商頌序之言也。以禘爲僅祭始祖之廟，非祭明堂，則不信逸檀弓、周頌序之言也。三者皆不始自鄭注，宋儒柰何妄斥鄭氏三禘之非乎？禘之所以名，以有天帝及審諦之義。爾雅釋天云：「禘，大祭也。」禘有天帝，故在釋天兼圜丘與郊，故通稱大祭，鄭氏云「凡大祭曰禘」是也。白虎通云：「禘之爲言諦也，序昭穆，諦父子也。」似班固止知「禘，爲宗廟之祭」，不知爲「祭天之名」矣。通典引後魏尚書游明根議曰：「鄭氏之義，禘者，大祭之名。大祭圜丘謂之禘者，審諦五精星辰也。大祭宗廟謂之禘者，審諦其昭穆百官也。」鄭氏之言五精，蓋即五行之精，謂五天帝矣。已上論王肅、宋儒斥鄭氏三禘之繆及禘名義。考禘之所以異於祫者，有數事：一曰禘必配天，圜丘及郊無論已。明堂之祭，孝經曰「嚴父莫大於配天」，下云：「宗祀文王於明堂，以配上帝。」通典引徐禪議曰：「春秋左氏說曰：歲祫及壇墠，終禘及郊宗石室。」初學記引摯虞決疑注曰：「凡廟之主，藏於户外，西牖之下，有石函，故名石室。」按郊則五天帝、五人帝之主，宗則后稷、文、武及先公、先王之主，祭于明堂，必迎之，祭畢反于郊于廟。詩正義引鄭志云「禘，大祭，天人共之」是也。已上論禘配天異于祫。二曰禘及功臣。周禮夏官司勳「凡有功者，祭于大烝」，鄭注云：「盤庚告其卿大夫曰：『茲予大享于先王，爾祖其從與享之。』是也。」今漢祭功臣于廟庭。何休注公羊傳曰：「禘所以異于祫者，功臣皆祭也。」後魏太和三年詔引鄭玄云：「三年一祫，五年一禘。祫則毁廟，羣廟之主於太祖合而祭之。禘則增及百官配食者，審禘而祭之是也。」已上論禘有配食功臣，異于祫。三曰禘及助祭諸侯及四夷來王。商頌長發「大禘之詩」云：「受小球大球，爲下國綴旒。受小共大共，爲下國駿厖。」又曰：「九有有截。」孝經云：「得萬國之歡心，以事其先王。」又云：「四海之內，各以其職來助祭。」尚書大傳云：「大廟之中，天下諸侯之悉來進受命周公，而退見文、武之尸者，千七百七十三諸侯。」周語云：「荒服者王。」又云：「終王。」韋昭注云：「終謂終世也，朝嗣王及即位而來見。」漢書韋玄成傳：「劉歆議曰：大禘則終王。」服虔注云：「蠻夷終王，乃入助祭，各以其珍貢，以共大禘之祭也。」春秋襄十五年冬十一月「晉侯周卒」，左傳：「冬，穆叔如晉聘，晉人曰：『以寡君之未禘祀。』」晉無禘禮，蓋言未與于周禘祀，謂世見也。此禘異于祫之禮也。已上論禘有萬國四海助祭，異于祫。禘之名起自有虞，見祭法「禘黃帝」，堯典「肆類于上帝」。鄭氏以爲「禮祭上帝于圜丘」，是黃帝配也。夏、殷則禘爲時祭，故王制云：「天子諸侯宗廟之祭，春曰礿，夏曰禘。」鄭注云：「此蓋夏、殷之祭名，周則改之，春曰祠，夏曰礿，以禘爲殷祭。」鄭云然者，据爾雅云：「春祭曰祠，夏祭曰礿。」又云：「禘，大祭也。」爾雅，周公所作，故知是周改時祭之禘，爲五年殷祭矣。凡經文禘與嘗並舉，皆時禘之稱，蓋夏、殷之禮，故祭義云：「春禘秋嘗。」又云：「禘有樂而嘗無樂。」祭統云：「凡祭有四時，春祭曰礿，夏祭曰禘，秋祭曰嘗，冬祭曰烝。」鄭皆以爲夏、殷時禮，然則中庸禘嘗之義，亦夏、殷時祭也。王制云：「天子祫禘，諸侯礿則不禘，禘則不嘗。」鄭注云：「虞、夏之制，諸侯歲朝，廢一時祭。」又云：「禘一犆一祫。」鄭注云：「下天子也，祫歲不禘。」鄭意皆不以爲周制。郊特牲云：「饗禘有樂。」又云：「春禘而秋嘗。」鄭注云：「此禘當爲禴字誤也。」王制曰「春禴秋禘」，鄭蓋以此諸文言禘，猶周之言礿，歲有一祭，不與五年殷祭同也。已上言殷之禘爲時祭，與周五帝大禘不同。魯祀周公以天子禮樂，禘則以建巳之月。明堂位云：「季夏六月以禘禮祀周公於大廟。」鄭注云：「夏建巳之月也，周公曰大廟。」鄭以爲魯周公廟，則與天子祭于明堂異。經文云「以禘禮」，左傳云「魯有禘樂，賓祭用之」，是但用其文物具備之儀，無圜丘夏正郊天，明堂之祭郊宗石室之禮。惟合祭毁廟羣廟之主，雖名爲禘，實天子之祫耳。祭統云：「成王、康王尊魯，故賜以重祭。外祭則郊社是也；内祭則大嘗禘是也。」禮運：「孔子曰：魯之郊禘，非禮也。」謂郊以日至，禘在宗廟，非周禮。論語：「子曰：禘自既灌而往者，吾不欲觀之矣。」孔安國云：「魯逆祀，躋僖公，亂昭穆，故不欲觀之矣。」按鄭注周官云：「祼之言灌也，惟神道宗廟有祼，天地大神至尊不祼。」孔子蓋言魯惟宗廟之禘，失周禘祭天之禮，故以爲不欲觀，傷周禮不可見也。魯祭宗廟改殷之禘，故亦通名爲烝嘗。左傳云「烝嘗禘于廟」，春秋文二年八月「大事于大廟」，而穀梁謂之嘗，魯語謂之烝。定八年冬十月「禘于僖公」，此夏時八月，實嘗也，而謂之禘是也。魏書禮志中書監高閭等言：「諸侯無禘禮，惟夏祭稱禘，又非宗廟之禘。魯行天子之儀，不敢專行圜丘之禘，故改殷之禘，取其禘名於宗廟，因先有祫，遂生兩名。」是後魏時尚知魯禮不與周天子同也。已上論魯禘所以異于天子。自漢以來，皆以禘爲宗廟之祭，而無配天之禮，由諸儒不能用周制，徒推魯禮，故建武詔書云：「禘祫之祭不行已久。」魏景初詔亦云：「四百餘年廢無禘祀也。」予因五禮通考于此禮不通古制，又讀惠徵君棟禘説，韙其明禘爲配天之祭，病其不知禘亦爲夏正郊天之祭，故作此以廣其説。若夫牲幣之禮，則有司存。已上論漢已來無配天之祭。

校定神農本草經序

神農本草經三卷，所傳白字書，見大觀本草。按嘉祐補注序云：「所謂神農本經者，以朱字名醫，因神農舊條而有增補者，以墨字間於朱字。」開寶重定序云：「舊經三卷，世所流傳名醫別録，互爲編纂。至梁貞白先生陶弘景乃以別録參其本經，朱墨雜書，時謂明白。」据此，則宋所傳黑白字書，實陶弘景手書之本，自梁以前神農、黄帝、岐伯、雷公、扁鵲各有成書，魏吴普見之，故其説藥性所主，或異後人。纂爲一書，然猶有旁注，或朱墨字之別本經之文，以是不亂。舊説本草之名，僅見漢書平帝紀及樓護傳。予按藝文志有神農黄帝食藥七卷，今本譌爲食禁。賈公彦周禮醫師疏引其文，正作食藥。宋人不考，遂疑本草非七略中書也。太平御覽引皇甫謐帝王世紀云：「炎帝神農氏嘗味草木，宣藥療疾，救夭傷人命，百姓日用而不知。著本草四卷。」又云：「岐伯，黄帝臣也，帝使伯嘗味草木，典主醫病，經方、本草、素問之書咸出焉。」則食藥所以兼稱神農、黄帝者，以此。賈公彦引中經簿又有子儀本草經一卷，疑亦此也。梁七録有神農本草三卷，其卷數不同者，古今分合之異。神農之世，書契未作，説者以此疑經。如皇甫所云：「則知四卷成於黄帝。」陶弘景云：「軒轅已前，文字未傳，藥性所主，當以識識相因。至於桐雷，乃著在於編簡，此書當與素問同類。」其言良是。且蓺文志農、兵、五行、雜占、經方、神仙諸家，俱有神農書，大抵述作有本，其傳非妄，是以博物志云：「太古書今見存有神農經。」春秋傳注賈逵以三墳爲三皇之書，神農預其一。史記言秦始皇不去醫藥卜筮之書，則此經幸與周易並存。顔之推家訓乃云：「本草，神農所述，而有豫章、朱崖、趙國、常山、奉高、真定、臨淄、馮翊等郡縣名出諸藥物，皆由後人所羼，非本文。」陶弘景亦云：「所出郡縣，乃後漢時制，疑仲景、元化等所記。」按薛綜注張衡賦引本草經「太一禹餘糧，一名石腦，生山谷」，是古本無郡縣名。太平御覽引經上云「生山谷，或川澤」，下云「生某山，某郡」，明「生山谷」本經文也，其下郡縣，名醫所益，今大觀本俱作黑字，或合其文云「某山川谷，某郡川澤」，恐傳寫之誤，古本不若此。仲景、元化後有吳普、李當之皆修此經，當之書世少行用。魏志華陀傳言「普從陀學」。隋經籍志稱吳普本草梁有六卷。嘉祐本草云：「普修神農本草，成四百四十一種。」唐經籍志尚存六卷，今廣内不復存，惟諸書多見引據。其説藥性寒温五味，最爲詳悉。」是普書宋時已佚。今其文惟見掌禹錫所引藝文類聚、初學記、事類賦諸書。太平御覽引据尤多，足補大觀所缺。重是别録前書，因採其文附於本經，亦略備矣。其普所稱有神農説者，即是本經。大觀或誤作黑字，亦据增其藥物，或數浮於三百六十五種，由後人以意分合，難以定之。其藥名有禹餘糧、王不留行、徐長卿鬼、督郵之屬，不類太古時文。按字書以禹爲蟲，不必夏禹。其餘名號或係後人所增，或聲音傳述，改古舊稱之致。又經有云「宜酒漬者」，或以酒非神農時物，然本草衍義已据素問首言以「妄」爲「常」，以「酒」爲「醬」，謂酒自黄帝始。又按文選注引博物志亦云：「杜康作酒。」王著與杜康絶交書曰「康字仲寧」，或云「黄帝時人」，則俱不得疑經矣。孔子云：「述而不作，信而好古。」又云：「多識於鳥獸草木之名。」今儒家拘泥耳目，未能及遠，不覩醫經本草之書；方家循守俗書，不察古本藥性異同之説。又見明李時珍作本草綱目，其名已愚，僅取大觀本割裂舊文，妄加增駁，迷誤後學。是書集成，庶以輔翼完經，啟蒙方伎。鈔胥之任，匪有發明，略以所知加之考證。本經云「上藥本上經，中藥本中經，下藥本下經」，是古以玉石草木等上中下品分卷，而序録别爲一卷。陶序朱書云：「本草經卷上注云：序藥性之源本，論病名之形診；卷中云：玉石草木三品；卷下云：蟲獸果菜米合三品。」此名醫所改，今依古爲次。又帝王世紀及陶序稱四卷者，掌禹錫云：「按舊本亦作四卷。」韓保昇又云：「神農本草上中下并序録合四卷。」若此，則三四之異，以有序録。則抱朴子養生要略、太平御覽所引神農經，或云「問於太乙子」，或引「太乙子云云」，皆經所無，或亦在序録中，後人節去之耳。至其經文，或以痒爲癢，創爲瘡，淡爲痰，注爲蛀，沙爲砂，兔爲菟之類，皆由傳寫之誤，据古訂正，勿嫌驚俗也。

晏子春秋序

晏子八篇，見藝文志，後人以篇爲卷，又合雜上下二篇爲一，則爲七卷，見七略史記正義七略云：「晏子春秋七篇。」在儒家。及隋、唐志。宋時析爲十四卷，玉海「四」作「二」，疑誤。見崇文總目。實是劉向校本，非僞書也。其書與周、秦、漢人所述不同者，問下景公問晏子「轉附朝舞」，管子作桓公問管子；昭公問「莫三人而迷」，韓非作哀公；諫上「景公遊於麥丘」，韓詩外傳、新序俱作桓公；問上景公問晏子「治國何患？患社鼠」，韓非、説苑俱作桓公問管仲；問下「柏常騫去周之齊，見晏子」，家語作問於孔子。此如春秋三傳，傳聞異辭。若是僞書，必採録諸家，何得有異？唐、宋已來，傳注家多引晏子問上云：「内則蔽善惡於君上，外則賣權重於百姓。」藝文類聚作：「出則賣重寒熱，入則矯謁奴利。」一作：「出則賣寒熱，入則比周雜。」下「繁組馳之」，文選注作「擊驛而馳」，韓非作「煩且」。諫下「接一搏猏而再搏乳虎」，後漢書注作「持楯而再搏猛虎」。問上「仲尼居處惰倦」，意林作「居陋巷」。諫上「天之降殃，固於富彊，爲善不用，出政不行」，太平御覽作「當彊爲善」。此誤「富」字爲「當」，又誤讀其句。此皆唐、宋人傳寫之誤。若是僞書，必採録傳注，何得有異？且晏子文與經史不同者數事。詩「載驂載駟，君子所届」，箋訓爲「極」，諫上則作「誠」，以箴駕八非制，則當爲誠慎之義。諫上「景公游於公阜」，言「古而無死」，及「據與我和」，「日暮，四面望睹彗星」，云「夫子一日而三責我」，雜下又云「昔者吾與夫子遊於公邑之上，一日而三不聽寡人」，是爲一時之事。左傳則以「古而無死，據與我和」之言在魯昭二十年；其齊有彗星降，在魯昭二十六年者，蓋緣陳氏厚施之事，追溯災祥及之耳。此事本不見春秋經，然則彗星見，實在昭二十年，齊景之二十六年。史記十二諸侯年表誤在魯昭二十六年，齊景之三十二年，非也。問下「越石父反裘負薪，息於塗側，曰吾爲人臣僕，於中牟見使將歸。」呂氏春秋及新序則云「齊人累之」，亦言「以負累作僕」，實非攖罪。史記則誤云「越石父在縲紲中」，又非也。他若引詩「武王豈不仕」，「仕」作「事」；引左傳「蘊利生孽」，「蘊」作「怨」；「國之諸市」作「國都之市」，皆足補益經義，是以服虔、鄭康成、郭璞注書多引之。書中與管、列、墨、荀、孟、韓非、呂覽、淮南、孔叢、鹽鐵論、韓詩外傳、説苑、新序、列女傳、風俗通諸書文辭互異，足資參訂者甚多。晏子文最古質，玉海引崇文總目十四卷，或以爲後人采嬰行事爲書，故卷帙頗多於前志，蓋妄言矣。晏子名春秋，見於史遷、孔叢子順説及風俗通。春秋者，編年紀事之名，疑其文出於齊之春秋，即墨子明鬼篇所引：「嬰死，其賓客哀之，從國史刺取其行事成書，雖無年月，尚仍舊名。」虞卿、陸賈等襲其號。晏子書成在戰國之世，凡稱子書，多非自著，無足怪者。儒書莫先於晏子。今荀子有楊倞注，孟子有趙岐注，惟晏子古無注本。劉向分内外篇，亂其次第，意尚嫌之。世俗所傳本，則皆明人所刊，或以外篇爲細事，附著内篇各章，或删去詆毁仲尼及問柬諸章，故書不可考矣。惟萬曆間沈啟南校梓本尚爲完善，自初學記、文選注、藝文類聚、後漢書注、太平御覽諸書所引，皆具於篇，末章所缺，又適据説苑補足。既得諸本是正文字，又爲音義於後，明有依據，定爲八篇，以從漢志；爲七卷，以從七略。雖不能復舊觀，以爲勝俗本遠矣。善乎劉向之言，其書六篇，皆忠諫其君，文章可觀，義理可法，皆合六經之義，是以前代入之儒家。柳宗元文人無學，謂墨氏之徒爲之，郡齋讀書志、文獻通考承其誤，可謂無識。晏子尚儉，禮所謂國奢則示之以儉，其居晏桓子之喪盡禮，亦與墨子短喪之法異。孔叢云：「察傳記晏子之所行，未有以異於儒焉。」儒之道甚大，孔子言儒行有過失可微辨而不可面數，故公伯寮愬子路而同列聖門，晏子尼谿之阻，何害爲儒？且古人書外篇半由依託，又劉向所謂疑後世辨士所爲者，惡得以此病晏子？

墨子後序

墨子與孔異者，其學出於夏禮。司馬遷稱其「善守禦，爲節用」，班固稱其「貴儉，兼愛，上賢，明鬼，非命，上同」，此其所長，而皆不知墨學之所出。淮南王知之，其作要略訓云：「墨子學儒者之業，受孔子之術，以爲其禮煩擾，而不説厚葬靡財而貧民，服傷生而害事，故背周道而用夏政。」其識過於遷、固。

古人不虚作諸子之教，或本夏，或本殷，故韓非著書亦載「棄灰之法」。墨子有節用，節用，禹之教也。孔子曰：「禹菲飲食，惡衣服，卑宫室，吾無閒然。」又曰：「禮與其奢，寧儉。」又曰：「道千乘之國，節用。」是孔子未嘗非之。又有明鬼，是祭孝鬼神之義；兼愛，是盡力溝洫之義。孟子稱墨子「摩頂放踵，利天下爲之」。而莊子稱禹：「親自操橐耜，而雜天下之川，腓無胈，脛無毛，沐甚風，櫛甚雨。」列子稱禹：「身體偏枯，手足胼胝。」吕不韋稱禹：「憂其黔首，顔色黎墨，竅藏不通，步不相過。」皆與書傳所云「予弗子，惟荒度土功，三過其門而不入，思天下有溺者猶己溺之」同。其節葬亦禹法也。尸子稱「禹之喪法，死於陵者葬於陵，死於澤者葬於澤，桐棺三寸，制喪三月」。見後漢書注。淮南子要略稱「禹之時，天下大水，死陵者葬陵，死澤者葬澤，故節財薄葬，閑服生焉」。又齊俗稱「三月之服，是絶哀而迫切之性也」。高誘注云：「三月之服，是夏后氏之禮。」韓非子顯學稱「墨者之葬也，冬日冬服，夏日夏服，桐棺三寸，服喪三月」。而此書公孟篇「墨子謂公孟曰：子法周而未法夏也，子之古，非古也」。又公孟謂子墨子曰「子以三年之喪爲非，子之三月之喪亦非也」云云。然則三月之喪，夏有是制，墨始法之矣。孔子則曰：「吾説夏禮，杞不足徵；吾學周禮，今用之，吾從周。」又曰：「周監於二代，郁郁乎文哉！吾從周。」周之禮尚文，又貴賤有法，其事具周官、儀禮、春秋傳，則與墨書節用、兼愛、節葬之旨甚異。孔子生於周，故尊周禮，而不用夏制。孟子亦周人，而宗孔，故於墨非之，勢則然焉。若覽其文，亦辨士也。親士、修身、經上、經下及説凡六篇，皆翟自著。經上、下略似爾雅釋詁文，而不解其意指。又怪漢、唐以來，通人碩儒博貫諸子，獨此數篇莫能引其字句，以至於今，傳寫訛錯，益難句讀。晉書魯勝傳云：「勝注墨辯，存其敘曰：墨子著書作辯經，以立名本。惠施、公孫龍祖其學，以正刑名，顯於世。孟子非墨子，其辯言正詞則與墨同。荀卿、莊周等皆非毁名家，而不能易其論也。」又曰：「墨辯有上、下經，經各有説，凡四篇。與其書衆篇連第，故獨存。今引説就經，各附其章，疑者闕之，又采諸衆雜集爲刑、名二篇，略解指歸，以俟君子。」如所云，則勝曾以説就經，各附其篇，恨其注不傳，無可徵也。備城門諸篇，具古兵家言，惜其脱誤難讀。而弇山先生於此書悉能引据傳注類書，匡正其失；又其古字古言通以聲音訓故之原，豁然解釋，是當與高誘注吕氏春秋，司馬彪注莊子，許君注淮南子，張湛注列子，並傳於世。其視楊倞、盧辯空疏淺略，則倜然過之。時則有仁和盧學士抱經、大興翁洗馬覃谿及星衍三人者，不謀同時，共爲其學，皆折衷於先生，或此書當顯，幸其成帙，以惠來學。因以荀子、孔叢、説苑諸書及唐、宋人所引墨子佚文，屬先生附於書後。至開元占經多引墨子占驗災異之詞，疑不在此書，故不具録。

孫子略解序

古兵家言存者，惟太公六韜、司馬穰苴、吴起及孫武書。今本六韜與唐、宋人傳注類書所引已多乖異，司馬法、吴子又無古注，惟孫子有魏武帝、杜牧、李筌、陳皞、賈林、張預、孟氏、何氏、王晳、梅堯臣十人注本存道藏中，後有滎陽鄭友賢十家注孫子遺説，或是其所合。予以魏武注最古，故鈔撫專行之。孫子生於敬王之代，著兵書以見吴王闔閭。史記列傳稱：「闔閭曰：子之十三篇，吾盡觀之矣。」諸子之文，皆由没世之後，門人小子撰述成書，惟此是其手定，且在列、莊、孟、荀之前，真古書也。藝文志稱「吴孫子兵法八十二篇，圖九卷」者，合圖爲八十二篇。司馬貞引七録云：「孫子兵法三卷，蓋十三篇爲上卷，又有中、下二卷，然則中、下二卷即圖也。」鄭君注周禮，稱「孫子八陳，有苹車之乘。」隋書經籍志載梁有孫子八陳圖一卷，亡，是已。吴王惟稱十三篇，據其文言之耳。杜牧以爲武所著書凡數十萬言，魏武削其繁，剩其精切，凡十三篇。案魏武敍云「撰爲略解」，蓋言解其大略，疑杜牧誤仞此語爲魏武删削爲十三篇也。今考潛夫論引孫子曰：「將者，智也、仁也、敬也、信也、勇也、嚴也。是故智以折敵，仁以附衆，敬以招賢，信以必賞，勇以益氣，嚴〔一〕以一令。故折敵則能合變，衆附則思力戰，賢智集則陰謀利，賞罰必則士盡力，氣勇益則兵威自倍，威令一則惟將所使。」今無「是故智以折敵」已下文，或是潛夫述其義。又無云「敬也」，或是脱文，不可以爲今本非孫子全書。魏武已下十人注，見隋書經籍志有孫子兵法二卷，吴將孫武撰，魏武帝注；梁有孫子兵法二卷，孟氏解詁；新唐書有孟氏解孫子二卷，李筌注孫子二卷，杜牧注孫子二卷，陳皥注孫子一卷，賈林注孫子一卷，即道藏所合諸本。隋志又有孫子兵法一卷，魏武、王淩集解；梁有孫子兵法二卷，吴處士沈友撰，沈友見三國志，今注俱不傳。通典所引有云「王子曰」，當即淩也。藏本又引杜佑注，亦出通典，蓋佑集諸家之説，非自注也。通典引孫子故曰：「深草蓊穢者，所以遁逃也；深谷阻險者，所以止禦車騎也；隘塞山林者，所以少擊衆也；沛澤沓

〔一〕「嚴」，原作「敬」，據上下文義改。

冥者，所以匿其形也。」今本亦闕。通典、太平御覽又引行軍篇：「軍旁有阻險蔣潢，井生葭葦，山林翳薈。」注云：「蔣者，草木之叢生也。」今無「蔣」字及注，是皆俗本之脱誤。今律武科以武經命題試士，作論一篇，孫子書預其一，閭里師不見善本，或以己意詭更正文。又見文科以禮記命題，流俗至簡省經文，以便循誦。此書傳述尤少，儒家或束而不觀，如遇俗儒鄙夫，刊落舊文，不可得復，大可懼也。故稡爲二卷，以詒知者。又覽玉海、書録解題，僅稱魏武、杜牧所注，則王應麟、陳振孫未見孟氏、李筌、陳皞、賈林諸家之説。此本良可寶；世之好事復有意刊行之，來者之幸也。

天官書考補序

司馬氏世掌天官，學於唐都，遷著天官書，誠如司馬貞所説，多取石氏星經。其書分經星爲五官，中曰紫宫，東曰房、心，南曰權、衡，西曰咸池，北曰虚、危，云「此天之五官部位」也。淮南天文訓云：「太微者，太一之庭也。紫宫者，太一之居也。軒轅者，帝妃之舍也。咸池者，水魚之囿也。天阿者，羣神之闕也。四官者，所以司賞罰。」高誘注云：「四官，紫宫、軒轅、咸池、天阿。」似爲天官書所本。而推淮南以紫宫爲北，太微爲南，軒轅爲中，咸池爲西，天阿疑爲東，或即天市，非昴西之天阿一星也，又與遷書以紫宫爲中宫者微異。天官書以招摇、天鋒、賤人之牢、三台諸星在中宫，侵入東宫之位者。考吕氏春秋九野，中央曰鈞天，其星角、亢、氐；東方曰蒼天，其星房、心、尾；東北曰變天，其星箕、斗、牽牛；北方曰玄天，其星婺女、虚、危、營室；西北曰幽天，其星東壁、奎、婁；西方曰顥天，其星胃、昴、畢；西南曰朱天，其星觜巂、東井；南方曰炎天，其星輿、柳、七星；東南曰陽天，其星張、翼、軫。」是角、亢、氐之度，古以爲中央，史遷猶傳舊説也。巫咸、甘、石三家，則僅分中外官，不云五官，以在二十八宿已内之星爲中官，以外之星爲外官，位次見開元占經，又與史遷異。史遷既取石氏之文以爲書，其二十八舍但言星位，不記星數，餘則稱其數者，以二十八舍人所盡識，故略之。至東壁二星，見於黄帝、巫咸、甘、石諸家，天官書中又有云：「營室至東壁，并州」，而北官獨缺，班固天官志亦無增補，疑史遷不如是之疏，傳寫者脱其文矣。余有丁以爲太史公以軍壘壁爲壁，非。其五官中所不載星名，見於黄帝占三家者甚多，或如所云「因其占驗淩雜米鹽」，故著其犖犖大者；或以東壁例之，是其缺略，均未可定。今三家之書既亡，而隋、晉二志猶述其星名。且如傅説見莊子，天皇大帝見緯書，其名在周、秦間。漢建武三年，有星孛於天紀。初元二年，客星居卷舌東。建始四年，歲星居關西四尺所。其星見天文志，史遷何以不載？大可怪矣。復有三家謬傳復出之星，古所應無者。如天官書云「天極星傍三星三公」，今則有兩三公。書又云「陰德或曰天一」，今則天一與陰德爲二。黄帝云「梗河即天鋒」，石氏云「梗河即天矛」，今則分梗河、天鋒、天矛爲三。黄帝云「七公即天紀」，今則分爲二。天官書大角兩旁各有三星，鼎足句之，曰攝提，今則於兩攝提外增周鼎三星。石氏云：「左角爲天田，右角爲天門」，今又有天田、天門各二星。天官書「胃爲天倉」，今增天倉六星。書又云「昴、畢間爲天街」，言無星處，今增天街二星。書又云「危爲蓋屋，虚爲哭泣之事」，今增蓋屋二星，哭泣各二星。書又云「王良策馬」，策非星名，今增策一星。書又云「人涉水」，漢志作「目人涉水」，是人涉水言其占驗，非星名，今增人五星。黄帝占云

「瓠瓜一名天雞」，今有天雞三星。又杵臼疑即敗臼，離珠疑即離瑜，占驗略同。如此之屬，不可勝舉。或三家不誤，由後人分析其文，流傳復出使然。但隋、唐以來，相傳既久，不可更正矣。經星分五官，各屬五行，緯星犯之，即以五行生克爲占驗，古人所以知天在此，不盡以人事附會。而後世作步天歌，分五官爲三垣二十八舍，盡改古法，鄭樵通志取之，可謂陋矣。由隋、唐以來，禁讖緯占驗之書，故通志載開元占經一百二十卷，云「今存三卷」，知唐、宋人不見黄帝占及三家星占，故張守節、司馬貞注天官書，亦不能悉史遷根據之所在。予初入翰林，奉敕校理文源閣祕書，盡見開元占經一百二十卷，題云瞿曇悉達撰，中引黄帝諸家之占。抱朴子所云，惟有巫咸、甘公、石申、海中、郄萌、七曜記之詳矣，其書皆在焉。因疏記其足以證發史遷者，爲天官書考二卷；録三家星名，爲史遷所缺載，足徵隋、晉志所本者，爲天官書補一卷，合爲三卷。其星依附史遷五官之舍，相違不遠，分爲五部。復因三家中外官次序，存其舊文，略其占驗之語。隋志載宋元嘉中太史令錢樂之所鑄渾天銅儀，以朱黑白三色用殊三家。前人之信而好古如是，後有同志，庶知吾書之不可廢。其後世星名，史遷所不應有者，不録焉。若西人俗名之星，文不雅馴，搢紳難言之，不足以誣吾考古之書也。

文子序

黄帝之言述于老聃，黄、老之學存于文子。西漢用以治世，當時諸臣皆能稱道其説，故其書最顯。唐天寶能尊老氏，而不用其言，又號之真經，儒者始束而不觀。然諸子散佚，獨此有完本存道藏中，其傳不絶，亦其力也。今文子十二卷，實七録舊本。班固藝文志稱九篇者，疑古以上仁、上義、上禮三篇爲一篇，以配下德耳。藝文志注言老子弟子與孔子並時，而稱周平王問，似依託。蓋謂文子生不與周平王同時，而書中稱之，乃託爲問荅，非謂其書由後人僞託。宋人誤會其言，遂疑此書出于後世也。案書稱平王，并無周字，又班固誤讀此書。此平王何知非楚平王？書有云：「老子學于常樅，見舌而知柔。」又云：「齒堅于舌，而先弊。」攷孔叢云：「子思見老萊子，老萊子曰：『子不見夫齒乎？齒堅剛卒盡相磨，舌柔順終以不弊。』」老耼疑即老萊子。史記所云亦楚人，著書十五篇，言道家之用。文子師老子，亦或游于楚，平王〔一〕同時，無足怪者。杜道堅亦以爲楚平王不聽其言，遂有鞭尸之禍也。書又云「秦、楚、燕、魏之歌」，則其人至六國時猶在矣。范子稱文子爲辛計然之字，而爲其師，當可引据。范蠡之學出于道家，其所教越以亡取存，以卑取尊，以退取先之術也。又自齊遺大夫種書曰「蜚鳥盡，良弓藏，狡兔死，走狗烹」，亦出文子。是文子即計然無疑。李善、徐靈府亦謂爲是。宋人又疑之，特以唐志農家自有計然，不知此由范蠡取師名以號其書，自非一人也。淮南王受詔著書，成于食時，多引文子，增損其詞，謬誤疊出。今案文子云「神將來舍，德將爲女居容與」，舍居比，則言容受，淮南作「德將來附若美」，是誤讀容爲容色。文子云「妄爲要中，功成不足以塞責，事敗足以滅身」，淮南作「功之成也，不足以更責；事之敗也，不足以滅身」，增「不」字而失其深戒之旨。文子云「羽翼美者傷其骸骨，枝葉茂

〔一〕「平王」上疑脱「與」字。

者害其根荄」，荄讀如核，與骨爲韻，淮南作「根莖」，則韻不合。文子云「天地無私也，故無奪也；無德也，故無怨也」，淮南作「日月無德也，故無怨也」，取日月以儷天地而殊無義。文子云「下之任，句。懼不可勝理，故君失一則亂，甚于無君也」，淮南作「下之徑衢」，直誤讀其句而改其字。文子云「葯之爲縞也，或爲冠，或爲絑」，淮南作「鈞之縞也」，直認葯爲鈞，其義淺劣。文子云「譬若山林，而可以爲材，材不及山林，山林不及雲雨，言有材不及生材之地，生材之地不及生物之天，其生愈廣」，淮南作「譬若林木，無材而可以爲材，材不及林，林不及雨」，其義不贍。文子云「以禁苛爲主」，淮南作「以柰何爲主」，則形近而誤。若此之屬，不能悉數，則知文子勝于淮南。此十二篇，必是漢人依据之本，由當時賓客迫于成書，不及修辭達意，或有非賢厠于其列，雜出所見，聊用獻酬羣心。又怪其時漢之闕庭，無能刺其齟齬，古今好學之士，久已稀覯也。賴今文子具存，可得援證。柳宗元疑此駁書，所謂以不狂爲狂者與？文選注引文子「羣臣輻湊」，張湛曰：「如衆輻之集于轂也。」是湛注列子，亦注此書，而目録家皆缺載。新唐書藝文志、玉海俱稱元魏李暹注本，今不傳。玉海又稱有朱弁注本，宋史藝文志作朱元，今存道藏中。又有徐靈府本，題通元真經，默希子注，及杜道堅通元真經讚義。靈府、道堅空疏無所發明，而高誘注淮南諸篇，則可引證此書也。文子書既稱皇帝之言，神農之教，則其學有本。孔子聖人，禮傳多稱聞諸老聃。漢庭諸儒，賈生而已，其稱「日中必彗」，及服鳥賦多用黄、老之言。是道家之學，通于儒術者矣。計然者，名倪，亦名銒，然倪、銒音相近，字之異也。

倉頡篇集本序

倉頡七章者，秦李斯所作；一篇者，趙高、胡母敬所益；五十五章者，漢閭里師所并；八十九章者，揚雄所續；一百二十章者，班固所續。訓故一篇，爲二卷者，杜林所撰；三倉三卷者，晉張軌所合。三倉訓故三卷者，魏張揖、晉郭璞所撰。趙高爰歷、胡母敬博學在倉頡中，揚雄訓纂、賈魴滂喜在三倉中，杜林故亡于隋。倉頡、三倉及故亡于宋。然自漢及唐，迄于北宋，傳注字部類書内典頗有引者。星衍始剌其文，撰爲三卷訓纂解故，即用説文部居，使讀者易于尋覽。倉頡始作，其例與急就同，名之倉頡者，亦如急就以首句題篇。凡將、飛龍等皆是詞，或三字四字以至七字，備取六藝羣書之文，以便幼學循誦，故七略目之小學。揚雄、班固、杜林已下始有訓故。今許君説文解字所稱揚雄、杜林、班固説，即倉頡篇也。許君云：「鼂，揚雄説『匽鼂，蟲名』。」廣韻引倉頡篇「蟲名」，知即訓纂。許君云：「耏或从寸，諸法度字从寸。」應劭以爲杜林説，釋元應禪經音義亦云「耐字本从彡，杜林改从寸」，知説文稱「或从」，即倉頡訓纂也。今皆取之。訓纂與訓故俱亡，然元應猶稱「訓纂云：䱇，蛇魚也」。若張守節史記正義引訓纂「户、扈、鄠三字一也」，王應麟誤以爲倉頡，考之通典，乃姚察漢書訓纂耳。杜林書亡，見于隋志，故唐人引倉頡、三倉，多雜反語，實出郭璞爲多，或亦名張揖。然應劭、晉灼及張衡賦舊注所稱倉頡，皆在揖、璞之前，實是揚、杜之書，無可疑者。今依諸書所引，存揖、璞名。餘或古説，蓋未可别。且以璞注此書，親見漢人訓纂，諒非無据矣。倉頡本篆書，班固云：「文字多取史籀篇，而篆體復異，所謂秦篆。」又云：「倉頡多古字。」許君亦云：「所謂小篆。」則此篇之字，自當具在説文。而今惈、儌、叵、侯之屬，並非正字，當由漢、魏隸書盛行。亦或傳寫此篇，故多譌謬。改便驚俗，今附見諸部，旁標正文，都由考据得之，非臆見也。漢律學僮試諷籀書爲吏，又以八體課最爲尚書史，唐國子監五分其經以爲業，暇則命習隸書國語、説文、字林、三倉、爾雅，故其時學人能通古文訓故，用字廣至萬餘，皆有依据。如揚雄、司馬相如、陸機等所著詞賦，猶取爪、音掌。𠬜、音攀。㝵、音貶。歨音蚩。諸文，六代翻譯禪經，芯衣、笐笏、烏鴆之屬亦多借倉、雅難字，豈非家有傳書，教學多方者歟？自是厥後，羣書日亡，小學不課，儒者識字日少，九經所存不能通記，行用之字數千而已。官府吏民文簿滋繁，字或不給，于是造爲俗書，不按經典，如今以夽代韜，卡代夅，㧊代筰，挖代㝉及㲉，皆見説文。流俗相傳，愈失其本。宋人説字，至以如心爲恕，立心如一日爲恒，教者教孝故從孝，以此而言，甚于馬頭人、人持十之類矣。國家廣求遺書，藏在祕閣，其有佚者，儒臣多依永樂大典撰集成編。説文既盛行于時，惟倉頡不可得。倉頡者，許君所据，特成于衆手，又隨章句成義，多非六書本訓，故有異于説文者：若陶用匋訓；郭用𩫏訓；强本蟲也，而以爲健；殿本擊也，而云大堂。有謬于説文者：若䰞从同，象持甑，而以爲持缶；繭从㒼省，而以爲芇聲。有長于説文者：若臏、𦡸俱脽也，而以臏爲多汁，𦡸爲少汁；繒，帛也，而以爲雜帛；纊，絮也，而以爲細絮。觀其會通，要是古書，不可不覽。頃禮部儀制司任君大椿集字林八卷，彫板行世。星衍以戊辰之歲，讀書江寧瓦官寺閣，游覽內典，見元應一切經并慧苑華嚴經音義引倉頡爲多，隨加采摭，兼采儒書，閱五年矣，粗具條理，刊而行之，庶亦小學之助。元應、慧苑之書，世多不傳，宋人好博如朱文公、王伯厚，亦未之見。中引古書尤多，足與陸德明經典釋文並垂于世。星衍又嘗揄揚其美，屬友刊行焉。

李子法經序

李悝法經六篇，存唐律中，即漢藝文志之李子三十二篇在法家者。後人援其書入律令，故隋已後志、經籍諸家不載。据唐六典注稱「魏文侯師李悝，集諸國刑書，造法經六篇：一盜法，二賊法，三囚法，四捕法，五雜法，六具法。」元王元亮注唐律疏議云：「盜法今賊盜律，賊法今詐僞律，囚法今斷獄律，捕法今捕亡律，雜法今雜律，具法今名例律。」是也。今依其説，録爲法經六篇。按悝書以盜法在前者，罪舉其重；以具法在末者，古人撰述率皆以序録附本書後，是其例。自蕭何益户、興、廄三篇爲九章，則具法在中篇，非原書次第之義，故魏、晉時遂改具律爲刑名第一。後人又惡盜法多言不順之事，不欲置之首篇，復移其篇第如今律耳。法家之學，自周穆王作吕刑後，有春秋時刑書、竹刑及諸國刑典，未見傳書，惟此經爲最古。漢律則散見于説文、漢書注，而全篇已亡。雖此六篇内有天尊、佛像、道士、女冠、僧尼諸文爲後世加增，如神農本經之有郡縣名，其篇數經累代分合，亦不能復循漢志三十二篇之舊，然信爲三代古書，未火于秦，足資經證，不可誣也。古大臣之通達治體者，皆倚儒生以經義決疑獄，故董仲舒、鄭康成于法家之學各有撰述。唐設律學博士，前明至國初試以判尾，亦欲其通解令甲格式。後以判文騈體，仕宦之由他途者，或不解，或不能爲，故侵尋廢之。近時則内自比部，外而牧令，以舉業起家，目不覩律令之文，到官後非爲吏所侮，即牽制于幕下士，冤民幾無所控告，乃知蘇軾讀書不讀律之言，非莊論也。予權臬使時，欲奏請試士增律議一篇，適以罷任未果。既而執政諸公以予善法律聞于朝，益不敢不循古書通世務，以爲引經斷獄之助，將以此書爲律學之權輿矣。

附　録

先生少以辭章名，袁簡齋品其詩曰：「清才多，奇才少，君天下之奇才也。」後爲考据之學，簡齋貽書論之，先生覆書陳諍義甚力。錢辛楣少詹主講鍾山書院，與講學極相重。阮元撰傳及問字堂集。

先生未第時，客畢制府沅幕府，助撰關中勝蹟記、山海經注校正、晏子春秋諸書，多屬手定。阮元撰傳。

朱文正公典試江南，曰：「此行必得汪中、孫星衍。」搜落卷，得經策，曰：「此必汪中也。」及折卷，乃先生，而汪實未就試。官京師，埽室焚香，爲名士燕集之所。高麗使臣朴齊家入貢，在書肆見先生所校古書，特謁，爲題問字堂扁額。同上。

先生官山左，以伏生承秦蔑學，壁藏尚書，唐、虞、三代載道之文得以不絶；鄭司農康成箋注易、詩、書、禮、論語、孝經，可比七十子身通六藝，皆宜建立五經博士。大吏奏請，鄭被駁而伏準行，實自先生發之也。同上。

阮文達撫浙，建詁經精舍於西湖之濱。會先生奉諱家居，聘與王少司寇昶迭主講席，課以經史疑義，旁及小學、天部、地理、算法、詞章，執經問字者盈門。不十年，舍中撰述成一家言者不可勝數。同上。

先生博極羣書，勤於著述，又好聚書，聞人家藏有善本，借鈔無虚日。金石文搨本，古鼎彝書畫，靡不考其源委。官山左時，先後校刊古籍，爲岱南閣、平津館兩叢書。晚居金陵，闢五松園藏書，編爲孫祠書目。後子廷鑣又就宋、元舊本及鈔校明刊善本，編爲廉石居藏書記。阮元撰傳及文集、叢書、書目、藏書記。

淵如弟子

洪先生頤煊 別見儀徵學案。

洪先生震煊 別見儀徵學案。

周先生中孚 別見儀徵學案。

案：淵如主講詁經精舍，門下高才生尚多，不能徧指。二洪從平津館校刻古書，同商撰述，見於洪筠軒文集序中。周鄭堂於讀書記中稱師説甚詳，特列名焉。

淵如交游

洪先生亮吉 别爲北江學案。

阮先生元 别爲儀徵學案。

江先生聲 别爲艮庭學案。

段先生玉裁 别爲懋堂學案。

孫先生志祖 别爲頤谷學案。

汪先生中 别爲容甫學案。

章先生宗源

章宗源字逢之，浙江山陰人。以大興籍中乾隆丙午舉人。不喜時文，以對策博瞻發科。好學積十餘年，采獲經史羣籍傳注，輯録唐、宋以來亡佚古書，盈數篋。撰隋書經籍志考證，自言此書成，餘皆糟粕。又言今世所存古書版本，多經宋、明人删改，嘗恨曩時輯録已佚之書，不録見存諸書，訂正異同文字，當補成之。其已輯各書編次成帙，皆爲之敍，通知作者體例曲折，詞旨明暢。後以牽連廣惠寺僧明心之獄罷斥，不能復與會試。嘉慶五年卒。淵如爲之傳，稱其「好學之志不衰，性恬澹，不肯干謁」云。參孫淵如撰傳。

畢先生亨

畢亨原名以田，字恬谿，文登人。嘉慶丁卯舉人，官江西崇義縣知縣。初從戴東原游，通漢人古訓之學。淵如官山左，延助校訂古書，稱其經學無雙。所著尚書今古文注疏，多采其説。輯周易集解，亦得其助。年七十始出仕。初權安義令，值赦令，邑有兄殺胞弟之獄，先生列之不準援赦。執「不念鞠子哀，泯亂倫彝，刑茲無赦」之經義。大吏怒，欲劾休。程侍郎恩澤典試過江西，問先生起居甚悉，事乃解。卒年八十。先生於經尤長於書，晚年欲發明大義，有所述作，未就。惟雜著二卷，曰九水山房文存，刊行於世。淵如晚年著述，得助於先生及嘉興李少白貽德者爲多。參史傳、包世臣撰文存序。

文存

説迪

尚書中多古文古義，今伏生、馬、鄭之注已不傳，所傳孔安國傳，又出于東晉間人僞託，故其説多與史遷異。後之學者弗能好學深思，稽古以觀其通，則三代之籍不可復讀。歲丁巳，余主講啟文書院，病後學者無師法，又或拘于其方，不能深明訓詁之指，偶舉一字，爲尚書中數見而難通者，條而辨之，以作一隅之舉。諸生儻能由是以通之，則全經之文可誦，而聖人之意亦可得而詳言之矣。

迪，道也。

案：義見釋詁。尚書臯陶謨云「允迪厥德」，史記作「信其道德」，是迪爲道也。又云「迪朕德」，史記作「道吾德」，是迪即道也。但諸儒習知迪道之訓，凡遇經文中迪字，皆欲以道釋之，于是曲解經文，支離捁屈，致不可通。今條辨其非，著于後。

又行也。

案：迪從由，由，行也；迪訓爲道，道亦行也，故迪又有行之義也。詩云「踧踧周道」，「周道如砥」。又云「寘彼周行」，「示我周行」。是道即行也。書傳或偁「道德」，亦或云「德行」，是道即行也。僞孔傳釋虞書「允迪厥德」，以迪爲蹈，不知道與行有通義，而以蹈字易之，非其旨矣。尚書微子篇「詔王子出迪」，猶言道王子出行也。孔傳云「我教王子出合于道」，必欲以道訓迪，故曲解之，其説支矣。又君奭云：「無能往來，兹迪彝教，文王蔑德，降於國人。」言惟行此常教，則文王幾微之德，乃得降于國人也。「兹迪」猶言「迪兹」，古者語常然耳。孔傳云：「五人以此道法教文王以幾微之德。」迪訓爲道，彝訓爲法，固有之。然如傳所謂，則大不可。傳以兹迪彝三字絶句，非也。而以迪彝二字連文，訓爲道法，尤爲臆斷。且既云「五人以此道法教文王以幾微之德」，則下文「降于國人」句成贅詞矣。由其狃于習俗常用之訓，曲解經文，其不可通，則割裂破碎之謬已甚矣。

又長也。

案：迪即由字。説文「𢎘，木生條也」，引尚書「若顛木之有𢎘枿」，是長之義。孔傳以由爲用，非。又禹貢「厥草惟繇，厥木惟條」，説文「櫾，崑崘山河隅之長木也」；「䌛，草盛也」，皆長大之義。繇與由古字同，亦通作攸，書多方「不克終日勸于帝之迪」，馬融本作「攸」是也。説文「攸，長也」。盤庚「王播告之修」，修亦長也。詩「淇水悠悠」，悠亦長也。故中庸亦云：「攸，久也。」尚書盤庚云「故有爽德，自上其罰汝，汝罔能迪」，言無能久長也。下文亦云：「乃祖乃父，乃斷棄汝，不救乃死。」又下文「丕乃崇降弗祥」，石經作「崇降不永」也。孔傳云「汝無能道，言無辭，是言天降罰于汝，汝不能以言辭自解免于天」，其説支離不可通。

又進也。

案：迪惟爲長，故又爲進也。爾雅云「迪，進」是已。唐石經尚書盤庚云：「若乘舟，汝弗濟，臭厥載，爾忱不屬，惟胥以沈。不其或迪，自怨曷瘳？」不迪猶不進也，言譬如乘舟，汝不肯濟，而敗壞其舟，爾忱不屬于我，則相與以沈溺耳。既不其或進，雖自怨又何愈乎？孔傳以「臭厥載」謂「舟在水中，臭其所載物」，非也。皋陶謨「予乘四載」，舟車皆可以云載也。孔傳又以「不其或迪」爲「不其或稽」，釋云「不考之先王」，亦非也。又微子云「昬棄厥遺，王父母弟不迪」，言不進用之也。孔傳以爲「不接之以道」，此曲説也。酒誥云：「又惟殷之迪諸臣惟工，乃湎于酒，勿庸殺之，姑惟教之」，言惟殷所進用之諸臣工，其湎于酒，勿殺之而姑教之，以別于上文其殺之義。孔傳云：「又惟殷家蹈惡俗諸臣。」孔意以迪爲蹈，即如所説，而蹈惡俗諸臣，可第謂之蹈諸臣乎？不詞甚矣。孔傳又云：「惟衆官化紂日久，乃沈湎于酒。」此又拘于乃字之義。案爾雅「伊、維，侯也」，「侯，乃也」，特詞之助，不必其爲難詞也。

又作也。

案：爾雅「浡、肩、摇、動、蠢、迪、俶、厲，作也」，亦作妯。爾雅又云：「娠、蠢、震、憅、妯、騷、感、訛、蹶，動也。」蠢、妯皆訓動，蠢、迪、動皆訓作，是妯即迪字，詩云「憂心且妯」是也。又方言「妯，擾也」，亦動作之意。皋陶謨「各迪有功，苗頑弗即工」，言五服四海之諸侯，各作起而有功。惟苗頑不就其功也。工與功同，弗即工，猶云不成功也。孔傳以爲「三苗頑凶，不得就官」，非。

又由也。

案：由字古或借迪爲之，從辵與不從辵，音訓同。論語「行不由徑」，説文引作「遥」。又迪訓道，繇亦訓道，猷亦訓爲道，其義皆通。君奭云：「武王惟此四人。尚迪有禄，後暨武王肅將天威。」「尚迪有禄」者，猶云尚由有禄也。故鄭注云「言至武王時，虢叔等有死者，餘四人」，是其義。孔傳云：「武王惟此四人，庶幾輔相武王蹈有天禄」，其説迂曲不可從。君奭又云：「迪知天威，乃惟時昭，文王迪見，冒聞于上帝。」其「迪」字皆由也。孔傳釋之云：「蹈知天威。」斯語即令作傳者自釋之，不可通矣。傳又云：「言能明文王之德，蹈行顯見，覆冒下民，彰聞于天。」其説皆雜亂不次。至以「覆冒下民」釋「冒」字，又非冒聞之義。又立政云：「迪知忱恂于九德之行，乃敢告教厥后。」迪，亦由也。

又用也。

案：上言「尚由有禄」，由，語詞也。由，惟爲語詞，故又得爲用也。如言由是，亦或云率是，或云用是，義轉相訓。又史記依古文尚書語，迪多爲用，是迪有用義也。多士篇云：「夏迪簡在王庭，有服在百僚，言今爾。」又云：「夏之多士，用簡在王庭，有事在百官也。」孔傳云：「夏之衆士蹈道者，大在王庭。」如所説，是以「夏迪」爲一讀，「簡在王庭」爲一讀，謬甚。又多方云：「我周惟其大介賚爾，迪簡在王庭，尚爾事，有服在大僚。」孔傳云：「我周惟其大大賜汝，非但愛憐，又乃蹈道，大在王庭」，案所云「大大賜汝」者，不詞。又云「非但愛憐」，于經文亦無當。蓋其意以迪爲道，而「大大賜汝」之言與「道」字不相貫，故紆回其詞以牽合之，謬也。

又猷亦訓爲用。尚書「猷告爾四國多方」，用告爾四國多方也。「猷告爾有方多士〔一〕」，用告爾有方多士也。孔傳謂「順大道告之」，非也。其他猷訓爲用，見于經文者尚多有，不具載。蓋迪與由、猷音義通，故猷亦有用義也。

又乃也。

案：乃亦語詞轉相訓。又説文有直字，讀如攸義，亦與乃同也。尚書洛誥云：「四方迪亂，未定于宗禮，亦未克敉。公功迪將其後，監我士師工。」言四方乃治，尚未定于宗禮，亦未克敉安也。公功乃助其後，以監官而保民也。孔傳云「四方雖道治，未定于尊禮」，以爲道治者，非也。又宗禮謂宗伯掌之，大夫士亦有宗人，故云。孔傳以爲「尊禮」，亦非也。

又遹也。

案：迪即由字，由，遹也，亦語詞。爾雅遹、由皆訓自，故由亦得爲遹也。但諸儒説經，往往不達古人詞義，臆爲訓解，遂不可通。如湯誓「夏王率遏，衆力率割，夏邑有衆，率怠弗協」。率亦遹也。僞孔傳云：「言夏王之君若臣，相率而遏衆力。」案經文明云夏王，傳必易之曰「夏王之君若臣」，臆增經文，謂之何邪？由其不達率字之義，故憑臆增飾經語，以成其相率之曲解耳。又立政云「亦粤武王，率惟敉功，不敢替厥誼德」，言遹惟敉安文王之功，不敢廢其誼德也。訓亦爲遹。又如盤庚「丕

〔一〕「有方多士」，原作「有多方士」，據上文乙。

乃崇降弗祥」，丕即不也，不者，詞之助也。注者或云：「不乃大降之不善乎？」信如所說，則爾雅「夷上洒下不漘」，亦當訓之曰：「夷上洒下者，不亦漘乎？」「左倪不類，右倪不若」，亦當曰：「左倪者豈不類乎？右倪者豈不若乎？」其不達古人訓義可知。王君引之曰：「宓不齊字子賤，賤即齊也，不詞耳。」厥誼甚然。立政云「亦粵成湯，陟不釐上帝之耿命」，陟之言格，格，治也。釐，理也。丕亦詞耳。言治理上帝之光命，即虞書所云「陟天之命，維時維幾」，義正同。孔傳以爲成湯得升君位，此又以「亦粵成湯陟」五字絕句，正與多士篇「夏迪」二讀，「簡在王庭」二讀，其割裂經文，同一病也。又洪範云「平康正直，彊弗友剛克，燮友柔克」，言人之性不大偏倚于剛柔者，名曰平康，則治之以正直之德也。人性或過柔，是爲剛友，則宜以剛克之。彊，剛也。弗者，詞耳。人性或過剛，是爲柔友，則宜以柔克之。燮，和也，和亦柔也。又其雖不過柔，而厥性深伏，亦當以剛克之。雖不過剛，而厥性高明，亦宜以柔克之。此經所說，正與舜典「教胄子剛而無虐，簡而無傲」，臯陶謨「亦行有九德，寬而栗，柔而立」云云者，義意皆同，所謂「乂用三德」也。舊解以爲「彊弗友」，是彊禦而不順，孝敬者則剛克之，謂刑亂國用重典也。如所說，則先當改易經文，云「乂以三法」，不得云「乂用三德」矣。舊解又以「燮友」爲中和。夫中和者成德之名，又何事與沈潛高明同居剛克柔克之目乎？厥誼非矣。

又案：迪訓爲適者，立政云「古之人迪惟有夏」，猶云「適惟有夏」也。舊解以爲「古之人道，惟有夏之天子」，其說不詞，不可從也。酒誥云：「其在殷先哲，王迪畏天顯，小民經德秉哲。」迪畏者，遹畏也。注者又云：「在昔殷先哲王之道。」此又以迪字絶句，割裂經文，尤不可從也。酒誥又云：「我民迪小子，惟土物愛厥心臧。」迪者，詞耳，猶云「我民小子也」。孔傳以爲：「文王化我民，教道其子孫。」此由以迪爲道，故又以小子爲子孫，牽合聰聽祖考之言耳。案上文「文王誥教小子有正有事」，傳云「正官治事，謂羣吏」是也。然以爲「文王誥教民之子孫，有官治有吏事」則不可通。近日蘇郡江聲作尚書注，深明孔傳之非，于是易之曰：「正，長也。事謂服勞之事也。言文王誥教民之子孫，有長上，有服勞之事者，勿常飲酒。」勿論其言迂贅，且下文又云「庶士有正越庶伯君子其爾典聽朕教」，江氏于彼又僅以爲「衆士衆官」，不申上文有長之義。夫經始言「少正御事」，又言「有正有事」，又言「庶士有正」，其義皆互明，今以意解之，令其各相背馳，可乎？其他如大誥云「亦惟十人迪知上帝命」，迪知者，遹知也。無逸云「兹四人迪哲」，兹四人遹哲也。舊解以迪爲道，或爲蹈，皆非。

又疾也。

案：迪與攸音義同。易「其欲浟浟」，馬云：「浟浟，速也。」説文：「攸，疾也。」又倏亦疾走也。皆急疾之義。尚書康誥云：「今惟民不静，未戾厥心，迪屢未同爽，惟天其罰殛我。」迪屢猶云亟疾也，言「今民不治，未定其心，亟疾而未和同，明惟天，其罰殛我也。」知迪屢爲亟疾者。案爾雅「屢、暱，亟也」，又云「亟、屢、數、迅，疾也」，是其義。多方又云：「爾乃迪屢不静。」言「爾乃亟疾爲不静也」。傳釋康誥云「教道者屢數而未和同」，釋多方云「爾所蹈行，數爲不安」，皆其不達古訓也。

又案：尚書中古義不可悉舉，今更述其一二。如「食哉惟時」，食，事也，爲也。爾雅載謨食皆僞也，僞即爲。言舜咨十二牧，論帝德行，其言曰：「帝之所事者，惟天行也。」注者不明古誼，釋之云：「不違農時。」是以食爲飲食之食，謬甚也。又「柔遠能邇」，能讀如怡，訓爲和也。康誥「不能厥家人」者，不和其家人也。左傳「不能其大夫」，不和其大夫也。故後漢書亦云：「柔遠和邇。」江氏注亦知孔傳之非，然引「迩也，伽也」之訓，多爲纏繞，而尚不得其審。又「天壽平格」，格，治也，言「天壽此平治天下之臣，以保乂于有殷也」。知格爲治者，方言云「格，正也」，正亦治也。故書云「正厥事」，書序云「命君陳分正東郊」。倉頡篇云「格，量度也」，謂格量之，格度之，亦治也。故書又云「惟荒度土功」，商書「惟先格王，正厥事」，言「恐王不知修德，惟先格治于王，以正其事也」。大學「致知在格物」，言一曲之知，不足言知，惟能知性知天，始可謂之致知也。然道不虛懸，傅于事物，必于事物能格治之，而後知可以至。舊解謂格爲至，非也。然或知「至物」之言不詞，又轉一解云「窮至事物之理」，古人必無此訓義矣。又「惟天陰騭下民」，騭，格也。猶云「正，治也」。爾雅「騭、假、陟、格、躋、登，陞也。」騭即陟，假即格，格亦爲升，騭亦爲格，古人之誼如是。史記作「陰定下民」，猶存古誼。馬氏注云：「騭，升也；升猶舉也，舉猶生也。」其說多爲迂迴，而尚不得所適主也。又「亦克詰爾戎兵陟禹之迹，旁行天下，至于海表，罔有不服」。此與詩「修爾車馬，弓矢戎兵，用戒戎作，用惕蠻方」意正同。舊解以陟爲升，釋云「禹五服方萬里，殷九州方三千里，周公時復爲萬里，故曰升禹之績」，其故由于一字不察，故爾多爲詞説，于誼無當，不可從也。其他如「陟方乃死」，「陟天之命」，

「陟丕釐上帝之耿命」，義皆同。又「荒度土功」，荒謂闢治之也。毛詩「太王荒之」，傳云「荒，治也」是已。舊解以荒爲奄，非。「言曰從」，從，順也。馬云「發言當使可從」，非。「爽惟天，其罰殛我」，言「明惟天，其罰殛我」也。孔傳以爽爲忒，然則「爽邦維哲」，何以説之？「典祀勿豐于昵」，豐字誤，當作豊，古者禮字或祇作豊耳。言「祀惟常典，不可祭以亟數」，即祭不欲數之意也。舊解以爲「勿豐于親昵」，謬甚。史記云「勿禮于棄道」，厥誼然矣。又堯典「光被四表」，舊解以光爲光耀，非也。戴徵君謂是「横」之誤字，言横誤爲桄，桄又誤爲光，亦非也。案：光者，横之假借字也。横即廣也，古讀音如光，以音同，故假光字爲之。漢書「横橋」，師古曰：「横音光。」後漢書「横門」，章懷太子曰：「横音光。」此皆古音之尚存者。如羹字古音郎，後轉爲今音，而不羹地名則仍音郎，猶存古音耳。又漢書多云「横被」，亦多云「光被」，明光非誤字也。又案：迪字當訓爲道者，孔傳既知之矣，然所訓説復多舛誤。如康誥「爽惟民迪吉康」，言「道之以吉則安也」。鄭氏以迪字屬下讀是已。孔傳云「明惟治民之道而善安之」，以民迪二字連文，訓爲民道，吉康爲善安，謬也。大誥「弗造哲迪民康」，言「弗遭明哲之人，道民于安也」。孔傳云「不能爲智道以安人」，亦謬也。又召誥云「相古先民有夏，天迪從子」，言「天道順子也」，猶云「天之曆數在爾躬也」。「保面」，謂「保向之」，周禮撢人注云「面，向也」是已。言「夏先王保向以稽天道也」，此云「保面稽天」。「若與」，虞書曰「若稽古」，逸周書「奉若稽古」，語意皆相類。下文「天迪格」，猶言「天道至也」。「保面稽天」，若言「殷先王亦保向以合天道也」。孔傳以「天迪從子保」絶句，釋云「天道從而子安之」，此由不達從字之義，故謬爲之説也。或又申之曰「天開道之，使有天下，又從其子而保安之」，其説愈謬。至以「面稽天若」爲句，釋爲「面考天心」，亦不可通。下文又以「天迪格保」絶句，釋之曰「天道所以至于保安湯者，亦如禹」，尤爲支離紆謬，不達之甚也。

三皇五帝

聞之皇者，始王也；帝者，諦也。王者天下所歸德也，三皇之世最爲久古，故「皇」字從自，自，始也。説文云「始王者三皇大君」是已。有天皇、地皇、人皇之號，荒遠難稽，史家闕而不述，有由然矣。大戴禮有五帝德篇，史遷本之以作五帝紀，故始自黄帝。然考五帝德篇所載，特統論五帝德行，非專指黄帝、顓頊、帝嚳、堯、舜爲五帝也。且其書帝舜之後，兼載帝禹，不止五人，足以明之矣。俗儒或執于後世二帝三王之説，又以爲禹不當稱帝，故俗本大戴禮禹上删去帝字，不達益甚。考古之天子，皆帝王通稱，自其稽古同天言之則曰帝，自其天下歸德言之則曰王。故殷帝乙、帝太甲、帝武丁、帝辛皆言帝，非有異制也。自周武王謙德不敢稱帝，但稱于王，見史記周本紀，前此固未有也。竹書紀年亦載黄帝、顓頊、帝嚳、堯、舜，則又本于五帝紀之文。考紀年一書，既曰紀年，覈其名義，固當代相因，年相次，乃因于史記，黄帝之後不載少昊，謂之紀年，可乎？蓋紀年本魏一國之史，故託始鴆叔，水經注引紀年語，皆鴆叔以後事，是竹書本文也。其兼載夏、商、周者，晉人之僞作；兼載黄帝、顓頊、帝嚳、堯、舜，又宋人之僞作也。何以明其然也？如顓頊都帝丘，夏后相又居之，夏伯昆吾又居之，即衛成公自楚丘遷此者也。故左傳述衛事云：「衛侯夢康叔謂己曰：『相奪予享。』又云：『夢人登昆吾之觀。』」是也。殷王遷都又居之，故其地〔一〕亦名商丘，見漢書地理志。但此所謂商丘于天文屬水，所云「玄枵之次」，一曰「天黿」，一曰「北陸」，一曰「顓頊之虚」是也，非宋之商丘。宋商丘于天文屬火，所云「大辰之虚」是也，陶唐時閼伯居之，相土又居之，宋又居之，二地絕不相涉。今紀年云「夏后相居商丘」，又云「相遷于斟灌〔二〕，商侯相土遷于商丘」。是不明兩商丘之爲二，作僞時誤合爲一也。又如寒浞殺羿，因羿之室，生澆及豷，見左傳。處澆于過，處豷于戈，亦見左傳。今紀年云「寒浞殺羿，使其子澆居過」，徒欲襲左傳處澆于過之文，而忘殺羿之時尚未有澆也。其舛謬之迹，作僞者不能自掩矣。紀年之不足恃如此，又可據之以證五帝之始終乎？然則五帝之名究何居？曰：五帝者，五行之帝也。五天帝爲木、火、土、金、水，五人帝爲太昊、神農、黄帝、少昊、顓頊。周禮曰：「祀五帝。」月令曰「春盛德在木，其帝太皞；夏盛德在火，其帝炎帝；季夏盛德在土，其帝黄帝；秋盛德在金，其帝少昊；冬盛德在水，其帝顓頊」是也。自家語孔子答宰我問以及呂覽、淮南皆同此説，厥義審矣。太昊爲木帝，都陳，天文角、亢應之，木宿也。又太昊長于五帝，角、亢長于二十八宿，故角、亢名壽星之次，應太昊也。神農爲火帝，亦都陳。左傳云：「木爲火，房是也。」黄帝爲土帝，周行天下，無所專居，象土無正位，分王四時也，見史

〔一〕「地」，原作「他」，形近而誤，今改。
〔二〕「灌」，原作「現」，據紀年改。

記。少昊爲金帝，都魯，奎、婁應之，金宿也。顓頊爲水帝，都帝丘，女、虚、危應之，水宿也。五帝之後，又有帝嚳、帝摯、帝堯、帝舜。孔子删書，斷自唐、虞，後世又有二帝之稱，皆不在五帝之數也。知三皇爲天、地、人皇，五帝爲五德之帝，則後世儒者或困于史遷之誤説，而以伏羲、女媧、神農爲三皇，或以夏、商、周三代爲三王，而逆推其上爲五帝，又逆推之爲三皇，諸説紛紛不足云矣。皇必三而帝必五者，正如三正五行，各取義類。若如後儒言，是三皇可益而四，五帝可增而六矣，豈足信乎？至唐司馬貞作三皇記，考其德行世系，説多舛誤，唐人之疏，又不足以是正矣。若夫易繫辭言庖犧、神農、黄帝、堯、舜迭王天下，則特取于制器尚象之義，因制作之人言之，非詳五帝之事也。

許先生桂林

許桂林字同叔，號月南，又號月嵐，海州人。嘉慶丙子舉人。少孤，孝於母及生母，無間言。家貧，不以厚幣易遠游，日以詁經爲事。道光元年卒，年四十三。先生於諸經皆有發明，尤篤信穀梁之學，著春秋穀梁傳時月日書法釋例。其書有引公羊互證者，有駁公羊而專主者。孫觀察淵如嘗以「條理精密，論辨明允」許之。又著易確二十卷，大旨以乾爲主，謂全易皆乾所生，博觀約取，於易義實有發明。别有毛詩後箋八卷，春秋三傳地名考證六卷，漢世别本禮記長義四卷，大學中庸講義二卷，四書因論二卷。嘗以其餘力治六書九數，著許氏説音十二卷，以配説文；又著説文後解十卷。又以岐伯言「地，大氣舉之。氣外無殼，其氣將散；氣外有殼，此殼何依」，思得一説，以補所未及。蓋天實一氣，而其根在北，北極是也。北極不當爲天樞，而當爲氣母。因采集宣夜遺文，以西法通之，著宣西通三卷。又以算家以簡爲貴，乃取欽定數理精蘊，撮其切於日用者，著算牖四卷。又有味無味齋文集八卷，外集四卷，詩集二十六卷，外集八卷，駢體文四卷，壹籟齋詞一卷。生平所著書四十餘種，凡百數十卷。參繆荃孫儒學傳稿。

易確

自序一

易以乾爲主，故以易名，曰「乾以易知」，曰「乾確然示人易」，曰「乾德行恒易」，是易皆乾之理也。易者象也，八卦成列，象在其中，聖人立象以盡意，而獨曰「成象之謂乾」，是易皆乾之象也。乾之數六，參其兩也，兩其參也，由是參兩以生諸卦，而六十四卦爻畫皆六，是易皆乾之數也。陽氣萌于黄宫，卦氣始中孚而終于頤。中孚上下各一陽，陽居終始以統陰，陰在中以明受治于陽，是易皆乾之氣也。全易皆乾所生，故乾即太極。漢書謂「太極元氣，函三爲一」者，謂乾三畫，以一陽統二陰也。太極非偏于陽者，函三爲一，而以一統二，一陽二陰也。以陽統陰，一理二氣，合理與氣乃爲太極，乃爲乾。惟乾有陽有陰，故萬物資始。乾三其一，一統二以爲乾。坤即二，乾之三以爲坤，是謂生兩儀。一統二，是天能兼地。二其三，是地不能兼天，但順承而效法之也。于是以乾治坤，兩儀相交生。陽在上，陽在下，陽在中，陽在外，四象而成八卦。因而重之，六十四卦生焉。蓋坤在乾中，猶地在天中，合地與天，乃全乎天，合陰與陽，乃全乎乾。地之生成萬物，皆天氣所爲，即乾用陽以治坤陰，而爲六十四卦之象，可以該括乎萬理萬事者也。夫有陽不可无陰，陽用其陽，而濟以陰之正，則有吉无凶；陽用其陽，而治夫陰之邪，則有厲无咎。以陽統陰，則名分倫紀之定也；以陽制陰，則政教學術之立也。乾三畫皆奇，而以一陽統二陰之義存焉。乍而視之，陰若不可見也。凡陰陽合居，見爲陽，不見爲陰，乃得陰陽之正。陽饒陰乏，理充欲詘，君子道全，小人道缺。質二文一，謂之彬彬。十寒十暴，化物不醇。故其在六子也，離獨居正南，爲乾之大用，陽居兩端以治陰，陰得中而受陽治。惟離爲合，故乾象特稱「大明終始」，説卦特稱離爲乾卦。卦氣始中孚，終頤，皆所謂大離。上經終離，下經終二濟。離在内則曰既濟，離在外則曰未濟。下經始咸，則卦氣夏至離用事，六日七分爲咸，是離用事之始也。易之字從日從勿，勿，古文物也。文王、孔子皆用古文，易之勿皆爲物，審矣。勿即「乾陽物」、「坤陰物」、「萬物資始」、「品物流形」之物。日者衆陽之宗，離爲日，而乾之字從日，與易同，故易即乾而以離爲大用也。古文陽作昜，從易從一，易主乾陽以定一尊，尤爲著明。乾，陽物也，而萬物資始。萬物皆乾之精氣所爲，故易從物。而物以羣分，八卦皆曰物。猶之成象謂乾，八卦皆曰象也。繫辭傳曰：「精氣爲物，游魂爲變。」精氣者乾元，乾以精氣始萬物，又謂之魂游于坤，以生六子，因爲六十四卦。其成卦皆曰物，卦各有其精氣，而皆本乎乾之精氣。六十四卦者，乾游魂于坤所爲；四千九十六卦者，乾游魂于坤所變，故曰「變動不居，周流六虛」，乾變動以行于坤之六虛也。精氣爲物，不易之易也；游魂爲變，交易變易之易也。其爻變，則陽變陰者，皆主用陽以治；陰變陽者，皆主用陰以從陽。故陽變而稱九，陰變而稱六，特于乾、坤六爻後稱「用九」、「用六」，以發全易之例，莫非乾陽爲主以治坤，而坤順承之。精氣爲物，游魂爲變，括全易之象法。變通而曰「知鬼神之情狀」者，鬼神非杳冥之謂，乃治亂理欲，君子小人，往來詘伸之謂。情者意也，狀者象也，立象盡意，所謂成變化而行鬼神，皆德業之實也。幽明死生，亦此而已。仰觀俯察，即象所以立；原始要終，即意所以盡也。以乾陽治坤陰，乾統坤承，必无匹敵之理，亦无偏廢之理。天地之大德曰生，生生之謂易，乾之大生也，乾之大生而統坤以廣生也。造化生三而殺一，治理德三而刑一，人道理三而欲一，豈有陰陽適均，消息相等者哉？乾不偏于陽，坤順承陽，六十二卦皆以陽治陰，以陰從陽，惟變所適，與時偕行，其道則一而已矣。君子居以治己，出以治人，學術政事皆發于易。自來説易以虚者既无實用，説易以用者又每失中。有以爲陰之與陽適相平均者，是欲敵理、小人敵君子也，非易道，實非天道也。有以爲陽之治陰，當使淨盡者，矯情絶欲以言理，欲即絶而亦非理，盛氣攻小人以爲君子，小人未去而反以禍君子，非易道，亦非天道也。朱子稱莊周之言易以道陰陽，萬氏斯同非之。桂林以爲易未嘗不道陰陽，而陰陽者理欲之象也，君子小人之象也。欲非必放辟邪侈，小人非必姦險凶頑。飲食男女謂之欲，欲仁欲善亦謂之欲；農工商賈謂之小人，小賢小德亦謂之小人。故易之于欲于小人，制而用之，非絶而棄之也。至于制抑姦凶之道，則夬、姤、剥、復、否、泰、遯、壯諸卦及上繫「鳴鶴在陰」七爻，憂深思遠，長言永歎，易之大用斯存。後之君子，率意自用，既未深得易意，遂以己意説易。述其所以治小人之道，不越兩端，一則拱手相讓，一則戟指相罵，于是遯之小利貞，本謂小人當知遯避，以受治于君子爲貞也，乃謂君子當遯；否之匪人不利，本謂否時小人雖得志，終必不利，若君子則常守其正，當以休否爲志，不可浩然長往，僅思引退，大往則小來，君子所以不可往也，乃謂君子之貞于是而不利。誤解夬卦，則揚庭而不惕號；誤解同人，則君子自相攻克；誤解小畜，則甚至將與小人同力以止君子。易戒壯頄，而後之君子似以不出户庭之密爲近于陰謀；易戒履霜，而後之君子似以藉用白茅之慎爲近于疲弱。自漢至明，計君子之與小人十戰而常八敗，始不能感化而又有以激之變，中不能駕御而又有以養之成，終不能制伏而又有以詒之患，則皆易教之不明耳。知乾之爲太極而兼統陰陽，知乾之爲太極而陽常爲主，斯可无陰陽相均，以陽避陰，純陽无陰，以陰害陽諸謬説，庶幾君子之自處與處小人，有所法效焉。夫乾陽統陰爲易之主，故三陽在内爲泰，三陽得位爲既濟，陽爻皆欲健而得其中，陰爻皆欲順而得其正，爲君子謀至詳，爲小人戒亦至切。昔賢謂易不爲小人謀，似小人不可以讀易。未思小人之稱，以理欲善惡定之，身雖君子，一念從欲，即一念之小人；一事不善，即一事之小人。乾之惕，震之恐懼以終始，正懼其爲小人也。中庸戒懼，大學慎獨，堯、舜憂危，皆有惟恐一念一事爲小人之心。後賢泰然以君子自居，易之設戒多所不屑觀玩者；至如迷復之凶，包承之吉，明示小人以吉凶，警之誘之並用，而又謂不爲小人謀，則易之戒爲誰設乎？亦曰：爲君子謀，欲其善爲君子，又欲其善治小人。爲小人謀，則欲其勿爲小人，當善事君子而已。其在一人之身，則欲欲其從理，理欲其勝欲，故曰「人謀鬼謀，百姓與能」。使君子常能制小人，而小人盡化爲君子，此則聖人成能矣，安有拒絶小人不爲作一改過遷善之謀者哉？易以乾爲主，證之六書，稽之九數，古義乃明。易卦爲書數之所起，孔子以古文書六經，易居其首，故易之爲字，從日從勿，乾之爲字，有一氣出入之象，爲八卦總統之義，必觀于古文，而其説乃通。否則以勿爲物，即或駭之矣。漢書稱伏羲畫卦由數起，孔子謂極數定象，班固語言而有徵，而胡氏渭力詆之，坐自不知數耳。易生于數，數在圖書，圖書二名爲一物，九宫之數是也。二九四七五三六一八，以其數爲圖，以其文爲書。奇耦之點爲圖，繪事始焉。一二之字爲書，文字始焉。而九章算術，无一法不具于九宫一圖之中。宋以來，經術之士通于九數者絶少其人，茫然不解二九四七五三六一八之次序方位有何義用。至與一六居北，二七居南之圖等而觀之。其尊圖書與攻圖書者皆各持意見，而中无所得者也。竊謂九宫一物，兼名圖書。分言曰圖書，合言曰神物，中位爲太極。其數乾參坤兩之合，猶乾三畫爲天一地二之合也。太極居中而不動，則八卦不成，故參其兩以爲六，乾以六數居西北純陰之地。純陽以治純陰，萬物于是資始，而八卦生，而八方列。其次序周環，揆以聖學、王政、制禮、立教之義，莫不密合于天象之布列，歲氣之流行又惟肖也。班固稱「通合天人之道莫著乎易」者，此也。是故易有一圖，著于漢志，當即九宫。九宫之圖，漢儒數所稱説，術家附焉。故參同契疑龍經皆稱九宫爲河圖。陳、邵以前，本无異説，至宋新出十數之圖，模太玄而小變，祖康成之一説，而誇爲祕寶，矜爲獨得，又拾管輅牙慧，爲乾南坤北之方位，數百年紛紜推衍，與古之九宫、八卦，雜然並陳。覈其所論，多近蹈虚，久乃以先天方位歸之道家，而攻先天者利其退入老氏，轟然喜諾，遂並九宫神物與十數僞圖一例毁斥。譬若風散東方之雲，而西雲亦自翳日，則亦不習于數之蔽也。九宫、八卦方位著于説卦，乾南坤北，非經所有，乾西北坤西南，其位固一定矣。竊謂九宫一圖，卻有兩象：其一平觀之，離南坎北，乾、坤聚于西方以成物，兑以人道處乾、坤之中，三才合德而萬物成也。其一斜立觀之，則乾上巽下，天氣環周，巽風天氣也，坤、艮與五連居其中，地在天中之象也，而兑、坎二水在上，離、震二火在下，則參同契諸書水火順逆之説亦由是生。蓋唐以前道術家言，但遵易而依附之，未有改易而變置之者。至宋而乾南坤北，改易方位，一奇一耦，命爲兩儀，累畫生卦，有四畫五畫之卦，與孔子「成象謂乾，效法謂坤，八卦成列，因而重之」諸語顯然相違。竟有不達之士，大惑不解，反疑繫辭、説卦非孔子作。自王弼不言象數，即不註繫辭，尚不敢明言以駁孔子。楊簡乃謂「近取諸身」一節，爲不知道者妄作。至崔銑删説卦諸篇，鄧夢文駁序卦，劉濂謂十翼无謂，薛甲删大象、文言諸篇，州仇、向魋之徒不絶于世，而腫背之馬以少見珍，孫陽眯目，亦或以橐駞爲騏驥，是可戚已。此宜明加斥絶，一洗蠱蠹者也。或以易爲聖人前知之書，亦失之甚者。聖人所謂前知，善則知其必吉，惡則知其必凶，故以遏惡揚善爲教，而吉凶與民同患。大禹所云「惠迪吉，從逆凶，惟影響」，易之大義也。鄭康成解大學「致知」爲知善惡吉凶之始終，與文言「知至至之，知終終之」，爲進德修業、乾乾夕惕之道，若合符節。若事皆前定，則姦凶亂暴之人，得所藉口矣。是故聖人之言理至實也，懼以終始不息爲功，時中爲用，其事盡矣。而後世以虚无爲妙。聖人之言數至无定也，禍福无門，悔則无咎，迷復乃凶，其義精矣。而後世以前定爲神。一説之害道，甚于楊、墨，與易相反而託之于易，易之大蔽，尤當辨而黜之者也。數之乘除也，加一則異，減一則異，是无定也，而皆有定率以爲之法。是无定之數，惟理可以定之也。故命數之數，其理與算數之數同。九宫爲算數定率，在其方位次序之中，自加減乘除以至乘方句股莫不備具，江氏永河洛精蘊言之最詳。惟圓周徑率，近世考究益精，而真率未得。凡有二率，一曰徑一周三一四一五九二六五，泰西割圜算術之至精，而與祖沖之密術又相合焉。一曰徑一周三一六二二七七六六奇，錢氏塘、談氏泰覃思密驗以立術，而與秦九韶數學九章又相合焉。專家絕詣莫能決定。桂林以九宮推求之，久而有得，徑五周一五七五九五三五，以奇數右行，與五相間，以得此數，不用四隅之數。圓无隅也，而四隅之數合二十適爲徑五之方周。算法方圓相函必同徑，九宮一圖爲方圓同徑之定率，證以算術，悉合九宮位序，其可无疑矣。徑五周一五七五九五三五，則徑一爲周三一五一九零七。立彼二率，皆算家之極選，度所差不遠，而此率適居二率兩數之間，確乎可据。乃知羲、文以來，算數極精，而後失其傳。後賢窮幽極微，祇在九宮一圖之內，得不爲神物乎！且方圓之徑，蓍數所從出也。大衍之數五十，先儒有二十餘説，多近牽强。近世毛氏奇齡説之乃似十五，任氏啟運説之不合算法，蓋不知九數之難以言易如此。桂林案：衍，説文曰「水朝宗于海」也，乾行于八卦，始坎終兑，坎水歸于兑澤，朝宗于海之象。坎數一一，兑數七七，是以五十乾統終始，于義爲正大。再以九宫圓徑五推之，方圓同徑，其斜徑爲外方外圓之徑。内圓徑五者，外方積必四十九九九九九九九八三二一九六八，是五十微不足，故大衍五十而用四十九焉。或比毛氏、任氏爲安歟？揲蓍古法，蓋亦失傳，仲翔、夢得暨宋張、郭、朱、蔡頗有異同。楊忠輔謂「揲之以四，四乃一揲，不可爲奇」，最爲入理。今亦別立新法，比楊尤異，揆之于經，則庶有合耳。凡所論説，每有新意，非敢有意求新，期于得易之故也。或曰：「子以乾即太極，太極恐不當在八卦中。」曰：「子觀夫水乎？流出于一，既而分流，有主流，有分流，雖數分數十分，主流亦在諸流之中，其爲主流可見，不能不與諸流並數爲一流也。又觀夫木乎？枝生而一，既而分枝，有主枝，有分枝，雖數分數十分，主枝亦在衆枝之中，其爲主枝可見，不能不與衆枝並數爲一枝也。其在九宫，參與兩爲五，居中；陽兼陰者乾之體，參其兩爲六，居西北；陽治陰者乾之用，故乾即太極，其在九宫，體用俱見。九疇之皇極即三德，王道正直即平康正直，甚明也。」或曰：「子之揲蓍，无乃太簡乎？」曰：「四十九即掛一，古文簡明宜爾。分兩即以揲四之餘定卦畫，易道簡易宜爾。揲左則右可知，故祇當揲左。餘三爲陽之正，餘二爲陰之正，不變者也。餘一者，獨陽不生，當變而統陰，以大生。餘无者，陰之斂藏肅殺，當變而承陽，以廣生也。不揲右，故别取右蓍，謂之扐。扐者十之一，五十而取五爲扐，再扐以象天數地數之皆五，然後畫卦之一爻。虞氏作『再扐而後卦』是也。掛分揲歸爲四營，然掛不用而數不變，故二十四營成六爻，而曰十有八變而成卦。若据舊説，則七十二營乃成卦。簡易之道謂何？揲四即可定卦。必再扐而以奇歸之者，以備天地之數，而定乾坤之策也。故下即接言天地之數，乾坤之策。若如舊説，則四營成易二語，當在乾之策前矣。經第言乾坤之策，而舊説分太少陰陽四策，亦爲添出。夫四十九策而二分之，其均平約數不過二十四五六而已。不加兩扐則二十四之數，加兩扐則三十六之數。既揲以四，因四其六而二十四以象陰，四其九而三十六以象陽。揲餘一與三曰奇，則歸于扐，併扐言之爲乾策。餘二與无，非陽奇，則扐以備天地之數，而不歸爲坤策，以陽治陰之義，即筮法而存也。」或曰：「天一地二，子必以爲在夫易，何爲者也？前天數五，子必謂在再扐而後卦後，毋乃泥古乎？」曰：「易不經秦火，一无錯簡脱字。凡移易增删者，皆欲强經以就己説耳。桂林一不敢從。据經解經，似覺經義自明，已具各卷，不贅論矣。于前人説易義例取反對，文王所以序卦也，曰爻變，曰互卦；左氏春秋所以論筮也，參取爻辰，納甲，六日七分，世應游歸，以佐引申，皆前漢舊學，外此无取焉。虞、荀以降，變卦之説，无一可通。陳、邵以來，卦位之改，尤極无理。大卦之説，京氏本可通，頤、中孚爲大離，大過、小過爲大坎，是也。後乃有言咸、恒爲大坎，損、益爲大離者。半象之説，虞氏本可通，需自大壯四之五，大壯本有震，故曰震象半見；漸三變則外互，艮四居艮半，故曰「四體半艮山」，是也。後乃直以兑有半坎，巽有半離。京氏飛伏，生于世應，虞氏旁通，則直謂陽下伏陰，不動之卦皆下伏一卦。後乃謂之爲錯。來氏、任氏轉益紛紜，鄭氏爻辰乾坤爲主，陽爻皆乾，陰爻皆坤，本合易義，乃又以艮初亦巽爻，震二亦離爻，則斷不可通。凡此諸端，苟求便于附會，而无當于經，皆弗取也。自鄭、虞以來，言象數者多致支離，故後儒乘其隙而攻駁，意欲廢之。夫賣卜于市，其術至鄙，言乾亦曰三奇，言坤亦曰三耦，得以術士之鄙，謂乾不三奇乎？小術之書，其説至誕，至謂太陽姓孫名開字子真，太陰姓唐名末字天賢，然言太陽過宫，與時憲術同，得以術士之誕，謂太陽不過宫乎？且誤以旁通説飛伏，誤以納甲即爻辰，又有于漢學未曉而詆漢學者。如指稻爲麥，遽以不秀不實，欲與田草同薅，斯亦鹵莽之農矣。此外以韻言易，顧失十二，毛失十七，要无關易之指要也。以律吕言易，兵法言易，亦從易出，而不必以言易者也。道家爐火亦從易生，而不當以説易者也。相宅相墓，六壬奇門，太乙五行，皆用易之方位，可證宋以前无先天，而其見淺而偏，不足以説易者也。至于星官度數，朔閏步術，山川地形，人身脈穴，皆于易无涉，而或以説易，誇多耀奇，如巫者之靈談鬼笑，皆非事實也。

至以易爲性命之書，易固言性命矣，當知盡性至命，祇在修身齊家，化不可爲，亦不過修齊之至善，别无幽奥之端，最爲微妙者也。其以易爲卜筮，而作易固言卜筮矣，當知尊神信鬼，乃是齊民之情，聖人至教，因寓于民情之所，尚非爲管、郭之輩，著書祕受者也。大凡易學諸家，言理者或失之虚，或失之偏；言象者或失之鑿，或失之支；言數者或失之僞，或失之雜；言氣者或失之瑣，或失之固。玄之又玄，妙而无用曰虚；過猶不及，不用其中曰偏；刻舟求劍，膠柱鼓瑟曰鑿；指鹿爲馬，拔茅連茹曰支；三統造術，補湊參兩曰僞；洞璣天方，舛互周徑曰雜；一風一雨，推求徵驗曰瑣；一屈一伸，裁截整齊曰固。象者理之立也，氣者理之行也，數者理之所生也，象氣數不明而言易理，夫是故虚則遁，實則僻。桂林之于易，敢云于絜静精微有得乎？求免于八失而已矣。或曰：「理宜在數先，而子謂理由數生，可乎？」曰：「生民以來，若惟一人一事，則无須窮理矣。夫惟倫物酬酢，其數多品，因時隨事，理乃宜窮。理非由數生乎？象數理氣皆天地人之所同，而理氣數皆依象以見，故立天地、陰陽、剛柔之象，以盡人道仁義之意。聖人之崇德廣業，賢人之進德脩業，具在其中。觀玩功深，可以通天下之志，定天下之業，斷天下之疑。此易之所以爲教，孔子明明言之。諸儒言易，深淺不同，多與孔子異。異于諸儒，以求不異于孔子，是則桂林學易之志也夫！

自序二

凡説經當以經爲主，如説易不當分别漢、魏、唐、宋也。荀、虞、王、韓、孔、李、程、朱孰是孰非，要以與經合者爲是，與經違者爲非耳。先天之卦位，无極之在太極前，其爲經所本无，甚明，不必多論矣。以陽治陰，乃易之大義，猶云以理治欲，以君子治小人。立陰陽爲象，以盡崇德廣業，進德脩業之意，此道之不變，理之至明者。諸儒説易，顧謂陰長陽當遯，小來則大宜往，拱手以讓小人，既乖至誠无息之正，蹈潔身亂倫之譏，而小畜、大畜且有以陰止陽之文，六四止，初九之進，六五止，九二之進，甚至謂上二陽與一陰，同力止下三陽；同人本以五陽同治一陰，故彖傳言「柔應乎乾」，而爻惟六二稱吝，諸儒乃謂一陰爲主，五陽應之，甚至謂五陽以各欲同于一陰，互相攻克，名不正而言不順，習焉不察，非桂林所敢安也。漢儒以消息説易，據伏羲十言之教，實與易緯因陰陽起消息之語，皆經之所无。或以君子尚消息盈虛、天地盈虛與時消息證之，未思「消息」二字皆爲減退之義，「盈虛」二字皆爲不美之辭。君子好謙惡盈，貴實賤虛，故以消息之爲尚。剥爲陰盛，治剥之陰在于順而止之，即消息盈虛之義。天地之道，陽饒陰乏，亦正如此。天地大德曰生，故曰生生之謂易，不曰消息之謂易。未有消息相等之天道也，故乾曰不息，升曰不息之貞，隨曰晏息，皆爲息止之息。升象曰「消不富也」，言不息爲貞，消則不富。泰、否道長道消，以長與消對言，不以息與消對言，尤明著矣。咸之九四，艮之九三，竊以爲聖學治心之要，乃皆美爻，而諸儒以咸九四爲憧擾，艮九三爲異端。夫聖學之功，在于戒懼，易曰：「懼以終始，道在于慎思而已。」咸九四曰：「貞吉悔亡。」思得其正則吉，而悔可以亡。必憧憧往來，以致精思，而後朋從之。朋從，言百體皆從心也。説文訓憧憧爲不定，即孔子所謂「如之何！如之何！」方大舜執其兩端，周公仰思未得之時，意亦不定，故往來之義，繫辭傳以日月寒暑喻之，大其辭也。憧憧往來，即所以精義入神。若窮神知化，不思而得，乃德之盛耳。其曰「一致而百慮」，言理雖一致，而慮則百端，一事一理，隨事處中，非思不可。象稱「未光大者」，往來以求其光大也。如諸儒解，則孔稱九思，孟戒弗思，皆爲不然，而繫辭傳當云「百慮而一致」矣。艮九三即乾九三，爻德至善，爲知止之學。艮其限之限，即發皆中節之節，列其夤之夤，當從夕不當從夕。夤，敬也。孟氏易乾九三「夕惕若夤」，此正與同厲薰心者，懔人心之惟危，防始燄之攸灼。爻變則爲剥，治剥之道在順以止，艮限列夤，即順以止之。克己復禮之目，列爲四勿，忠信篤敬之象，若參于前，此之謂也。諸儒以夤爲夤，訓夾脊肉，而裂其脊肉之解，脊骨如列之解，殊非雅馴。徒以爻有趾腓身輔，欲以限夤配之，不知此爻明明言心以統趾腓身輔，限則心之節制，夤則心之主宰，與咸九四以思爲統，正同也。咸之經明言「貞吉悔亡」，非惟不凶，並亦不吝。艮之經曰「厲」，正同乾九三。如諸儒説「憧擾薰心」，不能比于咸晦、艮輔，无乃一人以意爲説，承其後者，習焉而遂忘經耶？中孚「豚魚」，當以虞氏易「遯魚」爲是，與小過「飛鳥」相對。遯上九「飛遯无不利」，九家「肥遯」作「飛」，亦飛遯對舉。魚必潛淵之謂，遯魚不可脱于淵，猶人不可離于信，魚之遯，魚之信也。中孚以巽魚得兑澤，固遯魚之吉矣。諸儒于豚魚或云一物，或云二物，揆物情以合經指，究有難通。小過大坎爲飛鳥，明在經文，坎爲鳥，必矣。諸儒又偏以離爲飛鳥，不知坎中奇象鳥身，上下耦象鳥翼，篆文鳥字，似取坎卦之意也。孔子不與馮河説易者，乃以馮河爲泰九二之中行，而馮河之不當爲句，莫悟焉。古者刑不上大夫，説易者以劓刖與赤紱並論。九五之受福而劓刖之，古本作槷䖎弗徵焉。卦有反覆，文王以之爲卦序，其爲易之大義无疑。黄氏宗羲、江氏永用以説易彖往來上下，最爲得之，始破諸家卦變之迷謬。桂林竊謂説卦數往者順，知來者逆，正明反覆二卦相次之理。頤卦爻兩言顛，雜卦言大過顛也，顛即反覆。頤、大過六爻之辭，必以反覆推之，其義乃通。陳氏法駁反對與伏卦之謬等，過矣。卦氣六日七分之説，出前漢孟氏，其來甚古，而以陽爲主，深合經意。復之七日，先儒以六日七分解之，説者或舉震、既濟兩七日相難。桂林以卦氣法求之，震春分用事，七十三分過解，六日七分爲壯，震之七日在六二得壯也。既濟六二七日得則謂得濟，剥之後過艮六日七分而至既濟。治剥以止，故剥之後艮止而得濟，故既濟次艮。既濟七日得以艮治，剥七日而陽得濟也。震者復之，始剥者復之反，則此兩七日，正與復互相同耳。且蠱、巽二卦，兩言先後三日，亦正以每卦六日七分，故言先三日，後三日。易固无言四五日、八九日者矣。黄氏宗羲、胡氏渭駁卦氣與先天之謬等，更過矣。易中此類不可枚舉，一得之見，所爲不敢不述以質于明哲者，冀于經无所違，則于諸儒不能不有所違耳。謹編次經解正義爲易確。孔子曰：「夫乾確然示人易矣。」桂林説易，以乾爲主也。其辨論諸家，别爲讀易記。排駁先儒，或有小過，誠慮先入之言惑人已久，不折辨之，其迷不破。極知爲罪，猶冀見諒于實事求是之君子焉。夫學問之事，後者取資于前，其爲功易。諸儒或好自立異，而不以經爲主；或謹守師法，而亦不以經爲主，臧穀亡羊，其失相等。篤學之士，皆重師法，以爲漢世風義。竊謂師法前漢時爲盛，去古甚近，其所謂師法，亦實可據依。今前漢易施、梁丘二家湮没已盡，孟氏僅有存者。若言師法，不過後漢之末鄭、虞二家。虞雖以易名家，知乾陽爲主，而消乾滅乾，大義既失，旁通之變，曲解多端。鄭氏經術精博，而于易實近疏陋。後來易學難明，正以出王、韓之虚无，即入鄭、虞之迂滯，莫由啟蔀芾而見光明也。桂林一据文王、孔子本經，取瀫于六經、論語之義理，兼采晚周盛漢諸傳記，以資參證，非敢以古爲謾也。僞三墳託于三皇，纔供拊掌，非所晞矣。要以經爲主而已。爲鄭、虞學者，或以師法相責，亦有鄙意之可陳。鄭親受業馬融，就二人易説在者言之。馬曰「朋盍臧」，而鄭爲「盍簪」，「簪，速也」。馬爲「猶豫疑也」，而鄭作「由豫」，「由，用也」。馬曰「童觀」，童猶獨也，而鄭曰「稚也」。馬以「天命不右」，謂「天不右行」，而鄭曰「右，助也」。馬以「夷于左般」，爲「日隨天左旋」，而鄭作「睇于左股」，以「離目」釋「睇」，以九三爻辰在辰，辰得巽氣爲股。馬謂先甲、後甲者，甲在東方，艮在東北，故曰「先甲」，巽在東南，故曰「後甲」，甲爲十日首。蠱爲造事端，不令而誅，謂之暴，故令先後各三日，欲使百姓徧習行而不犯。而鄭以「先三日爲用辛，取改過自新；後三日爲用丁，取丁寧之義」。是鄭不守師法也。虞氏五世傳孟氏易，而孟氏作「夕惕若夤」，虞作「厲」。孟作「陰疑于陽」，疑爲疑似，而虞作「凝」。孟作「楷恒」，虞作「震恒，震，動也」。孟云「莧陸，獸名」，虞以莧爲「莧爾而笑」，陸爲「和睦」。是虞不守師法也。然桂林不言師法，實以經爲本。師説之與經合者，皆我師也。如以乾爲主之大義，先儒已見及此，桂林觸發引申以闡明本經之藴而已。且无論徵引所及，乃吾師法所在，即如黄梨洲、胡朏明諸人之論圖書，頗爲桂林所駁，然其所論説，于數百年榛莽始加埽除，正桂林因而得辨玉與碔砆之所資，是亦我師也。當代大儒鑒其區區治經之勤焉可矣！

春秋穀梁傳時月日書法釋例

總　論

穀梁傳與公羊傳皆謂春秋書法以時月日爲例，而穀梁尤備，先儒多譏爲迂妄。桂林通案經、傳，而疑其説之不可廢也。張晏謂春秋萬八千字，李燾謂今闕一千二百四十八字，自晏時至燾時，闕字如此。向非穀梁有日月之例，則「盟昧不日」、「公子益師卒不日」、「蔡侯肸卒不月」、「壬申公朝於王所不繫月」，必指爲張晏以後闕文矣。自穀梁有傳，葉夢得、俞皋之徒，雖疑此諸經爲缺，而自不敢決，人亦莫信。其有功於經一也。「春王正月」、「秋七月」，穀梁皆有傳，而桓四年、七年無秋冬，昭十年、定十四年不書冬，莊二十二年書夏五月而無事，乃不發傳言其故，知此實作傳後缺文。程端學疑春秋多孔子修成後所缺，以駁穀梁日月例，於理難通。桂林以穀梁無傳者，證爲作傳後所缺，於事較確。而先儒謂「桓無秋冬，貶其簒立」；莊書夏五月，譏娶讎女」；昭不書冬，在娶孟子之歲」。謬悠之説，不攻自破。其有功於經二也。「桓五年甲戌己丑」、「桓十二年再書丙戌」，非穀梁有傳，則以爲脱簡，人孰能難？「嬰齊卒於貍蜃，在公至後」，非穀梁有傳，則以爲錯簡，世莫由辨。考定武成移易大學之事，必當先見於春秋一經矣。其有功於經三也。後儒以日月義例爲朱子所斥，隨聲附和，不顧其安。如「公子益師卒，不書日」，傳以爲惡，劉氏權衡以「公孫敖、仲遂、季孫意如皆惡，而卒書日，叔孫得臣不聞有罪，而反不日」駁之，此本何休説，鄭君釋廢疾已辨之。竊謂所謂惡者，非必身有大罪，左氏此傳云「公不與小斂，故不書日」，即穀梁所謂惡也，蓋譏君失親親敬大臣之禮。如此則意如書日，得臣不書日，何傷乎？又如「僖十四年冬，蔡侯肸卒」，傳云：「諸侯時卒，惡之也。」劉敞以爲非，而謂臣子慢則赴不具月日。不知臣子慢，即穀梁所謂惡也已。説本在穀梁囊括之中，而遽駁穀梁，已覺輕妄。顧棟高並駁敞説，以爲「千里告喪，豈有忘記月日之理？即使不具，魯君臣亦當細加考究，乃書於策」。此尤學究迂拙之談。彼國告喪不具月日，魯之君臣從何考究？將移書彼國問其月日耶？抑遣人鄰國驗其赴告之文以相參證也？恐無此政體矣。穀梁例，災異甚則月，不甚則時。「僖二十九年秋大雨雹」，季本謂不書月日爲闕文，棟高亦信之，以爲豈經一時皆雨雹？然則「隱二年春，公會戎於潛」，經一時皆會戎乎？「五年春，公觀魚於棠」，經一時皆觀魚乎？以此類推，春秋闕文殆居其半，是爲王安石斷爛朝報之説復揚其燼也。程端學謂春秋闕文皆孔子修成後所闕，尤不可通。三傳各相傳受，而經文不同者，不過人名如祝吁作州吁，隱如作意如；地名如屈銀作厥憖，浩油作皋鼬。「公伐齊，納糾」，左氏多「子」字；「不至而復」，公羊少「而」字；「莊十六年盟幽」，公羊有「公」字，左氏無「曹伯」之類，而最易訛誤。脱落之月日，三傳皆同，其無脱誤審矣。穀梁明著月日義例，居要不煩，深得經旨。如「丙戌盟於武父」下書「丙戌衛侯晉卒」，穀梁特著之曰：「決日，義也。」蓋再書丙戌，見此必當書日者也。「隕石於宋五」之後書「是月六鷁退飛過宋都」，穀梁特著之曰：「決不日而月也。」蓋特書是月，見此必當書月者也。公羊以是月爲晦，夫春秋即不書晦，而晦亦有干支，何不仍書甲子若乙丑，乃變文曰是月乎？文公則書「自十有二月不雨，至於秋七月」，僖公則書「正月不雨」「四月不雨」「六月雨」，若非褒貶異詞，何不曰「自正月不雨，至於五月」乎？他如「壬申御廩災」，「乙亥嘗」，「癸酉大雨震電」，「庚辰大雨雪」，皆書日以見意之明證也。許世子止之獄，歐公疑之，疑其同乎弑，故直以爲弑也。穀梁以時葬辨其異，則義正而事明矣。是其有功於經尤偉也。先儒最所譏爲無意義者，桓盟不日而葵丘書日，其例不一，因謂日月或有或無，皆據舊史。寧用公羊年遠不詳之説，不從穀梁。不知晉伯諸盟皆日而桓盟不日，不云信之不可也；桓盟不日，而葵丘書日，不云備之不可也；外盟如曲濮，孔子身當其時，而不書日，瓦屋之盟遠矣，乃書日，此不用穀梁外盟不日，以謹參盟之始，而書日不可也。汪克寬乃云：「自文公而上一百十四年，書日百有七十；宣公而下一百二十八年，書日二百二十，年數略同，而日數近倍。程子謂因舊史，理或然也。」夫一百十四年比一百二十八年少十四年，而二百二十比百七十纔多五十，便云近倍，譬如人方二十二歲，便向一十七歲人自誇年數近倍，責以父事之禮，有不粲然者乎？且以外諸侯卒一例言之，文以前書日二十七，不書十四；宣以後書日五十三，不書二十，未甚懸絶也。隱公時，宋繆、蔡宣皆書日；昭公時甚近，晉平又伯主，而不書日，謂非晉政之衰，臣子偷惰，赴詞率略乎？竊謂經本謹嚴，傳亦精簡，舉隅莫反，治絲益棼，一壞於范、徐諸子，閒生穿鑿；再壞於啖、趙以後，好爲議論，本義既失，轉辨轉晦。如「莒人入向」，傳云：「入者，内弗受。」趙匡以爲用兵之事，安有彼國願受？不知傳本義謂彼無罪，不當受兵也。「子同生」，傳云：「疑，故志之。」趙匡謂「爲委巷之談」。不知傳本義正以委巷之談多疑莊公爲齊襄子，特記此以釋疑也。傳例大夫日卒正也，諸侯日卒時葬正也。正之爲言常也，言此常理也，常例也。注家於大夫之正以爲賢，季友賢矣，公孫兹亦賢乎？於諸侯之正以爲承嫡，宋繆公日卒，傳云：

「正也。」繆公乃宣公之弟，卒而殤公以兄子嗣立，孰爲承嫡乎？「衛人立晉」，傳云：「不宜立，春秋之義，諸侯與正而不與賢。」是宣不正矣。而「丙戌衛侯晉卒」書日，尤足見非承嫡之謂。觀「僖四年許男新臣卒」，疏反覆陳説，徒滋繳繞。經生之見誚於文儒，不得謂無故矣。穀梁子受業子夏，孔門文學科也，深得古人爲文體要，以其所論，推其所不論，省文互見，條理自具。觀其與公羊爲同門，各自爲傳，而詳略亦復相備，則其本傳之不爲繁贅宜矣。桂林謹述時月日例，惟取傳中所有，條而列之，有疏證而無枝蔓。其范注中所論之例，别爲傳外餘例附後，不敢以溷也。竊嘗讀三傳，而疑公羊、穀梁二傳爲一人所述，其書彼詳此略，異同互存，似屬有意。如穀梁「葬宋繆公」，傳「危不得葬也」。「翬帥師會伐鄭」，傳「不稱公子，與乎弑公，故貶也」。其故皆詳於公羊傳。「莒人滅繒」，穀梁但云「立異姓以涖祭祀」，而公羊「叔孫豹、鄫世子巫如晉」，傳詳言其故；「曹殺其大夫」，穀梁但云「爲曹羈崇」，而公羊於「曹羈出奔陳」及「曹殺其大夫」兩傳詳之。其兩傳義異者，則穀梁之義多正，公羊之論多偏，蓋以穀梁爲正傳，公羊爲外傳，如左氏之與國語耳。漢書藝文志有穀梁外傳二十篇，在左氏微、鐸氏微、公羊章句、穀梁章句之間，則係疏證之書。前人有疑公羊、穀梁皆姜姓者，以二字翻切皆爲姜字，似非偶然。桂林疑即一人，寓此二姓，壽夢爲乘，勃鞮爲披，古蚤有之，不必以翻切始孫炎爲疑也。穀梁爲子夏弟子，傳有稱「尸子、沈子」者，有稱「穀梁子」者，而五稱「孔子曰」，一稱「子曰」；「哀元年四月辛巳郊」，傳中「子不志三月卜郊，何也」，其稱子，亦當爲孔子，乃穀梁子問子夏之詞，其爲孔門嫡傳無疑。世乃謂左氏親見聖人，竊謂左氏左祖晉三家、齊田氏，必六國時遜詞避禍，昔人疑爲六國時人，良是。蓋其人負絶世文才，就公、穀二傳左右采獲，因而曼衍成一家書。如傳稱「郤子登，婦人笑於房」，前後無言「郤克跛眇」之文，則何者可笑乎？此用公、穀之説，而失爲照應者也。「崔杼弑莊公」，公羊無傳，穀梁但有「莊公失言，淫於崔氏」八字。公羊齊人，且無所聞，而左氏異國之人，何從得之？得毋因穀梁一淫字生此文、情乎？此即有百二十國寶書，亦所不應紀載者，左氏敍述瑣細，拊楹之歌，賜冠之舉，干掫之請，是因公、穀之説而巧爲傅會者也。鉏麑、靈輒，公羊皆無名，左氏有之。公羊之勇士某與盾言而自剄，猶無姓名，左氏之鉏麑不見趙盾，退而觸槐，其言誰聞之？而其名誰問之？翳桑之餓人，左氏已明著靈輒之名，而後乃云「問其名居，不告而退」，是用公、穀之説而失於檢點者也。「公子益師卒，公不與小斂，故不書日」，此用公、穀之説，而暗爲注釋者也。有用公、穀之説而更易詞語者，「公即位而欲求好於邾」，即「及者内爲志」之説也。有因公、穀之説而張皇潤色者，「盟于召陵」，「吴入楚」之類是也。有因公、穀之説可疑，酌爲改易，略近人情者，「星隕如雨」，「鄫季姬來寧」之類是也。有公、穀所略，而乘之爲詳者，邲、鄢陵諸戰之類是也。有公、穀所詳而避之爲略者，「春王正月」，「祭伯來」之類是也。有公、穀所有則不道者，「俠爲所俠」，「赤爲郭公」之類是也。有公、穀所無則自爲者，「公會齊侯」，「鄭伯伐許」之類是也。有因公、穀難通，自繹前後經文出新義者，因前有「裂繻」，改紀子伯爲子帛之類是也。有自出新義，又覺難安，更出别義，寓於傳中，待後人采取者，如「尹氏卒」改爲「君氏」，又於「隱公薨」，傳「内爲賂尹氏而禱於其主，鍾巫遂與尹氏歸而立其主」之語是也。從來文人之心，翔天入淵，無所不至，鑿空而造人名，造地名，鑿空而爲夢境，爲繇詞，可驚可喜，不必盡事實也。八世之卜，二竪之夢，樂京、盧小、王桃甲諸人，恐或子虚烏有爾，别詳於桂林所撰疑左二卷中。要而言之，左氏似因穀梁、公羊而成，穀梁似以公羊爲外傳，説春秋者，其惟穀梁爲優歟！漢鄭君碩學大儒，作六藝論，獨稱穀梁善於經，其必有所見矣。夫善於經者，時月日書法亦其一也，而可譏爲迂妄乎哉！

清儒學案卷一百十一

魯陳學案

桐城學者，多以文章名。魯陳受學於惜抱，而研經考史，不爲方、姚傳派所囿。元伯繼之，遂爲毛、鄭專家之學，於經師中高踞一席。述魯陳學案。

馬先生宗璉

馬宗璉字器之，號魯陳，桐城人。初官東流縣教諭，嘉慶己未成進士，後三年卒。少從舅氏姚郎中鼐學詩古文辭，所作多沈博絶麗。既而精通古訓及地理之學，鄉舉時以解論語過位升堂合於古制，大興朱文正公爲考官，亟拔之。後從邵二雲、任子田、王石臞諸公游，其學益進。嘗以解經必先通訓詁，而載籍極博，未有彙成一編者，在京師偕同志孫淵如、阮文達、朱少白分韻編録，適南歸，中輟。其後文達視學浙江，萃諸名宿爲經籍籑詁，其凡例猶昔與先生手訂者也。生平敦實學，寡嗜好，惟以著述爲樂。撰左氏傳補注三卷，博徵漢、魏諸儒之説，不苟同立異，論者謂足與顧亭林、惠定宇兩家之書相表裏。又著有公羊補注一卷，毛鄭詩詁訓考證、周禮鄭注疏證、穀梁傳疏證、説文字義廣證、戰國策地理考、漢南海鬱林合浦蒼梧四郡沿革考、嶺南詩鈔諸書，凡數十卷，多散佚。校經堂詩鈔二卷。參繆荃孫撰儒學傳稿、馬其昶撰桐城耆舊傳。

春秋左傳補注

賈、服之注左傳，猶康成之注六藝，精確不可移易矣。其地名有京相璠爲之注釋，酈元水經注引之。於三家説融洽貫通，左傳學思過半矣。元凱集解於漢、晉諸儒解未能擇善而從，其地理又未能揆度遠近，妄爲影附，此劉光伯規過之書所由作也。東吴惠先生棟遵四代之家學，廣搜賈、服、京君之注，援引秦、漢子書爲證，繼先儒之絶學，爲左氏之功臣。余服膺廿載，於惠君補注間有遺漏，復妄參末議焉。效子慎之作解誼，家法是守；鄙沖遠之爲疏證，曲説鮮通，是亦惠君所仰望於後學者也。

隱元年「爲之請制」。郡國志河南苑陵有制澤。酈元水經注苑陵作宛陵，苑、宛古字通。酈元曰：「縣有二城，二城以東悉多陂澤，即古制澤。」

三年傳「四月，鄭祭足帥師取温之麥。秋，又取成周之禾」。此傳用夏正之證。賈公彦周禮正義云：「周雖建子爲正，及其行事，皆用夏之正歲。」

六年傳「納諸鄂」。郡國志河南絳邑有翼城。詩譜言晉穆侯遷都於絳，暨孫孝侯改絳爲翼，翼爲晉之舊都。酈元汾水注詳言之，惟鄂地未詳。世本云：「唐叔虞居鄂。」宋忠曰：「鄂今在大夏。」案：大夏在晉陽縣，唐叔始封之地。史記晉世家：「晉哀侯九年，曲沃武公伐晉于汾旁，虜哀侯。」是鄂地在汾旁之證。其地去晉故絳都亦不甚遠，故鄂侯之子仍號爲翼侯，亦鄂近翼城之證。

八年經「遇于垂」。杜注：「未詳。」京相璠曰：「今濟陰句陽縣小陽城〔一〕東五里有故垂亭。」酈元曰：「小陽城在句陽城東半里許。」

傳「以泰山之祊易許田」。詩閟宫篇「居常與許」，毛傳以許爲魯西鄙之邑，鄭箋以許爲許田。桓元年卒以許田與鄭矣，無緣復爲魯有也。魯頌多侈言之耳。

十一年傳「不書于策」。正義云：「蔡邕獨斷云：策，簡也。其制長二尺，短者半之。其次一長一短兩編。」下附鄭注中庸亦云：「策，簡也。」蓋簡策同物而異名，單就一札謂之簡，連編諸簡乃名爲策。聘禮記曰：「百名以上書于策，不及百名書于方。」名，字也。字少則書簡，字多則書策。璉案：書言甚晰，若鄰國來告，有篡弑兵荒之事則書於策，衛甯殖所謂「名藏在諸侯之策」；如國内有亂，但執一片之簡，而可書者則先書於簡。「南史氏執簡以往」，服虔注「古文篆書一簡八字」，是也。

桓二年傳「其弟以千畝之戰生」。顧亭林曰：「千畝當依趙世家周宣王伐戎及千畝。括地志所謂在

〔一〕「小陽城」，原作「小城陽」，今乙。

晉州岳陽縣北九十里是也。」閻百詩辨之曰：「千畝乃周之藉田，離鎬京應不甚遠，括地志所言太遠。」璉案：郡國志太原介休有千畝聚，劉昭言「晉爲千畝之戰，在縣南」。括地志謂晉千畝在岳陽，甚當。是戰乃晉勝敵，非若周宣之戰，乃敵勝周。百詩誤以爲周宣千畝之戰，證其宜在藉田，非是。

莊八年傳「戍葵丘」。京相璠曰：「齊西五十里有葵丘。若是無庸戍之。」胡廣言：「汾陰有葵丘，或山陽西北葵城。」案：汾陰漢屬河東，爲晉地；山陽爲邾、魯二國地，齊境不至此。齊桓會諸侯於葵丘，杜注：「葵丘在陳留外黃。」郡國志亦云：「外黃有葵丘聚。」案：此葵丘爲齊、宋交界之境，亦爲中原襟要之區，故齊襄使二人戍之。若如杜注在臨淄縣西，雖期年，公問不至，何至於作亂？京君疑之是也。

九年經「公敗宋師於乘丘」。應劭地理風俗記曰：「濟陰乘氏縣，故宋乘丘邑。」漢志泰山郡乘氏縣顏籀注：「公敗宋師即此地。」璉案：魯師自雩門竊出，以敗宋師。雩門，魯城門，則敗宋師必在魯之近郊。括地志云：「乘丘在瑕丘縣西北。」水經泗水注：「泗水西南逕魯縣北，又西過瑕丘縣東。」瑕丘與魯縣接界，則乘丘爲魯近郊地，故元凱直斷爲魯地。濟陰乘氏，應劭、張華、酈元雖皆言爲春秋之乘丘，非魯近郊，故未有言「魯敗宋師於此」。小顏注不足據。惠棟反據此以駁元凱魯地之非，亦誤。禮記正義亦云：「乘丘，魯地。」

十九年傳「大敗於津」。酈元曰：「羅縣西三里有津鄉。」應劭曰：「南郡江陵有津鄉。」東觀：「津鄉當荆、揚之咽喉。」後漢書岑彭傳：「彭自引兵還屯津鄉，當荆州要會。」

卅年經「公及齊侯遇於魯濟」。　案：水經濟水注：「濟水又北逕微鄉東，又北逕清亭東，又北過穀城縣西，又北逕周首亭西。」魯濟蓋在微鄉、清亭之間。微鄉即莊廿八年冬所築郿也，公羊傳作微清，即「公及宋公遇於清」是也。　此皆魯地，濟水所經，故謂之魯濟。　若過穀城，則謂之齊濟。　穀即小穀，與周首亭王子成父敗榮如處，皆齊濟所經。　又案：郡國志「濟北國齊地爲多」，是魯濟又在濟水以南。

閔二年經「齊人遷陽」。　漢志東海郡都陽縣應劭注云：「齊人遷陽是。」城陽國陽都縣應劭注云：「齊人遷陽，故陽國是。」惠棟云：「一國兩屬，未詳孰是。」璉案：城陽陽都縣應劭已明言此故陽國，是爲陽之舊都。　其後齊人遷之，是自城陽陽都遷於東海都陽，故應注都爲齊人所遷。　酈元水經注亦以陽都爲陽故國，齊人利其地而遷之，與應説同。

「齊桓公遷邢於夷儀」。　漢志河内郡平皋縣應劭曰：「邢侯自襄國徙此。　當齊桓公時，衛人伐邢，邢遷於夷儀，其地屬晉，號曰邢丘。　以其在河之皋，處勢平夷，故曰平皋。」臣瓚注云：「春秋狄人伐邢，邢遷夷儀，不至此。　今襄國西有夷儀城，去襄國一百餘里。　平皋是邢丘，非國也。」璉案：郡國志「河内平皋有邢丘，故邢國，周公子所封。」是平皋之邢丘，本邢國也，此非齊桓所遷之邢。　郡國志「東郡聊城有夷儀聚」。　計邢國所都，亦只在聊城百里之内，臣瓚謂在襄國西是也。　若平皋邢丘，乃衛所滅，復入於晉，師古曰「晉侯送女於邢丘」，即此。　薛瓚駁應説甚精。　酈元不知春秋有兩邢國，其河水注亦混兩國而統釋之，其失始於應劭矣。史記正義云：「邢丘在懷州武德縣東南廿里。」

僖二年「伐鄍三門」。說文：「鄍，晉邑。」郡國志：「沛國有鄍聚。」劉昭補注引服虔曰：「鄍，晉别都。」正義載服注云：「冀爲不道，伐鄍三門，謂冀伐晉，冀之既病，亦唯君故，謂虞助晉。」按劉昭妄引服注以釋沛國鄍聚爲晉邑，殊謬。然服注「鄍爲晉都」，與說文「鄍爲晉邑」，此爲有據。杜以顛軨坂在大陽，爲虞國地。郡國志「河東大陽縣有下陽城，有顛軨坂」，無鄍邑，不可因其地近虞城，遂臆斷爲虞邑也。安知冀爲不道，非兼伐虞、晉兩國地？墨子兼愛篇：「灑爲底柱。」水經河水注：「砥柱山在河東大陽縣東河中。」括地志云：「底柱山俗名三門山，硤石縣東北五十里黄河之中。」鄍之三門，疑即砥柱也。

四年「北至於無棣」。酈元曰：「清河又東北，無棣溝出焉。」京相璠曰：「舊說無棣在遼西孤竹縣。二說參差，未知所定。然管仲以責楚，無棣在此方之爲近。」案：酈注是，無棣近南皮縣界。

「次於陘」。史記楚世家：「兵侵楚至陘山。」戰國策曰：「楚地有汾陘之塞。」爾疋「山絶陘」，郭注「連山中斷絶。」是凡山之中斷絶者，皆可謂之陘。徐廣曰：「陘者，山絶之名。」括地志曰：「陘山在鄭州西南一百十里。」

「方城」。盛宏之荆州記曰：「葉東界有故城，始犫縣，東至瀙水，達比陽界，南北緜聯數百里，號爲方城，一謂之長城。」酈元曰：「楚盛周衰，控霸南土，欲爭强中國，多築列城於北方，以逼華夏，故號此城爲萬城，或作『方』字。」唐勒奏土論曰：「我是楚也，世霸南土，自越以至葉，垂宏境萬里，故號曰萬城。」是方城即楚長城之證。高誘淮南注以葉縣方城爲據，是猶舉其一隅也。

五年經「楚人滅弦」。酈元曰：「江水又東逕西陽郡南，即西陽縣也。」晉書地道記以爲「弦子國」。通典「光州光山縣，漢西陽縣也。春秋弦國之地。仙居縣本漢軑縣，今縣東有弦亭。」據水經注、通典，漢之西陽、軑縣皆弦子地。元凱第釋弦國在軑縣東南，是乃元和郡縣圖志所云「弦國之都」也。

十五年「盟於王城」。酈元曰：「涑水又西逕王官城北，在南原上，世人猶謂其城曰王城。」杜注「馮翊臨晉」，疑遠。

廿四年傳「凡、蔣、邢、茅、胙、祭」。此六國皆畿内諸侯，周有凡伯、毛伯、祭伯。杜注：「汲郡共縣東南有凡城。」郡國志「河内共縣汎亭」，劉昭注爲「凡伯邑」。水經「淮水又東過期思縣北」，酈元曰：「縣故蔣國，周公之後。」郡國志云：「河内州平睪有邢丘，故邢國，周公子所封。」説文云：「邢，周公子所封地也。近河内懷。」酈元曰：「淯陽曰有茅城〔一〕。」經「濮水又東逕胙亭東〔二〕。」酈元曰：「故胙國，富辰所謂邢、茅、胙、祭，周公之後也。」祭，韋昭國語注以爲周公之後。廣韻云：「周公第五子所封。」

文六年傳「改蒐於董」。司馬彪郡國志「河東聞喜有董池陂，古董澤」。劉昭引左傳「改蒐於董」，「董

〔一〕此處引文有誤，水經注作：「淯水自大穴口東南逕淯陽城西南，逕茅城東北。」
〔二〕引文乃注文，非經文，疑有誤。

澤之蒲」以注之，是劉從司馬彪説，以董與董澤同在聞喜也。璉案：酈元涑水注「涑水西逕董澤，陂南即古池，東西四里，南北三里。蒐於董，即斯澤也」。是酈元與司馬彪、劉昭意同，皆以董澤與蒐於董爲一地也。元凱注「改蒐於董」在汾陰。劉昭復於郡國志汾陰補注引之，是又與聞喜縣注不同。一地兩從，蓋沿元凱之誤，不若酈元注之簡明易曉也。

十六年傳「魚人」。水經「江水又東逕魚復縣故城南」，酈元曰：「故魚國也。」是魚乃羣蠻之一，非庸地。劉昭注巴郡魚復云：「古庸國。」是猶沿元凱之誤。

十八年傳「公游於申池」。此齊海濱之藪，淮南子可證。若襄十八年傳「焚申池之竹木」，當如京、杜注「申池爲齊城門」，下言「焚東郭、北郭」可證。酈元亦知「焚申池之竹木」，非在海隅，故其淄水注云：「不言北掠於海。」惠定宇不知申池有二，專以京注之説爲非，未見明晰。

宣元年傳「會於棐林至遇於北林」。酈元曰：「華水又東逕棐城北，即北林亭也。」服虔曰：「北林，鄭南地。」京相璠曰：「今滎陽苑陵縣有故林鄉，在新鄭北，故曰北林。」余案：林鄉故城在新鄭東如北七十許里，苑陵故城在東南五十許里，不得新鄭北也。考京、服之説，竝爲疎矣。杜預曰：「滎陽中牟縣西南有林亭，在鄭北。」今是亭南去新鄭縣故城四十許里，蓋以南有林鄉亭，故杜預據是爲北林，最爲密矣。

二年經「戰於大棘」。酈元曰：「過水又東逕太棘城南，故鄢之大棘鄉，後其地爲楚莊所并，故圈稱曰大棘楚地。過水又東逕安平縣故城北」。陳留風俗傳曰：「大棘鄉，故安平縣也。」郡國志：「陳留己吾有大棘鄉。」姚薑塢先生曰：「魏志文紀黄初四年三月甲午行幸襄邑，己吾與襄邑接境，己吾爲魏武起兵之地，但言襄邑，而不言己吾，豈是時已併省乎？」璉案：胡身之通鑑注「己吾，魏、晉時省」。元和郡縣志「己吾故城在寧陵縣西南四十里」。是己吾之地，魏、晉時已省入别縣，而大棘則省入襄邑。杜注甚精。

「舍於翳桑」。疑首山近地，杜注爲「桑下」，意本史記。王引之曰：「翳桑，首陽近地。」此説是也。杜注：「翳桑，桑之〔一〕多蔭翳者。」公羊傳云：「子某時所食，活我於暴桑下者也。」何注：「暴桑，蒲蘇桑。」案〔三〕：左氏、公羊氏傳聞各異，公羊氏云「暴桑下」，謂桑樹下也。故吕氏春秋報更篇「昔趙孟將上之絳，見骫桑之下有餓人」，淮南人閒訓「趙宣孟活飢人於委桑之下」，皆用公羊説也。其左氏云「舍於翳桑」，又云「翳桑之餓人也」，皆但言翳桑，不言翳桑下，則翳桑似是地名。知者僖二十二年左傳之「謀於桑下」，以此例之，儻是翳桑樹下，則當云「舍於翳桑下」，且當云「翳桑下之餓人」。今此是地名，故不言下也。春秋時地名或取諸草木，若宣二年經「戰於大棘」，僖二十四年傳「晉師軍於廬柳」，哀八年傳「吴師克東陽而進舍於五梧」，又僖八年「晉里克帥師以敗狄於采桑」，昭二十九年「遂濟窮桑」，史記秦本紀「張儀與齊、楚大臣會齧桑」，皆地名也。乃史記晉世家云：「初

〔一〕「桑之」，原作「翳桑」，據杜注改。
〔三〕「案」上原衍一「引」字，今删。

盾嘗田首山，見桑下有餓人。」又云：「盾問其故，曰我桑下餓人。」用左氏文，而改「翳桑」爲「桑下」，則已誤以公羊之説爲左氏之説矣。杜氏之誤，亦與史記同。

十五年「敗赤狄於曲梁」。杜注「曲梁在廣平」，蓋沿「晉侯弟亂行於曲梁」而誤。彼曲梁在廣平，有雞澤可證；此曲梁近潞，不得遠引廣平之曲梁爲據。劉昭案「上黨記謂曲梁在潞城西十里」，甚確。又於魏郡曲梁復引左傳宣十五年「敗赤狄於曲梁」爲注，是仍沿元凱之誤注，無折衷者也。惠定宇知援上黨記駁杜注之非，而未詳杜注致誤之由，因備釋之。

成四年經「冬城鄆」。釋例以此爲西鄆，非是。此爲莒、魯所爭之東鄆。郡國志：「瑯邪東莞有鄆亭。」璉案：鄆近費，故爲季氏邑。漢五行志「成公五年秋大水」，董仲舒、劉向以爲「時成幼弱，政在大夫，前此一年再用師，明年復城鄆以彊私家」。師古注「鄆，季氏邑」是也。

六年傳「師於鍼」。鍼疑作鹹。郡國志「東郡濮陽有鹹城，或曰古鹹國」。以下言「師在其郊」，則爲鹹地近濮陽也。

十一年傳「晉郤至與周爭鄇田」。説文云：「鄇，晉之温地，周賜晉文温田，後爲郤氏私邑。」王符曰：「郤至食采於温，號曰温季。周温地未盡賜晉，故與郤至爭鄇田。」杜預以鄇爲温之别邑，不若叔重解字之精矣。

襄四年傳「敗於狐駘」。淮南墬形訓曰：「時泗、沂出臺、台、術。」高誘注：「臺、台、術，皆山名。」水經「泗水出魯卞縣北山」。璉案：酈元注「邾姑蔑城在卞縣南」，是魯卞縣爲邾、魯接境之地，臧孫與郲戰，敗於狐駘，爲目台山，即魯卞縣北山也。惠定宇援淮南「淄出目駘」，證狐駘爲淄水所出之山。案：水經「淄水出泰山萊蕪縣原山，東北過臨淄縣東」，非郲、魯接境。惠說不如杜注之確。

十年經「會吴於柤」。釋例「柤地缺。或曰彭城傅陽縣西北有柤水溝，魯國薛縣西南有柤亭，譙國酇縣治戲鄉，皆去鍾離五百餘里，非諸侯六日載會所至也。或曰汝南安城縣西南有鍾離亭，西平縣北有柤亭，去偪陽近千里，又非自會九日之所能滅國，皆非也」。酈元曰：「沭水又東南歷柤口，城中柤水出於楚之柤地，東南流經傅陽縣故城東北。」地理志曰：「故偪陽國也。」案釋例「或曰」，京相璠土地名説也。

十七年傳「飲馬於重丘」。爾疋釋丘「再成爲陶丘」，郭注「今濟陰定陶城中有陶丘，成猶重也」。是陶丘爲再重之丘。春秋時漢濟陰郡皆曹地，此重丘疑即陶丘，以再成釋之甚確。

廿四年傳「在商爲豕韋氏」。詩「韋、顧既伐」，鄭注「韋，豕韋，彭姓」，非劉累之後。杜以商之豕韋，乃劉累之後，既滅而復封，無書足證。

「在周爲唐杜氏」。劉光伯曰：「昭元年杜注云：『唐人若劉累之等。』累遷魯縣，唐在大夏，居唐之人，非累之裔。此注何云：『豕韋國於唐也。』又據何文，知初封於唐，後封於杜。賈逵國語注云『武王封堯後爲唐、杜二國』，非滅唐封杜。」案：杜「滅唐封杜」之解，本竹書紀年「成王八年十月王師滅唐，遷其民於杜」而誤。紀年但言「遷唐之民於杜」，亦未言「封唐之後於杜」也。當以賈逵國語注爲據。光伯規之善矣。

廿八〔一〕年傳「得慶氏之木百車於莊」。爾疋釋宫「六達謂之莊」，郭注引此傳。初學記引孫炎注云：「莊，盛也。」孟子「引而置之莊嶽之閒數年」，趙岐注云：「莊嶽，齊街里名也。」蓋因爾疋，以爲城中街道之名。釋名本爾疋「六達爲莊」，解云：「莊，裝也，裝其上使高也。」杜以六達爲六軌，遂解莊爲六軌之道。正義附會之，以九達竝九軌，故亦以莊爲六軌。不知爾疋六達言其交道六出，竝無六軌九軌之訓。劉光伯規之甚當。孔仲達曲爲杜解，非也。李巡注爾疋亦取竝軌之義，其誤與杜同。

昭元年「宣汾、洮」。惠定宇據水經注「涑水一名洮水」，證洮水即涑水。案：酈元明言「涑水出河東聞喜縣東山，洮水源東出清野山，世人以爲清襄山，至周陽合於涑水，始謂洮水爲涑水」。是洮、涑二水源流各異，未合涑水爲洮水，既合涑水乃統謂之涑水，郡國志「聞喜有洮水，又有涑水」，最爲明晰。

哀元年傳「昔有過澆殺斟灌以伐斟鄩」。漢志北海郡平壽縣，應劭曰：「古𣁋尋，禹後。」壽光縣應劭曰：「古𣁋灌，禹後。」薛瓚曰：「𣁋尋在河南，不在平壽。」汲郡古文曰：「相居斟灌，東郡灌是。」許慶宗曰：「羿自鉏遷窮石，由窮入斟尋。是時太康畋於洛表，在河南，羿在斟尋，而距太康於河。是斟尋在河北也。」竹書紀年：「澆與斟尋大戰於濰，覆其舟，滅之。」濰水正在北海郡界，益信應説

〔一〕「廿八」，原作「廿七」，據春秋左傳改。

爲確。又斟灌與觀不可合而爲一。斟灌者，夏之忠臣相所依以存亡者也。武觀者，夏之姦子啟放之西河，紀年注云「今頓丘衛縣」。更不得以武觀之地爲斟觀之地，薛瓚説非是。

附録

先生佐畢尚書沅修史籍考，分纂史學部音義評論，編年部斷代，歷表譜牒部專家圖畫年譜。輯録將竣，會周總憲興岱督學粤東，禮致幕下，所至興起古學。桐城耆舊傳。

馬通伯曰：桐城自方、姚後，學者多喜言文章義法。别有密之方氏父子，號爲淹雅，其傳不盛。然方氏亦不純於經。姚薑塢編修爲學務徵實，精校讐，近漢京矣。顧不喜著書。惟吾家魯陳、元伯二先生篤守師法，兩世傳經，於吾邑學派蓋微别云。同上。

魯陳家學

馬先生瑞辰

馬瑞辰字獻生，號元伯，魯陳之子。嘉慶癸亥進士，選庶吉士，散館改工部主事。洊遷郎中，練習部務，力懲胥吏積弊，爲時所忌，坐事罷職，發盛京効力。尋予主事，仍官工部，補員外郎，復坐事謫戍黑龍江，未幾釋還。歷主江西白鹿山、東嶧山、安徽廬陽諸書院。咸豐三年，粵匪陷桐城，駡賊死，甚烈，年七十九。卹廕如例，敕建專祠。先生少傳父業，爲訓詁之學，老而不倦。謂詩自齊、魯、韓三家既亡，説詩者以毛詩爲最古。鄭君大旨本以述毛，撰毛詩傳箋通釋三十二卷，以三家辨其異同，以全經明其義例，以古音古義證其譌互，以雙聲疊韻别其通借，篤守家法，義据通深。同時長洲陳碩父奐著毛詩傳疏，亦爲專門之學。由是治毛詩者多推此兩家之書。參儒學傳稿、桐城耆舊傳。

毛詩傳箋通釋自序

昔周官六詩，並教比興，賦義久不分。迨漢世，四家疊興，齊、魯、韓説多早逸。毛學顯自河間，實詞微而旨遠。鄭箋傳由棘下，亦派異而源同。余幼禀義方，性耽著述，愧羣經僅能涉獵，喜葩詞别有會通。五際潛研，幾忘流麥，一疑偶析，如獲珠船。然第藏諸篋笥，未敢懸之國門。迨年逾弱冠，游宦春明，獲問奇於子雲，快咨事於伯始，輙有出門之合，戈無入室之操。志存譯聖，冀兼綜乎諸家，論戒鑿空，希折衷於至當。然始則兼攻帖括，未獲專精，繼復沈迷簿書，無暇博覽。四十以後，乞身歸養，既絶意於仕途，乃殫心於經術。爰取少壯所采獲，及於孔疏、陸義，有未能洞澈於胸者，重加研究。以三家辨其異同，以全經明其義例，以古音古義證其譌互，以雙聲疊韻别其通借，意有省會，復加點竄。歷時十有六年，書成三十二卷，將偏質之通人，遂妄付諸剞劂。初刊毛詩翼注，嗣改傳箋通釋，述鄭兼以述毛，規孔有同規杜。勿敢黨同伐異，勿敢務博矜奇，實事求是，祇期三復乎斯言，窮愁著書，用誌一經之世守。

例　言

一、詩自齊、魯、韓三家既亡，説詩者以毛、鄭爲最古。據鄭志答張逸云：「注詩宗毛爲主，毛義隱略，則更表明。」是鄭君大恉本以述毛，其箋詩改讀，非盡易傳，而正義或誤以爲毛、鄭異義。又鄭君先从張恭祖受韓詩，凡箋訓異毛者，多本韓説。其答張逸亦云：「如有不同，即下己意。」而正義又或誤合傳、箋爲一。瑞辰粗習二學，有確見其分合異致，爲義、疏所剖析者，各分疏之，故以傳箋通釋爲名。

一、毛詩用古文，其經字多假借，類皆本於雙聲疊韻，而正義或有未達。有可證之經、傳者，均各考其原流，不敢妄憑肊見。

一、三家詩與毛詩各有家法，實爲異流同原。凡三家遺説，有可與傳、箋互相證明者，均各廣爲引證，剖判是非，以歸一致。

一、毛詩經字流傳不無焉魯，有可即傳、箋、注釋以辨經文譌誤者，鄙見所及，均各分條疏釋。

一、考證之學，首在以經證經，實事求是，顧取證既同，其説遂有出門之合。瑞辰昔治是經，與郝蘭皋户部、胡墨莊觀察有針芥之投，説多不謀而合，非彼此或有襲取也。

一、説經最戒雷同，凡涉獵諸家，有先我得者，半皆隨時删削，間有義歸一是而取證不同，或引據未周而説可加證，必先著其爲何家之説，再以己説附之。又有積疑既久，偶得一説，昭若發矇，而其書或尚未廣布，遂兼取而詳載之，亦許叔重博采通人之意也。

一、是書先列毛、鄭説於前，而唐、宋、元、明諸儒，及國初以來各經師之説，有較勝漢儒者，亦皆采取，以闢門户之見。

詩入樂説

詩三百篇，未有不可入樂者。虞書曰：「詩言志，歌永言，聲依永，律和聲。」歌、聲、律皆承詩遞言之。毛詩序曰：「在心爲志，發言爲詩。」又曰：「言之不足，故嗟嘆之；嗟嘆之不足，故永歌之。」此言詩所由作，即虞書所謂「詩言志，歌永言」也。又曰：「情發於聲，聲成文，謂之音。」此言詩播爲樂，即虞書所謂「聲依永，律和聲」也。若非詩皆入樂，何以被之聲歌，且協諸音律乎？周官大師教六詩，而云「以六德爲之本，以六律爲之音」，是六詩皆可調以六律已。墨子公孟篇曰：「誦詩三百，弦詩三百，歌詩三百，舞詩三百。」鄭風青衿詩毛傳云：「古者教以詩、樂，誦之、歌之、弦之、舞之。」其説正本墨子，是三百篇皆可誦歌弦舞已。若非詩皆入樂，則何以六詩皆以六律爲音？又何以同是三百篇，而可誦者即可弦、可歌、可舞乎？左傳吴季札請觀周樂，使工爲之歌周南、召南，並及於十二國。若非入樂，則十四國之詩，不得統之以周樂也。史記言「詩三百五篇，孔子皆弦歌之，以求合於韶、武、雅、頌。」若非入樂，則詩三百五篇，不得皆求合於韶、武、雅、頌也。六藝論云：「詩，弦歌諷諭之聲也。」鄭志答張逸云：「國史采衆詩時，明其好惡，令瞽矇歌之。其無所主，皆國史主之，令可歌。」據此，則鄭君亦謂詩皆可入樂矣。程大昌謂南、雅、頌爲樂詩，自邶至豳皆不入樂，爲徒詩，其説非也。或疑詩皆入樂，則詩即爲樂，何以孔子有删詩訂樂之殊？不知詩者載其貞淫正變之詞，樂者訂其清濁高下之節。古詩入樂，類皆有散聲疊字以協於音律，即後世漢、魏詩入樂，其字數亦與本詩不同，則古詩之入樂，未必即今人誦讀之文，一無增損，蓋可知也。古樂失傳，故詩有可歌、有不可歌。大戴禮投壺篇曰：「凡雅二十六篇，其八篇可歌，歌鹿鳴、貍首、鵲巢、采蘩、采蘋、伐檀、白駒、騶虞，八篇廢不可歌。其七篇商、齊可歌也，三篇閒歌。」所謂可歌者，謂其聲律猶存；不可歌者，僅存其詞，而聲律已不傳也。若但以其詞言之，則三百五篇俱存，豈獨鹿鳴、鵲巢諸篇爲可歌哉！

魯詩無傳辨

漢書儒林傳曰：「申公獨以詩經爲訓故以教，無傳，疑者則闕弗傳。」顔師古以無傳爲不爲解説之傳，其説誤也。漢書楚元王傳言「申公始爲詩傳，號魯詩」。太平御覽二百三十二卷引魯國先賢傳曰：「漢文帝時，聞申公爲詩最精，以爲博士。申公爲詩傳，號爲魯詩。」何休公羊傳注、班固白虎通義、文選李善注，皆引魯詩傳，是魯詩有傳之證。考史記儒林傳曰：「申公獨以詩經爲訓故以教，無傳疑，疑者則闕弗傳。」當讀「無傳疑」爲句。下云「疑者則闕弗傳」，乃釋上「無傳疑」三字也。傳讀如傳授之傳，非傳注之傳。漢書説本史記，而誤脱一「疑」字，顔師古遂讀「無傳爲句」，而以「無解説之傳」釋之，誤矣。陸德明經典序録言「魯人申公受詩於浮丘伯，以詩經爲訓故以教，無傳，疑者則闕弗傳」。「無傳」下亦少一「疑」字，蓋承漢書儒林傳之誤。史記索隱亦謂申公不作詩傳，則誤以史記「無傳疑」「疑」字爲衍文耳。

毛詩訓詁傳名義考

漢藝文志載詩凡六家，有以故名者，魯故、韓故、齊后氏故、孫氏故是也。有以傳名者，齊后氏傳、孫氏傳、韓内傳、外傳是也。惟毛詩兼名詁訓傳。正義謂其依爾雅訓詁爲詩立傳。又引一説，謂其依故昔典訓而爲傳。其説非也。漢儒説經，莫不先通詁訓。漢書揚雄傳言：「雄少而好學，不爲章句訓故，通而已。」儒林傳言：「丁寬作易説三萬言，訓故舉大義而已。」而後漢書桓譚傳亦言：「譚徧通五經，皆詁訓大義，不爲章句。」則知詁訓與章句有辨。章句者，離章辨句，委曲支派，而語多傅會，繁而不殺。蔡邕所謂：「前儒特爲章句者，皆用其意傳，非其本旨。」劉勰所謂：「秦延君之注堯典，十餘萬字，朱普之解尚書，三十萬言，所以通人惡煩，羞學章句也。」詁訓則博習古文，通其轉注借假，不煩章解句釋，而奥義自闢。班固所謂：「古文讀應爾雅，故解古今語而可知也。」史、漢儒林傳、漢藝文志皆言魯申公爲詩訓故，而漢書楚元王傳及魯國先賢傳皆言申公始爲詩傳，則知漢志所載魯故、魯説者，即魯傳也。何休公羊傳注亦言傳謂詁訓，似故訓與傳初無甚異。而漢志既載齊后氏故、孫氏故、韓故，又載齊后氏傳、孫氏傳、韓内外傳，則訓故與傳又自不同。蓋散言則故訓傳俱可通稱，對言則故訓與傳異，連言故訓與分言故訓者又異。故訓即古訓，烝民詩「古訓是式」，毛傳：「古，故也。」鄭箋：「古訓，先王之遺典也，又作詁訓。」說文：「詁訓，故言也。」至於傳，則釋名訓爲傳示之傳，正義以爲傳通其義。蓋詁訓第就經文所言者而詮釋之，傳則並經文所未言者而引伸之，此詁訓與傳之別也。古有倉頡訓故，又有三倉訓詁，此連言故訓也。爾雅、廣雅俱以釋詁、釋訓名篇。張揖雜字曰：「詁者古今之異語也，訓者謂字有意義也。」詩正義曰：「詁者古也，古今異語通之，使人知也；訓者道也，道物之貌，以告人也。」又引爾雅序曰：「釋詁通古今之字，與古今異言也；釋訓言形貌也。」趙匡光曰：「通古合今曰釋詁，以今合古曰釋言，釋其所釋曰釋訓。」此分言詁訓也。蓋詁訓本爲故言，由今通古，皆曰詁訓，亦曰訓詁。而單詞則爲詁，重語則爲訓。詁第就其字之義旨而證明之，訓則兼其言之比興而訓導之。此詁與訓之辨也。毛公傳詩，多古文，其釋詩實兼詁訓傳三體，故名其書爲詁訓傳。嘗即關雎一詩言之，如「窈窕，幽閒也」；「淑，善」；「逑，匹也」之類，詁之體也。「關關，和聲也」之類，訓之體也。若「夫婦有別則父子親，父子親則君臣敬，君臣敬則朝廷正，朝廷正則王化成」，則傳之體也。而餘可類推矣。訓故不可以該傳，而傳可以統訓故，故標其總目爲詁訓傳，而分篇則但言傳而已。

詩譜次序考

毛詩次序，當以詩譜爲正。今世所傳詩譜與注疏本先後序次異者二：一以檜、鄭爲一譜，一以王風居豳後。今按：檜滅於鄭，而居鄭前，以合爲一譜，與邶、鄘之先衛無異，此可據鄭譜以正注疏本之誤者也。至以王居豳後，孔疏謂：「其退就雅、頌，並言王世故耳。」但考鄭志答張逸云：「以周公專爲一國，上冠先公之業，亦爲憂矣，所以在風下，次於雅前」。是鄭君亦以豳居風末，未嘗以王退雅前，此可據鄭志以證詩譜之系者也。

詩譜逸文考

後漢書鄭康成傳敍所著有毛詩譜。釋文序録載鄭玄詩譜二卷，徐整暢，太叔求隱。蓋康成作詩譜，徐整遵暢厥旨，太叔求又表其微意，而謂之隱，猶漢志春秋家有左氏微、鐸氏微也。而隋經籍志載毛詩譜三卷，云「吴太常卿徐整撰」。又載毛詩譜二卷，云「太叔求及劉炫注撰」。蓋撰述之義，非謂詩譜爲徐整作也；注即隱之類耳。孔疏以二劉爲本，今詩譜正義當即采劉炫之注而引伸之。鄭譜原本至宋已亡，歐陽永叔得其殘本於絳州，取孔氏正義所載詩譜補之。然考諸書所引，尚有在今本詩譜外者。如釋文序録「克傳魯人孟仲子」，注引詩譜云：「子思之弟子。」「長卿授解延年」，注引詩譜云：「齊人。」關雎釋文引沈重云：「按鄭詩譜意，大序是子夏作，小序是子夏、毛公合作。卜商意有不足，毛更足成之。」皆正義本所無。而國風正義引詩譜云：「魯人大毛公爲詁訓傳於其家，河間獻王得而獻之，以小毛公爲博士。」維天之命正義引譜云：「孟仲子者，子思弟子。」又引譜云：「子思論詩於穆不已，孟仲子曰於穆不似。」今正義本詩譜亦無之。竊意鄭君詩譜别有諸家傳授次序一篇，而正義失載，因逸之耳。後漢書郡國志右扶風栒邑有豳鄉，注引詩譜「又有劉邑」。潁川郡有嵩山，注引詩譜云：「外方之山，即嵩也。」皆在正義本詩譜之外。至大序正義引詩譜云：「師摯之始，關雎之亂，早失風聲矣。」周南、召南譜正義引譜云：「天子納變雅，諸侯納變風，其禮同。」又引譜下文云：「路寢之常樂，風之正經也，天子歌周南，諸侯歌召南。」皆當爲周南、召南譜之逸文。又擊鼓正義引譜曰：「刺怨相尋。」由儀正義引鄭譜言：「辭義皆亡者，對六篇有義無辭、新宫并義亦無。」鴻鴈正義引譜曰：「文王巡守述職。」文王正義引譜云：「以麻校之，文王受命十三年辛未之歲，殷正月六日殺紂。」天作正義引譜云：「參訂時驗。」是今本詩譜所無，而正義引之者甚夥，似孔氏亦嘗見詩譜全文，而今本實有闕逸也。徐整詩譜暢今亦不傳。釋文序録引徐整云：「子夏授高行子，高行子授薛倉子，薛倉子授帛妙子，帛妙子授河間人大毛公，大毛公爲故訓傳於其家，以授趙人小毛公，小毛公爲河間獻王博士，以不在漢朝，故不列學官。」又引漢書儒林傳「授同國貫長卿」，注云：「徐整作長公。」蓋皆徐整詩譜暢逸文之僅存者，是亦斷璧殘圭之可寶貴已。若後漢書郡國志河東郡曲沃注云：「曲沃在縣東北數里，與晉相去六七百里，見毛詩譜注。」所謂注者，未知其爲太叔求之隱，抑爲劉炫之注？歐陽公詩譜補亡後序謂「絳州所得詩譜殘本，其文有注而不見名氏」，則固已無可考矣。

十五國風次序論

孔疏云：「自衛以下十有餘國，編次先後舊無明説，去聖久遠，難得而知。欲以先後爲次，則齊哀先於衛頃，鄭武後於檜國，而衛在齊先，檜處鄭後，是不由作之先後也。欲以國地爲序，則鄭小於齊，魏狹於晉，而齊後於鄭，魏先於唐，是不由國之大小也。欲以采得爲次，則雞鳴之什遠在緇衣之前，鄭國之風必處檜詩之後，何當後作先采，先采後作乎？是不由采得先後也。」歐陽永叔詩譜補亡後序曰：「凡詩雅、頌，兼列商、魯，其正變之風，十有四國，而其次比，莫詳其義。惟封國變風之先後，不可以不知，周、召、王、豳同出於周，邶、鄘并於衛，檜、魏無世家，其可考者陳、齊、魏、晉、曹、鄭、秦，此封國之先後也。豳、齊、衛、檜、陳、唐、秦、鄭、魏、曹，此變風之先後也。周南、召南、邶、鄘、衛、王、鄭、齊、豳、秦、衛、唐、陳、檜、曹，此孔子未刪詩以前，周太師樂歌之次第也。周、召、邶、鄘、衛、檜、鄭、齊、魏、唐、秦、陳、曹、豳、王，此鄭氏詩譜次第也。黜檜後陳，此今詩次第也。」今按歐陽公所言，周太師樂歌之次第，蓋據左傳季札觀樂而言；而鄭譜次第，誤以王列豳後。竊謂國風次序，當以所訂鄭譜爲正，周、召、邶、鄘、衛、王、檜、鄭、齊、魏、唐、秦、陳、曹、豳也，其先後次第非無意義，但不得以一例求之。蓋於二南、邶、鄘、衛、王，可以見殷、周之盛衰。二南，周王業所起也；邶、鄘、衛，紂舊都也；王，東遷以後地也。首二南，見周之所以盛；次邶、鄘、衛，見殷之所以亡；次王，見周之所以始盛而終衰也。於檜、鄭、齊、魏、唐、秦，可以覘春秋之國勢焉。春秋之初，鄭最稱强，檜則滅於鄭者也，故檜、鄭爲先；鄭衰而齊桓創霸，故齊次之；齊衰而晉文繼霸，魏則滅於晉者也，故魏、唐次之；晉霸之後，秦穆繼霸，故秦又次之。若夫陳、曹、豳，則又詩之廢興所關焉，陳滅於淫，曹滅於奢，而豳則起於勤儉者也。以陳、曹居變風之末，見詩之所以息；以豳風居周雅之先，見詩之所以興；至豳之後於陳、曹，則又有反本復古之思焉。大抵十五國之風，其先後皆以國論，不得以一詩之先後爲定也。邶、鄘滅於衛，檜滅於鄭，魏滅於唐，皆附乎衛、鄭、唐以見，又以見一國之廢興焉，不得以國之小大爲定也。而采得之先後，載籍無徵，其不足以定次序，更無論矣。

風雅正變説

風、雅正變之説，出於大序，即以序説推之而自明。序云：「風，風也，教也。」又云：「上以風化下。」蓋君子之德風，故風專以化下爲正。至云「下以風刺上」，風，沈重音福鳳反，讀如諷，云：「自下刺上，感動之名，變風也。」蓋變化下之名，爲刺上之什，變乎風之正體，是謂變風。序云：「雅者正也，言王政之所廢興也。」此兼雅之正變言之，蓋雅以述其政之美者爲正，以刺其政之惡者爲變也。文、武之世，不得有變風變雅。夷、厲、宣、幽之世，有變風，未嘗無正風，有變雅，未嘗無正雅也。蓋其時天子雖無道，而一國之君有能以風化下，如淇奥、緇衣之類，不得謂非正風也。宣王中興，雖不得爲聖主，而有一政之善足述，如車攻、吉日之類，不得謂非正雅也。風、雅之正變，惟以政教之得失爲分，政教誠失，雖作於盛時，非正也；政教誠得，雖作於衰時，非變也。論詩者但即詩之美刺觀之，而不必計其時焉可也。

周南召南考

詩譜：「周、召者，禹貢雍州岐山之陽地名。今屬右扶風美陽縣。」考帝王世紀「岐山南有周原」，括地志「召亭在岐山縣西南十里」，此周、召采邑之分地也。周、召分陝，以今陝州之陝原爲斷，括地志：

「陝原在陝州陝縣西南二十五里。」周公主陝東，召公主陝西。乃詩不繫以陝東、陝西，而各繫以南者，南蓋商世諸侯之國名也。水經江水注引韓詩序曰「二南，其地在南郡、南陽之間」，楚地記：「漢江之北爲南陽，漢江之南爲南郡。」吾鄉胡徵士虔曰：「案漢南郡今湖北荆州府荆門州及襄陽、施南、宜昌三府之境。南陽今河南南陽府汝州之境。周南之詩曰「汝墳」者，其東北境至汝也，曰「漢廣」、「江永」者，其西至漢南至江也。召南之詩曰「江沱」者，其西北至蜀東南至南郡也。大約周南有南郡之東，而東至南陽。召南有南郡之西，而西至巴蜀。」是韓詩以二南爲古國名矣。史記夏本紀「夏之後有男氏」，世本作「南氏」，潛夫論亦作「南」。南、男古同音假借通用，左傳「鄭伯男也」，外傳作「伯南」。南氏即男氏耳。逸周書史記解：「昔南氏有二臣，貴寵力鈞勢敵，競進爭權，下爭朋黨，君弗能禁，南氏以分。」路史「有南以二臣勢均爭權而分，後有南仲」，說本周書。是爲古二南分國之由。周、召二公分陝，蓋分理古二南國之地，故周、召各繫以南。竊疑樂記「四成而南國是疆，五成而分陝，周公左，召公右」，今本樂記無「陝」字，此從詩正義引，及史記樂書。文正相連。所謂南國，當即二南之國。謂疆理南國，使二公分治之，其屬周公者爲周南，屬召公者爲召南。故下繼即以左周右召。周、召皆爲采邑，不得名爲國風，故編詩必繫以南國之舊名也。吕氏春秋音初篇：「塗山女歌曰：『候人兮猗實。』始作爲南音。周公、召公取風焉，以爲周南、召南。」高誘注：「南音，南方南國之音。」蓋以南爲古國名，故於南方下更繫以南國也。云南音者，蓋猶商人識之謂之商，齊人識之謂之齊，皆繫以國名也。云周、召取風者，蓋二公分治南國之地，因取南國之音以爲風，猶衛之兼有邶、鄘，因取邶、鄘之音以爲風也。又案：小雅以東有、西有、南有、北有對言，惟周南獨言「南有樛木」，「南有喬木」者，皆指南國而言，與論語言「周有八士」相同。又論語「南人有言曰」，孔注「南人，南國之人」，不言南方，而言南國。揚子方言「衆信曰諒，周南、召南、衛之語也」。以二南與衛並稱，皆南爲南國之證。毛詩泛指南土、南方，並失之。四書釋地序引商丘宋犖以南爲國名，與予説略同。

二南后妃夫人説

周南序言「后妃」，召南序言「夫人」，孔疏謂「一人而二名，各隨其事立稱」，其説非也。周南王者之風，故稱后妃；召南諸侯之風，故稱夫人，皆泛論后妃夫人之德。故周南關雎序云：「所以風天下而正夫婦。」葛覃序云：「則可以歸安父母。」卷耳序云：「又當輔佐君子，求賢審官。」召南鵲巢序云：「德如鳲鳩，乃可以配焉。」采蘩序云：「夫人可以奉祭祀，則不失職矣。」皆泛言其德必如此而後可，未嘗言及大姒也。即鄭君詩譜歷舉大姜、大任、大姒之德，言「周歷世有賢妃之助，以致其治，故二南之詩，以后妃夫人之德爲首」，亦第言周家世有婦德，未嘗專美大姒也。詩譜又云：「終以麟趾、騶虞，言后妃夫人有斯德，興助其君子，皆可以成功，至於獲嘉瑞。」正是泛指后妃夫人言之。后妃夫人皆泛言，故召南序又由夫人而言及大夫妻，亦謂大夫妻之以禮自防，能循法度者，皆當如詩草蟲、采蘋之所歌耳。若以后妃夫人爲指大姒，則所謂大夫妻者，又將何指乎？周南漢廣、汝墳序始言文王之化；召南甘棠、行露以下序始言召伯之教，文王之政。至序言后妃夫人，則並未言及文王，何得謂其專美大姒乎？讀詩者惟以爲后妃夫人之詩，不必實指后妃夫人爲何人，可也。

豳雅豳頌説

周官籥章「掌土鼓豳籥」，又言：「中春吹豳詩逆暑，中秋迎寒亦如之。凡國祈年於田祖吹豳雅，國祭蜡則吹豳頌。」豳雅、豳頌之名始見於此。後鄭注，以豳雅、豳頌皆指七月詩。於「凡國祈年於田祖吹豳雅」，注云：「七月又有于耜舉趾，饁彼南畝之事，是亦歌其類。謂之雅者，以其言男女之正。」於「國祭蜡則吹豳頌」，注云：「七月又有穫稻作酒，躋彼公堂，稱彼兕觥，萬壽無疆之事，是亦歌其類也。謂之頌者，以其言歲終人功之成。」至七月詩箋於「女心傷悲，殆及公子同歸」，箋云：「女感事苦而生此志，是謂豳風。」於「十月穫稻」三句，箋云：「既以鬱薁及棗助男功，又穫稻而釀酒以助其養老之具，是謂豳雅。」於「躋彼公堂」三句，箋云：「飲酒既樂，欲大壽無竟，是謂豳頌。」與籥章注小異。諸詩未有一篇之内備有風、雅、頌者，而鄭君獨謂七月一詩兼備三體，先儒嘗駁之矣。謹案：籥章以掌籥爲專司，故首言豳籥。先鄭謂「豳籥，豳國之地竹」，其説非也。禮記明堂位「土鼓葦籥，伊耆氏之樂也。」蓋籥後世始用竹，伊耆氏止以葦爲之，豳籥即葦籥也。郊特牲正義謂：「伊耆即神農。」籥章「祈年於田祖」，鄭注：「田祖，始教耕者，神農也。」又言「祭蜡」，據史記小司馬續三皇紀「神農始作蜡」，與郊特牲「伊耆氏始爲蜡」合，是伊耆即神農之證。祈年所以祭神農，祭蜡亦行神農之禮，故仍其舊樂，祭以土鼓葦籥。籥章既言土鼓，則知豳籥即葦籥，不曰葦而曰豳，蓋豳人習之，因曰豳籥，猶商人識之謂之商，齊人識之謂之齊也。籥章專主吹籥，則統下豳詩、豳雅、豳頌三者，皆吹以豳籥也。古者風、雅、頌皆可吹以籥，籥章以豳籥吹豳詩及雅、頌，故首以豳籥冠之耳。觀言逆寒暑吹豳詩，足證惟迎寒暑方以豳籥吹豳詩，外此則不吹豳詩。豳詩指七月之詩，籥章特言豳詩以別之，將以明乎豳雅、豳頌之不爲七月詩也。祈年吹豳雅，祭蜡吹豳頌，蓋祈年用雅以豳籥吹之，因曰豳雅，祭蜡用頌以豳籥吹之，因曰豳頌。總之，觀籥章言祭田祖，言祭蜡，言土鼓，則知豳籥即葦籥矣。觀籥章首言豳籥，而後言吹豳詩，吹豳雅，吹豳頌，則知三者皆吹以豳籥，而雅頌所以稱豳在是矣。觀迎寒暑吹豳詩，則知豳雅、豳頌之不用豳詩，正不必强分七月一詩以備三體矣。

豳非變風説

豳風，周公述祖德之詩也。太史因述周人頌公之詩，以附其後，意主於美周公，不得以爲變風也。以詩序證之，序云：「王道衰，禮義廢，政教失，國異政，家殊俗，而變風、變雅作矣。」豳豈作於王道衰、政教失之時乎？以鄭譜言之，譜云：「孔子録懿王、夷王時詩，訖於陳靈公，謂之變風、變雅。」豳豈作於懿、夷及陳靈之世乎？據鄭志張逸問：「豳七月專詠周公之德，宜在雅，今在風，何？」答曰：「以周公專爲一國，上冠先公之業，亦爲優矣，所以在風下，次於雅前。」是鄭君以豳居風、雅之間，未嘗遂目爲風，豈得謂之變風乎？以此推之，則鄭君詩譜豳爲變風之説，亦未定之論耳。或以豳詩作於周公遭亂之時，故爲變風。然常棣之詩，亦爲閔管、蔡作，胡不以爲變雅也？

王降為風辨

周官大師教六詩，一曰風，是風乃詩之一體。詩序以一國之事，繫一人之本，謂之風；言天下之事，形四方之風，謂之雅。亦謂其體有不同耳，非謂風爲諸侯之詩，雅爲天子之詩也。小雅有賓之初筵，大雅有抑，則諸侯未嘗無雅。十五國之風，前有二南，後有王，則天子未嘗無風。王風蓋采風畿内，其詩合乎風之體，故列於風。雅兼天下，則不以代名；風主一國，則必以國名。十五國之風，皆國名也。周平王遷於王城，故名其風爲王，稱其地非稱其爵。陸德明謂「猶春秋稱王人」，非也。春秋傳季札觀樂，已爲歌王與邶、鄘、衛爲一例，皆以其國名其風。詩譜謂「貶而爲風」，亦非也。

王風為魯詩辨

晁景迂謂齊、魯、韓三家皆以王風爲魯詩，不知所本。嘗即黍離一詩考之，太平御覽引韓詩云：「黍離，伯封作。」曹植令禽惡鳥論云：「尹吉甫信後妻之讒，殺孝子伯奇，其弟伯封求而不得，作黍離。」説本韓詩。是韓詩以黍離爲周詩矣。太平御覽又引齊詩云：「衛宣公之子壽，閔其弟伋之見害，作憂思之詩，黍離之詩是也。」劉向治韓詩，兼治魯詩，其新序所載與齊詩略同，蓋魯詩説也。是齊、魯詩皆以黍離爲衛詩矣。一以黍離爲周詩，一以黍離爲衛詩，則三家未嘗以王風爲魯詩，蓋可知也。

邶鄘衛三國考

漢書地理志云：「周既滅殷，分其畿内爲三國，邶以封紂子武庚，鄘管叔引之，衛蔡叔引之。」此以管、蔡合武庚爲三監也。鄭氏詩譜言「武王伐紂，以其京師封武庚，三分其地，置三監，使管叔、蔡叔、霍叔引而教之。自紂城而北謂之邶，南謂之鄘，東謂之衛」。皇甫謐帝王世紀又曰：「自殷都以東爲衛，管叔監之；殷都以西爲鄘，蔡叔監之；殷都以北爲邶，霍叔監之，是謂三監。」説與詩譜分國稍異，而以管、蔡、霍三叔爲三監則同。此以管、蔡、霍爲三監，而不及武庚也。謹按：逸周書作雒解云：「武王克殷，乃立王子禄父，俾守商祀。建管叔於東，建蔡叔、霍叔於殷，俾監殷臣。」王尚書據孔晁注「建霍叔於殷」，曰「霍叔相禄父也」，則孔注但有霍叔，無蔡叔，俗本蔡叔二字，乃後人妄增也。王尚書又言：「監殷之人，其説有二，或以爲管叔、霍叔而無蔡叔。」説詳經義述聞，其論甚確。則鄭康成、皇甫謐以管、蔡、霍三叔爲三監，其説疏矣。又詩正義據尚書大傳云：「武王殺紂，繼公子禄父，使管叔、蔡叔監禄父，禄父及三監叛。」以證禄父之外更有三人爲監。王尚書上文云：「使管叔、蔡叔監禄父，則監者僅止二人，三監當爲二監之譌。」今按專指監殷而言，則監者僅止二人，兼言監殷臣民，則武庚亦在三監之列。若如鄭譜及皇甫謐説，三叔分監其地，則武庚轉無分地矣。漢書地志「武庚封邶，管叔尹鄘，蔡叔尹衛」，皆於經傳無徵。據史記周本紀：「封商紂子禄父殷之餘民。武王爲殷初定未集，乃使其弟管叔鮮、蔡叔度相禄父治殷。」又曰：「封弟叔鮮於管，弟叔度於蔡。」是二叔相殷與封國判然兩事。管蔡世家「封叔鮮於管，封叔度於蔡，二人相紂子武庚禄父治殷遺民」。蓋謂二叔俱未就國，爲相於殷，猶周公封魯而身相周也。則管、蔡固未嘗分據殷地矣。逸周書作雒解云：「俾康叔宇於殷。」史記衛世家云：「以武庚殷餘民封康叔爲衛君，居河、淇間故商墟。是知康叔封衛，即武庚舊封，則知武庚兼有衛也，不僅封邶矣。蓋周封武庚於殷，實兼有邶、鄘、衛之地。二監别有封國，而身作相於殷，並未嘗分據邶、鄘、衛之地也。地理志及鄭康成詩譜、皇甫謐帝王世紀謂三分其地，置三監者，皆臆説耳。竊考逸周書世俘解云「甲申百弇以虎賁誓命伐衛」，是紂時已有衛稱。説文：「邶，故商邑，河内朝歌以北是也。」則邶、衛皆商之舊國，不因置三監始分其地，不得附會三國爲三監也。詩邶、鄘、衛所詠，皆衛事，不及邶、鄘。漕邑，鄘地也，而邶詩曰「土國城漕」；泉水，衛地也，而邶詩曰「毖彼泉水」。又左傳衛北宫文子引邶詩「威儀棣棣」二句，而稱爲衛詩。吴季子觀樂，爲之歌邶、鄘、衛。季子曰：「吾聞衛康叔武公之德如是，是其衛風乎？」則古蓋合邶、鄘、衛爲一篇，至毛公以此詩之簡獨多，始分邶、鄘、衛爲三。故漢志、魯、齊、韓詩皆二十八卷，惟毛詩故訓傳分邶、鄘、衛爲三卷，始爲三十卷耳。

詩人義同字變例

阮宫保揅經室文集「進退維谷解」曰：「案谷乃穀之假借字，本字爲穀。進退維穀，穀，善也，以其近在『不胥以穀』之下，嫌其二穀相並爲韻，即改一假借之谷字當之，此詩人義同字變之例也。」此例前人無言之者，言之自宫保始。今由宫保之説考之，三百篇中引伸觸類，如此例者甚夥。有上用本字，而下改用假借字者。如王風君子于役詩「羊牛下括」之「括」，即「曷其有佸」之「佸」，故韓詩於「佸」訓至，毛詩於「括」亦訓至，毛詩訓「佸」爲「會」，會亦至也。廣雅：「會，至也。」乃上用本字爲「括」，下則假借「佸」字矣。說文「括，絜也。」此「括」之本義。王風兔爰詩「逢此百罹」，「罹」即「羅」字之別體，故說文無「罹」字，乃上言「雉離于羅」，下即改用「罹」字矣。小雅正月詩「褒姒威之」，即「滅」字，故毛傳、說文並曰：「威，滅也。」乃上言「寧或滅之」，下即改用「威」字矣。大雅皇矣詩「此維與宅」，「宅」、「度」古通用，書「五流有宅」，史記作「度」；詩「宅是鎬京」，禮記引作「度」，可證。詩意蓋言「天始維四國是圖度，今乃西顧我周，維此是度也」。乃上言「爰究爰度」，下即借「宅」作「度」矣。有下用正字，而上改用假借字者。如召南草蟲詩「喓喓草蟲」，即爾雅「草螽，負蠜也」，乃下言「趯趯阜螽」，上即借「蟲」爲「螽」矣。小雅蓼莪詩「母兮鞠我」，「鞠」即「育」字之假借，乃下言「長我育我」，上即假言「鞠我」矣。小雅信南山詩「維禹甸之」，據鄭注「甸祝」云：「甸之言田」，說文「田，陳也」，「陳，治也」，是「甸」即「田」也，乃下言「曾孫田之」，上即假言「甸之」矣。大雅行葦詩「舍矢既均」，謂均齊也，乃下言「既均」，上言「四鍭既鈞」，即假用「鈞」字矣。大雅抑詩「四方其訓之」，與「四國順之」句法一類，釋爲「訓教」則不詞，據書「是訓是行」，史記作「是順」，知「訓」即「順」之假借，蓋因下言「四國順之」，上乃假「訓」爲「順」耳。又有一字則用其本字，兩字並用則改用俗字。如大雅抑詩「無言不讎」，鄭箋以「售」釋之，「讎」即「售」之本字，「漢高飲酒讎數倍」是也。至邶谷風詩，上既云「反以我爲讎」，則下「賈用不售」，即改用「售」字以別之。不得以說文無「售」字，而遂疑爲後人妄改也。三百篇中有類此者，均可由是說推之矣。

鄭箋多本韓詩考

鄭君箋詩，自云「宗毛爲主」，其間有與毛不同者，多本三家詩。以今考之，其本於韓詩者尤夥。如君子偕老詩「邦之媛也」，箋云「邦人所依倚，以爲援助也」，與韓詩「媛」作「援」訓爲「助」合。鶉之奔奔詩箋云「奔奔彊彊，居有常匹，行則相隨之貌」，與韓詩云「奔奔彊彊，乘匹之貌」合。相鼠詩「人而無止」，箋云「止，容止」，與韓詩「止，節也」，「無禮節也」合。揚之水詩「彼其之子」，箋云「其或作記，或作己」，與韓詩外傳引詩「彼己之子」合。青衿詩「子寧不嗣音」，箋云「嗣，續也，女曾不傳聲問我」，與韓詩「嗣」作「貽」，云「貽寄也，曾不寄問也」合。敝笱詩「其魚唯唯」，箋云「唯唯，行相隨順之貌」，韓詩作「遺遺」，言「不能制也」，據玉篇「瀢瀢，魚行相隨」，是知箋「行相隨順」，即韓詩「遺遺」之義也。衡門詩「可以樂饑」，箋云「饑者見之，可飲以𤻲饑」，據韓詩外傳引詩「可以療饑」，説文「𤻲，治也」，或作「療」，是知鄭箋「𤻲饑」，即本韓詩「療饑」也。車攻詩「東有甫草」，箋云「甫草，甫田之草也，鄭有甫田」，據韓詩「東有圃草」，是知箋圃田之訓，即本韓詩「圃草」也。十月之交「抑此皇父」，箋云「抑之言噫」，據韓詩云「抑，意也」，是知箋讀抑爲噫，即本韓詩「抑，意也」。信南山詩「維禹甸之」，箋云「禹治而丘甸之」，據周官稍人「丘乘」注「乘讀與『維禹敶之』敶同」，疏引韓詩作「敶」，云「乘也」，是知箋訓「丘甸」，即本韓詩「敶，乘」之義也。抑詩「用逷蠻方」，箋云「逷當作剔，剔，治也」，據泮水詩「狄彼東南」，韓詩作「鬄」，云「除也」，是知箋「剔，治」之訓，即本韓詩「鬄，除也」。天作詩「彼徂矣岐，有夷之行」，箋云「徂，往；行，道也。後之往者，又以岐邦之君有佼易之道故也」。據韓詩薛君傳「彼有往歸文王者，皆曰岐有易道，可往歸矣」，是知箋讀「岐有夷之行」爲句，本韓詩也。酌詩「遵養時晦」，箋云「養是闇昧之君，以老其惡」，據韓詩外傳引詩「遵養時晦」，言「相養以至於惡也」，是知箋「老惡」之説，亦韓詩也。蓋鄭君先從張恭祖受韓詩故，其箋時多本韓詩之説，使韓詩具存，其可考者當不弟此。亦有韓詩不存，而可知其説本韓詩者。如斯干詩「君子攸芋」，箋云「芋當作幠，幠，覆也」，與鄭注大司徒「幟宫室」，謂「約椽攻堅，風雨攸除，各有攸宇」義同，「宇」亦「覆」也。有瞽詩「應田縣鼓」，箋云「田當作𩋡」，與明堂位注引周頌「應𩋡縣鼓」同。其説皆本韓詩。蓋鄭君注禮多本韓詩，是知箋詩與禮注同者，亦韓詩也。漸漸之石詩「山川悠遠，維其勞矣」，箋云「其道里長遠，邦域又勞勞廣闊，言不可卒服」，正義謂「勞勞當從遼遠之遼」，與劉向九歎「山脩遠其遼遼兮」同。劉向所述多韓詩，是知箋説與劉向同者，亦韓詩也。至匡衡傳云「陳夫人好巫，而民淫祀」，説本齊詩，而鄭君詩譜亦云：「大姬無子，好巫覡，禱祈鬼神，歌舞之樂，民俗化而爲之。」谷永傳引詩「豔妻」作「閻妻」，又云「抑褒、閻之亂」，顔師古注謂「刺厲王」，説本魯詩，而十月之交鄭箋云「當爲刺厲王作」，正本魯詩之説。儀禮士昏禮「宵衣」注：「宵讀爲詩『素衣朱綃』之綃」，魯詩以綺爲綃屬也，而揚之水箋亦曰「繡當爲綃」。是知鄭君非不兼採齊、魯二家之説，要不若韓詩是從其師説爲最多耳。又按澤陂詩「有蒲與蕑」，箋云「蕑當作蓮」，此正本韓詩傳「蕑，蓮也」爲訓，蓋韓詩「蕑，蓮也」，以釋詩「有蒲與蕑」，非釋詩「方秉蕑兮」。今釋文於溱洧詩引韓詩「蕑，蓮」之訓，誤矣。

毛詩古文多假借考

毛詩爲古文，其經字類多假借。毛傳釋詩，有知其爲某字之假借，因以所假借之正字釋之者；有不以正字釋之，而即以所釋正字之義釋之者。説詩者必先通其假借，而經義始明。齊、魯、韓用今文，其經文多用正字，經傳引詩釋詩，亦多有用正字者，正可藉以考證毛詩之假借。如毛詩汝墳「惄如調饑」，傳「調，朝也」，據韓詩作「愵如朝饑」，知「調」即「朝」之假借也。毛詩「何彼襛矣」，傳「襛猶戎戎也」，據韓詩作「何彼茙矣」，知「襛」即「茙」之假借也。毛詩芄蘭「能不我甲」，傳「甲，狎也」，據韓詩作「能不我狎」，知「甲」即「狎」之假借也。毛詩小緍「是用不集」，傳「集，就也」，據韓詩作「是用不就」，知「集」即「就」之假借也。毛詩文王「陳錫哉周」，傳「哉，載也」，據春秋傳及國語皆引作「載」，知「哉」即「載」之假借也。毛詩大明「俔天之妹」，傳「俔，磬也」，據韓詩作「磬天之妹」，知「俔」即「磬」之假借也。凡此皆毛傳知其爲某字之假借，即以所假借之正字釋之者也。如毛詩葛覃「害澣害否」，傳「害，何也」，據爾雅釋言「曷，盍也」，廣雅「曷、盍，何也」，是知「害」即「曷」之假借，傳正以釋「曷」者釋「害」也。采蘋「于以湘之」，傳「湘，烹也」，據韓詩作「于以鬺之」，是知「湘」即「鬺」之假借，傳正以釋「鬺」者釋「湘」也。毛詩甘棠「勿翦勿拜」，傳「拜之言拔也」，據廣韻引詩「勿翦勿扒」云：「扒，拔也」，是知「拜」即「扒」之假借，傳正以釋「扒」者釋「拜」也。毛詩柏舟「如有隱憂」，傳「隱，痛也」，據韓詩作「如有殷憂」，説文

「慇，痛也」，是知「隱」即「慇」之假借，傳正以釋「慇」者釋「隱」也。毛詩〔一〕巧言「聖人莫之」，傳「莫，謀也」，據爾雅釋詁「謨，謀也」，說文「謨，議謀也」，是知「莫」即「謨」之假借，傳正以釋「謨」者釋「莫」也。毛詩四月「百卉具腓」，據爾雅釋詁「痱，病也」，邢疏及玉篇俱引詩「百卉具痱」，是知「腓」即「痱」之假借，傳正以釋「痱」者釋「腓」也。毛詩大田「以我覃耜」，傳「覃，利也」，據爾雅釋言「剡，利也」，郭注引詩「以我剡耜」，是知「覃」即「剡」之假借，傳正以釋「剡」者釋「覃」也。毛詩皇矣「求民之莫」，傳「莫，定也」，據爾雅釋詁「嘆，定也」，是知「莫」即「嘆」之假借，傳正以釋「嘆」者釋「莫」也。抑詩〔二〕「有覺德行」，傳「覺，直也」，據爾雅釋詁「梏，直也」，緇衣引詩「有梏德行」，是知「覺」即「梏」之假借，傳正以釋「梏」者釋「覺」也。毛詩維天之命「假以溢我」，傳「假，嘉也」，據說文「誐，嘉善也」，引詩「誐以謐我」，是知「假」即「誐」之假借，傳正以釋「誐」者釋「假」也。毛詩載芟「有略其耜」，傳「略，利也」，據釋文云「字書作䂮」，爾雅釋詁「䂮，利也」，是知「略」即「䂮」之假借，傳正以釋「䂮」者釋「略」也。毛詩玄鳥「奄有九有」，傳「九有，九州也」，據韓詩作「九域」，說文「或，邦也，从口从戈，以守一，一地也。」古或、有二字通用。」是知「有」即「域」之假借，傳正以釋「域」者釋「有」也。凡此皆傳知爲某字之假借，而因以所釋正字之義釋之者也。

〔一〕「毛詩」，原作「毛傳」，今改。

〔二〕「抑詩」，按前後體例應作「毛詩抑」。

毛詩各家義疏名目考

孔仲達毛詩正義序云：「近代爲義疏者，有全緩、何允、舒瑗、劉軌思、劉醜、劉焯、劉炫等。」今考隋書經籍志載列毛詩總集六卷，毛詩隱義十卷，注云：「何允撰，亡。」又載舒援毛詩義疏二十卷，舒援蓋即舒瑗。國子助教劉炫毛詩述義四十卷，而全緩、劉軌思、劉醜、劉焯所著詩疏，皆不存其目。隋志别載毛詩義疏二十卷，又十卷，又十一卷，又二十八卷，均標曰毛詩義疏，而不載撰者姓名，或出於全緩諸家，作志時已莫可考也。唐書藝文志惟載劉炫述義三十卷，較隋志已少十卷，而諸家詩疏卷數益無考矣。北史儒林傳敍云：「通毛詩者，多出於魏朝劉獻之，北史獻之傳言「有毛詩序義一卷」。獻之傳李周仁，周仁傳董令度、程歸則，歸則傳劉敬和、張思伯、劉軌思。其後能言詩者，多出二劉之門。」二劉謂劉敬和、劉軌思也。北史劉軌思傳言「軌思説詩甚精，少事同郡劉敬和」，而劉焯傳言「焯少與劉炫同受詩於同郡劉軌思」，是劉軌思之詩學出於敬和，而劉焯、劉炫又皆學於軌思者也。南史、陳書皆有全緩傳，南史但言治易，陳書則言其專講詩、易。是全緩、劉軌思、劉焯所著詩疏卷目雖無可徵，而其傳詩源流猶可考見。惟劉醜則南、北史、六朝書均不詳其人，徒藉孔序以存其名耳。

魏晉宋齊傳詩各家考

陸德明經典序録言「魏太常王肅述毛申鄭」，又載王肅注二十卷。今考隋經籍志於王肅注毛詩二十卷外，載有毛詩義駮八卷，毛詩奏事一卷。唐藝文志於王注毛詩二十卷外，亦載有雜義駮八卷，即隋志毛詩義駮也，不載毛詩奏事，蓋隋志存者，唐已亡逸也。至王肅毛詩問難二卷，隋志所注亡者，不識唐志何以仍列其目也。序録言「荆州刺史王基駮王肅申鄭義」，不載其書卷數。今考隋志毛詩駮一卷，注云：「魏司空王基撰，殘缺。梁五卷。又有毛詩答問、駮譜合八卷。」而唐志載王基毛詩駮五卷，較隋志多四卷；毛詩雜答問五卷，較隋志少三卷；又有雜義難十卷，則隋志所無也。序録言「晉豫州刺史孫毓爲詩評，評毛、鄭、王肅三家同異，朋於王。徐州刺史從事陳統難孫申鄭」。又載孫毓詩同異評十卷，不載陳統書目。今考隋、唐志均載孫毓毛詩異同評十卷，與序録同。隋志載陳統難孫氏毛詩評四卷，唐志所載亦同。至陳統毛詩表隱二卷，則隋志注亡，而唐志仍列其目者也。序録言「宋徵士雁門周續之、豫章雷次宗、齊沛國劉瓛，並爲詩義序」。今考隋志載有宋通直郎雷次宗毛詩序義二卷，劉瓛等撰毛詩序義疏一卷，注云：「梁有毛詩序，雷次宗撰，亡。梁有毛詩篇序義一卷，劉瓛撰，毛詩雜義注三卷，亡。」惟周續之所著詩義序不見隋志。據鄭氏箋標題下釋文云：「續之釋。」題已如此，是德明固嘗見道祖書者。而顔氏家訓及顔師古匡謬正俗並引續之毛詩音，則續之書唐時猶存，不知隋志何以失載耳？序録又載謝沈注二十卷，江熙注二十卷，隋志注所載卷數正同。注又載毛詩義疏十卷，謝沈撰。三書並注曰：「亡。」則其書失傳久矣。

馬先生三俊

馬三俊字命之，號强齋，元伯子。優貢生，舉孝廉方正。學宗程、朱，詩古文辭力追漢、魏。以父殉粵匪之亂，國難家讎，憤欲殺賊。咸豐四年，率練勇追賊至周瑜城，力戰死，年三十五，優卹建專祠。著有馬徵君集。桐城耆舊傳。

魯陳交游

孫先生星衍　別爲淵如學案。

張先生聰咸　別見墨莊學案。

元伯交游

郝先生懿行　別爲蘭皋學案。

胡先生承珙

別爲墨莊學案。

清儒學案卷一百十二

次仲學案

次仲早游揚州，與阮文達、江子屏論學極相得。深通禮經，復潛心樂律。並時學人多精於六書九數，若言及禮樂，蓋靡不推次仲焉。述次仲學案。

凌先生廷堪

凌廷堪字次仲，一字仲子，歙縣人。六歲而孤，冠後始讀書，慕其鄉江慎修、戴東原兩先生之學。乾隆庚戌成進士，改教職，選寧國府教授。奉母之官，畢力著述。先生之學，無所不窺，於六書曆算，以迄古今疆域之沿革，職官之異同，史傳之參錯，外屬之源流，靡不條貫。尤專禮學，著禮經釋例十三卷，曰通例、曰飲食之例、曰賓客之例、曰射例、曰變例、曰祭例、曰器服之例、曰雜例。不別立宮室之例者，宋李如圭釋宫已詳故也。禮經而外，復潛心於樂，謂今世俗樂與古雅樂，中隔唐人燕樂一關，蔡季通、鄭世子輩俱未之知。乃稽之於典籍，證之以器數，著燕樂考原六卷。又著有元遺山年譜二卷，校禮堂文集三十六卷，詩集十四卷，梅邊吹笛譜二卷，魏書音義若干卷，晉泰始笛律匡謬一卷，充渠新書二卷，劄記六卷。參戴大昌撰事略狀。

禮經釋例序

儀禮十七篇，禮之本經也。其節文威儀，委曲繁重，驟閱之，如治絲而棼；細繹之，皆有經緯可分也。乍覩之，如入山而迷；徐歷之，皆有塗徑可躋也。是故不得其經緯塗徑，雖上哲亦苦其難；苟其得之，中材固可以勉而赴焉。經緯塗徑之謂何？例而已矣。如鄉飲酒，此飲食之禮也；而有司徹，祭畢飲酒，其例亦與之同。尸即鄉飲酒之賓也，侑即鄉飲酒之介也。主人獻尸，主人獻侑，主人受尸酢，即鄉飲酒之主人獻賓，主人獻介，賓酢主人也。主人酬尸，奠而不舉，即鄉飲酒之主人酬賓，奠而不舉也。旅酬無算爵，即鄉飲酒之旅酬無算爵也。此異中之同也。有司徹獻尸獻侑及受尸酢，有豆籩、牢俎、匕湆、肉湆、燔從諸節，鄉飲酒獻賓獻介及酢主人，但薦與俎而已。有司徹獻尸獻侑之禮，主人主婦上賓凡三獻，鄉飲酒但主人一獻而已。有司徹獻尸侑畢，復有獻長賓，主人自酢，及酬賓之儀，鄉飲酒但獻衆賓而已。有司徹旅酬，使二人舉觶于尸侑以發端，鄉飲酒但使一人舉觶于賓而已。有司徹無算爵，賓黨則用主人酬賓之觶，主人黨則用兄弟後生所舉之觶以發端，鄉飲酒則但使二人舉觶于賓與介而已。此同中之異也。推之于士冠禮冠畢醴賓以一獻之禮，鄉飲酒、鄉射明日息司正，特牲饋食禮祭畢獻賓，其例皆大約相同。而鄉射之同于鄉飲酒者，更無論也。又如聘禮之聘享覿，此賓客之禮也。

而聘畢問卿、面卿，及士昏禮納采納徵之屬，其例亦與之同。問卿授束帛，昏禮授雁，即享禮之授璧也。問卿及昏禮納徵庭實用皮，即享禮之庭實用皮也。昏禮使者禮畢，主人禮賓，即聘禮之聘賓禮畢，主國之君禮賓也。面卿幣用束錦，庭實用馬，即私覿之幣用束錦，庭實用馬也。聘賓面卿畢，介面、衆介面，即聘賓之私覿畢，介覿、衆介覿也。此異中之同也。聘用圭，享用璧，面卿及昏禮無授玉之事，但用束帛及雁，如享禮而已。聘禮聘賓至，昏禮使者至，皆設几筵，問卿賓及廟門不几筵，但擯者請命而已。聘禮既享未覿之際，則禮賓問卿畢，不儐，但行面卿之禮而已。聘禮禮賓侑醴以幣，昏禮禮賓但酌醴禮之而已。聘享聘賓，主國之君皆皮弁服，有襲裼之殊，問卿聘賓，主人但朝服，昏禮使者主人但玄端而已。聘禮受玉于中堂與東楹之間，問卿則受幣于堂中西，昏禮則受雁于楹間而已。此同中之異也。推之于士相見禮及聘禮郊勞、致館、歸饔餼，其例皆大約相同，而聘禮之同于覲禮者，更無論也。是故鄉飲酒、鄉射、燕禮、大射不同也，而其爲獻酢、酬旅、酬無算爵之例則同也。聘禮、覲禮不同也，而其爲郊勞、執玉、行享、庭實之例則同也。特牲饋食、少牢饋食不同也，而其爲尸飯、主人初獻、主婦亞獻、賓長三獻、祭畢飲酒之例則同也。鄉射、大射不同也，而其爲司射誘射、初射不釋獲、再射釋獲、飲不勝者三射、以樂節射、飲不勝者之例則同也。不會通其例，一以貫之，祇厭其膠葛重複而已耳，烏覩所謂經緯塗徑者哉？廷堪年將三十，始肆力于是經，潛玩既久，知其間同異之文，與夫詳略隆殺之故，蓋悉體夫天命民彝之極而出之信，非大聖人不能作也。學者舍是，奚以爲節性修身之本哉？肄習之餘，心有所得，輒書之于册。初仿爾雅爲禮經釋名十二篇，如是者有年，漸覺非他經可比，其宏綱細目，必以例爲主，有非詁訓名物所能賅者。乾隆壬子，乃删蕪就簡，仿杜氏之于春秋，定爲禮經釋例。已而聞婺源江氏有儀禮釋例，又見杭氏道古堂集有禮例序，慮其雷同，輟而弗作者經歲。後撿四庫書存目載儀禮釋例一卷，提要云：「江永撰。是書標目釋例，實止釋服一類，寥寥數葉，蓋未成之書。」復考杭氏禮例序，又似欲合周禮、儀禮而爲之者，且以大射爲天子禮，公食大夫爲大夫禮，則于禮經尚疏。然則江氏、杭氏皆有志而未之逮也。于是重取舊稿，證以羣經，合者取之，離者則置之，信者申之，疑者則闕之，區爲八類：曰通例上下二卷，曰飲食之例上中下三卷，曰賓客之例一卷，曰射例一卷，曰變例一卷，曰祭例上下二卷，曰器服之例上下二卷，曰雜例一卷，共爲卷十三。至于第十一篇，自漢以來説者雖多，由不明尊尊之旨，故罕得經意，乃爲封建尊尊服制考一篇，附於變例之後。不别立宫室之例者，宋李氏如圭儀禮釋宫已詳故也。回憶草創之初，矻矻十餘年，稿凡數易矣，困學之中，聊借爲治絲登山之一助，知禮君子矜其失之煩而規之，則幸甚焉。

燕樂考原序

樂記曰：「聲相應故生變，變成方謂之音。」又曰：「聲成文謂之音。」古之所謂聲者，即燕樂之十五字譜也；古之所謂音者，即燕樂之二十八調也。故知聲而不知音，昔人所譏焉。樂以調爲主，而調中所用之高下十五字次之，故唐、宋人燕樂及所填詞，金、元人曲子，皆注明各調名。今之因其名而求其實者誰乎？自鄭譯演蘇祇婆琵琶爲八十四調，而附會於五聲二變十二律，爲此欺人之學，其實繁複而不可用。若蔡季通去二變而爲六十調，殆又爲鄭譯所愚焉。後之學者奉爲鴻寶，沿及近世，遂置燕樂二十八調於不問；陋者又或依蔡氏於起調畢曲辨之，而於今之七調反以爲歌師末技，皆可哂之甚者。於是流俗著書徒沾沾於字譜高、下，誤謂七調可以互用，不必措意，甚至全以正宫調譜之，自詡知音。耳食者亦羣相附和，語以燕樂宫調，貿焉不知爲何物，遂疑爲失傳。嗚呼！豈唐、宋人所習者，亦神奇不可測之事耶？不知燕樂不用黍律，以琵琶弦叶之，琵琶四弦，故燕樂四均，一均七調，故二十八調。今笛與三弦相應，蓋以琵琶之第一弦爲黄鍾，然則今琵琶之七調即燕樂之七宫也。三弦之七調，即燕樂之七商也。其殺聲用某字，即今之某字調也。至於七角，宋人已不用；七羽，元人已不用，蓋此二均，必轉弦移柱乃得之，不適於用故也。竊謂世儒有志古樂，不能以燕樂考之，往往累黍截竹，自矜籌策，雖言之成理，及施諸用，幾如海上三神山，可望而不可即。不然則以今笛參差其孔，上尋律吕。夫今笛尚不能應燕樂之七宫，況雅樂乎？是皆扣槃捫籥之爲，學者將何所取徑焉！廷堪於斯事，初亦未解，若涉大水者有年，然後稽之於典籍，證之以器數，一旦始有所悟入，乃以鄙見著爲燕樂考原六卷，於古樂不敢妄議，獨取燕樂二十八調詳繹而細論之。庶幾儒者實事求是之義，顓愚之識，不自意及此，或者鬼神牖其衷乎？此本孤學，無師無友，皆由積思而得，不似天文算術有西人先導也。同志者希書成，未敢示人，謹藏篋衍，俟好學深思者質之。儻是非不謬於古人，其於審聲以知音，審音以知樂之故，不無葑菲之采云爾。

燕樂二十八調説上

燕樂之源，據隋書音樂志，出於龜茲琵琶，惟宮商角羽四均，無徵聲，一均分爲七調，四均故二十八調也。其器以琵琶爲主，而衆音從之。遼史樂志曰「四旦二十八調，不用黍律，以琵琶弦叶之，皆從濁至清」是也。虞世南琵琶賦「聲備商角，韻包宮羽」，與段安節琵琶録「商角同用，宮逐羽音」二語正同，皆不云有徵聲。琵琶四弦，故燕樂四均矣。第一弦聲最濁，故以爲宮聲，所謂大不逾宮也，分爲七調，曰正宮、曰高宮、曰中呂宮、曰道宮、曰南呂宮、曰仙呂宮、曰黄鐘宮，謂之七宮。此弦雖曰宮聲，即用琴之第七弦，名爲黄鐘，實太蔟清聲，故沈存中云「夾鐘宮今爲中呂宮，黄鐘爲太蔟，故夾鐘爲中呂。下同。林鐘宮今爲南呂宮，無射宮今爲黄鐘宮」也。第二弦聲次濁，故以爲商聲，分爲七調，曰大石調、曰高大石調、曰雙調、曰小石調、曰歇指調、曰林鐘商、即商調。曰越調，謂之七商。此弦琴中無此聲，即今三弦之老弦，琴散聲無二變，故以應鐘當之，名爲太蔟，實應鐘聲，故沈存中云「無射商今爲林鐘商」也。太蔟爲應鐘，故無射爲林鐘。第三弦聲次清，故以爲角聲，分爲七調，曰大石角、曰高大石角、曰雙角、曰小石角、曰歇指角、曰林鐘角、即商角。曰越角，謂之七角。此弦琴中亦無此聲，即今三弦之中弦，與七商聲相應，故其調名與七商皆同，所謂商角同用也，名爲姑洗，實亦應鐘聲，故沈存中云「黄鐘角今爲林鐘角」也。姑洗爲應鐘，故黄鐘爲林鐘。第四絃聲最清，故以爲羽聲，所謂細不過羽也，分爲七調，曰般涉調、曰高般涉調、曰中呂調、曰正平調、曰高平調、即南呂調。曰仙呂調、曰黄鐘調，即黄鐘羽。謂之七羽。此弦即今三弦之子弦，實七宮之半聲，故其調名與七宮多同，所謂宮逐羽音也，名爲南呂，實亦太蔟聲，故沈存中云「黄鐘羽今爲中呂調，南呂爲太蔟，故黄鐘爲中呂。下同。林鐘羽今爲黄鐘調」也。今補筆談誤作大呂調。後之言樂者，不知二十八調爲何物，不知古今律呂不同爲何故，多置之不論。即論之亦茫如捕風，故或於琴徽應聲求之，或直以爲貿亂，皆不得其解而妄説也。蓋燕樂自宋以後，汩於儒生之陋者數百年矣。明魏良輔製水磨腔，又高於宋之燕樂，雖有六宮十一調之名，其實燕樂之太蔟一均而已。今爲考之陳編，案之器數，積之以歲月心力，始得其條理。惜孤學獨是獨非，未敢自信，願與世之同志者共質焉。

燕樂〔一〕二十八調説中

宋南渡，燕樂不用七角聲及三高調，蓋東都教坊之遺制也。至於七商七羽亦如七宮，用黄鐘、大呂、夾鐘、仲呂、林鐘、夷則、無射七律，則與東都之燕樂互異焉。夫古今律呂不同，世儒不得其解，已疑爲貿亂，而東都之律呂復異於南渡，苟不深求其故，則歧路之中又有歧焉，益樊然莫辨矣。七商本起太蔟也，南渡乃起黄鐘，故姜堯章云：「黄鐘商俗名大石調。」王晦叔云：「夾鐘商俗名雙調。」朱文公云：「無射商俗名越調。」而周公謹亦有「夷則商調也」。七商起太蔟，則無夷則商。七羽本起南呂也，南渡亦起黄鐘，故王晦叔云：「黄鐘羽俗呼般涉調，夾鐘羽俗呼中呂調，林鐘羽俗呼高平調，夷則羽俗呼仙呂調。」

〔一〕「樂」，原作「説」，據上下標題改。

周公謹亦云：「中吕夾鐘羽也，高平林鐘羽也，仙吕夷則羽也。」案夢溪筆談燕樂字譜分配十二律及四清聲，七宫一均，用黄鐘、大吕、夾鐘、仲吕、林鐘、夷則、無射七律，故殺聲用六、配黄鐘清。四、配大吕。一、配夾鐘。上、配仲吕。尺、配林鐘。工、配夷則。凡配無射。七字也。七商一均，用太蔟、夾鐘、仲吕、林鐘、南吕、無射、黄鐘七律，故殺聲用四、配太蔟。一、配夾鐘。上、配仲吕。尺、配林鐘。工、配南吕。凡、配無射。六配黄鐘清。七字也。七羽一均，用南吕、無射、黄鐘、太蔟、姑洗、仲吕、林鐘七律，故殺聲用工、配南吕，舊作四，誤。凡、配無射。六、配黄鐘清。四、配太蔟。一、配姑洗。上、配仲吕。尺配林鐘。七字也。七角不用，故不數。南渡之律吕雖與此異，而殺聲則未聞有異，是名異而實不異也。於是大石調本太蔟商，更爲黄鐘商矣；雙調本仲吕商，更爲夾鐘商矣；小石調本林鐘商，更爲仲吕商矣；歇指調本南吕商，更爲林鐘商矣；商調本無射商，更爲夷則商矣；越調本黄鐘商，更爲無射商矣。此七商互異之故也。般涉調本南吕羽，更爲黄鐘羽矣；中吕調本黄鐘羽，更爲夾鐘羽矣；正平調本太蔟羽，更爲仲吕羽矣；高平調本姑洗羽，更爲林鐘羽矣；仙吕調本仲吕羽，更爲夷則羽矣；黄鐘調本林鐘羽，更爲無射羽矣。此七羽互異之故也。姜堯章大樂議曰：見宋史樂志。「鄭譯八十四調，出於蘇祗婆之琵琶，且其名八十四調者，其實則有黄鐘、大吕、宋史作太蔟，誤，下同。夾鐘、仲吕、林鐘、夷則、無射七律之宫商羽而已，於其中又闕大吕之商羽焉。」闕三高調，今云商羽，蓋當時高宫尚存。亦其證也。二十八調闕七角聲及三高調，尚有六宫十二調。乾興以來，教坊新奏又闕一正平調，金、元人因之，遂餘六宫十一調云。中原音韻云：「自軒轅制律，一十七宫調，今之所傳者，一十有二。」元人之不考如此。

燕樂二十八調説下

元周德清中原音韻、陶宗儀輟耕録論曲，皆云有六宮十一調。六宮者，正宮、中吕宮、道宮、南吕宮、仙吕宮、黄鐘宮是也。舊皆以仙吕宮爲首，今依燕樂次序正之。下十一調仿此。十一調者，大石調、雙調、小石調、歇指調、商調、越調、般涉調、高平調、宮調、角調、商角調是也。案燕樂既有七宮、七角矣，何由又有宮調、角調也？七角調，宋教坊及隊舞大曲已不用矣，何由元人尚有商角調也？皆可疑之甚者。考宋史樂志太宗所製曲，乾興以來通用之，凡新奏十七調，總四十八曲。所謂十七調者，正宮、中吕宮、道宮、南吕宮、仙吕宮、黄鐘宮六宮，大石調、雙調、宋史誤脱「調」字，今補。小石調、歇指調、商調、宋史誤脱「商調」，今補。越調、般涉調、中吕調、高平調、仙吕調、黄鐘羽即黄鐘調。十一調。燕樂二十八調，不用七角調及宮商羽三高調，七羽中又闕一正平調，故止十七調也。此則正史所傳，鑿然可信者矣。蓋元人不深於燕樂，見中吕、仙吕、黄鐘三調與六宮相複，故去之，妄易以宮調、角調、商角調耳，所以此三調皆無曲也。中原音韻有商角調黄鶯兒六章，輟耕録併入商調，則商角即商調之誤也。六宮之道宮，元人雜劇不用，金人院本有之，是金時六宮尚全也。十一調之小石調、歇指調、般涉調、中吕調、高平調、仙吕調、黄鐘調，元人雜劇皆不用，金人院本亦有之，惟無歇指調，是金時十一調僅闕一調也。以金、元之曲證之，中原音韻小石調青杏兒注云「亦入大石調」，則小石調附於大石調矣。元北曲雙調有離亭宴帶歇指殺，則歇指調附於雙調矣。船涉調諸曲，輟耕録皆併入中吕宮，則般涉調附於中吕宮矣。中吕調，金院本與石榴花同用，則中吕調亦附於中吕宫矣。元北曲商調有高平隨調殺，則高平調附於商調矣。高平調即南吕調。元南曲有仙吕入雙調之名，則仙吕調附於雙調矣。黄鐘調，金院本與喜遷鶯同用，則黄鐘調附於黄鐘宫矣。又金院本有羽調混江龍，元南曲有羽調排歌，此羽調不知於七羽中何屬？當是黄鐘羽也。混江龍本仙吕宫曲，排歌亦在仙吕宫八聲甘州之後，然則黄鐘羽又可附於仙吕宫也。故元人雜劇及輟耕録有曲者，祇正宫、中吕宫、南吕宫、仙吕宫、黄鐘宫五宫，大石調、雙調、商調、越調四調，較中原音韻少小石、商角、般涉三調。明人不學，合其數而計之，乃誤以爲九宫。至於近世，著書度曲以臆妄增者，皆不可爲典要也。

晉泰始笛律匡謬序

樂學之不明，由算數之説汩之也。黄鐘之數，史記、漢書皆云十七萬七千一百四十七，稽諸經傳，無此文也。不知此數於何施用？將以爲黄鐘之長邪？吾恐九寸之管，非鍼芒刀刃不足以容之。將以爲黄鐘之實邪？吾恐徑三分之中空，非野馬塵埃不足以受之。即容矣，受矣，藉使造律者嬴朒之數，或偶差至什伯，吾又恐非離朱之明，不足以察之也。然則律度之乘除損益，果可以深信邪？畫鬼易，畫人難，言樂者每恃此以爲藏身之固，苟以吾言轉叩之，未有不瞠乎若失者。陳之以虚數則爛然，驗之以實用則茫然，蓋比比皆是矣。有識之士，如魏之陳仲孺、宋之沈存中，皆嘗疑之，特不能户説以眇論耳。晉泰始末，荀公曾嘗製笛律，乃以絲聲之律度，爲竹聲之律度，悉毁前人舊作，而樂學益晦。幸晉朝厢笛之制，列和所對之辭，以及梁武帝四通十二笛，尚存於史志，可因此以考見其崖略。於是條分而件繫之，作晉泰始笛律匡謬一卷。嗟乎！所匡者，寧獨荀公曾哉！

文集

復禮上

夫人之所受於天者，性也；性之所固有者，善也；所以復其善者，學也；所以貫其學者，禮也。是故聖人之道，一禮而已矣。孟子曰：「契爲司徒，教以人倫，父子有親，君臣有義，夫婦有別，長幼有序，朋友有信，此五者皆吾性之所固有者也。」聖人知其然也，因父子之道而制爲士冠之禮，因君臣之道而制爲聘、覲之禮，因夫婦之道而制爲士昏之禮，因長幼之道而制爲鄉飲酒之禮，因朋友之道而制爲士相見之禮。自元子以至於庶人，少而習焉，長而安焉。禮之外，別無所謂學也。夫性具於生初，而情則緣性而有者也。性本至中，而情則不能無過不及之偏，非禮以節之，則何以復其性焉？父子當親也，君臣當義也，夫婦當別也，長幼當序也，朋友當信也，五者根於性者也，所謂人倫也。而其所以親之，義之，別之，序之，信之，則必由乎情以達焉者也。非禮以節之，則過者或溢於情，而不及者則漠焉遇之，故曰「喜怒哀樂之未發謂之中，發而皆中節謂之和」。其中節也，非自能中節也，必有禮以節之，故曰「非禮何以復其性焉」？是故知父子之當親也，則爲醴醮祝字之文以達焉，其禮非士冠可賅也，而於士冠焉始之。知君臣之當義也，則爲堂廉拜稽之文以達焉，其禮非聘、覲可賅也，而於聘、覲焉始之。知夫婦之當別也，則爲笄次帨鞶之文以達焉，其禮非士昏可賅也，而於士昏焉始之。知長幼之當序也，則爲盥洗酬酢之文以達焉，其禮非鄉飲酒可賅也，而於鄉飲酒焉始之。知朋友之當信也，則爲雉腒奠授之文以達焉，其禮非士相見可賅也，而於士相見焉始之。記曰「禮儀三百，威儀三千」，其事蓋不僅父子、君臣、夫婦、長幼、朋友也，即其大者而推之，而百行舉不外乎是矣。其篇亦不僅士冠、聘、覲、士昏、鄉飲酒、士相見也，即其存者而推之，而五禮舉不外乎是矣。良金之在卝也，非築氏之鎔鑄不能爲削焉，非㮚氏之模笵不能爲量焉。良材之在山也，非輪人之規矩不能爲轂焉，非輈人之繩墨不能爲輮焉。禮之於性也，亦猶是而已矣。如曰舍禮而可以復性也，是金之爲削、爲量，不必待鎔鑄、模笵也；材之爲轂、爲輮，不必待規矩、繩墨也。如曰舍禮而可以復性也，必如釋氏之幽深微眇而後可。若猶是聖人之道也，則舍禮奚由哉？蓋性至隱也，而禮則見焉者也；性至微也，而禮則顯焉者也，故曰「莫見乎隱，莫顯乎微」，故君子慎其獨也。三代盛王之時，上以禮爲教也，下以禮爲學也。君子學士冠之禮，自三加以至於受醴，而父子之親油然矣。學聘、覲之禮，自受玉以至於親勞，而君臣之義秩然矣。學士昏之禮，自親迎以至於徹饌成禮，而夫婦之別判然矣。學鄉飲酒之禮，自始獻以至於無算爵，而長幼之序井然矣。學士相見之禮，自初見執贄以至於既見還贄，而朋友之信昭然矣。蓋至天下無一人不囿於禮，無一事不依於禮，循循焉日以復其性於禮而不自知也。劉康公曰：「民受天地之中以生，所謂命也，是以有動作禮義威儀之則以定命也。」故曰：「天命之謂性，率性之謂道，修道之謂教。」夫其所謂教者，禮也，即父子有親，君臣有義，夫婦有別，長幼有序，朋友有信是也。故曰：「學則三代共之，皆所以明人倫也。」

復禮中

記曰：「仁者人也，親親爲大；義者宜也，尊賢爲大。親親之殺，尊賢之等，禮所生也。」此仁與義不易之解也。又曰：「君臣也，父子也，夫婦也，昆弟也，朋友之交也，五者，天下之達道也。知、仁、勇，三者，天下之達德也。」此道與德不易之解也，不必舍此而别求新説也。夫人之所以爲人者，仁而已矣。凡天屬之親則親之，從其本也，故曰「仁者人也，親親爲大」。亦有非天屬之親，而其人爲賢者，則尊之從其宜也，故曰「義者宜也，尊賢爲大」。以喪服之制論之，昆弟親也，從父昆弟則次之，從祖昆弟又次之，故昆弟之服則疏衰裳齊期，從父昆弟之服則大功、布衰裳、九月，從祖昆弟之服則小功、布衰裳、五月，所謂親親之殺也。以鄉飲酒之制論之，其賓賢也，其介則次之，其衆賓又次之，故獻賓則分階，其俎用肩；獻介則共階，其俎用肫胳；獻衆賓則其長升受，有薦而無俎，所謂尊賢之等也。皆聖人所制之禮也，故曰「親親之殺，尊賢之等，禮所生也」。親親之殺，仁中之義也；尊賢之等，義中之義也。是故義因仁而後生，禮因義而後生，故曰「君子義以爲質，禮以行之，孫以出之，信以成之」。禮運曰：「禮也者，義之實也，協諸義而協，則禮雖先王未之有，可以義起也。」郊特牲曰：「父子親然後義生，義生然後禮作。」董子曰：「漸民以仁，摩民以義，節民以禮。」然則禮也者，所以制仁義之中也，故至親可以揜義，而大義亦可以滅親。後儒不知，往往於仁外求義，復於義外求禮，是不識仁，且不識義矣，烏覩先王制禮之大原哉？是故以昆弟之服服從父昆弟、從祖昆弟，以獻賓之禮獻介、獻衆賓，則謂之過；以從祖昆弟、從父昆弟之服服昆弟，以獻介、獻衆賓之禮獻賓，則謂之不及。蓋聖人制之而執其中，君子行之而協於中，庶幾無過不及之差焉。夫聖人之制禮也，本於君臣、父子、夫婦、昆弟、朋友五者，皆爲斯人所共由，故曰「道者，所由適於治之路也，天下之達道」是也。若舍禮而別求所謂道者，則杳渺而不可憑矣。而君子之行禮也，本之知仁勇三者，皆爲斯人所同得，故曰「德者，得也，天下之達德」是也。若舍禮而別求所謂德者，則虚懸而無所薄矣。蓋道無跡也，必緣禮而著見，而制禮者以之；德無象也，必藉禮爲依歸，而行禮者以之，故曰「苟不至德，至道不凝焉」。是故禮也者，不獨大經大法悉本夫天命民彝而出之，即一器數之微，一儀節之細，莫不各有精義彌綸於其間，所謂「物有本末，事有終始」是也。格物者，格此也。禮器一篇，皆格物之學也，若泛指天下之物，有終身不能盡識者矣。蓋必先習其器數儀節，然後知禮之原於性，所謂致知也。知其原於性，然後行之出於誠，所謂誠意也。若舍禮而言誠意，則正心不當在誠意之後矣。記曰：「自天子以至於庶人，壹是皆以修身爲本。」又曰：「非禮不動，所以修身也。」又曰：「修身以道，修道以仁。」即就仁義而申言之，曰「禮所生也」。是道實禮也，然則修身爲本者，禮而已矣。蓋修身爲平天下之本，而禮又爲修身之本也。後儒置子思之言不問，乃別求所謂仁義道德者，於禮則視爲末務，而臨時以一理衡量之，則所言所行不失其中者鮮矣。曲禮曰「道德仁義非禮不成」，此之謂也。是故君子尊德性而道問學，致廣大而盡精微，極高明而道中庸，温故而知新，敦厚以崇禮。

復禮下

聖人之道至平且易也，論語記孔子之言備矣，但恒言禮，未嘗一言及理也。記曰：「道之不行也，我知之矣，知者過之，愚者不及也；道之不明也，我知之矣，賢者過之，不肖者不及也。」彼釋氏者流，言心言性，極於幽深微眇，適成其爲賢知之過。聖人之道不如是也。其所以節心者，禮焉爾，不遠尋夫天地之先也；其所以節性者，亦禮焉爾，不侈談夫理氣之辨也。是故冠昏飲射有事可循也，揖讓升降有儀可按也。豆籩鼎俎有物可稽也。使天下之人少而習焉，長而安焉，其秀者有所憑而入於善，頑者有所檢束而不敢爲惡，上者陶淑而底於成，下者亦漸漬而可以勉而至。聖人之道所以萬世不易者，此也。聖人之道所以別於異端者，亦此也。後儒熟聞夫釋氏之言心言性極其幽深微眇也，往往怖之，愧聖人之道以爲弗如，於是竊取其理事之説而小變之，以鑿聖人之遺言，曰「吾聖人固已有此幽深微眇之一境也。」復從而闢之曰：「彼之以心爲性，不如我之以理爲性也。」嗚呼！以是爲尊聖人之道，而不知適所以小聖人也；以是爲闢異端，而不知陰入於異端也。誠如是也，吾聖人之於彼教，僅如彼教性相之不同而已矣，烏足大異乎彼教哉？儒、釋之互援，實始於此矣。詩曰：「鳶飛戾天，魚躍於淵。」説者以爲喻惡人遠去，民得其所，即中庸引而伸之，亦不過謂「聖人之德明著於天地」而已，曷嘗有化機也？子在川上曰：「逝者如斯夫！不舍晝夜。」説者以爲感歎時往，不可復追，即孟子推而極之，亦不過謂「放乎四海有本者」，如是而已，曷嘗有悟境也？蓋聖人之言，淺求之，其義顯然，此所以無過不及，爲萬世不易之經也。深求之，流入於幽深微眇，則爲賢知之過，以爭勝於異端而已矣。何也？聖人之道本乎禮而言者也，實有所見也；異端之道外乎禮而言者也，空無所依也。子所雅言，詩、書、執禮。顏淵問仁，子曰：「克己復禮爲仁。」請問其目，曰：「非禮勿視，非禮勿聽，非禮勿言，非禮勿動。」顏淵曰：「夫子循循然善誘人，博我以文，約我以禮。」聖人舍禮無以爲教也，賢人舍禮無以爲學也。詩、書，博文也；執禮，約禮也，孔子所雅言者也。仁者，行之盛也，孔子所罕言者也。顏淵大賢，具體而微，其問仁，與孔子告之爲仁者，惟禮焉爾。仁不能舍禮但求諸理也。子貢曰：「夫子之文章可得而聞也，夫子之言性與天道不可得而聞也。」文章，詩、書、執禮也，性與天道非不可得而聞，即具於詩、書、執禮之中，不能託諸空言也。夫仁根於性，而視聽言動則生於情者也，聖人不求諸理而求諸禮，蓋求諸理必至於師心，求諸禮始可以復性也。顏淵見道之高堅，前後幾於杳眇而不可憑，迨至博文約禮，然後曰「如有所立卓爾」，即立於禮之立也。故曰：「不學禮，無以立。」又曰：「不知禮，無以立也。」其言之明顯如此。後儒不察，乃舍禮而論立，縱極幽深微渺，皆釋氏之學，非聖學也。顏子由學禮而後有所立，於是馴而致之，其心三月不違仁。其所以不違者，復其性也。其所以復性者，復於禮也。故曰：「一日克己復禮，天下歸仁焉。」夫論語，聖人之遺書也，說聖人之遺書，必欲舍其所恒言之禮，而事事附會於其所未言之理，是果聖人之意邪？後儒之學，本出於釋氏，故謂其言之彌近理而大亂真。不然，聖學禮也，不云理也，其道正相反，何近而亂真之有哉！

附録

孫淵如有書致先生，闢西人推步爲不可信。先生復書略云：所駁西法數條，既不敢違心相從，亦不敢强辭求勝。竊謂士中黜西，前代如邢雲路、魏文魁諸君皆然，楊光先淺妄不足道也。蓋西學淵微，不入其中則不知。故貴古賤今，不妨自成其學，然未有不信歲差者也。歲差自是古法，西法但以恒星東移推明其故耳，不可以漢儒所未言，遂並斥之也。再審來札所云：「天文與算法，截然兩塗。」則似足下尚取西人之算法者。夫西人算法與天文相爲表裏，是則俱是，非則俱非，非若中學有占驗推步之殊也。苟不信其地圓之説，則八綫弧三角亦無由施其用矣。西人言天，皆得諸實測，猶之漢儒注經，必本諸目驗。若棄實測而舉陳言以駁之，則去鄉壁虚造者幾希！何以關其口乎？文集。

乾隆癸丑，先生在都，與江鄭堂、王更叔講求象緯之學，乃取靈臺儀象志、協紀辨方書及明史、五禮通考互爲比勘，晝則索之以圖，夜則證之於天，閲日四旬，乃依今測撰縣象賦一首，以裨來學。同上。

先生丁内憂，寧國詹子山太守延主敬亭講席。開館後，偶至府署，由角門送出。次日又遣使立請，即作札辭之曰：「前此教授知府接見之儀，有國家典例在，今則忝敬亭講席，與閣下則賓主矣。在某微賤，不能以禮自處，固無足惜。若仍僕僕於閣下之門，是並不能以禮處閣下矣。是以今日之招，雖鄭堂、稚存舊雨咸集，竟不敢奉陪，非惟自愛其鼎，亦兩全之道也。」先生之以禮自處，並以禮處人，大都類此。年譜。

姚姬傳爲題校禮圖，與先生論學宗旨各別，先生答之以詩，有云：「是非原有遺編在，同異何嫌立論殊！」同上。

先生評王國翰卷云：「論語皆孔門遺訓，其中無一理字。易、書、詩、春秋、儀禮、周禮，唯詩有『我疆我理』，易大傳有『理得』及『窮理』、『順理』等語，然古人皆作條理解。至天理人欲四字，始見於樂記，亦漢儒采諸子文，去聖人則已遠矣。童而習之之書，不可草草看過。」同上。

焦里堂贊燕樂考原曰：「琵琶四弦，一弦七調，二十有八，燕樂可究。宮商角羽，惟徵弗究。唐有五弦，廢先七角，古律何在？上凡五六，九宮之訛，沈氏不覺。虚理難據，實譜易蹈，學博淩君，克明其奧。」雕菰集。

次仲弟子

胡先生培翬 別見樸齋學案。

吕先生飛鵬

吕飛鵬字程九，一字雲里，旌德人。從次仲學。次仲長於禮，其立論精博廉悍，不多可於人，獨器先生，以爲能得我道者也。著周禮補注六卷，周禮古今文義證六卷。平居書齊，閤自銘戒，粹然一出於儒先道術之學。鄉饑，籌粟倡振，人多德之。有爭辯，得一言立釋。嘗戒其子賢基曰：「成名易，成人難。」又曰：「言官不易爲，毋陳利而昧大體，毋挾私而務高名。」其本行如此。賢基卒，以忠節著。參梅曾亮撰墓志。

張先生其錦

張其錦字孌伯，宣城人。廩生。從次仲游，垂十年，精研章句，不墮師承。次仲既没，徒步至歙，訪遺書。又北走海州，於敗簏中攟拾殘稿，假居僧寺，輯録以歸。並考次仲出處遺事，作年譜四卷。參漢學師承記。

次仲交游

阮先生元 別爲儀徵學案。

焦先生循 別爲里堂學案。

江先生藩 別爲鄭堂學案。

程先生瑶田 別爲讓堂學案。

謝先生啓昆 別見惜抱學案。

汪先生中 別爲容甫學案。

孔先生廣森 別爲顨軒學案。

武先生億 別爲授堂學案。

洪先生亮吉 別爲北江學案。

孫先生星衍 別爲淵如學案。

許先生鴻磐

許鴻磐字漸逵，號雲嶠，濟寧人。事親以孝聞。乾隆辛丑進士，官兵馬司正指揮，改安徽同知，擢泗州知州，所至有循聲。緣事落職。嘉慶末，捐復知州，補河南禹州知州。年逾八十卒。平生博極羣書，盡讀三通、二十四史，往復數十過。嘗以顧景范方輿紀要雖能剔明統志之誤，而尚多沿其陋，遂精究各史，歷考古今圖籍，省府縣志，博取精擇，足補顧書之漏而訂其訛，成方輿考證一百卷。其書以形勝爲主，首敘歷代建置分合、山川、邊防、都邑爲總部，以發其凡；次畿輔、盛京以及各布政司，縣統於府，備載沿革形勢，關阸古蹟，農田水利，有關實用，莫不援據詳明。蓋南北奔走，未嘗暫舍，數十年精力畢注於此。他著有尚書劄記四卷，在皇清經解補刊中。又有吴越始末一卷，河源述一卷，金川考略一卷，泗州考古録一卷，開方圖、簡明地圖、黄道赤道經緯度數圖、參伍類存十六卷，考古夷庚十二卷，雪帆雜著，六觀樓詩文集、六觀樓文集拾遺。又輯有古文選前集、後集、外集、唐宋八家文選、唐文鈔、五代兩宋文鈔，多未刊行。參史傳、濟寧州志。

尚書札記

堯　典

日中星鳥，日永星火，宵中星虚，日短星昴。

孔疏、蔡傳所注，二至二分晝夜長短刻數不同，皆以百刻爲一晝夜也。今以晝夜昏明爲限，日未出前二刻爲明，日入後二刻爲昏，截去此四刻，定晝夜爲九十六刻。春、秋分晝夜皆四十八刻。與馬融「晝〔一〕長五十刻，夜亦五十刻」之説同。冬、夏至刻分有奇零者，如今歲冬至晝三十六刻五分，夜五十九刻十分，夏至晝夜相反亦如之，亦與馬説同。合之仍九十六刻也。其所以有長短者，則視乎日之所行，故曰中，曰永，曰短，皆繫以日。按周天三百六十五度五百八十九分度之一百四十五，半覆地上，半在地下。南北有二極，相去一百八十二度强。赤道帶天之中，去兩極各九十一度稍强。黄道者，日之所行也，半在赤道内，半在赤道外，與赤道東交於角，西交於奎。其出赤道外最遠者二十四度，南斗二十一度是也，是爲冬至日之所在。其入赤道内最遠者二十四度，井二十五度是也，是謂夏至日之所在。冬至日去北極一百一十五度稍强，去極最遠，故景最長。日出辰入申，行地上一百四十六度稍强，故日短。行地下二百一十九度稍强，故夜長。自南至後漸漸而北，其景亦漸短，日行地上分數漸多，行地下分數漸少，故日漸長而夜漸短也。至於夏至去北極六十七度少强，故景最短。日出寅入戌，晝行地上二百一十九度稍强，故日長。夜行地下一百四十六度稍强，故夜短。自北至後漸漸而南，故其景亦漸長，晝漸短而夜漸長也。春分日在奎，所謂西交於奎也。秋分日在角，所謂東交於角也。此黄赤二道之交，中去極九十一度稍强，日出卯入酉，晝行地上，夜行

〔一〕「晝」，原作「書」，形近而訛，今改。

地下，俱一百八十二度半，故晝夜同也。所謂鳥、火、虚、昴者，四仲昏見之中星也。曆法主日，而日行則以二十八經星爲識。蓋在天動者，止日月五星。舜典所齊者，謂此經星麗天，終古不移，以爲日躔之次。此天道不可測，而示人以可測者也。孔傳：「鳥，南方朱鳥七宿，春分之昏，鳥星畢見，以正仲春之氣節，轉以推季孟則可知。火，蒼龍之中星，舉中則七星見可知，以正仲夏之氣節，季孟亦可知。虚，玄武之中星，亦言七星，皆以秋分見，以正三秋。昴，白虎之中星，亦以七星並見，以正冬之三節。」蔡傳以鳥爲鶉火，以火爲大火，亦未確指爲何宿也。孔傳不定中星，火、虚、昴照星鳥之例，皆謂七星全見者，尤疎。經言殷，言正，使謂七宿全見，何以謂之殷？何以謂之正乎？且經明言以殷仲秋，而曰以正三秋，可乎？明言以正仲冬，而曰以正冬之三節，可乎？朱子曰：「中星或以象言，或以次言，或以星言者，蓋星適當昏中，則以星言，如虚昴是也。星不當中，而適當其次者，則以次言，如火是也。次不當中，而界於兩次之間，則以象言，如鳥是也。」此爲釋經通論。孔疏：「仲春之月，日在奎、婁，而入於酉地。則初昏之時，井、鬼在午，柳、星、張在巳，翼、軫在辰。」金氏履祥曰：「春分日，午上有鶉鳥星，在星星之東。星爲星鳥，未爲鶉首，巳爲鶉尾。」陳氏師凱曰：「鶉火午上柳、星、張三宿也。自驚蟄至清明，此三宿逐次爲中星，當春分之夕，則星宿爲中星也。」然此只就堯典論之，晉、隋、唐、宋諸書所載中星皆不同，蓋後世曆法漸密，推步愈精，不似古法之簡易也。按金、陳二氏皆以星宿爲堯典仲春之中星，與孔疏井、鬼在午之説不同，自以星宿爲仲春之中星爲是。又大火古皆兼房、心二宿爲言，潘士遴曰：「秋冬獨言一宿，則春星宿，夏房宿可知。」按康成謂「春分之昏七星即星宿。中，仲夏之昏心星中」，潘氏之説與此少有不同，似以房宿爲是。若夫四時昏中之星，古今不同者，的係歲差所爲。通考引三統曆云：「日躔堯典與月令不同，日行黄道每歲有差。」江默論「歲者，日躔於一歲之間行周天度，未及餘分，而日已至焉，故每歲常有不及之分。自晉虞喜始覺之，曆家祖述其説，考冬至日躔各各不同，及知歲差之法不可不講也」。又嘗考歲差之説不同，宋大明曆以五十年差一度，失之太過；何承天倍其數，以百年退一度，又反不及。惟隋劉焯取二家中數，以七十五年退一度。至唐一行詳考三家，知劉焯之説爲近，遂以大衍曆推之，得八十三年而差一度。然又不若本朝紀元曆以七十八年差一度爲密也。按金氏燧謂「歲差之法，以七十五年者爲稍的，今西法則定爲七十年差一度也」。梅氏文鼎論歲差曰：「天上有十二宫，宫各三十度。每歲太陽以一中氣一節氣共行三十度。滿二十四氣，則十二宫行一週。故曆家恒言太陽一歲周天也。然實考其度，則一歲日躔所行，必稍有不足，雖所欠甚微，約其差不過百分度之一有半。積至年深，遂差多度，是謂歲差。曆家所以有天周、歲周之名。漢人未知歲差，誤合爲一，謂合天、歲爲一。故即以冬至日交星紀而定之於牽牛。晉虞喜等始覺之。宋何承天、祖沖之、隋劉焯等言之益詳。顧治曆者株守成説，不敢輒用歲差也。唐初傅仁均造戊寅元曆始用歲差，而朝論多不以爲然，故李淳風麟德曆復去歲差不用。直至開元時僧一行作大衍曆，乃始博徵廣證，大暢厥旨，於是分天自爲天，歲自爲歲，歷代遵用。元世祖時用授時曆，郭守敬測定六十六年有八月而差一度，故冬至日一歲日躔之度已周，尚不能復於星紀之元度，必得行若干日時而至景紀，所以太陽過宮與中氣必不同日也。」按中星今古之不同，即以冬至言之，堯時星昴中，歷漢、唐至宋、元之際，昏壁中，今且退至室宿中之雲雨星，偏東數分矣。或謂天體有常，無所差忒。因其數甚微，積久始著，古人不覺，而後人知之，非天行之忒也。然天行固不忒，而日行要不能無餘分之差。以堯時冬至之星昴證之，今冬至之室中昴十一度、胃十四度、婁十一度、奎十六度、壁九度、室十一度，夫以則天之聖羲和，又世守其官，縱推步偶疎，何至相失如是之遠哉？不謂之歲差，固不可也。故曆久則疎，治之者固在推算之密，尤當隨時察其疎而補救之，以求合也。按黄帝迄秦，曆凡六改。漢凡四改，魏迄隋十五改，唐迄五代十五改，宋十七改，金迄元五改。惟明之大統曆，即元之授時曆，承用二百七十餘年未改，而成化以後，交食往往不驗，然則其效可睹矣。

朞三百有六旬有六日，以閏月定四時，成歲。

孔傳：「朞一歲十二月，月三十日，整三百六十日，除小月六，爲六日，是謂一歲餘十二日，正義「一歲所餘十一日弱，云十二日者，大率據整而計之也。」未盈三歲，足得一月，則置閏焉，以定四時之氣節，成一歲之曆象。」孔疏：「所以無閏，時不定，歲不成者，三年無閏，則以正月爲二月；每月皆差，九年差三月，則以春爲夏；十七年差六月，則四時皆反，時何由定？歲何得成乎？」蔡傳：「歲有十二月，月有三十日，三百六十者，一歲之常數也。故日與天會而多五日九百四十分日之二百三十五者，爲氣盈，月與日會而少五日九百四十分日之五百九十二者，爲朔虚，合氣盈朔虚而閏生焉。」梅氏曰：「或問：舊法節氣之日數皆平分，今則有長短，何也？曰：節氣日數平分者，古法謂之恒氣；以歲周三百六十五日二十四刻奇，平分爲二十四氣，各得十五日二十一刻八十四分奇，按即歲實也。其日數有多寡者，謂之定氣。冬至前後有十四日奇爲一氣，夏至前後有十六日爲一氣，其餘節氣各各不同日，行盈曆而其日數減，行縮曆而其日數增也。二者之算，古曆皆有之，然各有所用。唐一行大衍曆議曰：『以恒氣定曆，以定氣算日月交食。』是則舊法原知有定氣，但不以之注曆耳。譯西法者未加詳考，輒謂舊法春秋二分並差兩日，則誣古人矣。授時曆所注二分日，各距二至九十一日奇，乃恒氣也。其所注晝夜各五十刻者，必在春分前兩日奇，及秋分後兩日奇，則定氣也。定氣二分，與恒氣二分，原相差兩日。授時既遵大衍議，以恒氣二分注曆，不得復用定氣，故但於晝夜平分之日記其刻數，則定氣可以互見，非不知也。問：授時既知有定氣，何爲不以注曆？曰：古者注曆，只用恒氣，爲置閏地也。春秋傳曰：『先王之正時，履端於始，舉正於中，歸邪於終。』邪與餘同，謂餘分也。履端於始，序則不愆；舉正於中，民則不惑；歸邪於終，事則不悖。』蓋謂推步者必以十一月朔日冬至爲起算之端，故曰『履端於始，而序不愆也』。又十二月之中氣必在其月，如月內有冬至，斯爲仲冬十一月，月內有雨水，斯爲孟春正月，月內有春分，斯爲仲春二月，餘月並同，皆以本月之中氣正在本月三十日之內，而後可名之爲此月，故曰『舉正於中，民則不惑也』。若一月之內只有一節氣，而無中氣，則不能名之爲何月，斯則餘分之所積，而爲閏月，閏即餘也，前此餘分累積歸於此月，而成閏月，以爲餘分之所歸，則不至春之月入於夏，且不至冬之月入於明春，故曰『歸餘於終事，則不悖也』。惟以恒氣注曆，則置閏之理易明。何則？恒之日數皆平分，故其每月内各有一節氣，一中氣，此兩氣策之日，合之共三十日四十三刻奇，以較每月常數三十日多四十三刻奇，謂之氣盈。又太陰自合朔至第二合朔，實止二十九日五十三刻奇，以較每月三十日又少四十六刻奇，謂之朔虚。合氣盈朔虚計之，共餘九十刻奇，謂之月閏，月之所餘也。乃每月朔策與兩氣策相較之差也。兩氣，節氣同中氣也。積此月閏至三十三箇月間，其餘分必滿月策而生閏月矣。閏月之法，其前月中氣必在其晦，後月中氣必在其朔，則閏月止有一節氣，而無中氣，然後名之爲閏月。斯乃自然而然，天造地設，無可疑惑者也。若以定氣注曆，則節氣之日數多寡不齊，遂有一月内三節氣之時，又或有原非閏月，而一月内反止有一中氣之時，其所置閏月，雖亦以餘分所積，而置閏之理不明，民乃惑矣。然非西法之咎，乃譯書者之疎耳。何則？西法只有閏日，而無閏月，其仍用閏月者，遵舊法也。徐文定公所謂鎔西域之巧算，入大統之型模也。」按堯典云「以閏月定四時成歲」，乃堯所以命羲和，爲萬世不刊之典。今既遵堯典而用閏月，即當遵用其置閏之法，而乃不用恒氣，用定氣，以滋人惑，亦昧於先聖正時之義矣。是以測算雖精，而當酌改者，此亦一端也。今已酌改。今但依古法以恒氣注曆，亦仍用西法最高卑之差以分晝夜長短進退之序，而分注於定氣日之下，即置閏之理昭然衆著，而定氣之用亦並存而不廢矣。

舜典

禋于六宗。

孔傳：「精意以享謂之禋，其祀有六：謂四時也，寒暑也，日也，月也，星也，水旱也。」蔡傳因之。按此本之祭法，然祭法未嘗有六宗之名也。正義：「漢氏以來，説六宗者多矣。歐陽及大、小夏侯皆云所祭者六：上不謂天，下不謂地，旁不謂四方，在六者之間，助陰陽變化實一，而名六宗矣。」孔光、劉歆謂：「乾坤六子：水、火、風、雷、山、澤也。」賈逵以謂：「天宗三：日、月、星也；地宗三：河、海、岱也。」馬融云：「萬物非天不覆，非地不載，非春不生，非夏不長，非秋不收，非冬不藏，此其謂六也。」鄭康成以六宗言禋，與祭天同名，則六者皆天之神祇，謂「星、辰、司中、司命、風師、雨師」。星謂五星，辰謂日月所會十二次也。晉初，幽州秀才張髦上表云：「臣謂禋於六宗，祀祖考所尊者六：三昭三穆也。」司馬彪又上表歷難諸家，及自言己意，「天宗者，日月星辰寒暑之屬也；地宗者，社稷五祀之屬也；四方之宗，四時五帝之屬也。」王肅據家語，六宗與孔同。各言其志，未知孰是。通典評曰：「漢以王莽等奏日月星辰山川海澤六子之卦爲六宗，按周禮以實柴祀日月星辰，則日月非六宗矣。卦爲物象，不應祭之。後漢馬融以天地四時爲六宗，禮無禋地與四時之義。孔安國言日月寒暑水旱爲六宗，於理又乖。鄭康成以星、辰、司中、司命、風師、雨師爲六宗，並是星質，不應更立風師、雨師之位。魏劉邵以沖和之氣，六氣宗之者，氣先於天，不合禋天之下氣從天，有則屬陰陽，若無所受，何所宗之？張迪以六代帝王，張髦以宗廟三昭三穆，並不堪録。後魏孝文帝以天皇大帝、五帝爲六宗，於義爲當。」按杜君卿駁諸家之説，尚未盡摘其瑕，如乾坤六子，艮爲山，坎爲水，指此爲六宗，則下文望于山川句爲贅疣。又謂禮無禋地及四時之義，然禋不過精潔之意，洛誥云「則禋于文王、武王」，則禋亦不必專屬之天也。特以天入六宗之中，複上文之上帝矣。又謂孔傳於理爲乖，亦未切指其疎。竊謂寒暑即在四時之内，而水旱豈有專司？不過禱禳之祭，不得以云宗也。至六代帝王，考古既無所據；三昭三穆，置此亦復不倫。且昭穆之稱，始見於王制「天子七廟，三昭三穆，與太祖之廟而七」，再見於周官小宗伯「辨廟祧之昭穆」，書有「穆考文王」之文，詩有「率時昭考」之語，商書、商頌尚無此稱，恐左昭右穆，唐、虞無此名號也。司馬彪之説，析之則有十八宗矣，故杜氏未論之。杜氏獨取天皇大帝、五帝爲六宗，尤屬荒誕。此蓋本康成天皇大帝爲北辰中之星名，耀魄寶五帝爲太微宫中五帝座星，有威靈仰、赤熛怒等名，本出讖緯之書，豈可援之以定唐、虞之典禮？即如康成説，而「類于上帝」一語已括之矣。愚謂人君父天母地，舜告攝，豈有告天不告地之理？尚書疏亦謂「此經惟有祭天，不言祭地及社稷，乃史氏之略文」。愚意非略也，六爲老陰之數，坤之數也，且坤卦三偶，六實坤之本體，坤即地，萬物生乎土，故特以宗言之，然則禋于六宗者，祀地祇耳。余非創爲此解，以招衆怪也。考後漢書安帝紀「元初六年三月庚辰，始立六宗祠於洛城西北」，注：「續漢志『元初六年，以尚書歐陽家謂六宗者，在天地四方之中，爲上下四方之宗，以元始中故事，謂六宗易六子之氣日、月、雷公、風伯、山、澤者非也。

乃更立六宗祠於戌亥之地，禮比大社。』」夫比諸大社，則屬之地也，明矣。祭祀志亦載此事，注云：「虞喜別論云：『地有五色，太社象之，總五爲一則成六。』六爲地數，推案經句，闕無祭地，六宗則祭地。」臣昭曰：「六宗紛紜，衆釋互起，虞喜以祭地近得其實，而分彼五色合爲六，又不通禋，更成疑昧。尋虞書所稱『肆類于上帝』，是祭天不言天，而曰上帝，帝是天神之極，舉帝則天神斯盡，日月星辰從可稽也。六宗實祭地，不言地而曰六宗，六是地數之中，言中足以該數，社稷等祀從可知也。宗者尊崇之稱，斯以盡敬之謂也。」有此二證，則吾說庶免無稽之誚，不致以爲怪矣。

聲依永，律和聲。

孔傳：「聲爲五聲，宮商角徵羽；律爲六律六呂，十二月之音氣。言當聲律以和樂。」蔡傳：「歌既有長短，則必有高下清濁之殊，故曰聲依永。聲者，宮商角徵羽也，大抵歌聲長而濁者爲宮，以次而清且短則爲商，爲角，爲徵，爲羽，所謂聲依永也。十二律以隔八相生而得之，即禮運所謂『五聲六律十二管旋相爲宮』，所謂律和聲也」。然五聲六律、隔八相生之説，難言矣。即云十二管，宜有十二聲，今六孔笛亦俱十二聲，特分清濁，清濁並出一孔，非若十二管之各有一聲也。以今笛譜言之，今之四、上、尺、工、六即古之宮、商、角、徵、羽，故云五聲加以二變，今謂之凡、乙，故又謂之七聲，而聲止此矣。所謂旋相爲宮者，古之所謂宮，即今之所謂調，宮聲移而四聲隨之俱變，所謂旋也。然所謂移，所謂變，仍止此五聲與七聲，未嘗於此七聲外別有所謂聲也。以今笛譜明之，如工字調定其某孔爲四，某爲乙，某爲上，某爲尺，某爲工，爲凡，爲六，此一定者也。改爲六字調，其宮移矣。然六調之四，即工調之上，六調之乙，即工調之尺，六調之尺，即工調之凡，六調之工，即工調之六，六調之凡，即工調之四，高吹清聲爲五。再改爲正工調，其宮又移矣。然正調之四，即六調之乙，工調之尺；正調之乙，即六之上，工之工；正調之上，即六之尺，工之凡；正調之尺，即六之工，工之六；正調之工，即六之凡，工之四。高吹爲五。推之他調可知。是其宮商之位雖移，而其實止此七聲也。此乃天地之元音，證之古今而皆同，放之四海而皆準，即間有俗所謂捩宮調者，謂其歌此調之曲，其腔輒闌入別調，非出此七聲之外也。乃求之古人所說則不合。班志：「黄鐘三分損一，下生林鐘。三分林鐘益一，上生太簇。三分太簇損一，下生南吕。三分南吕益一，上生姑洗。三分姑洗損一，下生應鐘。三分應鐘益一，上生蕤賓。三分蕤賓損一，下生大吕。三分大吕益一，上生夷則。三分夷則損一，下生夾鐘。三分夾鐘益一，上生無射。三分無射損一，下生仲吕。」京房之說不同，見後。按黄鐘一律，至姑洗，五聲已備。即如先儒之說，黄鐘之宮，應鐘爲變宮，蕤賓爲變徵，而七聲俱全矣。自蕤賓以下所生之大吕、夷則、夾鐘、無射、仲吕五律，其聲爲何聲也？不特此也，即以黄鐘之宮，應鐘爲變宮，蕤賓爲變徵而論，今姑去其零數，以成數計之，三分姑洗去一得四十二數生應鐘，管長四寸九分零。三分應鐘益一得五十六數生蕤賓，置之五十四數之林鐘上爲變徵，林鐘管長六寸。其聲微濁，相去不遠，猶可說。若以四十二數之應鐘，置諸八十一數之黄鐘上，爲變宮，黄鐘管長九寸。可乎？況變徵必不在角、徵之間，變宮亦不在羽、宮之間。再以笛譜明之，笛譜之所謂凡，即變徵也，實在工、六之間，工則徵，而六則羽，是變徵在徵、羽之間也。

笛譜之所謂乙，即變宮也，實在四、上之間，四則宮，而上則商，是變宮在宮、商之間也。角、徵、羽宮之間，實無聲可取。能歌者以人聲驗之自知。古今器或不同，而人聲則一也。昔人之爲是説者，徒見黄鐘之宮，太簇商，姑洗角，皆隔一律；林鐘徵，南吕羽，黄鐘宮，皆隔二律，故於此二間中，謂近宮收一聲爲變宮，近徵收一聲爲變徵，以爲巧合，而不知此二間中實無此二聲也。此皆未習其事，爲是揣度之言，故聽其言則百出不窮，按其實則動有不合，是乃紙上空談，而不能施諸實事者也。毛大可謂隔八相生，是以濁聲生清聲，大駁舊圖上生下生之説，非無見也。以今笛譜按之，合、六一孔，四、五一孔，低吹爲合、四，高吹即爲六、五，而合至六，四至五，相隔皆八數，如旋宮法。然則蕤賓以下所生大吕五律，果何聲乎？按以陽律下生陰，陰律上生陽，以三分損益爲之，此漢志之説也。自蕤賓以下，陽轉上生陰，陰轉下生陽，此京房之法也。朱子嘗是之。若依班志，蕤賓再下生大吕，則三分損一，大吕之管止得四寸二分有奇，不能列諸黄鐘之次矣。依京房之説，轉而上生，三分蕤賓益一，則大吕之管八寸四分有奇，恰在黄鐘九寸、太簇八寸之間。夷則、夾鐘、無射、仲吕之次倣此。蓋必如是，而後十二律一陽一陰，其律管之長短分寸，以次遞殺而不紊也。然黄鐘之律加二變而七音備，實無大吕以下五聲，然則果何聲乎？或曰：此即所謂清聲也，折五律之管半用之，則大吕爲黄鐘之清，夾鐘爲太簇之清，仲吕爲姑洗之清，夷則爲林鐘之清，無射爲南吕之清。然清，子聲也，子不離母，朱子亦謂「黄鐘清聲，即用黄鐘九寸之管，截爲四寸五分吹之」。是説也，深合今笛譜清濁一孔之謂。若截大吕之管半分之，止得四寸二分强，不能恰合黄鐘之半，則其聲必與黄鐘之聲有不能較然畫一之處，他律倣此。則清聲之説亦有所不能通矣。竊嘗思之，聖人必無虚製此律筒之事，研求久之，而忽有悟焉。笛孔既不能取以相證，若今所用之笙，凡十三管，合兩管吹之成一聲，止有濁而無清，則大吕以下所生之五律，或即配黄鐘等管而爲一聲者與？此古聖必置十二管以爲旋宫之用與？蓋旋宫圖是相生之法，生數也；濁生清，是用律之法，成數也。毛氏止知其一耳。嗟乎！唐、虞之器既亡，而唐、虞之尺亦漫無可考，乃徒以積黍之法裁製律筒，以求得夫聲音之道，安能使宫商之不忒哉？儒者鄙棄今之樂器爲不足道，不知今笛之六孔即古律吕之管也。果學習其器，而細心講求之，察其正變，正謂五聲，變謂二變。辨其清濁，玩味於抑揚長短之間，即可悟依永和聲之妙。孟子云「今之樂由古之樂」，即是此意。宋兩朝禮樂志云「以今之器寄古之聲」，李氏光地曰「欲正雅樂，自整頓崑腔始」，洵爲通論。

禹貢

導河積石，至于龍門。

孔傳：「浮于積石，至于龍門」傳。「積石山在金城西南，河所經也。龍門山在河東之西界。」又「施功發於積石，至於龍門，或鑿山，或穿地，以通流」。本節傳。蔡傳：亦「浮于積石」、「至于龍門」傳。「積石，地志在金城郡河關縣西南羌中，今鄯州龍支縣界也。龍門山，地志在馮翼夏陽，今河中府龍門縣也。」按夏陽在陝西韓城縣，龍門縣今山西之河津縣也，兩縣隔河相望，蓋山跨兩縣之境，故不妨兩地記之。按積石有大小二山，孔傳所指之積石，應即大積石，爲禹貢之積石。蔡傳所指之積石，爲小積石，乃後起之名，水經注之唐述山，唐之積石軍也。地理志「金城郡河關積石山在西南羌中」，按金城郡即今甘肅會城，蘭州府河關縣在河州境，此地去積石尚遠，故班氏特注明在西南羌中也。自唐儀鳳二年於澆河故城置積石軍，唐改澆河故郡爲廓州，故元和志「積石軍在廓州西南一百五十里」。廓州在今甘肅西寧府西寧縣東南境，於是內地有積石之名。蔡傳所指之龍支縣，北魏所置，至唐因之，在今西寧府碾伯縣南境，縣在府東一百三十里，南至河州界三百九十里，積石關在河州西北一百二十里，蓋去碾伯縣與西寧縣俱在一二百里之間。蔡傳所指之積石在此，乃竟與漢志河關西南羌中之積石混而一之，蓋亦不知龍支之果在何處矣。誤以內地之積石爲禹貢之積石，自後漢書注始，而蔡傳因之。然唐人多有明辨之者，括地志：在後漢書注前。「大積石山在吐谷渾界，即今青海四部。小積石山在枹罕縣西北。」枹罕即今河州。元和志：「河出積石山西南羌中，今人目彼爲大積石，此爲小積石。」而蔡氏竟未之睹耶？蔡傳未必檢後漢書注，大約從通典。一統志：「積石山即今大雪山，番名阿木你麻禪母遜，在西寧邊外五百三十餘里，黄河北岸，綿亘三百餘里，上有九峯，高入雪霧，積雪成冰，歷年不消，形勢險峻，人罕登陟。」番語稱祖爲阿木你，險惡爲麻禪，冰爲母孫，猶言大冰山也。河流其南至山之東，乃折而北，環山三面，如玦。蓋即禹貢之積石，唐人名大積石山，元史所指爲崑崙者也。漢志注「積石在西南羌中」，自杜佑以河州之小積石山爲禹貢之積石，誤實始於後漢書太子賢注。蔡傳承其訛，胡渭禹貢錐指辨之甚詳，但未指名究係何山。今以諸書並地勢度之，乃知禹貢之積石，即今之大雪山無疑也。水經注「河水重源，發於西塞之外，出於積石之山，屈而東北流，逕於析支之地，是爲河曲」。今河經大雪山南，又遶山東折而北，與水經注相符。司馬彪曰：「枝支西濱河首。」今大雪山東南黄河旋繞之處，俗名出外河套，即古析支河曲地，此又的然可據。漢書河關縣注「積石在西南羌中」，今大雪山在西寧西南五百餘里，亦與漢志相合。後漢「段熲自張掖追燒當羌至積石山，出塞二千餘里」，今自甘州至大雪山，約二千里，亦其明證也。龍門山在陝西韓城縣東，本雍州山也。胡氏渭曰：「自後魏太平真君七年，改漢河東皮氏縣曰龍門縣，而龍門之名遂被於東岸。故顏師古注司馬遷傳曰：『龍門山，其西在今同州韓城縣北，其東在今蒲州龍門縣北。』龍門縣宋改曰河津縣，縣西北二十五里，有龍門山，蓋即壺口之南支。古時東岸無龍門之名也。」又曰：「龍門之上口爲孟門，在今吉州西，西直陝西延安府之宜川縣；其下口即今河津縣壺口山盡處。近世亦謂之龍門者也。西與韓城之龍門相對，上口至下口，約一百六十里。」按壺口因禹之疏鑿得名。此段指畫三山之形勢，最爲明析。再考大河自積石東北流入今河州界，又東經蘭州府北，又東北經靖遠縣西北流出，入邊牆之間，又東北流出長城外，又曲折流入邊牆，經寧夏府中衛縣南，又北而東北經靈州北，又東北經府東南，又東北出邊，東岸即套内地，今俄爾多斯駐牧。又曲折東北流，折而東經吴拉剌南北岸，即漢之五原故郡，唐之中受降城也。又東折而南流，西岸即套内地。東岸即漢之雲中郡，今歸化城西境也。又南西岸爲故勝州，隋置榆林郡，漢朔方郡地也。又南過君子津，又南東岸入山西平魯縣邊界，又南東岸經偏關縣，又南西岸入陝西府谷縣境，東岸河曲縣北境也。自此南至潼關、山、陝以河分界，河又迤西經神木縣南，又南經葭州東，東岸爲興縣，又南經吴堡縣綏德州東，東岸爲臨縣、永寧州寧鄉縣，又南經清澗縣、延川縣、延長縣東，東岸爲石樓縣、永寧縣、大寧縣，又南經宜川縣東，東岸爲鄉寧縣，又南至韓城縣東北，東岸即河津縣龍門山在焉。此導河積石至於龍門之大略也。大河曲折流四千餘里。

方輿考證

方輿總部叙

天下之勢，羲、農而上弗可稽矣。自黄帝畫野分疆，得百里之國萬區。高陽有九州之號，虞帝肇十二之名，三代建置略殊，統曰九州，尚書、爾雅、職方所載尚矣。秦并六國，罷侯置守，分天下爲四十郡；漢武開越攘胡，疆索彌遠，分爲十三州部；晉氏混一，建州十九；隋氏兼并，南北有郡一百九十。唐貞觀初，分天下爲十道，開元中又分爲十五道，外設都護府，以統馭要荒，幅幁之廣，幾過漢氏。宋削平諸國，至道末，分天下爲十五路，熙寧中，又分爲二十三路，然遼、夏割據，西北輿圖爲徧。元統一華夷，内立中書省一，外立行中書省十有一，而西北之地倍拓於前。明建兩京十三布政使司，以統諸府，設諸衞以固邊陲，然自棄大寧，棄開平，棄哈密，而土宇日蹙焉。國家發祥東土，祖宗時札薩克蒙古諸部已爲臣僕，聖祖仁皇帝肅清朔漠，安輯唐古忒，今日西藏。高宗純皇帝掃蕩西域，斥地二萬里，於是東瀶海㞳，自寧古塔東抵大海三千餘里。西踰葱嶺，在西域諸回部之西，天山發脈之正幹也。北包蒙兀，即蒙古喀爾喀蒙古，北接俄羅斯界。南絶滄溟，版宇之延洪，聲教之漸被，自有書契以來，未有盛於今日者也。余考證古今，述爲是編，首沿革，次形勢，次山川，次關隘，次古跡，亦既分部而致其詳矣。因思寰區之大勢，非方域所能明也；山脈之磅礴，長江、大河之流衍，非千百里所能盡也。歷代帝王之都邑，皆一時首物作睹，爲率土會歸之區，亦非偏隅所得限也。故特括爲總部，以發凡而提要，上下四千年，縱横二萬里，可以得其大概焉。

文集

與淩次仲論方輿紀要書

次仲先生足下，辱賜書過相推重，不敢當。借悉所注儀禮，業有定本，方裒輯詩文，用成巨集，名山大業，非足下誰屬？又承諭顧氏讀史方輿紀要，體大思精，命余考訂地輿，以爲依據，是誠然矣。然顧氏此書，以讀史名，乃據通鑑而不據正史，意取梅磵注也。但不免舛錯漏略之處，今粗以山川之著者數條言之。如浙江紹興府若邪山下云：「漢元鼎六年遣戈船將軍嚴助討閩、粤，出若邪。」按助未嘗爲戈船將軍，亦無出若邪事。考武帝紀：「建元三年，東甌告急，遣大中大夫嚴助持節發會稽兵，浮海救之。」助傳亦云：「建元三年，遣助以節發兵事。」並不在元鼎年間也。史記南越列傳同。元鼎五年南越反，明年餘善東越王名。發兵拒漢道，上遣越侯爲戈船下瀨將軍，出如邪、即若邪。白沙。史記東越列傳同。是元鼎六年出若邪者，乃越侯，非嚴助，此不檢漢書而誤者也。又江南六安州霍山下云：即天柱山。「建安五年，江盜陳蘭、梅成遁灊天柱山，張遼等擊斬之。」按張遼傳「陳蘭、梅成叛，遣遼等討之。成僞降，捋其衆就蘭，轉入灊山。灊中有天柱山，高峻二十餘里，道險狹，步徑才通，蘭等壁其上。諸將曰：『兵少道險，難用深入。』遼曰：『此所謂一與一，勇者得前耳。』遂進至山下安營」云云。顧氏載他戰事頗詳，此止以二語了之，是不據三國志而略者也。又浙江名山天台下云：「開皇十年，楊素擊江南叛者，別將史萬歲破沈孝徹於温州，步道向天台，指臨海。」按史萬歲傳「高智慧等作亂，從楊素擊之。萬歲率衆二千，自東陽別道而進，攻陷谿洞不可勝述」，無向天台事。楊素傳「破永嘉賊帥沈孝徹，於是步道向天台指臨海，逐捕遺逸」，無萬歲名。顧氏合而一之，此不據隋書及北史而混焉者也。再考南齊書：「賊唐寓之據東陽，遣孫宏取山陰，時會稽太守王敬則朝正，故寓之謂乘虛可襲。宏至浦陽江，郡丞張思祖遣浹口戍主楊休武拒戰，大破之。」紀要「浙江大川浦陽江」下，不載此條，是未檢南齊書而漏焉者也。又隋書龐晃傳：「河間王宏之擊突厥，晃以行軍總管從至馬邑，迂路出賀蘭山，擊賊破之。」又李景傳：「高智慧作亂，從楊素擊之平蒼嶺。」即括蒼山嶺也。紀要「陝西名山賀蘭」、「浙江名山括蒼」，不載此二條，是未檢隋書而漏者也。又金史烏林大胡士傳：「胡士戍潼關，被召入援，至偃師，聞白坡徑渡之耗，直趨少室山。時登封縣官民已遷太平頂御砦，胡士紿縣官下山，使之前導，一軍隨之而上山，既險固，糧亦充足，遂有久住之意。」又忠義傳：「姬汝作正大末避兵嵩山，保鄉鄰數百家，衆以長官事之。」又元史李守賢傳：「時方會師攻汴，留守賢屯嵩汝，金兵十餘萬，保少室山太平砦，守賢以三千人介其中，度其帥完顏延壽無守禦才，潛遣輕捷者緣崖蟻附以登，殺其守卒，縱兵入破之。連天、交牙、蘭若、香爐諸砦俱下。」紀要「河南名山嵩山」下，統未引此，是未檢金、元史而漏者也。他如甘肅之固原州，本漢安定郡，治高平，故北朝皆曰高平郡。唐於此置原州，後陷吐蕃。開元三年權置原州於臨涇，即今之鎮原縣也。宋仍之，而於故原州置鎮戎軍。新唐書、宋史地理志記載甚爲明白，惟明一統志誤以鎮原縣爲原州。紀要因仍其謬，是又於沿革之際，不考正史之一證也。顧氏之書，以讀史名，而猶若此。以顧氏之才之學，而猶若此，則著述豈易言哉！足下讀破萬卷，下筆固無慮此。然昔人云：「善游者溺，矜其所恃也。」東坡每作文，即習用典故，亦令兒子輩檢原書對之，今核其全集，舛錯猶復不免。學欲博而擇欲精，才愈大而心愈小，慎斯術也以往，庶乎其少失矣。頃又接復論黑水一函，可云博辨，然卒不如闕疑之爲愈也，足下以爲何如！

河源說上

河有兩源，上源在西域，重源在青海。西域河權輿於史記，詳於漢書，其說爲最古。今西域分南北兩路，以天山爲界劃也，山之北舊爲準部，山之南爲回部，周回幾二萬里，統曰西域。山北漢時分屬烏孫、匈奴，後並入突厥；山南則漢之三十六國也，唐時其舊號尚多有存者，至元人盡易以蒙古名稱，而山南之故國始黚昧而不可識矣。明時山北悉屬瓦剌，今譯定曰衛拉特。山南亦未通聲教，止曰火州。元曰火者，今譯定曰剌和卓。土魯番、亦力把力，今曰哈剌沙爾。所可知者，于闐一國而已。今山南北盡入版圖，山北則開設郡縣，於巴里坤置鎮西府，於烏魯木齊置迪化直隸州。更置將軍，駐伊犁。山南則各置大臣領之，亦無異內地，故鹽澤、葱嶺雖在萬里之外，如列房闥户牖之間。以山南言之，自哈密廳漢伊吾廬地，唐置伊州，在安西州北八百里，在京師西北七千一百八十里。而西五百里爲闢展，漢車師、後庭也。自闢展而西一千六十里，爲哈剌沙爾，漢焉耆國也。自哈剌沙爾而西九百里，爲庫車，漢龜兹國也。自庫車而西八百五十里，爲烏什，漢尉頭國也。自烏什而南九百三十里，爲喀什噶爾，漢疏勒國也。自喀什噶爾轉而東南五百里，爲葉爾羌，於漢爲莎車國。自葉爾羌又東南爲和闐，則自漢迄明未改之于闐也。自于闐東南行，歷沙磧，曰阿爾氏干，即漢之精絶。迤邐而東，曰色爾騰海，即漢之鄯善。亦曰樓蘭。逼近龍沙之西，踰沙而東，古玉門陽關在焉，是爲安西燉煌縣西界，此山南之大界也，而大河之源，實出乎其間。今考西域河有三源：一出喀什噶爾，一出葉爾羌，漢書統謂之葱嶺河，一發和闐，即史記大宛傳所指之河源，漢書所謂一出于闐者也。喀什噶爾河東流，葉爾羌河東北流，和闐河北流，並會於烏什東之阿克蘇東南，合而東注，經庫車、哈剌沙爾之南，至闢展西，東南境入羅布淖爾而伏，即史記之鹽澤，漢書之蒲昌海也。自此伏流出青海，見下篇。爾雅、山經、水經俱有河出崑崙之文，山海經本不足據，而注水經者，又侈談荒怪，究不知崑崙之果在何方。然崑崙不可知，而河源則可見。漢武帝名河所出爲崑崙，最爲得之，蓋不離乎葱嶺者近是。今考葱嶺，自西藏之西阿里，東北三百里岡底斯發脈，連屬而北至和闐之南，又西北行經葉爾羌南，並包其西，又北經喀什噶爾西，統曰葱嶺。西河舊事曰：「葱嶺在燉煌西八千里，山高大，上生葱，故曰葱嶺也。」按漢書西域傳「西則限以葱嶺」，魏書西域傳「疏勒國南有黄河，西帶葱嶺」，又云「自莎車西行至葱嶺」，又云「于闐在葱嶺北二百餘里」，由是觀之，則自和闐之南至葉爾羌、喀什噶爾之西，皆可以蔥嶺目之也。明乎蔥嶺之方隅，與夫山南之大勢，而西域之河可以畫地而談矣。

河源説下

青海部在甘肅西寧西邊外，其地延袤二千餘里，其地有青海，亦曰西海，在西寧府邊外三百餘里，古解水也，周回七百里。因即以氏其部。禹貢西戎之地也。漢時先零、澆河諸羌蟠踞其中，至王莽時，始置西海郡，後又爲諸羌所據，併入吐谷渾。隋置郡縣而不能久也，唐龍朔後陷於吐蕃，元爲貴德州及朵甘思地，明正德後又爲蒙古所有。今分四部：曰西海厄魯特，曰回特，曰土爾古特，曰喀爾喀。共二十九旗，設總理青海大臣統之，無殊内地矣。其境東接西寧，西界生番，南連西藏，北達肅州，東南至松潘廳，屬四川。東北達涼州府，其西北一隅則直通西域回部，爲大河自羅布淖爾伏流南趨之正道，其西南界爲巴顔喀刺山，即大河重出之地也。考巴顔喀刺山東西綿亘千餘里，山南屬西藏，山北屬青海，山之西南即金沙江源，故明釋宗泐指此爲界山，以界分江、河也。河源西二十度，金沙源西二十四度四分。即唐書土蕃傳劉元鼎所稱之紫山，並目爲崑崙，以爲河源其間者也。山之麓曰阿勒坦葛達素齊老，蒙古語，阿勒坦，金也；葛達素，北極星也；齊老，石也。上有天池，大河重源實出其間。池水噴灑而下，匯而成川，曰阿勒坦郭勒，蒙古語，郭勒，河也。東行三百里，貫入星宿海，土名鄂敦塔拉，蒙古語，鄂敦，星也；塔拉，平甸也。元史河渠志謂之火敦腦兒，亦作「語兒」，蒙古語，海也。指爲河源者也。河又曲折而東抵大雪山南，又折而北而西，北繞大雪山三面，番名阿木你麻壥木遜，番語，阿木你，猶言祖也；麻壥，險惡之意；木遜，輕呼即爲木素爾，猶言冰也。即禹貢之積石，唐人亦竟可窮其源也。自蒙古地宜之，金史、元史所發明於後世，而元人誤指爲昆侖者也。

謂之大積石，而元人誤指爲崑崙者也。唐書以紫山爲崑崙，猶河重源之所出也，若大雪山在河重源下八九百里，其誤不待攻而破。河自大雪山北流，而東北而東入西寧府河州界，爲中國河，夫水遇沙而伏者也。羅布淖爾以南盡屬沙磧，故大河至此而伏，然自淖爾迤南諸泉濆涌，或瀦而爲池，或流而成川，星羅珠貫，即大河伏流，時隱時見之真跡。至巴顔喀剌山復出，貫入星宿海，歷積石入内地。此班固言之而未詳，劉元鼎言之而得半，元都實求之，並重源之所發，亦未能盡得其實者也。夫不明乎西域之形勢，則不能詳其上源，不明乎青海之形勢，則不能詳其重源，統西域、青海觀之，則神瀆源流如指諸掌，而漢書、唐書、元史之説，不且一以貫之哉！

山脈論

談山川者，以禹貢爲祖，然導山導水特紀其隨刊施功之序，非論山水之脈絡也。唐書天文志載僧一行兩戒之説，特舉山河之源委，係諸雲漢升降之跡，以著分野，亦非專論山水之幹支也。惟考工記云：「天下之大勢，兩山之間必有川焉。」此則青烏家分水之所由來矣。按川流與山脈，實夾輔而行。今天下大川有四：最北曰黑龍江，其上源曰幹難河。次北曰黄河，黄河之南曰大江，最南曰盤江。流派各别，附入之水，亦分趨焉，而不相亂，而脈如是乎可睹。按山自西藏阿里東北起龍，蜿蜒而北至回部之西，爲葱嶺。葱嶺分兩大幹：北幹行乎回部之北，其著者曰木素爾，猶言冰也，曰汗騰格里，猶言天也，曰博克多，猶言靈也，總曰天山。又東北爲阿勒坦，猶言金也。由是東入外蒙古喀爾喀部，結而爲杭愛，元史作杭海。挺而爲肯特，小肯特山爲幹難河所出。又綿延而東北數千里爲大安山，山後即俄羅斯界。包黑龍江，迄於東北海，此行乎漠北者也。此支前人未之論及，惟徐洪祖遊記謂北一支不入中國，始啟其端。北幹之脈，又自哈密分而轉南，至肅州西南，行至安西州爲三危。又西行盡於沙磧，爲西域黄河伏流之所阻。乃折而東趨，夾甘、涼而東，爲祁連，爲燕支，迤邐而東，爲賀蘭。又東北包河套之外爲陰山，綿亘乎吴剌忒北，古九原郡地也。毛明安喀爾喀右翼南，此漠南内蒙古之喀爾喀。爲卧龍山。又東逕四子部落察哈爾，至開平故城，元之上都，明置開平衛，在今獨石口東北一百五十里，今爲御馬廠地。又東北至克西克騰，包潢水之源，即遼水上源也。趨遼西爲毉巫閭，達吉林爲長白山，亦抵於海。其自陰山分支南下，入山西，爲管涔，爲五臺，爲太行，爲北岳。又東爲京北諸山，以放乎碣石。此行乎大漠之南，而河北諸山皆其所分支四布者也。南幹蜿蜒於回部之南，由和闐東行沙磧中，爲沙圖圖嶺、錫津烏藍諸大山，至羅布淖爾西南，乃並大河伏流之跡而南行，抵青海部南界，爲巴顔喀剌山，爲大河重源之所出，山之南即金沙江源也。即漢書之繩水，亦曰犂牛河，亦曰麗水，是爲大江之遠源。於是由河之南而東北騖，至西寧邊外，爲西傾，分爲岷、嶓。夾岷江左右入四川。又東爲終南，爲太華，爲熊耳，爲嵩岳，爲桐柏，爲天柱。此昔人所指爲中幹，而行乎大河以南者也。南幹之脈，由巴顔喀剌山包怒江、瀾滄、金沙之源，其分支南趨者，夾怒江瀾滄南下。迄於南海。其東南趨者，循金沙江入雲南麗江府界，爲老君山，南下爲點蒼，東至舊霑益州北境，爲儻塘馹北山，盤江之源也。山脈夾江而行，行盤江南者，歷廣西之南境，至廣州府，盡於南海。行盤江北者，由滇而黔而粤，亘爲五嶺，北顧而結衡岳，由五嶺而閩而浙，轉而北，而江左右。此行乎大江以南，而江南諸山皆其所分支四布者也。由是觀之，岡氏斯之脈，北爲蔥嶺，嶺分南北兩大幹。北幹分二支，一行漠北，一行漠南。即河之北。南幹分二支，一行江北，即河之南。一行江南。是爲四列。非康成所分四列也。彼兩戒三派之説，元吴澄有三派之説。不足盡天下之形勢也。惟泰山之脈與河南、北諸山不相連屬，其脈直從吉林長白山分而西行，至旅順口，渡海而南至登州府北三里丹霞山起龍，海中島嶼相望，即山脈之所行。旁薄而西八百餘里，結爲岱宗，此由我聖祖仁皇帝深究地絡，遣使渡海測量，始爲千古發此一蒙也。夫南支之脈折而向北，北支之脈轉而向南，兩相回抱，東面滄溟，則中域形勢之完固，不又可概見也哉！

附録

凌次仲嘗謂人曰：「海内輿地之學，以漸逵爲第一專家，其會通今古，精審之處，不減梅礀。」戴金溪嘗與江鄭堂共觀其書，歎曰：「漸逵曾官指揮，當時以俗吏目之，失漸逵矣。」錢金粟謂「其書善言地理，胡東樵、顧景范之亞也。」史傳。

李申耆曰：「此書考證博於顧氏，又稍變其例，以明統括定限斷，書成，治地理者可以無憾矣。」李兆洛方輿考證總部序。

先生曰：是書凡兩鈔，一鈔於金陵，一鈔於壽春。後寓皖口，中丞胡果泉先生聞而索觀，即以壽春本呈入，大蒙賞識，議付剞劂，適有滑縣之警而止。書之以志知己之感。方輿考證總部自跋。

王先生聘珍

王聘珍〔一〕字貞吾，號實齋，南城人。自幼力學。乾隆己酉翁覃谿爲江西學政，拔貢成均。嘗客浙西，與次仲先生論學，次仲深許之。又爲阮文達、謝藴山參訂古籍。爲人厚重誠篤，治經確守後鄭之學，著大戴禮記解詁十三卷，目録一卷，根據經史積二十餘年而後成。又著九經學，引申詁訓，考定漢制，具有家法。又有經義考補。參史傳。

大戴禮記解詁敍

劉向别録云：「古文記二百四篇。」古文者，孔子壁中書也。漢書蓺文志云：「武帝末，魯共王壞孔子宅，欲以廣其宮，而得古文尚書及禮記、論語、孝經，凡數十篇，皆古字也。」又云：「禮古經者，出於魯淹中，及孔氏學七十篇文相似，多三十九篇。及明堂陰陽、王史氏記所見，多天子、諸侯、卿大夫之制，雖不能備，猶瘉倉等推士禮而致於天子之説。」其目有記百三十一篇，明堂陰陽三十三篇，王史氏二十一篇。此禮記之所由來，惟孔氏壁中之本也。孔穎達曲禮疏曰：「鄭康成六蓺論云：戴德傳記八十五

〔一〕「王聘珍」，原作「先生諱聘珍」，體例異於全書，今改。

篇，則大戴禮是也。戴聖傳記四十九篇，則此禮記是也。」晉司空長史陳邵周禮論敘云：「戴德删古禮二百四篇爲八十五篇，謂之大戴禮。」此大戴之書，篇數具在，惟取於孔壁古文，未嘗闌入諸家也。或曰：「壁藏之書，當在先秦，今禮察、保傅篇中，皆有秦二世而亡之語，與賈誼新書同，得無大戴取於賈氏書乎？」聘珍曰：顏注漢志引家語云：「孔騰字子襄，藏書於夫子舊堂壁中。」而漢記尹敏傳云「孔鮒所藏」。案史記，孔鮒爲陳涉博士，固在亡秦之時，而子襄爲漢惠博士，則秦亡久矣。漢惠本紀「四年，除挾書律」，張晏注云：「秦律敢有挾書者族。」然則漢惠四年以前，皆是藏書之日。而古文記二百四篇，亦非出於一時一人之手，若禮察、保傅諸記，乃楚、漢間人所爲，合於二百四篇之中，而爲孔氏所藏，亦别有流傳在外之本，而爲賈氏所取。此賈書有取於古記，非古記有待於賈書也。又大戴禮有孔子三朝記七篇，曾子十篇，皆是古文記二百四篇中書。自劉氏總羣書而奏七略，序六藝爲九種，分諸子爲九流，於是出三朝記於論語之類，出曾子於儒家者流，此又劉氏剖析傳記，而非大戴采取諸家也。今小戴禮記燦然具備，而大戴之篇衹存四十。隋書經籍志謂戴聖删大戴之書爲四十六篇，漢末馬融足月令一篇，明堂位一篇，樂記一篇。其説頗爲附會。蓋因大戴八十五篇之書，始於三十九，終於八十一，其中又無四十三、四十四、四十五、六十一四篇，多出第七十三一篇。隋志又别出夏小正第四十七一篇，則存三十九而闕四十六，故支離其辭，以爲小戴所取耳。豈知月令、明堂位劉向别録並屬明堂陰陽，固古文三十三篇之内者也。而樂記疏引劉向别録云：「禮記四十九篇，樂記第十九。」則樂記之入禮記，自劉向所見本已然矣，又何待於馬融之足哉？且當時古本具在，大、小戴同受業於后蒼之門，小戴又何庸取大戴之書而删之？蓋二家俱就古文記二百四篇中各有去取，故有大戴取之，小戴亦取之，如哀公問、投壺等篇者也。況大戴所闕之篇，其名往往見於他書，如王度記、辨名記、政穆篇之類，皆不在於小戴記中，豈得以大戴闕篇，即小戴全篇耶？夫以大戴之書，同是聖賢緒餘，自古未立學官，兩漢經師不爲傳注，陸德明不爲音義，迄無定本。後周盧辨雖爲之注，然而隋、唐、宋志並不著録，則其書傳者益寡，是以闕佚過半，其存者亦訛變不能卒讀。自時厥後，未有專家。近代以來，人事校讎，往往不知家法。王肅本點竄此經，私定孔子家語，反據肅本改易經文，是猶聽信盗賊，研審事主，有是理乎？又或據唐、宋類書，如藝文類聚、太平御覽之流，增删字句，或云據永樂大典改某字作某，是猶折獄者舍當官案牘、兩造辭證，而求情實於風聞道路，得其平乎？是非無正，人用其私，甚者且云某字據某本作某，豈知某本云者，皆近代坊賈所爲，其人並無依據，是直向聾者而審音，與盲人而辨色。凡兹數端，大率以今義繩古義，以今音證古音，以今文易古文，遂使孔壁古奥之經，變而文從字順，洵有以悦俗學者之目，然而經文變矣。經義當由兹而亡，可不懼哉！聘珍今爲解詁十三卷，目録一卷，與諸家所見未敢雷同，惟據相承舊本，不復增删改易。其顯然訛誤者，則注云某當爲某；抑或古今文異，假借相成，依聲託類，意義可通，則注云某讀曰某而已。其解詁專依爾雅、説文及兩漢經師訓詁以釋字義。於古訓之習聞者，不復標明出處。稍涉隱奥，必載原書，亦復多引經傳，證成其義。間有不知而闕，必無杜撰之言。舊説有可采者，則加「盧注云」以别之。至於禮典之辨，器數之詳，壹以先師康成緒論爲主，以禮本鄭氏專門之學，而其學則聘珍生平所私淑諸人者也。未免膏肓之疾，難辭墨守之愆。以云有功經學，實所不敢。

但於三千年來天壤孤經，亦可謂盡心焉爾已。憶垂髫受書，家父口授此經，聘珍年纔幼學，迄今誦習三十餘年矣。爲兹解詁，稿凡數易，亦歷有年所，不但稟承家學，抑亦博問通人。今檢其簡札，弁諸書首，以誌師友淵源，著書歲月，庶傳諸將來，知非嚮壁虚造者也。

周禮學

漢書景十三王傳云：「河間獻王所得書，皆古文先秦舊書，周官、尚書、禮、禮記。」藝文志云：「周官經六篇，周官傳四篇。」此周禮在漢世初出屋壁之時，名曰周官也。荀悦云：「劉歆以周官十六篇爲周禮。」陸德明云：「劉歆始建立周官經，以爲周禮。」賈公彦序周禮廢興，引鄭康成序云：「世祖以來，通人達士、大中大夫鄭少贛名興及子大司農仲師名衆，衛次仲、賈景伯、馬季長，皆作周禮解詁。」又云：「其名周禮，爲尚書周官者，周天子之官也。書序曰：『成王既黜殷命，滅淮夷，還歸在豐，作周官。』是言蓋失之矣。」天官「惟王建國」注云：「周公居攝而作六典之職，謂之周禮。」據此，則周公著此書，本名周禮，故孔穎達枚舉周禮之見於經籍者七處，而自漢以前從未有以周官稱之者。至漢復出之時，師承久絶，人見其所載皆是官職，又因尚書序有周官篇目，世儒未見其書，或欲以此當之。自劉歆以來，乃復其本名曰周禮。鄭康成主之，嘗曰：「劉子駿等識古有此制焉。」

小宗伯之職，兆五帝於四郊，注：「五帝：蒼曰靈威仰，大昊食焉；赤曰赤熛怒，炎帝食焉；黄曰含樞紐，黄帝食焉；白曰白招拒，少昊食焉；黑曰汁光紀，顓頊食焉。」聘珍案：鄭氏此注，亦依漢代祀典言之。後漢書明帝紀：「永平二年正月，使尚書令持節詔驃騎將軍三公曰：『今令月吉日宗祀光武皇帝於明堂，以配五帝。』」章懷注云：「五經通義曰：『蒼帝靈威仰，赤帝赤熛怒，黄帝含樞紐，白帝白招拒，黑帝汁光紀。』牲幣及玉各依方色。」兆五帝於四郊，注：「兆爲壇之營域。」案説文「兆」作「垗」，注云：「畔也，爲四時界，祭其中。周禮曰『垗五帝於四郊』，从土兆聲。」又卜部「𠁥」重文作「兆」，注云：「古文兆省。」是兆乃𠁥之古文，古文少，或通用。今鄭注本作「兆」者，古文也。

冬官攷工記鄭云：「司空之篇亡，漢興，購求千金不得。此前世識其事者記録以備大數，古周禮六篇畢矣。」疏曰：「冬官一篇，其亡已久，有人尊集舊典，録此三十工以爲攷工記。雖不知其人，又不知作在何日，要之在於秦前，是以得遭秦滅典籍，韋氏、裘氏等闕也。」聘珍案：馬季長傳云：「孝武開獻書之路，周官出於山巖屋壁。」康成六藝論云：「壁中得六篇。」據此，則冬官一篇之亡已久，取攷工記合之者，先秦舊書已然矣，故漢書藝文志周官經六篇，不云闕也。又二鄭注中每云故書某作某，故書者，先秦古文舊書也。若是漢時所作，何云故書？隋書經籍志謂：「闕冬官一篇，河間獻王取攷工記以補其闕。」孔氏禮記正義謂：「孝文時求得周官，不見冬官一篇，乃使博士作攷工記補之。」凡此皆後世臆説，非漢經師所傳也。

儀禮學

賈公彦序周禮廢興云：「漢興，至高堂生博士傳十七篇，孝宣世后倉最明禮，戴德、戴聖、慶普皆其弟子，三家立於學官。案儒林傳『漢興，高堂生傳禮十七篇，而魯徐生善爲容。孝文時，徐生以容爲禮官大夫。而瑕丘蕭奮以禮至淮陽太守。孟卿，東海人也。事蕭奮，以授后倉。后倉説禮數萬言，號曰后氏曲臺記，授戴德、戴聖。』鄭云『五傳弟子』，則高堂生、蕭奮、孟卿、后倉、戴德、戴聖是爲五也。此所傳謂十七篇，即儀禮也。」聘珍案：此即鄭注所云今文者。漢書藝文志云：「禮古經者，出於魯淹中及孔氏，學七十(與十七)篇文相似，多三十九篇。」此則鄭注所云古文者也。

鄉射禮鄭目録云：「州長春秋以禮會民，而射於州，序之禮。謂之鄉者，州鄉之屬，鄉大夫或在焉，不改其禮。」賈疏曰：「一鄉管五州，鄉大夫或宅居一州之内。」鄭注禮記云：「或則鄉之所居州黨，而鄉大夫來臨此射禮，是爲鄉大夫在焉，則名鄉射。又鄉大夫三年大比，興賢者能者訖，而以鄉射之禮五物詢衆庶，亦行此州長射禮以詢之，亦是鄉大夫在焉，故名鄉射。云不改其禮者，雖鄉大夫在，其禮仍依州長射禮。」聘珍案：鄭、賈俱假周禮而言，其實周禮是天子之鄉與州，其鄉大夫是卿，其州長是中大夫。若儀禮，是諸侯之州射禮，諸侯之州長是士，其行射之地曰榭。榭，州學名，或州爲卿大夫所居之州，則立鄉學曰庠，不復別立州學。故儀禮此篇經文，乃以大夫射禮與士射禮參互言之。其曰「乃席賓南面東上」，又曰「豫則鉤楹内」，又曰「釋獲者執鹿中」，凡此皆士之事也。其曰「堂則由楹外」，記曰：「醢以豆，出自東房」，又曰「堂則物當楣」，凡此之類，皆大夫之事也。故鄭注亦云：「或言堂，或言序，亦爲庠、榭，互言也。」又案：鄭云「鄉大夫在焉，不改其禮者」，王制云：「耆老皆朝於庠，元日習射上功，習鄉上齒。」鄭彼注云：「此庠謂鄉學也，鄉謂飲酒也，鄉禮，春秋射國蜡而飲酒。」孔氏正義云：「射在州序，而云鄉射禮者，州屬於鄉，雖在州序，亦得謂之鄉。鄉居此州，更不立州學，若州有事，則就鄉學或鄉之所居之黨，不必立黨學，黨之正齒位，就鄉學爲之。鄉飲酒之義，主人庠迎賓於庠門之外。」鄭彼注云：「庠，鄉學也。州黨曰序。」孔氏正義云：「州長職云：春秋射於州序。黨正云：屬民飲酒於序。是州黨曰序。有室曰庠，無室曰序。鄉學爲庠，州黨爲序。學記云：黨有庠者，謂鄉人在州黨，但於鄉之庠學，不别立也。」

「奏貍首」注：「貍首，逸詩曾孫也。貍之言不來也。」聘珍案：來字古音力之反，讀若貍，貍與寧雙聲，不來猶不寧也。攷工記：「祭侯之禮曰：『惟若寧侯，無或若爾不寧侯。』」從古音讀來爲貍，則「不來」二字疾急呼之成一「貍」字也。惠氏九經古義引禮説云：「不來反爲貍。」聘珍謂禮説非是。蓋反音當得前字雙聲，後字疊韻，如蒺藜爲茨，奈何爲那，茅蒐爲韎，之焉爲旃，者與爲諸之類，不與貍既非雙聲，來與貍又不疊韻，試就二字以反語之法求之，不得貍音矣。自孫叔然以前言音者，只有内外急徐，譬況假借讀若之類。

附録

阮文達曰：王君實齋大戴禮記解詁義精語潔，恪守漢法，多所發明，爲孔撝約諸家所未及。能使三千年孔壁古文無隱滯之義，無虛造之文，用力勤而爲功鉅矣。揅經室集。

焦理堂稱實齋治大戴禮記，不爲增删，一仍其舊，列爲三十二讀書贊之一。雕菰集。

清儒學案卷一百十三

子居學案

乾嘉之際，常州學者蔚興，淵如、北江之學，出於惠、錢，而能輔乎惠、錢者也。皋文、子居之文，出於方、姚，而不囿於方、姚者也。子居集中説經之作，多具特見，而不及皋文之翔實。其文則各有獨到，故能特樹一幟，同時淵源相同者，各附著焉。述子居學案。

惲先生敬

惲敬字子居，一字簡堂，陽湖人。乾隆癸卯舉人。幼從舅氏鄭清如環游，持論獨出己見，長老皆驚異。游京師，爲咸安宫官學教習，期滿以知縣用。歷官浙江富陽、江西新喻、瑞金諸縣，以能自効，不隨羣輩俯仰。爲治以猛，而進其士之秀異者，與之論文藝，舉卓異。擢南昌府同知，忤上官，被劾，罷。卒年六十一。先生治古文，四十後益研精經訓，深求史傳興衰治亂得失之故，旁覽縱横、名法、兵農、陰陽家言，較其醇駁，而折衷於儒術，以期可用而無弊。其時同郡多儒傑，如孫氏淵如、洪氏北江諸人，皆尚考據，多著述。先生與張氏皋文尤爲執友，相與商榷經義古文。及皋文殁，慨然曰：「古文自元、明以來，漸失其傳，吾向所以不多作古文者，有皋文在也；今皋文死，吾當併力爲之。」故其學悉發之於文。嘗撰三代因革論八篇，論者謂融會古今，通達治體，方能爲此大文，非尋常經生家言也。所著有大雲山房文稿初集四卷，二集四卷，言事二卷，十二章圖說一卷，古今首服圖說一卷，其治獄别有子居決事四卷，又詩稿若干卷。參吴德旋撰行狀、陸繼輅撰墓志銘、武進陽湖合志、王先謙續古文辭類纂。

十二章圖說序

古者十二章之制，始於軒轅，著於有虞，垂於夏、殷，詳於有周，蓋二千有餘年。東漢考古定制，歷代損益，皆十二章，亦二千有餘年，可謂備矣。中閒秦王水德，上下皆服袀玄。西漢仍之，隔二百有餘年，是以諸經師不親覩其制，多推測摹擬之辭，然搜遺祛妄，各有師承，考古者必以爲典要。至歷代輿服志具載不經之制，而冕弁服則兢兢然不忘乎古焉，其大臣議禮之説，多可采者。是故言史不折以經不安，言經不推以史不盡也。敬自束髮受書，頗窺各家禮圖得失，今上采箋註，下揆史志，爲十二章分圖若干，合圖若干，歷代圖若干，附其説於後。世之君子，其有以是正之，則幸矣。

古今首服圖説序

古者有冒、有冠、有纚，纚者所以韜髮也。士冠禮「緇纚」是也。纚之變爲幘，幘之覆爲巾，巾之變爲幅巾、爲帢。三代加冠於纚，後世加於幘，若幅巾、帢則不加焉。帢之變爲葛巾，幅巾之變爲幞頭常冠也，幞頭之變爲翼善冠。自纚至翼善冠，凡八物，皆非冠也，而幞頭、翼善則冒冠名焉。冠者冠也，冠於紒也。冠之别，一曰緇布冠，太古冠布，齋則緇之是也；一曰玄冠，周委貌，殷章甫，夏毋追，皆玄冠也；一曰爵弁，士冕也，周弁，殷冔，夏收，皆爵弁也；一曰冕，夏后氏收而祭，商人冔而祭，周人冕而祭，皆冕也；一曰皮弁，三王共皮弁素積是也；一曰韋弁，凡兵事韋弁服是也。自緇布冠至韋弁，凡六物，皆冠也，而名皆别焉。冒者冒也，通典上古冒皮，冒之名所繇起是也。其制先於冠冕，後世庶人無爵者服之；北魏朝臣皆服，便乘騎也；江左君臣則私居服之。夫三代之時爲制備矣，而首服益嚴，觀禮經記載，其用畫然者也。自漢以後，士大夫喜趨於苟簡，三代首服之制以意增損之。增損既久，與古全乖，其燕閒所服更無故實，牽彼就此，以古合今，故禮圖所繪，不能無失。敬考各家經注及史傳，參伍始終，錯綜正變，爲圖説若干卷。冠之類從冠，以著其儀；纚之類從纚，以推其等；冒之類從冒，以盡其便。立乎千載之後，以言乎千載之前，豈敢謂出於盡是？然浮假之説，歧雜之言，則不敢及焉。若夫朝祭之用，則經史具有明文，考古者可自得之矣。

文集

三代因革論一

聖人治天下，非操削而爲局也，求其罫之方而已，必將有以合乎人情之所宜。是故中制者，聖人之法也，其不滿乎中制，與越乎中制之外者，於人情苟不至甚不便，聖人必不違之，此三代之道也。夫五霸更三王者也，七雄更五霸者也，秦兼四海，一切皆埽除之，又更七雄者也。漢興百餘年之後，始講求先王之遺意，蓋不見前古之盛六百餘年矣。朝野上下，大綱細目久已無存，遺老故舊亦無有能傳道者，諸儒博士於焚棄殘剥之餘，搜拾竈觚蠹簡，推原故事，其得之也艱，故其信之也篤。書之言止一隅，必推之千百隅，而以爲皆然。書之言止一端，必推之千百端，而以爲不可不然。嗚呼！何其愚也？夫禮樂刑政，皆世異者也。禮樂之微，非百姓所能窺也，且行之於天子諸侯者十而五六，行之於大夫士者十而三四，其在野者略焉而已，是故聖人之制作也，則自斷之。刑者，情之百易者也，書之策不可盡也，是故與諸侯大夫斷之。政者，治亂之紀，上與下之統也，是故與諸侯、大夫、士、百姓共斷之。夫所謂共斷之者何也？曰：中制者，聖人之法也，其不滿乎中制，與越乎中制之外者，於人情不至甚不便，聖人必不違之是也。吾故詳論之，求王政之端而究其同異，以破諸儒博士之説，庶聖人治天下之道可無惑焉！

三代因革論二

孟子曰：「公侯皆方百里，伯七十里，子男五十里。」周官曰：「諸公方五百里，其食者半；諸侯四百里，諸伯三百里，食三之一〔一〕；諸子二百里，諸男百里，食四之一。」孟子周人，所言周制也，而周官與之互異焉。鄭氏衆曰：「其食者半，公所食租稅得其半耳，其半皆附庸小國也。三之一者亦然。」是說也，公之地其半爲附庸，侯伯之地其三之二〔二〕爲附庸，子男之地其四之三爲附庸，理不可通。且五百里之半爲百里者十有二而餘，侯伯子所食與孟子之說均不合，惟男食四之一爲五十里而已。陳氏君舉曰：「方五百里以圜言，其徑百二十五里。」是說也，男之地徑二十有五里，公與伯之地徑百里、七十里而餘，與孟子之說亦不合，惟侯徑百里，子徑五十里而已。唐氏仲友曰：「古之爲國，有軍有賦，軍出於郊者也，賦出於遂者也。」言百里、七十、五十里者，軍制也；五百、四百、三百里者，兼軍賦及所轄言之也。諸男言百里者，兼軍賦言之也。」噫！聖人之書，豈若是參錯耶？是不可訓之說也。惲子居曰：古者洪荒之世，自民所歸而各立之君。其時政刑未備，羈縻所及，大者百里而已，殺於百里者，則七十、五十里焉。聖人準之，以差封國之地。是故百里、七十、五十里者，聖人之中制也。國立矣，不能無爭；爭矣，不能無所并。黄帝之時萬國，成湯之時三千餘國，武王之時千七百七十三國，蓋所并者幾十之七

〔二〕「二」，原作「一」，據文義改。

八焉。若是，則保無有百里而爲五百、四百里者乎？七十、五十里而爲三百、二百、百里者乎？聖人於是定之，以所食之數，使與百里、七十、五十里之制不至相絶，所以折無厭，明有制，至明順也。又使百里、七十、五十里之國，有可以齊於五百、四百、三百、二百、百里之制，而山川上田附庸之典行焉。武王封太公於齊，百里之國也，益之至五百里；成王封〔一〕伯禽於魯，百里之國也，益之亦至五百里。於是天子得平其威惠，諸侯咸勤於功德，亦至明順也。是故五百、四百、三百、二百、百里者，亦聖人之中制也。蓋諸侯之能并地者，若反仁滅義，以詐力吞噬，將不旋踵而覆亡隨之。其能及久遠者，必自其先世已有不泯之功德，又君臣皆有過人之才，民庶皆有順令之用，然後能滅國而鄰不爭，收土而民不叛，逮相襲既久，上下爲一，各固其疆。聖人必履封而裁之，計數而割之，則天下亂矣。是故夏之季世，其諸侯并地大者，殷仍其國。殷之季世，其諸侯并地大者，周仍其國。若興王崛起，親賢夾輔，其功皆可享茅土之奉，其才皆可任方伯連帥之職，聖人於封國之後，復大啟其地，以收大小相維，新舊相制之功，故曰皆聖人之中制也。雖然是中制者，非引繩而直之，絜矩而方之，布算而乘除之，不容出入增損於其間也。其山川之奥則有畸，其鄰國之錯則有畸，其都邑之系屬則有畸。越於五十、七十、百里者有之，越於百里、二百、三百、四百、五百里者有之，不滿者亦有之。陰陽得其序，原隰斥鹵墳壤得其理，戰守形勢得其會，如是而已。故曰越乎中制，與不滿乎中制者，非人情所甚不便，聖人必不違之也。是故由吾

〔一〕「封」，原壞似「毋」，今改。

之説。則三代之所以久安長治可知也；不由吾之説，則禹、湯、文、武之時已潰裂矣，其子孫豈有一日之暇哉？此可質之萬世者也。

自記曰：韓詩外傳：「百里諸侯以三十里爲采，七十里諸侯以二十里爲采，五十里諸侯以十里爲采。」本朝惠半農先生據之，謂封五百里、四百里，其采百里；封三百里，其采七十里；封二百里、百里，其采五十里，欲合王制、周官之説。其説據外傳，而與外傳歧。又封采之數五等，多寡不畫一，不可從。

三代因革論三

孟子曰：「夏后氏五十而貢，殷人七十而助，周人百畝而徹。」曰貢、曰助、曰徹，中制也。曰五十、曰七十、曰百畝，亦中制也。其名不同，其法不同，其數又不同。惲子居曰：先王制田，亦有越乎中制、不及乎中制者焉，是故貢、助、徹王者聖人皆先自其國都行之。推之於諸侯之可行者而亦行之，其不可者待之。先代之制，其可更者更之，不可更且不必更者仍之，如是而已。何以知其然也？井田者，始於黄帝，廢於秦末。有井田之前，所行者貢而已；廢井田之後，所行者亦貢而已；至行井田之時，貢亦不廢者，田有不可井，與可井而不及井，及上世以來已定溝澮之制者也。是故五十而貢，夏禹治田之法，而其時黄帝之井田在焉，夏小正曰「初服於公田」是也。七十而助，成湯治田之法，而其時公劉之徹行焉，詩曰「徹田爲糧」是也。百畝而徹，文王治田之法，而其時湯之助存焉，公羊傳曰「古者十一而藉」是也。若是者何也？天下至大，民人至衆，聖人者期於均其利、去其害者也。周之有天下也，定其可井不可井，以九一、十一推二王之制，仍其五十、七十以貢助存先代之法，民各安其業，樂其政，下不擾，上不勞，如是而已。然而尚有進焉者。貢者，古今之通法，井田者，聖人因時以均民情；貢者，自諸夏至絶徼之通法，井田者，聖人因地以均民力。是故聖人之世，以井田爲上治，以貢爲通法。上治所以見王道之尊，通法所以見王道之大。揖讓，上治也。與子，通法也。揖讓之名至高，於事至順，非堯得舜，舜得禹，不可行；井田之名至高，於事至順，非殷受夏，周受殷，不可行。而貢則無不可行。故聖人之行井田也，以貢輔之，而不責人之必行，如是而已。何以知其然也？齊之内政，五家爲軌，五軌爲里，四里爲連，十連爲鄉。井田以三起數，内政以五、十起數。使齊之封内，爲井田者十之九，爲貢者十之一，齊能三其田而五、十其人乎？抑破壞其井，而五、十其田乎？是齊之田井者少，不井者衆也。楚蔿掩爲司馬，度山林，鳩藪澤，辨京陵，表淳鹵，數疆潦，規偃豬，町原防，牧皋隰，井衍沃。賈逵皆以井數之，其説爲誣。九地之土，惟衍沃可井，杜預之説是也。是楚之田，井者少，不井者衆也。鄭子駟爲田洫而浸四族田，是鄭之田不盡井也。魏文侯曰：「今户口不加，而租賦歲倍，是課多也。」井田非税畝，賦不能加，魏未聞有此法，乃增其貢也，是魏之田不盡井也。聖人之行井田也，寬大如此，豈有方三千里，爲田八十萬億、一萬億畝之事哉？嗚呼！此求方罫之説也。又豈有百里之國必萬井，五百里之國必二十五同之事哉？嗚呼！此亦求方罫之説也。

三代因革論四

井田，不可廢之法也，而卒廢，儒者皆蔽罪商鞅。雖然，鞅之罪，開秦之阡陌也。彼自關以東，井田之廢，非鞅之罪也。夫法之將行也，聖人不能使之不行；法之將廢也，聖人不能使之不廢。神農氏作，民知耕而食之，誅草萊，擿沙礫，各治其田而已。黄帝因民之欲别，而以經界正之；因民之欲利，而以溝洫通之；因民之欲便於耕鋤、饁饟、守望，而以廬井合之，是故井田者，黄帝之法也。所以井田者，天下之民之欲也，此井田之所以行也。而其所以廢者，三代之時，田林斥鹵，積漸闢治，足給其民，又以餘者爲圭田，餘夫之田，士田，賈田；後世餘地日少，生齒日衆，田不敷授，一也。三代之時，吏道淳古，歸田受田，無上下其手者；後世肥瘠不均，與奪不時，二也。三代之時，國之大者不過數百里，其田悉可按行而差等之；後世地兼數圻，憑圖書稽覈而已，必有不能實者，三也。三代之時，私田稼不善則非吏，公田稼不善則非民；後世吏不可非，而民不勝其非，四也。抑又有甚者，十一不足，從而增其征則財匱，千乘不足，從而加其卒則民煩，魯之税畝、丘甲，晉之州兵、原田，其見於書者也。是故春秋、戰國之民，其先世享井田之利，不可見也，所見者，身蒙井田之害而已。利遠則易忘，害近則其去之也速，而又日見貢之簡略易從，爭趨之以爲便我，便我於是急功好利之君之大夫，徇其民而大變之。蓋井田之行也，自黄帝至周之初，歷一千有餘年，而其法大備。井田之廢也，自春秋、戰國漸漸漸泯，至秦之始皇五百餘年而後埽地無餘。天道之推移，人事之進退，皆有不得不然者。是故秦者，古今之界也。自秦以前，朝野上下所行者皆三代之制也；自秦以後，朝野上下所行者皆非三代之制也。井田其一也，然則聖人處此奈何？曰：聖人者，非所能測也。雖然，其書具在，可考而知焉。孔子曰「行夏之時，乘殷之輅，服周之冕」而已，無一言及於兵與農者。何也？其事當以時變者也，貢之爲助，助之爲徹，是也。孟子於民産蓋屢言之，然必曰「此其大略也，若夫潤澤之，則在君與子」，亦孔子之意也。夫王莽没民之田而民叛之，後魏限民之田而民亦叛之，使孔子、孟子生於始皇之時，豈必驅天下而復井田哉？噫！此俗儒必爭之説也。

三代因革論五

三代以上十而税一，用之力役，用之田獵，用之兵戎，車馬牛、楨幹、芻糧、器甲皆民供之，而民何其充然樂也；三代以下三十而税一，力役則發帑，田獵兵戎則召募，車馬牛、楨幹、芻糧、器甲皆上給之，而民愀然怫然，若不終日者然，何也？韓子曰：「古之爲民者四，今之爲民者六。古之教者處其一，今之教者處其三。農之家一而食粟之家六，工之家一而用器之家六，賈之家一而資焉之家六。雖然未既也，一人爲貴而數十人衣食之，是七民也。一人爲富而數十人衣食之，是八民也。操兵者一縣數百人，是九民也。踐役者一縣復數百人，是十民也。其數百人之子弟姻婭又數十人，皆不耕而食，不織而衣，是十一民也。牙者互之，儈者會之，是十二民也。僕非僕，臺非臺，是十三民也。婦人揄長袂，躡利屣，男子傅粉白，習歌舞，是十四民也。農工商三民爲之，十四民享之，是以天不能養，地不能長，百物不能產，至於不可以爲生，雖有上聖，其若之何？古者，上有田而民耕之。後世富民有田，募貧民爲傭，一傭可耕十畝，而贏畝入十取四，不足以給傭；饑歲則畝無入，而傭之給如故。其賃田而耕者，率畝入三取一歸田主，以其二自食，常不足；田主得其一，又分其半以供税，且困於雜徭，亦不足。此農病也。古者，工皆有法度程限，官督之。後世一切自爲，拙者不足以給身家；巧者爲淫巧，有數年而成一器者，亦不足以給身家。此工病也。古者，商賈不得乘車馬，衣錦綺，人恥逐末，爲之者少，故利豐。後世一切儕之士人，人不恥逐末，爲之者衆，故利減。其富者窮極侈靡，與封君大僚爭勝，勝亦貧，不勝亦貧。此商病也。夫以十四民之衆，資農工商三民以生，而幾幾乎不得生，而三民又病若此，雖有上聖，其若之何？惲子居曰：三代之時，十四民者皆有之，非起於後世也。聖人爲天下，四民日增其數，十民日減其數，故農工商三民之力能給十一民，而天下治。後世四民之數日減，十民之數日增，故農工商三民之力不能給十一民，而天下敝矣。聖人之道奈何？曰：不病四民而已。不病四民之道奈何？曰：不病農工商而重督士而已。夫不病農工商則農工商有餘，重督士則士不濫。士且不能濫，彼十民者安得而濫之？不能濫，故常處不足，十民不足，而農工商有餘，爭歸於農工商矣。是故十民不日減不能。夫堯、舜之時，曰「汝后稷播時百穀」，曰「疇若予工」，曰「懋遷有無化居」，所諄諄者，三民之生而已。殷之盤庚，周之九誥皆然。此聖人減十民之法也。曰：三代之時，二氏蓋未行也，十民之説可得聞乎？曰：太公之華士，孔子之少正卯，孟子之許行，皆二氏也。有遺戍則已養兵，有庶人在官則已顧役，有門子餘子則已有富貴之游閒者矣，其餘皆所謂閒民惰民是也。有天下之責者，其亦於三民之病慎策之哉！

三代因革論六

然則三代之養兵，可得聞歟？曰：可。周制六鄉爲六軍，六遂倅之，此民兵之制也。三代皆同者也。民兵既同，養兵不得不同。何也？周官：「司右掌羣右之政令，凡國之勇力之士，能用五兵者屬焉。」鄭氏康成曰：「選右當於中。」夫選右則皆兵也，曰屬焉，必非散之井牧者也，非養兵而何？「虎賁氏虎士八百人」。鄭氏康成曰：「不言徒，曰虎士，徒之選有勇力者。」夫徒皆食於官者也，非養兵而何？虎賁氏主環衛，然武王用之伐殷矣。周官八百人，而武王三千，是必有倅卒也，非養兵而何？非直此也，古者戍皆更代，更代必以期，期之内皆不耕者也。主芻茭之峙有人，主糧糗之供有人，主兵甲之用有人，主壁壘之防有人，與養兵何異乎？此兵之守者也。周公東征至三年之久，穆王西征至萬里之遠，皆驅之戰者也，與養兵何異乎？夫司右、虎賁氏，周之官也，然夏、殷不能無勇爵，不能無環衛之士，可知也。采薇、出車、杕杜，周之詩也，然夏、殷不能無屯守之卒，可知也。殷餘之難，荒服之勤，周之所由盛衰也，然夏、殷不能無觀、扈之討，鬼方之伐，可知也。是故民兵既同，養兵不得不同。其故何也？古者大國不過數百里，小國不過數十里，彊事之爭多，而越國之寇少，耕耘之氓可以戰守，是故以民兵守其常，以養兵待其變。至春秋而有踰山海之征，連諸侯之役；戰國之世抑又甚焉；秦、漢以降，萬里一家，一起事或連數十郡，一調兵或行數千里，是故以養兵持其常，以民兵輔其變。二者交用，各得其宜，不可偏廢也。且人之受於天也，古厚而今薄；教於人也，古密而今疏。故古者士可以爲農，農可以爲兵。後世驅士於農則士壞，驅農於兵則農壞，泛令之，則詭入詭出於二役而無用，嚴束之，則積怨蓄怒於一役而不安。情勢之所趨則禁令窮，時俗之所積則聖智廢也。世之儒者，以漢之南北軍爲是，而八校爲非；唐之府兵爲是，而彍騎爲非。夫南北軍、府兵已非三代之制矣，何必此之爲是，而彼之爲非耶？況乎郡兵之法未改，則八校無害於南北軍；屯田之制能行，則彍騎無害於府兵。宋之保毅義勇，明之箭手礦夫，則養兵且借助於民兵矣。是在養兵者善其制耳。不然，取後世之民，而日以荷戈責之，幾何不速其畔也哉！

三代因革論七

然則三代之顧役可得聞歟？曰：可。周官小司徒：「會萬民之卒伍而用之，以起軍旅，以作田役，以比追胥，以令貢賦。」貢賦之外，皆役事也。起軍旅，兵役也；田，田役也；役，力役也；追胥，守望之役也。後世兵出召募而兵役廢，兵役廢而田役亦廢，守望之役亦廢。所不廢者，力役而已。至併租庸調爲兩稅，而役力之征亦廢，古之役事無有存焉。周官鄉大夫之屬，比長、閭胥、族師、黨正，鄉官也。遂大夫之屬，鄰長、里長、酇長、鄙師，遂官也。漢曰三老，曰嗇夫，曰游徼，皆賜爵同於鄉遂之官。唐曰里正，曰坊正，則役之矣。宋曰衙前，督官物曰耆長、曰壯丁，捕盜賊曰散從、曰承符、曰弓手，任驅使則役之，而且虐用之矣。是故鄉官、遂官〔一〕即後世之民役也，其禄即後世之顧役也。周官宰夫八職，五曰府，掌官契以治藏；六曰史，掌官書以贊治；七曰胥，掌官序以治序；八曰徒，掌官令以徵令。其制歷代皆行之。是故府史胥徒即後世之官役也，其禄即後世之顧役也。鄉官、遂官，三代之時不爲役。三代之顧役，當專屬之府史胥徒，所顧者，官役也。宋衙前之役，如官役之府史，耆長、壯丁、散從、承符、弓手之役，如官役之胥徒，其官中之府史胥徒自若也。宋之顧役，不專屬之府史胥徒，所顧兼民役也。其民役之事，同於官役，則有其漸焉。自唐之中葉，天下擾攘，官役不足以周事，遂取之於民以助之。助之既久則各有職司，職司既定則各有功過。是故其始以民役代官役之事，而視爲固然；其繼以民役供官役之令，而亦視爲固然；其後以民役任官役之過，而亦視爲固然。至熙寧之時，而民役不可爲生矣。是故鄉遂之末流變爲差役，差役之末流變爲顧役。差役則民勞而財日匱，顧役則民逸而業可常。天下無無弊之制，無不擾民之事，當擇其合時勢而害輕者行之。後之儒者以熙寧之法而妄意詆諆，非知治體者也。曰：民役之宜顧則然矣。官役顧則久，久則爲民害無已時，如之何而可祛其害歟？曰：三代聖人已行之矣，賦之禄所以安其身，寬之時所以習其事，教之道所以正其向，威之刑所以去其私。如是而用之，豈有虎冠鷹擊、蠆螫蜮射之事哉？後之治天下者，知官役之可顧而宫府修，知民役之可顧而閭里寧，知官役之可減而苛擾之事除，知民役之可盡罷而海内皆樂業矣。

〔一〕「官」，原作「宫」，形近而誤，今改。

三代因革論八

由是觀之，聖人所以治天下之道，蓋可知矣。利不十不變法，功不十不易器，此經常之說也。三代不同禮而王，五伯不同法而霸，此便私挾妄之說也。雖然，有中道焉。先王之道，因時適變，爲法不同，而考之無疵，用之無弊，此權衡乎前二說而知其重輕俯仰者也。夫莫大於封域之制，莫要於人民之業，莫急於軍國之務，而聖人一以寬大行之，況乎節目之細，尋常之用哉？夫人之養生也，日取其豐；人之趨事也，日得其巧，聖人節其過甚而〔一〕已。如宮室之度，求其辨上下可也。夏之世室，殷之重屋，周之明堂，其不同者也，而民之蔭室何必同？如冠服之度，求其行禮樂可也。夏之毋追，殷之章甫，周之委貌，其不同者也，而民之裋褐何必同？俎豆之華疏不同於廟，干戈之琱塗不同於師，車旗之完敝不同於朝，粟帛之純量不同於市，是故聖人之治天下有二，倫物之紀，名實之效，等威之辨，授之以一成之式，齊之以一定之法，天子親率諸侯大夫士以放之於民者，必使如絲之在繅，陶之在甄，無毫黍之溢減，而天下之心定焉。若其質文之尚，奢約之數，或以時變，或以地更，故養生不至於拂戾，趨事不至於迂回，於是首出而天下歸之，三代聖人蓋未之能易也。彼諸儒博士者，過於尊聖賢而疏於察凡庶，敢於從古昔而怯於赴時勢，篤於信專門而薄於考通方，豈足以知聖人哉？是故其爲說也，推之一家而通，推之

〔一〕「而」，原作「面」，形近而誤，今改。

衆家而不必通;推之一經而通,推之衆經而不必通。且以一家一經,亦有不必通者,至不必通而附會穿鑿以求其通,則天下之亂言也已!

春秋説上

記曰:「比事屬辭,春秋之教也。」鄒氏、夾氏其爲説不可知矣。左氏、公羊、穀梁三傳,皆於屬辭窺聖人之意。所謂比事者,舉其略焉。漢、唐儒者仍之。至宋則比事之説漸廣,然取其一而遺其二三,取其二三而遺其十百,故聖人之意未能觀其備以折衷之。本朝儒者,乃條春秋之文十百系焉,於是春秋之意可以事推,可以文合。敬以其法讀春秋,推之合之,得數條列之。如左桓十一年夏五月癸未,鄭伯寤生卒;秋七月,葬鄭莊公;九月,宋人執祭仲,突歸於鄭,鄭忽出奔衞;十二年十有一月,公會鄭伯,盟於武父;十四年春正月,公會鄭伯於曹;十五年五月,鄭伯突出奔蔡,鄭世子忽復歸於鄭;秋九月,鄭伯突入於櫟;莊四年夏,齊侯、陳侯、鄭伯遇於垂;十四年冬,單伯會齊侯、宋公、陳侯〔一〕、衞侯、鄭伯於鄄;十五年春〔二〕,齊侯、宋公、陳侯、衞侯、鄭伯、許男、滑伯、滕子同盟於幽;二〔三〕十一年夏五

〔一〕三傳經文皆無「陳侯」,此處疑衍。

〔二〕「十五年春」,當爲「十六年冬」。

〔三〕「二」,原作「三」,據經文改。

月辛酉，鄭伯突卒；冬十有二月，葬鄭厲公。春秋所書鄭事如此。中間桓七年高渠彌弑忽立子亹；十八年，齊殺子亹立子儀，皆不書。莊十四年，鄭殺子儀納突，亦不書。若是者何哉？蓋㾬生之爲惡也，非一日矣。至繻葛之戰，拒敗王師，人人之所得誅也。其時天王既無再舉之師，諸侯亦無勤王之議，此非惟齊、宋、魯東大諸侯皆與㾬生交也，蓋出於祭仲之謀焉。既戰之後，即使勞王，勞王者有以賄王也；問左右者，有以賄左右也。古者謂遺曰問，王不可言問，故言勞也。以伐鄭始，以賄終。賄王，事未必濟；賄左右，則事必濟。於是㾬生之罪可以不討，㾬生之國可以不夷，而㾬生之爵可以不削矣，故卒葬如諸侯之書。雖然，突之書名，忽之書名，何也？其時㾬生不能有所達於王，且以爲不必達焉，是故忽之爲世子，未嘗命於王之朝，突之爲公子，亦未嘗達名於王之朝，鄭突書突，忽書鄭忽而已。雖然，突書鄭伯何也？其時忽在位三月，未及請命可知，突以爭國歸，其速請命亦可知，盟武父，會曹，必已命也，書曰鄭伯，書曰鄭伯突，尊王命也。雖然，忽之書鄭世子何也？其時忽在衛，突已受命爲君，忽之告周也，必以嫡正居長爭國，而自引爲世子，周之報之也，既不能奪突之爵以與忽，又不能抑忽之長以從突，亦必以嫡正居長，稱之爲世子，文告之往來，傳之於天下，藏之于諸侯，三年於兹矣，於其歸也，書之曰鄭世子，亦尊王命也。夫如是，則鄭之受命於王爲鄭之君者，突一人而已，忽不得干之，子亹、子儀豈得而干之哉？夫突，出奔者也，出奔則絶爲君；突，入櫟者也，櫟亦鄭也，入櫟則不絶爲君。突不絶爲君，彼忽與子亹、子儀之君鄭者，王不得而命之矣，國無二君之義也。是故三人之立與弑，皆不書，亦尊王命也。至遇於垂之鄭伯，先儒以爲子儀，豈有是哉？觀與齊、陳睦，則亦突而已。今夫㾬生之大逆，其子孫皆宜誅者也，乃既赦其身，復扶樹其子孫，且舍長立幼，以亂其國，周之政刑，可謂傎矣。然而失政刑者，天下之共主也，天下不得不奉其所失之政刑。失政刑因以失名號者，共主之朝典也，史官不得不書其名號。一以見權必統於一而不可妄干，一以見名必從其正而不可旁假，一以見事必傳其實而不可曲没。且由是推之，以寤生及忽與突之敗常亂俗如是，而必乞靈於天子之名號以令其衆！則主名號者不可輕；以寤生及忽與突之乘强肆悍如是，而終不能藉天子之名號以蓋其惡，則受名號者不可恃。夫如是，則朱子門人所列不書姓，不書官，不書爵，以爲誅絶之例者，豈聖人之意哉？定十四年秋，衛世子蒯聵出奔宋；哀二年夏四月丙子，衛侯元卒；晉趙鞅帥師納衛世子於戚；冬十月葬衛靈公；十二年秋，公會衛侯、宋皇瑗於鄖；續經十六年，衛世子蒯聵自戚入於衛，衛侯輒來奔。觀於續經，知經書會衛侯，亦輒也。其書衛世子、衛侯，皆王命也。蒯聵命於出奔之前，輒命於既立之後也，此之謂慎名。

春秋説下

桓三年九月，夫人姜氏至自齊；十八年春王正月，公會齊侯於濼，公與夫人姜氏遂如齊；夏四月丙子，公薨於齊；丁酉，公之喪至自齊；冬十有二月己丑，葬我君桓公；莊元年三月，夫人孫於齊，不書姜氏，蒙上之辭也。夫人享齊侯一，如齊師一，會齊侯三，皆書姜氏，知此文不書非貶也。書於葬後者，已至魯而復孫也。先儒以爲留齊未歸，則宜書於喪至之前矣，不書，復絶之也。莊二十四年八月丁丑，夫人姜氏入；閔二年秋八月辛丑，公薨；九月，夫人姜氏孫於邾，公子慶父出奔莒；僖元年秋七月，夫人姜氏薨於夷，齊人以歸；十有二月，夫人氏之喪至自齊；二年夏五月，葬我小君哀姜。喪至不書姜者，齊桓公討之，絶其屬籍，故不得稱姜，由齊之辭也。葬書姜者，魯人請之，由魯之辭也。夫文姜、哀姜之惡至矣，爲薨，爲孫，爲享，爲如，爲會，爲奔莒，連類書之，而其事瞭然可推，豈在書姜不書姜，書氏不書氏哉？雖然自三傳言之，文姜、哀姜之淫之弑，可擢髮而數之也；不自三傳言之，則春秋所書曰薨，曰孫而已，文姜、哀姜之淫之弑，不可擢髮而數之也。聖人之經，欲以傳信於後世，而爲不盡之辭，曰可推而知，則推而得者有之，推而失者亦有之，推之而得其全者有之，推之而得其半者亦有之矣。聖人之經，夫豈若是？蓋古者史官之掌，凡朝廷記載之詳，與國文告之繁，王朝典章之備，皆萃於史官。如三傳所言，其時故府之牘，必且有十倍之、數十倍之者。韓宣子見易象與春秋，曰「周禮盡在魯」是也。然或以年積而放失，或以事雜而舛錯，是非乖違，名實紊亂，皆由於此。春秋，其綱也，聖人取其有關於治亂者筆之，無當於褒貶者削之，由是魯史之放失者可求，魯史之舛錯者可正，討論之於前，垂著之於後，而是非大明，名實大著，故曰「春秋成而亂臣賊子懼」，曰「知我者其惟春秋乎？罪我者其惟春秋乎」？先儒乃求之瑣屑之間，隘矣。是故春秋者，魯史之會要也，魯史者，春秋之實録也。魯史存而三傳作，三傳成而魯史亡。其不亡者附於三傳，後世讀而知之，其亡者不附于三傳，當時讀而知之，聖人豈爲不盡之辭哉？抑更有可證之於經者。僖七〔一〕年，鄭殺其大夫申侯；十年，晉殺其大夫

〔一〕「七」，原作「六」，據經文改。

里克；十一年，晉殺其大夫丕鄭父；二十八年，楚殺其大夫得臣；三十年，衛殺其大夫元咺；文六年，晉殺其大夫陽處父；九年，晉人殺其大夫先都，晉人殺其大夫士縠及箕鄭父；十年，楚殺其大夫宜申；宣九年，陳殺其大夫泄冶；十三年，晉殺其大夫先縠；十四年，衛殺其大夫孔達；成八年，晉殺其大夫趙同、趙括；十七年，晉殺其大夫郤錡、郤犨、郤至；十八年，晉殺其大夫胥童，齊殺其大夫國佐；襄二年，楚殺其大夫公子申；五年，楚殺其大夫公子壬夫；十九年，齊殺其大夫高厚，鄭殺其大夫公子嘉；二十年，蔡〔一〕殺其大夫公子燮；二十二年，楚殺其大夫公子追舒；二十三年，陳殺其大夫慶虎及慶寅；二十七年，衛殺其大夫甯喜；昭二年，鄭殺其大夫公孫黑；五年，楚殺其大夫屈申；十二年，楚殺其大夫成熊；二十七年，楚殺其大夫郤宛；哀二年，蔡殺其大夫公子駟。夫殺大夫書國、書官、書氏、書公子公孫、書名、書字，其正也，有罪無罪皆然，美惡不嫌同辭也。魯史詳之，則美惡見矣。或書名，或書字，從文告之辭。名從主人，如後世以字行也。成十五年，宋殺其大夫山，不書氏者，山殺魚石亡宋，無蕩族也。襄二十三〔二〕年，晉人殺欒盈，出亡，非大夫也。莊二十二〔三〕年，陳人殺其公子禦寇；昭十四年，莒殺其公子意恢，不爲大夫也，皆顯然者也。莊二十六年，書曹殺其大夫；僖二十五

〔一〕「蔡」，原作「楚」，據經文改。
〔二〕「三」，原脱，據經文增。
〔三〕「二」，原脱，據經文增。

年，書宋殺其大夫；文七年，書宋殺其大夫，何哉？其必非闕文可知也。先儒以爲殺無罪，故不名，於是泄冶、郤宛皆文致之。是春秋之書，周内之書也，其可勦？蓋無君命也。君名其臣，臣不得名其大夫，陽處父、先都、箕鄭父、胥童之殺，必假君命以赴也；慶虎、慶寅，君討始殺之也；文八年書宋殺其大夫司馬，宋司城來奔，何哉？其必非闕文可知也。書司馬者，死司馬之節也；書司城者，致司城之節也，其不名，亦無君命也。是數條者，比魯史讀之，則所殺所奔之人見；不比魯史讀之，則所殺所奔之人不見，聖人豈爲不盡之辭哉？而惜乎三傳所紀，或無傳，或有傳而妄設例焉。是故古之春秋無待於三傳而自明，今之春秋有待於三傳而反晦。知此者，可以讀春秋。

讀大學一

自陽明先生極推古本大學，天下學者翕然從之，先生有功于遺經矣。而其釋格物也，曰去欲，如宗門所謂不著一物而已；其釋致知也，曰良知，如宗門所謂自性起念而已。聖人之學，夫豈若是哉？今之學者，多不從其說。聰明之士，千枝萬條，互相剖辨，而言格物致知也，大旨皆以朱子之言爲宗。雖然，朱子以爲有闕文而補之，此則未厭後人之意者也。夫大學之條理燦然者也，曰誠意，曰正心修身，曰修身齊家，曰齊家治國，曰治國平天下，皆一一釋之，而格物致知獨無所釋者，何哉？蓋致知者不可釋者也。夫所謂物者何哉？天下國家身心意是也。所謂格物者何哉？天下國家身心意之理之至是也。知者，知此也；致知者，致此知也。而何以知？何以致？大學無一辭焉，即要之曰此謂知本，此謂知之至也。何哉？蓋知者至廣極大，析精剖微，不可端倪者也。所入之途千百焉，所出之途亦千百焉，大小相乘，緩急相引，若以繩尺加之，必有閉焉、窒焉者矣，必有强智以愚，强愚以智，而不相及者矣。是故致知者，任人之用力而已。其所以用力者，雖聖人不能與乎人也。是故致知者，不可釋者也。致知不可釋，而格物必舉其事焉，是以大學反覆天下國家身心意相因之實，相待之要，而一以知本要其至，於是天下之人之知，皆涣然怡然于聖人之途軌，而智者不至於歧，愚者不至於罔，高者不至于碽虚，卑者不至于閡實矣。蓋聖人之于致知也，不如儒者之與之梏，亦不如異端之決其郛。

讀大學二

夫知之體何如哉？人之心，五性主之，曰仁、曰義、曰禮、曰智、曰信；七情發之，曰喜、曰怒、曰哀、曰懼、曰愛、曰惡、曰欲。而輔其情之發，以行乎性者，有二焉，曰知、曰能。能者，所以實其知者也。情未發之時，其知先耀，情既息之後，其知尚渟，而能皆退聽焉。是故知者，周乎内外始終者也。異端見之，即以之爲心。聖人者，知爲心之一端而已，而其用足以舉心之内外始終，故以致知爲入聖之本。夫知之用何如哉？咸之九三曰：「憧憧往來，朋從爾思。」往來者，思慮之道也；憧憧往來者，非思慮之道也。孔子釋之曰：「天下何思何慮，天下同歸而殊途，一致而百慮。」天下何思何慮，知乎此，則非思慮之道息矣。復釋之曰：「日往則月來，月往則日來，日月相推而明生焉；寒往則暑來，暑往則寒來，寒暑相推而歲成焉。」往者屈也，來者信也，屈信相感而利生焉。知乎此，則思慮之道行矣，義止矣，無以復加矣。然而孔子繼之曰：「尺蠖之屈以求信也，龍蛇之蟄以存身也，精義入神以致用也，利用安身以崇德也。」若是者何如哉？蓋屈伸之道，有有心者焉，尺蠖是矣。君子之精義入神如之，心至則氣動，其知以力進也。有無心者焉，龍蛇是矣，君子之利用安身如之，氣息則用神，其知不以力進也。於是孔子又繼之曰：「過此以往，未之或知也。窮神知化，德之盛也。」若是者何如哉？蓋以力進之知，與不以力進之知，顯與晦交焉，動與靜守焉，其積之久也，不推所以神而能窮神，不求所以化而能知化，此非力之所能致也，乃德之盛而已。窮神知化，即精義入神之至也；德之盛，即利用安身之至也。此知之用之極也。夫有心而知進，朱子致知之言已不能盡矣，況無心而知亦進，又豈言語之所能盡哉？故曰：「致知者，不可釋者也。」知乎此，則大學如中庸，一以慎獨爲始事，而誠意又推本致知，其次第均無可疑焉。

讀孟子一

真西山先生因史記言孟子受業子思之門人，遂以七篇之言，一一比之中庸，此宋儒之勤也。雖然聖賢之學，有所自則可矣，若一一比之，不爲後世附託而無實者開一徑歟？敬觀中庸求端於天命，其終篇所言，皆性道教也，至末章始要之曰：「上天之載，無聲無臭。」至矣！子思此言，蓋聖人之至極，天地以合，萬物以成，與異端所言本不同。然至此則性道教無可言而歸之命，命無可言而歸之天，天無可言而歸之無聲無臭矣。使後人復附益之，何怪異端之揚其波而他流，煽其焰而旁爇哉！孟子七篇，未嘗一言及之者，蓋不敢導其波之竇，而投其焰之薪也。此孟子善學子思，而正人心，息邪說，距詖行，放淫辭之本，故曰功不在禹下。

讀孟子二

孔子之教，曰博文，曰約禮，曰博學之，審問之，慎思之，明辨之，篤行之。上智如顏子，下愚如哀公，教之未有以異也。然皆入道之門徑而已，非以爲即道也。故復要之曰：「下學而上達。」若是，則於道豈有不至者邪？孟子之教曰：「學問之道無他，求其放心而已矣。」曰：「無爲其所不爲，無欲其所不欲，如此而已矣。」曰：「人之所不學而能者，其良能也，所不慮而知者，其良知也。孩提之童，無不知愛其親也，及其長也，無不知敬其兄也。親親，仁也；敬長，義也，無他，達之天下也。」敬少嘗疑焉，陸子「耳自聽，目自明」之言，不有相若者乎？陽明先生「求諸心，不求諸事物」之言，不有相若者乎？孟子學孔子者也，而孔子之教如彼，孟子之教如此，是首變孔子醇篤謹慎之尺度以趨簡易，使後儒之異說得託之，皆由於孟子，而其末流之弊，將有不勝究者也。既而思之，孟子言「求放心」，先之曰：「仁，人心也；義，人路也。」言「無爲不爲，無欲不欲」，輔之曰：「人能充無欲害人之心，而仁不可勝用也；人能充無穿窬之心，而義不可勝用也。」孟子皆以仁義言之，言「良知良能」亦然，則言實矣。豈如後儒之無畔岸哉？且時至戰國，人益夸誕巧强，不可控抑，其視孔子博文約禮之教，必以爲卑陋迂小而不爲，故孟子就其心之所達，可以導之於聖賢者而示之，使之心明意豁，翻然有以自悔，然後可以反循孔子之教，非謂爲學之道可不從博文約禮入也。故曰：「博學而詳說之，將以反說約也。」明儒謂陸子及陽明先生之學出於孟子，而盡力附會之，亦蔽之甚者已。

姚江學案書後一

世說新語「愍度道人始欲過江，與一傖道人爲侶，謀曰：『用舊義往江東，恐不辦得食。』便共立心無義。既而此道人不成渡，愍度果講義積年。後有傖人來，先道人寄語云：『爲我致意愍度，心無義那可立？治此，權救饑爾。』」按此術明儒多用之，嘗立一義以動天下，其才力不及者，亦必于師説少變焉，如止修諸人是矣。而開其始者，陽明先生致良知之説也。夫言致則不得爲良，言良則不得爲致，致良知之義，豈可立哉？孟子兼良能言之，愛敬即能也。陽明先生去良能言之，良知之義亦不可立矣。于是一變而爲良知即未發之中，未發豈有知耶？再變而爲良知即天理，天理豈有知耶？及無端自言之，則曰：「人心靈明而已。」是良知不能該良能矣。不能該良能，必不能該性與情也。又無端自言之，則曰：「是非之心而已。」是良知不能該惻隱羞惡辭讓矣。不能該惻隱羞惡辭讓，必不能該性與情也。其後及門更多支駢，互相矛盾，皆由於此。大抵先生才高氣盛，不受漢、唐、宋以來諸儒籠絡，故能縣旌立幟，奔走天下。而議論偏宕，才氣又足以拯之，東擊而西馳，南攻而北走，不可端倪捉搦。及至合前後之説相較，其不能相應，固有如此者。然天下及後世才力聰明之士，皆喜徑惡曲，喜簡惡煩，故爲先生之説，十常得八九。其斷然能別擇先生之是否者，累世不獲一焉。若夫守陳腐之言，循迂僻之行，耳不聞先儒千百年之統緒，目不見士大夫四海之淵源，而曰吾主朱子，吾主敬齋，吾主敬軒，欲與爲先生之説者力抗，至則靡耳。況朱子、敬齋、敬軒揆之聖賢，又有其過不及哉！雖然黑固不可以爲白也，夜固不可以爲晝也，是在學者善觀之而已矣。

姚江學案書後二

本朝陸清獻公深斥陽明先生爲禪，而欲廢其從祀。夫陽明先生之學，是非可得而微辨焉。若以從祀言之，聖人之門，豈若是之小哉！敬嘗觀禪有近於朱子「理在氣先」之説者，如魯祖「茶盞在世界前」之言是也。有近於朱子「知在行先」之説者，如仰山「行履在何處」之言是也。有近於朱子之論性與氣者，如趙州「有業識，無佛性」之言是也。有近於朱子之論體與用者，如溈山「有身無用，有用無身」之言是也。此皆議論之時，枝葉波流，偶然相及，非爲學之本源，故雖甚近，不可據此謂同於朱子。若達磨所言「淨智妙圓，體自空寂」，大鑒所言「真如自性，起念六根，雖有見聞覺知，不染萬境，而真性常自在」，此皆本源之言，與陽明先生良知之説無異，故先生之學不得不謂之禪。然而有與禪異者，亦言戒慎恐懼，亦言慎獨，亦言體，亦言仁義，亦言孝弟，此則其異者耳。至朱子之學，其榘度繩尺與聖人之教皆一轍焉，惟兢兢然，孑孑然，自拔於禪，寧言之實而不敢高，寧言之紆而不敢徑，寧言之執而不敢通，遂有與聖人不相似者。敬嘗謂朱子本出於禪而非禪，力求乎聖而未盡乎聖，蓋此故也。夫聖人之道固極其正者也，異端不得而混之，然其大則如天地之持載覆幬焉。冉有、宰我之過，後人爲之，宋儒所必擯也，而以言語政事爲高弟子。曾子明孝道，其後有吴起。子夏好論精微，其後有莊周。七十子之徒，有顏子驕、施子恒、琴子張諸人。若是，則聖人及門固非若一人之言，一人之行者，豈得謂聖門之雜哉？天地之道固如是也。今觀浮圖之有功力者，蓋異於衆人矣，況其精大者乎？是故釋迦、達磨、大鑒諸人，苟世與孔子相及，當有所以待之者。而謂高朗博大如陽明先生，必不收録在弟子之列，此敬之斷不敢信者也。

明儒學案條辯序

黄梨洲先生明儒學案六十二卷，列崇仁、白沙、河東、三原、姚江、止修、泰州、甘泉、東林九宗，而于姚江復分浙中、江右、南中、北方、粤閩五宗，其崇仁、白沙爲姚江之源，止修、泰州、甘泉、東林爲姚江之流，不相入者河東、三原而已。若授受在九宗之外者，别爲諸儒學案統之。表彰前修，開引後學，爲功甚巨。然先生之學出于劉蕺山先生，蕺山先生之學大旨悉宗姚江，是以先生于河東、三原均有微辭，而姚江之説則必遷就之以成其是。一遷就不得，則再遷就，三遷就之，此則先生門户之見也。敬天稟凡雜，人功疏妄，于先生蓋無能爲役。而少日所聞于先府君及同學諸君子者，質之先生之説，頗有異同，如水之分合，脈絡可沿，如山之高卑，顛趾可陟，非敢强爲是非，畫分畛域也。因謹循此書之前後，分條下籤，求其公是。如不當者，不憚移定，以盡彼此。蓋三歷寒暑，而後會而録之，可付寫焉。孔子曰「博學於文，約之以禮」，此河東、三原之學所自出，同于朱子者也。然不曰「四時行焉，百物生焉」乎？孟子曰「人之所不學而知者，其良知也，不慮而能者，其良能也」，此姚江之學所自出，同于陸子者也。然不曰「明于庶物，察於人倫」乎？子思子曰：「自誠明謂之性，自明誠謂之教。誠則明矣，明則誠矣。」又曰：「尊德性而道問學，致廣大而盡精微，極高明而道中庸，温故而知新，敦厚以崇禮。」其先後之序，並行交致之功，庶幾其備焉矣乎？夫遊説之士，計利而不計害，言得而不言失，後之人尚引大道以責之。若言聖人之道者，據其始而攻其終，操其末而伐其本，則所明者不及所晦之多，所守者不及所攻之當，何以驗之心身而施之國家天下哉？夫善其言所以善其行也，請與天下後世諸君子昭然確然言之。若攻伐之説，敬不敢附，惟諸君子諒焉。

附録

先生自序所著子居決事略曰：本朝法皆畫一，行臺省大吏權不敵漢郡守，州縣吏權不敵漢戶賊曹，皆謹奉功令，無敢恣意者。敬初領縣事，太夫人教之曰：「縣令得自決笞杖而已，折責以四十爲限，爾當止三十五，其五爾母所貰也。」先大人曰：「死刑不可減也，雖然，斬刑必先比絞，律不當而後入斬，立決刑必先比監候，律不當而後入立決。」敬謹志之勿敢忘。然敬褊中，遇事輒任氣擊斷之。晨起坐齋中，抱牘進者差肩立，敬手畫口指，毋留其應聽者，翻竟即擲下，如風雨。已坐聽事，問數語，書牘尾輒數十行。意張用濟、劉元明不過如是，而昔友張皋文過縣，曰：「此酷吏也。凡天下以易心言吏事者，與手殺人一間耳。」敬聞此言，爲之愧汗。今精力志意漸不如前，始患過者，今未必不患不及，不可不防其流失也。因類前後所決事，以自觀省焉。子居決事序。

先生與蕭山湯公金釗書，謂「濂、洛、關、閩之説，至明而變，至本朝康熙間而復。其變也多歧，其復也多仍。多歧之説，足以眩惑天下之耳目，姚江諸儒是也。多仍之説，足以束縛天下之耳目，平湖諸儒是也。二者如揭竿於市，以奔走天下之人，故自乾隆以來，多憗置之。憗置之者非也，揭竿於市者亦非也。且如彼此之相詈，前後之相搏，益非也。夫所謂濂、洛、關、閩者，其是耶？其揆之聖人猶有非者耶？其變之仍之者是非其孰多耶？知其是非矣，何以行其是、去其非耶」？蓋先生嘗自言其學非漢非宋，不主故常，故其説經之文能發前人所未發。而世之論先生之文者，乃以爲善於紀述，而説經非所長焉。吴德旋撰行狀。

先生嘗撰歷代衣冠圖記，吴仲倫據遺書作行狀，謂此書未成。今傳有十二章圖説、古今首服圖説各一卷，當即其中之已成者，又集有明儒學案條辨序，而其書亦未見，僅姚江崇仁兩學案書後載集中。吴德旋撰行狀及文集。

先生論古文曰：「與同州張皋文、吴仲倫、桐城王悔生游，始知姚姬傳之學出於劉海峯，劉海峯之學出於方望溪。及求三人之文觀之，又未足以饜其心所欲云者。由是由本朝推之於明，推之於宋、唐，推之於漢與秦，齗齗焉析其正變，區其長短，然後知望溪之所以不滿者。蓋自厚趨薄，自堅趨瑕，自大趨小，而其體之正，不特遵巖、震川以下未之有變，即海峯、姬傳亦非破壞典型，沈酣淫詖者，不可謂傳之盡失也。若是，則所謂爲支、爲敝、爲體下，皆其薄、其瑕、其小爲之。如能盡其才與學以從事焉，則支者如山之立，敝者如水之去腐，體下者如負青天之高，於是積之而爲厚焉，斂之而爲堅焉，充之而爲大焉，且不患其傳之盡失也。然所謂才與學者何哉？曾子固曰：「明必足以周萬事之理，道必足以適天下之用，智必足以通難知之意，文必足以發難顯之情。」如是而已。皋文最淵雅，中道而逝。仲倫才弱，悔生氣敗。敬蹉跎歲月，年及五十，無所成就。必矣，天下之大，當必有具絶人之能，荒江老屋，求有所以自信者。上曹儷笙侍郎書。

吴仲倫曰：先生之治古文，得力於韓非、李斯，與蘇明允相上下，近法家言。敍事似班孟堅、陳承祚。而先生自稱其文自司馬子長而下無北面。先生所欲有爲於天下者，具見文集中。以在下位，不獲有所施設。然後之人讀其書，足以知其志之所在矣。先生於陰陽名法儒墨道德之書，既無所不讀，又兼通禪理，以爲心之故惟聖賢能知之而言之，佛與學佛者亦能知之而言之。大學「正心修身」章與金剛經「應無所住而生其心」句相合，故嘗云：「論學貴正而不執，然不可雜，雜則不正矣。」蓋其所自得者如此。吴德旋撰行狀。

子居交游

洪先生亮吉　別爲北江學案。

張先生惠言　別爲茗柯學案。

莊先生述祖 別見方耕學案。

王先生灼 別見望溪學案。

吴先生德旋 別見惜抱學案。

李先生兆洛 別爲養一學案。

趙先生懷玉

趙懷玉字億孫，號味辛，武進人。忠毅公申喬四世孫。乾隆四十五年南巡，召試賜舉人，授内閣中書，出爲山東青州府同知。丁父憂歸，遂不復出。篤行，工古文，論學平實。自言不敢好名爲欺人之事，亦不敢好奇爲欺人之學。子居稱其「文不惑於貴勢，不率於友朋。集中所存，無有雜言詖義離反正者」。著亦有生齋集五十九卷，續集八卷。嘗校正國語，謂韋昭解差簡，欲補作正義而未果。又校刻韓詩外傳，世稱善本。參繆荃孫撰文學傳、亦有生齋文集。

文集

校正國語序

左丘明既爲春秋内傳，又稽其逸文，纂其别説，分周、魯、齊、晉、鄭、楚、吴、越八國事，起自周穆王，終於魯悼公，别爲春秋外傳國語，合二十一篇，以方内傳。或重書而小異，雖入於史家者流，而實則附經義以行者也。故漢書藝文志雜入春秋類，鄭衆、賈逵、王肅、虞翻、唐固之徒，皆申以注釋。今諸家竝已散佚，所行於世者，以韋氏解爲最古，其注簡而有要，大率參摭虞、唐之説而損益之。予嘗得嘉靖間閩中葉邦榮雕本，注多譌舛。又得常熟錢遵王印寫宋刻本，校之，而宋本之譌亦復不少。因與門人嘉興戴經互相勘證，以求其是。如周語王將鑄無射篇「我太祖后稷之所經緯也」，注引晉語：「辰以成善，后稷是相。」蓋辰爲農祥，周先后稷所經緯，以成善道相視也。宋本乃作「農以成善，后稷是祖」，則宋本之誤也。魯語海鳥曰爰居篇「抒能帥禹者也」，注：「抒，禹後十世。」按史記「抒」作「予」，「十世」當作「七世」，是宋本與閩本俱誤也。齊語翟人攻邢篇「鹿皮四个」，閩本注：「个，枚也。」宋本作「分」，注：「分，散也。」其説雖皆可通，不如「个」之爲愈也。晉語獻公卜伐驪戎篇「遇兆挾以銜骨，齒牙爲猾」，閩本注「大夫占色」，與周禮同。宋本改爲「占兆」，則又宋本之誤也。大抵宋本之劣者，往往不如後世校本之善，而今之藏書家輒奉爲金科玉律，相率承譌而不敢易，是又好古者之惑也。今舉一二以例其餘焉。非特此也，即韋氏之解亦有難通處。如晉語獻公伐驪戎篇「驪姬請使申生主曲沃，以速縣」，注：

「虞御史云：速，疾也；縣，縊也。夫曰速申生之死。」則主曲沃在魯莊二十八年夏，縊於新城在魯僖四年十二月，相距十一年，不可謂速。且不能逆料其必以縊死。是虞既誤於前，而韋引之亦誤也。唐柳子厚作非國語，固有當理解處，然不揆今古，每以後世臆見懸斷前人。信如所言，則内傳可非者亦多，何必國語？宜宋江端禮有非非國語之作，而踵之者復有劉章、虞槃輩也。竊謂國語既附經義以行，韋氏之解簡，不可無疏以申明之。嘗欲補作正義，以繼三傳之後。顧斯事體大，譾陋寡學，力思弗勝，又擾於俗緣，卒卒無閒，積之歲月，略少端緒，良用自恧，未知它日能稍有成就否也。

校刻韓詩外傳序

漢志韓詩内傳四卷，外傳六卷，故三十六卷，説四十一卷。隋志僅有内、外傳。内傳蓋以薛氏章句爲二十二卷，外傳析爲十卷。今内傳已佚，間散引於諸書，嘗欲仿朱子之意寫爲一書，卒卒苦未能就。既若外傳篇目合之隋志，則固居然足本也。自明以來，屢有鋟本，惟虞山毛氏較善，而訛脱亦復不免。既取數本參校，其別見諸子與此相出入者，亦疏證於下，訛者正，脱者補，義得兩通者竝列焉。蕪學罣漏，無以自信，未敢示人也。歲戊申，餘姚盧弓父先生來主吾郡講席，洽聞舉遺，日以表章周、秦、兩漢之書爲事，丹黄讐勘，一字弗苟。過從之暇，偶及是書，先生出手定本見示，嚴核博綜，略無遺憾，乃取向所參校者改竄而坿益之，於是未敢自信者，藉可質之於世矣。閒嘗思之，當漢之盛，燕、趙間好詩、言詩者實由韓生。毛公趙人，其原未必不由韓氏。鄭康成亦先通韓詩故，注周禮、禮記與箋詩頗異。然則毛、鄭固皆出於韓，而人乃退韓而尊毛、鄭。隋、唐之際，韓詩尚存，已無能傳之者。厭故喜新，數典忘祖，蓋非一朝夕之故矣。或曰：「是爲內傳言之。至外傳則多雜説，且不合經義，子何好之深也？」夫爲詩首忌固哉，告往貴知來者，三百之陳，初無達詁，一隅之舉，可以例餘。徒案迹而議性情，是猶閉睫而欲觀天地之大也。班書言嬰推詩人之意，作內、外傳數萬言。後人顧訾其不合詩意，何哉？特是外之云者，與內固殊，大醇小疵，所在而有。雖「大理」之號偶誤，「漢官」、「阿谷」之辭或出後世，要之觸類引伸，不謬乎主文譎諫，讀者苟知決擇以歸勸懲，謂之引詩證事可也，即謂之引事明詩亦可也。

錢先生伯坰

錢伯坰字魯思，自號僕射山人，陽湖人。未成童而孤，事繼母至孝，中年猶如孺子之慕。弟感末疾，方游吴中，聞之，一夕須髮皆白。弟歿，慟曰：「吾何以慰吾母乎！」知交徧天下，然有爲非禮者，未嘗與。少依從叔父尚書維城，及尚書貴顯，歉然自退。終於國子監生，卒年七十五。工書與詩，名滿天下。曾從桐城劉海峯學得古文法，時時誦其師説於其友。張皋文及子居二人之治古文，自先生發之。子居爲志墓，稱其淳行類陳仲弓，隱節類梁伯鸞，不僅以書人詩人傳也。參大雲山房集所撰墓志，陸繼輅七家文鈔序。

陸先生繼輅

陸繼輅字祁孫，陽湖人。嘉慶庚申舉人。九歲喪父，生母林教之嚴，不令出外。年十七，應學使試，始識同里學者數人。告母，母察之以爲賢，遂縱之結客。先後所交，多方聞之士，學日進。與兄子耀遹齊名，人稱二陸。官合肥縣訓導，教士有法，俸滿保薦知縣。修安徽通志，敍勞銓授江西貴溪縣，以疾乞休，卒年六十一。時常州多志節卓犖之士，張皋文及子居以古文名，號爲常州派，與桐城相抗。先生及董晉卿士錫，亦拔戟自成一隊。著有崇百藥齋文集四十四卷，合肥學舍札記八卷。參李兆洛撰墓志、姚椿撰國朝文録、武進陽湖縣志、繆荃孫撰文學傳。

祁孫家學

陸先生耀遹

陸耀遹字紹聞，祁孫先生從子。遇事無所疑畏，尤長尺牘。嘗客陝西巡撫朱勳幕，會教匪反滑縣，陝、甘總督那彦成奉命往勦，求士於朱，朱言先生知兵，即延見，爲陳機宜緩急諸事，因屬具草上之，多見施行。道光元年舉孝廉方正，授阜寧縣教諭，到官百日卒，年六十三。性嗜金石文字，所至搜輯摹拓，爲之考證，成金石續編二十一卷，以補蘭泉萃編之所未備。又著雙白燕堂文集二卷，外集八卷。參史傳。

清儒學案卷一百十四

蘭皋學案

爾雅新疏，邵、郝並稱，百餘年來，謂郝優於邵者有之，邵優於郝者有之。然蘭皋自述別乎南江者，一則於字借聲轉處不避詞繁，一則釋草木蟲魚皆由目驗。蓋其所長在此，實不可没焉。述蘭皋學案。

郝先生懿行

郝懿行字恂九，號蘭皋，棲霞人。嘉慶己未進士，授户部主事。先生爲人謙退，呐若不出口，然自守介，不輕與人晉接，遇非素知者，或相對竟日無一語，惟談論經義，則喋喋忘倦。浮沈郎署，視官之榮悴，若無與於己者，而惟一肆力於著述。於爾雅義疏用力最久，稿凡數易，垂没而後成。先生嘗曰：「爾雅邵氏正義蒐輯較廣，然聲音訓詁之原尚多壅閡，故鮮發明。今余作義疏，於字借聲轉處詞繁不殺，殆欲明其所以然。」又曰：「余田居多載，遇草木蟲魚，有弗知者，必詢其名，詳察其形，考之古書，以徵其然否。今之疏中，其異於舊説者，皆經目驗，非憑胸臆。此余書所以别乎邵氏也。」其著春秋説略有十例，一曰説春秋不得褒貶天王，以明臣子之義；二曰説春秋不得妄生褒貶，春秋直書其事，褒貶自見；三曰説春秋者好於經所無處尋褒貶，春秋皆實録，其多一字少一字，皆事實如此，非聖人意爲增減；四曰春秋多闕文，然以義推之，皆大略可見；五曰春秋經文當從左氏，左氏闕誤，乃從公、穀；六曰左氏深於經，公、穀説經字字求褒貶，左氏但敘本事，褒貶自見，得聖人渾厚之旨；七曰説春秋者好緣傳生義，不顧經文，説經當一以經爲主，范武子曰「三傳殊説，擇善而從」，此言可爲治經者法；八曰春秋刑書也，刑書之例，一成不移，故法必行而人知畏；九曰春秋聖人義理之書，本不待傳而明；十曰比事屬辭，春秋教也，事同相比，事異相比，辭同相屬，辭異相屬，其義自見。其箋疏山海經，援引各籍，正名辨物，訂其訛謬。於竹書紀年，則據唐以前書所引，比附校勘，使秩然就緒。乙亥之歲，先生以養疴，輟爾雅業，瀏覽晉、宋史書，撰書故、瑣語、補志，又鈔晉文百數十首，謂王右軍「虚談廢務，浮文妨要」二語，切中當時之弊。道光三年卒，年六十九。歿後刊行遺書，爾雅義疏三十卷，春秋比二卷，春秋説略四卷，山海經箋疏十八卷，圖讚一卷，訂訛一卷，荀子補注一卷，補晉書刑法志一卷，食貨志一卷，晉宋書故一卷，宋瑣語一卷。又有易説十二卷，書説二卷，鄭氏禮記箋四十九卷，韓詩外傳攷證十卷，竹書紀年校正二卷，證俗文十八卷，記海錯一卷，寶訓八卷，燕子春秋一卷，蜂衙小記一卷，曬書堂文集十二卷，外集二卷，筆記二卷，筆録六卷，詩鈔二卷，先後刊行，未刊之稿藏於家。先生妻王照圓，字瑞玉，號婉佺，福山人。博涉經史，文辭高曠。先生有所述作，婉佺每爲寫定，持論有不合，輒諍辨竟日。

先生卒後，輯其遺書，以傳於世。著有列女傳補注八卷，敘録一卷，校正一卷，列仙傳校正二卷，夢書一卷，附遺書以行於世。先生撰詩問，謂與婉佺相問答，條其餘義，别爲詩説，皆采婉佺説爲多。光緒間，其孫聯薇以書進呈，因誤爲婉佺著云。參史傳、胡培翬撰墓表、郝氏遺書。

禮記箋敘

禮記，叢書也。漢儒言禮惟高堂生十七篇，學者以爲正經，此則其傳也。然此記亦不專釋儀禮，往往依傍詩、書、春秋之文，雜取諸子傳記之説，以故純疵間出，讀者不能無憾。雖然聖人之言，萬世無弊，至於賢人之言，其可議者固多矣。且如論語、孟子中使民戰栗之言，舊君有服之對，先儒猶多不滿，矧禮記雜出於周、秦、漢儒者乎？今考其書，如深衣、奔喪、投壺，蓋古經之逸簡，昔賢之記録也；中庸、大學，義理精深；曲禮、少儀、内則，實小學之支流，聖經之餘裔也。其餘大抵漢儒編綴，大而朝、祭、軍、賓、冠、昏、鄉、射，細而日用飲食，縟節繁文，靡不兼收並採，鉅細無遺。學者以其選言宏富，便於誦習，視儀禮難讀，周官不全，相去固有間矣，此禮記所以得與四經並垂也。魏、晉以後，此書盛行，並尊康成之注，蓋以鄭學莫精於禮，是書之於鄭學尤其精者也。雖或旁引緯書，時生異解，袷禘偏信魯禮，王制多指夏、殷，五廟但守玄成，七祀惟據祭法，六天二地，王肅駁其違，配礜南郊，趙匡矯其失，此則大醇之中不無小疵。然而名物度數，先古遺文，博參互證，誠可謂此書之功臣，注家之鼻祖也。歲在癸丑，愚以讀禮餘暇，因取鄭注反覆研究，自維疎陋，不能有所發明，獨於其間私有疑惑，輒附康成注後，名曰鄭氏禮箋。余家居東海，去康成故居僅三百里，而遥先生之風，心嚮往焉，今之箋禮，蓋竊取康成箋詩之例云。

韓詩外傳考證敍

韓詩外傳十卷，蓋殘闕不全之書也。案漢志内傳四篇，外傳六篇，迨隋志止存外傳，仍題爲十篇，蓋後人掇拾，或分析其簡，以求合漢志十篇之數，非本書也。書中多儒先緒論，旁及諸子遺説。又如孔子爲司寇之命，古天子即位之策，皆有典法，非經師不能道。又如卵繭喻性，即是董子繁露之旨。董、韓同時，孝武中嘗會論上前，董不能難，而是語與繁露合，是則董之精者，韓亦不能易也。仲舒治春秋，談災變，而是書言「雩而雨，猶不雩而雨，無用之變，不急之災，棄而不治」，其論甚正。故漢志云：「其人精悍，處事分明。」是則韓之精者，董亦不能易也。書經屢寫，脱誤頗多，偶獲舊本，因加校讎，往往是正。此間地僻無書，懿行又束書不觀，不能紬繹考訂，是一恨也。其書雖殘，遺説猶時時見於他書。如第一卷「家貧親老，不擇禄而仕」，引詩「父母孔邇」，據漢書引注「韓詩敍汝墳辭家也」，是其證也。文選注引韓詩漢廣「悦人也」，而是書第一卷「處子佩瑱而浣」，亦其證也。他如第一卷「行露」之説，與劉向列女傳同；「甘棠」之説，與漢書王吉傳同。第三卷「嗟嗟保介」，以證楚莊王之不祭河也。第七卷「征夫捷捷，每懷靡及」，蓋傷自上而御下也。第九卷「宜爾子孫，繩繩兮」，言賢母使子賢也。凡此之類，皆韓詩家舊説，膩存是書。内傳久亡，無可考證，是二恨也。又案漢志韓有易傳二篇，亦經久亡。而是書

第三卷、第八卷，稱「易有一道，大足以守天下，中足以守其國家，近足以守其身，謙之謂也。」第六卷稱「易曰：困于石，據于蒺藜，入于其宫，不見其妻，凶。言困而不見，據賢人也。」易中孚九二云：「我有好爵，吾與爾靡之」，釋文引韓詩云：「靡，共也。」案詩當爲易字之誤也。漢書蓋寬饒傳引韓氏易傳言「五帝官天下，三王家天下」，此亦韓易劚存而未亡者也。烏虖！古書存者百無一二，斷篇殘簡，讀者愈益珍重。茲書雖殘，宜以珍繁露者珍之。淨几明窗，焚香靜對，守此二珍，因忘余之二恨矣。

山海經箋疏敘

山海經古本三十二篇，劉子駿校定爲一十八篇，即郭景純所傳是也。今攷南山經三篇，西山經四篇，北山經三篇，東山經四篇，中山經十二篇，并海外經四篇，海内經四篇，除大荒經已下不數，已得三十四篇，則與古經三十二篇之目不符也。隋書經籍志山海經二十三卷，舊唐書十八卷，又圖讚二卷，音二卷，並郭璞撰，此則十八卷，又加四卷，才二十二卷，復與經籍志二十三卷之目不符也。漢書藝文志山海經十三篇，在形法家，不言有十八篇。所謂十八篇者，南山經至中山經本二十六篇，合爲五臧山經五篇，加海外經已下八篇，及大荒經已下五篇，爲十八篇也。所謂十三篇者，去荒經已下五篇，正得十三篇也。古本此五篇皆在外，與經别行，爲釋經之外篇。及郭作傳，據劉氏定本復爲十八篇，即又與藝文志十三篇之目不符也。酈善長注水經云：「山海經薶緼歲久，編韋稀絶，書策落次，難以緝綴，後人假合，多差遠意。」然則古經殘簡，非復完篇，殆自昔而然矣。藝文志不言此經誰作，劉子駿表云：出於唐、虞之際，以爲禹別九州，任土作貢，而益等類物善惡，著山海經。王仲任論衡、趙長君吴越春秋，亦稱禹、益所作。顔氏家訓書證篇云：「山海經禹、益所記，而有長沙、零陵、桂陽、諸暨，由後人所羼，非本文也。」今攷海外南經之篇，而有説文王葬所，海外西經之篇，而有説夏后啟事。夫經稱夏后，明非禹書，篇有文王，又疑周簡，是亦後人所羼也。至於郡縣之名，起自周代，周書作雒篇云：「爲方千里，分以百縣，縣有四郡。」春秋哀公二年左傳云：「克敵者，上大夫受縣，下大夫受郡。」杜元凱注云：「縣百里，郡五十里。」今攷南次二經云：「縣多土功，縣多放士。」又云：「郡縣大水，縣有大繇。」是又後人所羼也。大戴禮五帝德篇云：「使禹敷土，主名山川。」爾雅亦云：「從釋地已下至九河，皆禹所名也。」觀禹貢一書，足覘梗概。因知五臧山經五篇主於紀道里，説山川，直爲禹書無疑矣。而中次三經説青要之山云：「南望墠渚，禹父之所化。」中次十二經説天下名山，首引「禹曰」。一則稱禹父，再則述禹言，亦知此語必皆後人所羼矣。然以此類致疑本經，則非也。何以明之？周官大司徒「天下土地之圖，周知九州之地域廣輪之數」；土訓「掌道地圖，道地慝」；夏官職方亦掌「天下地圖」；山師、川師掌「山林川澤，致其珍異」；邍師「辨其丘陵墳衍邍隰之名物」；秋官復有冥氏、庶氏、穴氏、翨氏、柞氏、薙氏之屬，掌「攻夭鳥、猛獸、蟲豸、草木之怪蠥」；左傳稱「禹鑄鼎象物而爲之備，使民知神姦，民入山林川澤，禁禦不若，螭魅蝄蜽，莫能逢旃」。周官、左氏所述，即與此經義合。禹作司空，灑沈澹災，燒不暇擯，濡不給扢，身執虆垂，以爲民先。爰有禹貢，復著此經，尋山脈川，周覽無垠，中述怪變，俾民不眩。美哉禹功！明德遠矣。自非神聖，孰能脩之？而後之讀者，類以夷堅所志，方諸齊諧，不亦悲乎！古之爲書，有圖有説，周官地圖各有掌故，是其證已。後漢書王景傳云：「賜景山海經、河渠書、禹貢圖。」是漢書禹貢尚有圖也。郭注此經而云：「圖亦作牛形。」又云：「在畏獸畫中。」陶徵士讀是經詩亦云：「流觀山海圖。」是晉代此經尚有圖也。中興書目云：「山海經圖十卷，本梁張僧繇畫。咸平二年，校理舒雅重繪爲十卷，每卷中先類所畫名，凡二百四十七種。」是其圖畫已異郭、陶所見。今所見圖，復與繇、雅有異，良不足據。然郭所見圖即已非古，古圖當有山川道里。今攷郭所標出，但有畏獸仙人，而於山川脈絡即不能案圖會意，是知郭亦未見古圖也。今禹貢及山海圖遂絶跡，不復可得。禹貢雖無圖，其書説要爲有師法，而此經師訓莫傳，遂將湮泯。郭作傳後，讀家稀絶，途徑榛蕪。迄於今日，脱亂淆訛，益復難讀。又郭注南山經兩引「璨曰」，其注南荒經「昆吾之師」，又引音義云云，是必郭已前音訓注解人，惜其姓字爵里與時代俱湮，良可於邑。今世名家則有吴氏、畢氏，吴徵引極博，汎濫於羣書，畢山水方滋，取證於耳目，二書於此經厥功偉矣。至於辨析異同，栞正訛謬，蓋猶未暇以詳。今之所述，并採二家所長，作爲箋疏。箋以補注，疏以證經，卷如其舊。别爲訂訛一卷，附於篇末。計創通大義百餘事，是正訛文三百餘事，凡所指擿，雖頗有依據，仍用舊文，因而無改，蓋放鄭君康成注經不敢改字之例云。

竹書紀年校正敍

紀年，晉書束晳傳十三篇，隋經籍志十二卷，題云汲冢書，並竹書同異一卷，卷即篇也。汲冢書即紀年之舊本，其竹書同異一卷，似是校書者之附著也。隋之十二，與晉之十三，蓋不殊，以同異一卷別在外故也。唐藝文志十四卷，題云汲冢書，無同異一卷，蓋後之編書者雜入紀年中矣。宋藝文志三卷，題云荀勖和嶠編，其卷數幾減三倍於前，蓋由後人以意合之爾。今本又止上下二卷，不知復誰所合也。而晉、隋、唐篇卷之舊，遂泯然無復蹤跡可尋，懿行病此久矣。然三卷二卷，既合乎其所必不可合，今之此本，仍分乎其所不得不分，非好異也，以存古也。自黃帝至帝舜一卷，古遠文略也；帝禹至帝相一卷，治亂之次也；帝少康至帝廑一卷，備興衰也；帝孔甲至帝癸一卷，皆季世也；殷商成湯至雍己一卷，明繼聖之難也；太戊至陽甲一卷，存商也；盤庚至庚丁一卷，存殷也；武乙至帝辛一卷，殷終也；周武王至康王一卷，致太平也；昭王至孝王一卷，始衰也；夷王至幽王一卷，西周之終也；平王至貞定王一卷，春秋之終也；考王至烈王一卷，六國之勢成也；顯王至隱王一卷，東周之終也。凡十四卷，欲以少存晉以來篇第之舊，而與晉之十三篇則不合者，彼不數黃帝至帝舜一篇也。杜預左傳後序言「紀年起自夏、殷、周，束皙傳亦言「記夏以來至周」，則與今本絕異。而史記集解荀勖曰和嶠云「紀年起自黃帝，終於魏之今王」，即又與今本同。然四子並晉初人，於是竹書方出，列在祕書，四子既親讀，何得同時所見便爾乖張？而勖獨被詔撰次，或預、皙未覩全篇，勖、嶠既同撰次，自宜以起自黃帝者爲定也。郭璞亦晉人也，其注山海經、爾雅、穆天子傳，每見援摭，而黃帝之篇曰「昌意降居若水，產帝乾荒」，顓頊之篇曰「帝產伯鯀，是維若陽」，海內大荒經注引之。葛洪亦晉人也，引汲郡冢中竹書言：「黃帝既仙去，其臣有左徹者，削木爲黃帝之像，帥諸侯朝奉之。」見太平御覽。是洪、璞所見本亦即起自黃帝，勖、嶠所編者也。故曰預、晳所見，未是全篇，信矣。然今本雖同起自黄帝，而爐簡斷札，殘闕實多，以唐、宋人援引此書者校之，因脱隨補，即缺繕完，亦以存古也。而新唐書劉貺傳引「齊人殲于遂，鄭棄其師」，劉知幾史通引「執我行人，鄭棄其師，隕石于宋五」，諸如此句，並直隸春秋經文，而「執我行人」句，似有缺脱。又開元占經亦多引紀年，其言或怪異，又所引皆不見於今本及佗書，此類疑皆好事者爲之也。至汲冢得書之年，杜預、束晳俱當時親見，杜云太康元年，束晳傳則作二年，不同者，杜欲述平吴之事，故遠繫元年，傳據得書之實，故指言二年也。而史記周本紀正義曰：「汲冢書，晉咸和五年，汲郡汲縣發魏襄王冢，得古書册七十五卷。」夫以太康爲咸和，自晉歷唐數百年間，已成巨錯，况古書茫昧，閲數千年，科斗失真，魯魚踵謬，文字是非，又孰從而正之！

文集

與孫淵如觀察書

先生津逮後學，奬藉鯫生，前呈鄙著山海經疏，猥蒙激賞，並許辱作敍文，良深感佩。前在都下，嘗因燕間承詢爾雅「茵芝」茵字幽僻，他書無攷。爾時未有以對，過後思之，惟藝文類聚引作「菌」字，形義相近，似乎可从耳。又説「黑鱍」，黑當作儵，似从郭注悟出，未審他書復有可取證者不也？至「杜土鹵」之鹵，蒙意當爲「臭」字之壞；「元良」訓首，疑良即首字之訛，並據古文形近，似确乎可信者也。竊詳爾雅，此類甚多，先生博極羣書，儻有關涉雅義，足資攷證者，乞勿吝開示爲荷。爾雅正義一書，足稱該博，猶未及乎研精，至其下卷，尤多影響。懿行不揆檮昧，創爲略義，不欲上掩前賢，又不欲如劉光伯之規杜過，用是自成一書，不相因襲。性喜簡略，故名之爾雅略義。嘗論孔門多識之學，殆成絶響，惟陸元恪之毛詩疏剖析精微，可謂空前絶後。蓋以故訓之倫，無難鉤稽搜討，至迺蟲魚之注，非夫耳聞目驗，未容置喙其間，牛頭馬髀，强相附會作者之體，又宜舍諸。少愛山澤，流觀魚鳥，旁涉蘩絛，靡不覃研鑽極，積歲經年，故嘗自謂爾雅下卷之疏，幾欲追蹤元恪。陸農師之埤雅，羅端良之翼雅，蓋不足言。兹書臧之敝簏，殆將十稔。比癸亥夏，重詣都門，而後有山海經牋疏之作。以爲山海經者，其間怪物，太史遷所不敢言，郭景純作注亦復不説。至若尋山脈川，水經注是其潭奧；草木蟲魚，爾雅是其鈐鍵；旁逮動植之倫，可以治疾癈病，神農本草又復足資津涉。其他是正文字，辨析異同，玉篇、廣韻、類聚、御覽之屬是其華苑。已上書籍，殆將搜采無遺。惟北堂書鈔未見寫本，開元占經未有其書，鄙固之譏，誠知不免。今世揚子雲如有穰秋之穡，開倉庾以振窮，俾懿行飢春獲濟。敝帚享以千金，武夫抵彼連城，即今爾雅、山經具在，當如劉舍人之干沈隱侯，自負其書，獻致車下。小子狂簡，先生幸辱裁之！

與王伯申侍郎論孫卿書

近讀孫卿書而樂之，其學醇乎醇，其文如孟子，明白宣暢，微爲繁富，益令人入而不能出。頗怪韓退之謂爲大醇小疵，蒙意未喻，願示其詳。推尋韓意，豈以孟道性善，荀道性惡，孟氏尊王賤霸，荀每王霸並衡，以是爲疵，非知言也。何以明之？孟遵孔氏之訓，不道桓、文之事。荀矯孟氏之論，欲救時世之急。王霸一篇，剴切錞于，沁人肌骨。假使六國能用其言，可無暴秦並吞之禍。因時無王，降而思霸，孟、荀之意，其歸一耳。至於性惡性善，非有異趣，性雖善不能廢教，性即惡必假人爲。爲與僞古字通。其云人之性惡，其善者僞也，僞即爲耳。孟、荀之恉本無不合，惟其持論各執一偏。準以聖言「相近」，即兼善惡而言；言「習相遠」，乃從學染而分。後儒不知此義，妄相毁詆。閣下深於理解，必蚤見及，願得一言以祛所蔽。孫卿與孟時勢不同，而願得所藉手，救弊扶衰，其道一也。本圖依託春申行其所學，迨春申亡而蘭陵歸，知道不行，發憤著書，其恉歸意趣，盡在成相一篇，而託之瞽矇之詞，以避患也。楊倞何人？不知其字，里居事實，尤所未聞。唐書世系表檢無其人，願具示之。其注大體不誤，而中多未盡，往往喜加「或曰」云云，知其持擇未精，亦由詁訓未明，不知古書假借之義，故動多疐礙。蒙意未安，欲復稍加訂正，以存本來。久疏摳謁，茅塞蓬心，聊述近所省存，用代奉面，匆匆不宣。

反語攷

牟默人曰：反語始於魏孫叔然炎，炎受學於康成之門人者也。而鄭注士昏禮記曰：「用昕使者，用昏壻也。壻，悉計反，从士从胥，俗作婿，女之夫。」漢書陳勝傳應劭注曰「沈，音長含反」，地理志應劭注曰「沓，音長答反」，文選韋孟諫詩注引應劭曰「墜，直魏反」，漢書項羽傳注服虔曰「惴，音章瑞反」，揚雄傳注服虔曰「踢，音石臭反」，史記張耳傳索隱引服虔曰「孱，鉏閑反」。應、服及鄭同時，年輩大於叔然，而皆作反語，何也？四聲始於齊周顒、梁沈約，則吴薛綜注二京賦曰：「裁，去聲，協韻。」薛在周、沈之前三百餘年，而論四聲，何也？此嘉慶辛酉秋，默人以書來問也。余愧無以應，又時方輯證俗文，因志其語於此。余應之曰：聲韻之學，肇自上古，盛於六朝。高貴鄉公不解反語，以爲怪異。三句見顔氏家訓音辭篇。自茲厥後，音韻實繁。周捨以天子聖哲分四聲，沈約以雌霓連蜷叶音讀，是後言韻悉本沈氏，顧其書莫有傳者。今之四聲，莫備於廣韻。而霓之一字，既見於平聲十二齊倪紐下，又見於入聲十六屑齧紐下，則猶是沈韻之遺音也。溯而上之，帝庸作歌，以明、良、喜、起、叢脞、惰、墮相韻，則已備三聲，合之康衢兒童之謡，以「莫匪爾極，順帝之則」相韻，又兼有入聲。至於常棣詩「妻子好合」一句，復兼備四聲。由茲以談，明四聲非始於周、沈矣，吴薛綜注二京賦，而云「裁，去聲，協韻」，亦何足致疑哉？又以反語始於孫炎，而服虔、應劭已先作反語，此更不須致難。蓋應劭漢書注有直音某，不加反語者，如地理志勃海郡蓨市下音條，東海郡郯下音談，襄賁下賁音肥，承下音證，琅邪郡椑下音裨，濟南郡猇下音篪，平原郡枋下音力，常山郡上曲陽下滱音彄，魏郡即裴下裴音非，武始下拘音矩，沛郡酇下音嵯，師古曰：「此縣本爲鄘，應音是也。」豫章郡餘汗下汗音干，武陵郡鐔成下鐔音淫，漢中郡錫下音陽，廣漢郡葭明下音家盲，師古曰：「明音萌。」汁方下汁音十，牂牁郡同並下並音伴，云：「故同竝侯邑。」巴郡魚復下復音腹，蜀郡江原下鄗音壽是也。有用音某兼加反語者，亦地理志，蜀郡緜虒下虒音斯，湔音子千反，廣漢郡梓潼下墊音徒浹反是也。同時韋昭、譙周亦有斯例。如南陽郡堵陽下引韋昭曰「堵音者」，平原郡般下引韋昭曰「音逋元反」，後漢書趙咨傳注引譙周古史考云「禹作土塈以周棺，塈音即七反」是也。前此許慎作説文；鄭玄注經，高誘注呂覽、淮南並云「讀若某字」，不加音某，而應劭、韋昭、譙周遂並加反音。劉熙亦東漢末人也，其著釋名釋長幼篇。云：「長，萇也，言體萇也。長音丁丈反。」劉與服、鄭年輩相若，亦作反音。證知反語不始於孫叔然矣。宋景文筆記云：「孫炎作反切，語本出於俚俗常言，尚數百種，故謂就爲鯽溜，凡人不慧者即曰不鯽溜，謂團曰突欒，謂精曰鯽令，謂孔曰窟籠，不可勝舉。」懿行案：今俚人作隱語，如載蛤爲咱，揑几爲你之類。其人不必知書，自解反語，明此是天地自然之聲也。證以經典音讀，此例尤多。惠定宇九經古義儀禮大射儀奏貍首注下案：「禮説云：不來反爲貍，猶并夾爲篋，終葵爲椎，邾婁爲鄒，勃鞮爲披，周伯琦云：鄒古邾婁國。外傳勃鞮，内傳作披。壽夢爲乘，不可爲叵，羊舌職説苑作羊殖，舌職爲殖也。顓孫師之子爲申祥，顓孫爲申也。後世反切之學出之。」懿行又案：不特此也，詩言「韎韐有奭」，毛傳云：「韎韐，茅蒐，染草也。」鄭箋云：「茅蒐，韎韐聲也。」又駁五經異義云：「韎，草名，齊、魯之間言茅蒐聲如韎韐。」韋昭晉語注則云「急疾呼茅蒐成韎也」，是以韎爲茅蒐之合聲。陸氏德明音蒐爲色留反，誤。此字从鬼得聲。又左氏昭二十五年傳云「太子欒」，惠氏補注引董逌曰：「竹書有宋景公䜌，而史爲頭曼。孫炎以䜌爲頭曼之合聲。」云䜌爲古文欒也。推是而言，釋草云「䕲，鴻薈」者，䕲即爲鴻薈之合聲；「茨，蒺藜」者，茨亦爲蒺藜之合聲。釋蟲云「蠰，齧桑」者，齧桑之合聲爲蠰也；「蛂蟥，蛢」者，蛂蟥之合聲爲蛢也。此例甚多，莫能殫述，是皆反語之所出也。反語是在叔然前，確乎可信。或自叔然始暢其説，而後世遂謂叔然作之爾，即其實非也。因書此，以答默人之問。時嘉慶丁卯冬，距初發問時已閱七年所矣。

附録

先生有奉阮雲臺先生論爾雅書，略云：比來修整爾雅，竊謂詁訓以聲爲主，以義爲輔。古之作者，釋名以聲代聲，聲近而義同，故釋名一部，爲爾雅二部也。廣雅以義闡義，義博而文賅，故廣雅一部，爲爾雅二三部也。今之所述，蓋主釋名之聲，而推廣雅之義，一聲通轉至十餘聲，是得爾雅十餘部也。一義旁推至四五義，是得爾雅四五部也。以此證發，觸類而通，不似舊人疏義。但鈔撮古書，以爲通經，守定死本子，不能動轉。耽思旁訊，歲月漸深，研鑽穿穴，往往意外遘奇，方悟空山落葉，行跡可尋，正恐外人尋不得耳。曬書堂文集。

先生有雜記數衷，旁徵稗説，間采時事，意主勸戒，似其鄉漁洋山人雜著。其參稽古訓，正荀子楊注之誤，靜觀物態，作燕子春秋、蜂衙小記，皆本説雅緒餘，而記海錯一册，尤足補證禹貢疏。胡培翬撰墓表。

先生爾雅義疏，阮文達刊入皇清經解，沔陽陸制軍建瀛復單刻之。兩刻或謂皆據王懷祖觀察節本，或又謂經解嚴厚民明經實總其成，是書蓋厚民所節。咸豐乙卯，高伯平文學得厚民之子鶴山所鈔足本，以奉楊至堂河帥，至堂屬仁和胡心耘校刻於吴門，又因兵亂毁失。同治乙丑，先生孫聯薇更以楊氏所藏足本付刊，即今時單行足本也。爾雅義疏跋。

宋于庭曰：乾隆間，邵二雲學士作爾雅正義，翟晴江進士作爾雅翼郭，然後郭注未詳未聞之説皆可疏通證明，而猶未至於旁皇周浹、窮深極遠也。蘭皋先生最後成書，其時南北學者知求古字古言，於是融會貫通，諧聲、轉注、叚借，引端竟委，觸類旁通，豁然盡見，薈萃古今。一字之異，一義之偏，罔不搜羅，分别是非，必及根源，鮮逞胸臆。蓋此書之大成，陵唐軼宋，追秦、漢而明周、孔者也。爾雅義疏序。

蘭皋交游

孫先生星衍 别爲淵如學案。

王先生引之 别見石臞學案。

陳先生壽祺 别爲左海學案。

臧先生庸 别見玉林學案。

馬先生瑞辰 别見魯陳學案。

鄧先生顯鶴 別見叔績學案。

宋先生翔鳳 別見方耕學案。

牟先生庭

牟庭初名庭相，字默人，亦字陌人，棲霞人。乾隆乙卯優貢，官觀城縣訓導。爲諸生時，受知於阮文達，與蘭皋友善，同研樸學。蘭皋每有著述，輒與商榷。博通羣經，兼明算術，所著書五十餘種，亂後佚大半。其用力最勤者，同文尚書三十一卷，冶今古真僞爲一爐，不株守一家之學；詩切五十卷，其以切名書者，蓋取孫卿「詩、書故而不切」一語，謂依經爲説，案循文義，如切脈然，大抵多自出己見，破除前人家法；又有周公年表、投壺算草、兩句和與兩股較及帶縱和數立方算草各一卷。參史傳、疇人傳三編、山左先哲遺書提要。

蘭皋私淑

周先生悅讓

周悅讓字孟白，萊陽人。道光丁未進士，選庶吉士，散館，改授禮部主事，久官郎署。閉户著書，行誼於鄉先達中頗類蘭皋之爲人。曾爲蘭皋編輯遺稿，曬書堂文集、筆記等書，多出其手訂。吴縣潘文勤公編攀古樓款識，先生爲釋金文數十器，時推精確。撰有經通十六卷，著録於山東通志，非全本也。其遺稿久之始出，曰倦遊庵槧記，凡四十五卷，分經隱、經逸、史牾、子通、集通、叢考六類，類各有序。其言曰：「經既宏深，傳亦淵懿，聖人之言，海難爲水，然留疑宿問，前賢所戒，慎思明辨，聖訓所許，勉求一得，敢廢千慮。服膺邵公隱括之義，纂經隱，周易二卷、尚書四卷、毛詩四卷、春秋五卷、禮記五卷、儀禮一卷、周禮二卷、論語三卷、孟子二卷。載籍極博，考信六蓺，龍門遺言，淵乎其旨，嘗讀注疏，繹歷史，覽所引援，類出三古，而六經無文，知書缺有間，不獨虞、夏以前。爰刺其語，著於録，而諸子不與。蓋先秦諸子久已爲典要，漢後諸子不勝其妄語。纂古制、古義、古事三篇，爲經逸。良史之才自古爲難，龍門牴牾，見誚孟堅，而後之作者，亦皆未能免焉。夫措意騁詞，或天賦之有贏絀，若紕謬踳駁，實人事之疏於摩编，偶撮數事，著之於篇，庶貽戒於來者，非敢詆諆夫前賢，纂史牾，史記、漢書、後漢書、晉、魏、隋、唐書、五代史、宋史、通鑑、明史、南唐書、五代春秋、别史共四卷。自古在昔，先民既没，其言始立，通稱曰子，其後乃名集，成一家言。爰咨尚論，隨所見知，録之以存，纂子通、集通，諸子百十四章，楚辭解五章。讀古人書，多所弗通，參伍錯綜，以折其衷，言古人所未言，乃以射古人之覆，見今人所共見，實以發今人之蒙，爲經史役而不中，悉筆之於二叢，纂叢考，共二百十二章。」綜觀槧記體例，與高郵王氏讀書雜志、經義述聞相近，以聲音通轉詮繹字義，塗逕亦略相同。參山左先哲遺書提要、郝氏遺書。

清儒學案卷一百十五

秋農學案

乾隆中葉，漢學方極盛，士讀宋諸儒書，覺其言義理心性，藹然誠有不可偏廢者，乃折衷爲持平之論，秋農其一也。訓故考訂則仍守漢經師家法。述秋農學案。

姚先生文田

姚文田字秋農，歸安人。乾隆己酉舉人，五十九年天津召試，授内閣中書，充軍機章京。嘉慶己未成一甲一名進士，授修撰，再遷祭酒，直南書房十八年。林清之變，詔求言，先生上疏，略言：「唐、虞、三代之治，不越教養兩端。今南方患賦重，北方患徭多，民困官貧，急宜省事。久督撫任期，則州縣供億少；寬州縣例議，則人才保全多。」次年又疏，言：「上之於下，不患其不畏，而患其不愛。漢文吏治蒸蒸，不至於姦，愛故也。秦顓法律，衡石程書，一夫夜呼，亂者四起，畏故也。數年來開上控之端，大吏遇案親提，訐詐不過一人，牽涉常至數十。林清搆逆，搜捕四出，至今未已。臣以爲事愈多則擾愈衆，應令大小官吏無多株引，庶上下相愛，暴亂不作。養民之政，不外農桑，但使董勸有方，行之收利，自然爭起相效，田野皆闢，水旱有資。民之犯刑，由於不率教，其不率教由於衣食缺乏，而廉恥不興，其次第如此，故養民爲首務也。」仁宗嘉納之。三遷爲兵部侍郎，歷户禮二部。道光初，江浙督撫議禁漕務浮收，明定八折，實許其石加二斗。先生方督江蘇學政，疏言其不便，詳列民間納漕及州縣運丁，皆有不能上達之實情，八折之議卒寢不行。四年，擢左都御史，遷禮部尚書。五年，卒，年七十。謚文僖。先生持己方嚴，出視學，歷廣東、河南以至江蘇，革除陋例，斥僞體，拔真才；典試廣東、福建、山東、順天，皆稱得士。論學尊宋儒，所著書則宗漢學。治説文爲專家，旁通曆算。著學易、詩原、顓頊日曆、夏殷曆、章蔀合表、周初年月日歲星考、春秋經傳朔閏表、漢初年月日表、四書瑣語，合爲邃雅堂學古録。又有説文聲系、説文考翼、古音諧、四聲易知録、後漢郡國志校補、廣陵事略、邃雅堂集諸書。參史傳、湖州府志。

説文聲系自序

古音至江左盡變，所賴以不亡者，惟説文解字一書。其於諧聲之文，枝分派别，條理秩如，乃四聲久行，學者口耳相承，遂不免迷而無主。南唐徐氏兄弟於是書最有功，然鼎臣音學極疏，凡字以今韻讀之不諧者，則輒言非聲，諧聲多半兼義；楚金見義即衍聲字，是其失也。夫許書傳世既遠，轉寫非一，其中不能無殘缺訛謬。文田嘗取北宋以前諸書有引説文者校之，則今本篆文説解，其訛脱不下數千事，豈獨言聲遂無一舛？即叔重生東漢之世，網羅篆籀，間以時代，又雜方音，故讀若兼收，異文備列，其所言聲，亦不必盡符於古。是在證之以經籍之言，然後是非明著，苟執其文而曲爲之説，則其弊又失之鑿。竊嘗論漢人釋經，一則曰聲相近，一則曰聲之轉，大抵諧聲之法，亦不出此兩途。聲近者，則屢變而不離其宗；聲轉者，則再傳而即爲異類。譬如子姓聲近者，其族屬聲轉者，則女子之適人者也。故如敔從古聲，闕從敔聲，敔爲近古，闕則遠矣。允從㠯聲，夋從允聲，允爲近㠯，夋亦遠矣。其有再傳復歸本類者，如秦取穆姬，晉納文嬴，終不可言同姓。近世自顧氏炎武、江氏永，後金壇段氏玉裁、曲阜孔氏廣森，於音學皆有專書。然段書諸部皆言合韻，里巷歌謠，天籟自發，音諧則用，豈識部居？故合韻之説不可用也。孔氏又創爲對轉之例，鄉曲一隅，脣吻互異，惟變所適，衆類僉同，故對轉之説不可用也。曩乙巳歲，讀書山村，間取虞山毛氏所刻徐鉉説文本，變類取聲，同條共貫，因其篇第，爲敍目一卷，説文聲系上下各十四卷。甲寅，復忝竊京秩，僦居京師宣武門外，與友人嚴氏可均往復商榷，又益補其所闕漏。惟韻會引字較多，閱其全書，皆本繫傳，憶前從大興翁覃谿師借得徐鍇説文韻譜，見其於各部皆有增字，頗疑爲後人附益，黄氏所據，或不免此，故並不敢采入。又因是書别爲古音諧八卷，古轉音略四卷，皆屬稿未就，會奉恩命視學粤東，遂先取聲系刊以問世。諸所編次，尚多差謬，惟當代通人取而正之。

文集

宋諸儒論

三代以上，其道皆本堯、舜，得孔、孟氏而明。三代以下，其道皆本孔、孟，得宋諸儒而傳。洪水横流，生民墊溺，堯、舜起而袵席之，其功在一時也。顧其切切爲萬世慮者，則在以人倫爲教，倫紀明而萬事理矣。周自平、桓而降，文、武之澤漸衰，於是君臣父子之獄，諸國多有，桓、文之徒苟竊仁義，區區補救。其後乃有孔、孟，然又不能得位行道，祇垂空文以示後，故當其世不見功。淩夷至於暴秦，而天下壞亂極矣。漢興，承秦、項之後，民苦爭戰已數百年，一旦得令休息，如獲更生，故孝文以清靜理之，而天下大定。非黄、老之賢於堯、舜，蓋其時爲之也。于時遺經稍出，惜諸儒興滅繼絶，抱殘守闕，僅令遺文不至失墜，而不能及乎其大。能知此者，惟董生而已。然以儒術漸明，故兩漢之季，節義林立。卓、操以後，篡弑相尋。隋、唐立國，蒸報疊見。大氐君臣之禍，甚於六朝，夫婦之義，紊於唐代。至五季之亂，而倫紀全缺，海内日尋干戈，斬刈人民，如屠羊豕。苟由此而不返，則天地晦盲，生類廢絶，而乾坤於是乎遂息。有宋諸儒者出，然後孔、孟之道復明。大凡更事愈深者，則其防患也愈亟。湯、武之事，孟子不以爲非，然後世無湯、武之德，而皆託於湯、武之舉，則不得不嚴絶之。齊莊公之亂，晏子以爲非其親暱；衛孔悝之難，子羔以爲弗及不與；蘧伯玉於孫甯出君，則先自近關出，其後甯喜弑剽而納獻，則又自近關出，一似苟全軀命而不顧恤其君者，乃夫子稱曰君子。三代以上，婦人不諱再適，故爲出母有服。至宋儒守從一之經，嚴失節之律，今雖委巷婦竪，皆知更嫁爲可羞矣。古之論人也寬，今之論人也刻。何者？時會日降，事變愈滋，苟非峻立其妨，則必有寡廉鮮恥，浮湛取容，而恬然不自知其非者。此諸儒慮患之心，不得不如是其切也。孔子數稱管仲，而孟子卑之，所以救當世專尚功利之失，亦猶是意也。吾故曰：三代以上，其道皆本堯、舜，得孔、孟氏而明；三代以下，其道皆本孔、孟，得宋諸儒而傳。天下一日而不昏亂，即宋諸儒之功，無一日不在於天壤。至其著述之書，豈得遂無一誤？然文字小差，漢、唐先儒亦多有之，未足以爲詬病。今之學者，粗識訓詁，自以爲多，輒毅然非毁之而不顧，此何異井鼃跳梁而不見江海之大也？

讀易論

易之爲書也，廣大悉備，學者每隨舉傅會，而義無不可通，故近世説經之家，惟易爲最多。然欲其切於日用，則未見有能得之者。伏羲之易有卦無辭，文王、周公之易有辭矣，而未明其義。至孔子言卦體、言卦德，以及六爻時位乘承比應之理，易之大端於斯著矣。然聖人明睿無所不照，故其釋爻彖之詞，初不煩辭費也。後儒不能及此，於是各以私智妄相推測，而穿鑿之弊以生。大氐漢、魏以降，易分三家，一則納甲飛伏之術，專取爻位干支，而於經文概置不用；一則捐棄象數，空言義理，雖若依文申解，而其失與舍經同。惟因言以求象，因象以求意，其論述稍爲有據。然於取象也，正卦不得則求諸變，變卦不得則求諸互，互卦不得則求諸綜，數者無一合，又廣而求諸天象律吕，夫是故説愈多而途愈雜。嘗攷左傳蔡墨之言在乾之姤，曰「潛龍勿用」，其同人曰「見龍在田」，其大有曰「飛龍在天」，以至見「羣龍无首」，皆如此例。然則周易三百八十四爻，乃止一爻變例耳，而其說之繁亂已如此。設使以一卦變爲六十四卦，而聖人各繫之詞，其以私智穿鑿，更不知於何底止也。然及其施諸卜筮，卒未嘗有一符驗，則其言之未必有當，亦不待言而決矣。孔子言：「居則觀其象而玩其辭，動則觀其變而玩其占。」愚謂玩占之法，如周史之於敬仲，楚丘之於叔孫，此在當日必有師授，而非能憑臆爲之。至所謂象者，如「天行健，君子以自强不息」之類，所謂辭者，如於「鶴鳴子和」，而悟言行之應，違於「朋從爾思」，而明屈伸之相感，是則聖人教人讀易之法，初不執爻象以求之者，苟由其辭而敷繹之，抑猶近於學易寡過之意也。

讀詩論

孔子言：「誦詩三百，可以授政。」又曰：「人而不爲周南、召南，其猶正牆面而立也與。」今之學者，自入塾即讀三百篇，然及其修於身，行於家，施於有政，卒懵然無所得，何哉？古之讀書專務義理，故放推而交通之，皆有用也。今則墨守傳注，膠固淺隘，故詩雖存不能用，其人亦終身如未嘗讀。聖門稱可與言詩，子貢、子夏而已。子貢因境及詩，子夏因詩及禮，境與禮，詩未有也，而二子會通之，夫是故可與言。今夫縣蠻傷微賤也，而夫子以爲知止；車舝刺褒姒也，而夫子以爲好仁。春秋時，列國大夫賦詩見志，其所取往往非作者之意。余嘗攷有女同車、山有扶蘇、蘀兮、子惠思我諸詩，小序皆以爲刺君，後儒則舉而歸之淫亂，乃當日其國之卿方竝歌以爲賓榮，賓亦稱曰數世主，如諸儒之說，則譏刺淫亂皆不宜施燕享。由此觀之，古人之讀詩也通，今人之讀詩也執；古人之於詩也，左右推暨而無不得其用，今人之於詩也，泥章句，守訓詁，其究不免爲耳食膚受。嗚呼！以耳食膚受之學，而欲其修於身，行於家，施於有政，豈不難哉！不能修於身，行於家，施於有政，詩亦可以無讀。輪扁謂齊桓公曰：「君之所讀者，古人之糟粕已夫！」欲知詩之爲用，則必先求其能言，欲能言，必無務於膠固淺隘，而博求諸義理所在，然後乃不爲輪扁病也。

説文論上

保氏之教，先辨六書。許書自序云：「一曰指事，視而可識，察而見意，「見意」諸本皆訛作「可見」，惟漢書注不誤。許以識意二字爲韻，自象形以下皆同。上下是也。」六書惟指事最難明。藝文志言象事，周禮注言處事，三者異文而同恉。凡物皆有形可象，而事則託諸無形，故如上下之字，必先列一畫，而施直畫上行謂之上，又施直畫下行謂之下，此直畫者非形非義，但以之表識而已。又如尹，從又握事，其爲事不可得名，則中作丿識之。本末言木之上下，其爲地不可得名，則以一上下識之，使人察之而自喻也。故曰可以見意。既無形義可言，殆尚近結繩之意，故以爲六書之首乎？賈氏周禮疏釋上下之義，直謂人在一上下，已乖本旨。鄭夾漈詳列諸文，往往淆入會意，蓋皆誤也。獨體爲文，合體爲字，凡象形者獨體爲多，如鹿色從比，魚燕從火，皆與偏旁不同，許書已詳著之。會意者，會合二體，如止戈爲武，人言爲信之類，所合二文，必皆有義，故曰比類合誼，以見指撝。賈疏直言會合人意，語殊不審。且如大從一爲天，口從十爲古，壹皆會意之屬，此可類推。諧聲如江河，則專取其聲，禘祫則聲亦兼義。説解于「裖」言「社肉受以蜃」，于「瑟」言「英華如瑟絃」，豈得謂非聲與義兼？徐鼎臣等見有義者輒衍聲字，不已固歟？轉注謂轉相灌注，如木部則義必皆木，水部則義必皆水，所謂建類一首，同意相受。許書五百四十部，其例自明。夾漈謂日在木上爲杲，在木中爲東，在木下爲杳，又誤以會意爲轉注。近休寧戴氏又謂爾雅釋詁皆轉注，均説之無當者爾。事形聲意皆體，而借爲用，故其爲類最繁，有借聲者，有借義者，有音義各自爲字，而僅以同類相借者，此非臚舉所能遽盡。如難本鳥名，而以爲不易之詞；畢乃罔罟，而以爲事終之義。許云「本無其字，依聲託事」，謂此僅借其聲者也。然稽之經籍，有不專於是者，如「苛，小草也」，故察及纖細爲苛；好察者必煩擾，故又以殘害爲苛。「除，殿階也」，升階者去下就上，故以去舊爲除；上躋者必拾階升，則又以遷官爲除。「𠂹，象草木下𠂹之形」，𠂹則近下，故古邊陲字從土作垂，取其近邊也；而垂堂、垂成、垂老之意，皆由此生。「蒙」，本草類「玉女」之名，其物蔓延，故目不見者加目爲矇，以其上覆也；而蒙稺、蒙犯、蒙昧之義，皆由此出，此直借其義者也。「辤，不受也」，「辭，訟也」，「詞，言也」，今經典辤、詞皆通作辭。「飢，餓也」，「饑，穀不熟也」，今經典飢皆通作饑。則惟以同類相借者也。古人聲近即可相借，而後人分晰轉嚴。古人於六書童而習之，故見而知其爲借，非若後人之先失其本原也。亦有其字久爲通借所據，覩其本義，反若新異者，不知古籍散亡，其義偶不著耳。如「斯，析也」，今皆以爲斯此字，幸有陳風「斧以斯之」，而其義尚存。「叔，拾也」，今皆以爲伯叔字，幸有豳風「九月叔苴」，而其義尚存。「釋，漬米也」，今詩「釋之溲溲」，借作釋，而其義隱矣。「迈」與「記」同語辭，今詩「往近王舅」，訛作「近」，而義又隱矣。故崑山顧氏疑「宋」字訓「居」之非義者，亦説之無當者爾。若夫許之自序言，偁易孟氏、書孔氏、詩毛氏、禮、周官、春秋左氏、論語、孝經皆古文，亦其大率如是，實則兼采諸家，下逮司馬相如、揚雄，無不備録。其足以正經文傳説之誤者，如周禮「師都建旗」，疏云：「師，衆也。」許氏則作「率都」，率、帥古通字，然則師當作帥，而賈氏誤矣。左傳「澤之萑蒲，舟鮫守之」，疏云：「鮫，大魚，因以爲官名。」考舟牧、舟人見於月令、國語，未見有名鮫者。許氏則云「澤之目籅，目一作自」，隸書「舟」與「自」，形絶相似，此傳寫誤。又云「籅或從又，魚聲，作𩵖」，然則鮫乃𩵖之訛文，而孔氏誤矣。其有與諸儒音讀不同者，如引爾雅「騋牝驪牡」，鄭氏檀弓注則以「騋」字爲句，「牝驪牡」合下「元」字爲句。又云「蓁，土夫也」，今説文本後人妄改，釋文所引尚存舊本。此以爾雅「土夫王蓁」爲句，郭氏釋草註則以「芏」爲「夫王」，「蓁」爲「月爾」。此固各有師承，未可以後人而妄合之者也。榷而論之，許書之爲功於諸經，實非淺尠，而深思而得其指歸，則惟在於善讀者矣。

説文論下

文字者，經籍之本，去聖久遠，訛體日滋，不有人焉董而理之，則其義不可得聞矣。故許氏之爲功於聖人甚大，然謂其書遂無一字遺漏，是大不然。許自敍云：「此十四篇，五百四十部，九千三百五十三文，重一千一百六十三。」以漢志攷之，蕭何著法曰：「太史試學童，能諷書九千字以上，乃得爲吏。」

既云「以上」，則爲字當不止是。許、鄭皆漢碩儒，康成於周禮媒氏注云「純實緇字也，古緇以才爲聲」，今説文無「紂」字。又注儀禮大射儀云「豐爲字從豆曲聲」，今説文云「豐豆之豐，滿者也，從豆象形」，亦無「曲」字。又注周禮司服云「希或作黹，字之誤也。藻粉米黼黻，皆希以爲繡，是希爲正體，黹爲訛字」。今説文有「黹」無「希」，其偏旁有之。周禮、漢書多古字，許書亦多未載，然則其有闕漏，不亦信乎？至其説解亦頗異同，如「裘，皮衣也，古文省衣」。鄭於詩大東箋云：「裘當作求，聲相近也。」「祀，祭無已也，或從異作禩。」鄭於周官大宗伯注云：「故書祀作禩，鄭司農云：禩當爲祀。」則裘、求、祀、禩，依鄭義當各自爲字矣。宋徐鉉等新附字舛謬極多，然概加排斥，亦非至論。如「濤，大波」，「闤，市門」之屬，見文選注引蒼頡篇，篆文不應無此。「塾」字，説文未有，今人因以「埻」當之，援後漢書齊武王傳及東觀漢紀爲證。愚初亦取其説，今熟思之，蓋亦非是。門側之堂謂之塾，經傳習見，「埻」字則見於吕覽高誘注，音義全別，史自異文，不容强併。説解云：「垛，堂〔二〕塾。」直傳寫誤耳。近人又於新附之字，必從各部求一聲音相近者，以爲抵對，其言率多難據。如説文無「幟」字，則謂即「織」字，以詩織文鳥章爲證。然言部「識，常也」，周官司常注「謂徽識也」，左傳「揚徽者公徒」，杜注亦云「徽識也」，則幟、識古今字，而言織者誤矣。説文無「昇」字，則謂即「升」字，以詩「如日之升」爲證。然易升卦釋文云「鄭本作昇」，即以日部證之。「施施，舒行也」，王風、孟子皆作「施」，説文有「暆」字。「鄉者，往日也」，

〔二〕「堂」，原作「射」，據説文解字改。

論語、檀弓皆作「鄉」，説文有「曏」字。他部此類甚多，則升、昇義本甚異，不能謂定無昇字矣。古文假借通用實繁，見此黜彼，豈爲通識？方斥他人之非，而己乃失之傅會，是何異於五十步之笑也。劉爲國姓，説文無之，小徐因疑訛寫爲鎦，然鎦訓殺也。古人賜姓命氏，皆有義例。后稷曾孫亦名公劉，不當以殺爲義。顧命注云「劉，鉞屬」，則劉乃器名。鎦自訓殺，經典假借作劉，而鎦遂不見，説文自脱「劉」字，不當强説也。漢人避諱極嚴，故許於上諱皆不言義，則原書如禾、草、火、戈、示諸部，必於部首但言上諱，而不載其字，其有此者，後人加也。是書上於安帝建光元年，而叔重至桓帝時尚存，見後漢書西南夷傳。桓帝名志，説文無「志」字，烏知不以上名而去之也？殤、沖、質三帝在位未久，又皆夭折，當時殆不甚諱，故雖改「隆慮」爲「林慮」，而隆中之名如故。李固傳「自隆支黨」，比隆文、宣，楊震傳「恩德兩隆」，竝見章疏中，蔡邕釋誨隆字再見，今説文亦有隆字。沖帝諱炳，三公舉桓典忠義炳著，義亦同此。惟順帝在位二十年，臣下宜諱之，乃楊賜疏引「若保赤子」，袁紹奏「日磾位爲師保」，許書亦存「保」字，未詳其故。大抵讀書之蔽，非固即鑿，叔重以一人之力，網羅散失放軼舊聞，豈得遂無遺脱？況其書傳寫非一，訛舛必多，學者亦守其信而闕其疑焉可矣！

復姤説

學易者當自復、姤始，爲聖、爲狂、爲理、爲亂，胚胎杪忽，黑白剖判。語曰：「涓涓不壅，遂成江河；餤餤不息，炎炎若何！」方卦之自坤而復也，陽之象甚微焉者也，然歷臨、泰、大壯、夬以至於乾，九仞之山，非一簣之積乎？及卦之自乾而姤也，陰之象亦甚微焉者也，然歷遯、否、觀、剥以極於坤，顛木之生，非由柎之長乎？商之時，桑穀生於庭，三日拱，太戊懼，修德，祥桑死。夏承啟後，天下已安已理，太康般遊，夏德遽衰，至墜厥緒。夫太戊不過一念之懼，而太康不過一念之肆也，商以之昌，夏以之亡，推始究終，至絶相反，聖愚脩怠之幾，亦如是矣。善乎孔子之言曰：「小人以小善爲無益而勿爲，以小惡爲無傷而勿去，故惡積而不可揜，罪大而不可解。」周公於乾之九三曰：「君子以終日乾乾，夕愓若，厲无咎。」坤之初六則曰：「履霜堅冰至。」三陽迭進，乾德已成，聖人猶危之，至於陰之始生，已愓愓乎有堅冰之懼，此正與復、姤之義相發者也。故防患者必始於忽微，而慎德者不遺於細行。知此，始可與言易矣。

春秋大事表序經序

文田自束髮受春秋，竊苦其難讀，及見諸家説經，以爲一字增損，皆有義例，而又予奪褒貶，言人人殊，於是益瞀亂回惑，而無主也。其後，見朱子有直書其事之言，向之衆難塞胸者，豁然以解，然猶未敢信之堅也。嘉慶己未歲，文田由中書舍人蒙恩改官翰林，與脩高宗純皇帝實録，時距高廟踐阼之初，蓋已六十五年，昔之勳戚舊臣，更無一人在者，上特敕滿、漢大學士尚書等八人，爲正副總裁官，而大司空南昌彭文勤公實主其事。於是先擬進書法條例，遂移取内外記注，六科史書，暨内閣舊貯文簿章疏，選派儒臣，分年編輯。其時契勘諸書，即有時日歧異，姓氏錯互，且多殘缺者。既在廷無可咨訪，則又分咨中外各衙門，檢取原案，以求信實。而其覆到，一以歲久册籍黴爛爲言。後五年，文勤下世，繼之者爲今大司農歙縣曹公。未幾曹公視學江右，再繼者爲前少宰萍鄉劉公。總理之人既凡三易，至於分纂諸臣，更不能詳舉矣。迨書成之日，體例雜揉，繁簡殊異，上乃載命詞臣專司畫一，竟以簡策繁多，有不能覆定者，皆如其舊。又田自初設館至蕆事，實皆與焉，然後知作史之難，固如是也。夫以國家中外乂安，車書一統，典籍未嘗散亡，政教未嘗廢缺，上有繼志述事之君，下有博聞通達之臣，然堇堇數十年之間，而記載猶不能出於一。况春秋二百四十餘年，當是時王室不綱，列邦多故，加以紀載各殊，赴告不一，魯史據文直書，以存其事而已。洎乎孔子脩之，其本無者既不敢增，其本闕者亦不能補，則一皆仍其舊文。讀者乃執一字之繁簡，而輒妄生異説，豈通方之論哉？今以經文言之，如同一錫命也，而莊元年則稱王，文元年則稱天王，成八年則稱天子。同一弒逆也，而鄭髡頑、楚麇、齊陽生則但書卒，莒庶其、晉州蒲、薛比則稱弒以國，宋杵臼、齊商人、莒密州又系國以人，餘率舉其臣下之名。臣子無貶斥君父之理，弒逆無可從隱諱之條，則舉其大者，而他可知已。無錫顧震滄先生撰春秋大事表，取十二公之紀，分爲五十門，采輯衆説，而平決之。大率以朱子之言爲本，洵可謂卓識矣。其中頗有詆訶左氏，以爲妄撰者。愚謂左氏與公、穀不同，公、穀乃後世經生之言，故其文抉摘經字，多生異論。如穀梁於桓之書王，牽涉宋、曹，支離實甚。自昭三十二年至哀六年，書仲孫何忌者十二，獨定六年冬傳寫脱「何」字。公羊遂以爲譏二名，雖前後文亦不照矣。左氏於敘事則首尾完備，於戰伐則疆域可稽，於世族則子系不紊，此必有所依據以爲本，而非能鑿空爲之者。雖其事亦或難信，如夷姜、齊姜之類，當由其傳聞過差，而直以爲左氏私説，未敢以爲然也。要其書攘剔榛蔓，宣明大義，實爲有功於聖人。惜卷帙繁重，學者未易遍讀。楚雄太守包君敏，前官開封分守時，政餘多暇，復取顧書之散見各類者，仍依經以爲次，輯其要論，件系於後，間亦參附己意，多能匡顧氏之不逮。文田借讀再周，喜其文簡而義明也，趣之授梓，以惠來學。而猶恐世之授經者，牽於衆論而不能決也，故舉昔之所身親者而詳告之。

附録

先生與烏程嚴鐵橋同治説文，其專主審音者，先生書曰聲系，鐵橋書曰聲類，語詳鐵橋學案。其是正文字者，鐵橋次爲校議，多采先生説，題先生同撰。先生又别爲考異，博采諸家之説，而折中於許書。説文聲系、説文聲類。

先生深通曆算，追溯古曆。始顓頊，考其紀，算從甲寅始，引淮南子及洪範傳以證之，推演一蔀，以存古法。次考夏、殷曆，畫方布格，示某蔀某章，當在某年，自周赧王以前用竹書爲本，加脱少十六年，又由秦昭襄以後參證史記諸書，至漢高而止。次考周初年月日歲星，以史記證竹書，定爲脱少十六年，謂武王克殷歲實在甲戌，次年乙亥即位，下推召誥、洛誥、顧命、畢命諸篇所記月日，始能脗合。次考春秋朔閏，謂杜氏長曆惟執經文以求强合，乃有連歲置閏，亦有五十月始置一閏者，顧氏棟高復作朔閏表，多者至七十一月而置一閏，少者僅二十一月而置一閏，兩家皆未嘗從節氣推算。據僖、昭兩日南至爲本，推究前後，布爲定率，當時曆法紊亂，失閏、補閏一一皆可指證。邃雅堂學古録。

案：鐵橋漫稿有致先生書，略謂「夏年難定，殷年略見左傳，不容違異。夏、殷曆衹宜總揭大綱，不宜畫方布格，斷定夏、殷某某帝王之即位在某蔀某章某年。大著定武王即天子位，歲在乙亥，上推湯元年在丁未，禹元年在丁酉。禹無論已，殷于左傳短百餘年，縱使丁未果確，安知非百二十年前之丁未？加百二十年于五百八年，僅短漢志一年，與左傳尚無違異，然蔀章年皆遷改。況丁未僅憑算法推得，非經傳古説，并非竹書」云云。先生不從其説，蓋以前後通加推算蔀章，難以遷改也。

先生於書無所不讀，兼治諸雜家言，有内經脈法、疑龍撼龍經注、陽宅闢謬諸書。又通占驗，林清變未起，彗入紫微垣；道光初彗見南斗，主有外兵，先生皆先事言之。湖州府志。

先生家湖州府城月河，少貧甚，母沈太夫人口授經，日不再舉火。對所居有舊坊廢地，或勸鬻之，太夫人曰：「吾子會有宦達時，留此地建一品坊耳。」先生困場屋多年，卒以上第致通顯，太夫人言乃驗。先生平生恭儉，行必踐言，衣服未嘗鮮好，待人常無所忤，人亦不敢干以非義。晚營墓田於梅漪莊，因自號梅漪老人。同上。

秋農交游

嚴先生可均

別爲鐵橋學案。

丁先生溶　別見鐵橋學案。

胡先生秉虔　別見樸齋學案。

惲先生敬　別爲子居學案。

姚先生學塽　別爲鏡塘學案。

沈先生夢蘭

沈夢蘭字古春，烏程人。乾隆癸卯舉人，官湖北宜都、黄梅知縣。嘗奉檄襄築荆州隄工，上江隄埽工議及荆江論。又會勘沔陽水災，復作水利説以諭沔民，原本經術，有裨實用。先是授經衍聖公府，以貧之官，非其志也。未幾卒，身後遺書數篋而已。其論爲學之道，則曰「讀三代時書，須作三代人想，以經解經，是爲得之。秦、漢而後，古制胥湮，諸儒空言聚訟，援據漢法，强作解人。譬如阿房、咸陽，楚人一炬，樵夫牧豎，構茅屋數椽於上，以爲秦時宫闕如是。如是，槩無當焉。而學者顧舍經而求註，惑不解矣。」生平博通諸經，實事求是。尤邃於周官，成周禮學一書，分溝洫、田里、畿封、邦國、都鄙、城郭、宫室、職官、貢賦、軍旅車乘、禮射、律、度量衡十三門，取司馬法、逸周書、管子、吕氏春秋、尚書大傳、大戴記諸古書參互考證，合之書、詩、禮記、三傳、孟子，先儒所病其牴牾者，無不得其會通。又各爲之圖，並取經傳文之與周官相發明者釋於篇。復以鄞人萬充宗所作周官辨非五十餘條，并經文詆之，悖矣，因作周官辨辨非以糾其失。又著有周易學，於易象得井、比、師、訟、同人、大有諸卦，錯綜參互，知易之爲道，先王一切治法，皆於是乎在。又著孟子學，則以疏證周官之故，彙其餘説，以成帙者。又著五省溝洫圖説，凡南北形勢，河道原委，歷代沿革，衆説異同，與夫溝遂經畛之體，廣深尋尺之數，以及蓄水、止水、蕩水、均水、舍水、瀉水之事皆備，復證之周官，考究詳覈。他所著尚有尚書學、毛詩學，統名曰所願學齋書鈔云。參史傳、所願學齋書鈔孔慶鏶序、湖州府志。

周禮學自序

周官今存者五官，均以體國經野設官分職爲篇首，乃六典之要領也。夢蘭束髮受經，綜閲漢、唐、宋以來諸註説，不下數十家，言人人殊，無可是正。後讀司馬法、逸周書、管子、吕覽、伏傳、戴記諸古書，參互攷證，然後邦國、都鄙之數，田廬、官禄之制，城郭、宫室之度，車乘、貢賦之法，瞭如指上螺紋，合之書、詩、禮記、三傳、孟子，先儒所病其牴牾者，無不得其會通。謹爲圖若干，并取經傳文之與周官相發明者釋於篇。始於乙卯之冬，迄於甲子歲，稿凡五易，惟有道者就正焉。

周易學自序

易者，象也。於文，日月爲易，田疇亦爲易。人生天地間，一動一靜，分陰分陽，無適而非易已。君子觀象玩辭，觀變玩占，所爲學焉，而可無大過也。秦燔六經，周易以卜筮獨存。惟是周官、周禮先王一切治法之象，汶泯無遺，後儒空言摭拾，雜以術數之學，緯讖之書，而易失其傳久矣。蘭自乙卯歲輯周禮學，於易象得井、比、師、訟、同人、大有若干卦，錯綜參伍，玩索二十餘年，然後知易之爲道，簡能易知，而先王一切治法之象，胥在乎是焉！爰輯上、下經二卷，繫辭各傳一卷，著於篇。

孟子學自序

唐、虞、三代之道統，至戰國而寖息。亞聖孟子起而仔承之，道性善，行井田，黜管、晏之霸功，闢楊、墨之邪説，自堯、舜至於孔子，聞知見知之心傳，胥在是焉！俟其禕而，所著七篇，後儒列諸經典，奉爲制藝，所以尊崇之者備至。惟是古制罔存，微言幾絶，數典者竟忘其祖，談理者易入於歧，蓋斯道之不明久矣。夢蘭輯周禮學，凡所徵引得之七篇者居多，爰彙成一帙，用附易、詩、書、禮之後，庶後之君子知所考證焉。

五省溝洫圖説自序

嘉慶四年歲次己未，衍聖公孔慶鎔從夢蘭讀周官經，以溝洫問，夢蘭曰：「此古人平土法也。地之於水，猶人身之血脈，通則利，塞則病，故文川壅爲巛，川亡爲巟。三代之時，盡力溝洫，冀、雍、兖、豫諸州，罔非沃土，是以舉方三千里之地，給千八百國諸侯之用，而無不足也。今西北水利廢塞，不講久矣。余嘗按之古法，考之地勢，準之人功，計不過二十日，而周官五溝五涂之制，可以悉復，公欲聞而知之乎！」因爲作圖而條系西北水道於後，名曰五省溝洫圖説云。

張先生士元

張士元字翰宣，號鱸江，震澤人。乾隆戊申舉人。好爲古文，時方崇尚詭異，以雜引爲博，捃摭爲新，先生獨用我法於舉世不爲之時，七應禮部試，不遇。客董文恭公第最久，課其幼子。文恭母喪歸葬，高宗以軍務亟望其出，奪情任事，先生意獨非之。文恭兩典會試，不以私意羅致，先生亦不干以私，世謂於義爲兩得。秋農與友，爲撰墓志，稱其人品之正。所著嘉樹山房集傳於世。參秋農撰墓志。

倪先生模

倪模字預掄，號迂存，望江人。嘉慶己未進士。初充景山宫教習，以知縣用。通籍後，曰：「吾家有田可耕，積書可讀。」改校官，爲鳳陽府教授，訓諸生有法。家居大雷岸，瀕江多潦，設廠賑荒，多所全活。葬五服親之不克葬者二百餘棺。藏書七萬卷，手自校讎，著有雷港源流、雷港瑣記。又著泉譜考辨，精博時尤稱之。參秋農撰墓志。

清儒學案卷一百十六

南陔學案

南陔循良著績，而以同官牽累去職，專意著述。當乾、嘉漢學大昌之時，多採近儒學説，折衷貫串，包藴宏深，乃於經師中得據一席，非偶然也。述南陔學案。

王先生紹蘭

王紹蘭字南陔，蕭山人。乾隆癸丑進士。授福建南屏知縣，調閩縣，治行卓越。巡撫汪志伊薦之，仁宗曰：「王紹蘭好官，朕早聞其名。」召入見，以知州用。特擢泉州知府，漳、泉兩郡多械鬬，自其治泉州，民俗漸馴。會漳州守令以械鬬獄獲罪，詔舉先生治績以爲法。擢興泉永道，捕獲海盜蔡牽養子蔡三及其黨鄭昌等。遷按察使，母憂去。服闋，起故官，就遷布政使。嘉慶九年擢巡撫，始終未出福建。尋汪志伊來爲總督，與布政使李賡芸不合。賡芸亦素有清名，被誣訐受賂，劾治，憤而自縊。命大臣莅閩勘問，事由志伊構成，詔加嚴譴。而先生坐不能匡正，牽詿罷職，歸里杜門著書，久之始卒。

先生少嗜學，深研經史大義，退歸林下後，益勤纂述。晚歲成書至二十六種，有國朝八十一家三禮集義四十二卷，儀禮圖十七卷，説文集注一百二十四卷，袁宏後漢紀補證三十卷，皆褎然鉅帙，惜未行於世。其見刊本者，周人經説四卷，王氏經説六卷，説文段注訂補十四卷，管子地員篇注、漢書地理志注各若干卷。又有許鄭學廬文集。參史傳、劉承幹撰説文段注訂補跋、李慈銘越縵堂日記。

周人經説敍

孔子曰：「入其國，其教可知也。其爲人也温柔敦厚，詩教也；疏通知遠，書教也；廣博易良，樂教也；絜靜精微，易教也；恭儉莊敬，禮教也；屬辭比事，春秋教也。鄭氏注云：「春秋多記諸侯朝聘會同，有相接之辭，罪辯之事。」故詩之失，愚；書之失，誣；樂之失，奢；易之失，賊；禮之失，煩；春秋之失，亂。失，謂不能節其教者也。詩敦厚近愚；書知遠近誣；易精微，愛惡相攻，遠近相取，則不能容人，近於傷害；春秋習戰爭之事，近亂。其爲人也，温柔敦厚而不愚，則深於詩者也；疏通知遠而不誣，則深於書者也；廣博易良而不奢，則深於樂者也；絜靜精微而不賊，則深於易者也；恭儉莊敬而不煩，則深於禮者也；屬辭比事而不亂，則深於春秋者也。」經解。紹蘭案：經解所言詩、書、樂、易、禮、春秋凡六經，自禮亡樂缺，其經文不可得而見之矣。今所存者，惟易、書、詩、春秋四經而已。此四經，漢經師雖有注解，亦未必深合經恉，因博采周人所説者，得易説一卷，書説二卷，詩説四卷，春秋説一卷，凡八卷。既成，無能爲敍，謹以孔子此言弁其首。書曰：「地平天成。」稱也，雖有作者，吾不敢請矣。

王氏經說

禮記

將入門問孰存

曲禮云：「將適舍，求毋固，將上堂，聲必揚。」又云：「將入户，視必下。」韓詩外傳「孟子妻獨居踞，孟子入户視之，白其母曰：『婦無禮，請去之。』母曰：『乃汝無禮也，非婦無禮。禮不云乎？將入門，將上堂，聲必揚；將入户，視必下，不掩人不備也。』」將入門下有闕文。據列女傳「孟母曰：『夫禮，將入門，問孰存，所以致敬也；將上堂，聲必揚，所以戒人也；將入户，視必下，恐見人過也。』」是外傳「將入門」下當有「問孰存」三字。又二傳皆稱禮，則古本曲禮「將上堂」之上，當有「將入門，問孰存」六字。鄭注「聲必揚」云：「警内人也。」注「視必下」云：「不于掩人之私也。」皆本孟母説。

投殷之後於宋

樂記「投殷之後於宋」，鄭注：「投，舉徙之辭也。時武王封紂子武庚于殷墟，所徙者微子也。後周公更封而大之。」孔疏引發墨守云：「六年制禮作樂，封殷之後，稱公于宋是也。」説文「宋，居也。从宀木，讀若送。」錢氏斠詮曰：「宋从宀从木。木，社木也；宀，屋也。白虎通義『社無屋，以通天地之氣。

勝國之社則屋之，示與天地絶』。屋者居也，此制字之義。攷『宋』字自周武以前無之，特爲此而起，亦無他訓可求。釋名：『宋，送也，地接淮、泗而東南傾，以封殷後，若云滓濊所在，送使隨流東入海也。』與許説相發明。夫子于黄帝、堯、舜、禹後皆曰封，獨殷後曰投，蓋當時武庚叛亡，繼殷者有不能不處疏遠之勢，如箕子尚置于朝鮮，朝鮮在海之東北，宋在海之東南，其方不同，其例則一。」紹蘭按：錢説木爲社木，宀爲屋。宋于文木在宀下，社木不得在屋下，且稱社木，亦嫌與夏松、殷柏、周栗相混。今據郊特牲：「喪國之社屋之，不受天陽也。」公羊哀四年傳：「蒲社者何？亡國之社也。亡國之社蓋揜之，揜其上而柴其下。」何休注：「揜柴之者，絶不得使通天地四方，以爲有國者戒。蓋奄其上而棧其下。」賈疏郊特牲「喪國之社必屋之」，公羊云「揜其上」，即屋之是也。棧其下者，非直不受天陽，亦不通地陰。然則宋从宀者，即公羊所云「掩其上」，郊特牲所云「屋之也」，義取不受天陽。从木者，即公羊所云「柴其下」，康成所云「棧其下」也，義取不通地陰矣。

故祀以爲稷

祭法：「是故厲山氏之王天下也，其子曰農，能殖百穀。夏之衰也，周棄繼之，故祀以爲稷。共工氏之霸九州也，其子曰后土，能平九州，故祀以爲社。」召誥孔疏引：左氏説，「社稷惟祭句龍、后稷，人神而已」。孝經説，「社爲土神，稷爲穀神，句龍、后稷配食者」。郊特牲孔疏引：異義：「稷，今孝經説，稷者五穀之長，穀衆多，不可徧敬，故立稷而祭之。古左氏説，列山氏之子曰柱，死，祀以爲稷，稷是田正，周棄亦爲稷，自商以來祀之。許君謹案：禮緣生及死，故社稷人事之，既祭稷穀，不得但以稷米祭稷，反自食。」同左氏義。鄭駁之云：「宗伯以血祭祭社稷五嶽四瀆〔一〕社稷之神若是句龍、柱、棄，不得先五嶽而食。大司樂五變而致介物及土示。土示，五土之總神，即謂社也。六樂于五地，無原隰而有土祇，則土祇與原隰同用樂也。詩信南山云『畇畇原隰』，下云疏作「下之」，誤。『黍稷彧彧』，疏訛「彧彧」爲「或云」。原隰生百穀，稷爲之長。稷，疏訛「黍」。然則稷者原隰之神。若達此義，不得以稷米祭稷爲難。」紹蘭按：左氏昭二十九年傳：「稷，田正也，有烈山氏之子曰柱爲稷，自夏以上祀之；周棄亦爲稷，自商以來祀之。」白虎通社稷篇：「王者所以有社稷何？爲天下求福報功，人非土不立，非穀不食。土地廣博，不可偏敬也；五穀衆多，不可一一而祭也，故封土立社，示有土也；稷，五穀之長，故立稷而祭之也。稷者得陰陽中和之氣，而用尤多，故爲長也。」是班固同今孝經說。

左傳

而以夫人言許之

左氏莊三十二年傳：「初，公築臺臨黨氏，見孟任，從之閟，而以夫人言許之。」杜注：「許以爲夫人。」紹蘭按：此當讀「而以夫人言」爲句，謂以夫人爲言，是誘之也。猶莊八年傳「連偁謂其從妹曰：

〔一〕「五嶽四瀆」，原作「五祀五嶽」，據孔疏改。

『捷，吾以女爲夫人耳。』許之。」謂孟任許之，故下云「割臂盟公」也。若云許以爲夫人，則是公許之矣。七字連讀，文既不詞，且傳當云「而以夫人許之」，文義自明，「言」字爲贅。杜注失之。

八元

左氏文十八年傳：「高辛氏有才子八人，伯奮、仲堪、叔獻、季仲、伯虎、仲熊、叔豹、季貍，天下之民謂之八元，世濟其美。舜臣堯，舉八元，使布五教於四方。」杜注謂：「此即稷、契、朱、虎、熊、羆之倫，契作司徒，五教在寬，故知契在八元之中。」紹蘭按：杜據傳「布五教」之文，以八元中有稷、契，其說本鄭注堯典，謂「舉八元使布五教，契在八元中」。見生民疏。但傳稱高辛才子八人，兩舉伯、仲、叔、季，當是二母所出，各爲伯仲。而四妃各生一子，摯與堯既即帝位，自不在八元中。即姜嫄但生后稷，簡狄亦但生契，皆不得在伯、仲、叔、季之列。若以高辛之子總爲行敘，則摯應稱伯，堯應稱仲。今摯、堯既非八元，明不以嚳子統敘次第，足知稷、契亦不在內。故漢書古今人表既列八元，又出弃、离，弃即棄，离即契。今本班表奪「弃」字。馬氏繹史引表有弃，盧召弓據以補之。明不謂稷、契在八元中，即其確證。班表八愷中有皋陶，無庭堅，蓋因左氏皋陶、庭堅有明文，故徑易之，別出弃、离，更證班之詳慎，以經傳無文也。生民疏乃云：「古今人表八元八愷，與皋陶、禹、稷並不出其名，亦爲不知之故。」是孔未攷班表八元中明出皋陶，又別出禹於上上等，稷於上中等，且禹爲鯀子，若在八愷，傳何以云「世濟其美」乎？尤不然矣。然則傳云「布五教於四方」，亦謂八元佐契敷教，而八元中實無契、稷也。

公羊傳

不能乎母也

公羊僖二十四年：「天王出居于鄭。」傳：「不能乎母也。」徐疏引發墨守云：「聖人制法，必因其事，非虛之。孟子曰：『夫人必自侮，而後人侮之；家必自毁，而後人毁之；國必自伐，而後人伐之。』今襄王實不能孝道，稱惠后之心，令其寵專于子，失教而亂作，出居于鄭，自絶于周，故孔子因其自絶而書之。公羊以母得廢之，則左氏已死矣。」紹蘭按：左氏成十二年：「周公出奔晉。」傳：「凡自周無出，周公自出故也。」周公，周臣也，尚譏其自出，況襄王以天子無外，而書出乎？自出者，謂自作孽而出。故鄭引孟子「自侮、自毁、自伐」以見襄王不能孝道，亦是自出。此據左氏説也。公羊此傳云：「王者無外，此其言出何？不能乎母也。魯子曰：是王也，不能乎母者，其諸此之謂也。」傳文但云「不能乎母」，亦謂其不能孝道，無母得廢之之誼。何休解詁曰：「不能事母，罪莫大于不孝，故絶之言出也。」下無廢上之義，得絶之者，明母得廢之，臣下得從母命，此即墨守之文。鄭故發之曰：「母得廢之，則左氏已死。」以左氏傳敍惠后之死，在昭公奔齊之先，何得以母命廢之？故左氏又云「王曰：先后其謂我何」也。此發墨守皆用左氏説。

穀梁傳

仲子者何

穀梁隱元年秋七月：「天王使宰咺來歸惠公仲子之賵。」傳：「仲子者何？惠公之母，孝公之妾也。」楊疏引鄭釋廢疾云：「若仲子是桓之母，桓未爲君，則是惠公之妾，天王何以賵之？則惠公之母，亦爲仲子也。」紹蘭按：公羊傳：「惠公者何？隱之考也。仲子者何？桓之母也。何以不稱夫人？桓未君也。桓未君則諸侯曷爲來賵之？隱爲桓立，故以桓母之喪，告于諸侯。」何休解詁：「經言王者賵，赴告王者可知。故傳但言諸侯。」是公羊説仲子爲桓母，不以爲惠母，故鄭釋之云：「惠公之母亦爲仲子。」但彼仲子爲惠公母，即孝公妾，卒於孝公之時。范甯集解云：「仲子乃孝公時卒。」史記魯世家「孝公立二十七年卒，惠公立四十六年卒，隱公立」，仲子之卒，未知在孝公何年。即自孝公末年計之，至隱公元年已四十八年，周王斷無遲至此時始來歸賵之事，明仲子非惠公之母。左氏傳「宋武公生仲子，仲子生而有文在其手，曰爲魯夫人，故仲子歸于我，生桓公」。明仲子爲桓公之母，稱歸于我，明惠公不以爲妾，故桓幼而貴，此公羊説也。又云：「桓何以貴？母貴也。母貴則子何以貴？子以母貴。」即是子以母貴。然則隱公以桓母之喪赴告于王，王因使宰咺歸惠公之賵，并及仲子，自不得以天子賵妾爲疑。是公羊之誼較穀梁爲長。鄭此説不足以「釋廢疾」矣。左氏亦以仲子爲桓母，但又以二年夫人子氏薨，即仲子，故有子氏未薨預凶事之説。如果仲子未薨，王必不先歸其賵，故公羊以子氏爲隱母，其説亦勝左氏也。

說文段注訂補

一，凡一之屬皆從一。

補曰：一部「凡」字解云：「最括也。」必言凡者，敍云：「分別部居，不相雜厠。」又云：「其建首也，立一爲耑，方以類聚，物以羣分，同條牽屬，共理相貫，雜而不越，據形系聯，引而申之，以究萬原，畢終於亥，知化窮冥。」是其文字繁多，各有統屬，故須發凡以爲最括。周官宰夫職曰：「掌官成以治凡。」左氏隱十一年傳：「凡諸侯有命，告則書，不然則否。」杜注謂：「此蓋周禮之舊制。」其釋例云：「偁凡者五十，其別四十有九，以母弟二凡，其誼不異。」説文每部之首言凡，誼取周官、左氏矣。某之屬者，尾部屬連也，謂連其字，使有所統，猶周官則「帥其屬」之屬也。皆從某者，从部「從，隨行也」，謂隨其文，各依其類，猶周官則「從其長」之從也。又全書言「凡某之屬皆從某」，非僅指本部而言，它部有從某字者，皆於此部凡某該之。如一部元、天、丕、吏之「從一」，自不待言。若「帝」下云：「古文諸丄字皆從一。」王下云：「孔子曰：一貫三爲王。」丨即一之竪，故云「一貫三。」「士，事也。數始於一，終於十，從一從十。孔子曰：推一合十爲士。」韻會所引如此，玉篇同。「屯，難也。象屮木之初生，屯然而難，從屮貫一。一者地也。」「葬，藏也。從死在茻中，一其中，所以薦之。」「正，是也。從止，一以止。」「足，古文正，從一足，足亦止也。」「干，犯也。從反入，從一。」「十，數之具也。一爲東西，丨爲南北，則四方中央具矣。」「音，聲也。從言含一。」「聿，所以書也。從肀一聲」。「寸,十分也。人手卻一寸動𧖴謂之寸口,從又一。」「百,十十也。從一白。數十百爲一貫,相章也。」「再,一舉而二也。從一冓省。」「寽,五指持也。從𠬪一聲。」「刅,傷也。從刃從一。」「甘,美也。從口含一。一,道也。」「丂,气欲舒出,勹上礙於一也。」「亏,於也。象气之舒。亏從丂從一。一者,其气平也。」「血,祭所薦牲血也。從皿,一象血形。」「亼,三合也。從入、一,象三合之形」。「本,木下曰本。從木,一在其下。」「朱,赤心木,松柏屬。從木,一在其中。一者,記其心。」下五字據韻會引補。「末,木上曰末,從木,一其上也。」「才,艸木之初也,從丨上貫一,將生枝葉,一者地也。」「之,出也。象艸過屮,枝莖益大,有所之。一者,地也。」「𣎵,止也,從𣎵盛而一橫止之皃也。」「乇,艸葉也。從垂穗上貫一,下有根,象形。」「日,實也。太陽之精不虧,從〇一,象形。」「旦,明也。從日見一上,一,地也。」「毌,穿物持之也,從一橫毌,各本皆作貫,據許說當如此。象寶貨之形。」「韭,一種而久生者,故謂之韭。象形,在一之上。一,地也。此與耑同意。」「一地也」三字,小徐本無,韻會以爲徐鍇說。廣韻、集韻、類篇皆有此三字,與大徐同。「冖,覆也。從一下垂也。」「冃,重覆也。從冂一。」「兩,二十四銖爲一兩,從一㒳平分。」「丘,土之高也。從北從一,一,地也。」「兀,高而上平也。從一在人上。」「后,繼體君也。象人之形施令以告四方,故厂之從一口發號者,君后也。」「昜,開也。從日一勿。」「𩡧,馬一歲也。從馬,一絆其足。」「夫,夫也。從大,一以象簪也。」「立,侸也。從大立一之上。」「溼,从水,一所以覆也。」「巛,害也。從一雝川。」「雨,水從雲下也。一象天,冂象雲,水霝其間也。」「不,鳥飛上翔不下來也。從一,一猶天也,象形。」「至,鳥飛從高下至地也。從一,一猶地也。象形，不上去而至下來也。」「氐，本也，韻會引有此二字。至也。從氐下著一，一，地也。」「戈，平頭戟也。從弋，一橫之，象形。」「或，邦也。從口從戈，以守一，一，地。」「乍，止也。一曰亡也。從亡一，一有所礙也。」末五字據韻會引補。「匸，衺徯有所俠藏也。從乚，上有一覆之。」「二，地之數也，從耦一。」「亐，賜予也。一勺爲与。」「且，薦也。從几，足有二橫，一其下，地。」「七，陽之正也。從一，微陰從中衺出也。」「甲，古文甲。始於一，見於十，歲成於木之象。」「丙，位南方，萬物成，炳然陰气初起，陽气將虧，從一入冂，一者，陽也。」「辛，秋時萬物成而孰；金剛味辛，辛痛即泣出。從一從辛。辛，辠也。」「丣，古文酉，從卯從一。據類篇引如此。卯爲春門，萬物已出，丣爲秋門，萬物已入，丣閉門象也。」「戌，滅也。九月陽气微，陽下入地，戊含一也，五行土生於戊，盛於戌，從戊一亦聲。」以上諸一字，皆一之屬，皆從道立於一之一，故云「凡一之屬皆從一」。舉此一隅，其餘五百三十九部，皆可以此推之。

禦，祀也。

補曰：此禦，六沴之祀也。尚書大傳「維五位復建辟厥沴」，鄭注云：「君失五事，則五行相沴，違其位。復立之者，當明其喬忿變異，則知此爲貌邪言，輒改過以共禦之，至司之本月，又必齊肅祭祀，以撫其神，則凶咎除矣。不言六位，天不違其位也。」曰「二月三月，維貌是司；四月五月，維視是司；六月七月，維言是司；八月九月，維聽是司；十月十一月，維思心是司；十二月與正月，維王極是司。司，主也，此所謂夏數也。夏數得天之正元，或疑焉。此用五事之次，則四月五月主視，六月七月主言，非也。匿五行王相之次，則八月九月主聽，十月十一月主思心，亦非也。子駿傳曰「二月三月維貌是司，四月五月維視是司，六月七月維思心是司，八月九月維言是司，十月十一月維聽是司，十二月與正月維王極是司」，於四時之氣，似相近也。凡六沴之作，歲之朝，月之朝，日之朝，則后王受之。歲之中，月之中，日之中，則正卿受之。歲之夕，月之夕，日之夕，則庶民受之。其二辰以次相將，其次受之。自正月盡四月爲歲之朝，自五月盡八月爲歲之中，自九月盡十二月爲歲之夕；上旬爲月之朝，中旬爲月之中，下旬爲月之夕；平旦至食時爲日之朝，禺中至日昳爲日之中；下晡至黄昏爲日之夕。受之，受其凶咎也。二辰謂日月也。假令歲之朝也，日月中，則上公受之；日月夕，則下公受之。歲之中也，日月朝，則孤卿受之，日月夕，則大夫受之；歲之夕也，日月朝，則上士受之；日月中，則下士受之。其餘差以尊卑多少則悉矣。星辰莫同，是離逢非沴，惟鮮之功。莫，夜也，星辰之變夜見，亦與晝同。初昏爲朝，夜半爲中，將晨爲夕。或曰將晨爲朝，初昏爲夕也。離，憂也；逢，見也。是爲憂見之象，非沴也。言王行非能沴天者也。鮮，殺也；功，成也。惟凶咎之殺已成，故天垂變異以示人也。禦貌於喬忿，以其月，從其禮，祭之參，乃從；禦言於訖衆，以其月，從其禮，祭之參，乃從；禦視於忽似，以其月，從其禮，祭之參，乃從；禦聽於怵攸，以其月，從其禮，祭之參，乃從；禦思心於有尤，以其月，從其禮，祭之參，乃從；禦王極於宗始，以其月，從其禮，祭之參，乃從。止貌之失者，在於去驕忿。驕忿者，是不恭之刑也，謂若傲很明德忿戾無期之類也。從，順也，三祭之，其神乃順，不怒也。訖，止也，止言之失者，在於去止衆。止衆者，是不從之刑也，止衆謂若周厲王弭謗以障民口之類也。止視之失者，在於去忽似。忽似者，是不明之刑也，謂若亂於是非，象恭〔一〕滔天及

〔一〕「恭」，原作「共」，據尚書堯典改。

不辨鹿馬之類也。怵讀爲獸不狘之狘。攸讀爲風雨所漂飄之飄。止聽之失者，在於去怵攸。怵攸者，是不聰之刑也，謂若老夫灌灌，小子蹻蹻，誨爾諄諄，聽我眊眊之類。尤，過也。止思心之失者，在於去欲有所過。欲有所過者，是不睿之刑也，謂若昭公不知禮而習小儀，不修政而欲誅季氏之類也。宗，尊也。止王極之失者，在於尊用始祖之法度。不言惡者，人性備五德，得失在斯，王不極則五事皆失，非一惡也。大者易姓，小者滅身，其能宗始，則録延其受命之君，承天制作，猶天之教命也。故掌祖廟之藏者，謂之天府也。六沴之禮，散齊七日，致齊，新器絜祀用赤黍，三日之朝，於中庭祀四方，從東方始，自南至西，卒於北方。禮志「致齊三日」，周禮「凡祭祀前期十日，宗伯帥，執事卜日，是爲齊一旬乃祀也」。今此致齊即祀者，欲得容三祀也。蓋八日爲致齊，明九日朝而初祀者，一旬有一日事爲畢也。新器赤黍，改過之宜也。中庭，明堂之庭也，或曰朝廷之廷也。此祀五精之神，其牲器粢盛有常，禮記其異者也。不祀天，非正月，亦以此禮祀此神也。其祀，禮曰格祀，篇名也，今亡。曰：某也方祀，曰：播國率相行事。篇中大祝贊主人辭也。某，天子名也。方祀，祀四方也。播，讀曰藩。藩國，謂諸侯相助也，言諸侯率其常事來，即助行祭之禮也。其祝也曰：若爾神靈洪祀，六沴是合。大祝告神，以君悔過之辭也。周禮「大祝掌六祝之辭，以事鬼神，祇祈福祥，求永貞也」。神靈謂木精靈威仰，火精赤熛怒，土精含樞紐，金精白招矩，水精汁光紀。及木帝太皞，火帝炎帝，土帝黃帝，金帝少皞，水帝顓頊；木官句芒，火官祝融，土官后土，金官蓐收，水官玄冥，皆是也。生能其事，死在祀典，配其神而食。合猶爲也，六沴是神靈所爲。無差無傾，無有不正。言神靈正直無邪類，所謂沴皆是也。若民有不敬事，則會批之六沴。六事之機，以縣示我，我民人無敢不敬事，上下王祀。」言民廣及天下有過者也。事，六事也。會，合也。批，推也，言天下有過，神靈亦合會内推六沴。天子以天下爲任者六事：貌、言、視、聽、思、心、王極也。機，天文也，天文運轉以縣見六事之變異。示我，我謂天子。我與民人無敢不敬畏六事，上下君祀之。所縣示變異者，言皆悔過也。上君祀靈威仰，下君祀大皞之屬也。

从示，御聲。

補曰：彳部：「御，使馬也。从彳从卸。」是御有止義。「禦，从示，御聲」，形聲兼會意。

䕮，灌渝，从艸，夢聲，讀若萌。

注曰：「今釋艸「葭蘆菼薍其萌蘿」，郭云：「今江東呼蘆筍爲蘿，音繾綣。」下文「蕍芛葟華榮」，郭別爲一條。許君所據爾雅「䕮灌渝」句，字皆與今文大乖，今不可得其讀矣。

訂曰：詩秦風「不承權輿」，毛傳：「權輿，始也。」爾雅釋詁：「權輿，始也。」郭注引詩「胡不承權輿」。大戴禮誥志篇「虞、夏之曆，正建于孟春，於時冰泮，發蟄，百艸權輿」。此「䕮，灌渝」之切證。許讀「䕮」若「萌」，而以「灌渝」二字連文爲句，蓋爾雅釋艸古讀如此。「灌渝」正字，「權輿」借字。郭氏不知，乃讀「其萌蘿」爲句，「蕍」屬下讀，蘿蕍皆俗字。正可據許讀以糾郭讀之誤。段氏乃云：「許君所據爾雅䕮灌渝句，字皆與今本大乖。」且云「今不可得其讀」。何其遷就游移，疑誤後學至此乎？逸周書周月解：「日月俱起於牽牛之初，右回而行。月周天進一次而與日月宿，日行月一次而周天，歷舍于十有二辰，終則復始，是謂日月權輿。」亦權輿二字連文不分讀之一證。惟文酌解「幹勝權輿」，孔晁注云「言有權無不興」，始析權輿爲兩。謝氏金圃即斥之曰：「注謬。幹謂骨幹，勝讀平聲。權輿，始基也，立基能勝之也。」自孔氏有此注，或又謂「造衡自權始，造車自輿始」之説，孫氏季述正之，以爲「權輿者，艸木之始，大戴禮『孟春百艸權輿』，揚雄賦『萬物權輿於内，徂落於外』。釋艸云『其萌虇蕍』，郭景純以蕍屬下句，按説文『蔢，灌渝』，蔢讀若萌，即釋艸之『萌虇蕍』。權輿與灌渝聲相近也』。言簡而明。

薙，除艸也。

注曰：周禮雉氏掌殺艸。雉或作夷，古雉音同夷，故鄭云「字從類」，類謂聲類也。大鄭從夷，後鄭從雉，而讀爲鬀。作薙者，乃俗字，猶稻人芟夷字，俗作芟荑也。

訂曰：周禮秋官序官「薙氏」注云：「書薙，或作夷。鄭司農云：『掌殺艸，故春秋傳曰：如農夫之務去艸，芟夷薀崇之。又今俗間謂麥下爲夷下，言芟夷其麥，以其下種禾豆也。』玄謂：『薙讀如鬀，小兒頭之鬀，書或作夷。此皆翦艸也，字從類耳。月令曰：燒薙行水，非謂燒所芟艸乃水之。』」是周官故書薙氏或作夷氏，先鄭據左氏，芟夷從故書作夷；後鄭據月令，燒薙從今書作薙，而讀如鬀。皆不作雉。以雉與夷音義雖同，而除艸之字自當从艸，以雉爲聲，此形聲通例也。薙氏職曰：「夏日至而夷之。」鄭注月令引作「薙之」，則「薙」字秋官凡三見，無作雉者。張衡東京賦曰：「若薙氏之芟艸。」是又漢時舊本周官作薙不作雉之明證。薛綜注云：「周禮有薙氏，芟除艸菅。」此「菅」字疑是「官」字之訛。玉篇：「薙，周禮薙氏掌殺艸。」是又六朝以前舊本周官作薙不作雉之明證。惟釋文於「薙氏」下云：「字或作雉。」言或者，明非正本，則説文「薙」字本諸周官，解爲除艸，無可疑也。至鄭云「字從類」，文承「此皆翦艸也」之下，謂故書夷字，今書薙字，皆是翦艸之類，故云字從類，非謂聲類。假令鄭謂聲類，當云「聲從類」，何以云「字從類」乎？稻人「夏以水殄艸而芟荑之」，説文「荑艸也，从艸夷聲」。經文借荑爲夷，非芟艸正字，亦非俗字，故先、後鄭皆以芟夷解之，非薙爲除艸之正字者可比。齊民要術引此經正作芟夷，可見舊本固是夷字。段氏乃以薙爲俗字，猶稻人芟夷俗作芟荑，既已儗非其倫，而謂古雉音同夷，遂據釋文「字或作雉」之云，徑偁周禮雉氏。試思先鄭從故書則作夷，不作雉；後鄭從今書則作薙，不作雉；許、張、薛、顧諸儒所見正本周官皆作薙，不作雉。是段所據者，僅一或本也，凭或本而改正本之經，斯爲鉅謬矣。

明堂月令：「季夏燒薙。」

注曰：月令「燒薙」，蓋亦本作「燒雉」。

訂曰：月令「季夏之月，大雨時行，燒薙行水，利以殺艸，如以熱湯。」鄭注云：「薙謂迫地芟艸也。此謂欲稼萊地，先薙其艸，艸乾燒之，至此月大雨，流水潦畜於其中，則艸死不復生，而地美可稼也。薙人齊民要術注引鄭此注作薙氏。掌殺艸，職曰：『夏日至而薙之。』又曰：『如欲其化也，則以水火變之。』」今案薙氏職鄭於此下注云：「謂以火燒其所芟萌之艸，已而水之，則其土亦和美矣。」月令「季夏燒薙行水，利以殺艸，如以熱湯」，是其一時著之。又於序官「薙氏」下注云：「月令燒薙行水，非謂燒所芟艸乃水之。」是鄭以燒薙爲一時事，行水爲一時事，二事非同時，月令順文併著之於一時耳。許引明堂月令以證薙字之義，祇引燒薙，不及行水，亦謂非一時事。鄭義與許同也。然則鄭所見明堂月令作「燒薙」，不作「燒雉」矣。呂氏春秋季夏紀曰「燒薙行水」，則不韋所見明堂月令亦作「燒薙」，不作「燒雉」矣。高注云「燒薙行水灌之」，則高誘所見明堂月令亦作「燒薙」，不作

「燒雉」矣。齊民要術引明堂月令曰「乃燒薙行水」，則賈思勰所見明堂月令亦作「燒薙」，不作「燒雉」矣。段氏乃云：「月令『燒薙』，蓋亦本作『燒雉』。」攷之禮記音義，「燒薙」下亦不言「本或作雉」，知唐以前皆無作「燒雉」者。則説文「薙」字，又本諸月令解爲除艸，無可疑也。段氏音古雉音同夷，遂疑月令作「燒雉」，試問其所據究屬何本月令？許從明堂月令，作「薙」不作「雉」，吕、鄭、高、賈諸儒所見皆無作「雉」之本，是段一無所據也。凭肊疑記，又爲鉅謬矣。

從艸，雉聲。

注曰：許君説文本無薙字，淺人所羼入也。

訂曰：爾雅釋詁「矢，雉陳也」，「夷，易也」，「矢，弛也」，「雉，易也」，矢、雉、夷、弛四字互爲訓詁，明其音義竝近。漢書地理志南陽郡雉注云：「舊讀雉，音弋爾反。」江夏郡下雉，如淳曰：「音羊氏反。」揚雄傳「列新雉於林薄」，服虔曰：「新雉，香艸也。雉、夷聲相近。」是服子慎謂辛雉即新夷也。薙从雉得聲，是以薙氏書或作夷，以雉聲近夷，非謂雉字即薙。故古本周官、月令無作雉氏、燒雉者。蓋薙爲除艸，必从艸、雉，方合形聲之例。許書之薙，既本周官，又明引明堂月令，其爲有此薙字，可無疑義。玉篇「薙」引周禮，又釋之曰「謂以鉤鎌迫地芟之」，與許、鄭之義竝合。廣韻十二霽「薙，除艸」，雖未明引説文，而解則本許氏。類篇「薙」下云：「説文除艸也。」引明堂月令「季夏燒薙」。集韻十二霽「薙」下云：「説文除艸也。」引明堂月令「季夏燒薙」。皆全引説文。宋刊大徐本，宋鈔小徐本，與今本竝同。段謂「説文本無薙字，爲淺人所羼入」，則又不知其所據無薙字之本，究屬何本説文？甚矣其謬也。

𠔁，分也。

注曰：此即今之兆字也。廣韻「兆，治小切」。引説文「分也」。此可證孫愐以前𠔁即兆矣。又云：𠧞，灼龜坼也，出文字指歸。文字指歸者，曹憲所作，此可證孫愐以前卜部無兆𠧞字矣。顧野王玉篇八部有「𠔁，兵列切」，卜部之後出兆部，又云「𠧞同兆」，此可證顧氏始不謂𠔁即兆字矣。虞翻説尚書分北三苗云「北，古別字」，不知其所本，要與重八之𠔁無涉。豈希馮始牽合而歧誤與？治説文者乃於卜部增𠧞爲小篆，兆爲古文。於𠔁下增之云「八，別也，亦聲。兵列切」，以證其非兆字，而説文之面目全非矣。𠔁从重八者，分之甚也，龜兆其一也。凡言朕兆者，如舟之縫，如龜之坼。

訂曰：吴志虞翻傳注，翻奏鄭玄解尚書違失事，云：「分𠔁三苗，𠔁，古別字。」二𠔁字今本裴注皆訛北。據云：古別字，明其是𠔁非北。假令是北，不得言古別字矣。下文亦不得言又訓北矣。今本史記五帝本紀亦作「分北」。集解引鄭書注釋爲「分析」，明非北字。北當訓背，不得訓析，知史記亦是𠔁字，皆後人以某氏古文尚書改之，今訂正。此虞所見書本作𠔁也。又云：「又訓北，言北猶別也。」是虞誣鄭訓𠔁爲北，北猶別，爲違失之一事。然據此足知鄭所見書亦本作𠔁也。古本尚書作𠔁，仲翔以𠔁爲古別字，康成以分𠔁爲分析流之分析，猶分別，皆不謂𠔁爲兆。段氏乃據廣韻「兆，治小切」，引説文「分也」，爲孫愐以前𠔁即兆之證。試思「分𠔁三苗」，見於漢本虞書，在孫愐以前，曾有讀爲分兆三苗者乎？其誤一也。周官音義於春官大卜經文大書出「三𠧞」二字，注云「音兆，亦作兆」，此即說文「𠧞」字所從出。注云「亦作兆」，即謂兆古文𠧞省。許偁周官皆古文，其所據當是兆字。今以𠧞爲正文，解云：灼龜坼，兆爲重文，先篆後古之例也。唐以前舊本大卜用篆文作𠧞，陸氏所據本是也；唐以後本用古文省而隸變作兆，今通行本是也。許不明偁周官者，說文此類甚多。其曉然可知者，如「卙」下「詞之卙矣」，「鶴」下「鶴鳴九皐，聲聞于天」，「汷」下「一之日滭汷」，「鮓」下「蒸然鮓鮓」，「鮍」下「鱣鮪鮍鮍」，皆不偁詩。「祅」下「地反物爲祅也」，「戕」下「他國臣來弒君曰戕」，「武」下「楚莊王曰：夫武，定功戢兵，故止戈爲武」，皆不偁春秋傳。「祠」下「仲春之月，祠不用犧牲，用圭璧更皮幣」，不偁禮。「䟴」下「趨進䟴如也」，「躩」下「足躩如也」，「鏗」下「讀若鏗爾舍瑟而作」，皆不偁論語。「覞」下，「齊景公之勇臣有成覞」，不偁孟子。「珣」下「醫無閭之珣玗琪」，「環」下「好若一謂之環」，「道」下「一達謂之道」，「藹」下「臣盡力之美」，「睒」下「讀若白，蓋謂之苫」，「縓」下「一染謂之縓，再染謂之赬。三染謂之纁」，「纀」下「裳削幅謂之纀」，皆不偁爾雅。祭酒稽譔說文，自敘云：「今敘篆文，合以古籀，博采通人，至于小大，信而有證。」其偁易孟氏、書孔氏、詩毛氏、禮、周官、春秋左氏、論語、孝經皆古文，豈有大卜「三𠧞」載在周官，隋、唐人猶及見之，而說文反不著之於篇者？則許書之有兆字，可無疑義。鄭注大卜云：「兆者，灼龜發於火，其形可占者，其象似玉瓦原之璺罅，尋其文義。」即本說文。康成注經，故必須詳言玉瓦原，叔重解字，故祇須略言灼龜坼，而其義已足。曹憲作文字指歸，其解𠧞字，全襲許語，但未明引說文。逮孫愐作廣韻時，偶閱指歸，隨便采入，未檢說文，故云出文字指歸。此著述家常有之事，亦廣韻常有之事。今擇其引說文以後之書，文與許同，不偁說文者，如「𪚰，龜名」引字書，「烘，燎也」引字林，「猗，犗犬」出字林，「羠，犍羊也」引廣雅，「阺，秦謂陵阪爲阺也」,引字統,「尢,遠荒」引埤蒼,「𡕧,微畫也」引字統,「口,回也,象圍帀之形也」引文字音義,「虍,虎文也」引字林,「言,直言曰言,答難曰語」引字林,「匰,宗廟盛主器」出字書,「葎,艸茂皃」,出字林,「䜭,斷首」出玉篇,「欭,口氣引也」引字林,「摽,擊也」引字統,「𪗊,齒𪗊趺」出字統,「魌,人值鬼驚詞」引纂文,「王,三者天地人,一貫三爲王,天下所往」引字林,「嫪,婪嫪也」引玉篇,「鵅」字林作「䧿」、「䧿」,「夭,小㚇也」引字林,「媄,顔色姝好也」引字樣,「𣥂,止也,从市一横止之」出文字音義,「禹,蟲名」引字林,「俌,輔也」出埤蒼,「柱,楹謂之柱」引廣雅,「土,吐也,吐萬物也」引釋名,「誧,大也,助也」引文字音義,「辠從自辛也,言辠人蹙鼻辛苦之憂,始皇以辠字似皇,乃改爲罪也」引文字音義,「睟,秦晉聽而不聰,聞而不達,曰睟」引字林,「鼩,地中行鼠,百勞所化」引字林,「衍,水朝宗於海,故從水行」引字統,「厶,相詆也」引修續譜,「覞,目有所察」引字林,「茁,鹿豆也」引玉篇,「穵,貧病也」引字書,「稔,秋穀熟也」引廣雅,「旇,旌旗」引埤蒼,「坴,坴墼也」出字林,「翠,青羽雀」引字林,「溳,水名,在河南密縣」出文字音義,「逗,住也」出何承天纂文,「界,目驚界界然」出埤蒼,「妎,疾妎妬也」引字林,「限,𨻶限也」引字林,「萬,蟲名也」引字林,「浛水,出北囂山也」引文字音義,「就,事有不善曰就薄」引字統,「秃,蒼頡出見秃人,伏於禾中,因以制字」引文字音義,「㐄,蹈也,从反止」引文字音義,「截,斷也」引廣雅,「离,蟲名也」引字林,「鵲」字林作「䧿」、「舃」,纂文云「古鵲字」,「雒鵋鵙鳥」引字林,「蒦,度也」引博雅,「職,記微也」引字林,「輴,車藉交革」引字書,「[illegible],埃也」引字統,「[illegible],竦身皃」出玉篇,「[illegible],羊箠也」引廣雅,「[illegible],至也」引字統,「集本作𣡽,羣鳥駐木上」引字林,「荅,小豆」引正名。詳攷其文,或引它書,或云出某書,而不引説文者,計六十四字,其稍異者尚不在此數,豈得據此遂謂説文無𪓰、烘、猗、[illegible]、阺、尢、𡕧、口、虍、言、匰、葎、䜭、欭、摽、𪗊、魌、王、嫪、䧿、夭、媄、𣥂、禹、俌、柱、土、誧、辠、睟、鼩、衍、厶、覞、茁、穵、稔、旇、坴、翠、溳、逗、界、妎、限、萬、浛、就、秃、㐄、截、离、䧿、舃、雒、蒦、職、輴、[illegible]、[illegible]、[illegible]、[illegible]、𣡽、荅等字？内惟「秃」字，據今本説文，下有「未知其審」四字。許無此例，或校者據文字音義綴記於後，然亦不能因此謂説文無「秃」字也。餘無可疑。即段注亦無異説，何獨於文字指歸而忽爲此紛更之論？今即以廣韻引指歸者證之。二十七删「擐，貫也，又音患」，出文字指歸。攷之説文「擐，貫也」，其文正合，豈亦可云説文無「擐」字乎？十姥「土」，文字指歸無點，此謂俗書土上有點，指歸無之。攷之説文「土，二象地之下，地之中。丨，物出形也」，其文正合，豈亦可云説文無「土」字乎？六至「帥」，文字指歸云：「佩巾也。」攷之説文「帥，佩巾也」，其文正合，豈亦可云説文無「帥」字乎？三十三線「線，縷也；綫，細絲也」，出文字指歸。細絲即縷。攷之説文「綫，縷也，線，古文」，其文正合，豈亦可云説文無「綫」字乎？四十一漾「攘」，文字指歸云：「揖攘。」攷之説文「攘，推也；揖，攘也」，其文正合，豈亦可云説文無「攘」字乎？三十怗「燮，孰也」，文字指歸「从辛又炎」。攷之説文「燮，大孰也，从又持炎辛」，其文正合，豈亦可云説文無「燮」字乎？此六字，皆出指歸，段注竝無異説。於「土」字，但説有點無點之異音。於「燮」字，且云廣韻所引指歸，蓋用許説。何獨於「𠧞」字，據廣韻謂出文字指歸，爲孫愐以前卜部無兆𠧞之證？試思大卜三𠧞，見於唐以前周官經文，在孫愐以前曾有作爲三𠕒之瀍者乎？其誤二也。玉篇分部原不同於説文，如「父」字，説文本在又部，而玉篇别出父部；「云」本在雲部，古文雲。而别出云部；「喿」本在品部，而别出喿部；「尣」本在儿部，而别出尣部；「處」本在几部，而别出處部；「磬」本在石部，而别出磬部；「索」本在𣎳部，而别出索部；「書」本在聿部，而别出書部；「𣏟」本在木部，而别出𣏟部；「弋」本在厂部，而别出弋部；「單」本在吅部，而别出單部。如此十一字，明非説文所無，段氏亦竝無異説，何獨於「兆」字據玉篇卜部之後出兆部，爲顧氏始不謂𠔁即兆之證？又謂希馮始牽合歧誤？試思康成、仲翔皆在希馮之前，一則注分𠔁爲分析，一則以𠔁爲古别字，曾有謂𠔁即兆字者乎？其誤三也。段氏又據誤本裴注，謂「虞翻説尚書分北三苗云：北，古别字」，今謂虞云「古别字」，知其所據尚書本作𠔁，故云「𠔁，古别字」。其實𠔁非古别字，特以𠔁之音義𠔁，分也，兵列切。與别相近，𠛰，分解也，憑列切。輒説𠔁爲古别字。若是北字，北，菲也，博墨切。菲，戾也。其義其音判然各異，翻即不精六書，未必紕繆至此，而云「北，古别字」也。段乃强坐虞翻作北，不顧北别之説不可通，猥云「不知其所本，要與重八之𠔁無涉」。如其説，則必當作「𠔁，古兆字」，而後爲有涉乎？其誤四也。總而論之，八部之𠔁，當據鄭、虞所見尚書「分𠔁三苗」爲證，讀爲「兵列切」；卜部之𠧞，當據釋文所見古本大卜「三𠧞」爲證，讀爲「治小切」。今本説文竝不失許書真面目。如段所説，則有𠔁無𠧞，而𠧞兆字亡，𠔁讀治小切，而𠔁字亦亡，是説文又遭一大戹也。段氏乃云治説文者於卜部增𠧞爲小篆，兆爲古文，於𠔁下增「八，别也，亦聲，兵列切」，以證其非「兆」字，説文之面目全非。獨不思尚書之分𠔁是説文𠔁字所本，周官之三兆是説文「兆」字所本，豈治説文者所能增？不幾於以不狂爲狂乎？其誤五也。

从重八。八，别也，亦聲。注删「八，别也，亦聲」五字，改「兵列切」爲「治小切」。

注曰：此下删「八别也亦聲」五字，會意，治小切。二部楚金云：「或本音兆。」按此相承古説也。

訂曰：八下云：「别也，象分别相背之形。」〣从重八，其解爲分，謂别而又别，故偁「八，别也」，覆説「从重八」之意。下又偁「孝經説」之「别」，以證此「八，别也」之「别」，文義先後相承，則「八，别也」三字斷不得删。八、别雙聲亦疊韻，〣从重八，故云「亦聲」，謂八亦聲也，則「亦聲」二字斷不得删。〣爲形聲字，段乃强删五字，以遷就其〣即兆字之説，而以爲會意。竊謂許氏不能豫知段氏以「兵列切」之〣爲「治小切」之兆，加此「八，别也，亦聲」五字，大有礙於段説，是許氏之過。若段氏明知許氏以「兵列切」之〣非「治小切」之兆，删此「八，别也，亦聲」五字，大有害於許書，則是段氏之謬也。至楚金云「或本音兆」，此「或本」即沿廣韻之誤，非别有古説也。段乃以此爲相承古説，是又何邵公所謂「甚可閔笑者矣」！

孝經説曰：

注曰：孝經説者，孝經緯也。後鄭注經引緯，亦曰某經説，鄭志答張逸曰：當爲注時，時在文綱中，嫌引祕書，故諸所牽圖讖，皆謂之説。

訂曰：目部「瞋重文眡」云云，祕書「瞋从戌」；易部「易」，字説、祕書説「日月爲易，陰陽分也」。皆明引祕書，不必如鄭志所云「嫌引祕書」者，蓋許譔説文時，賈侍中輩正用緯書圖讖，與後鄭注經之時各有不同，此引孝經説，或在長孫氏説二篇、江氏説一篇、翼氏説一篇、后氏説一篇、安昌侯説一篇中，漢書藝文志孝經家。均未可定，不能必其爲孝經緯也。

「故上下有别。」

注曰：此引緯説字形重八之意也，上別下別則二八矣。集韻改爲「上下有仌」，非也。

訂曰：此引孝經説之「別」字，以證上文「八，別也，亦聲」之「別」，見以證篆文之𠔁，謂此別字其音義竝與𠔁同意，非説字形重八之意也。云字説引易曰「突如其來如」，謂「突」與「𠫓」同意。「𣀨」字解云「周書以爲討」，「周」蓋「尚」之誤。謂「討」與「𣀨」同意。「夐」字解引商書「高宗夢得説，使百工營求，得之傅巖」，謂「營」與「夐」同意。「眊」字解云「虞書耄字如此」，「虞」蓋亦「尚」之誤。謂「耄」與「眊」同意。「構」字解云「杜林説以爲椽桷字」，謂「桷」與「構」同意。「叟」字解云「杜林説以爲貶損之貶」，謂「貶」與「叟」同意。皆與此引「別」證「𠔁」事同一例。段氏以爲説字形重八之意，於諸説皆不可通矣。且孝經説本非説此𠔁字，其云「上下」者，乃指孝經「天子諸侯卿大夫士庶人」而言，經文上下連言者凡三見，對言者凡再見，此「上下有別」，蓋即説其大要，與𠔁之字形重八何涉？許氏引以證𠔁，亦祇重在「別」字，不重在「上下」字，以「重八」非謂「上下」也。段氏既知集韻改爲「上下有仌」之非，其自爲説乃曰「上別下別則二八」。今案𠔁从重八，謂其中作儿，左右又分作儿，以重襲於儿之外，與「它」字左右相竝者不同，故云重八。其字形相承作𠔁，不作仌。若果作仌，則史記及裴注何至誤爲「北」？而廣韻亦無因誤爲「兆」矣。足知𠔁之爲字，又與「它」字上下相重者不同。左右謂之竝，上下謂之重。「多」字説云：「重夕爲多，㚃，古文多。」先有古文，後有篆文，是㚃亦爲重夕也。小徐本作㚃，古文竝夕。段彼注云：「有竝與重異者，如棘棗是也。有竝與重同者，如㚃夕是也。」是段亦謂竝有與重同也。況𠔁之重八，其文更殊於㚃之竝夕乎！明不得云「上別下別」而作仌矣。尋段「上別下別」之言，其意中橫據上下二字，謂孝經說自不當作仌字，而𠔁仍當作仌，故於此注引玉篇八部作仌，此是顧氏泥於上下之文，其誤在顧，與段無涉。而於𠔁字注，一則曰「見八部仌下」，再則曰「八部仌字，即龜兆字」，三則曰「今仌音兵列切」。此則段氏亦泥於「上下」之文，以左右重八之𠔁，爲上下重八之仌，於其「上別下別」一言見之，既不善讀孝經說，又甚乖許引孝經說之意矣。

斁，解也。

注曰：此與「釋」音義同，後人區別之。

訂曰：采部：「釋，解也。」斁、釋音義雖同，部分迥别，判然二字，安得云後人區別之乎？周書梓材篇「和懌先後迷民」，釋文「懌字又作斁。」心部無「懌」，作「斁」者是。「和斁」即和解，與「迷民」義正合。

从攴，睪聲。

補曰：「攴」字說云：「小擊也。」幸部「睪」字解云：「目視也，从橫目，从幸，令吏將目捕罪人也。」攴睪是拘捕罪人而擊之。斁，从攴，睪〔一〕聲，其義爲解者，此反訓也。

詩曰：「服之無斁。」斁，厭也。

注曰：厭同猒，飽也。

〔一〕「睪」上原衍「从」字，據說文删。

訂曰：厭當作猒。甘部「猒」字解云：「飽也，从甘从肰」。厂部：「厭，笮也，从厂猒聲。一曰合也。」此二字異部異義。「斁」字之詁，本是猒字，經典借厭爲猒，後人習見釋詁、毛傳作厭，因改解中「猒」字爲厭，自當更正。段氏乃云厭同猒，非其義矣。

一曰終也。

補曰：莊氏寶琛曰：「周書梓材：『若作室家，既勤垣墉，惟其塗塈茨；若作梓材，既勤樸斲，惟其塗丹雘。』正義云：『二文皆言斁即古塗字。』賈昌朝羣經音辨『斁，塗也，音徒。』引書『惟其斁塈茨。』集韻、類篇引書『斁丹雘』。又『和懌先後迷民，用懌先王受命』，釋文云：『懌字又作斁，下同。』據此知古文尚書塗與懌皆作斁。『斁塈茨』，『斁丹雘』，『用斁先王受命』，此三斁字，皆當訓爲終。正義云：『室器皆云其事終，而考田止言疆畎，不云刈穫者，田以一種，但陳脩終至收成，故開其初，與下二文互也。』義本明白，以作僞傳者讀斁作塗，又傅會以爲斁即古塗字，明其終而塗飾之。然賴此尚知古文本作斁字，後人從傳妄改耳。塈茨、丹雘爲室器之終事，以喻周自文、武受命，至作洛毖殷，致刑措而後其事克終。故曰『皇天既付中國民越厥疆土于先王』，又曰『用斁先王受命也』。大誥曰『予曷其不于前寧人圖功攸終』，又曰『予曷敢不終朕畝』，皆此意也。其『和斁先後迷民』之斁，則當訓爲悦，作僞傳者并下句『斁』字亦訓爲悦，失之矣。」見王氏廣雅疏證。紹蘭案：莊説是也。惟謂「和斁先後迷民」之斁，當訓爲悦，則未然。斁無悦訓，説文亦無懌字，并無悦字。言部「説」下云：「説，釋也。」邶風靜女篇「説懌女美」，箋云：「説懌」當作「説釋」。「説釋」即學記所謂相説以解，則和斁之斁，當用「斁，解也」之訓，謂和解先後迷民，而和悦之義自見也。

又案：丹部「雘」字解，引周書「惟其敷丹雘」，許蓋用今文尚書，明上文亦作「敷塈茨」矣。故江氏集注音疏改塗爲敷，注云：「敷猶涂也，敷塈，以塈涂牆也；茨，以茅葦蓋屋也。」今謂「敷」字解云閉也，雘解善丹，而引書作「敷丹雘」，試思閉丹雘，閉塈茨，成何文義乎？蓋此引經説叚借之法，如「莫」字解云「火不明也」，引書「布重莫席」；「垐」字解云「以土增大道上，堲古文垐，从土即」，引書「龔朕堲讒説殄行」；「堋」字解云「喪葬下土也」，引書「堋淫于家」，文同一例，則敷即斁之叚借也。玉篇「斁，余石切，又都故切。」是斁可讀繹，亦可讀蠹也。即謂敷、涂聲近，亦可叚借。涂丹雘、涂塈義尚可通，茨則茅葦蓋屋，不得言涂，故江氏讀敷塈句絶，茨字别解。然則敷丹亦句絶，雘字亦别解乎？莊據孔疏等書作斁，據説文訓終，其義爲長。

觴，觶實曰觴。

補曰：「觶」下云：「鄉飲酒觶也。」鄉飲酒禮記「獻用爵，其他用觶」。經偁取爵實之者一，實爵者四，實觶者八。鄉射禮偁取爵實之一，洗爵實之二，實爵五，取觶實之一，洗觶實之一，觶洗實之二，觶不洗實之一，受觶實之一，卒觶實之一，實觶六。燕禮偁卒爵實之一，實爵一，洗象觶實之二，象觚實之一，實散一。大射儀卒爵實之一，實爵三，卒〔一〕觶實之一，實觶二，洗觚實之一。有

〔一〕「卒」，原缺，據大射儀補。

司徹實爵二，實觶二。皆謂實酒其中也。勺下云「中有實」，是其義。周南卷耳疏引異義「韓詩説一升曰爵，二升曰觚，三升曰觶，四升曰角，五升曰散，總名曰爵。其實曰觴，觴者餉也」。是凡酒器總名爵，實酒於爵皆曰觴。禮器鄭注「凡觴一升曰爵」，是觴又爲爵之總名。許言「觶實曰觴」，不言爵實者，文略也。投壺云：「命酌曰請，行觴酌者曰諾，當飲者皆跪奉觴，曰賜灌。」西部：「酌，盛酒行觴也。」漢書兒寬傳：「寬上壽曰：『臣奉觴再拜，上千萬歲壽。』制曰：『敬舉君之觴。』」車千秋傳：「迺與御史中二千石共上壽頌德美。上報曰：『敬不舉君之觴。』」然則奉觴曰賜灌，行觴曰盛酒，上壽之觴曰敬舉，曰敬不舉，明觴中實酒矣。

虚曰觶。

補曰：鄉飲酒禮偁卒觶者五，卒爵者四，既爵者四。記偁卒爵者二，既爵者一。特牲饋食禮偁卒角者四，卒觶者五。少牢饋食禮偁卒爵者十。有司徹偁卒爵者三十，既爵者六。按卒角、卒爵、既爵，則角、爵皆虚，卒觶則觶虚，故士虞禮偁卒爵六，虚爵一，明卒爵爲虚爵。鄉射禮偁卒爵三，既爵五，虚爵二，卒觶九，又偁「卒受者以虚觶降，奠於篚」。大射儀偁卒爵十五，既爵二，虚爵八，卒觶八，又偁「賓進受虚觶降」，又偁「卒受者，以虚觶降」，又偁「大夫以虚觶降」。燕禮偁卒爵十三，既爵二，虚爵四，卒觶三，又偁「賓進受虚觶降」，又偁「卒受者以虚觶降」，又偁「大夫卒受者以虚觶降」。是經明言虚觶也，故許云「虚曰觶矣」。燕禮又云：「司正坐，取觶洗，南面反奠於其所。」鄭注云：「反奠虚觶，不空位也。」則凡言洗觶亦虚觶也。許不言虚爵者，文不備。

从角，煬省聲。

補曰：矢部無煬字，當作煬。煬，傷也，从矢，昜聲。矢从入，觴从煬省聲，取聲同。

觚，鄉飲酒之爵也。

補曰：鄉當爲禮，涉「觶」下鄉飲酒而誤也。燕禮言「設膳篚」，鄭注：「膳篚，君象觚所饌也。」其言「主人獻賓」云：「主人北面盥，坐取觚。」注：「古文觚皆爲觶。」「主人賓右奠觚，主人升，坐取觚。」注：「取觚將就瓦大酌膳。」其言「賓酢主人」云：「賓洗南坐奠觚。」注：「今文從此以下觚皆爲爵。」「賓坐取觚於篚，賓坐奠觚於篚。」其言「主人獻公」云：「主人盥洗象觚升，實之，東北面，獻於公。」其言「主人酬賓」云：「主人盥洗升，媵觚於賓。」其言「獻卿大夫」云：「卿升拜受觚，主人拜，送觚；大夫卂拜受觚，主人拜，送觚。」其言「賓媵觚酬公」云：「賓降洗，媵觚於公。」注：「酬之禮，皆用觶，言觚者，字之誤也。古者觶字或作角旁氏，由此誤爾。」「賓降洗象觶，升酌膳，坐奠南。」注：「今文曰洗象觚。」其言「君爲士舉旅」云：「公坐取賓所媵觶，興，唯公所賜。」注：「今文觶又爲觚。」記云：「若飲君燕則夾爵。」注：「謂君在不媵〔一〕之，黨賓飲之，如燕媵觚，則又夾〔二〕爵。」此燕禮用觚也。大射儀言「主人獻賓」云：「主人北面坐取觚洗。賓少進辭，主人坐奠觚於

〔一〕「媵」，原作「勝」，形近而誤，據燕禮鄭注改。

〔二〕「夾」，原作「加」，據燕禮鄭注改。

篚，興對，卒洗，賓拜洗。主人賓右奠觚答拜，降，賓降，卒盥。賓揖升，主人升，坐取觚，酌膳獻賓。賓拜受爵於筵前，升筵坐，左執觚，右祭脯醢。」其言「賓酢主人」云：「賓坐取觚，奠於篚下，盥洗，主人辭洗。賓坐奠觚於篚，興，對卒洗，酌膳以酢主人。」其言「主人獻公」云：「主人盥，洗象觚，升，酌膳東北面獻於公。」注：「象觚，觚有象骨飾也。取象觚東面，不言實之，變於燕。」其言「主人酬賓」云：「主人盥洗升，媵觚於賓。」其言「獻卿」云：「卿升，拜受觚，主人拜送觚。」其言「獻大夫」云：「主人洗觚升，獻大夫於西階上，大夫升，拜受觚，主人拜送觚。」其言「獻釋獲者」云：「司射適洗，洗觚升實之，降，獻釋獲者於其位。」其言「賓舉爵爲士，舉旅行酬」云：「賓降洗升，媵觶於公。」注：「今文觶爲觚。」「賓降，洗觚升，酌膳，坐奠於薦南。」注：「此觚當爲觶。」「公坐取賓所媵觚，興，唯公所賜。」此大射禮用觚也。特牲饋食禮「長兄弟洗觚爲加爵」，記云：「二觚。」注：「二觚，長兄弟酬衆賓，長爲加爵。二人班同，宜接竝也。舊説云：觚二升。」是特牲禮亦用觚矣。詩周南、卷耳疏引異義「今韓詩二升曰觚。觚，寡也，飲當寡少」。

一曰觴受三升者曰觚。

注曰：觚受三升，古周禮説也。言「一曰」者，許作五經異義時從古周禮説，至作説文，則疑焉，故言「一曰」，以見古説未必盡是。則韓詩説觚二升，未必非也。不先言受二升者，亦疑之也。上文觚實四升，文次於「從角單聲」引禮之下，其意蓋與此同。或云亦當有「一曰」二字。

訂曰：異義「今韓詩説一升曰爵，二升曰觚，三升曰觶。古周禮説爵一升，觚三升，一獻而三酬，則一豆矣。許慎謹按：周禮一獻而三酬，當一豆，若觚二升，不滿一豆矣。」鄭駁之曰：「周禮獻以爵而酬以觚。觚，寡也。觶字角旁著支，汝、潁之間師讀所作。今禮角旁單，古書或作角旁氏，則與觚字相近。學者多聞觚，寡聞觗，寫此書亂之而作觚耳。又南郡太守馬季長說，一獻而三酬則一豆，豆當爲斗，與一爵三觶相應。」紹蘭按：鄭駁異義從韓詩說，又於攷工記梓人「觶三升」注云：「觚當爲觶。」又於特牲饋食禮記注引舊說云：「爵一升，觚二升，觶三升。」又於燕禮「主人北面盥，坐取觚」，注云：「古文觚皆爲觶。」「媵觚於公」注云：「此當言媵觶酬之。禮皆用觶，言觚者，字之誤也。古者觶字或作角旁氏，由此誤爾。」「公坐取賓所媵觶」，注云：「今文觶，又爲觚」。又於大射儀「賓降洗象觚」注云：「此觚當爲觶。」鄭之破觚爲觶，其說如此。今以禮經證之，大射儀云「賓降，洗升，媵觶於公」，即燕禮「賓降，洗升，媵觚於公」也。其云「賓降，洗象觶，升酌膳，坐奠於薦南」，即燕禮「賓降，洗象觚，升酌膳，坐奠於薦南」也。其云「公坐取賓所媵觚」，即燕禮「公坐取賓所媵觶」也。以燕禮證大射儀，則大射儀「媵觶」爲古文，故鄭謂「今文觶爲觚」。象觶亦古文，故鄭謂「今文曰象觚」。以大射儀證燕禮，則燕禮「所媵觶」亦古文，故鄭謂「今文觶又爲觚」。然則今文燕及大射之「媵觚」、「洗象觚」、「取所媵觚」，正謂酬，明此酬禮當用觚，故梓人云「獻以爵而酬以觚」，與今文此二經適相符合。且鄭注〔一〕燕禮「所媵觶」言「今文觶又爲觚」，而於大射儀

〔一〕「注」，原作「與」，據儀禮及文義改。

「所滕觚」，既不能指偁古文作「觶」，并不破「觚」爲「觶」，則古文亦作「所滕觚」。況鄭注燕禮記明云「君在不滕[一]之，衆賓飲之，如燕滕觚」，此又鄭自言燕禮作「滕觚」之明證。足知今文作觚，較古文作觶爲長，而梓人之酬以觚，正當作觚，不得輒改爲觶。一獻三酬爲一斗，正當三升曰觚，不得從韓詩説及舊説改古周禮説也。許於異義不從觚二升，於此偁「觴受三升者曰觚」，其説亦較鄭爲長矣。又按鄭謂酬之禮皆用觶，今據鄉飲酒、鄉射、特牲及少牢之下篇、有司徹諸禮經言酬皆用觶，此鄭説所本，獨燕禮、大射儀酬當用觚。蓋鄉飲酒等四篇，皆大夫士禮，故酬用觶，燕及大射諸侯之禮，故酬用觚，所以别君臣而辨等差，正在於此。又梓人爲飲器，爲侯，爲筍簴，此三物者，鄉飲、鄉射皆用。樂即有筍簴，又有侯，而飲器則有爵無觚。有司徹但有爵，無侯與筍簴。特牲亦無侯、筍簴，有爵、有觚，而觚爲長兄弟獻尸之加爵，非用之酬禮。惟燕及大射，三物皆備，且用觚爲酬。記文又明云「酬以觚」，故知梓人一職，實與此二經相表裏，即此可見設官制禮之意，而古周禮説之釋觚爲不可易也。段因許偁「一曰」，遂謂作説文則疑焉。實則許未見有疑意，上文「觶」下云：「觶受四升」，不偁「一曰」，亦其證。

荄，荄也。

補曰：亥荄疊韵。爾雅釋艸：「荄，根。」艸部：「荄，艸根也。」易明夷六五：「箕子之明夷。」

[一]「滕」，原作「勝」，據燕禮鄭注改。

釋文引劉向云：「今易箕子作荄滋。」又引鄒湛云「訓箕爲荄，訓子爲滋，漫衍無經，不可致詰」，以譏荀爽。今案：漢書儒林傳曰：「又蜀人趙賓好小數書，後爲易，飾易文，以爲『箕子明夷，陰陽氣亡箕子；箕子者，萬物方荄茲也。』」師古曰：「荄茲，言其根荄方茲茂也。」是劉向所偁今易，即趙賓之說，荀爽用以解易，而鄒湛譏之。許說亥爲荄，則但取屮根至亥月茲益地中也。

十月微陽起接盛陰。

補曰：坤文言曰：「陰疑於陽，必戰。」孟喜曰：「陰乃上薄，疑似於陽，必與陽戰也。」侯果曰：「坤十月卦也。乾位西北，又當十月。陰窮於亥，窮陰薄陽，所以戰也。」許偁易孟氏，孟云「陰上薄」，陰盛可知，故許曰「盛陰」；孟云「疑似於陽」，陽微可知，故許曰「微陽」；孟云「必與陽戰」，戰者起而相接，坤爲十月卦，故許曰「十月微陽起接盛陰也」。侯果之說即本此。

从二。二，古文上字。

注曰：謂陰在上也。

訂曰：以上體之二爲陰在上，豈下體之刅亦可謂之陽在下乎？「帝」下亦云：「二，古文上字。」二謂上者，史趙所偁亥有二首之首，指謂此也。詳見下。

一人男，一人女也。

注曰：其下从二人，一人男，一人女，像乾道成男，坤道成女。

訂曰：此起下文「从乚，象裹子咳咳之形」，先說从刅之意也，刅，即二人爲刅之刅。亥，字說云：「象人裹妊。巳在中，象子未成形也。元氣起於子，子，人所生也，男左行三十，女右行二十，俱立於巳，爲夫婦。褢妊於巳，巳爲子，十月而生，男起巳至寅，女起巳至申，故男季始寅，女季始申也。」彼云「子兼男女言」，此言「人分男女言」；彼「从巳，象子未成形」，此「从从，象人已成形」；彼言「男左行，女右行」，據在包爲說，此言「一人男，一人女」，據在裹爲說。故下云：「从乚，象裹子」也。裹者，褢也。褢、褱即懷抱之正字。彼此互勘，其義自明，許意蓋在此。段氏泛以「乾道成男，坤道成女」解之，則不知其在包在裹，未得許恉。

从乚，象裹子咳咳之形。

補曰：亥咳疊韵。「咳」字解云：「小兒芙也。从口，亥聲。孩，古文咳，从子。」孩咳古今字。論衡本性篇引微子曰：「我舊云孩子王子不出。」紂爲孩子之時，微子睹其不善之性，性惡不出衆庶，此謂孩爲小兒也。內則：「三月之末，父執子之右手，咳而名之。」孟子盡心篇「孩提之童」，趙注云：「孩提，二三歲之間，在繈緥知孩芙可提抱者。」此謂孩爲小兒芙也。乚象左手抱於褢，子在褢中，咳咳然芙，故云「乚象裹子咳咳之形」。「包」下云：「象人褢妊。」「壬」下云：「象人褢妊之形。」包外之勹象包褢，壬中之一象腹大，故皆言褢妊。亥之乚則象左抱，故云褢子。明褢子於褢妊異，更知「一人男，一人女」在褢，非在包矣。

春秋傳曰：「亥有二首六身。」

注曰：左氏襄三十年傳文，孔氏左傳正義曰：「二畫爲首，六畫爲身。」按今篆法，身祇有五畫，蓋周時首二畫下作六畫，與今篆法不同也。

訂曰：據段說，知其未識史趙所見古文亥字也。案六身古鐘鼎文或作四畫，或作五畫，罕有作六畫者。惟商鐘銘「吉日丁亥」之亥作𠀅，薛氏鐘鼎款識商鐘第三。正是二首六身。蓋上體二與今同，下體中⺄爲一，併左二爲三，𠂇爲五，右⺄爲六，是爲六身也。古之造文者本有移置之法，右畔之⺄，横之作一，置於中丨之下，右旁即爲乚矣。左畔之二，竪其上畫作丨，置於一上左旁，亦爲乚矣。左畔之𠂇，伸其丿作丨，置於一上左旁，亦爲乚矣。總其六身，則爲巛，竪其二首，則爲刂，下而置於巛之左旁，則爲𡿭，故史趙曰：「亥有二首六身，下二如身，是其日數也。」爾雅釋詁「如之，往也」；如猶算家二二如四之如，亦由易家之卦之之，亦猶禮家往來之往。故士文伯曰：「然則二萬六千六百有六旬也。」今人猶用此法以記數。此商代古文之遺，史趙猶及見其文，士文伯蓋亦見之，是以聞史趙說，即知其數。今因是鐘之銘，爲左氏存一亥字古文，爲許氏證一亥字古說，鐘鼎之可寶貴如此。段氏偶未攷覈，故爲此景響之談耳。

凡亥之屬皆从亥。

補曰：亥部無屬，而云凡亥之屬，知許例不專指本部也。艸部：「荄，艸根也。从艸，亥聲。」口部：「咳，小兒笑也。从口，亥聲。」言部：「該，軍中約也。从言，亥聲。」殳部：「毅毅，改大剛卯也，以逐精魅。从殳，亥聲。」骨部：「骸，脛骨也。从骨亥聲。」肉部：「胲，足大指毛也，从肉亥聲。」刀部：「刻，鏤也。从刀，亥聲。」木部：「核，蠻夷以木皮爲篋，狀如籢尊。从木，亥聲。」邑部：「郂，陳留鄉。从邑，亥聲。」日部：「晐，兼晐也。从日，亥聲。」疒部：「痎，二日一發瘧。从疒，亥聲」。人部：「侅，奇侅，非常也。从人，亥聲。」欠部：「欬，屰气也。从欠，亥聲。」頁部：「頦，醜也。从頁，亥聲。」馬部：「駭，驚也。从馬，亥聲。」心部：「㤥，苦也。从心，亥聲。」門部：「閡，外閉也。从門，亥聲。」土部：「垓，兼垓八極也。从土，亥聲。」力部：「劾，法有辠也。从力，亥聲。」阝部：「陔，階次也。从阝，亥聲。」此皆从亥得聲之字，皆亥所屬，故云「凡亥之屬皆从亥」。前於一部已詳説之，茲於亥部復申明之，以見凡某之屬皆从某，不專指本部而言。始一終亥，文同一例，其五百三十八部皆可類推矣。

𢁺，古文亥，亥爲豕，與豕同意。亥生子，復從一起。繫傳本如此。注改𢁺作丆，又「同」下無「意」字。

注曰：各本篆體訛繆，今依宋本舊本更正。𧰨豩字皆與豕形略相似。與豕同，謂二篆之古文實一字也。豕之古文見九篇豕部，與亥古文無二字。故吕氏春秋曰：「子夏之晉，過衛，有讀史記者曰：『晉師三豕涉河。』子夏曰：『非也，是己亥也。』夫『己』與『三』相近，『豕』與『亥』相似。至於晉而問之，則曰：『晉師己亥渡河也。』」

訂曰：案古文亥，宋本説文作丆。攺剁敦銘丁亥作丆，薛氏鐘鼎款識。三體石經左傳遺字己亥作𠀅𢁺，洪氏隸續。皆與宋本略同。段氏據之更正今本𢁺字之訛，是也。惟宋本豕古文作丆，亥古文作丆，其形甚近，故吕氏春秋察傳篇曰：「子夏之晉，過衛，有讀史記者曰：『晉師三豕涉河。』子夏曰：『非也，是己亥也。』夫『己』與『三』相近，『豕』與『亥』相似。至於晉而問之，則曰『晉師己亥涉河也。』」蓋己古文作𢀳，故云己與三相近，豕古文作𧰧，故云豕與亥相似，相似猶言相近，非竟謂其同也。今合豕亥古文而審視之，豕古文中乚右曳，亥古文中丨不曳，又亥左體丿曳短不曲，豕左體乀曳長而曲，二文固自有別，是以許說古文亥云：「與豕同意。」謂意同，不謂字同，與子夏所云「相似」者義正相足。且豕、意、子、起四字爲韻，與一部極、一、地、物四字爲韻，其例正同，始終相應，足徵文法之密。若無意字，則少一韻，例亦不符。段氏不從小徐本作「同意」，而從大徐本刪「意」字，又云「二篆之文實一字」，又云「豕之古文與亥古文無二字」，不特與許氏「與豕同意」之義相違，且與子夏「豕亥相似」之說不合。知其讀呂氏春秋於「相似」字未經留意，於其引呂書「相似」證「與豕同」知之。故其注說文於「同意」字亦未究心也。

漢書地理志校注

敦煌郡效穀，師古曰：「本魚澤障也。桑欽說孝武元封六年，泲南崔不意爲魚澤尉，教力田，以勤效得穀，因立爲縣名。」

錢氏玫異曰：「此班氏本文，非小顏注也。桑欽書唐初已失，『師古曰』三字衍。」紹蘭按：漢書儒林傳河南桑欽君長釋文作「乘欽」，蓋「桑」或作「桒」。相涉而誤。傳古文尚書，地理志引桑欽說者凡七見。上黨郡屯留下云：「桑欽言絳水出西南，東入海。」濁漳水注引桑欽云：「絳水出屯留西南，東入漳。」入漳與志引入海異。趙氏釋云：「按後鉅鹿縣下引地理志信都國信都縣下班固原文云『入海』，則此『漳』字明是道元所改也，觀其自相詰難知之。」此説禹貢「北過降水」也。平原郡高唐下云：「桑欽言漯水所出。」説文「漯」下引桑欽云：「出平原高唐。」河水注引桑欽云：「漯水出高唐。」皆與志引合。此説禹貢「浮于泲、漯也。」泰山郡萊蕪下云：「禹貢汶水出西南入泲，桑欽所言。」説文「汶」下引桑欽説「汶水出泰山萊蕪西南入泲」，與志引合。泲水注引桑欽曰「汶水出泰山萊蕪縣西南入泲」，與説文同。今本訛作「李欽」，當據説文更正。此説禹貢「浮于汶」也。張掖郡删丹下云：「桑欽以爲道〔一〕弱水自此西至酒泉合黎。」説文「溺水自張掖删丹西至酒泉合黎，餘波入于流沙，桑欽所説」。與志引合。此説禹貢「道弱水」也。以上四條，皆孔氏真古文尚書説之勵存者，治經之士，所當視爲陳宲赤刀者也。丹揚〔二〕郡陵陽下云：「桑欽言淮水出東南，北入大江。」沔水注云：「旋谿水逕陵陽縣西，桑欽曰：淮水出縣之東南，北入大江。」與志引合。此淮水非禹貢「道淮」之淮水。中山國北新成下云：「桑欽言易水出西北，東入滱水〔三〕。」易水注引桑欽曰：「易水出北新成西北，東入滱。」與志引合。禹貢無易水，此説可補職方鄭注所未備。郭煌郡效穀下云：「本魚澤障也，桑欽説孝武元封六年泲南崔不意爲魚澤尉，教力田，以勤效得穀，故立爲縣名。」孫寶傳「唐林左遷敦煌魚澤障候」，林是西漢末人，則武帝立

〔一〕「道」，原脱，據地理志增。

〔二〕「揚」，原作「陽」，據地理志改。

〔三〕地理志無「水」字。

縣改名效穀後，其魚澤障如故也，故林爲其候官矣。以上三條，皆欽所譔地理志中語。旁及農事者，說文「銛」下引桑欽讀若鎌，是又因農事兼及農器者。其地理志久失，其傳唐人何緣得見？故錢氏曉徵謂「師古曰三字衍」，胡氏朏明亦云「非師古所能引也」。濡水注引桑欽說盧子之書，言「晉既滅肥，遷其族于盧水」。此亦其地理志中因說盧水而及之，又可爲春秋傳加一古注矣。河水注引桑欽地理志，胡氏朏明所見本如此。趙、戴本桑欽二字皆在地理志下。則桑欽自有地理志可知，故禹貢錐指有酈注於濕水引桑欽地理志之說。禹貢錐指例略曰：「按儒林傳言塗惲授河南桑欽君長古文尚書。欽，成帝時人。班氏與劉歆皆崇古學，故有取焉。隋經籍志有兩水經，一三卷，郭璞注，一四十卷，酈善長注，皆不著撰人名氏。舊唐志始云郭璞作。新唐志遂謂漢桑欽作水經，一云郭璞作。今又云桑欽者，本此也。先儒以其所稱多東漢、三國時地名，疑非欽作，而愚更有一切證。酈注於濕水引桑欽地理志，又於易水、濁漳水竝引桑欽，其說與漢書無異。乃知固所引即其地理志，初無水經之名。水經不知何人所作，注中每舉本文，必尊之曰經。使此經果出於欽，無直斥其名之理。或曰：『欽作於前，郭、酈附益於後。』或曰：『漢後地名，乃注混於經。』並非。蓋欽所撰名地理志，不名水經。水經創自東漢，而魏、晉人續成之，非一時一手作，故往往有漢後地名，而首尾或不相應，不盡由經注混淆也。」全氏謝山曰：「桑欽地理志不見簿録，此文今載漢書地理志引桑欽語，蓋傳寫者互到耳。」據全氏說，其所見本亦作桑欽地理志。紹蘭攷玉海卷十五引酈注濕水，此條正作桑欽地理志，竝非到文，有宋本水經注可據。此本其古文尚書說見於地理志中耳。自後漢書至梁、陳及南、北諸史，竝無藝文、經籍之志，古書即有流傳，何由見之簿録？其散亡者更無論已。六朝人去漢尚近，酈即未親見桑書，其佚或時時見於他說。即如桑言盧水一條，班氏未引，酈亭又何從得之？是知道元綱羅散失，不必盡出孟堅。舊籍無徵，道古者共深浩歎，偶得其片言隻字，竊比於空谷足音，跫然而喜。乃即此桑欽地理志五字之虚名，全氏尚恐埽除之未盡，良可慨也。至隋、唐經籍志桑欽水經，今有其書，且多見簿録，前人已詳辨其爲藥鼎中之贋物，不煩贅説矣。

附録

先生自閩疆歸里，一意著書，題其齋曰許鄭學廬，以志宗尚。於儀禮、説文兩書，尤畢生心力所萃。劉承幹撰説文段注訂補跋。

懋堂段氏，許學獨步，所注説文，亦不能有得而無失。鈕非石有説文段注訂，徐承慶有説文段注匡謬。先生所訂者，與鈕氏、徐氏意亦相同。至於所補者，多方徵引而引申之，以明許氏之義，則起段氏於今日，當亦心折。同上。

先生有擬江式求撰集古來文字表一首，乃爲諸生時應學使朱文正公試所作，文至二千五百餘言，爲考小學者之資糧云。李慈銘越縵堂日記。

南陔弟子

王先生端履

王端履字子臨，又字小穀，南陔族子。父宗炎，字穀人，乾隆庚子進士。富藏書，精於校勘，有晚聞居士集。先生濡染家學，又受業於南陔。嘉慶甲戌進士，選庶吉士，告歸，遂不出。見聞博洽，多所考證，著有重論文齋筆録十二卷，載南陔之説特多。參李慈銘越縵堂日記。

清儒學案卷一百十七

茗柯學案

茗柯經學，出於惠氏定宇、江氏慎修兩家，精心過人。於虞氏易，爲專家絕學。古文源於桐城，詞賦尤爲獨到。彦惟精擘聲韵，不愧作述，家學之盛，在常州與莊氏、洪氏足稱鼎立已。述茗柯學案。

張先生惠言

張惠言字臯聞，一字臯文，號茗柯，武進人。嘉慶己未進士，改庶吉士，授編修，鄉會試皆出朱文正珪之門。散館，初以主事用，文正特薦，乃膺館職。先生修學立誠，敦禮自守，未嘗以所能自異。文正潛察得之，屢爲進達。先生於文正，齗齗以善相諍，不敢隱。爲庶吉士時，以工篆書，奉命赴盛京，篆列聖加尊號玉寶。上言當事，謂「舊藏玉寶不得磨治」，又謂「翰林奉命篆列聖寶，宜奏請馳驛」，皆格於例，不果行。在館職僅一年。嘉慶七年卒，年四十二。

先生少爲辭賦，擬司馬相如、揚雄之言。及壯，爲古文，效韓愈、歐陽修。嘗從歙金修撰榜問故。其學要歸六經，尤深易、禮。於易主虞氏，謂自惠氏棟始考古義，作周易述，大旨遵虞翻，補以鄭、荀諸儒，猶未能專一，乃著周易虞氏義九卷；又表其大旨，爲消息二卷；又虞氏易禮二卷，易候一卷，易言二卷，成一家之學。又著周易鄭氏義三卷，周易荀氏九家義一卷，周易鄭荀義三卷，易義別録十四卷，易緯略義三卷，易圖條辨二卷，盡括漢易各家古義，皆以羽翼虞氏易者。於禮主鄭氏，著儀禮圖六卷，謂治儀禮者，當先明宮室，故兼采唐、宋、元及本朝諸儒之義，斷以經注，首述宮室圖，而後依圖比事，按而讀之，步武朗然。又詳考吉凶冠服之制，爲之圖表。又其論喪服，由至親期斷之説，爲六服加降表，貫穿禮經，尤爲明著，按十七篇分爲之圖。又有讀儀禮記二卷，以發明之。其言音韵之學，著説文諧聲譜，未竟，子成孫續成之。別著有墨子經解二卷，握奇經正義一卷，所輯七十家賦鈔六卷，詞選二卷，詞章家奉爲圭臬焉。參惲敬撰墓誌銘、阮元撰傳、阮元撰儀禮圖序、武進陽湖合志、史傳。

周易虞氏義序

虞翻周易注，釋文云十卷，隋書經籍志云九卷。翻字仲翔，會稽餘姚人。少好學，有豪氣，又善矛，太守王朗命爲功曹。朗爲孫策所敗，翻追隨營護到東部侯官。朗遣翻還，策復以爲功曹，待以交友之禮，多所匡諫，策嘗納之。策攻黄祖，翻從，説華歆下豫章，還至吴。策曰：「孤有征討事未得還府，卿復以功曹爲吾蕭何，守會稽。」其見委重如此。出爲富春長，漢徵爲侍御史，不赴。曹操爲司空，辟之，翻曰：「盜跖欲以餘財污良家耶？」策薨，孫權以爲騎都尉，數犯顔諫爭，權不能説。又性疏直，數有酒失，權因醉，手劍欲擊之，大司農劉基固爭得免。其後權與張昭論神仙事，翻指昭曰：「彼皆死人而語神仙，世豈有仙人也！」權遂怒，左右多毁翻，乃徙翻交州十餘年，卒于交州。翻博學洽聞，雖處罪放，而講學不倦，門徒嘗數百人。爲周易、論語、國語、老子、參同契注解，周易日月變例、周易集林律厤、太玄、明楊、釋宋，其書皆亡，目録在三國志傳及隋、唐書志。自漢成帝時劉向校書，考易説，以爲諸易家説皆祖田何、楊叔、丁將軍，大義略同，唯京氏爲異。而孟喜傳易家陰陽，其説易本于氣，而後以人事明之，八卦六十四象，四正七十二候，變通消息，諸儒皆祖述之，莫能具。當漢之季年，扶風馬融作易傳，授鄭康成，康成作易注，而荆州牧劉表、會稽太守王朗、潁川荀爽、南陽宋衷，皆以易名家，各有所述。唯翻傳孟氏學，既作易注，奏上之獻帝曰：「臣聞六經之始，莫大陰陽，是以伏羲仰天縣象，而建八卦，觀變動六爻爲六十四，以通神明，以類萬物。臣高祖父故零陵太守光，少治孟氏易；曾祖父故平輿令成，纘述其業；至臣祖父鳳，最有舊書，世傳其業；至臣五世。前人通講，多玩章句，雖有祕説，于經疏闊。臣生遇世亂，長于軍旅，習經于枹鼓之間，講論于戎馬之上，蒙先師之説，依經立注。所覽諸家解不離流俗，義有不當實，輒悉改定，以就其正。」又奏曰：「經之大者，莫過于易。自漢初以來，海内英才，其讀易者，解之率少。至孝靈之際，潁川荀諝，號爲知易。臣得其注，有愈俗儒，至所説西南得朋，東北喪朋，顛倒反逆，了不可知。孔子歎易曰：『知變化之道者，其知神之所爲乎？』以美大衍四象之作，而上爲章首，尤可怪笑。又南郡太守馬融，名有俊才，其所解釋，復不及諝。孔子曰『可與共學，未可與適道』，豈不其然！若乃北海鄭玄，南陽宋衷，雖各立注，衷小差玄，而皆未得其門，難以示世。」荀諝者，荀爽也，是時少府孔融善其書，與翻書曰：「自商瞿以來，舛錯多矣，去聖彌遠，衆説騁辭，曩聞延陵之理樂，今觀吾子之治易，知東南之美者，非徒會稽之竹箭也。又觀象雲物，察應寒温，原其禍福，與神合契，可謂探索旁通者已。」翻之言易，以陰陽消息，六爻發揮旁通，升降上下，歸于乾元用九而天下治。依物取類，貫穿比附，始若瑣碎，及其沈深解剥，離根散葉，鬯茂條理，遂于大道，後儒罕能通之。自魏王弼以虚空之言解易，唐立于學官，而漢世諸儒之説微。獨資州李鼎祚作周易集解，頗采古易家言，而翻注爲多。其後古書盡亡，而宋道士陳摶以意造爲龍圖，其圖劉牧以爲易之河圖、洛書也。河南邵雍又爲先天後天之圖，宋之説易者，翕然宗之，以至于今，牢不可破，而易陰陽之大義蓋盡晦矣。我皇清之有天下百年，元和徵士惠棟始考古義孟、京、荀、鄭、虞氏，作易漢學；又自爲解釋，曰周易述。然掇拾于亡廢之後，左右採獲，十無二三。其所自述，大抵祖禰虞氏，而未能盡通，則旁徵他説以合之。蓋從唐、五代、宋、元、明朽壞散亂千有餘年，區區修補收拾，欲一旦而其道復明，斯固難也。翻之學既世，又具見馬、鄭、荀、宋氏書，考其是否，故其義爲精。又古書亡而漢、魏師説略可見者十餘家，然唯荀、鄭、虞氏三家略有梗概可指説，而虞又較備。然則求七十子之微言，田何、楊叔、丁將軍之所傳者，舍虞氏之注，何所自焉？故求其條貫，明其統例，釋其疑滯，信其亡闕，爲虞氏義九卷。又表其大恉，爲消息二卷。庶欲探賾索隱，以存一家之學，其所未寤，俟有道正焉耳。

虞氏易禮序

韓宣子見易象與魯春秋，曰：「周禮盡在魯矣。」記曰：「夫禮必本于太一，轉而爲陰陽，變而爲四時，其降曰命，故知易者，禮象也。」易家言禮者，唯鄭氏，惜其殘闕不盡存。又其取象用爻辰，爻辰者，遠而少變，未足以穷天地消息；至其原文本質，使周家一代之制損益具備。後有王者，監儀在時，不可得而廢也。虞氏于禮，蓋已略矣，然以其所及，揆諸鄭氏，源流本末，蓋有同焉。何者？其異者，所用之象也，而所以爲象者不殊。故以虞氏之注推禮，以補鄭氏之闕，其有不當則闕如，一以消息爲本。

虞氏易事序

孟氏説易，本于氣，而以人事明之。然虞氏之論象備矣。皆氣也，人事雖具説，然略不貫穿。匪獨虞爾，鄭、荀多説人事者，爻象亦往往錯雜。後學不得其通，乃始苦其支窒而不能騁，于是悉舉而廢之，而相辯以浮辭，日以益衆。夫理者無迹，而象者有依，舍象而言理，雖姬、孔靡所據以辯言正辭，而況多岐之説哉！設使漢之師儒，比事合象，推爻附卦，明示後之學者，有所依逐，至于今曲學之響，千喙一沸，或不至此。雖然，夫易廣矣，大矣，象無所不具，而事著于一端，則吾未見漢儒之言之略也。述易事云爾。

周易鄭荀義序

漢儒說易，大指可見者三家：鄭氏、荀氏、虞氏。鄭、荀，費氏易也；虞，孟氏易也。鄭氏言禮，荀氏言升降，虞氏言消息。昔者虙犧作十言之教，曰：乾、坤、震、巽、坎、離、艮、兑、消、息。鄭氏贊易實述之。至其說經，則以卦爻無變動謂之彖辭。夫七八者彖，九六者變，經稱用九，用六，而辭皆七八，名與實不相應，非虙犧氏之旨也。爻象之區既隘，則乃求之于天。乾、坤六爻，上繫二十八宿，依氣而應，謂之爻辰。若此，則三百八十四爻，其象十二而止，殆猶滯焉，此又未得消息之用也。然其列貴賤之位，辯大小之序，正不易之論，經綸創制，吉凶損益，與詩、書、禮、樂相表裏，則諸儒未有及之者也。荀氏之說消息，以乾升坤降，萬物始乎泰，終乎否。夫陰陽之在天地，出入上下，故理有易有簡，位有進有退，道有經有權，歸于正而已。而荀氏言陽常升而不降，陰常降而不升，則姤、遯、否之義大于既濟也。然其推乾、坤之本合于一元，雲行雨施，陰陽和均，而天地成位則章章乎，可謂得易之大義者也。虞氏考日月之行，以正乾元，原七九之氣，以定六位，運始終之紀，以敍六十四卦，要變化之居，以明吉凶悔吝，六爻發揮旁通，乾元用九則天下治，以則四德，蓋與荀同原而閎大遠矣。王弼之說，多本鄭氏而棄其精微，後之學者習聞之，則以爲費氏之義如此而已。其盈虛消長之次，周流變動之用，不詳于繫辭、彖、象者，概以爲不經。若觀鄭、荀所傳，卦氣、十二辰、八方之風、六位世應、爻互卦變，莫不彰著。劉向有言「易家皆祖田何、楊叔、丁將軍，大義略同」，豈不信哉？治易者如傳春秋，一條之義，各以其例，時若可比，究則迴殊。李鼎祚、朱震合諸家而爲説，是知日之圓而不知其不可以爲規也。余既述虞氏之注，爲消息以發其義，故爲鄭、荀各通其要，以俟治古文者正焉。

易義别録序

敍曰：孔子曰：「天下同歸而殊塗，一致而百慮。」水之爲川也，源有大小，流有長短，而皆可以至于海，則斷港絶潢，莫得而儗焉者，其塗通也。吴、秦人之生也同聲，及其長而不相通，然累譯而皆得相喻者，其意同也。聖人之道，著之于經，傳之其人，師弟子相與守之，然夫子没而微言絶。二百餘年之間，以至漢興，詩分爲四，春秋分爲五。此皆七十子所親受，世世傳業，口授而筆記，猶尚如此，源遠末分，非秦火之禍也。況乎去聖久遠，經簡廢絶，承學之士，各自爲宗，差若毫釐，謬以千里，可勝道耶？然揆其本原，罔不依經附傳，承師論法，雖汎濫殊等，其歸不同者尟矣。故規矩之所出，非一木之材也，皆成器焉。器不足以盡規矩，則有之矣，求之于規矩之外而得之者，未之有也。易之傳，自商瞿子以至田生惟一家，焦氏後出，及費氏爲古文，而漢之易有三。自是之後，田氏之易、楊、施、孟、梁丘、高氏而五，唯孟氏久行。焦氏之易爲京氏。費氏興，而孟、京微焉。夫以傳述之統，田生、丁將軍之授受，則孟氏爲易宗無疑。而其行不及費氏者，以傳受者少。而費氏之經，與古文同，馬融、鄭康成爲之傳注故也。王弼注行，而古師説廢；孔穎達正義行，而古易書亡。其見于釋文敍録者，自晉以前三十有二家，李鼎祚集解所引二十有三焉，皆微文碎義，多不貫串，蓋易學埽地盡矣，可不惜哉！夫不盡見其辭，而欲論其是非，猶以偏言決獄也；不盡通各家，而欲處其優劣，猶援白而嘲黑也。余于易取虞氏，既已，推明其義，以鄭、荀二家注文略備，故條而次之。自餘諸家，雖條理不具，然先士之所述，大義要旨往往而有不可得而略也。乃輯釋文、集解及他書所見，各爲別録，義有可通，附著于篇，因以得其源流同異，若夫是非優劣，亦可考焉。凡孟氏四家，孟氏、姚信、翟元、蜀才；京氏三家，京氏、陸績、干寶；費氏七家，馬融、宋衷、劉表、王肅、董遇、王廙、劉瓛；子夏傳非漢師説，別爲一家。

孟氏

孟喜正義作僖。字長卿，東海蘭陵人。從田王孫受易。舉孝廉，爲郎，曲臺長，病免，爲丞相掾。漢書藝文志易章句孟氏二篇。隋志云八卷，殘缺。梁十卷。釋文敍録云十卷，無上經；又引七録云：「下經無旅、節，無上繫，今集爲一卷。」漢興，言易者自田何，田何之傳王同、周王孫、丁寬、服生，各著易傳；楊何受王同，蔡公受周王孫，亦各爲傳；田王孫受丁寬，授施讎、孟喜、梁丘賀，施、孟、梁丘各爲章句。施氏之後，有彭宣、戴崇作易傳，景鸞作易説；孟氏之後，有洼丹作易通論，袁京作難記；梁丘之後，有五鹿充宗作略説，田何所傳，著書盡是矣。永嘉之亂，諸家盡亡，而孟氏闕佚之書幸存。當漢之季年，馬融、鄭衆、康成、荀爽好費氏學，由是費氏大興，而田氏説微，獨會稽虞翻作注，傳孟氏。史稱孟喜好自稱譽，得易家候陰陽災異書，自言「師田生且死時，枕喜膝，獨傳喜」。梁丘賀以爲妄言，喜竟以改師説，不得爲博士。今觀虞氏所説陰陽消息之序，神明參兩之數，九六變化之用，精變神眇，將非田生之傳，果有得其祕奥者哉？然遺文所存，皆零文碎字，其大義絶不可得見。藉非虞氏，則商瞿所受夫子之微言，其遂歇滅矣！夫學者求田何之傳，則唯孟氏此文；求孟氏之義，則唯虞氏注説其大較也。然虞氏雖傳孟學，亦斟酌其意，不必盡同。蓋古人之學，傳業世精，非苟爲稱述而已。故據其同異，或發其旨，庶治古文者有考焉。孟氏卦候消息，惠徵士爲易漢學既發明之，故不具著。儒者皆言鄭康成始以彖、象附經。漢志易經十二篇，施、孟、粱丘三家則章句，宜以十二篇爲次。今推其文，經亡者率無彖、象，蓋後人寫者，依鄭氏附著之邪？抑其本固然也？

姚氏

釋文叙録云：「姚信字德祐，吴興人，吴太常卿。注易十卷。又引七録云十二卷，字元直。隋書志亦十卷。吴興志有姚德祐文集，輯易注爲一卷，明人爲之，甚疏略，今補而正之。」余治易始虞氏，以其説見于集解者，視他家爲多，猶可參校而得其義。又商瞿之傳，至漢末而絶。唯虞爲孟氏學，七十子之大義儻有存者，故樂得而攷之。既已，玩其遺文，略得其義例，則益知易道消息，雖馬、鄭大儒，未能見之者，以費氏徒出經文，非有古師説，夫子之微言有所闕而不發故也。則又竊怪孟氏之傳在吴，虞氏五世傳業不絶，而漢、魏之間未有爲其學者。及仲翔之注既上，爲世所推，亦未聞有聞風而起者，又以知時俗所尚在彼不在此，卒使虚空之儒得逞其説，經學歇絶，良可悲也。其後觀蜀才注，卦變之法，與虞氏同，而未得其本。翟子元者，時有所合而未詳。然皆孟氏之支系也。最晚乃讀姚氏注，其言乾、坤致用，卦變旁通，九六上下，則與虞氏之注若應規矩。元直豈仲翔之徒歟？抑孟氏之傳在吳，元直亦得有舊聞歟？惜其所傳者止此，無以證之。自商瞿受易三百年而至田何，田何之傳四百年而僅得虞翻，虞翻之後三百年而亡，其略可見者，姚信而已耳，翟子元、蜀才而已耳。故吾于三家之書，雖闕文殘字，不可比義，猶寶貴愛惜，紬繹而不敢忽者也。

翟氏

陸德明云：「荀爽九家集解有翟子元，子元不詳何人，爲易義。」釋文雖時引翟文，而敍録不列子元易義，則知德明未見其書，特就九家集解引之。李鼎祚集解有翟元，翟元蓋即子元。李書諱「玄」爲「元」，鄭玄字亦如此。其所集亦自九家。可知二書之外，未見有引子元易者。德明稱九家集解序有荀爽、京房、馬融、鄭玄、宋衷、虞翻、陸績、姚信、翟子元，若以當九家者。然李鼎祚既引九家，又別自引翟元，則九家非此九人。元朗亦云「其注又有張氏、朱氏」，則不以九人爲九家，亦可知也。或又謂「九家者，淮南之九師，荀爽爲之集解」，今以李氏所引九家之文，往往指釋荀注，則九家解荀，非荀解九家又明。要之，九家所以述荀，而旁引他家以證成之。觀子元諸文，皆與荀義相成，則其采自九家，又益信然。子元之易，蓋孟氏，非費氏。何以言之？荀氏有卦變無爻變，今子元于泰則云「五虛无君，二上包五」，于姤則云「九五遇中處正」，此皆虞氏之義，與荀氏殊，故知子元爲孟氏易也。依九家序所次，子元之生，必在虞後，其與元直、蜀才未知後先。若其書固已升孟氏之堂，而未入其室，可以差肩于姚，俯接于范矣。漢、魏易家如此者不多得，而亡之最早，可知輔嗣注行，馬、鄭、荀義猶不甚相遠，世儒尚或傳之。最深怪而屏棄之者，孟氏諸家之說也。

蜀才氏

蜀才者，七録云「不詳何人」，七志云「是王弼後人」，謝炅、夏侯該云「是譙周」，顔之推、陸德明以爲范長生也。長生，涪陵丹興人，一名延久，又名九重，又名支，字元壽，隱居青城山。李雄即成都王位，長生乘素輿詣雄，即日拜爲丞相，尊之曰范賢，故又名賢。釋文敍録、隋、唐志皆云：「蜀才易注十卷。」蜀才之易，大約用鄭、虞之義爲多，卦變全取虞氏，其不同者，剥爲師，夬爲同人，此蔡景君剥上九爲謙之義。推其意，蓋以剥爲師，師爲比，爲乾之消息；夬爲同人，同人爲大有，爲坤之消息。于虞氏旁通之義，則未概聞。然剥、夬下降，師、同人上升，窮上反下，其序猶有合者，非李挺之之復、姤五變而生剥者所可口實也。

京氏

漢易家兩京房，太中大夫京房者，淄川楊何弟子，梁丘賀所從受易者也，無書；元帝時京房，字君明，東郡頓丘人，本姓李，吹律自定爲京氏，受易梁人焦延壽，今所爲京氏易者也。釋文敍録：「京房章句十二卷。」又引七録云：「十卷，録一卷、目。」隋書志云：「十卷。」京氏占候書，隋志十種，凡七十三卷；唐志五種，二十三卷。其見于史傳，有遺文者，曰易傳，曰積算，曰飛候，曰易占，曰易妖，曰易數，曰風雨占候。其存者積算、易傳三卷，雜占條例一卷。延壽自言嘗從孟喜問易，房以延壽易即孟氏學，孟氏之徒翟牧、白生不肯，曰：「非也。」及劉向典校書，考易説，以爲「諸易家皆祖田何，大誼略同，唯京氏爲異。儻焦延壽獨得隱士之説，託之孟氏，不與相同」。然七略猶著之曰：「孟氏京房十七篇，災異孟氏京房六十六篇。」自君明長于災異，易家世應、飛伏、六位、六甲、五星、四氣、六親、九族、福德、刑殺皆出京氏。然嘗推求漢、唐以來引京氏言災異者，皆舉其易傳，而未嘗及章句。至陸德明、李鼎祚往往引京氏之文，率與易傳大異，蓋出于章句。將非京氏自以易説災異，而未始以災異説易，後世之言京氏者失其本耶？余嘗善陸績治易京氏，而其言純粹，與干寶絶不相類。如其言，雖謂之出孟氏也可。使京氏章句而在，其不當在陸下，章章明矣。六日七分，卦候消息，風雨寒温，此孟氏所傳。以一行所議京氏法，四時卦用事，上減九卿卦之七十三分，則亦其不與孟氏相應之大者。惜乎章句之文百不存一，京氏之大義亡矣。惠定宇易漢學發明京氏積算爲詳，余以爲非京氏之所以爲易，故不録占候書，而輯章句爲一卷，其義例則不可得而説云。

陸氏

陸績字公紀，吴郡吴人。爲孫權奏曹掾，出爲鬱林太守，加偏將軍。釋文敘録：「陸績周易述十三卷。」又引七志云：「録一卷。」隋經籍志云：「注十五卷。又與虞翻同撰日月變例六卷，亡。」明姚士粦採釋文、集解，合以京氏易傳之注，爲陸氏易解一卷，今四庫本是也。易傳注世有其書，又不宜入易注，其所採闕謬甚多，今正而補之，因論其義例，爲一卷。公紀注京氏易傳，則其易，京氏也。余嘗以爲京氏既爲易章句，又爲易傳、飛候之書，以謂易含萬象，不可執一隅。然則積算之法，殆不用之章句。以易傳、飛候求易者，爲京氏者之末失也。今觀公紀所述，凡納甲、六親、九族、四氣、刑德、生剋，未嘗一言及之。至言六爻發揮旁通，卦爻之變，有與孟氏相出入者。京氏自言其易即孟氏學，公紀儻得之耶？京氏章句既亡，存于唐人所引者，僅文字之末，不足以見義。由公紀之説，京氏之大旨庶幾見之。公紀以少年與仲翔爲友，觀其書，亦幾欲與荀、虞頡頏矣。

干氏

明姚士粦輯干常侍易解三卷，但取李氏集解之文，而又時有疏謬。丁教授杰補正之，頗詳具。今依而録之，因論其例爲二卷。干寶字令升，新蔡人。晉元帝時爲著作郎，領國史，出爲山陰令，始安太守。王導以爲司徒、右長史，遷散騎常侍。其注易十卷，見釋文敘録。隋志又有爻義一卷，又云：「梁有周易宗塗四卷，亡。」册府元龜又云：「有周易元品二卷。」史稱寶好陰陽術數，留心京房、夏侯勝之傳，故其注易，盡用京氏占候之法以爲象，而援文、武、周公遭遇之期運，一一比附之，易道猥雜，自此始矣。蓋嘗論之，易者象也，象也者像也。易以陰陽往來、九六升降上下而象著焉，陰陽以天地日月進退次舍而象生焉，故曰消息。鄭氏之言爻辰用事，荀氏之言乾升坤降，虞氏之言發揮旁通，莫不參互卦爻，而依説卦以爲象，其用雖殊，其取于消息一也。令升則不然，其所以爲象者，非卦也，爻也。其所取于爻者，非爻也，干支也。由干支而有五行、四氣、六親、九族、福德、刑殺，此皆無與于卦者也。故乾之爲甲也，震之爲庚也，離之爲己也，此見于經者也，干支爲卦象也。以甲壬名乾，以乙癸名坤，見辰戌名艮，見巳亥名兑，則卦爲干支象也。以甲子爲水，而乾象淵，以庚辰窮水，而震象姦邪，顛倒乖舛，説卦之義盡謬矣。京氏之義，其本在卦氣消息，其用在爻變，考之其傳及章句遺文可知。令升曾不之察，而獨取其所以占候者以爲象，然則令升之爲京氏易者，非京氏也。昔韓宣子見易象與魯春秋，曰：「周禮盡在魯矣。」故易者，文王考河、洛，應圖、書，革制改物，垂萬世憲章，周公監之，以制作者也。鄭氏知之，故推象應事，周官典則一一形著于易，故曰制而用之謂之法，舉而措之天下之民謂之事業。若乃應期受命，革而用師，商、周之所以興廢，固亦見焉。今令升之注，僅存者三十卦，而又不完，然其言文、武革紂，周公攝成王者，十有八焉。至于禮、樂政典，亂治之要，蓋未嘗及。則是以易爲周家紀事之書，文、武所以自旌其伐也。且文王作卦辭，而蒙託成王，遭周公未濟，託禄父不終，微子爲客，則是易爲讖數之言，妖災之紀也。故京氏以易陰陽推後世災變，令升以易辭推周家應期，故曰令升之爲京氏者，非京氏也。魏、晉之代，易學中微，令升知虛空之壞道，而未得其門，欲以叢瑣附會之説勝之，遂使後之學者指漢師爲術數而不敢道，則易之墜，令升實與有責焉耳。雖然，其論法象始于天地，疾虛誕之言若邪説，豈非卓然不回，憂後世之遠者乎？

馬氏

費氏古文易，徒以彖、象、繫辭、文言解説上、下經，無章句。七録有費氏章句四卷，蓋僞託，不足信。傳之者，前漢王璜，後漢陳元、鄭衆，皆無著書，有書自馬融始。七録云：「馬融傳九卷。」隋經籍志：「梁有漢南郡太守馬融注一卷，亡。」一疑九字之誤，而釋文敍録及唐藝文志皆有馬融傳十卷。孔穎達、陸德明、李鼎祚引馬融説，似俱親見其書，不知隋志何以云亡也。馬融爲易傳，授鄭康成，康成爲易注，于是費氏遂興。然陸德明以爲，永嘉之亂，鄭注行世，而費氏之易，人無傳者，豈以僞託之章句爲費氏耶？荀爽亦注費氏易者，其義又特異。或者費氏本無訓説，諸儒斟酌各家以通之，馬、鄭、荀各自名家，非費氏本學也。鄭易之于馬，猶詩之于毛，然注詩稱箋，而易則否，則本之于馬者蓋少矣。今馬傳既亡，所見者僅訓詁碎義，就其一隅而反之，大抵以乾、坤十二爻論消息，以人道政治議卦爻，此鄭所本于馬也。馬于象疏，鄭合之以爻辰；馬于人事雜，鄭約之以周禮，此鄭所以精于馬也。故録馬氏之傳，著鄭氏所以同異，爲費氏學者，可以考焉。

宋氏劉氏

三國志注:「劉表爲荆州牧,開立學官,博求儒士,使綦毋闓、宋忠等撰五經章句,謂之後定。」釋文敍録及隋經籍志皆有劉表易章句五卷。釋文又引中經簿録云:「注易十卷。」七録云:「九卷,録一卷。」疑即所謂後定者也。而宋忠復自有著書,釋文敍録云:「宋衷易注九卷,字仲子,南陽章陵人。後漢荆州五等從事。」又引七録、七志云:「十卷。」隋志則云:「梁有荆州五業從事宋忠注周易十卷,亡。」忠與衷,五業與五等,形聲之殊。蓋釋文成于隋,其時宋注猶在,陸元朗得見之。隋志據唐時見存,則知此書亡于唐初矣。然李鼎祚、史徵皆詳引之,則似未嘗亡者,疑不能明也。虞仲翔表云:「北海鄭玄、南陽宋忠,雖各立注,忠小差玄,而皆未得其門。」今以殘文推之,仲子言乾升坤降,卦氣動靜,大抵出入荀氏。虞君以爲差勝康成者,或以此。景升章句尤闕略難考,案其義,于鄭爲近。大要兩家皆費氏易也。然費氏易無變動,而仲子注革五云「九者變爻」,則其異于鄭、荀者,不可得而聞云。

王子雍氏

王肅字子雍,東海郡人,魏司徒蘭陵成侯王朗之子。文帝時爲散騎黄門侍郎,稍遷,廢帝嘉平中爲中領軍加散騎常侍,卒贈衛將軍,謚景侯。釋文敍録:「王肅易注十卷。」又云:「作易音,而無卷數。」隋經籍志有易注而無易音，或音與注合爲十卷也。肅著書務排鄭氏，其託于賈、馬，以抑鄭而已。故于易義，馬、鄭不同者，則從馬；馬與鄭同，則并背馬。故鄭言周禮，則肅申馬，「禴爲殷春祭」是也。鄭言卦氣，同〔一〕于馬，則肅附説卦而棄馬，「西南陰方，東北陽方」，用馬注而改其春秋之文是也。馬、鄭取象必用説卦，是以有互有爻辰，則肅并棄説卦，剥之「以坤象牀，以艮象人」是也。然其訓詁大義，則出于馬、鄭者十七。蓋易注本其父朗所爲，肅更撰定，疑其出于馬、鄭者，朗之學也；其掊擊馬、鄭者，肅之學也。自馬、鄭注行，而費氏易興，諸家皆廢。荀、宋雖費氏，而宗之者不及馬、鄭，以馬、鄭主干人事，而不及易家變動之説也。王朗父子竊取馬、鄭，而棄其言禮、言卦氣爻辰之精切者；王弼祖述王肅，而並去其比附爻象者，于是虚空不根，而道士之圖書作矣，嗚呼！魏、晉以莊、老亂天下，而易先受其禍。聖道不亂，邪説不興，時數會之于肅，奚咎哉！

董氏

董遇字季宣，弘農華陰人。建安初舉孝廉，稍遷黄門侍郎。魏黄初中出爲郡守，明帝時入爲侍中大司農，卒。釋文敘録：「董遇章句十二卷。」又引七志、七録，並云「十卷」。隋書經籍志則云：「梁有魏大司農董遇章句十卷，亡。」攷集解不引董遇，則遇書亡于唐初，蓋可知。遇著書在王

〔一〕「同」，原作「馬」，涉下「馬」字而誤，今改。

肅前，故無與肅合者。其于鄭、荀，則多同義。雖不可考，要之爲費氏易也。

王世將氏劉子珪氏

王廙字世將，琅邪臨沂人。晉愍帝時封武陵縣侯，元帝時爲左衛將軍，謚曰康侯。釋文敍録：「易王廙注十二卷。」又引七志、七録云：「十卷。」隋志唯有三卷，殘闕。劉瓛字子珪，沛國相人。宋大明四年舉秀才，除奉朝請不就。博通五經，聚徒教授，常有數十人。嘗爲主簿行參軍公事，免，遂不復仕。齊太祖踐祚，欲用爲中書郎，不受。後以母老闕養，拜彭城郡丞，又除會稽郡丞，數除官，皆不拜。卒，謚曰貞簡先生。釋文敍録引七録云：「劉瓛作繫辭義疏。」隋志有劉瓛繫辭義疏二卷，又周易乾坤義一卷，又云：「梁有周易四德例一卷，亡。」文選注所引，或云「易注」，即其義疏之文，非別有注也。而册府元龜有劉瓛義九卷，董真卿周易會通引劉瓛同人之注，皆不足信。東晉以後，言易者大率以王弼爲本，而附之以玄言，其用鄭、宋諸家，小有去取而已，非能通其説如王廙者是也。齊代鄭義甚行，史稱子珪承馬、鄭之後，一時學徒以爲師範。其于易，或宜宗鄭黜王，殘闕之餘，無聞焉耳。

子夏傳

釋文敍録：「子夏易傳三卷。」七略云：「漢興，韓嬰傳。」中經簿録云：「丁寬所作。」張璠云：

「或馯臂子弓所作，薛虞記。虞不詳何許人。」隋書經籍志：「周易傳二卷，魏文侯師卜子夏傳，殘闕。梁六卷。」案：漢書藝文志易有韓氏二篇，丁氏八篇，而無馯臂子弓，則張璠之言不足信。丁寬受易田何，上及馯臂子弓，受之商瞿，非自子夏，則荀勖言丁寬亦非。劉向父子博學近古，以爲韓嬰，當必有據。儒林傳稱韓生亦以易授人，推易意而爲之傳，不聞其所受，意者出于子夏，與商瞿之傳異耶？今所傳子夏傳十一卷，崇文總目云十卷，以釋文、集解諸書所引，校之都不相合。晁以道云：「是唐張弧所作。」惠徵士棟以爲，唐時子夏殘書尚存，無容僞爲，爲之必宋人也。然予謂即唐氏二卷者，亦非真韓氏書，其文淺近卑弱，不類漢人，殆永嘉以後羣書既亡，好事者聚斂衆説而爲之也。朱子發云：「孟喜、京房之學，大要皆自子夏傳而出。」此不察之言也。孟、京之易，傳之商瞿，豈得出于子夏哉？子發又以「七日來復」傳證京房六爻之義，以「井谷射鮒」傳證井爲五月之卦，固有合者，要之爲傳者取于孟、京，非孟、京取于此傳，觀其文意可知也。然晁以道云：「二卷之書不傳，而漢上易傳所引，皆非十一卷之僞書。」則似朱子發見之者，其復出于晁後耶？而又何時亡之？又不可曉也。

易緯略義序

緯者，其原出于七十子之徒，相與傳夫子之微言，因以識陰陽五行之序、災異之本也。蓋夫子五十學易而知天命，子贛曰：「夫子之言性與天道，不可得而聞。」是以其可言者，六藝之文著之；其難言者，游、夏之徒或口受其傳，愔益增附，推闡以相傳授。秦、漢之間，師儒第而録之，其亦有技術之士，以其所能，推説于篇，參錯間出，故其書雜而不能醇。劉歆之于緯，精矣。當其時，河、洛之文大備，而七略不著録，將以符命之學出于其中，在所禁祕耶？鄭康成氏，漢之大儒，博通古文，甄録而爲之注，則緯之出于聖門，而説經者之不可廢也，審矣。至隋而六經之緯焚滅，唯易獨存。後漢書注載其目，曰稽覽圖、乾鑿度、坤靈圖、通卦驗、是類謀、辨終備。宋而更有乾元序制記、乾坤鑿度。宋之諸儒排而擯之，訖于元、明，無傳于世。存者獨明永樂大典所編，而緯無完書矣。竊嘗以爲，乾坤鑿度，僞書也，不足論。乾元序制記，宋人鈔撮者爲之。坤靈圖、是類謀、辨終備亡佚既多，不可指説。其近完存者稽覽圖、乾鑿度、通卦驗。稽覽圖論六日七分之候，通卦驗言八卦晷氣之應，此孟、京氏陰陽之學。乾鑿度論乾、坤消息，始于一，變而七，進而九，一陰一陽，相並而合于十五，統于一元，正于六位，通天意，理人倫，明王度，蓋易之大義，條理必貫，自諸儒莫能外之，其爲夫子之緒論，田、楊以來先師所傳習，較然無疑。至其命圖、書，考符應，算世軌，則其傳湮絶，文闕不具，不可得而通，亦非達士之所欲説也。故就三書而求其醇者，通卦驗十三，稽覽圖十五，乾鑿度十八，易學蕪絶，漢人之書皆已亡闕，其僅而存于今，足以考古師説如此。三書者，治易者蓋可忽乎哉？故條而次之，以類相説，通其可知者，闕其不可知者，存其義略焉爾。

文集

書墨子經後

右墨子經上下及説，凡四篇。晉書魯勝傳云：「勝注墨辯，引説就經，各附其章。」即此也。墨子書多奥言錯字，而此四篇爲甚。勝注既不傳世，莫得其讀。今正其句投，通其旨要，合爲二篇，略可指説，疑者闕之。古者楊、墨塞路，孟子辭而闢之，自孟子之後，至今千七百餘年，而楊氏遂亡，墨氏書雖存，讀者蓋鮮。大哉！聖賢之功，若此盛矣。墨氏之言修身、親士，多善言其義，託之堯、禹。自韓愈氏以爲與聖賢同指，孔、墨必相爲用，向無孟子，則後之儒者習其説而好之者，豈少哉？老氏之言，其始也微，不得孟子之辨，而佛氏之出，又絶在孟子後，是以蔓蔓延延。日熾月息，而楊、墨泯焉遂微，吾以悲老、佛之不遭孟子也。當孟子時，百家之説衆矣，而孟子獨拒楊、墨。今觀墨子之書，經、説、大、小取盡同異堅白之術，蓋縱横、名、法家惠施、公孫龍、申、韓之屬皆出焉。然則當時諸子之説，楊、墨爲統宗。孟子以爲，楊、墨息而百家之學將銷歇而不足售也。獨有告子者與墨爲難，而自謂勝爲仁，故孟子之書亦辯斥之。嗚呼！豈知其後復有烈于是者哉？墨子之言誖于理而逆于人心者，莫如非命、非樂、節葬。此三言者，偶識之士可以立折，而孟子不及者，非墨之本也。墨之本在兼愛，而兼愛者，墨之所以自固而不可破。兼愛之言曰：「愛人者，人亦愛之；利人者，人亦利之。仁君使天下聰明耳目相爲視聽，股肱畢强相爲動宰。」此其與聖人所以治天下者，復何以異？故凡墨氏之所以自託于堯、禹者，兼愛也。

尊天、明鬼、尚同、節用者，其支流也。非命、非樂、節葬，激而不得不然者也。天下之人，唯惑其兼愛之説，故雖他説之誖于理，不安于心者，皆從而則之，不以爲疑。孟子不攻其流，而攻其本，不誅其説，而誅其心，被之以無父之罪，而其説始無以自立。嗟夫！藉使墨子之書盡亡，至于今，何以見孟子之辨嚴而審、簡而有要如是哉！孟子曰：「我知言。」嗚呼！此其驗矣，後之讀此書者覽其義，則于孟子之道猶引弦以知矩乎？

讀荀子

一言而本末具者，聖人之言也。有所操，有所遺，然而不虚言，言以救世者，賢人之言也。操其本者不弊，操其末者，未有不甚弊者也。孔子之言性，曰「性相近，習相遠」，「上知與下愚不移」，所謂一言而本末具者也。孟子之言性善，所謂操其本也。荀子之言性惡，所謂操其末也。其言殊，其所以救世之意一也。孟子曰「口之于味，目之于色，鼻之于臭，耳之于聲，四肢之于安佚，是性也」，不亦與荀子言「人之性，飢而欲飽，寒而欲暖，勞而欲休」者同乎哉？荀子曰：「無性，則僞之無所加；無僞，則性不能自美。」又曰：「義與利者，人之所兩有也，雖堯、舜不能去民之欲利，雖桀、紂亦不能去民之好義。」不亦與孟子言「民之秉彝，故好是懿德」者同乎哉？公都子問孟子曰：「告子曰性無善無不善；或曰性可以爲善，可以爲不善；或曰有性善，有性不善，三説皆非歟？」孟子曰：「乃若其情，則可以爲善矣，乃所謂善也。」然則孟子不以三説皆非者，豈不以上知之性善，下愚之性不善，而中人可以爲善，可以爲不善者哉？雖然由孟子之説，則人得自用其爲善之才，而道甚邇，事甚易；由荀子之説，則道者，聖人所以撟揉天下之具，而人將厭苦而去之。故荀子之意與告子異，而其禍仁義與告子同，則操其末者之弊，必至于此也。雖然孔子言仁，而孟子益之以義，荀子則約仁義而歸之禮。夫義者，仁之裁制也；禮者，仁義之檢繩也。孟子之教，反身也切；荀子之教，檢身也詳。韓子曰：「求觀孔子之道，必自孟子始。」後之學者，欲求其途于孟子，自荀子始焉，可也。

丁小疋鄭氏易注後定序

自王弼注興而易晦，自孔穎達正義作而易亡。宋之季年，學者爭説性命，莫不以王、孔爲本，雜以華山道士之言，而王伯厚氏獨盡心鄭注，蒐輯闕佚，彙爲一書，可謂偉矣。自是之後，蓋五百餘年，而得惠定宇氏，始考鄭氏爻辰，增補伯厚集注所未備，然後天下知有鄭易。又數十年，丁君小疋從而定之，正其違錯，補其闕漏，次其篇章，然後鄭氏之易大略具焉。方今士以不習鄭學爲恥，其考校鄭書者，無慮數十家，而以丁君此書爲最善。蓋其始爲以至于今，二十餘年，不苟成書。有爲其學者，必咨焉，從而爲之校者以十數，唯以傳信爲務，而不以臆斷。其爲之也勤，其出之也慎，則其獨善宜也。且夫學者所以貴古書者，豈唯其文哉？將有取其義也。王伯厚氏之序此書，取朱震之言曰：「多論互體。」曰：「以象數爲宗。」夫易之有互，不始鄭氏，自田何、楊叔以來，論互體不足爲鄭學也。易者象也，易而無象，是失其所以爲易；數者所以筮也，聖人倚數以作易，而卦爻之辭，數無與焉。漢師之學，謂之言象可，謂之言數不可，象數並稱者，末學之陋也。吾以知伯厚之于鄭易，概乎未有聞也。定宇氏說爻辰是矣，雖然爻辰者，鄭氏之所以求象，而非鄭氏言易之要也。鄭氏之學，盡于爻辰而已乎？記曰：「夫禮本于太一，分而爲天地，轉而爲陰陽，變而爲四時，其降曰命。」韓宣子見易象曰：「周禮在魯矣。」是故易者禮象也。是說也，諸儒莫能言，唯鄭氏言之，故鄭氏之易，其要在禮。若乃本天以求其端，原卦畫以求其變，推象附事，以求文王、周公制作之意，文質損益，大小該備。故鄭氏之易，人事也，非天象也，此鄭氏之所以爲大，而定宇氏未之知也。夫以王、惠二家之學如此，則其所輯往往有牴牾而不知者，非其學不博，識不精，其所涉淺也。丁君此書，余見其稿本，一字之異，必比附羣書，以考其合，往往列數十事。是故于義審，于義審則其分別有序也。無惑爾已。余往嘗疑鄭君箋詩，以婚期盡仲夏以前，于經無所徵驗，及就歸妹之注考之，六五爻辰在卯二月中，辭曰：「帝乙歸妹，以祉元吉。」九四爻辰在午五月中，辭曰：「歸妹愆期。」然後知箋義蓋出于此。又嘗疑雷震百里，以象諸侯，周官制則不合，及讀晉康侯之注：「諸侯有三捷之功，錫以乘馬而廣之。」然後知易有三代之制。其他如此者甚衆，惜乎唐之儒師未有見及此者，遂使禮家微言泯没而不傳也。然就此書而求之，比類儔物，以合鄭氏禮注，則于易之大義，未嘗不有考焉，是則小疋之功不可廢也夫！

遷改格序

易之象曰風雷。益：「君子以見善則遷，有過則改。」解之者曰：「君子謂乾也，益之初，否之上，乾也；其四，否之三，坤也。坤進而居乾，是謂遷善；乾降而正坤，是謂改過。改過之道，不可以不重也，如雷然，赫乎其動之也。遷善之道，不可以不輕也，如風然，泠乎其入之也。故曰『益動而巽，日進无疆』，此君子所以終日乾乾，夕惕若厲者也。」君子之學，始于自知而訖于自成，始于自知者，能見善與過之謂也。非所善而善，是謂僭；非所過而過，是謂誣。誣且僭，君子雖自反，其能益乎？夫決嫌疑，定猶豫，別是非，舍禮何以治之？故禮者，道義之繩檢，言行之大防，進德修業之規矩也。君子必學禮，然後善其所善，而過其所過。益之初曰「利用爲大作」，大作，國之大事，祀與戎也。其二曰「王用享于帝」，享者祀也。其三曰「益之用凶事」，凶事喪也。其四曰「中行告公從」，告公，朝聘之禮也。「利用爲依遷邦」，言大封也。故吉、凶、軍、賓之禮，具于益焉。君子于以考善，于以鑒慝，是之謂自知訖于自成者，無吝于始，無怠于終，變動不居，而常執其貞。無吝于始者，益之初復也，復小而辨于物。既以辨之，君子不如是則不樂，故傾否，先否後喜也。無怠于終者，益之成泰也。乾動而下，坤動而上，乾德也，坤業也，業日進而照之以德光，故曰自上下下，其道大光也。變動不居，而常執其貞者，益之用，既濟也。不正不益，故曰「或益之十朋之龜，永貞吉」。离，龜也；兑，朋也；貞，正也，言三正离而下益兑也。其在上曰：「莫益之，或擊之，立心勿恒，凶。」莫益之者，上不來也；或擊之者，初將壞也；立心勿恒者，巽爲坎，濟未泰也。夫時者有變，而禮無不宜，君子務正其道。正其道而勿有，守之以恒，是以大通。易曰「損益盈虚，與時偕行」，此之謂也。吾友莊君卿珊寡言而力行，好學不勸，與其同志陸君紹聞取明人功過格正之以禮，明其統例，名之曰遷改。余以爲君子之學所以異於釋氏者，唯無求其報應福之言遷善改過者，以序其篇。卿珊之爲此，其諸以爲禮之律令與？故爲說易利而已，非昧昧于善惡之輕重，而曰吾明道不計功也。

原治

古之治天下者，上不急乎其下，而下無所拂乎其上，政不令而成，獄不省而措，其逸也如此。其政之施于民者，不過歲時讀法而已，是亦今有司之所奉行者也，其刑罰之條止於三千五百，而以待獄訟常有餘，豈今之有司常愚，而古之有司常智歟？其民與上相接者，飲酒、習射、吹笙、擊鼓以爲樂，而智仁聖義中和之德，孝友睦婣任卹之行，禮樂射御書數之事，皆後之學士大夫所習焉而難成，成焉而可貴者。鄉黨州閭之子弟，常出于其間，其化之淳而俗之懋也，又如此。蓋先王之制禮也，原情而爲之節，因事而爲之防。民之生固有喜怒哀樂之情，即有飲食男女聲色安逸之欲，而亦有惻隱羞惡辭讓是非之心，故爲之婚姻、冠笄、喪服、祭祀、賓鄉、相見之禮，因以制上下之分，親疏之等，貴賤長幼之序，進退揖讓升降之數，使之情有以自達，欲有以自遂，而仁義禮智之心油然以生，而邪氣不得接焉。民自日用飲食，知能所及，思慮所造，皆有以範之，而不知其所以然，故其入之也深，而服之也易。夫蠻粵之人，生而侏離，聞中國之音則駭而視，被髮文身之俗，資章甫而無所售。彼其習于鄙陋者猶如此，而況習于禮教者？其有奇衺放恣之民生其間，有不怪且駭，屏之而無所容者乎？故先王所以能一道德，同風俗，至于數十百年而不遷者，非其民獨厚，其理自然也。是故先王之制禮也甚繁，而其行之也甚易，其操之也甚簡，而施之也甚博。政也者，正此者也；刑也者，型此者也；樂也者，樂此者也。是故君者，制禮以爲天下法，因身率而先之者也。百官有司者，奉禮以章其教，而布之民者也。度禮之所宜而申之，以民所常習，故政不煩也。權禮之所禁而輕重之，以繩不合者，故刑不擾也。民習于禮，故知有是非，有是非然後有羞惡，是故賞罰可得而用也。民習于禮，故知有父子君臣長幼上下，知父子君臣長幼上下，然後有孝弟忠信，是故軍旅田役之事可得而使也。民習于禮，故有孝友睦婣任卹，有孝友睦婣任卹，然後有智仁聖義中和，是故其人材成者可得而用也。故曰：禮止亂之所由生，猶防止水之所自來也。壞國破家亡人必先去其禮，禮不去而風俗隳國家敗者，未之有也。後之君子則不然，不治其情而罪其欲也，不制其心而惡其事也。令之以政，而不知其所由然也；施之以禁，而不知其所以失也。民行而無所循習，動而無所法守，不勝其欲而各以知求之。知上之有以禁我也，則各以詐相遁；有司見其然，於是多爲刑辟以束縛之。條律之煩，至不可勝數，以治其不幸而不能逃者。其幸而能逃，不抵于法，則又莫之問也。雖其不能逃而抵於法，吏當之死而不敢怨，而其所以然者，豈非其人之大不幸歟？此三代以下所以小治不數見，而大亂不止者也。

文稿自序

余少學爲時文，窮日夜，力屏他務，爲之十餘年，乃往往知其利病。其後好文選辭賦，爲之又如爲時文者三四年。余友王悔生見余黄山賦而善之，勸余爲古文，語余以所受于其師劉海峯者，爲之一二年，稍稍得規槼。已而思古之以文傳者，雖于聖人有合有否，要就其所得，莫不足以立身行義施天下，致一切之治。荀卿、賈誼、董仲舒、揚雄以儒，老聃、莊周、管夷吾以術，司馬遷、班固以事，韓愈、李翺、歐陽修、曾鞏以學，柳宗元、蘇洵、軾、轍、王安石雖不逮，猶各有所執持。操其一以應于世而不窮，故其言必曰道。道成，而所得之淺深醇雜見乎其文。無其道而有其文者，則未有也。故迺退而考之于經，求天地陰陽消息于易虞氏，求古先聖王禮樂制度于禮鄭氏，庶窺微言奥義，以究本原。已而更先太孺人憂，學中廢。嘉慶之初，問鄭學於歙金先生，三年圖儀禮十卷，而易義三十九卷亦成。粗以述其迹象，闢其户牖，若乃顯微〔一〕闡幽，開物成務，昭古今之統，合天人之紀，若涉淵海，其無涯涘。貧不能自克，復役役于時，自來京師，殆又廢棄。嗚呼！余生四十年矣，計自知學，在三十以後，中間奔走憂患，得肆力於學者，纔六七年。以六七年之力，而求所謂道者，敢望其有得耶？使余以爲時文辭賦之時畢爲之，可得二十五年，其與六七年者相去當幾何？惜乎其棄之而不知也。後此者尚有二十五年耶？其庶幾有聞，其訖無聞乎？他日復當悔今日之所爲如曩時，未可知也。然余之知學于道，自爲古文始，故檢次舊所爲文，去其蕪雜，自戊申至甲寅爲一編，丁巳戊午爲一編，存以考他日之進退云。

〔一〕「顯微」，原倒，今乙。

附録

先生生四年而孤，十四遂爲童子師，教授里中。十七補諸生，乾隆五十一年舉於鄉，前後七試禮部而後遇。充武英殿協修、實録館纂修。體清羸，面有風棱，而性特和易，與人交，無賢不肖皆樂之。至義之所在，必達然後已。惲敬撰墓志。

先生受朱文正之知，而每於廣坐諍之。文正言：「天子當以寬大得民。」先生言：「國家承平百餘年，吏民習於寛大，故奸孼萌芽其間。宜大伸罰，以肅内外之政。」文正言：「天子當優有過大臣。」先生言：「庸猥之輩倖致通顯，復壞朝廷法度，惜全之，當何所用？」文正喜進淹雅之士，先生言：「當進内治官府、外治疆場者。」同上。

與惲子居交最善，嘗曰：「文章末也，爲人非表裏純白，豈足爲第一流哉！」同上。

先生游皖南，受經學於金修撰榜，爲婺源江氏之再傳。修撰殁，爲文祭之，有曰：「伊蒙寡昧，一言獲褒，春風所噓，不遺薪蕘。三年在門，莫窺美富，既困馳驅，乃始自咎。獨持緒論，以當衆歧，端策恐騾，瞻途識夷。」又曰：「内辰之春，再謁几席，先生欣然曰：『子可益。』則理其穢，則淪其清，恢之拓之，以崇以閎。」文編祭金先生文。

先生與阮文達同鄉舉，及通籍，文達已爲會試總裁，出其門。文達序其周易虞氏義，爲刊之。嘗曰：「漢人之易，孟、費諸家各有師承，勢不能合。皋文傳虞氏易，即傳漢孟氏易矣，孤經絶學也。」又爲序儀禮圖曰：「漢儒習儀禮者，必爲容，故高堂生傳禮十七篇，而徐生善爲頌，禮家皆宗之。頌即容也。後儒以進退揖讓爲末節，薄之不講，故言朝則昧於三朝三門，言廟則闇於門揖曲揖，言寢則眩於房室階夾，言堂則誤於楹間階上，辨之不精，儀節皆由之舛錯而不可究。昔叔孫通爲緜蕝以習儀，他日亦欲使家塾子弟畫地以肄禮，庶於治經之道事半而功倍。然則編修之書，非即徐生之頌乎？」孳經室集、定香亭筆談。

茗柯家學

張先生琦

張琦原名翊，字翰風，茗柯之弟，嘉慶癸酉舉人。官山東知縣，歷鄒平、章丘、館陶三縣，皆有異政。初至鄒平，值大旱，已歲暮，破成例，申牒報災。緩徵，得民心。後權章丘時，鄒平民猶赴訴。治館陶八年，賑饑，治溝洫，行區田。善於理訟，有時不待兩造集即決遣之，疑獄亦不過再訊，時稱循吏。少工文，與兄齊名。輿地、醫學、詩詞皆深造。著戰國策釋地二卷，素問釋義十卷，本草述錄六卷，古詩錄十二卷。又有宛鄰文立山詞。子曜孫，官至湖北候補道，亦能繼家學。參包世臣撰傳、武進陽湖合志。

張先生成孫

張成孫字彦惟，茗柯子。幼從父受説文形聲之學，十四歲而孤。及長，能讀父書，悉通其説，續成説文諧聲譜五十卷，所增者十之五。又與同縣董方立祐誠同治曆算之學，未有傳書。有端虚勉一居集。參説文諧聲譜、董方立遺書、常州駢體文録。

説文諧聲譜自序

漢許慎譔説文解字十四篇，立一爲耑，畢終於亥，分别部居，不相雜厠，合目録一篇，爲十五卷。建光元年，其子沖上之。南唐雍熙間，徐鉉等奉詔校訂，卷分爲二，增加新附字，成三十卷。鉉弟鍇通釋許書，附以論述，自爲繫傳四十卷。今竝行于時。而鍇書成于鉉前，鉉書校以内本，故互有同異。鍇書又多脱闕，後人取鉉書補竄之，故多不相蒙也。許氏之書，方以類聚，物以羣分，信足理羣類，解謬誤，曉學者，達神怡矣。先君子以爲，形聲者，尤足以攷字體之原委，聲韻之從違，乃於許書别録之，俾各以聲相從，求之古人韻語，分别部居，爲説文諧聲譜，以言三代之韻，秩如也。輯録未竟，遂捐館舍。成孫年十四矣，于遺稿中得讀之，茫然不可解。年二十二，館于莊氏，始得聆大要于莊寶琛先生。先生曰：「子曷成之？」成孫謝不敏。蓋先君子雖已區定部分，又爲五論以發其旨，而索討未備，竄乙雜糅，細草已亡，説多散見，前後牾沓，猝難條理，然心竊志焉。已而奔走衣食，僕僕不遑，羈旅無伏案之功，行篋少稽咨之册，忽忽至今，始克屬稿。蓋先君子之書，居十之五，成孫續者，十之五，卷弟篇例多所增易，已非舊觀。非敢苟易也，原書首尾不具，體例未一，勢使然也，遂不敢冒先君子名。名之曰諧聲譜者，成孫年十三，歲除既息學，先君子于鐙前授以許書，夕課二十字，令背誦而默寫，分六書譜之，明年，負笈宛平署，齋學以輟，僅成象形二卷，冀他日卒譜之，以從命讀許書之意焉。夫自唐、虞迄乎周末，數千百年而詩歌謠諺韻悉不異，説者謂古無韻學，其信然乎？古者八歲入小學，即授以六書，三曰形聲，即諧聲也。諧聲之字，類以所从之字爲聲，所謂江、河是也。亦有省其文而从其聲者，宫、窮是也。有从其字而不必从其聲者，庸、鼓是也。有从其字而聲反从其省文者，逢、祚是也。有數省不見其文，而反从其聲者，進、家是也。有兩从聲者，雁是也。有从兩字得聲者，雔、竊是也。有互从得聲者，敳、豈、冬、終是也。有篆古或文異聲者，餘、餳、份、彬、鬻、餰、飦、饘是也。聲相諧則韻相从，亦有聲从乎此，而轉諧乎彼者，憲、舌是也。有互相諧合者，漢、求是也。大氐聲寓乎文之中，其義至密，書同文，故聲同諧。聲同其諧，何有乎韻？故未有知詩而不知韻者。保氏之學既廢，字書息而韻學晦，韻書作而古韻不可得矣。韻書盛于齊、梁，而存于今者，惟廣韻爲最先，然其二百六部，亦沿乎齊、梁之舊，以之證古，決不可通。四聲之説，當時譏之，周捨嘗舉天子聖哲以曉梁武帝，而不知古無所謂四聲也。長言則平，短言則上，重言則去，急言則入。詠歎之詞，宜乎平；比興之詞，宜乎上去入。而上去入之音短，不足以成永歌，則或引而長之；至于繁縟促節，戛然闋止，則又或以短言爲宜。是故四聲或錯雜相諧去入，或自爲諧，務得其音之和而已。法既寖廢，乃欲以脣吻之音，一四方之聲，同千載以上，宜其如欲觀江河而航乎斷港，欲步康莊而馳乎絶壁也。南宋吴棫始言古韻，未得其門。鄭庠分古韻爲六部，曰東、支、魚、真、蕭、侵，疏舛殆難枚舉。國朝崑山顧炎武定廣韻二百六部爲十，曰東、支、魚、真、蕭、歌、陽、庚、蒸、侵，而分入聲爲四，質、術、櫛、物、迄、月、没、曷、末、黠、鎋、屑、薛、麥、昔、錫、職、德配支，藥、鐸、陌配魚，屋、沃、燭、覺配蕭，緝、合、盍、葉、怗、洽、狎、業、乏配侵。其説雖未能密，而大致包舉，後之説者，莫能外焉。迨乎婺源江永，真分出元，蕭分出尤，侵分出覃，得十三部，而魚、之、侯并入尤。分入聲爲七，麥、昔、錫、職、德配支，質、術、櫛、物、迄、没配真，月、曷、末、黠、鎋、屑、薛配元，緝配侵，屋、沃、燭、覺配尤，合、盍、葉、怗、洽、狎、業、乏配覃，藥、鐸、陌配魚。金壇段玉裁又分之、脂、支爲三，諄、真爲二，侯別出爲一，是謂十七部。分入聲爲八，職、德配之，屋、沃、燭、覺配尤，藥、鐸配魚，緝、葉、怗配侵，合、盍、洽、狎、業、乏配覃，質、櫛、屑配真，術、物、迄、月、没、曷、末、黠、鎋、薛配脂，陌、麥、昔、錫配支。於是古韻略備矣。先君子曰：「冬一部也，泰一部也，緝一部也。冬有平去而無上入，泰、緝有去入而無平上，當得二十部。」而入聲分配，則以正紐反紐爲則，正紐不韻而反紐韻焉。故緝、合、盍、葉、怗、洽、狎、業、乏爲一部，術、物、迄、月、没、曷、末、黠、鎋、薛入泰，質、櫛、屑入脂，麥、錫入支，職、德入之，屋入尤，藥入蕭，沃、燭、覺入侯，鐸、陌、昔入魚也。曲阜孔廣森爲詩聲類，于段氏十七部，東別出冬，合真、諄爲一，以麥、昔入支，質、術、櫛、物、迄、月、没、曷、末、黠、鎋、屑、薛入脂，鐸、陌、昔入魚，屋、燭入侯，沃入幽，覺、藥入宵，職、德入之，合、盍、緝、葉、怗、洽、狎、業、乏別爲一部，凡十八部，而分陽聲陰聲以爲樞轉。其于入聲視段爲審。出冬、出合，並與先君子之意同。其并諄、真同江氏，則未善也。歙江有誥復于孔增三部爲二十一部。其分真、文爲二，脂、祭爲二，則是也。其分葉、緝爲二，則拘矣。諸家皆以廣韻標目，其不合者，割裂分之，是取其虚目也。孔雖自建類首，而類中復以廣韻爲分，亦自繁其文也。今之讀二百六部者少矣，求之于古既不合，以示于今則未曉，而徒牽引之，分割之，甚無謂也。今故舉而空之，以詩示韻，佐以易、屈，以韻别部，以部類聲，以聲諧説文之字而已，韻書音切概無取焉。詩之于韻，最爲明著，分之以二十部，而條理秩如。易則冬、東通用矣，清、真通用矣，之、幽通用矣。屈則文、元又通用矣，真、文、元、寒又通用矣。此蓋聲音之轉，隨時變易，有必如此而後諧者，要其出入甚微，大致絶不謬也。尚書洪範唐、庚相通，漢則陽、唐、庚、耕、清、青大都雜用，今且陽、唐部字多轉入庚矣。老子東、陽相通，後且江、陽合矣。魚韻之字，漢、晉嘗讀如歌，後且轉入麻矣。由是言之，聲與時變，豈能强同？古之佶屈聱牙，不可諧者，未必非後人之失其讀也。然則叶韻固不可通，本音亦殊難言矣。夫不求其遞變之異，不能得其不變之原，猶之升堂入室，必循階而由户也。不考乎不變之原，不能知其遞變之異，猶之爲員爲方，必持規而則矩也。故以詩、易、屈之韻討其原，以漢以前之韻窮其變，而攝之以説文。説文之字盈萬，見古韻者不及十二，而諧其聲以次之，若合符節，許氏之學所以精且確也。然古人用韻，亦有不入部者，不知者乃以爲方音，或以爲非韻，或以爲學古之誤，或以爲古本二音，惟段氏合韻之説，最爲有見。今故即異平同入而廣推之，以驗古韻之出入。蓋詩歌之爲道也，必諧乎節奏，節奏有變，遂遁而之他。遁而之他，遂諧乎他部之字。然所遁之部，必與所韻之部有關合焉，否則紊亂而節不諧矣。今其節已不可知，節不可知，而理自可推也。譬之于今按樂而求其聲之和，不能一一繩以今之韻，未嘗不可審以音之轉變也。合韻亦猶是也。故言古韻者，分之不嫌密，合之不嫌廣，惟分之密，其合之也脈絡分明，不至因一字而疑各韻可通，亦不至因一韻而疑一字之不可通矣。然所合所分，亦未敢妄臆，必資考證以覈之，疑則闕焉。乃輯毛詩、易翼、屈平之韻爲三卷。由是以詩中先出自建首，絲聯繩引之，曰中、僮、薨、林、巖、筐、縈、蓁、詵、千、萋、肄、揖、支、皮、絲、鳩、芼、蔞、岨几二十部，爲表二十卷。萋部別出至部，成二十一部，則更密。以部分爲先君子所定，未敢遽分，附說於萋部表後及續論。由是而諧以説文之聲，爲譜二十卷。聲之未見于詩、易、屈者，考以羣經子韻而附焉。又考以漢人之韻之讀而續附焉。卒不可考者，別附于後譜。書以小篆，从許氏也。卷袠既繁，且無以正於不習小篆者，乃復寫正書，爲略四卷，冠以先君子所著五論，合之目、序，凡五十卷。嗚呼！載籍極博，居稽極難，幸先哲之在前，已闢宧窔，闡而推之，庶幾事半功倍，非以指摘前人，正以尊信前人也。然以檮昧之資，黽勉從事，挂漏既多，牽合奚辭？既未克終承庭訓，莊先生已卒，又不獲質之，誠未知有當于先君子意否也！裒而録焉，以就有道正焉耳。

案：長沙王氏輯入續皇清經解僅九卷，本於臨桂龍氏所摘録，未見全本。今臯文、彥惟兩書原稿歸杭州葉氏，而北京圖書館亦得一鈔本，與原稿有異同。原稿分二十一部，鈔本則分二十部，卷首有彥惟親筆增入凡例、自序，文亦稍異於原稿，續經解之九卷，乃從此出，當爲後定之本也。

茗柯弟子

江先生承之

江承之字安甫，歙縣人。年十四，從茗柯學，讀江氏鄉黨圖考，奮然請治經，受鄭氏禮記，旁及鄭氏他書，先漢諸儒説，考校推究得大義。茗柯方次虞氏易，每一卷成，手寫講解，悉能指説，益爲校其不合者。更受禮儀，未竟病卒，年甫十八。茗柯檢其遺稿，曰周易爻義、儀禮名物，未具。已具者，鄭氏詩譜、虞氏易變表。其易表附於茗柯書中，别録其條於各書者爲一卷。參茗柯撰江安甫葬銘。

董先生士錫

董士錫字晉卿，武進人。嘉慶癸酉副榜，茗柯姊子，又爲女夫。從茗柯學，受虞氏易、鄭氏禮。通陰陽五行家言，尤工於辭賦。著有齊物論齋集二十二卷，遁甲因是録二卷。與李氏兆洛合纂懷遠縣志，世稱名志。參史傳、武進陽湖合志。

易象賦 并敍。

易象賦敍

蓋嘗覽六經之義，春秋推見至隱，易本隱㠯之顯，皆所㠯明王道而範百姓者也。善言人者必本于天，善言天者必徵于人，夫天人合應，則隱顯互彰，其臧之于虛，猶員之待規也，其效之于實，猶景之附形也。易之道曰：「探賾索隱，鉤深致遠。」夫放其源而竟其委，其于道也，豈不通哉？今之爲易者有二敝焉，窮其神奇則依于數術，而作法之旨不明；務其坦易，則離于卦爻，而觀象之幾亦晦。其涉之淺也，亦拘方之惑也。余受易于師，讀之十年，暇乃綜比其義，敷而爲賦託于問，畣貫其隱顯，本之天道，要歸人事。蓋千林之山始于弱植，萬頃之壑原自細流，其本之微者，其末必有大焉者矣。是用修其一隅，推諸所見。至于恢廣文辭，衡槩品物，㠯成學士之鴻業，則前哲有作，余亦烏足論哉！

易象賦上

有知微公子者，贊于希晏先生曰：蓋聞象者气之實，气者道之密。昔者宓羲觀變于日月矣，道有攸始，乃尸于嘖而履焉。渾淪希夷，浩乎中彌，一陰一陽，相交相非。七八九六，闡幽顯微。越三百八十有四策，然後形㠯位就，位㠯時偕。四象咸敍，五行不回，而厥用揆焉，秩秩乎體精而度節也。于是升衡玄枵，日至之辰。黄龍蜿蟺，出于寒門。赤萌始含，凝流未分。固沍連衍，極于大寒。雷殷甲解，卉作其峀。布濩粉貾，庶物大單。天寧其野，地決其藩。乃戒陽事，畢功于乾。龍蛇相伏，蒼白代究。金聲玉色，禪于王母。少昊司桀，蓐收含紐。囊搭其止，牀反其復。終始十二，稱辟而受。于是分中寘節，候物訓時。中孚之初，黃泉煦熙。引引夤夤，尺蠖結之。童童麋首，新之是來。鴻飛自南，鵲既巢止。鷕鷕求雌，祝祝嫗子。澤夊甚堅，鷙鳥益厲。將極其態，窮寒則瘣。萬物斯蠢，惟彼蟄蟲，先驚而振。輕蟖浼浼，游儵混混。有獺祭之，斬裂囷囷。翩翩其來，隨陽之翬。嘉卉乙土，穠桃豔春。倉庚喈喈，鳴鳩啁啁，鷙鳥抎焉。春分首解，乙入于堂。隆隆震雷，霅霅其光。陽精燭宙，新移故更。猗桐始華，飛駕頡頏。蝃蝀朝橫，青萍在塘。布穀拂羽，織紝降桑。蛙蟈引領，蚯蚓鼓吭。气感則秀，薺葳蘼荒。迺至小暑，炎風廓張。鳴鵙未聲，先跳蟷蠰。百舌緘口，曦威蕩蕩，厥候忼焉。夏至受咸，微陰是扔。鹿角童童，陽與之新。乃匽興伏，五日又旬。半夏蔚蔚，水槿蓁蓁。温風入室，斯螽居壁。鷹子逐母，熠燿歷歷。土潤坤升，淫雨泛淵。涼颸乍降，白露微零。寒蜩後鳴，鷙鳥還殺。天閽閉鍵，農采時割。陽鳥南至，玄禽北歸。丹良羞閩，㠯養㠯順，萬物依焉，賁代秋分，雷乃謐音。䖵蟲坯土，百川下沈。鴻賓我旅，纖羽化爪，不安其林。元胚黃中，厥華似之，終㠯不勝。祭獸于豺，草木云落。菀枯倖色，黃德內潛。羣蟄頫息，流泉遂凝，廣莽斯肅。翩彼飛雉，入于河澳。虹臧若滅，天地穆穆。窮上極下，气不交復。相彼鶡鴠，弗求其覺。盎乎既蘇，元英流形。白虎感育，馬韰挺生。蕃鮮伏躁，地類盈焉。于是純粹之精，周流感通。天神㠯降，太一取之。消搖弭節，游乎紫宮。琴乎愔愔，迎雨送風。颸颸飃颸，零零露露。前趡後灊，乃遷叶蟄。入元委，逾倉門，越陰洛而息乎招搖。攀新洛與倉果，躋天留與上天，會十五而符數，周九宮而合神，北辰休之。霰霰霎霎，霐霐靉靉，颯兮颰兮，颸兮飀兮，雨風扰之。于是太一正位，三才既交。總百度而外視，鄂環衛而齊號。文昌朗其威麗，三能肅其高標。建帝車而直指，麾天戈而治朝。其北則有虛危蓋屋，玄武之形。離宫閣道，清廟犧牲。羽林南屯，壘戍西營。天軍北落，煇煇熒熒。王梁之馬，建星之旗。齊齊翼翼，河鼓將之。其東則有宗廟明堂，后妃之府，天市之垣。有實其庾，祁祁殷殷，度量斛升。右驂左駟，南衿北犖。煌煌帝廷，攝提是衛。南門蕩蕩，天根豁豁。其西則有五横三柱，嗇積罕車。天街之旁，白虎是居。衡石絫絫，司罰鋪鋪。天苑天旗，句曲明明。九斿之東，弧矢射狼。其南則有五帝之坐，庭曰三光。左右相將，諸侯在旁。前位執法，後侍列郎。軒轅爲權，體龍而黄。後宫屬之，嬪御將將。南北兩河，天闕關梁。天厨羽翮，遠客是觴。五車之庫，飭其陣行。百屬思敕，莫干其方。經曰五宫，緯曰五精。緩急時若，不縮不贏，是謂大寧。德星宅之，五色之氣，奄㪉廣野，結爲卿雲。緘緘氛氛，或如旛縿，車騎林林。時軔乃迕，百度交錯。欃槍盾棓，不輯其魄。國皇有艴，昭明上下。五殘東炤，六賊南舍。司詭西駛，咸漢北熠。蚩尤麾旗，格澤炎晞。旬始怒奔，狀如雄鷄。枉矢蛇行，長庚布天。玄黄毀亂，出入主人，是謂大顛。于是精气所薄，一逆一遻。上行乎天，因乎所御。星辰日月，雷電風雨。赮虹雲霓，霰雪霜露。夜明辟歷，褭珥煇圛。煙霾彗雹，温飆寒暑。因乎所繫，爲德爲禍。違則咸否，從則咸若。下行乎地，固乎所布。高邃沃壤，陂陀土石。喬山崈嶽，岡冢陵谷。江河原委，通沱瀉澤。草木之味，若實若華。獸班其毛，鳥采其羽。蚰蟲鱗介，厥類之庶。因乎所履，吉凶順逆。其應如響，皆從厥所。于是比物取象，昭冥不遺。觸類思品，羅萬籟而裒之。而後情無不苞，功無不容。物㠯羣別，道㠯感通。故曰易者象也，象也者像也。豈非宣聖說卦之驗，而至道之非虛談也哉！若乃圈修橢于聆視，略形想于荒蕪。搜茂苑㠯一葉，擷周遼㠯寸柎。固將塞源而治流，騁出而忘返也，又奚足㠯與于斯言哉！

易象賦下

希晏先生喟嗞而歔，乃齊迪而眕曰：辯哉！其言之㫋也。嗞吾聞之，聖人不遺物爲事。弟如子言，則是風帝不授采，而姬后不聽民也。夫陰陽申四時，因其所得而降者，命也。且夫道也者，性也。象也者，名也。舍名而談性，猶欲其實而罄之也。執天之行大在時，故體稱可識也。熙帝之載重在德，故符命可恃也。昔者姬文象易辭，啟衆止遐哉五三。蓋殷商㠯前，不可得而試矣。子獨未聞周氏之肇域乎？尚白之季，東鄰嘻嘻。水聽緇繫，殷都最訧。方州之民，困于擊掊。瘵癘上鋪，心膂不來。斯蓋沸而必靚，紊而必治。上帝西顧，降之丕丕。人謀鬼謀，念茲在茲。聖神生焉，東向而立。執規司繩，鑒于商邑。夫西伯基自酆土，迄乎有二。禮樂掤制，一經一緯。就曰一姓之業，則幬載之靈煒焉。祇若天命，風乎四國。刑政蕩逖，聿盛聿美。徒曰啟迹之始，則旦誦之先揆焉。其陽就陰勸，率下恭上，康侯入覲，弓戉㠯相，此衆允之所㠯受福也。其疾而能貞，勤而不怨，文明柔順，㠯蒙大難，此登天之所㠯有則也。其西郊載寧，南國既順，升中報嘉，允畣新命，此享岐之所以立極也。徒觀其治岐也，不顯之士，從王翼翼，而世禄之家，食舊德矣。包魚之賢，禮行于鄉，而賓興之才，觀國光矣。即命之復，渝安厥貞，而質成之町，息訟爭矣。夫其婚姻之順時，則歸吉㠯漸，嘉乎于隨，一何止止？其刑罰之慎治，則噬毒用獄，平罷寘棘，又何察理？若此者，特二三之于億兆耳，而已足㠯談其懋劭。粤其赫嗞枝伐，對于天下也，環轂幽輵，軥軮絲組，鈴鸞之聲諧于騶虞之吕；矛戈錯璀，章識摽舉，止齊之容媢于大象之舞。既貞師于丈人，偉開國之神武。而其帖嗞來同，翕于方伯也，爲黻純地，鏘璜殷雲，二南之后，迤胥屬于戎輪；牲書載檠，殽酳嚌脣，六州之君，紛相肅于旜門。又乎萃于有位，亹會朝之鉅文。遂㠯孟春穀日，萬物孳長，享感生於南郊，畗十朋之珍貺。木帝宛衍，倉精肸蠁。柔祇絚其廓漠，廖天愴其懭悢。迺報本反始，追遠斷世。更有商之禘典，時西鄰之禴祭。衆撙撙而庭助，王僂僂而祖對。總文武而述孝，塊耿耿而獨大。爰慎凶事，恤宅有宗。汗號王居，馬壯涣躬。用圭賵亡，齎資賻終。服屬别其重輕，威儀均其殺隆。鹹乎其炳也，濟乎其秩也。蓋象無判乎景響，而道有合乎符節。且夫易也者，前王述之，後智閲焉。五德之嬗，新興故滅。陽陰水火，交升交蹶。方文敷而禮豫，忽威耆而桓撥。孰嘉毖而飂賜，嚋怒戉而躬伐。蓋消息之大宗，併善惡而途出。文質再復，正朔三改。班青素而辯物，等三五而爵采。劑法度之相承，就纖末之必在。斯盈虚之恒理，緊栩垂之初載。至夫浸淫曼衍之失，蜩螗浩唐之欲。薰鑠消釋之敗，鼿卼撼汩之辱。固不掩而餘殃，聿加閉而成剥。知七日之必復，要去邪而蹈穀。若衆善之成慶，又一元之所積。羌引仁而制義，蹇推禮而窮知。故利貞其必享，亦庸濟夫所是。彼大人之飛見，實君子之夤惕。苟亢龍之盈治，終牝牛之喪績。伊吉凶之生動，謂生民之常嗞。惟神君之淵燭，思寧難于浩端。鏡純爻之必窮，悟泰否之潛反。信日戹其何嗟，叉操刀之未晏。識損益之所原，拯既濟之終亂。眙覽首宙，變化萬態。深宮君子，燕處太平，偃息無事，驕逸啟欲，康娱懈怠。自上下下，風發草每，上者泄泄，都房閒囿，肥味曼色，分矜別豔，失飭罔紀；下者莘莘，冒進貪苟，意結執使，幸得患失，鮮復知恥。涣若瓦解，胥㠯淪殆。編氓小人，閭巷阡陌，衣裳歆食，往來悲喜。念怨思德，言報動讎，笱逝機起。德之所引，朋淫輩娭，儕狎耦暱，惰職荒産，竝于賊慝。怨之所薄，爲螫爲蜂，攘臂奮棘，首足膏鑕，靡有能悔。滋孽養釁，厥咎安在？于是上聖灑然，發號施令，振禮肅樂，因循之政斥，勸勤之圖襮，允執厥中，慎修其教。懼晏安之酖毒，建民極而正所儆。所謂保泰之幾，享否之效也。所謂酌損之宜，受益之要也。象維顯于昔世，道恒光于來葉。懿先天而弗違，吁聖人之所急。而子顧自喜其未全之論，不欲究夫盛德大業乎？隱顯之用，泰否爲深，系之㠯辭，進子㠯箴。于是知微公子愿嘫氣沮，卹若有失，乃前席而偁曰：固陋小儒，幸得聞大道之美。若起聾聵于韶、咸，發蒙昧于繪黹也。自今始請誦而服之，永勿替矣。箴曰：

明明泰德，小往大來，天施地生，變化之能。盈不可久，君子戰慄，籌之貴豫，匪竢佗日。凡人之身，逸則生疾，矧是國謀，云胡弗恤。上六命亂，君子戒之，思患知防，敢告司治。

右泰箴。

肫肫否時，不利君子，孰悖是營，曰泰反此。否終則傾，咎不可長，有其救之，厥德復光。時乎不再，君子所亟，自我失之，曷云其得？靡不有始，盍慎厥歸！來者可追，敢告當機。

右否箴。

茗柯交游

惲先生敬 別爲子居學案。

李先生兆洛 別爲養一學案。

莊先生述祖 別見方耕學案。

吴先生德旋 別見惜抱學案。

王先生灼 別見望溪學案。

丁先生杰 別見抱經學案。

陸先生繼輅 別見子居學案。

清儒學案卷一百十八

鄭堂學案

鄭堂受學余、江，淵源紅豆，博聞强記，心貫羣經。漢學師承記一編，於諸儒學行，搜括靡遺，允稱盛業。雖後人對之不無訛議，要爲講清代學術者所不可少之書。述鄭堂學案。

江先生藩

江藩字子屏，號鄭堂，晚號節甫，江蘇甘泉人。監生。少長蘇州，受業余仲林、江叔澐之門，傳惠氏學。博綜羣經，尤深漢詁，旁及九流二氏之書，無不綜覽。所爲古文辭，豪邁雄俊，作河賦以匹景純玄虛、江海二賦。性不喜唐、宋文，每被酒，輒自言文無八家氣。人目爲狂，不顧也。早歲蓄書萬餘卷，以好客貧其家，歲饑，盡以易米，作書窠圖以寓感。初惠定宇作周易述，未竟而卒，闕自鼎至未濟十五卦、序卦、雜卦二傳，先生乃著周易述補五卷，羽翼惠氏。淩次仲序之，謂「惠氏猶不免用王弼之說，先生則悉無之，方之惠書，有過之無不及也」。又著漢學師承記八卷，於兩漢儒林家法之承授，清代經學之源流，釐然可考。又取諸家撰述，專精漢學者，倣唐陸元朗經典釋文傳注姓氏之例，著經師經義目録一卷，凡言不關乎經義小學，意不純乎漢儒詁訓者，悉不著録。又録孫鍾元以下諸人，分南學、北學、附記，著宋學淵源記三卷。少嘗爲爾雅正字，道光初復重加删訂，爲爾雅小箋三卷。他著有隸經文四卷、續一卷，樂縣考二卷，炳燭室雜文一卷，扁舟載酒詞一卷。卒年七十一。參史傳。

國朝漢學師承記自序

先王經國之制，井田與學校相維，里有序，鄉有庠。八歲入小學，學六甲、五方、書計之事，始知室家長幼之節。十五入大學，學先聖禮樂，而知朝廷君臣之禮。所以耕夫餘子亦得秉耒橫經，漸詩、書之化，被教養之澤。濟濟乎，洋洋乎，三代之隆軌也。秦并天下，燔詩、書，殺術士，聖人之道墜矣。然士隱山澤巖壁之間者，抱遺經，傳口説，不絶於世。漢興，乃出。言易，淄川田生；言書，濟南伏生；言詩，於魯則申公培，於齊則轅固生，於燕則韓太傅；言禮，魯高堂生；言春秋，於齊則胡母生，於趙則董仲舒。自兹以後，專門之學興，命氏之儒起，六經、五典各信師承，嗣守章句，期乎勿失。西都儒士開横舍，延學徒，誦先王之書，被儒者之服，彬彬然有洙、泗之風焉。爰及東京，碩學大師賈、服之外，咸推高密鄭君，生炎漢之季，守孔子之學，訓義優洽，博綜羣經，故老以爲前修，後生未之敢異。晉王肅自謂辨理依經，逞其私説，僞作家語，妄撰聖證，以外戚之尊，盛行晉代。王弼宗老、莊而注周易，杜預廢賈、服而釋春秋，梅賾上僞書，費甝爲義疏，於是宋、齊以降，師承凌替，江左儒門，參差互出矣。然河、洛尚知服古，不改舊章，左傳則服子慎，尚書、周易則鄭康成，詩則並主於毛公，禮則同遵於鄭氏。若輔嗣之易，惟河南、青、齊閒有講習之者，而王肅易亦閒行焉。元凱之左氏但行齊地，僞孔傳惟劉光伯、劉士元信爲古文，皆不爲當時所尚。隋書云：「南人約簡，得其英華，北學深蕪，窮其枝葉。」豈知言者哉？唐太宗挺生於干戈之世，創業於戎馬之中，雖左右櫜鞬，櫛沐風雨，然鋭情經術，延攬名流，即位後讎正五經，頒示天下，命諸儒粹章句，爲義疏。惜乎孔沖遠、朱子奢之徒妄出己見，去取失當，易用輔嗣而廢康成，書去馬、鄭而信僞孔，穀梁退麋氏而進范甯，論語則專主平叔，棄尊彝而寶康瓠，舍珠玉而收瓦礫，不亦傎哉！宋初承唐之弊，而邪説詭言，亂經非聖殆有甚焉。如歐陽修之詩，孫明復之春秋，王安石之新義是已。至於濂、洛、關、閩之學，不究禮樂之源，獨標性命之旨，義疏諸書，束置高閣，視如糟粕，棄等弁髦，蓋率履則有餘，考鏡則不足也。元、明之際，以制義取士，古學幾絶，而有明三百年，四方秀艾困於帖括，以講章爲經學，以類書爲博聞，長夜悠悠，視天夢夢，可悲也夫！在當時豈無明達之人、志識之士哉？然皆滯於所習，以求富貴，此所以儒罕通人，學多鄙俗也。我世祖章皇帝握貞符，膺圖籙，撥亂反正，伐罪弔民，武德定四海，文治垂千古。順治十三年，勑大學士傅以漸撰易經通註，以永樂大全繁冗蕪陋，刊其舛訛，補其闕漏，勒爲是書，頒之學官。聖祖仁皇帝嗣位，削平遺孽，親征西番，戡定三藩，永清六合，然萬機之暇，棲神墳、典，悦志藝文，闡五音六律之微，稽八綫九章之術。天亶睿知，典學宏深，伊古以來所未有也。康熙十九年，勑大學士庫勒納等編日講四書解義、日講書經解義。二十二年，勑大學士牛鈕等編日講易經解義。三十八年，奉勑撰春秋傳説彙纂。五十四年，又勑大學士李光地等撰周易折中。六十年，又勅大學士王頊齡等撰書經傳説彙纂，又勅户部尚書王鴻緒等撰詩經傳説彙纂。凡御纂羣經，皆兼采漢、宋先儒之説，參考異同，務求至當，遠紹千載之薪傳，爲萬世不刊之鉅典焉。世宗憲皇帝際昇平之時，咸寧之世，未明求治，乙夜觀書，雖夙通三乘，然雅重七經。即位之後，即刊行聖祖欽定詩經傳説彙纂、書經傳説彙纂，皆御製序文，弁於卷首，又編定聖祖日講春秋解義。雍正五年，御纂孝經集註，折衷羣言，勒爲大訓，推武、周達孝之源，究天地明察之理，故能心契孔、曾，權衡醇駁也。至高宗純皇帝御極六十年，久道化成，不疾而速，不行而至，武功則耆定十全，文德則旁敷四海，富既與地乎侔訾，貴乃與天乎比崇，盛德日新，多文曰富。乾隆元年，詔儒臣排纂聖祖日講禮記解義。十三年，欽定周官義疏、儀禮義疏、禮記義疏。二十年，大學士傅恒等奉勅撰周易述義、詩義折中。三十年，大學士傅恒等奉勅撰春秋直解，於易則不涉虚渺之説，與術數之學，觀象則取互體以發明古義；於詩則依據毛、鄭，溯孔門授受之淵源，事必有徵，義必有本，臆説武斷，概不取焉；於禮則以康成爲宗，探孔、賈之精微，綜羣儒之同異，本天殽地，經國坊民，治法備矣；於春秋則採三家之精華，斥安國之迂謬，闡尼山之本意，洵爲百王之大法也。經學之外，考石鼓，辨大昌用修之非；刊石經，湔開成廣政之陋。又刻御製説經文於太學，皆治經之津梁，論古之樞要，所謂懸諸日月，焕若丹青者也。於是鼓篋之士，負笈之徒，皆知崇尚實學，不務空言，游心六藝之囿，馳騖仁義之塗矣。我皇上誕敷文教，敦尚經術，登明堂，坐清廟，次羣臣，奏得失，天下之衆，鄉風隨流，芔然興道而遷義，家懷克讓之風，人誦康哉之詠。猗歟偉歟！何其盛也。蓋惟列聖相承，文明於變，尊崇漢儒，不廢古訓，所以四海九州强學待問者，咸沐菁莪之雅化，汲古義之精微。搢紳碩彦，青紫盈朝，縫掖巨儒，絃歌在野，擔簦追師，不遠千里，講誦之聲，道路不絶，可謂千載一時矣。藩綰髪讀書，授經於吴郡通儒余古農、同宗艮庭二先生，明象數制度之原，聲音詁訓之學，乃知經術一壞於東、西晉之清談，再壞於南、北宋之道學，元、明以來，此道益晦。至本朝，三惠之學，盛於吴中，江永、戴震諸君繼起於歙，從此漢學昌明，千載沈霾，一朝復旦。暇日詮次本朝，諸儒爲漢學者，成漢學師承記一編，以備國史之採擇。嗟乎！三代之時，弼諧庶績，必舉德於鴻儒；魏、晉以後，左右邦家，咸取才於科目。經明行修之士，命偶時來，得策名廊廟；若數乖運舛，縱學窮書圃，思極人文，未有不委棄草澤，終老丘園者也。甚至飢寒切體，毒螫㾠膚，筮仕無門，齎恨入冥，雖千載以下哀其不遇，豈知當時絶無過而問之者哉！是記於軒冕則略記學行，山林則兼誌高風。非任情軒輊，肆志抑揚，蓋悲其友麋鹿以共處，候草木以同彫也。

國朝宋學淵源記自序

春秋、戰國之際，楊、墨之説起，短長之策行，薄湯、武，非周、孔，聖人之道幾乎息矣。暴秦燔書，棄仁義，峻刑法，七十子之大義乖矣。漢興，儒生攟摭羣籍於火燼之餘，傳遺經於既絶之後，厥功偉哉！東京高密鄭君集其大成，肄故訓，究禮樂。以故訓通聖人之言，而正心誠意之學自明矣；以禮樂爲教化之本，而修齊治平之道自成矣。爰及趙宋，周、程、張、朱所讀之書，先儒之義疏也。讀義疏之書，始能闡性命之理，苟非漢儒傳經，則聖經賢傳久墜於地，宋儒何能高談性命耶？後人攻擊康成，不遺餘力，豈非數典而忘其祖歟？惟朱子則不然，其言曰：「鄭康成是好人。」又曰：「康成是大儒。」再則曰：「康成畢竟是大儒。」朱子服膺鄭君如此，而小生豎儒，妄肆詆訶，果何謂哉？然而爲宋學者，不第攻漢儒而已也，抑且同室操戈矣。爲朱子之學者攻陸子，爲陸子之學者攻朱子。至明姚江之學興，尊陸卑朱，天下士翕然從風。姚江又著朱子晚年定論一篇，爲調人之説，亦自悔其黨同伐異矣。竊謂朱子主敬，大易「敬以直内」也；陸子主靜，大學「定而後能靜」也；姚江良知，孟子「良知良能」也。其末節雖異，其本則同，要皆聖人之徒也。陸子一傳爲慈湖楊氏，其言頗雜禪理，於是學者乘隙攻之，遂集矢於象山，詎知朱子之言又何嘗不近於禪耶？蓋析理至微，其言必至涉於虚而無涯涘，斯乃「賢者過之」之病，中庸之所以爲難能也。儒生讀聖人書，期於明道，明道在於修身，無他，身體力行而已，豈徒以口舌爭哉？有明儒生斷斷辯論朱、陸、王三家異同，甚無謂也。我朝聖人首出庶物，以文道化成天下，斥浮僞，勉實行，於是樸棫之士彬彬有洙泗之遺風焉。藩少長吴門，習聞碩德耆彦談論，壯游四方，好搜輯遺聞逸事，詞章家往往笑以爲迂。近今漢學昌明，徧於寰宇，有一知半解者，無不痛詆宋學。然本朝爲漢學者，始於元和惠氏，紅豆山房半農人手書楹帖云「六經尊服、鄭，百行法程、朱」，不以爲非，且以爲法，爲漢學者背其師承何哉！藩爲是記，實本師説。嗟乎！耆英彫謝，文獻無徵，甚懼斯道之將墜，恥躬行之不逮也。惟願學者求其放心，反躬律己，庶幾可與爲善矣。至於孰異孰同，概置之弗議弗論焉。國朝儒林，代不乏人，如湯文正、魏果敏、李文貞、熊文端、張清恪、朱文端、楊文定、孫文定、蔡文勤、雷副憲、陳文恭、王文端，或登臺輔，或居卿貳，以大儒爲名臣，其政術之施於朝廷，達於倫物者，具載史宬，無煩記録，且恐草茅下士見聞失實，貽譏當世也。若陸清獻公位秩雖卑，然乾隆初特邀從祀之典，國史自必有傳矣。藩所録者，或處下位，或伏田間，恐歷年久遠，姓氏就湮，故特表而出之。黄南雷、顧亭林、張蒿菴見於漢學師承記，兹不復出。此記之大凡也，附書於此。

隸經文

雅頌各得其所解

魯論：「吾自衛反魯，然後樂正，雅、頌各得其所。」何晏集解用鄭注，而不言「所」字之義。予謂「所」，「三所」也。國語：「周景王曰：『七律者何？』伶州鳩曰：『昔武王伐殷，歲在鶉火，月在天駟，日在析木之津，辰在斗柄，星在天黿。星與日、辰之位皆在北，維顓頊之所建也，帝嚳受之。我姬氏出自天黿及析木者，有建星及牽牛焉，則我皇妣大姜之姪，伯陵之後，逢公之所馮神也。歲之所在，則我周之分野也。月之所在，辰馬農祥也，我太祖后稷之所經營也。王欲合是五位三所而用之，自鶉及駟七列也，南北之揆七同也，故以七同其數，而以律和其聲，於是乎有七律。』」魯論「各得其所」之「所」，即周語之「三所」也。逢公所馮神，周分野所在，后稷所經緯，謂之「三所」。因三所而合之五位，歲、日、月、星、辰謂之五位。因五位而合之七列，張、翼、軫、角、亢、氐、房謂之七列。以七同其數，以律和聲，謂之七律。七律即七列也，此韋昭説與杜預左傳注不同，杜注非，今從韋説。考伏羲作紀，陽氣之初，以爲曆法，建冬日至之聲，以黄鐘爲宫，太簇爲商，姑洗爲角，林鐘爲徵，南吕爲羽。殷以前但有五音，無應鐘爲變宫，蕤賓爲變徵也。至周加此二聲，謂之七音。蓋武王有天下，以「三所」乃國家受命之符，因七列制七律，變殷之質，從周之文焉。如析木之次，則用應鐘之均，一所也；鶉火之次，則用林鐘之均，二所也；大辰之次，則用夷則之均，三所也。魯備四代之樂，虞、夏、商三代之樂用五音，周樂用七律。至定公時，伶官失職，雅、頌之升歌，金奏用六律，而不用七律之均，故夫子正樂之音，使七律合於三所，使周之樂不襲三代五音之制，此之謂各得其所也。後人以詩篇之次第，用詩之地釋之，是正詩，非正樂矣。

釋言解

爾雅之釋詁、釋言、釋訓三篇，郭景純所謂九流之津，涉六藝之鈐鍵也。後之學者，致力於經注，而昧於大題，或云「釋言之言，古謂之名，今謂之字」，恐不然矣。考説文：「直言曰言。」直言者，如十五國詩人之言，各操土風，與王都之正音不合，作此篇以正方俗之語耳。然列國之言，因時遞變，有古之所有，今之所無者；有今之所有，古之所無者。自周至晉，先代之絶言多矣，有可知者，有不可知者，故郭注多引方言以證經，於其所不知，蓋闕如也。試舉其所知者論之。若「斯誃，離也」。注「齊、陳曰斯誃」，是離爲雅言，斯誃爲方言矣。其餘如怙、恃、律、遹之屬，皆古之方言也。「今江東呼母爲㚻」「今呼重鼅爲鼃」，凡言「今」者，皆晉時之方言也。郭注此篇，引方言不下數十處，則釋言一篇，以雅言正方俗語爲無疑矣。此必舍人樊光、李巡、孫炎諸人相傳述之舊聞，非景純創爲之也。

釋訓解

釋詁云：「訓，道也。」說文：「訓，説教也。」道者導也，謂順其意以導之也。説者，悦也。傳曰：「巽語之言，能無悦乎？」故曰説教也。巽訓爲順，見周易繫辭。巽語者，亦順以道之之意，後人以順道釋訓，於義雖通，然尚有所未盡也。訓、順、馴皆从川聲，互爲假借，小學家言之詳矣。所謂訓者，雅馴也。太史公五帝紀贊：「其文不雅馴。」正義曰：「馴，訓也。」雅馴者，言之文也。傳曰：「言者，身之文也。」古禮士大夫惟居喪乃言不文。爾雅言有單詞，有重言，重言爲形容之詞。明明，察也。順明字而重言之，極形容之美也，是明明爲雅馴之言，察爲直言矣。如孟子曰：「泄泄猶沓沓。」泄泄爲雅言，沓爲俗語矣。此篇自「明明斤斤」至「秩秩清也」，皆順字而重言之訓也。「畇畇，田也」以下，亦重言形容之詞，而又有别焉。詩信南山「畇畇原隰」，畇畇，墾辟皃；頌「畟畟良耜」，畟畟，耜入地皃，此文飾其詞也。言畇畇則知爲田，畟畟則知爲耜矣。是爲多文辭之文，似訓詁而又非訓詁也。如丁丁本伐木聲，嚶嚶本鳥鳴，因見於小雅伐木之什韓詩云「伐木廢，朋友之道缺」，所以言丁丁嚶嚶，則知爲朋友相切磋之道矣。藹藹萋萋，藹藹本訓容止，萋萋本訓盛皃，因見於大雅卷阿之詩，所以言藹藹萋萋，則知爲臣盡力之美矣。「甹夆掣曳也」以下，雖非重言，其義一也。蓋釋詁一篇，釋古今之異言，釋言、釋訓二篇，通方俗之殊語，皆雅言也。古人以言語爲樞機榮辱之主也，率爾蒙野哉之誚，辭輯有君子之稱，可不慎哉！戴記小辨篇：「孔子曰：『爾雅以觀於古，足〔一〕以辨言矣。傳言以象，反舌皆至，可謂簡矣。』」是爾雅一書，皆正雅俗之音，而雅、頌爲王都之正音，風爲列國之方言，四方聲音之别，莫備於詩。爾雅多釋詩詞，其斯之謂歟？

公羊先師考

西京大儒傳習淵原，史記、漢書儒林傳序之綦詳，嗣後序録家亦無異論。惟公羊傳則後人有胡母生、董仲舒爲公羊高五傳弟子之説，大謬不然矣。其説本之戴宏，徐彦疏引宏序云：「子夏傳與公羊高，高傳與子平，平傳其子地，地傳其子敢，敢傳其子壽，至漢景帝時，壽乃共弟子齊人胡母子都著於竹帛，與董仲舒皆見於圖讖。」徐彦又曰：「胡母生本雖以公羊經傳授董氏，猶自别作條例。」其言不可信也。太史公親見仲舒，故曰：「吾聞之董生。」其作儒林傳，不言子都、仲舒之師爲何人，蓋不可得而聞矣。若子都、仲舒爲壽之弟子，太史公豈有不知者哉？即班書儒林傳亦不言子都、仲舒之師爲壽，第云胡母生與董仲舒同業，仲舒著書稱其德，年老歸教於齊而已。同業者，同治公羊之學，未嘗云以經傳授董子也。陸元朗經典釋文序録亦無是説也。戴宏解疑論本之圖讖，乃無稽之談，而隋書經籍志、公羊疏、玉海皆引以爲説，不信經史，而信圖讖，何哉？公羊之學，興於漢初，最著者爲胡母生、董子。子都

〔一〕「足」，原作「是」，據大戴禮記改。

歸老於齊，齊之言春秋者不顯。董子之弟子遂之者衆，故其説大行於世，如蘭陵褚大東、平嬴公、廣川段仲温、吕步舒，皆通顯至大官。嬴公授東海孟卿及魯眭弘，弘授嚴彭祖、顔安樂，由是公羊有嚴、顔之學。彭祖授琅邪王中，中授同郡公孫文及東門雲。安樂授淮陽泠豐及淄川任翁。豐授大司徒馬宫及琅邪左咸，貢禹亦事嬴公，而成於眭。孟授潁川堂谿惠，惠授泰山冥都及疏廣，廣事孟卿，以授琅邪筦路，路及冥都又事顔安樂，授大司農孫寶。釋文序録之説如此。是前漢時嚴、顔之學盛行，皆仲舒之學也。胡母生之弟子惟公孫弘一人，餘無聞焉。爰及東京，多治嚴氏春秋，見於范書儒林傳者，則有丁恭、周澤、鍾興、甄宇、樓望、程曾六人。治顔氏春秋者，惟張君夏一人，張氏兼説嚴氏、冥氏，「冥」後漢書誤作「宣」。亦非專治顔氏之學者。至於李育，雖習公羊，然不知其爲嚴氏之學歟？顔氏之學歟？何休之師，則博士羊弼也。傳稱休與弼追述李育意，以難二傳，作公羊墨守，則休之學出於李育，無所謂嚴氏、顔氏矣。其爲解詁，依胡母生條例，自言多得其正。至於嚴、顔之學，則謂之「時加釀嘲辭」，又曰「甚可閔笑」。然則休之學出於育，育之學本之子都矣。今之公羊，乃齊之公羊，非趙之公羊也。董子書散佚已久，傳於世者，僅存殘闕之繁露，而其説往往與休説不合，繁露之言二端十指，亦與條例之三科九旨迥異。仲舒推五行災異之説，漢書五行志備載焉。休之解詁，不用董子之説，取京房之占，其不師仲舒可知矣。則其所稱先師者，爲胡母生、李育之徒，非仲舒、彭祖、安樂也。是董子之學盛行於前漢，寖微於後漢，至晉時，其學絶矣。若夫晉之劉兆、王接父子，絶無師法，合三傳而别一尊，不特非胡母生、董子之學，并非公羊高之學也。

徐心仲論語疏證序

敍曰：論語疏證者，江都徐君心仲之所著也。論語者，班固云：「孔子應答弟子、時人及弟子相與言，而接聞於夫子之語也〔一〕。當時弟子各有所記。夫子既卒，門人相與輯而論纂，故謂之論語。」漢興，齊人所傳謂之齊論，魯人所傳謂之魯論，出孔子壁中者謂之論語古。至安昌侯張禹受魯論於夏侯建，又從庸生、王吉受齊論，擇善而從，著張侯論，最後行於漢代。東漢包咸、周氏並爲章句，立於學官，餘家寖微，由是齊、魯二家之説合而爲一，莫能考其孰爲齊，孰爲魯矣。漢末大司農鄭玄就魯論篇章考之齊、古，爲之注，今不傳。度其書，當如儀禮、周禮注，明古文今文故書之例，亦注齊論作某字，魯論作某字，論語古作某字也。何晏集解篇章既用魯論語二十篇之次第，又採鄭説，則晏所注之本，乃鄭氏學，其書正始中盛行於世，由是張侯論寖微，而齊、魯、古三家之説合而爲一，又不能考其孰爲齊、魯，孰爲論語古矣。嗟乎！士處千百年之下，安能汲寖微之古義於千百年之上哉？自不得不以集解爲主矣。疏者以聲音訓故疏明經文，如鄭樵所云：「釋人所不釋者，不釋人所釋者。」何晏集諸家之説，義多二創，互有得失，證者或解訓詁以引申其説，或援據他書以證其説之不安，此疏證之所爲作也。且邢昺正義晚出於世，雖間引李充諸人之説，然疏於六書，失於考訂，如鄉黨之執圭，既引頫聘之圭璋，復雜以天

〔一〕「也」，原脱，據藝文志補。

子命圭之文；先進於顏淵死，據王肅僞作之家語，疑伯魚死在顏淵後，無學無識，殆古所謂俗儒歟？皇侃義疏，其書久亡，今得自足利，又屬贗鼎，則自蜀譙周以下，東西兩晉諸儒之説又絶。至於有宋一代，竊漢儒仁義禮智之緒餘，創爲道學性理之空談，其去經旨彌遠。明季專尚制義，囿於見聞，第乞靈於新安，幾不知世有平叔，更無論矣。我國家龍興一百五十二年，崇尚實學，培養人才，治古學、工文章者，炳焉與兩漢同風。然多治大經，而不治小經。若閻若璩四書釋地之作，江慎修鄉黨圖考之書，一則隨筆漫書，一則專詳制度，而博綜羣籍，專攻全經者，則未之有。此又疏證之不可不作也。乾隆六十年，藩駐揚州，與徐君親善，講習經義，每相遇，輒日旰忘食，夜分不寢，出其書屬藩敍之，因述論語源委，以釋其著書之意如此。昔張侯論出，諸儒爲之語曰：「欲爲論，念張文。」今當移贈徐君矣。

續隸經文

原命解

尚書敍：「大戊贊于伊陟，作伊陟、原命。」僞孔傳：「原，臣名。原命、伊陟二篇皆亡。」正義曰：「言大戊贊於伊陟，告伊陟，不告原也。史録其事，而作伊陟、原命二篇，則大戊告伊陟，亦告原，俱以桑穀事告，故序總以爲文。原是臣名，而云原命，謂以言命原，故以原命名篇，猶如冏命、畢命也。」案今之書序乃僞孔本，與史記不同。殷本紀曰：「伊陟贊于巫咸。巫咸治王家有成，作咸艾，作大戊。帝大戊贊伊陟于廟，言弗臣，伊陟讓，作原命。」子長所記之文，孔安國古文説也。魏、晉時，王肅造僞説，爲尚書注以攻康成；皇甫謐作帝王世記，用僞説，以攻子長。所以僞古文敍説删去「作大戊」一句，而以伊陟、原命爲二篇，以合百篇之數。艮庭先生駁之曰：「據史記言，伊陟讓，作原命，則伊陟非書篇名，此特原命一篇之敍爾。漢書司馬子長嘗從安國問古文尚書，故史記所載尚書多古文説，然則子長必親見原命篇文矣。云大戊贊伊陟于廟，言弗臣，伊陟讓，作原命，必依此篇經文爲説，則可知無伊陟篇目矣。蓋俗儒誤闕大戊一篇，因增伊陟之目，以足百篇之數。」先生之説，可謂確不可易矣。又曰：「贊伊陟者，命伊陟也。伊陟謙讓，不敢受命，因再命之故，曰原命。原之言再也。馬融以爲『原，臣名』也，命原以禹、湯之道，我所修也，豈其然乎？」是説竊以爲不然。馬融注見史記集解。「原，臣名」者，生號也。記檀弓：「幼名冠字，五十以伯仲，死謚，周道也。」正義云：「冠字者，人年二十，有爲人之道，朋友等類不可復呼其名，故冠而加字。年至五十，耆艾轉尊，又捨其二十之字，直以伯仲別之。至死而加謚，周道也。自殷以爲字不在冠時，伯仲不當五十，以殷尚質，不諱名故也。又殷以上有生號，仍爲死後之稱，更無別謚，堯、舜、禹、湯之例是也。」蓋伊陟相大戊，贊巫咸治王家，能原禹、湯之道，俾天下乂安，弗敢以陟爲臣，而呼其名，乃易陟爲原，生以原爲號，死以原爲謚，古人名號無別，名即號也。堯，名也；舜，名也，以此推之，禹、湯皆名矣。周禮冢人「詔其號」。註謂謚號，蓋周以前尚質，不曰謚，曰號。白虎通曰：「翼善傳聖謚曰堯，仁聖盛明謚曰舜。」是堯、舜又爲謚矣。即孔疏所謂「因上世之生號，陳之爲死謚」是也。以此推之，則禹、湯亦謚矣。馬融以原爲臣名，即此誼也。其説必本諸伏、孔，似未可以意説非之。先生謂謚法作于周公，而「翼善傳聖謚曰堯，仁聖盛明謚曰舜」，謚法解無此文。又僞孔傳亦以原爲臣名，遂不信生以爲名，死以爲謚之誼，故訓「原」爲「再」矣。然班固謂堯、舜爲謚，今逸周書無此文，安知非缺文耶？或孟堅别有所據，亦未可知也。且書之説命、畢命、微子之命、冏命，皆以名爲篇名，以再命名篇，無此例也。先生之學，疏通知遠，遠紹孔、鄭，固無可議，此乃千慮之一失耳。

附録

淩次仲與張生其錦書云：「近日學風尚多留心經學，而史學惟錢辛楣先生用功最深，江君鄭堂亦融洽條貫，相與縱談今古，同時朋好莫與爲敵，蓋不僅經學專門也。」校禮堂集。

先生既爲漢學師承記，復以傳中所載諸家，撰述有不盡關經傳者，有雖關經術而不醇者，乃取其專論經術而一本漢學之書，倣唐陸元朗經典釋文傳注姓氏之例，作經師經義目録一卷，附於記後。其義例有四：一、言不關乎經義小學，意不純乎漢儒古訓者；一、書雖存其名，而實未成者；一、書已行於世，而未及見者；一、其人尚存，著述僅附見於前人傳後者，並不著録。經師經義跋。

龔定庵云：江先生以布衣爲掌故宗且二十年，乾隆朝佐當道治四庫七閣之事，於乾隆名公卿老師宿儒畢下上齮齕，萬聞千睹，窺氣運之大原，孤神明以突往。定盦集。

阮文達嘗擬取清代諸儒説經之書，以及文集説部，加以翦截，繫於羣經各章句之下，勒成一書，名曰大清經解，以爲總其事，審是非，定去取者，海内學友，惟先生暨顧君千里二三人。漢學師承記序。

案此所云經解，與後來體例不同。學海堂本爲嚴厚民所輯，實以人之先後爲次序，不以書爲次序也。

鄭堂家學

江先生懋鈞

江懋鈞字季調，鄭堂兄子。父歿，母哀痛失明。先生年十六，涕泣之餘，强爲歡笑，以解母憂。早補諸生。鄭堂以樸學名東南，所交多海内通儒，每宴集，先生侍焉。由是學問日進，教授生徒，成就頗衆。著有詩經釋義二十卷，爾雅旁證八卷，鷗寄齋古今體詩八卷。參揚州府志。

宫縣建鼓設於四隅辯

宫縣建鼓之位，古無明文。宋李照云：「西北隅之鼓，合應鍾、黄鍾、大吕之聲；東北隅之鼓，合太蔟、夾鍾、姑洗之聲；東南隅之鼓，合仲吕、蕤賓、林鍾之聲；西南隅之鼓，合夷則、南吕、無射之聲。」據此，則宫縣之建鼓，設於四隅矣。考宫縣之制，禮經不詳，惟諸侯軒縣見於儀禮大射儀云：「樂人宿縣於阼階東，笙磬西面，其南笙鍾，其南鑮，建鼓在阼階西，南鼓，應鼙在其東。」此東縣之一肆也。「西階之西，頌磬東面，其南頌鍾，其南鑮，一建鼓在其南，東鼓，朔鼙在其北。」此西縣之一肆也。按阼階西之建鼓應鼙，本屬東縣，亦如西縣，以次而南，以大射公席於阼階上，特移於阼階西，故鄭君注曰：「爲君也。」又云：「一建鼓在西階之東，南面。」此北面之一肆也。以避射位，故去鍾磬鑮，而僅設一建鼓，以存軒縣之制。竊以東西二肆之位推之，則北面一肆，當起於阼階西，磬南面，其西鍾，其西鑮，其西鼙，其西建鼓。軒縣之位，大略如是。宫縣視軒縣益南面一肆。又以北面一肆，推南面一肆之位，則南面一肆，起於西階東，磬北面，其東鍾，其東鑮，其東鼙，其東建鼓，此宫縣之制也。由是言之，東縣之建鼓在東南隅，西縣之建鼓在西南隅，北縣之建鼓在西北隅，南縣之建鼓亦在東南隅，與東縣之建鼓相近，東北隅無建鼓，是宫縣建鼓無設於四隅之理也。其設於四隅者，蓋指大射而言耳。大射儀之樂縣謂軒縣也，而宫縣之制，可因是以推。北面一肆去鍾磬鑮，以避射位，而僅設一建鼓於西北隅，則南面一肆亦當去鍾磬鑮，以避射位而僅設一建鼓於東南隅。加以西縣一肆之建鼓是西北隅，東南隅、西南隅皆有建鼓，又以東縣一肆之建鼓應鼙移於阼階西，是東北隅亦有建鼓也。然則宫縣建鼓設於四隅，惟大射然矣。若非大射，則阼階西之建鼓應鼙仍設於東縣一肆之南，而東北隅安得有建鼓哉？李照之言，不獨鼓止一聲，不能合十二均之聲，其説爲不經之論，即四隅之制，要亦妄爲臆斷，不足據焉。

鄭堂弟子

阮先生福

别見儀徵學案。

黄先生奭

黄奭字右原，江蘇甘泉人。以入資爲刑部郎中。道光中，以順天府尹吴傑薦，賜舉人。家世貨殖，而先生獨好學。嘗從曾賓谷游，賓谷異之，曰：「爾勿爲時下學，余薦老師宿儒一人爲爾師。」即鄭堂也。延鄭堂館其家四年，自是專精漢學。鄭堂以惠定宇著十三經古義，惟爾雅未成，命先生卒其業。乃就陸元朗釋文敘録十家舊注，博引羣書，爲之疏證，更於十家外，攟拾爲衆家注，成爾雅古義十二卷。鄭堂卒，又獨學十餘年，閉户探尋，足不出外。其學專鄭氏，輯有高密遺書十三種，阮文達亦稱其勤博。他著有端綺集、存悔齋集、杜詩注。參史傳。

爾雅古義總序

予受業于江鄭堂先生，先生受業于余古農先生，余先生又受業于惠定宇先生。予爲小紅豆山人門下再傳弟子。小紅豆山人作十三經古義，以孟子、孝經、爾雅未成書，先出九經古義問世，左傳孤行，更名補注。四庫全書已著録。其周易述亦未卒業，鄭堂先生於是作周易述補，今與周易述皆刻入皇清經解中。余先生有注雅别鈔，鄭堂先生有爾雅正字，皆爲補小紅豆山人爾雅古義而設。若胡氏承珙雖有爾雅古義，貌同而心異，蓋不在漢學師承内也。予力小任重，誠不敢受鄭堂先生付託，久思作爾雅古義，欲探驪珠，必先獺祭，因就陸德明釋文敘録十家舊注，纘其已墜之緒，成此未竟之志，爲書十二卷。竊歎古人有毀爾雅而不知所以毀者，謂周公作爾雅。如兩河間曰冀州，河南曰豫州，河西曰雝州，漢南曰荆州，江南曰揚州；濟、河間曰兖州，濟東曰徐州，燕曰幽州，齊曰營州。禹貢有青、徐、梁而無幽、并、營，夏制也；周禮職方氏有青、并、幽，而無徐、梁、營，周制也；釋地有徐、幽、營，而無青、梁、并，必殷制矣。豈有周公而用殷制之理？如魯有大野，晉有大陸，秦有楊陓，宋有孟諸，楚有雲夢，吴、越之間有具區，齊有海隅，燕有昭余祁，鄭有圃田，周有焦護，蓋釋地十藪，與周語九藪異。淮南子九藪無周、魯而益以趙之鉅鹿。説文用職方説，以圃田爲甫田。當周公時，秦未分地，豈得與周並論？周亦無因自謂之周。如釋訓「瑟兮僩兮」，衛武公詩；「張仲孝友」，宣王時臣；「猗嗟名兮」，齊人刺魯莊公，皆非周公所知。或者周公止撰釋詁，中必無後世事，何以開卷「胡不承權輿」之「權輿」，「緇衣之蓆兮」之「蓆」，鄭武、秦康之詩，即見釋詁？不惟在周公後，即張揖亦不能指實某篇爲仲尼所增，某篇爲子夏所足。文心雕龍：「爾雅者，孔徒之所纂，而詩、書之襟帶也，商可言詩，賜亦可與言詩，安見爾雅必煩子夏！且多識于鳥獸草木之名，乃汎勸小子學詩，必求其人以實之，豈亦子夏耶？某篇爲叔孫通所益，梁文所補。似仲尼、子夏並無所增。叔孫通尚在漢初，或是沛郡梁文補益？最初作注之犍爲文學，是漢武帝時待詔，不得以平帝元始四年王莽始令天下通爾雅者詣公車爲疑。其書與毛詩相出入。如「學有緝熙于光明」，毛傳「光，廣也」，鄭箋「緝熙，光明也」，而釋詁曰：「緝熙，光也。」「齊子愷悌」，毛傳「樂易然」，鄭箋「猶言發夕也」，而釋言曰：「愷悌，發也。」「薄言觀者」，毛公無訓，鄭箋「觀，多也」，而釋詁曰：「觀，多也。」「振古如兹」，毛傳「振，自也」，鄭箋「振亦古也」，而釋言曰：「振，古也。」「自」字古文作「𦣹」，形與「古」相似而訛。韋昭國語注「振，起也」，即自也。古古如兹不成語，不若自古如兹爲文從字順也。如「多草木岵，無草木峐」，毛傳：「山無草木曰岵，有草木曰屺。」「石戴土謂之崔嵬，土載石爲砠」，毛傳：「崔嵬，土山之戴石者。石山戴土曰砠。」傳無不與釋山相反，使成書在毛公前，漢志但稱毛公，不著名。後漢儒林傳「趙人毛長傳詩」，其「長」字不從草。隋志「漢河間太守毛萇傳」，於是詩傳遂稱毛萇，然鄭康成詩譜：「魯人大毛公爲訓詁，河間獻王得而獻之，以小毛公爲博士。」陸璣疏：「趙人荀卿授魯國毛亨，毛亨作訓詁傳以授趙國毛萇，時人謂亨爲大毛公，萇爲小毛公。」孔疏亦云：「大毛公爲傳。」然則詩傳是亨，非萇矣。何至康成始盡用其説？歐陽詩本義以爲學詩者纂集博士解詁，論衡文以爲五經訓故，然釋他經居十之一，釋詩居十之三，大半解釋六藝，本之揚雄方言。並見郭璞自序，作「六藝鈐鍵」。津涉九流亦見郭序。者爲多。如釋鳥「爰居，雜縣」，即國語也。釋天「暴雨謂之涷」，釋草「卷施草拔心不死」，即楚辭也。釋天「扶搖謂之猋」，釋蟲「蒺蔾，蝍蛆」，即莊子也。釋詁「嫁，往也」，釋水「瀵，大出尾下」，即列子也。釋地「北方有比肩民焉，迭食而迭望」，又「河出崑崙虛」，即山海經也。釋地「四極」，西至于邠國，謂之四極。朱子以邠國近在秦、隴。説文引西至汃國，汃，西極之水也。「西王母」，釋畜「小領，盜驪」，即穆天子傳也。釋地「東方有比目魚焉，不比不行，其名謂之鰈；南方有比翼鳥焉，不比不飛，其名謂之鶼鶼」，即管子也。又「邛邛岠虛負而走，其名謂之蟨」，即呂覽也。釋詁「天、帝、皇、王、后、辟、公、侯」，又「洪、廓、宏、溥、介、純、夏、憮」，釋天「春爲青陽；夏爲朱明；秋爲白藏；冬爲玄英；四時和謂之玉燭；春爲登生；夏爲長嬴；秋爲收成；冬爲安寧；四時和爲通正，謂之景風；甘雨時降，萬物以嘉，謂之醴泉」，即尸子也。已佚，今據湖海樓輯本。釋親鄭夾漈據左傳辨娣姒。即白虎通親屬記也。蓋亦雜家者流，漢藝文志附孝〔一〕經類，隋經籍志附論語類，今取冠小學類者，特從其所重列之經部耳。漢志二十篇，今惟存十九篇，據張揖進廣雅表，今俗所傳三篇，漢志爾雅三卷，蓋三篇即三卷也。凡萬七百九十一言。其正文往往爲後儒所亂，如台、朕、陽爲予我之予，賚、畀、卜爲賜予。丁，伐木聲也。鳥鳴嚶嚶，嚶嚶，鳥聲也，而釋訓曰：「丁丁、嚶嚶，相切直也。」夫釋言隻字者一義，釋訓雙文者一義，釋詁數十言者一義。如孔、魄、哉、延、虚、無之言閒也，惟孔、魄、延、虚、無五字爲一義。理滯于所積，詞强於無佐，故郭注所未詳未聞者，凡百四十二條，邢疏舉其十耳，葝、蘢、逐、求、卒、稟、宦、徒、駭、太史胡蘇。餘仍闕如。至謂華爲荂，謂蘆筍爲薕，謂藕經緒爲茭，疑是江南人，而忘釋草即有燕北、關西語。若謂釋親宗族、母黨、妻黨、婚姻四類，開成石經列後，而今本在前。六畜之畜，本作嘼，後人借用「畜」字。虎豹不畜于人歸釋獸，牛羊爲人所畜歸釋畜。釋畜後題六畜二字，左傳桓六年、昭二十六年正義，皆曰釋畜于馬牛羊豕狗鷄之下題云「六畜」，而今本或無之。此又校者之過，而作者固不受也。即有譽爾雅，而不知所以譽者。如大戴禮孔子三朝記：「哀公曰：『寡人欲學小辨以觀于政。其可乎？』孔子曰：『爾雅以觀于古，足以辨言矣。』」春秋元命包：「子夏問：『夫子作春秋，不以初、哉、首、基爲始，何據？』」此則在仲尼前，當爲周公作。尚不止釋詁一篇，即仲尼、子夏所增，釋言以下亦有限，更不待叔孫通、梁文補益也。徒以終軍之對鼮鼠，盧若虚之辨鼶鼠，漢書終軍傳無辨豹文鼮鼠事，爾雅郭序及釋獸注或別有所本，玉篇亦主此說。文選任彦昇薦士表注引摯虞三輔決録作

〔一〕「孝」，原作「考」，形近而誤，今改。

竇攸，不引竇氏家傳，其引竇氏家傳者，惟廣韻、類聚、御覽三書，雖竇攸亦止知鼮鼠、至唐書盧藏用傳「弟若虚博物，辛治諫獲異鼠豹首，謂之鼮鼠而賦之。若虚曰：此許慎所謂鼨鼠。說文鼠部：「鼨，豹文鼠也。」讀鼨鼠豹文爲句，鼮鼠屬下。經義考誤鼨爲鼦。江南進士之問天雞，南唐近事：「張佖知貢舉，試天雞弄和風，但以文選中詩句爲題。有進士白云：『爾雅螒天鷄，鶾天雞，未知孰是？』佖不能對，亟取爾雅檢之，一在釋蟲，一在釋鳥。」劉原父之識六駮，歐陽公撰劉原父墓志：「奉使契丹，有獸如馬，食虎豹，不識，問公，曰：『此所謂駮也。』」劉原父七經小傳：「秦風『六駮』，毛傳引爾雅『駮如馬』，陸璣疏『駮馬，梓榆』，是樹名。獸，動物，豈止于隰者？與上下文『苞櫟』、『樹檖』亦不類。一據爾雅，一不據爾雅，皆劉敞事。」反是，則有毛公之不用釋山，田敏之改寫白及，見宋史儒林傳。釋草：「椵，木槿。櫬，木槿。」郭注：「華朝生夕隕，或呼日及，亦曰王蒸。」成公綏、潘尼俱有日及賦，劉禹錫傷往賦誤作「日反」。王邵之刊落明粢，酈道元之讀破句，王伯厚之昧蘇薂。困學紀聞：「爾雅不釋蘇薂，然雖郭注『未聞』，其實即上文之『薂，蒡蘧』，郭注『今蘩蘧，或曰雞腸草。』釋薂即釋蘇薂矣。」謝尚誚蔡而好自用，晉書蔡謨傳「初渡江，見蟛蜞，大喜。既食，吐下，方知非蟹。謝尚曰：『卿讀爾雅不熟，幾爲勸學死。』」勸，或作勤，非。爾雅釋魚：「蜎蠌，小者蟧。」注：「即蟛蜎也，似蟹而小。」陶宏景注本草：「蟛蜞，似蟹而小，似蟛蜎而大。」世說注：「今蟛蜞小於蟹而大於蟛蜎。」然則蔡謨誤蟛蜞爲蟹，謝尚又誤蟛蜎爲蟛蜞。士勛疏穀梁而疑本文以蛩爲蟣蟓，以螽爲螻蛄，以反舌爲蝦蟆，以乾鵲爲蟋蟀，以鴟鴞爲巧婦，以鶡鴂爲伯勞，菉竹是一是二，莧陸是合是分，秬秠是異是同，鎛鐘是大是小，莫不震于博物之名，而未有受其小學之益者。如釋言「桄，充也」，六經無桄字，鄭注樂記、孔子閒居，皆訓横爲充。横、桄古通用。書「光被四表」，漢書引作「横被四表」，雖僞孔傳，猶訓光爲充。如釋言「鬩恨也」，郭注：「相怨恨。」毛傳小雅「兄弟鬩于牆」，「鬩，很也」。鄭注曲禮「很毋求勝」，「很，鬩也。」二字轉注，義出爾雅。又「苛，玠也」，郭注：「煩苛者多嫉妎。」鄭注內則「疾痛苛癢」，「苛，妎也」。義出爾雅。周禮大宗伯疏引有鄭康成爾雅注，而本傳及各志不著録。如釋言「麻，廕也」，即詩「不可休息」之休。釋木「桑、柳，醜條」，即詩「蠶月條桑」之條。如莊子「已而爲之者，已而不知其然」，苟非釋詁「已，此也」一解，固郭象夢想所不到。至是而知爾雅廣大處易到，精微處不易到。彼多識鳥獸草木，「爾雅注蟲魚，定非磊落人」，雖出韓詩，「凡爲文須略識字」，亦昌黎語，仍以經訓菑畬爲重。雖以陸農師埤雅、尚有爾雅新義，其人非王安石黨，其學則染安石字説，是王雱爾雅一派，至牛衷埤雅廣要，更屬「自鄶以下」。羅鄂州爾雅翼奸臣羅汝楫子。皆優爲之。其資經傳訓故，若二劉氏，杳之要雅、南史本傳：「字士深，梁天監中爲宣惠豫章王行參軍，沈約、任昉以下，每有遺忘，皆訪問〔一〕焉，撰要雅五卷。」伯莊之讀爾雅唐志一卷，傳曰：「徐州彭城人，貞觀中除國子助教。」高似孫曰：「劉伯莊有續爾雅。」王應麟曰：「劉續陸埤。」不亡，或可與張稚讓廣雅避隋諱，改博雅。王應麟曰：「揖廣憲博。」鄭樵通志亦誤分二書。近注廣雅者盧、錢、王三家外，江德量亦有廣雅疏。擁篲清道，企望塵躅，郎奎金五雅妄改釋名爲逸雅。必欲集五雅，惟廣雅可充首選，餘則朱謀㙔駢雅，方以智通雅，吳王搢別雅，洪亮吉比雅，雖殊其體，不離其宗。若張萱彙雅，夏味堂拾雅，以及李商隱蜀爾雅，劉温潤羌爾雅，梅彪石藥爾雅，失名本草爾雅，皆近類書，非字學也。而僞孔鮒之小爾雅不與焉。隋志李軌解已佚。今從孔叢子十一篇鈔出者，非漢志之小雅。王肅僞造家語以攻康成，梅賾又撰此，以行其古文尚書。杜預注左傳稍引用焉。蓋梅賾固攘王肅、杜預之説爲之耳。郭注去漢未遠，在景

〔一〕「問」，原作「間」，形近而訛，據南史劉杳傳改。

純前之郭舍人注。謂即漢武帝時聯柏梁體詩者，固非，亦與西京雜記爲武帝投壺賜金之郭舍人有别。如「遂幠大東」稱詩「釗我周王」稱逸書，尚見古本。苟有賈公彦禮疏、孔穎達五經正義手段，必不至如邢疏釋天全襲禮月令正義，五獄全襲詩崧高正義矣。邢叔明爾雅差勝所疏孝經，而不如論語正義。爾雅在元、明爲絶學，説文「雅，楚烏也。」又云「疋，古文以爲詩大疋字」，是爾雅亦可作「疋」。國朝爲是學者衆。予以漢儒家法師承有在，謹附去取所見書目於後：殿版爾雅注疏考證、姜兆錫爾雅參義、譚吉璁爾雅廣義綱目、吴浩爾雅疑義、王謨爾雅犍爲文學注郭璞圖贊、周春爾雅廣疏、翟灝爾雅補郭、任基振爾雅注疏箋補、沈廷芳爾雅注疏正字、余蕭客爾雅釋鉤沈、注雅别鈔、程瑶田爾雅釋宫釋草釋蟲小記、盧文弨爾雅釋文考證、吴騫爾雅孫炎正義、邵晉涵爾雅正義、錢大昭爾雅釋文補、錢坫爾雅釋地注、戴震爾雅文字考、戴鎣爾雅郭注補正、劉玉麐爾雅古注、阮元爾雅注疏校勘記、陳鱣爾雅集解、藏鏞堂爾雅漢注、郝懿行爾雅義疏、胡承珙爾雅古義、嚴可均爾雅一切注音、郭璞圖贊、江藩爾雅正字、黄奭爾雅古義。

鄭堂交游

汪先生中

别爲容甫學案。

李先生惇

别見石臞學案。

焦先生循 別爲里堂學案。

阮先生元 別爲儀徵學案。

淩先生廷堪 別爲次仲學案。

武先生億 別爲授堂學案。

胡先生虔 別見惜抱學案。

黄先生承吉 別見白山學案。

李先生鍾泗 別見里堂學案。

鍾先生懷 別見里堂學案。

顧先生廣圻 別爲思適學案。

龔先生自珍 別爲定盦學案。

徐先生復

徐復字心仲，江都人。本農家子，少孤，喜讀書。其兄使之牧，乃棄牛而逃，至郡西僧寺中，供灑掃之役，暇則誦讀，恒達旦不寢。焦里堂見其所誦之五經，及所作制義，大奇之，爲之延譽。未幾補諸生，遂從事於經史之學。省試與黄君承吉同寓，黄詰以九章算法，不能答，以爲恥。典衣購算書，歸就鄭堂相質問。未及一年，弧三角之正弧、垂弧、次形、矢較諸法，皆能言其所以然矣。著有論語疏證，鄭堂爲之序。參漢學師承記。

清儒學案卷一百十九

鐵橋學案

鐵橋博聞强記，校讐輯録，孳孳不倦。校定諸經文字，治汶長之學，審文定聲，成書斐然，由博反約之效也。述鐵橋學案。

嚴先生可均

嚴可均字景文，號鐵橋，烏程人。嘉慶庚申舉人。精於考據之學，弱冠即出游，足跡半中國。歷受陽湖孫氏星衍及同邑姚氏文田校書之聘。道光二年，赴官建德縣教諭。後以老病辭職歸，著書不輟。先生與姚氏文田同治説文，譔説文長編，區爲七類，將撰次爲疏義，書未成，乃先撮舉大略，就毛氏汲古閣初印本爲校議三十篇，專正徐鉉之失，書中多采姚氏説，即題二人同譔。又取長編中聲類鐘鼎古籀文秦篆類，別出爲書聲類，子母相從，與姚氏聲類同例，惟姚氏書始一終亥，依本書原第，先生則以聲分類，專明古音。又作聲類出入表，以示古音通轉，所採古篆籀，皆用手拓本，不足則博采金石學諸家書，自上古迄秦，下及三體石經，名曰說文翼。又與丁溶同治唐石經，爲校文十卷，謂「石經者，古本之終，今本之祖」，據注、疏、釋文及唐以前所徵引者爲之證。嘉慶中，敕開全唐文館，館臣屬先生搜集唐碑爲王昶金石萃編所未載者，前輯全上古三代秦漢三國六朝文，得三千四百九十五家，蒐羅殘賸，覆檢羣書，字句小異同，無不校訂，手自寫定，不假旁助，唐以前文咸萃於此。又校輯經子羣書數十種。合所譔述爲四録堂類集，其詩文集曰鐵橋漫稿。參史傳、湖州府志、鐵橋漫稿。

說文聲類序目

古無韻學，易、詩、騷、賦，鏗鏘諧適，節奏天成，不限韻，無非韻也。典午播遷而音變，至陸法言作切韻而音尤變，後乃奉爲科律，罔有違言，而三代古音十厘一二存矣。吴氏棫、鄭氏庠、陳氏第、顧氏炎武、江氏永、段氏玉裁、孔氏廣森，先後挺生，古音漸顯。論其所臻，大率後來者居上，然猶尚不備，且非定論也。可均以爲，漢儒去古未遠，而說文幸存，說文諧聲財六之一，實逾大半。竊據其成業，譔說文聲類二篇，以聲爲經，以形爲緯。爲檢字者之不易，輒借廣韻二百六部，建立標題，分爲十六類，合爲八類，又大合爲四類。衆類聯比，各循其次，上下闢通，陰陽混一，順逆互轉，首尾循環。其合也一統無外，其分也毫釐有辨。同類相授，各有建首，母子相生，母別爲紐，子又生子，系綴母後，廣其變通之路，審厥出入之由。夫而後羣經有韻之文皆可讀，古人假借之法無不包矣。

之類第一上 按：本書廣韻平聲之、咍，上聲止、海，去聲志、代，入聲職、德，合爲一類。

支類第二上　按：本書廣韻平聲支、佳，上聲紙、蟹，去聲寘、卦，入聲麥、錫，合爲一類。

脂類第三上　按：本書廣韻平聲脂、微、齊、皆、灰，上聲旨、尾、薺、駭、賄，去聲至、未、霽、祭、怪、夬、隊、廢，入聲質、術、櫛、物、迄、月、没、曷、末、黠、鎋、屑、薛，合爲一類。

歌類第四上　按：本書廣韻平聲歌、戈、麻，上聲哿、果、馬，去聲箇、過、禡，合爲一類。

魚類第五上　按：本書廣韻平聲魚、虞、模，上聲語、麌、姥，去聲御、暮，入聲鐸、陌、昔，合爲一類。

侯類第六上　按：本書廣韻平聲侯，上聲厚，去聲候、遇，入聲屋、燭，合爲一類。

幽類第七上　按，本書廣韻平聲幽、尤、蕭，上聲黝、有、篠、巧、皓，去聲幼、宥、嘯，入聲沃，合爲一類。

宵類第八上　按：本書廣韻平聲宵、肴、豪，上聲小，去聲笑、效、號，入聲覺、藥，合爲一類。

蒸類第九下　按：本書廣韻平聲蒸、登，上聲拯、等，去聲證、嶝，合爲一類。

耕類第十下　按：本書廣韻平聲耕、清、青，上聲耿、靜、迥，去聲諍、勁、徑，合爲一類。

真類第十一下　按：本書廣韻平聲真、諄、臻、文、欣、魂、痕、先，上聲軫、準、吻、隱、混、很、銑，去聲震、稕、問、欣、慁、恨，合爲一類。

元類第十二下　按：本書廣韻平聲元、桓、寒、删、山、仙，上聲阮、旱、緩、潸、産、獮，去聲願、翰、换、諫、襇、霰、線，合爲一類。

陽類第十三下　按：本書廣韻平聲陽、唐、庚，上聲養、蕩、梗，去聲漾、宕、映，合爲一類。

東類第十四下　按：本書廣韻平聲東、鍾、江，上聲董、腫、講，去聲送、用、絳，合爲一類。

侵類第十五下　按：本書廣韻平聲侵、覃、咸、銜、凡、冬，上聲寑、感、范，去聲沁、勘、陷、梵、宋，合爲一類。

談類第十六下　按：本書廣韻平聲談、鹽、添、嚴，上聲敢、琰、忝、儼、檻，去聲闞、豔、㮇、釅、鑑，入聲合、盍、葉、怗、狎、業、乏，合爲一類。

後敘曰：武進張氏惠言先余治古音，嘉慶辛酉，余將譔說文聲類，與議通轉之例，曰：「媼從𥁕聲，讀若奥，奥從𢍃聲。𥁕在真類，𢍃在元類，媼、奥在幽類，而得聲，何也？」張氏曰：「其從七之轉乎？」余曰：「然。」及炑，余有浙西之役，舟車旅館中始刱稿，其明年南踰嶺，而稿再易焉。余又思鄭君注禮曰：「聲相近故也。」又曰：「聲之轉也。」相近則有界限，轉則無界限，而謂必從某類轉，與某類通，或未盡然。且漢儒論音無所謂通，何侶但言轉不言通之尤當也。則删改爲三易稿本，未繕寫，而張氏卒於京師。余既痛失此良友，又以張氏勤學好著書，未竟其業，而余書通轉之例實由張氏一語發之，存余書，所以存張氏也。遂彫板行之，其三易稿本嗣出，亦並行也。

說文翼序

上古結繩而治，後世聖人易之以書契，而文字興焉。由倉頡、史皇、沮誦以迄夏、殷，文字殊體，莫可殫究。周官保氏「教國子以六書」，懿、厲以降，政衰教廢，宣王太史籀乃作大篆十五篇，是爲籀文，因以前此者爲古文。古、籀並行數百年，至春秋之季，文字大壞，故孔子曰：「必也正名，名不正，則言不順，事不成，禮樂不興，刑罰不中，民無所措手足。」無如列國各阻風教，言語異音，偏旁俗作，積習因仍，人私己是，雖欲正名，奚其正？及秦并天下，李斯乃奏同之，使下杜人程邈作小篆，罷其不與秦文合者，然乃隸書踵行，人趨省便。漢革秦命，變用草書，隸似篆，去其繁重，如秦權、秦斤、秦量是。漢器銘之似篆非篆者，皆隸也。東京中葉後，始有襛首微尾之體，而隸又變。草似篆，亦似隸，體勢迅疾，不求工整，如古器銘之聯綿糾結者是。說文「漢興有草書」，即藝文志「蕭何草律」是也，其實先秦有此體，漢初行用，始定名爲草書耳。草書者藁書也。阮録有乙亥鼎，其文即薛帖之晉姜鼎，是古、籀有草書之證。東京章草，則草隸也，張芝等乃變而又變者。隸草皆出於古、籀，後乃訛以傳訛，迷失本根，能明倉頡讀者僅矣。通人揚雄采爰、禮等說，順續倉頡，作訓纂篇八十九章，班固復順續訓纂，作十三章，凡百二章六千一百廿字，羣書正字尚未備也。汝南許君乃集衆家大成，博問通人，作說文解字十四篇，五百卌部，九千三百五十三文，網羅故籍，窮究萬原，淘汰衺詞，折衷古訓，其先秦以來疑文惑體，稍乖六書之誼者，皆覈實之，改定之，芟除之，甄豐等體不復采羼，倉、史再生，日月長燿，孔子未竟之志，至此苗髮無餘憾，洵文字之宗，聖之亞者也。後此若呂忱字林、楊承慶字統、顧野王玉篇，凡十餘家，皆席許君成業，蒐討附益，亦足資考鏡，而其學不逮，夥其流而眛其原，徒煩亂耳。有唐而下，略窺說文，僅一李善。其李陽冰、顏傳經、唐元度、徐鉉、徐鍇、張有、戴侗、李文仲等，非武斷即固陋，尠能踄許君樊衛者。國朝崇尚經術，鴻儒碩彦先後挺生，家譚漢學，户蓄許書，晦冥千年，霩然昭朗，求其淹貫故訓，僅或一二人，餘皆怗懘轇固，狃於成說，未能觀其會通，雖各有所得，難可謂之通才也。夫說文者，經典之總龜也。孔子寫六經，河間得先秦古書，皆古文。經師不盡識，故屬讀不同，誤釋亦不少。諸儒漸次是正，其緒論具見于說文，而非觀其會通不得也。何者？說文皆本字，經典多假借，且以隸寫古、籀，而古、籀相沿又多疑文惑體，軼出說文外十常二三。淺儒昧于形聲，未極古、籀之變，泥守本字，失其假借，以此治經，扞格牴牾，在所不免。然此軼出説文外十常二三者，以形聲求之，説文無不有，非遺漏也。即所假借，亦不離本字遠也。唯不知形聲，故不知假借也。夫六書，象形指事，會意，轉注，厥誼明了。形聲者據形爲誼，依聲爲讀，左形右聲，右形左聲，上形下聲，下形上聲，隨勢移易，正反向背，唯變所適。或聲兼誼，或但取其聲，或省或不省，或取同類爲形，或取聲近爲聲往往一字而十數異體，説文僅收其一，一可包十數也。假借者，或取形近，或取聲近，或取偏旁半字，望文改讀，聲隨誼轉，説文列字十數，十數可貫于一也。故會而通之，然後能治經，然後能極古、籀之變，而見説文之所羼者精，所賅者廣也。然而古、籀廢絶二千年于兹，又孰從而極其變也？説文所載重文，後人或有增加，真僞參半。郭忠恕汗簡六篇所輯，皆漢、魏、六朝、唐人手筆，點畫失真，詮釋寡當。夏竦四聲切韻尤訛謬。于二書中求所謂夏、商遺迹，未有也，有亦未審信也。説文言郡國，亦往往於山川得鼎彝，其銘即前代之古文，皆自相似，知許君記字參稽金刻爲多。自宋以來，三代法物日出而不窮，其文字喬皇淳茂，倜傀離奇，説文不盡有，以形聲求之，都可識也。古時字少，以假借通之，不勝用也。今集泉刀布幣鐘鼎槃匜戈戟等銘，皆手拓本；有不足，則取諸攷古圖、博古圖、嘯亭集古録、薛氏鐘鼎款識法帖、阮氏積古齋編録，及壇山、石鼓等石刻，而以秦篆終焉。不收漢篆。唯魏三體石經之古文，或原出竹簡，亦附采入。輒依説文部居始一終亥，以類相從，有條不紊，援據出處，信而有徵。省説其文，詳解其字，抉索幽眇，剖析疑似，以函蓋萬有，開豁衆蔽，語許君所未盡語，通經典所不易通，庶幾羽翼説文，俾後之君子知形聲假借之方焉。自春徂冬，而稿初竟，罣漏失誤，儻所難辭，許君可作，將許我乎？

唐石經校文序

余年十六始治經，得明國子監及毛氏汲古閣注疏本，三家村中沾沾自喜。逮弱冠後，與通人游，獲見宋版十行等本，始知今本不足多。既又思若漢、若魏、若唐、若孟蜀、若宋嘉祐、紹興各立石經，今僅嘉祐四石，紹興八十七石，皆殘本，而唐大和石壁二百廿八石，巍然獨存，此天地間經本之最完最舊者。志欲通校一再過，購得裦册本，有補字可疑，屢校屢輟業。乾隆乙卯春，入都，往來諸藏書家，所見益廣。其明年嘉慶改元，知葉編修紹楏得舊拓本散片，又明年二月，假榻葉所取今本與石經對校。凡八閱月，十二經與五經文字、九經字樣校皆再過，乃益審知今本遜宋板本，宋板本遜石經，而石經又非善之善者，人爲之，亦時爲之也。夫唐代四部之富，莫如開元，經學之盛，莫如貞觀，假使石經立于貞觀或開元，有陸德明、孔穎達、顔師古及元行沖之徒，據晉、宋古本刊正積非，歸于至當，必視大和有加矣。然欲方駕熹平，亦斷斷不能。後更禄山之亂，兩都覆没，舊籍散亡，文宗搜訪遺書，稀少古本，鄭覃、唐元度即篤于經學，下陸、孔一等，所據不過隋、唐行本，非能軼晉、宋而返之古。劉昫言石經立後數十年，名儒以爲蕪累，皆不窺之。唐末無名儒，皆窺、皆不窺等閒耳，而石經不滿人意，亦因此可知。余故謂非善之善者，人爲之，亦時爲之也。然而後唐雕板實依石經句度鈔寫，歷宋、元、明轉刻轉誤，而石經幸存，以之復古則不足，以正今誤則有餘。世間無古本，石經即古本矣。柰何八百餘年來，學士大夫誤信史臣有蕪累之譏，棄置之，尠或過問者？間有一二好古之士，亦與冢碣寺碑同類而竝道之。康熙初，顧氏炎武始略校焉。觀其所作九經誤字，金石文字記，刺取寥寥，是非寡當。又誤據王堯惠之補字，以誣石經。顧氏善讀書者，猶尚如此，況其他乎？夫石經者，古本之終，今本之祖，治經不及見古本，而并荒石經，匪直荒之，又交口誣之，詎經之幸乎？余校石經，欲爲今本正其誤，爲鄭覃、唐元度釋其非，爲顧氏等袪其惑。凡石經之與今本互異者，磨改者，旁增者，録出三千二百廿六條，理而董之，據注、疏、釋文，旁稽史傳，及漢、唐人所徵引者，爲之左證，而石臺孝經附其後焉。分爲十卷，題曰唐石經校文。刻板嶺南，後乎余而治經者，當有取乎此。

鐵橋漫稿

孝經鄭注考

南齊陸澄疑孝經非鄭注，與王儉書云：「觀其用詞，不與注書相類，玄自序亦無孝經。」嚴可均曰：陸澄善讀書者，語非無因，然猶未考鄭所注書，其時有先後，執後定之説，以校初定之説，其疑爲不相類，宜也。陸疑爲不相類者，非謂朝聘、巡狩、郊祀、明堂、喪服並非五刑也。何以知之？宋、齊注本五刑，未必如釋文所據本之凌亂，即未必不相類也。不相類者，蓋法服耳。法服何以不相類？鄭先事第五元，又事張恭祖，又事馬融，從質諸疑義。蓋法服用馬融説，兼下己意也。知者今之孔傳所言五服五章，實即馬融書注。正義謂「馬融不見孔傳，其注亦以爲然」，足以明之。馬融兼衣與旗爲四章，加祭器而五章，三辰在旗亦在衣，宗彝在祭器不在衣，故數三辰不數宗彝。馬融又逆數黼黻粉米藻火，大夫不得服黼黻，士不得服粉米。今攷孝經注「天子諸侯服用，馬融説不數宗彝」，亦用馬融説。大夫士服，鄭意以馬融説未安，故順經爲次。鄭意又以天子至士服，皆至于黼黻，今注黼黻上有闕文。此用馬融説，兼下己意也。注孝經在先，是初定之説，異日注禮、注書，是後定之説。陸澄執後定之説，以校初定之説，其疑爲不相類，宜也。竊見鄭學積漸而成，由淺而漸深，由疏而漸密，注三禮成而學乃大成。三禮唯禮記至賾，故鄭注禮記用力尤勤，參互推求，以定畫一，小有不類，便出之爲虞、夏，爲夏、殷，爲魯，爲晉，霸制與周制區分爲五，故無不類。然而初定之説，猶横積於胸中，改之不盡也。即如禮器有放而文，有放而不致，汎言之，于虞制何涉？縱欲以服章況譬，在周言周可矣，而注云：「謂若天子之服，服日月以至黼黻，諸侯自山龍以下。」此即初定之説，孝經注所謂「百王同之，不改易」者也。其餘逐漸更移，如注王制云：「虞、夏之制，天子服有日月星辰。」虞謂虞書，夏者文便，故注下文「有虞氏皇而祭」云：「有虞氏十二章，周九章，夏、殷未聞。」又注郊特牲「王被衮以象天」云：「謂有日月星辰之章。」此魯禮也，衮用天玄，即是象天，不必日月星辰。魯未王，不必如公羊黜周王魯。鄭云然者，欲自實其三辰在衣之説，又避周制「郊天大裘而冕」也。鄭以意彌縫其間，大概如斯。復因明堂位有「殷火周龍章」，周禮司常有「日月爲常」，左氏桓二年傳有「火龍黼黻」，故注周禮司服云：「此古天子冕服十二章，王者相變，至周而以日月星辰畫於旌旗，而冕服九章，登龍於山，登火於宗彝。」説逾揫密。故注儀禮覲禮云：「天子有降龍有升龍。」又云：「上公衮無升龍，侯伯鷩，子男毳，孤絺，卿大夫玄，於是乎侯伯不服龍袞，士不厠五服之班矣。」復因周禮節服氏「袞冕六人」，爲士服龍袞顯證，故特以「從王服」一語消釋之。尋檢禮文，稀少觸礙，異日遂以之注虞書云：「此十二章爲五服，天子備有焉。公自山龍而下，侯伯自華蟲而下，子男自宗彝而下，卿大夫自藻火而下。」王肅作聖證論以難之，而鄭學之徒堅持不絀，皆後定之説也。嚮使注孝經在注禮注書後，必不仍用初定之説。何者？孔子爲曾子語孝道，舜大孝，武王、周公亦達孝，在周言周，當服周之法服，不必服舜之法服。而注孝經不然者，彼時去事馬融未久，故承用其説，兼下己意也。然而鄭不追改何也？鄭注禮以意彌縫其間，而欲然者亦復不少。即如節服氏袞冕爲從王服，何以侯伯子男大夫不得從王服？何以士從王服，不得厠五服之班？欲消釋之，仍難消釋。若斯之類，内不自安，故孝經注雖不類，義得兩通，不復追改。學然後知不足，後説未必皆是，前説未必皆非，鄭意如此，固非陸澄之所能考也。陸澄又謂：「玄自序亦無孝經。」嚴可均曰：孝經爲鄭注，不必問自序有無也。自序全篇亡，孝經正義引其略云：「遭黨錮之事，逃難。至黨錮事解，注古文尚書、毛詩、論語。爲袁譚所逼，來至元城，乃注周易。」據知注易在臨卒之年，自序注易時作，稍牽晚年，所注書、詩、論語前乎此者，概不登載，未可據爲孝經非鄭注之證也。唐會要七十七、文苑英華七百六十六，載鄭自序「逃難」下有「注禮」二字，無「至」字，餘與正義引同。余考鄭氏著書三十餘年，論天文七政，注乾象曆、緯候，蓋最先。何以知之？鄭初事第五元，通三統曆，九章算術，又戒子益恩書言「游學時，覩祕書緯術之奥」，故知最先。孝經，逃難時注，以黨事逮捕，故逃難。孝經序言「僕避難南城山，棲遲巖石之下，而注孝經」是也。樂史以黄巾寇青部當之，非。尋聞禁錮之令，歸而杜門注禮。檀弓正義引鄭志答張逸問："禮注曰書説，書説何書也？"答曰："尚書緯也。當爲注時，在文綱中，嫌引祕書，故諸所牽圖緯，皆謂之説。"是注禮在禁錮時也。其魯禮禘祫義、三禮目録、注尚書大傳、答臨碩周禮難、駁五經異義，皆注禮時作。注春秋左氏傳未成，亦在禁錮時。知者本傳列箴膏肓、發墨守、起廢疾在黨禁解之前。六蓺論亦禁錮時作，知者論孝經云："玄又爲之注。"論春秋亦云："玄又爲之注。"而春秋注卒未成。故公羊序疏以爲，鄭君先作六蓺論訖，然後注書也。若然，自序無者甚多，豈得易、書、詩、禮、論語外，皆疑依託？余故曰：孝經爲鄭注，不必問自序有無也。

荀子當從祀議

孔子之道在六經，自七十子後，紹明聖學，振揚儒風者，無逾孟子、荀子，而孟子配食于孔子廟堂，荀子有性惡一篇，爲宋儒所訶病，前明黜其從祀，此非萬世之公議也。臣謹按漢儒劉向爲孫卿書録，屢數諸子云："皆不循孔氏之術，唯孟軻、孫卿爲能尊仲尼。"又云："孟子、孫卿、董先生皆小五伯。"以爲仲尼之門，五尺童子皆羞稱五伯，如人君能用孫卿，庶幾於王。孫卿之書，其陳王道甚易行。又按先臣謝墉爲荀子序云："荀子生孟子之後，最爲戰國老師。"太史公作傳，論次諸子，獨以孟子、荀卿相提竝論。蓋自周末歷秦、漢以來，孟、荀竝稱久矣。小戴所傳三年問，全出禮論篇；樂記鄉飲酒義所引，俱出樂論篇；聘義子貢問貴玉賤珉，亦與德行篇大同；大戴所傳禮三本篇，亦出禮論篇；勸學篇即荀子首篇，而以宥坐篇末見大水一則附之；哀公問五義，出哀公篇之首。則知荀子所著，載在二戴記者尚多，而本書或反缺佚。愚竊嘗讀其全書，而知荀子之學之醇正，文之博達，自四子而下，洵足冠冕羣儒，非一切名法諸家所可同類共觀也。觀於議兵篇對李斯之問，其言仁義與孔、孟同符，而責李斯以不探其本而索其末，切中暴秦之弊。乃蘇氏譏之，以爲其父殺人，其子必且行劫，然則陳相之從許行，亦陳良之咎歟？此所謂欲加之罪也。荀子在戰國時，不爲游説之習，鄙蘇、張之縱横，故國策僅載諫春申事，大旨勸其擇賢而立長。若早見及於李園棘門之禍，而爲厲人憐王之詞，則先幾之哲，固異於朱英策士之所爲，故不見用於春申，而以蘭陵令終。則其人品之高，豈在孟子下？顧以嫉濁世之政，而有性惡一篇，且詰孟子性善之説而反之，於是宋儒乃交口攻之矣。嘗即言性者論之，孟子言性善，蓋勉人以爲善，而爲此言；荀子言性惡，蓋嫉人之爲惡，而爲此言。要之，繩以孔子相近之説，則皆爲偏至之論。謂性惡則無上智也，謂性善則無下愚也。韓子亦疑於其義，而爲三品之説，上品下品，蓋即不移之旨，而中品則視習爲轉移，固勝於二子之言性者矣。然孟子偏於善，則據其上游，荀子偏於惡，則趨乎下風，由憤時疾俗之過甚，不覺其言之也偏。然尚論古人，當以孔子爲權衡，過與不及，師、商均不失爲大賢也。又按先臣錢大昕爲荀子跋云：「自仲尼既殁，儒家以孟、荀爲最醇。」太史公敍列諸子，獨以孟、荀標目。韓退之於荀氏雖有大醇小疵之譏，然其云「吐辭爲經，優入聖域」，則與孟氏竝稱，無異詞也。宋儒所訾議者，唯性惡一篇。愚謂孟言性善，欲人之盡性而樂於善；荀言性惡，欲人之化性而勉於善。立言雖殊，其教人以善則一也。宋儒言性雖主孟氏，然必分義理與氣質而二之，則已兼取孟、荀二義。至其教人以變化氣質爲先，實暗用荀子化性之説，然則荀子書詎可以小疵訾之哉？古書「僞」與「爲」

通，荀子所云「人之性惡，其善者僞也」，此僞字即作爲之爲，非詐僞之僞，故又申其義云：「不可學，不可事，而在人者，謂之性；可學而能，可事而成之在人者，謂之僞。」堯典「平秩南訛」，史記作「南爲」，漢書王莽傳作「南僞」，此僞即爲之證也。臣竊惟劉向漢世通人，謝墉、錢大昕乾、嘉間善讀書者，其敍録與跋足祛宋儒積疑，荀子自是孟子後第一人。又按荀子非但傳禮傳樂也，又傳詩傳春秋。申公受詩于浮丘伯，浮丘伯荀子弟子，見劉向孫卿書録，亦見漢書楚元王傳，申公傳是魯詩，荀子所傳也。韓詩外傳引荀子以説詩者四十餘事，是韓嬰亦荀子私淑弟子也。子夏五傳至荀子，荀子傳大毛公，見陸德明經典敍録，是毛詩亦荀子所傳也。荀子大略篇言「春秋賢穆公，善胥命」，是爲公羊春秋之學。瑕丘江公受穀梁春秋及詩于申公，是穀梁春秋荀子所傳也。左丘明作傳以授曾申，曾申五傳至荀子，荀子傳張蒼，張蒼傳賈誼，是左氏春秋荀子所傳也。劉向孫卿書録稱孫卿善爲詩、禮、易、春秋，今觀非相、大略二篇，是善爲易，古籍闕亡，其受授不得盡知也。孔子之道在六經，自尚書外，皆由荀子得傳。臣學淺位卑，不合上議，敬具草置之篋中，謂荀子當從祀，實萬世之公議也。

附　録

先生譔著閎富，於散佚古書，校訂搜輯，又數十種。自謂四十餘年來，所譔輯再等身，大率皆千數百年前之古人之心血寄存者。蒐拾叢殘，而聯比之，整齊之，定爲四録堂類集。寫目寄徐星伯，茲録於左：鐵橋漫稿。

京氏易八卷。王保訓輯，可均校補。敘録、傳述、論證三篇，列於卷首。易章句一、易傳二、易占上三、易占下四、易妖占易飛候五、别對災異易説五星占風角要占六、外傳七、災異後序易集林易逆刺律術入叢書本，三卷，見存，不録。韓詩二十一卷。可均輯。附魯詩、齊詩、漢人詩説。儀禮古今文異同説一卷。可均譔。三禮圖三卷。孫星衍與可均同輯。謚法三卷。孫星衍與可均同輯。鄭氏注孝經一卷。可均輯，已刻。郭璞爾雅圖贊一卷。可均輯。爾雅一切注音十卷。可均輯。唐石經校文十卷。可均譔，已刻。説文長編七十卷。可均譔。凡四十七册，亦名類考。天文算術類二卷，地理類六卷，草木鳥獸蟲魚類十卷，聲類二卷，説文引羣書類六卷，羣書引説文類二十九卷，鐘鼎古籀文秦篆類十五卷。説文聲類二卷。可均譔。即長編第四種，已刻。説文翼十五卷。可均譔。即長編第七種。説文校議三十卷。可均譔。先是爲説文長編以譔疏義，草創未半，孫氏星衍勸先作提綱，遂爲校議三十篇，半年而竣，姚氏文田之説亦在其中。而疏義至今未成。已刻。段氏説文訂訂一卷。可均譔。毛氏四書改錯改四卷。可均譔。以上經類十五種，一百八十卷。嵇康聖賢高士傳一卷。可均輯。周處風土記一卷。可均輯。郭璞山海經圖贊二卷。可均校輯。沈充吴興山墟名一卷。可均輯。山謙之吴興記一卷。可均輯。沈懷遠南越志二卷。可均輯。范成大桂海虞衡志佚文一卷。可均輯。以上史類七種，九卷。孔子集語十七卷。孫星衍與可均同譔。已刻入平津館叢書。王孫子一卷。可均輯。陸賈新語二卷。可均輯。桓譚新論三卷。可均輯。魏文帝典論一卷。可均輯。杜恕體論一卷，篤論一卷。可均輯。陸景典語一卷。可均輯。袁準正論一卷，正書一卷。可均輯。鬻子一卷。可均輯。鍾會等注老子一卷。可均輯。老子唐本考異一卷。可均譔。據易州碑本，傅奕古本，明皇注本，與釋文互校。抱朴子内篇校勘記一卷。繼昌與可均同譔。已刻。抱朴子内篇佚文一卷。繼昌與可均同輯。已刻。荀子一卷。可均輯。

蘇子一卷。可均輯。商子五卷。可均校。愼子一卷。可均校，已刻。申子一卷。可均輯。崔實正論二卷。可均輯。桓範世要論一卷。可均輯。劉廙政論一卷。可均校。闕子一卷。可均輯。仲長統昌言二卷。可均輯。蔣濟萬機論一卷。可均輯。傅子四卷。可均輯。抱朴子外篇校勘記一卷。繼昌與可均同譔。已刻。抱朴子外篇佚文一卷。繼昌與可均同輯。已刻。馬總意林校勘記一卷。可均譔。明初寫本北堂書鈔五十五卷。可均校卷一至卷二十六，又校卷百三十二至卷百六十，已刻。初學記三十卷。可均據宋刻本校。惠松崖筆記三卷、九曜齋筆記三卷。可均校。崔實四民月令一卷。可均輯。黄帝占三卷。可均輯。歐陽棐集古録目十卷。可均輯。古今錢圖三十卷。可均譔。錢龍手鑑二卷。可均譔。訪碑續録一卷。可均譔。平津館金石萃編二十四卷，續編四卷，再續二卷，三續一卷。可均譔。三續皆新收拓本，未編定。鐵橋金石跋四卷。可均譔。已刻。已上子類四十一種，二百卌一卷。全上古三代秦漢三國六朝文七百四十六卷。可均輯。凡一百四册，全上古三代文十六卷，全秦文一卷，全漢文六十三卷，全後漢文一百六卷，全三國文七十五卷，全晉文一百六十七卷，全宋文六十四卷，全齊文二十六卷，全梁文七十四卷，全陳文十八卷，全後魏文六十卷，全北齊文十卷，全後周文二十四卷，全隋文三十六卷，先唐文一卷，韻編全文姓氏五卷。司馬長卿集二卷。可均校編。揚子雲集四卷。可均校編。蔡中郎集十四卷録一卷。可均校編。陳思王集十卷。可均校編。海珊外集八卷。可均編。鸞坡先生集三卷。可均恭校。孫淵如外集五卷。可均編。鐵橋詩稿十四卷文稿十六卷。可均譔。少作不足存。鐵橋漫稿八卷。可均譔。已刻。已上集類十種，八百三十一卷，時文不入録。

右四録堂類集總目七十三種千二百五十一卷。

案：目中已刻字，皆先生所自注，凡一十三種。全上古三代秦漢三國六朝文卷帙最繁重，光緒間漢陽王毓藻始爲刻行，所輯漢、晉以來諸子，及長卿、子雲、中郎、陳王諸集，皆已入此書。而爾雅圖贊、典語、政論、世要論諸編，又別見諸家叢書中。

鐵橋家學

嚴先生章福

嚴章福字秋樵，鐵橋之從弟。精小學，讀說文有悟，著有說文校議議。鐵橋漫稿乃所編録。參湖州府志。

鐵橋交游

孫先生星衍

別爲淵如學案。

姚先生文田

別爲秋農學案。

張先生惠言 別爲茗柯學案。

俞先生正燮 別爲理初學案。

許先生瀚 別見未谷學案〔一〕。

徐先生松 別爲星伯學案。

李先生兆洛 別爲養一學案。

丁先生溶

丁溶字淇泉，號秋水，歸安人，乾隆己巳舉人，官山東萊陽知縣。研求經史，與姚秋農尚書爲文字交，校唐石經。鐵橋先成書，先生爲之序，别撰補遺四卷，皆精審。著有經典考辨、通鑑考辨、王村山農

〔一〕「未谷學案」，原作「貫山學案」，據目録及正文改。

詩鈔、文鈔。參湖州府志。

嚴先生元照

嚴元照字修能，號九能，歸安人。諸生。治經史務實學，見知於朱文正、阮文達二公。絶意進取，居石冢村，築芳茮堂，聚書數萬卷，多宋、元槧本。著爾雅匡名八卷，旁羅異文軼訓，鉤稽疏證，補邢疏所不逮。又有娱親雅言八卷，悔菴文鈔、詩鈔、詞鈔，於詞尤工。晚移居德清。姪鼎臣，字徐卿，研小學，工辭章，著有説文聲律表、蘋洲草堂集。參湖州府志。

楊先生鳳苞

楊鳳苞字傅九，號秋室，歸安人。諸生。早以詞章名，阮文達拔入詁經精舍，編經籍籑詁。於經學小學皆有根柢，尤熟諳明末事，嘗爲南疆逸史跋十三篇，補其所未備，而訂其誤。鐵橋舉同里樸學，以先生與丁小雅、姚秋農、施非熊並稱，推其明史之學，而以書未成先死爲惜，爲之編遺詩而序之。有秋室詩文集。參湖州府志、鐵橋撰楊秋室詩録序。

施先生國祁

施國祁字非熊，號北研，烏程人。諸生。家極貧，嘗出授經。四十後棄舉業，隱於市，爲人營棉肆，顔其室曰吉貝居，著書其中。尤熟於金源史事，積二十年之力，書成曰金史詳校。又列舉條目，爲金源劄記。以其餘緒作元遺山集箋、金源雜興詩。所著書並行於世。參湖州府志。

張先生鑑

張鑑字春冶，號秋水，烏程人。嘉慶甲子副貢，官武義縣教諭。博學多通，阮文達器之。佐修鹽法志，輯經籍籑詁。曾從文達督師寧波，勦海寇及賑災，皆資贊畫。著有西夏紀事本末三十六卷，行於世。於經學小學有古文尚書脞説、詩本事、韓詩考逸、左傳規過比辭、喪服古注輯存、夏小正集説、論語考逸、孝經證墜簡、十五經叢説、七緯補輯、説文補注、六書寤言、假借表釋，其他雜著凡數十種。所刊行者，冬青館甲集六卷，乙集八卷。參湖州府志。

鐵橋從游

臧先生壽恭

臧壽恭原名耀，字眉卿，長興人。嘉慶丁卯舉人。性耿介，好學，精小學，旁通天文句股，恬於進取，閉户著書。鐵橋少所許可，而獨契先生，以女妻之。著有春秋古誼六卷，説文引經考、内經義疏、南都事略、句股六術衍各若干卷。又有春秋朔閏表，天文證驗。參湖州府志。

清儒學案卷一百二十

里堂學案

里堂與阮文達同學，經學算學，並有獨得，百家無所不通。易學三書及孟子正義，皆專家之業。揚州學者與鄭堂江氏並稱，有二堂之目，而精卓過之。述里堂學案。

焦先生循

焦循字里堂，江蘇甘泉人。嘉慶辛酉舉人。曾祖源，祖鏡，父蔥，世傳易學。先生學行誠篤，弱冠與阮文達齊名，文達督學山東、浙江，俱招先生往游。性至孝，丁父及嫡母謝艱，哀毁如禮。一應禮部試，後以生母殷病，不復北游。殷歿服除，遂託足疾，不入城市者十餘年。葺其老屋，曰半九書塾，復構一樓，曰雕菰樓，讀書著述其中。嘗歎曰：「家雖貧，幸蔬菜不乏，天之疾我福我也，吾老於此矣。」二十五年卒，年五十八。先生博聞强記，識力精卓，每遇一書，無論隱奥平衍，必究其源，以故經史、曆算、聲音、訓詁無所不精。幼好易，父問小畜「密雲」二語，何以復見於小過？先生反復其故，不可得。既學洞淵九容之術，乃以數之比例求易之比例，漸能理解。著易通釋二十卷，圖略八卷，章句十二卷。自謂所悟得者，一曰旁通，二曰相錯，三曰時行。又以古之精通易理，深得羲、文、周、孔之恉者，莫如孟子，生孟子後，能深知其學，莫如趙氏。僞疏踳駁，未能發明。著孟子正義三十卷，謂爲孟子作疏，其難有十，然近代通儒已得八九，因博采諸家之説，而下以己意，合孔、孟相傳之正恉。又著六經補疏二十卷，禹貢鄭注釋二卷，毛詩地理釋四卷，毛詩鳥獸草木蟲魚釋十一卷，陸璣疏考證一卷，羣經宫室圖二卷，論語通釋一卷，書義叢鈔四十卷，易餘籥録二十卷。先生於天文、算術，以梅定九弧三角舉要、環中黍尺撰非一時，繁複無次；戴東原句股割圜記務爲簡要，變易舊名，著釋弧三卷。又以弧線之生，緣於諸輪，輪之弗明，法無從附，著釋輪二卷。又以雍正癸卯律書用橢圓法實測，隨時而差，則立法亦隨時而改，著釋橢一卷。又以九章不能盡加減乘除之用，而加減乘除可以通九章之窮，著加減乘除釋八卷。又得秦道古數學大略，因著天元一釋二卷，開方通釋一卷。他著有易話二卷，易廣記三卷，北湖小志六卷，揚州足徵録二十七卷，邗記六卷，里堂道聽録五十卷，雕菰集二十四卷，詞二卷，詩話一卷，憶書六卷，家訓二卷，李翁醫記二卷。參阮元撰傳。

易通釋自序

循承祖父之學，幼年好易。憶乾隆丙申夏，自塾中歸，先子問曰：「所課若何？」循舉小畜彖辭，且誦所聞於師之解。先子曰：「然所謂『密雲不雨，自我西郊』者，何以復見於小過之六五？童子宜有會心，其思之也。」循於是反復其故，不可得，推之同人、旅人之號咷，蠱、巽之先甲後甲，先庚後庚，明夷、渙之用拯馬壯吉，益憤塞鬱滯，悒悒於胸腹中，不能自釋。聞有善説易者，就而叩之，無以應也。乙巳丁憂，輟舉子業，乃徧求説易之書閲之，於所疑皆無發明。嘉慶九年甲子，授徒家塾，念先子之教，越幾三十年無以報命，不肖自棄之罪，曷之逃免？竊謂卦起於包犧，八卦成列，因而重之，命之以名。文王以其簡而不易明也，繫以彖辭。周公以其簡而不易明也，繫以爻辭。密雲、庚、甲，以爻辭釋彖辭也，笑、號，馬、壯，爻辭自相釋也。然而猶不易明我孔子韋編三絶而後贊焉，且不一贊而至於十贊者。佐也，引也，佐文王、周公之辭，引而申之也。包犧之卦，參伍錯綜，文王、周公之繫辭，亦參伍錯綜，故小畜、蠱、明夷之辭，互見於小過、巽、渙之辭也。文王、周公之辭，以參伍錯綜繫之，孔子十翼亦參伍錯綜贊之，所以明易之道者備矣。七十子歿，道在孟子。孟子道性善，稱仁義，惡楊、墨之執一，斥儀、衍之妾婦，皆所以闡明孔子之學，而脗合乎伏羲、文王、周公之旨。故孟子不明言易，而實深於易。其商瞿所受，杜田生所傳，散見於孟喜、京房、鄭康成、荀爽、虞翻之説，不絶如縷。惜乎，漢、魏諸儒不能推其所聞，以詳發聖人之藴，各持其見，苗莠雜糅，坐令老、莊異端之流出而爭之矣。循既學洞淵九容之術，乃以數之比例求易之比例，向來所疑，漸能理解。初有所得即就正於高郵王君伯申，伯申以爲精鋭鑿破混沌，用是憤勉，遂成通釋一書。丙寅，以質歙縣汪君孝嬰，南城、王君實齋，均蒙許可。然自以全易衡之，未敢信也。丁卯春三月，遘寒疾，垂絶者七日，昏瞀無所知，惟雜卦傳一篇往來胸中，既甦，遂一意於易。明年，以訟事伺候對簿，改訂一度。己巳，佐歸安姚先生秋農、通州白先生小山修葺郡志，稍輟業。庚午，又改訂一度，終有所格而未通。身苦善病，恐不克終竟其事，辛未春正月，誓於先聖先師，盡屏他務，專理此經，日坐一室，終夜不寐，又易稿者兩度。癸酉二月，自立一簿，以稽考其業，歷夏迄冬，庶有所就，訂爲二十卷。皆舉經傳中互相發明者，會而通之也。聖人之義精矣，妙矣，後生末學，豈能洞澈其全？得一二端，以俟君子之引而申焉可矣。聖人既以參伍錯綜者示其端倪，舍此而他求，烏能合乎？後之説易者，或有取乎愚之説也。

易圖略自序

余學易，所悟得者有三：一曰旁通，二曰相錯，三曰時行。此三者，皆孔子之言也。孔子所以贊伏羲、文王、周公者也。夫易猶天也，天不可知，以實測而知。七政恒星錯綜不齊，而不出乎三百六十度之經緯；山澤水火錯綜不齊，而不出乎三百八十四爻之變化。本行度而實測之，天以漸而明；本經文而實測之，易亦以漸而明。非可以虛理盡，非可以外心衡也。余初不知其何爲相錯，實測其經文傳文，而後知比例之義，出於相錯，不知相錯，則比例之義不明。余初不知其何爲旁通，實測其經文傳文，而後知升降之妙，出於旁通，不知旁通，則升降之妙不著。余初不知其何爲時行，實測其經文傳文，而後知變化之道，出於時行，不知時行，則變化之道不神。未實測於全易之先，胸中本無此三者之名，既實測於全易，覺經文傳文有如是者，乃孔子所謂相錯；有如是者，乃孔子所謂旁通；有如是者，乃孔子所謂時行。測之既久，亦覺非相錯，非旁通，非時行，則不可以解經文傳文，則不可以通伏羲、文王、周公、孔子之意。十數年來，以測天之法測易，而此三者乃從全易中自然契合，既撰爲通釋二十卷，復提其要，爲圖略，凡圖五篇，原八篇，發明旁通、相錯、時行之義，論十卷，破舊説之非，共二十三篇，編爲八卷，次章句後。譬如郭守敬生劉洪、祖沖之、何承天、傅仁均、一行之後，悟得歲實消長，不用積年日法，非能越乎前人，亦由前人之説而密焉耳。夫祖沖之立歲差，傅仁均立定朔，當時泥古者驚爲異説。余以此三事説易，亦祖氏之歲差，傅氏之定朔也。知我者，益加密焉，余之所深冀也。

禹貢鄭注釋自序

嘉慶壬戌夏五月，自都中歸，阮撫軍以書來招之往浙，詢以古三江之説，時撫軍撰浙江考，宗班固地理志，而以鄭康成之説爲非。循曰：鄭氏未嘗非也。鄭氏三江之注，合於班氏。今人所輯之鄭注，販自初學記者，非鄭注也。因詳爲言之，撫軍以爲然。蓋近之學者，不求其端，不訊其末，惟鄭之欲聞，乃鄭氏之書見存者，不耐討索，而散而求之殘缺廢棄之餘，於是不辨其是非真僞，務以一句之獲，一字之掇爲工。及其以贋爲真，又不復考其矛盾齟齬之故，甚而拘守僞文，轉强真文，以謬與之合，削足以適屨，鑿頭以便冠。而鄭氏之本義，汩没於尊鄭之人，使鄭氏受不白之枉，伊誰之咎耶？班氏地理志序云：「采獲舊聞，考迹詩、書，推表山川，以綴禹貢、周官、春秋，下及戰國、秦、漢焉。」蓋其所采博，所擇精，漢世地理之書，莫此爲善。故鄭氏注經一本於是，或明標所自，或陰用其説，間有不合者，亦必别據地説等書，明言其所以易之義。注雖殘缺，尚可考而知也。是冬十月，從浙歸來，寒窗無事，與弟子門人論説及之，因以嘉定王光禄、陽湖孫觀察所集之本爲質，考而核之，編次成卷，專明班氏、鄭氏之學，於班曰志，於鄭曰注，而以水經、禹貢、山水地澤所在一篇，條列而辨之於末，其餘枝葉繁多，今無取焉。

毛詩地理釋自序

乾隆丁未，館於壽氏之鶴立堂。偶閲王伯厚詩地理考，苦其瑣雜，無所融貫，更爲考之。迄今十七年，未及成書。今春家處，取舊稿删定其繁宂，録爲一册。凡正義所已言者，不復臚列。又以杜征南撰春秋集解，兼爲土地名氏族譜，以相經緯，隋書經藉志譜系次於地理，而三輔故事、陳留風俗傳與陸澄、任昉之書並列，豈非有地則有人，有人則有事？小序毛傳中有及時事者，亦考而説之，附諸卷末，共四卷。焦子曰：考春秋之地理難，考毛詩之地理尤難。李吉甫、樂史、歐陽忞諸書，每指一地，以爲詩人所詠。浚儀之寒泉阪，以爲衛詩之寒泉，不知春秋之衛地不及祥符縣境，七子之吟，何遠及此乎？齊桓城楚丘，以遷衛即戎，伐凡伯之楚丘在成武，宋公享晉侯亦此地，無二楚丘也。班氏志地理，杜氏解春秋，酈氏注水經，均無異説；而唐、宋地書乃以楚丘在滑。夫帝丘近滑矣，狄可至楚丘，獨不可至帝丘乎？自遷帝丘，遂無狄難，而狄乃移害於魯、宋，則楚丘在成武，與魯、宋接壤可知。後世地書，若此類者，尤爲害於經義，故不以爲典要。至於韓侯近燕，潛夫論詳之，非晉國之韓原。居常與許常，爲齊所侵地，見管子大匡，不必旁引孟嘗之薛，是又前人所已及，不煩改説。若文王伐阮，即書傳、史記之伐邘；禰即泥中；公子素即公子士；宛丘爲宛中之名，非丘上有丘；崔嵬爲土山，戴石非石山戴土；南仲爲宣王時人，非文王之將，諸如此類，竊自爲斷，雖未必當，或有備後賢之汲取云。

毛詩鳥獸草木蟲魚釋自序

循六歲，先君子命誦毛詩。未幾，隨省墓，泛舟湖中，先君子指水上草謂循曰：「是所謂『參差荇菜，左右流之』者也。」已而讀論語，至「多識於鳥獸草木之名」，私心自喜，遂時時俯察物類，以求合風人之旨。辛丑、壬寅間，始讀爾雅，又見陸佃、羅願之書，心不滿之，思有所著述，以補兩家所不足。創稿就，而復易者三。丁未，館於城東壽氏，復改訂之，至辛亥訖，爲三十卷。壬子至乙卯，又改一次，未愜也。戊午春，更删棄繁冗，合爲十一卷，以考證陸璣疏一卷附於末，凡十二卷。蓋自辛丑至己未，共十有九年，稿易六次。以今之所訂，視諸草創之初，十不存一。其間雖他有撰述，必兼治之。歷喪荒、疾病、爭訟，未嘗或輟。乙卯，爲山左之游，隨諸行篋，車塵馬足中，聞見所及，時加訂正，蓋亦費日力之甚者矣。書之例，列傳、箋、釋文、正義於右，以己說釋於左，不必釋者，不贅一辭也。不效類書臚列而無所折衷，不爲空論，不尚新奇，毛、鄭有非者則辨正之，不敢執一以廢百也。陸璣疏太約，後人掇拾之本，非元恪原書，末載齊、魯、韓、毛授受，乃鈔襲兩漢書儒林傳。陸爲毛疏，不必及三家。而吕東萊讀詩記所引陸疏言毛詩授受者，與此大異，知掇拾者並未見讀詩記也，爲條辨於後。

論語通釋自序

自周、秦、漢、魏以來，未有不師孔子之人，雖農工商賈廝養隸卒，未有不讀論語者。然而好惡毁譽之私，不獨農工商賈廝養隸卒有之，而士大夫爲尤甚。夫讀孔子書，而從事於論語，自少且至於老，而好惡毁譽之私不能免，則論語雖讀，而其旨實未嘗得。讀論語而未得其旨，則孔子之道不著。孔子之道所以不著者，以未嘗以孔子之言參孔子之言也。循嘗善東原戴氏作孟子字義疏證〔一〕，於理道天命性情之名，揭而明之如天日，而惜其於孔子一貫仁恕之說，未及暢發。十數年來，每以孔子之言參孔子之言，且私淑孔子而得其旨者，莫如孟子，復以孟子之言參之，既佐以易、詩、春秋、禮記之書，或旁及荀卿、董仲舒、揚雄、班固之説，而知聖人之道，惟在仁恕。仁恕則爲聖人，不仁不恕則爲異端小道，所以格物、致知、誠意、正心、修身、齊家、治國、平天下無不以此。其道大，其事易，自小其器而從事於難，是己而非人，執一而廢百，詎孔子一貫之道哉！今年夏五月，鄭柿里舍人以書來問「未可與權」，適門人論「一貫」，不知曾子「忠恕」之義，因推而説之，凡百餘日，録而次之，得十有二篇：曰聖，曰大，曰仁，曰一貫忠恕，曰學，曰知，曰能，曰權，曰義，曰禮，曰仕，曰君子小人，統而名之曰論語通釋。聖人之大，未敢言知，或亦自遠於異端云爾。

〔一〕「疏證」，原作「考證」，今改。

孟子正義自記

按爲孟子作疏，其難有十：孟子道性善，稱堯、舜，實發明羲、文、周、孔之學，其言通於易，而與論語、中庸、大學相表裏，未可以空悟之言臆之，其難一也。孟子引書辭多在未焚以前，未辨今古文，而徒執僞孔以相解説，往往鑿枘不入，其難二也。井田封建，殊於周禮，求其畫一，左支右詘，其難三也。齊、梁之事，印諸國策、太史公書往往齟齬，其難四也。水道必通禹貢之學，推步必貫周髀之精，六律五音，其學亦造於微，未容空疏者約略言之，其難五也。棄蹝招豚，折枝蹙頞，一事之微，非博考子史百家，未容虚測，其難六也。古字多轉注假借，多賴即懶，姑嘬即咀，嘑爾即呼，私淑即叔，凡此之類，不明六書則訓故不合，其難七也。趙氏書名章句，一章一句，俱詳爲分析。陸九淵謂「古注惟趙岐解孟子文義多略」，真謬説也。其注或倒或順，雅有條理。即或不得本文之義，而趙氏之意焉可誣也？其難八也。趙氏時所據古書，今或不存，而所引舊事，如陳不瞻聞金鼓而死，陳賈娶婦而長拜之，苟有可稽，不容失引，其難九也。孟子本文，見於古書所引者既有異同，而趙氏注各本非一，執誤文訛字，其趣遂舛，其難十也。本〔二〕朝文治昌明，通儒徧出，性道義理之旨既已闡明，六書九數之微尤爲獨造。推步上超乎一行，水道遠邁於平當。通樂律者，判絃管之殊；詳禮制者，貫古今之變，訓詁則統括有書，版本

〔二〕「本」，原作「不」，形近而誤，今改。

則參稽罔漏。或專一經以極其原流，或舉一物以窮其宧奧。前所列之十難，諸君子已得其八九，故處邵武士人時，爲疏實艱，而當今日，集腋成裘，會鯖爲饌，爲事半而爲功倍也。趙氏章句即詳爲分析，則爲之疏者，不必徒事敷衍文義，順述口吻。效毛詩正義之例，以成學究講章之習。趙氏訓詁，每疊於句中，故語似蔓衍，而辭多枯礬。推發趙氏之意指，明其句中訓詁，自爾文從字順，條鬯明顯矣。於趙氏之說，或有所疑，不惜駁破以相規正。至諸家或申趙義，或與趙殊，或專翼孟，或雜他經，兼存備録，以待參考。凡六十餘家，皆稱某氏，以表異之。著其所撰書名，以詳述之，彙敘於右：崑山顧氏炎武，字亭林；蕭山毛氏奇齡，字大可；太原閻氏若璩，字百詩；宣城梅氏文鼎，字定九；安溪李氏光地，字厚庵；鄞縣萬氏斯大，字充宗；鄞縣萬氏斯同，字季野；江都孫氏蘭，字滋九；鄒平馬氏驌，字宛斯；武進臧氏琳，字玉林；德清胡氏渭，字朏明；泰州陳氏厚耀，字泗源；濟陽張氏爾岐，字稷若；錢唐馮氏景，字山公；元和惠氏士奇，字半農；婺源江氏永，字慎修；無錫顧氏棟高，字震滄；光山胡氏煦，字滄曉；當塗徐氏文靖，字位山；震澤沈氏彤，字冠雲；常熟顧氏震，字虞東；無錫吴氏鼎，字尊彝；長洲何氏焯，字屺瞻；寶應王氏懋竑，字予中；臨川李氏紱，字巨來；元和惠氏棟，字定宇；休寧戴氏震，字東原；鄞縣全氏祖望，字紹衣；嘉定王氏鳴盛，字鳳喈；華亭倪氏思寬，字存未；吴縣江氏聲，字叔澐；歙縣程氏瑶田，字易疇；曲阜孔氏廣森，字撝仲；歙縣金氏榜，字輔之；嘉定錢氏大昕，字曉徵；偃師武氏億，字虚谷；餘姚盧氏文弨，字召弓；餘姚邵氏晉涵，字二雲；興化任氏大椿，字幼植；江都汪氏中，字容甫；寶應劉氏台拱，字端臨；嘉定錢氏塘，字岳原；嘉善謝氏墉，字金圃；鎮洋畢氏沅，字秋帆；仁和趙氏佑，字鹿泉；通州王氏坦，字吉途；金壇段氏玉裁，字若膺；陽湖孫氏星衍，字淵如；歙縣淩氏廷堪，字仲子；海寧周氏廣業，字耕厓；溧陽周氏柄中，字燭齋；績溪胡氏匡衷，字樸齋；錢塘翟氏灝，字晴川；蕭山曹氏之升，字寅谷；長白都四德氏，字文乾；平湖周氏用錫，字晉園；海寧陳氏鱣，字仲魚；甘泉鍾氏懷，字保岐；武進臧氏庸，字在東；歙縣汪氏萊，字孝嬰；高郵王氏念孫，字懷祖；儀徵阮氏元，字伯元；歸安姚氏文田，字秋農；高郵王氏引之，字伯申；甘泉張氏宗泰，字登封。先曾祖考諱源，先祖考諱鏡，先考諱葱，世傳王氏大名先生之學。循傳家教，弱冠即好孟子書，立志爲正義。以學他經，輟而不爲，兹越三十許年。於丙子冬，與子廷琥，纂爲孟子長編三十卷，越兩歲乃完。戊寅十二月初七日，立定課程，次第爲正義三十卷，至己卯秋七月草稿粗畢。間有鄙見，用「謹按」字别之；廷琥有所見，亦本范氏穀梁之例，録而存之。

周易補疏敍

易之有王弼，説者以爲罪浮桀、紂，近之説漢易者，屏之不論不議者也。歲壬申，余撰易學三書漸有成。夏月啟書塾北窗，與一二友人看竹中紅薇白菊，因言易及趙賓解「箕子」爲「荄兹」。或詡其説曰：「非王弼輩所能知也。」余笑而不答。或曰：「何也？」余乃取王弼注指之曰：「弼之解『箕子』用趙賓説，孔穎達不能申明之也。」衆唯唯退。門人進曰：「正義者，奉王弼爲準繩者也，乃不能申弼如是乎？」余曰：「非特此也，如讀彭爲旁，借雍爲甕，通孚爲浮而訓爲務躁，解斯爲厮而釋爲賤役，諸若此，非明乎聲音訓詁，何足以明之？東漢末，以易學名家者，稱荀、劉、馬、鄭。荀謂慈明爽，劉謂景升表。表之學受於王暢，暢爲粲之祖父，與表皆山陽高平人，粲族兄凱爲表女壻。凱生業，業生二子，長宏，次弼。粲二子既誅，業爲粲嗣。然則王弼者，劉表之外曾孫，而王粲之嗣孫，即暢之嗣玄孫也。弼之學蓋淵源於劉，而實根本於暢。宏字正宗，亦撰易義。王氏兄弟皆以易名，可知其所受者遠矣。故弼之易以六書通借解經之法，尚未遠於馬、鄭諸儒。特貌爲高簡，故疏者概視爲空論耳。弼天資察慧，通儁卓出，蓋有見於説易者支離傅會，思去僞以得其真，而力不能逮。故知卦變之非，而用反對；知五氣之妄，而信十二辟，唯之於阿，未見其勝也。解『龍戰』，以坤上六爲陽之地，固本爻辰之在己；解『文柔文剛』，以乾二坤上言，仍用卦變之自泰來，改換其皮毛，而本無真識也。至局促於乘承比應之中，顚頊於得意忘言之表，道消道長，既偏執於扶陽，貴少貴寡，遂漫推夫卦主，較量於居陰居陽，揣摹於上卦下卦，智慮不出乎六爻時世，謬拘於一卦，洵童稚之窾識，不足與言通變神化之用也。然於觀則會及全蒙，於損亦通諸剥道，聰不明之傳，似明比例之相同，觀我生之爻，頗見升降之有合，機之所觸，原有悟心。儻天假之年，或有由一隙貫通，未可知也。惜乎！秀而不實，稱道者徒飫其糠秕，譏刺者莫探其精液。然則弼之易，未可屏之不論不議也。於是每夕納涼，柘籬蕉影間，縱論王弼易，門人録之，得若干條。立秋暑退，取所録，次爲二卷。迄今七年，易學三書既成，復取此稿訂之，列諸羣經補疏之首，有治王弼易者，此或可參焉否也？」

尚書補疏敘

東晉晚出尚書孔傳，至今日，稍能讀書者皆知其僞。雖然，其增多之二十五篇僞也，其堯典以下至秦誓二十八篇固不僞也。則試置其僞作之二十五篇，而專論其不僞之二十八篇，且置其爲假託之孔安國，而論其爲魏、晉間人之傳，則未嘗不與何晏、杜預、郭璞、范甯等先後同時。晏、預、璞、甯之傳注可存而論，則此傳亦何不可存而論？故王西莊光禄作後案，力屏其僞，而於馬、鄭、王注外，仍列孔傳。江艮庭處士作集注、音疏，搜録漢人舊説，而於傳説亦多取之。孫淵如觀察屏孔傳，而掇輯馬、鄭，然經文二十八篇，不能不取諸孔傳之經文。且傳之作也，不自顯其姓名，而託諸孔氏，何爲也哉？余嘗綜其傳而平心論之曰：「若稽古帝堯曰」「若稽古皋陶」，傳皆以順考古道解之。鄭以稽古爲同天，同天二字可加諸帝堯，不可施於皋陶。若亦以皋陶爲同天，則是人臣可僭天子之稱頌；若以帝堯之稽古爲同天，以皋陶之稽古爲順考古道，則文同義異，歧出無理。此傳之善一也。「四罪而天下咸服」，傳以舜徵用之初，即誅四凶，是先殛鯀而後舉禹。鄭以禹治水畢，乃流四凶，故王肅斥之，云「是舜用人子之功，而流放其父」，則爲禹之勤勞，適足使父受殛，舜失五典克從之義，禹陷三千莫大之罪。此傳之善二也。堯舍丹朱，以天位授舜，朱雖不肖，不宜自舜歷數其不善。史記以「無若丹朱傲」上加「帝曰」，而傳則以爲禹之言。曰禹言之，則可；自舜言之，則不可。此傳之善三也。盤庚三篇，鄭以十篇乃盤庚爲臣時所作，然則陽甲在上，公然以臣假君令，因而即真，此莽、操、師、昭之事，而乃以之誣盤庚，大可怪矣。

傳皆以爲盤庚爲王時所作。此傳之善四也。微子問父師少師，父師答之，不云少師。鄭以爲少師志在必死，蓋以少師指比干。顧大臣徒志於死，遂不謀國以出一言，非可爲忠。傳雖亦以少師指比干，而於此則云：「比干不見明心，同省文。」此傳之善五也。金縢「我之不辟」，鄭讀爲避，謂周公避居於東，又以罪人斯得，爲成王收周公之屬官，殊爲謬悠，説者多不以爲然。傳則訓辟爲法，居東即東征，罪人即指禄父、管、蔡。此傳之善六也。明堂位以周公爲天子，漢儒用以説大誥，遂啟王莽之禍。鄭氏不能辨正，且用以爲尚書注，而以周公稱王。自時厥後，歷曹、馬以及陳、隋、唐、宋，無不沿莽之故事。而傳特卓然以周公不自稱王，而稱成王之命以誥，勝鄭氏遠甚。此傳之善七也。爲此傳者，蓋見當時曹、馬所爲爲之説者。有如杜預之解春秋，束晳等之僞造竹書，舜可囚堯，啟可殺益，太甲可殺伊尹，上下倒置，君臣易位，邪説亂經，故不憚改益稷，造伊訓、太甲諸篇，陰與竹書相齮齕；又託孔氏傳以黜鄭氏明君臣上下之義，屏僭越抗害之譚，以觸當時之忌，故自隱其姓名。其訓詁章句之間，誠有未善，然三盤五誥諸奥辭，傳皆一一疏通，雖或有辨難而規正之，終不能不用爲藍本。余既集録二十八篇之解爲書義叢鈔，所有私見，著爲此編，與叢鈔相表裏云。

毛詩補疏敍

西漢經師之學，惟毛詩傳存，鄭箋之，二劉疏之。孔穎達本而增損爲正義，於諸經最爲詳善。然毛、鄭義有異同，往往混鄭於毛，比毛於鄭，而聲音訓詁之間，疏略亦多。余幼習毛詩，嘗爲地理釋、草木鳥獸蟲魚釋、毛鄭異同釋三書，共二十餘卷。嘉慶甲戌莫春，删録合爲一書，戊寅夏又加增損爲五卷，次諸易、尚書補疏之後。録既完，客有善説詩者過余曰：「孔子論詩三百，一言以蔽曰思無邪，果何以爲無邪？誦詩三百，授之以政，果何以能達？使於四方，果何如而能專對？且何爲而興？何爲而觀？何爲而羣？何爲而怨？何爲而事父事君？豈徒精審於聲音訓詁之間，辨别毛、鄭異同之數，遂足以盡詩之教乎？」余默無以答。夫詩，温柔敦厚者也，不質直言之，而比興言之；不言理、言情，不務勝人，而務感人。自理道之説起，人各挾其是非，以逞其血氣，激濁揚清。本非謬戾，而言不本於性情，則聽者厭倦。至於傾軋之不已，而忿毒之相尋，以同爲黨，即以比爲爭，甚而假宫闈廟祀儲貳之名，動輒千百人哭於廟門，自鳴忠孝，以激其君之怒，害及其身，禍於其國，全戾乎所以事君父之道。余讀明史，每歎詩教之亡，莫此爲甚！夫聖人以一言蔽三百，曰思無邪。聖人以詩設教，其去邪歸正奚待言？所教在思，思者容也，思則情得，情得則兩相感而不疑。故示之於民則民從，施之於僚友則僚友協，誦之於君父則君父怡然。釋不以理勝，不以氣矜，而上下相安於正無邪，以思致思，以嗟歎永歌，手舞足蹈而致。管子曰：「止怒莫如詩。」劉向曰：「夫詩，思然後積，積然後流，流然後發。詩發於思，思以勝怒，以思相感，則情深而氣平矣。」此詩之所以爲教與？雖然訓詁之不明，則詩辭不可解；必通其辭，而詩人之旨可繹而思也。毛傳精簡，得詩意爲多；鄭生東漢，是時士大夫重氣節，而温柔敦厚之教疏，故其箋多迂拙，不如毛氏。則傳、箋之異，不可不分也。明日以是復諸客，客以爲然，遂書之爲序。

春秋左傳補疏敘

余幼年讀春秋，好左氏傳，久而疑焉。及閱杜預集解，暨所爲釋例，疑滋甚矣。孔子因邪説暴行而懼，因懼而作春秋，春秋成而亂臣賊子懼。春秋者，所以誅亂賊也。而左氏則云：「稱君君無道，稱臣臣之罪。」杜預者，且揚其辭而暢衍之，與孟子之説大悖，春秋之義遂不明。已而閱三國魏志杜畿傳注，乃知預爲司馬懿女壻。晉書預本傳云：「祖畿，魏尚書僕射；父恕，幽州刺史。」其父與宣帝不相能，遂以幽死，故預久不得調。文帝嗣立，預尚帝妹高陸公主，起家拜尚書郎，四年轉參相府軍事。預以父得罪於懿，廢棄不用，蓋熱中久矣。昭有篡弒之心，收羅才士，遂以妹妻預，而使參府事。預出意外，於是忘父怨而竭忠於司馬氏。既目見成濟之事，將有以爲昭飾，且有以爲懿、師飾，即用以爲己飾，此左氏春秋集解所以作也。夫懿、昭、師，亂臣賊子也，賈充、成濟，鄭莊之祝聃、祭足，而趙盾之趙穿也。王淩、毌丘儉、李豐、王經則仇牧、孔父嘉之倫也。昭弒高貴鄉公而歸罪於成濟，已儼然託於大義，而思免於反不討賊之譏。師逐君，昭弒君，均假太后之詔，以稱君罪，則師曠所謂其君實甚，史墨所謂君臣無常位者，本有以啟之。預假其説而暢衍之，所以報司馬氏之恩，而解懿、師、昭之惡，夫又何疑？顧射王中肩，即抽戈犯蹕也，而預以爲鄭志在苟免王討之非，顯謂高貴討昭之非，而昭禦之志在苟免。孔父嘉之義形於色，仇牧之不畏彊禦，而預皆鍛鍊深文，以爲無善可褒。此李豐之忠而可斥爲奸，王經之節而可指爲貳，居然相例矣。師、昭而後，若裕，若道成，若衍，若霸先，若歡、洋，若泰，若堅、廣，他如石虎、冉閔、苻堅，相習成風，而左氏傳杜氏集解適爲之便。故其説大行於晉、宋、齊、梁、陳之世。唐高祖之於隋，亦踵魏、晉餘習，故用預説作正義，而賈、服諸家由是而廢。吾於左氏之説，信其爲六國時人，爲田齊、三晉等飾也。左氏爲田齊、三晉等飾，與杜預爲司馬氏飾，前後一轍，而孔子作春秋之義乖矣。四明萬氏充宗作學春秋隨筆，斥左氏之頗，吴中惠氏半農作春秋説，正杜氏之失，無錫〔一〕顧氏棟高作春秋大事表，特糾杜氏之誤，而預撰集傳之隱衷，則未有摘其奸而發其伏者。賈、服舊注，惜不能全見，而近世儒者補左氏注，亦徒詳核乎訓故名物而已。余深怪夫預之忘父怨而事仇，悖聖經以欺世，摘其説之大紕繆者，稍疏出之，質諸深於春秋者，俾天下後世共知預爲司馬氏之私人，杜恕之不肖子，而我孔子作春秋之蟊賊也。

禮記補疏敍

三禮之名，自漢有之，或以儀禮爲經，禮記爲傳；或斥周官而疑儀禮，以爲非聖人作。以余論之，周官、儀禮，一代之書也；禮記，萬世之書也。必先明乎禮記，而後可學周官、儀禮。記之言曰：「禮以時爲大。」此一言也，以蔽千萬世制禮之法可矣。周官、儀禮固作於聖人，乃亦惟周之時用之。設令周公生宇文周，必不爲蘇綽、盧辯之建官設令；周公生趙宋，必不爲王安石之理財。何也？時爲大也。

〔一〕「無錫」，原作「吴錫」，音近而誤，今改。

且夫所謂時者，豈一代爲一時哉！開國之君，審其時之所宜，而損之益之，以成一代之典章度數，而所以維持此典章度數者，猶必時時變化之，以捄民之偏，而息民之詐。夫上古之世，民苦於不知，其害在愚；中古以來，民不患不知，而其害轉在智。伏羲、神農之時，道在折民之愚，故通其神明，使知夫婦、父子、君臣之倫；開其謀慮，使知樹蓺、貿易之事。生羲、農之後者，知識既啟，詐僞百出，其黠者往往窺長上之好惡，以行其姦，假軍國之禁令，以濟其賊，惟聰明睿智有以鼓舞而消息之故。黃帝、堯舜氏作，通其變，使民不倦，神而化之，使民宜之。通其變而又神而化所爲，民可使由之，不可使知之，殺之而不怨，利之而不庸，民日遷善而不知，所以爲之者，治之極也。禮之經也，明明德矣，又必新民知止，而歸其要於絜矩。因天命之性以爲教矣，又必不動而敬，不言而信，而歸其要於無聲無臭。篤恭而天下平，於大有爲而見其恭己無爲，於必得其名而見其民無能名。吾於禮器、禮運、大學、中庸等篇得其微焉。余鄉讀禮記，嘗爲索隱一書。西鄉徐心仲將草稿持去，已而徐物故，莫知所在。十數年來，專力於易，未之討也。甲戌夏，尋得零星若干條，次爲五卷。今復删爲三卷，皆少作，第考究訓故名物，於大道未之能及，衰病氣羸，亦不復能闡其精微而增益之。述其大略於卷首，有力能舉其全者，或由余言推焉可也。

論語補疏敘

余幼時讀毛詩詁，即讀論語，已而學爲科舉文，習高頭講章，凡存疑、蒙引等不下數十種，愈求之愈不得其要。既讀注疏，遂舍去講章舊説，仍不能豁然也。自學易以來，於聖人之道稍有所窺，乃知論語一書所以發明伏羲、文王、周公之恉，蓋易隱言之，論語顯言之。其文簡奥，惟孟子闡發之最詳最鬯。如論語弟云「性相近」，孟子則明言「性善」，謂「人無有不善」；論語弟云「知命」，孟子則明言「立命」，謂「知命者不立乎巖牆之下」；論語弟云「未可與權」，孟子則明言「權然後知輕重」，謂「嫂溺不援是豺狼」，又推及鉤金輿羽，示人以揣本齊末，取譬於閉門被髪，示人以易地皆然；論語弟云「民無能名，無爲而治」，孟子則云「所過者化，所存者神，殺之而不怨，利之而不庸，民日遷善而不知所以爲之者」，又云「大而化之之謂聖，聖而不可知之之謂神」。以孟子釋論語，無不了然明白。至論語一書之中，參伍錯綜，引申觸類，其互相發明之處，亦與易同。如告子貢曰「吾一以貫之」，未言一貫何謂也。則又言以一貫告曾子，而曾子語門人曰：「夫子之道，忠恕而已矣！」則所謂一以貫之者，謂忠恕也。言「巧言令色，左丘明恥之，丘亦恥之」，未言何以可恥也。則又言「巧言令色，鮮矣仁」，則知所以可恥者，以其鮮仁也。更有言則同而義則異者，其自相發明尤爲神妙。如言：「學而不厭，誨人不倦，何有於我哉！」是不自居矣。而又云：「抑爲之不厭，誨人不倦，則可謂云爾已矣！」是又自居矣。原思以克伐怨欲不行爲仁，子曰：「可以爲難矣，仁則吾不知也。」子張堂堂，子游亦以爲難能而未仁。乃樊遲問仁，則云「仁者先難」；司馬牛問仁，則云「爲之難」。或以難爲未仁，或以難爲仁。既曰「志士仁人無求生以害仁，有殺身以成仁」，又以管仲不死爲仁，且云：「豈若匹夫匹婦之爲諒也，自經於溝瀆而莫之知也？」不取匹夫匹婦之爲諒，故君子貞而不諒矣。乃又云：「友直，友諒，益矣。」語子貢曰：「女以予爲多學而識之者與？」曰：「然，非與？」曰：「非也。」乃又云：「蓋有不知而作之者，我無是也。多聞，擇其善者而從之；多見而識之。」又曰：「我非生而知之者，好古敏以求之者也。」又曰：「不如某之好學也。」是又以多學而識自任矣。既云「君子有九思」，又云「以思無益，不如學也」，又云「學而不思則罔，思而不學則殆」。其論季文子也，則三思而後行，曰「再，斯可也」。凡立一言，必反復引申，不執於一，令學者參悟自得。余向嘗爲論語通釋一卷，以就正於吾友汪孝嬰，孝嬰苦其簡而未備。迄今十二年，孝嬰已物故，余亦老病就衰，因删次諸經補疏，訂爲論語補疏三卷，略舉通釋之義於卷中，而詳言其大概如此。

加減乘除釋自序

劉氏徽之注九章算術，猶許氏慎之撰説文解字。士生千百年後，欲知古人仰觀俯察之旨，舍許氏之書不可；欲知古人參天兩地之原，舍劉氏之書亦不可。嘉定錢溉亭先生塘，謂説文一部之中，聲無統紀，因取許氏書離析合并，重立部首，系之以聲，其書雖未成，迄今講説文者頗宗其意以著書。循謂古人之學，期於實用，以乂百工，察萬品，而作書契，分别其事物之所在，俾學者案形而得聲。若夫聲音之間，義藴精微，未可人人使悟其旨趣，此所以主形而不主聲也。惟算亦然，既有少廣句股，又必指而别之曰方田，曰商功；既有衰分、盈不足、方程，又必明以示之曰粟米，曰均輸。亦指其事物之所在，而使學者人人可以案名以知術也。然名起於立法之後，理存於立法之先。理者何？加減乘除四者之錯綜變化也。而四者之雜於九章，則不啻六書之聲雜於各部，故同一今有之術，用於衰分，復用於粟米；同一齊同之術，用於方田，復用於均輸；同一弦矢之術，用於句股，復用於少廣。而立方之上，不詳三乘以上之方；四表之測，未盡三率相求之例。踵其後者，又截粟米爲貴賤衰分，移均輸爲疊借互徵。名目既繁，本原益晦。蓋九章不能盡加減乘除之用，而加減乘除可以通九章之窮。孫子、張丘建兩書似得此意，乃説之不詳，亦無由得其會通。不揆淺陋，本劉氏之書，以加減乘除爲綱，以九章分注而辨明之。草創於乾隆甲寅之秋，明年爲齊、魯游，遂中輟。嘉慶二年丁巳，授徒村中，無酬應之煩，取舊稿細爲增損，得八卷。竊比於溉亭之於説文，庶幾於劉氏相表裏焉。儻有缺誤，願識者補而正之，幸甚！

天元一釋自序

天元一之名，不著於古籍，金、元之間，李仁卿學士作測圓海鏡、益古演段兩書，以暢發其旨趣。宋末，秦道古數學九章亦有立天元一法，而術與李異，蓋各有所授也。元世祖并宋之後，郭邢臺用李氏之法，造授時術，其學頗顯著於世。明顧箬溪不知所謂，毅然删去細草，終明之世，此學遂微。國朝梅文穆公悟其爲歐邏巴借根法之所本，於是世始知天元一之説。然李氏書雖嘗板刻，而海内不多有，故學者習學借根方法，而於天元一之藴，或有未窺者也。吾友元和李尚之鋭精思妙悟，究核李氏全書，復辨别天元之相消，異乎借根之加減，重爲校注，奥祕益彰，信足以紹仁卿之傳，而補文穆所不逮也。循習是術，因以教授子弟。或謂仁卿之書，端緒叢繁，鮮能知要。因會通其理，舉而明之。而所論相消相減間，與尚之之説差者，蓋尚之主辨天元借根之殊，故指其大概之所近，循主述盈朒和較之理，故析其微芒之所分，閲者勿疑有異義也。

開方通釋自序

梅勿菴少廣拾遺發明諸乘方，於正負加減之際，闕而未備，故其廉隅繁瑣，步算既艱，亦且莫適於用。循向爲加減乘除釋，於此欲貫而通之，反復再三，猶未得立法之要。近來因講明天元一術，於金山文淙閣借得秦道古數學九章，其中用開方法既精且簡，不特與測圓海鏡相表裏，究其原，實古九章之遺焉。嘉慶庚申冬十一月，與元和李尚之同客武林節署，共論及此。尚之專志求古，於是法尤深好而獨信，相約廣爲傳播，俾古學大著於海内。時談階平教諭亦客督學劉侍郎幕中，時過余寓舍，互相證訂，甚獲友朋講習之益。竊謂乘除之法，負販皆知，至開正負帶從諸乘方，儒者竭精敝神，或有未能了了者。使知道古此法，則自一乘以至百乘千乘，庶幾一以貫通，人人可以布筴而求也。列爲十二式，設問以明之，欲便於初學，故不厭詳爾。

文集

讀書三十二贊 有序。

本朝文學之盛，一洗元、明之陋。僕讀諸君子著述，心嚮往之，意有所契，隨贊其末，集之良久，具三十有二首，僅就耳目所及，容再續之。

曉菴遺書　王寅旭名錫闡，吴江人。

天算之學，首推王公，製器立法，貫西於中。日法反古，退朔技窮，短爲西獨，長與中同。中術不修，使西見功，一言以蔽，惟天之從。日食求邊，理密數通，唐之一行，漢之劉洪。

學春秋隨筆　萬充宗名斯大，鄞人。　春秋説　惠半農名士奇，元和人。

甬上跛翁，説禮最優，余之所慕，尤在春秋。稱君無道，邪説謬悠，平情定罪，亂賊焉廋。奉武縱逆，納糾忘讎，隱、閔書薨，特筆所修。大義明孔，權衡踰劉，半農惠氏，實爲其仇。州蒲勝楚，功駕孫、周，三郤孤忠，顯潛表幽。

音學五書　顧亭林名炎武，崑山人。

聲音之學，當求諸詩，季立之後，顧氏成之。四聲一貫，叶何爲哉？入聲雖閏，亦與平謀。祝州提折，夫又何疑？以今泥古，實爲陋才。

古文尚書疏證 閻百詩名若璩，太原人，居山陽。尚書後案 王西沚名鳴盛，嘉定人。

古文尚書集注音疏 江艮庭名聲，元和人。

古文之僞，發之自宋，潛丘閻氏，詳疏博綜。毛氏冤詞，徒爲市鬨，光禄後案，復賈餘勇。處士江公，用平衆訟，鄭疑亦區，孔是亦用。二十八篇，乃可以誦。

曆算全書 梅定九名文鼎，宣城人。赤水遺珍 循齋名瑴成。

本朝曆學，推梅與王。王核而精，梅博而詳。千秋絶詣，自梅而光。循齋穆穆，妙悟獨彰。謂東來法，是有借根。古天元一，實其濫觴。洞淵九容，於以不亡。

聖門釋非録 毛大可名奇齡，蕭山人。

西河諤諤，譏者有人。我獨好之，有功聖門。帝王務本，孝弟即仁。忠恕一貫，明德新民。聖道聖學，此之謂神。遲非鄙士，由豈欺臣？隱括戾正，用雪諸賢。

儀禮句讀張稷若名爾岐，濟陽人。儀禮章句吴中林名廷華，仁和人。儀禮正譌金璞園名曰追，嘉定人。

儀禮十七，讀者苦難，明三百年，束之不觀。蒿菴處士，繼絶守殘，考其脱誤，二百餘言。仁和吴氏，審定益單，分章斷句，頓失其繁。金子正譌，賈疏亦完。

禹貢錐指　易圖明辨胡朏明名渭，德清人。

畫地開方，爲禹貢圖。重河遷徙，決歛塞瓠。鄴流既絶，胙派亦枯。脈絡井井，變白爲烏。孰克成之？其處士胡。易圖明辨，厥績益憮。衆數流弊，大聲疾呼。先天方位，屬之丹家。

周官禄田考沈冠雲名彤，吴江人。

官多田寡，爲周禮謗，果堂考之，乃斥其妄。自公而降，自井而上，官爵公田，厥數適當。尚有餘財，他用以廣。郊野之官，不名州黨。不易再易，通三以量，減以攝試，增以加賞。

鄉黨圖考江慎修名永，婺源人。

論語一書，人無不習，叩以典故，目瞪氣噏。婺源老儒，考核獨及，著書餉世，人得摭拾。抑知江君，爲學不厭，天文律吕，古今地邑。六書七音，罔不精洽，用之此書，衆妙乃集。

孟子字義疏證　戴東原名震，休寧人。

性道之譚，如風如影。先生明之，如昏得朗。先生疏之，如示諸掌。人性相近，其善不爽。惟物則殊，知識罔罔。仁義中和，此來彼往，各持一理，道乃不廣。以理殺人，與聖學兩。

易例　易漢學　左傳補注　惠定宇名棟，元和人。

東吴惠氏，四世傳經。至於徵士，學古益精。弼、康告退，荀、虞列庭。例明派别，祛蔽開冥。學者知古，惟君是程。春秋左氏，以古學名。征南違舛，誰破其熒？補而注之，功在先生。

通藝録　程易疇名瑶田，一字易田，歙人。

首種之稷，定爲高粱，九穀既辨，衆草亦詳。磬折中縣，鼓從股横，千年之誤，疏通證明。琴音分度，禮服徵喪，尚象識器，畫井知方。實事求是，窮極微芒，允哉通藝，軼漢駕唐。

溉堂述古録　史記釋疑　錢岳原名塘，嘉定人。

溉堂述古，莫如三江。毘陵爲北，陽羨爲中。北會於匯，南江迤東。班志不易，其説宜宗。律吕曆算，生平所工。用此釋中，人誰與同？大歲大陰，左右分宫。大陰紀歲，故建焉逢。

禮箋 金輔之名榜，歙人。

殿撰金君，學長於禮。十人取一，爲正羨卒。古司馬法，豈穰苴説？國服之息，農與賈二。秦郡漢國，窮原及委。以初爲常，經紀遂戾。戊寅歲差，麟德攸棄。潁達安之，説經斯泥。

深衣釋例 弁服釋例 任子田名大椿，興化人。

禮有弁服，其制伊何？侍御任君，考得爲多。尋收實冕，云弁者譌。詳徵博辨，若别江河。深衣之屬，益爲繁瑣。領交給曲，襦縮袍垂。褶袴兩物，一布一羅。袴爲裳變，故協朝儀。

爾雅正義 邵二雲名晉涵，餘姚人。

爾雅邢疏，實多闕略。邵君鏗鏗，毅然而作。考其譌舛，補其脱落。審定伊平，取材茲博。劉、李、孫、樊，遺文悉獲。桑扈竊脂，確指其錯。列以七證，砎然如石。

經讀考異 武虚谷名億，偃師人。

一卷之經，互爲句讀，或與上連，或與下屬。學究不知，株守其獨，古訓沈没，説鑿解曲。偃師武君，識高學渥，辨其析離，明其斷續。義證兩從，兼收並録，小學之功，此誠菽粟。

文史通義　章石齋〔一〕名學誠，山陰人。

紀事之學，莫如章侯。述而不造，功在咨諏。陶鑄羣言，點竄塗句。辭恐己出，不違如愚。描摹關鍵，學究文儒。卓哉班、馬，骫矣韓、歐。學者師此，庶端厥趨。

六書音均表　説文注　詩經小學　段懋堂名玉裁，金壇人。

惟之支脂，分而爲三。惟十七部，用統衆音。轄聲於部，弗紊弗淫。何以證之？離騷、國風。學宗許慎，例殊張參。音轉義一，賴君指南。假借之妙，獨契於心。毛詩訓詁，於是可尋。

詩聲類　孔巽軒名廣森，曲阜人。

陽九陰九，相對互轉。東與冬殊，虞與模判。求之益精，嗣顧、江、段。段無去聲，三代兩漢。孔無入聲，與段相反。分例説詩，最爲明遠。

〔一〕章學誠字實齋，「石」「實」音義相近。

孟子四考 周耕厓名廣業，海寧人。

邵武士人，假名孫奭，作孟子疏，淺陋謬劣。耕厓周君，攷校維力，出處時地，爲亞聖翼。逸文異本，遐搜幽弋，章句章指，引事僻匿。陳質拜妻，繁露可識，孔席〔一〕墨突，賓戲匪則。

經籍籑詁 十三經校勘記 阮伯元名元，儀徵人。

使君按越，諭乃諸生，訓詁之學，遂集大成。嘉惠學者，以牖羣經。羣經之刻，譌缺不明，校以衆本，審訂獨精。於説經者，饋以法程。

二十一史考異 錢竹汀名大昕，字曉徵，嘉定人。

詹事之學，博大精微。於何爲極？遷、固、修、祁。地詳沿革，疏澈中西。職官制度，考核靡遺。以斯治史，乃得會歸。孰云乙部，易於經師？

〔一〕「席」，原作「子」。漢班固答賓戲：「孔席不暖，墨突不黔。」據改。

廣雅疏證王懷祖名念孫，高郵人。經義述聞伯申名引之。

訓詁聲音，經之門户，不通聲音，不知訓詁。訓詁不知，大道乃沮。字異聲同，義通形假，或轉或因，比例互著。高郵王氏，鄭、許之亞，借張楫書，示人大路。經義述聞，以子翼父。

説文聲系姚秋農名文田，歸安人。

歸安姚君，洞平聲學。聲近聲轉，兩言而足。轉爲異類，近仍一族。貫而系之，如弗貫肉。脣吻互異，變在鄉曲。天籟自發，部居豈鞫？通人之言，使我三復。

述學汪容甫名中，江都人。

明經顭顭，無書弗讀。擷其精華，謂之述學。周官古書，其徵有六。職方一篇，申告自穆。左氏所敍，神鬼夢卜。福善禍淫，史職用告。三九之釋，形容與曲。婦人無主，厥辨尤篤。

燕樂攷原凌次仲名廷堪，歙人，居海州。

琵琶四弦，一弦七調。二十有八，燕樂可究。宫商角羽，惟徵弗就。唐有五弦，廢先七角。古律何在？上凡五六。九宫之譌，沈氏不覺。虚理難據，實譜易蹈。學博凌君，克明其奥。

衡齋算學 汪孝嬰名萊，歙人。

汪君孝嬰，天授以敏。數學精深，獨入於理。人所共可，君知其否。一問兩答，以難秦、李。兩形互易，創立新式。貫通和較，縷析正負。探賾索隱，邁越諸子。

句股細草 李尚之名鋭，元和人。

李君尚之，深於古術。太初以下，一一詳述。用集大成，古無其匹。宋、金六家，衛朴、姚舜輔、李德卿、譚玉、楊級、耶律履。殘缺廢脱。用道古法，積年數出。仁卿之書，説天元一。校而通之，祕奥以發。惟兹細草，僅露其蘖。

大戴禮記解詁 王實齋名聘珍，南城人。

王君實齋，治大戴記。孔壁古文，德所自取。不雜諸家，文亦無異。酬校之士，異端蠭起。坊賈是依，類書是采。家語所引，實乃肅改。據以增删，惟經之疚。君則詁之，一仍於舊。

琴旨　王吉途名坦，南通州人。　黄鐘通韻　都四德乾文〔一〕氏，長白人。

黄鐘小素，三因四開。以三應五，獨下一徽。定爲宫聲，音得所歸。吉途之説，是造於微。陽律管合，陰律琴諧。以六互一，七均不違。有正無變，順逆是維。乾文之説，夫其庶幾。

攻乎異端解上

論語：「攻乎異端，斯害也已！」談者以指楊、墨、佛、老，於是爲程、朱之學者，指陸氏爲異端，而王陽明之徒，又指程、朱爲異端。此二字遂不啻洪水猛獸，亂臣賊子正不必然。攻猶摩也，「我有好爵，吾與爾靡之」，靡即摩，摩即攻。「他山之石，可以攻玉」，他者異也，攻者磑切磨錯之也，已者止也。各持一理，此以爲異己也，而擊之；彼亦以爲異己也，而擊之，未有不成其害者。豈孔子之教也？異端猶云兩端，攻而摩之，以用其中而已。漢賢良策問云：「或曰『良玉不琢』，又云『非文無以輔德』，二端異焉。」然則異端之云，第謂説之不同耳。故諸葛長民貽劉敬宣書云：「異端將盡，世路方夷。」則凡異己者，通稱爲異端，至晉世猶然也。韓詩外傳云：「别殊類，使不相害；序異端，使不相悖。」此即發明論語之義。蓋異端者，各爲一端，彼此互異，惟執持不能通則悖，悖則害矣。有以攻治之，所謂序異端

〔一〕「乾文」，原作「文乾」，據四庫提要收黄鐘通韻作者都四德乾文乙。下同。

也；斯害也已，謂使不相悖也，彼此礲切磨錯，使紊亂害於道者，悉順而和焉。故爲序序者，時也。一人冬夏俱裘，悖矣；一人冬夏俱葛，悖矣；一人冬夏不裘不葛，而俱以袷，亦悖矣。所以悖者，失其序也。互相攻錯，令裘屬之冬，葛屬之夏，袷屬之春秋，則皆不失其序，而害止矣。大學「斷斷兮，無他技」，鄭注云：「他技，異端之技也。」經文自發明云：「其心休休焉，其如有容焉。」人之有技，若己有之，人之彥聖，其心好之，不啻若自其口出。有容而若己有，則善與人同，故能保子孫黎民而爲利。媢疾不通，則執己之一端，不能容人，故不能保子孫黎民而至於殆。殆即害也，害止則利也。有兩端則異，執其兩端，用其中於民，則有以摩之而不異。相觀而善之謂摩。人異於己，亦必己異於人，互有是非，則相觀而各歸於善。是以我之善觀彼，以摩彼之不善；亦以彼之善觀我，以摩我之不善也。故任昉撰王儉集序云：「攻乎異端，歸之正義。」義者宜也，歸之於宜，何異之有？漢范升以費氏易、左氏春秋爲異端而排之；陳欽稱左氏孤學少與，遂爲異家之所覆冒，此又以斥左氏爲異家。異家即異端。惟賈逵通五經之説，奏曰：「三代異物，損益隨時，故先帝博觀異家，各有所採。易有施、孟，復立梁丘；尚書有歐陽，復立大、小夏侯；三傳之異，亦猶是也。荀子曰：『聖人兼陳萬物而中縣衡焉。』中縣衡則有以序之，此損益所以隨時也。」袁紹客多豪俊，並有才説，見鄭康成儒者，未以通人許之，競設異端，百家互起。康成依方辯對，咸出問表，皆得所未聞，莫不嗟服。蓋以儒者執一不能通，故各爲一端以難之，康成本通儒，不執一，故依方辯對，謂於衆異之中，衷之以道也。如賈、鄭之學，可謂能攻乎異端矣。易曰：「乘其墉弗克，句。攻吉。」傳曰：「乘其墉，義弗克也，其吉則困而反則也。」以「困而反則」釋「攻」

字，有未善則困，反己而歸於法即攻也，斯害也已，故攻吉也。

攻乎異端解下

然則孟子距楊、墨，非乎？孟子於楊、墨，辭而闢之。楊子爲我，執於爲我也；墨子兼愛，執於兼愛也。執一即爲異端，孟子恐其不明也，而舉一執中之子莫。然則凡執一者皆能賊道，不必楊、墨也。楊子惟知爲我，而不知兼愛；墨子惟知兼愛，而不知爲我；子莫但知執中，而不知有當爲我、當兼愛之事。楊則冬夏皆葛也，墨則冬夏皆裘也，子莫則冬夏皆袷也。趨時者，裘葛袷皆藏之於篋，各依時而用之，即聖人一貫之道也。使楊思兼愛之說不可廢，墨思爲我之說不可廢，則恕矣，則不執一矣。聖人之道，貫乎爲我、兼愛、執中者也。善與人同，同則不異矣。曾子居武城，寇至則去，寇退則反。顏子居陋巷，不改其樂。而不同於楊子之爲我者，不執一也。禹治水，勞身焦思，過門不入，而不同於墨子之兼愛者，不執一也。故曰：「禹、稷、顏回同道。」又曰：「禹、稷、顏子易地則皆然。」惟易地皆然，則不執一。然則孟子之距楊也，距其執於爲我也；其距墨也，距其執於兼愛也。距其執，欲其不執也。執則爲楊、墨，不執則爲禹、稷、顏、曾。孟子學禹、稷、顏、曾者也，則亦以楊、墨、子莫之道攻而摩之，以合於權而已矣。記曰：「夫言豈一端而已？夫各有所當也。」太史公曰：「人道經緯萬端，規矩無所不貫。」

國史儒林文苑傳議

謹案：太史公創儒林列傳，推本孔子，尊崇六藝，班氏踵之，所列之人，皆經學也。其以文章名家，如枚乘、東方朔之流，皆有專傳，范氏後漢書始目爲文苑。後世史書，或有或無，或分或合，以視乎一代文學之盛衰。是故正始以後，人尚清談，迄晉南渡，經學盛於北方，大江以南，自宋及齊，遂不能爲儒林立傳。梁天監中，漸尚儒風，於是梁書有儒林傳，陳書嗣之，仍梁所遺也。魏儒學最隆，歷北齊、周、隋以至唐武德、貞觀，流風不絶，故魏書儒林傳爲盛。是豈休文黜學，伯起崇儒？亦由其時興廢使然也。唐修晉書，彊爲具數，而范甯、郭璞輩既別有論列，所謂儒林者，自劉兆一二人外，半不足以稱茲目，是其崇尚虚玄，滅裂典章，史臣業已歎之。唐重詩賦，經學寥寥，至以王紹宗、歐陽詢徒工書法者，用足儒學之數。助、匡、質雖曰傳經，而三傳已束高閣。浚井者第求美水，而儒效可觀矣。宋史分道學於儒林，然蔡元定即考亭之徒，陸九淵倡心性之説，宋之儒林不外道學，分之實無可分也。有明二百七十年，拾宋人之餘，以大全講章取士，歸熙甫試文用「鳥獸魚鼈無不咸若」，房官遂以爲怪。間有不安空陋，如楊慎、季本者，已屬景星慶雲，而於漢、魏經學，猶隔霄壤。來知德以反卦説易，當時駭爲創獲，則一代之經學可知矣。我朝列聖，天縱多能，通天地人之全，承伏羲、黄帝、堯、舜、禹、文之學，欽定諸經，博采衆説，兩舉博學鴻儒，一舉經明行修，自天文、術算、律吕、音韻，以至詩詞類書，無不纂訂，以惠天下。乾隆間詔開四庫全書館，讎校寫録，分貯中外。竊謂國初如黄宗羲、顧炎武雖已崇尚實學，漸遠空疎，而風氣初開，道猶未備。至是陶鎔伊久，迂滯悉銷，經學文章，遂爲二千年來所莫能埒，以揚聖天子稽古文思之德，以彰二百年禮樂庠序之化，則國史儒林、文苑兩傳，誠未可以漢、唐、宋、明爲例，如台教所稱，關係甚重云云也。擬爲七則，以備芻蕘。

一曰徵實。家傳碑銘，出諸子弟，所請每多譽辭，往往泛許通經，僞臚撰述，若第據傳聞，不探蘊蓄，則趙賓之易，可淆施、孟矣。今夫政績名德，必求諸輿論，乃公而可憑；經學文章，必覈之本書，斯切而匪泛。乾隆四十年以前，大都收入四庫全書，然其時祇登已故之人，縱有毛萇、伏勝一息尚存，義從屏棄，則生康熙三四十年後者，容有未與者矣。譬如京房、費直之易，嚴彭祖、顔安樂之春秋，皆史記所不書，蘭臺之帙，不得專守龍門也。或按名索其遺書，或令各家自呈，庶幾山澤之癯，無憂滲漏，虛聲之士，不致濫竽也。

二曰長編。無著述者，勿論矣。篇籍既存，淺深精觕，可按而得也。周覽之不厭其煩，深研之不憚其刻，舍學究公家之言，摘精神獨得之處，一言偉卓，不以細遺，累卷通明，不以繁節。使條枚悉櫝，宧奧盡融，若示諸掌，若貫於弗，一展閲，洞見作者苦心。譬如縣八銖之鏡，神妖莫潛；萃五侯之鯖，肥瘠並陳矣。

三曰兼收。小黄得隱士之説，託於孟氏；瑕丘傳穀梁之經，呐於董生，漢書並著之。河北守服、鄭之學，青州奉王、杜之教，魏書兩存之。兼收備録，史氏之法也。本朝經學昌明，門户胥化，偏論之則采氣獨呈，彙舉之則〔一〕精華大備。一古文書也，有閻徵君之疏證，即有毛檢討之冤詞，有齊宗伯之序録，又有王光禄之後案。陸清獻譏詆姚江，湯文正移書破之，而皆不失爲名臣。至於吴人説易，父子殊方；惠士奇易説獨申己意，其子棟周易述則持守舊説。徽士談天，師弟異轍。江永宗西法，戴震重中法。文則易堂、堯峯，一張一弛；詩則阮亭、秋谷，或隱或見。昔范蔚宗鄙專相傳祖之固，元行沖恥不言服、鄭之非，至於今日括囊大典，網羅衆家，既已次爲長編，則亦不容偏廢耳。

四曰鑒別。儒林、文苑兩傳既分，則各隸者不宜譌雜，蓋經生非不嫻辭賦，文士或亦有經訓，是必權其重輕，如量而授。竊謂黄梨洲宗羲、毛大可奇齡、全謝山祖望詩文富矣，而學實冠乎文；朱竹垞彝尊、姜西溟宸英、汪鈍翁琬非不説經，而文究優於學；王寅旭錫闡、梅定九文鼎、陳泗源厚耀之推步，録於疇人傳中者，尚有可採。顧寧人炎武之音學，潘來有類音，毛先舒有韻學通旨，近時金壇段玉裁有六書音韻表。王交河蘭生之律吕，德清胡彦昇有樂律表微。胡滄曉煦、惠定宇棟之易，胡精於宋易，惠長於漢易。萬充宗斯大、顧復初棟高之春秋，胡朏明渭之禹貢，閻百詩若璩之尚書，安邑宋鑒有尚書考辨。張稷若爾岐之儀禮，仁和吴廷華有儀禮章句。山陰馬驌有儀禮易讀，歙人淩廷堪亦最長此禮。邵二雲晉涵之爾雅，高郵賈稻孫亦爲此學，近時王念孫有廣雅疏證。王白田懋竑之服膺朱子，他人講程、朱理學，皆浮游勦襲而已，惟懋竑一生用力於朱子之書，考訂精核，乃真考亭功臣。萬季野斯同之論定明史，史記本屬春秋，則亦六蓺也，唐書郎餘令、敬播皆列儒學，竊謂精於史學者入之，但能敘事者入文苑。方望溪苞、齊息園

〔一〕「則」，原無，據上下文義補。

召南、周書昌永年、陸耳山錫熊之校輯諸書，比之孔穎達、褚無量等，略舉四人，非謂止此四人也。江慎修永、戴東原震、錢溉亭塘之聲音訓詁，名物象數，近時若程瑤田通藝録，揚州任大椿、李惇、劉台拱、顧九苞等，皆爲此學。皆於儒林爲近。同一校讎也，何義門焯宜屬文苑，批評甲乙，沿劉須溪、孫月峯、鍾伯敬、茅鹿門一派。盧召弓文弨宜置儒林。比之陸德明、孫奭。同之博物也，錢辛楣大昕宜入儒林，所博者在學。袁子才枚宜歸文苑。所博者在文。推之馬宛斯驌、沈果堂彤、陳亦韓祖範、應嗣寅撝謙、孔顨軒廣森、朱笥河筠、金檠齋榜、武虚谷億、王西莊鳴盛、江艮庭聲、任幼植大椿、張皋文惠言、汪容甫中皆儒林之選之。略舉所知，非謂止此數人。魏叔子禧、尤西堂侗、施愚山閏章、田古懽雯、周櫟園亮工、吴梅村偉業、陳其年維崧、吴園次綺、汪蛟門懋麟、馮山公景、杭堇浦世駿皆文苑之雄也。亦略舉如此，其實宜入文苑者甚多。他若孫奇逢、李中孚之徒，説經説理，無甚過人，孫有讀易大旨，乃晚年所作。中孚二曲集，亦演姚江之説而已。如宋之种放，明之王艮。確能自守蒿萊，不趨軒冕，以入隱逸，於類爲安。顧炎武、黄宗羲亦不仕，乃學識精博，則宜入儒林傳矣。抑或立德可依，卓行政事，不愧循良，以著述核之，宜去宜取，宜彼宜此，自有條而不紊矣。」

五曰詳載。班、范儒林傳分别師承，脈絡井井，蓋其時各守一家之學，第明析其授受，而其學已著。至於司馬相如、董仲舒、張衡、崔駰之流，則詳列其賦頌策論諸文，揚雄且録其太玄、法言敍，王符、仲長統節録其潛夫論、昌言兩書。何也？鴻功鉅業，直敍自明，學問文章，非博引無以信後。故醫若倉公，日者若司馬季主，方復詳其診籍，備其問答，其位賤，其望微，非同公卿大夫，功烈在人耳目，以術藝傳，必詳其術藝之過人，以經學文章傳，必詳其經學文章之過人，不然於十二閑中，獨指其駿，不有以試其俶儻權奇之跡，何以表異於牝牡驪黄也？後來諸史，若陳奇辨天水，范縝論神滅，祖冲之上新術表，劉勰敘文心雕龍，顏之推賦觀我生，柳芳論姓系，周濂溪説太極圖，聶崇義證圭璧釜鏤，李覯考訂明堂，無不詳徵博引，不厭瑣細，惟其諸史所列之人，不必皆有徵實，抑或原有可採，而史臣失之耳。我朝儒學以考核通貫爲長，竊謂爲諸人立傳，宜以道古、潛研兩集所載，閻若璩、梅文鼎、萬季野、惠士奇、錢塘、江永、戴震諸傳爲式，舉長編所録，精之又精，核之又核，或直録其篇，或節揭其要。如戴震之學，錢氏詳矣，然其生平所得，尤在孟子字義一書，所以發明理道情性之訓，分析聖賢老、釋之界，至精極妙，錢氏略舉之，尚未詳著之也。悉屏旁觀褒異之虚文，備列當身著述之明證，史貴實，莫實如之，史貴直，莫直如之，史貴信，莫信如之。本朝文集鉅製孔多，如謝少宰平定兩金川説、六書正説序，寧不媲美相如，輔翼叔重？推斯以索，美不勝收，既以標一人之實跡，即以揚昭代之文治，不亦盛哉！

六曰公論。儒林以經，文苑以文，或有小節不拘，而文學實堪入選，則瑕瑜並見，互不容没。楊政之剛果任情，牟長之墾田不實，徐邈之委蛇自安，張吾貴之好爲詭説，李業興之疵毁謾駡，劉炫之俳諧輕侮，顏師古之多引後生，前史皆直筆書之矣。杭氏作閻若璩傳，稱其喙長才黠，錢氏所作傳，則諱而不言。毛奇齡好爲侮謾之詞，全謝山惡之，並詆毁其經學。竊謂學不可誣，疵不必諱，述其學，兼著其疵可也，不當因其疵而遂没其學也。

七曰附見。一傳而衆人附之，史之通例也。然談天雕龍之附孟子，郗慮、王基、任嘏之附鄭康成，非謾然矣。乃大曆十子，盧綸何以冠錢郎？程門四先生，楊時何後於游、謝？此非以甫附杜，以戬附張可比也。大抵人士蕃多，翦裁任意，孰主孰客，非有定規。惟以徵實，次爲長編，既已豪髮可鑑，形神莫遁矣。其精且博者，取爲正傳，或片長足採，或一脈相承，以類而從，庶乎公允！若夫雖有撰述，無甚發明，則第存篇目於藝文志，而注其姓氏里居，如新唐書之體例可也。隨其人之著述爲詳略，隨其詳略爲位置，不徇於名，不嫌於昵，無則連州合郡不妨空缺，有則父子兄弟不難並書。循以衰病餘生，聞此盛舉，又值司此事者，皆石渠天祿之才，一隅之見，宜覆醬瓿，辱承下問，妄獻愚忱云爾。

寄段懋堂先生書

循頓首白，循幼爲毛詩學，苦陸璣疏多譌缺，而陸佃、羅願輩又不明古義，嘗萃數年之力，成毛詩草木鳥獸蟲魚釋一書，而以陸氏疏掇拾考辨於末。謹録數條，請正。黄鳥，傳訓「摶黍」；倉庚，傳訓「黧黄」。爾雅「皇，黄鳥」，不與「倉庚，楚雀」並釋。鄭稱「黄鳥宜食粟」，傳又云：「緜蠻，小鳥貌。」倉庚既不食粟，亦非小鳥，方言合而爲一，恐非爾雅義。爾雅、說文並訓椅爲「梓」，訓鱣爲「鯉」。詩梓與椅並言，鯉與鱣並言。傳曰：「椅，梓屬。」箋曰：「鱣，大鯉。」竊謂其物分而類則同者，可取以相訓。爾雅訓「蝘蜓」爲「守宫」，說文以「桑」釋「柘」，其例亦然。郭氏竟分鱣、鯉爲二者，非。爾雅「唐蒙，女蘿，兔絲」，孫炎云：「别三名。」按毛詩於「唐」云「唐蒙，菜名」；於小雅「女蘿」云「女蘿，兔絲，松蘿也」。於彼明指唐爲菜，菜則必非施于松上之女蘿。觀毛傳分釋，則爾雅「唐蒙」及下「女蘿，兔絲」，明屬二物，中衍「女蘿」二字，或一女蘿爲松蘿之譌，似宜依毛傳正爾雅之誤也。說文訓「荅」爲「小尗豆」，爲食肉器。古於尗無稱豆者，荅、豆音轉，故誤荅爲豆。劉徽九章算術尚稱荅而不稱豆。䜶䜷豌豋，凡从豆者，皆俗字。以豆訓尗，恐是漢、魏間之俗稱，非古義，故說文亦以「豉」爲「敊」俗。說文「鵻」字重文「隼」云：「一曰鶉字。」按鶉即鷻省，國語有「隼集于陳廷」，韋注訓之爲「鶚」。廣雅「鶉鶚鷙雕」爲一物，山經「景山多鷲，黑色」，劉向以隼爲黑祥，是隼即鷲。虞氏易「離爲隼，輈人鳥旟七斿以象鶉火」，注云：「鳥隼爲旟，旟象鶉火，而用鳥隼。」則鶉火即鷻火。左傳卜偃引童謠「鶉之賁賁」，而下舉「鶉火」以證之，賁賁與表記引詩同，則詩「鶉之奔奔」，當亦是鷻。「惟有縣鶉兮」，毛傳特訓爲小鳥，今本無「小」字，依七經孟子考文。乃爲鶕鶉也。說文「虫，一名蝮」，「虺以注鳴」，詩「爲虺爲蛇」，與蛇並稱，宜是虫之借，與「胡爲虺蜴」之虺不同。說文「芀，葦華也」，今爾雅「葭華」，注者一爲「葭」，一名「華」，按下文以「蘆」訓「葭」，此不應以「華」訓「葭」。且「葭」之名「華」，別無典據。以說文例之，「葭華」二字，乃「芀」字之釋。說文「一來二縫」，詩正義引作「二夆」，董彥遠除正字啟作「一朿」，按下文接云「象芒刺之形」，則此「一朿二夆」四字，謂字形而言也。朿部「朿，木芒也，象形，僅从一冂」。「來」有二人。來之人，即朿之冂也，以朿而从二冂，故象芒刺之多。「夆，啎也」，以其刺人爲啎，故云二夆。二夆即二冂，謂「來」字爲一「朿」字而有兩夆也。或謂二夆爲兩歧，似非是。爾雅：「瓞瓝，其紹瓞。」毛傳云：「瓜紹也。瓞，瓝也。」瓜無紹之訓，此「瓜紹也」三字，乃連上「不絕貌」言，若曰「不絕貌者瓜紹也。」豳風「蜎蜎者蠋」，傳云：「蜎蜎蠋貌，桑蟲也。」其文法同。「條梄」，梄字，說文所無，爾雅、說文皆作「柚」，說文引禹貢「橘柚」，此柚乃列子湯問篇之「櫾」，說文亦別有「櫾」字。按「由」「䍃」二字相通，鄭風「左旋右抽」，說文引作「搯」。「抽」之爲「搯」，即不異「柚」之爲「榣」。蓋柚與榣爲一字，橘柚之柚當作櫾，櫾之作柚，轉是假借。以橘柚證柚條，非毛傳義。説文「鳩」訓「鶻」，「鳩棗」訓「羊棗」。鳩棗非羊棗；鶻，鳩之專名，與爾雅有未合矣。當世聲音訓詁之學，如先生，實集二千年之大成，敢以所見奉質，望教正之，幸甚！

易話

陰陽治亂辨

陰陽非治亂也，有陰無陽則消，有陽無陰則亢，亢與消皆亂也。一陰一陽，迭用柔剛，則治矣，故曰「一陰一陽之謂道」。道以治言，不以亂言也，失道乃亂也。聖人治天下，欲其長治而不亂，故設卦繫辭，以垂萬世，豈曰治必有亂乎？孟子言一治一亂，總古今之事迹而爲言，非一陰一陽之謂。一陰一陽者，日月也，寒暑也，晝夜也。時也，日往則月來，月往則日來，寒往則暑來，暑往則寒來，此天道所以長久而不已也。聖人則天趨時，故陰陽迭用，仁義互通，以成長治不亂之天下，豈曰治必有亂乎？聖人處亂，則撥亂以反乎治；處治，則繼善以防乎亂。反乎治，防乎亂，何從而亂乎？故謂否極而泰，泰極而否者，此不知易者也。謂治必有亂，容容者得而藉口矣；謂亂必有治，汶汶者得而任運矣。大抵氣化皆亂，賴人而治。治而長治者，人續之也；治而致亂者，人失之也。無推步之術，則寒暑亂；無測驗之術，則日月亂；不勤耒耨，田疇乃蕪；怠於政教，人民乃紊。説者以陽爲治，以陰爲亂，則將暑治而寒亂乎？日治而月亂乎？故否泰皆視乎人，不得委之氣化之必然也。

道德理義釋

何爲道？道者行也，凡路之可通行者爲道，則凡事之可通行者爲道也。通而四達，不窮者爲大道，即爲達道。雖通行而致遠，則泥者爲小道。其偏僻險仄，孤危高峻，不可通行者，非道也。何爲德？德者得也，得乎道爲德，對失道者而言也。道有理也，理有義也。何謂理？理者分也。何謂義？義者宜也。其不可行者，非道矣。可行矣，乃道之達於四方者，各有分焉，即各有宜焉。歸燕者行乎南，趨齊者行乎西，行焉而弗宜矣，弗宜則爲失道，失道非德也。歸燕者雖行乎北，而或達諸趙；趨齊者雖行乎東，而或止於魯，行焉而猶弗宜矣，弗宜則爲失道，失道非德也。故道必察乎其理，而德必辨乎其義。道而不德，其失也愚；理而不義，其失也賊。故傳曰：「和順於道德而理於義。」理於義者，分於義也。分於義則各正性命，保合太和。惟明乎天下所行之路，而如其所宜者趨焉，於是各得其所而不亂。而天下之命立於聖人，故傳曰：「窮理盡性以至於命。」

家訓

學經之法，不可以注爲經，不可以疏爲注。孔穎達、賈公彦之流所釋毛、鄭、孔安國、王弼、杜預之注，未必即得其本意，執疏以説注，豈遂得乎？必細推注者之本意，不啻入其肺腑，而探其神液。余嘗究孔穎達毛詩正義，其闡發傳、箋之同異，往往以同者爲異，異者爲同，而毛、鄭之本意未能各還其趣也。「箕子明夷」，王弼注云「莫如茲而在斯中」，以「茲」解「子」，以「斯中」解「箕」。明讀「箕子」爲「其茲」，即本趙賓「荄茲」之義，而以「子」爲「茲」；又用蜀才「其子」之文，而以「箕」作「其」，與馬融解箕子爲紂之諸父者，不啻天壤。疏者直以王弼之注同於馬融，不亦誣乎？余故曰：「不可以疏爲注也。」儒者説經，言人人殊，學者熟復經之本文，引申而比例之。高郵王念孫先生解「終風且暴」，而例之以「終和且平，終窶且貧」，知「終風」當解作「既風」，如是説詩，詩無不達之詁。而毛公解作「終日風」，真令人悶悶。余嘗以巽五之「先庚後庚」，推究蠱彖之「先甲後甲」，而思蠱之五變即成巽。甲以始言，故傳云「終必有始」，庚以終言，故經云「无初有終」。覺從前納甲干支等解，徒滋蔓而已。故曰：「不可以注爲經也。」要之，既求得注者之本意，又求得經文之本意，則注之是非可否，了然呈出，而後吾之從注非漫從，吾之駁注非漫駁。不知注者之本意，駁之非也，從之亦非也。

附録

先生生三四歲，即穎異。八歲至公道橋阮氏家，與賓客辨壁上「馮夷」字，曰：「此當如楚辭讀皮冰切，不當讀如縫。」阮公賡堯大奇之，遂以女字之。子廷琥撰事略。

先生嘗舉王西莊尚書後案、江艮庭尚書集注音疏兩家異同，筆記之，謂之王江尚書。後得平湖周用錫晉園新刻尚書證義，細加紬繹，蓋參翼王、江兩家，時出新義。先生謂古文之僞，自閻氏百詩、惠氏定宇證而卻之，詳矣。而二十八篇之不僞者，述而疏通，證明此三家實相鼎立，因鈔次之，更益以當世通儒説尚書之言，足與三家相證訂者，彙爲一帙，題曰書義叢鈔，仿衛湜禮記之例，不專一説，不加斷語，以時之先後爲序，所採録者，共計四十一家五十七種。同上。

先生嘗語子廷琥曰：「著書各有體，非一例也。有全以己見貫串取精，前人所已言不復言，余撰易學三書及六經補疏是也；有全録人所已言，而不參以己見，余輯書義叢鈔是也；有採擇前人所已言，而以己意裁成損益於其間，余所撰孟子正義是也。各有所宜，亦各有所難。」同上。

阮雲臺曰：「先生易學，不拘守漢、魏各師法，惟以卦爻經文比例爲主，號咷密雲，蹤跡甚顯；蒺藜樽酒，假借有據。知郭守敬之以實測得天行也。」又曰：「昔顧亭林自負古音，以爲天之未喪斯文，必有聖人復起，未免太過。兹云之處處從實測而得，聖人復起，洵不易斯言矣。」阮元撰雕菰樓易學序。

甘泉姚雨田授徒於縣學崇聖祠，闡説太極、西銘之理。先生往聽之。一日偶舉宋儒張子厚之言云：「天地之始，先未有人，人固有化而生者。」時坐上之客詰之曰：「何近世之人不見有化生者？」姚無以答。先生起而對曰：「張子之言是也。易曰：『天地絪緼，萬物化醇。』必絪緼乃能化，故蛇蝎蚤虱之屬，必生於人迹不到之處，人目不見之地。人迹所到之處，人目所見之地，其氣已爲人所動，不能絪緼矣。且物所生之地，著則氣易散，藏則氣易聚。洪荒之世，山水木石相混，其爲地也，大抵多叢雜攢坳，而少寬平廣闊，其氣易聚，故人物由氣化而生。後世人物既繁，作息飛走，既有以動其氣，山水之界亦判，寬平廣闊又無以藏其氣，故但有形化，而不見有氣化。物有氣化，人遂不見有氣化也。」四座俱以爲善。易餘籥録。

先生每得一書，無論其著名與否，必詳閱首尾，心有所契，必手録之。或朋友以著作來者，無論經史子集，以至小説詞曲，必詳讀至再至三，必有所契，必手録之。如是者三十年，所録者盈二尺許，令子廷琥編寫目録，名曰里堂道聽録。里堂道聽録序。

黄春谷曰：「今之爲算學者，吴縣李尚之鋭、歙縣汪孝嬰萊、吾邑焦里堂循。三子者，善相資，疑相析。孝嬰之學主於約，在發古人之所未發而正其誤，其得也精。尚之之學主於博，在窮諸法之所由立而求其故，其得也貫。里堂則以精貫之旨，推之於平易，以爲理本自然，取劉氏徽注九章算術之意，著加減乘除釋，凡弧矢之相求，正負之相得，方員凸凹之異形，齊同比例之殊制，靡不先列其綱，次疏其目，俾學者可窮源以知流，揣本而齊末。其於三子之學，蓋相輔而實相成矣。夢陔堂文集。

里堂家學

焦先生廷琥

焦廷琥字虎玉，里堂子。優廪生。性醇篤，善承家學。嘗侍父纂孟子長編，後正義成，已有所見，亦本范氏穀梁之例，爲之録存。里堂又以測圓海鏡、益古演段二書不詳開方之法，以常法推之不合，既得秦道古數學九章，有正負開方法，爲開方通釋，乃命先生列益古演段六十四問，用正負開方法推之，一一符合，著益古演段開方補一卷。陽湖孫淵如不信西人地圓之説，以楊光先之斥地圓，比孟子之距楊、墨。先生謂古之言天者三家，曰宣夜，曰周髀，曰渾天。宣夜無師承，渾、蓋之説皆謂地圓。泰州陳氏、宣城梅氏悉以東西測景有時差，南北測星有地差，與圓形合爲説。且大戴有曾子之言，内經有岐伯之言，宋有邵子、程子之言，其説非西人所自剏。因博搜古籍，著地圓説二卷。他著有尚書伸孔篇一卷，春秋三傳經文辨異四卷，冕服考四卷，讀書小記二卷，蜜梅花館文録一卷，詩録一卷，因柳閣詞鈔二卷。參儒學傳稿。

尚書伸孔篇自序

孔氏爲古文尚書作傳，宋人始疑其僞。至閻徵君百詩作古文尚書疏證，則攻之不遺餘力。王光禄西莊作尚書後案，而馬、鄭之義發明至盡，説經者莫不闡馬、鄭之言，而知孔傳之僞矣。乃孔穎達正義引馬、鄭之説，每辨駁之，此固義疏之體，而傳義實亦有勝於馬、鄭者。今年讀尚書注疏，因舉若干條，與門人輩論之，録得一卷，即名曰尚書伸孔篇。或曰：「孔傳之勝於馬、鄭者，僅如此篇之所列乎？」曰：「否，此略舉以見其概，俾攻者惡而知其美也。」其古文及孔傳之真僞，閻徵君、王光禄言之詳矣，不具論。

冕服考序

家君撰羣經宫室圖，既成，謂廷琥曰：「三代制度散見於羣經，而宫室之外，最宜考覈者，莫如冠服。學經之士，於冠弁衣裳佩韍屨舄之制，茫然莫辨，則經義不可通矣。廷琥以此嘗搜討古冠服制度，未能卒業。後得興化任子田侍御深衣釋例、弁服釋例兩書，考證詳博，足裨後學，而冕服闕如，欲補葺之未暇也。今年正月，與門人輩講論語麻冕章，或以冕制問，因舉注疏之説授之，一説不能明，則博引衆説。時大雪，嚴寒如殘臘，兀坐一室，遂取羣經之言冕服者，列而考之。先以經文，次核諸漢、唐注疏，注疏之外，旁徵諸杜君卿、聶崇義、陳用之、楊信齋、馬貴與諸家之書，其有不能通者，爲辨證之。首以冕旒，終以偪舄，秦、漢以後冕服沿革，附見於末，共成四卷，名冕服考。徵引或多未備，以及鄙見之偏謬者，惟閲者正之。爵弁以下，侍御已言之，不復詳也。

文録

易多俗字辨

惠徵君謂易多俗字，作周易述以改之，然有不可不辨者。損彖「二簋可用享」，惠氏從蜀才本作「軌」，且謂諸「簋」字皆當作「軌」。然説文「簋，黍稷方器也」；「軌，車轍也」。周禮小史注「簋，或爲几」，鄭司農云：「几讀爲軌。」讀爲者，其音同耳。古文「簋」皆爲「軌」，則鄭氏注公食大夫禮有之，他無所見。按軏當爲匭、朹之訛，説文匭、朹爲簋之古文，或失匸，或木與車相訛，其義顯然。惠氏改「簋」爲「軏」，而以簋爲俗。「簋」字明見説文，何俗之有哉？解「百果草木皆甲坼」，惠氏據釋文改「坼」爲「宅」，且以説文古文「宅」作「宒」，因云：「宒與坼相訛。」其説非也。坼即㙐，説文：「㙐，裂也。」詩曰：「不㙐不副」。㙐非俗字，可決。按：甲爲皮，雷雨作，則甲皆坼裂，其義甚協。鄭氏改「坼」作「宅」，遂不得不改「皆」作「解」。皆、解通用，古無明證；仍而不改，則皆甲宅爲不辭。惠氏泥於鄭義，而更謂宒坼相訛，其説益鑿矣。明夷六二「拯馬莊」，艮六二「不拯其隨」，渙初六「拯馬壯」，惠氏從子夏易傳，改作「抍」。其説曰：「漢孔彪碑亦以抍爲拯。説文作抍，徐鉉曰：「今俗作拯。」非是。抍，説文：「抍，上舉也，又作撜。」易曰：「抍馬壯吉。」徐鉉以未載拯字，故以爲俗。然鄭注作「拯，承也」，陸績九家作「承，升也」，而説文車部𨊻字云：「軲車後登也，从車丞聲，讀若易『抍馬』之抍。」則丞有登義。故揚雄羽獵賦「丞民乎農桑」，李善注「丞」作「拯」字，引説文「抍，上舉」作「拯，上舉」，則拯、抍、撜本一字，而廣韻亦拯與抍、撜同，是可證也。且虞仲翔傳孟氏易，而於「不拯其隨」、「拯馬壯吉」，皆作「拯」，則説文之「抍」非孟氏之易。漢氏諸儒各有師説，故所習之本不無同異，若以拯爲俗，則説文引「以往遴」，又引「以往吝」，誰俗誰古乎？説文不載之字，如妥、螢等，豈皆俗字乎？據徐鉉之説，以「拯」爲俗，所謂以一廢百也。此三者決非俗字，而必執一説以改之，拘矣。於是乎辨。

聖人不取陳言辨

閻百詩尚書古文疏證云：「論語言學，莫大於仁。言仁，莫精於顏淵、仲弓問仁兩章。據昭十二年，則『克己復禮，仁也』，爲古志之語。據僖三十三年，則『出門如賓，使民如祭，仁之則也』，爲臼季所聞。皆先論語有之。豈孔子於二子定規規然取陳言以應之乎？必不爾也。要在一反轉觀之，而誣自見。」琥謂此言不然。對人自言述而不作，信而好古。前人之言，有可徵信，取以爲訓，即聖人信好之徵也。若故爲立異，必不從同，豈聖人之心乎？且論語中如陳力之言，則周任有取；無恒之戒，則南國可徵。善人爲邦，且曰「誠哉是言」；行義隱居，亦曰「吾聞其語」。聖人之取陳言，可以概見，猶曰：「此皆明標所自也。」述前人之言，而不明標所自者，有之乎？曰：「有之。」「忮求胥泯」，未嘗明言雄雉之章；「富異攸分」，豈必冠以小雅之什？「視其所以」之三句，文王早以之官人；「己所不欲」之二言，管子亦引爲古語。説夏、殷之禮，文獻須徵，闕多聞之疑，無徵不信，況左氏以爲古志，則語豈無稽？即臼季自述所聞，亦言非無自。必謂聖人不取陳言，則日與門弟子論文章性道，豈絕不用前人之言，獨標新異之説乎？大抵閻氏攻擊古文，不遺餘力，欲證梅賾之僞，遂議盲左之誣。以左氏爲誣，猶可言也；謂孔子不取前人之言，聖人豈如是哉！

里堂交游

阮先生元 别爲儀徵學案。

江先生藩 别爲鄭堂學案。

王先生引之 别見石臞學案。

黄先生承吉 别見白山學案。

汪先生萊 别見四香學案。

王先生聘珍 别見次仲學案。

姚先生文田 别爲秋農學案。

李先生鋭 别爲四香學案。

顧先生鳳毛

顧鳳毛字超宗，江蘇興化人。乾隆四十九年南巡，召試列二等，戊申副榜貢生。父九苞，字文子，乾隆辛丑進士。通經，長於詩、禮，著述不傳。先生受經於祖母任，年十一，通五經。及長，與里堂同學。先生學音韻律吕於嘉定錢溉亭塘，撰楚辭韻考。又撰毛詩集解，董子求雨考，三代田制考，未成而卒，年二十七。里堂營其喪，作招亡友賦，哭之，又爲作傳。參里堂撰傳、阮元撰焦循傳、江藩撰漢學師承記。

鍾先生懷

鍾懷字保岐，江蘇甘泉人。優貢生。與阮文達及里堂相善，共爲經學。居恒禮法自守，交游中稱爲君子。嘉慶十年卒，年四十五。著有菣厓考古録四卷，其漢儒考較陸德明所載增多十餘人。參里堂撰墓志、漢學師承記。

敁厓考古録

五經博士辨證

前漢儒林傳：「自武帝〔一〕立五經博士，書惟有歐陽，禮后，易楊，春秋公羊而已。」裦按：五經博士，自應有詩。後書儒林傳謂前書魯、齊、韓三家皆立博士，而武帝置五經博士，百官公卿表博士職下「建元五年初置五經博士」，竝無注釋。證以申培、轅固、韓嬰本傳，彼皆文、景時人，武帝初即位，所復徵於朝者。疑立博士，應在此時。史記儒林傳謂「今上即位，招方正賢良文學之士，言詩於魯則申培公，於齊則轅固生，於燕則韓太傅」，信爲可據。班書於「今上即位」易以「漢興」二字，而不著其爲武時，則不若史記之明了矣。

前漢儒林傳：「至孝宣世，復立大、小夏侯尚書，大、小戴禮，施、孟、梁丘易，穀梁春秋。」裦按：宣帝紀「甘露三年立梁丘易，大、小夏侯尚書，穀梁春秋博士」，無施、孟、大、小戴，與此傳不合。劉歆謂「往者博士書有歐陽，春秋公羊，易則施、孟」，然孝宣皇帝猶復廣立穀梁春秋，梁丘易，大、小夏侯尚書，與帝紀合，亦無大、小戴，而施、孟又似立於孝宣之前者。竊謂施、孟之立學，自應在梁丘前，然以本傳考之，皆宣帝時人。蓋立於論石渠之先，而史失之。至甘露三年，乃增以梁丘也。大、小戴當與施、孟

〔一〕「武帝」，原作「五帝」，音近而訛，據漢書儒林傳改。

同時立學，亦以宣帝時人決之。後書儒林傳於兩家外，仍有慶氏，則此傳所闕。

前書儒林傳：「至元帝世，復立京氏易。」裦按：元帝紀無立京氏易事，房傳亦不載。據後書范升傳，亦甫立而即廢。想房以建昭中得罪棄市，故其學不振耳。

前漢儒林傳：「平帝時，又立左氏春秋、毛詩、逸禮、古文尚書。」裦按：楚元王傳「歆欲建立左氏春秋、毛詩、逸禮、古文尚書皆列於學官。哀帝令歆與五經博士講論其義，諸博士或不肯置對，歆因移書太常博士，責讓之」。是時大司空師丹「奏歆改亂舊章，非毀先帝所立。上曰：『歆欲廣道術，亦何以爲非毀哉？』由是忤執政大臣，爲衆儒所訕。懼誅，求出補吏，爲河南太守」。此傳中亦具其略。後書賈逵傳上肅宗條奏竝載此事，然其議卒不行。平帝紀：「元始五年，徵天下通經〔二〕、古記、天文、曆算、鐘律、小學、史篇、方術、本草及以五經、論語、孝經、爾雅教授者，在所爲駕一封軺傳，遣詣京師。」王莽傳：「是歲莽奏起明堂、辟廱、靈臺，爲學者築舍萬區，作市、常滿倉，制度甚盛。立樂經，益博士員，經各五人。徵天下通一藝教授十一人以上，及有逸禮、古書、毛詩、周官、爾雅、天文、圖讖、鐘律、月令、兵法、史篇文字，通知其意者，皆詣公車。」二說詳略不同，竝無左氏。即所謂逸禮、古經等，亦不過徵召以備顧問，無立學官之説。又參之後書賈逵條奏，原爲左氏立學。使平帝時業已行之，何不勸其遵守成憲，而遠引劉歆被排之事乎？孟堅作贊時，隨意論斷，特約舉劉歆、王莽兩傳以成文，而未加審定，然經

〔二〕「通經」，漢書作「通知逸經」。

學廢興之由，已自此紊矣。穀梁傳序注竝釋文皆謂平帝時立左氏，亦沿孟堅之誤。

景十三王傳：「河間獻王立毛氏詩、左氏春秋博士。」褒按：此在建元五年之前，獻王於其藩國私立者也。

後書儒林傳：「光武中興，立五經博士，易有施、孟、梁丘、京氏，尚書歐陽、大、小夏侯，詩齊、魯、韓、毛，禮大、小戴，春秋嚴、顏，凡十四博士。」褒按：范書八志即司馬彪續書之文，其百官志「博士十四人」，詩無毛氏，李賢注徐防傳引應劭漢官儀與志合。此傳作齊、魯、韓、毛，誤。

後書儒林傳：「建武中，鄭興、陳元傳春秋左氏學。尚書令韓歆上疏，欲爲左氏立博士，范升與歆爭之未決，陳元上書訟左氏，遂以魏郡李封爲左氏博士。後羣儒蔽固者數廷爭之。及封卒，光武重違衆議，而因不復補。」褒按：此事詳見范升、陳元二傳，升傳謂：「時尚書令韓歆上疏，欲爲費氏易、左氏春秋立博士，詔下其議。升奏主不稽古，無以承天，臣不述舊，無以奉君。近有司請置京氏易博士，羣下執事莫能據正。京氏既立，費氏怨望，左氏春秋復以比類，亦希置立。京、費已行，次復高氏，春秋之家，又有騶、夾。如令左氏、費氏得置博士，高氏、騶、夾，五經奇異，竝復求立，各有所執，乖戾分爭。從之則失道，不從則失人，將恐陛下必有厭倦之聽。」又謂「費、左二學，無有本師，而多反異，先帝前世，有疑於此，故京氏雖立，輒復見廢。疑道不可由，疑事不可行。乃奏左氏之失凡十四事。時難者以太史公多引左氏，升又上太史公違戾五經，謬孔子言，及左氏春秋不可録三十一事。詔以下博士。」元傳謂：「建武初，元與桓譚、杜林、鄭興俱爲學者所宗。時議欲立左氏博士，范升奏以爲左氏淺末，不宜立。元聞之，乃詣闕上疏。其略謂：「臣元竊見博士范升等所議奏左氏不可立，及太史公違戾凡四十五事，皆斷截小文，媟黷微辭，以年數小差，掇爲巨謬，遺脱纖微，指爲大尤。升等又曰：『先帝不以左氏爲經，故不置博士，後主所宜因襲。』臣愚以爲若〔一〕先帝所行，而後主必行者，則盤庚不當遷於殷，周公不當營洛邑，陛下不當都山東也。往者，孝武皇帝好公羊，衞太子好穀梁，於是獨學之。及即位，爲石渠論而穀梁氏興，至今與公羊竝存。先帝後帝各有所立，不必其相因也。」「范升復與元相辨難，凡十餘上。帝卒立左氏學，太常選博士四人，元爲第一。以元新忿爭，乃用其次司隸從事李封，於是諸儒以左氏之立，論議讙譁，自公卿以下，數廷爭之。會封病卒，左氏復廢。」後書儒林傳：「建初中，又詔高才生受古文尚書、毛詩、穀梁、左氏春秋，雖不立學官，然皆擢高第爲講郎，給事近署，所以網羅遺逸，博存衆家。」裒按：此事亦見章帝紀，詳載賈逵傳。帝紀：「建初八年，詔令羣儒選高才生受學左氏、穀梁春秋、古文尚書、毛詩，以扶微學，廣異義焉。」逵傳：「建初元年，帝善逵説，使發左氏大義長於二傳者。」逵於是摘出左氏三十事條奏，帝嘉之。「令逵自選公羊嚴、顏諸生高才者二十人，教以左氏，與簡紙經傳各一通。」逵數爲帝言古文尚書，與經傳爾雅詁訓相應，詔令撰歐陽、大、小夏侯〔二〕尚書古文同異。逵集爲三卷，帝善之。復令撰齊、魯、韓詩與毛詩異同。八年，乃

〔一〕「以爲若」，原作「若以爲」，據陳元傳乙。
〔二〕「夏侯」，原脱，據後漢書補。

詔諸儒各選高才生，受左氏、穀梁春秋、古文尚書、毛詩，由是四經遂行於世。」釋文：「和帝元興十一年，鄭興父子奏上左氏，乃立於學官。」褰按：鄭興傳以建武九年監征南、積弩營，坐左轉蓮勺令，會以事免，遂不復仕，卒於家。卒時雖不紀何年，大約在光武之世。其子衆於建武中不應皇太子聘，永平初辟司空府，以明經給事中，至建初六年，代鄧彪爲大司農，八年卒於官。蓋光武世絶未與興同朝歷事，明帝、章帝遂卒，安得有和帝時奏上左氏之事？且和帝以永元紀元，凡十六年，至十七年改元爲元興元年，即於是冬崩殂，又安得有和帝元興十一年之説？陸元朗何忽不知檢也？至於左氏未立學官，自以儒林傳爲據，其謬誤又不必辨矣。春秋序疏沿元朗之誤，又謂鄭興父子與劉歆奏上，敍和帝於章帝之前，其謬更甚。

李先生鍾泗

李鍾泗字濱石，甘泉人。嘉慶辛酉舉人。治經精左氏春秋，著規規過一書，抑劉伸杜，里堂稱其精博。參漢學師承記。

談先生泰

談泰字階平，上元人。乾隆丙午舉人，官山陽南匯教諭。淹通經史，專志撰述，不爲世俗之學，尤精音律算數。從錢少詹事曉徵游。曉徵贈先生序，稱其學深造自得。又與焦里堂、汪孝嬰相友善。里堂著開方通釋，先生與之互相證訂。嘗引申曉徵從子塘周徑率之説，爲周徑説一卷。又以梅循齋赤水遺珍中有方田度里一篇，正王制注疏之誤，其法以原數立算，與鄭康成注互合，但所列諸率，不明言乘除之數，恐觀者無從稽核，因爲之疏解，並同三率互視法詳推，爲王制井里算法解一卷，附列里數各表，使初學易明，皆有裨經義。他著有禮記源流考二卷，先聖生卒年月日辨二卷，三十六字母陰陽辨一卷，古今音韻識餘二卷，古今樂疑義三卷，絲竹考異與人歌譜三卷，九宫辨二卷，春秋戰國歲次考二卷，談氏族考一卷，多聞闕疑六卷，偶談漫記四卷，歲次月建異同辨一卷，明算津梁四卷，推步稿三卷，天元釋例四卷，平方立方表六卷，北斗考三卷，疇人傳三卷，桐音館雜文四卷。參續疇人傳、史傳。

疇人解

史記曆書「疇人子弟分散」，漢書律曆志亦載其語。注家説疇字有四：韋昭曰：「疇，類也。」如淳曰：「家業世世相傳爲疇，律年二十三，傳之疇官，各從其父學」。此據裴駰集解所引，漢書注無律年以下十四字，蓋師古徵引未備。李奇曰：「同類之人俱明曆者也。」索隱引此，作孟康語，無俱字。樂彥曰：「疇，昔知星人也。」韋、李二説相近，如、樂二説迥殊。顔監以如爲是。淳所引「律」當即漢律。淳，魏人，去漢未遠，故引漢律。攷漢書高祖紀「蕭何發關中老弱未傅者悉詣軍」，服虔曰：「傅音附。」孟康曰：「古者二十而傅，三年耕有一年之儲，故二十三而後役之。」景帝紀：「二年，令天下男子年二十始傅。」師古曰：「舊法二十三，今此二十，更爲異制也。」然則二十三者，漢初之法，景帝又改制矣。如淳曰：「律，年二十三傅之疇官，此引作傅，與彼注作傅不同。紀、志兩注，皆出如淳所引，皆律文，何以不同？攷古傅、傳二字互通。周禮夏官訓方氏：「誦四方之傳道。」鄭注：「故書傳爲傅。」杜子春云：「傅當作傳。書亦或爲傳。」儀禮覲禮：「四傳擯。」鄭注「古文傳作傅。」禮記檀弓注：「何傳乎。」釋文：「傳，一本作傅。」莊子天運篇「魚傅沫」，又山木篇「隨其曲傅」，釋文並云：「傅本作傳。」是傅、傳互通也。各從其父疇前明南監本此下有「内」字，疑衍文。學之。此與律曆志注文小異。高不滿六尺二寸以下爲罷癃。漢儀注云：『民年二十三爲正，一歲爲衛士，一歲爲材官騎士，習射御騎馳戰陳。』又云：『年五十六衰老，乃得免爲庶民，就田里。』今老弱未嘗傅者，皆發之。未二十三爲弱，過五十六爲老。」史記項羽紀集解引如淳注，此下更引食貨志曰：「月爲更卒，已復爲正，一歲屯戍，一歲力役，三十倍於古。」又索隱引姚氏云：「古者更卒不過一月，踐更五月而休。」文穎云：「五當爲三，言一歲之中，三月居更，三月戍邊，總九十三日。古者役人歲不過三日，此所謂一歲力役三十倍於古也。斯説得也。」師古曰：「傅，著也。言著名籍，給公家徭役也。」詳玩律義，指力役之征言。如淳借以解疇字，凡世世相傳之事，皆得謂之疇，不但力役一端。史記龜策傳：「孝文、孝景因襲掌故，未遑講試，雖父子疇官，世世相傳，其精微深妙，多所遺失。」然則太卜亦用世掌，故曰疇官。而天官之學，尤崇世冑。古顓頊命南正重司天，北正黎司地。唐、虞羲、和二氏，紹重、黎後，代序天地。

周官馮相氏注「世登高臺，以視天文之次序」，疏謂：「官有世功，則以官名氏。」又保章氏注「世守天文之變」，疏謂：「以其稱氏，故云世守。」王子年拾遺記曰：「宋景公史子韋，世司天部，妙觀星緯。景公待之若神，號司星氏。」漢志有宋司星子韋三篇。漢置太史公，置位在丞相上，以司馬談爲之，其子遷嗣。自昔掌天官者，大抵師承家學，即所謂專門之裔也。再攷漢書宣帝紀：「地節二年春三月，大司馬大將軍霍光薨。詔曰：『功德茂盛，朕甚嘉之，復其後世，疇其爵邑，世世毋有所與。』」霍光傳同。音義云：「疇，等也。霍光傳應劭注同。使其後常與先人等也。」此條師古未引，見後漢書荀彧傳注。蓋臣瓚音義唐代尚存，故章懷引之。張晏云：「律，非始封十減二。疇者等也，不復減也。」晏不審何代人，所引之律，亦當爲漢律。玩詔書及注文，則疇爲世世相傳明矣。王莽傳：「元始元年，羣臣奏言霍光有功，益封三萬户，疇其爵邑，比蕭相國。莽宜如光故事。」又云：「宜賜號曰安漢公，益户疇爵邑。」又云：「太后下詔，以孔光爲太師，王舜爲太保，甄豐爲少傅，皆授四輔之職，疇其爵邑。」又云：「太后下詔，以召陵、新息二縣户二萬八千益封莽，復其後嗣，疇其爵邑。莽讓還益封疇爵邑事。」又云：「陳崇奏孝宣皇帝顯著霍光，增户命疇封者三人。」莽傳數條，與宣帝紀所稱，可以互證。後漢書祭遵傳：「范升上疏，追稱遵曰：昔高祖班爵割地，與下分功，著録勳臣，頌其德美，生則寵以殊禮，死則疇其爵邑，世無絶嗣，丹書鐵券，傳於無窮。」章懷注：「疇，等也。言功臣死後，子孫襲封，世世與先人等。」章懷此注，即本前書音義。是世世相傳爲疇，古有明文。又荀彧傳：「曹操上書表彧曰：原其績効，足享高爵，而海内未喻其狀，所受不侔，其功臣誠惜之。乞重平議，增疇户邑。」魏志荀彧傳注引彧別傳：「太祖表曰：前所賞録，未副彧巍巍之勳，乞重平議，疇其户邑。」與范史文小異。左思魏都賦：「疏爵普疇。」劉注：「疇其爵邑者。」吕向注：「有功者分其爵邑疇度，使當其功。」夫以疇爲等，已見史記宋微子世家，書洪範九疇，世家作鴻範九等。於文義固協。愚則謂疇爲耕治之田。說文。古者農不去疇，吕覽慎大。農之子恒爲農，本有世世相傳之義。後代封賞臣下，亦必有土田，故詔疏多用疇其爵邑，即暗指田疇言。古人屬文皆有旨趣，故訓詁旁通，無所不合。史記秦始皇紀「男樂其疇，女修其業」，與家業世世相傳爲疇之語隱隱相合。如淳本漢律，確然有據。且疇官之稱，爲疇人顯證。史記曆書：「黄帝考定星曆，建立五行，起消息，正閏餘，於是有天地神祇物類之官，是謂五官，各司其序，不相亂也。」物類之官，即所謂疇官也。律云「各從其父學」，尤與史文闇會，師古從之，當矣。若夫訓疇爲類，古固有之。易否卦九家注，書洪範孔傳鄭注，皆云「疇，類也」。孔疏以疇爲輩類之名。禮記樂記注云：「儕猶輩類。」說文云：「儕，等輩也。」玉篇云：「儕，等也，輩也，類也。」此正義所本。戰國策淳于髡曰：「夫物各有疇，今髡賢者之疇也。」鮑彪注：「耕治之田，禾所聚也，故爲類。」此本說文，而推衍其旨。荀子勸學云：「草木疇生，禽獸羣焉，大戴禮作「居」。物各從其類也。」楊注：「疇與儔同，類也。」齊語注、楚詞「疾世」注、易否卦疏，訓疇爲匹，匹猶類也。匹字古訓偶、訓配、訓合、訓二，皆與類相近。然則疇字可以指物，文選嵇康贈秀才入軍詩：「咬咬黄鳥，顧疇弄音。」吕向注：「疇，匹也。」此疇字，指黄鳥。亦可以指人。星翁曆生，羣分類聚，故謂之疇。而象緯推測，往往世官而習其業，所謂父兄之教，不肅而成，子弟之率，不勞而能者。李、如二說，固並存不廢矣。又史記淮陰侯傳「其輩十三人」，漢書作「其疇十三人」，疇即輩也。齊語「人與人相疇」，是爲疇人根據。而疇、儔古通，故王逸謂二人爲匹，四人爲疇，皆與李注通貫。樂彦以疇昔之疇人爲知星之人，則近于傅會，於文義爲不類。至程大昌謂古字假借，疇人即籌人，以算數得名。攷荀子正論「至賢疇四海」，注謂「疇與籌同」，則古字本通，而以漢律疇官證之，終不甚合。王西莊十七史商搉，以爲樂官亦曰疇人，不必定屬治算數，正演繁露之非。夫樂官稱疇人，此語不知何所本？按王粲七釋云：「七盤陳於廣庭，疇人儼其齊俟。」束皙補亡詩序云：「晢與同業疇人肄修鄉飲之禮，然所詠之詩，或有義無辭，音樂取節，闕而不備。」據此，則習禮、習詩、習樂，皆可謂之疇人，又不專指治曆者也。錢竹汀先生曰：「如氏家業世世相傳之解，最爲精當。」疇之言傳也，西都賦「農服先疇之畎畝」，疇之義本於農，而凡世世相傳之業，皆可當疇人之目矣。

汪先生光爔

汪光爔字晉蕃，號芝泉，儀徵人。廩膳生。天性誠篤，與人言不及俗事。經學深於尚書，兼習毛詩、禮記。尤好易，彙集漢、魏諸家，考而釋之，謂：「乾鑿度言乾貞子左行，坤貞未右行。歲終，次從於屯、蒙。屯爲陽，貞於丑左行，蒙爲陰，貞於寅右行。歲終，則從其次卦。鄭氏以屯、蒙、需、訟明之。然則以次者，指序卦之次，始乾、坤，次屯、蒙，次需、訟。以兩卦主一歲，故云三十二歲期而周六十四卦，與卦氣值日迥殊。漢上不以需、訟爲次，而用謙、睽、升、臨，非鄭氏義也。」又難云：「陽卦左行，陰卦右行，惟泰從正月左行至六月，否從七月左行至十二月，泰、否獨相隨左行，明諸卦不然。而惠氏作爻辰圖，乾、坤諸卦皆左行，與鄭氏不已異乎？」其好學深思，不逐口耳附和如此。又工詩、駢體文。嘉慶丁卯卒，年四十有三。參里堂撰傳。

清儒學案卷一百二十一

儀徵學案上

乾、嘉經學之盛，達官耆宿提倡之力爲多。文達早躋通顯，歷中外，所至敦崇實學，編刻諸書，類多宏深博奥，挈領提綱。揅經室集説經之文，皆詁釋精詳，宜乎爲萬流所傾仰也。述儀徵學案。

阮先生元

阮元字伯元，號雲臺，儀徵人。乾隆己酉進士，改庶吉士，授編修，大考第一，超擢少詹事。歷詹事、内閣學士，户禮兵工諸部侍郎，浙江、江西、河南巡撫，漕運，兩湖、兩廣、雲貴總督，體仁閣大學士，管理刑部、兵部。累主文衡，督山東、浙江學政。嘉慶己未、道光癸巳，兩充會試總裁。道光十八年，予告回籍。丙午，重宴鹿鳴，晉太傅。二十九年卒，年八十有六。謚文達。先生爲政崇大體，兩撫浙江，賑饑治盜，親督師破安南艇匪於台州洋，獲其渠。海盜蔡牽，久擾閩、浙，奏用提督李長庚總統兩省水師，不分畛域。先生去官，長庚與疆吏不合，戰歿。先生復至，嚴禁接濟，主用長庚舊部王得禄、邱良功，授以方略，終殲蔡牽，功最著。在兩廣，增建礮臺，籌海防，嚴煙禁。時英吉利已跋扈，以兵船護商，入海口滋事，封艙停其貿易，乃獻犯結案，照舊通商，終任內兵船未再犯粤洋。在雲南，整鹽課，以飭邊防，用副將曾勝平騰越邊外野夷，薦膺專閫，爲時名將。所至興學教士，在浙立詁經精舍，在粤立學海堂，選才雋諸生肄業，學風大振。論學宗旨在實事求是，自經史、小學、厤算、輿地、金石、辭章，鉅細無所不包，尤以發明大義爲主。所著性命古訓、論語孟子論仁論、曾子十篇注，推闡古聖賢訓世之意，務在切於日用，使人人可以身體力行。再入翰林，採諸書爲國史儒林傳，合師儒異派而持其平。其餘説諸經之精義，載於所著揅經室集者尤夥。所編經籍籑詁、十三經注疏校勘記，傳布海内，爲學者所取資。疇人傳、積古齋鐘鼎彝器款識、山左兩浙金石志、淮海英靈集，並爲考古者所重。而所輯皇清經解，爲言漢學者之總匯。嘉惠後學，主持風會者五十餘年，士林尊爲山斗焉。參史傳、雷塘盦主弟子記、揅經室集。

詩書古訓序

萬世之學，以孔、孟爲宗。孔、孟之學，以詩、書爲宗。學不宗孔、孟，必入於異端。孔、孟之學所以不雜者，守商、周以來詩、書古訓以爲據也。詩三百篇，尚書數十篇，孔、孟以此爲學，以此爲教，故一言一行，皆深奉不疑。即如孔子作孝經，子思作中庸，孟子作七篇，每講一義，多引詩、書以爲證據。若曰世人亦知此事之義乎？詩曰某某即此也，書曰某某即此也。否則尚恐自説有偏弊，不足以訓於人。是周時孔、孟之引訓於詩、書，猶今人之引訓於論語、孟子也。試觀孔子最重孝道，孝道推本文王、周公，是故孝經引詩「孝子不匱，聿修厥德」，引書「一人有慶，兆民賴之」。孟子最重性善，性善推本于孔子，孔子推本於詩、書，是故引蒸民秉彝、物則懿德。此最明著，人人皆知者也。又春秋時，列國君卿大夫引詩、書者，亦皆明著者也。奈何後儒臆造諸説，以擬聖經，若法言以後等書，世人樂講其書，而反荒詩、書乎？元録詩書古訓六卷，乃總論語、孝經、孟子、禮記、大戴記、春秋三傳、國語、爾雅十經。此十經中引詩、書爲訓者，采繫於詩、書各篇各句之下。降至國策，罕引詩、書。極至暴秦，雜燒詩、書，偶語詩、書者棄市，動輒族誅殺降，以殺戮爲功德。詩、書所繫，豈不大哉？漢興，祀孔子，詩、書復出，朝野誦習，人心反正矣。子史引詩、書者，多存古訓，惟恐不能盡醇，則低寫一格，附之於後，以晉爲斷。蓋因漢、晉以前尚未以二氏爲訓，所説皆在政治言行，不尚空言也。然此所寫列者，皆古聖賢子史已經引出之訓。其未經引證者，若伏而讀之，訓而行之，引申觸類，章句正極多矣。

十三經注疏校勘記序

古周易十二篇，漢後至宋晁以道、朱子始復其舊。自晁以道、朱子以前，皆彖、象、文言分入上、下經卦中，别爲繫辭上下、説卦、序卦、雜卦五篇，鄭玄、王弼之書，業已如是，此學者所共知，無庸覼縷者也。易之爲書最古，而文多異字。宋晁以道古文易，撏撦爲之，如郭忠恕、薛季宣古文尚書之比。國朝之治周易者，未有過於徵士惠棟者也，而其校刊雅雨堂李鼎祚周易集解與自著周易述，其改字多有似是而非者。蓋經典相沿已久之本，無庸突爲擅易，況師説之不同，他書之引用，未便據以改久沿之本也，但當録其説於攷證而已。臣元於周易注疏舊有校正各本，今更取唐、宋、元、明經本、經注本、單疏本、經注疏合本，讎校各刻同異，屬元和生員李鋭筆之，爲書九卷，别校略例一卷，陸氏釋文一卷，而不取他書妄改經文，以還王弼、孔穎達、陸德明之舊。

自梅賾獻孔傳，而漢之真古文與今文皆亡。乃梅本又有今文、古文之别。新唐書藝文志云：「天寶三載，詔集賢學士衛包改古文從今文。」説者謂今文從此始，古文從此絶。殊不知衛包以前未嘗無今文，衛包以後又别有古文也。隋書經籍志有古文尚書十五卷，今字尚書十四卷，又顧彪今文尚書音一卷，是隋以前已有今文矣。蓋變古文爲今文，實自范甯始。甯自爲集注，成一家言，後之傳寫孔傳者從而效之，此所以有今文也。六朝之儒，傳古文者多，傳今文者少，今文自顧彪而外，不少概見。李巡、徐邈、陸德明皆爲古文作音。孔穎達正義出於二劉，蓋亦用古文本。如「塗」之爲「斁」、「云」之爲「員」是也。然疏内不數數覯，殆爲後人竄改，如陳鄂等之於釋文歟？然則衛包之改古從今，乃改陸、孔而從范、顧，非倡始爲之也。乃若天寶既改古文，其舊本藏書府，民間不復有之。更經喪亂，即書府所藏，亦不可問矣。開成初，鄭覃進石經，悉用今文。前此張參之壁經，後此長興之板本，廣政之石本，當無不用今文者。乃後周顯德六年，郭忠恕獨校古文尚書上之，上距天寶三載，已二百餘年，不知郭氏從何而得其本？宋初仍不甚行，至吕大防得於宋次道、王仲至家，而晁公武取以刻石，薛季宣據以作訓，然後大顯。今案釋文序録云：「尚書之字，本爲隸古。」既是隸寫古文，則不全爲古字。今宋、齊舊本，及徐、李等音，所有古字，蓋亦無幾。穿鑿之徒，務欲立異，依傍字部，改變經文，疑惑後生，不可寫用。是所謂古文，不過如周禮、漢書略有古體，及假借通用之字而已。晁氏讀書志云：「陸德明獨存一二於釋文。」此正與古字無幾之說相合。若連篇累牘，悉是奇字，則陸氏豈得或釋或不釋哉？晁氏又云：「以古文尚書校釋文，雖小有異同，而大體相類。」夫釋文所存僅止一二，就此一二之中，復小有異同，則全經不合者，必十之九，其爲贋本無疑。然觀陸氏之言，則穿鑿立異，自古而然，不獨郭氏也。臣於尚書注疏舊有校本，茲以各本授德清貢生徐養原校之，並及釋文，臣復定其是非，且攷其顛末，著於簡首。

攷異於毛詩，經有齊、魯、韓三家之異。齊、魯詩久亡。韓詩則宋以前尚存，其異字之見於諸書，可攷者大約毛多古字，韓多今字，有時必互相證而後可以得毛義也。毛公之傳詩也，同一字而各篇訓釋不同，大抵依文以立解，不依字以求訓，非熟於周官之假借者，不可以讀毛傳也。毛不易字，鄭箋始有易字之例。顧注禮則立說以改其字，而詩則多不欲顯言之。亦或有顯言之者，毛以假借立說，則不言易字，而易字在其中，鄭又於傳外研尋，往往傳所不易者而易之。非好異也，亦所謂依文立解，不如此，則文有未適也。孟子曰：「不以文害辭，不以辭害志。」孟子所謂文者，今所謂字。言不可泥於字，而必使作者之志昭著顯白於後世。毛、鄭之於詩，其用意同也。傳、箋分，而同一毛詩，字有各異矣。自漢以後，轉寫滋異，莫能枚數。至唐初，而陸氏釋文、顏氏定本、孔氏正義先後出焉。其所遵用之本，不能畫一。自唐後至今，鋟板盛行，於經，於傳箋，於疏，或有意妄更，或無意譌脱，於是繆盭莫可究詰。因以臣舊校本授元和生員顧廣圻，取各本校之，臣復定是非，於以知經有經之例，傳有傳之例，箋有箋之例，疏有疏之例。通乎諸例，而折衷於孟子不以辭害志，而後諸家之本可以知其分，亦可以知其一定不可易者矣。

有杜子春之周禮，有二鄭之周禮，有後鄭之周禮。周禮出山巖屋壁間，劉歆始知爲周公之書而讀之。其徒杜子春，乃能略識其字。建武以後，大中大夫鄭興，大司農鄭衆，皆以周禮解詁著。而大司農鄭康成乃集諸儒之成，爲周禮注。蓋經文古字不可讀，故四家之學皆主於正字。其云故書者，謂初獻於祕府所藏之本也。其民間傳寫不同者，則爲今書。有云「讀如」者，比擬其音也。有云「讀爲」者，就其音以易其字也。有云「當爲」者，定其字之誤也。三例既定，而大義乃可言矣，説皆在後鄭之注。唐賈公彦等作疏，發揮殊未得其肯綮。臣元於此經舊有校本，且合經、注、疏讀之，時窺見其一二，因通校經、注、疏之訛字，更屬武進監生臧庸蒐校各本並及陸氏釋文，臣復定其是非。凡言周制、言漢學者，容有藉於此。

儀禮最爲難讀，昔顧炎武以唐石刻九經校明監本，惟儀禮訛脱尤甚。經文且然，況注疏乎？賈疏文筆冗蔓，詞意鬱轖，不若孔氏五經正義之條暢，傳寫者不得其意，脱文誤句往往有之。宋世注、疏各爲一書，疏自咸平校勘之後，更無別本，誤謬相沿迄今，已無從一一釐正。朱子作通解，於疏之文義未安者，多爲删潤。在朱子自成一家之書，未爲不可，而明之刻注、疏者，一切惟通解之從，遂盡失賈氏之舊。臣於儀禮注疏舊有校本，奉旨充石經校勘官，曾校經文上石。今合諸本，屬德清貢生徐養原詳列異同，臣復定其是非。大約經、注則以唐石經及宋嚴州單注本爲主，疏則以宋單行本爲主，參以釋文、識誤諸書，於以正明刻之訛，雖未克盡得鄭、賈面目，亦庶還唐、宋之舊觀。鄭注疊古今文最爲詳覈，語助多寡靡不悉紀。今校是經，寧詳毋略，用鄭氏家法也。

小戴禮記，隋、唐志並二十卷，唐石經所分是也。貞觀中，孔穎達等爲正義，舊、新唐志皆云七十卷，晁氏讀書志、陳氏書録解題皆同。案古人義、疏皆不附於經、注而單行，猶古春秋三傳、詩毛傳不附於經而單行也。單行之疏，北宋皆有鐫本，今廑有存者，儀禮、穀梁、爾雅間存藏書家，而他經多亡。正義多附載經注之下，其始謂之兼義，其後直謂之某經注疏；其始本無釋文，其後又附以釋文，謂之附釋音某經注疏，最後又去「附釋音」三字，蓋皆紹興以後所爲，而北宋無此也。有在兼義之先爲之者，今所見吴中藏本，有春秋、禮記二種，春秋曰春秋正義卷第幾，禮記曰禮記正義卷第幾，皆不標爲某經注疏。其卷數則春秋三十六卷，禮記七十卷，皆與唐志正義卷數合。蓋以單行正義爲主，而以經注分置之，此紹興初年所爲，非如兼義注疏之以經注爲主，而以疏附之，既不用經注之卷數，又不用正義之卷數。春秋爲六十卷，禮記爲六十三卷，遂使唐人正義之卷次不可知，蓋古今之遷變如此。禮記七十卷之本，出於吴中吴泰來家。乾隆間，惠棟用以校汲古閣本，識之云：「訛字四千七百有四，脱字一千一百四十有五，闕文二千二百一十有七，文字異者二千六百二十有五，羡文九百七十有一。」點勘是正四百年來闕誤之書，犂然備具，爲之稱快。今記中所云「惠棟校宋本」者，是也。其真本今藏曲阜孔氏。近年有巧僞之書賈，取六十三卷舊刻，添注塗改，綴以惠棟跋語，鬻於人，鏤版京師者，乃贋本耳。今屬臨海生員洪震煊以惠棟本爲主，並合臣舊校本，及新得各本，攷其異同，臣復定其是非，爲校勘記六十有三卷，釋文則别爲四卷後之。爲小戴學者，庶幾有取於是。

春秋左氏傳，漢初未審獻於何時。漢藝文志説孔壁事，祇云得古文尚書及禮記、論語、孝經，不言左氏經傳也。景十三王傳亦但云得古文經傳，所謂傳者，即禮之記，及論語，亦未言有左氏也。楚元王傳「劉歆讓太常博士」，亦以逸禮三十有九，書十六篇系之。魯恭王所得孔安國所獻，而於春秋左氏所修二十餘通，則但云藏於祕府，不言獻自何人。惟説文解字序分别言之曰：「魯恭王壞孔子宅，得禮記、尚書、春秋、論語、孝經。又北平侯張蒼獻春秋左氏傳。」然後左氏經傳所自出，始大白於世。顧許言恭王所得有春秋，豈孔壁中有春秋經文，爲孔子手定者與？北平侯所獻，蓋必有經有傳，度其經必與孔壁經大同，然則班志所云古經十二篇者，指恭王所得與？抑指北平所獻與？左氏傳之學，興於賈逵、服虔、董遇、鄭衆、潁容諸家，杜預因之，分經比傳，爲之集解。今諸家全書不可見，而流傳間見者，往往與杜本乖異。古有吴皇象所書本，宋臧榮緒、梁岑之敬所校本，今皆不可得。蓋傳文異同可考者，亦僅矣。唐人專宗杜注，惟蜀石經兼刻經、傳、杜注文，而蜀石盡亡，世間搨本僅存數百字。後唐詔儒臣田敏等校九經，鏤本於國子監，此亦經傳注兼刻者，而今多不存。至於孔潁達等依經、傳、杜注爲正義三十六卷本，自單行，宋淳化元年有刻本。至慶元間，吴興沈中賓分系諸經注本合刻之，其跋云：「踵給事中汪公之後，取國子監春秋經傳集解、正義精校，萃爲一書。」蓋田敏等所鏤，淳化元年所頒，皆最爲善本，而畢集於是。後此附以釋文之本，未有能及此者。元和陳樹華即以此本徧考諸書，凡與左氏傳經文有異同可備參考者，撰成春秋内傳考證一書，考證所載之同異，雖與正義本敻然不同，然亦間有可采者。臣更病今日各本之踳駮，思爲諟正。錢塘監生嚴杰熟於經疏，因授以舊日手校本，又慶元間所刻之本，並陳樹華考證及唐石經以下各本，及釋文各本，精詳捃摭，共爲校勘記四十二卷，雖班孟堅所謂多古字古言，許叔重所謂述春秋傳用古文者，年代縣邈，不可究悉，亦庶幾網羅放佚，冀成注疏善本，用裨學者矣。

漢武帝好公羊，治其學者胡母子都、董膠西爲最著。膠西下帷講誦，著書十餘萬言，皆明經術之意，至於今傳焉。子都爲景帝時博士，後年老歸教於齊，齊言春秋者，莫不宗事之。公羊之著竹帛，自子都始。戴宏序偁「子夏傳與公羊高，高傳其子平，平傳其子地，地傳其子敢，敢傳其子壽，壽與弟子胡母子都著於竹帛」是也。何休爲膠西四傳弟子，本子都條例以作注，著公羊墨守、公羊文謚例、公羊傳條例，尤邃於陰陽五行之學，多以讖緯釋傳，惟黜周王魯，傳無明文，晉王接以爲乖硋大體，非過毁也。公羊傳文初不與經相連綴，漢志各自爲卷。孔穎達詩正義云：「漢世爲傳訓者，皆與經别行。」故蔡邕石經公羊殘碑無經，解詁亦但釋傳也。分經附傳，大氐漢後人爲之，而唐開成始取而刻石。徐彦疏，唐志不載，崇文總目始著録，亦無撰人名氏。宋董逌云：「世傳徐彦所作，其時代里居不可得而詳矣。」光禄寺卿王鳴盛云「即北史之徐遵明」，不爲無見也。蓋其文章似六朝人，不似唐人所爲者。郡齋讀書志、書録解題並作三十卷，世所傳本乃止二十八卷，其參差之由，亦無可考也。臣舊有校本，今更以何煌所校蜀大字本，宋鄂州官本，及唐石經本，宋、元以來各注疏本，屬武進監生臧庸，臚其同異之字，臣爲訂其是非，成公羊注疏校勘記十一卷，釋文校勘記一卷，後之爲是學者，俾得有所考焉。

六藝論云「穀梁善於經」，豈以其親炙於子夏，所傳爲得其實與？公羊同師子夏，而鄭氏起廢疾則以穀梁爲近孔子，公羊爲六國時人。又云「傳有先後」，然則穀梁實先於公羊矣。今觀其書，非出一人之手，如隱五年、桓六年，並引尸子說者，謂即尸佼。佼爲秦相商鞅客，鞅被刑後，遂亡逃入蜀，而預爲徵引，必無是事，或傳中所言者，非尸佼也。自漢宣帝善穀梁，於是千秋之學起，劉向之義存，若更始唐固、麋信、孔衍、徐乾皆治其學，而范甯以未有善釋，遂沈思積年，著爲集解。晉書范傳云「徐邈復爲之注，世亦偁之」，似徐在范後，而書中乃引邈注一十有七，可知邈成書於前，范甯得以捃拾也。讀釋文所列經解傳述，人亦可得其後先矣。漢志經傳各自爲袟，今所傳本未審合并於何時也。集解則經傳並釋，豈即范氏之所合與？范注援漢、魏、晉各家之説甚詳，唐楊士勛疏分肌擘理，爲穀梁學者，未有能過之者也。但亥豕魯魚，紛綸錯出，學者患焉。康熙間，長洲何煌者，焯之弟，其所據宋槧經注殘本，宋單疏殘本，並希世之珍，雖殘編斷簡，亦足寶貴。臣曾校録。今更屬元和生員李鋭，合唐石經、元版注疏本及閩本、監本、毛本，以校宋十行本之譌，臣復定其是非，成穀梁注疏校勘記十二卷，釋文校勘記一卷。

春秋、易大傳，聖人自作之文也；論語，門弟子所以記載聖言之文也。凡記言之書，未有不宗之者也。魯、齊古本異同，今不可詳，今所習者，則何晏本也。臣元於論語注疏舊有校本，且有箋識，又屬仁和生員孫同元推而廣之，於經、注、疏、釋文皆據善本讐其同異，暇輒親訂成書，以貽學者云爾。

孝經有古文，有今文，有鄭注，有孔注。孔注今不傳，近出於日本國者，誕妄不可據。要之孔注即存，不過如尚書之僞傳，決非真也，鄭注之僞，唐劉知幾辨之甚詳，而其書久不存。近日本國又撰一本，流入中國，此僞中之僞，尤不可據者。孝經注之列於學宫者，係唐玄宗御注。唐以前諸儒之説，因藉捃摭，以僅存。而當時元行沖義疏，經宋邢昺刪改，亦尚未失其真。學者舍是，固無繇闚孝經之門徑也。惟其訛字實繁，臣元舊有校本，因更屬錢塘監生嚴杰旁披各本，並文苑英華、唐會要諸書，或讐或校，務求其是，臣復親酌定之，爲孝經校勘記三卷，釋文校勘記一卷。

爾雅一書，舊時學者苦其難讀，今則三家邨書塾匙不讀者，文教之盛，可云至矣。爾雅注郭氏後出，不必精審，而從前古注之散見者，通儒多愛惜攟拾之。若近日寶應劉玉麐、武進臧庸皆采輯，成書可讀。邢昺作疏在唐以後，不得不綷唐人語爲之。近者翰林學士邵晉涵改絃更張，別爲一疏，與邢並行，時出其上。顧邢書名列學官已久，士所共習，而經注疏三者皆訛舛日多，俗間多用汲古閣本，近年蘇州翻版尤劣。臣元搜訪舊本，於唐石經外，得明吴元恭仿宋刻爾雅經注三卷，元槧雪窗書院爾雅經注三卷，宋槧爾雅邢疏未附合經注者十卷，皆極可貴。授武進監生臧庸取以正俗本之失，條其異同，纖悉畢備，臣復定其是非，爲爾雅注疏校勘記六卷。上、中、下三卷，各分上、下卷。後之讀是經者，於此不無津梁之益。陸德明經典釋文，此經爲最詳，仍別爲校訂訛字，不依注疏本與經注相淆。若夫爾雅經文之字，有不與經典合者，轉寫多歧之故也；有不與説文解字合者，説文於形得義，皆本字本義，爾雅釋經，則假借特多，其用本字本義少也。此必治經者深思而得其意，固非校勘之餘所能盡載矣。

漢人孟子注存於今者，惟趙岐一家。趙岐之學，以較馬、鄭、許、服諸儒，稍爲固陋，然屬書離辭，指事類情，於詁訓無所戾。七篇之微言大義，藉是可推。且章别爲指，令學者可分章尋求，於漢傳注别開一例，功亦勤矣。唐之張鎰、丁公著始爲之音，宋孫奭采二家之善，補其闕遺，成音義二卷，本未嘗作正義也。未詳何人擬他經爲正義十四卷，於注義多所未解，而妄説之處，全鈔孫奭音義，略加數語，署曰孫奭疏，朱子所云「邵武一士人爲之」者，是也。又盡删章指矣。而疏内又往往詮釋其所削於十三卷，自偁其例曰：「凡於趙注有所要者，雖於文段不録，然於事未嘗敢棄之而不明。」其可議有如此者。自明以來，學官所貯，注疏本而已。疏之悠繆不待言，而經注之訛舛闕遺，莫能諟正。吴中舊有北宋蜀大字本、宋劉氏丹桂堂巾箱本、相州岳氏本、盱郡重刊廖瑩中世綵堂本，皆經注善本也，賴吴寬、毛扆、何焯、何煌、朱奂、余蕭客先後傳校。迄休寧戴震，授曲阜孔繼涵、安丘韓岱雲鋟版，於是經注訛可正，闕可補。而注疏本有十行者，亦較他注疏本爲善。今屬元和生員李鋭合諸本，臚其同異，臣爲辨其是非，以經注本正注疏本，以注疏十行本正明之閩本、北監本、汲古閣本，爲校勘記十四卷。章指及篇敍，既學者所罕見，則備載之；音義亦校訂附後，俾爲趙氏之學者，得有所參考折衷。日本孟子考文所據，僅足利本、古本二種。今則所據差廣，考孟子者，殆莫能舍是矣。

曾子十篇注釋序

元謹案：百世學者，皆取法孔子矣，然去孔子漸遠者，其言亦漸異。子思、孟子近孔子，而言不異，猶非親受業於孔子者也。然則七十子親受業於孔子，其言之無異於孔子而獨存者，惟曾子十篇乎？曾子修身慎行，忠實不欺，而大端本乎孝。孔子以曾子爲能通孝道，故授之業，作孝經。今讀「事父母」以上四篇，實與孝經相表裏焉。患之小者，豪髮必謹，節之大者，死生不奪，窮極禮經之變，直通天律之本，莫非傳習聖業，與年並進，而非敢恃機悟也。且其學與顏、閔、游、夏諸賢同習所傳於孔子者，亦絶無所謂獨得道統之事也。竊以曾子所學較後儒爲博，而其行較後儒爲庸。顏子曰：「博我以文，約我以禮。」孔子曰：「庸德之行，庸言之謹。」然則魯哀公年間，齊、魯學術可以槩見，後世學者當知所取法矣。元不敏，於曾子之學，身體力行，未能萬一。惟孰復曾子之書，以爲當與論語同，不宜與記書雜録並行。爰順攷十篇之文，注而釋之，以就正有道。竊謂從事孔子之學者，當自曾子始。又案：漢志載曾子十八篇，此先秦古書爲第一本。隋志據阮孝緒七録稱曾子二卷，連目録三卷，爲六朝以前舊本，或十八篇，或十篇，無明文，此第二本。新、舊唐書皆作二卷，較隋志亡目録一卷，其篇數亦不可攷，爲第三本。鼂氏公武據唐本十篇文，蓋與大戴記同，有題紹述本者，紹述即樊宗師字，此昭德所據唐本，爲第四本。昭德之從父詹事公病其文字回舛，以家藏曾子與温公所藏大戴禮參校是正，并盧辨注，此宋人以單行曾子及大戴合校本，爲第五本。楊氏簡即十篇之文而注之，此宋人新注，爲第六本。今第一篇爲立事，而高氏、王氏所見，首篇皆作修身，與今書不同，此第七本。崇文總目、通志略、文獻通攷、山堂攷索、宋史藝文志等書，皆載曾子二卷，蓋同爲一書，此第八本。周遝曾子音訓十篇，此第九本。以上九本，惜皆失傳，無從參校。今之所據，惟大戴記中十篇耳。其自汪晫以下九家，雜采他書，割裂原文而爲之，今附録於後，不足數也。近時爲大戴之學者，有仁和盧召弓學士文弨校盧雅雨運司見曾刻本，有休寧戴東原吉士震校刻武英殿聚珍版本，有曲阜孔撝約檢討廣森補注本，有高郵王懷祖給事念孫、江都汪容甫拔貢中在朱竹君學使筠署中同校本，有歸安丁小雅教授杰本。元今所注曾子，仍據北周盧僕射之書，博攷羣書，正其文字，參以諸家之說，擇善而從。如有不同，即下己意，稱名以別之。至於文字異同，及訓義所本，皆釋之以明從違之意。又嘗博訪友人，商榷疑義，說之善者，擇而載之。

積古齋鐘鼎彝器款識序

鐘鼎彝器，三代之所寶貴，故分器贈器，皆以是爲先，直與土地並重，且或以爲重賂。其造作之精，文字之古，非後人所能及。古器金錫之至精者，其氣不外洩，無青緑。其有青緑者，金之不精，外洩於土者也。古器銘字，多者或至數百字，縱不抵尚書百篇，而有過於汲冢者遠甚。漢代以得鼎爲祥，因之改元，因之立祀。六朝、唐人不多見，學者不甚重之。迨北宋後，古器始多出，復爲世重，勒爲成書。南宋、元、明以來，流傳不少。至我朝西清古鑑，美備極矣。且海内好古之士，學識之精，能辨古器，有遠過於張敞、鄭重者，而古器之出於土田榛莽間者，亦不可勝數。余心好古文奇字，每摩挲一器，搨釋一銘，俯仰之間，輒心往於數千年前，以爲此器之作，此文之鑄，尚在周公、孔子未生以前，何論秦、漢乎！由簡策而卷軸，其竹帛已灰燼矣，此乃巋然獨存乎世。人得西嶽一碑，定武片紙，即珍如鴻寶，何況三代法物乎？世人得世綵書函，麻沙宋版，即藏爲祕册，何況商、周文字乎？友人之與余同好者，則有江侍御德量、朱右甫爲弼、孫觀察星衍、趙銀臺秉沖、翁比部樹培、秦太史恩復、宋學博葆醇、錢博士坫、趙靜齋魏、何夢華元錫、江鄭堂藩、張解元廷濟等，各有藏器，各有搨本，余皆聚之，與余所自藏自搨者，集爲鐘鼎款識一書，以續薛尚功之後。薛尚功所輯共四百九十三器，余所集器五百五十，數殆過之。夫𢊁字於板本，不如鑄字於金之堅且久，然自古左、國、史、漢所言各器，宋宣和殿圖，無有存者矣。兩宋吕大防、王俅、薛尚功、王順伯諸書册所收之器，今亦厪有存者矣。然則古器雖甚壽，顧至三四千年出土之後，轉不能久，或經兵燹之墜壞，或爲水土之沈薶，或爲傖賈之毁銷，不可保也。而宋人圖釋各書，反能流傳不絶，且可家守一編，然則聚一時之彝器，摹勒爲書，實可使一時之器，永傳不朽，即使吉金零落無存，亦可無憾矣。平湖朱氏右甫酷嗜古金文字，且能辨識疑文，稽考古籍國邑大夫之名，有可補經傳所未備者，偏旁篆籀之字，有可補説文所未及者。余以各搨本屬之編訂審釋之。甲子秋訂成十卷，付之梓人，並記其始末如此。

擬國史儒林傳序

昔周公制禮，太宰「九兩繫邦國」，「三曰師」，「四曰儒」，復於司徒「本俗」聯以師儒。師以德行教民，儒以六藝教民，分合同異，周初已然矣。數百年後，周禮在魯，儒術爲盛。孔子以王法作述，道與藝合，兼備師儒。顔、曾所傳，以道兼藝，游、夏之徒，以藝兼道。定、哀之間，儒術極醇，無少差繆者，此也。荀卿著論，儒術已乖，然六經傳説，各有師授。秦弃儒籍，入漢復興，雖黄、老刑名，猶復淆雜。迨孝武盡黜百家，公卿大夫士吏彬彬多文學矣。東漢以後，學徒數萬，章句漸疏，高名善士，半入黨流。

迄乎魏、晉，儒風蓋已衰矣。司馬、班、范皆以儒林立傳，敍述經師家法，授受秩然。雖於周禮師教未盡克兼，然名儒大臣，匡時植教，祖述經說，文飾章疏，皆與儒林傳相出入。是以朝秉綱常，士敦名節，拯衰銷逆，多歷年所，則周、魯儒學之效也。兩晉玄學盛興，儒道衰弱，南北割據，傳授漸殊。北魏、蕭梁義疏甚密，北學守舊而疑新，南學喜新而得僞。至隋、唐五經正義成，而儒者鮮以專家古學相授受焉。宋初名臣皆敦道誼，濂、洛以後遂啟紫陽闡發心性，分析道理，孔、孟學行不明著於天下哉！宋史以道學、儒林分爲二傳，不知此即周禮師儒之異，後人創分而闇合周道也。元、明之間，守先啟後在於金華，洎乎河東，姚江門人分歧遞興遞滅，然終不出朱、陸而已。終明之世，學案百出，而經訓家法，寂然無聞。揆之周禮，有師無儒，空疏甚矣。然其間臺閣風厲，持正扶危，學士名流，知能激發。雖多私議，或傷國體，然其正道實拯世心。是故兩漢名教得儒經之功，宋、明講學得師道之益，皆於周、孔之道得其分合，未可偏譏而互誚也。我朝列聖道德純備，包涵前古，崇宋學之性道，而以漢儒經義實之，聖學所指，海内嚮風，御纂諸經，兼收歷代之說，四庫館開，風氣益精博矣。國初講學如孫奇逢、李顒等，沿前明王、薛之派；陸隴其、王懋竑等，始專守朱子，辨僞得真；高愈、應撝謙等，堅苦自持，不媿實踐；閻若璩、胡渭等，卓然不惑，求是辨誣；惠棟、戴震等，精發古義，詁釋聖言；近時孔廣森之於公羊春秋，張惠言之於孟、虞易說，亦專家孤學也。且我朝諸儒好古敏求，各造其域，不立門户，不相黨伐，束身踐行，闇然自修。嗚呼！周、魯師儒之道，我皇上繼列聖而昌明之，可謂兼古昔所不能兼者矣。綜而論之，聖人之道，譬若宮牆，文字訓詁，其門逕也，門逕苟誤，跬步皆歧，安能升堂入室乎？學人求道太高，卑視章句，譬猶天際之翔，出於豐屋之上，高則高矣，户奧之間，未實窺也。或者但求名物，不論聖道，又若終年寢饋於門廡之間，無復知有堂室矣。是故正衣尊視，惡難從易，但立宗旨，即居大名，此一蔽也。精校博考，經義確然，雖不踰閑，德便出入，此又一蔽也。臣等備員史職，綜輯儒傳，未敢區分門逕，惟期記述學行，自順治至嘉慶之初，得百數十人。仿明史載孔氏於儒林之例，别爲孔氏傳，以存史記孔子世家之意。至若陸隴其等，國史已入大臣傳，兹不載焉。

疇人傳序

昔者，黄帝迎日推策，而步術興焉。自時厥後，堯命羲、和，舜在璿璣，三代迭王，正朔遞改，蓋效法乾象，布宣庶績，帝王之要道也。是故周公制禮，設馮相之官；孔子作春秋，譏司術之過。先古聖人，咸重其事。兩漢通才大儒，若劉向父子、張衡、鄭玄之徒，纂續微言，鉤稽典籍，類皆甄明象數，洞曉天官。或作法以叙三光，或立論以明五紀，數術窮天地，制作侔造化，儒者之學，斯爲大矣。世風遞降，末學支離，九九之術，俗儒鄙不之講；而履觀臺領司天者，皆株守舊聞，罔知法意；演撰算造之家，徒换易子母，弗憑圭表爲合，驗天失之彌遠。步算之道，由是日衰，臺官之選，因而愈輕，六藝道湮，良可嗟歎。甚或高言内學，妄占星氣，執圖緯之小言，測淵微之懸象。老人之星，江南常見，而太史以多壽貢諛；發斂之節，終古不差，而倖臣以日長獻瑞。若此之等，率多錯謬。又或稱意空談，流爲虚誕。河圖、洛書之數傳者，非真元會運世之篇，言之無據。此皆數學之異端，藝術之楊、墨也。元蚤歲研經，略涉算事，中西異同，今古沿改，三統、四分之術，小輪橢圓之法，雖嘗旁稽載籍，博問通人，心鈍事棼，義終昧焉。竊思二千年來，術經七十，改作者非一人，其建率改憲，雖疏密殊途，而各有特識，法數具存，皆足以爲將來典要。爰掇拾史書，薈萃羣籍，甄而録之，以爲列傳，自黄帝以至於今，凡二百四十三人，附西洋三十七人，大凡二百八十人，釐爲四十六卷，名曰疇人傳。綜算氏之大名，紀步天之正軌，質之藝林，以諗來學，俾知術數之妙，窮幽極微，足以綱紀羣倫，經緯天地，乃儒流實事求是之學，非方技苟且干禄之具，有志乎通天地人者，幸詳而覽焉！

文集

太極乾坤説

天地所共之極，舍北極别無所謂極也。爾雅曰：「北極謂之北辰。」易繫辭曰：「易有太極。」虞翻注曰：「太極，太一也。」鄭康成注乾鑿度曰：「太一者，北辰之神名。」鄭説雖爲太一行九宫之法，然太極即太一，太一即北辰，北辰即北極，則固古説也。易繫辭曰：「易有太極，是生兩儀，兩儀生四象，四象生八卦。」然則八卦本於四時，四時本於天地，天地本於太極。孔子之言，節節明顯，而後儒舍其實以求其虚，何也？實者何？天地之實象也。虞書曰：「在璿璣玉衡，以齊七政。」此即渾天以北極定天地之儀，與周髀相通。天圓地亦圓，見於大戴記曾子天圓篇，亦孔子言也。天地共以北極爲樞，天之所轉，即地之所繫，其爲極心之中同也。非太極不生兩儀，兩儀謂天地，地圓居中而不墜，天旋包之而有常。兩儀生四象，四象謂四時，天具黄赤道，與地圓相遊行以成四時，春夏秋冬，即東南西北也。四象生八卦，則因四方以定八卦之位。説卦傳「帝出乎震」以下，皆其位也。然則乾坤爲天地，宜居正南北矣，曷由乾居西北，坤居西南也？曰：此正太極即北極之實象也。地體正圓，中國界赤道而居北極，斜倚乎其北，南極入地不能見，以渾圓之體論之，則但於赤道緯線之内外，北極高低有分别耳。至於兩極經線，如爪之直痕，則處處皆可謂當極之中，本無偏也。然洪荒既闢，及於中古，中國之地以黄河横亘爲起止，若執洛陽爲地之中，謂其所北之天正當北極，則應以洛陽南北地面一綫之經爲最高之地脊，其水當分東者向東流，西者向西流矣，曷由河與洛皆由西而來，復東流也？觀於河、洛之由西而東，則中國之地，東與海近，古聖人以爲大勢偏乎東矣。故河源之西，水分東西流處，方許以爲當北極經線之中，爲地之脊。古聖人居中國，而考其儀象，則乾居西北，坤居西南。職此之故，坤卦之坤，古文作巛，巛，順也，此象大地流形，由西而東，順之至也。否則，以洛當北極經線，則由洛而西皆不順矣。此太極乾坤之實象也。且洛雖居中國之中，然四時之大中則在西南，坤所以位西南也。且乾尊坤卑，乾既在西北，則坤必居西南以應之。説卦此節定八卦方位於西北，正北，東北，正東，東南，正南，皆明言方位，惟於坤、兑不明言西南、正西者，古聖人若謂中國地勢偏於東，河、洛以西不盡其地，若非以乾當北極，倚於西北，下臨西南之坤，以定地脊，置坎、艮、震、巽、離五卦於偏東，則太極之實象不顯，故曰北極即太極也。説文「王育説天屈西北爲无」，此即古聖人置北極、乾、兑之西北於虚無不用之精義，故造此奇字，專施於易。但无者以天之西北爲无，非以太極爲无也。王弼以无注太極，虚而不實，乃老、莊之學，故李業興以太極爲有，而斥無極爲玄學也。見魏書儒林傳。魏書游雅曰：見陳奇傳。「易訟卦天與水違行，自葱嶺以西，水皆西流，推此而言，易之所及，自葱嶺以東耳。」游雅此言，闇合河、洛之旨，足發天水之義。陳奇之駁，强辭也。

論語一貫説

聖賢之言，不但深遠者非訓詁不明，即淺近者亦非訓詁不明也。就聖賢之言，而訓之或有誤焉，聖賢之道亦誤矣。説在論語之一貫。論語貫字凡三見，曾子之一貫也，子貢之一貫也，閔子之言仍舊貫也。此三貫字，其訓不應有異。元案：貫，行也，事也，爾雅：「貫，事也。」廣雅：「貫，行也。」詩碩鼠：「三歲貫女。」周禮職方：「使同貫利。」論語先進：「仍舊貫。」傳注皆訓爲「事」。漢書谷永傳云：「以次貫行。」後漢光武十五王傳云：「奉承貫行。」皆行事之義。三者皆當訓爲行事也。孔子呼曾子告之曰：「吾道一以貫之。」此言孔子之道，皆於行事見之，非徒以文學爲教也。一與壹同。一與壹通，經史中並訓爲專，又並訓爲皆。後漢馮緄傳、淮南説山訓、管子心術篇皆訓一爲專。大戴衛將軍、荀子勸學、臣道、後漢書順帝紀，皆訓一爲皆。荀子大略、左昭二十六年、穀梁僖九年、禮記表記、大學，皆訓壹爲專。至於一壹二字通用之處，經史中不可勝舉矣。壹以貫之，猶言壹是皆以行事爲教也。弟子不知所行爲何道，故曾子曰：「夫子之道，忠恕而已矣。」此即中庸所謂「忠恕違道不遠，施諸己而不願，亦勿施於人。君子之道四，某未能一。」庸德庸言，言行相顧之道也。此即大戴曾子本孝篇所謂忠爲孝之本，衛將軍文子篇孔子所云曾子中夫孝弟信忠四德之道也。此皆聖賢極中極庸極實之道，亦即天下古今極大極難之道也。若云賢者因聖人一呼之下，即一旦豁然貫通焉，此似禪家頓宗冬寒見桶底脱大悟之旨，而非聖賢行事之道也。何者？曾子若因一貫而得道統之傳，子貢之一貫又何説乎？不知子貢之一貫，亦當訓爲行事。子告子貢曰：「汝以予爲多學而識之者歟？」子貢曰：「然。非歟？」子曰：「予一以貫之。」此夫子恐子貢但以多學而識學聖人，而不於行事學聖人也。夫子於曾子則直告之，於子貢則略加問難而出之，卒之告子貢曰「予一以貫之」，亦謂壹是皆以行事爲教也，亦即忠恕之道也。閔子曰：「仍舊貫，如之何？」此亦言仍舊行事，不必改作也。故以行事訓貫，則聖賢之道歸於儒；以通徹訓貫，則聖賢之道近於禪矣。鄙見如此，未知尚有誤否？敢以質之學古而不持成見之君子。

大學格物説

禮記大學篇曰：「致知在格物，物格而後知至。」此二句雖從身心意知而來，實爲天下國家之事。天下國家以立政行事爲主，大學從身心説到意知，已極心思之用矣，恐學者終求之於心學，而不驗之行事也，故終顯之曰：「致知在格物。」物者事也，格者至也。事者家國天下之事，即止於五倫之至善，明德新民皆事也。格有至義，即有止意，履而至，止於其地，聖賢實踐之道也。凡經傳所云格於上下、不格姦、格於藝祖、神之格思、孝友時格、暴風來格，及鐘鼎文格於太廟、格於太室之類，皆訓爲至。蓋假爲本字格字，同音相借也。小爾雅廣詁曰：「格，止也。」知止，即知物所當格也。至善之至，知止之止，皆與格義一也。譬如射然，升階登堂，履物而後射也。儀禮鄉射禮曰：「物長如笴。」鄭注云：「物謂射時所立處也。」謂之物者，物猶事也。禮記仲尼燕居鄭注：「事之謂立，置於位也。」釋名釋言語曰：「事，傳也。傳，立也。」蓋「物」字本從勿。勿者，說文「州里所建旗，趣民事，故稱勿勿」。周禮鄉大夫「五物詢衆庶」，物即與事同義。而堂上射者所立之位亦名物者，古人即通會此意以命名也。大戴禮虞戴德曰：「規鵠豎物，履物以射，其心端，色容正。」大射儀曰：「左足履物。」皆此義也。故曰：格物者，至止於事物之謂也。凡家國天下五倫之事，無不當以身親至其處而履之，以止於至善也。格物與止至善，知止止於仁敬等事，皆是一義，非有二解也。必變其文曰格物者，以格字兼包至止，以物字兼包諸事。聖賢之道，無非實踐，孔子曰：「吾道一以貫之。」貫者，行事也，即與格物同道也。曾子著書，今存十篇，首篇即名立事，立事即格物也。先儒論格物者多矣，乃多以虛義參之，似非聖人立言之本意。元之論一貫、格物，非敢異也，亦實事求是而已。又案：此篇本無闕失，自「大學之道」至「先致其知」，皆言知止。知者，心知之，非身行之也。直到「在格物」三字，方著實在行事矣。既著實行事，復順推其效。自「知至」以至「身修」，乃是實行所知，實行所止之效。「格物」二字，不待在格物句始見，篇首先云「物有本末」，然則離本末言物字不可也。篇中本末凡五見，一則「壹是皆以修身爲本也」，二則「其本亂而末治者否也」，三則「此謂知本也」，四則「大畏民志，此謂知本也」，五則「德本財末，外本內末，爭民施奪也」。凡此五處本末，皆不能與物字相離爲說，然則物者即身家國天下之事，即五倫之事，即誠正之事，即德財之事。事即物也，事有終始，即物有本末，重言以申之也。先後者，兼本末終始言也。若以格物爲心靈窮理，則猶是致知際內之言，非修身際內之事也。要之，壹是皆以修身爲本，即物有本末之本，物有本末之物，即格物之物，不可離，不可歧也。大學集注格亦訓至，物亦訓事。惟云「窮至事物之理」。至外增「窮」字，事外增「理」字，加一轉折，變爲「窮理」二字，遂與實踐迥別。又案：黄宗羲文定載與萬充宗論格物，充宗用大射儀「物」字之義，黄君舉先儒瞿汝稷元立亦主此説，但元今説與彼不同。

性命古訓 節録總論。

性命之訓，起於後世者，且勿説之，先説其古者。古性命之訓雖多，而大指相同，試先舉尚書召誥、孟子盡心二説以建首，可以明其餘矣。召誥曰：「節性，惟日其邁，王敬作所，不可不敬德。」又曰：「若生子，罔不在厥初生，自貽哲命。今天其命哲、命吉凶、命歷年。」又曰：「王其德之用，祈天永命。」按召誥所謂命，即天命也；若子初生，即禄命福極也；哲與愚，吉與凶，歷年長短，皆命也。哲愚授於天爲命，受於人爲性，君子祈命而節性，盡性而知命，故孟子盡心亦謂口目耳鼻四肢爲性也。性中有味色聲臭安佚之欲，是以必當節之。古人但言節性，不言復性也。「王敬作所，不可不敬德」，即性之所以節也。孟子曰：「口之於味也，目之於色也，耳之於聲也，鼻之於臭也，四肢之於安佚也，性也，有命焉，君子不謂性也。仁之於父子也，義之於君臣也，禮之於賓主也，知之於賢者也，聖人之於天道也，命也，有性焉，君子不謂命也。」趙岐注曰：「口之甘美味，目之好美色，耳之樂音聲，鼻之喜芬香，四體謂之四肢，四肢懈倦，則思安佚，不勞苦，此皆人性之所欲也。得居此樂者，有命禄，人不能皆如其願也。凡人則任情從欲，而求可樂，君子之道，則以仁義爲先，禮節爲制，不以性欲而苟求之也，故君子不謂之性也。仁者得以恩愛施於父子，義者得以理義施於君臣，好禮者得以禮敬施於賓主，知者得以明智知賢達善，聖人得以天道王於天下，此皆命禄。遭遇，乃得居而行之；不遇者，不得施行，然亦才性有之，故可用也。凡人則歸之命禄，任天而已，不復治性；以君子之道，則修仁行義，修禮學知，庶幾聖人亹亹不倦，不但坐而聽命，故曰君子不謂命也。」按孟子此章，性與命相互而爲文，性命之訓，最爲明顯；趙氏注亦甚質實周密，豪無虚障。若與召誥相並而説之，則更明顯。惟其味色聲臭安佚爲性，所以性必須節，不節則性中之情欲縱矣；惟其仁義禮知聖爲命，所以命必須敬德，德即仁義禮知聖也，且知與聖即哲也，天道即吉凶歷年也。今以此二經之説建首，而次以諸經，再隨諸經古訓比而説之，可以見漢以前性命之説，未嘗少晦。詩曰「古訓是式，威儀是力」，此之謂也。唐李習之復性之説，雜於二氏，不可不辨也。

論語論仁論　節録總論及案語。

孔子爲百世師，孔子之言著於論語爲多。論語言五常之事詳矣，惟論仁者凡五十有八章，仁字之見於論語者，凡百有五，爲尤詳。若於聖門最詳切之事論之，尚不得其傳而失其旨，又何暇别取論語所無之字，標而論之邪？今綜論論語論仁諸章，而分證其説於後，謹先爲之發其凡。曰：元竊謂詮解仁字，不必煩稱遠引，但舉曾子制言篇「人之相與也，譬如舟車然，相濟達也。人非人不濟，馬非馬不走，水非水不流」；及中庸篇「仁者人也」，鄭康成注「讀如相人偶之人」數語，足目明之矣。春秋時，孔門所謂仁也者，目此一人，與彼一人，相人偶，而盡其敬禮忠恕等事之謂也。相人偶者，謂人之偶之也。凡仁必於身所行者驗之，而始見亦必有二人，而仁乃見。若一人閉户齊居，瞑目靜坐，雖有德理在心，終不得指爲聖門所謂之仁矣。蓋士庶人之仁，見於宗族鄉黨；天子諸侯卿大夫之仁，見於國家臣民，同一相人偶之道，是必人與人相偶而仁乃見也。鄭君「相人偶」之注，即曾子「人非人不濟」，中庸「仁者人也」，論語「己立立人，己達達人」之旨。能近取譬，即馬走水流之意。曰近取者，即子夏切問近思之説也。蓋孔門諸賢，已有未仁難並之論，慮及後世言仁之務爲高遠矣。孔子答司馬牛曰：「仁者其言也訒。」夫言訒於仁何涉？不知浮薄之人，語易侵暴，侵暴則不能與人相人偶，是不訒即不仁矣，所以木訥近仁也。仲弓問仁，孔子答曰「見大賓，承大祭」諸語，但言敬恕之道於仁無涉。不知天子諸侯不體羣臣，不卹民時，則爲政不仁。極之視臣草芥，使民糜爛，家國怨而畔之，亦不過不能與人相人偶而已，秦、隋是也。其餘聖門論仁，以類推之，五十八章之旨，有相合而無相戾者。即推之諸經之旨，亦莫不相合，而無相戾者。自「博愛謂仁」立説目來，歧中歧矣。吾固曰：孔子之道，當於實者、近者、庸者論之，則春秋時學問之道，顯然大明於世，而不入於二氏之塗。吾但舉其是者，而非者自見，不必多其辭説也。

案：元此論，乃由漢鄭氏「相人偶」之説序入，學者或致新僻之疑。不知「仁」字之訓爲人也，乃周、秦以來相傳未失之故訓，東漢之末，猶人人皆知，並無異説。康成氏所舉「相人偶」之言，亦是秦、漢以來民間恒言，人人在口，是以舉以爲訓，初不料晉以後此語失傳也。大約晉以後異説紛歧，狂禪迷惑，實非漢人所能預料。使其預料及此，鄭氏等必詳爲之説，不僅以「相人偶」一言以爲能近取譬而已。

孟子論仁論 節録總論及良能良知案語。

孟子之學，純於孔子、堯、舜之道，漢、唐、宋以來儒者無間言也。今七篇之文具在，試總而論之。孟子於孔子、堯、舜之道，至極推尊，反覆論説者，仁也。元於論語之「仁」，已著論矣，由是再論孟子之論仁。孟子論仁，無二道，君治天下之仁，士充本心之仁，無異也。治天下非仁不可，故述孔子之言曰：「道二，仁與不仁而已矣。」又曰：「君不行仁政而富之，皆棄於孔子者也。」又曰：「齊人無以仁義與王言者，我非堯、舜之道不敢以陳於王前。」蓋孟子時，各國皆爭戰不愛民，專欲以利得天下。孟子反之，一則曰「仁者無敵」，再則曰「國君好仁，天下無敵」，反覆於愛民，行仁政，不尚利，以勉齊、梁之君。且曰：「三代之得天下也以仁，其失天下也以不仁。」此後韓非、李斯之徒，專欲以不仁利其國，而秦之亡不旋踵矣。孟子論仁至顯明，至誠實，未嘗有一豪流弊貽誤後人也。一介之士，仁具於心，然具心者，仁之端也，必擴而充之，著於行事，始可稱仁。孟子雖以惻隱爲仁，然所謂惻隱之心，乃仁之端，非謂仁之實事也。孟子又曰：「仁之實，事親是也。」是充此心，始足以事親保四海也。若齊王但以羊易牛而不推恩，孝子但顙有泚而不掩父母，乍見孺子將入井而不拯救，是皆失其仁之本心，不能充仁之實事，不得謂之爲仁也。孟子論良能良知，良知即心端也，良能即〔一〕實事也，舍事實而專言心，非孟子本指也。孟子論仁至顯明，至誠實，亦未嘗舉心性而空之，迷惑後人也。然而君治天下之仁，有韓非之徒亂之；士充本心之仁，有釋氏之徒亂之。韓非之説，其謬顯，釋氏之説，其迷深。尋其源，皆出於老聃之説。韓非託之而遽至於大壞，釋氏襲之而昧其所從來，是不可以不論。爰綜孟子各章，以類相從，以次相序，仿臺卿章指之意，各加按語，可見孟子之仁，與孔子、堯、舜之仁，無少差異。分之則習而不察，合之則章指並明。聖賢大道，朗然若日月之明，浩然若江河之行，判別若水火，而堅實如金石。刻薄寡恩之士，靈明太過之人，皆棄於孟子者也。

按：良能良知，良字與「趙孟之所貴，非良貴也」良字同。良，實也，見漢書注。無奧旨也。此良知二字，不過孟子偶然及之，與良貴相同，殊非七篇中最關緊要之言。且即爲要言，亦應良能二字重於良知，方是充仁推恩之道，不解王文成何所取而以爲聖賢傳心之祕也？陽明謂「學不資於外求，但當反觀內省。聖人致知之功，至誠無息。其良知之體，皦如明鏡，妍媸之來，隨物見形，而明鏡曾無留染，所謂情順萬事而無情也，無所住以生其心。佛氏曾有是言，未爲非也。明鏡之應，一照皆真，是生其心處，妍者妍，媸者媸，一過而不留，即無所住處」。陽明之言如此，學者試舉以求之孟子七篇中，有此境否？此境可以論孩提愛親之仁否？陽明直以爲佛氏之言而不之諱。且此

〔一〕「即」，原脱，據阮元文集孟子論仁論補。

儒佛相附亦不始於陽明，本可不深辯，但此命意造語之超妙，尚非全是佛氏之言。此乃晉、宋間談老、莊者無可再談之時，亦雷次宗一流人講禮厭繁之後，慧遠、次宗精講喪服諸禮。乃走老聃厭棄周禮據曾子問，博習周禮者，莫如老子。據道德經，厭棄周禮者，莫如老子。而歸於玄妙之故轍，復擇取清言中自然神理最清遠超妙者，與白蓮社諸人合西僧之説相近相似者，傅會之，恣縱之，譯爲釋言，而昧所從來。由此傳流南北，遂成風尚，再成禪學，其風愈狂。蓋老、莊之書具在，止於此而已，不能以其本無者託之。至於釋氏梵書，則非譯不明，慧業文人，縱筆所之，無所不可，無從驗證。故晉會稽王道子傳曰：「佛者，清遠无虚之神。」夫「清遠无虚」非老、莊清言而何？陽明宗旨，直是禪學，尚非釋學也。又案：佛經大指，具見漢四十二章，遺教等經，不過如此，無大玄妙。自晉常山衛道安以彌天俊辯之高才，獨坐靜室十二年，構精神悟，始謂舊經爲舛，道安乃第一次靜坐，達磨爲第二次靜坐。此以晉人玄學入釋學之始。蓋舊經本非舛，然必以爲舛，方能以玄學羼入變易之也。故蓮社魏道生曰：「自經典東流，譯人重阻，多滯權文，解通圓義，若忘筌得魚，始可言道矣。舊學僧徒以爲背經。」據此可見晉、宋人以老、莊玄學改增佛説之實據，舊學僧徒拙守本經者見其相背矣。道安既與佛圖澄合，互相標榜，符會如一。復令玄宗流布分遣，弟子四出，道安與慧遠入襄陽。慧遠又入廬山，與雷次宗、周續之、宗炳等合。雷次宗、周續之、宗炳與賈慧遠，本皆通儒才士。慧遠少隨舅令狐氏遊學許、洛，博綜六經，尤善莊、老，從釋道安受業。周續之少從范甯通經，窮研老、易，預蓮社。宗炳富於學識，尤精玄理，入蓮社。雷次宗博學明詩、禮，入蓮社。以上見宋書、北魏書及蓮社高賢傳。此傳宋以前名蓮社十八賢行狀。周續之、雷次宗又同受詩義於慧遠法師。見陸德明毛詩音義。謝靈運亦慧業文人。故晉、宋以後，西僧如佛圖澄、鳩摩羅什等，多以神驗見異於世，至於翻經著論，非藉名儒文人之筆，不能踵事變本，引人喜入彼道如此。此以玄學入釋學，而昧所從來之蹤跡也。至於梁達磨直指本心，不立文字，大興禪宗，則是西域人來中土，不耐經卷，不如全埽一切，更爲直捷。此又遠不及慧遠翻經之時，在彼教中，又下一等矣。達磨入中土，言語難通，亦慧能等傳會而成也。故由儒而玄，由玄而釋，其樞紐總在道安、慧遠之間；由釋而禪，其樞紐又在達磨、慧能之間。後儒不溯而察之，所以象山、陽明、白沙受蓮社、少林之紿而不悟矣。

文言説

古文無筆硯紙墨之便，往往鑄金刻石，始傳久遠。其著之簡策者，亦有漆書刀削之勞，非如今人下筆千言，言事甚易也。許氏説文，直言曰言，論難曰語。左傳曰：「言之無文，行之不遠。」此何也？古人以簡策傳事者少，以口舌傳事者多；以目治事者少，以口耳治事者多，故同爲一言，轉相告語，必有愆誤。説文言从口从辛，辛，愆也。是必寡其詞，協其音，以文其言，使人易於記誦，無能增改，且無方言俗語雜於其間，始能達意，始能行遠，此孔子於易所以著文言之篇也。古人歌詩、箴銘、諺語，凡有韻之文，皆此道也。爾雅釋訓主於訓蒙，子子孫孫以下，用韻者三十二條，亦此道也。孔子於乾坤之言，自名曰文，此千古文章之祖也。爲文章者，不務協音以成韻，修詞以達遠，使人易誦易記，而惟以單行之語，縱橫恣肆，動輒千言萬字，不知此乃古人所謂直言之言，論難之語，非言之有文者也，非孔子之所謂文也。文言數百字，幾於句句用韻。孔子於此發明乾坤之蘊，詮釋四德之名，幾費修詞之意，冀達意外之言，說文曰：「詞，意内言外也。」蓋詞亦言也，非文也。文言曰：「修辭立其誠。」說文曰：「修，飾也。」詞之飾者，乃得爲文，不得以詞即文也。要使遠近易誦，古今易傳，公卿學士皆能記誦，以通天地萬物，以警國家身心。不但多用韻，抑且多用偶。即如樂行憂違，偶也；長人合禮，偶也；和義幹事，偶也；庸言庸行，偶也；閑邪善世，偶也；進德修業，偶也；知至知終，偶也；上位下位，偶也；同聲同氣，偶也；水溼火燥，偶也；雲龍風虎，偶也；本天本地，偶也；无位无民，偶也；勿用在田，偶也；潛藏文明，偶也；道革位德，偶也；偕極天則，偶也；隱見行成，偶也；學聚問辨，偶也；寬居仁行，偶也；合德合明合序合吉凶，偶也；先天後天，偶也；存亡得喪，偶也；餘慶餘殃，偶也；直内方外，偶也；通禮居體，偶也。凡偶皆文也。於物兩色相偶而交錯之，乃得名曰文，文即象其形也。考工記曰：「青與白謂之文，赤與白謂之章。」說文曰：「文，錯畫也，象交文。」然則千古之文，莫大於孔子之言易。孔子以用韻比偶之法，錯綜其言，而自名曰文，何後人之必欲反孔子之道，而自命曰文，且尊之曰古也？

文韻說

福問曰：「文心雕龍云：『今之常言，有文有筆，以爲無韻者筆也，有韻者文也。』據此，則梁時恒言有韻者，乃可謂之文，而昭明文選所選之文，不押韻脚者甚多，何也？」曰：「梁時恒言所謂韻者，固指押脚韻，亦兼謂章句中之音韻，即古人所言之宫羽，今人所言之平仄也。」福曰：「唐人四六之平仄，似非所論於梁以前。」曰：「此不然。八代不押韻之文，其中奇偶相生，頓挫抑揚，詠歎聲情，皆有合乎音韻宫羽者，詩、騷而後，莫不皆然。而沈約矜爲刱獲，故於謝靈運傳論曰：『夫五色相宣，八音協暢，由乎玄黄律吕，各適物宜。欲使宫羽相變，低昂舛節，若前有浮聲，則後須切響，一簡之内，音韻盡殊，兩句之中，輕重悉異，妙達此旨，始可言文。』又曰：『自靈均以來，此祕未覩，至於高言妙句，音韻天成，皆暗於理合，匪由思至。』又沈約答陸厥書云：『韻與不韻，復有精粗，輪扁不能言之，老夫亦不盡辨。』休文此説，乃指各文章句之内有音韻宫羽而言，非謂句末之押脚韻也。即如「雎霓連蜷」，霓字必讀仄聲是也。是以聲韻流變而成四六，亦祇論章句中之平仄，不復有押脚韻也。四六乃有韻文之極致，不得謂之爲無韻之文也。昭明所選不押韻脚之文，本皆奇偶相生，有聲音者，所謂韻也。休文所矜爲刱獲者，謂漢、魏之音韻，乃暗合於無心，休文之音韻，乃多出於意匠也。豈知漢、魏以來之音韻，溯其本原，亦久出於經哉？孔子自名其言易者曰文，此千古文章之祖。文言固有韻矣，而亦有平仄聲音焉。即如溼、燥、龍、虎、覩上下八句，何等聲音！無論龍、虎二句不可顛倒，若改爲龍、虎、燥、溼、覩，即無聲音矣。無論其德、其明、其序、其吉凶四句不可錯亂，若倒『不知退』於『不知亡』、『不知喪』之後，即無聲音矣。此豈聖人天成暗合，全不由於思至哉？由此推之，知自古聖賢屬文時，亦皆有意匠矣。然則此法肇開於孔子，而文人沿之。休文謂靈均以來，此祕未覩，正所謂文人相輕者矣。不特文言也，文言之後，以時代相次，則及於卜子夏之詩大序。序曰：『情發於聲，聲成文，謂之音。』又曰：『主文而譎諫。』又曰：『長言之不足，則嗟歎之。』鄭康成曰：『聲謂宮商角徵羽也。聲成文者，宮商上下相應主文，主與樂之宮商相應也。』此子夏直指詩之聲音而謂之文也，不指翰藻也，然則孔子文言之義益明矣。蓋孔子文言、繫辭，亦皆奇偶相生有聲音，嗟歎以成文者也。聲音即韻也，詩關雎鳩、洲、逑押脚有韻，而女字不韻；得、服、側押脚有韻，而哉字不韻，此正子夏所謂聲成文之宮羽也。此豈詩人暗於韻合，匪由思至哉？王懷祖先生云：「三百篇用韻，有字字相對，極密，非後人所有者。如有瀰、有鷕，濟盈、雉鳴，不求濡、其軌牡，鳳凰、梧桐，鳴矣、生矣，于彼、于彼，高岡、朝陽，菶菶、雝雝，萋萋、喈喈，無一字不相韻。此豈詩人天成暗合，全無意匠于其間哉？此即子夏所謂聲成文之顯然可見者。子夏此序，文選選之，亦因其中有抑揚詠歎之聲音，且多偶句也。鄉人、邦國，偶一；風、教，偶二；爲志、爲詩，偶三；手之、足之，偶四；治世、亂世、亡國，偶五；天地、鬼神，偶六；聲教、人倫、教化、風俗，偶七、八；化下、刺上，偶九；言之、聞之，偶十；禮義、政教，偶十一；國異、家殊，偶十二；傷人倫、哀刑政，偶十三；發乎情、止乎禮義，偶十四；謂之風、謂之雅，偶十五；繫之周、繫之召，偶十六；正始、王化，偶十七；哀窈窕、思賢才，偶十八。其偶之長者，如周公、召公即比也。後世四書文之比，基於此。綜而論之，凡文章在聲爲宮商，在色爲翰藻。即如孔子文言雲龍風虎一節，乃千古宮商翰藻奇偶之祖；非一朝一夕之故一節，乃千古嗟歎成文之祖；子夏詩序情文聲音一節，乃千古聲韻性情排偶之祖。吾故曰：韻者即聲音也，聲音即文也。韻字不見於說文，而王復齋楚公鐘篆文內實有韵字，从音从勻，許氏所未收之古文也。然則今人所便單行之文，極其奧折奔放者，乃古之筆，非古之文也。沈約之說，或可橫指爲八代之衰體，孔子、子夏之文體，豈亦衰乎？是故唐人四六之音韻，雖愚者能效之；上溯齊、梁，中材已有所限；若漢、魏以上，至於孔、卜，此非上哲不能擬也。

書東莞陳氏學蔀通辨後

朱子中年講理，固已精實，晚年講禮，尤耐繁難，誠有見乎理必出於禮也。古今所以治天下者，禮也。五倫皆禮，故宜忠宜孝即理也。然三代文質，損益甚多，且如殷尚白，周尚赤，禮也。使居周而有尚白者，若以非禮折之，則人不能爭；以非理折之，則不能無爭矣。故理必附乎禮以行，空言理，則可彼可此之邪説起矣。如朱子議與趙紘等不合。朱子晚年與李季章書曰：「累年欲修儀禮一書，釐析章句，而附以傳記。近方了得十許篇，似頗可觀。其餘度亦歲前可了。自此之後，便可塊然兀坐，以畢餘生，不復有世間念矣。」又曰：「熹今歲益衰，足弱，不能自隨，兩脅氣痛，攻注下體，結聚成塊，皆前所未有。精神筋力，大非前日之比。加以親舊凋零，如蔡季通、呂子約皆死貶所，令人痛心，益無生意，決不能復支久矣。所以未免惜此餘日，正爲所編禮傳已略見端緒，而未能卒就。若更得年餘閒未死，且與了卻，亦可以瞑目矣。」答應仁仲書云：「所喻編禮如此固佳，然卻太移動本文，恐亦未便耳。老病益侵，而友朋相望皆在千百里外，恐此日不能成，爲終身之恨矣。」答葉味道書云：「禮書未能得了，而衰病日侵，恐未必能究竟此事也。」又答李季章書云：「『國君承祖父之重』，康成注、賈疏其義重備，若已預知後世當有此事者。按朱子所據者，乃禮記喪服小記「不繼祖與禰」句下孔疏引鄭志答趙商之文，故朱子有「向無鄭康成，則此事終未有斷決」之語。建炎以來，朝野雜記所載不誤，而此書以爲鄭注、賈疏，則又涉及儀禮喪服傳「父爲長子三年」句下疏文也。憸人舞文弄法，迷國誤朝，飾邪説以蔽害，之甚可歎也。」又庚申易簀前一日，與黄直卿書云：「喪禮詳略，皆已得中矣。臣禮一篇，兼舊本，今先附案。一面整理，病昏且倦，作字不成，所懷千萬，徒切悽黯。」此朱子一生拳拳於君國大事，聖賢禮經，晚年益精益勤之明證確據。若如王陽明誣朱子以「晚年定論」之說，直似朱子晚年厭棄經疏，忘情禮教，但如禪家之簡靜，不必煩勞，不必悽黯矣。適相反矣。然則三禮注疏，學者何可不讀？蓋未有象山、篁墩、陽明而肯讀儀禮注疏者也，其視諸經注疏，直以爲支離喪志者也。豈有朱子守孔、顏博文約禮之訓，而晚悔支離者哉？此清瀾陳氏所未及，亦學海堂諸人所未言者，故特著之。

西湖詁經精舍記

聖賢之道存於經，經非詁不明。漢人之詁，去聖賢爲尤近，譬之越人之語言，吳人能辨之，楚人則否；高曾之容體，祖父及見之，雲仍則否。蓋遠者見聞，終不若近者之實也。元少爲學，自宋人始。由宋而求唐，求晉、魏，求漢，乃愈得其實。嘗病古人之詁，散而難稽也，於督學浙江時，聚諸生於西湖孤山之麓，成經籍籑詁百有八卷。及撫浙，遂以昔日修書之屋五十間，選兩浙諸生學古者，讀書其中，題曰詁經精舍。精舍者，漢學生徒所居之名；詁經者，不忘舊業，且勖新知也。諸生請業之席，則元與刑部侍郎青浦王君述庵、兗沂曹濟道陽湖孫君淵如迭主之。諸生謂周、秦經訓至漢高密鄭大司農集其成，請祀於舍。孫君曰：「非汝南許洨長，則三代文字不傳於後世，其有功於經尤重，宜並祀之。」乃於嘉慶五年五月己丑，奉許、鄭木主於舍中，羣拜祀焉。此諸生之志也。元昔督學齊、魯，修鄭司農祠，墓建通德門，立其後人，是鄭君有祀，而許君之祀未有聞。今得並祀於吴、越之間，匪特諸生之志，亦元與王、孫二君之志。謂有志於聖賢之經，惟漢人之詁多得其實者，去古近也。許、鄭集漢詁之成者也，故宜祀也。精舍之西，有第一樓，生徒或來游息於此。詩人之志，登高能賦，漢之相如、子雲，文雄百代者，亦由凡將、方言貫通經詁。然則舍經而文，其文無質；舍詁求經，其經不實。爲文者尚不可以昧經詁，況聖賢之道乎？

附録

乾隆丙午，先生以公車入京師。時前輩講學者有高郵王懷祖、興化任子田、餘姚邵二雲三先生。先生隨事請問，捧手有所授焉。雷塘盦主弟子記。

先生考工記車制圖解後跋云：「右車制圖解，元二十四歲寓京師時所撰，撰成即栞之。其間重較軓前十尺後軫諸義，實可辨正鄭注，爲江慎修、戴東原諸家所未發。且以此立法，實可閉門而造駕而行之。此後金輔之、程易田兩先生亦言車制，書出元後，其於任木稍藪等義，頗與鄙說不同，其說亦有是者。元之說亦姑與江、戴諸說並存之，以待後學精益求精焉。」同上。

先生弱冠時，以汲古閣本十三經注疏多訛謬，曾以釋文、唐石經等書手自校改。督學以後，始以宋十行本爲主，參以開成石經及元、明舊刻、葉林宗影宋鈔本、陸氏釋文等書，屬友人門弟子分編，而自下鉛黄，定其同異。先生嘗曰：此我清之經典釋文也。同上。

先生編録經郛，既成一百餘卷，因采擇未周，難於補遺，遂未刻。同上。

先生著塔性說成，訓子福云：余子學多在訓詁，甘守卑近，不敢矜高以賢儒自命，故論仁、論性命古訓皆不過訓詁而已。塔性之說，本應載入性命古訓之後，嫌其取譬少入於諧，然由晉人清談轉入翻譯釋典，又轉入於唐人之復性，實非此篇不能言之通徹。此筆也，非文也，更非古文也。將來姑收入續集而已。同上。

先生在浙時，曾購得四庫未收古書，進呈内府。每進一書，必仿四庫提要之式，奏進提要一篇。凡所考論，皆從采訪之處先查此書原委，又屬鮑廷博、何元錫諸人參互審訂，先生親加改定，纂寫而後奏之。十數年進書一百數十部。其中元祕史十五卷，因詞語俚鄙，未經進御。又趙元鎮建炎筆録三卷，辨誣筆録一卷，已見趙氏忠正德文集，即四庫總目所云筆録七篇是也，亦未進呈。又皇元征緬録一卷，招捕總録一卷，乃元文類中所載征緬、招捕二篇，並采訪者未覈其實，而誤録之也。揅經室集。

嘉慶十四年，先生在杭州立書藏於靈隱寺。十八年又於焦山立書藏。蓋謂漢以後藏書之地曰觀，曰閣，而不名藏，藏者本於周禮宰夫所治，史記老子所守。至於開元釋藏，乃釋家取儒家所未用之字以示異也。又因史遷之書，藏之名山，白少傅藏集於東林諸寺，孫洙得古文苑於佛龕閒僻之地，能傳久遠，故仿之也。同上。

嘉慶己未，先生充會試副總裁，時正總裁爲大興朱公珪。是科二三場文策，朱公屬先生一人披閱。乃選出長策一千三百餘卷，窮三日夜之力，再選出二百卷，分爲三等，以觀頭場名士經生多從此出。論者謂得士如鴻博科，洵空前絶後也。雷唐盦主弟子記。

錢竹汀序經籍籑詁略云：公累主文衡，首以經術爲多士倡，謂治經必通訓詁，而載籍極博，未有會最成一編者。往歲徽州戴東原在書局實剏此議，大興朱竹君督學安徽，有志未果。公在館閣，日與陽湖孫淵如、大興朱少白、桐城馬魯陳相約，分纂鈔撮羣經，未及半而中輟。乃於視學兩浙之暇，手定凡例，即字而審其義，依韻而類其字，有本訓，有轉訓，次序布列，若網在綱。擇浙士之秀者若干人，分門編録，以教授歸安丁小雅董其事，又延武進臧在東專司校勘。書成，凡百有十六卷。同上。

孫淵如詁經精舍題名碑記曰：揚州阮芸臺先生以閣部督學兩浙，試士兼用經古學，識拔高才生，令其分撰經籍籑詁一書，以觀唐以前經詁之會通。及由少司農巡撫茲土，遂於西湖之陽，立詁經精舍，祠祀漢儒許叔重、鄭康成，廩給諸生於上舍，延王少司寇及星衍爲之主講，佐撫部授學於經舍焉。其課士月一番，三人者迭爲命題評文之主，間以十三經、三史疑義旁及小學、天部、地理、算法、詞章，各聽搜討書傳條對，以觀其識，不用扃試糊名之法。暇日聚徒講議服物典章，辨難同異，以附古人教學藏修息游之旨。簡其藝之佳者，刊爲詁經精舍文集，既行於世。不十年間，上舍之士多致位通顯，入翰林，進樞密，出則建節而試士。其餘登甲科，舉成均，牧民有善政，及撰述成一家者，不可勝數。東南人材之盛，莫與爲比。同上。

夏修恕皇清經解序云：自十三經注疏成，而唐、宋解經諸家大義多括於其中。此後李鼎祚書及宋、元以來經解，則有康熙時通志堂之刻。我大清開國以來，御纂諸經，爲之啟發，由此經學昌明，軼於前代。有證注疏之疏失者，有發注疏所未發者，亦有與古今人各執一説，以待後人折衷者。國初如顧亭林、閻百詩、毛西河諸家之書，已收入四庫全書；乾隆以來，惠定宇、戴東原等書，亦已久行宇内，惟未能如通志堂總匯成書。阮公立學海堂於嶺南以課士，士之願學者，苦不能備觀各書，於是盡出所藏，選其應刻者，付之梓人，以惠士林。不但嶺南以此爲注疏後之大觀，即各省儒林，亦同此披覽，益見平實精詳矣。同上。

清儒學案卷一百二十二

儀徵學案中

儀徵家學

阮先生常生

阮常生字彬甫，一字壽昌，號小雲，文達嗣子。廕生，授户部主事，歷官直隸清河道。研究經術，能嗣家學。精鐘鼎大小諸篆，著有後漢洛陽宫室圖考、小雲吟館詩鈔。參方廷瑚撰傳、揚州府志。

阮先生福

阮福字賜卿，一字喜齋，文達子。官湖北宜昌知府。博雅好古，夙承家學。嘗受業於江鄭堂、淩曉樓。文達以文筆發策問學海堂諸生，命擬對，文達頗矜異之。著有孝經義疏九卷，小瑯嬛叢記四卷。齊召南撰歷代帝王年表，迄元而止，有明一朝，先生爲補之。參揅經室集、揚州府志。

孝經義疏補序

孝經者，孔子教五等之孝，維持家國天下者也。家大人言孔子作春秋，以帝王大法治之於已事之後，孔子傳孝經，以帝王大道順之於未事之前，此即發明孔子所言「吾志在春秋，行在孝經」之微言大義也。福早受庭訓，讀家大人所著曾子十篇注釋，與孝經相爲表裏。家大人教福曰：「汝試撰孝經義疏補一書。」福謹以曾子十篇中，凡可以發明孝經，可以見孔、曾授受大義者，悉分補於各章各句之下。今孝經注爲唐明皇所删之鄭注，而鄭注半存其中。爰定鄭注爲鄭小同。唐以前書，凡可見鄭氏舊注者，今皆補之。陸氏音義尚可見鄭注舊字舊義，但又多爲唐疏、宋校時所删。今全據經典釋文、孝經音義載入，以存鄭氏舊觀，且疏證之。古籍可發明孝經者，自魏文侯孝經傳以下，多引證之。偶下己意，不敢自是，皆就訓於家大人，而後著之。家大人謂孝經之郊祀，即召誥之用牲於郊，孝經之宗祀，即洛誥之宗禮宗功。福又備引各經，推明此義，謂洛誥之文祖，即孝經之明堂以著之。此本以正德板本爲主，所有脱誤之字，據孝經注疏校勘記，於注疏音義各章句下補之。滇池節院，園居多暇，道光九年撰集既成，遂寫定爲九卷，又卷首序目一卷，共十卷。

儀徵弟子上

嚴先生杰 别見懋堂學案。

王先生引之 别見石臞學案。

姚先生文田 别爲秋農學案。

張先生惠言 别爲茗柯學案。

嚴先生元照 别見鐵橋學案。

陳先生壽祺 别爲左海學案。

曾先生釗 别見月亭學案。

侯先生康 别見月亭學案。

李先生富孫 別見柳東學案。

李先生遇孫 別見柳東學案。

許先生宗彦

許宗彦初名慶宗，字積卿，號周生，德清人。父祖京，乾隆己丑進士，官至廣東布政使。學宗程、朱，治經貴通大意，晚乃治説文，有經述八卷。先生生有異質，九歲能讀經史，善屬文。嘉慶己未成進士，授兵部主事。就官兩月，即以親老移疾歸。事親曲盡孝敬，執親喪盡禮，遂不復仕。居杭州，杜門讀書。其學務求六經大義，持漢、宋學者之平，不屑屑校讎文字、辨析偏旁訓詁，不樂掇拾零殘經説，不惑於百家支離蔓衍、迂疏寡效之言，討論經史皆稽古證今，獨具神識，有補經義。著有鑑止水齋文集二十卷。會試出阮文達之門，後爲姻家。文達重其學行，採其説入學海堂經解。參阮元撰傳、陳壽祺撰墓誌。

文集

學説

學者何？子曰：「行有餘力，則以學文。」又曰：「十室之邑，必有忠信如吾者焉，不如吾之好學也。」子路言：「何必讀書然後爲學。」是聖門本以讀書爲學，雅言詩、書、執禮，學之事也。所以學者何？子曰：「生而知之者上也，學而知之者次也。」又曰：「我非生而知之者，好古敏以求之者也。」又曰：「多聞擇其善者而從之，多見而識之，知之次也。」是則學也者，所以求知也。知者何？子曰：「不知命無以爲君子也，不知禮無以立也，不知言無以知人也。」又自言：「五十而知天命。」始於知言，終於知天命，知之事也。所謂下學而上達者，詩、書、執禮則下學也，知天命則上達也。後之儒者，研窮心性，而忽略庸近，是知有上達，而不知由於下學，必且虛無惝怳，而無所歸。考證訓詁名物，不務高遠，是知有下學，不知有上達，其究瑣屑散亂，無所統紀。聖賢之學不若是矣。夫詩以治性情，治性情者，明德之學也。書以達政事，達政事者，新民之學也。禮以範視聽言動，克己復禮者，止至善之學也。禮者，止也，思無邪則心止矣，允執其中則天下平矣，動容周旋中禮則盛德之至矣。然則大學之道，亦豈有外於詩、書、執禮歟？始乎爲士，終乎爲聖人，此學所以爲大也。

原　學

古之所謂學者，將以明道而行之也，所謂道者，內足以善其身心，外推之家國天下而無弗違，民咸被其利；可文、可武、可經、可權，莫有窒於行者；明於造化，察於事變，洞於人情，以閑則止，以建則立。聖人以是著六經，示後世。孔子曰：「誦詩三百，授之以政不達，使於四方不能專對，雖多亦奚以爲？」又曰：「興於詩，立於禮，成於樂。」然則聖人之教學也，期於有用焉耳。今之治經者，吾惑焉。其言曰：「聖人所以明道者辭也，所以成辭者字也，由字以通其辭，由辭以通其道，有必漸。」然字有篆隸之異，有古今之殊，考之蒼、雅，攻其訓詁，其有不通，又必博稽載籍，展轉引伸以説之。一字之誼，紛紜數千言，宂不可理，而相推以爲古學。夫六書特小學之一耳，古之時，唯年十五以下爲之，今則窮老畢精竭慮於此，而猶不能盡通。將由是以考其辭，復由辭以知其義，而期於道之成，則雖假以彭、聃之壽，而亦有所不能及矣。孟子不云乎，「不以文害辭，不以辭害志」。今之學者，柰何不求聖人之志，而專務其文辭也？然而不爲是者，則羣斥以爲空疏。夫學之虛實，至易明也，積之內，見之外，行其所學，而賢不肖皆見焉。言其所學，而賢不肖皆可知焉。斯之謂實學矣。聯牘殫翰，返之心，無當於仁義禮智之數，推之家國天下，一無所施之，執人人而告之，茫然不知其所謂，則真所謂迂疏寡效者也。且夫聖人之道，未嘗一日亡於天下。三代以下，凡治平之世，其君若臣，夙夜勤事，進賢能，退不肖，求乂安，百姓生養得其所；及其衰亂，賢者在下，持名義，抑貪僞，扶風教，使弗至大壞者，蓋莫不有六經之意存焉，則皆聖人之學也。漢之世去三代未遠也，有以詩諫者矣，以書行水者矣，以春秋斷訟者矣，曾治文字者而能之乎？夫六書亦何嘗非學，而以爲高出前世諸儒之上，必如是而後爲學，則惑之甚也。假令學者僅識今之文字，不通古訓及其聲音，獨能得六經之大義而明之，其於行己獨善，不害爲原、季；明先王之道，考前古之法度，不害其爲賈、董也。故夫聲音詁訓之於學，譬土壤之於泰山，涓流之於河海，有之不爲多，無之不爲損也。經營於土壤者，不知泰山之高者也；汨没於細流者，不知河海之大者也。坐井觀天，而云天專在於是，不亦陋乎？夫敝不極則不返其始也，一二專己者倡之，羣焉以爲新奇可喜而慕之，繼焉則相與爲名而摭拾以仿傚之，蓋數十年於茲矣，其亦可以倦而知返乎？返之宜何從？曰：「於易研消長之義，於書察治亂之迹，於詩辨邪正之介，於禮見聖人制事之大經，於春秋見聖人制事之大權，於樂觀陰陽進退，萬物變化自然之理。有爲己之力，而無求人知之念，斯君子之學以致其道者也。斯六經之所以切於人，萬世而不可廢者也。」

答徐新田先生書

讀尊著禘祫辨，謂周以文、武爲祖，后稷爲祖之所自出。鄙意竊所未安。小記言：「王者禘其祖之所自出，以其祖配之，而立四廟。」四廟者，高祖以下，由高祖而上則遷矣。故遷廟曰祧，即下文所云「五世而遷之宗也」。祖者始祖，即下文所云「別子爲祖，繼別爲宗」。蓋百世不遷之宗也。別子爲祖，康成雖以諸侯庶子釋之，然帝王庶子封爲諸侯，諸侯不得祖天子，則自爲始封之祖，即別子爲祖之義。夫禘禮定於周初，其時文、武方在四廟中，安得越太王、王季而上配后稷？將共王而上，不得有禘，并不得有祖歟？且以始有天下之君爲祖，則如成湯之身有天下者，其將無所祖歟？夫禘以帝爲義，三代始祖皆諸侯，而所自出則皆帝也。禘也者，追享其祖所自出之帝耳。所自出也者，言得姓之所自出。左傳東郭偃謂崔杼曰：「男女辨姓，今君出自桓，臣出自丁。」此出字之詁也。有虞氏得姓始于嚳，嚳所自出則黄帝，故有虞氏禘黄帝而郊嚳。夏后氏得姓始於鯀，鯀所自出亦黄帝，故夏后氏禘黄帝而郊鯀。殷人得姓始於冥，冥所自出則嚳，故殷人禘嚳而郊冥。周人得姓始於稷，稷所自出亦嚳，故周人禘嚳而郊稷。大抵郊則配以得姓受氏之祖，禘則祭其祖所自出之帝，祖所自出，不必父子相承，要必有大功德者，然後賜姓爲祖。而推祖所自出，則皆出於帝而已。至行禘之時，劉歆引外傳謂大禘則終王，最爲精確。爾雅釋禘爲大祭，祭固莫有大於禘者。由得姓之祖追祭所生，禮意精遠，雖曠年猶嫌其瀆，故惟于一王易世，三年喪畢，乃一舉行。蓋繼體之君，雖曰守成，其膺眷命也，與開創之君無異，故一代受命則制禘，一王受命則行禘。既以新主合祭，告前王治天下之終，即以嗣君見廟，告今王有天下之始，所以示統承上古，臨馭元元之本。其時羣廟之主皆升，有功之臣皆享，遠方荒服皆來，典盛禮隆，至精至大，故夫子謂「知是禮者，于治天下無難也」。自鄭氏過信讖緯，以祖所由生爲天帝，而又誤分大禘吉禘爲二。然漢以前之舊説，間有存者。五經異義載左氏説云：「歲祫及壇墠，終禘及郊宗石室。」許叔重申之云：「終者，謂孝子三年喪終，則禘于太廟，以致新死者也。」案：此即劉氏所謂「大禘終王」也。及郊宗者，即書「類于上帝，禋于六宗」，爲易世即位之大典也。石室者，毁主所藏，至是皆徧祭也。更以長發之詩攷之，首章云：「帝立子生商。」帝者嚳也，子者契也，言有娀方爲帝之内助，帝立其子爲諸侯，爲商家受命之原，故禘嚳而以契配也。其次章曰：「相土烈烈。」言元王以下皆有功德，宜升食也。三章云：「帝命不違。」又云：「帝命式于九圍。」言湯有天下，本於契，實本於嚳之命也。四五六章云荒服皆以終禘來王，而陳武功以震動之也。末章曰：「實惟阿衡。」言功臣從享也。若周頌雝詩止言文、武，則明堂宗祖之祭，以配五帝，故亦曰禘，猶圜丘以嚳配天，亦稱爲禘耳。春秋紀魯禘，左氏説云：「天子之子以上德爲諸侯者，得祀所自出，魯以周公之故，立文王廟。」此則魯以周公配文王，正與周以后稷配嚳一例。周公所自出爲文王，則后稷所自出不當爲靈威仰矣。至吉禘之文，公羊、穀梁皆言，吉禘者，不吉者也。由三年之喪未畢，不當禘而禘，故書吉以示譏，非大禘之外，又有吉禘也。

附録

先生考周五廟二祧及世室之制，其自序略謂：五廟者，一祖四親，服止五，廟亦止五。先王制禮有節，仁孝無窮，於親盡之祖，限於禮，不得不毁，而又不忍遽毁，故五廟外建二祧，使親盡者遷焉。行享嘗之禮，由遷而毁，去事有漸，而仁人孝子之心亦庶乎可已。故五廟，禮之正；二祧，仁之至，此周人宗廟之大法也。若夫聖人御世，功德廣遠，天下後世蒙其德澤，則必有崇祀以爲大報，故有祖宗之祭。周公營洛，建明堂，大合諸侯，祀於太室，所以顯明文、武之功德於天下，此周人祖宗之鉅典也。漢承秦後，因陋就簡，合祖宗於宗廟之中。論者據以揣周制祖宗之禮，不明廟祧之數，亦輾轉不合。乃博采經籍，爲五廟二祧考，以明周人宗廟之法；爲文武世室考，以明周人祖宗之典。大指謂宗廟親盡則祧，文、武亦然，無所謂不遷之廟，惟别祀於明堂，名爲世室。鄭君以文、武嘗二祧，朱子言别立二廟，皆爲未得其實。文集。

又有太陽行度解，自序略謂：推步有理有法，法生於理，理不生於法。善言推步者，當明乎理，以溯法之原，不當徇法而遺理也。虚理不合乎算，固不可用，若虚算不通於理，算亦有時而窮。其立術也彌巧，其違天也滋速，蓋爲合以驗天，而非順天以求合。其説大指謂日天爲渾圓，西法爲橢圓之説，此猶平圓而未盡渾圓之理。日本在天無高卑，亦無盈縮。所以有高卑盈縮，生於黄赤道相校。紀日用赤道，則天周與歲周合而爲一，爲得日行之真度。天行之真氣，日天左旋，而推步家以黄極右旋起算，左旋爲實理，右旋爲借算，蓋欲通古今中西諸家不同之故而折其衷云。同上。

考太歲太陰，以爲太歲者，歲星與日同次斗杓所建之辰也。太陰始寅終丑，太歲始子終亥。漢律志曰：「太初元年歲前十一月朔旦冬至，歲在星紀婺女六度，歲名困敦。」此太歲始子之確證。武帝詔曰：「年名焉逢攝提格。」此太歲始寅之確證。漢書天文志始誤以甘、石之言太陰者係之太歲，而與太初之太歲遂差兩辰，乃以爲星有贏縮，非矣。同上。

説六書轉注，以爲從偏傍轉相注。説文曰：「轉注者，建類一首，同意相受，考老是也。」後序曰：「其建首也，立一爲耑，即建類一首之謂也。如示爲部首，从示之偏傍，注爲神祇等字；从神祇，注爲祠祀祭祝等字，展轉相注，皆同意爲一類。戴東原指爾雅詁訓爲轉注，而不知詁訓出於後來，非制字時所豫有也。段懋堂申戴説，又言爾雅字多假借，而不知假借者本無其字。今如初、哉、首、基之訓，非本無始字，而假初、哉諸字以當之也。同上。

案：文達教澤傳衍浙、粤，詁經精舍、學海堂諸生，皆親受裁成，人才蔚起，著述可傳。至科舉受知者，例不濫收，而嘉慶己未會試得人最盛。如伯申、秋農、臯文、左海諸先生，實亦相從講學之人，與尋常僅被識拔者不同，故附及焉。

吴先生東發

吴東發字侃叔，海鹽人。歲貢生。潛心經學，尤邃於尚書，兼通金石文字。著有羣經字考、讀書筆記、書序鏡、尚書後案質疑、經韻六書、述石鼓文、讀商周文拾遺、鐘鼎款識釋文、尊道堂詩文集，阮文達積古齋鐘鼎彝器款識多採其説。嘗謂石鼓文中有次章，即用前章之前半重疊讀之，如毛詩之例，徒以刻石簡省，不重書之。文達稱爲前人所未發。參嘉興府志、定香亭筆談。

徐先生養原

徐養原字新田，號飴庵，德清人。嘉慶辛酉副貢。父天柱，乾隆三十四年一甲二名進士，官編修，於諸經皆有論述。先生少承家學，從官京師，一時名宿捧手問業。阮文達撫浙，相從詁經精舍講學，助校諸經注疏，任尚書、儀禮，所校特精。通三禮，墨守鄭氏，於鄭説未盡者，亦有參正。兼通六書、古音、曆算、輿地、氏族之學。母程，善鼓琴，因研究音律。據左氏、管子、淮南子、蔡邕諸説，明上古聲自聲，律自律，本不相準；旋宫之法，旋聲不旋律；徵羽主濁倍聲，琴絃次第定以一絃爲徵。又依琴絃辨正管色，糾宋人之謬。卒年六十八。著有明堂説、禘郊辨、井田議、飲食考、古樂章考、周官五禮表、五官表、攷工雜記、尚書黑水考、渤海考、書經文字異同、説文聲類、經傳音證、律吕臆説、琴學原始、周髀解、九章重差補圖、朝鮮疆域考、氏族譜諸書。其周官故書考四卷，儀禮今古文異同疏證五卷，論語魯讀考一卷，頑石廬經説十卷，刻入王氏續皇清經解。參張履撰傳、湖州府志人物傳、藝文略、孫星衍詁經精舍題名記。

頑石廬經説

禘祫辨

予慨夫世之論禘祫者紛然無所折衷也，故獨以大傳及曾子問爲據，闢鄭、王大小之妄，正杜、孔無祫之謬，糾小戴時祭、趙氏追祭之非，作禘祫辨。

春秋左氏經：「閔公二年夏五月乙酉，吉禘于莊公。」注：三年喪畢，致新死者之主於廟，廟之遠主當遷入祧，因是大祭以審昭穆，謂之禘。莊公喪制未闋時，别立廟，廟成而吉祭，又不於大廟，故詳書以示譏。疏：僖三十三年傳曰：「凡君薨，卒哭而祔，祔而作主，特祀於主，烝嘗禘於廟。」禘祀爲吉祭。説喪事而言禘，知禘是喪終吉祭也。襄十五年晉悼公卒，十六年傳稱晉人答穆叔云「以寡君之未禘祀」，知三年喪畢，乃爲禘也。遠主初始入祧，新死之主，又當與先君相接，故禮因是而爲大祭，以審序昭穆，故謂之禘。禘者諦也，言使昭穆之次審諦而不亂也。傳：「吉禘于莊公，速也。」

僖三十三年疏釋例曰：「凡三年喪畢，然後禘，於是遂以三年爲節。」如例所言，除喪即吉禘，遂以三年爲常，則新君即位二年而禘，五年又禘，八年又禘。僖八年禘于太廟，宣八年有事于太廟，定八年從祀先公，皆得三年之常期也。按元年夫人姜氏薨，當以三年喪畢而禘，再經三年，則九年乃可禘耳，而得八年禘者，哀姜喪畢，不爲作禘，八年因禘祭乃致之，故計閔公之喪數之耳。昭十五年有事于武宫，計非禘年，而爲禘者，釋例曰：「禘于太廟，禮之常也；各于其宫，時之爲也。雖非三年大祭，而書禘用禘禮也。」昭二十五年傳曰「將禘于襄公」，亦其義也。三年之禘，自國之常，常事不書，故唯書此數事。祭雖得常，亦記仲遂、叔弓之非常也。如杜此言，昭十五年雖非禘年，用禘禮，故稱禘也。鄭玄解禮三年一祫，五年一禘。杜解左傳都不言祫者，以左傳無祫語。則祫禘正是一祭，故杜以審序昭穆謂之禘，明其更無祫也。劉炫云：正經無祫文，唯禮記、毛詩有祫字耳。釋天文云：「禘，大祭也。」則祭無大於禘者。若祫大於禘，焉得稱大乎？

春秋：「文二年八月丁卯，大事於太廟。」公羊傳：「大事者何？大祫也。」注：以言大與有事異。又從僖八年禘數之知爲大祫。疏：春秋、說文云：「三年一祫，五年一禘。」案：僖八年秋七月禘于太廟，從此以後，三年一祫數，則十一年祫，十四年祫，十七年祫，二十年祫，二十三年祫，二十六年祫，二十九年祫，三十二年祫。文二年祫也。若作五年一禘數，則從僖公八年禘，十三年禘，十八年禘，二十三年禘，二十八年禘，三十三年禘。文五年禘，則文二年非禘年，故知此年大事爲祫矣。若然，僖二十三年並爲禘祫，何得下傳云「五年而再殷祭者」？蓋爲其初時三年作祫，五年作禘，大判言之，得言五年，而再殷祭。其間三五參差，隨次而下，何妨或有同年時乎？知非祫與禘相因，而數爲三年五年者，若從僖八年禘，十一年祫，十六年禘，十九年祫數之，至僖三十二年禘，文公二年祫，亦相當。但於五年而再殷祭之言不合，故不得然。按：五年而再殷祭，猶言五歲再閏也，疏中論三年五年，前後兩說俱謬。又三年五年當以新君喪畢之年起算，不得併先君之年而通計之也。大祫者何？合祭也。其合祭奈何？毀廟之主，陳于太祖。注：毀廟謂親過高祖，毀其廟，藏其主于太祖廟中。未毀廟之主，皆升合食于太祖，五年而再殷祭。」注：殷，盛也。謂三年祫，五年禘，禘所以異於祫者，功臣皆祭也。祫，猶合也；禘，猶諦也，審諦無所遺失。禮：「天子特禘特祫，諸侯禘則不礿，祫則不嘗，大夫有賜於君，然後祫其高祖。」穀梁傳：「大事者何？大是事也。著祫嘗祫祭者，毀廟之主陳于太祖，未毀廟之主皆升合祭于太祖。」疏：祫必在秋，故連嘗言之。然周之八月，夏之六月，而云著祫嘗者，蓋月卻節前已得立秋之節故也。

禮記喪服小記：「禮不王不禘。」注：禘謂祭天。又：「王者禘其祖之所自出，以其祖配之，」注：禘大祭也，始祖感天神靈而生，祭天則以祖配，自外至者，無主不止。疏：王者夏正禘祭其先祖所從之天，若周之先祖出自靈威仰也。外至者，天神也。主者，人祖也。故祭以人祖配天神也。而立四廟。注：高祖以下，與始祖而五。庶子王亦如之。」注：世子有廢疾不可立，而庶子立，其祭天立廟，亦如世子之立也。

禮記大傳：「禮，不王不禘。王者禘其祖之所自出，以其祖配之。注：凡大祭曰禘。自，由也。大祭其先祖所由生，謂郊祀天也。王者之先祖皆感大微五帝之精以生，蒼則靈威仰，赤則赤熛怒，黄則含樞紐，白則白招拒，黑則汁光紀，皆用正歲之正月郊祭之，蓋特尊焉。孝經郊祀后稷以配天，配靈威仰也；宗祀文王於明堂，以配上帝，汎配五帝也。諸侯及其太祖。注：太祖，受封君也。大夫士有大事，省於其君，干祫及其高祖。」注：大事，寇戎之事也。省，善也。善於其君，謂免于大難也。干，猶空也，空祫，謂無廟祫祭之於壇墠。儀禮士虞記：「始虞曰，哀薦祫事。」注：始虞謂之祫事者，主欲其祫先祖也，以與先祖合爲安。疏：公羊傳：「文二年云：大祫者何？合祭也。合先君之主於太廟。」但三虞卒哭後，乃有祔祭，始合先祖。今始虞而已言祫者，鄭云：「以與先祖合爲安。」故下文云「適爾皇祖某甫」，是始虞預言祫之意也。

禮記王制：「天子諸侯宗廟之祭，春曰礿，夏曰禘，秋曰嘗，冬曰烝。」注：此蓋夏、殷之祭名。周則改之，春曰祠，夏曰礿，以禘爲殷祭。詩小雅曰：「礿祠烝嘗，于公先王。」此周四時祭宗廟之名。疏：此云春礿，而郊特牲云春禘者，鄭彼注云：禘當爲禴，從此爲正。祭義曰春禘，鄭注直云夏、殷禮。不破禘字者，以郊特牲已改爲禴，故略之。又：「天子犆礿，祫禘，祫嘗，祫烝。注：犆猶一也。祫，合也。天子諸侯之喪畢，合先君之主於祖廟而祭之，謂之祫。後因以爲常。天子先祫而後時祭，諸侯先時祭而後祫。凡祫之歲，春一礿而已，不祫；以物無成者，不殷祭。周改夏祭曰礿，以禘爲殷祭也。魯禮三年喪畢而祫於太祖，明年春禘於羣廟。自爾之後，五年而再殷祭，一祫一禘。疏：按僖公三十三年十二月薨，至文二年八月二十一月，於禮少四月，未得喪畢。是喪畢當祫，諸侯既爾，明天子亦然。禮緯三年一祫，五年一禘，故知每三年爲一祫祭，是後因以爲常。經云：祫禘、祫嘗、祫烝，天子位尊，故先爲大禮也。諸侯嘗祫、烝祫，諸侯位卑，取其漸備，故先小禮，後大禮。此等皆因已前之制。云魯禮三年喪畢而祫於太祖者，僖公以三十三年十一月薨，文二年八月大事於太廟，於禮少四月，文公應合二年十二月而祫大祖廟也。是新君即位之二年，而云三年喪畢者，通死君之年爲三年。云明年春禘於羣廟者，以僖公八年禘于太廟，宣公八年辛巳有事于太廟。有事，禘也。僖、宣皆八年禘，既五年一禘，則後禘去前禘五年也，前禘當三年，今二年而祫，故云明年春禘于羣廟。按閔二年五月吉禘于莊公，昭十五年禘于武宮，昭二十五年將禘于襄公，禘皆各就廟爲之故云羣廟。自三年禘羣廟之後，每五年之內再爲殷祭，故鄭禘祫志云：「閔公之喪，僖三年禘，僖六年祫，僖八年禘。」凡三年喪畢，新君二年爲祫，新君三年爲禘，皆祫在禘前。諸侯礿犆，注：互明犆礿文。禘一犆一祫，注：下天子也祫，歲不禘。嘗祫，烝祫。」按：此經所謂祫，乃時祭之祫，非殷祭之祫也。犆與祫正相對。鄭説殊迂曲，不可通。

附王制説，其禘祫大小，鄭以公羊傳云：「大事者何？大祫也。毁廟之主，陳於大祖，未毁廟之主，皆升合食於大祖，故爲大事。」若王肅、張融、孔晁皆以禘爲大，祫爲小。故王肅論引賈逵説，吉禘於莊公，禘者遞也，審遞昭穆，遷主遞位，孫居王父之處。又引禘於大廟，逸禮「其昭尸穆尸」，其祝辭總稱孝子孝孫，則是父子並列。逸禮又云：「皆升合於其祖。」所以劉歆、賈逵、鄭衆、馬融等皆以爲然。而鄭不從者，以公羊傳爲正，逸禮不可用也。又曾子問云：「七廟五廟無虛主。虛主者，惟天子崩，與祫祭，祝取羣廟之主。」明禘祭不取羣廟之主可知。爾雅云：「禘，大祭也。」謂比四時爲大也。故孫炎等注爾雅，皆以禘爲五年一大祭。若左氏說，及杜元凱，皆以禘爲三年一大祭，在太祖之廟。傳無祫文，然則祫即禘也。取其序昭穆謂之禘，取其合集羣祖謂之祫。鄭康成祫禘及四時祭所以異者，此祫謂祭於始祖之廟。毁廟之主，及未毁廟之主，皆在始祖廟中。始祖之主，於西方東面。始祖之子爲昭，北方南面。始祖之孫爲穆，南方北面。自此以下皆然，從西爲上。禘則太王、王季以上遷主，祭於后稷之廟，其坐位乃與祫相似。其文、武以下遷主，若穆之遷主祭於文王之廟，文王東面，穆主皆北面，無昭主；若昭之遷主祭於武王之廟，武王東面，其昭主皆南面，無穆主。

禮記曾子問：「當七廟五廟無虛主。虛主者，惟天子崩，諸侯薨，與去其國，與祫祭於祖，爲無主耳。吾聞諸老聃曰：祫祭於祖，則祝迎四廟之主。主出廟入廟必蹕。」疏：天子祫祭，則迎六廟之主。今言迎四廟者，舉諸侯言也。按：唯舉諸侯言，故謂之祫。若天子，則必言禘矣。下言天子嘗禘是也。

禮記祭統：「周公既没，成王、康王追念周公之所以勳勞者，而欲尊魯，故賜之以重祭。外祭則郊社是也。内祭則大嘗禘是也。夫大嘗禘，升歌清廟，下而管象，朱干玉戚以舞大武，八佾以舞大夏，此天子之樂也。康周公，故以賜魯也。」疏：祫祭在秋，大嘗禘祭在夏。

禮記明堂位：「季夏六月，以禘禮祀周公於太廟。」注：季夏，建巳之月也。禘，大祭也。

禘、祫一也。唐孔氏曰：「取其序昭穆謂之禘，取其合集羣祖謂之祫。」天子之禘，未嘗不合集羣祖；諸侯之祫，未嘗不序昭穆，互文以見義耳。此言良是。先儒既不知禘祫之同，遂無以辨禘祫之異。今列其説而詳辨之。春秋閔公二年經書「吉禘于莊公」。僖公三十三年左氏傳云：「特祀於主，烝嘗禘於廟。」襄公十六年，晉人答穆叔云：「以寡君之未禘祀。」是皆以喪畢言之。故康成、元凱以禘祫爲三年喪畢之大祭。蓋嗣君即位，三年之喪既畢，遠主將遷，新主將入，嗣君於是又初行廟享之禮，其不可以四時常祭行之，明甚。然則喪畢而祭，先行禘祫之禮，雖微鄭、杜言，吾固知其必然。惟禘之異於祫，則未有得其説者。鄭氏謂喪畢而祫，祫之明年乃禘。自爾之後，率五年而再殷祭。一祫一禘，祫大而禘小。劉炫非之曰：釋天文云：「禘，大祭也。」則祭無大於禘者。若祫大於禘，禘焉得稱大乎？劉氏之駁甚快。而王肅、孔、晁輩，又謂禘大祫小。蓋鄭氏説本公羊，而不得其解；王肅、孔、晁則不從公羊，而别爲之解，皆非也。夫公羊雖後於左氏，比之漢儒，猶爲近古，其説必有所授，未可非也。穀梁之説亦與公羊同，可見其説有自來矣。然其言曰：「大祫者何？合祭也。大祫對四時之祫言。王制礿禘，祫嘗，祫烝，此時祭之祫，小祫也。其合祭奈何？毁廟之主陳于大祖，未毁廟之主皆升合食于太祖，五年而再殷祭。」第言大祫，不言大禘。又上言大祫，下言殷祭，是殷祭即大祫也。五年而再殷祭，是五年而再大祫也。何嘗有一禘一祫、一大一小之别哉？杜氏曰：「喪畢而禘，遂以三年爲節。」孔氏謂杜解左傳都不言祫，以左傳無祫，語祫禘，正是一祭。果爾，則禮記云「不王不禘」，亦得言不王不祫乎？其説又不通矣。或曰：「禘即時祭之一，戴記有明文焉。詩稱『禴祠烝嘗』，乃武王時詩，在周公制禮之前，而周官晚出，因詩言而附益之，不得執彼疑此。」四明萬氏説。不知王制、祭統禘在夏，郊特牲、祭義禘在春，其説先已不同。明堂位既言季夏六月以禘禮祀周公于太廟，又言夏礿，秋嘗，冬烝，將既礿又禘耶？抑即以禘爲礿耶？蓋自周末文勝，諸侯四時之祭，有僭用禘禮者。儒生習見時事，數典而忘其祖，故各自爲説，信禮記而疑周官，可乎？有時祭必更有殷祭，説見後郊社篇。夫禘祭原不在時祭之外。祭統曰：「内祭則大嘗禘是也。」蓋以大禘禮行之於嘗，則謂之大嘗禘。曾子問曰「天子嘗禘」，中庸亦言「禘嘗之義」，穀梁傳曰「著祫嘗」，然則禘祫必於嘗歟？然謂禘祭不在時祭之外則可，謂禘祭即時祭之一則不可。王制云：「天子犆礿，祫禘，祫嘗，祫烝。諸侯礿則不禘，禘則不嘗，嘗則不烝，烝則不礿，諸侯礿犆，禘一犆一祫，嘗祫，烝祫。」毛萇詩傳云：「諸侯夏禘則不礿，秋礿則不嘗。唯天子兼之。」公羊文二年傳何休注云：「天子特禘特祫。諸侯禘則不礿，祫則不嘗。」三説不同。王制最舛謬，殆不可解。然毛、何之説亦未爲是。且王制以特字對祫字，義訓甚明，而毛、何以兼字解特字，殆不可也。當云：天子禘則不嘗，諸侯祫則不嘗。蓋天子之禘與諸侯之祫，皆行之於秋，禘祫是殷祭，嘗是時祭，於殷祭之年，即以殷祭代時祭，而不復舉時祭之禮耳。若夫唐之趙匡，則以禘爲追祭帝嚳，以后稷配之。其説本諸小記、大傳，而不察其文義也。案：喪服小記曰：「王者禘其祖之所自出，以其祖配之，而立四廟。」大傳亦曰：「王者禘其祖之所自出，以其祖配之。諸侯及其太祖。大夫有大事，省於其君，干祫及其高祖。」詳味二文，乃專爲廟制言也。

蓋天子三昭三穆，與太祖之廟而七。小記所謂祖者，謂文、武也。祖所自出，則后稷也。記但言禘其祖所自出，以其祖配之。朱子謂禘者追祭太祖之所自出於太廟，而以太祖配之，恐非記意。后稷太廟居中，文、武世室列於左右，有配之之象焉。更立高曾祖禰四廟，是爲七廟。大傳本小記而刪去立四廟一句，然所未及其太祖干祫及其高祖者，正隱對立四廟言之。及者，從下而上之辭。讀大傳此節，須將立四廟句作主腦，前後記意乃明。蓋天子以始有天下之君爲祖，以祖所自出爲太祖，故既有太廟，又有二世室。諸侯即以始受封之君爲太祖，不追其所自出，太公出于四岳，齊不以四岳爲太祖，秦仲出于伯翳，秦不以伯翳爲太祖。亦不復有配之者，則祇有太廟而無世室，是以止於五廟。大夫亦得及其太祖，而其下乃不得具四親廟，惟有大事，省於其君，則祫及其高祖。然亦但可干祫。干之爲言空也，謂有壇墠而無廟也。其有廟者，不過太祖及一昭一穆三廟而已。廟之有五，此禮之正，説見下篇。天子之隆於諸侯者，在於始有天下者之上，更推其所自出，以爲太祖也。大夫之殺于諸侯者，在於始爲太祖者之下，高曾二主即寄於祖禰廟，而無高曾二廟也。記意本自昭然。今如趙氏之説，以祖爲后稷，以祖所自出爲帝嚳，且不及羣廟之主，則小記所謂立四廟，大傳所謂諸侯及其太祖，大夫干祫及其高祖者，何以稱焉？吴幼清因此遂以立四廟句爲衍文。然則禘祫之異，果安在乎？曰：大傳曰「禮，不王不禘」，則諸侯以下不得稱禘矣。又曰「大夫干祫及其高祖」，則大夫之祫猶天子之禘矣。曾子問曰：「祫祭于祖，則祝迎四廟之主。」諸侯二昭二穆，故曰四廟，是諸侯亦稱祫矣。吾謂禘祫皆殷祭也，天子曰禘，諸侯以下曰祫。

郊社辨

知禘祫之説，則郊社可類推矣，故以此繼之。

周禮春官大司樂：「凡樂圜鍾爲宮，黄鍾爲角，大簇爲徵，姑洗爲羽。靁鼓、靁鼗，孤竹之管，雲和之琴瑟，雲門之舞，冬日至於地上之圜丘奏之。若樂六變，則天神皆降，可得而禮矣。凡樂函鍾爲宮，大簇爲角，姑洗爲徵，南吕爲羽。靈鼓、靈鼗，孫竹之管，空桑之琴瑟，咸池之舞，夏日至於澤中之方丘奏之。若樂八變，則地示皆出，可得而禮矣。凡樂黄鍾爲宮，大吕爲角，大簇爲徵，應鍾爲羽。路鼓、路鼗，陰竹之管，龍門之琴瑟，九德之歌，九磬之舞，於宗廟之中奏之。若樂九變，則人鬼可得而禮矣。」注：此三者，皆禘大祭也。天神則主北辰，地示則主崑崙，人鬼則主后稷。大傳曰：「王者必禘其祖之所自出。」祭法曰：「周人禘嚳而郊稷。」謂此祭天圜丘，以嚳配之。疏：爾雅云：「禘，大祭。」不辨天神、人鬼、地示，皆有禘稱，是以鄭云：「三者皆禘，大祭也。」禮記祭法：「祭法，有虞氏禘黄帝而郊嚳，祖顓頊而宗堯。夏后氏亦禘黄帝而郊鯀，祖顓頊而宗禹。殷人禘嚳而郊冥，祖契而宗湯。周人禘嚳而郊稷，祖文王而宗武王。」注：此禘謂祭昊天於圜丘也。祭上帝於南郊曰郊，祭五帝五神於明堂曰祖宗。

國語魯語上：「有虞氏禘黄帝而祖顓頊，郊堯而宗舜。注：禮祭法「有虞氏郊嚳而宗堯」，與此異者，舜在時則宗堯，舜崩而子孫宗舜，故郊堯耳。夏后氏禘黄帝而祖顓頊，郊鯀而宗禹。商人禘舜而祖契，郊冥而宗湯。注：「舜當爲嚳字之誤也。」周人禘嚳而郊稷，祖文王而宗武王。」

周禮春官司服：「王之吉服，祀昊天上帝，則服大裘而冕。祀五帝亦如之。」

春秋襄七年左氏經：「夏四月，三卜郊不從，乃免牲。」傳：「孟獻子曰：『吾乃今而後知有卜筮。』夫郊祀后稷，以祈農事也。注：郊祀后稷以配天。后稷，周始祖，能播殖者。疏：郊祭天者，爲物本於天，故祭天以報本。神必須配，故推祖以配天。止報生成之恩，非求未來之福。此傳言祈農事者，禮器稱君子曰：「祭祀不祈。」祭雖不祈，其實福以祭降。少牢饋食之末，尸嘏主人，使女受福於天，宜稼于田。郊天之義亦由是也。詩噫嘻序曰：「春夏祈穀于上帝。」禮，孟春之月，月令曰：「是月也，天子乃以元日祈穀于上帝。」即郊天之祭也。其下即云：「乃擇元辰，天子親載耒耜，躬耕帝耤。」是郊而後耕也。是故啟蟄而郊，郊而後耕，今既耕而卜郊，宜其不從也。」注：啟蟄，夏正建寅之月。耕謂春分。

禮記雜記下：「孟獻子曰：『正月日至，可以有事於上帝。』」疏：正月，周正月，建子之月也。日至，冬至日也。有事，謂南郊祭所出之帝也。上帝，靈威仰也。若天子則圜丘。魯以周公之故，於此月得郊所出之帝靈威仰而已。左傳襄七年疏：據傳，獻子此言郊天之禮，必用周之三月。此與禮記俱稱獻子，二文不同，必有一謬。禮記後人所録，左傳當得其真。按：獻子言正月，安知非夏之正月乎？竊疑魯郊非禮，然亦但僭孟春之郊，未必以孟春之禮行之於冬至也。

禮記郊特牲：「郊之祭也，迎長日之至也，注：易説曰：「三王之郊，一用夏正建寅之月也。」此言迎長日者，建卯而晝夜分，分而日長也。大報天而主日也，注：大猶徧也。天之神，日爲尊。兆於南郊就陽位也。」又：「於郊，故謂之郊。」又：「郊之用辛也。周之始郊日以至。」注：言日以周郊天之月而至，陽氣新用事，順之而用辛日。此説非也。郊天之月而日至，魯禮也。三王之郊一用夏正，魯以無冬至祭天於圜丘之事，是以建子之月郊天，示先有事也。用辛日者，凡爲人君，當齋戒自新耳。周衰禮廢，儒者見周禮盡在魯，因推魯禮以言周事。疏：王肅用董仲舒、劉向之説，以此爲周郊。上文云：「郊之祭，迎長日之至。」謂周之郊祭於建子之月，而迎此冬至長日之至也。而用辛者，以冬至陽氣新用事，故用辛也。周之始郊，日以至者，對建寅之月。又祈穀郊祭，此言始者，對建寅爲始也。鄭康成則異於王肅。上文云「迎長日之至」，自據周郊。此云「郊之用辛」，據魯禮也。周之始郊日以至，謂魯之始郊日以冬至之月。云始者，對建寅之月天子郊祭，魯於冬至之月初始郊祭，示先有事，故云始也。

案：周禮「冬至祭天圜丘」，不論郊也。又此下云「戴冕璪十有二旒」，周禮「祀昊天上帝則大裘而冕」，是服不同。周禮「玉路以祀天」，此下云「乘素車」，是車不同也。祭法云「燔柴於泰壇用騂犢」，周禮「蒼璧禮天，牲從玉色」，是牲不同也。爾雅曰「非人爲之丘」，泰壇則人功所作，是圜丘與泰壇别也。以是知郊與圜丘所祭非一。必知魯禮者，以明堂云：「魯君孟春乘大路，載弧韣，旂十有二旒，日月之章，祀帝於郊。」又雜記云：「正月日至，可以有事於上帝。」故知冬至郊天，魯禮也，但魯之郊祭，師説不同。崔氏、皇氏用王肅之説，以魯冬至郊天，至建寅之月，又郊以祈穀，故左傳云：「啟蟄而郊。」又云：「郊祀后稷以祈農事。」是二郊也。若依鄭康成之説，則魯唯一郊，不與天子郊天同月，轉卜三正。故穀梁傳云：「魯以十二月下辛卜正月上辛。若不從，則以正月下辛卜二月上辛。若不從，則以二月下辛卜三月上辛。若不從，則止。」是魯一郊則止，或用建子之月郊，則此云日以至，及宣三年「正月郊牛之口傷是也」；或用建寅之月，則春秋左傳云「郊祀后稷以祈農事」是也。但春秋，魯禮也，無建丑之月耳。若杜預不信禮記，不取公羊、穀梁，唯有建寅郊天，及龍見而雩。按：魯郊惟周建寅之月，當從杜預説。魯雖得用孟春之郊，其禮當與天子小異。然既三卜，則不應無建丑之月，恐穀梁之説亦未可從也。此記所載，是魯之郊禮，既非天子冬至之祭，亦與天子孟春之郊不同。記者誤以此爲周禮，故一則曰周之始郊，再則曰王被衮以象天。周之始郊日以至，謂周始有天下，冬至祭天，適逢辛日也。

又：「祭之日，王被衮以象天。」注：魯禮也。周禮王祀昊天上帝，則服大裘而冕，祀五帝亦如之。魯侯之服，自衮冕而下也。戴冕璪十有二旒，則天數也；乘素車，貴其質也；旂十有二旒，龍章而設日月以象天也。」注：素車，殷路也，魯公之郊用殷禮也。按：乘素車即掃地而祭，器用陶匏之義，非用殷禮。又：「帝牛不吉，以爲稷牛。帝牛必在滌三月，稷牛唯具，所以別事天神與人鬼也。萬物本乎天，人本乎祖，此所以配上帝也。郊之祭也，大報本反始也。」按：祭莫大於圜丘，此記所云郊者，孟春之郊，而誇大之如此。蓋魯無圜丘之祭，故以孟春之郊兼用圜丘之禮，猶太廟天子明堂，明堂之制與太廟同，而稍爲宏敞。魯無明堂，故太廟得兼象天子明堂耳。康成謂推魯禮以言周事，信矣。說文每引魯郊禮，當在逸禮三十九篇中，漢儒猶及見之。

周易上經豫卦象曰：「雷出地奮，豫。先王以作樂崇德，殷薦之上帝，以配祖考。」疏：謂若周夏正郊天配靈威仰，以祖后稷配也。配祀明堂五方之帝以考文王也。按：祭天莫盛於圜丘，何獨缺而不數？圜丘以帝嚳配，故稱祖考先王，泛指周之天子，不必定屬武王。

禮記祭法疏：案聖證論肅難鄭云：「案：易『帝出乎震』，震，東方生萬物之初，以木德王天下，非謂木精之所生。五帝皆黃帝之子孫，各改號代變，而以五行爲次焉，何太微之精所生乎？又郊祭鄭玄注『祭感生之帝』，唯祭一帝耳，郊特牲何得云『郊之祭，大報天而主日』？又『天唯一而已』，何得有六？又家語云：『季康子問五帝，孔子曰：天有五行，木火金水及土，四分時化育以成萬物，其神謂之五帝。』是五帝之佐也，猶三公輔王。三公可得稱王輔，不得稱天王；五帝可得稱天佐，不得稱上天。而鄭云『以五帝爲靈威仰之屬』，非也。玄以圜丘祭昊天，最爲首禮。周人立后稷廟，不立嚳廟，是周人尊嚳不若后稷及文、武。以嚳配至重之天，何輕重顛倒之失？所郊即圜丘，圜丘即郊，猶王城之內，與京師異名而同處。」又王肅、孔、晁云：「虞、夏出黃帝，殷、周出帝嚳。祭法四代禘此二帝，上下相證之明文也。詩云『天命玄鳥』，『履帝武敏歆』。自是正義，非讖緯之妖説。」此皆王肅難大略如此。馬昭申鄭曰：「王者禘其祖所自出，以其祖配之。案文自了，不待師説。則始祖之所自出，非五帝而誰？河圖云：『姜原履大人之跡生后稷，太任夢大人死而生文王。』又中候云：『姬昌，蒼帝子。』經緯所説明文。又孝經云『郊祀后稷以配天』，則周公配蒼帝靈威仰。漢氏及魏據此義，而各配其行。易曰『帝出乎震』，自論八卦養萬物於四時，不據感生所出也。」又張融評云：「若依大戴禮及史記，稷、契及堯俱帝嚳之子，堯有賢弟七十不用，須舜舉之，此不然，明矣。」漢氏堯之子孫，謂劉媪感赤龍而生高祖，薄姬亦感而生文帝，漢爲堯胤，而用火德。大魏紹虞，同符土行。又孔子删書，求史記，得黄帝玄孫帝魁之書。若五帝當身相傳，何得有玄孫帝魁？融據經典三代之正，以爲五帝非黄帝子孫相續次也，一則稽之以湯、武革命，不改稷、契之行；二則驗之以大魏與漢襲唐、虞火土之法；三則符之堯、舜、湯、武無同宗祖之言；四則驗以帝魁繼黄帝之世，是五帝非黄帝之子孫也。

又郊特牲疏案：聖證論王肅難鄭云：「郊特牲曰：『郊之祭，迎長日之至。』下云：『周之始郊，日以至。』玄以爲，迎長日謂夏正也。郊天日以至，玄以爲冬至之日。説其長日至於上，而妄爲之説；又徙其始郊日以至於下，非其義也。玄又云：『周衰禮廢，儒者見周禮盡在魯，因推魯禮以言周事。』若儒者愚人也，則不能記斯禮也；苟其不愚，不得亂於周、魯也。鄭玄以祭法『禘黄帝及嚳』，爲配圜丘之祀。祭法説禘無圜丘之名，周官圜丘不名爲禘，是禘非圜丘之祭也。玄既以祭法禘嚳爲圜丘，又大傳『王者禘其祖之所自出』，而玄又施之於郊祭后稷，是亂禮之名實也。案：爾雅云：『禘，大祭也。』『繹，又祭也。』皆祭廟之名。則禘是五年大祭先祖，非圜丘及郊也。周立后稷廟而嚳無廟，故知周人尊嚳不若后稷之廟重。而玄説圜丘祭天，祀大者，仲尼當稱昔者周公禘祀嚳圜丘以配天。今無此言，知禘配圜丘非也。又詩思文后稷配天之頌，無帝嚳配圜丘之文。知郊即圜丘，圜丘即郊，所在言之則謂之郊，所祭言之則謂之圜丘。於郊築泰壇，象圜丘之形，以丘言之，本諸天地之性，故祭法云『燔柴於泰壇』，則圜丘也。郊特牲云『周之始郊，日以至』，周禮云『冬至祭天於圜丘』，知圜丘與郊是一也。言始郊者，冬至陽氣初動，天之始也，對啟蟄及將郊祀故言始。孔子家語云『定公問孔子郊祀之事，孔子對之』，與此郊特牲文同，皆以爲天子郊祀之事。」馬昭申鄭云：「易緯云『三王之郊，一用夏正』，則用天子，不用日至郊也。夏正月陽氣始升，日者陽氣之主，日長而陽氣盛，故祭其始升，而迎其盛。月令『天子正月迎春』是也。若冬至祭天，陰氣始盛，祭陰迎陽，豈爲理乎？周禮云：『冬日至，祭天於地上之圜丘。』不言郊，則非祭郊也。言凡地上之丘，皆可祭焉，無常處，故不言郊。周官之制，祭天圜丘，其禮王服大裘而冕，乘玉路，建大常。明堂位云：『魯君以孟春祀帝於郊，服衮服，乘素車，龍旂。』衣服車旂皆自不同，何得以諸侯之郊説天子圜丘？言始郊者，魯以轉卜三正，以建子之月爲始，故稱始也。又禮記云：『魯君未嘗相弑，禮俗未嘗相變。』而弑三君，季氏舞八佾，旅於泰山，婦人髽而相弔，儒者此記，豈非亂乎？據此諸文，故以郊丘爲别。冬至之郊，特爲魯禮。」張融謹案：「郊與圜丘是一，融又爲圜丘是祭皇天，孟春祈穀於上帝，及龍見而雩，此五帝之等，並是皇天之佐，其實天也。」按此疏言冬至之郊特爲魯禮，其實魯郊在孟春不在冬至，惟於孟春之郊，或參用冬至之禮，作記者遂謂魯郊在冬至。故雜記引孟獻子之言，既改啟蟄爲正月日至，而郊特牲謂周之始郊日以至，又誤以周圜丘之禮釋魯郊也。

禮記祭法：「王爲羣姓立社曰大社，王自爲立社曰王社，諸侯爲百姓立社曰國社，諸侯自爲立社曰侯社，大夫以下成羣立社曰置社。」疏：大社在庫門之內右，故小宗伯云：「右社稷。」其王社所在，書傳無文，或云與大社同處，王社在大社之西。崔氏竝云：「王社在藉田，王自所祭，以供粢盛。」今從其說。故詩頌云：「春藉田而祈社稷。」是也。諸侯國社亦在公宮之右，侯社在藉田，大夫以下謂包，士庶滿百家以上得立社。

禮記郊特牲：「社祭土而主陰氣也。」疏：土謂五土：山林、川澤、丘陵、墳衍、原隰也。以時祭之，故云社祭土。土是陰氣之主，故云主陰氣。　又：「天子大社，必受霜露風雨，以達天地之氣也。」注：大社，王爲羣姓所立。　又：「社所以神，地之道也。地載萬物，天垂象取材於地，取法於天，是以尊天而親地也，故教民美報焉。家主中霤而國主社，示本也。」注：中霤亦土神也。

禮記郊特牲疏：社稷之義，先儒所解不同。鄭以社爲五土總神，稷爲原隰之神。句龍以有平水土之功，配社祀之；稷有播殖之功，配稷祀之。案郊特牲云：「社祭土而主陰氣。」又云：「社所以神地之道。」又禮運云：「命降於社之謂殽地。」又王制云：「祭天地社稷，爲越紼而行事。」據此諸文，故知社即地神，稷是社之細別。若賈逵、馬融、王肅之徒，以社祭句龍，稷祭后稷，皆人鬼也，非地神。故聖證論王肅難鄭云：「禮運云：『祀帝於郊，所以定天位；祀社於國，所以列地利。』社若是地，應云定地位，而言列地利，故知社非地也。」爲鄭學者馬昭之等通之云：「天體無形，故須云定位。地有形，不須云定位，故唯云列地利。」肅又難鄭云：「祭天牛角繭栗，而用特牲，祭社用牛角尺，而用大牢。又祭天地大裘而冕，祭社稷絺冕。又唯天子令庶民祭社，社若是地神，豈庶民得祭地乎？」爲鄭學者通之云：「以天神至尊，而簡質事之，故牛角繭栗而用特牲，服著大裘。天地至尊，天子至貴，天子祭社，是地之別體，有功於人，報其戴養之功，故用太牢。貶降於天，故角尺也。祭用絺冕，取其陰類。庶人蒙其社功，故亦祭之，非是方澤神州之地也。」肅又難鄭云：「召誥：『用牲於郊，牛二。』明知后稷配天，故二牲也。又云：『社于新邑，牛一、羊一、豕一。』明知唯祭句龍，更無配祭之人。」爲鄭學者通之云：「是后稷與天，尊卑既別，不敢同天牲。句龍是上公之神，社是地祇之別，尊卑不甚懸絶，故云配同牲也。」肅又難云：『后稷配天，孝經有配天明文，后稷不稱天也。祭法及左傳云：『句龍能平水土，故祀以爲社。』不云祀以配社，明知社即句龍也。」爲鄭學者通之云：「后稷非能與天同功，唯尊祖配之，故云不得稱天。句龍與社同功，故得云祀，以爲社而稱社也。」肅又難云：「春秋説『伐鼓於社，責上公』，不云責地祇，明社是上公也。又月令：『命民社。』鄭注云：『社，后土也。』孝經注云：「后稷，土也。』句龍爲后土，鄭既云社，后土則句龍也。是鄭自相違反。」爲鄭學者通之云：「伐鼓責上公者，以日食，臣侵君之象，故以責上公言之。句龍爲后土之官，其地神亦名后土，故左傳云：『君戴皇天而履后土。』地稱后土，與句龍稱后土，名同而無異也。鄭注云：『后土者，謂土神也。』非謂句龍也。故中庸云：『郊社之禮。』注云：『社祭地神。』又鼓人云：『以靈鼓鼓社祭。』注云：『社祭，祭地祇也。』是社爲地祇也。又社祭一歲有三，仲春命民社，一也；詩云『以社以方』，謂秋祭，二也；孟冬云大割祠於公社，是三也。」按：三者當以仲春之祭爲正，猶祭天有九，自圜丘之外，當以孟春之祭爲正也。

禘爲宗廟之祭，先儒無異議也。獨鄭氏謂禘有三：論語「禘自既灌」，及春秋「禘於太廟」，謂宗廟之祭也；小記、大傳「不王不禘」，謂祭感生之帝於南郊也；祭法「禘黄帝而郊嚳」，謂祭昊天上帝於圜丘也。於是王肅之徒羣起而攻之。按小記言禘，即曰「立四廟」，大傳言禘，即曰「諸侯及其太祖，大夫干祫及其高祖」，則所謂禘者，明指宗廟之祭，而鄭氏以爲郊祭，謬矣。南郊稱禘，必無是理。若乃祭法之禘，則恐非宗廟之祭也。祭法曰：「禘黄帝而郊嚳，祖顓頊而宗堯。」兩句之中，凡有四事：上二事祀天神，下二事享人鬼，文義甚明。今以此爲宗廟之祭，則享鬼者三，祀神者一，且先言禘，而後言郊，言之無序，莫甚於此，其不然也，決矣。故吾竊疑康成之説爲是。爾雅釋天曰：「禘，大祭也。」以周禮大司樂考之，上言祀天神，祭地祇，享先妣先祖，此非每歲所行之郊社及祠禴烝嘗乎？至圜丘之六變，方丘之八變，宗廟之九變，特别言之，則非尋常之神祀祇祭鬼享，故鄭氏曰：「此三者皆禘大祭也。」蓋不特祭天得稱禘，即祭地亦得稱禘，禘爲大祭總稱，不專施於宗廟。大祭猶言殷祭，殷之爲義有二：曰盛也，公羊文二年注。中也。周禮大行人注。禮之盛者，不可數舉，必間歲而一行之，故曰中。先王之制禮也，有豐有殺，時見曰會，殷見曰同，時聘曰問，殷覜曰視，皆隆殺相間之意。祭祀尤禮之大者也，故有時祭，復有殷祭。於四時而行殷祭則數，數則黷。黷則不敬；有殷祭而無時祭則疏，疏則怠，怠則忘。疏數適均，豐殺有制，宗廟如此，何獨於天地而不然？然則郊社乃每歲之時祭，而圜丘方丘者，其三年五年之殷祭歟？斯禮也，吾於周易豫之大象得之。易曰：「雷出地奮，豫。先王以作樂崇德，殷薦之上帝，以配祖考。」殷即殷祭之殷。作樂殷薦，非圜丘之祭，何足以當之？王學之徒謂郊即圜丘，圜丘即郊，其亦未之思爾。郊特牲曰：「郊之祭也，迎長日之至也。」注引易說云：「三王之郊，一用夏正。」夏正，建寅之月也。郊特牲又曰：「大報天而主日也。大報天與下文大報本文義正同，註訓大爲徧，恐非。祭之日，王被袞以象天，戴冕璪十有二旒，則天數也。」祭法及昭二十九年左氏傳云：「句龍能平水土，故祀以爲社。」月令：「仲春擇元日命民社。」然則郊以孟春，社以仲春，而圜丘方丘則以二至。郊專祭日，社專祭句龍，而圜丘方丘則徧及天神地祇，此殷祭之異於常祭者也。或曰圜丘方丘宜在何處？曰：祀天必於郊，祭地必於社，猶享先祖必於廟。地官鼓人云：「以雷鼓鼓神祀，以靈鼓鼓社祭，或謂社當作祇，字之誤也。以路鼓鼓鬼享。」此與大司樂文相應，則方丘亦在社也。大宗伯以血祭祭社稷，別無祭地之文。方丘在社，則圜丘必在郊矣。

補：考周禮司尊彝：「凡四時之間祀，追享朝享。」先鄭以追享朝享爲禘祫。後鄭以追享爲追祭遷廟之主，朝享爲朝受政於廟。按追享當從先鄭之說，朝享當從後鄭之說。間祀猶言殷祭，殷者中也，間亦中也。朝諸侯於明堂，因宗祀文王以配上帝，此亦殷祭也。朝享蓋指此。鄭以每月告朔當之，恐尚未是。又按禮記：「周公祀諸侯於明堂。」孝經：「宗祀文王於明堂，以配上帝。」自鄭氏以來，皆分爲二事，絕不相蒙。唯長樂陳氏謂「因朝諸侯，遂率以祀文王」，其說近是。鄭氏謂明堂非朝諸侯之處，周公權用之。又以月令季秋大饗帝，爲宗祀文王之禮。然月令乃秦法，非周制也。秦變封建爲郡縣，無諸侯朝京師之事，故於每歲季秋行大饗之禮。周制，十二年王一巡狩，朝諸侯於方岳。其朝之之處於明堂。趙岐注孟子云：「泰山下明堂，本周天子東巡狩朝諸侯之處。」此其明證也。宗祀文王，當在此時，故孝經云：「四海之內，各以其職來祭。」明此時海内諸侯咸在也，則陳氏之説信而有徵矣。又覲禮末稱「諸侯覲於天子，爲方明壇」，鄭注云：「此謂時會殷同也。王巡守，諸侯會之，亦爲此宮以見之。」引司儀注爲證。是鄭義朝諸侯在方明壇，不在明堂，不知方明壇用覲禮，明堂用朝禮。明堂之位，諸侯西面，諸伯東面；方明壇則公於上等，侯伯於中等，子男於下等，司儀有明文，鄭儀禮注非是。皆北面而見天子。曲禮云：「諸侯北面而見天子，曰覲；諸公東面，諸侯西面，曰朝。」或用朝禮，或用覲禮，皆臨時斟酌而行之。巡狩既然會同，從可知也。

黄鍾之宫解

禮記月令、吕氏春秋適音、古樂、史記律書、周官攷工記，皆言黄鍾之宫，舊説未明。今解之曰：旋宫之法，以一律含五聲，以一聲周十二律，有黄鍾之宫，則必有黄鍾之商、黄鍾之角，此以一律含五聲也。有黄鍾之律，繼之五正聲，皆由濁生清，附論見後。乃復由清生濁。令角聲微下，與姑洗相中，然後由姑洗生應鍾，由應鍾生蕤賓，得和繆二音。和繆以律繼聲，而五聲亦各當一律，於是因七音而有七律。是和繆與角本不相屬，賴角生姑洗爲之轉關。淮南此條，深明七律之義，而微蔡氏説，則淮南之義亦未易明也。説者謂宫與商，商與角，徵與羽，皆間一律，唯角徵羽宫之間，相去二律，故以和繆彌縫其闕。予謂姑洗爲角，使之微濁，正爲蕤賓地；南宫爲羽，使之微濁，正爲應鍾地。蓋五正聲本無欠闕，不待補也。其在七音，則和繆不可闕。然和繆之設，乃所謂以七同其數者，非補苴罅漏之謂。先爲七音，乃後以律和之，非按律求聲也。若漢武詔曰：「黄鍾爲宫，林鍾爲徵，太簇爲商，南吕爲羽，姑洗爲角。」就五聲而以律相準，則角徵羽宫之間，真有罅隙矣。是故聲律相準，專爲七音設法，以七律準七音，則可；以五律準五聲，則不可。或曰：「史記宫數八十一，徵數五十四，商數七十二，羽數四十八，角數六十四。唐孔氏謂以數相準況。昭二十年左傳正義。然則五聲清濁之差，亦有疏密，不得如階級然。」曰：「史記所言乃律數，非聲數，觀其標題而知之矣。三分損益，是律吕相生之法，因以律準聲，故以律數爲聲數爾。月令春音角數八，夏音徵數七，秋音商數九，冬音羽數六，中央土音宫數五。五位相得，而各有合。自十至六，五聲一周；自五至一，又一周焉，以相準況，庶幾得之。夫以律準聲，本不甚密，然周人作之，必有劑量之法，故能變而不失其正。後世律吕失傳，徒知音之有七，而不能以律和其聲，循聲索律，茫然失據。隋以林鍾爲黄鍾，宋以夾鍾爲黄鍾，俗樂二十八調，以夾鍾宫爲仲吕宫，林鍾宫爲南吕宫，而律舛矣。燕樂以變徵爲宫，變宫爲角，管色以合字爲宫，又以四字爲宫，而曰商聲，而曰太簇聲，轇轕支離，無所是正，皆爲七律所誤也。昔陳暘以四清二變爲樂之蠹，議欲去之，然不能明言其故，故終無以取信於人。誠知聲自聲，律自律，聲止於五，未嘗有七；律以立均，非以準聲，則四清二變，不待放而自無矣。」

徵爲下徵，角爲清角，荀勖笛律與此合。以五行相生之序，爲五聲清濁之差，此相生之一法也。凡五聲無不可相生者，上下無常，惟變所適，不必定用三分損益之法。五聲窮於角，至角無可生矣。今欲加和繆二音，和繆，京房謂之變宫變徵。沈括曰：「變宫變徵，實非宫徵。」毛奇齡曰：「有正，始有變，豈有正未及而先有變者？」據此二説，則不若和繆之名爲當。故移聲以就律，角既清於姑洗，而清角又清於正角，則角與姑洗離而爲二，故可以相生。既生姑洗，則聲變爲律矣。遂由姑洗生應鍾，由應鍾生蕤賓。此節七生字，其例不同。上四生字皆下生也。角生姑洗，則上生矣。應鍾、蕤賓仍一下一上。是應鍾蕤賓生於姑洗，非生於角也。夫聲至角而已窮，和繆以律相生，使五聲窮而不窮，此七音所由成也。姑洗爲角正音也，在七音爲正音，應鍾生於姑洗，故得比於正音，而爲和。比，頻寐切。應鍾爲和，非正音也。蕤賓生於應鍾，故不得比於正音而爲繆。

論樂者動輒言律，每辨一聲，不曰宫聲，而曰黄鍾聲；不曰商聲，而曰太蔟聲。或爲之説曰：凡專言宫商者，皆屬黄鍾，均太蔟爲黄鍾之商，太蔟聲猶言商聲也。然則大夷夾無仲，五律黄鍾均所無，復是何聲乎？

變宫變徵，由於聲律之相配。若聲自聲，律自律，則二變無所施矣。然其音不可廢也。蓋管色乙字，乃宫之低者，非所謂變宫也；管色凡字，乃角之高者，非所謂變徵也。商亦有低者，即管色句字是也。宫商角各有二音，兩兩相連，與徵羽之隔八相應者不同。故必廢二變之名，然後各得其實，而句字亦非贅設矣。

旋宫説

五色六章十二衣還相爲質者，五色自還也。五味六和十二食還相爲滑者，五味自還也。五聲六律十二管還相爲宫者，五聲自還也。旋之爲言，循環無端之謂也。陳仲儒曰：「十二之律必須次第爲宫。」予謂十二律皆宫聲也。十二宫並列，初無次第，是故聲可旋而律不可旋，以七音行乎十二律，自黄鍾至應鍾，六宫遞而不旋；自蕤賓至仲吕，六宫旋而不周，俱非旋相之義。國語七律後之，言旋律者祖焉，然未必盡得其意。以本文攷之，有黄太夷無四宫，似專以六律爲宫，而六吕不用。六吕所謂六間，謂在六律之間也。如吕亦爲宫，則律又在吕間，律吕互爲間，如六間之義何？要不若旋聲之近於自然也。淮南子云：「變宫生徵，變徵生商，變商生羽，變羽生角，此旋聲成五調之法。」記曰：「聲相應，故生變，變成方，謂之音。」鄭君注云：「樂之器彈其宫，則衆宫應，然不足樂，是以變之使雜也。方猶文章也。」此記及注，可補鴻烈解詁。雖變之使雜，仍依相生之序，條理秩秩，故能成方。鄭注又云：「宫商角徵羽雜比曰音，單出曰聲。」然則音與聲異。經傳或言五聲，或言五音，大有分别。七音猶五音和繆不爲調，非無調也，有之而不用，猶五音不用商。左氏昭元年傳云：「先王之樂，所以節百事也，故有五節。遲速本末以相及，中聲以降，五降之後，不容彈矣。於是有煩手淫聲，君子弗聽。」五節，五聲之節。有節則不亂，能旋則不窮。大不踰宫，細不踰羽；大則聲遲，細則聲速；大者爲本，細者爲末。自宫至羽，五聲一周，周而復始。宫爲宫，則羽爲羽，羽宫相及也。商爲宫，則宫爲羽，宫商相及也。角爲宫，則商爲羽，商角相及也。徵爲宫，則角爲羽，角徵相及也。羽爲宫，則徵爲羽，徵羽相及也。段安節樂府雜録云「宫逐羽聲」，即相及之謂矣。左旋則宫逐羽聲，右旋則羽逐宫聲。因五聲遂成五降，蓋遲速本末相及者，旋聲也。中聲以降者，立調也。聲可旋，故立一調而五調皆得。五降專就弦音立説，詳見琴論。而五節之旋，則固樂之通例也。五調主聲，皆正聲也，清聲非正不爲調主。宫商角有清聲，徵羽有濁聲就五正聲而論，則宫爲中聲，就清聲濁聲而論，則五正聲皆中聲，故皆可以爲宫，而清濁皆不可以爲宫。荀勖謂清角不合雅樂，以此。漢宣帝時，趙定、龍德並善鼓雅琴，時閒燕爲散操，多爲之涕泣者。夫樂以和平爲貴，使人聞聲而泣，詎雅音乎？竊疑二子之琴不純乎雅也。後漢劉昆亦能彈雅琴，知清角之操，昆之雅琴，豈即龍、趙之遺聲邪？雅琴外兼知清角之操，固無不可，若即以清角爲雅琴，則必爲荀勖所嗤矣。光武令桓譚鼓琴，好其繁華，其五降之後與？孟子曰：「不以六律，不能正五音。」六律各有五音，調其音使不軼本律之外，則正矣。自漢以來，所謂宫則必有太蔟之宫，姑洗之宫，此以一聲周十二律也。夫宫，音之主也，得其主則四聲不召自來。一均之中，唯宫有管，餘四聲俱屬虚含，是故十二管皆宫聲也。然則黄鍾之宫，即黄鍾也，言黄鍾足矣，「之宫」二字不已贅乎？中央土，律中黄鍾之宫；十一月，律中黄鍾，分而爲二，是必有説。説者乃以三寸九分爲黄鍾之宫，九寸爲黄鍾。然史記明以九寸爲黄鍾之宫，且九寸與三寸九分清濁相應，其音正同。安知㮚氏之量止中三寸九分之音，而不中九寸之音乎？案隋書音樂志引皇侃禮記疏云：「旋相爲宫者，十一月黄鍾爲宫，十二月大吕爲宫，正月太蔟爲宫，餘律放此。」侃以月律論旋宫，本之鄭氏，其義甚精。凡律之用，或以候氣，或以審音。鄭注月令云：「律候氣之管。」注禮運云：「布十二辰，始于黄鍾，終于南吕，更相爲宫。」是月律當兼候氣審音二義。若專主候氣，則律中黄鍾之宫，理不可通。故鄭注「中央土」，仍引禮運「旋相爲宮」以爲證。孔疏云：「此論聲應，非論氣應。四時之律，皆取氣應。而土王之律，獨取聲應者，一者欲與四行爲互，二者爲無別候土氣之管故也。」如孔疏言四行之律，亦取聲應明矣。夫候氣祇憑一管審音，必具五聲，故皇侃亦云：「十二管各備五聲，律管無孔，一管祇一聲耳，自宮聲外，餘四聲雖借役他管，適完一管之分量，故曰各備五聲。五聲成一調。」亦見隋志。考經傳言律呂，往往以調言之。如奏黃鍾，歌大呂，謂奏黃鍾調，歌大呂調也。然則律中黃鍾，謂中黃鍾一律之宮調，其言黃鍾之宮，乃專指一聲耳。月令律中黃鍾之宮，是對太蔟之宮、姑洗之宮言之，故曰律。㮚氏聲中黃鍾之宮，是對黃鍾之商、黃鍾之角言之，故曰聲。

隋書音樂志下「古有宮商角徵羽五引，迎氣於五郊，降神奏之」，月令所謂「孟春其音角」是也。蓋非但律呂以調言，即五音亦有以調言者。記曰：聲成文謂之音，然則五音與五聲似有別。姚察、許善心等極言古無用商角徵羽爲別調之法，蓋不解周官三大祀樂之義。別有説，見後。按月令言音與律，既皆以調言，則所謂其音某，律中某者，兩句連文，實一串事。「仲冬之月，其音羽，律中黃鍾」，正謂奏黃鍾律之羽調耳。「中央土，其音宮，律中黃鍾之宮」，則奏黃鍾之宮調，因仲冬言律中黃鍾，故加「之宮」二字以別之，亦互文見義。其音宮，則律中黃鍾之宮，其音羽，則律中黃鍾之羽矣。呂覽、史記以管言，攷工以聲言，月令以律言，其文雖同，其義各異。月令每月之首用「其」字者，凡六句，唯兩句不言「其」，皆連上爲一事。律中某，連上其音；祭先某，連上其祀。列子湯問：「當春而叩商弦，以召南呂；及秋而叩角弦，以激夾鍾；當夏而叩羽弦，以召黃鍾；及冬至而叩徵弦，以激蕤賓。」張湛曰：「商屬秋，南呂，八月律。角屬春，夾鍾，二月律。羽屬冬，黃鍾，十一月律。徵屬夏，蕤賓，五月律。」此足與月令相發明。彼與候相及，故曰召，曰激；此正應，故曰中。其爲音律通融，則一也。中者，不召而自來，不激而自發者也。

三樂説

大司樂「圜鍾爲宮」一節，其旋聲之法乎？朱子曰：「五聲無商。」非無商音，乃無商調。古無商調，猶後世無徵調也。蓋後世誤認徵羽之濁聲爲宮商，固誤認宮商角爲角徵羽。古商居弟四，後世徵居弟四，故後世所謂徵調，即古所謂商調。然則此經之宮角徵羽，皆以調言也。上文六歌六奏，蓋皆宮調也。此節三奏，則兼用宮角徵羽四調。而此四調，又非取之一律。如冬至祀天之樂，先奏宮調，以圜鍾律之，宮調爲之；依荀勖法，是爲夾鍾，笛之正聲調。次奏角調，以黄鍾律之，角調爲之；是爲黄鍾，笛之清角調。次奏徵調，以太蔟律之，徵調爲之；是爲太蔟，笛之下徵調。次奏羽調，以姑洗律之，羽調爲之。四調分屬四律，每律各取一調。然則經何不言圜鍾之宮？黄鍾之角？曰：此三節，俱以「凡樂」二字領之，蓋上文六樂專奏宮調，此三樂乃樂之大者，故必合四調以成一部。「爲」字屬樂不屬律，圜鍾爲宮，猶言以圜鍾之宮調，爲祀天樂之宮調。下三句放此。與旋宮之法迥别。梁三朝樂有相和五引，亦以調屬樂，但彼專奏黄鍾一均，與此不同。明乎此，則三樂用律之義，亦可得言矣。祀天四調，用長短相次律也。黄、大、太、夾、姑、仲、蕤、林、夷、南、無、應爲長短相次之序，當截用首四律。而大呂爲黄鍾之合，用黄鍾不用大呂，蓋亦取物不兩大之意。又黄鍾爲陽律之首，大呂爲陰呂之首，祭天不用大呂，猶祭地不用黄鍾也。故去大而加姑，自夾至黄逆行，黄鍾居陽聲之首，夾鍾居陰聲之末，今以夾先黄。又地祇人鬼之律，皆兩陰兩陽，天神獨一陰二陽，而以一陰居三陽之上，是亦貞下起元，自無之有之義。自太至姑順轉，錯綜以盡其變焉。祭地四調，用上下相生律也。黄、林、太、南、姑、應、蕤、大、夷、夾、無、仲爲上下相生之序，當截用首四律。而黄鍾天統，祭地不用，故退黄而進姑，自林至太順轉，自姑至南逆行，南吕爲姑洗之合，故不以南先姑。亦錯綜以盡其變焉。廟享四調，則用陰陽相合之律，即上六樂中祀天神，祭地祇者，截用首四律。彼分樂則用之天地，此合樂則用之宗廟，各有當也。夫黄鍾爲天統，林鍾爲地統，太蔟爲人統，劉歆三統之説，蓋本諸此。而天統在角，地統在宫，人統在徵，各主一調，亦以錯綜見義。荀勖三宫，實與周官闇合，豈非聲音自然之理哉？知此經之宫角徵羽以調言，不以聲言，則其義自明矣。

孟子曰：「爲我作君臣相悦之樂。」蓋徵招、角招是也。凡專舉五聲不言某律者，皆黄鍾宫也。徵招、角招猶言徵調角調，即黄鍾宫之下徵調、清角調也。作此樂時，黄鍾爲徵，黄鍾爲角，正與大司樂之文一例。荆軻易水之歌始爲變徵之聲，繼爲羽聲，皆以調言，若以聲言，豈一聲可以成曲？

金先生鶚

金鶚字誠齋，臨海人。優貢生。阮文達選入詁經精舍肄業，精三禮之學。繼受知於山陽汪文端廷珍，至京師，居文端邸中，析疑辨難，成禮説二卷。元和陳碩甫奂往見之，與語，恨相見晚。嘉慶二十四年卒於京邸。所著求古録一書，取宫室、衣服、郊祀、井田之類，貫串漢、唐諸儒之説，條考而詳辨之。

碩甫稱其鎔鑄古訓，爲一代大作手。又嘗輯論語鄉黨注，釐正舊説。卒後稿全散佚，碩甫求得之，釐爲求古録禮説十五卷，鄉黨正義一卷。後潘文勤祖蔭復得佚文，爲刻求古録禮説補遺一卷，又續一卷。

參史傳、孫星衍詁經精舍題名記、陳奂師友記、潘祖蔭求古録禮説補遺序。

求古録禮説

五官考

王者設官，所以代天工也，故其制必法乎天，三公以法三光，五官以法五行。白虎通云：「爵有三等，以法三光，五等以法五行。」其義與此略同。禮運謂「三公在朝，三老在學」，則三老與三公等。三老五更，取象三辰五行，蔡邕謂三老三人，五更五人。鄭謂老更各一人，則不象三辰五行，其説非也。三公五官，亦象三辰五行。董子春秋繁露云：「五行者，五官也。」又云：「諸侯爵五，法天地之數也。五官亦然。」然則五官之制，其義至精。自周以前，皆五官也。六官之制，實始於周。鄭康成謂：「唐、虞、三代皆六官。」注夏書大傳云：「稷爲天官，司徒爲地官，秩宗爲春官，司馬爲夏官，士爲秋官，共工爲冬官。」鶚竊以爲不然。曲禮云：「天子之五官，曰司徒、司馬、司空、司士、司寇。」此與周官不同，當爲殷制。鄭注亦謂殷制。鄭志焦氏答崇精，謂「殷之五官，并上大宰爲六官」。是殷、周官制不異。不知宗伯何以易爲司士？大宰何以與宗祝卜史等並列？其説不可通矣。是殷時止有五官，無有六官也。昭十七年左傳云：「少皞氏鳥名官，祝鳩氏司徒也，鴡鳩氏司馬也，鳲鳩氏司空也，爽鳩氏司寇也，鶻鳩氏司事也。」此少皞時亦五官，與殷之五官名異而實同。雖司士、司事二者不一，然白虎通云「士者事也」，則司事即司士矣。傳又云：「黄帝氏以雲紀，炎帝氏以火紀，共工氏以水紀，大皞氏以龍紀。」服虔注：「黄帝以雲名官，蓋春官爲青雲氏，夏官爲縉雲氏，秋官爲白雲氏，冬官爲黑雲氏，中官爲黄雲氏。炎帝以火名官，春官爲大火，夏官爲鶉火，秋官爲西火，冬官爲北火，中官爲中火。」其注水名、龍名，亦以五方五色言之。此在黄帝、炎帝、共工、大皞之世，皆五官也。又二十九年傳云：「五行之官，是謂五官。木正曰句芒，火正曰祝融，金正曰蓐收，水正曰玄冥，土正曰后土。」又云：「少皞氏有四叔，曰重，曰該，曰修，曰熙。重爲句芒，該爲蓐收，修及熙爲玄冥。顓頊氏有子曰黎，爲祝融。共工氏有子曰句龍，爲后土。」孔疏謂此五官在高陽之世，是顓頊之時亦五官也。夫上自大皞諸帝，下至于殷，皆五官，則唐、虞與夏不當有異。竊意唐、虞五官，以秩宗爲木官，司徒爲火官，士爲金官，司空爲水官，后稷爲土官。何以知之？吕刑云：「伯夷降典，折民惟刑。禹平水土，主名山川。稷降播種，農殖嘉穀。三后成功，惟殷于民，士制百姓于刑之中，以教祗德。」伯夷，秩宗也；禹，司空也；棄，后稷也；皋陶，士也。惟不及契爲司徒。而堯典言禹讓于稷、契暨皋陶，舜之命官以司徒繼稷，則司徒必在五官之中矣。秩宗即周之宗伯，宗伯爲春官。又楚語云：「顓頊命南正重司天，以屬神。」韋昭注謂：「周禮則宗伯掌祭祀。」重爲木正，春爲木行，是秩宗木官也。木之性爲仁，禮以仁爲本，故禮官屬木。司徒掌教，教必以禮，禮於行爲火。又楚語云：「顓頊命火正黎司地，以屬民。」鄭康成、韋昭皆謂火當爲北。然重爲南正，亦爲木正，黎爲北正，亦爲火正。此言重爲南正，黎爲火正，互文也。韋昭注謂「周禮則司徒掌土地人民」，是司徒火官也。士即周之司寇，司寇爲秋官，秋爲金也；司空在周爲冬官，冬爲水也；后稷教民稼穡，洪範以稼穡屬土，是后稷土官也。此五官皆卿，爲朝廷大臣。不及司馬者，二帝尚德而不尚兵，以士兼攝之也。舜言「苗頑弗即功」，禹言「皋陶方始象刑惟明」，則知舜之所以服有苗者，但動之以禮教，輔之以刑威，而無事乎征伐也。書傳多謂禹征有苗，不可信。此所以不立司馬，與少皞、夏、殷異也。夏之五官不可考，大略當與殷同。啟大戰於甘，則必有司馬矣。論語「舜有臣五人」，即此五人是。説者數伯益而不及伯夷，失之矣。典樂爲秩宗之佐，禮樂本一事也；納言爲司徒之佐，禁讒説所以弼教也；虞爲后稷之佐，山澤之所出，資民食用，與平地之植穀同也；共工爲司空之佐，司空平水土，必有藉乎工，工之營造多在於冬也。此四官當爲中大夫，亞於五官，合之爲九官，以法九星。見逸周書。要之，以五行爲重也。鄭君增以司馬，列爲六，則經文明無此官。共工之官不尊，故少皞氏以五雉爲五工正，不列於五官，唐、虞時何得以共工列五官之内？且經文明言伯禹作司空，是冬官爲司空，非共工也。鄭云：「初堯冬官爲共工，舜舉禹治水，堯知其有聖德，必成功，故改命司空，以官名寵異之，非常官也。」其説無據。稷降播種爲地事，何以爲天官？此其説皆非也。古之天官，皆治天事，少皞氏有鳳鳥氏爲曆正，玄鳥氏司分，伯趙氏司至，青鳥氏司啟，丹鳥氏司閉，此治天事之官，其官亦有五。堯以羲、和之伯分掌天地，其仲、叔分掌四時，此治天事之官有六，非周之六官也。古者天與民近，故帝王皆以天事爲重，而多設官以掌之。猶殷人尚鬼，建官先六大，所掌皆鬼神之事也。羲、和司天，唐、虞所重，其官亦當爲卿，仲叔四人當爲大夫。此二卿不在五官之列，天事與人事别也。至於統百官者爲百揆，主諸侯者爲四岳，此二官最尊，當爲公。公羊傳謂：「天子三公，天子之相也。自陝而東者，周公主之；自陝而西者，召公主之。一相處乎内，是百揆四岳，即三公也。」但周有東西二伯，而唐、虞四岳止一人爲異耳。鄭君謂羲、和、仲、叔四人分掌四岳，爲四伯，其説本尚書大傳。不知四岳爲神農之後，羲、和爲重、黎之後，不可混而爲一。全謝山辨之詳矣。羲、和爲司天之官，不可兼掌四岳，且舜飭二十二人，謂四岳九官十二牧，此蔡氏説，甚確。鄭注及僞孔傳皆非。是四岳止一人，若有四人，則不止二十有二矣。故知四岳別爲一官，爲三公之任也。百揆爲宰相之職，爵爲公，本不兼五官之事。但堯時舜宅百揆，百揆在五官之外；及舜即位，禹宅百揆，百揆在五官之中，以水土初平，司空之職猶重，在廷諸臣未得其人，故仍使禹兼之也。本蔡傳。鄭君謂：「司空非常官，禹宅百揆，遂廢司空。」不知司空爲水官，歷代有之，何可廢也。則禹以百揆兼司空明矣。然百揆雖暫兼司空，而四官仍不得與百揆並列，則與周之六官異矣。甘誓「大戰於甘，乃召六卿」，鄭謂「即周之六卿」。不知周官所云軍將，皆命卿者，謂選將帥之才，命之以爲卿，非必使大宰司徒等六卿將之也。六卿惟司馬掌兵，其餘或非所長，且大宰至尊，不得屬於司馬。又六軍並行，則六卿悉出，國事其誰理乎？然則甘誓之六卿，亦謂六軍之將，其爵如卿耳，不可據此而謂夏有六官也。逸周書大明武解云：「順天行五官，官候厥政。」孔晁注：「五官舉大官言之。」此五官之證。楚語云：「古者有天地神民類物之官，謂之五官。」又一證也。天子諸侯每降殺以兩，故天子五官，諸侯則降爲三。立政言：「文王之官，有司徒、司馬、司空。」此在殷時，是殷諸侯三卿，與周同也。大戴禮云：「千乘之國，列其五官。」曾子問亦謂：「諸侯將出，命五官而後行。」孔疏以五官爲五大夫，非也。國政掌於三卿，豈有命大夫而不命卿之理？蓋諸侯三卿，爲司徒、司馬、馬空。其宗伯司寇，亦掌大政，故雖爲大夫，而得與三卿並舉，不與小司徒等。三大夫同三卿，合二大夫爲五官。諸侯五官，可知天子亦五官矣。此又五官之一證也。又按董子五官之説，以司農爲水官，司馬爲火官，司營爲土官，司徒爲金官，司寇爲水官，於義未安，不足取證。夫唐、虞有百揆，殷有卿士，周有冢宰，皆宰相之職。但唐、虞、夏、殷以宰相統五官，周則以宰相與五官並列爲六。若去冢宰則亦五官而已，此其監二代而損益之者也。然宰相與五官並列，不見其特尊，未及古制之盡善。後世設宰相以統百官，合乎古制，而六部尚書又沿周制而變其名，殆失之矣。

學制考

大學小學之制，説者不一，皆未有確論也。鄭、孔謂：「殷制，小學在國，大學在郊；周則大學在國，小學在郊。」又謂：「諸侯小學在國，大學在郊；天子大學在國，小學在郊。」鄭又謂：「四代皆大小二學爲國學，其立鄉學亦如虞庠爲三。」又謂：「周天子立虞、夏、殷、周四代之學於國，而又以有虞氏之庠爲鄉學。」陳祥道謂：「周天子立四學，辟雍即成均，居中；其左東序，其右瞽宗，皆大學。虞庠在國之西郊，爲小學。」是周大學有三，小學止一也。陸佃謂：「東膠虞庠郊也，皆小學也。」又謂：「小學在王宮南，其大學在郊，非東膠虞庠。」是周小學有三，其大學則一也。又鄭謂：「周大學曰東膠，在王宮左，辟雍在西郊。」劉向謂：「辟雍與宗廟明堂列王宮左右。」張子謂：「小學在王宮之左右，大學亦在國中，無在郊之理。所謂大學在郊者，即郊學，對小學而言大耳。」或謂「郊學有四，分居四郊，鄉遂所升，諸侯所貢，皆入焉。」是謂天子小學在郊，并王宮南之小學，凡五學。大學在國中，亦備五學之制。是小學大學皆五也。鶚案：王制云：「小學在公宮南之左，大學在郊，天子曰辟雍，諸侯曰頖宮。」但言天子大學與諸侯異名，未嘗言與諸侯異地，則天子大學亦在郊，小學亦在王宮南之左矣。下文云：「有虞氏養國老於上庠，養庶老於下庠；夏后氏養國老於東序，養庶老於西序；殷人養國老於右學，養庶老於左學；周人養國老於東膠，養庶老於虞庠。虞庠在國之四郊。」四郊今本作西郊，非也。北史劉芳傳引作四郊。祭義：「天子設四學。」注云：「四學，周四郊之學也。」孔疏引皇氏云：「四郊虞庠。」西爲四之訛，明矣。此二庠、二序、二學、東膠、虞庠皆大學也。虞庠特別之曰四郊，明其與上文大學在郊不同處也。鄭誤以二郊爲一，又誤以養國老者爲大學，養庶老者爲小學，故注云：「虞、殷大學在四郊，小學在國中王宮之東；夏、周大學在國中王宮之東，小學在四郊。」而注上文小學、大學，亦以爲殷制也。孔疏以殷人養國老於右學，養庶老於左學，知右學小而左學大也。若周則大學在國，小學在郊，亦具下文，故知非周也。大戴禮云：「古者王子年八歲而就外舍，小學在王宮之南，故曰外舍。學小藝焉，履小節焉；束髮而就大學，學大藝焉，履大節焉。」白虎通云：「八歲入小學，十五入大學。」尚書大傳云：「使公卿之大子，大夫、元士之適子，十有三年入小學，見小節，踐小義；二十入大學，見大節，踐大義。餘子年十五入小學，年十八入大學。」鄭注王制，但引餘子二句。案：曲禮云「十年曰幼學」，是小學也。論語云「吾十有五而志於學」，是大學也。然則八歲入小學，十五入大學，通貴賤之制也。蒙養之功，全在幼時，至十三則遲矣，十五則尤遲矣。大傳之言殊謬。是小學大學以年而分，王子八年甚幼，豈可入四郊之小學乎？小學必在宮南之左，天子諸侯所同，亦四代所同也。經典單言學者，必是國學之大學。孟子云：「夏曰校，殷曰序，周曰庠，學則三代共之。」是鄉學不稱學，而國學專稱學也。學記云：「家有塾，黨有庠，術有序，國有學。」王制上言：「耆老皆朝於庠。」下言：「司徒論選之秀者而升之學，曰俊士。」亦可見國學專稱學也。家塾即小學，稱爲塾，而不稱爲學。王子所入之小學，大戴禮謂之外舍，是小學不稱學，而大學專稱學也。其曰鄉學小學者，乃通稱，非正稱也。鄉學小學，雖有學之名，而不得單稱學，此所以爲别也。王制云：「五十養於鄉，六十養於國，七十養於學。」鄭注云：「國，國中小學，在王宫之左；學，大學也，在郊。小學在國中，大學在郊，此殷制明矣。」案：王制所言皆周制，鄭以爲殷制，殊爲曲説。别學於國，則學不在國中，可知養於國，是國中小學，則養於學，是國外大學，可知上文所謂小學在公宫南之左，大學在郊，正與此互證明。大戴禮云：「大學，明堂之東序也。」又云：「明堂外水爲辟雍。」韓詩説：「天子立明堂於辟雍之中。」賈誼言：「三王大學曰辟雍。」是大學與明堂同處，明堂在南郊三里，詳明堂考。故曰大學在郊也。國以向南爲正，故惟南郊可專稱郊。祭地必言北郊，而祭天直言郊，郊特牲云：「於郊，故謂之郊。」此其一證，故大學在郊，不必言南也。明堂自古有之，必當在國之陽，以象大微在紫微之南，詳明堂考。則四代大學，皆必在南郊矣。諸侯雖無明堂，大學亦當在南郊，以向南爲正也。明堂在丙巳之地，大學在其中，則當國南之左，與小學在王宫南之左，證相合也。天子大學，凡鄉遂所升，諸侯所貢，皆入於此，其人最衆，故立五學以居之。又學必習射，天子虎侯九十步，則其地必寬廣，此大學所以在郊也。樂記言：「武王散軍而郊射。」射必在大學，又大學在郊之一證也。文王世子云：「天子視學，大昕鼓徵，所以警衆也。衆至然後天子至。」曰至，則其地必遠，可知不在王宫之左矣。下云：「始之養也，適東序，釋奠於先老，遂設三老五更羣老之席位焉。」東序即東膠，所謂周人養國老於東膠也。天子視學在辟雍之中，而養老則在東序，東序亦大學也。祭義云：「祀乎明堂，所以教諸侯之孝也；食三老五更於大學，所以教諸侯之弟也；祀先賢於西學，所以教諸侯之德也；耕藉，所以教諸侯之養也；朝覲，所以教諸侯之臣也。五者天下之大教也。」耕藉、朝覲皆在南郊明堂，則食三老五更，亦在明堂中可知，此又大學在郊之一證也。鄭注文王世子謂：「天子視學在虞庠之中，事畢反國，明日乃之東序而養老。」注祭義謂：「四學，四郊之學，周之小學也。」皆非。說者泥國學之名，遂謂大學必在國中。不知國之稱不一，有以境界言者，如曲禮「入國而問俗」、「大夫士去國」是也；有以城内言者，如周官考工記「國中九經九緯」，曲禮「入國不馳」是也；有以郊内言者，如孟子「國中什一使自賦」、「爲阱於國中」是也。郊有關，關有門，如城門然，故城内謂國中，郊内亦謂國中。大學在近郊三里，居郭門之内，去國城甚近，其外乃爲六鄉，可不謂之國學，以别於鄉乎？且國學之稱，亦不專以地言也。一鄉之士所入，謂之鄉學；一國之士所入，謂之國學，則不必正居國中，而亦可謂國學矣。古者天子立五學，以法五行，猶朝廷有五官，詳五官考。明堂有五室也。諸侯殺於天子，立三學以法三才。天子諸侯每降殺以兩，天子小寢五，諸侯小寢三，天子五官，諸侯三卿，皆是。文王世子云：「王乃命公侯伯子男及羣吏曰：反，養老於東序。」是諸侯有東序矣。有東序則必有西序，併其中頖宫爲三。陳氏謂天子大學止有辟雍、東序、瞽宗三者，是與諸侯無别矣。文王世子謂「學干戈羽籥皆於東序，禮在〔一〕瞽宗，書在上庠」，則上庠當與東序、瞽宗同在一處，不得在四郊而别爲小學。且上庠、虞庠其名亦自不同，庠在北，故稱上庠。凡位以北爲上，南爲下也。若

〔一〕「在」，原作「三」，據禮記改。

在四郊，何以稱上庠乎？如謂周無上庠，而但有虞庠在四郊，則所謂「書在上庠」者，何所指邪？董子謂「五帝之大學曰成均，而三王之大學曰辟雍」，則辟雍非成均矣。五學以辟雍居中，爲最尊；成均在南，亦尊。承師問道，必在辟雍，見大戴禮。辟雍之尊可知。大司樂總五學之教，而教樂德、樂語、樂舞必於成均，教之以樂，則陶鎔氣質，各得其平，而德無不成，故其學名爲成均。成均之尊，亦可知。故統五學，可名爲辟雍；亦統五學，可名爲成均。大司樂云：「掌成均之灋，以治建國之學。」政此成均，乃五學之通稱也。大司樂，樂官之長，即教官之長，所教必不止一南學，故知是五學通稱。明堂爲正南，一堂而五室，可統稱爲明堂，亦猶是也。然別而言之，則成均自是南學之名，不可泥大司樂之文，遂謂成均即辟雍也。項安世謂：「周於近郊並建四學，虞庠在北，夏序在東，商校在西。當代之學，居中南面，三學環之。言其地曰郊，言其象曰辟雍。」此說勝於陳氏，而亦有誤。明堂位云：「米廩，有虞氏之庠也；序，夏后氏之序也；瞽宗，殷學也；頖宮周學也。」又祭義云：「天子設四學。」項氏蓋據此文。不知魯雖僭立四代之學，實與天子不同，魯無明堂而爲頖宮，頖之爲言半也，故缺南面一學。天子大學在明堂中，明堂外水圜如璧，有四門，則四面皆宜有學，不應獨缺南面也。五學見於大戴禮、賈子新書，灼然可據。並詳明堂考。祭義謂「天子設四學」，蓋舉四面之學而略正中大學，猶喪服小記言「王者立四廟」也。詳天子四廟辨。下云「當入學而大子齒」，其意可見矣。辟雍爲承師問道之所，非學士所居。士所居者，四面之學也。大子與學士齒，必在四學之中，故祭義但言四學，非謂天子止四學也。易大初篇云：「天子旦入東學，晝入南學，莫入西學，夜入北學。」亦以天子自居辟雍之中，而隨時入乎四學耳。鄭注祭義以四學爲四郊之學，亦非也。

上庠、東序，此庠序與鄉學名同而實異。虞國學有曰庠，而周鄉學曰庠，夏國學有曰序，而商鄉學曰序，然曰上庠，曰東序，鄉學並無此名。項氏改瞽宗爲商校，似欲合鄉學國學爲一名，殊不思校爲夏之鄉學，非商學也，其説頗謬。陸佃謂：「天子五學於一處，並建辟雍居中，南爲成均，北爲上庠，東爲東序，西爲瞽宗。」鄭鍔説亦然。其説視諸家爲優，但不言在明堂之中，猶爲缺略。蔡邕、盧植、穎容、高誘皆謂辟雍明堂同在一處，與大戴禮、韓詩説合。蓋明堂東門之外有東序，西門之外有瞽宗，南門之外有成均，北門之外有上庠，中有辟雍，在明堂之左。逸禮有「王居明堂」，禮意王者四時必居明堂數日，月令每月居之，特於此告朔耳。其居明堂時，必當徧觀諸學，故易大初篇有旦莫晝夜入四學之説。若非居明堂，安得莫夜入之乎？或者不知王居明堂之禮，因謂大學在國中，其亦未之思耳。五學之制，不始於周。有虞氏有上庠、下庠，上庠在北，下庠在南。東西不可言上下，故知在南北。南北有學，則東西亦必有學可知。夏后氏有東序、西序，殷人有右學、左學。東西有學，則南北亦有學可知。其中大學，虞曰成均，夏、殷曰辟雍，蓋皆在明堂之中，故皆有五學也。但虞四學，或皆謂之庠，夏四學，或皆謂之序，殷四學，或皆謂之學，而加上下左右以別之。周則兼用異代之名，所以爲異耳。又周人養庶老不於瞽宗，而於四郊，謂之虞庠。庠取養老爲義，其名創於虞，故名虞庠，以別於辟雍之上庠也。此即鄉學之庠。六鄉在四郊内，四郊皆有庠，爲鄉學之士所居，而庶老亦於此養焉，非鄉庠之外，又有郊學名虞庠也。或以虞庠別爲郊學，爲秀士貢士所居。其説無據。王制云：「命鄉論秀士，升之司徒，曰選士；司徒論選士之秀者，而升之學，曰俊士。」夫曰升之司徒，則未有學以居之可知。鄭注云：「升之司徒，移名於司徒也。」

孔疏：「移名於司徒，其身猶在鄉學；司徒論選士之秀者而升之學，則身升於大學，非惟升名而已。」據此，則鄉學即升之大學，並未有由鄉學而升之郊學，由郊學而升之大學者也。諸侯貢士亦在大學。射義云：「諸侯歲獻貢士於天子，天子試之於射宫。」射宫即辟雍也。詳明堂考。尚書大傳云：「諸侯之於天子也，三年一貢士，大國舉三人，次國舉二人，小國舉一人。」則所舉不多，大學足以容之矣，何必又設四郊之學乎？且學必有師，鄉遂之學以鄉大夫、州長等爲師，大學以大司樂、樂師等爲師，四郊之學以何人爲師乎？若謂大司徒爲師，四學各居一方，以一人而兼教之，必不及矣。況司徒掌天下之教典，以及九州土地之宜，人民之數，其任最大，豈得爲學士之師乎？然則鄉學、國學之外，别無郊學，明矣。天子諸侯小學皆在宫南大門内之左；中門以内，路門之外，則有宗廟，不得爲學也。詳廟在中門内説。師氏掌小學之教，保氏副之，由大門内入學，必由闈門，故保氏使其屬守王闈，正以大門之内，凡民皆可至，故守之勿使人盡入學也。師氏又「以媺詔王」，故「居虎門之左，司王朝」，以治朝在虎門外也。虎門即路門。或據此文，遂謂「天子小學在虎門之左，居王宫正東。諸侯不於正東者，避天子也」。不知經文但言師氏居虎門之左，未嘗謂小學在虎門左也。小學爲王子所居，而師氏、保氏言教國子者，卿大夫士之子，固各在其家塾，卿大夫士家塾亦當在大門内之左。而其適子之俊秀者，亦得入王宫小學，所謂「國之貴游子弟學焉」者也。師氏、保氏爲大子之師保，故其位爲大夫；大師、大保爲天子之師保，故其位爲三公。大子事師於小學，天子事師於大學，尊卑判然。鄭注以師氏、保氏即大師、大保，誤矣。至於鄉遂之學，以閭里之塾爲小學，二十五家爲里，共一巷，巷首有閭，閭之内有塾。所謂家有塾也。尚書大傳云：「大夫士致仕退老，歸其鄉里，大夫爲父師，士爲少師。歲事既畢，餘子皆入學。」又云：「上老平明坐於右塾，庶老坐於左塾。」鄭注：「上老，父師也。庶老，少師也。」據此，是一里之中，小學有二也。黨有庠，州有序，鄉有校，左傳云：「鄭人游於鄉校。」皆鄉學中之大學也，通而言之皆曰庠。王制云：「命鄉簡不率教者，以告耆老，皆朝於庠。」此鄉校稱庠也。鄉飲酒禮「州長黨正皆行之」，而記言「拜迎賓於庠門之外」，此州序亦稱庠也。孟子所謂「周曰庠也」。周之鄉學，本皆曰庠，而欲備三代之名，故鄉又名校，而州又名序。夏尊於殷，殷尊於周，故鄉取夏而州取殷，黨則從當代之名也。周之國學本皆曰學，而學備歷代之名，故有東序、瞽宗等號。四面以南向爲尊，故取五帝之學名，次北爲虞，次東爲夏，次西爲殷，而以當代之學居中爲主，其義亦猶是也。

井田考

王者之政，莫大乎井田，而先儒考之，不致其精詳，其說之誤十有三：一曰公田百畝，以二十畝爲廬舍。穀梁宣十五年傳云：「古者公田爲居，井竈蔥韭盡取焉。」班固因之作食貨志，云：「井方一里，是九夫八家共之，各受私田百畝，公田十畝，是爲八百八十餘畝，二十畝爲廬舍。」趙岐從其說，注孟子「五畝之宅」，謂「廬井邑居各二畝半，以爲宅」；又注「方百里而井」一節云：「公田八十畝，其餘二十畝以爲廬井邑園圃，家二畝半也。」何休注公羊、宋均注樂緯，咸與班志同。按孟子言井九百畝，其中爲公田，八家皆私百畝，是百畝皆屬公，何得以二十畝爲民之廬舍也？八家同養公田，何得各取十畝治之也?九一爲助法,以九百畝而得一百畝也。若公田僅八十畝,是輕於九一矣,亦與孟子不合。詩甫田疏極辨班志之誤,然惟有上二説,卻未駁及九一。詩甫田鄭箋云:「九夫爲井,井税一夫。」是鄭謂公田百畝,非八十畝也。五畝之宅,皆在邑中,猶今之村落。然詩所謂「中田有廬」者,乃於田畔爲之,以避雨與暑,大不容一畝,必無二畝半之廣在公田之中也。詳邑考。一曰公邑不制井田,與采地異。鄭康成注匠人云:「采地制井田,異於鄉遂及公邑。」是鄭謂公邑不制井田也。不知鄉遂之民,皆五家相比,故不得爲八家同井之制。公邑在野,其民非五家相比,何不可制井田乎?凡言邑者,皆四井爲邑也,若不制井田,何以名公邑乎?周官小司徒云:「攷夫屋。」夫夫屋者,井田之制也。司馬法云:「夫三爲屋。」鄉遂有夫屋,蓋其餘地皆有公邑。公邑制井田,故攷其夫屋也,若無井田,何有夫屋乎?鄭注云:「出地貢者,三三相任。」不知田不井者,皆五五相任,未有三三相任者也。鄭不知公邑亦爲井田,故妄作此解耳。一曰畿内用貢法,無公田。夫助法善於貢,王畿爲首善之區,豈有令邦國行助法,而畿内乃用貢法乎?鄭注匠人云:「周制,畿内用夏之貢法,税夫無公田,邦國用殷之助法,制公田。」誤更甚矣。竊謂天子諸侯賦税之法不當有異。王畿鄉遂用貢,都鄙用助,邦國亦宜然。必無畿内用貢,邦國用助之理也。鄭又謂:「用之畿内,税有輕重,諸侯謂之徹者,通其率以什一爲正。」果爾,周之畿内賦法,不謂之徹也。豈孟子所謂「周人百畝而徹」者,專爲侯國言之乎?周之畿内徹田爲糧,自公劉時已然矣,豈至成周時反不名徹乎?鄭據載師「近郊十一,遠郊二十而三,甸稍縣都皆無過十二」之文,故謂畿内賦有輕重。不知此三句是莽、歆增篡,非周官本文也。什一之法通乎天下,斷無過於什一之理。江慎修據國語「先王制土藉田，以力而砥其遠爾」，以爲「田賦有遠近取平之法，近遠郊甸稍縣都賦法不同，是周官砥遠邇之法也。力役先取諸近，近者多而遠者少，益遠民之賦以補近民之力，政乃均平」。不知鄉遂用貢，都鄙用助，貢爲什一，助爲九一，九一稍重於什一。又車乘馬牛芻茭皆征於都鄙，而鄉遂無之，蓋力役與師旅皆出於鄉遂，詳千乘之國出車考。而都鄙不征，有大役大軍乃征於都鄙，然亦罕矣。先王砥遠邇之法，蓋如此。安有什一之法，僅行於近郊，而自遠郊以外，皆重於什一，且至什二乎？夫什一者，堯、舜之道也。孟子云：「欲重之於堯、舜之道者，大桀、小桀也。」曾謂周公有此賦法乎？且都鄙用助，有公田，若甸稍縣都有什二之法，是都鄙亦用貢矣，亦與諸經不合。然則「近郊什一」三句，爲莽、歆所篡，無疑也。鄭氏據此，因謂周畿内用貢法，税有輕重，江氏亦因此而疑周無公田，其亦誤矣。一曰丘甸縣都皆以三分之一有奇治溝洫。小司徒云：「九夫爲井，四井爲邑，上邑爲丘，四丘爲甸，四甸爲縣，四縣爲都，以任地事，而令貢賦及税斂之事。」鄭注：「甸方八里，旁加一里，則方十里爲一成，積百井。六十四井出田税，三十六井治洫。四甸爲縣，方二十里，四縣爲都，方四十里，四都方八十里，旁加十里，乃得方百里爲一同，積萬井。四千九百九十六井出田税，二千三百四井治洫，三千六百井治澮。」按鄭氏據考工記「方十里爲成，方百里爲同」，司馬法「井十爲通，通十爲成，成十爲終，終十爲同」，欲合三者爲一，故作此解也。不知三者必不可合。邑丘甸縣都皆以四計，通成終同皆以十計，本自不同。考工記但言成與同，而無通與終，則又異矣。蓋井邑丘甸縣都居民之法，詳邑考。而粟米布縷之賦税以是計焉。井間有溝，成間有洫，同間有澮，經畫五溝之法，所以正經界，除水害者，鄭注小司徒云：「溝洫爲除水害。」是備澇，非備旱也。朱子注論語，以溝洫爲備旱澇，非也。詳溝洫考。於是乎在焉。通與終無關於溝洫，故略而不言也。三法之異如此，安可合於一乎？一成百井之地，以三十六井治洫，約去三分之一不出税；積至一同萬井，以五千九百四井治洫與澮，皆不出税，是百里之國，出税者不及一半，何以足用乎溝洫？一成不易治之者，不過澮之耳，百井之地，何用二百八十八家治溝洫乎？鄭説殊繆。戴東原考工記圖從之，誤矣。一曰出賦之法，以百分之六十四爲實，三十六爲虚。漢志云：「一同百里，提封萬井，除山川、沈斥、城池、邑居、園囿、術路三千六百井，定山賦六千四百井。」以其言推之，則一成十里，亦以一甸六十四井爲實，三十六井之地爲虚，此亦欲合小司徒、司馬法爲一，故爲此説也。又本於王制三分去一之説，而小變之。王制云：「方百里者爲田九十億畝，山陵、林麓、川澤、丘瀆、城郭、宫室、涂巷三分去一，其餘六十億畝。」漢志乃約去三分之一有奇，小變於王制之説。不知王制之書，出於漢儒，未盡可據。王者頒禄必均，天下山川不同，若并山川而封爲百里七十里等，國禄不均矣。儻境内山川甚多，何可以爲國乎？蓋所謂百里之國，以井計之，積有萬井，則百里之國，山陵、林麓、川澤等皆不在内，又何三分去一之有？然則漢志之誤，亦明矣。江慎修知鄭氏之誤，而不知漢志之誤，亦未之思耳。一曰周以公田分之九夫，而取其所獲之什一。萬充宗云：「周之徹，井九百畝分之九夫，歲取其所獲之十一。徹之爲義，取於上下相遵，且通乎夏、殷之法。一井九夫，是通乎夏；取其十一，而不若夏之以中歲爲常，是通乎殷。」此説似是而非。彼所據者，小司徒「九夫爲井也」。不知九夫以地言，非以人言。司馬法云「步百爲畝，畝百爲夫，夫三爲屋，屋三爲井」，是夫以地言也。考工記云「市朝一夫」，其證也。甫田詩「雨我公田，遂及我私」，周有公田，其爲八家同井之制，甚明。孟子引此詩以爲「雖周亦助」，是周用殷之助法也。夏亦兼貢助，其貢亦隨年之豐凶，而取其什一，故禹貢九州之賦有錯出，龍子所謂「貢法之不善，乃後世之流弊」，非禹時有如此也。左氏宣十五年傳云：「初税畝，非禮也，穀出不過藉。」杜預注：「周法，民耕百畝，公田十畝，借民力而治之，税不過此。」公田百畝，八家同治之，此注亦沿漢志之誤。公羊傳云：「何譏乎始履畝而税？古者什一而藉。」何休注：「什一以借民力，以什與民，自取其一爲公田。」孟子云：「助者，藉也。」此亦周用助之證也。文王治岐，耕者九一，武王、周公當謹守其良法，何以改用貢法乎？必不然矣。一曰周之徹法，通力合作，計畝均收。朱子注論語云：「周制，一夫受田百畝，而與共井之人通力合作，計畝均收，大率民得其九，公取其一，故謂之徹。」語類云：「徹是八家皆通力合作九百畝田，收則計畝均分，公取其一；助則八家各耕百畝，同出力耕公田，此助徹之别也。」然孟子論耕者之所獲，上農夫食九人，其次食八人，其次食七人，其次食六人；下農夫食五人。以力有勤惰，故獲有多少如此。若通力合作，計畝均收，安有差等乎？且使勤者徒勤，惰者幸安於惰，何以勸乎？萬充宗曾辨之。必不然矣。周之徹法本與助法同，特以鄉遂兼用貢法而名爲徹耳，非以合作均收而名徹也。一曰周之徹法，郊内郊外通其率以爲什一。詩甫田疏云：「周制有貢有助，助者九夫而税一夫之田，貢者什一而貢一夫之穀，通之二十夫而税二，夫是爲什中税一也。」按孟子云：「請野九一而助，國中什一。」使自賦九一，是九中税一，則什一當是什中税一，非什一而税一也。孟子言貢助徹，其實皆什一者，以九一與什一所差甚少，亦可謂之什一也。若必貢助通率而爲什一，則殷人不兼貢法，何以爲什一乎？一曰授田之制，大司徒、小司徒、孟子不同。大司徒云：「不易之地，家百畝；一易之地，家二百畝；再易之地，家三百畝。」注云：「不易之地，歲種之地美，故家百畝；一易之地，休一歲乃復種，地薄，故二百畝；再易之地，休二歲乃復種，故家三百畝。」小司徒：「上地家七人，中地家六人，下地家五人。」鄭注：「一家男女七人以上，授以上地，男女五人以下，則授以下地。」孟子定以爲一夫百畝。馬貴與以爲三説不同，不知其無不同也。授田之法，先視其口之多寡，口多者授以上地，即不易之地也，家百畝；口不多不寡授以中地，即一易之地也，家二百畝；口寡者授以下地，即再易之地也，家三百畝。是大司徒、小司徒二説本自合也。孟子言一夫百畝，是周官不易之地，舉其上者言之耳，非謂皆定以百畝也。左傳言「井衍沃牧隰皋」，鄭康成謂隰皋之地，九夫爲牧，二牧而當一井，與周官合。蓋田有肥磽，授之地多寡，王政所以爲公也。孟子之意，皆不異於周官也。馬氏以爲不同，誤矣。一曰餘夫年十六，授田二十五畝；三十有室，受田百畝。孟子云：「餘夫二十五畝。」趙岐注云：「一家一人受田，其餘老少尚有餘力者，受二十五畝。」老少安能治田？此説甚謬，不足辨。朱子集注引程子云：「一家上父母，下妻子，以五口八口爲率。如有弟，是餘夫也。年十六，別受田二十五畝，俟其壯而有室，然後更受百畝之田。」毛西河謂「有弟餘夫，有子餘夫，兼子弟言」，不知子弟皆不爲餘夫也。小司徒所謂「家七人，家六人」，正合子弟合計之。蓋子弟助父兄以耕，同食於百畝之内，詩所謂侯亞、侯旅是也。年十六尚未弱冠，何能耕治二十五畝乎？三十有室，無父母之養，子弟之畜，安得與八口之家同授百畝？賈公彦周官疏謂：「餘夫三十有室，受田百畝。」程子從之，誤矣。竊謂子弟必三十有室，乃爲餘夫，受田二十五畝。俟其丁衆成家，方授以百畝之田。小司徒云：「凡起徒役，毋過家一人，以其餘爲羡，唯田與追胥竭作。」此羨卒即餘夫也。餘夫可爲卒，以田獵追胥，必非幼弱所能。羨卒在家七人之中，其不受百畝之田可知矣。一曰餘夫受田同於正夫。周官遂人云：「上地夫一廛田百畝，萊五十畝，餘夫亦如之。中地夫一廛田百畝，萊百畝，餘夫亦如之。下地夫一廛田百畝，萊二百畝，餘夫亦如之。」鄭注云：「餘夫亦如受一廛，所以饒遠。」賈疏云：「遂人餘夫多三十壯有室者，其合受地，與正夫同。」孟子所云餘夫，年二十九以下，未有妻，受口田，故二十五畝，不與正夫同。鄭漁仲云：「餘夫二十五畝，是商制，周則受百畝。」按聖王之治天下，遠近一體，無饒遠之理。六遂上地有萊者，以其地在野，多閒曠之地，中有萊田，故以萊田給之。此恐地荒不治，非饒遠也。鄭注以爲饒遠，誤矣。至於餘夫，又何有饒遠之義？鄭說殊不可通。遂人之餘夫，即孟子之餘夫，賈疏别而言之，非也。孟子所言井田，止是周制。漁仲以爲商制，其謬更甚。總之，餘夫止有一妻，與正夫一家七八口迥異，百畝可食七八人，餘夫止夫婦二人，故授以二十五畝，先王制度自不苟也。受田必無與正夫同者。趙岐注孟子云：「田萊多少，有上中下，周禮曰：『餘夫亦如之。』亦如上中下之等也。」此說得之。蓋餘夫上地田二十五畝，萊一十二畝半，中地萊亦二十五畝，下地萊五十畝，田皆二十五畝也。一曰餘夫在遂地之中，出耕公邑。鄭氏注載師云：「餘夫在遂地之中，以力出耕公邑。」賈疏云：「六鄉以九等受地，鄭注云：「廛里也，場圃也，宅田也，土田也，賈田也，官田也，牛田也，賞田也，牧田也，九者亦通受一夫。」皆以一夫爲計，其地則盡。至於餘夫，無地可受，則六鄉餘夫等出耕在遂地之中，百里之外；其六遂之餘夫，並亦在遂地之中受田矣。」按九等之田，非必各有一夫，賈疏曾辨之。安得謂餘夫無地可受乎？且農夫之耕，必與其家相近，若去家甚遠，朝夕往來，田且荒蕪矣。若使別居，離其父兄，亦非情理。是六鄉餘夫，必不出耕於遂地也。遂地自有田可授餘夫，必不出耕公邑也。公邑亦制井田，皆每夫受田百畝，何待鄉遂之餘夫來耕乎？餘夫與正夫同居，鄉遂、公邑、都鄙，隨處有之，豈必在遂地之中哉？近人或謂餘夫之田，即以公田給之，然公田爲八家所同治，安得以授餘夫？況一井八家，或有七八餘夫，而公田止百畝，何以給之乎？即三四餘夫，公田盡以給之，正夫可以不治公田乎？其說亦甚謬矣。竊謂古者地廣人稀，田不盡井，隨處皆有閒田餘地，授萊田取之於此，圭田及餘夫之田亦取之於此。且生齒日增，已井之田不足以給，亦取於此以授之。每夫百畝，不必盡爲井田之制也，此無公田，當用貢法，餘夫之田，亦宜用貢，然則周之兼用貢法，不特鄉遂爲然。觀周官司稼巡野觀稼，以年之上下出斂法，可知鄉遂之外，亦有用貢者矣。如盡行助法，則惟以公田之稼歸公，何必論年之上下乎？餘夫之田與萊田錯於井田之間，是知井田之制，不必畫方如棋局也。其在平原廣野，可作數井，數十井，或百井，則爲一通一成之制，畫方如棋局然。若在山川險阻之地，或止有九百畝，但爲一井，成正方形；或不足九百畝，其田不能成方，則但以方田之法計之，以九百畝爲一井，公田不必正居中，是皆不爲一通一成之制，畫方如棋局。溝洫亦隨地爲之，不必十夫有溝，百夫有洫，千夫有澮也。此遂人文，詳溝洫考。孟子告畢戰「潤澤必在君與子」者，此類之謂也。一曰三代授田不同。孟子曰：「夏后氏五十而貢，殷人七十而助，周人百畝而徹。」皇氏謂：「夏時民多，殷漸少，周時至稀，故授田有多寡。」熊氏謂夏政寬簡，一夫百畝，止税其五十畝；殷政稍急，增税七十；周政極煩，畝盡税之。」陳氏謂：「夏時洪水方平，可耕之田尚少，故授田止五十。殷時漸廣，周大備，故日增。」徐氏謂：「夏民儉約，故授以五十而用足，後世彌文而用廣，故田不得不增多。」金氏謂：「區皆百畝，三代所同，但夏一井十六家受之，商一井十二夫受之，周乃每夫一區。」袁氏謂：「三代民皆百畝，但夏以五十爲萊田，商以三十爲萊田，周人萊田在別井。」按井田有溝涂經界，其制一定，而不可易。若田有增多，必改易其溝涂，三代聖人，豈若是之紛擾乎？則謂授田有多寡者，非也。天地之間，生齒日繁，豈有夏時民多，殷時民少，至周而更少之理？殷用助法無稅，何謂稅七十畝，而三十畝不稅乎？八家同井，孟子有明文，此殷之助法也，周徹法亦然。若殷一井十二夫受之，計八百四十畝，是餘六十畝矣。若十三夫，則又不足矣。周亦有助，若每夫一區，是無公田也。萊田必在井田之外，未有與田相雜者，安有一井之中，半爲萊田者乎？諸說皆不可通。萬充宗謂「三代尺度不同，夏之五十畝，至殷爲七十畝，至周爲百畝」。此說得之。蔡邕獨斷謂「夏尺十寸，殷九寸，周八寸」。是三代尺度不同之證，白虎通謂：「夏以十寸爲尺，商以十二寸爲尺，周以八寸爲尺。」非也。然則五十、七十、百畝，非真有多寡也。夫井田爲王政之首務，而說者多誤。有志經濟者，不可不考正之矣。

清儒學案卷一百二十三

儀徵學案下

儀徵弟子下

洪先生頤煊

洪頤煊字旌賢，號筠軒，臨海人。少苦志力學，爲諸生時，與兄坤煊、弟震煊讀書僧寮，夜借佛鐙，圍坐談經不輟。阮文達督浙學，招先生與弟就學詁經精舍，時有二洪之稱。先生尤精究經訓，貫串子史，嘉慶六年爲選拔貢生。從孫淵如於德州督糧道署，爲撰書目及平津館讀碑記，考據明審，於唐代地理，尤多所得。就職爲直隸州判官，廣東署新興縣事。文達爲總督，知先生吏才短而文學優，延之入幕，諏經諳史以爲常，後卒於家。先生好聚書，嶺南市多舊本，輒斥重資購之，家藏善本書三萬卷，碑版二千餘通，鐘鼎彝器、法書名畫，皆撰有目録。著禮經宫室答問二卷，孔子三朝記八卷，管子義證八卷，讀書叢録二十四卷，台州札記十二卷，筠軒詩文鈔十二卷，經典集林三十五卷，漢志水道疏證四卷，孝經鄭注補證一卷，諸史考異十八卷。參史傳。

讀書叢録

即鹿

屯六三「即鹿无虞」，釋文：「王肅作麓，云山足。」頤煊案：風俗通山澤篇：「『麓，山足也。』詩云：『瞻彼旱麓。』易稱：『即麓无虞。』」虞翻曰：「艮爲山，山足稱麓。」本皆作麓。

朋盍簪

豫九四「朋盍簪」，釋文：「徐側林反。子夏傳：『同疾也。』鄭云：『速也。』」惠氏周易古義：「子夏、鄭玄、張揖、王弼皆訓簪爲疾，或云速，明非簪字。」頤煊案：釋名釋首飾篇：「簪，兓也，以兓連冠於髮也。」説文「簪」作「兂、兓、朁」。朁，鋭意也，皆與疾速義相近。

嵎夷

「宅嵎夷」，釋文：「馬云：嵎，海隅也；夷，萊夷也。」頤煊案：説文土部：「堣夷在冀州陽谷，立春日日值之而出。尚書曰：宅堣夷。」此古文説也。山部：「崵山在遼西，一曰嵎鐵崵谷也。」此今文説也。史記夏本紀索隱、今文尚書及帝命驗並作「禺銕」。銕，古鐵字。遼西地。禹貢時屬冀州，周禮職方屬幽州。馬融注以青州嵎夷當之，非是。

二百里蔡

「二百里蔡」，傳：「蔡，法也。」正義：「蔡之爲法，無正訓也。」頤煊案：此與下文「二百里流」對言之，皆謂流放之地。左氏昭元年傳：「周公殺管叔而蔡蔡叔。」杜預注：「蔡，放也。」説文作「𣩵」，注：「𥻆𣩵，散之也。」散亦是放義。鄭注：「蔡之言殺。」「殺」即「𣩵」字。

輔予一人

湯誓「爾尚輔予一人」，史記殷本紀作「爾尚及予一人」。頤煊案：爾雅釋詁：「及，與也。」公羊隱元年傳：「及者何？與也。」左氏宣七年傳：「凡師出與謀曰及。」皆與輔義相近。

我姑酌彼金罍

卷耳「我姑酌彼金罍」，毛傳：「姑，且也。」釋文：「姑如字。説文作『夃』，音同，云：『秦以市買多得爲夃。』」頤煊案：依説文，姑當作沽，與論語鄉黨沽酒同義。史記律書「姑洗」，左氏定四年傳、史記正義引白虎通皆作「沽洗」，沽、姑，古字通用。

可以樂飢

衡門「泌之洋洋，可以樂飢」，釋文：「樂本又作𤻲。沈云：『舊本皆作樂字，晚詩本有作疒下樂』。臧氏鏞堂曰：『鄭作𤻲飢，不云樂當爲𤻲，是經本作𤻲也。正義引王肅、孫毓皆云「可以樂道忘飢」，是傳中「樂道忘飢」之言，非毛氏本文，乃肅所私撰。』」頤煊案：經本作樂，晚詩本作𤻲，是後人據鄭箋改也。隸釋繁陽令楊君碑：「徲伲樂志。」蔡邕焦君贊：「衡門之下，棲遲偃息。泌之洋洋，樂以忘食。」義皆本於此詩。臧說非是。

駉駉牡馬

「駉駉牡馬」，釋文：「牡本或作牧。」頤煊案：正義本作「牧馬」。顏氏家訓書證篇：「詩云：『駉駉牡馬。』江南書皆作牝牡之牡，河北本悉爲放牧之牧。」藝文類聚卷九十三、太平御覽卷九百五十八、文選李陵答蘇武書李善注引作「牧」，皆河北本。

箈　菹

醢人「箈菹鴈醢」，鄭注：「司農云：箈，水中魚衣。玄謂箈，箭萌。」頤煊案：詩采菽正義引此作「落菹」。說文：「菭，水衣，从艸治聲。」「箈，竹萌也，从竹怠聲。」二字不同。爾雅釋艸「箈，箭萌」，郭璞

注：「周禮曰：箈菹雁醢。」是司農本作菭，鄭本作箈，今并譌作「箈」字，不可通矣。

利準

輈人「輈注則利準，利準則久，和則安」，鄭注：「故書準作水，鄭司農云：注則水利，謂轅脊雨注，令水去，利也。玄謂利水重讀，似非也。注則利，謂輈之柔者，形如注星則利也。準則久，謂輈之在輿下者，平如準，則能久也。」惠氏士奇云：「依注，『利準』二字衍。按注云：『利水重讀，似非也。』則司農於經文兩遍讀之耳，必不增經，可知注中鄭司農云下，當有『利水重讀』四字，故後鄭辨之云：『利水重讀似非。』」頤煊案：鄭注：「玄謂利水重讀，似非也。」經文明重「利準」二字，「利水重讀」四字，是釋經文，非駁司農注，惠氏説誤。

國君綏視

「國君綏視」，鄭注：「綏讀爲妥，妥視謂上於袷。」頤煊案：視上於袷，不可謂妥，綏當爲緌。周禮「夏采」，鄭注：「士冠禮及玉藻『冠緌』之字，故書亦多作『綏』者，冠緌結於項，謂在衿之上，面之下也。」

衛氏難杜

左氏正義引衛氏難杜，又引秦氏釋。頤煊案：魏書賈思同傳云：「思同之爲侍講也，國子博士遼西衞冀隆爲服氏之學，上書難杜氏春秋六十三事，思同復駁冀隆乖錯十一條，互相是非，積成十卷，詔下國學，集諸儒考之。未竟而思同卒。後魏郡姚文安、樂陵秦道靜復述思同意。冀隆亦尋物故，浮陽劉休和又持冀隆義。至今未能裁正焉。」

周狗

「靈公有周狗謂之獒」，何注：「周狗，可以比周之狗，所指如意。」頤煊案：爾雅釋畜郭璞注：「公羊傳曰：『靈公有害狗謂之獒。』」周、害字形相近。説文：「猗，犗犬也。」害疑即犗字之省。

則是故命也

九年傳「則是故命也」，唐石經「故」作「放」。頤煊案：太平御覽卷一百四十七引穀梁傳作「放」，糜信注：「放，違也，言世子違命而止。」

遷於負夏

離婁下：「遷於負夏。」頤煊案：「遷」讀如「懋遷有無」之遷。史記舜本紀「就時於負夏」，索隱：「就時猶逐時，若言乘時射利也。」即此所謂遷徙物貨於負夏之地，以相貿易。正義以爲遷居，失之。

九男

萬章上：「帝使其子九男。」頤煊案：呂氏春秋去私篇：「堯有十子，不與其子而授舜。」高誘注：「孟子曰：『堯使九男二女事舜。』此云十子，殆丹朱爲胤子，不在數中。」

文鈔

釋魯郊

左氏桓五年傳云：「凡祀啟蟄而郊。」杜元凱注云：「啟蟄，夏正建寅之月，祀天南郊。」此説非也。案：春秋書郊十一，見于正月者四，見于四月者五。周正四月，乃夏正二月。禮記郊特牲云：「郊之祭也，迎長日之至也。」鄭君注云：「迎長日者，建卯而晝夜分，分而日長也。」鄭注據春秋爲説。孔沖遠春秋正義引杜氏釋例云：「曆法，正月節立春，啟蟄爲中氣。」考周髀算經、逸周書、淮南子、通卦驗並以啟蟄爲二月節。考工記云：「凡冒鼓必以啟蟄之日。」説文云：「鼓春分之音。」是周時啟蟄本在二月。鄭君引易説云：「三王之郊，一用夏正。」夏正者，以建寅爲歲首，非謂郊用建寅之月也。説文云：「禾二月始生，八月而孰。」又云：「春分而禾生，夏日至晷景可度，禾有秒。」古人時候早，二月已耕，故孟獻子曰：「啟蟄而郊，郊而後耕。」是當時魯本有二郊，春秋所書正月之郊，即冬至圜丘之郊；四月之郊，即二月祈穀之郊。鄭君謂魯無圜丘之祭，是據常禮而言。圜丘之祭，諸侯之僭禮也。郊特牲云：「郊之用辛也，周之始郊，日以至。」鄭君以爲魯郊。魯郊用辛，不卜；不用辛，則卜，故有三卜郊，四卜郊之文。月令：「孟春之月，天子乃以元日祈穀于上帝，乃擇元辰，天子親載耒耜，帥三公九卿，躬耕帝籍。」月令紀候用夏正，非周公所作，不可以注此經也。鄭君於郊特牲「迎長日之至」，注云「建卯於明堂位」；「魯君孟春祀帝于郊」，注云「建子之月」。說本不誤。王肅聖證論牽引月令之文，說魯冬至郊天，至建寅之月，又郊以祈穀，是誤以周正爲夏正。杜元凱據之以釋春秋，孔沖遠又從爲之辭曰：「夏四月卜郊者，傳舉節氣有前有卻，但使春分未過，仍得爲郊。」真臆說不可通矣，因作此以正之。

禹都陽城考

孟子云：「禹避舜之子于陽城。」趙岐章句云：「陽城在嵩山下。」史記集解引劉熙注云：「今潁川陽城是也。」史記夏本紀云：「禹辭避舜之子商均于陽城，天子諸侯皆去商均而朝禹，禹于是遂即天子位。」蓋是時舜子居河北平陽，禹避至河南陽城，因諸侯之朝，遂定都焉。古文之說如此。皇甫謐作帝王世紀，妄謂禹都安邑，漢屬河東郡，其地在河北。史記正義引括地志云：「禹居洛州陽城者，避商均，時非久居也。」案漢書地理志云：「潁川郡陽翟，夏禹國。」注：「臣瓚曰：世本禹都陽城，汲郡古文亦云居之，不居陽翟也。」考漢志，陽城亦屬潁川郡，與陽翟相近。或當日禹所都陽城，本在陽翟，漢志因注禹國于陽翟下。班史去古未遠，其言自是不謬。尚書序云：「伊尹相湯伐桀，升自陑，遂與桀戰于鳴條之野。」正義引或云：「陳留平丘縣今有鳴條亭是也。」孔安國傳云：「桀都安邑，陑在河曲之南，鳴條在安邑之西。」書序又云：「夏師敗績，湯遂從之，遂伐三朡，俘厥寶玉。」孔安國傳云：「三朡，國名，桀走保之，今定陶也。桀自安邑東入山，出太行東南，涉河。湯緩追之，不迫，遂奔南巢。」孔沖遠不知其謬，從而爲之疏云：「今安邑見有鳴條陌、昆吾亭，左氏以爲昆吾與桀同以乙卯日亡，韋、顧亦爾，故詩曰：『韋、顧既伐，昆吾、夏桀。』於左氏昆吾在衛，乃在濮陽，不得與桀異處同日而亡。明昆吾亦來安邑，欲以衛桀，故同日亡，而安邑有其亭也。」不知漢書地理志北海郡平壽注「應劭曰：古㪷尋。史記正義引括地志云：㪷尋故城，今青州北海縣」是也。汲郡古文云：「太康居㪷尋，羿亦居之，桀又居之。」是桀都㪷尋，不都安邑。今本竹書紀年云：「帝癸元年即位，居㪷尋十三年，遷于河南。」河南疑即禹陽城故都。三十一年，商自陑征夏邑，克昆吾，大雷雨，戰于鳴條，夏師敗績。桀出奔三朡，商師征三朡，戰于郕。獲桀于焦門，放之于南巢。」是桀先都㪷尋，次都河南，及鳴條戰敗，出奔三朡，仍欲退保㪷尋故城，蹤跡甚明。是終夏之世，未嘗都安邑也。豈復有東南涉河之迂道，如書傳所說者哉！故自皇甫謐謂禹都安邑，古文陽城之跡反晦，而書傳反與之合，亦足爲僞古文尚書出于皇甫謐之一證。竹書紀年「帝禹元年居陽城」，今本反改作居冀，以就謐說。今人往往信僞古文尚書，而反以孟子、史記、汲冢古文爲疑，吾不敢以爲然也。

禹貢北過降水至于大陸考

禹貢降水，據漢書地理志上黨郡屯留下云：「桑欽言絳水出西南，東入海。」又信都國信都下云：

「故章河、故虖池皆在北，東入海。禹貢絳水亦入海。」鄭君注尚書云：「今河内共北山，淇水出焉，東至魏郡黎陽入河，近所謂降水也。降讀當如郕降於齊師之降，蓋周時國於此地者，惡言降，故改云共耳。又今河所從去大陸遠矣，館陶北屯氏河，其故道與？」博考羣籍，鄭君之言，信而有徵。其證有五：禹貢經文次降水于大伾之後，則降水當在大伾下流。鄭君注大伾云：「在脩武武德之界。」漢志河南郡「共，故國。北山，淇水所出，東至黎陽入河」。脩武、武德與共同屬河内郡，其地相近，其證一也。漢志鉅鹿郡鉅鹿下云：「禹貢大陸澤在北。」若以信都絳水當禹貢降水，則同在今之順德府，故鄭君引地説云：「大河東北流，過絳水千里，至大陸爲地腹。」如志之言，大陸在鉅鹿。地理志云：「水在安平信都。」鉅鹿與信都相去不容此數，其證二也。漢書溝洫志：「賈讓言近黎陽南，故大金隄從河西西北行，至西山南頭，廼折東，與東山相屬。」又云：「遮害亭西十八里，至淇水口，廼有金隄，高一丈，自是東地稍下，隄稍高，至遮害亭高四五丈。往五六歲，河水大盛，增丈七尺，壞黎陽南郭門入至隄下。」王横亦云：「河入勃海，勃海地高于韓牧所欲穿處。」禹之行河水，本隨西山下，東北去，與太史公所言「禹廝二渠，以引其河，北載之高地，過降水，至於大陸故道」相合，其證三也。溝洫志云：「塞瓠子，築宫其上，名曰宣防。而道河北行二渠，復禹舊迹。」又云：「自塞宣房後，河復北決於館陶，分爲屯氏河，東北經魏郡、清河、信都、勃海入海。」此正鄭君之所據，則自漢以前皆以屯氏河爲禹河故道，其證四也。漢以前古音降下之降與降服之降並讀如洪，故孟子云：「洚水者，洪水也。」荀子成相篇云：「禹有功，抑下鴻。」楊倞注云：「鴻，洪水也。」書曰：「降水警予。」説文：「桻讀若鴻。」皆與共聲相近。若作絳，則破讀矣。故鄭君云:「水土之名變易,世失其處,見降水則以爲絳水,故依而廢讀,或作絳字,非也。」其證五也。有此五證,禹貢降水,當以鄭君之言爲正。桑欽雖傳古文尚書,而班固不言古文,以爲絳水,或欽亦兼采今文家說,故其言與鄭君違也。

洪先生震煊

洪震煊字百里,號㮤堂。筠軒之弟。嘉慶癸酉拔貢。少與兄齊名,同入詁經精舍。助爲十三經校勘記,任小戴禮;分輯經籍纂詁,任方言。所刊諸書,多經其手,尤精選學。著有夏小正疏證五卷,㮤堂詩鈔一卷,石鼓文考異一卷。參史傳。

文鈔

夏小正昏旦星説

用後世推步之法,求古天星所在,不驗,不謂術疎,反謂經誤。吁!可怪也。今以夏小正之躔次,還求夏小正之天星,其有不合焉者寡矣。蓋小正直舉經星之體者有七:鞠爲虚也,參也,昴也,四月南門爲亢也,大火爲心也,辰爲房也,十月南門爲東井也。七者皆直指經星之體者也。可以他星得經星之次者有四:斗杓攜龍角,衡殷南斗,織女恒向娵訾之口,漢起箕尾之間。是四者皆可以他星定經星之次者也。九月辰繫于日，此明言日躔也。有一月日躔，即可以得餘月日躔。而每月晨見、昏見、晨中、昏中、伏内諸星，又皆可以定每月日躔所在。得每月日躔，亦可以驗每月昏旦星也。其法具在于經，顧讀者不察耳。試詳言之：正月初昏參中，是時夜四十八刻，則旦應尾中，日應在營室矣。虚東距營室三十度以外，故晨見也。參中者，參加午也，參加午則龍角加寅，南斗加亥，斗魁枕于午，杓攜于寅，衡殷于亥，是斗柄縣在下也。正月日在營室，則二月日在婁，三月日在昴，參兩距昴三十度以内，故三月參于昏伏也。三月日在昴，則四月日在參，昴東距參三十度以外，故四月昴始于晨見也。四月日入戌，即初昏之時，參加戌，則亢加午，故初昏南門正也。四月日在參，則五月日在東井，參東距東井三十度以外，故五月參于晨始見。五月日入戌，即初昏東井加戌，東井加戌則心加午，故云五月初昏大火中。五月初昏大火加午，六月初昏大火加未矣，大火加未則龍角加申，南斗加巳，斗杓攜于申，衡殷于巳，此斗柄正在上也。五月日在東井，則六月日在七星，七月日在翼，七月日入酉，即初昏翼加酉，翼加酉則箕尾加午，漢起箕尾之間，是正南北也。析木加午，則娵訾加卯，織女向卯，是正東向也。七月初昏娵訾加卯，則龍角加申，是時夜亦四十八刻矣。自昏至旦，應首尾歷七辰，則龍角昏加申者，旦應加于寅，龍角加寅，南斗加亥，參首加午，故云參中，則旦斗柄縣在下也。七月日在翼，八月日在角，房西距角三十度以内，故八月初昏房則伏也。八月日在角，房西距角三十度以内，故八月初昏房則伏也。八月日在角，九月日在房。故九月房繫于日，心比於房而近於角，故内火，内之云者，視繫爲遠，視伏爲近也。九月日在房，則十月日在箕，十月日入酉，即初昏箕加酉，箕西下加于酉，則東井東上加于卯，故十月初昏南門見，謂東井見于卯也。東井見卯之時，營室南加于午，十月時有養，夜則營室自昏至旦，應歷七辰，初昏營室南加于午，及旦營室北加于子矣。織女向子，是正北向也，故云十月織女正北向，則旦也。凡此者，皆以經求經，而初無毫釐之差，上可合于堯典，下可通于月令，而自唐以來，無有知之者，獨何與！

夏小正鞠則見解

「正月鞠則見」，傳云：「鞠者何？星名也。」則見也者，歲再見爾。解云：「天官書星無名鞠者，近注家皆謂鞠星即柳星，則見爲昏見。」震煊謂鞠非柳星，其虚星也。案：小正凡一月候數星者，必一在晨，一在昏。四月昴則見者晨也，初昏南門正者昏也；五月參則見者晨也，初昏大火中者昏也；七月漢案户初昏，織女正東鄉者昏，斗柄縣在下，則旦者晨；八月辰則伏者昏，參中則旦者晨；九月内火者昏，辰繫于口者晨；十月初昏南門見者昏，織女正北鄉則旦者晨；正月鞠則見，若已爲昏也，下初昏參中斗柄縣在下，又爲昏，三星一候，非小正例也。蓋鞠則見者晨候也，初昏參中斗柄縣在下，則昏候也。月令每月中星必一言昏，一言旦，本小正之法也。小正凡言星之則見者三：正月鞠則見，四月昴則見，五月參則見，皆謂晨見。五月晨見者參，四月晨見者昴，正月晨見者虚矣。正月日躔在營室，虚星東距日躔三十度許，故晨見也。小正凡言則見者，皆謂曏見而後伏，伏而再見。柳自季夏以後，無夜不見于天，不應至正月始言則見。南門之候于十月之昏也，言見不言則也。若虚星自十一月始伏，至正月始爲亂，甘之爲苦，與古人原有以義適相反命名者，則謂虚星爲鞠星是也。
見，故經曰則見，傳曰再見，宜也。爾雅釋詁云：「鞠，盈也。」鞠有盈義，盈虚相反，鞠之爲虚，其猶治之

孔子去魯證

或讀史記，謂孔子以魯定公十二年冬去魯適衛。此説誤也。孔子去魯，當在定公十三年春，即以史記論，有三可證：孔子世家：「孔子將去魯，曰：『魯今且郊，如致膰乎大夫，則吾猶可以止。』桓子卒受齊女樂，三日不聽政，郊又不致膰俎于大夫，孔子遂行。」審是孔子之去魯，在郊後明甚。魯郊嘗以春正月。明堂位：「魯君孟春乘大路，載弧韣，祀帝于郊。」雜記云「孟獻子曰：正月日至，可以有事於上帝」，謂此郊也。魯以正月郊，郊後而孔子行，此孔子去魯在十三年正月，可證一。衛世家及十二諸侯表之衛，皆于靈公三十八年書「孔子來，禄之如魯」。衛靈公三十八年，正魯定公十三年，此去魯適衛在定公十三年，可證二。孔子世家又云：「孔子之去魯凡十四年而反乎魯。」孔子以魯哀公十一年反魯，自哀公十一年追數至定公十三年，正十四年。此去魯在定公十三年，可證三。春秋定公十二年：「冬十有二月，公圍成。公至自圍成。」此時孔子尚在魯故也。假令孔子已去，魯君臣寧復思墮成乎？惟史記于魯世家及十二諸侯年表之魯，皆書「定公十二年，季桓子受齊女樂，孔子去」。不知此著受女樂，爲孔子去之張本，非謂孔子即于是年去也。十二年冬十二月受齊女樂，十三年春正月孔子去魯，中間相去無多時，故不更提其年耳。或不善讀此，而遂謂孔子以定公十二年冬去魯適衛，其實誤已。至孔子

世家敘孔子誅少正卯三月大治，及歸女樂去魯適衞，皆在于定公十四年。此十四年，當爲十二年字之誤，近人已詳其説，兹故不具論也。

漢經師家法考

漢治經義，各有名家師法，馬、班述儒林，豔然可考。及東京之盛，一師教授恒數百人，或千餘人，乃至曹曾受歐陽書，門徒三千；魏應經明行修，弟子自遠方至，著録數千人；張興弟子著録萬人；蔡元萬六千人。史例簡嚴，不能備載也。今可攷者，集古録、金石録、隸釋、隸續所載漢碑，間或一見。如治梁丘易有重安侯相杜暉慈明；治京氏易有費縣令東平陽田君；治歐陽書有河南尹任城景君，步兵校尉景君，郯令景君，緱氏校尉熊喬漢舉，郎中王政季輔，鄭固伯堅，成陽閭葵，龔叔謙；治小夏侯書有成陽閭葵、廉仲絜；治魯詩有司隸校尉山陽魯峻仲嚴，執金吾丞武榮舍和；治韓詩有山陽太守濟陰祝睦，郎中乘氏，馬江元海，廣漢屬國都尉丁魴叔河，從事武梁綏宗；治嚴氏春秋有處士閭葵、班宣、高暨子、讓公謙，泰山都尉魯孔宙，季將巴郡太守樊敏升達，祝長嚴訢少通，文學掾百石卒史孔龢，皆漢史所未載。謝承後漢書、司馬彪續漢書及東觀漢紀，爲范書所本，有三書有而范書無者，董春師事王君仲，受古文尚書；劉宏師事劉述，治歐陽尚書；王阜受韓詩；孔喬學左氏之類是也。有三書詳而范書略者，徐穉學嚴氏春秋、京氏易、歐陽書；劉寬學歐陽書、京氏易，尤明韓詩外傳之類是也。范書儒林傳之外，爲經師家法所闕者，方術傳載廖扶文起習韓詩、歐陽尚書，教授常數百人；唐檀子産習京氏易、韓詩、顏氏春秋，教授常百餘人；獨行傳載陳重與同郡雷義俱學魯詩、顏氏春秋；侯霸傳言霸篤志好學，師事九江太守房元，治穀梁春秋，爲元都講；第五元、張恭祖爲鄭康成師，見鄭康成傳；摯恂爲馬融師，見馬融傳，皆師資所承，不列於儒林傳，而互見於諸傳者也。許叔重說文解字序云：「其稱易孟氏、書孔氏、詩毛氏、禮周官、春秋左氏、孝經、論語皆古文。」自述家法，確乎不雜。而儒林傳但總目之曰五經無雙。熹平石經書用今文三十四篇，春秋用公羊而及顏氏，詩用魯而及齊、韓，禮用儀禮，論語及盍、毛、包、周。蓋東漢時，五經立學官者，易則施、孟、梁丘、京四家，書則歐陽、大、小夏侯三家，詩則齊、魯、韓三家，三禮但用儀禮，有大、小戴二家，春秋但用公羊，有嚴、顏二家，故石經文字依用者如此。至儒林傳但總稱之曰「正定五經」，而五經師之家法，未之或詳也。故先儒議范史述儒林，不能如班氏之備，其在此也歟？

周先生中孚

周中孚字信之，別字鄭堂，烏程人。嘉慶辛酉拔貢。受知於阮文達，拔入詁經精舍，佐輯經籍籑詁。同舍生後多貴顯。先生至道光癸酉猶應鄉試，同考官錢君，爲辛楣少詹族子，得卷歎絶，力薦於主者。將列名而對策，用少詹答問，主者疑有私，置副榜第一。揭曉，乃大悔謝過。先生自是無進取意，客上海李氏，爲定藏書志。復游嶺南，主學使。歸，卒於家，年六十四。著有孝經集解、逸周書注補正、顧職方年譜、子書考、鄭堂讀書記、金石識小録、鄭堂札記諸書。殁後無子，藏書稿本多散佚。讀書記凡百餘册，體仿提要，意在爲四庫之輔稿，爲朱茾堂侍郎所得，今刊行七十一卷，於四部編次分類不全，蓋傳鈔脱誤，非足本也。參戴望撰傳、劉承幹鄭堂讀書記跋。

朱先生爲弼

朱爲弼字右甫，號茮堂，平湖人。嘉慶乙丑進士，授兵部主事，升員外郎，遷御史給事中，順天府府丞、府尹。左遷，復起，累擢至兵部侍郎，倉場侍郎，出爲漕運總督。乞病去職，寓京師，卒年七十。先生爲諸生時，朱文正、阮文達兩公器之，目爲經注經。生平嗜金石，三代鼎彝，秦、漢碑碣，古文奇字，鈎摘明若觀火。文達編經籍纂詁、積古齋鐘鼎彝器款識，皆倚之成。著有茮聲館詩文集三十三卷，積古圖釋若干卷。子善旂，字建卿，官主事，有敬吾心室彝器款識。孫之榛，官江蘇候補道署，按察使，有常嗛嗛齋文集。參楊峴撰墓志。

文集

尚書鄭本辨

書堯典孔穎達正義云：「鄭古文尚書篇與夏侯等同，而經字多異，夏侯等書『宅嵎夷』爲『宅嵎鐵』，

『昧谷』曰『柳谷』，『心腹腎腸』曰『憂腎陽』，『劓刵劅剠』云『臏宮劓割頭庶剠』，是鄭注不同也。」弼案：正義此文，「而經字多異」爲句，「夏侯等書」四字貫下讀，不與異字連屬。下言「鄭注不同」，則「嵎鐵」、「柳谷」、「憂腎陽」、「臏宮劓割頭庶剠」四事，明是夏侯等書與鄭本異者，非即鄭本也。近世説經者誤讀正義，謂「嵎鐵」、「柳谷」等文爲鄭本，竊以爲不然。書釋文引馬云：「嵎，海隅也；夷，萊夷也。尚書考靈曜及史記作『禺銕』。」「暘谷，海嵎夷之地名。」案司馬遷從安國問故，班固謂遷書載堯典、禹貢、洪範、微子、金縢諸篇，多古文説，然其中亦雜取今文。當時今文頒在學官，如周本紀引牧誓「如豺如離」，文選西都賦注引歐陽尚書説正同，是其證。嵎夷之爲禺銕，亦其類。索隱云「太史公博採經記，廣記異聞，不必皆依尚書」是也。且今本史記作郁夷，與釋文不同，烏可據釋文所引之史記，而以禺銕爲古文乎？夏本紀「嵎夷既略」，集解引馬注「嵎夷，地名」。説文土部引書作「堣夷」，許慎自言稱書孔氏，不作「嵎鐵」。馬融作傳，鄭玄注解，皆本杜林漆書古文。鄭氏嵎夷下注「佚無考」，馬氏明作「嵎夷」，鄭不應與馬異。則作「嵎鐵」，乃夏侯等書，今文也。又史記「昧谷」，徐廣云一作「柳」。考周禮天官縫人鄭注：「柳之言聚，諸飾之所聚。書曰：分命和仲，度西曰柳穀。」賈疏云：「書曰者，是濟南伏生書傳文，故云度西曰柳穀。柳者，諸色所聚，日將没，其色赤，兼有餘色，故云柳穀。」又伏生書傳云：「秋祀柳穀。」鄭注云：「柳，聚也，齊人語。」是昧作柳，正伏生今文。吴志虞翻傳：「翻奏鄭玄解尚書違失事云：古大篆卯字，讀當爲柳，古柳卯同字，而以爲昧。」是鄭本正作昧。作柳者，乃伏生所傳，而夏侯等書述之也。又考魏志管寧傳裴注云：「今文尚書曰『優賢揚歷』，謂揚其所歷試。左思魏都賦曰『優賢著於揚歷』也。」又文選魏都賦劉淵林注引尚書般庚曰：「優賢揚歷。」則「優賢陽」必係「優賢揚」之譌，然劉注不言鄭本，裴注明言今文，是古文作「心腹腎腸」，作「優賢揚」者，亦夏侯等書文也。又考吕刑正義引鄭注云「刵，斷耳。劓，截鼻。椓謂椓破陰，黥謂羈黥人面」，則鄭本正作「劓刵椓黥」矣。「劅剠」即「椓黥」之或體。「臏宫劓割頭庶剠」，亦夏侯等書文也。此上四事，皆可確指爲今文，而非鄭本。孔穎達方表章古文，豈反以夏侯等書爲同于古文？既以「臏宫劓割頭庶剠」爲鄭本，于吕刑又引鄭「劓刵椓黥」之注，不應前後自相矛盾。故特爲之辨，以質世之通經者。

釋敦璉瑚簋

禮明堂位：「有虞之兩敦，夏后氏之四璉，殷之六瑚，周之八簋。」鄭注：「皆黍稷器，制之異同，未聞。」夫鄭氏豈不見敦簋？但不知瑚璉爲何器，故注論語「夏曰瑚，商曰璉」，與服、賈等注左傳同譌，而此則闕如。四器之異同，後世無從考證矣。考吕氏考古圖及宣和博古圖所載，敦皆商、周器，形圓如盂，有蓋有耳有足，制與簋同，但簋則擴圓耳。然敦器銘文作[illegible]，簋作[illegible]，又作[illegible]，俱與敦字相類。而儀禮饋食禮云：「主婦設兩敦黍稷於俎南。」下曰「佐食」，分簋、鉶、敦，而又謂之簋。可知敦簋同器異名，周人從古稱曰敦，從今稱曰簋耳。敦用四，義取相對。簋用八，義亦同。説文「簋，古文作杋」，儀禮注作軌，軌爲車軹之名。禮少儀「祭左右軌」，則軌亦有兩物相對之義也。璉之器，古圖所無，敬按西清古鑑有甗銘曰：「矞作族輦彝。」近又見錢國博坫所藏周甗銘曰：「惠作輦鼎。」兩器「輦」字一作「[illegible]」，一作「䡞」，字體同，但有横直之别，因憬然悟璉即甗也。説文解「槤」字云：「胡槤也，從木連聲。」解「連」字云：「員連也，從辵從車。」案：員連不可解，當係負車二字之訛，義與輦同。又戴氏六書故云「連，車行相聯也」，則員字或係車字之訛。明堂位釋文「連，本又作璉」，知經文本作連也。連取相聯義，與敦、簋同，故數用四。連、輦古通。易蹇六四「往蹇來連」，虞注：「連，輦也。」周禮鄉師注「故書輦作連」，鄭司農云：「連讀爲輦。」巾車：「連車組輓。」釋文本亦作輦。韓勑碑云「胡輦器用」，輦即璉也。輦、甗聲相同。周禮考工記：「陶人爲甗，實二鬴，厚半寸，脣寸。」説文云：「甗，甑也，一曰穿也，從瓦鬳聲。」又云：「鬳，鬲屬，從鬲虍聲。」案：鬳即甗之本字，虍象其上甑曲屈出氣之形，非聲。以瓦爲之則爲甗，猶豆以木爲之則爲梪也。今考甗之制，上若甑，足以炊物；下若鬲，足以飪物；中有穿，所以隔水物；一孔上出，所以出氣。古甗銘有作冈及罓，象鬲形。甗下作鬲，古制甚明。惟上古器用陶匏，有虞尚陶，故左成二年傳「賓媚人賂以紀甗」，注云：「土甑。」其器當自古有之。夏后易瓦以木，故作槤。後世飾以玉，故作璉。連、鬳古字通。周禮太卜「連山」，注：「似山出内氣也。」鄭氏此説，必有所受。山上大下小，雲氣上出名巘〔一〕。甗、巘義同。鄭以出内氣訓連字，明以連爲鬳矣，故曰「鬳山也」。連山首艮，艮卦兼山，鬳亦重山形。儀禮少牢饋食禮注：「甗似甑，一孔。」爾雅釋山：「重甗，隒。」注謂「山形如累兩甗，山形狀似之」。案：「重甗隒」，經文有錯誤，當作「重隒甗」，謂山有重崖，其

〔一〕「巘」，原作「甗」，涉下文字而誤，今改。

形如甗，謂之甗也。甗髓已似二山，安得云兩甗乎？字林以重甑訓隒，則得之矣。蓋甑即甗之上體也。下釋畜「騉蹄趼，善陞甗」，注「山形似甑，上大下小」。案：似甑，亦當云似甗。劉氏釋名云：「甑，一孔者；甗，山形孤，出處似之。」惟甗有一孔出氣，故鄭以山出氣訓連，連山之爲甗山，審矣。且獻字通軒，見文選景福殿賦注引孟子劉注，而古文軒作轙，與輂字同，見元楊桓六書統，甗之通輂，又一證也。瑚之器亦不見于古圖考，諸家所録款識，簠字異文最多，[illegible]皆釋爲簠，非也。[illegible]當釋爲簠，[illegible]當釋爲胡。說文：「匚讀若方，籀文作[illegible]，象器方形。」簋圜簠方。胡，古文從匚從古，胡即簠之類也。左哀十一年傳「胡簋之事，則嘗學之」，胡簋連文，胡爲簠類，確然無疑矣。弼詳載經文，條列諸說，并繪圖附于後，爲敦璉胡簋考一卷，而總釋其器，以補鄭氏之闕云。

釋鉼鈃

鉼鈃二字混淆久矣。說文金部解「鈃」字云：「似鍾而頸長，從金幵聲。」解「鉶」字云：「器也，從金刑聲。」叔重雖不詳鉶之制，其與鈃爲兩器則甚明。徐鍇曰：「幵，古賢切。鈃從幵聲，不當與鉶字俱音户經切。」戴氏六書故云：「鉶，户經切，盛羹器也，又作鉼。漢書『歃土刑』，司馬遷傳、史記自序同。單作刑。」又云：「鈃，經天切。說文曰：『似鍾而頸長。』字林曰：『似小鍾而長頸。』一曰：『似壺而大』莊子曰：『求鈃鍾也似東〔一〕縛。』」戴氏分晰二字音義，極爲精審。自陸氏莊子釋文徐無鬼篇鈃鍾之鈃「音刑」，天下篇宋鈃即孟子之宋牼，鈃、牼聲相近。郭音堅，而鈃鈃二字互亂，世遂不知二器之辨矣。案：鉶所以盛和羹，周官亨人：「祭祀共大羹鉶羹。」左昭五年傳：「飧有陪鼎。」儀禮聘禮：「羞鼎三。」鄭注：「羞鼎則陪鼎也。」亨人鄭注曰：「鄭司〔二〕農云：大羹，不致五味也。鉶羹，加鹽菜矣。」賈疏：「鉶羹者，皆是陪鼎。膷臐膮牛用藿，羊用苦，豕用薇，調以五味，盛之于鉶器。」公食大夫禮賈疏：「自羹言之曰鉶鼎，然則陪鼎、羞鼎皆鉶也。」禮禮運「實其簠簋籩豆鉶羹」，釋文：「鈃，本又作鉶，形如小鼎。」古文作刑。内饔：「修刑，膴胖，骨鱐。」注：「刑，鉶羹也。」史記、漢書古字僅存鉶器。太古以土爲之，是尚陶瓦，未鑄金也。刑之爲法器，猶彝之爲常器也，鈃之制度無聞。吕氏考古圖有周王子吴飤鼾，其器如敦，腹大足短，兩耳旁出折上，與諸鼎微别。銘曰：「王子吴睪其吉金，自作飤鼾。」吕氏釋鼾爲鉶。又有一宋君夫人之餗釪，疑亦鈃字。蓋古人文字惟變所適，不得以説文小篆之體繩之，考掌客「上公鉶四十有二，侯伯鉶二十有八，子男鉶十有八」，可知鉶之實不特膷臐膮，必有庶羞八珍之品，則凡言餗鼎皆刑鼎也。折足則鼎實霑污器外，故曰「其刑渥」。説文：「渥，霑也。」鈃爲酒器，考古圖及宣和博古圖皆無之。近見阮中丞師所藏周賓伯鈃，其制似壺而大，頸最長，與説文、字林合。銘曰：「鄂

〔一〕「東」，原作「東」，據莊子改。
〔二〕「鄭司」，原無，據周禮注補。

史賓伯作鈃。」鈃作鈃，中丞師曰：「鈃從幵，幵從兩千，千從反入，從一。此作兩反入，缺一，或古文省，或梓冶未精，筆畫有未到處，均不可知。」弼既目驗此器，因据古義辨二字之混亂，并繪王子吴鉼、賓伯鈃二圖，以質中丞師。師曰：「善」。命付梓焉。

釋璽印

古者印謂之璽。七十二君封泰山，禪梁父，封者金泥銀繩，印之以璽，璽之由來古矣。左氏襄二十九年傳：「公在楚，季武子使公冶問，璽書追而與之。」杜注：「璽，印也。」國語魯語注：「古者大夫之印亦稱璽。」禮月令「固封疆」，鄭注：「今月令疆或爲璽。」蔡邕獨斷、吕覽、淮南子及應劭漢官儀皆作「固封璽」。周禮司市：「以璽節出入之。」注：「璽節，印章，如今斗檢封。」賈疏：「案漢法，斗檢封，其形方，上有封檢，其内有書。」則周時印章上書其物，識事而已。掌節：「貨賄用璽節。」職金：「楬而璽之。」案：古書竹若木緘之以匱，以璽封之。吕覽云：「民之於上，若璽之於塗。」淮南子云：「若璽之印埴。」是封璽必以泥也。」書「周公作金縢」，鄭注：「凡藏祕書，藏之於匱，必金緘其表。」意金緘其匱，謂以金泥加璽于上。漢時以武都紫泥封璽，猶古制也。獨斷云：「秦以來天子獨以印稱璽，又獨以玉。」案：「秦以來」，當作「漢以來」。華嚴經音義引蔡邕月令章句云：「秦以前，諸侯卿大夫皆曰璽。」漢舊儀亦曰：「秦以前，民皆以金銀銅犀象爲方寸璽，各服所好。」薛尚功秦器款識秦璽有三：二璽文並曰「受命于天，既壽永昌」，一璽曰「受天之命，皇帝壽昌」。尚功引集古印格序云：「秦取趙氏藍田玉，命丞相李斯書作魚鳥之狀，刻爲璽，歷代傳之，以爲國寶。始皇帝惡璽之音與死同，遂易璽曰寶，曰印，曰章云。是秦帝印不名璽。史記漢書皆言王子嬰奉皇帝璽，從漢稱耳。漢制，天子璽有六，皆白玉螭虎鈕，文曰『皇帝行璽』，『皇帝之璽』，『皇帝信璽』，『天子行璽』，『天子之璽』，『天子信璽』，然璽尚非天子所獨稱也。」漢書百官公卿表云：「諸侯王，高帝初置，金璽盭綬。」注引漢舊儀云：「諸侯王黄金璽，槖佗鈕，文曰璽，謂刻云某王之璽。」續漢志注引東觀書云：「建武元年，復設諸侯王金璽。」説文云：「壐，王者印也，所以主土，從土爾聲。」此許氏遵漢制爲説也。秦以前尊卑共之，則主土之説不可通矣。説文「壐」字在「封」字之下，封字古文作「圭」，籀文作「牡」。鄭注周禮謂：「璽如斗檢封。」蔡邕月令封璽連文。劉熙釋名云：「印，信也，所以封物以驗也；亦言因也，封物相因付也。」淮南注云：「封璽，印封也。」後漢安帝紀注云：「封謂印封之也。」然則壐從土者，從封省也。籀文作「璽」，亦從古文封省。叔重云「從玉」，乃秦篆，非籀文也。嘗見古銅印有作鉩者，如「汝上嘻鉩」、「龔世鉩」、「㗊白乙鉩」皆是。鉩，汗簡以爲籋字，出郭知元字略：「箱籋之字，無當於印章。」攷「尒」古「爾」字。以玉爲之，故從玉；以金爲之，故從金。又有印文曰「王氏之⿰糹土」即「壐」字也。又有曰「成師⿰非丰」，從⿱山儿從⿱山丰。⿱山儿，杜林以爲即鉩字，亦壐字也。近見一鉩，闕一角，此殆私璽，卑者所用，猶之笏有前蘭後闕，讓上之義。節字篆文作弓，象形。印字從爪從卩。此或璽節遺制，亦未可定，因定爲秦初之印。而凡有鉩、⿰非丰、⿰糹土等字者，皆可定爲秦印也。漢諸侯王印，猶得稱璽。至魏、晉以後，則惟天子得稱之矣。漢印有金銀銅之別，相國、太尉、列侯、太師、太傅、太保、前後左右將軍皆金印，中二千石、二千石皆銀印，御史大夫、秩中二千石亦銀印。成帝綏和元年更名大司空，佩金印，大司馬亦賜金印，前此無是典也。千石以下銅印。金印、銀印皆龜鈕，其文曰章。銅印皆鼻鈕，不爲蟲獸之形，其文曰印。並見漢書表及漢舊儀。比二千石以上曰某官之章，千石以下曰某官之印。然嘗見漢印有連稱印章者。武帝紀：「太初元年夏五月造太初曆，以正月爲歲首，色上黄，數用五。」張晏曰：「漢據土德，土數五，故用五。謂印文也，若丞相曰『丞相之印章』，諸卿及守相印文不足者，以『之』足之。」漢印有「軍司馬之印」、「軍曲侯之印」，皆此義。然他印不盡然，或鑄于太初以前，或後此，不盡遵其制也。且徹侯當曰章，而今所見石洛侯、武平侯，古印皆作印。千石當曰印，而今所見御史中丞古印作章，皆不拘成例也。秦時八體，五曰摹印。漢甄豐校定六書，五曰繆篆，所以摹印也。謂之繆者，取綢繆之義。徐鍇所云「屈曲填密」，則秦璽文。或以爲繆誤之繆，失之。然漢人摹印，每雜以隸法，文多紕謬。故馬援上言「臣所假伏波將軍印」，書伏字犬外嚮。成皋令印，皋字爲白下羊；丞印四下羊；尉印白下人、人下羊。一縣長吏，印文不同。恐天下不正者多，可知其謬矣。其最謬者，漢書地理志載永平五年汝南滇陽失印更刻，遂以水爲心，誤作「慎」字。又王莽傳及讖記以「劉」字爲丣金刀，光武紀論王莽以錢文有金刀，改爲貨泉，或以貨泉爲白水真人。五行志「獻帝初，僮謡以千里草爲董，十日卜爲卓」，于説文不合，于漢印盡合。則謂之謬篆，亦無不可，然命名之初，實非此意。漢之末造，篆隸相參，鼎彝銘文皆如是，不特摹印多謬，許氏説文之作，誠不得已也。

積古齋鐘鼎彝器款識後序

慨自斗科姬泐，竹帛嬴爐，蒼公赤篆，南閣祭酒摭之；素王青書，臨淮太守傳之。乃麐筆遺左史，而歆移徒勞；鴻都崇伏書，而包匭又作。冀其斠𡘋墳、索，黼藻羲、軒，難矣。必欲洞書名，鏡神恉，袪奇詭，追始初，藉非欲山吐川，陳彝得鼎，厥道曷由？我朝龍興，大文虎炳，天臨朗鑑，地出稐鐘，册府丕焕，編珠蓬扉，不禁藏璧。亦有癖深原父，智儕子高，集吉金書，詮祥器字，顧茆檐未窺，柏寢蠡勺，安測鳥瀾？失采翡翠之翎，遺拔犀象之角，説難盡韙，覽者弗慊矣。維吾師靈臺先生經緯馮生，鑄鎔邃古，宸籞鸞篚，辟廱鶬從，釋天上雲靁之文，辨階閒球鏞之刻。洎乎握尺山左，樹麾淛西，清白心圭，搨黄手繭，種金薤於燕寢，叢銅花於雕函。爰命鲰愚，載裒鳞，砉見慚，槃叩問，待鏞撞。懷鉛則斗建周杓，數弓則日干合筴。紀商、周以迄魏、晉，摹頡、籀以臬斯、邈。剞劂垂蕆，校勘遂施，敢述薪傳，用綴簡末。夫分器名册，司尊設官，經傳孔悝之文，史記美陽之字。齊犧以送女爲媵，魯壺以貢王存名。武王盥盤，著溺淵之戒，大禹讒鼎，勒昧旦之詞。故書羅蒐，橐制灰烕，莫可詳已。至于宣和殿圖，尚功石刻，肴核六藉，俎豆三倉，先民是程，後民是語。然摭拾榛雜，肆攷豕訛，造作孔囍，善美非盡，質之大雅，曰猶有憾。蓋聞古聖之道，立器生禮，踐實存誠，菜菽常鉶，必蘄三壽；饋餾小敦，欲至萬年。飾鐐璆不厭其華，用泉貝不病其厚，將以壽名教，礪綱常，鴻聲明，賁文物，出治理，而綿遠久也。夫亨鬺神祇，盥薦考妣，執旂立矢，論譔前勞，是爲大孝。呼史宣綸，立庭受册，鑾琱鞞戟，蔑歷紀庸，是爲純忠。厭祭禮殤，父桀作彝，勳績録屬，正長錫彝，是爲慈惠。列侯朝聘，贈金鑄鐘，僚友饔飧，畀金銘簠，是爲豈弟。叔夜用饘，同符孔共，唯叔居晦，允契商瞥，是爲恭儉。此皆經世之鴻寶，生民之令儀，雖祖龍虣殘，赤符淩替，典則失徵，范模猶在。自後世祖尚虛無，輕蔑文字，而淪沒盡矣。且夫琥珀孕于荒麓，遇芥則投；珊瑚沈于環瀛，舉網則獲。物聚所好，亶其然乎？茲所輯者，約鼎彝五百餘器，綜篆籀一萬餘言，玉府崑山，珠海合浦，鮫綃五色，鳳錦千襄，洵極金縢、石屋之觀，寧止滂喜、凡將之作？夫推彌曠者道也，闡彌精者義也，舉而罔缺者典也，久而始備者時也。雷雨甲屮，遠協羲爻；壺戈蛟蚪，上承皇史。宗周鐘之讐要服，何如江漢、常武之篇；考父鼎之歆文丁，可徵校頌歸祀之説。寶敦矢夙夜，識周大僕之虔；尊鼎祝萬壽，知齊乙公之侈。頌之佩出反入，即晉重三覲之儀；曶之用田受秭，即呂命百鍰之罰。他若周王徙居楚麓，楚惠遷自西陽，可拾春秋之遺；共王墓稱陶陵，漢宮名逸蓮勺，可詳班、馬之略。謂非觀古之囪牖，進學之堦墀與？然而俗情染墨，浮説雌黄，其蔽不一，舉枚可數。或膠執偏端，梗守前論，宗祧北海，求鳳皇之尊；應答竟陵，善服匿之對。一也。執贗擬岑，呼鼠尋璞，父丁祖乙，雜以比干之盤，車攻馬同，間以滕公之石。二也。又有引葛攀蘿，削尋就墨，甲附上甲，庚測盤庚，虘伯爲孝友之兄，遽仲爲君子之弟，奇觚妄會，疋畢所訶。三也。昔在嘯堂，大臨諸賢傳譌難免。今稽東觀，容齋之論定評或虛。彼盭守藏述古之心，違重器不訾之例，又無論已。是編之作，準六書部分，抉小學奧微，辨亞亞之殊，詳割匃之借，繹酎彰之同，論峕狂之合，釋攸勒爲鋚革，明夜玦爲射瑂，訓同黄爲彤衡，通窒夢爲室昧。凡此之類，咸據有聞，不知蓋闕。若夫子商簡古，姬周富繁，時則艮之；南楚雄奇，東魯疆厚，俗則囿之。文詞具存，鑒察斯别。間有勒款叶字，可絃而歌，堇彊雙聲，攸休疊韻，綏賓倍律，大琴和樂，講音均，按閒吕者，舍是蔑從也。又觀夫鈃鉼異制，瓞盤别名，簠甗爲胡連，古今文之判；敦匜盛黍稷，方圓説皆通。鉊匬則方語各分，戈戟則散文互用，金豆與瓦竹俱舩，兕觥非骨角所成，是又辨器者所當考鏡也。且如姬公丁亥之鼎，言歲紀者算統；微散氏乙卯之盤，言輿圖者訂塢；辨父丁角之東門，無專鼎之圖室，言宫室者參階旁。登寺奠敶，國名牒焉；遣㬨師鬲，氏族譜焉。子申爲嘉孄之子，陳逆爲狟子子孫，世系緒焉。司工爲司空之屬，司土即土均之職，官制羅焉。邢叔、庅父，魯、鄭臣名，熊章、敄人，楚、鄀君諱，名字炤焉。符節並載，量斤咸垂，漢尺與晉尺，齊衡秦權，與莽權均録。金師比有度，斗檢封有銘，尤六籍之星源，百家之鑪橐也。小子愚實近古，六蔽莫開；吾師諮必於周，五善斯集。積古疏入，先皇曰：「俞！師古政成，維帝時眷。」宜也。蓋康虔綰綽者福之府，通彔眉壽者德之符，懿夫享覲式，儀華陔隆養，鐫詞刻漏，勒篆夾鐘，道著器成，淵乎茂矣！然猶不啬其有，不寶其私，喻廩之鍘，媵置譙山；上陽之鎛，嘉薦祏室，是以籩豆有踐，金石同和也。是編也成，直追孔甲盤盂之書，奚僅復齋鐘鼎之志而已哉！

汪先生家禧

汪家禧字漢郊，仁和人，諸生。與楊摶九、嚴久能同受知於文達，文達立詁經精舍，先生爲舉首。

尤長七略之學，嘗言：「著書之旨，以修己治人爲本。」學務沈博而歸極於理，謂：「儒有鄭康成而經明，有韓退之而用彰，有朱文公而體立。朱學之傳，歷久無弊。」西湖六一泉有神位數百，皆前明遺老，先生鉤攷其事蹟，閱書千〔一〕種，爲六一泉神位考三篇。嘉慶二十一年卒，年四十二，無子。所著書有意林翼等，凡數十卷，歿後燬於火，惟存東里生燼餘集三卷，崇祀三祠志九卷。參史傳、姚椿撰別傳、許宗彥撰三文學合傳。

文集

易消息解

陰往陽來爲息，陽往陰來爲消，坎離陰陽在中，得中和氣，故坎離不見消息。消息在三畫者，三日成震，八日成兑，陽息也；十六日退巽，二十三日退艮，陰消也。易貴陽賤陰，故成震爲餘慶，退巽爲餘殃。在六畫者，復至夬爲陽息，姤至剥爲陰消，陰陽交易，卦變以生，而本在乾、坤。故乾鑿度謂：「聖人因陰陽，起消息，立乾坤，以統天地。」消息爲陰陽自然之數，夏至晝漏六十刻漸以短，冬至晝漏四十刻漸以長，時消息也。陽律三去一下生，陰律三益一上生，鍾律消息也。治極亂，靜極動，人事消息也。易切於人事，於剥言「君子消息盈虛，天行也」。陰盛陽微，順而止之，行法以俟命，消極必息也。豐言

〔一〕「千」，原作「于」，形近而誤，今改。

「天地盈虛，與時消息，而況于人」。雷火盈，實豐盛之時，持盈有道，息極防消也。豐於卦氣值夏至，剥當九月陽衰，一進一退之臨，象「八月有凶，消不久也」。臨與遯旁通陽息，至二已憂其消，蓋思患豫防之意。學易可以無大過，於象三言消息。徵之消息，爲孟氏學，震、兑、坎、離主四方，六十卦更用事，據六爻言。虞氏以易道在天，三爻足矣，故更言納甲。蓋爻用六，象備三，納甲以坎、離爲中宫，六爻以二五得位，成既濟，定易道，尚中和，陰陽極，消息見焉。坎、離不盈不虚，以無制有，致中和，天地位焉，萬物育焉，大道何有消息哉！

孔子特筆異於赴告之文攷

左氏言赴告，公、穀言褒貶，漢儒各是其所習，惟鄭君不主於墨守，而主於兼綜，惜春秋論説未備。今據其難何休，駮許慎者，以定孔子特筆之異於赴告，略有數端：僖十三年，公會齊侯、宋公、陳侯、衛侯、鄭伯、許男、曹伯于鹹。四年春，諸侯城緣陵。鄭君本穀梁，謂「不序其人，明其散，桓德衰矣。」蓋以十三年冬，公子友如齊聘，書聘則會已歸，非九年葵丘之會，先書會，後書盟，其盟不敍諸侯，爲諸侯之未有歸比也，則書諸侯爲孔子特筆，赴告必歷敍其人也。僖二十七年，楚人、陳侯、蔡侯、鄭伯、許男圍宋。鄭君據穀梁，謂「時晉文爲賢伯，譏諸侯不從，而信夷狄」，故稱人以貶楚，非哀元年楚子、陳侯、隨侯、許男圍蔡時無賢伯，不當貶比也，則稱人爲孔子特筆，赴告必稱楚子也。昭十一年，晉伐鮮虞。鄭君據穀梁，謂「晉爲厥慭之會，實謀救蔡，以八國之師而不救楚，終滅蔡。今又伐徐，晉不糾合諸侯，以遂前志，舍而伐鮮虞，故狄稱之焉」。是專稱晉爲孔子特筆，赴告必稱晉侯也。哀二年晉趙鞅帥師納衛世子蒯聵于戚。鄭君據公羊說，謂「君薨，有反國之道，當稱子某，如齊子糾，今稱世子如君，存是不與蒯聵得反立。」是稱世子，爲孔子特筆，赴告必稱衛子也。夫褒貶具於公、穀，然亦有求之過甚者。故學春秋者，必合三傳而參之，而後聖人之意見。知此者，惟鄭君，惜論說之未備也。

儒與二氏出入論

上必束身名教，而後廉隅立，趨向端。名教在法先王，崇仁義，尚禮教，是故儒高於九流，而治天下之必用儒也。道家言清淨，不貴名，釋氏外形骸，無身，安有名？猖狂妄行者，平旦氣萌，鮮不翻然悔，悔思遯，二氏之學，乘其悔也。而導之曰：「是外也，非内也，得乎内可遺乎外也。」譬行失道者，從而示曰：「是亦可達也。」無反行之勞，且有自適之樂，亦何有不從者？夫堯、舜、文、武、周公、孔子萬世不易之道也，儒述之，其道亦不可易。道家始黄帝，而黄帝無書；釋氏梵夾其文，且殊其言，安足信？舍章著之典籍，信假託之虚辭，是惑矣。道之書，莫古於老聃，莊述老而宏誕不經，開釋氏之漸。漢文、景治用黄、老，而不言老、莊，知莊非老比矣。漢武表章六藝，後異學漸衰。至光武益敦崇名實，舉經明行修之士，終東漢世，獨行黨錮，蔚爲真儒者，史不絶書。而高密鄭公尤以清德清才傳解聖籍，儒道大昌。循易勿失，三代之風詎遠哉？正始之世，蔑禮教而崇放曠之始也，時主少臣專，國不靖矣。一二士夫，縱誕爲高視，處朝廷如處傳舍。以彼其人，豈不能自樹立，而姑以廢棄一切，自文其陋？沿及兩晉，言經法者斥爲鄙俗，甚以周易與莊、老衡，王、何之罪，上通於天，豈虚語歟？釋氏襲莊、老之放曠而加甚者也，萌於東漢，盛於東晉，郭璞、孫綽、謝靈運假借其言以消侘傺；而彼教之矯出者，又先以清言自結於朝士。外如支恭明、衛道安輩，或覃思搆精，廣爲翻譯，石勒、苻堅諸僭國，又爲張大之，歷宋、齊、梁、陳，崇信徧於上下，史官言佛經之傳，多於六經數十倍，其侵儒較道加烈矣。唐祖老子，崇道也；廣建塔廟，崇釋也；疏五經，興學校，崇儒也。然道自三洞四輔説行，流爲神仙。如真誥等，言地獄，又襲釋氏怪誕。尊釋氏者言施舍，盛莊嚴，震以禍福，麤而未精。以釋通儒，首李翱。翱著去佛齋説，似闢佛者；復性書言滅情，固釋氏旨也。然其説雖存，遵者實鮮。蓋昌黎韓氏以仁義之旨導天下，儒術大顯，寂靜之説，未能動衆也。終唐之世，儒與二氏雖並崇，朝廷獻納，師友講習，儒外固不旁及。北宋穆修受學華山，邵子闡之，易分先後天，通書因太極溯無極，均本道家。然周、邵之學，深明體用，繼以二程，實踐躬行，内聖外王，非僅僅激厲名節已也。惜後二陸提倡心學，慈湖繼之，論漸空虚。朱子振六經絶讀之傳，使聖學不流異教。天下貴虚，拯之以實，論説經典，章明禮教，雖少歲言靜坐，言警悟，晚歲盡反之。故傳朱學者，歷久無弊。論者或摭傳、注小疵，以相詰難。又甚者，謂虚靈不昧，顯蹈禪機。嗚呼！好議論而昧大綱，有如是耶？天人五行，漢儒亦語幽微，鄭氏注經，先後異説，論學者不聞以駁雜斥之也。且泥章句訓詁而荒實行者爲陋儒，朱子立朝，本末賅備，僞學之禁，宋爲失人。後世和之，謂道學亡宋，何昧昧歟？統論之，儒有鄭而經明，有韓而用彰，有朱而體立，二氏卒不能奪儒，三子功也。近世講義據之學，碎義逃難，繁則生厭，必有以空悟濟者，防不可不豫也。明節義、守家法如東漢，坐言起行如南、北宋，名教庶以不墜歟！

六朝經術流派論上

夫師説明，然後流派著。西晉承漢、魏後，置五經博士十九人，於時師説均未亡也。厥後永嘉之亂，漸以散佚，江左減爲九人，後又增爲十六人，而不復分掌五經。宋、魏因之，宏通之軌，由是變矣。嗟乎！傳經之貴博也，羣言去，則雖好學深思之士，欲參攷而不得，而信心蔑古者興焉，寡識之士又從而和之，經術之蕪，遂不可復理矣。永嘉以後，施氏、梁丘之易亡，而孟、京、費固存也。歐陽、大、小夏侯之書亡，杜、賈古文固存也。齊之詩亡，韓、魯固存也。至賈、服左氏注更爲完善。當時之君，苟能法東漢，廣列學官，又博訪通儒，俾補闕遺，十九家遺説，或不至曠如。惟因陋就寡，不思廢絶，遂使古文舊書，澌滅殆盡。西晉以後，諸儒祗董景道兼通韓詩、京易，而魯詩不過江東，孟易視爲術數，蓋漢學從此微矣。劉歆有言，與其過而廢之也，寧過而立之。矧正學廢，僞學反興。王弼注出而易亂，僞孔安國傳出而書亂，杜預集解出而春秋又亂。費氏之文，上符古經爻辰之説，遠本分野，鄭之可信，較王何如也？杜、賈之傳，實出安國，太誓非僞，徵信史遷，鄭之可信，較僞孔何如也？逆旅授受，確有淵源，義蘊欲通，不惜傭力，服之可信，較杜又何如也？當時河、洛諸儒，雖尚有研求服、鄭者，而好尚不同，反有下里諸生之目，僞學盛行，遽有底止耶？夫王氏以清言衍易，故通老、莊者多遵之。古文尚書聞作僞於王肅，晉徐邈已爲作音，信者之多可知矣。杜預竊服、賈説，掩其名，而以臆見亂之，諒闇短喪，顯悖名教，其失更甚。是三者，江左諸儒獨信之。至貞觀作正義，遂據以爲本，三經漢學之亡，不亦江左之失歟？李延壽謂南人約簡，得其英華；北學深蕪，窮其枝葉。蓋未知簡約之可蹈空也，十九家師傳之蔑，南北均有過焉。至信俗學之失，夫固南人所獨也，不亦可憫哉！

六朝經術流派論下

流派之異同，固北得而南失矣，而成其失者，何時？曰：此又貞觀君臣之寡識也。升降之精，之卦之密，世應游歸之奥，晉以後與王並存也，鄭注無論矣。孔壁真古文，鄭所未注者，其殘缺間出於齊、梁之間，既注者無論矣。士燮之注，董遇之章句，賈逵之長經解詁，隋志并著録，服氏無論矣。網羅別擇先儒之精者，尚不至蕩然，隘其途而取至駁者，爲之疏，諸家由是微矣。嗟乎！非習久而忘其非歟？抑利前人之有成書，易於奏功，而遷就歟？夫義疏之學，易有褚仲都、周宏正，書有費甝，春秋有沈文阿、王元規，皆爲王、孔、杜之學者也，服、鄭無聞焉。唐人因服、鄭無師説，而三家之燦然也，據三家以成疏，北學之微，豈一日耶？然則唐人固是南而非北歟？非也。南北之分，言乎隋以前也。昔清言惟盛於江左，而梅賾上僞古文時，晉已偏安，杜預之學，傳其元孫坦及驥二人，皆宋臣，故三家均未行於北，北之守古義，限於地也。至隋統一，而南北諸儒萃，北儒之遵師説者亦尟矣。二劉，焯、炫。大儒也，得費甝古文義疏，亦傳習焉，矧俗儒之好異喜新者乎？不然孔穎達固習服氏春秋、鄭氏尚書者，何受詔作義疏，反變更耶？蓋俗尚之難違，諒矣。若是，則六朝流派，均未善歟？曰：是何言歟？昔王肅注詩，述毛非鄭，而晉孫毓評三家同異，復朋於王。圜丘七廟，肅既著聖證論以駁鄭，而所注小戴記、周官、儀禮、喪服復行於時。孔穎達序禮疏，謂王、鄭兩家同經而異注，則當時亦不以爲非也。使詩無二劉，獻之、敬和。禮無徐、遵明。熊，安生。謹守師傳，以待來學，吾恐南北之從王者，未必無人，即唐未必能灼知其非也。詩、禮存漢，果誰功歟？然則六朝諸儒於易、書、春秋能盡遵服、鄭，遂全善歟？亦未盡然。虞仲翔易注爲孟學的傳，而荀慈明言乾、坤成坎、離，開虞氏之先，是皆可輔鄭而傳者。使六朝能法漢世博收，二書亦宜傳習。矧僞古文掇拾諸書，亦無顯悖義理者，而杜預釋地，尚可采取。諸家之師傳不廢，此亦可聽其自然也。專并一途，而駁者遂奪純矣。敢謬斷曰：博士不分經而經傳隘，東京遠而流派微。

孫先生鳳起

孫鳳起字振雲，號省齋，嘉善人。嘉慶己卯舉人。先經阮文達公檄入詁經精舍，爲高材生。文達嗣編經籍纂詁，以之分纂毛傳、鄭箋、韓詩及詩異同考。歸安姚文僖公嘗與辨論經史疑義，旁及星度輿圖，靡不窮源竟委，如數家珍，歎曰：「浙西宿學如省齋者，有幾人哉！」迨登鄉舉，已年逾七十，未及計偕卒。著有九九通考十二卷。參嘉善縣志。

釋書呂刑鍰字

書呂刑「墨辟疑赦，其罰百鍰」，孔傳及王肅注皆云：「六兩曰鍰。」釋文引鄭注及小爾雅並同。又釋文引馬融注云：「鍰六鋝也，鋝十一銖二十五分銖之十三也。」賈逵說俗儒以鋝重六兩，周官劍重九鋝，俗儒良是。許氏說文解字云：「鍰，鋝也。鋝十銖二十五分之十三也。」周禮曰：「重三鋝，北方以二十兩爲鋝。」案：鍰字之說不一，當以鄭注考工記六兩大半兩之說爲是。考工記桃氏爲劍，上制九鋝，中制七鋝，下制五鋝。注云：「上制重三斤十二兩，中制重二斤十四兩三分兩之二，下制重二斤一兩三分兩之一。」是鄭以六兩十六銖爲一鋝也。又冶氏「戈戟重三鋝」，注云：「今東萊稱，或以大半兩爲鈞，十鈞爲環，環重六兩大半兩，則三鋝爲一斤四兩。」弓人「膠三鋝」，鄭亦以鍰訓之，亦謂六兩大半兩也。近日北平翁氏得古中士劍，以天平法馬稱之，重二十兩有五錢，安邑宋氏所藏古劍，亦中，中制重二十一兩三錢有奇。據考工記中士之劍，當重四十六兩三分兩之二，而古劍之傳于今者，其重尚不及半。蓋入土年遠，銅質自有剥蝕，而古斤權輕小，每見漢器款識云二斤者，當今權不過七兩弱。周之權更輕于漢，則劍之重當必如鄭氏所云可知矣。若許氏以鋝爲十銖二十五分銖之十三，準此鑄戈戟劍，則太輕。若北方以二十兩爲鋝，則又太重。鄭注書亦云鍰重六兩，同於孔、王諸說，特舉其大概耳。其實當以六兩大半兩爲正。案：鍰、鋝二字古通。馬氏以鍰爲六鋝，固非；叔重知鍰鋝同物，而據古尚書爲說，與北方所釋輕重懸殊，未有定論。鄭氏據叔重之說，定鍰鋝之同，據東萊所稱，定權量之數，較諸家爲精核矣。古文省偏旁，鍰鋝二字形相近，薛尚功鐘鼎款識周師淮父卣銘云：「錫貝山寽。」今考定當爲錫貝卅爰。爰正作乎，與寽字相類。又今嘉定錢氏所藏周祖罕彝銘云：「王錫金百爰。」爰作寽，知其始本一字也。後世小篆作而加金作鍰，或作鋝，文既殊，而音隨異矣。鍰、鋝字又通作率。考工記先鄭注讀鋝爲刷。史記周本紀「其罰百率」，集解引徐廣曰：「率即鍰也。」周禮職金疏引古尚書鄭注：「古之率多作鍰，又通借作選、饌等字。」漢書蕭望之傳有「金選之品」，應劭曰：「選音刷，金銖兩名。」師古曰：「字本作鋝，鋝即鍰也。」史記平準書名曰「白選」，漢書作「撰」，伏生大傳「死罪罰二千饌」，馬融云「饌六兩」，皆假借字也。近世東原戴氏據釋文所引説文校徐本，知十銖十字下脱去一字，據考工鄭注引説文，證三鋝爲一斤四兩，知説文「北方以二十兩爲鋝」，爲字下、鋝字上脱去三字，甚爲精鑿。至以鍰爲十一銖二十五分銖之十三，鋝爲六兩大半兩，且謂呂刑之鍰當爲鋝，弓人之鋝當爲鍰，殊違許、鄭之説，恐未然也。

端木先生國瑚

端木國瑚字子彝，一字鶴田，青田人。生有異禀，年十二讀尚書，四日即成誦。文達督學浙江，得先生，嘗誇示於人曰：「此青田鶴也。」檄至杭州，讀書敷文書院。學使署西園有定香亭，使賦之。賦成，海内傳誦。旋以舉人大挑知縣，改任歸安教諭，清介絕俗，未嘗妄取一錢，貧士有志者，輒分俸助之。道光十年改卜壽陵，大臣有以先生所著地理元文注獻者，宣宗使召之。先生聞命顛仆，曰：「吾竟以方技名乎？」吉地既定，特授內閣中書，加六品銜。癸巳成進士，用知縣，仍改中書俸。未滿，以注易成，遂求去，人以此益高其行。歸後閉門著書，嘯歌淡泊，十七年卒，年六十五。平生好學深思，明陰陽術數，後深悔之，尤邃於易。朝鮮使臣入貢，通問殷勤，請講易。先生爲發揮旁通之旨，皆饜心而去。所著書有周易指四十五卷，大鶴山人文集四卷，詩集十三卷。參史傳、宗稷辰撰墓表。

譚先生瑩

譚瑩字玉生，南海人。道光甲辰舉人，官化州訓導，遷瓊州府教授。弱冠應縣試時，阮文達督粵，游山寺見其題壁詩，奇之，告縣令曰：「縣有才人，宜得之。」問姓名，不答。已而得所爲賦，以告文達，曰：「得之矣。」肄業學海堂，爲學長。鄉舉後，就學官，不復赴禮部試。博考粵中文獻，凡粵人著述，蒐羅殆盡，屬其友伍崇曜彙刻。其罕見者曰嶺南遺書五十九種，曰粵十三家集一百八十二卷，選刻近人詩曰楚庭耆舊遺詩七十四卷。復博采海內書籍罕見者彙刻，曰粵雅堂叢書一百八十種。又刻宋王象之輿地紀勝二百卷。皆先生所校定。爲學海堂學長三十餘年，英俊之士，多出其門。著有樂志堂詩集十二卷，續集一卷，文集十八卷，續集二卷。又有豫庵札記一卷，未刻。兩修南海縣志。又修廣州府志，未竟。子宗浚，字叔裕，同治甲戌一甲二名進士。授編修，督四川學政，典試江南，多得士。在館職，殫心著述，不樂外任。因續纂國史儒林傳，忤總裁意，遇京察，辭薦不允，出爲雲南督糧道，鬱鬱而卒，年未五十。所欲著書，未竟其志。其已成者，遼史紀事本末十六卷，希古堂文甲乙集共八卷，荔村草堂詩鈔十卷，續鈔一卷。尚有兩漢引經考、晉書注、金史紀事本末、珥筆紀聞、國朝語林，皆未成。參繆荃孫文學傳稿、廖廷相撰希古堂文集序。

儀徵交游

臧先生庸 别見玉林學案。

任先生大椿 别見東原學案。

王先生昶 别爲蘭泉學案。

錢先生大昕 别爲潛研學案。

汪先生中 别爲容甫學案。

王先生念孫　別爲石臞學案。

劉先生台拱　別爲端臨學案。

孫先生星衍　別爲淵如學案。

淩先生廷堪　別爲次仲學案。

江先生藩　別爲鄭堂學案。

焦先生循　別爲里堂學案。

清儒學案卷一百二十四

鏡塘學案

鏡塘之學，以躬行實踐爲宗，不事表襮，而高才誠服。人以其深潔澹定，咸稱爲鏡塘先生，相師事焉。會稽潘少白與其性情略同，而平實未逮，自交鏡塘，變化氣質，由狂返狷。或謂少白規模宏遠，足濟鏡塘所不及，匪篤論也。述鏡塘學案。

姚先生學塽

姚學塽字晉堂，一字鏡塘，歸安人。嘉慶丙辰進士，歷官兵部郎中。性静介，爲諸生時，學行已異於衆。初官内閣中書，和珅爲大學士，中書例執弟子禮，先生恥之，遂歸。及和珅敗，始入都供職。戊辰充貴州鄉試副考官，歸，道聞母憂，痛不得躬養侍疾，終身不以妻子自隨。服闋，至京，獨居僧寮者二十年，故卒無子。道光六年，西陲用兵，職方司事最繁重，日五鼓赴海淀文報，往返稽查漏刻，數月不稍休，積勞成疾，歿年六十一。

先生之學，由狷入中行，以敬存誠，從嚴毅清苦中發爲光霽。嘗曰：「人必内自定，然後可以應物。」又曰：「吾視萬物莫不有真趣。」然闇然自修，未嘗向人講學。答友人書曰：「自宋以來，講學之書多矣，然大略有三：以致知啟其端，以力行踐其實，以慎獨握其要。三者之中，慎獨尤急，不慎獨則所知皆虚，而所行亦僞。」又曰：「宋儒之學，非盡於宋儒之書也，本之於經，以深其源；博之於史，以廣其識；驗之倫常日用，以踐其實；參之人情物理，以窮其變。不必終日言心言性，而後謂之理學；亦不必終日言太極陰陽五行，而後謂之理學也。」會稽潘少白客京師，遍識賢者，獨心服先生，力效所爲。先生病篤，執少白手曰：「君勉之，人生獨知之地，鮮無愧者。我生平竭蹷，竟如此止。君亦就衰，盡所得爲俟年而已。」著有竹素齋集十卷，入祀鄉賢。參史傳、魏源撰傳、潘諮撰傳、胡培翬撰行略。

文集

周易經義月無忘録序

蔣君少泉嗜讀書，尤深於易。其著是録也，分爲三卷，上卷論卦爻及彖、象傳之微旨；中卷發繫辭、説卦、序卦、雜卦諸傳之精藴；下卷推衍河、洛暨後世説易擬易諸家之梗槩。旁搜博采，屬辭比事，可以備遺忘而便誦習，其用意亦勤矣哉。夫易廣矣，大矣，以言乎天地之間則備矣。故曰：「言天下之至賾而不可惡也，言天下之至動而不可亂也。」後之人泥於「絜靜精微」一言，至以老、易並稱，因舉象數、訓詁之學而廢之，使讀者茫然莫得其門户。是録也，雖未知於三聖之旨何如，要於子夏所云：「好學者，可無愧矣！」

答閔餐霞書

惠書責塨以不肯盡言，若自外於左右者。塨非敢如此也。語云：「畊當問奴，織當問婢。」習其事者，乃能言其故。身未嘗執耒耜機杼，而徒以農桑之譜語人，於此中甘苦，必有不能盡知者矣。況并農桑之譜未了了者邪？此塨所以不敢言也。雖然，雅意不可以虚辱，試爲左右誦其所聞。自宋以來，講學之書多矣，分門别户，頭緒紛繁，然其大略有三：以致知啟其端，以力行踐其實，以慎獨握其要。三者之中，慎獨尤急。不慎獨則所知皆虚，而所行亦僞。意之所是，斷然爲之；意之所非，斷然不爲。禍與福，聽之天，毁與譽，聽之人。所不忍欺者，此心而已。必如是，而後有可據守之地。然世之有志爲學者，莫不從事於斯矣！而真能自慊者有幾？況如塨之媮惰者邪？此塨所以不敢言也。以六兄才性之卓朗，願力之堅强，但能不惑於虚無，不溺於詞章，不流於術數，使此心了無雜念，則慎獨之功自密。由是致知力行，以成明體達用之學。塨方欲自附於門牆而不可得，況敢自外邪？

答家五中書

前承見訪，雖未盡所言，已識足下之用心。今世才士爲不少矣，下者志於科名利禄，高者溺於記誦詞章。足下獨有志爲己之學，以宋儒之言爲必可信，可謂知所從事者矣。雖然，宋儒之學非盡於宋儒之書而已也，本之於經，以深其源；博之以史，以廣其識；驗之倫常日用，以踐其實；參之人情物理，以窮其變。不必終日言心言性，而後謂之理學；亦不必言太極陰陽五行，而後謂之理學也。至於效法古人，尤在立心制行之大，不必取其陳迹而一一比擬之。行舟遇風，而輒以伊川渡江自況，得無類王仲淹之學孔子乎？願足下取其實，無取其名；取其心，無取其迹，庶有當於爲己之義，而不流於迂妄。僕於足下，誠愛之重之，故不得不過慮之也。寄來時藝二首，筆意英鷙，迥不猶人，加以精思，便可制勝。試詩亦佳，論則意淺詞蕪，不合古人義法。歐陽子曰：「道勝者，文不難而自至。」周子曰：「篤其實，而藝者書之。」此非可於語言文字求之也。然古人用筆、布局、修詞諸法，亦當留意。東坡云：「有道而不藝，則物雖形於心，不形於手。」以語録爲古文，此講學家通病，願足下勿效之。

附　録

先生篤於内行。童時父兄坐庭上，久侍立，足不倚。居親喪，哀毁動鄉里。以父生前嗜蟹，終身不忍食，筵宴間遇之涕泣，友朋招飲，相戒勿設。史傳、湖州府志。

先生居官，恥干謁，不履要津。初，頤園尚書涖兵部，請先生。至堂上躬起揖之，肅然曰：「耳先生學問經濟熟矣，今得見何晚也！」柏文慎總理兵部事，語其屬曰：「誰爲姚某，幸使吾得見之。」如是數四，先生終不詣其宅。史傳、張履撰行狀、湖州府志。

先生清操獨絶。六十生辰，同里姚文僖以酒二罍爲壽，固辭。文僖曰：「他日以此相報，可乎？」

乃受之。其門下士伍布政長華以五百金贄獻，立卻之。部曹有印結費亦不納。自開事例以來，所希見也。史傳、魏源撰傳。

仁和龔定盦於時少所許可，獨心折先生，至不敢道其字，稱曰姚歸安。嘗抱其時文二千首就正，略視數篇，正色語之曰：「吾文著墨不著筆，子之文筆墨並用耳。」龔逡巡去，遂焚其稿。史傳、湖州府志。

先生論古今成敗，衷諸經史，不稍貶損。嘗自擬奏稿，皆時事之大者，待入諫垣，上之惜不及也。潘諮撰傳。

魏默深曰：「先生平生未嘗著書，而經義湛深。源嘗以大學古本質之，先生曰：『古本出自石經，天造地設，惟後儒不得其脈絡，是以致訟。吾子能見及此，幸甚！惟在致力於知本，勿事空言而已。』」魏源撰傳。

又曰：「國朝醇儒，推湯、陸。先生取與之嚴，持守之敬，不亞湯、陸，而深造自得過之。發爲文章，形於語默，左右逢源，可與胡敬齋先生並。其當崇祀瞽宗，以矜式百世，蓋有待於後來焉。」同上。

潘少白曰：「予少好奇，喜苟難。自遇先生，惕然知人生學問，未有毫末可有餘者。雖古聖人，亦僅求其不可欠而止也。人能務所當爲，則從事於庸言實行，終日黽勉而未易尺寸。先生畢生常惴惴若不足者，其有以見全體之不易盡也，悲夫！」潘諮撰傳。

湯伯述曰：「先生自始仕，一敝裘至老不易。出乘蹇車，或矯首臯壤，浩然有以自得也。守先民之矩矱，與道大適，自愉於中，涼涼然不稍變也。居常丹鉛不輟，寅而作，盡酉而息。老屋繩牀，斂襟危坐，詠歌先王之風，淡然忘其年之遲暮也。過言不出於口，過動不設於身，表之爲九容，韞之爲九思，确然涣然，不沮於俗，不疑於心，澹泊和平，以是終其身。非所謂清明在躬，志氣如神者與？湯紀尚撰傳。

鏡塘交游

姚先生文田

別爲秋農學案。

宗先生稷辰

別見諸儒學案。

魏先生源

別爲古微學案。

龔先生自珍

別爲定盦學案。

潘先生諮

潘諮初名梓，字誨叔，一字少白，會稽人。少卓犖，兵機劍術皆習之。好獨游奇山水，足迹踰數萬里。及游燕，與姚鏡塘郎中學塽友善，日求寡過以無玷古人。與長民者言，言愛人；與里老言，言耕鑿樹畜；與士人言，言孝弟忠信；遇名下士，則告以實行爲首，尤兢兢於義利之辨。居惟一襆被，日兩疏食。食有餘，則以給人之困者。自晉歸，或賫金爲母夫人壽，潛與偕行，抵越後發，不可卻。母夫人怒曰：「汝見僧以如來像匄市者乎？」乃謝而盡散之。自是遇取予益嚴。晚與鏡塘相約，規行詣得失，專力自治，苦志過少壯。鏡塘卒，先生亦病。古寮陋巷，孑身衰卧，暇則吟步看山。與之酒，怡然不稍厭，故與游者常滿室。人至其居，蹙然病其貧。日就之，知其樂。閒有所作，皆稱心而言。其學以修己不責物爲事，常欲使天下務本節用，治禮義以稱國家教士之意，無負天地生人之心。聞者不嚴而肅，内愧者不違近也。後歸越，居僧寺數載。重游江介，寄迹四松菴。時目已盲，有踵門請業者，默授大指而已。咸豐三年，避地句容，未幾卒，年七十有八。平日每讀書，有所思，輒記之，其精者可入宋人語録。爲詩古文，超曠絶俗。有林皐閒集，重刻本爲會稽潘少白先生集，凡文八卷，詩五卷，常語二卷。參史傳、宗稷辰撰姚潘兩先生合傳、揚紀尚撰潘布衣傳。

常語

學無捷徑。

靜息浮氣，精神安固，乃覺此心有用。

離慎獨，無切實工夫。語姚職方。

先明理，然後志能帥氣。語張小軒。

大學誠意獨爲一章，格致後一段，極結實細密工夫，人於此一關極難自信。陽明謂格致外非更有誠意之功，此其門人病所由種。格致是識得此理，其堅志定力正從此起。譬好酒者，知酒爲害，未必即便斷絶，雖不復飲，見而思之，意之不誠，終必自陷也。與姚鏡塘語。

聖人終身無豪髮可間，觀大學誠意後正脩二節，此身此心，無刻得自逸也。語何氏昆季。

理惟一箇是，而不離於正者爲近是；責己須求至是者，觀人須收近是者。與姚鏡塘語。

問：「事每有兩是者若何？」曰：「兩邊皆是，畢竟有一箇極是；若兩邊皆近是，畢竟另有一箇極是。」答朱幹臣。

才智之士，世固時有，苦所習不審耳。功名之弊，變爲權詐；言語之弊，變爲游說；氣節之弊，變爲豪俠；文章之弊，變爲荒唐；廉靜之弊，變爲禪定；剛果之弊，變爲無忌，皆正學不明誤之也。

孟子以能言距楊、墨，即引爲聖人之徒，後人都看錯「能言」二字。時楊、墨深染人心，其真差謬處，皆言不出，莫知所距。至孟子始具眼訾之，人尚不信。斯時有能與孟子同一識見，必於正道理會過來，見之親，故距之力也。後人襲前人已盡之言，於道理上亦未會得，人人以「能言」爲事，亦何取哉？

學到一步，始見一步，從平地測山頂，究是懸揣，不過堅仰，止之思耳，求可行之路耳。至行時步步有實境，歷一節知到一層。

細看人物生死，祇氣機内一仁不仁耳。物盛時，與天地之氣貫徹無間；至衰敗，漸不相親。否隔則病，否極則盡，可悟天地之道至大、至純、至完、至實，盈萬都是一理。語何子貞兄弟。

草木盛時，風日雨露皆接爲體，及其枯槁，皆能病之。此木氣機内仁不仁之别也。

人惟不剛，所以多慾；聖人至剛，天理不肯一豪少欠，人慾不許一分攙入；賢者三月不違，三月後尚有略柔輭，不能堅信時，故須克己。克者戰勝之意，若日月至焉者，至時方有剛意，過去則嗜慾潛撞而來，岌岌爲勍敵之勢，故須嗜慾淨盡，乃可言剛。後人多以意氣節俠求剛，不知其正爲慾困也。答潘石生。

欲仁一念，便是真純天理。答吴湛秋。

以懲忿窒慾爲下乘，以遷善改過爲妄萌，明儒誤人之説，莫甚於此。語何子貞兄弟。

妻子者，至近不可欺之地，嚴法度，謹辭色，猶屬具文，必使其終日視聽，事事心折於内，漸不敢欺謾，久熏而化，故非正心脩身不能。語戚洗馬。

道家一生皆治病之日也，吾儒一生皆寡過之日也。與姚宗伯語。

學易無大過，非聖人不能道。語張小軒。

萬事無奇，可名中庸，到贊化育，參天地，衹是人性應盡之事，聖人衹謂之庸。若人於這箇庸字實有餘力，方許言奇。語魏君。

至中之理，人所以生，安得不庸？常人看低庸字，更便牽入中字，遂託迹流俗，以妻子飽暖處過了一生，其間應求事務，全不體會。其實不是中庸，正是偏倚陋劣。

火出一燭，而照滿室，聲出一管，而揚遠空，故名聲易鼓舞人心。然其所出處，不可僞爲。語何氏昆季。

喜怒哀樂，本自中和，辟一邊，則四邊皆差。人有不必怒而怒者，祇爲事事求可喜耳；不必鬱鬱而常鬱鬱者，求樂之心勝耳。語煦齋先生。

學問工夫備於曾子一人，應有節次，一步不敢越；應嚴門徑，一步不敢近，後世賢不肖皆可遵行，必無流弊。天地生人，聖人成人，的確如是。故顏子可無書，曾子不可無書。語黄司農。

人心汩於所習，在私欲中居之已久，日所思索，皆近旁事務。偶作一善事，跳出私欲一步，如人遠行，便即望歸。到舊住處，便即似格外功能，望有速效，是心岌岌不可終日。故初學必先正志，志在道，是必欲徙善地矣；既得善地，則據之至於純熟。譬如原是此邊居住，更不樂到那一邊去。從此游心百藝，無往不得。譬如立家已安已定，飲食遊息不慮復離居處，一箇完心無間矣。凡事所以擾擾者，皆欲勝之。故把住天理，無難處事。禍福得喪，如舟行波濤中，自持其橈柁之用而已。語陳午橋。

貧而自足，覺此身不賤。語陶舍人。

學者志願在高，亦有分別，實心向上，是有志之士；如遇事輒厭，自言别有志願，是無恒之士；正事不做，動念故求異常，是妄勝之士；見人自明志願，是虚假之士。語朱幹臣少農。

百事動作，自有一自然不易之理。聖人一步不亂，看去極平常，行到千古萬古，一豪也變易不得。天之於物，物之受天，如是而止。其異趣者，亦何嘗不從善處尋求？卻無此順天自合本領，所得之理，俱由揣度而出，非物理必至之道。溯之而無其緒，繹之而不可竟，千奇百怪，遂從此出。故凡異説披狷，以未見聖人之故，猶物之未成，而不得匠者耳。其爲道患者，後人不善思之故也。語姚鏡塘。

諸賢以下，尋著線索，時得時失，衹是牢把持得住，不肯放鬆一步耳。

倫常日用外，别無一箇聖賢事業，學者何不向日日所見聞做去，衹事事恰當，便是聖賢事業。同姚鏡塘答人語。

萬物皆足以自養，氣化必有以自遂也。即此見二氣良能如是。語戚君。

張子以至靜無感爲性源，以有識有知爲客感，不可泥「客」字，將知識看外。其末語云：「客感客形，與無感無形，惟盡性者一之。」說自明白。

萬物皆本天地，祥麟威鳳與毒虺獷獸，美惡相去千萬，初不過爭一綫純駁偏正耳。聖賢愚不肖初志既判，日行日遠，所以辨理不可不精，趨向不可不慎。二條讀西銘記。

計一日所資物用，一日所爲，不足以償之，布衣蔬食，豈遂無愧？答朱公。

知言不在言上用功，須全箇道理得之於内，譬如食物含咀已久，一說到某物，即知是某性味，不必更口嘗也。語戚蓉臺。

事有明知無益，而不可不爲者，是中關係人心氣化不少，如張子所謂救日之弓，救月之矢是也。語何子貞兄弟。

古人作一事必無具文，孔子入太廟，每事問，其敬心無一息不充滿。人能心思所接，皆全副精神專注不偷，不論有益無益，便是不貳不息作用，更何妄念得以間入？語陳修撰。

釋氏不戕生，又能捨身，議似奇特，細看來，祇是於生死源頭上未曾體會，欲以意造作一箇道理耳。生有所以順，死有所以安，常變一節，皆是天理如是，非我造作，太極絪緼之化，到此際適當如是耳。孟子兢兢於巖牆非天理者，不敢偶近一步，是謂正命；釋氏於成仁取義，類爲戕生，身不肯爲天理捨，而捨之一雀一虎，是尚謂能知其類也乎？答姚秋農總憲。

義者自然之正理，理全則氣實，少了一些子，便欠了一脈正氣，故集義則至大至剛之氣自滿。語蓮史修撰。

今學者讀書有四箇字最要緊，曰「闕疑好問」；做人有四箇字最要緊，曰「務實耐久」。語敦甫翁。

虎豹雄猛，有無前之氣，及其將攫，卑伏屏氣惕息，於得失不自勝。故凡有物可動者，有時必自餒也。騶虞不食生物，其中蕩然，無此一刻矣。語馬昚菴。

絕域數萬里外，亘古舟車不通，各有文字、君臣、上下、衣食、制度、器用，可知聖人所作，是天地理氣必然之事；善善惡惡，是萬物必然之心。不過中國聖人至精至通，所爲至純全耳。人要出禮教外，豈非出天地？

凡地方極奢華，中人之家最難處，須以禮法節其財用，使地方不貧。然奸人遊食必衆，不可使遽無所容，治其劇者，令餘各有所事。蓋地方繁劇，百務所會，去其過以補不足，易爲措置。至地方極儉樸處，必安居貧約，與古最近，而施予必嗇。其一二極貧苦人，竟無從覓一絲一粒，偷盜犯法，亦不可不預思安頓之術。語陳蓮史修撰。

寡欲知自重，方能不罔上，不病民。未有日求榮利，而能犯難勵節操，實心利物者。故恬淡不善應酬，難進易退，是忠國愛民初質。語陳午橋。

無愧怍，須聖人方自信。吾輩少忮求，少虛假，可不犯大愧怍耳。語周藹餘。

少年事事錯，幸時日寬，可以補過。今陡衰老，一動錯，即無補日矣。語徐鏡溪。

凡一念偶涉於理，便須即時奔赴，稍怠則機已斷；一念涉於欲，便懶惰些最妙。

人人皆慕爲善，衹是眼前甘苦忍耐不得耳。語陶舍人。

用心處將就不得。身之所需，能將就最妙。語吴司平。

心有坦塗，守著箇理便是；身有靠山，依著箇命便是。語朱幹臣。

萬化從理氣絀伸進退而出，其善惡愚智乃純駁所致，即中庸之所謂命；其富貴貧賤乃厚薄所致，即論語知命章之所謂命也。蓋氣化隨勢絀伸，凝聚成物，便有一生利鈍苦樂，一毫假借不得，前人名之爲數。數者，理氣相麗，轉動進退，適得之致也。故雖自天定，天卻也非物物尺寸而爲之，有自然不容不然之勢。如人立高處，傾下斗粟，其撞擊散落，得勢多寡，借力深淺，傾者不能粟粟而爲必如是之勢，既落如是科臼，則就如是。中盡其事之至當，謂之立命，人生所得自爲者祇此，餘固有所由來者爲之也。吾每看人造篆香，是理甚顯白易曉，一箇筒傾出，而一香中占芳稍多，則焚時較烈，香中偶有一點滓濁，則焚到此處，其氣自見。人之福澤周折，無所爲而爲之者，亦然也。坐樹下觀其生息偏茂偏瘁之故，水邊見其奔赴曲到、遇物成波之故，萬事萬物皆可盡悟，一切妄想俱用不著也。有一種人，一切皆諉爲命，不盡所事，責命於造化，是謂不及命；至巖牆下者，則棄命者也。語耆菴諸人。

今人言氣質濁者，每日任性。果能任性，即未純靜，必有天趣。其實所任非性，亦并非情，乃任欲耳。語姚侍御。

以私智爲才，有時必窮。任理則無窮境。到極困極危，必不可爲，亦有一箇至當不易應處之理在，非任智者所能見。語朱幹臣叟。

理氣絀伸進退，自然不能强之勢，謂之數，非理氣外更有數也。古人達天知命，窮澈精奥，知數有不可易之故，非理學外更有一數學也。此學非通徹理氣不能，故先儒慎言之。術士所言，小數耳。

戰國之士，闢土地，充府庫，約與國，戰必克，習一術者，實有操縱餘裕；獨言道言德，則捕空捉虚，索摸不著真際，愈新奇而逾遠，由聖言漸晦，不得真徑耳。

戰國於世，大局將一變，當日之滕，勢難久存，易所謂致命遂志時也。滕文既慕仁政，先須屏絶機利，一切妄想，堅志積久，守死不違，一日未亡，則一日行我故度，存亡聽天，行仁勿疑在我。若斤斤於事齊事楚，智謀日紛，而終無救於亡，徒自亂所行耳。故孟子不任是謀，而舉太王遷豳之説，以堅其志。夫當時天下避將安往？聖人在魯，亦任夾谷折衝等事。若人舉國聽己，而視存亡漠然，豈儒者之道？真衹以高論了事，亦何怪世之難用乎！孟子之意不過曰：遷既無所，而大國又不可恃，惟效死勿去，以仁禦暴而已。此時諸侯若曉此義，秦豈能并吞六國哉？書「測孟築薛」章下。

西伯率天下事紂，使商民舊染忽新，則文、武一桓文耳。惟其措施，實有涵養天地，生長萬物氣象。

管仲功烈，朝不及夕，僅僅使國富强。先力後德，尸未寒而國已亂，故曰如此其卑。卑在功烈，不在體勢，後儒誤會不少。若春秋周鼎未改，齊可坐明堂，朝天下也。戰國天下無主，能以仁化天下，則黔首不遭烹屠，故孟子始明目張膽而言齊王。書「管仲功烈」章下。

善騎者忘馬，如馮几然；盛氣而誇鞚縱者，不百里病。語何氏昆季。

天有晝夜，所以成百事也。使二曜常駐，物生不得休息，倦則俱息。百事無節，聖人者又必爲之時刻，作息有程，而後民生可事事也。

聖人憂學之不講，乃朝夕尋討義理，爲切己之用耳。後儒高座抗顔，是全爲人，亦好爲人師之病。語何子貞、子毅。

此心此理，千古不改，餘皆一刻事耳，當境時苦不能稍耐。語吴竹如。

雕鶚不以鬬名。鶺鴒、畫眉衹自嚙羣，非搏擊才也。

魯齋語録補遺一條云：「頑字最不好，然頑忍有時亦用得著。如舜事父母與待其弟，非堅忍貞重，何以如此之久？」此言非是。舜祇一片純愛至性，並無忍耐，如一味頑忍，是强制，與至性早離，何以能久？語朱幹臣。

常人處事，於利合者爲利，於利背者爲害；聖賢處事，於義合者爲利，於義背者爲害。語何氏昆弟。

龐士元非百里才，此語開後世盛氣人多少高興。百里豈易了？看如何布置。如粗粗過去，却不要緊；如要百里内寸寸節節、一物一事都無欠缺，聖門諸人未有餘力。此時得人非易，子敬、孔明皆就當日吏治大勢粗言之耳。語潘石生。

人之有身有心，與生俱來，本無與他人事。而人動念爲人之意，輒過於爲己。至惡衣惡食，其甘苦涼燠，惟己自知，真絶不與他人一毫交涉。畏苦求甘，畏寒求燠，其慾猶切於己，乃以不及人爲恥。細思其中情回惑，不能理解，殊覺可笑。語弟姪。

所謂作爲者，到一處，自有一處不可不作、不可不爲之事耳。如入一室，内門壁壞者新之，器物敗者修之，謂之實政。如未入此室，曰我必改其器物牆壁，是好滋擾也，所爲亦必不當民物利弊。故有能人作一事，得善譽，羣起效爲紛紛，皆留心此事。間有剖完割全，以就合者，不可不察也。語龔聲甫。

設施作爲，是平日於心性内磨瑩而出，非可猝致。人孰不願作一番事業？爲之而適得其平。平者，識有所不周，意有所不誠，力有所不到也。譬如搦管作書，曰：「我必爲王爲崔。」成而適得其本技，更書亦然，其心目手腕，未嘗有此詣也。故絶大經濟，不在做出時求好，在平日素業耳。語湯敦甫、牛鏡塘諸公。

推獎後進，欲成其才，而得其實用耳已。與賢豪爲伍，亦曰有嚴憚。各得其益。若爲感恩計，便淺待物，真賢豪亦必不受籠絡。若引杯沸春，嘉譽滿座，適得浮薄之士耳，劉表之於王仲宣等是也。

少時謂六合之外，聖人不論，不欲以神怪無稽之事眩駭視聽。自今思之，天地固太空内一物。既有是物，外如是物或不如是物者，皆理氣所應有，何神何怪？更不必侈談也。

範圍天地，曲成萬物，理内必當如是之事。古人作之已備，後世繼長增高，修舉廢墜皆述耳，此外加一分便是穿鑿。故惟不知，所以妄作也。蓋因不信古，未知可好耳。知古人所作之外，更無庸造作意見，加不得，減不得，天地已完。舍此別無義理，安得復有所作？故述而不作，信而好古如此。現成天理，惟聖人知安行受享。

君子遇事，先審其害。常人見利不見害，故或似有才而遠猷常絀。語姚都諫。

凡德意既著爲令，其行之實有益與否，全在賞罰皆得其實。蓋令初出，玩惰者藐不經意，是世俗積疲之習，不足深慮。最怕借此別生一害，貌似急公，而於本意全相背。譬如上禁一物，地方胥吏逐事攪擾，比户騷然，而其實此物即藉騷擾者之力，安行無忌。上興一利，地方官吏民間豪猾經手者，借以勒派斂索，貧弱柔輭非助錢則助役，動以不事事見譴。此輩以餘力略點染爲名色，仍得邀上官袞譽，其實毫不得實際。上游於此等處實實見到，則奉行者隨才力淺深，自能有益民物。語周藹餘。

傳經諸儒，或概謂宜配食孔廟，或概以經師輕之，皆非至當之論。秦、漢之際，挾書有禁，舉世以功利相要尚，而藏經諸家，視爲性命，身與存毁，非獨行實有所得，心無他雜者，豈能歷久不變？祇此可知其學問，當時傳聞賢否，不必論也。至漢求遺書之後，爲之者且以捷取青紫，則説經雖有真傳，當確究其實行，以定賢否也。

戰國士習千奇百怪，細推所由，不出六言六蔽一章。正學不明，求美德而適得其蔽耳。後世士非有志於學者，並不深覺六言之可好，并亦鮮其蔽。

風氣之始，仿自一二事，及其成習，數十年未易。變易人要化風氣，須通會全局，然後作爲，怕舊弊未去，新弊又生。

爲一善，以有心出之，必過當。

理欲分歧，未有確見，寧介孑，勿圓通。

朋友晤處，亟道我意中得意事者，遠之可也。語馬沓菴。

爲人所負，不可常常念及。憤生於初受，仇成於轉念，秖要思自己於友道真滿量否。凡一生本分上事，斷無有不欠缺者，何暇爲他人修慝！

口不可令常甘，目不可令常美，身不可令常逸，心不可令常快，樂意時慎興會，失意時慎營求。語孟登先。

淩侮之氣，出於粗淺。獨欺人之心，默默自知爲欺，而猶爲之，害人猶後，害心最先。語式玉等。

聖者行於理先，智者慮於機先，慎者懼於事先，愚者悔於事後，至愚者不悔。語陳仁山。

植木十年，折於一息，儻耐此息千百年矣，惟千百年刻刻有此一息，故恐懼是剛毅。語陳午橋等。

木之未萎，近水滋榮；木之將萎，近水速腐。大化一理，物以氣機合之；禍福並塗，人以善惡迎之。

至善之道，初疑極高遠，後知即事事妥當。譬如置一几，恰好不偏不欹，便是一事之至善。然事事權度，精切不差，卻又非聖人不能。

萬事皆有當然極則，故一藝到至當地位，便是藝之聖。天理人心一隙未安，即聖學王道所必糾，特人不及苛察，而吾心獨知之耳。故曰「君子懷刑」，刑所不及，而無日不從刑中過來，何以爲懷？

仁祇是天理真實處，四書多少仁字，如一株樹，四面千枝萬葉，卻祇一樹。醫家以手足風癱爲不仁，見得此理，全體一貫，其桃仁杏仁，仁字是至中至密，一點本來命根，爲萬化所從出處。

天下無難處之事，祇要息妄心，搜己過。

人身一小天地，於天地所付，毫髮未盡，便未能踐形，故曰自視欿然。

奇之一字，自人目中見出，天地內無奇事也。有是理，始有是事，未見皆奇耳。若理外之事，在物爲戾氣，在人爲戾行。語陳其山。

仁即造化命根，無形無聲，全體皆活。一物不到，便是死了此物；一息不到，便是斷了此機。

大經大典入常人心目，輒爲具文；嬉戲曲藝入聖人心目，皆有實理。天下無無是理而有是事，是物者，聖人惟實，實體出至化而已。

進鋭退速，不是後力不斷，其進時已無忍耐堅久意，似鋭而實少毅力也。

心是樹根，身是樹株，性命是生氣種子，後起事是蔓藤惡蠹，齊治平是色香花果，皆一根株，自然託出，榮則俱榮，瘁則俱瘁，有先後次第，卻非兩截事業。花果時，便見香色；無花果時，樹固無理不具，是所遇時勢爲之，非樹有兩番氣機也。故身心統貫上下，萬物祇完得本心本身原體，格致誠正修工夫與齊治平一節打通，性命方完全無欠缺。儒家所言，一毫非牽强。巽氏無處著手，以認不得身心真脈之故，有則全箇混入，無則全箇脱去，底裏固全别也。

山阜日庳，江河日高，二氏學者失真，較吾儒尤甚。人心信禮儀，終不敵信訛妄。日見禮義猶不肯信，終身求訛妄無所見，不肯不信，厭常喜變，心不能靜故也。

凡嬉戲技術，數百年不廢於名智之目者，必其得真理者也。至理所在，入其中則樂見；若外飾之事，初見絢然，入其中則索然。

上士求於天地間爲有益，其次求無害。

孟子一生言王道，不過耕桑庠序數語。孔子則以「富教」二字該之。似極平易，而卒莫能行者，一措一施，息息須關主德，片念一動，即與樹者、耕者、衣者、食者、孝者、弟者皆有牽動。日與爾宅，授爾田，處爾於庠序學校，而數事未必治其中。終始條理，規畫變通，使人萬慮專壹，不遑寢食，而尚不無廢墜者，故倡之繼之皆大不易。答玉庭少農昆季。

利冀實得，名冀妄獲，世人於利心常實，名心常虛。

行一得意事，不如少一疚心事。語陳蓮史。

大人物，大功業，大文章，未有不從實學出者。否則一節偶當，一語偶中而已。語伯昂學士。

貧分學問功，所謂學問，亦看書作文等事耳。若問關顛簸，隨地有益處，貧即是學問。

鄉里嫗嫗好聞鄰里閒事，心無正用也。吾輩鑽故紙，苟心身無所益，亦是好管古今閒事。語鏡塘翁。

君子無他技，惟能寡欲善補過耳。

遇憤怒時，當自問片時；遇動作時，且斟酌片時。

凡於人有一分可欲，即於物有一分苦楚。語姚侍御。

智莫先於見事能思，勇莫先於見事能靜。語友。

道者，大圜以下，大方以上，各得本職而止。

水以濯垢自污，石以攻錯自靡。語友。

玉石之器，垢不能入，但一擊即碎；剛果人最易湔濯，祇恐一錯已不可挽。布帛至破尚可補，但一垢百洗；柔輭人每少險悲，然爲之輒難，恐庸濫不自奮。

庸人以善爲恥，見兄肅起，見長隨行，禮也。而佻者恥之，憚煩之，心不知日進之益耳。日投一粟，可以盈缶，日進一步，夸父反後，學以不間斷爲第一義。

食中遇穢，思之即作惡，改過如是。

聖人以是非爲好惡，常人以好惡爲是非。答陳其山。

心具萬理，窮理正以明心。明人謂「窮天下之理，便析心爲二」。又云「心一毫矜持把捉，便是逆天」，又云「事事不勞討求」，則陽明所謂致良知，致字從何處著力？故知諸學者附和師說，亦未清楚。其最禍人者，以懲忿窒欲爲下乘，遷善改過爲妄萌，人之放心，豈有底止？故爲學切莫獨倡一說，守人人共知之說，其弊不過浮游，不得精意，而猶有規矩。若爲一新論，初雖不差，弊必全失本意。

法度所在，中才能守之，賢豪常苦拘執。然賢豪少而中才多，法度安可不講哉？

文集

答人論學問書

諮少讀書塾中，有見一勝流而歸者，詡於鄉曰：「吾與言，未見其涯涘也。」時諮童僾，未有知，然竊疑之曰：「傾蓋而見，無涯涘，則涯涘偪矣。」後數年見勝流所爲文，固益知其所謂無涯涘也。夫道無二體，凡充極所至之理，自初向已具大學之業，終以至善，而一生用力，循之而皆有端，望之而皆可即，非當止之外，更有一至善也。百物之道，莫不如是。海水四至，以氣爲涯，推其氣之所至，則涯不必見，而理可得。兩儀陰陽，攝以乾坤，暑有所終，寒有所極，環轉不匱，而經緯度數，非人意設。謂天之大而無域者，無以測七曜、五行、生物之始者也；謂聖之大而無矩者，無以立身心、動靜、百爲之準者也。道無不貫，而高卑遠近乃其次第。人之知識有見有不見，行之力量有到有不到，非高者遠者在涯涘外也。至極之行，聖人爲之，惟盡常分。未有銖黍溢乎本量，行一事而欲得耳目所不常遇，非中無條理，則爲衒鬻之術者也。百氏之書，或汪洋放恣，至無畔岸。蓋其於天地百物，自然之理，不能如日用飲食，動念可悉。故得一小慧，實自惶駭，疑神合元氣之表。孟子曰：「詖辭知其所蔽，淫辭知其所陷，邪辭知其所離，遁辭知其所窮。」紛於外必罔於内，正其識力不能徹是道之故。謂有餘力，能見別解者，又識力不能知是書之故。識力愈淺，障蔽愈深，正道愈歧，妄念愈盛，往往坐而思飛，吾未見其不履地處矣。

聖賢之書，亦極之覆載聲臭，而言必可覈，行必可至，銖積寸累，推暨愈遠，則峻極而不可貶，故曰致廣大，極高明，所謂盛德大業，非縱目放步而得之也。學問得失，其分界在誠妄一念，言誠則事事有涯涘，言妄則事事無涯涘，天下之理，非可以妄得者，凡此皆學之厄也。聰明才智，謂其知之而審，行之而至。若知不當理，行不當事，則愚劣之尤者，又何貴焉？道如行大路，計程發軔，慎驅而不輟，則必至者也。騏驥必踐地而致千里，謂伯樂將造轍而後行，然乎否乎？一事終始必具一則，而隨時又有當然之則，非可意爲，亦不得以我意去之。數石之瓠，初實如粟，而輪廓已具，及其充極，非易革而更張之也。學之於涯，視此矣。

與姚宗伯書

邃雅堂集昨讀數首，考古詳慎，不侈其辭，是近日諸家所不易及。文中往往論課士之法，與前日所謂期士復古之意，亦每散見而未有專篇，知此文尚未著録示人。某前所答，謂非一日事者，亦未條晰其說，請質所言，而閣下評之焉。夫士習純駁，不在諭之使知，令之使勉，將有以正其始志。古人之學，曰性理也，德業也，文章也，耳目非有殊，生質非特絶也。今人之學，曰性理也，德業也，文章也，耳目非不如，生質非不及也。然而古人事之，學於是，行必於是，一日之業，皆有可考。今人爲之，學於是，行不必是，終身之業，若不己涉者，無他，始志異也。人有生質形體，雖天地不能使常靜，動而四向，恒即於物。學之爲道，譬如種樹，自其初種，置之善地，故其事順而功壹。古人之學，求之獨知，求之實美，得一善，証之於内，曰吾於理何若也？於身所受有得否耶？今人之學，求之共知，求之觀美，得一善，曰吾於名何若也？於心所冀有合否耶？學在此，則心在彼，所事寸尺，而所冀在尋丈之外，言行判爲兩塗，體用若爲强合。其下者無足論，其擅聲而號通學者，究其用心，亦徒見其矜譁爭衒，期獲私望而已矣，於古學何與焉？父兄望其子弟，師友勵其後生，習之久，而膠固其心者，亦非一日始也。學校總其大綱，而鄉曲、師長、父兄身示之教，最切近而易入。論語教弟子，曰孝弟，曰謹信，持其性而不使失，約其情而不使肆，事若淺易，而日閑輿衛，久且習而不知其學之苦，然後仁義之心油然可生。聖人者，觀於百物之上，總持其理，爲之順而申其緒，教者不勞，而羣物已化，知意身心家國天下之道，循序可得。故庠序之内，官師之令，與父兄平日口授身示之義，若合符節。游息動靜，所以約束之者，惟欲以保其性，而散及於百爲禮法。目之所覩，必勿使眩；耳之所聞，必勿使惑；居之所適，必勿使肆；游之所偕，必勿使僻。一身陟歷，莫非矩矱，心欲縱而尤來欲，欲紛而悔至，性非愚下，安得不復？百族風氣，安得不正？今之弟子，未識字而富貴利達之想已盈其心矣。幼而慕之，壯而務之，多方以求之，飾虚以致之。及其學成，曰性理也，德業也，文章也，皆能言之，如以圖求餠。任教事者，舍此而無可求，亦因而成之已矣。一人於此，毅然振之曰：「去爾私，革爾習，正爾心思言行，無爲虚矯浮襲，以歧爾學。」士之習如故也。曰教戒之，諭誘之，而身非日接，行非素知，特聞於耳，以爲賢否，審於暫，以爲進退，所事雖勞，而效不浹也。夫古之於今，不可以日計，千百年士習，不可以一日振。語之儕輩，視爲固然。而一人用心，又以不易效而自失氣志，則古學之望，將於何屬？夫教化之勢，如操巨舟，橈楫篙櫓，各得其事，而柁之所注，由心喻手，由手喻水，無拂所向。父兄師長任衆職者，司篙櫓者也；總持其任，則一舟之賴，視柁師所指。是故任教事者，苟其用心誠求復古，則鄉曲、師長、父兄幼學之教，仍可以戒勉誘諭致之。始以聲求，終以實應，總其成算，而漸底於道，千百年士習，可一人振作之。何也？有於其躬，而施皆得其實也。今察士之道，曰言行，言可矯爲也，行可貌飾也，猝然遇之，非有權衡不能定也。以術揣人者，恒十九而得一二；以智照人者，亦十九而失一二。若夫瑩心以天，而準物以道，則形至而影著，聲來而律呈，人雖善藏，其可見者必過半焉。冶金之工，不待剖鑿，而知金之純駁精微，權度具得之內。孟子曰：「我知言，我善養吾浩然之氣。」夫惟性定理徹，百物秩然，具見終始，則人心所藴，如指方色，不可假借，窺測揣度，俱所不事。戒一人，勸一人，而平日所期於士者，實被於其躬，彼父兄者，知所勉子弟矣。衆勉所在，真士出焉。百里之內，必有質性勝人者，成其聰明，而歸之實學，湛習之久，則以向所習者爲非。百里之邑，得一二人，則千里之間，得什伯焉。什伯之人，各爲其父兄師長，數十年之間，而人才不可勝用矣。賢者爲之，愚者踵之，一人持之，衆人守之，人人各盡於躬，數十年之後，而恒人皆知其初質矣。西漢舉士曰賢良，曰孝弟、力田。孝弟則性馴，力田則業正。業正則身有可藉，而不爲非；性馴則心有所存，而不敢放。納之法度、禮樂，皆聽所使，不可謂非三代意。然得士未必及三代者，亦實至與文至異也。夫庠序立法，譬之尺度，無有差謬而用之，成器則大匠之事。古之人，爲一事必可收效，如操度量以知長短，無他握要圖也。該終始也，計常變也，預定於事前而無一刻自渝，其素學而已矣。士於四民，爲風俗之首，將正好惡，而出使治之。又如民之父兄師長，而定其初志者。士習正則標準立，標準立則風俗茂，風俗茂則百物安，然後禮樂法度可得行於上，農工商賈可得馴於下，庶司百職事之績，亦猶士志順流而得矣。閣下言及士風世道，用心之善，莫切於此，故更推廣之，知閣下必有以擇之也。

答或問佛肸召事

無素定之力，而後有猝然之境；有猝然之境，而後有欲斷不斷之事。聖人者，定乎天，行乎理而已。理所必行，非聖人欲行也；理所不行，非聖人欲不行也。論語於公山佛肸召，皆曰：「子欲往。」夫所謂欲者，猝然未能斷之辭也。往之已矣，可不可之間，豈尚思而未得其精，需而欲視其詳哉？子於久速仕止，未嘗徘徊其間，而此終不往。曰「欲往」者，其駕而復中税哉？驅而復返轍哉？誰禁之而若出於不自遂哉？讀聖人之書，而不知記者深窺立言之意，亦鮮能見古今極詣之不可形容矣。論語誌聖人必行者，曰孔子行，曰明日遂行，不聞欲行而後行也。誌聖人必不爲者，曰夫子不爲，曰我無是也，曰未之學也，亦無所謂不爲而猶欲爲也。然則凡所謂欲者，曰予欲無言，曰欲居九夷，皆古今上下必無效爲，即聖人亦必不然之事，而天地之量，未嘗不存此不能無情之一詣。其在易否，且困大人，遇之有亨機焉。萬物無常生，在天未嘗殺之，草木已槁，雨露不廢。故善善惡惡，聖人有必斷之義，而無不欲生之之心。人知求救於聖人，則一息之機，偶近於天，苟因而充之，古今宇內，可無必稔之惡。惡人者，能動於暫，不能循而竟其緒，故天與聖人有斷斷不可救之物，而時寓其蒿目歎息不能恝然之隱。既有是隱，則物來感動至微而不可掩，非言非色可望而得。大賢以上，知其故而不疑；中人以下，昧其機而罔睹。如子路者，觀理察微，得其象，未通其故，獨見其爲欲往者，記者遂因而明著之曰：「子欲往。」欲之猶云成事已不可諫，而未嘗不欲諫也。斷辭也，非疑辭也。然則子路何以不悦？曰子路者，疑夫子并不必動此一念，自以其量度夫子者也。天理無虚發，欲可動，即可事。公山佛肸尤非四國蹙蹙比者，果事，其事若之何？救之則是理既不可竟，而仁術爲無用。故夫子亦然之，特不能明諭之，則揭其至極之量以示之。不曰堅乎？不曰白乎？聖人一生未嘗自明其全量，可爲人所不爲者，至此而方自著也。堅木之堅，白羽之白，斷無自試於磨涅者。言高以天爲極，言厚以地爲極，言人倫以聖人爲極。所謂堅白者，天下之至極，非可磷可緇之堅白也。孔子之聖，帝堯之神，皆千古聖神之至極者。堯之時，傲虐頑嚚凶，不才無不有，而天下洪水昏墊，未嘗貶其大，所謂不磷不緇，至堅至白者也。舜、禹以下，勿敢學之矣。

述古論

求人事之至備者，古人之意也。民既有生，必日有事，由巢居卉食，爲之耕桑、樹畜、百工之事，而後民生遂。凡羲、軒、巢、燧所作而可述者，皆以爲人事也。人樂其生，則倫類親民義起，用其所已能，而迪其所未能，由淳悶作息，爲之禮樂、法制、百行之教，而後民性定。凡唐、虞、三代所修而可久者，皆以教人事也。人知所事則智慧出，趨舍正，著其所共由，而明其所不可由者，由結繩文字爲之典籍、誥戒、六藝之書，而後人道全。凡詩、書、易、禮、春秋所存而不可删者，皆以傳人事也。民之有生久矣，上古兆其事，中古備其事，後世守其事。事不徧及，故著爲教；教不久著，故傳爲書。有聖人之書，則天地終始，百物生息，所可事者無不事，所當言者無不言，後人讀書，坐而得其理矣。其有出一理於古人所事之外者，不事事者也。身在事内，則心在理内。冥思曠論，廢人所並集，而求人所不爲，則詭僻虚誕欺衒之書於是乎起。謂羲、軒、巢、燧之先人固無事，無事則無物，虚立之天地，民何以久？是不知事之所由，始者爲之，而後人有述焉。其有爲其事，於古人所不欲言者，事於術者也。聖人視天地爲一體，萬物終始皆一事，條貫順申其緒而不害。智窒一隅，則一身之外，痾癢不及，鬻其所易效，而中人所易信，攻屠擊斷盡民慘酷之書於是乎起。謂唐、虞、三代使民多事，是不知古人所以紆徐教化而使民必生者，舍此皆不終日事也，而又何述焉？其有求古人之言於非必事者，事於譁者也。六籍之義，使人常信，以得生理，故抱殘守缺，聖人不敢以意取舍。忘其大原，而泥於末事，求古瑕疵，如吏效酷，厭其所習見，而貴人所罕聞，細碎浮雜，師心偏訾，與秦、漢以來，細人妄傳共廢之書紛然並起。若士志千載，舍此不復有事，其弊將使人忘大經，薄民義，而不畏古昔。古人孜孜留書之意，恐不在是。吾無暇述焉，然則吾於古奈何？曰：求人事之有益者，後人讀書之法也。

區田説書區田編後

漢汜勝之言區田法，世久忘其書。雍州馬君得之，爲令於所治之邑，編爲圖説，勸民效爲。凡民之力有餘，而惰不事農食者，觀此洵有益也，然不可爲通國計。富民無奇術，農疇稼穡，尤至常不可奇者。自有人事，聖人因天任地，制爲常法，以畜養萬世，與物生無終極，使人鈞力竭作，不害不惰，恒得以飽，永永萬世而無他術。其道本生物常理，非聖人以巧爲之。其奇而出於巧者，其理不可常者也。歲編中圖說，以南北十五丈，東西十六丈，地埂如棋局。埂之所占去地四之三，得尺五之區二千五百。歲用四之一，種六百餘區，以息地力。實用地一畝，得二十五分之一，計方三丈有尺。至其穫，倍常種畝五六。其造埂掘區，糞種下穀，删株培根，耘苗所用工，倍常稼畝且什伯。夫古有是書，而農圃不道者，計其所費，而所入之不足多，列户爲之，而人力不給也。凡物力之所出，與人之需物，造物者爲之，適足以致用而無盈縮。四海之地，以四海之人耕之，工力適足以相當，而所出適足以致養。一畝之内，非不欲倍糞厚償，壅此而彼有不足，計四海非一區事也。今三丈之地，自造埂至穫，每人六七日而終一事。其於耘也，爲二寸之鋤，剔深四寸，寸一苗，株勿傷，人日耘不過百區，計亦六七日而終。畝耘八次，三人爲之，亦二十日始遍。一人爲之，輒後不及時。以萬家之縣，可耕之地萬頃，家三男子，老幼婦女食所出，六七萬人得粟畝一鍾，人得粟十餘石，以衣食廬舍器用，蹈禮樂，仰字俯育，爲酒醴餽酢交際，僅而足。若區田者，家種二畝，已夙夜各不逮，亦無復餘丁可助作者。其收也，穀五十餘萬石，得米半，人得米二三石，養生送死，百工之事皆賴焉，歲輒豐，已必不給矣。夫見其利而不計其通者，此千古所以多不終歲計也。官署隙地，富家園林之内，其培作非所計，視其穫而色然意泰，何惑焉。吾嘗見河東裴氏田收輒數倍，黍穗過尺，人力盡而種自茂，非區埂之效。貧家之耕，無力以資之，有棄地而委之蓬蒿者矣。瓜果雜藝利亦倍五穀，而農貧而圃不富者，其所以得之亦倍也。凡一事而達於四陬，窮萬古常可行者，聖人制也。否則偏而不可通，暫而不可久者也。故人示是書，將出牧民，意懇懇。爲民衣食慮，則莫若守常盡心，而不恃其智。凡事之出於意計，試之堂室咫尺之前，左右稱勸，使人鼓氣，而百里外或不如是。觀乎理之通，而慎思夫勢之必可久，則善也。雖然，是書之作，亦未可廢。荒歲民流，凡所聚無田以耕，捐蒿萊以資之，彼喜得食而竭作不爲瘁，可以閑其無聊之心，爲有補之用。山蹊磽確間有蓺土，汙濕高阜水旱所餘地，令民爲之，以少田資衆食，亦救時一策。其園池卉蔭，樂用其術，以娱休暇，花酒之畔，暢然見太古之風。彼靡曼之觀，不足中人耳目矣。噫！余病且老，少志於農，無負郭數畝，意不得遂。每旅遊，看人刈穫，倦息秋樹下，曠疇環山翠，初涼薄暄，衣笠在樹，稻香盈廣路，慨羡之不能去。今且求數丈地，握鋤自灌刈，爲茅舍作息其中，得酒黍，蟋蟀入牀下，掩關讀書，則庶乎今可得矣。故先酹是編，而書所志以告之也。

答友人論音韻書

古今相傳之事，歷久則奥顯而法備，昔人所爲，後世踵有損益，往往愈適於用。非其智能勝前人也，時至而斯境著，而人事遷歷至此，亦不得不爲之備析條理，與節制其游移百出之勢。故前人之意，後世皆永之以法。永之以法，恒漸遠古人之意，而法不可廢者，溯數千載以來，天下人心智巧，皆以事有定法持之者也。六書之始，亦言不可通而後文字起。百物之有名號，在文字之先，當時方俗口吻，一聲百歧，以今方言證之，一事一物，何止如音釋數聲而止？造字時合五方歧語，約取中音，人習聞而多曉者，形之爲字，使誦習齊壹，舍其哇音而就字聲，每覩某字，皆知其爲某物。凡物情之極紛者，古人必有道以齊壹之。其禮樂法度，亦皆如是。高論而厭恒習，則剖斗析衡之説所由起也。今六書非初倡之舊，百族聲音亦未必結繩初語，賴字有定形，輾轉相授，義可共曉。而聲傳於口，本無標的，音習輕重，脣吻開合，皆易漶之勢。漢人讀書，亦聲多游移，而後訓詁起。其時無從求太始音吻，各就其師之所授，舉聲大要，曰如某字，讀若某，音近某。互舉一隅，納之所指，不使甚離其左右顛末，亦不盡得援據，故互就人之可曉者爲訓。如來爲釐，蹶爲展，固土音也；菑讀如雜厠之厠，薙讀聲如鬀小兒頭之鬀，則以方語譬之；卤讀若仍，卤讀若攸，鄭氏蕢音匱，蘇林音蒯，如淳苴讀如租，高誘音同鮓，譙周以益人讀苞近巴，説文囟讀若導，一曰若沾，一曰若誓之類，皆已游移，非本字的音。在諸賢所得之境，適止於是，非謂有可實指，而姑以若近爲喻，留畜餘意，使智者自辨也。古人於理，直著所知，其所不知，不如後人必護其短，而且願後人有知之者。夫理而爲智者所辨，則不辨者必十九，顔氏曰：「古語與今語殊别，其間輕重清濁猶未可曉，加以外言、内言、急言、徐言、讀若之類，益使人疑。」故孫叔然創爾雅音義，説已甚明。當時必各以意爲若某、近某，而字無定讀，故不得不爲反切，設兩聲夾取其中，以持旁漶。其意亦非意倡，即古音「何不」爲「盍」、「而已」爲「耳」之意而備著之，正以暢漢人欲達之恉。凡一事既兆大略，後人遞於其簡切便行者，闢爲徑途。人生日用諸事，皆如是也。自是讀者於一聲之中，久久玩味，終始緩急，遞注之際，如塗行千里，歷有次舍，可以住息。虞、夏詩歌，平仄已具，漢後則截然者十八九，特著其意，而未著其法。故至周、沈而明列程式，釐爲四聲。四聲者，長言一聲，而緩急輕重有所必至，所至之處有準則，不得以意移蕩之也。其於六書曾何舛謬？凡一字同音，而長短緩急異讀者，以四聲爲歸宿之地，而分段收之。如請之於清，筠之於尹，使同中辨異，宛有經界可識。其音之漸，進駐於無字之地，移其初聲，與兩聲相近而可合者，以本韻爲發源之脈，而通之轉之。如玖之於句，雉之於戶，使人恍然知其所分合之故，於聲讀尤覺嚴密。凡一藝必析之義，雖事由人開，實非人所得閼。文章體格，創使可繼者，皆如是也。其原書祇一卷，不必無簡略不周晰之處，要必非不知訓詁而爲之者。自古事無定法，久必大紛。從唐、宋來，每書異論蜂起，若字無反切，四方孩誦，豈復可曉？聲無韻書，則詞賦家必生多少枳棘，故孫、韋、周、沈，其學問與賈、鄭等。或可揚抑，至反切四聲，實非理外造作。而或者以字拘於音罪反切，以音拘於韻罪四聲，所謂拘者，不知何義？夫天籟豈可被八音乎？謂古人音書祇爲況譬之說，則陸德明之語，其原即本顏氏家訓，顏氏之意，與今引者正反。夫無象可指，故況譬之曰，象如臼如堵，今置象於前，而必曰如臼如堵者，豈非拙耶？謂韻書舍訓詁而取孫、韋，舍諧聲而取韻語，夫孫、韋與訓詁、韻語，於諧聲固承流而下，何事斥昭昭而必就渾渾？謂本聲轉，聲每有偏舉，凡書簡略，必不如後人之備，且今廣韻删唐韻萬六千餘字，集韻又增二萬七千餘字，則所棄所收，豈原書之舊？謂一字从出之字與本字異部，字从此出而音不从字，如鏗从堅，堅从臤，臤鏗同聲，而堅反轉而後合；若堅與腎，音則迥異，可强一乎？至謂語音萬古不變，似更膠固。語音實隨時異，即如二徐所疑説文从聲之字，自魏、晉後無讀如説文者。元从兀聲，桓从和聲，而從元從桓之字，亦無讀如兀、和者。漢人所引方語，今其方皆不解。常山人亦不呼伯爲穴，則漢、魏之語，又知與周、秦何若？曰若日近，則固另有一所若所近之的音在。沿其四旁，取其近似，諧聲之理非盡人所通徹，能不亂者幾何？凡書非聖人手定，無無可指摘之書。儒者訾古，輒轉慕效，至有纔見一書，鈔録數條，便自誇詡。即摘是書爲固陋，呵斥狂詈，雖坐先生於前，有不可概加之後生小子者，而加之古人，吾於人心不能無懼，其害將不獨在文字，願吾輩慎之也。至於韻學諸家，紛紛辨訟，亦大約與斥韻學者相埒。古所存韻書，如周氏切韻，沈氏四聲，陸氏切韻，孫氏唐韻，並陸氏所稱五十一家韻書，皆不可見。所據惟廣韻、集韻，其書原本孫愐，而字數增減，部分併合，屢易其舊。後人或務泛濫，或主删斷，尤斷斷於通轉叶音。或取諸書韻語，强合四聲；或極訾韻書，又言經子無語不韻；或即取訓詁異讀之字，概謂聲近可以通叶。舌無欄楯，誰能捫之？竊以爲，書可久用，必近義理。宋久用禮韻，明久用劉韻，今咸用陰氏之韻，雖其書未必無可參酌，然士人用心，但守一時共宗之法，其弊猶有規矩。數書外諸家，雖或詳辨過此，而横溢之弊，亦每過之。學人法守，必擇高卑之間無甚弊者循之，此齊壹紛訟之道也。至吾輩爲古詩文，偶用古法，如朱子註騷，多用吴氏古韻，原非不可，要使設心不入於奇而已。諳愚陋已極，但平生兢兢，不特不敢著書，并不敢漫言讀書。耳濡目染，久足移人氣質，故書無益實學，而偏泥躁斷，足長人傲僻者，寡讀可也。

苦樂説貽湯司農

分苦樂之境，各置一隅，立己其間，望所樂者，皆宜有也。顧視彼隅，若人生必不應有之事，雖甚悍獷，避若無贍。聽視趨奔，惟樂是即。境不可究，得其一二，則思什伯，得其什伯，則思千萬，視已得者無足樂矣。不幸而失其一二，則悄然不可暫耐。又不幸而失七八，則天下之苦境，若身兼之矣。起望彼隅，所謂苦者，實相去尚未可里計也。樂外無餘，心物不得而給之耳。竊嘗面勢審向，置己於苦之一隅，脱屨正几，游而息焉。視世所樂，猶彼望此，則以爲造物人事，既有對待，必宜有人遊歷斯境。凡遇之儉，數之嗇，久而安之，有真樂也。天地之大，古今之遠，事物義命之正，心思耳目聰明智慧之各有所用，不涉彼境，則無日不得吾事，偶有一樂自彼境至者，受之若得千萬焉。飲一勺，食一簞，掩體一襲，蔽身一椽，初亦皆非我有。從無而思有，若得自意外，遑求其美。一勺之水，靜而思之，鑿井挈瓶，以薪以烹，其資於物，非一人之力，日飲之而忘所自，以爲無可樂者，居於樂中，則失其正也。故求天下之至樂，則莫若分兩隅，而袵席於本無有樂之地，思身心耳目得安一息於天地之間，則太和至順之氣，與吾日接無窮也。是故君子處境，先正其思。慎思之道，恃理以勝物。

附録

先生入蜀，居青城大酉；在江介，居龍眠九華；入峽，舟破身僅免，守令饋遺之，不受也。後入姑射，豁然朗澈，斂其雄心俠概，反求諸道。湯紀尚撰潘布衣傳。

先生自題寓園門外云：「諸求同志久矣，諸有道肯過見訪，得聞清誨，感幸不暇，何敢相拒！學問之道無窮，斗筲自足，非諳所敢然也。惟少志於學，至於老耄，尚未聞道。所願見者，實行君子，與灑灑風塵外者，朝夕漸摩，庶鮮大過，以淑末路。大江南北，諸大雅如果有讀書不以聲華，仕宦不以榮禄，隱退不以畸僻，實修自得，能以餘善惠我者，諳必肅迎道左，終身執鞭，誌誨不忘也。」文集。

姚鏡塘曰：「先生游京師，上至公卿，下至婦孺，無不知有潘先生者。然其所致力，實不在聲聞也。」姚學塽跋。

姚伯昂曰：「先生少穎悟，下筆輒千言。簡齋袁大令思羅致之，不可。則約與諸子游詠，人給數紙，欲困之。得題紙輒盡，衆方含毫皆廢，大令乃驚起不敢言。先生自是亦常與名流自遠，獨游海内。其於藝事皆學之。其游見山川風俗得失，常如讀書必思得其故。故不爲舉子業，而益精制藝；不求仕宦，而洞悉治理。」姚元之序。

又曰：「先生學在自得，以聖賢所言爲身事。其爲教，凡一舉動言笑皆喻以道，不必伏案展卷乃始講論。弟子贄以金，皆不納。予扣其義，則曰：『此吾病俗而過者也。師於五倫，譬物有匠，君臣父子皆由以正。今俗如市易，故有懼焉。』曰：『然則朋友之饋，非古誼乎？又何卻也？』曰：『此吾守己而不敢不過者也。常人遏慾在慎其不可取者，吾輩審慾在慎其可取不必取者，學不自信故也。』曰：『然則力能自贍，道必茹苦乃爾乎？』曰：『無德及物，而資物以生，心之所病則甚，於粗糲非苦境也。』凡其舉動每嚴己，爲風俗慮者多如此，以是日欣欣，自予與相知，無一日不見其自樂也。」同上。

程春海曰：「先生負兼人才，學與藝靡不通，足跡窮宇内，政事人理物情靡不達。」程恩澤撰序。

陳蓮史曰：「先生無書不讀，少好奇節，多藝，知兵，精於數而不言。澹名利，身不入場屋。初貲頗贏，道路遇飢歲，散之殆盡。蹤迹半天下，知民情地利政事，布衣所至，未嘗不以風俗爲己任。嫉惡如仇，拯疾苦，惟恐不及。抑然善下，冲然以和，而公私義利之界，懔然不可以毫髮犯。中年益專力於自治，其苦志過少壯！迹其行誼，殆頡頏於靖節、康節之間。」陳繼昌序。

宗滌甫曰：「先生至京師，交盡一時賢者，中心屈服，惟歸安姚先生一人，其辭受取與，皆力效姚先生之所爲。姚先生殁，皇皇無所依，彈琴詠歌，悠然獨處，喜操伐檀之章。問學者來與尚論先王之道。能於樂律占氣數，往往奇中。」宗稷辰撰姚潘兩先生合傳。

清儒學案卷一百二十五

思適學案

澗蘋以小學而通經學，以經學而爲校勘，一時士夫以傳刻古書相尚，經史鉅編，爭用委屬。凡經手定，增重藝林，幾欲比跡鴻都，折衷虎觀，前此澹園、義門所未逮焉。黄、鮑諸家，多或專車，少則一帙，精能美富，各盡其致，校勘之業，於斯爲盛。述思適學案。

顧先生廣圻

顧廣圻字千里，以字行，號澗蘋，元和人。從兄之逵字抱沖，廩貢生。好藏書，顔其室曰小讀書堆，與黄蕘圃士禮居竝稱於時。先生少從同郡張白華思孝游，繼又受業於江艮庭之門，得惠氏遺學，通經學小學之義。嘗館於程氏，程富藏書，徧覽之，不事科舉業，年逾三十，始爲諸生。其論經學云：「漢人治經，最重師法，古文今文，其説混而一之，則轇轕不勝矣。」論小學云：「説文一書，不過爲六書指示發凡，原非字義盡於此。」欲取漢人經注作假借長編而未屬稿。家故貧，常以爲人校刻，博糈以食。嘗論古書訛舛，細若毛髮，棼如亂絲，一經剖析，劃然心開而目明。當時名流多相推重。其最著者，爲孫淵如觀察刻宋本説文、古文苑、唐律疏義，爲張古餘太守刻撫州本禮記、嚴州本單疏儀禮、鹽鐵論，爲黄蕘圃孝廉刻國語、國策，爲胡果泉中丞刻宋本文選、元本通鑑，爲秦敦甫太史刻揚子法言、駱賓王集、吕衡州集，爲吴山尊學士刻晏子春秋、韓非子。每一書刻竟，綜其所正定者爲考異，或爲校勘記。阮文達公校刻十三經注疏，亦延之，與臧拜經、何夢華同輯校勘記。又嘗以爲漢學者往往不平宋儒而訾謷之，先生獨服膺焉，徧讀先儒語録，摘其切近者，爲遯翁苦口一卷。道光十五年卒，年七十。遺文編刻爲思適齋集十八卷。參李兆洛撰墓志、楊文蓀撰文集序、顧千里先生年譜。

文集

重刻宋本儀禮疏後序

道光庚寅歲，閬原觀察重刻所藏宋景德官本五十卷賈公彦儀禮疏，自一至卅一，又自卅八至五十，既成，以千里平日粗涉此經，命以一言綴於後。千里思夫治經者期曉然乎經之意而已，經之意不易曉，曉之必由注，經注之意不易曉，曉之必由疏，此讀疏之所以爲治經先務歟？讀賈公彦之疏，由之以曉經注之意者最多，舉其一言之。鄉飲酒禮疏曰：「鄭注鄉射云：昔大王、王季、文王始居岐山之陽。彼兼言文王者，欲見文王未受命以前，亦得召南之化。此不兼言文王者，據文王徙豐受命之後，專行周南之教。」賈合鄉飲酒、鄉射、燕三篇之注周南、召南者，而疏通其意也。學子但讀此疏，則鄉飲酒之注與燕同，不兼言文王者，可以曉然，而鄉射之注與鄉飲酒、燕不同，兼言文王者，亦可以曉然，又何用如若膺大令及其晚年別讀詩序「先王之所以教」鄭注，而後始見其或不言文王或言文王有不合，仍未述及賈公彦具有明文，轉謂從前不能知此哉？用是推之，治經者必以讀疏爲先務，斷斷然矣。今閬原觀察知所先後，獨舉罕覯之本，用餉學子，可謂盛心。千里轉慮此後得之較易，而讀者通患習焉弗察，爰附著之。若乃是書流傳之緒，美善之徵，校刊之例，此不具出者，見觀察所自序中也。

重刻儀禮注疏序 代張古餘。

儀禮經鄭注賈疏，前輩每言其文字多誤者，予因徧搜各本而參稽之，知經文尚存唐開成石刻可以取正；注文則明嘉靖時所刻頗完善，其疏文之誤，自陳鳳梧本以下，約略相同。比從元和顧千里行篋所見，所用宋景德官本手校疏，凡正譌、補脱、去衍、乙錯，無慮數千百處，神明焕然，爲之改觀。千里又用宋嚴州本校經及注，視嘉靖本尤勝，皆據吴門黄氏家之所藏也。夫二本之在天壤間，爲功於此經非淺，而獲見者罕，不亦惜哉！遂與千里商搉，合而編之，重刻以行世。其列卷依景德爲五十者，以尚是賈氏所分也。自卅二至卅七，損失六卷，校以魏鶴山要義，而循其次第者，魏所用即景德本也。餘卷有缺葉，不得不取明以來本足之，而必記其數者，傳信也。經、注之文間有與疏違互者，以其元非一本，不可强同也。嚴州本之經，較諸唐石刻或有一二不合，今猶仍之者，著異本之所自出也。注與疏兩宋本，非必全無小小轉寫之譌，不欲用意見更易者，所以留其真，慎之至也。至於經也，注也，疏也，於各本孰爲同？孰爲異？袪數百年來承譌襲舛，以還唐、宋相傳之舊，則釐然具在，不難覆案也。若夫近日從事校讎者不止一家，覈其論説，或取諸經傳通解等，或直憑胸臆而已，莫不猶治絲而棼之，手雖繁而絲益亂。唯執此訂彼，其是非得失，庶可決定也。自今卓絶之士，如張蒿庵、顧亭林，其人以爲依據，乃無當時殘缺之慨，而由是修明通儒之業，則聖之經，賢之傳，其精微且於斯，焉在文字云乎哉！

釋名略例

顧千里曰：釋名之例可知也，其例有二焉：曰本字，曰易字是也。雖然，猶有十焉：曰本字，曰疊本字，曰本字而易字，曰易字，曰疊易字，曰再易字，曰轉易字，曰省易字，曰省疊易字，曰易雙字。本字者何也？則「冬曰上天，其氣上騰，與地絶也」，以上釋上，如此之屬一也。疊本字者何也？則「春曰蒼天，陽氣始發，色蒼蒼也」，以蒼蒼釋蒼，如此之屬二也。本字而易字者何也？則「宿，宿也，星各止宿其處也」，以止宿之宿釋星宿之宿，如此之屬三也。易字者何也？則「天，顯也，在上高顯也」，以顯釋天，如此之屬四也。疊易字者何也？則「雲猶云云，衆盛意也」，以云云釋雲，如此之屬五也。再易字者何也？則「腹，複也，富也」，以複也、富也再釋腹，如此之屬六也。轉易字者何也？則「兄，荒也；荒，大也」，以荒釋兄，而以大轉釋荒，如此之屬七也。省易字者何也？則「綈似蝪蟲之色，緑而澤也」，以蝪釋綈而省蝪也之云，如此之屬八也。省疊易字者何也？則「夏曰昊天，其氣布散皓皓也」，以皓皓釋昊，而省猶皓皓之云，如此之屬九也。易雙字者何也？則「摩娑猶末殺也」，以末殺雙字釋摩挲雙字，如此之屬十也。十者非他也，二例之分焉者也。第二以上本字例分者二，第四以下易字例分者七，而有第三之一例，半分〔二〕於本字，半分於易字者，在其間以相關通，然則易字之所由生，固生於本字而已矣。所謂易簡而〔三〕天下之理得也，讀者循是而一一求焉，凡今本脱誤之當補正者，無不可知也。至於尤脱誤而非復能補正者，亦無不可知也。吴子志忠將治釋名，屢咨其所難知者於予，故略舉本書以明其例，書而貽之。

戰國策札記後序

黄君蕘圃刻姚伯聲本戰國策，及所撰札記，既成，屬廣圻爲之序。爰序其後曰：戰國策傳於世者，莫古於此本矣。然就中舛誤不可讀者，往往有焉。考劉向敍録云：「皆定以殺青，書可繕寫。」是向書初非不可讀者也。高誘即以向所定著爲之注，下迄唐世，其書具存，故李善、司馬貞等徵引依據，絶無不可讀之云。逮曾南豐氏編校，始云疑其不可知者，而同時題記類稱爲舛誤，蓋自誘注僅存十篇，而宋時遂無善本矣。伯聲續校總四百八十餘條，其所是正亦云多矣。但其所萃諸本，既皆祖南豐，又旁采他書，復每簡略，未爲定本，尚不能無劉原父之遺恨耳。厥後吴師道駮正鮑注，用功甚深，發疑正讀，殊

〔二〕「半分」，原作「分半」，據釋名略例乙。
〔三〕「而」，原作「於」，據釋名略例改。

有出於伯聲外者矣。今蕘圃之札記，雖主於據姚本訂今本之失，而取吳校以益姚校之未備，所下己意，又足以益二家之未備也。凡於不可讀者，已稍稍通之矣。後世欲讀戰國策，舍此本其何由哉？廣圻於是書尋繹累年，最後於敍録所云「臣向因國別者略以時次之，分別不以序者以相補，除複重，得三十三篇」者，恍然而知戰國策實向一家之學，與韓非、太史公諸家牴牾。職此之由，無足異也。因欲放杜征南於左氏春秋之意，撰爲戰國策釋例五篇，一曰疑年譜，二曰土地名，三曰名號歸一圖，四曰詁訓微，五曰大目録。私心竊願爲劉氏擁篲清道者也。高注殘闕，艱於證明，粗屬草稿，牽率未竟，他年儻能徧稽載籍，博訪通人，勒爲一編，俾相輔而行，未始非讀此本之助也。諗諸蕘圃，其以爲何如？

校刊華陽國志序 代廖運使寅。

唐以前方志存者甚少，惟三輔黄圖及晉常璩華陽國志最古。三輔黄圖爲宋人增亂；華陽國志明刻本俱闕卷十之上、中兩卷，近時始有補完本，而皆舛誤不可讀。予家益土，念搜討古迹，莫先於此，志求善本不得。前十餘年，由中州葉令擢守京江，唐刺史仲冕告予，謂陽湖孫觀察星衍有季氏振宜家所録宋嘉泰四年李𡌴刻本，擬即借刊。後以右遷觀察至豫章，未遂其願。及再來江、淮司轉運之事，官閣餘暇，披閱此書，因借數本合校之，又參以書傳所引舊文，訂定譌錯。按李𡌴序稱：「凡一事而先後失序，本末舛逆者，則考而正之；一意而詞旨重複，句讀錯雜者，則刊而去之；設或字誤而文理明白，則因而全之。」是其本已經𡌴刪改，故蜀志汶山郡與越嶲郡誤連，而少汶山屬縣及漢嘉郡，士女讚少巴郡第二。又三國志注引此書有李宓陳情表，而今本無之。此類悉加補正，或附按語，以諗學者。雖元豐間呂伋公大防所刻不可得見，無以全復常氏舊觀，其視堊本，則固有過之無不及矣。元和顧茂才廣圻是正諸書，最稱審密，竭半歲之力，爲予督工開雕，故能精致古雅，不減宋、元佳刻。孫觀察雅好流傳古書，又見近世修志者空無故實，慨古地理書多放佚，嘗欲刊行舊本，以備一方掌故。先校刊三輔黄圖、長安志於關中，又刊建康志於江左，每惜浙中未將乾道、咸淳臨安兩志付梓，又因修志松江，先刊楊潛雲間志。今此書成，於晉、魏之間古字古義，尤足證佐經史。後有修滇、蜀方志者，據以爲典則，誠藝林之勝事也。其書稱華陽者，晉代梁、益、寧三州，故禹貢梁州之域，爲今四川省及雲南并陝西漢中迤南之境。按禹貢「華陽黑水惟梁州」，注疏以「華」爲華岳，恐此華在迤東，陽爲荆州，非梁州。秦本紀「武公元年伐彭戲氏，至於華山下，居平陽封宫」，正義〔一〕曰「封宫在岐州平陽城内」也，則此華山在岐州之北，其南正值梁、益，與太華不同。黑水，據括地志云「源出梁州成固縣西北太山」，亦與三危之黑水殊異。説經者誤以此爲滇池之黑水，又謂瀘水，皆誤。然常氏書以此爲名，而未記載辨析，惟蜀志云「五岳則華山表其陽」，特用補其義云。

〔一〕「義」，原缺，據史記秦本紀注補。

唐律疏義後序

右至正辛卯崇化余志安刻本，其律及疏議整繕略無譌錯，抹子亦完備靡漏，非尋常傳鈔者比也，唯釋文頗有難讀處。今年淵如先生見屬摹刊於江寧，細爲尋繹，見其序有云：「此山貰冶子治經之暇，得覽金科，遂爲釋文。」此山貰冶子未詳何人，序又無年月并撰序人名氏，然必在王元亮以前，故元亮於第一卷後自署重編也。仰待制序，言「王君長卿以釋文纂例二書來」，即指重編釋文，而不復追述元撰者耳。又考第三卷義寧下有云隋末年號。第十七卷「出繼同堂即不合緣坐」下有云：「釋曰：出繼，謂伯叔父及兄弟之子、己之子內，有出繼同宗者；同堂，謂伯叔父之子，今俗呼爲親堂兄弟者。」第廿六卷「或注冷熱遲駛」下有云：「疎史反。」第廿八卷「即停家職資」下有云：「停家職資，謂前職前官。」皆所謂此山貰冶子釋文，而重編删併有未盡也。證之以元亮廿八卷釋，中詳其釋意之語，尤確無可疑矣。蓋其初是子注而釋甚詳，如今在長孫無忌進表下，及名例一疏議下者，後所重編，乃總退入卷末，而自第二卷以下，釋往往簡矣。其所以難讀，則有應別自爲條而連他條者，有應屬一條而分數條者，有標其字而佚其釋者，有釋在而遺標字者，有前後互換其處者，有釋所據本不同而牴牾者，則未知王元亮重編而如此歟？抑余志安刻之乃如此歟？今守前人慎下雌黄之戒，悉依舊文，弗敢輕加改易，意欲請先生更撰考定釋文，都爲一編，與此兩行，爰舉其大槩，以書於後。世有善讀者，引類以求，探端知緒，或且不難於所欲考定者，自多闇同也夫！

重刻治平監本揚子法言并音義序　代秦敦甫。

揚子法言十三卷，自侯芭、宋衷之注既亡，而存者莫先於晉李軌宏範注。宋景祐、嘉祐、治平三降詔，更監學館閣兩制校定板行，最爲精詳。有音義一卷，不題撰人名氏，其中多引天復本。天復者，唐昭宗紀元，而王建在蜀稱之，然則謂蜀本也。撰人當出五代、宋初間矣，司馬温公言宋庠家所有。逮陳振孫書録解題所載，皆即其本，當時固盛行也。外此有唐柳宗元、宋宋咸、吴祕注，建寧人合李注爲四注本，書録解題云：「與此不同。」厥後書坊復有新纂門目五臣音注本，則又增入温公集注，而卷依宋咸爲十，諸家元文悉經删節，全失其舊。明之世德堂據以重刻，通行迄今，於是世人罕知諸家或十三卷或十卷，各有單行之本，而李注乃若存若亡焉。戊寅首春，購得宋槧，稍有修板，終不失治平之真。適元和顧君千里行篋中有臨何義門所校，出以對勘，大致符合，深以爲善，勸予刊行。爰以明年影摹開雕，凡遇修板，仍而不改，并所譌誤舉摘如千條，綴諸末，以俟論定者。唯惜陳振孫又云：「錢佃曾得舊監本刻之。」今未見，不獲互相證明也。至於宏範所學，右道左儒，每違子云本指，其讀文句亦不能無失，温公時下己意，多所訂正，而集注十三卷本，竟杳難再遘。然則此本宋槧之僅存，而予與顧君得以流傳之，可不謂厚幸也哉！

鹽鐵論考證後序

漢書傳贊謂始元鹽鐵，當時頗有其議文。至宣帝時，次公推衍增廣條目，著數萬言，成一家之法。今讀其書，所以相詰難者，大抵本羣經諸子而爲，語歷世差久，觀者茫昧，不得其解。如毁學篇：「昔李斯與包丘子俱事荀卿，包丘子者，浮丘伯也。」漢書楚元王交傳：「俱受詩於浮丘伯，伯者，孫卿門人也。」注服虔曰：「浮丘伯，秦時儒生。」是其證。散不足篇：「庶人即草蓐索經，索經者，以索爲經。」鄭注公食大夫「皆卷自末」云：「末，經所終。」韓詩外傳、説苑、雜言皆云：「孔子困於陳、蔡之間，席三經之席。」是其證。備胡篇「春秋貶諸侯之後」，謂公羊春秋刺諸侯戍人而後至者。襄五年冬戍陳，十年戍鄭虎牢，傳皆云：「孰戍之？諸侯戍之。曷爲不言諸侯戍之？離至，不可得而序，故言我也。」何休五年注云：「離至，離别前後至也。」又云：「乃解怠前後至，故不序，以刺中國之無信。」是其證。取下篇：「是以有履畝之税，碩鼠之詩作也。」履畝、碩鼠爲一事，當出三家詩之序。公羊宣十五年傳云：「税畝者何？履畝而税也。」又云：「什一行而頌聲作矣。」正爲碩鼠詩而言。三家詩、公羊皆今文，宜其説之相近。潛夫論班禄云：「履畝税而碩鼠作。」是其證。又潛夫論下云：「賦斂重而譚告通，班禄頗而傾父刺，行人乏而緜蠻諷。」皆上見序，下見詩，今本譌舛，致不可讀。結和篇：「閭里常民，尚有梟散。」梟散者，貴賤也。韓非子外儲説左下：「博貴梟，勝者必殺梟，殺梟者，是殺所貴也，儒者以爲害義。」戰國楚策唐且見春申君章：「夫梟棊之所以能爲者，以散棊佐之也。夫一梟之不勝五散，亦明矣。今君何不爲天下梟，而令臣等爲散乎？」是其證。鄭注考工記有「博立梟棊也」。詔聖篇「春秋原罪，甫刑制獄。」制獄者，哀矜折獄也。乃今文尚書説。大傳曰：「聽訟，雖得其指，必哀矜之，死者不可復生，絶者不可復續也」。書曰：「哀矜折獄。」故次公與春秋原罪並言。論語「片言可以折獄」者，釋文云：「魯讀折爲制。」漢書刑法志曰：「書云：「伯夷降典折民，惟刑言制，禮以止刑。」其説亦本諸大傳，是其證。伏生、次公及班孟堅皆讀折爲制者，今本大傳作哲，漢書作悊，非也。此類皆徵驗明白，然知之者或寡矣。古餘先生雅好是書，用功甚深，既刻涂禎本，而附之考證，所以正其踳，理其紛者，皆精心獨詣，刊落常聞，批郤導窾，不假穿鑿，真有如兒説之解蔽結也。間與廣圻往復講論，援引載籍，旁推交通，多得要領，因非涉字句譌錯者，例不兼著，故敢撮取一二附書於末，具如右條，俾學子合而觀之，尚能循緒探索，曉其詞以識其意，則西京儒家之言，將昭然復顯，尤先生所亟亟想望者也。

焦氏易林後序 代黄蕘圃。

此書今本之誤，非校宋本不能正者，如賁之鼎「東門之壇」，乃詩鄭風文。正義云：「徧檢諸本，字皆作壇。」又云：「今定本作墠。」釋文云：「壇音善，依字當作墠。」可見作易林時，固是壇字。今作墠者，誤依定本以後毛詩所改，似是實非。頤之解「飢人入室」，乃史記殷本紀所謂「及西伯伐飢國，滅之。」徐廣曰：「飢一作阢，又作耆。」即尚書大傳之「西伯戡耆」也。今飢人作箕仁，臆改而誤。萃之漸「橘柚請佩」，乃韓詩内傳漢有游女事，所謂「聘之橘柚」者也。今橘柚作禱神，亦臆改耳。旅之蒙「封豕溝瀆」，全取史記天官書語。今冢作涿，失之遠矣。其類甚夥，咸有如風庭之掃葉也。顧君千里見語曰：「讀此書之法，又有三焉：以複見求之也，以所出經子史等求之也，以韻求之也。」如比之震「扶杖伏聽」，誤。无妄之中孚「扶」下無「杖」字，「聽」下有「命」字者，是。兑之否「扶」作「俯」，亦非。扶伏者，匍匐也。大過之蠱「故革懈惰」，誤。遯之益、鼎之既濟作「五棨解墮」者，是。「棨」，或體作「肇」也。豐之困「膠牢振振，冠帶無憂」，誤。明夷之旅作「膠目啟牢，振冠無憂」者，是。呂覽贊能説管仲事，正曰：「膠其目也。」此皆可得之於複見者。如乾之咸「反得丹穴，女貴以富」，貴，當作清，本史記貨殖列傳「而巴蜀寡婦清，其先得丹穴」。大畜之訟「哀相無極」，哀相當作衷袒，本左氏傳「皆衷其袒服」。小畜之漸「鳴鳩飛來」，晉之艮作「餌吉知來」，家人之大畜作「神鳥來見」，皆誤。當作「鳱鵲知來」，本淮南氾論訓「乾鵠知來，而不知往」，鄭注大射儀引作「鳱」，此與之同。姤之晉「販鼠賣卜」，卜當作朴，本戰國策「周人謂鼠未腊者朴。」升之艮「扶陝之岐」，扶陝當作杖策，本尚書大傳「遂杖策而去，過梁山，邑岐山。」今本大傳杖策誤倒。震卦「枯瓠不朽」，朽當作材，本國語「苦瓠不材於人」。既濟之鼎「禍起子商」，子當作于。于，於也；商，宋也。謂禍起於宋雍氏，本左氏傳也。此皆可得之於所出經子史等者。如訟之損「更相擊劍」，劍當作詾，明夷之臨不誤。大畜之家人作詾，亦非。以「詾」與下「走」爲協。晉之漸「神君之精」，之精當作乏祀，以「祀」與上「起理」爲協。革之豫「沾我袴襦，重難以涉」，袴襦當倒，涉當作步。未濟之損不誤，以袴、步爲協。兑之噬嗑「茂樹斬枝」，枝當作枚，以「枚」與下「飢」爲協。此皆可得之於韻者，其類亦甚夥，難以悉數。又如豫之豐云「一説文山蹲鴟」，一説即一作也。由是以推，凡一繇數句，而上下語意不類，蓋皆脱去「一作」字而誤相連并耳，此又一法也。讀者茍於校宋本得之之外，循是而各各求之，思過半矣。予甚然其言，附著於末，以貽好學者。若夫繁文衆詞，自我作古，冀博善讀書之名，而其意不在書，乃顧君生平深惡痛絶者，予雖不敏，亦未忍爲此態也已。

文選考異序 代胡果泉。

文選考異起於五臣，然使有五臣而不與善注合并，若合并矣而未經合并者具在，即任其異而勿考，當無不可也。今世間所存，僅有袁本，有茶陵本，及此次重刻之淳熙辛丑尤延之本。夫袁本、茶陵本，固合併者，而尤本仍非未經合并也。何以言之？觀其正文，則善與五臣已相羼雜，或沿前而有譌，或改舊而仍誤，悉心推究，莫不顯然也。觀其注，則題下篇中各經闌入，吕向、劉良頗得指名，非特意主增加，他多誤取也。觀其音，則當句每未刊五臣注，内間兩存善讀，割裂既時有之，删削殊復不少，崇賢舊觀，失之彌遠也。然則數百年來，徒據後出單行之本，便云顯慶勒成，已爲如此，豈非大誤？即何義門、陳少章斷斷於片言隻字，不能絜其綱維，皆繇有異而弗知考也。余夙昔鑽研，近始有悟，參而會之，徵驗不爽。又訪於知交之通此學者，元和顧君廣圻、鎮洋彭君兆蓀，深相剖判，僉謂無疑，遂乃條舉件係，編成十卷。諸凡義例，反覆詳論，幾於二十萬言。茍非體要，均在所略。不敢祕諸篋衍，用貽海内好學深思之士，庶其有取于斯。

答張子絜問讀毛詩注疏書

辱問毛詩注疏讀法，久未奉答，歉甚。竊謂讀此書之法，與諸凡注疏微有不同。何則？他經注疏皆一家之學，毛詩注疏則傳、箋實兩家之學。孔仲達作正義，於此處最爲斟酌得宜，考其序文，蓋即本於二劉等者，非仲達所能創造也。今觀毛以爲、鄭以爲之所云云，用意粗可概見矣。其有須申管窺者，唯每條之分析雖明，而全體之總例未顯一事而已。夫傳也者，全是古文家法。箋也者，或用今文詩破傳，或用今文他經説以破傳，或又用古文他經説以破傳，此是自鄭氏家法，不專主古文，亦不專主今文。明乎此，而後二家之體例憭然，經與正義亦憭然也已。是故正義解毛，不拘有傳無傳者，轉轉所受，習古文家之説也；正義解鄭，決知其破毛之意者，轉轉所受，鄭氏學之説也。近時人鮮明此者，於是往往泥傳害箋，及泥箋害傳，甚至誤執鄭詩爲毛詩，輒駁正義，餘波及乎釋文、唐石本，豈非讀此書之大病耶？向者不揣薄劣，思作毛鄭詩考讀一書，專論斯旨，牽率未就，敢舉以爲告，試先用此法讀之。會晤伊邇，疑義相與析，深所企望。

與趙味辛論韓詩外傳誤字書

前索拙校韓詩外傳，率檢送呈。其中鄙見所及，大抵略記一二語，未詳言所以然，并有全未記出者。偶省得一條，録上之於左右，以備采擇。元槧本第五卷「用萬乘之國，則舉錯而定一朝之自。詩曰：『周雖舊邦，其命維新。』可謂白矣。謂文王亦可謂大儒已矣。」此本荀子儒效篇文，彼作「舉錯而定，一朝而伯」，無「詩曰」以下云云。故尊校依楊倞注「伯」讀爲「霸」，而改「自」爲「伯」，删去「可謂白矣謂」五字。今以廣圻攷之，則「自」當爲「白」之譌，即荀子「伯」亦「白」之誤，楊所讀非也。何以言之？有二書之本文可證也。荀儒效篇又云：「則貴名白而天下治也。」王霸篇云：「仁人之所務白也。」句屢見。又云：「故曰：以國齊義，一日而白，湯、武是也。」君道篇云：「欲白貴名。」致士篇云：「而貴名白，天下願。」天論篇：「則功名不白。」外傳卷一同。榮辱篇云：「身死而名彌白。」堯問篇末云：「是其所以名聲不白。」然則白也者，固荀卿習用之語，唯此處傳寫誤爲伯耳。楊他注或云「顯白」，或云「明白」，或云「彰明其義」，皆是。而此據誤字，望文生義，則非。幸外傳未誤，尚可證之。乃元槧既以形近譌爲自，後來刻本又輒改爲間，遂無由知其當爲白者矣。下文「可謂白矣」云云，若依此説而作申説上文之「白」解，則不須復删，而已無不可通也。又荀王制篇云「名聲日聞，天下願」，文與致士篇略同，而「白」作「日聞」者，誤也。外傳第四卷云「欲白貴名」，又云「貴名果白」，即荀君道篇文。荀「欲白」不誤，而「果白」作「果明」，亦誤也。第五卷又云「則貴名自揚，天下願焉」，即荀致士篇文。「自揚」者，「白焉」之誤。二句以「焉」字爲對文，荀無，而外傳增之，始亦譌白爲自，後又改焉爲揚，失之甚者也。凡此各條，參互鉤稽，而誤者與未誤者，皆可洞若觀火。抱經盧氏校刊荀子，於致士篇著校語云：『「貴名白」，王制篇作『名聲日聞』，此恐有訛。」緣盧不了「貴名」之解，故其所説顛倒，當附訂之。未識高明以爲何如？幸進而教之。其餘條未能覶縷，尚容瀆聞。

與鄧溥泉書

昨坐閒言，鄙意景參通鑑注於地理不能無失，遂承虛懷下詢，因即舉洮水一條爲例，今請終其說。史記本紀云：「高祖已擊布軍會甀，布走，令別將追之。」又云：「漢別將擊布軍洮水南北，皆大破之。追得，斬布鄱陽。」漢書本紀同史記。列傳云：「與上兵遇蘄西會甀。」又云：「布軍敗走入淮，數止戰不利，與百餘人走江南。」又云：「鄱陽人殺布茲鄉民田舍。」漢書列傳同。合而讀之，高祖自將一戰，勝布於蘄西，於此遂還，故令別將追布也。布敗走渡淮，數止戰者，皆與別將戰也，即所云「擊布軍洮水南北」者也。「皆大破之」，是其不利也。至於「與百餘人走江南」以後，則布已不能軍，有追而無戰矣。是故徐廣注洮水在江、淮間者，確解也。温公編通鑑，乃上文云「布軍敗走渡淮，數止戰不利，與百餘人走江南，上令別將追之」，下文云「漢別將擊英布軍洮水南北，皆大破之」。蓋兩戰，本紀、列傳一轉移間，重複倒錯，頓失史、漢之意，而忽略於不易覺，於是洮水，徐廣在江、淮間之解，雖已無所施，亦復忽略於不易覺而已。景參作注，訂正通鑑者不少，而於此乃曰：「通鑑上文布軍既敗走江南，高祖令別將追之，別將擊布軍於洮水南北，皆大破之，則洮水在江南明矣。」引羅含湘中記「零陵有洮水」云云，其作釋文辯誤，言之甚詳，則誤矣。夫史、漢爲通鑑所自出，紀、傳具在，參驗非難。「上令別將追之」，及「別將擊布軍」，決在走江南之前，景參何以不加契勘？單據通鑑之重複倒錯者望文生義，以爲皆在走江南之後，而執作洮水必在江南之證乎？且布之走江南也，纔及茲鄉，便遭梟滅。是與百餘人者，未嘗竄過鄱陽西南一步。果洮水在江南，果戰洮水在走江南之後，亦應在鄱陽東北之境，安得飛度遥集，遂在湘中零陵？豈非風馬牛不相及者乎？景參又曰：「布舊與長沙王婚，既敗走，往從之，而洮水時屬長沙國境内，英布之軍實大敗於此。」則尤誤。史、漢明言長沙哀王使人誘布，僞與俱亡走越，布信而隨至鄱陽，並無布往從長沙之事，亦並無長沙國境内有布軍之事，更並無布敗長沙，然後還走而向鄱陽之事。一檢史、漢，其失立見，不待深辨矣。唯是江、淮間水無謂之洮者，則以川塗名目千回百改，徐廣所指，當今何水？豈能臆度？竊謂墨守晉代相承舊解，求之馬、班正文既通，便可闕疑，無取鑿空。他條似此者未得一二，聊以區區質諸高明，幸不吝教之。

附録

嘉慶庚申，先生校經典釋文卷二周易音義。壬戌以臧庸堂用葉林宗景宋本經典釋文校本，臨于通志堂本上。又校卷五、卷七毛詩音義。癸亥校毛詩音義，跋曰：「宋本園有桃篇，棘俗作棗，當以集韻證之。同白華篇，一音於驕反。」可訂六書正譌之謬。皆一字抵千金矣。甲子録鈕匪石校宋余仁仲本周禮釋文，又校毛詩音義。丙寅校卷十儀禮音義，十二、十三禮記音義。丁卯校卷二十九爾雅音義。庚辰校卷十二、十四禮記音義。前後二十年，精力盡萃此書。年譜。

宋本禮記祭義「天子設四學」，注：「四學謂周四郊之虞庠也。」先生以四郊之四當作西。或欲改王制「虞庠在國之西郊」亦作四郊，致爲鉅謬。蓋指孫頤谷讀書脞録也。張氏考異備引其說。段茂堂因作禮記四郊疏證，申孫黜顧，凡數千言。先生復作學制備忘記以辯之，亦數千言。陳簡莊嘗彙題一册，曰段顧校讐編。茂堂有文九篇，載經韻樓集中；先生之文，則爲徐紫珊刻集時所刪。同上。

張緯餘曰：「思適齋集，先生之孫瑞清原編爲二十卷，今爲十八卷。卷六中有學制備忘記、立學古義考、祭義四學解，卷七中有與段大令書三首，今刪去。又刪再與吴山尊論唐文書、與陳仲魚論文選書，亦所不解。張星鑑書思適齋集後。

孫淵如得宋小字本説文解字，欲重刻行世，延嚴鐵橋校字。鐵橋自用其校議説，多所校改。先生於校議中摘尤不可從者三十四條，欲加辨正，至二十條而卒。今所行説文辨疑，未成之書也。應題曰説文校議辨疑。年譜。

先生跋汪閬源藏宋本淮南鴻烈解二十一卷，謂遠出道藏本之上，他本無論矣。至於注文足正各本之誤者，不可枚舉。王懷祖先生嘗校定是書，所訂道藏以來各本之失，而求其是，往往與宋槧有闇合者。將傳其副以寄之，必能爲此本第一賞音，乃寓書顧南雅學士，索讀書雜志。王伯申詒以淮南雜志，求爲詳識。道光壬午，伯申以先生所校各條，附刻淮南雜志後，刻成，寄先生。同上。

嘉慶戊寅，孫淵如卒。吴山尊招先生至揚州，料理遺書殘稿。先生往往與山尊意見相左，而山尊稱先生曰：「顧千翁從不欺人。」同上。

道光壬午，先生爲汪孟慈校刻其尊人容甫所撰廣陵通典，因著校例，曰移，曰删，曰改，曰增，凡四例。同上。

思適交游

臧先生庸 別見玉林學案。

宋先生翔鳳 別見方耕學案。

鈕先生樹玉 別見艮庭學案。

瞿先生中溶 別見潛研學案。

陳先生鱣 別見耕厓學案。

段先生玉裁 別爲懋堂學案。

汪先生中 別爲容甫學案。

王先生引之 别見石臞學案。

孫先生星衍 别爲淵如學案。

趙先生懷玉 别見子居學案。

江先生藩 别爲鄭堂學案。

嚴先生元照 别見鐵橋學案。

阮先生元 别爲儀徵學案。

李先生鋭 别爲四香學案。

李先生兆洛 别爲養一學案。

陳先生逢衡 別見曉樓學案。

龔先生自珍 別爲定盦學案。

鮑先生廷博

鮑廷博字以文，號渌飲，歙縣人。諸生。寄居杭州，家富藏書，性復彊記，凡某書美惡所在，意指所在，見於某家目録，經幾家收藏，幾次鈔槧，真僞若何，校誤若何，無不矢口而出。乾隆三十八年，詔開四庫館，先生乃命子士恭進呈善本六百餘種，爲天下獻書之冠。唐闕史一書，曾經高宗題詠，後刻知不足齋叢書，遂以居首。嘉陵十八年，仁宗垂詢浙江巡撫方受疇，續以所刻書進，賞給舉人，並有「好古績學，老而不倦」之褒。先生年已八十六矣，逾年卒。平生勤學耽詩，不求仕進。其資蓄爲刻書所盡，及見祕籍，必典衣購之，所爲書跋數百篇。又有花韻軒小稿二卷，詠物詩一卷。參史傳、阮元撰傳。

張先生敦仁

張敦仁字古餘，陽城人。乾隆戊戌進士，由知縣歷官江寧、揚州、南昌、吉安知府，擢雲南鹽法道，勤於吏事。暇即研究羣籍，訪求善本，校刊儀禮、禮記、鹽鐵論諸書，並爲學者所重。晚去官僑居江寧，與李尚之鋭爲友，精研算學，著有緝古算經細草三卷，求一算術一卷，附通論一卷，開方補記六卷。他又有鹽鐵論考證、通鑑補識誤、通鑑補略。道光十四年卒，年八十一。參思適齋文集、疇人傳。

附録

先生讀緝古算經，凡高臺、羨道、築隄、穿河等十二術，皆以從立方開之，苦其有術無草，注文術文脱爛甚，乃與李氏尚之商推，各以天元入之，共著細草，補其闕字，使商功之平地役功廣袤之術，較若列眉，手寫定本付刻。疇人傳。

讀數學九章，知大衍求一之術，與立天元一，皆爲曆算家至精之詣。求一術尤鮮知者，其法以各數及不滿各數之殘，求未以各數除去之數，必先求以各數去之餘一之數，而後諸數可求，故曰求一。先生推演其術，爲三卷，上以究其原，中下以明其法，中爲雜法，下爲演紀，名曰求一術。同上。

又讀測圓海鏡，有注云「翻法在記」，疑李氏别有開方記佚而不傳。取秦書所載正員開方法，自平方迄三乘方，凡六十四問，員商二十三問，無數五問，代開十二問，盡變二十二問，通論十二問，而以釋例二十一條冠其首，名曰開方補記。同上。

秦先生恩復

秦恩復字近光，一字澹生，號敦甫，江都人。父黌，字序堂，乾隆壬申進士，由編修改御史，擢湖南岳常澧道，被議，以母老請終養，歸卒，年七十三。著有易書詩三經傳説鉤提、周禮纂注、史鑑雜録若干卷，石研齋詩十卷，詩餘一卷。先生乾隆丁未進士，官翰林院編修。澹於榮利，供職未久即告歸。主講杭州詁經精舍、揚州樂儀書院。又膺聘校刊全唐文。篤志好古，蓄書萬卷，丹鉛不去手，校勘精審，深究録略。自編石研齋書目，於宋以降，板刻燭照數計，澗薲稱其「可爲撰目録之模範」。所刻列子、鬼谷子、揚子法言、駱賓王集、李元賓集、吕衡州集、奉天録、隸韻、詞林、韻釋諸書，行於世，並稱善本。又輯刻詞學叢書。猶子嘉謨，字味芸，高宗南巡，召試二等，以訓導用，著有世本輯補十卷，月令粹編二十四卷。子巘，字玉笙，道光辛巳舉人，工詩文，晚年尤以詞名。參漢學師承記、揚州府志、顧廣圻撰石研齋書目序。

黄先生丕烈

黄丕烈字紹武，一字蕘圃，晚號復翁，長洲人。乾隆戊申舉人。江南藏書之風，肦自虞山絳雲樓，汲古閣爲最後，皆萃於泰興季氏。乾、嘉以來，推先生爲大宗，搜弆不下錢、毛、季三家。先生意欲輯所見古書録，將所藏爲正編，所見而未得者爲附録，一、宋槧，二、元槧，三、毛鈔，四、舊鈔，五、雜舊刻。未及編定，身後瞿木夫溶分爲二十卷，稿本不知歸何所。澗蘋爲作百宋一廛賦，而自注之。名爲百宋，實則一百二十六種。百宋之外，又得多種，曰求古居書目。擬再得百種，倩澗蘋作後賦而未果。每得一書，讎校研索，往往數四而未已。其題識於版本之後，先篇第之多寡，音訓之異同，字畫之增損，授受之源流，繙摹之本末，下至行幅之疏密，廣狹，裝綴之精粗敝好，莫不條分縷析，跋一書，而其書之形狀如在目前。所刊士禮居叢書，一以宋本爲準，校語附刊札記，世稱最精之本。道光五年卒，年六十三。其藏書後歸同郡汪氏藝芸書舍，再歸聊城楊氏海源閣。海内流傳一鱗片甲，珍爲球璧，其書跋尤爲學林所重。吴縣潘文勤公始爲編刻，遞有增益。最後江陰繆荃孫、長洲章鈺、仁和吴昌綬，同輯蕘圃藏書題識十卷，刻書題識一卷。參蘇州府志、繆荃孫撰黄蕘圃藏書題識序。

蕘圃刻書題識

重雕嘉靖本校宋周禮札記序

鄭氏之學，惟三禮爲最精，三禮之注，惟鄭氏爲最善。向來三禮鄭注本合刻者，以十六行十七字本爲佳，相傳爲嘉靖本是也。若宋時三禮合刻之本，世鮮傳焉。禮記有撫州本，儀禮有嚴州本，皆覆雕行世，周禮獨缺如，余竊病焉。向聞萬卷堂余氏有單注本在余友顧抱沖家，未及借校。近於同郡故藏書家見有紹興間集古堂董氏雕本，後爲壽松堂蔣氏收得，遂假歸校勘，多所取正。因思刻以傳世，奈字體細小，兼多破體，取爲家塾課本，有所未宜。舊藏嘉靖本字大説目，頗宜老眼，末有經注字數，其出宋本無疑。仿此開雕，行款悉遵，而幅式稍狹于經注，譌舛之字悉校宋刻正之。董本爲主，此外參以家藏之岳本，蜀大字本，又借諸家之小字本、互注本，校余氏本，集腋成裘，以期美備。至於嘉靖本之獨勝於各本者，其佳處不敢以他本易之，存其舊也。此刻係校宋本，非覆宋本，故改字特多，然必注明以何本改定，非妄作也。若字之可疑者，仍之，而於校語中標出，守闕疑之義也。刊成之日，附校語一卷，以俟讀是書者取證焉。

彭先生兆蓀

彭兆蓀字湘涵，號甘亭，鎮洋人。父官山西寧武知縣，少隨任所。年十五，應順天鄉試，聲滿名場，終無所遇。道光元年，薦舉孝廉方正，未就，卒，年五十四。胡果泉中丞刊元本通鑑、宋尤延之本文選，先生與澗蘋同爲校勘，撰文選考異十卷，鉤稽探索，得其要領。曾賓谷轉運兩淮，尤禮才士，先生往依之，佐輯國朝駢體文正宗。所爲文沈博絶麗，詩則始務奇瑰，終慕澄澹。中年服膺宋儒之書，兼通釋理。著有懺摩録一卷，小謨觴館詩文集共十六卷。參姚椿撰墓志、顧廣圻撰文集序。

張先生金吾

張金吾字慎旃，號月霄，昭文人。諸生。少孤，穎敏喜博覽，比長，學爲考據。家世有藏書。季父海鵬，尤好事廣刊舊籍，爲學津討原、墨海金壺、借月山房彙鈔諸叢書。又刊太平御覽，以影宋鈔本校明鈔本。先生助之，鈎稽審覈，見者稱焉。慕鄉先輩汲古毛氏、述古錢氏遺風，篤志儲藏。與同里陳子準揆善咸事購訪古籍，子準先歿，先生所收得尤多。爰取所藏宋、元槧本，暨新舊鈔之爲世罕見者，撰愛日精廬藏書志四十卷，詳載鏤版時代，校藏姓氏，備録敍跋，以著書之原委。澗薲爲之序，稱爲讀書之脈絡。目録成而書散，家中落，處之泰然，鍵户讀經疏。撰釋冕、釋弁二篇。又取李氏易傳、漢上易傳，日夕研究，有志窮理盡性之學。輯金源一朝著作，殫十二年之力，成金文最一百二十卷。又輯宋、元來諸家經說，得八十餘種，寫定詒經堂續經解一千四百三十六卷，蓋以補通志堂經解之未備也。道光九年卒，年四十三。自著書有廣釋名、兩漢五經博士考、釋軀、十七史引經考、白虎通注及文集。參黄廷鑑撰傳。

廣釋名自序

漢劉君成國著釋名二十七篇，從音求義，多以同聲相諧。其自序云：「凡所不載，亦欲智者以類求之。」金吾治經之暇，旁及小學，讀其書，陳義爾雅，訓辭典奧，古音古義，賴斯僅存。然如釋親屬而不及夫，釋樂器而不及琴，釋周弁、夏收而尋則缺，釋秦、晉、吴、越而蜀不載，誠有如序所言，未能究備者。至若「星，散也」、「辰，伸也」，其説孤而無證，不若從説文解字星訓精、辰訓震之爲得也。「姊，積也」、「妹，昧也」，其説鑿而難通，不若從白虎通義姊訓咨、妹訓末之爲得也。「歲，越也」、「年，進也」，不若訓遂、訓仍之聲更相協也。「未，昧也」、「酉，秀也」，不若訓味、訓老之説更精確也。「山，産也」、「河，下也」，不若如説題辭訓宣、訓荷之爲善也。「江，公也」、「濟，濟也」，不若如尚書大傳訓貢、訓齊之爲善也。「州，注也」，不若如「殊也」、「疇也」之訓爲善也。「豫，豫也」，不若如「舒也」、「序也」之訓爲善也。「水波揚」爲揚州，不若「厥性輕揚」之説爲善也。「在幽昧」爲幽州，不若「其氣深要」之説爲善也。「取兖水以爲名」，不若以兖訓信之爲善也。取營室以爲名，不若以營訓平之爲善也。「心之言任」、「心之言桄」，較「所識纖微」之説爲善也。「弁之言樊」、「弁之言槃」，較「兩手相合」之訓爲善也。「斧」爲「甫」，不若如「斧之言捕」之爲善也。「鐘」爲「空」，不若如「鐘之言動」之爲善也。「旌，有精光」，不若如「精進士卒」之爲善也。「戰恭」爲「旃」，不若如「旃表士衆」之爲善也。「棺，關也」，不若訓完之爲善也。「柩，究也」，不若訓久之爲善也。他若名之言鳴，名之言命，則義得兩通；亭之言留，亭之言定，則説可竝存。易含三義，必須合簡易、變易、不易而其説始備；詩有三解，必須合志也、持也、承也而其義始全。金吾不揆檮昧，輒輯諸經傳注及諸子緯候等書，凡劉君所及見者，就原分二十七篇之目，依類廣之，俾未載者既網羅前訓而得其指歸，已載者亦博考羣書而備其訓釋，于以成劉氏之志，亦未必非小學之一助云。

清儒學案卷一百二十六

四香學案

乾隆中，古九章復出，學士大夫治天算之術者，以竹汀、東原爲職志。四香受經於竹汀，精揅天算，有藍勝冰寒之譽。述四香學案。

李先生鋭

李鋭字尚之，號四香，元和人。諸生。篤學樸厚，長於經義，通公羊春秋、虞氏易，著周易虞氏略例十八篇。好算術，師事錢竹汀，聞中西異同之奥。竹汀誨之曰：「爲弟子不勝其師，不爲賢弟子。」先生閉户沈思五年，盡通疇人家言。尤究心古曆，讀鄭注召誥「周公居攝五年，二月三月當爲一月二月。不云正月者，蓋待治定，制禮乃正言正月故也。」江艮庭、王西莊以爲據洛誥十二月戊辰逆推之，其説未覈。先生謂鄭君精於步算，此破二月三月爲一月二月，以緯候入蔀數推而知之，乃爲上推下驗，一一符合。著召誥日名考，竹汀深賞之。竹汀以太乙統宗寶鑑求積年術「日法一萬五百，歲實三百八十三萬五千四十八分二十五秒」爲疑，先生據宋同州王湜易學，謂每年於三百六十五日二千四百四十分之外，有終於五分者，五代王朴欽天曆是也。以七千二百爲日法，有終於六分者，近年萬分曆是也。以一萬分爲日法，有終於五、六分之間者，景祐曆法載於太乙遁甲中是也。以一萬五百分爲日法，此暗用授時法也。試以日法爲一率，歲實爲二率，授時日法一萬爲三率，推四率得三百六十五萬二千四百二十五分，即授時之歲實也。竹汀許爲探本窮源之論。王孝通緝古算經詞隱理奥，先生與張古餘共著細草三卷，詳論二十術，而其書始可通。李冶測圓海鏡、益古演段用立天元一術，郭守敬本之以造授時曆。後失其傳，至梅文穆始悟即借根方法。冶窮究其書，以爲天元之相消有減無加，與借根方之兩邊加減法少異。秦九韶數學九章亦有天元一之名，而其術又與冶不同。先生以九韶乃大衍求一之又一天元，與冶雖同時，而宋、元南北隔絶，兩家蓋各有所授。因見大衍求一術，爲演紀上元而設，實治曆之根，乃用其法，推得奉元、占天、淳祐、會天、大明、乙未諸曆歲實朔實，並及他術日法朔餘，課其彊弱，著日法朔餘彊弱考。又謂曆學乃致治之要，爲政之本，通典、通考置而不録，邢雲路古今律曆考徒援經史，侈卷帙之多，梅勿庵曆法通考卒未成書，乃議自顓頊、三代，下逮元、明數十家，存者爲之表章，缺者爲之考訂，著司天通志。先成三統、四分、乾象、奉元、占天五術注。又以秦九韶書論開方於超步、退商、正圓、加減、借一爲隅諸法，得古九章少廣之遺，勿庵少廣拾遺，實本於同文算指、西鏡録二書，不知立方以上無不帶縱之方，因著開方説。先成上中二卷，以攻苦得疾。嘉慶二十二年卒，年四十五。他著有方程新術草、句股算術細草、弧矢算術細草、回回曆元攷、磬折説、戈戟考諸書。開方説補，臨卒時命弟子黎應南續成之。參史傳、續疇人傳。

召誥日名考

鄭注：是時周公居攝五年，二月三月當爲一月二月。不云正月者，蓋待治定，制禮乃正言正月故也。江徵君聲、王光禄鳴盛以爲，據洛誥十二月逆推之，其説未核。今案：鄭君精於步算，此破二月三月爲一月二月，以緯候入蔀數推知，上攷下驗，一一符合，不僅檢勘一二年間月日也。攷之如左：

入戊午蔀二十九年，歲在戊午。是年文王得赤雀受命，明年改元。中候我應云：「季秋之月甲子，案殷九月辛丑朔，甲子二十四日也。赤雀銜丹書入豐，止於昌户，再拜稽首受。」

案：乾鑿度是年入天元二百七十五萬九千二百八十五歲，以元法四千五百六十除去之，餘四百八十五，不滿紀法一千五百二十爲入紀年，以六十去之，餘五命，起甲寅，算上得是年歲在戊午，置入紀年四百八十五，以蔀法七十六除之，得積蔀六，不盡二十九，爲入蔀年，置積蔀六命，甲子一，癸卯二，壬午三，辛酉四，庚子五，己卯六，算外得戊午蔀。詩大明疏鄭注「尚書文王受命，武王伐紂時日，皆用殷曆」。案：殷術甲寅元此亦甲寅元，故云用殷術。然劉歆所説殷術，周公六年始入戊午蔀，實與此不同。

入蔀三十年。己未。　文王受命元年。

入蔀三十一年。庚申。　二年。

入蔀三十二年。辛酉。三年。

入蔀三十三年。壬戌。四年。

入蔀三十四年。癸亥。五年。

入蔀三十五年。甲子。六年。

入蔀三十六年。乙丑。七年，文王崩。文王年十五生武王，九十七而終，終時武王年八十三矣。

入蔀三十七年。丙寅。八年。

入蔀三十八年。丁卯。九年。

入蔀三十九年。戊辰。十年。

入蔀四十年。己巳。十一年。書序云：「惟十有一年武王伐殷。」注云：「十有一年，本文王受命而數之，是年入戊午蔀，四十歲矣。」是年武王獺取白魚。

入蔀四十一年。庚午。十二年。

入蔀四十二年。辛未。十三年。書序「武王克殷，以箕子歸，作洪範」。洪範曰：「惟十有三祀。」譜云：「以曆校之，文王受命十三年辛未之歲，殷正月六日殺紂。」案：是月己未朔，六日甲子。

入蔀四十三年。壬申。

入蔀四十四年。癸酉。金縢：「既克商二年，王有疾。」

入蔀四十五年。甲戌。

入蔀四十六年。乙亥。　武王崩時年九十三，成王年十歲。

入蔀四十七年。丙子。

入蔀四十八年。丁丑。　服喪三年畢，成王年十二。

入蔀四十九年。戊寅。　周公辟居東都，成王年十三。

入蔀五十年。己卯。　周公居東二年，成王年十四。

入蔀五十一年。庚辰。　成王年十五，迎周公反，居攝元年。

入蔀五十二年。辛巳。　二年。

入蔀五十三年。壬午。　三年。

入蔀五十四年。癸未。　四年。　封康叔，作康誥。成王年十八，稱孟侯。

入蔀五十五年。甲申。　五年。　作召誥。

置入蔀年五十五，減一餘五十四，以章月二百三十五乘之，得一萬二千六百九十，如章歲十九而一，得六百六十七，爲積月，不盡一十七，爲閏月。是年閏四月。置積月六百六十七，以月法二萬七千七百五十九乘之，得一千八百五十一萬五千二百五十三，如日法九百四十而一，得一萬九千六百九十七，爲積日，不盡七十三，爲小餘。以六十去積日，不盡一十七，爲大餘。命起戊午，算外得一月乙亥朔。置一月朔，大餘一十七，小餘七十三，加大餘一十四，小餘七百一十九半，得一月望。大餘三十一，小餘七百九十二半，命如前，得一月己丑望。又置一月朔，大餘一十七，小餘七十三，加大餘二十九，小餘四百九十九，得二月朔。大餘四十六，小餘五百七十二，命如前，得二月甲辰朔。置二月朔大小餘，加大餘一十四，小餘七百一十九半，得二月望。大餘一，小餘三百五十一半，命得二月己未望。

一月一日乙亥朔。
二日丙子。
三日丁丑。
四日戊寅。
五日己卯。
六日庚辰。
七日辛巳。
八日壬午。
九日癸未。
十日甲申。
十一日乙酉。
十二日丙戌。
十三日丁亥。
十四日戊子。

二月一日甲辰朔。
二日乙巳。
三日丙午。　三月惟丙午朏。
四日丁未。
五日戊申。　越三日戊申。
六日己酉。
七日庚戌。　越三日庚戌。
八日辛亥。
九日壬子。
十日癸丑。
十一日甲寅。　越五日甲寅。
十二日乙卯　若翼日乙卯。
十三日丙辰。
十四日丁巳。　越三日丁巳。

十五日己丑望。

十六日庚寅。　惟二月既望。

十七日辛卯。

十八日壬辰。

十九日癸巳。

二十日甲午。

二十一日乙未。　越六日乙未。

二十二日丙申。

二十三日丁酉。

二十四日戊戌。

二十五日己亥。

二十六日庚子。

二十七日辛丑。

二十八日壬寅。

二十九日癸卯。

十五日戊午。　越翼日戊午。

十六日己未望。

十七日庚申。

十八日辛酉。

十九日壬戌。

二十日癸亥。

二十一日甲子。　越七日甲子。

二十二日乙丑。

二十三日丙寅。

二十四日丁卯。

二十五日戊辰。

二十六日己巳。

二十七日庚午

二十八日辛未。

二十九日壬申。

三十日癸酉。

劉歆三統術説文王受命九年而崩，崩後四年而武王克殷，後七歲而崩，明年周公攝政元年。案：校鄭少一年。又以召誥、洛誥俱攝政七年事，其年二月乙亥朔，三月甲辰朔，十二月戊辰晦，並與鄭不合。

日法朔餘彊弱考序

何承天調日法，以四十九分之二十六爲彊率，十七分之九爲弱率，累彊弱之數得中平之率，以爲日法朔餘。唐、宋演撰家皆墨守其法，無敢失墜。元、明以來，疇人子弟罔識古義，竟無知其説者。今年春，讀宋史志，忽有啟悟，爰列開元占經、授時術議所載五十一家日法朔餘之數，一一攷其彊弱，凡合者三十五家，不合者十六家。反覆推驗，知不合之故，蓋有三端：其一朔餘彊於彊率，如統天術，朔餘六千三百六十八，約餘五千三百六萬六千六百六十六，鮑澣之譏其無復彊弱之法者是也。其一朔餘之下增立秒數，如乾道術，朔餘一萬五千九百一十七秒七十六，裴伯壽詆爲不入術格者是也。其一日法積分太多，朔餘雖在彊弱之間，亦爲於率不合，如劉智正術，日法三萬五千二百五十，命爲七百一彊，五十三弱，則朔餘正得一萬八千七百三，若命爲七百一十八彊，四弱，則朔餘爲一萬八千七百四，較多一分，玉海載至道元年王睿獻新術，言於二萬以下修撰日法者是也。次爲一卷，以質當世明算君子，或亦步天者求故之一助也。

弧矢算術細草序

説弧矢者，肇於九章方田。自是以後，北宋沈括以兩矢冪求弧背，元代李治用三乘方取矢度，引信觸類，厥法綦詳矣。明顧箬溪應祥作弧矢算術，既如積之未明，徒開方之是衍，務末遺本，不亦傎乎？銳受學師門，泛觀古籍，研九數者十年，冀千慮之一得，爰集弧矢之問，入以天元之法，凡十三術，都爲一卷；願與海内游藝之士共審正焉。

測圓海鏡跋

天元如積之學，盛於元，亡於明，而復顯於本朝。梅文穆公赤水遺珍天元一即借根方解，發三百年來算家之蒙，可謂有功矣。惟立天元術相消與借根方兩邊加減，實有不同，文穆於此似猶未達其旨。蓋相消之法，大略與方程直除相似，但以右行對減左行，或以左行對減右行，故曰相消。西人易爲加減，雖得數不殊，究不如古法之簡且易也。浙江學使阮閣學芸臺先生，學貫天人，振興絶業，以言立天元者莫詳於海鏡，惜其流傳未廣，將重付剞劂，出所藏舊鈔本寄示，命爲校勘。爰依術布算，訂其算式，間有轉寫脱漏，設數偶合處，輒因管見所及，是正其譌，凡若干條。極知固陋，無補古人，質之閣學，幸垂誨焉。

益古演段跋

是書所稱某氏益古集，今已亡佚不傳。楊輝摘奇載元豐、紹興、淳熙以來刊刻算書，有益古算法一種，當即此書也。某書以方田圓田爲問，於徑圍方斜相與之率，能反復變化，而爲術之意猶引而未發。敬齋先生恐學者難曉，于是有演段之作。所謂演者，演立天元；段者，以條段求之也。蓋敬齋晚年得洞淵九容之説，日夕玩繹，所得甚深，故所著海鏡、演段二書，並以立天元術爲根本。鋭受業嘉定錢少詹之門，究心數學，十年於今，於天元如積之術，尤所篤好，以爲斯術者，算家至精之詣，縱使隸首、商高復生今日，亦當無以過之者也。唐王孝通緝古算經，世稱難讀。「太史造仰觀臺」以下十九問，術文隱祕，未易鑽尋，而以立天元一御之，則其中條理，固自秩然，無可疑惑。由是愈歎立天元術之妙。嘗倣演段之例，爲緝古算經衍一書，急欲刊以問世，匆匆猶未暇也。知不足齋主人刻海鏡既成，復以演段介錢唐何君夢華元錫，屬鋭算校而梓之，其表揚古人之心，真足尚已。校畢，因書此于簡末，以見是書之可寶，願當代明算君子毋忽視焉。

附　録

天元一術，始見於元李冶測圓海鏡。明顧應祥不解其旨，删其細草，遂使是法失傳。先生重爲校注，詳細釐定，凡傳寫舛誤，及祕奥難知者，加案百餘條。其有原術不可通，别設新例數則。且不滿應祥所著句股、弧矢兩算術，乃取弧矢十三術，入以天元，著弧矢算術細草。并做演段例，括句股和較六十餘術，著句股算術細草，以導習天元者之先路。續疇人傳。

梅勿庵於天算稱絶詣，然未見古九章，其所著方程論率，皆以臆創補，又囿於西學，未合直除之旨。先生尋究古義，變通簡捷，著方程新術草，以舊術列於前，别立新術附於後，以期古法共明於世。回回曆元託始開皇己未，王曉庵以爲在武德間，勿庵謂實用洪武甲子爲元。先生據明史曆志回回本術，參以近年瞻禮單精加考核，謂回回曆有太陽年，彼中謂爲宫分；有太陰年，彼中謂爲月分。宫分有宫分之元，則開皇己未是也；月分有月分之元，則武德壬午是也。自開皇己未至洪武甲子，積宫分年七百八十六，自武德壬午至洪武甲子，積月分年亦七百八十六，其惑人者，即此兩積年相等耳。因著回回曆元考，有求宫分，白羊一日入月分，截元後積年月日法，以爲不明乎此，雖有立成，不能入算也。同上。

先生與程易疇論磬股直縣，謂應於左右之中爲孔縣之，當其重心不差毫秒，自然兩體分垂，無復參差，是鄭氏之法。蓋一矩爲句，故股爲二；一矩有半觸弦，故股爲三，一之與二，一有半之與三，其相與之率皆倍。試以三角法算之，先求乙丙丁鈍角三角形之丁角，此形有乙丙邊一矩，有乙丁邊一矩有半，有甲丙乙角，爲乙丙丁之外角四十五度，以乙丁邊一矩有半爲一率，丙角四十五度正弦爲二率，乙丙邊一矩爲三率，推四率得丁角正弦，檢表得度次，求甲乙丁鈍角三角形之乙角。此形有甲角四十五度，有所求之丁角二十八度七分三十二秒，并二角以減半周餘，乙角一百六度五十二分二十八秒，即磬之倨句也。其説可佐鄭注所未備。同上。

先生治天算，與李雲門齊名，時稱南李北李，北李謂雲門，南李謂先生也。又與焦里堂、汪孝嬰有談天三友之目。嘉慶初，阮文達視學浙江，延先生問以天算，撰疇人傳，屬先生論定。其後羅茗香撰續傳，於先生深相推重，以爲專志求古，啟籥窮源，使二千年來淪替之緒，得大昌於世，先生之功爲多。論者以爲知言。同上。

四香弟子

黎先生應南

黎應南字見山，號斗一，順德人。嘉慶戊寅舉人，官麗水平陽知縣。僑居蘇州，因得從四香先生游。四香卒，先生爲補成開方説。又創求句股捷法，任設奇偶兩數，各自乘，相併爲弦，相減爲句或爲股，副以兩數相乘倍之，爲股或爲句。若任設大小兩奇數，或大小兩偶數，各自乘，則相併半之爲弦，相減半之爲句，或爲股。其兩數相乘，即爲股，或即爲句，所得之句股弦皆無零數。其法蓋亦由天元通分出也。又擬仿水道提綱例，撰地理沿革提綱，未成而卒。參史傳、續疇人傳。

句股容三事拾遺序

李欒城自言其學得諸洞淵九容，夫九容之名不可考矣。然九章句股章有容員方諸問，李氏海鏡一書，即以句股容員立算，意洞淵之學，其神明于句股者乎？夫朱青出入，并差互見，淳風注言之最爲簡當。元和李尚之夫子著句股算術細草，既立圖解，復御以立天元一，蓋取益古演段之例，習句股者，可以涣若冰釋矣。特句股邊數也，邊積相求，由來已久，而方員交錯，則未之前聞。吾友甘泉羅君茗香精心篤志，且閔俗學不得其原也，融會諸家，參以己見，爰箸句股容三事拾遺一書，于容方容員之外，增容垂綫一門。或云容垂綫之名，古所無也，然用之演天元，反覆皆成妙理，又何論于中西乎？故卷首舉其綱，卷中明其用，卷末窮其變，體例大略本諸欒城，俾學者知所入門。言之雖緐，無非闡發古人求是之意，斯亦欒城後所不可少之書也夫！」

四香交游

顧先生廣圻 別爲思適學案。

張先生敦仁 別見思適學案。

談先生泰 別見里堂學案。〔一〕

汪先生萊

汪萊字孝嬰，號衡齋，歙縣人。年少補諸生，力學通經史，及推步曆算之學。嘉慶戊辰優貢生，充八旗官學教習。國史館續修天文、時憲二志，舉先生與徐準宜、許澐充纂修官，書成，授石埭訓導。先生與四香同治李冶、秦九韶之學，以八綫之制，終於三分取一，用益實歸除法求之，一表之真數，僅得十之二，因悟得五分之一通弦，與五分之三通弦，交錯爲三角形。比例立法，以取五分之一之通弦，而弦切之數益密。梅勿庵環中黍尺，有以量代算之術，惟求倚平儀外周之兩角，而縮於内半周之角，未詳其法。先生爲立新術，量取不倚外周之角表，而三角之量法始全。堆垜有求平角立三角尖堆積法，不及三乘方以上，先生推而廣之，自三乘以上之尖堆，皆可由根知積，並及諸物遞兼之法，以補古九章所未備。又糾正梅文穆句股知積術，及指識天元一正員開方之可知不可知，皆確有心得。因以算術通之經史，解論語千乘；釋司馬法甲士步卒士徒之數；證周禮鄭注三月上巳，以太初術推之，第三章第三年三月三日逢己巳，當音紀。又謂太歲超次之法，爲劉歆迎王莽指而作。莽自謂以土代火，而急欲即真，

〔一〕「里堂學案」，原作「竹汀學案」，據目録及正文改。

不能待戊己之年，遂改太初甲寅爲丙子，又僞爲此説，遠託諸十四萬三千二百三十九年之前，以爲太極上元起於丙子，超若干辰至建國元年爲己巳。此與即位日用戊辰令天下，以戊子代甲子意同，尤爲前人所未言。所著有衡齋算學七卷，考定通藝録、磬氏倨句解參兩算術、十三經注疏正誤、説文聲類聲譜、今有録、衡齋詩文集。參史傳、續疇人傳、焦循撰别傳、胡培翬撰行略。

衡齋算學

遞兼數理

遞兼之數，古所未發，今定推求之，則先明設問之條。設如有物各種，自一物各立一數起，至諸物合併共爲一數止，其間遞以二物相兼爲一數；交錯以辯得若干數，三物相兼爲一數，交錯以辯得若干數；四物五物以至多物，莫不皆然。此所謂遞兼之數也。欲求總數若干，及每次分數各若干，法分二條，法以所設物數，減一數，爲倍根之次數，乃以二爲根，倍之加一得三，爲一次，又倍之加一得七，爲二次，如是累倍累加一，至如其次數而止，其未得之數，即相兼之總數也。法又以所設物數，即爲各立一數之數，減一數爲三角堆之根，乃以根數求得平三角堆，爲二物相兼之數，又減一數求得立三角堆，爲三物相兼之數，又減一數求得三乘三角堆，爲四物相兼之數，如是根數遞減，乘數遞加，求得相兼諸數，至於中數而止。中數以後，即同於前，不煩覆算。中數之位，於原設物數減去最大一數，取其餘數之中。餘數奇，則有一中；耦，則有二中。有二中者，二相兼數亦同，此遞兼之分數也。

日月之行有冬有夏解

尚書洪範言日月之行，有冬有夏，日行黄道，出入赤道，二十三度半强弱，極南則爲冬至，極北則爲夏至，南北中則爲二分，此日之行有冬夏也。月行白道，出入黄道五度有奇。月之弦望借日爲光，日行南北，隨時不同，月之晦朔弦望因以異向，此月之行有冬夏也。若漢志言「日有中道，月有九行」，所謂九行者，除黄道不計，有青白赤黑各二，乃指月之朔望二日，宗動天所掣左旋經圈而言。此二圈月月不同，約而識之，則爲八節。春時日行黄道東，而月合朔亦在東，故曰立春、春分，從青道；秋時日行黄道西，而月合朔亦在西，故曰立秋、秋分，從白道；冬時日行黄道南，而月望在北，故曰立冬、冬至，從黑道；夏時日行黄道北，而月望在南，故曰立夏、夏至，從赤道。春秋冬夏朔望異主者，由八節之分，啟閉當朔者，分至必當望；分至當朔者，啟閉必當望。若從一而言，則啟閉與分至之方恒相反，故互而言之，而八行適合於時令已。

仲秋之月日在角昏牽牛中旦觜觿中解

按日一歲行天一周，每日所至，各有所當之宿，是爲日在某宿。日入西地平後二刻半以内爲昏，日出東地平前二刻半以内爲旦，此昏旦之頃，自北極至正午地平一線上，有某宿在焉，是爲昏旦某宿中。統計一歲而言，則日無乎不在，昏旦亦無乎不中。若據定某月節氣或中氣之日而言，則日之在某宿，因古今時代而不同，恒星東行以生歲差故也。昏旦某宿中，因南北居處而不同，北極高度不齊，晝夜永短不一故也。月令所紀秦法，秦天官無可細核。漢與秦時相接，都相近，孔穎達疏首舉三統術以釋之，當矣。此仲秋之月一經舉正於中，應取秋分之數以合之。既主秋分，適當黄赤道相交之點，南北異地，可以不論。惟作三統術時，已當漢末，日之所在，必憑當時實測，上考秦世應加差三度，三統術稱秋分在角十度，秦時約在亢一度，與經日在角不合。稱去日九十九度之女三度爲昏中，今刊本作一百六度，傳寫誤也。加三度約在女六度；井二十一度爲旦中，加三度約在井二十四度，與經昏牽牛、旦觜觿亦不合。其日所在，及昏中，不過越在數日前；旦中，則相距一月餘矣。若取四分術所列宿度，及昏旦中星以徵之，則合者二，不合者一。四分列秋分在角四度。四分術作於後漢章帝時，加歲差亦不過三度餘，而黄道宿度角分十三日躔，當論黄道，則正在角宿之中半，一合也。列秋分昏中牛五度少，加歲差三度餘，爲八度，而赤道牛宿正八度中星，當論赤道，不逾牽牛之限，二合也。惟旦中井十六度少，加以歲差，則觜觿旦中，仍在秋分前二十餘日，爲不合。故孔疏云：「凡十二月日之所在，或舉月初，或舉月末，皆據其太略，不細與術數齊同，其昏明中星亦皆如此。」又云：「星有隱見，時有早晚，或前星已過於午，或後星未至正南也。」然三統術三者皆不合於經，四分則合其二矣。蓋古今宿度不同，距星任人所指，安知秦時所分宿度不與唐都所分以後之宿度大異，而適知經所云乎？然不可攷矣。

千乘之國解

出軍之法，侯國亦異，外内鄉遂七十五家出車一乘，都鄙一成百井，出車一乘，載於司馬法者昭然。論語千乘之國，是合境而出之，乃方二百里之小國，攝乎大國之間而生畏者耳。試取司徒、司馬、載師、匠人之文而約計之。方二百里，其地四同，同萬井九萬夫，城郭宫室涂巷等三分去一，上地中地下地通率二而當一，實受田者三萬家，置一同於中去二萬五千家，爲一鄉一遂，凡三百三十三乘三分乘之一。餘五千家，廛里場圃之等九者，各去五百家，餘五百里從後計，外周四面合三同，造都鄙卿三，致仕卿三，宜殺於王卿，約方四十里，親公子弟地從卿數，又宜減於王親約二，凡一百二十八乘。大夫五，致仕大夫五，約方二十里，疏公子弟地從大夫數，約三，凡五十二乘。餘一同二終爲十萬八千夫，三而當一，實受田者三萬六千家，通前五百家分處公邑，出車從鄉遂，凡四百八十六乘三分乘之二。合千乘云。

清儒學案卷一百二十七

養一學案

養一學主博通，期爲有用，異於守一家之言、立幟以爲名高者。表章先哲，裁成後進，當世推爲通儒，無間言焉。述養一學案。

李先生兆洛

李兆洛字申耆，一字紳琦，號養一，陽湖人。少有異禀，讀書至四五徧，歷久不忘，分日課文獻通考，浹歲成誦。盧抱經主龍城書院，從游，許爲第一流。嘉慶甲子鄉舉第一，乙丑成進士，改庶吉士，散館，授安徽鳳臺縣知縣，在任七年。焦岡湖漢之芍陂濱淮，而山岡環繞，易爲旱潦，增堤防，設溝牐，督民耕種，歲以屢豐。俗獷悍，多豪猾私梟，出没其境，爲盜藪，捕治首惡，私梟絶迹。嘗曰：「鳳、潁、泗三府州揀擇五千人，可方行天下，然惟其豪能用之；官用之，率至千里外，或客兵勢盛，力足鈐制乃可。」創設義學，勸民孝謹，澆風一變，治行稱最。以父憂去官，遂不出。主講江陰暨陽書院，幾二十年。

江陰俗樸，士知尚氣節，崇理學，而博通者少。先生因材而教，使治經術，通音韻訓詁，訂輿圖，考天官曆算，及治古文辭，各專一藝，成就者輩出。道光二十一年卒，年七十三。

先生於學無所不窺，昔人通一藝以上，有爲之而成書，或爲之而未及成書，補輯考訂，謀梓而行之。士通一藝，咸思羅致，後進咸奉爲依歸。當時篤志著述者，亦咸折衷於先生，而先生初未嘗撰一家言以自名於當世也。所編輯者，地理韻編二十一卷，駢體文鈔七十一卷，皇朝文典七十四卷，鳳臺縣志十二卷，舊言集、江干香草各若干卷，考定皇朝一統輿地全圖、恒星圖，鑄造天球銅儀，日月行度銅儀，並行於世。殁後門人編刊養一齋文集二十卷，詩集四卷。參包世臣撰傳、薛子衡撰行狀、蔣彤撰年譜。

渾天儀制器説

規木爲球，而中分之，以爲範。傅以布，粘以髹，疊布疊髹，厚至分之半，乃以漆和蜃疊塗，厚亦如之。須其乾，合兩半而圓之，加彩焉，色如天之色。成以授繪者，按天度而布星躔。球之兩端，孔之以置軸，以爲心。軸方其身而圓其端，貫球而出之，其北端達子午環，恰容之；其南端則貫環外而設輪以轉球，是謂天輪。按北極出地之度而設地平環，中環以正南北爲子午環以安球。

置機於球外，爲兩方板，空其中而定之度，容各輪之轉。於球心之軸端置輪，斜安之，曰天輪。機板之外，附板出一輪，曰本輪。其輪軸端亦爲輪，以運天輪之齒。本輪之下曰均輪，以運本輪，齒相運也。均輪之軸達於内，其本曰内本輪。内本輪之右次輪，高下與外均輪並，所以運内本輪也。其運之也，亦以軸端之輪。次輪之上爲側輪，亦以齒承側輪之軸而運之。自均輪至于側輪，皆立輪也。側輪之上曰飛輪，則平置輪，齊於板之頂，以承節，亦以軸運側輪之齒，節如矩。其上横之内端有兩鉞，形參差，設之以制飛輪之進退；其外端出板，外垂銕線，而錘其端爲兩鉞，往來之，劑内本輪。同軸附輪爲刺輪，以懸繩設墜發衆機者也。繩之一端設墜，其一端亦爲墜而輕之，機墜欲極，則引而升之。輪上惟設釘六，使繩可援，故謂之刺輪。輪之内别爲隔，以藏止機，蓋刺輪引繩而升則右轉，内本輪將從之以右，而衆輪皆逆也。故藏機于中，繩引則機發，以止内本輪之旋。機之發也皆以墜，而其止之也則以節。去節則飛輪如風，而衆輪應之矣；去墜則止不行。

飛輪向上，齒如鳥爪，迎而前，以便節端之鉞，而便其出入也。

側輪以銅片爲圜，而開齒於其邊，則其齒在側，以便承飛輪之軸也。

於球之面，環爲赤道度，定諸球度；黄道之度設黄道環，環中空，以容機。旁刻廿四節氣，附天而轉。其中之機，則于交赤道輪處，日退一度，以合日行之度。

乃按北極出地度，設地平環，於地平環十字交相爲時辰環。

跋恒星圖

史記天官書、漢書天文志，中外常宿一百十八名七百八十三星。至吴太史令陳卓，合甘、石、巫咸三家，並著圖籍，始多至二百八十三宫，一千四百六十四星。晉以後皆宗之，今所傳隋丹元子步天歌，數與之合。時代禁習天文，古圖失傳，傳者率顛倒其方位。國朝康熙十三年，監官南懷仁修儀象志，用西法考測所得星座，較步天歌少，有名者二十四座三百三十五星，而增多無名者五百九十七星，又多近南極二十三座一百五十星。乾隆初，監官戴進賢等累加測驗，推其度數，觀其形象，序其次第，至九年較儀象志增多有名者十八座一百九十星，而增多無名者一千六百一十四星。伏讀欽定儀象考成恒星經緯度表，總計恒星二百座三千八十三星，以六等别其明暗，以經緯辨其方位，附注歲差加減，以便推步，燦矣備矣，蔑以加矣。既又伏讀欽定大清會典天文圖，以視法變赤道爲直綫，分十二宫爲十二圖，而别繪近南北極星爲圓圖，列於前後，較之南北赤道分圖，尤便觀覽。第原圖俱無增星。今推準圖分合而繪之，以便占天者之考驗焉。其十二宫圖限於方幅，仍就赤道各分爲二，然直線中分配合甚易，若圓規之判然難合也。至恒星隨黄道東移，歲差五十一秒，率七十歲五十一分歲之三十而差一度。今自道光十四年甲午，上溯乾隆九年甲子，中距九十一算，所差一度有餘，表中經緯已與天象不符。因命江陰六生承如、宋生景昌、六生嚴、徐生思鍇、無錫錢生維樾，謹遵欽定儀象考成歲差加減表，隨星加減，各如本年冬至交宫度數，庶幾此後七十年中，可以用行。總圖外，仍繪赤道南北分圖二，弁諸簡首。其星等，在總圖一二三等作○，四五六等作●；在十二宫圖一等作○，二等作⊙，三等作○，四等作⊙，五等作○，六等作⊙；氣作ㄨ，總凡二十九圖云。

皇朝一統輿地全圖例言

京師居天下上游，府曰順天，府尹治之，領廳四，州五，縣十九。畿輔曰直隸，設總督于保定，領府十，直隸州六，廳三，州十二，縣百有五。留都曰盛京，府曰奉天，府尹與將軍共治之，尹領府一，廳三，州四，縣八；將軍領副都統城二，城守尉城八，協領城三。盛京之北曰吉林，將軍治焉，領副都統城四，協領城三，廳三。又北曰黑龍江，將軍治齊齊哈爾城，領副都統城二，總管城二，城守尉城一，是曰東三省。畿輔之南爲山東，巡撫治濟南，領府十，直隸州二，州九，縣九十六。西曰山西，巡撫治太原，領府九，直隸州十，廳七，州六，縣八十五。西南曰河南，巡撫治開封，領府九，直隸州四，廳一，州六，縣九十七。山東之南爲三江，總督駐江寧，江蘇巡撫治蘇州，領府八，直隸廳一，直隸州三，廳二，州二，縣六十二；安徽巡撫治安慶，領府八，直隸州五，州四，縣五十；江西巡撫治南昌，領府十三，直隸州一，廳二，州一，縣七十五。二江之南爲浙、閩，總督駐福州，浙江巡撫治杭州，領府十一，廳一，州一，縣七十六；福建巡撫治福州，領府十，直隸州二，廳四，縣六十二。河南之西南爲兩湖，湖北巡撫治武昌，總督駐焉，領府十，直隸州一，州七，縣六十；湖南巡撫治長沙，領府九，直隸廳三，直隸州四，州三，縣六十四。山西、河南之西爲陝、甘，陝西巡撫治西安，領府七，直隸州五，廳六，州五，縣七十三；總督治蘭州，領府九，直隸州六，廳九，州七，縣五十一，土司四十二。陝、甘之南爲四川，總督治成都，領府十二，直隸廳六，直隸州八，廳六，州十一，縣百有十一，土司二百六十九。江西、湖南之南爲兩廣，廣東巡撫治廣州，總督駐焉，領府九，直隸廳二，直隸州四，廳二，州七，縣七十九；廣西巡撫治桂林，領府十一，直隸州一，廳五，州十六，縣四十七，土司四十六。四川之南爲雲、貴，雲南巡撫治雲南，總督駐焉，領府十四，直隸廳三，直隸州四，廳九，州二十七，縣三十九，土司五十；貴州巡撫治貴陽，領府十二，直隸廳三，直隸州一，廳十一，州十三，縣三十四，土司八十一。陝、甘之西爲新疆，伊犁將軍治惠遠城，領城九，參贊大臣城二，辦事大臣城八，領隊大臣城二。青海辦事大臣駐西寧，領旗二十九，土司三十九。四川之西爲西藏，前藏治布達拉城，駐藏大臣在焉，領城七，土司三十九；後藏治扎什倫布城，領城六。自盛京之北迤西至陝西之北，皆内蒙古也，爲六盟，曰哲里木盟，同盟之旗十，曰卓索圖盟，同盟之旗五，曰昭烏達盟，同盟之旗十一，曰錫林郭勒盟，同盟之旗十，曰烏蘭察布盟，同盟之旗六，曰伊克昭盟，同盟之旗七。其張家口外察哈爾八旗，隸於張家口都統；甘肅北，阿拉善、額濟納二旗，不在盟數，而徵調比於内蒙。古瀚海以北曰喀爾喀，是爲外蒙古，設定邊左副將軍，駐烏里雅蘇台城，所轄曰土謝圖汗，三音諾顏車臣汗，扎薩克圖汗，科布多、唐努烏梁海。外藩之圖，獨有朝鮮，亦附列焉。

康熙、乾隆兩朝内府輿圖，外間流布絶少，武進副貢董方立祐誠精心仿繪，復博稽掌故，旁羅方志，自乾隆以來州縣之改更，水道之遷異，皆參校確實而著之。以道光二年爲斷，東盡費雅喀，西極葱嶺，北界俄羅斯，南至於海，分爲四十一圖，大者數尺，小亦尺餘，鬬合既難，觀者不易，今總爲一圖焉。

原圖依内府，以天府經緯分劃，天上一度，當地上二百里，然緯度無贏縮，而經度自赤道迤北，以次漸窄，則里數不可憑準。按一度當二百里，則一分當三里三分里之一，一杪當二十步，穹數即小有不齊，而大約無甚贏縮。今依靈臺儀象志實測，通南北畫爲每方百里，以取計里之便，而以虚線存天度之經度，使測天者仍可依傍。其緯度則每度分爲二，以應地上百里。南北以北極爲準，自黑龍江興安嶺北極出地六十一度，至廣東崖州北極出地十八度，相距四十三度。東西以京師爲中，東至三姓所屬海中大洲，偏東三十一度，西至喀什噶爾，偏西四十六度，相距七十七度。計里定方，南北八千六百里，東西一萬一千五百里。

兆洛始得欽定圖書集成中所刊輿地圖，苦其不著天度，繼得康熙内府輿地圖，大于集成所繪，而有天度，亦分省，有外藩。東華録言康熙五十年五月，駐蹕熱河行宫，諭大學士等曰：「天上度數俱與地方寛大脗合。以周尺算之，天上一度，即地下二百五十里，以今尺算之，天上一度，即地下二百里。古來繪輿圖者，俱不依照天上度數，以推地里遠近，故多差誤。朕前特遣能算善畫之人，將東北一帶山川地理，俱照天上度數推算，詳加繪圖。」五十八年二月，諭内閣學士蔣廷錫：「皇輿全覽圖，朕費三十餘年心力，始得告成，九卿等如求頒賜，允之。」即此是也。尋又於廣東巡撫庫見乾隆間所賜各省督撫内府輿圖，則合繪之圖也。東西爲横幅長卷，而南北以次排之，欲臨其本而未成。繼得方立所繪各省及外藩圖於新疆，差詳於州縣改革創制，以嘉慶年爲斷，乃合其總圖而刊之。繼又見沈廣文欽裴所藏，别有乾隆内府圖，亦總繪而截爲正方以刻之，方逾二尺，直省與兆洛所刊略同，而西與北外藩之境拓幾倍，乃以所刊本于外藩外補足焉。凡墨書者皆是也。以所繪天度大要相同，無更創之勞耳。謹按乾隆乙亥平定準噶爾，遣官測量繪圖以進。丙子八月有御題詩「己卯回疆，盡隸版圖」。再遣官繪圖以進，庚辰六月有御題詩，俱刊卷首。此蓋庚辰所刊也。疇人何國宗傳言乾隆二十年準噶爾蕩平，奉命出塞，測定東西南北里差，則其事矣。庚辰，乾隆二十五年也。

地理韻編序

道光三年，兆洛始至暨陽，六生賡九問曰：「古今地名疆域膠轕，檢書猥繁，讀史者何道以理之？」予示以皇朝輿地圖，令以古地名識其上爲别，以上古、禹貢、三代、春秋、戰國爲經始，年餘乃成。繼檢各史地志，别爲録副，而編以歸韻，編寫凡三四年。乃既繼檢皇輿表及一統志，表詳其沿革，著之于圖，皆得其實地，則又七八年。繼會前代郡縣注之每韻下，又三四年而後成。蓋六生德只之力十七八焉。初時編寫者徐生步莊、王生望之、夏生行之、陸生子幹、張生子立、吴生子清、曹生豫章、劉生秉彝，成書繕録者則沈生鑑虚、夏生厚栽、蔣生樊圃、劉生子千，而隨時校讎商榷者則宋生冕之、六生賡九、周生唐士、鄭生守庭、徐生康甫、黄生仲孫也。自始至訖事，閲十有六年矣，雖非日日致力于此，而暇日之力，則無不致焉，可謂勞矣。書徒薈粹載籍，檢稽同異，無義理可尋求，成之甚難，散失甚易。又卷帙差多，寫之頗難，校之尤難，爰又活字集印數百本，使稍稍流布，誠以廢日力于此，不欲其成而速毁也。編長纂雜，誠不能無舛謬漏奪，惟淹雅君子加之糾正，是有厚望焉。充集字之役者，薛生安國、蘇生汝亮、族子仲武，而德只實董之。追思施手之初，若望之、行之、秉彝已不幸短命，不見是書之成。而諸生各少者已壯，壯者漸老，而成幾何？歲月卒卒如此。使兆洛獨尸其名，不亦恧乎？賡九名承如，德只名嚴，步莊名紹堂，望之名渭，行之名時，子幹名楨，子立名志純，子清名廷燦，豫章名秉純，秉彝名純祚，鑑虚名成受，厚栽名培，樊圃名壽昌，子千名道英，冕之名景昌，唐士名賡良，守庭名經，康甫名思鍇，仲孫名志述，安國名光煜，汝亮名旦然，仲武名虎臣。予尚欲爲曆代史地名長編，凡史中地名，見於因事而非郡縣者，悉編出之，亦以韻類之，藉可並入上古、禹貢、三代、春秋、戰國諸地名。若成此，地名皆有歸宿，讀史者無遺憾矣。而此事尤難，以檢閲者必心有識別，手能纂録，始可任此。亦有三四生徒，欣然受命者，而無財者牽于課蒙以餬口，不能分力；有財者牽于科舉以求名，不肯分心。三五年來，僅康甫成晉書一種，餘多爲之而不竟。自度年齒已莫，恐不能待也，聊書之，冀有同志者繼賡焉。

駢體文鈔序

少讀文選，頗知步趨齊、梁，後蒙恩入庶常，臺閣之製，例用駢體，而不能致工。因益搜輯古人遺編，用資時習，區其鉅細，分爲三編，序而論之曰：天地之道，陰陽而已，奇偶也，方圓也，皆是也。陰陽相並俱生，故奇偶不能相離，方圓必相爲用。道奇而物偶，氣奇而形偶，神奇而識偶。孔子曰：「道有變動，故曰爻；爻有等，故曰物；物相雜，故曰文。」又曰：「分陰分陽，迭用柔剛，故易六位而成章，相雜而迭用。」文章之用其盡於此乎？六經之文，班班具存，自秦迄隋，其體遞變，而文無異名。自唐以來，始有古文之目，而目六朝之文爲駢儷，而爲其學者，亦以是爲與古文殊。路既歧，奇與偶爲二，而於偶之中又歧六朝與唐與宋爲三。夫苟第較其字句，獵其影響而已，則豈徒二焉三焉而已，以爲萬有不同可也。夫氣有厚薄，天爲之也；學有純駁，人爲之也。體格有遷變，人與天參焉者也；義理無殊途，天與人合焉者也。得其厚薄純雜之故，則于其體格之變，可以知世焉；于其義理之殊，可以知文焉。文之體，至六代而其變盡矣。沿其流，極而泝之，以至乎其源，則其所出者一也。吾甚惜乎歧奇偶有二之者之毗于陰陽也，毗陽則躁剽，毗陰則沈膇，理所必至也，于相雜迭用之旨，均無當也。

上編著録若干首，皆廟堂之製，奏進之篇，垂諸典章，播諸金石者也。夫拜颺殿陛，敷頌功德，同體對越，表裏詩、書，義必嚴以閎，氣必厚以愉，然後緯以精微之思，奮以瑰爍之辭，故高而不槬，華而不縟，雄而不矜，逶迤而不靡，馬、班已降，知者蓋希。或猥瑣鋪敘以爲平通，或詰屈彫瑑以爲奇麗，樸即不文，華即無實，未有能振之者也。至於詔令章奏，固亦無取儷詞，而古人爲之，未嘗不沈詳整靜，茂美淵懿，訓詞深厚，實見於斯。豈得以唐、宋末流，澆尦浮尪，兼病其本哉？故亦略存大凡，使源流可知耳。

中編著録若干篇，指事、述意之作也。或縝密而端愨，或豪侈而詄盪。蓋指事欲其曲以盡，述意欲其深以婉，澤以比興，則詞不迫切，資以故籍，故言爲典章也。韓非、淮南已導先路，王符、應劭其流孔長，立言之士，時有取焉。然枝葉已繁，或披其本，以仲宣之覃精，而子桓病其體弱，亦學者之通患也。碑誌之文，本與史殊體，中郎之作，質其有文，可爲後法，故録之尤備焉。

下編著録若干篇，多緣情託興之作。戰國詼諧辨譎者流，實肇厥端。其言小，其旨淺，其趣博，往往託思于言表，潛神于旨裏，引情於趣外，是故小而能微，淺而能永，博而能檢。就其褊者，亦潤理內葩，秀采外溢，不徒以鏤繪爲工，逋峭取致而已。後之作者，乃以爲游戲，佻側洸盪，忘其所歸，遂成俳優，病尤甚焉。尺牘之美，非關造作，妍媸雅鄭，每肖其人。齊、梁啟事短篇，藻麗間見，既非具體，無關效法，十而存一，概可知也。

皇朝文典序

大圜不言，星雲爛然，實代之言，大方無紀，河嶽迤邐，以爲之紀。其在于人，精者曰文，下挾河嶽，上昭星雲，所以經緯宇宙，炳朗絲綸者也。其儒墨之訓，彫瑑之詞，畸人術流之馳説，春女秋士之抽思，皆一花一葉，一翾一蚑，各有可觀，而非其至者矣。拘學之士，閉門距躍，高指月窟，卑銓蟲天，囿於所習，得少自足。或服習卿雲，揚摧燕許，衹襲優冠，競陳芻狗，於朝家寶書鴻典，曾未或窺。是猶不覩建章宫之千門萬户，而妄意蓬室爲璇臺；不聞鈞天廣樂之洞心駭目，而拊掌巴渝以軒舞也。曩厠庶常，竊抱此愧，閒搜司存，冀有採獲。旋出宰邑，斯業廢然，罷官多暇，憶之耿耿。比游維揚，聞此土前輩先有纂集，亟求而觀，巨帙充几，登縣圃而案玉，入鮫淵而數珠矣。就其輯録，小有乖紊，遂加釐次，以類相從，都若干篇，爲七十四卷。羅列務盡，非有取舍，其所未備，俟諸博求。卷之大小不齊，蓋留編續之地焉。其於掌故，以當中朗獨斷，資之遺翰，或同伯厚指南。豈戴圜履方之倫夸于創見，庶大雅宏遠之彦遂其乃心云爾。

文集

樂律考

簫

排簫之制，其來最古，律吕十二管，備具其中。而近代寖失其傳者，蓋因不用律吕損益倍半之法，故排簫别爲一器，而與律吕不相涉，惟朝賀郊祀大樂中用之，不過較工尺以備器數耳。其制則十六管爲一具，長者張兩旁，參差漸短；其用單吹無旁出孔，管之最者得今尺九寸五六分餘，最短則四寸餘；十六管之徑亦微不同，樂工相傳謂最者管爲合字，依次漸高，此時用排簫之大略也。論排簫之制，大之亦可，小之亦可。但須依加減比例同形。而推原古制，必用十二律吕之正，加以二倍律，二倍吕，始爲適中。今以十二律吕正聲排簫之制言之，左用黄鐘爲濁均之宫，而以太、姑、蕤、夷、無爲之商、角、變祉、祉、羽，右用大吕爲清均之宫，而以夾、仲、林、南、應爲之商、角、變祉、祉、羽。其變宫若用黄鐘大吕之半，則音太高，而諸樂難和，故取二變宫於二正宫之前，以倍無爲黄宫之變宫，倍應爲大宫之變宫，又取二下羽於二變宫之前，以倍夷爲黄宫下羽，倍南爲大宫下羽。此所以備旋宫轉旋之用，而爲諸樂綱領也。夫南、夷、無、應，實本均祉、羽之聲，但倍之而用於宫聲之前，則爲變宫下羽，此正古人宫逐羽音之義也。以黄半應變宫之理推之，正夷爲黄宫之祉，而倍夷爲黄宫之下羽，則是下羽之半變爲正祉矣。正無爲黄宫之羽，而倍無爲黄宫之變宫，則變宫之半亦變而正羽矣。唐、宋以來，皆四清聲爲黄大、太、夾之半，故陳暘以爲靡靡之音，謂其過高也。今於正律之外用四倍律，則宫聲居中，而無過高之譏矣。聲字具備，宫調遞遷，旋轉用之，無不可也。

黄鐘元聲之積加分減分，比例所生同形諸管皆得應律吕之正矣。若以黄鐘爲全分之長，從下至上，按本管十二律吕之分，各開一孔，乃與律吕本音不甚相協，按清濁二均開孔，其聲亦不相應。蓋十二管應其本律本吕之聲者，其形同而生聲之理又同。如以一管按十二律吕之分開孔，氣自一孔旁出，難致通管直出之音，故取分雖同，而生聲之理則異也。古人之製簫笛也，備七音於一管，寓十二律吕於其間，分清濁旋宫，調非得其變通，則不可用。若取黄鍾元聲加分所生同形諸管，以其律吕各自所得度分相併折中而設諸孔，始得協音韻之正，而備聲字之用焉。

按時用簫通長一尺七寸有餘，徑五分上下。通長之上設出音孔爲低尺字，出音孔上第一爲工字孔，第二凡，第三六，第四五，第五乙，第六後出爲高尺。此分得第一工字孔之半，獨上字無孔。其取上字以後出尺字並六字爲低上字，併工字、凡字爲高上字，此時用簫立體取音之大概也。細推其理，長一尺七寸餘者，黄鐘加分所生管體，律吕相和之倍分也。徑五分上下者，黄鐘加分所生管體之徑度也。其宫調第一孔立宫位，而通長爲下羽，宫逐羽音之義也。其通上爲下羽，故出音孔得變宫之位。其第一孔立宫位，故第二得商，三得角，四得變祉，五得祉，而第六後出，仍得變宫也。論其音，則出音孔與後出孔相應；論其分，則後出孔得第一孔之半，其本體正分與半分之比，即如律吕正分與半分之比也。

其設出音孔者，因出音孔以上諸孔，必得出音孔而音始協也。其不設上字孔者，因簫笛之乙字分、上字分、尺字分皆得全體所用律吕位分之半。乙字分得通長之半，上字分得出音孔之半，後出尺字分得第一孔之半。如按此三孔本分其聲，必將本孔獨開，餘孔皆閉，音始不訛。若本孔以下諸孔全開，則音爲以下諸孔所掣，比本分之音俱少下。故歷來簫笛設乙字孔，比本分稍上，而在乙字分、上字分之間，蓋爲取音與以下諸孔同例也。乙字孔既開於本分之上，故上字無孔，以其與乙字、尺字位分甚迫，生聲易淆，且孔密而慮難按也。至於後出尺字，仍於本分設孔者，因其取音將以下諸孔皆閉，而獨開此孔也。其取低上字於高尺字并六字者，簫之通長應上字，乃本體羽聲，律吕相和倍之之分。今六字孔得本體角聲，律吕相和之分，後出高尺字孔得本體宫聲，律吕之半相和之分。以此二分相併，適合本體羽聲，陽律倍之之分也。其取高上字於工、凡、乙字者，蓋借工字凡字以代高工高凡，而合以乙字也。簫之工字孔爲本體宫聲，律吕相和之分；凡字孔爲本體商聲，律吕相和之分；乙字孔爲本體祉聲，律吕相和之分。今取高工字則用商聲，律吕相和之半；高凡字則用角聲，律吕相和之半。以此二分相併折中，復與祉聲律吕相和之分相併折中，適合本體宫聲。陽律之半，在後出孔高尺字之下，故爲高上字也。借工字凡字之正聲者，取以代高工高凡之用，欲窮其理，必推本於高工高凡而後明也。夫簫笛之生聲，原在中空容積之分，故開孔取音，必合本體律吕之度而音始和。是知古人審音制器，減其有餘，以補不足，務取聲調之協與備，得以旋宫而變化無窮焉。

黄鐘姑洗大吕仲吕簫

黄鐘簫用八倍黄鐘之體，以黄、大相併折中，應黄宫爲第一孔。此孔而上，用本體律吕之正；此孔而下，用本體律吕之倍。故無、應相併折中，倍之，應無變宫爲出音孔。夷、南相併折中，倍之，應倍夷下羽爲通長。太、夾併折，應太商爲第二孔。姑、仲并折，應姑角爲第三孔。蕤、林并折，應蕤變祉爲第四孔。此四孔以下，皆得應本管律吕位分之正。自此以上，夷、南相和爲通長之半，比通長宜下一音，而應祉聲乙字。無、應相和爲出音孔之半，比出音孔宜下一音，而應羽聲上字。半黄、大相和爲第一孔之半，比第一孔宜下一音，而應變宫尺字。但因簫笛皆不設上字孔，而取乙字孔於乙字分、上字分之間，故夷、南相和與無、應相和，皆虚其位，以爲伏孔。而别取半黄、半大相和之分，與蕤、林相和之分併折，應夷祉爲第五孔。其次則半黄、大相和，應半黄變宫，而爲後出第六孔焉。至於羽聲上字以後出孔并第三孔而應倍夷爲低上者，蓋以第三孔姑仲之和、後出孔半黄、大之和并之，得一尺八寸二分一釐一毫，適合本管倍夷之分也。以工字、凡字代高工、高凡，而合以乙字孔，得應無射爲高上字者，蓋以工字孔黄、大之和，凡字孔太、夾之和。今取高工字則應於半太、夾之和，得六寸二分七釐四。取高凡字則應於半姑、仲之和，得五寸五分七釐六。孔高尺字之下而爲高上字之分也。以下三簫取分取聲之理皆準此。黄鐘簫與姑洗簫，皆應黄鐘陽律一均之聲，而姑洗簫音韻清和，於新排簫之黄鐘一均，尤爲相協。大吕簫與仲吕簫，皆應大吕陰吕一均之聲。

姑洗仲吕笛

今笛空徑四分上下，自吹口至出音孔得一尺少歉，自吹口右盡通長則一尺二寸有餘。出音孔與通長之間復有兩孔，其出音孔之上第一爲工字孔，第二爲凡字孔，第三爲六，第四爲五，第五爲乙，第六爲高尺。其取上字用同於簫，此今笛大概也。即其本體而論，出音孔上第一孔爲工，故出音孔爲尺，出音孔外兩孔，一應高上，一應低上；而通長爲乙。以其應律吕而言，第一孔應夷祉乙字，二應無羽上字，三應半黄變宫尺字，四應黄宫工字，五應太商凡字，六應蕤變祉五字，出音孔亦應蕤變祉五字。出音孔外兩孔，其分長者應姑角六字，其分短者應仲吕清角高六字，而通長應太商凡字。論其取分，則第四孔得通長之半，最上第六孔得第一孔之半，其乙字孔亦取於乙字分、上字分之間。

姑洗笛應陽律一均，仲吕笛應陰吕一均，其取分取聲之理皆與簫同。以姑洗簫笛之分言之，簫之倍無、應之和爲凡，笛之倍無、應之和爲乙，故簫之凡與笛之乙應；簫之黄、大之和爲六，笛之黄、大之和爲上，故六與上應；簫之太、夾之和爲五，笛之太、夾之和爲尺，故五與尺應，皆準此。

十七簧大笙

一管合六管，或一管合十二管，爲低尺；二管合七管，爲最低上；太常樂工省此不用。三管合八管，爲低工；四管合九管，爲低凡；五管合十二管，爲低六；六管合十三管，爲低五；七管合十四管，爲最低乙；太常樂工亦多不用。八管合十五管，爲低乙；九管合十六管，爲低上；十管獨用，爲高上；十一管獨用，爲勾；十二管合十七管，爲高尺；十三管獨用，爲高工；十四管獨用，爲高凡；十六管獨用，爲高六；十七管獨用，爲高五。二三兩管分同，七八兩管分同，不過微長分餘，或簧少軟，使之聲字稍下耳。九十兩管分亦同，然自九至一簧皆長而軟，自十至十七簧皆微短而硬，此管體一而因簧以別高下者也。若夫十一勾字則取上、尺之間爲度，十四十五兩管分亦同，不過微長少低以配八管一字相和取聲耳。

十三簧小笙

一合五或合九爲低尺，二合六爲低工，三合七爲低凡，四合九爲低六，五合十爲低五，六合十一爲低乙，七合十二爲低上，八合十二爲高上，九合十三爲高尺，十獨用爲高工，十一獨用爲高凡，十二獨用爲高六，十三獨用爲高五。大笙之十五簧，於十七簧已爲減二，而小笙又少勾字凡字二簧，蓋勾爲低尺，可以相代，而凡字重出，嫌其易淆，故復減耳。十三簧小笙得黃鐘八分之一之體，故其聲字度分尤爲簡明。

一笙之内，管體長者設簧亦大，管體短者設簧亦小，取其簧而更施之，則或困或揭，皆不成聲。蓋笙之施簧，必在管體之長短而爲大小，如絲樂之體大者絃巨，體小者絃細也。至於簧之硬者，應聲微高，點以蠟珠，則可少下；簧之軟者，應聲微低，不施蠟珠，或易硬，簧則可以高，然所差不過半音，未若管體長短之分音晰也。今欲明製笙之法，辨笙之體用，必一其徑，覈其積，考其度，正其音，一一本之律，而後理數明焉。大笙之空徑二分上下者，乃黄鐘八分之一，又加此一分之四分之三之積也。小笙之空徑一分有餘者，乃黄鐘八分之一之積也。其管之長者用律吕之倍，短者用本體律吕之正之半。其半管比正音，每下一音，其相和取聲，無論體之大小，管之多少，要皆以本聲立宫，而祉聲和之；或以正聲爲主，而少聲和之，取二聲相濟，抑揚中聽也。其兩管同一聲字而相和者，乃宫工與少宫，高工商凡與少商高凡，而子母相應也。其不同聲字而和者，乃宫工與祉乙，商凡與羽上之類，得相生之序而相和也。若夫兩管之斷不可和者，則宫工與商凡，商凡與角六之類，兩聲相比，必甚乖謬而不可和者也。是故低尺以低五和之者，乃濁變祉立宫，而宫聲爲祉以和之也；低工以低乙和之者，下祉立宫，而商聲爲祉以和之也。餘準此。高聲與低聲相和者，乃首音與第八音，所謂隔八相生也；商之可以和祉者，又爲祉生少商爲首音，與五音相和也。蓋各管之徑既同，則度分可定，度分既定，則各體之相旋爲用，自有協和之妙焉。

大管小管

時用頭管共有九孔，通長爲合，最下第一孔爲四，二爲乙，三爲上，四後出爲勾，五爲尺，六爲工，七爲六，八後出爲五，九最上爲高乙帶高上〔一〕無凡字孔，取凡字或借工字高吹之，或借六字低吹之。其

〔一〕「上」，原作「工」，形近而譌，今改。

假聲字之法，則又以哨孔爲高下，然終不如簫笛之能轉調。其或轉調，則必易哨，蓋哨薄則輭，輭則聲低，哨厚則硬，硬則聲高，哨長聲亦低，哨短聲亦高，即如笙簫硬輭之分聲字也。審哨之音，哨得笛之上字者，管之通體始得合字；哨得笛之尺，則通體得四，得笛之工，則通體得乙。宋志所載，與時用管所傳聲律大概相同。今之額管有大小兩管，大者禮部太常並雅樂取用；小者吳中所製，隨歌曲與笙笛相合爲用者也。大管之徑三分不足，二分有餘，長六寸稍餘；小管之徑二分稍餘，長五寸六分餘。大管之孔九，取音十二；合、四、乙、上、勾、尺、工、凡、六、五、高乙、高上。小管之孔八，取音九。合、四、乙、上、尺、工、凡、六、五。蓋因大管字孔無凡字孔，取凡字於工字、六字，仍取高乙、高上於最上一孔；而小管無勾字孔，有凡字孔，既取凡字於本孔，其最上一孔又不帶兼取兩字，故聲字減於大管，如十三簧小笙之減於十七簧也。諸樂生聲不過七音，而管色之名至於十者，六五乃合四之清聲，即如琴絃之有二清聲，而勾字在上尺字間，亦如簫笛笙之低上、高上、低尺、高尺之分也。其小管有凡字，而大管無凡字者，因大管最上一孔取高乙復帶高上，慮其孔多難按，亦如簫笛之不設上字孔也。今按律呂倍半之分，辨其體，審其音，而頭管之制、旋宮之義協焉矣。

大管以黃鐘爲體，其長用姑洗之分。除含哨之分計之。姑洗乃陽律之首，角聲之位，於字譜爲低六字，即合字之本音。於笛爲低上字，設哨則復爲笛之合字，而應倍無之律。其仲呂之分則爲六字之位，而應倍應之呂。因頭管之通長，獨取合字，故不和以仲呂之陰呂，而止取姑洗之陽律焉。其第一孔林、蕤之和得四，二孔夾、南之和得乙，三孔宜於無、應之和取之，但因管體最短，生聲易別。其取聲之法，又將諸孔依次遞開，故至第三孔，音即爲以下諸孔所掣而少下，亦如簫笛乙字分之理。故取半黄、大與無、應之和而得上，第四半黄、大之和得勾。夫頭管通長既爲姑洗而得合，則正黄鐘宜得工，而半黄、大宜下一音爲尺。今因取聲隨以下諸孔全開之例，故比尺字下半音而爲勾。工字之半取勾，則爲下一音半矣。第五半大、夾之和本宜得工，因第四孔下半音，此分遂下一音而爲尺。凡字之半取尺字，則爲下二音矣。第六孔依下二音之例，宜以合字之半爲度。今於第一孔四字之半取之始合，蓋因管之半體以上分益短，而聲應益下，前孔取全律之半聲下二音，而此分則又下一音，故半蕤、林之和得工。四字之半取工字，則爲下三音矣。至於凡字之分，依前孔之例，宜以第二孔乙字之半爲度。今以上字之半取之始合，乃爲下四音之分。然管之凡今又無孔，而以工字、六字孔代之，故第七孔即爲六字，乃太、夾之和四分之一於尺字之半取之，尺字之半取六字，亦爲下四音也。第八孔依下四音之例，則宜以工字之半，半蕤、林相和四分之一爲度。今於乙字四分之一爲高工之半取之始合，乃爲夷、南相和四分之一得五，高工之半取五字，則爲下四音半矣。第九孔依下四音半之例，則宜以凡字之半爲度。今以六字之半取之始合，故太、夾之和八分之一得高乙帶高上，六字之半取乙字，則爲下五音矣。太、夾之和應乙，今其八分之一之和亦應乙，則又爲隔八而相應矣。此大管之體，孔分益短而應聲益下，或下一音二音，甚至隔八音以協聲字，然其孔竅長短必準以律吕，始能定其位次，辨其聲字。觀此，然後可以究律吕之變，而盡律吕之用也。

仲呂姑洗二篪

湖廣寶慶府樂校志云：「篪以竹爲之，長尺四寸，闊三寸三分，一孔上出，五孔向外，一孔向内，一孔在末節，共八孔。第一孔黄鐘清律以六字應，凡吹六字，止開此孔；第二孔南吕以工字應，凡吹工字，此孔與下第三孔底一孔皆開；第三孔林鐘以尺字應，凡吹尺字，此孔與下第二孔底一孔皆開；第四孔仲吕以上字應，凡吹上字，此孔與下第一孔底一孔俱開；第六底孔太簇以四字應，凡吹四字，止開此孔；惟黄鐘律以合字應，六孔皆閉。」按寶慶志所載孔數凡七，與吹口共八，而用法則遺一。今禮部所用徑約九分上下，體長雖一尺四寸，而吹口至管末止九寸餘，其管末設底之中心開孔，近底又並開二小孔，如簫笛出音孔，計此孔與吹口共八。詢之樂工，謂底孔爲合字，第一孔爲四，二爲上，三尺，四工，五六，自吹口出凡字，獨遺一字，與寶慶志所載諸孔聲字率皆不同。至於命孔，又皆以笛言。及較其全半所應，則管末與向外第三孔爲全半之分。審其音，底孔之聲應簫之上，笛之凡，並非合字，而第三孔亦應簫之上，笛之凡，其餘諸孔與簫笛皆不甚相協。按爾雅注：「篪長尺四寸，圍三寸。」夫圍三寸，則徑爲九分有餘。爲篪設底，其中空之圍不易量，此謂三寸者，或篪之外周乎？若篪之外周三寸，則中空在八分九分之間，與三十二倍黄鐘管之徑八分七釐相侔，與四倍黄鐘管同，應姑洗之律。是故此篪用三十二倍黄鐘之徑爲徑，而通長與各孔即用三十二倍管律吕之和，取分生聲，名姑洗篪。至於按陰吕一均者，名仲吕篪。要之，篪或上古之笛，而笛或爲篪之變制，法皆横吹，然篪尤爲雅樂要器，必使協律呂旋宫，而可以宣大樂之和焉。

釋鐘

古鐘墒圜，如合兩瓦，成廉稜，考工記所謂銑也。記：「兩欒謂之銑。」鄭氏曰：「鐘口兩角。」賈疏：「古應律之鐘，狀如今之鈴，不圓。」按欒有瘦義，詩傳「欒欒，瘠也」。銑有劖義，銑一曰小鑿，蓋鐘側廉之通名，鄭專指其兩角，非也。循銑端至擊處，䋎而上穹，如缺月中規，所謂于也。記：「銑間謂之于。」鄭司農云：「于，鐘脣之上袪也。」賈疏：「以鐘脣厚，褰袪然，故謂之袪。」按于，虚處也。鄭謂上袪，似亦謂摳而上。賈蓋失其指。受擊處爲夔龍紋，所謂鼓也。記：「于上謂之鼓。」鄭司農云：「鼓，所擊處。」其上爲界。界之上，其中正平，容銘文，所謂鉦也。記：「鼓上謂之鉦。」按鉦蓋鐘之正體也，以左右言之，則居兩銑之中；以上下言，則三分鐘體，甬居一，鼓居一，而鉦當其中。夾鉦左右近鼓處，各列乳三，乳圍寸，高半寸，所謂枚也。記：「篆間謂之枚，枚謂之景。」鄭云：「司農云：枚，鐘乳也。」玄謂：「今時鐘乳俠鼓與舞每處有九面三十六。」按乳俠鉦爲三列，左九右九，面十有八耳，鼓旁不得有乳；舞爲鐘頂，亦無置乳處。枚上界之爲夔龍紋，所謂篆也。記：「鐘帶謂之篆。」鄭云：「帶所以介其名也，介在于鼓鉦舞甬衡之間，凡四處。」按鄭氏帶凡四處之説，蓋欲傅會鉦間鼓間之文，而曲説之耳，其實非也。帶如人之束帶也，此古鐘帶二列，以尺度計之，合甬銑之長，下一帶適當其中；合甬至鼓之長，上一帶適當其中。上復界之而列枚，復一篆一枚，而至鐘頂，所謂舞也。記：「鉦上謂之舞。」按舞猶幠也，鐘之聲宣于鼓而冒于舞。易曰：「鼓之舞之以盡神。」又舞之體雖平，而懸之側垂，則其前軒然，故古詩曰：「軒乎舞之。」頂正平中，其平處矗出爲柄，所謂甬也。記：「舞上謂之甬。」戴氏震曰：「甬之爲言如華甬之聳長。」甬附舞而上，距舞寸許，而甬之圍墳起如或蟠焉，亦爲夔龍紋，于墳起處綴以耳，如辟邪形，其孔一寸半，以係懸，所謂旋也幹也。記：「鐘懸謂之旋，旋蟲謂之幹。」鄭云：「旋屬鐘柄，所以縣之也。」司農云：「旋蟲者，旋以蟲爲飾。」玄謂：「今時旋有蹲熊蟠龍辟邪。」按旋猶盤旋，幹猶樞幹也，幹爲蟲形以附旋，故曰旋蟲。旋以上網之，漸以至頂，亦正平，所謂衡也。記：「甬上謂之衡。」按衡言横也，甬直上而鐘側垂懸之，則甬之上如衡之有低昂。曲禮：「捧席如橋衡。」其度銑長尺二寸五分，按此鐘銑間一尺，較今裁衣尺弱三分，營造尺强二分。今即以此鐘銑間之度命尺，以歸簡捷，然此尺適中鄭世子樂書所載明制三種尺之量地尺。若欲以周尺計之，則當慮傂銅尺一尺六寸六分弱。慮傂尺一尺，則此尺之六寸二分弱也。正中長一尺，所謂十分，其銑去二，以爲鉦也。按鳧氏之文，分鐘體上下計之，則鼓上爲鉦，以其鉦之長爲之甬長是也。合鐘體言之，則通舞至鼓皆謂之鉦，此文是也。蓋銑爲邊，鉦爲中，對銑言之，則通全體，對甬與鼓言之，則爲半體。兩銑相距亦一尺，所謂以其鉦爲之銑間也。按其圍一尺四寸，而徑一尺，則其穹四寸也，倍之得鼓間之度。兩鼓相距八寸弱，所謂去二分以爲鼓間也。按鐘既墧圜，不可圍測，故以銑間計，而其墧之數不可見也，故以鼓間計。銑間鼓間與舞脩舞廣相應，鐘頂可實測，故以脩廣言之，鐘口合計虛處，故以間言之也。鄭氏乃謂：「凡言間者，從篆以介之，分鐘體爲三，鼓六，鉦六，舞四。」謂鐘口十者，其長十六，過長而不成製矣。且鄭氏謂篆介于鼓鉦舞甬衡之間，則銑之下無篆，即不當云間，是爲自背其説。又以銑爲銑徑，鉦爲鉦徑，夫不以言間者爲徑，而以專舉銑者言徑，尤不辭也。且銑之徑在口可測，鉦之徑在腹不可測，古人測量必據其可施實測者，測空圍以容積，不以徑也。戴氏震分鐘體爲二，以鉦間爲上半，銑間爲下半，牽于鄭氏，以銑爲銑徑，而不知銑間之爲銑徑，故仍鐘長十六之謬耳。又記文所云「去二分」，當是十分銑間去二分，以爲鼓間；十分鼓間去二分，以爲舞廣，則與此鐘之度適合。吕大臨考古圖及宣和博古圖所載古鐘，斂侈之數，亦大略相符。若如鄭氏以銑之十分遞減則鐘口一尺，舞脩六寸，鐘口過侈矣。頂横徑八寸强，所謂以其鼓間爲之舞脩也。此與銑間去二之數合，其圍一尺一寸二分，較銑圍一尺四寸，亦合去二之數。圍一尺一寸二分，而徑八寸，則其穹三寸二分也，倍之得舞廣之數。縱徑六寸四分弱，所謂去二分以爲舞廣也。鄭氏曰：「舞脩，舞徑也。舞上下促，以橫爲脩，縱爲廣，今亦去徑之二分以爲之間，則舞間之方，恒居銑之四也。」戴氏震曰：「鐘體上覆其脩六，是爲墉圜大徑，其廣四，是爲墉圜小徑，鐘之羨宜準此爲度矣。」按鄭氏以舞廣爲舞間，別出記文之外，殊爲違失，戴氏得之。鼓長四寸，鉦長六寸，甬長五寸六分，所謂以其鉦之長爲之甬長也。甬亦當長六寸，而此稍減，或冶者失之。然博古、考古諸圖所載諸鐘，其甬長皆不及鐘長三之一，蓋記文但取略數以爲成法，其小小增減，各從其宜耳。按鉦爲鐘之正體，以左右言之，則左右爲銑，中爲鉦；以上下言之，則上爲甬，下爲鼓，中爲鉦。鉦與甬鼓參齊，而鼓長四寸，甬長五寸六分者，讓于鉦也。若通計其度，則甬五寸六分，鉦六寸，鼓合于之虛處六寸五分，爲自上而下遞加五分，損上益下之道也。古人制作之精意如此。甬附舞處圍六寸，所謂以其甬長爲之圍也。圍當五寸六分，此稍侈。衡圍五寸，所謂三分甬圍去一，以爲衡圍也。圍當四寸七分，亦稍侈。旋長寸，旋之上三寸七分，旋之下一寸九分，所謂三分甬長，二在上，一在下，以設其旋也。厚一寸，所謂小鐘十分，其銑間以其一爲之厚也。記：「大鐘十分，其鼓間以其一爲之厚，小鐘十分，其鉦間以其一爲之厚。」鄭云：「鼓鉦之間同方六，而今宜異，又十分之一猶太厚，皆非也。若言鼓外鉦外則近之，鼓外二，鉦外一。」賈疏云：「鼓外二，鉦外一者，據上所圖鼓外有銑間，乃銑外有二間，鉦外惟一間，就外間十分之一爲鐘厚。」按鉦間當是銑間之訛，鉦不得有間也。以此鐘之厚計之，正得銑間十分之一，小鐘反厚于大鐘者。戴氏震云：「大鐘體大恐太厚，小鐘體小恐太薄。」旋蟲附鐘之一面，故懸之即側垂。其側垂之度，自舞引繩而懸之，其末之距鼓也三寸，舞廣半徑三寸二分，鼓間半徑四寸，侈于舞廣八分，合計之，則側垂亦三寸八分也，其重中今權五十四斤。

歐陽氏修集古録曰：「景祐中修大樂，冶工拾銅更鑄編鐘，得古鐘有銘于腹，因存而不毁，即實龢鐘也。余知太常禮院時，嘗于太常寺按樂，命工叩之，與王朴夷則清聲合。而初王朴作編鐘皆不圓，至李照奉詔修樂，皆以朴鐘爲非，及得寶龢，其狀正與朴同，乃知朴爲有法也。」沈氏括曰：「今太常鐘鎛皆于甬本爲紐，謂之旋蟲，側垂之，所謂衡者，鐘靡自其中垂，下當衡甬之間，以橫括掛之。橫括，所謂旋蟲是也。」沈氏所見，當于紐孔穿橫括以繫縻，然有孔可穿橫括，殊爲無謂，蓋亦非古法也。呂氏大臨考古圖曰：「古之樂羨而不圓，皆有篆間之枚，故其聲一定而不游，與衆樂不相奪；今鐘多圓而無枚，故其聲與古相反也。」馬氏端臨文獻通考曰：「王朴所製編鐘皆側垂，李照、胡瑗並非之。後得古寶龢鐘，其形側垂，瑗改鑄正其紐，使下垂，叩之弇鬱而不揚。」今博古圖、考古圖皆載寶龢鐘，當即歐陽氏、馬氏所謂寶龢鐘也。揆其所記之度，與此鐘亦大略符合。博古圖寶龢鐘三，一高一尺二寸，甬長五寸二分，兩舞相距八寸三分，橫六寸，兩銑相距九寸七分，橫七寸一分。按高即銑長也，銑尺二寸，甬當五寸八分，此五寸二分，稍縮。兩銑相距即銑間也，銑尺二寸十分去二，當九寸六分，此九寸七分，稍贏。其橫即鼓間也，九寸七分去二，當七寸七分半強，此七寸一分，稍縮。兩舞相距即舞脩也，當如鼓間七寸七分半強，此八寸三分，稍贏。其橫即舞廣也，七寸七分半去二，當六寸二分，此六寸，稍縮。其爲贏縮頗微，或冶鑄時有所失，否則繪圖者測量未密耳。考古圖寶和鐘五，一鐘中黃鐘下二律，長尺有九寸八分，內甬衡長六寸九分，兩舞相距尺有三寸七分，橫七寸三分，兩欒相距尺有六寸五分，橫九寸三分。按尺有九寸八分，去甬六寸九分，則銑長尺二寸九分也。兩欒相距即銑間也，云尺有六寸九分，當是其圍數，否則長一尺二寸九分，而闊尺六寸九分，過擁腫矣。銑間當一尺零三分強，鼓間當八寸二分半強，今九寸三分，亦贏，兩舞相距即舞脩，云尺有三寸七分，亦是其圍數，舞脩當八寸二分半強，舞廣當六寸六分強，今七寸三分，亦贏。若以九寸三分去二，則近之。其誤當在通計鐘長之數，蓋甬長六寸九分，則通鐘之長當在二尺以外。若改一尺九寸八分爲二尺一寸八分，則除甬長，得銑長一尺四寸九分，銑間當一尺一寸九分强，鼓間當九寸五分强。今銑圍尺六寸五分，去銑徑一尺一寸九分，餘四寸六分，爲鼓之穹數，合兩鼓得九寸二分。舞亦然。考古圖訛字尤多，不盡可準，隨舉其一，其餘可知。其所云旋閒之紐在鐘正面，亦與今鐘正同，而莫言其懸之法。夫注書者以不見古器爲私心之説，見古器者徒以爲玩好之具，聊傅會周禮以爲古，而不詳求其制度，則一器之微，閲千百載而莫識其傳也。余故備著之，以貽讀考工者焉。鐘今在懷寧城西山西會館。鐘銘曰：「兮中作大𨩰鎗，其用追孝于皇考，已自用□。十七字在鉦間。喜□□□孫永保用享。」十字在鼓右。中五字不可辨。積古齋鐘鼎彝器款識有「兮中敦」，文正與此類。𨩰字不可識。

尚書既見序

讀聖人之書，必求窺聖人之心。聖人之心，千萬人之心也，而孟子稱智足知聖，惟宰我、子貢、有若，七十子莫得與焉。子思作中庸，引聖人之道於至淺至近，而顧難之曰：「苟不固聰明睿智達天德者，孰能知之？」然則聖人之心，果無智愚皆足以知之乎？今夫日之在天也，庸夫孺子皆見之而知之，然則疇人子弟登靈臺，窺機衡，其知必有與庸夫孺子異者。向使進羲和、容成而問之，其知又必有與疇人子弟異者。執庸夫孺子所知之日，以爲日盡于是也，可乎？不可也。然使以疇人子弟所知之日，語庸夫孺子，則疑且笑之；更以羲和、容成所知之日而語之，則益非且怪之。何也？其知不足及此也。日未嘗異也，隨知之者而異也；聖人之心未嘗異也，亦隨知之者而異也。竊怪夫循誦習傳之士，未得其一端，而遽名曰吾知聖，則孟子所云智足知聖，七十子所不能者，今之士顧反能之，而大而化、聖而不可知之之云者，抑果易知也？讀方耕莊先生尚書既見，始卒業而爽然，徐尋繹之而怡然，舜、禹、文王、周公得孔子、孟子之言，而其心可知矣。後之讀書者，求端于孔子、孟子之言，而勿以凡所言者亂之，則幾乎其可矣。先生之言，若與凡言之者異，而與孔子、孟子之言近矣。由是以求窺聖人之心，亦猶欲問日於羲和、容成，而以靈臺疇人爲之導也。夫不知聖人，不爲聖人損。不知而不求知，而自安于其所知，吾恐學道之見日益卑陋，遂錮于淺近，所造亦以益下，幾何不如疇人家言，更千年而天可倚杵也。承學之士，誠思擴其胸，高其識，無域乎庸夫孺子之見，請由是而之焉，可乎！

周官記序

周官者，古今治天下之版法也，雖有甚亂，不能盡泯棄；雖有甚治，亦莫能盡其精微，蓋與天命相流通焉。學者病冬官之亡，以爲五官根柢皆在冬官，冬官亡而五官莫能舉。竊以爲不然。所謂根柢者，封建井田之規模，郊壇、宗廟、宫室、丘封、車旗、衣服、律吕、彝器之制度已耳，即其書完具，其法可得施用於今日乎？師周官者，當師其意，不當師其法。當孟子時，固已籍失而但聞其略矣，孟子不以籍失爲病也，權其可施行於當日者，而爲之變通，以適其宜，期無失乎先王之意而已矣。漢之三老嗇夫，得以俗教安之意，故民氣達。宋之宰相，得冢宰進退百官之意，故人才興。明士庶之制，得以儀辨等之意，故士氣伸。其法未嘗同，而皆足以致治。若北周之名官，以次比附唐之六典，規仿文字，如模印然，曾何益於治乎？至於襲其一字一言以爲法，而新莽、荆舒且以亂天下矣，故曰不當師其法。方耕先生仿儀禮記作周官記，甄綜經意，令就條理，欲以融通舊章，定後世率由之大凡。其於冬官，採周、秦諸子之言地事者輔益之，不屑屑于事爲制造之末，而于官不陳藝，工不信度，府事隳壞，三歎息焉。又攟經中大典，如郊廟族屬之類，古人所論列者，件繫而折衷之，爲周官說三卷，以輔記之所不盡。實能探制作之本，明天道以合人事，然後綴學之徒，鉤稽文詞，吹索細碎，沿傳訛謬之説，一切可以盡廢。有志于治者，由其説，通其變，舉而措之，如視諸掌，非徒經生講解之資而已也。治經者知讀書所以致用，必有觀其會通而不泥于迹者，庶幾六經之在天壤，不爲佔畢記誦之所荒，不爲迂僻膠固之所竄也夫！

詒經堂續經解序

治經之途有二：一曰專家，確守一師之法，尺寸不敢違，越唐以前諸儒類然；一曰心得，通之以理，空所倚傍，惟求乎己之所安，唐以後諸儒類然。孔子曰「述而不作，信而好古」，專家是也；孟子曰「以意逆志，是謂得之」，心得是也。能守專家者，莫如鄭氏康成，而其于經也泛濫博涉，彼此通會，故能集一代之長；能發心得者，莫如朱子，而其于經也搜採衆説，惟是之從，故能爲百世之宗。孟子曰：「博學而詳説之，將以反説約也。」不約不足以成學，不博則約于何施，彼治專家而遂欲盡廢後來之説，矜心得而遂欲悉屏前人之言，皆專已守殘，自益其孤陋者也。唐以前説經之書，存者十之一，唐以後説經之書，存者十之二三，其易于泯滅如此者，莫之好也。其所以莫之好者，皆二途爲之蔽也。國朝納蘭氏通志堂經解之刻，所以輔微扶衰，引掖來學甚厚，傳之百餘年矣。金吾張君以遺編墮簡，尚不盡于此，乃發其家所藏書，自唐以下，復得如干種，寫定爲詒經堂續經解，都千二百有餘卷，將以次授之剞劂焉。夫鑽研苦心，更得引脈，使不即埋没，大惠也。購書甚難，况在異本，推而廣之，使人可共見盛誼也。蓋金吾之尊人心萱先生豐于學，而嗇于遇，積書以貽其子；金吾復修身嗜古學，不爲名，一家淵源，蘊蓄醇美，故其志之勤而情之摯如此。屬郵其目以見示，故爲之敍其意，以勖其成云。

春秋經朔表序

春秋上律天時，具四時正閏，餘備晦朔，謹薄蝕，治曆者求千載之日，至恒推策而稽之，然時世曠遠，書策訛缺，往往或合或不合。至于治經之家，但循其年月，考次前後，足以除顛倒，袪複重，足矣。而好學者亦復旁諏疇人，以求其通，此實事求是之誼也。然治曆者不能盡求其合，治經者亦不必過求其通，則以課曆之疎密，釋經之精粗，義固不在是。晉書律曆志云：「漢末宋仲子集七曆以考春秋。」今其書已亡。所謂七曆者，蓋即開元占經所載黄帝、顓頊、夏、殷、周、魯加漢之三統，爲七術也。杜預作春秋長曆，而實不諳曆法，徒依經傳甲子推移前後，遂有比年置閏，一年再閏，曠數歲無閏之訛，不足憑也。北周甄鸞著五經算術，以周術推春秋曆法，略舉數端，曾不該徧。晉姜岌、唐一行、元郭守敬則各推春秋，以自課所定之曆，又在七術之外者。國朝陳氏泗源，亦著春秋長曆，所用古曆，即七術之殷曆也。大旨謂日食爲考應之原，但食朔日名推驗相合，則其餘疏失可不問，專以糾正杜氏于置閏及月之大小，反覆推校，意亦主于課曆。顧氏震滄著春秋大事表，有朔閏門及長曆拾遺，亦如杜氏，不諳曆算，徒積累日月，其弊同于杜氏。姚文僖公秋農著邃雅堂學古録，亦有春秋朔閏表，以爲用顓頊曆推筴，其實即殷曆也。又不能守一家之法，而仍依違出入于杜氏，名規杜失，而乖舛彌甚。近時甘泉羅君茗香著春秋朔閏異同，徧列七曆，條其同異，以補宋仲子之書之亡。其言曰：「春秋經傳之文，或一事異時，或一事異月，或一事同日異月，或一事日月並異，或一事兩見于傳而月日互異，或時日雖具而脱月名，或日月初無異名，及參以上下之月，推勘遠近，而不得其日，且有別本異文。如成十八年辛巳，正義曰『服虔作辛未』之類，蓋以時閲二千年，書非金石，輾轉傳寫，豈無失誤？正義謂或史文先闕而仲尼不改，或仲尼備文而後人脱誤，誠有然也。蓋生數千載之後，而考稽數千載以上之日月異同，可得而言也，是非不可得而知也。則亦存其可知者焉耳！」可謂博學而孱守之者歟？雯博老而好學研經，能得要領。其治春秋以五經算術之法，備推章、蔀、元餘、閏餘、中氣及每月大小餘而列之，備檢核也。二百四十二年，依年排次，省積算也。其日食則旁採姜岌、一行、郭守敬所測而稽之，考得失也。經傳中干支有合有不合，則一一著之，而不加擬議，闕疑而慎餘也。成書四卷，題曰春秋經朔表，絶長曆之迷惑，攬諸家之指要，于以方舟初學，擁篲遺經，拾遺補蓺之雅，庶無憾焉。爰爲歷述前聞，揚搉所見而序之。

喪服傳表序

禮者本乎天，而聖人爲之品節焉。品節者，聖人之爲也，聖人達天，故其爲之者皆因乎其天，而不以人與也。禮莫重于郊禘，莫嚴於朝廷，其品節至繁重，幾于不可窺尋，而必有其本焉。孔子曰「義之與比」，得其本而凡禮皆可以義比矣。喪服，其制禮之本歟？親者，人之天也，喪則由天。而人之始也，于其由天，而人之始順其天而制之，所以爲教者莫近於此矣。由是而達之百，爲推之天地鬼神，經之以三，紀之以五，極之以九，莫不以是貫之。夫禮爲治世之具，一代帝王各有所創制，而不能得先王制作之大原，輒妄取一節以相比附，故小者乖午，大者失倫，愈變而愈離其本。即服術一端，經唐武氏、明洪武之以私意顛倒，而流失敗壞，至不可問。後世沿之，莫敢議焉，誠杳冥而莫知其原也。志古之士，服習禮經，日與賢聖相稽求，而亦隨俗俯仰，不肯一究其心于廣大精微之域，以求衷於先聖，則其所自治者爲何事？而其所致力爲何學哉？蔣生丹稜于子夏氏之傳詳稽慎考，下及鄭氏注所旁及者，所訂正者，並六朝議禮諸家，羅列而究其得失，又即傳中所列，分别類例，各爲之表，而附以歷代異同之跡，明辨晰而糾繩當，可謂盡心矣。以爲悉協聖賢之意，誠未敢知，而加之研窮，日求其近，則亦可爲從事于斯者一簣之覆也。

復方植之書

兆洛匿影江干，不與當代賢士君子相聞知，久矣。讀大著，私心惕然，知負荷世教，自有人也。曩時讀書，甚不喜康成，然於朱子亦時時腹誹。讀先生書，敬當力改其失，其爲賜豈有量哉！竊嘗謂漢、宋紛紜，亦事勢相激使然。明代以八股取士，學士低首束縛於集注之日久，久則厭而思遁，一二才智之士，鑿空造奇，一遁而之子，再遁而之史，然皆不能越集注範圍。漢學興，於是乎以注攻注，以爲得計，其實非爲解經，爲八股耳。一二君子倡之於前，無識者乃藉以取名，或甚以此希取富貴，波流至今日而極，而掇拾愈細，其味愈薄，亦稍稍有厭之者矣。得先生昌言之，拔本塞源，廓清翳障，程、朱復明，此亦功不在禹下者也。非博學慎思，安得此明辨哉？命爲製序，則豈所敢任？洛所刻書，印成者少，就所有者呈數種，皆瑣屑不足觀，慚愧慚愧。咫尺間不獲逕前一奉顔色，然聞聲之思，已甚慰並世之願矣。守之來，專此附復，敬承起居，惟爲道珍重，不宣。

附録

先生散館試列一等第七，江蘇留館前，已有四人以知縣用。時修律曆志，尚書英和公欲以通曉算學奏留之。先生曰：「皇上命知縣則知縣耳，三十年讀書，亦欲一臨民自試。」遂謁選。年譜。

先生纂鳳臺縣志，以精覈稱。同邑孫仿山爲懷遠令，以修志事相質。先生以懷遠事宜詳於鳳臺者數倍，本其體例，恢而擴之。又主修東流縣志，皆爲之提挈綱要，書成，皆稱名志。同上。

先生於輿地之學，尤爲精覈，手校宋樂史太平寰宇記、顧祖禹讀史方輿紀要、趙一清水經注釋，凡史部有涉地理者，無不備致，尤得力於顧書。同上。

先生館揚州鮑氏，爲搜集八代全文，上自漢、魏，下迄於隋。先是孫淵如、嚴鐵橋皆從事而未竟業，鮑氏意欲繕完進呈，故以屬諸先生。案先生後主講江陰，事中輟。同上。

顧亭林日知録先有錢辛楣評釋百數十則，毛生甫以示先生，乃謀推其義例，通爲箋注。嘉定黄潛夫汝誠任剞劂之資，又得楊南屏諸家皆用功，於是書有可采録悉收之。吴山子、毛生甫、蔣丹棱分任其事。先生謂：「中言時務八卷，此爲有用，乃全書之精華，亭林所云爲王者取法也。故漕運河務鹽政諸大端，博采名臣奏議，及近儒論議，慎取而詳説之，與本義相發明，鑿鑿可見施行，非視困學紀聞諸家箋釋祇取該博而已。」同上。

先生以曆法各朝不同，欲究諸術之疏密，歷代之因變，非舉廿二史曆律志盡通其術不可。元和李尚之有三統四分乾象三術注，餘亦未就，命門人宋冕之景昌從荆溪教諭沈俠侯欽裴受四元算術，由是指示木工造正方縱方各一具，次商三商之平廉長廉俱一覽了然。又仿劉徽九章注，斜解方棋，作爲塹堵、陽馬、鼈臑諸形，合之成一大方，分之則各體皆備。又弧三角一術，爲西人絶業，其狀益復難辨，亦令徐泰江陰人，武舉，能范銅製器。爲之弧，凡矢切割各線，俱能使學者了然。同上。

祁公寯藻督學江蘇，出其先公鶴臯先生所著書：外藩蒙古回部王公傳，史館編撰稿本也；西陲總統事略、西域釋地、西陲要略，謫戍時塞外所著也。西域三種已有刊本。公以外藩傳外間少知者，欲綜各傳，爲編年體，成一家之言，以屬之先生。案：書成，名曰藩部要略，命門人宋景昌撰表。同上。

秀水葉兩垞維庚著紀元通考，先生爲之補其缺漏，去其紕繆，成書十二卷，刊行。又以是書爲繁，命六承如别爲部分，爲紀元編三卷，約而彌賅，閲者便之。同上。

先生常以梓人自隨，鄉先輩及友朋著述未刊者，如張臯文、莊方耕、劉申受、洪孟慈諸書，皆先後刊行。其中未成之稿，爲之訂正增補。宋、元、明人遺集，搜訪鈔校，凡數十種，遇其後裔有力，勸之刊行，如鄒道鄉、陸墻東、瞿忠宣等集是也。胡石莊繹志書最所服膺，失而復得，終爲刻之。同上。

姚石甫曰：東南講席，惟先生一人而已。今之擁皋比稱山長者，無不爲東脩計，其以文章道義古喆是程者，未之有聞。先生不惟無升斗之望於書院，且出其所有以養士，教導諸生，以古爲式，表章修述，矻矻窮年。由此觀之，非先生其誰與歸！同上。

養一弟子

蔣先生彤

蔣彤字丹棱，陽湖人。諸生。從養一學，爲高足弟子。記養一論學語，爲暨陽答問四卷，編年譜三卷，小德録一卷。自著喪服表三卷，喪服傳異説集辨一卷，集傳六卷，服術集義一卷。養一爲之序，稱其於歷代異同，明辨晰而糾繩當。又有周官要論一卷，周官劄記一卷，外藩事略八卷，並佚。其存者史微三卷，文集四卷。參養一齋集、年譜、武進陽湖合志。

薛先生子衡

薛子衡字子選，陽湖人。諸生。陶文毅撫蘇，欲薈輯江左古今載籍，仿朱氏竹垞經義考之例，編爲目録，以屬魏默深與養一，養一辭讓，未果作。欲私爲毘陵一隅之書，屬諸先生，成常州經籍序録三卷。所著又有卦序釋義、國風二南説、真正銘齋文集六卷。參養一齋集、武進陽湖合志。

承先生培元

承培元字守丹，江陰人。優貢生，績學能文。林文忠督治河工，客其幕，甚被敬禮。祁文端督學江蘇，刊小徐説文繫傳，先生偕同學夏忍庭灝同任校訂，集諸家之説，成校勘記一卷。著有説文引經證例、籀雅經滯榤櫫、夏小正集釋、弟子職注釋、説文部目測、同文一隅諸書。參江陰縣志、金武祥江陰藝文志。

宋先生景昌

宋景昌字冕之，江陰人。諸生。精曆算之學。著有星緯測量、開方之分還原術、數書九章札記詳解、九章算法札記、楊輝算法札記、藩部世系表。參江陰藝文志、郁氏宜稼堂刻算學諸書、藩部要略。

繆先生尚喆

繆尚喆字芷卿，江陰人。道光辛丑舉人。著古韻譜、雙聲譜。又取史、漢、晉、隋史志所載經星，參以巫咸、甘、石諸家遺説，及丹元步天歌，利瑪竇經天該，爲經星考。繆荃孫撰文學傳稿。

六先生承如

六先生嚴

六承如字賡九，江陰人。恩貢生。助輯地理韻編。又著歷代紀元編。同族六嚴，字德只，諸生，同輯地理韻編。又著歷代輿地沿革圖。參養一齋集、地理韻編、歷代紀元編、輿地沿革圖。

徐先生思鍇

徐思鍇字康甫，江陰人，諸生，同輯地理韻編。著有晉書土地名，未刊，已佚。參地理韻編序。

夏先生煒如

夏煒如字永曦，江陰人，恩貢生。少孤，績學，於書無所不窺，辭章爾雅，守養一學派。教授鄉里。光緒初卒，年七十九。著有軥録齋集。參江陰縣志。

案：養一弟子甚衆，據著述有傳者著録，餘見地理韻編自序中。

養一交游

徐先生松 別爲星伯學案。

包先生世臣 別爲安吳學案。

周先生濟 別見安吳學案。

沈先生欽韓 別爲小宛學案。

惲先生敬

別爲子居學案。

張先生惠言

別爲茗柯學案。

莊先生述祖

別見方耕學案。

劉先生逢禄

別見方耕學案。

洪先生飴孫

別見北江學案。

董先生祐誠

別爲方立學案。

黄先生乙生

黄乙生字小仲，陽湖人。父景仁，以詩名。先生年十三而孤，力學治經，通鄭氏禮，包慎伯盛稱之。養一延課其子。其治儀禮之法，經注連讀，釋經補經，一舉兩得。能治鄭學，即大體已具，不煩瑣屑搜尋，養一推爲治經精心。道光元年舉孝廉方正，未應徵而卒。無子，以族子志述爲嗣，字仲孫，從養一學。參武進陽湖合志、包世臣藝舟雙楫、養一齋集。

吴先生士模

吴士模字晉望，陽湖人。諸生。舉孝廉方正，辭不應。時常州學者治經多宗漢儒，先生獨喜發明濂、洛諸家之説。著毛詩申義，澤古齋文鈔，養一皆爲之序。又有愧人録、警心録。從游弟子甚衆。參武進陽湖合志、養一齋集。

鳳先生應韶

鳳應韶字德隆，江陰人。歲貢生。所居濱江，課生徒以資生，獨守一經以老，卒年七十一。其學尤深於三禮，鮮知之者，其友王瑶舟爲養一言之，養一欲一見，會已卒。其經説盈笥，皆隨手條記，羼雜無次第，瑶舟爲之釐訂成三卷，餘稿尚十倍，約歸養一。養一序其經説，謂「生窮僻之壤，凡近代惠、萬、方、金、戴諸家考訂之書不能徧見，而窮思獨造，所得殆不相讓」。别有四書備考，讀書瑣記，與所編經説，互有出入。又有五經辨證，儀禮鉤題，左傳杜註參事諸種。參養一齋集、江陰藝文志。

薛先生獻可

薛獻可字雯博，江陰人。歲貢生。績學敦行，老而好學，研經能得要領，卒年九十。著有春秋經朔表，六書敦古編，養一皆爲之序。又有毛詩名物異同辨、説文檢字摘難、四書姓名補注。參養一齋集、江陰縣志、江陰藝文志。

王先生巘

王巘字瑶舟，陽湖人。諸生。教授鄉里，從游甚盛。養一稱其所著學易五種，有裨説經。又有春秋王氏義十五卷、四書劄記二卷、梨雲閣文稿二卷、詩鈔二卷。參養一齋集、武進陽湖合志。

清儒學案卷一百二十八

丹邨學案

丹邨嗜算術，著書盈尺，或譏其無所發明。然於弧角之算，删繁就簡，舍奥求通，俾後學得以循途而進，未可以爲質實而忽之。述丹邨學案。

張先生作楠

張作楠字讓之，號丹邨，金華人。嘉慶戊辰進士，官處州府教授，遷江蘇桃源知縣，移陽湖，擢太倉知州。太湖溢侵州境，請賑濬瀏河，疏水涸，出田七千餘頃，州人頌焉。巡撫陶澍奏薦，授徐州知府，旋乞歸，不復出。先生敦内行，學宗程、朱，好表揚人物，輯刻鄉先賢遺書，尤嗜曆算之學。嘗謂「指南鍼所指非真子午」，因量取坤輿全圖，各直省府廳州縣及内外蒙古諸部經緯綫，推演列爲全表，附造平面立面及面東西諸日晷法，撰揣籥小録一卷。又自北極出地十八度起，至五十五度止，推算各節氣，自卯至酉，太陽距地平高弧列表於前，更取直表横表各一尺表景，亦如前算高弧法，逐一推演，列表於後，撰揣籥續録三卷。又推算北極出地二十八度至三十四度及四十度各節氣，逐時逐刻太陽高弧度分秒，並直表横表，日景尺寸分釐列表，撰高弧細草一卷。又取正弧及斜弧三角，括以二十八例，撰弧角設如三卷。又推測道光三年癸未天正冬至星度七十二候各中星列表，而附以各星赤道經度歲差表，中星時刻日差度表，太陽黄赤升度表，二十八宿黄赤積度表，可以逐年逐日依法加減，使中星與時刻互求，撰中星表一卷，更漏中星表三卷。金華，其鄉里，别撰金華晷漏中星表二卷。又推算是年各恒星，並近南極諸星，及天漢起没黄赤經緯度，撰恒星表一卷。又因是年十一月望月食，依法推算甲申六月朔日食，撰交食細草三卷。又以八綫及八綫對數每十秒爲率，卷帙繁重，以每度六十分列表，析弦切割三綫各爲一帙，撰八綫類編三卷、八綫對數類編三卷。又彙采諸書量倉量田各法，撰量倉通法五卷、方田通法補例六卷、倉田通法續編三卷。其居官治事廉平，嘗曰：「與其浪費無益之酬應，不若將薄俸製儀器刻算書，使絶學昌明。」故所至以銅木石諸工及刻書人自隨，與同官婺源齊梅麓，及梅麓客全椒江雲樵友善，以算術切礴。梅麓使雲樵佐先生編纂，先生合所著算術書，命曰翠薇山房算學，取雲樵所著弧三角舉隅、次弧角設如後，以其補圖立術，相發明也。歸二十餘年，閉户著書，道光八年卒。他所著有四書異同、鄉黨小箋、證文文集、筆録、愈愚録、東郭鄉談。又有梅簃隨筆，則補處州地志之缺也。參史傳、翠薇山房算學。

量倉通法

量倉與量田，在九章最淺近，然不明立法之根，而深悉乎綫面體比例之理，不特守死法而不能通變，即依術布算，亦多歧誤。夏侯陽、方倉、張丘建以爲未得其妙。王制東田畝數，鄭注及甄鸞五經算術俱未密合。專家且然，況坊本小數乎？梅勿菴因桐陵捷田歌，括演爲方田通法，不用畝法而知畝數。近阮芸臺少保又仿天文家萬分爲日法之法，製尺量倉，不用斛率而知米數。立術之巧，得數之捷，人咸詫之。而究極數理根源，實皆出於自然，非强設也。夫體成於面，面成於綫，綫成於點，點無長短闊狹厚薄可論。自一點引而長之，至又一點止，則成綫。凡弧綫直綫皆有長短，無闊狹，而皆以點爲界。以綫縱橫乘之則成面。凡平方、長方、斜方、平圓、橢圓及各等邊、各不等邊諸面，皆有長短，有闊狹，無厚薄，而皆以綫爲界。復以綫再乘之則成體。凡正方、長方、斜方、方亭、方錐、芻童、塹堵、鼈臑、陽馬及渾圓、長圓、橢圓、尖圓、半圓諸體，皆有長短，有闊狹，復有厚薄，而皆以面爲界。形雖不一，苟深明其故，以方圓各率之比例御之，固無不可測之面與體也，何論倉田。今使量田者仰測承塵，量倉者俯測池水，而輒謝不能者，習其數，不明其理，故移步即迷耳。華亭徐華西延緒以量倉訣相質，寒齋多暇，因取曩所肄習者，爲之逐句詮釋，復設求積求邊諸例，以暢其義，而隱伏雜糅者，間以借根方法馭之，並附測體各術，得書五卷，各曰量倉通法。雖不敢妄擬梅氏，然或附方田通法後，使量倉量田者，均有所參考焉，亦初學之一助也。

方田通法補例

徐華西既屬楠撰量倉通法，復以梅氏方田通法立術簡奧，未設算例，又環斜、弧、矢、眉、梯、錢錠諸形難以徑得，屬仿量倉法補成完帙，使田曹倉曹各有專書。攷方田法，自九章以下，若孫子、五曹、夏侯陽、張丘建、程賓渠諸家，踵而加詳，然圓方相求，僅據舊率，故未密合。惟數理精藴，於各面形之邊綫相等，面積不同，面積相等，邊綫不同者，各立定率比例，而後方斜周徑始無遁形。如以綫測面，則以邊綫長短求面積多寡，用以丈量田地，即古方田法也。以面測綫，則以面積多寡，求邊綫長短，用以分田截積，即古少廣法也。由綫而面，由面而體，苟明乎立法之根，比例之理，則測面測體，一以貫之。況九章第一章，雖以方田命名，其實有邊求積，胥統之方田；有積求邊，胥統之少廣。倉田特其中一類，未有能量各形，而不能量倉與田者；亦未有不能量各形，而獨能量倉與田者；且未有能量倉而反不能量田者。然五曹算經，分倉田爲二，蓋爲初學説法不得不爾。爰採各法，折衷於數理精藴，先明其理，次詳其數，終窮其變，分類排纂，復得書六卷，名曰方田通法補例。雖以方田設問，而反覆推求，務使可以測方田，即可以測他形，以求合於九章之旨。故或以三角八綫比例，或以借根借方立算，是爲量田設法，未免太深，而揆諸重句測海，寸木量天，則又自愧淺甚也。

弧角設如序

婺源齊梅麓彦槐以弧三角比例錯綜變换，不可端倪，御製曆象考成，草野既末由仰窺，而梅徵君弧三角舉要、環中黍尺、塹堵測量，及梅循齋、江慎修、戴東原、焦里堂諸家書，或闡理精深，或立術簡奥，或舉例而未徵諸數，讀者目眩心迷，無從入手。屬仿算經設如之例，各撰細草，以便初學。因檢曩所衍正弧斜弧諸算草，分門排纂，質之江雲樵。雲樵曰：「對數表爲八綫設，談弧三角而不及對數，是舍易就難，非所以引誘來學也。且汪衡齋謂總較法不便用對數，非對數不可用，彼自不能用耳。」遂次第補之。夫法取其密，何分今古？算取其捷，何問中西？薛氏天學會通專用對數，固非正法；若以八綫測球體，雖隸首復生，當無以易。況又有對數以省乘除，一加一減，即得弧度，何捷如之！衡齋算學，因總較法餘弦矢較用加減，疑對數法窮；雲樵於兩弧夾一角以切綫分外角法通之，則仍不窮。梅文穆赤水遺珍於三弧求角，列開方得半角正弦二術，以乘除課其繁簡；雲樵以對數衍之，迎刃而解。竟似西人創此二術，爲對數設者。然非於弧角比例之理反覆貫通，即使手八綫對數一編，亦不過如臺官演撰，課其數則不誤，叩以理則全乖，不將移步即迷乎？故以對數妙八綫之用則可；因有對數，遂不復探本原則不可。爰作釋例以明其理，次列設如以備其法，殿以雲樵對數細草以妙其用。梅麓閲之，如以爲可作步算初桄，幸爲我語來學曰：「江雲樵善用對數，非别有祕法，不過肯向本法上多費苦心耳。」

揣籥小録序

觀象授時，首重儀器，而度景知時，以前民用，日晷其一也。顧指南鍼所指，非子午真綫，謹按曆象考成云：「指南鍼有所偏向，其所偏向，又隨地不同，不可爲準。」又按僧一行嘗以鍼較北極，鍼指虚危之間，極在虚六度，初鍼實偏於極右二度九十五分。北極偏右，則知南極偏左矣。又沈存中筆談亦稱微偏東，不全南。又徐文定曆議云：「指南鍼所得子午非真。」今以法考之，實各處不同。在京師則偏東五度四十分，若憑以造晷，則冬至正午先天一刻四十四分有奇。又梅勿菴揆日紀要云：「取正午之影，須在正南，然天上正南，非羅鍼所指之正南也，須於羅鍼正午之西稍偏取之。或云丙午之間縫，鍼與臬影合，非也。」又云：「鍼所指在在不同，金陵則偏東三度。」又楊光先有鍼路論，又陸朗夫切問齋集有指南鍼辨。惟數理精藴載作立面平面日晷諸法，測驗精確，超絶前人。近時多有仿製者，俱按京師極高四十度爲之。南北高度既異，東西偏度又各不同，不按里差爲準，是猶膠柱而調瑟矣。若平面晷雖按里差起算，第一方一晷，亦不能率土皆通也。己卯秋，婺源齊梅麓彦槐以新製面東西日晷，並所衍北極高度表見贈，按極度低昂可隨處測驗，歎爲先得我心。今春與全椒江雲樵臨泰探其立法之根，即其法而變通之，易斜規爲平圓，從晷腰出弧綫以準北極，鐫之牙版，承以銅座，底置螺柱，以取地平，並因齊表增入經度，及各州縣度分，衍成北極經緯度分全表。其製晷畫晷及用晷之法，各爲圖説附於表後，輒成小帙，命之曰揣籥小録。俾用者可查節氣以知南北，亦可因時刻以知節氣。質之梅麓，未知有當否？

揣籥續録序

余既撰揣籥小録，以備測時之用，復因梅氏諸方日軌以弧三角法逐節氣，求太陽距地平高度，係用新法，黄赤距緯二十三度三十一分推算，又列表自北極高二十度至四十二度止，而二十度以前，如廣東之瓊海，五十度以外，如黑龍江烏喇等處，現隸版圖者，皆未之及。謹依欽定曆象考成後編實測黄赤大距二十三度二十九分推算，按古法推日在赤道内外，最大之數約二十四度。而新法算書載亞里大各於周顯王二十五年測得黄赤大距二十三度五十一分二十秒，變從中法度分，得二十四度三十五分奇，較古法爲强，自後屢測屢改，漸有減分，除依巴谷於漢景帝中元元年所測，與亞里大各同外，如亞爾罷德於唐僖宗廣明元年庚子測定黄赤大距二十三度三十五分，授時曆則減爲二十三度三十三分三十二秒，新法算書又減爲二十三度三十一分三十秒，至我朝考成上編始測定爲二十三度二十九分三十秒，後編又減三十秒。西人言黄赤大距古大今小，此其證歟！自極高十八度至五十五度，逐節氣加時，太陽距地高度以列表，並屬江雲樵推得横直二表日景長短，爲表影立成，以補前録所未備云。

高弧細草序

曩在京師，力不能置鐘表，因用垂弧本法，逐節氣時刻，求太陽距地高度，並用正切餘切比例，加減太陽半徑，求横直表景長短，作四十度高弧細草。京師北極出地四十度稍弱。歸里後，復成二十九度細草，金華府北極出地二十九度十分。補官括蒼，又續二十八度細草，處州府北極出地二十八度二十五分。以備檢查。然依法推步，每度動經旬月，及更歷一地，又須另術，存之行篋，幾等黄金擲虚牝矣。今春周葵伯回武林，屬衍三十度細草，杭州府北極出地三十度十七分。而毘陵諸好事者，又以不及江南各度晷景爲憾。江南蘇州府北極出地三十一度二十二分，太倉州三十一度二十九分，松江府三十一度整，常州府三十一度五十一分，江寧府三十二度零四分，鎮江府三十二度十四分，揚州府三十二度二十七分，通州三十二度二十八分，淮安府三十三度三十二分，徐州府三十四度十五分，海州三十四度三十二分。簿書鮮暇，屬江雲樵補之，不旬而就。詫而叩其術，則所創對數簡法也。夫古人以高弧測景，求天於渾圜，以表臬測景，求天於平面，其用最鉅，其法甚繁。彼立表求地中，經生家紛紛聚訟，無論已。即郭邢臺行測四出，所得無幾。熊三拔表度説用十二爲率，創製各晷，視古法較捷，然以三角八綫推之，猶多未確。馬德稱四省表景立成，僅及午正，已爲梅勿菴所稱，非以此法，未易操觚歟！自有西人八綫對數可以省乘除，然勿菴氏尚謂「薛儀甫專用對數，不如直用乘除爲正法」。近時名家如汪衡齋亦有「總較法不便，用對數」之説。余撰揣籥續録，時雖亦採用雲樵對數總較法，而不能省加減折半之繁，又不能不檢正餘弦表數，故仍依梅氏例，有時無刻，誠苦其繁也。雲樵乃以定緯距緯餘弧相加減折半之，正弦餘弦一率二率較數立表徑與三率加減即得四率，既不須加減折半，又不須檢正餘弦表，可謂善用對數矣。得此法而補成各省細草，計日可成，豈非快事？然得此法而人人可算，處處可推，即今所衍各草，尚可不存，又何須再補哉？爰列垂弧總較法於前以溯其源，次以矢較正弦及對數總較諸法以通其變，再列雲樵所創新術及各表於後以妙其用，而附以所衍各草，彙爲一帙，以貽葵伯，且以質諸好事者。

附録

江雲樵曰：理之至者，中西一轍，法之精者，先後同揆。自談西學者詆古法爲粗疏，而申中法者又或執古率以難新術，不知三角即句股，借根方即立天元，三率比例即今有術，重測即重今有術，借衰即衰分之列衰，疊借即盈朒之假令。他若天周三百六十度，則邵子嘗言之；日周九十六刻，則梁天監中嘗行之；三一四一五九二之率，則祖沖之、趙友欽已先用之。丹邨是書，融會中西，通貫爲一，而於各法之殊塗同歸及隱奥難曉者，尤推闡曲暢，轉鳥道而引之康莊，俾人人可由淺入深，因端竟委，厥功偉矣。江臨泰倉田通法序。

先生歸田後，鄉居不入城市。太倉陸模，舊部民也，宰金華，叩其居，去郭四十里，竹籬茅舍，宛然農家。通姓名，知爲縣令，以疾辭。模有甥，爲先生所取士，造其門，欣然出見，與之飯。呼三子出，問所業，長爲農，次衣工，三木工也。曰：「何無業儒者？」先生笑曰：「世俗讀書尚科名，一入仕途，此心不可問矣。」止之宿，明日送之云：「老夫僻處江鄉，不與搢紳交久矣，寄語陸侯，勿以老夫爲念。」張星鑑書事。

丹邨交游

齊先生彥槐

齊彥槐字夢樹，號梅麓，婺源人。嘉慶戊辰召試舉人，次年成進士，改庶吉士散館，授江蘇金匱知縣。毁淫祠，斷疑獄，振荒歉，能勤其職。二十三年以疾告，卜居宜興，築雙溪草堂，有終焉之志。道光四年，高堰決，洪澤湖涸，大臣出行河，先生上海運議。巡撫陶澍采其說，試行無阻。檄攝蘇州同知，監疏吴淞江，擢知府。以憂歸，遂不復仕。先生爲文，根柢經術，通天官家言，嘗制中星儀，自動渾儀，各爲說，以示用者。又造龍尾恒升二車，旱用以灌溉，潦用以宣洩。巡撫林則徐嘗試用之，謂有益於農田水利。二十一年卒。著有北極星緯度分表、海運南漕叢議、梅麓詩文集。參史傳、方濬頤撰墓表。

弧角設如序

予曩官梁溪，暇輒與江君雲樵演弧角之算，而歎西儒對數之妙，爲不可思議，頗疑汪衡齋總較法不便用對數之說。質之雲樵，雲樵曰：「總較法非不可用對數，衡齋不解用耳。」因檢梅文穆赤水遺珍所載三弧求角，開平方得半角正弦二術，示予。予渙然冰釋，益信雲樵於此事真能貫通，雖以文穆之高明，猶議西人不當置簡法於前，繁法於後，爲刺繡而藏其金鍼，詎知此二法，西人特爲對數設，其至繁者乃其至捷者也。惜衡齋已亡，不及聞雲樵之言而改正其說。予既罷官，薦雲樵於丹邨。丹邨之才十倍於予，得雲樵朝夕講求，而測算之學益進。茲所撰弧角設如一書，即予數年前與雲樵謀欲成之而未果者，丹邨可謂好學矣。然丹邨著書非爲名也，爲嘉惠來學也。夫著作之家有名有實，觀其書可以知其人。予嘗謂戴東原爲人不如梅勿菴，勿菴之書，惟恐人不知，東原則惟恐人知；勿菴用西法則曰此西法也，用其法必闡其理；東原則用西法而避其名，且務爲簡奥，令人猝不易了。此非由心術之不同乎？且夫乾以易知，坤以簡能，大樂必易，大禮必簡，天下事未有不簡且易而得爲精者。以八綫馭弧角，實簡於三乘方求矢；以對數馭八綫，又實易於八綫之用乘除。乃詆之者至比於異端邪說，若不可一日存於天壤閒者。噫！亦惑矣。善乎，丹邨之言曰：「法取其密，何分今古？算取其捷，何問中西？」通人之論，亦君子之論也。是編厚不盈寸，而弧三角形參伍錯綜，及諸家同異之説，悉具其中。既作釋例以推作法之原，復列對數以便布算之用，卷帙不繁，雖貧者易購，文字無障，雖鈍者能通。使學者皆得是書讀之，則皆可以知黄赤經緯之度，舉東原所祕爲絶學者，一旦而公之人人，非大快事哉！故觀丹邨之書，而知丹邨之爲人也已。

江先生臨泰

江臨泰字棣旃，號雲樵，全椒人。諸生。幼通音韻之學，精天文算術，手製儀器，論簡平儀中星盤比例，規渾天球，多所闡發。齊梅麓宰金匱，延先生佐幕。梅麓引疾歸，丹邨先生復延之助編算學諸書。以所著弧三角舉隅，入翠薇山房算學。晚又撰渾蓋通論，本明李振渾蓋通憲圖説而運以心得，一歸簡要。年八十八，重游泮水，逾年而卒。參全椒縣志。

弧角設如釋例

弧三角爲球面弧綫，所成綫皆曲，故曰弧。三弧交則成角。步算之目，曰以角求弧，曰以弧求角，曰以弧角求弧，曰以弧角求角。其術則曰弧角相求，曰次形，曰垂弧，曰總較。明乎其術，以八綫比例，各相當四率，馭之周天經緯，如指諸掌矣。

弧三角俱在球面，大圈爲腰圍之一綫，每圈均分三百六十度；半之，各一百八十度，曰半周；四分之，各九十度，曰象限。六分之，各六十度，曰紀限；十二分之，各三十度，曰宫，曰時；二十四分之，各一十五度，曰節氣，曰小時，曰地平方。

曩游梁溪，齊梅麓屬仿算經設如之例，撰弧三角細草，以課名術疏密，成簡明算法一卷。梅麓以爲太略，擬增補圖說，久而未就。知張丹邨有弧角設如之作，亟索觀之，則多予舊稿所未及者，夫測算之學，至本朝而極盛。御定曆象考成，揆天察紀，明時正度，洩千古不傳之祕。一時講明而切究者，若梅勿菴、王曉菴、薛儀甫、李安溪及家慎修、錢竹汀、李尚之輩，於中法西法各有心得，卓然成家。第草野既未由履觀臺，窺中祕，而諸家撰述持論不同，詳略互異，讀者每望洋而返。間有留心斯事者，又或鄙演撰爲疇人末技，而務鉤棘字句，以示祕奥，吹毛索瘢，以矜創獲。甚且於中西之辨，齗齗不休，如講學家之攻良知，爭無極，不知推步躔離，取其驗於天者從之，不必問其爲中與西也。立術布算，取其密且捷者從之，亦不必問其爲古與今也。羅雅谷云：「算數比例，步步蹠實，非若談空説玄，可欺人以口舌；明明布列，非若握槊奪標，可欺人以强力；層層積累，非若由旬殺那，可欺人以荒誕。」西儒之術驗之懸象，既有合於天，課以算數，復較密於古，使必舍八綫而用三乘方取矢，舍三角測量而尋重差綴術之遺緒，舍易就難，已無異改今時筆札皆從篆體，强今人脣吻盡復古音。況陰竊其實而陽避其名，改三邊求角爲三距求觚，改三鋭角爲三觚句，於句股改一鈍二鋭爲三觚，一倨於句股，改同式形比例爲同限互權，而曰此我法非西法，篠驂卉犬，是亦不可以已乎？丹邨是編，融會諸家，括以二十八例，條分縷晰，綱舉目張，並因予言，於垂弧總較法外，補切綫分外角，及開平方得半角正弦二法，其於弧角比例，可謂擇之精而語之詳，而毫髮無遺憾矣。輒不揣固陋，增衍對數於各例後，第恐談曆理者將笑丹邨爲疇人末技耳。

清儒學案卷一百二十九

左海學案上

閩中諸儒，承李文貞、蔡文勤之後，多宗宋儒，服膺程、朱。自左海始兼精擘漢學，治經重家法，辨古今文。樸園繼志述事，父子並爲大師。世以比元和惠氏、高郵王氏，洵無愧焉。述左海學案。

陳先生壽祺

陳壽祺字恭甫，號左海，閩縣人。嘉慶己未進士，改庶吉士，授編修，歷典廣東、河南鄉試，得士稱盛。以御史記名，遭父憂歸，遂不復出。自歸里後，嘗爲阮文達延課詁經精舍，一時樸學之士多出門下。後主清源、鼇峯兩書院，一以經術相提倡，並作義利辨、知恥説以示學者。規約整肅，士初畏束縛，久之靡不悦服。道光十四年卒，年六十四。先生初從同里孟瓶庵郎中游，潛心理學，以古君子自期。迨會試出朱文正、阮文達門，乃專爲漢儒之學。又及見錢竹汀、段若膺、王懷祖、程易疇諸名宿，故學益精博。兩漢經師，莫先於伏生，莫備於許氏、鄭氏。先生闡明遺書，以尚書大傳自宋以後刻本率多訛漏，因爲大傳定本三卷，序録一卷，訂誤一卷，並附録洪範五行傳論三卷於後，以備一家之學。五經異義則取近人編輯諸本，參互考訂，成疏證三卷。其今文尚書經説考、魯齊韓三家詩遺説考、禮記鄭讀考皆未竟，子喬樅續成之。他所著又有左海經辨二卷、東越儒林文苑後傳二卷、東觀存稿一卷、左海文集十卷、左海駢體文二卷、絳趺草堂詩集六卷。參自撰隱屏山人傳、史傳。

尚書大傳定本自序

尚書大傳四十一篇，見漢書藝文志，鄭康成序謂出自伏生，至康成詮次爲八十三篇。隋書經籍志、唐書藝文志、崇文總目、郡齋讀書志並著録三卷。唐志别出暢訓一卷，疑即略説之譌。舊唐志直云尚書暢訓三卷，伏勝注，繆甚。自葉夢得、晁公武皆言今本首尾不倫，直齋書録解題言印板刓闕，宋世已無完本，迄明遂亡。近人編輯有仁和孫晴川本，德州盧雅雨本，曲阜孔叢伯本，孫盧本，多殽舛。孔氏善矣，而分篇强復漢志之舊，非也。其他譌漏，猶不免焉。今覆加稽覈，楬所據依，稍參愚管而爲之案爲八卷。序録一卷，其所芟除别爲訂誤一卷，末載漢書五行志，綴以它書所引劉氏五行傳論三卷，總三卷，首爲序録一卷，其所芟除别爲訂誤一卷，末載漢書五行志，綴以它書所引劉氏五行傳論三卷，總爲八卷。序曰：伏生以明經爲秦博士，漢孝文時年且百歲，計其生在周末，得見詩、書古文，且博識先秦舊書、雅記，多漢諸儒所未聞。遭時燔災，明哲退隱，嬴祚既顛，守道不出。初抱百篇藏之山中，漢興亡失，求得二十九篇。而九共、帝告、嘉禾、揜誥、畀命諸闕篇，猶能言其作意，述其佚句。文帝命掌故鼂錯從受尚書，而伏生亦自以二十九篇授張生、歐陽生，教於齊、魯之間。迄武、宣世，有歐陽、大、小夏侯氏立學官，是爲今尚書。孔安國晚得壁中古文，多逸書十六篇，顧絶無師説，終漢之世，獨傳二十九篇而已。何則？二十九篇今文具存，文字異者不過數百，其餘與古文大恉略均足相推校。逸十六篇既無今文可攷，遂莫能盡通其義。凡古文易、書、詩、禮、論語、孝經所以傳，悉由今文爲之先驅。今文所無輒廢。古春秋左氏傳賴張蒼先修其業，故傳。禮古經五十六卷，傳士禮十七篇，與后、戴同，而三十九篇逸禮竟廢。書亦猶是也。向微伏生，則唐、虞、三代典謨誥命之經煙銷灰滅，萬古長夜。夫天爲斯文篤，生名德期頤之壽，以昌大道，豈偶然哉？尚書今學精或不逮古文，然亦各守師法。賈逵以爲俗儒，康成以爲嫉此蔽冒不悛，迺謂當時博士末師破碎章句之過。而伏生大傳條撰大義，因經屬恉，其文辭爾雅深厚，最近大、小戴記七十子之徒所説，非漢諸儒傳訓之所能及也。康成百世儒宗，獨注大傳，其釋三禮每援引之，及注古文尚書洪範五事，康誥孟侯、文王伐崇戡耆之歲，周公克殷踐奄之年，咸據大傳以明事，豈非閎識博通信舊聞者哉？且夫伏生之學，尤善於禮，其言巡狩、朝覲、郊尸、迎日、廟祭、族燕、門塾、學校、養老、擇射、貢士、考績、郊遂、采地、房堂、路寢之制，后夫人入御，太子迎問諸侯之法，三正之統，五服之色，七始之素，八伯之樂，皆唐、虞、三代遺文，往往六經所不備，諸子百家所不詳。漢始定天下，庶事草刱，獨一叔孫通略定制度，雜以秦儀。若迺正朔、服色、郊望、宗廟之事，數世猶未章焉。假令當高帝時，伏生年未篤老，尊其高節，安車禮徵，與張蒼等考舊章，立經制，議禮樂，則魯兩生息面諛違古之誚，絳、灌諸臣泯年少紛更之譏。規橅粗定，然後繼以賈誼、董仲舒、河間獻王、王吉、劉向之倫，先後討論，法象明備，成、康之治，何必不復見西京？今其書散佚，十無四五，猶可寶重。宋朱子與勉齋黄氏纂儀禮經傳通解，擫摭大傳獨詳，蓋有裨禮學不虚也。五行傳者，自夏侯始昌，至劉氏父子傳之，皆善推禍福，著天人之應。漢儒治經，莫不明象數、陰陽以窮極性命，故易有孟、京卦氣之候，詩有翼奉五際之要，春秋有公羊災異之條，書有夏侯、劉氏、許商、李尋洪範之論。班固本大傳，攬仲舒，别向、歆，以傳春秋，告往知來，王事之表不可廢也。是以録漢書五行志附於後，以備一家之學云。

五經異義疏證自序

五經異義，漢許慎撰，鄭玄駮，隋、唐經籍志著録十卷，宋時已佚。近人編輯，斸存百有餘篇。聚珍板外，有秀水王復本，陽湖莊葆琛本，嘉定錢大昭本，曲阜孔廣林本，大抵攟拾叢殘，以意分合。孔本條理差優，而强立區類，欲還十卷之舊，非所敢從也。嘉慶戊辰夏，余養痾京邸，取而參訂之。每舉所徵録尤詳者，若文多差互，仍兩載之。其篇題可見者二十五事，第五田税，第六天號，第八罍制，三事篇次尚存，其它以類相從，略具梗槩。復刺取諸經義疏，諸史志傳，説文、通典，及近儒箸述，與許、鄭相發者，以資稽覈。間附蒙案，疏通證明，釐爲上、中、下卷。踰五年，侍太宜人，里第暇日，質之吾友甌寧萬世美，而及門僊遊王捷南爲鋟諸板。序曰：五經皆手定於聖人，羣弟子之學焉者，微言大義，靡不與聞。然左丘明親造膝受經，公羊高、穀梁俶咸卜子門人，而春秋三傳乃若瓜疇芋區之不可相合。子輿、游、夏最善説禮服，而檀弓言小斂之奠東西異方，司徒敬子之喪弔經異用，公叔木與狄儀之所爲服功衰異説，何也？周衰禮失，舊聞寖湮，或疑文墜緒，傳習錯出，或繁節縟理，儒者難言。況其後支裔益分，門户益廣，則五經焉得無異義哉？漢承秦燔之餘，學者不見全經，經義多由口授。古文始出壁中，經生遞傳，各持師法，寧固而不肯少變。斯亦古人之質厚，賢於季俗之逐波而靡也。夫其一致百慮，殊塗同歸，豈謂一勺非江、河之瀾，卷石非泰、華之壤乎哉？但去聖久遠，枝葉日蕃，不有折衷，奚由遵軌？此石渠、白虎所以論同異於前，而叔重所以正臧否於後也。石渠議奏之體，先臚衆説，次定一尊，覽者得以考見家法。劉更生采之爲五經通義，惜皆散亡。白虎通義經班固删集，深没衆家姓名，殊爲疏失。不如異義所援古今百家，皆舉五經先師遺説，其體倣石渠論而詳贍過之。自建武以後，范升、陳元之徒，忿爭讙譁，頗傷黨伐。永元十五年，司空徐防言，太學試博士，皆以意説，不修家法，妄生穿鑿，輕侮道術。以爲博士及甲乙策試，宜從其家章句，開五十難以試之，解釋多者爲上第，引文明者爲高説。是時師法已衰，至安帝薄於藝文，博士倚席不講，經術之風微矣。叔重此書，蓋亦因時而作，憂大業之陵遲，捄末師之踳陋也。許君又箸説文解字，綜貫萬原，當世未見遵用，獨鄭君注儀禮既夕記、小戴禮雜記、周禮考工記嘗三偁之，所以推重之者至矣。顧於異義爲之駮者，祭酒受業賈侍中，敦崇古學，故多從古文家説，司農囊括網羅，意在宏通，故兼從今文家説，此其判也。案張懷瓘書斷叔重安帝末年卒，鄭玄别傳「康成永建二年生」，鄭視許爲後進，而繩糾是非，爲汝南之諍友。夫向、歆父子猶有左、穀之違，何、鄭同室，何傷箴肓之作？聖道至大，百世莫殫，仁者見仁，智者見智，蘄於事，得其實，道得其真而已。庸詎與夫悦甘而忌辛，賤雞而貴鶩者哉！今許、鄭之學流布天下，此編雖略，然典禮之閎達，名物之章明，學者循是而討論焉。其於昔人所譏，國家將立辟雍巡守之儀，幽冥而莫知其原者，庶乎可免也。

禮記鄭讀考自序

或譏鄭司農注禮記多改字而妄，甚哉其誣也。壽祺曰：禮記本出孔壁及河間獻王所得，皆古文也。其後禮家授受，變爲今文，則文字固不能無少譌異矣。漢儒傳禮記四十九篇，有小戴氏，有慶氏，而大戴氏傳記八十五篇，亦間與小戴相出入。劉向別録有禮記四十九篇，其篇次與今禮記同，當即小戴之本。陸德明經典釋文敍録以爲是「他家書拾撰所取，不可謂之小戴禮」者，謂禮記不得專稱禮，與禮十七篇之名相紊也。自后蒼、戴聖、慶普迨橋仁、曹褒、馬融、盧植諸家之本，師承各出，傳寫日繁，異同參差，豈一而已！鄭注所引「或作某」「或爲某」者是也。鄭所改讀，略有四例，有承受經師者，有援據別本者，有稽合經典以訂之者，有輒下己意審覈聲音訓詁以定之者。前三例居十之八九，後一例才十之一二耳。後漢書盧植傳：「植上書曰：臣少從通儒故南郡太守馬融受古學，頗知今之禮記特多回穴。臣前以周禮諸經發起粃繆，敢率愚淺爲之解詁。」然則禮記傳至漢末，粃繆固多，非宏達大儒，孰能正之？鄭依盧、馬之本爲注，注檀弓「子顯」引盧氏云：「古者名字相配，顯當作韅。」然則鄭君改讀多從子幹所考之舊，安可非哉？或問曰：「鄭於儀禮詳別古文今文，周禮詳別故書或字，及杜子春、鄭司農讀論語，詳别齊、魯古讀，然毛詩箋、禮記注改讀之文，不盡著所本，何也？」答曰：「儀禮、周禮之古文故書，時蓋漸就淪亡，故載之注中，以存舊聞。論語自張侯論出，三家遂微，惟包、周章句列於學官，故並考齊古，以綴遺緒。詩則魯、齊、韓並列學官，家有其書，故箋毛異讀，兼采三家，不必盡徵所出也。禮記雖未立學官，而戴、慶、橋、曹諸儒舊本傳授甚衆，具在禮家。觀慶氏禮至晉猶存，賀瑒世傳其業，則曹褒所傳禮記可知也；橋仁著禮記章句，教授千餘人，則橋君學之盛可知也；後漢景鸞、蔡邕並爲月令章句，則治禮記者之多自名家可知也。故鄭注所參取諸家，亦不必盡徵所出也。然考檀弓『其慎也』，注曰：『慎當爲引禮家讀。』『然今也衡縫』，注曰：『今禮制衡讀爲横。』玉藻『緌』，注曰：『緌或作蕤。』明堂位、喪大記之『緌』，注皆曰：『當爲緌，讀如冠蕤之蕤。』周禮『夏采』，注曰：『士冠禮及玉藻冠緌之字，故書亦多作〔一〕緌者，今禮家定作蕤。』是則鄭氏討論舊本依據禮家之明驗，推是而求，思過半矣。其它旁徵經傳，左右采獲，皆瞭然眉列，無復可疑。此鄭君所以囊括網羅，斟酌至精，卓然爲議禮之宗也。而一孔之士，乃以鄭好改字，動相訾謷，所謂是末師而非往古，亡從善服義之公心，豈不誣哉？豈不誣哉！」余因專舉鄭注異讀，博稽文字，證明本源，爲禮記鄭讀攷，俾流俗不得妄施其謗焉。亦欲扶師法，正經術，絀寡陋，存道真云爾。

〔一〕「作」，原作「則」，據周禮注改。

三家詩遺説攷自序

漢傳詩者四家，魯、齊、韓並立學官，元始之世，始置毛詩博士，不久旋廢。後漢賈逵嘗受詔撰齊、魯、韓詩與毛氏異同，集攷三家詩，自景伯始，惜其書不傳。宋王伯厚詩攷所緝三家遺説，止取文字别異，缺漏甚多。壽祺案：兩漢毛詩未列於學，凡馬、班、范三史所載，及漢百家箸述所引，皆魯、齊、韓詩。異者見異，同者見同，緒論所存，悉宜補綴，不宜取此而棄彼也。今稍增緝以備瀏覽，猶有未能具載者，他日當别成一篇，使學者有所攷焉。

左海經辨

今文尚書有序説

或難壽祺曰：「子論伏生二十九篇併序，而不併大誓，辨矣。然今文尚書有序與否，蒙竊惑焉。漢書楚元王傳劉歆移書太常博士云：『抑此三學，以尚書爲備。』臣瓚注云：『當時學者謂尚書惟有二十八篇，不知本有百篇也。』似今文無百篇之序，故爲今學者不知有百篇。又書序般庚爲三篇，顧命、康王之誥爲二篇，如伏生書有序，何不分般庚、顧命以遵書序？顧皆合爲一篇，使經與序兩不相應也。戴庶常震嘗言序爲伏書所無，見文集古今文尚書辨。王光禄鳴盛嘗言書序亦從屋壁中得，見尚書後案末。意其然乎？」答之曰：「劉歆、班固、荀悦漢紀、卷二十五河平三年。袁宏後漢紀，卷十二建初八年。並言孔子宅所得古文尚書多十六篇，百篇之序同出於孔壁。儻亦伏書所無，諸家言古文得多者，何得不一及之也？歆所譏以尚書爲備者，當時學者黨同妒真之詞，彼非果不知尚書有百篇也。伏生故爲秦博士，論衡正説篇云『伏生抱百篇藏于山中』，此非未嘗肄業及之者。尚書大傳篇目尚有九共、帝告、嘉禾、臩命、揜誥諸逸書之名，見玉海卷三十七及藝文志考證。爲今學者，即未見書序，寧皆不讀大傳，竟不知二十八篇之非全書耶？臣瓚之説，蓋本孔叢子。孔叢連叢下篇載臧與從弟安國書云：『襄爲今學，唯聞尚書二十八篇，取象二十八宿，何圖古文乃有百篇。』按此書出魏、晉間人，臣瓚驟見，而爲所惑，因傅會之，以爲治今文者不知本有百篇。然蘇林注漢書，但曰備之而已，説絶與臣瓚異。林仕於魏黄初中，未見僞孔臧書故也。古書每篇之首，自有題目，如帝典、湯誓、仲虺、伊訓、太甲、般庚、兑命、高宗、大誓、武成、康誥、君陳、君雅、甫刑、秦誓之屬，見於羣經，其來已久。百篇之序，所以依此排比。古文尚書般庚分爲三，顧命、康王之誥分爲二，是矣。今文尚書，觀秦近君説堯典篇目兩字至十餘萬言，見漢書藝文志注引桓譚新論。秦近君，志作延君，名恭。是亦每篇必有題目。其般庚三篇，據隸釋卷十四載蔡邕石經尚書殘碑，般庚中篇之末，『建乃家』下空一字，始接下篇經文，知上篇之末亦然。是今文般庚卷中未嘗不分別，特同卷相次，總爲一目，析言三篇可也，通言一篇亦可。唯康王之誥則不應同爲顧命以違書序。即謂今文無序，然使篇目具存，伏生安得删除之而併合之？嘗揣其故，藝文志言劉向以中古文校歐陽、大、小夏侯三家經文，酒誥脱簡一，召誥脱簡二，率簡二十五字者脱亦二十五字，簡二十二字者脱亦二十二字，脱字數十，是今文有脱簡脱字也。尚書初出屋壁，朽折散絶多矣，劉歆移讓太常博士書云。康王之誥意必偶脱篇目，伏生徒見『王若曰』以下經文與顧命經文相承，首尾貫弗，牽連傳寫，雖其次有書序可按，而篇目既失，伏生或守其舊而不改，或年既昏耄，忘其兩篇起訖之界，疑莫能分，遂合爲一耳。豈肯任意割裂，若僞孔妄分『王出』在『應門』以下爲康王之誥哉？然則今文篇數之分不分，曷關於有序無序哉？雖然所謂今文尚書有序者，尚未有以質實也。今討論經典，請立十有七證以明之。藝文志尚書家歐陽經三十二卷，按伏生經文二十八篇，增大誓三篇，止三十一卷，其一卷必百篇之序也。西漢經師不爲序作訓，故歐陽章句仍止三十一卷矣。」詩、書之序，至馬、鄭始爲之注。毛詩篇首正義云：「毛傳不訓序。」是漢初治經者未有爲序作訓者也。或曰：「夏侯經二十九卷，章句亦二十九卷，歐陽何以不然？」曰：「漢初爲傳訓者皆與經別行，見毛詩篇首正義。以班志覈之，六藝家傳訓卷數多寡往往不與經符。如詩經有序，於尚書最爲近，乃魯、齊、韓詩皆二十八卷，惟魯說、齊孫氏傳卷與經合；而魯故、齊孫氏故、齊后氏故、后氏傳韓故、韓內傳、韓說卷皆與經異。毛詩二十九卷，而毛詩故訓傳卷亦與經異。齊詩有序無序，無以明之。魯、韓、毛之詩皆有序，而傳訓卷數參差，若是於歐陽、夏侯之書乎何疑。今文有序，其證一矣。班固偁司馬遷從孔安國問故，遷書載堯典、禹貢、微子、洪範、金縢多古文說。固言如此，則遷書五篇之外，蓋多取今文矣。史記載尚書逸篇惟見湯征、湯誥，湯征又在古文逸十六篇外，餘絶無聞，獨於書序臚舉十之八九。至於序作原命，爲『太戊贊伊陟于廟，言弗臣，伊陟讓』。序作般庚，爲『五遷，無定處。殷民咨胥皆怨』；又言『小辛立，殷道復衰，百姓思般庚』。序作高宗肜日及高宗之訓，爲武丁祭成湯事；又言『祖庚立。祖己嘉武丁之以祥雉爲德，立其廟爲高宗』。漢書律曆志載劉歆三統曆文，引書序曰：「惟十有一年，武王伐紂，大誓，諸侯八百會。」以此爲觀兵時事。下又引序曰：「一月戊午，度于孟津。」以此爲十三年事。與史記及今書序不合。鄭康成書注説同劉歆。蓋古文家説也。今書序或失其舊。序作洪範，爲『武王克殷後二年』。序作臩命，爲『穆王閔文、武之道缺，乃命伯臩申戒太僕國之政。』序文侯之命，爲襄王使王子虎命晉文公。序作秦誓，爲穆公封殽尸後事。又序夏社在典寶後。序咸有一德在成湯時。以太甲爲太甲訓，以伊陟爲太戊，以分器爲分殷之器物，以康王之誥爲康誥。其他女房爲女方，太坰爲泰卷，仲虺爲中𤳳，遷𨇮爲遷隞，圮于耿爲遷于邢，升鼎耳爲登鼎耳，𨛫爲飢，歸獸爲行狩，異畝爲異母，歸禾爲餽禾，旅天子命爲魯天子命，無逸爲毋逸，肅慎爲息慎，俾榮伯爲賜榮伯，伯冏爲伯臩，柴誓爲獮誓，吕刑爲甫刑，説義文字，往往與古文異，則顯然兼取之伏書也。且尚書古今文之序，或同或否，師傳則然。如韓詩之序可考者，關雎刺時也，晁氏詩説。芣苢傷夫有惡疾也，文選辨命論注。漢廣悦人也，文選七啟注。汝墳辭家也，後漢書注。蝃蝀刺奔女也，同上。雞鳴讒人也，太平御覽。夫栘燕兄弟也，晁氏詩説。賓之初筵衛武公飲酒悔過也，後漢書注。與毛詩序互有同異，此今古文書序異同之例也。今文有序，其證二矣。論衡佚文篇曰：『東海張霸通左氏春秋，案百篇序，以左氏訓詁造作百二篇。』漢書儒林傳曰：『張霸分析合二十九篇，以爲數十，又采左氏傳書序爲作首尾，凡百二篇。成帝時求治古文者，霸以能爲百兩徵，以中書校之，非是。』夫霸所分合者，夏侯經二十九篇，其所采書序，即出今文，非古文也。何言之？孔氏古文，天漢後獻，逐祕于中，外不得見。二句本論衡正説篇。庸生孤傳，衰微特甚。霸但見今文有百篇之序，而不見孔書，故竊之作百兩篇以欺世。如所采書序出古文，是霸見孔壁之本矣。寧不知孔氏古文，天子自有中書可校，而敢更作之，而遽獻之於朝哉？且霸見孔壁之本，則見其中逸書二十四篇，攟拾較易，乃不并取以爲百兩篇，而轉取左氏傳，何哉？故知霸所取書序出今文也。今文有序，其證三矣。孔穎達尚書正義曰：『伏生二十九卷，而序在外。見正義卷一。夫二十九卷而序在外者，夏侯之書，非伏生元本也。然言有序，則可信。按隋書經籍志、唐書藝文志皆載一字石經尚書六卷，又云：『相承傳拓之本，猶在祕府。』則唐人於拓本漢石經尚書及見之也。穎達謂今文則夏侯、歐陽所傳，及蔡邕所勒石經，是故於堯典篇首正義嘗引石經，其云『二十九卷而序在外』者，必見石經尚書有百篇之序，故爲是言耳。今文有序，其證四矣。歐陽、大、小夏侯尚書亡於永嘉之亂，見隋書經籍志。今無可攷，請以尚書大傳徵之。周書成王政序曰：『成王東伐淮夷，遂踐奄。』尚書音義曰：『踐，尚書大傳云，藉也』。詩豳風破斧正義引書傳云：『遂踐奄，踐之者，籍之也。籍之謂殺其身，執其家，猪其宮。』按將蒲姑序言『成王踐奄，遷其君于蒲姑。』是奄君猶存，書傳謂殺其身，此今文說之異。蓋書傳體近韓詩外傳，往往旁臚異聞，非盡釋經，然而『遂踐奄』三字，則明出于成王政之序。今文有序，其證五矣。周書亳姑序曰：『周公在豐，將殁，欲葬成周。公薨，成王葬之于畢，告周公。』尚書大傳曰：『周公致政，封魯三年之後，老于豐。心不敢遠成王，而欲事文、武之廟。周公疾，曰：吾死必葬于成周，示天下臣于成王。周公薨，成王欲葬之于成周，天乃雷雨，以風禾盡偃，大木斯拔，國人大恐。王與大夫開金縢之書，執書以泣曰：周公勤勞王家，予幼人弗及知。乃不葬于成周，而葬之于畢，示天下不敢臣也。』漢書梅福傳注、儒林傳注、後漢書張興傳注、路史後紀卷十注。書傳言葬周公事，本於亳姑序也。論衡感類篇引書『乃得周公死，自以爲功代武王之說』，蓋古文『所』字，今文作

『死』，形近致譌，故以金縢之事與亳姑之事聯爲一也。今文有序，其證六矣。然難者猶謂與書序有兩端也。大傳又曰：『武丁祭成湯，有雉飛升鼎耳而雊。』見御覽卷八十三。此出商書高宗肜日之序也。今文有序，其證七矣。大傳又曰：『成王在豐，欲宅洛邑，使召公先相宅。』此述周書召誥之序也，其下即述經文云：『六月乙未，王朝步自周至于豐，惟太保先周公相宅。』見御覽卷二百六，並載鄭注云：「太保，召公，先周公視洛邑也。」今文有序，其證八矣。大傳又曰：『夏刑三千條。』見長孫無忌唐律疏義。此本周書甫刑之序也，甫刑序曰：『穆王訓夏贖刑，作呂刑。』案經曰『五刑之屬三千』，不言夏。呂氏春秋孝行覽云『商書曰：刑三百，罪莫大於不孝』，亦不及夏。左氏傳曰：『夏有亂政，而作禹刑。』昭公六年。雖言夏刑，而不舉其目，若非見書序『訓夏贖刑』之文，何以知三千條爲夏刑也？今文有序，其證九矣。大傳篇目有九共、帝告、臩命，序又有嘉禾、揜誥，此皆在二十九篇外，若非見書序，何以得此篇名也？今文有序，其證十矣。書傳既有明文，請更徵之白虎通。白虎通引尚書，悉用今文家說。誅伐篇偁尚書序曰：『武王伐紂。』据御覽卷三百四引有序字。此周書大誓序及武成序之文也。古文尚書紂作殷字。其引尚書用今文，則序亦出之今文無疑。今文有序，其證十一矣。漢書孫寶傳：『平帝立寶爲大司農，孔光、馬宮等咸稱王莽功德比周公。寶曰：周公上聖，召公大賢，尚猶有不相說，著于經典。』此引周書君奭之序也。攷儒林傳『平帝時立古文尚書』，王莽傳『元始四年，益博士員』，而寶爲大司農，在元始二年，百官公卿表：數月免。是時古文未立。寶受公羊、顏氏春秋於筦路，見儒林傳。成帝初以明經爲郡吏，本傳「御史大夫張忠辟爲屬」，史記將相名臣年表、漢書百官公卿表並云：「建始四年，忠爲御史大夫。」故知寶爲郡吏在成帝初。亦非爲古學者，則其所誦之經，亦今文也。古文毛詩平帝已立，而康成注禮時尚未之見，則孫寶之不見古文尚書，不足疑也。今文有序，其證十二矣。後漢書楊震傳：『曾孫彪議遷都曰：般庚五遷，殷民胥怨。』此引商書般庚之序也，彪世傳歐陽尚書，所據乃其本經。今文有序，其證十三矣。法言問神篇曰：『易損其一，雖蠢知闕焉。至書之不備過半矣，而習者不知。惜乎！書序之不如易也。』按揚子雲引書皆用今文書，不備過半，唯今文爲然，若古文則前漢存者五十八篇，不得云爾。今文有序，其證十四矣。法言又曰：『古之説書者，序以百，而酒誥之篇俄空焉，今亡矣。』夫按酒誥惟今文有脱簡，故其言如此。今文有序，其證十五矣。論衡正説篇駁或説『尚書二十九篇，法斗七宿』，曰：『按百篇之序，闕遺者七十一篇，獨爲二十九篇立法，如何？』論衡此篇所引或説，乃今文家言，其駁詰亦據今文爲説。若古文，則案百篇之序，二十九篇外，尚有逸書二十四篇，不得云闕遺者七十一篇。今文有序，其證十六矣。杜預春秋左傳後序曰：『紀年稱伊尹放太甲於桐，乃自立也。伊尹即位於太甲十年，太甲潛出，自桐殺伊尹。此語大與尚書序説太甲事乖異，不知老叟之伏生或致昏忘，將此古書亦當時雜記，未足以取審也。』詳預此言，直以書序爲出自伏生。預時三家尚書見存目驗，援據致爲明確。今文有序，其證十七矣。稽合十有七證，彰彰如是，其足以決三家尚書之有序與否，觀者豈猶不自悟耶？夫三家尚書有序，則伏生所得不得謂無序；伏生所得有序，而大誓乃後出，則伏生二十九篇不得不以百篇之序當其一。吾故曰：伏生二十九篇併序，不併大誓也。」

今文三家尚書自有同異

世皆知今文尚書與古文尚書有同異，不知今文三家又自各有同異。古文「平章百姓」，尚書大傳則作「辯章百姓」，今文也。又作「便章」，見史記五帝本紀。古文「堣夷」，說文土部。尚書正義卷二引夏侯等書則作「嵎鐵」，史記夏本紀索隱引今文尚書及帝命驗作「禺鐵」，經典釋文引考靈耀及史記作「禺銕」，皆今文也。又作「郁夷」，史記五帝紀如此。古文「暘谷」，五帝紀索隱引史記舊本則作「湯谷」，淮南子曰「日出湯谷，浴于咸池」，今文也。今本淮南子作暘谷，與索隱所引異，蓋傳寫誤依尚書改之。又作「崵谷」，說文第九山部崵解云：「一曰嵎銕崵谷也」。古文「平秩」，周禮馮相氏疏引尚書大傳則作「辯秩東作」，「辯秩南僞」，「辯秩西成」，今文也。又作「便程東作」，「便程南爲」，「便程西成」，見五帝紀。古文「平在朔、易」，尚書大傳作「辯在朔、易」，今文也。又作「便在伏物」，見五帝紀及索隱引大傳亦然。古文「𠷎咨」，後漢書崔駰傳作「疇咨」，今文也。又作「訓咨」，見隸釋劉寬碑。古文「盟猪」，漢書地理志。史記夏本紀則作「明都」，今文也。又作「孟諸」，索隱云：「尒疋、左傳謂之『孟諸』，今文亦爲然。」今案初學記政理部三引尚書大傳「孟諸靈龜」，是伏生尚書作「孟諸」也。古文「在治曶，以出入五言」，漢書律曆志則引作「七始訓以出入五言」，「訓」字依隋志引改，漢志作「詠」，譌字。今文也。又作「來始滑，以出入五言」，見五帝紀〔一〕。案「來始」即「柰始」之譌，「柰」古「七」字，形近「來」，「滑」「曶」聲近義通，此今古文相亂。又作「采政忽見」，索隱偁今文。古文「曰弟」，亦作「曰涕」，見徐廣偁史記一本。説文弟六口部引商書則作「曰圛」，今文也。詩齊風箋：「古文尚書以弟爲圛。」古文「曰蟊」，亦作「曰雺」，尚書正義引鄭、王本皆然，周禮大卜鄭注引如此。史記宋微子世家則作「曰霧」，説文作霚，从雨，敄聲。徐鉉等曰：「今俗从務。」然則史記亦宜作「霚」。今文也。漢書、後漢書五行志並引洪範五行傳作「霿」，皆「霚」之誤。文獻通考郊社考祈禱引洪範五行傳作「雺」，亦非。説文「霚，地氣發，天不應，从雨，敄聲」。重文雺云：「籀文省霧，天气下，地不應，曰霿。霿，晦也，从雨，瞀聲。」二字有別。又作「曰被見」，徐廣舉史記一本。它如「五玉」，漢書郊祀志作「五樂夔」，尚書中候作「歸」。見太平御覽八十二。「前師乃鼓鼖譟」，見周禮大司馬注引書，蓋大誓文。後漢書劉陶傳「武旋有臯藻之士」，杜詩傳「士卒臯藻」，臯藻即鼖譟之異文。蓋歐陽、大、小夏侯傳習之本容有不齊，猶今詩有魯、齊、韓，今春秋公羊有嚴、顏，雖共出一師，猶不能無稍歧互。要以各尊所聞，彌縫其闕，苟通厥指，何必論甘忌辛？觀馬、鄭並治古文，而傳本之字多異，學者亦可以見其嘖而觀其會通矣。

今文尚書亦以訓詁改經

史記多以訓詁改經文，學者所知也。今文尚書亦有然者。如内之爲入：「内」，古文，俗作「納」。「寅餞

〔一〕「五帝紀」當作「夏本紀」。

內日」，尚書大傳云「寅餞入日」；「出內五言」，史記夏本紀云「出入五言」。說文內，入也。或之爲有：「時亦罔或克壽」，論衡氣壽篇、後漢書鄭崇傳引云「時亦罔有克壽」。鄭君論語注：「或之言有也。」達之爲通：「用克達殷，即大命」，蔡邕石經作「用克通殷，就大命」；史記夏本紀「達于河」，「達于泲」，「達于菏」，「達于淮、泗」，並作「通」字。矜之爲憐：尒疋：「矜憐，撫掩之也。」毛詩鴻雁傳：「矜，憐也。」「予惟率肆矜爾」，論衡雷虛篇引云「予惟率夷憐爾」。離之爲麗：「不離于咎」，尚書大傳云「不麗于咎」。易象傳「離，麗也」。答之爲對：「奉答天命」，尚書大傳云「奉對天命」。此猶毛詩芄蘭「能不我甲」，毛傳「甲，狎也」，而韓詩即作「狎」字。釋文。小旻「是用不集」，毛傳「集，就也」，韓詩即作「就」字。韓詩外傳六。鴛鴦「摧之秣之」，毛傳「摧，莝也」，韓詩即作「莝」字。釋文。大明「俔天之妹」，毛傳「俔，磬也」，韓詩即作「磬」字。釋文、毛詩正義。「抑洒埽庭內」，毛傳「洒，灑也」，韓詩即作「灑」字。外傳卷六。皆今學之以訓詁代經者也。

史記用今文尚書

史記始用書序，採摭十之七八，其說多異，蓋今文家言也。其所録尚書，亦以今文爲主，雖班固稱遷書載堯典、禹貢、微子、洪範、金縢諸篇多古文說。今以此五篇攷之，如五帝紀之載堯典「居郁夷，曰柳谷」，徐廣云：一作柳谷。「便在伏物」，「黎民始飢」，「五品不訓」，「歸，至于祖禰廟」，尚書大傳「歸格于禰祖用特」。「五流有度、五度三居」，今文「宅」皆爲「度」。夏本紀之載禹貢「維箘簵、楛」，徐注「箭足杆」。說文竹部引「維箘簵楛」，今文也。木部引「維箘輅枯」，古文也。「滎播既都」；周本紀之載洪範「毋侮鰥寡」，尚書大傳同。文字皆與今文脗合。則所謂多古文說者，特指其說義耳，若文字固不盡从古文也。五篇而外，所録皆今文說可知。魯周公世家載金縢「周公卒後，暴風雷雨」，亦今文說。不獨「黎」之作「耆」，「流爲雕之」作「流爲烏如」，「熊如羆之」作「如豺如離」而已。司馬子長時，書惟有歐陽、大、小夏侯未立學官，然則史記所據尚書，乃歐陽本也。

史記採尚書兼古今文

漢書儒林傳：「司馬遷從孔安國問故，遷書所載堯典、禹貢、微子、洪範、金縢諸篇多古文說。」段君若膺始辨漢人援引尚書，皆用見立學官今文之本。遷書多古文說者，特其說義則然，而文字仍悉依今文。此論足以發千古之覆矣。然以史記所採五篇覈之，實有兼用古文者。如「肈十有二州」不作「兆」，尚書大傳作「兆」。「蠙珠臮魚」不作「玭暨」，說文弟一玉部「玭」重文「蠙」，夏書「玭從虫賓」。弟八㐺部引虞書曰「臮咎繇」，夏本紀索隱曰：「臮，古暨字。」「維箘簬、枯」說文弟五竹部「簬」引夏書曰：「惟箘簬、楛。」重文「箘」，古文「簬」。弟六木部「枯」引夏書曰：「惟箘輅、枯。」不作「簬、楛」，「嶓冢導瀁」不作「漾」，說文十一水部「漾」重文「瀁」注：「古文从養。」漢書地理志作「養」。「思曰睿」不作「容」，尚書大傳作「容」。漢五行志引經曰「思曰容」，應劭曰：「容，通也，古文作睿。」志下引傳曰：「思，心之不容。」容、容皆今文。「不離于咎」不作「麗」，困學紀聞引尚書大傳「不麗於咎」。「曰悌」不作「圛」，詩齊風箋：「古文尚書以悌爲圛。」「高宗饗國五十五年」五十五亦與今本尚書異，史記當是古文說，梅本誤也。不作「百年」，蔡邕石經「高宗饗國百年」。皆古文之灼然可信者也。遷非經生而好鈞奇，故雜臚古今，不肎專守一家。魯周公世家載金縢其前「周公奔楚」事，乃古文家說；其後「成王改葬周公」事，乃今文說，此其明證矣。

白虎通義用今文尚書

今所傳白虎通義非完書，就四十三篇及它書所援闕文考之，凡引尚書無偁古文者，逸書則偁尚書逸篇。引尚書大傳近十餘條。攷黜篇引書曰：「三年一攷，少黜以地。」公羊傳隱公八年注「三年一使三公黜陟」，疏云：「書傳文。」又路史發揮卷五引大傳曰：「再絀少以地。」似書傳文，而字有脱漏。否則書緯文，漢人引緯，多直偁爲經。紼冕篇引書曰「黼黻衣黃朱紼」，疑即今文顧命「布乘黃朱」之異文。其宗族篇解尚書「以親九族」爲父族四，母族三，妻族二，與歐陽、夏侯符，而不从古文家「上自高祖，下至玄孫」之說。見詩葛藟正義、左傳桓六年正義引五經異義。喪服篇解尚書「今天動威，以彰周公之德」，下言「禮亦宜之，爲周公以王禮葬」，與尚書大傳符，大傳文引見通鑑前編成王十一年，又見漢書梅福傳注、後漢書張奐傳注路史後紀卷十注，又見後漢書周舉傳注引洪範五行傳。而不從古文家「周公奔楚」之說。見史記魯世家、論衡感類篇。然則白虎通引尚書悉用今文家明矣。或曰：「後漢書賈逵傳言肅宗立，特好古文尚書，賈逵、丁鴻皆治古文，皆與議白虎觀，何以知其不兼用古文也？」曰：「許叔重作五經異義，於今尚書說，古尚書說，必加別識。肅宗既好古文，撰白虎通者儻用古文，豈無別識以著其異哉？攷後漢書言肅宗好古文尚書、左氏傳，建初元年，嘗詔賈逵入講北宮白虎觀，南宮雲臺。然是時帝特使發出左氏大義長於二傳者而已，未及尚書。逵條奏左氏三十事，則在元和二年，據奏云「改元正曆」，謂改建初九年爲元和元年，及元和二年始用四分曆也。蓋逵尤明左氏傳，先已爲之解詁故也。見本傳。建初四年，乃會諸儒於白虎觀，講五經同異，肅宗紀、丁鴻傳。著白虎通義。儒林傳序。逵以校書郎與議。其後乃詔撰集歐陽、大、小夏侯尚書及古文同異，遷爲衛士令。案：楊終傳：「詔諸儒於白虎觀考論同異，會終坐事繫獄，校書郎班固、賈逵表之，終又上書自訟，即日貰出，乃得與於白虎觀。」則是議白虎觀時，逵方爲校書郎。逵傳言「撰集三家尚書及古文同異，遷爲衛士令」，明在議白虎觀之後矣。丁鴻傳注引東觀記言「逵以衛士令集議」，非也。又其後建初八年，乃詔諸儒選高才生受古文尚書。當集議白虎觀時，古文猶未用也。丁鴻傳：「年十三，從桓榮受尚書。」榮傳歐陽尚書。不言更受古文。而楊倫傳言：「師事司徒丁鴻，習古文尚書。」按鴻爲司徒，在安帝永光四年，鴻其晚治古文。與集議白虎觀者，尚書博士止歐陽、大、小夏侯三家。見續漢百官志。諸儒則賈逵通大夏侯尚書，逵傳以大夏侯尚書教授。丁鴻、桓郁習歐陽尚書。肅宗從郁受經，稱制臨決，宗旨可知，而鴻又以才高論難最明，本傳。故白虎通於尚書悉用今文也。逵、鴻雖通古文尚書，然逵嘗習毛詩、左氏春秋矣，左氏春秋又嘗於建初元年入講南北宮矣。乃白虎通所引詩傳並出魯、韓，而無一語及毛詩；宗族篇引禮曰：「宗人將有事，族人皆侍。」此必逸禮之文。通典徑改作「毛萇曰」。案：詩湛露毛傳有此語，「宗人」作「宗子」。然白虎通凡引經傳，例無直書人名者，通典改之，誤矣。嫁娶篇引傳曰：「陽倡陰和，男行女隨。」出易緯乾鑿度。詩鄭風丰序云：「陽倡而陰不和，男行而女不隨。」與此稍異，非毛傳文也。所引春秋傳並出公羊，間及穀梁，必別識之，而無一語及左氏。三占從二，理勢則然，其於尚書用今文，猶是例也，何疑焉？

尚書亡逸篇説

仁和孫之騄輯尚書大傳，召誥傳有「大社惟松，東社惟柏，南社惟梓，西社惟栗，北社惟槐」五句，按此文出白虎通社稷篇，偁尚書逸篇，魏書及北史劉芳傳、藝文類聚、太平御覽引並同，則非書傳文明矣。惟初學記及禮記郊特牲正義作尚書無逸篇，「無」字誤衍，或當作「亡」，謂尚書篇數之亡逸者也。古亡、無通，傳寫誤「亡」爲「無」。白虎通爵篇引書亡逸篇曰「厥兆天子爵」，亦其例也。今本尚書大傳毋逸傳有此文，乃後人綴緝者羼入。江處士聲尚書集注音疏堅執爲書無逸篇之佚句，而以「亡」之與「逸」，二字有辨，力詆合稱亡逸者爲妄。段氏古文尚書撰異用其説。然則「大社惟松」五句，亦將緣初學記、禮記正義之譌文，入之尚書無逸篇乎？且尚書大傳「無逸」作「毋逸」，見困學紀聞卷二，不作「無」字。徧考諸書，未有載尚書大傳引毋逸佚句者，此何據也？余友高郵王伯申曰：「白虎通引書，無有舉篇名者，不應於此忽亂其例。」斯言足以破惑。

大小戴禮記攷

劉向別録古文記二百四篇。見經典釋文序録。漢書藝文志記百三十一篇。

漢書藝文志禮家記百三十一篇，班固本注「七十子後學者所記」。景十三王傳曰：「河間獻王所得書，皆古文先秦舊書，周官、尚書、禮、禮記、孟子、老子之屬，皆經傳説記，七十子之徒所論。」又曰：「魯恭王壞孔子宅，而得古文尚書及禮記、論語、孝經凡數十篇，皆古字也。」經典釋文序録引鄭君六藝論云：「後得孔氏壁中，河間獻王古文禮五十六篇，記百三十一篇，周禮六篇。」又引劉向别録云：「古文記二百四篇。」壽祺案：孔壁所得書，魯恭王傳僅言數十篇，知非全書。藝文志依七略著録記百三十一篇，蓋河間獻王所得者，故六藝論兼舉之。百三十一篇之記，合明堂陰陽三十三篇，王史氏二十一篇，樂記二十三篇，孔子三朝記七篇，凡二百十五篇，並見藝文志，而别録言二百四篇，未知所除何篇？疑樂記二十三篇，其十一篇已具百三十一篇記中，說見後。除之，故爲二百四篇。孔子三朝記亦重出，不除者，篇名不同故也。大戴禮記所載七篇爲千乘、四代、虞戴德、誥志、小辯、用兵、少閒，不著孔子三朝記之名。隋志言劉向考校經籍，檢得一百三十篇，向因第而敘之，又得明堂陰陽記，孔子三朝記，王氏、史氏記，樂記五種，合二百十四篇，減少一篇，與别録藝文志不符，失之。然百三十一篇之記，第之者劉向，得之者獻王，而輯之者蓋叔孫通也。魏張揖上廣雅表曰：「周公著爾雅一篇，爰暨帝劉，魯人叔孫通撰。置禮記，文不違古。」通撰輯禮記，此其顯證，稚讓之言，必有所據。爾雅爲通所採，當在大戴記中。武進臧庸曰：「白虎通三綱六紀篇引禮親屬記，見爾雅釋親。」孟子「帝館甥于貳室」，趙岐注引禮記，亦釋親文。風俗通聲音篇引禮樂記，乃釋樂文。公羊宣十二年注引禮乃釋水文。則禮記中有爾雅之文矣。通本秦博士，親見古籍，嘗作漢儀十二篇，及漢禮器制度，而禮記乃先秦舊書，聖人及七十子微言大義，賴通以不墜，功亞河間。漢志禮家闕其書，且没其名，何也？隋書經籍志：大戴禮記戴德撰，小戴禮記戴聖撰。此題亦誤。

大戴記八十五篇。　小戴記四十九篇。

禮記正義引六藝論云：「戴德傳記八十五篇，則大戴禮是也；戴聖傳記四十九篇，則此禮記是也。」壽祺案：二戴所傳記，漢志不别出，以其具於百三十一篇記中也。樂記正義引别録有禮記四十九篇，此即小戴所傳，則人戴之八十五篇，亦必存其目，蓋别録兼載諸家之本，視漢志爲詳矣。經典釋文序録引陳邵晉司空長史。周禮論序云：「戴德删古禮二百四篇爲八十五篇，謂之大戴禮；戴聖删大戴禮爲四十九篇，是爲小戴禮。後漢馬融、盧植考諸家同異，附戴聖篇章，去其緐重及所敍略，而行於世，即今之禮記是也。」邵言微誤，隋書經籍志因傅會謂戴聖删大戴之書爲四十六篇。馬融足月令、明堂位、樂記爲四十九篇。休寧戴東原辨之曰：「孔穎達義疏於樂記云：『按别録禮記四十九篇』。後漢書橋玄傳：『七世祖仁著禮記章句四十九篇，號曰橋君學。』仁即班固所説小戴授梁人橋仁季卿者也。劉、橋所見篇數，已爲四十有九，不待融足三篇甚明。康成受學於融，其六藝論亦但曰『戴聖傳禮四十九篇』。作隋書者徒謂大戴闕篇，即小戴所録，而尚多三篇，遂聊歸之融耳。」壽祺案：橋仁師小戴，後漢書謂從同郡戴德學，亦誤。又曹褒傳：「父充持慶氏禮，褒又傳禮記四十九篇，教授諸生千餘人，慶氏學遂行於世。」然則褒所受於慶普之禮記，亦四十九篇也。二戴、慶氏皆后倉弟子，惡得謂小戴删大戴之書耶？釋文序録云：「劉向别録有四十九篇，其篇次與今禮記同。」然則謂馬融足三篇者妄矣！

大、小戴記並在記百三十一篇中。

錢詹事大昕漢書考異云：「小戴記四十九篇，曲禮、檀弓、雜記皆以簡策重多，分爲上下，實止四十六篇，合大戴之八十五篇，正協百三十一篇之數。」壽祺案：今二戴記有投壺、哀公問兩篇篇名同，大戴之曾子、大孝篇見小戴祭義，諸侯釁廟篇見小戴雜記，朝事篇自「聘禮」至「諸侯務焉」見小戴聘義，本事篇自「有恩有義」至「聖人因殺以制」節見小戴喪服四制，其它篇目尚多同者。漢書王式傳稱驪駒之歌「在曲禮」，服虔注云：「在大戴禮。」五經異義引大戴禮器，毛詩豳譜正義引大戴禮文王世子，唐皮日休有補大戴禮祭法，又漢書韋玄成傳引祭義，白虎通畊桑篇引祭義，曾子問情性篇引閒傳，崩薨篇引檀弓、王制，蔡邕明堂月令論引檀弓，其文往往爲小戴記所無，安知非出大戴亡篇中？如投壺、釁廟之互存而各有詳略乎？大戴記亡篇四十七，唐人所見已然。白虎通引禮謚法、王度記、三正記、別名記、親屬記、五帝記，少牢饋食禮注引禘于太廟禮，疏云：「大戴禮文。」周禮注引王霸記，明堂月令論引佋穆篇，風俗通引號謚記，論衡引瑞命篇，毛詩靈臺正義引政穆篇，即佋穆篇；彼汾正義引大戴禮辨名記，即別名記，文選注引禮瑞命記，即瑞命篇。皆大戴逸篇。其他與小戴出入者，略可舉數，豈能彼此相足？竊謂二戴於百三十一篇之說，各以意斷取，異同參差，不必此之所棄，即彼之所録也。

王制、月令、樂記非秦、漢之書。

儒者每言王制漢博士作，月令吕不韋作，或又疑樂記出河間獻王，皆非事實也。禮記王制正義引盧植云：「漢孝文皇帝令博士諸生作此書。」經典釋文引同。攷盧氏説出史記封禪書，封禪書曰：「文帝召魯人公孫臣，拜爲博士，與諸生草改曆、服色事。明年，使博士諸生刺六經，作王制，謀議巡守封禪事。」然今王制無一語及封禪，言巡守者，特一端耳。司馬貞史記索隱引劉向別録云：「文帝所造書，有本制、兵制、服制篇。」以今王制參檢，絶不相合。鄭君三禮目録云：「名曰王制者，以其記先王班爵、授禄、祭祀、養老之法度。」此則博士所作王制，或在藝文志禮家古封禪羣祀二十二篇中，非禮記之王制也。鄭君駮五經異義云：「王制是孔子之後大賢所記先王之事。」答臨孝存周禮難云：「孟子當赧王之際，王制之制，復在其後。」斯言得之。月令正義引鄭目録云：「月令者，本呂氏春秋十二月紀之首章，以禮家好事鈔合之，後人因題之名曰禮記，言周公所作。」壽祺案：正義云：「賈逵、馬融之後，皆云『月令，周公所作』，故王肅用焉。」後漢書魯恭傳：「恭議曰：月令，周世所造，而所據皆夏之時也。」蔡邕明堂月令論曰：「周書七十一篇，而月令第五十三。秦相呂不韋著書取月令爲紀號，淮南王安亦取以爲第四篇，改名曰時則，故偏見之徒，或云月令呂不韋作，或云淮南，皆非也。」隋書牛弘傳：「今明堂月令者，蔡邕、王肅云周公所作。周書内有月令第五十三，即此。」魏鄭公諫録：「月令起於上古，呂不韋止是修古月令，未必始起秦代也。」此則禮記月令非呂不韋著審矣。唐書大衍曆議云：「七十二候原於周公，時訓、月令雖頗有增益，然先後之次則同。」僧一行親見周書月令有七十二候，則與禮記月令無異，益信蔡邕之言不妄也。鄭君以爲禮家鈔合，殆失之。又鄭謂「三王官無太尉，秦官則有」，以此斷月令爲呂氏書。案：月令「命太尉」，呂覽「尉」作「封」，然則禮記亦當本作「命太封」，即易通卦驗所謂「夏至景風至，拜大將，封有功」之義。見太平御覽引。其作太尉者，淮南時則依漢制改，而禮家從之，非其舊也。論語集解馬融曰：「周書月令有更火之文，春取榆柳之火，夏取棗杏之火，季夏取桑柘之火，秋取柞楢之火，冬取槐檀之火。」牛弘引周書月令論明堂之制，「殿垣方在内，水周於外，水内徑三百步」。孔氏尚書正義引周書月令云「三日粤朏」，與漢書律志載劉歆三統曆引古文月采篇曰「三日曰朏」適合。「粤」「曰」古通，「月采」即

「月令」之譌也。是自漢迄唐，諸儒及見周書月令篇，而所引有出於十二月紀之外者，則禮記所未取也。

樂記者，藝文志云：「河間獻王與毛生等共采周官及諸子言樂事以作樂記。其内史丞王定傳之，以授常山王禹。禹，成帝時爲謁者，獻二十四卷記。劉向校書，得樂記二十三篇，與禹不同。」而班志兩載其書曰：「樂記二十三篇，王禹記二十四篇。」案：漢書食貨志王莽下詔曰：「樂語有五均。」鄧展注曰：「樂語〔一〕，樂元語，河間獻王所傳，道五均事。」臣瓚曰：「其文云：天子取諸侯之土以立五均，則市無二價而民常均，强者不得困弱，富者不得要貧，則公家有餘，恩及小民矣。」白虎通禮樂篇亦屢引樂元語，此即獻王所傳樂記二十四篇之一篇也。三禮目録於禮記樂記云：「此於別録屬樂記，謂屬二十三篇之樂記也。」禮記正義云：「蓋十一篇合爲一篇，謂有樂本、有樂論、有樂施、有樂言、有樂禮、有樂情、有樂化、有樂象、有賓牟賈、有師乙、有魏文侯。劉向所校二十三篇，著於別録。今樂記斷取十一篇，餘有十二篇，其名猶在。案：別録十一篇，餘次奏樂第十二，樂器第十三，樂作第十四，意始第十五，樂穆第十六，説律第十七，季札第十八，樂道第十九，樂義第二十，昭本第二十一，昭頌第二十二，竇公第二十三是也。按別録禮記四十九篇，樂記第十九，則樂記十一篇入禮記，在劉向前矣。」正義言如此。則今禮記中之樂記，非王禹樂記甚審。史記正義云：「樂記者，公孫尼子次撰也。」此言必本之別録七略「樂記出公孫尼子，而有竇公篇者」。竇公本魏文侯樂人，年百八十歲，至漢文帝時猶存，此篇或載其在

〔一〕「語」，原作「記」，據漢書食貨志注改。

文侯時論樂事也。别録於二百四篇偁爲古文記，漢書河間獻王傳、魯恭王傳兩稱禮記，皆統以古文，魯恭王傳又特明之曰：「皆古字也。」河間獻王且明言「七十子之徒所論」，是惡得有秦、漢作者之文厠其間邪？後儒動訾禮記雜出，漢儒不攷甚矣。

夏小正考

宋傅崧卿序夏小正，謂「隋志有夏小正一卷，漢、唐志既録戴氏禮，此書宜不别見，意隋重賞以求逸書，進書者離析篇目而爲此」。壽祺竊不謂然。史記五帝本紀云：「孔子所傳宰予問、五帝德及帝繫姓，儒者或不傳。」夏本紀云：「學者多傳夏小正。」此三篇皆在百三十一篇記中。太史公時，二戴未出，於五帝德、帝繫姓云或不傳，而於夏小正云學者多傳，則當時此篇顯有專行者。如士禮十七篇，傳自高堂生，而喪服一篇，漢以來諸儒多爲注解，别行於世，見隋經籍志，戴德先有喪服變除，見通典禮四十一，是其證也。崧卿又謂：「小正之傳，戴德所撰。」案：鄭君六藝論云：「戴德傳禮八十五篇。」言傳，則述而不作。夏小正有傳，殆如喪服有子夏傳，由來久矣。爾雅釋蟲郭注引夏小正傳曰：「蜋蜩者五采具。」又引傳：「螗蜩者蝘。」邵編修晉涵爾雅正義云：「夏小正舊不分經傳。」郭注釋草引夏小正曰：「蕍也者莎，薃媞者其實。」亦不稱爲傳。此云夏小正傳，是晉初即有分經傳者。傅崧卿本分析經傳，本於郭氏、邵氏言如此。今攷吴陸璣毛詩義疏引大戴禮夏小正傳曰：「虋，遊胡。遊胡，旁勃也。」見左傳隱三年正義，則三國時有傳名也。蔡邕明堂月令論引大戴禮夏小正傳曰：「陰陽生物之候，王事之次。」今夏小正傳無此文。蓋傳本異，則漢時已有傳名也。鄭康成月令注引夏小正曰：「九月丹鳥羞白鳥。九月當爲八月。說曰：丹鳥也者，謂丹良也；白鳥也者，謂閩蚋也。其謂之鳥者，重其養者也。有翼爲鳥，養也者不盡食也。」鄭君亦以經與傳說兩分之，不始於璞明甚。

齊詩

王應麟詩攷搜輯魯、齊、韓三家詩，用志良善，惟誤采董逌齊詩故，信以爲真，則非也。齊詩亡於魏，惟王吉、匡衡、翼奉諸人傳齊詩，見漢書本傳奏疏所引者可據。外如地理志齊地條云：「詩風齊國是也。臨淄名營丘，故齊詩曰：『子之營兮，遭我乎嶩之間兮。』」師古曰：「齊國風〔一〕營詩之詞也。毛詩作還，齊詩作營。」按班固所云齊詩者，謂齊國之詩，與上文稱豳詩、秦詩、邶詩、唐詩、鄭詩、陳詩爲一例，非謂齊轅固生所傳也。小顏於此及下引自杜、沮、漆，皆指稱齊詩，不知何據？然觀藝文志云「魯最爲近之」，又班固撰白虎通用魯說，則漢書所引，恐是魯詩。固之伯祖伯，少受詩於師丹，語說有法。師丹爲匡衡弟子，傳齊詩。固或世其家學。釋文「還，韓詩作嫙」，則作「營」者，必齊、魯之說也。又引說文云「峱山在齊」，崔集注本作嶩，崔本與漢志合。然陸德明亦不能定其爲齊爲魯，小顏何以知齊詩作「營」也？小顏於地理志「郁夷」下引韓詩，而韓詩實不作「郁夷」，其言多舛謬，不足信。

〔一〕「風」，原無，據地理志師古注補。

詩有六情五際解

漢書翼奉傳：「奉上封事曰：臣聞之於師，治天下之術，在於六情十二律而已。北方之情，好也；好行貪很，申子主之。東方之情，怒也；怒行陰賊，亥卯主之。二陰並行，是以王者忌子卯也。南方之情，惡也；惡行廉貞，寅午主之。西方之情，喜也；喜行寬大，巳酉主之。二陽並行，是以王者吉午酉也。上方之情，樂也；樂行姦邪，辰未主之。下方之情，哀也；哀行公正，戌丑主之。辰未屬陰，戌丑屬陽，萬物各以其類應。」又奏封事曰：「臣聞之於師，易有陰陽，詩有五際，春秋有災異，皆列終始，推得失，考天心，以言王道之安危。」孟康注引詩内傳曰：「五際，卯、酉、午、戌、亥也。陰陽終始際會之歲，於此則有變改之政也。」壽祺案：奉治齊詩，兩舉師説，六情五際，皆齊詩説。孟康引詩内傳者，齊詩内傳文也。太平御覽引春秋演孔圖曰：「詩含五際六情。」宋均注曰：「六情即六義也，一曰風，二曰賦，三曰比，四曰興，五曰雅，六曰頌。」以翼奉傳攷之，則宋均之釋六情，非齊詩本義也。毛詩大序正義釋六情據翼奉説。應劭注漢書，以君臣、父子、兄弟、夫婦、朋友釋五際，亦非齊詩本義也。後漢書郎顗傳引詩汎曆樞曰：「卯酉爲革政，午亥爲革命，神在天門，出入候聽。」李賢引宋均注云：「神，陽氣，君象也。天門，戌亥之間，乾所據者。」毛詩大序正義引詩緯汎曆樞以釋五際云：「亥爲革命，一際也；亥又爲天門，出入候聽，二際也；卯爲陰陽交際，三際也；午爲陽謝陰興，四際也；酉爲陰盛陽微，五際也。」然齊詩五際並數戌，而詩疏不及之，亦非。據郎顗傳注戌亥皆爲天門，亥爲革命，當一際，則出入候聽，宜以戌當一際矣。太平御覽引詩含神霧曰：「集御揆著，上統元皇，下序四始，羅列五際。」宋均注曰：「集徵揆著，若緜緜瓜瓞，人之初生，揆其始，是必將至，著有天子也。此齊詩五際之義也。」文選文賦注引春秋演孔圖云：「詩含五際六情，絶於申。」宋均注：「申，申公也。」壽祺謂申公之學爲魯詩，五際六情之説出齊詩，與申公無涉。或云：「絶於申者，絶於魯也，絶於魯者，蓋尊齊而絀魯之辭也。詩緯言陰陽術數與齊詩相傳，疑魯、齊弟子有互爲是非者，故詩緯之言如此。」此説未當。攷毛詩采薇正義引汎歷樞云：「陽生酉仲，陰生戌仲。」絶於申者，謂五際之道，陽氣至申而絶，至酉始生也。宋均注誤解耳。

公羊傳徐氏疏

公羊傳徐氏疏，或以爲唐之徐彦，或疑爲陳、隋間人。案：公羊傳文公二年疏解云：「諸侯七虞以下，雜記文云云之説，具左氏傳疏。」今檢左氏傳僖三十三年，孔穎達正義有引雜記及士虞記説虞禮之文，徐氏偁之，似其人在孔氏後。然隋書經籍志有春秋公羊疏十二卷，列公羊諸家之末，而不著其名。經典釋文敍録有梁東宮學士沈文何撰春秋左氏義疏，闕下袟，陳東宮學士王元規續成之。隋志文何作文阿，義疏作義略。孔穎達春秋正義序言爲義疏者，則有沈文何、蘇寬、劉炫。今奉勅删定，據劉爲本，其有疏漏，以沈氏補焉。然則文二年正義説虞禮文，蓋取之沈、劉。公羊疏所稱左氏傳疏，或指沈、劉之書，又不得以是斷徐氏爲唐人矣。

釋文僞易傳

經典釋文敍録注解傳述人，於施讐易下，彭宣、戴崇並云作易傳。案：施氏易之後，有書者惟景鸞作易説，見後漢書儒林傳，而漢書藝文志儒林傳及張禹、彭宣兩傳皆不言宣、崇著易傳。隋書經籍志備列梁七録亡逸之袟，亦無此書，不知陸氏何據？攷易子夏傳，七略云「韓嬰傳」，見敍録。而德明直以爲卜子夏；梅賾所上古文尚書及孔傳與馬、鄭本乖，而德明以爲真古文，其決擇亦多未精。疑所謂彭、戴易傳，亦誤據贋本耳。册府元龜卷六百七注釋類載彭、戴易傳，與釋文敍録同，蓋即誤據釋文。

易音辨

孔氏周易正義八論，論易之三名曰：鄭玄依乾鑿度作易贊及易論，云易一名而含三義，易簡一也，變易二也，不易三也。孔又云：崔覲、劉貞簡等並用此義，皆以緯稱「不煩不擾，澹泊不失」，此明是易簡之義，無爲之道，故易者易也，作難易之音。而周簡子云：易者易音亦。也。不易也，變易也，易有易代之名。凡有無相代，彼此相易，皆是易義。張氏、何氏並用此義，云：易者换代之名，待奪之義。不顧緯文「不煩不擾」之言，所謂用其文而背其義。故今之所用，同鄭康成等，易者易也，音爲難易之音，義爲簡易之義，得緯文之本實也。孔述鄭易如此。案：繫辭「乾以易知」，陸氏釋文云：「鄭、荀、董並音亦。」虞翻注繫辭云：「陽見稱易，坤藏爲簡。乾息昭物，天下文明，故以易知；坤閲藏物，故以簡能。」注大壯六五「喪羊于易」，旅上九「喪牛于易」，皆云乾爲易。是四家並讀易簡之易爲亦音也。毛詩周頌「岐有夷之行」，傳云：「夷，是也。」箋云：「以岐邦之君有佼易之道故也。」其下即引易曰「乾以易知」云云。箋意申毛「佼易」即「夷易」之義也。易「喪羊于易」，釋文云：「鄭音『亦』，謂佼易也。」是佼易之易如字，鄭以易簡證佼易，則讀易簡如字明矣。鄭先通京氏易，晚乃治費氏。詩箋所引，蓋京易，是京氏亦讀易簡之易爲「亦」音也。毛詩大雅板「牖民孔易」，箋「易，易也」，可證二字古音義無異。淮南俶真訓「人莫鑑於流沫，而鑑於止水者，以其靜也；莫窺形於生鐵，而窺於明鏡者，以覩其易也。夫惟易且靜，形物之性也」。高誘注：「易讀河間易縣之易。」此亦難易之易，讀如「亦」之一證。孔沖遠徒狃於後世俗音，以易簡、變易分去入二聲，而不知古音無是。易之三名，皆同聲爲訓也。陸元朗於易大壯既引鄭讀佼易音亦，乃於周頌又以佼易與夷易同音羊豉反，不亦踳乎？

說文經字攷

許祭酒說文所載羣經古篆等字，錢氏潛研堂答問枚舉三百餘字外，尚有可坿益者。易則悐即「夕愓若厲」之愓，冰即「陰始凝也」之凝，溓即鄭易「溓于無陽」之溓，冓即鄭易「昏冓」之冓，彪即鄭易「彪蒙」之彪，毓即王肅易「振民毓德」之毓，幋即「或錫之鞶帶」之鞶，拕即鄭易「三拕之」之拕，泚即鄭易「需于沙」之沙，遰即鄭易「明辨遰也」之遰，蹞即鄭易「賁如蹯如」之蹯，欲即京易「習欲」之欲，瀳即「水洊至」之洊，古文㗊即「獲匪其醜」之醜，憧即京易「憧憧往來」之憧，纍即鄭易「纍其角」之纍，熇即劉表易

「家人熇熇」之熇，觭即荀易「其牛觭」之觭，頯即鄭易「壯于頯」之頯，趑即「其行次且」之次，聚即「萃聚也」之聚，擥即子夏易「擥羊悔亡」之擥，劊即京易「困九五劓劊」之劊，虨即「其文炳也」之炳，古文𩰟即「覆公餗」之餗，胂即「列其夤」之夤，鄭康成作䏰，與胂同字。 肕即京易「裂其肕」之肕，媾即孟、京易「歸妹以媾」之媾，窒即京易「窒其無人」之窒，髴即孟易「婦喪其髴」之髴，帤、袽皆即「繻有衣袽」之袽，嘖即「見天下之賾」賾字，匙即馬氏易「故君子之道匙矣」之匙，网即「作爲罔罟」之罔，趮即「躁人之辭多」之躁，黜即鄭易「爲黜喙」之黜，溝即鄭易「溝卦」之溝。 尚書則徦即「假于上下」之假，采即「辨章百姓」之辨，崵即「暘谷」之暘，启即「啟明」之啟，𨠕即「圮族」之圮，台即今文「舜讓于德不台」之台，煙即古文「煙于六宗」之煙，謚即今文「惟刑之謚哉」之謚，敾即「播時百穀」之播，䯤即「猾夏」之猾，㩻即「擾而毅」之擾，見玉篇。 哥即「歌詠言」之歌，[illegible]即「殄行」之殄，丂即「何畏乎巧言」之巧，岠即「距川」之距，黹、䌘皆即「絺繡」之絺，古文[illegible]、[illegible]皆即「在治曶」之曶，見鄭注。 [illegible]即「鳳皇來儀」之鳳，𢌳即「百獸率舞」之舞，頊即「元首喜哉」之喜，囧即「元首明哉」之明，許君云：「囧，賈侍中說讀與明同。」王伯申侍郎云：「魏曹囧字元首。」蓋古文尚書「元首明哉」，明有作囧者，故曹氏名字取此。賈侍中說當即據古文尚書也。 戠即「赤埴墳」之埴，鄭本。 玭即「蠙珠」之蠙，淖即「江、漢朝宗于海」之朝，今文見論衡。 灊即「沱、潛之潛」，見史記夏本紀。 䨞即「嵎陽」之嵎，玲即「球琳」之琳，鄭本尚書。 粲即「二百里蔡」之蔡，稭即「納秸服」之秸，鎦即「無盡劉」之劉，訦即「爾忱不屬」之忱，臤即今文「優賢揚歷」之賢，見三國志注及漢碑。 麾即「右秉白旄以麾」之麾，逷即「逖矣西土之人」之逖，見文選注。 嵩即今文「如豺如離」之離，見史記周本紀及文選西都賦注。 慆即古文大誓「師乃慆」之慆，古文詖即

「無偏無頗」之頗，簹即「盡起而築之」之築，篛即「逸祝册」之册，沬即「王乃洮頮水」之頮，旄即「耄荒」之耄，見漢書刑法志。䠊即「剕辟疑赦」之剕，髕即今文「髕宮劓割脰庶剠」之髕，見尚書正義。賕即今文「惟貨惟求」之求，剫即「杜乃擭」之杜，見周禮秋官雍氏注。譏即「譏譏善巧言」之譏。見公羊傳及楚詞章句。詩則朻即韓詩「南有樛木」之樛，馗即韓詩「施于中馗」之馗，見文選注。䬴即「言秣其馬」之秣，𡖊即「夙夜在公」之夙，見尉氏令鄭君碑。纒即「素絲五紽」之紽，帥即「毋感我帨兮」之帨，齎即「領如蝤蠐」之蠐，較即「倚重較兮」之較，㮚即「蘀兮蘀兮」之蘀，見玉篇，與蘀同。涽即「北流活活」之活，钀即韓詩「庶姜钀钀」之钀，狎即韓詩「能不我狎」之狎，裣即魯詩「青青子衿」之衿，石經。孅即韓詩「孅孅女手」之孅，䚻即「我謌且謠」之謠，綃即魯詩「素衣朱綃」之綃，見鄭箋。妏即「見此粲者」之粲，鳵即「肅肅鴇羽」之鴇，𩎟即「竹𩎟緄縢」之𩎟，見鄭康成儀禮注。西即「可以栖遲」之栖，見漢嚴發碑。娓即韓詩「誰侜予娓」之娓，醬即韓詩「碩大且醬」之醬，醧即韓詩「飲酒之醧」醧字，𧲢即「執訊獲醜」之訊，椷即「南山有枸」之枸，蔘即「菁菁者莪」之菁，集韻：「蔘，艸皃。」詩「蔘蔘者莪」，李舟說。摯即「如輊如軒」之輊，逮即「方叔涖止」之涖，朸即韓詩「如矢斯朸」之朸，翽即「如鳥斯革」之革，麎即「其麎孔有」之麎，尒疋注引詩。穹即韓詩「在彼穹谷」之穹，駓即韓詩「駓駓騃騃」之騃，鳶即「鳶飛戾天」之鳶，愷即「天之方懠」之懠，沇即韓詩「謀猶回沇」之沇，犴即韓詩「宜犴宜獄」之犴，鷐即「鴥彼晨風」之晨，曣即韓詩「曣晛聿消」之曣，霓即韓詩「先集維霰」之霰，底即「周道如砥」之砥，宊即「使我心疚」之疚，敶即「維禹甸之」之甸，見周禮稍人鄭注。芓、秄皆即「或耘或秄」之秄，見漢書食貨志。采即「此有滯穗」之穗，積即「此有不斂穧」之穧，崔靈恩三家集注。䝾即「賓載手仇」之仇，䔆即「綽綽有裕」之綽，簦即「臺笠緇撮」之臺，國語吴語唐尚書云：「簦，夫須也。」案尒疋「臺，夫須也。」臺簦音相轉，詩臺笠即此。 䳼即「有鶩在梁」之鶩，䑣即「造舟爲梁」之造，腜即韓詩「周原腜腜」之腜，烰即「烝之浮浮」之浮，机即「授几有緝御」之几，是楚詞章句。 弲即「騂騂角弓」之騂，釋文：「騂，説文作弲。」谷、㖄皆即「嘉殽脾臄」之臄，䡴即「與爾臨衝」之衝，碫即「取厲取鍛」之鍛，見釋文。 㸕即「俾爾㸕爾性」之㸕，㖼即「辭之戢矣」之戢，屚即「尚不愧于屋漏」之漏，䆳即「大風有隧」之隧，迒即「往迒王舅」之迒，見鄭箋。 貉即「其追其貊」之貊，卣即「秬鬯一卣」之卣，意即，「萬億及秭」之億，畃即「應田縣鼓」之田，見鄭箋。 䂮即「有略其耜」之略。 儀禮則䛂即士冠「爵弁服」之弁，𢂯即士冠「韎韐」之韐，説文注引鄭司農説，即仲師儀禮注。 結即士冠「采衣紒」之紒，𦓔、㷉皆即士昏「被纚黼」之纚，䋺即士昏「婦執笲」之笲，豐即鄉射「設豐」之豐，䒤、賸皆即燕禮「賸觚于賓」之賸，茍即聘禮、燕禮「賓爲茍敬」之茍，當讀己力切。 但即覲禮「肉袒」之袒，緈即士喪「不緈」之緈，見鄭注。 袋即士喪「幎目用緇」之幎，擊即士喪「設決麗于擊」之擊，卤即士虞「中月而禫」之禫，糦即特牲饋食「視饎爨」之饎。 周禮則啇即「商賈阜通貨賄」之商，迻即「轉移執事」之移，𦟐即「膳豪𦽎」之𦽎，𦙍即「以鹹養脈」之脈，䙴即「醫酏糟」之糟，䰞即「糗餌」之餌，粢即「粉餈」之餈，䵂即「五齏之齏，𨓤即「内竪則前蹕」之蹕，揄即「搖狄」之搖，𥫱即「封人置其絼」之絼，笠即「共其牛牲之互」互字，鼜即「鼓人夜鼓鼜」之鼜，㪅即「師氏掌以嬍詔王」之嬍，義即「治其禮儀」之儀，肆師鄭注故書儀作義。 賮即「槱燎」之燎，𩰪即「掌共秬鬯」之鬯，豈即「奏愷樂」之愷，𥓓即「典同高聲硍」之硍，穽即「弇聲鬱」之弇，籥即「掌教龡竽笙壎籥」之龡，䶢即「簫箎篴管」之箎，䉾即「䈂人」之䈂，勿即「雜帛爲物」之物，旐即「旃車載旌」之斿，祢、禰皆即「遂以獮田之獮」，璑即「瑁玉三采」之瑁，鄭注故書瑁作璑。瑑即「玉瑾」之瑾，鑿即「犬人凡幾珥」之幾，範即「大馭作犯軷」之犯，蜮即「蟈氏」之蟈，玥、跀皆即「刖者使守門」之刖，槷即「牙得則無槷而固」之槷，此當是尒疋木相磨槸之字，非考工記之槷。鬳即「陶人爲甗」之甗，䰝即「甑實二鬴」之甑，枱即「庛長尺有一寸」之庛。禮記則卹即曲禮「國中以策彗䘏沒」之彗，蠙即月令「蚯蚓出」之蚓，桶即「角斗甬」之甬，見史記商君傳，吕覽仲春紀。鴽、鴑皆即「田鼠化爲鴽」之鴽，苖即「具曲植」之曲，籟、鞫皆即「麴糵必時」之麴，齎即「火齊必得」之齊，桓即曾子問「葬至于堩」之堩，蘈即內則「三牲用藙」之藙，姆即「姆教婉娩聽從」之姆，碝即玉藻「士佩瓀玟」之瓀，媟即「爲已併卑」之併，禕即大傳「殊徽號」之徽，見鄭注。邋即學記「學不躐等也」之躐，笘即「伸其佔畢」之佔，諰即樂記「使論其文而不諰」之諰，見荀子。殈即「卵生者不殈」之殈，硜即「石聲磬」之磬，見史記樂書。膌即「使其曲直繁瘠」之瘠，左氏傳則𠄌即「授師孑焉」之孑，祅即「地反物爲妖」之妖，禚即「公狩于禚」之禚，睆即「睅其目」之睅，偊即「禹稱善人」之稱，玉篇引。襤褸即「篳路藍縷」之藍縷，遹即「好聚鷸冠」之鷸，窔、㝜皆即「趙傁在後」之傁，鄹即「鄭人立髡頑」之髡，蔽即「毋棄菅蒯」之蒯，梨即「使巫以桃茢」之茢，據杜注。鬻、飦、鍵皆即「饘于是」之饘，兢即「一二惠競爽猶可」之競，篽即「舟魰守之」之魰，說文「篽」引春秋傳曰：「澤之目篽」，重文「魰」。此即左氏傳澤之萑蒲舟鮫守之」之本字也。說文「目」乃「舟」之譌，左氏傳「鮫」乃「魰」之壞字，舟魰即舟篽，謂澤藪之利也。許君約傳文，故曰「澤之舟篽」。仁和監生嚴杰說。禍即「公子裯」之裯，說文「禍」引春秋傳曰：「有空禍。」按春秋傳無空禍之文，禍與祒通，亦與裯同訓短衣也。魯昭公名裯，所謂「裯父喪勞」是也。說文空字上穴乃「公」之壞字，下工乃「子」之壞字。嘉定貢生吴淩雲說。曆即「日月之會謂之辰」辰字，轜即「載葱靈」之靈，蕣即「荀偃卒于戲陽」之戲。見杜注及後漢書光武紀，劉昭地理志注補。公羊則淨即「至于爭門」之爭，遝即「祖之所逮聞也」之逮，見石經。侚、徇即「朋友相衛而不相迿」之迿。論語則輴、梖皆即「大車無輗」之輗，槤即「瑚璉也」之璉，侂即「可以託六尺之孤」之託，見玉篇引論語。悾即「空空如也」之空，及即「求善價而沽諸」之沽，玉篇引論語。逡即「逡逡如也」之逡，見祝穆後碑。趨即「趨進翼如也」之趨，玉篇引論語。黷即「點爾何如」之點，籍、籍皆即「斗筲之人」之筲，莧即「莞爾而笑」之莞，檟即「置其杖而芸」之置，見石經。廾拜即「子路拱而立」之拱。孟子則鶡即「蹙頞」之頞，爇即「若火之始然」之然，覞即「成覸」之覸，蠹即「螬食實者」之螬，歒即「蹴爾而與之」之蹴，丙、圅、姡皆即「以言餂之也」之餂，闞即「王使人瞯夫子」之瞯。尒疋則媅即「妉樂也」之妉，毛詩釋文引韓詩作媅。瘛即「氛靜也」之氛，窫即「顗靜也」之顗，宓即「密靜也」之密，劾即「剋勝也」之剋，退、遺即「徂存也」之徂，鞫、窾皆即「鞠窮也」之鞠，陜即「挾藏也」之挾，普即「替，滅也」之替，萌即「翌明也」之翌，訩即「訩訟也」之訩，齘即「苛妎也」之妎，蠝即「皇華也」之皇，蒠即「萌萌在也」之萌，禮禮禮禮即「委委佗佗」之異，見釋文。㝈即「痯痯病也」之痯，糇即「不俟不來也」之俟，黬即「緎羔裘之縫也」之緎，囂即「暴，兄也」之暴，萛即「一達謂之道」道字，宧即「東南隅謂之窔」窔字，尒疋釋文窔本或作宧，與窔同。案說文穴部有宧、窔二字，皆不引尒疋，獨宧字注云：「室東南隅謂之宧」。則宧乃尒疋正字也。罠即「彘罟謂之罬」罬字，䶒即「骨謂之切」切字，釋文云：「本或作䶒。」𡿨即「角謂之觷」觷字，礐即「斫謂之鐯」鐯字，爛即「摶者謂之欄」欄字，壽即「璋大八寸謂之琡」琡字，霓即「雨霓爲霄雪」之霓，𡿨即「水潦所止爲泥丘」之泥，𩏑即「紼，𩏑也」之𩏑，蕡即「其大者蘋」之蘋，菥即「薜山蔪」之蔪，夢即「其萌虇」之萌，尒疋當連下文蒲字爲句，虇蒲即大戴記「百草權輿」之謂。權輿者，草木之始也。虇蒲正字，權輿通借字。陽湖孫星衍説。萊即「釐蔓華」之釐，鼶即「蟠鼠婦」之蟠，蛺即「螇蚸」之蚸，蠽即「蛪天螻」之蛪，蚍即「蛣蝠」之蝠，鷚即「鷚黄」之鷚，鴋即「鴐澤虞」之鴐，齝即「羊曰齥」之踱，踱即「其跡迒」之迒，騔即「牝曰騇」之騇，騆即「一目白瞯」之瞯，犻即「體工犻」之犻。此類悉數之不能終，學者精熟諸經，參稽同異，則觸目即得之矣。

漢讀舉例

漢儒音讀之法，凡言讀如、讀若、讀爲、讀曰、讀與某同，皆别舉一字以定其音，此常例也。亦有即本字爲音者，蓋字包數音，音包數義，字同而音異者，别其音；字同而義異者，别其義。故或舉經典習見之文以證之，或舉方俗易曉之語以徵之，字雖不改，而音與義已判矣，此又一例也。復有字止一音一義，難爲比況之詞，但就本義爲本音者，此又一例也。前一例人所易知，後二例見經籍古注者，詳攷如左：

杜子春周禮注八事：地官稻人「以溝蕩水」，注：蕩，讀爲和蕩。春官磬師「擊編鐘」，注：讀編爲「編書」之編。箠氏「掌共燋契」，注：燋，讀爲「細目燋」之燋。大祝「五曰振祭」，注：禮家讀振爲「振旅」之振；「四曰振動」，注：振，讀爲「振鐸」之振；「七曰奇拜」，注：奇，讀爲「奇偶」之奇。夏官圉師「射則充椹質」，注：讀椹爲齊人言「鐵椹」之椹。職方氏「其浸潁湛」，注：湛，讀當爲人名「湛」之湛。

服不氏「以旌居乏而待獲」，注：乏，讀爲「匱乏」之乏。

鄭司農周禮注二十六事：地官序官「遺人」，注：遺，讀如詩曰「棄予如遺」之遺。春官巾車「鷖總」，注：鷖，讀爲「鳧鷖」之鷖。車僕「大射共三乏」，注：乏，讀爲「匱乏」之乏。天府「釁寶鎮」，注：釁，讀爲「徽或曰釁鼓」之釁。典瑞「駔圭璋璧琮琥璜之渠眉」，注：駔，讀爲「駔疾」之駔。夏官大司馬「師旅執提」，注：提，讀如「攝提」之提。秋官序官「萍氏」，注：萍，讀「或爲萍號起雨」之萍。序官「冥氏」，注：冥，讀爲「冥氏春秋」之冥。序官「蜇蔟氏」，注：蔟，讀爲「爵蔟」之蔟，謂巢也。司儀「皆旅擯」，注：旅，讀爲「旅於泰山」之旅。掌客「車三秅」，注：秅，讀爲「秅秭麻荅」之秅。秋官序官「掌訝」，注：訝，讀爲「跛者訝跛者」之訝。考工記「函鮑」，注：鮑，讀爲「鮑魚」之鮑。輪人「欲其掣爾而纖也」，注：掣，讀爲「紛容掣參」之掣。輪人「捎其藪」，注：藪，讀爲「蜂藪」之藪。輈人「馬不契需」，注：契，讀爲「爰契我龜」之契，需，讀爲「畏需」之需。輈人「良輈環灂」，注：灂，讀爲「灂酒」之灂。冶氏「鋌十之」，注：鋌，讀如「麥秀鋌」之鋌。鮑人「之事卷而摶之，欲其無迆也」，注：卷，讀爲「可卷而懷」之卷；迆，讀爲「既建而迆」之迆。梓人「爲筍虡」，注：筍，讀爲「竹筍」之筍。「出舌尋，緷寸焉」，注：緷，讀爲「竹中皮」之緷。弓人「菑栗不迆」，注：菑，讀爲「不菑而畬」之菑；栗，讀爲「榛栗」之栗。「夫筋之所由幨」，注：幨，讀爲「車幨」之幨。矢人「亦弗之能憚矣」，注：憚，讀當爲「憚之以威」之憚。

鄭康成易注一事：解，讀如「人倦解」之解。

康成尚書註二事：降，讀如「郕降於齊師」之降。聒，讀如「聒耳」之聒。

康成毛詩箋三事：終風箋：嚏，讀當爲「不敢嚏咳」之嚏。狼跋箋：孫，讀如「公孫于齊」之孫。伐檀箋：飧，讀如「魚飧」之飧。

康成儀禮注四事：覲禮注：右，讀如「周公右王」之右。卓，讀如「卓王孫」之卓。特牲饋食禮注：與，讀如「諸侯以禮相與」之與。士喪禮注：綦，讀「馬絆綦」之綦。

康成周禮注二十六事：太宰注：利，讀如「上思利民」之利。小司徒注：甸，讀如「衷甸」之甸。外府注布，讀爲「宣布」之布。廛人注：滯，讀爲「沈滯」之滯。質人注：淳，讀如「淳尸盥」之淳。鐘師注：鼓，讀如「莊王鼓」之鼓。磬師注：縵，讀爲「縵錦」之縵。典同注：甄，讀爲「甄曜」之甄；陂，讀爲「險陂」之陂；韽，讀爲「飛鉗韽」之韽。韎師注：韎，讀如「韎韐」之韎。射人注：作，讀如「作止爵」之作。弁師注：會，讀如「大會」之會。廋人注：散，讀如「中散」之散。挈壺氏注：挈，讀如「挈髮」之挈。掌客注：見，讀如「卿皆見」之見。掌交注：辟，讀如「辟忌」之辟。秋官序官注：冥，讀如「冥方」之冥。㮚氏注：量，讀如「量人」之量。韗人注：穹，讀如「穹蒼」之穹。陶人注：庾，讀如「請益與之庾」之庾。荒氏注：渥，讀如「鄫人渥菅」之渥。匠人注：淫，讀如「淫液」之淫。弓人注：簡，讀如「簡札」之簡。測，讀如「測度」之測。矢人注：摶，讀如「摶黍」之摶。

康成禮記注七事：喪服小記「生不及祖父母、諸父、昆弟，而父稅喪」，注：稅，讀如「無禮則稅」之稅。樂記「則易直子諒之心」，注：子，讀如「不子」之子。祭義注同。中庸「可以與知焉」，注：與，讀爲「贊者皆與」之與。「仁者人也」，注：人，讀如「相人偶」之人，以人意相存問之言。「温故而知新」，注：

温，讀如「燖温」之温。深衣「續衽鉤邊」，注：鉤，讀如「鳥喙必鉤」之鉤。表記「衣服以移之」，注：移，讀如「水氾移」之移。移猶廣大也。

高誘呂氏春秋注六事：卷二當染篇「以茹魚去蠅，蠅愈至」，注：茹，讀「茹船漏」之茹字。茹，臭也。卷三「執輿如組」，注：組，讀「組織」之組。卷三論人篇「人之竅九，一有所居則八虚」，注：居，讀「日居處」之居。居猶壅閉也。卷三月紀篇「與爲复明」，注：复，讀如詩云「吁嗟复兮」。卷二十六務大篇注：巧，讀如「巧智」之巧。任地篇「農夫知其田之易也」，注：易，治也，讀如「易綱」之易。

高誘淮南注六十五事：卷一原道訓「柝八極」，注：柝，開也，讀「重門擊柝」之柝。「怳兮忽兮」，注：怳，讀「人空頭扣怳」之怳。「雖有鉤箴芒距」，注：距，讀「距守」之距。「用不屈兮」，注：屈，讀「秋雞無尾屈」之屈。「而田者爭處墝埆」，注：墝埆，讀「人相墝掾」之墝。「新而不朗」，注：朗，讀「汝南朗陵」之朗。「一之解」，注：解，讀「解故」之解。「連嶁」，注：嶁，讀「𡸣嶁無松柏」之嶁。「不以慊爲悲」，注：慊，讀「辟向慊」之慊。「漠睧於勢利」，注：睧，讀「纖絹緻密，睧無間孔」之睧。卷二俶真訓「蚑行噲息」，注：噲，讀「不悦懌外之噲」。「汪然平靜」，注：汪，讀傳「尸諸周氏之汪」同。「代謝舛馳」，注：舛，讀「舛漬之外」。「芒芒沈沈」，注：沈，讀「水出沈正白」之沈。「設於無垓坫之宇」，注：垓坫，垠堮也。垓，讀「人飲食太多以思下垓」；坫，讀爲「筦氏有反坫」之坫。「被施頗烈」，注：被，讀「光被四表」之被。「乃始懣觟離跂」，注：懣，讀「簫無縫際之懣」。「以覩其易也」，注：易，讀「河間易縣」之易。卷三天文訓「本標相應」，注：標，讀刀末之標。「是謂朏明」，注：朏，讀「若朏諾皋」之朏。卷四墜形訓

「日亢澤」，注：亢，讀常山人謂伯爲「亢」之亢。「食木者多力而奰」，注：奰，讀「內奰於中國」之奰近鼻也。「有斥山之文皮焉」，注：斥，讀「斥丘」之斥。「其人惷愚」，注：惷，讀「人謂惷然無知」之惷。「樠山」，注：樠，讀人姓「樠氏」之樠。卷五時則訓「穿竇窖」，注：讀「窖藏人物之窖」。「乃命大酋」，注：酋讀「酋豪」之酋。「秫稻必齊」，注：齊，讀「齊和」之齊。卷六覽冥訓「晝隨灰而月運闕」，注：運，讀「運圍」之運。「夫陽燧取火於日」，注：夫，讀「大夫」之夫。「過歸雁於碣石」，注：過，讀「眚過」之過。卷七精神訓「芒芠漠閔」，注：閔，讀「閔子騫」之閔。「日中有踆烏」，注：踆，讀「踆巍」之踆。「薄蝕無光」，注：薄，讀「厚薄」之薄。「而增之以任重之憂」，注：任，讀「任俠」之任。「得茠越下」，注：越，讀「經無重越」之越。「仇由」，注：仇，讀「仇餘」之仇。卷八本經訓「其行侻而順情」，注：侻，讀「射侻取不覺」之侻。「芒繁紛挐」，注：芒，讀「麥芒」之芒。「戴角出距之獸」，注：距，讀「距守」之距。「盤紆刻儼」，注：儼，讀「儼然」之儼。「菱杼紾抱」，注：杼，讀楚〔一〕言「杼」；紾，讀「紾結」之紾。「巧爲紛挐」，注：挐，讀「人性紛挐不解」之挐。「益樹蓮菱」，注：蓮，讀「蓮羊魚」之蓮。「甬道相連」，注：道，讀「道布」之道。「冠無觚贏之理」，注：贏，讀「指端贏文」之贏。卷九主術訓「黈纊塞耳」，注：黈，讀「而買黈益」之黈。卷十三氾論訓「以勞天下之民」，注：勞，讀「勞勑」之勞。「乾鵠知來而不知往」，注：乾，讀「乾燥」之乾。卷十六説山訓「引輴者爲之止也」，注：輴，讀「土行輴」之輴。「揲挻其土」，

〔一〕「楚」，原無，據淮南子高注補。

注：揲，讀「揲脈」之揲。「社何愛速死」，注：江、淮謂母曰社。社，讀「雖家謂公爲阿社」之社。「故寒顫慴者亦顫」，注：顫，讀「天寒凍顫」之顫。卷十七説林訓「非其任也」，注：任，讀「勝任」之任。「以玉鈓者發」，注：發，讀「射百發」之發。「倚者易軵也」，注：軵，讀「軵濟」之軵。「毀舟爲杕」，注：杕，舟尾，讀詩「有杕」之杕。「繪爲之纂繹」，注：纂，讀「曰綾繹纂」之纂。卷十九修務訓「以身解於陽盱之阿」，注：解，讀「解除」之解。「啳睽哆噅」，注：哆，讀大口之哆。「越人有重遲者，而人謂之訬」，注：訬，讀「燕人言趮操善趍者謂之訬」同也。「攫援摽拂」，注：摽，讀刀摽之摽。「雖鳴廉修營」，注：營，讀「營正急」之營。

史記注八事：秦始皇本紀「推終始五德之傳」，集解引鄭氏注：傳，音亭傳。高祖紀「嘗告歸之田」，索隱引韋昭注：告，音「告語」之告。「高武侯鰓」，集解引蘇林注：鰓，音「魚鰓」之鰓。平準書「名曰白選」，索隱引蘇林音「選擇」之選。陳涉世家「又間令吳廣」，索隱引服虔云：間，音〔一〕「中間」之間；又樊酈滕灌列傳「賜上間爵」，索隱引如淳證「上間」音「中間」之間。南越尉佗列傳「即被佗書」，集解引韋昭曰：被，音「光被」之被。傅靳蒯成侯列傳集解引服虔曰：蒯，音「菅蒯」之蒯。萬石君傳「減宣」，集解引服虔曰：減，音「減損」之減。

漢書注五十三事：高祖紀「上隆準」，文穎曰：準，音「準的」之準。「走至戚」，鄭氏曰：音「憂戚」

〔一〕「音」，原作「又」，據服虔注改。

之戚。志八注同。「高武侯鰓」，蘇林曰：鰓，音「魚鰓」之鰓。「燕將臧荼爲燕王」，鄭氏曰：荼，音「荼毒」之荼。「明其爲賊」，應劭曰：爲，音「無爲」之爲。鄭氏曰：爲，音「人相爲」之爲。「盧綰」，蘇林曰：綰，音「㠯繩綰結物」之綰。「樅公」，注，蘇林曰：音「樅木」之樅。高祖紀下「萬民與苦甚」，如淳曰：與，音「相干與」之與。「沛侯濞重厚」，服虔注：濞，音「滂濞」。「行田宅」，蘇林曰：行，音「行酒」之行。「居南方長治之」，晉灼曰：長，音「長吏」之長。「亡可蹻足待也」，如淳曰：蹻，音如今「行樂蹻行」之蹻。「塟長陵。已下」，蘇林注：下，音「下書」之下。「規摹宏遠矣」，鄧展曰：「若畫工規模物之摹」。文帝紀四「常假借納用焉」，蘇林注：假，音「休假」；借，音「以物借人」之借。景帝紀五「更議著令」，蘇林注：著，音「著幘」之著。武帝紀六「怵於邪説」，如淳注：怵，音「怵惕」。昭帝紀七「今三輔、太常穀減賤」，鄭氏注：減，音「減少」之減。王子侯表三「戛羹侯〔一〕」，服虔注：戛，音「戛擊」之戛。禮樂志二「豐草葽」，孟康注：葽，音「四月秀葽」。葽，盛貌也。又「窅窊桂華」，蘇林注：窅，音「窅眹」之窅；窊，音「窊下」之窊。郊祀志五「上推終始傳」，鄭氏注：傳，音「亭傳」。天文志六「天棓」，蘇林注：棓，音「掊打」之掊。五行志七「毋乃有所辟」，服虔注：辟，音「邪辟」之辟。五行志七中之上「霿恒風若」，服虔注：霿，音「人備霿」。五行志七下之上「大經在辟而易臣」，服虔注：辟，音「刑辟」之辟。地

〔一〕「戛羹侯」，漢書王子侯表作「羹頡侯」。

理志八「平原郡般」，如淳注：般，讀〔二〕如「面般」之般。韓王信傳「國被邊」，李奇注：被，音「被馬」之被。韓侯傳「刻印刓」，蘇林注：刓，音「刓角」之刓。周勃傳「趣爲我語」，蘇林注：趣，音「趣舍」。周亞夫傳「吏簿責亞夫」，如淳注：簿，音「主簿」之簿。又張湯傳蘇林注同。任敖傳「及吕比定律令」，如淳注：比，音「比次」之比。或曰：比，音「比方」之比。賈誼傳「則因而挺之矣」，服虔注：挺，音「挺起」。鼂錯傳「連有假伍百」，服虔注：假，音「假借」之假。鄒陽傳「封之於有卑」，服虔注：音「畀予」之畀。傳二十三「淖姬，鄭氏注：淖，音「泥淖」。司馬相如傳二十七「末光絶炎」，李奇注：炎，音「火之光炎」。傳二十七「坌入曾宫之嵯峨」，蘇林注：坌，音「馬坌吪」之坌。〔三〕傳二十七下「雲之油油」，蘇林注：油，音「油麻」之油。武五子傳三十三「因長御倚華」，鄭氏注：長，音「長者」。李廣利傳三十一「名昧蔡」，服虔注：蔡，音楚言「蔡」。東方朔傳三十五「是寠藪也」，蘇林注：寠，音「貧寠」之寠；藪，音「數錢」之數。又「同胞之徒」，蘇林注：胞，音「胞胎」之胞也，言親兄弟。段會宗傳「即留所發兵墊婁地」，服虔注：墊，音「墊阸」之墊。揚雄傳「上天動地岋」，蘇林注：岋，音「岋岋動摇」之岋。「蹶浮麋」，鄭氏注：蹶，音「馬蹄蹶」之蹶。「珊環」，蘇林注：珊，音「石墮井珊爾」之珊。王莽傳上「摽末之功」，服虔注：摽，音「刀末之摽」。敘傳七十上「匪黨人之敢拾兮」，鄭氏注：拾，音「負拾」之拾。「説難既酋」，應

〔二〕「讀」，地理志如淳注作「音」。

〔三〕此條在「傳二十七下」。「傳二十七」後當增「下」字。

劭注：酋，音「酋豪」之酋。酋，雄也。

説文解字十五事：辵部：𨘋，讀若春秋傳輔𨘋。𨑥，讀若春秋公羊傳曰「𨑥階而辵」。足部：蹢，當讀如「豕白蹢」之蹢。言部：該，讀若「中心滿該」。穴部：𥥛，讀若虞書曰「𥥛三苗之𥥛」。髟部：鬗，讀若江南謂酢母爲「鬗」。馬部：駇，讀若尒疋「小山駇，大山峘」。犬部：猲，讀若南楚相驚曰「猲」。黑部：黚，讀若「染繒中束緅黚」。大部：𢦓，讀若詩「𢦓𢦓大猷」。手部：掔，讀若詩「赤舄掔掔」。抌，讀若「告言不正曰抌」。女部：孎，讀若「人不孫爲不孎」。瓦部：瓬，讀若「瓬破」之瓬。糸部：繻，讀易「繻有衣」。

清儒學案卷一百三十

左海學案下

文集

義利辨

昔者孔子惡鄉原，孟子闢楊、墨，韓子闢佛，程、張、朱子闢禪學，皆所以正人心，拯流弊，而挽其狂瀾者也。雖然楊、墨以下，其人率能嚴取與，謹出處，與夫陋儒薄夫相去千里，所惜者，學術之差耳。今則皆無患此，非其學術之勝於昔也，舉世攘攘熙熙，爲利往來，眈眈倏倏而無所止，尚何暇僞忠信，貌廉潔，標爲我、兼愛，與講明心見性之學哉？然則今世之藥石，在乎明義利之辨而已矣。古之時，義與利未嘗分也，故易之爲書，多言利，曰元亨利貞，曰利見大人，曰利建侯，曰利用刑人，曰利禦寇，曰利涉大川，曰利用行師，曰利用賓于王，曰利用獄，曰利有攸往，言利莫若易詳也。尚書盤庚曰「視民利用遷」，周官曰「主以利得民」，春秋傳曰「禮序民人利後嗣」，又曰「上思利民」。六經莫不善言利，蓋古者利與義合，故易文言曰：「利者義之和也，利物足以和義。惟以利物爲利，無利非義矣。」春秋之時，利始與義分，論語曰「君子喻於義，小人喻於利」，故孔子「罕言利」。戰國之時，知有利而不知有義，故孟子力屏絶之曰：「亦曰仁義而已矣，何必曰利。」然又曰：「未有仁而遺其親者也，未有義而後其君者也。」則仁義曷嘗不利哉？後世知有利而不知有害，然利己必至於害人，害人者未有不害己。孔子曰：「放於利而行多怨。」程子曰：「利者，衆之所同欲也，專欲益己，其害大矣。貪之甚，則昏蔽而忘理義；求之極，則爭奪而至怨仇。」然則後世所謂利者，皆禍之穽耳，與六經之言，豈不相背而馳哉？今天下之汲汲於求利者衆矣，其得與失非一端，有立談而弋取，亦有窮老盡氣而不一獲，非得失之有命也耶？然將語人曰「利不可得」，則人必漠然不應；爲正告之曰「爾所爲，皆禍之穽也」，則人變乎色而怵於心矣。變乎色而怵於心，然後可以去利而返之義矣。夫義之與利，爭之也微，則平旦分舜、蹠；執之也勇，則懦夫爲夷、齊。古之人脩其天爵，而人爵從之，豈有所動於其中哉？仁義忠信積於身，故位禄聞譽輕於世；道德問學崇其實，故膏粱文繡絀其華；廉恥名節愛其榮，故腥臊垢濁畏其浼，雖有以利餂之者，奚由而奪志焉？是故學者之於義利，辨之不可不早辨也。辨之如何？孔子曰：「古之學者爲己，今之學者爲人，爲己者無適而非義，爲人者無適而非利。」精察於一義一利之間，無欲其所不欲，無爲其所不爲。於動靜之幾，懼薰蕕之反揜；於毫釐之介，懼黑白之相淆。義之所存，雖害不恤，義所不存，雖利不謀，則内外均有以用其力，而日捄過之不暇矣。及其存養既深，誠洞乎義之樂而利之危，則能安貧賤，守進退，異於智窮力索而自已者也。此其人知有義而已，焉知所謂利哉？然而窮不能濫，富不能淫，威不能屈，禍不能加，則有利而無害焉。孝弟稱於鄉黨，敬信行於蠻貊，言而爲天下道，動而爲天下則，則無義而不利焉。正誼明道之學，孰加乎是？不然，爲士者患得而騖利，患得愈甚，騖利愈熾，吾恐捨義而求利者，涉羊腸以鑿險巇，履荆榛以傷腓脛，所欲不可遂也。縱令遂其所欲，然而非義之利，如飲酖毒，始雖甘之，終必潰腸裂胃，如聚盜贓，驟雖飽之，瞬則被刑隕軀，其害有不可勝道者矣，何利之足云！

知恥說

人之所以爲人，恃有恥心而已矣。孟子曰：「羞惡之心，義之端也。」然四端非是無以立，仁之端非是，則入於内交要譽；禮之端非是，則入於巧令足恭；智之端非是，則入於同流合汙。故羞惡者人心之義，以爲之質，而仁禮智之所由成也。教人者，法令明密，不若激發其恥心之善爲轉也。孔子論士曰：「行己有恥。」恥者，人之所固有，而士之所嚴也。孟子曰：「恥之於人大矣。」又曰：「人不可以無恥。」無恥之恥，無恥矣。士始於有恥，而後終於無其恥。喪恥者有二端：弱之爲籧篨，爲規覫；强之爲饕餮，爲檮杌，起穢自臭，靦然安之，所謂爲機變之巧者，無所用恥焉。夫至以恥爲無所用，則名節不足維，刑罰不足儆，其事尚可問哉？雖然彼喪恥者，豈陷於不知者哉？今夫闤闠之間，盜竊過焉，則衆唾而遠之；里衖之中，倡伎溷焉，則羣指而驅之。何頁？知恥人也。嘑爾蹴爾之食，行道者與乞人雖身死而不受。何也？知自恥也。今晝夜之所求，無異於盜竊倡伎之所取，腥垢之所嘬，或踰於行道乞人之所遭，而蠅營狗苟不知所反，豈視其身不若盜竊倡伎乞人哉？弗思甚耳。古之聖人有善知恥者，伊尹是也。非其義也，非其道也，一介不以與人，一介不以取諸人，禄之以天下弗顧也，繫馬千駟弗視也。天下之匹夫匹婦有不被堯、舜之澤者，若己推而内之溝中。其知恥若是大也，故後世莫不誦伊尹之勇。古之聖人又有善知恥者，伯夷是也。目不視惡色，耳不聽惡聲。與惡人言，如以朝冠坐於塗炭。思與鄉人立，其冠不正，望望然去之，若將浼焉。其知恥若是峻也，故後世莫不誦伯夷之清。古之聖人又有善知恥者，柳下惠是也。進不隱賢，必以其道。遺佚而不怨，阨窮而不憫。不枉道而事人，不以三公易其介。其知恥若是諒也，故後世莫不誦柳下惠之直。三聖人之道不同，其趨一也。率乎此之所趨而作聖，反乎此之所趨而作狂，取舍之介，榮辱之主，利善之間，舜、蹠之分，可不慎乎？孔子欲得不屑不潔之士，而與之以狷者，有所不爲也，知恥者也。士不先務知恥，而可與適道者，未之有也。然則學者如之何而法聖人也？曰：尚志。尚志則知恥，子恥不孝，弟恥不悌，臣恥不忠，友恥不信，族恥不睦，戚恥不婣，鄉恥不任不恤，居恥不仁，行恥不義，動恥無禮，擇術恥不智。恥壟斷無罔利，恥穿窬無餂言，恥鑽穴無急仕，恥鄉愿無媚世，恥妾婦無從君，恥小人無行險徼幸，恥鄙夫無患得患失，恥禽獸無旦晝牿亡，恥病於夏畦無脅肩諂笑，恥如溝澮立涸無聲聞過情，恥齊人爲妻妾羞無求富貴利達。勿自暴也，勿自棄也，操存其本心，慎思之，明辨之，擇善而固執之，是之謂君子。

駁沈果堂尚書小疏唐虞不步五星説

史記曆書：「黄帝考定星曆，建立五行，起消息，正閏餘。」武帝詔言：「黄帝名察度驗，定清濁，起五部，建氣物分數。」按五部即五行，五星與五部合者也。故蔡邕天文志謂：「渾天名察發斂以行日月，以步五緯。渾天者，𢯱自黄帝也。」然則五星之步，自黄帝已然矣。黄帝素問云：「凡五星高而遠則小，下而近則大。」言由人仰視之大小以測高卑，此亦黄帝推步五星之證也。斗綱之端，五星起其初，日月起其中，故治曆以斗建爲紀。漢曆志云：「五星合於五行，三辰五星而相經緯。」續漢志云：「日月五緯，各有終原，而七元生焉；見伏有日，留行有度，而率數生焉。」古今曆術，其法未始有異，則未有不步五星者也。黄帝造曆，元起辛卯，顓頊用乙卯，虞用戊午，夏用丙寅，殷用甲寅，周用丁巳。太平御覽引尚書考靈耀曰：「天地開闢，元曆紀名，月首甲子冬至，日月五緯俱起牽牛初，青龍甲子攝提格孳。」大衍曆議引洪範傳曰：「曆紀始於顓頊上元太始閼逢攝提格之歲，畢陬之月，朔日，乙巳立春，七曜俱在營室五度。」劉歆作三統曆，追太初前世一元得五星會庚戌之歲，以爲上元定曆元，亦未有不推五星者也。唐、虞紀歲雖不見於經，而歲名實因歲星而起。爾疋「夏曰歲」，左氏正義引孫炎注云：「四時一終曰歲，取歲星行一次也。」洪範本於大禹，其辭曰：「五紀一曰歲，二曰月，三曰日，四曰星辰，五曰曆數。」歲亦取義歲星也。史記集解引鄭康成尚書此注曰「星，五星也」，與馬融以星爲二十八宿説異。鄭君精通天算，以五紀之星指五星，確有所見，非夏之曆法步五星乎？五星從天又從日，故有隨天之輪，又有逐日之輪，兩者相加而後可以審高下之經，遲速之差，豈可以虞書中星不兼及五星，遂謂五星之名，商以後始見乎？如其言，則步星之法有經而無緯，何以求遲速、順逆、晨夕、贏縮之準？羲、和何以爲千古疇人之宗乎？史遷言「北斗七星，所謂璇璣玉衡，以齊七政」，此尚書古文家説，其本義也。律書又言「璇璣玉衡，以齊七政，即天地二十八宿，十母十二子鐘律調」，此推而申之之義也。若謂虞書星辰止指二十八宿，則史遷十母十二子云云，亦書所未言，豈造曆者皆不用之乎？尚書大傳以七政爲四時天地人，蓋別爲一義。史記索隱正義引以證史遷之説，則舛矣。今乃舍天地人而易以歲月日，舛又甚焉。馬融注堯典固云「北斗七星，各有所主，第一曰主日法天，第二曰主月法地」，然不如高密鄭君注指日月五星最覈而賅矣。唐、虞不步五星之説，雖出於沈氏果堂，吾無取焉。

上儀徵阮夫子請定經郛義例書

弟子壽祺頓首侍郎夫子閣下，乃者仰蒙善誘，俯啟檮昧，將於九經傳注之外，裒集古説，令壽祺與高才生共饗成之。盛哉，夫子嘉惠學者之心乎！壽祺聞王符有言曰：「聖人天之口，賢人聖之譯。」粵自「明、孟、幽、幼」，誥志聞諸虞史；「初、哉、首、基」，釋詁肁於姬旦。冠、昏、聘、射之記，每附奄中之經；沈魯司馬之言，博存餅家之傳。辯章舊聞，采綴漏逸，五經萌牙。譯聖者遠矣，何論游、夏既往，嬴、劉遞嬗，詩之分爲四，春秋之分爲五哉！漢代經師，恪守家法，專門命氏，顯於儒林。精習師傳則獨推張禹，不依章句則見詆徐防，而王吉兼經能爲騶氏，賈逵好古並通五家。何則？五經剖判，去聖彌遠，方語不同，傳寫遂錯，賢者識大，不賢識小，仁者見仁，智者見智，將以扶微學，廣異義，與其過而廢之也，寧過而存之，奚必移子駿之書輕毀執政，會范升之議爭及日中哉！且夫説詳反約者學問之樞轄，統同辨異者禮樂之章條。易曰：「君子學以聚之。」又曰：「觀其所聚，而天地萬物之情可見矣。」善夫，魯丕之上疏曰：「説經者傳先師之言，非從己出。難者必明其據，説者務立其義。法異者各令自説師法，博觀異義。」蓋守一先生之言而不敢褋，此經生之分也。總羣師之言，稽合同異而不偏廢，此通儒之識也。是故西京石渠議奏，諸儒説難悉用標名，延世綿邈，瞭如指掌。惜東都白虎通義不復遵其舊章。獨許祭酒、鄭司農述先聖之本意，整百家之不齊，其所撰著，皆先引諸説，次下己意，異乎黨同妒真，專己守殘者焉。今就兩大儒之書，覆按之許君五經異義，今學古學粲然眉列。日祭月薦徵叔孫通，祝延帝尸援魯郊禮，自施、孟、京房、甘容、歐陽、夏侯、董仲舒、尹更始、劉更生、韋玄成、匡衡、二戴、貢禹、眭生、淳于登、陳欽、賈逵之倫，靡不攟摭菁華，刊裁臧否。説文解字偁易孟氏、書孔氏、詩毛氏、禮周官、春秋左氏、論語、孝經皆古文也。然如貞从鼎省，兼録京房；江之羕矣，别臚韓氏；嵎銕、暘谷，經異壁中；玉粲璪猛，句搜逸論；禮收羊芐之今文；書載蔍毛之或字，洵所謂博問通人，允而有證，解繆誤達神恉者也。鄭君先事京兆第五君，通京氏易、公羊春秋；又從同郡張恭祖受周官、禮記、左氏春秋、韓詩、古文尚書；西入關，又因涿郡盧植事扶風馬融。其答炅模問解詩之義云：「爲記注時就盧君、先師亦然。後乃得毛公傳古書義，又當然記注已行，不復改之。」故鄭君禮注引經多與本書差互，荆劇睇于，乃京易之同費；柳穀育子，即伏書之異孔；以及朱綃被綺，襛李送車，燕燕作於定姜，崧高生夫山甫，竹柲翟蔽之殊文，禹陳湯躋之異讀，依循三家，迥别毛故。若其本經詮釋，亦不曲拘一師，阮、阻、共爲三國之名，厲王后有十月之刺，雖云箋毛，間乃从魯。孟侯采濟南之訓，禮目參信都之第，周官則故書特存，儀禮則今文不廢，論語讀正齊、魯，公羊本異嚴、顏。二鄭同宗，既讚辯其雅達；南郡本師，亦彌縫其參錯。蓋有成藍而謝青，固無是丹而非素。至於河、雒緯候，不嫌讀讖，墨守、廢疾，并附箴肓。洵所謂網羅衆家，囊括大典，禮堂寫定，學者知歸者也。典午以後，家法漸改，涂徑方歧，古學飈流，猶在河、洛。唐儒孔、賈，諸經疏義，證發注家，近爲敷暢。但恨杜、王僞孔，宗主不明；漢、魏遺書，遂致散佚。其他依違首鼠，茫昧焉烏，疏漏尚多，良可嗟喟！今海内嗜古之士，陶化染學，其風世篤，深愍廢墜，競事蒐討，羣經佚注，具輯成書。吾師所修經籍纂詁，百有六卷，攷訓故，賅音讀，六蓺羣書，所載備矣。然而微言大義，散見經傳，升嶽浮海，胥達津梁。食雞跖者，必取其千；説羊尾者，莫分其二。苟非比以義類，觀其會通，則駟牝沿譌，犧尊失據，斥荄茲爲巧慧，呰柳丣爲乖違，徒煩稽古之三萬言，孰訂明粢之十二證？竊謂仲尼二學，祖述堯、舜；孟子明事，偁之博文。以經注經，折衷之本，造車合轍，此爲椎輪。爰自周、秦，下逮南、北，傳注而外，衆説如林，宗經述聖，旁出子史，雖體歸文翰，而義博典墳。或依經以辯理，或錯經以合異，或徵經以證事，或約經以就意，或析經以斷章，或綜經以通貫，或襲經以互存，或牽經以旁涉。古訓相承，師道未喪，誠六籍之鈐鍵，嘉論之林藪。類而集之，依經條次，以周、孔及七十子之徒所説爲傳訓權輿，以諸子百家爲經典羽翼，以諸史志傳爲文義淵海，用以申許、鄭之閎眇，補孔、賈之闕遺。細大不捐，得失咸著，襍而不越，直而勿有，如其別白一尊，俟自得之。説文與爾疋相爲表裏，其中所列異文，雖省書名，半居經字，凡所甄録，尤宜該洽。若乃二京講經之奏，六朝議禮之篇，網舉目張，引伸聯系，體既鴻綜，非可破碎。宜放劉向、班固之書，別爲通義；取揚子法言之語，總名經邪，庶幾探賾索隱，拾遺補蓺，匯九流之支裔，發文囿之根葉。一卷所習，無誤於立師；五學不墜，猶揄於求野。壽祺粗涉蓺林，曾微彊識，曩者歲在著雍敦牂，養素家衖，亦嘗稍事綴輯，取便劉覽，人事牽迫，廢焉不修。伏惟夫子，天下模楷，殿中無雙，莅越八年，文武爲憲，方面靜息，舊文修理，倡明經業，宏奬氣類。壽祺幸得陪奉鼓篋，優游湖山，親聆叩鐘，俾通窺牖。遠漸司馬，傳教蜀人；俯效臨碩，預論周禮。蛾子時術，敢撮壤于崇山；駑馬十駕，冀驅塵于策慧。謹依擬條例，撰略呈覽，蘄加挸鈲，以就準繩，或令諸生相爲參酌，亦可補苴云。

經郛條例

經郛薈萃經說，本末兼賅，源流具備，闡許、鄭之閎眇，補孔、賈之闕遺，上自周、秦，下訖隋、唐，網羅衆家，理大物博，漢、魏以前之籍，搜采尤勤，凡涉經義，不遺一字。其大端有十：一曰探原本。以經解經，厥義最古，如三傳、禮記所引易、書、詩，爾雅所釋詁言訓是也。二曰鉤微言。奥訓眇辭，注家闕略，如說文所解，廣雅所釋是也。三曰綜大義。發明指歸，會通典禮，如荀子之論禮、樂，董子之論春秋，史、志、通典之曆議、禮議、服議是也。四曰存古禮。三代遺制，周人能言，如左氏傳之稱禮經，小戴記之載雜說是也。五曰存漢學。兩京家法，殊塗同歸，載籍既湮，舊聞廑見，如史記載尚書多古文說，白虎通引經多今文說，漢書五行志多三傳先師之說，五經異義多石渠議奏之說是也。六曰證傳注。古人解經，必無虛造，問出異同，皆有依據，如毛傳之合於雅詁，鄭箋之涉於魯、韓是也。七曰通互詮。一家之說，或前後參錯，而互相發明，如鄭志之通諸注差互，箴膏肓、發墨守、起廢疾之別三傳短長是也。

八日辨勦説。晉代注家，每摭拾前人而不言所自，如僞孔尚書傳之本於王肅，杜預左傳注之本於服虔，郭璞爾雅注之本於樊、孫是也。九日正繆解。大道多歧，習非勝是，實事求是，擇焉必精，如易之象數明則輔嗣之玄宗可退，書之訓詁覈則仲真之僞傳可排是也。十日廣異文。古籀篆隸，易時遞變，衆家授受，傳本不同，如説文之古文，玉篇之異字，漢碑之異體，經典釋文之異本是也。統諸十端，囊括古今，誠六藝之潭奧，衆論之苑囿，今仍釐爲條例如左，覽者詳之。

一、以經注經，此爲漢學之先河，六藝指歸，具見爾雅，博文明事，首推孟子，坊、表二記，動引詩、書，燕、聘諸義，本詮儀禮，春秋左氏傳説經尤夥，元亨利貞之辨，黄裳元吉之解，夏后之九功九歌，文、武之九德七德，卷耳能官人，則大戴記、逸周書具之，虞書數舜功，則四凶十六相詳之。豈獨王應麟所舉外傳？叔向、單穆公、閔馬父、左史、倚相、觀射父、白公、子張諸人，其言有功聖學，在漢儒訓故之前哉！今並緝録，以資討源。禮記冠義、昏義、鄉飲酒義、射義、燕義、聘義諸篇，本釋禮經，全文具在，止注每經篇題之下，不必複録。

一、經中援經，有不標經名，實據經義者，如禮記檀弓「仲遂卒于垂」云云，即據春秋宣八年之文；王制「天子五年一巡守，至歸假於祖禰用特」，即據尚書堯典之文；文王世子「庶子之正於公族者」以下，即據周官諸子、司士、甸人諸職之文；燕義篇首亦引周官庶子之文。郊特牲「鄉人禓」云云，即據論語「鄉人儺」之文；「大羅氏」云云，即據周官羅氏之文；郊特牲冠義以下，即據儀禮士冠禮記之文；內則「凡食齊視春時」以下，即據周官食醫、庖人之文。此類必由經傳洽熟，乃能左右逢源。逸周書中如職方解，大戴禮記中如哀公問、曾子大孝、諸侯釁廟、朝事、投壺、本命諸篇，有與周官、小戴記相出入者，宜皆詳録。至乃孤章斷句，文字異同，或其本傳習各殊，如公羊文十二年傳引「惟諓諓善竫言」云云，禮記緇衣引「周田觀文王之德」是也。或其詞檃括相就，如左氏隱六年、莊四年傳並引商書有「惡之易也」四字，僖十三年、三十三年、昭二十年傳並引康誥「父子兄弟罪不相及」之語是也。舉此見例，他經可推。

一、經中援經證事，本非釋經，然如左氏隱元年傳：「君子曰：『潁考叔，純孝也，愛其母，施及莊公。』詩曰『孝子不匱，永錫爾類』，其是之謂乎？」大雅既醉鄭箋即轉引此傳爲説，則左氏最先得經意矣。此類義在探原，亦宜詳録。

一、經中引經，如禮坊記引高宗云：「三年其惟不言，言乃讙。」檀弓同。鄭注高宗名篇在尚書。喪服四制引書曰：「高宗諒闇，三年不言。」論語同。下云：「載之書中而高之，故謂之高宗。」則此語當在高宗之訓，而非無逸所偁。左氏傳引夏書曰：「維彼陶唐，至乃滅而亡。」賈、服、孫、杜皆解爲夏桀之時。夏書止于胤征，當仲康世，則此語當在百篇之外，而非尚書所有。此類歸之逸經，附每經後。

一、所采羣經，皆取其援引他經者。至于一篇之内，前後相承，數卷之閒，異同互見，義具本書，無庸贅録。如三傳之釋春秋凡例是也。惟禮記爲七十子之徒各述所聞，辭非一家，事有萬族，義類繁博，錯綜紛拏，爲之條分櫛比，則不獨會通本書，且參校古制，愈于后倉推士禮而致于天子之禮。又春秋時周禮在魯，左氏魯人，而善于禮，傳中援禮最詳，所稱先王之制，先王之令，皆是物也，是故發凡起例，咸周公之禮經，三聘五朝，乃文、襄之霸制。蓋非好學深思，不能心知其意。今于此二書，特廣條緒，異乎他經，剖纖析微，實有裨于禮學。

一、春秋三傳事蹟，它書所載，多相出入，明薛虞畿有春秋別典，國朝陳厚耀有春秋戰國異詞，今不重采。

一、説文解字引經之例，有用正訓與次訓不相蒙者，如口篇嘽字，引詩「嘽嘽駱馬」，義爲喘息，與「喜也」之訓隔。齒篇齰字，引春秋傳「晳齰」，義爲齒相值，與「齧也」之訓隔是也。有用次訓與正訓不相蒙者，如人篇假字，引虞書曰「假于上下」，義爲至，不與上「非真」之訓相屬。土篇垐字，重文堲，引虞書曰「龍朕堲讒説殄行」，義爲疾惡，不與上「以土增大道上」之〔一〕訓相屬是也。有字止一訓，引經爲假借者，如「[illegible]」訓羽獵韋絝，虞書借爲「鳥獸褎毛」；㚚訓「人姓」，商書借爲「無有作㚚」；啍訓「口氣」，詩借爲「大車啍啍」；蹚訓「行皃」，詩借爲「管磬蹡蹡」是也。至若䕩訓「草木相附，䕩土而生」，引易「百穀草木䕩於地」，與本義合。易釋文云「草木麗，説文作䕩」，是唐以前説文如此。玉篇引易同説文，是顧野王尚見漢易有作䕩字者。寷訓「大屋也」，引易「寷其屋」，與本義合。釋文云「豐其屋，説文作寷」，今釋文寷字誤脱宀。是唐以前説文如此。廣雅「寷，大也」，是張揖尚見漢易有作寷字者，則不必執古文易之本字，不爲䕩、爲寷也。蟄訓「至也，讀若摯同。一曰虞書『雉蟄』」，與鄭君尚書注摯之言至合。烛訓「火光」，當依類篇所引光上增不字。引商書曰「予亦烛謀」，與經「予若觀火」義相應。故訓「迮也」，引周書

〔一〕「上之」，原作「之上」，據説文及上下文例乙。

「常旼常任」。迮爲迫近之義，常旼爲近侍之官，與揚雄、胡廣侍中箴合。詷訓「共也」，引周書「在后之詷」，與馬融本尚書合，與禮記注詷之言同亦合。則不必執古文尚書之本字，不爲埶、爲炪、爲旼、爲詷也。此類循文考義，務在求是，不可苟同，亦不可立異。

一、説文引經，因文散舉，雖繁簡錯綜，皆可尋其條理，故有上下數文，輒隨字類繫者，如示篇祡字引虞書，下文禷字即釋「類于上帝」；玉篇瑗字引尒疋，下文環字即舉「肉好若一謂之環」；瑁字引周禮，上文珽瓛瑒字即並舉玉人之文是也。有一句數字，輒隨字類繫者，如玉篇玕引禹貢「球琳琅玕」，上文即載琅字；牛篇犉引春秋傳「犕犉」，上文即載犕字；口篇「唸吚」，下文即載吚字是也。又有不著經名，實用經語者，如示篇祠字注「仲春之月」云云用月令文，祦字注「地反物爲祦」用左氏傳文是也。有不著經名，實係經字者，潛研堂答問嘗舉異文塙、昬、怉、捊、扴、戳等三百餘字，有合有違，宜別擇之。此外尚多，當更搜采。有引某説即係經説者，如卜篇貞字引京房説，即京易章句釋貞字之義。鹵篇㮚字引徐巡説，即釋尚書「寬而栗」之義。𠂤篇隉字引徐巡説，即釋秦誓「邦之杌隉」之義。巡受古文尚書。心篇引博士説，即三家尚書説洪範之文。五經異義可證。水篇溺、濕、汶字引桑欽説，即釋禹貢之文。欽受古文尚書。㡀篇黺字引衛宏説，即宏古文尚書訓旨釋臯陶「藻黼黺」之文。玉篇玭字引宋宏説，即釋禹貢「玭珠」之文。宏從孫登少傳歐陽尚書，見後漢書登傳。然則宏亦爲今文之學者與。凨篇嶌字引歐陽喬説，喬、高義同，形聲近。即歐陽尚書章句釋牧誓「如豺如離」之文。據史記周本紀引牧誓可證。木篇樆字引賈侍中説，似侍中四家詩同異中説「樆桐梓漆」之文。牛篇犠字引賈侍中説，似古文尚書訓中説「微子犠牲牷」之文。西篇酏字引賈侍中説，似周官解詁中釋「酒正」之文。亞篇引賈侍中説，似左氏傳解詁中釋文六年傳「爲亞卿焉」之文。辵篇造引譚長説，亦釋禮記王制「造士」之文。其餘偁賈侍中説者，或非解經，貴審别擇，庶無誤收。

一、説文引經，有散見於它字讀法中者，但須節録其句，如竹篇箏讀若春秋魯公子彄，言篇誃讀若論語「跢予之足」之類。至于䢭讀若春秋傳曰「輔䢭」，辵讀若春秋傳曰「辵階而𧺆」，𡨄讀若虞書曰「𡨄三苗」之𡨄，𢧢讀若詩「𢧢𢧢大猷」，即用本字爲音，與全書之例不合。近儒以爲傳寫淆譌。案此或「讀若」下脱一比音之字，「之𡨄」二字則衍耳，傳寫者未必改注中易識之「竄」、「秩」爲「𡨄」、「𢧢」也。又如繻既需聲，又言讀若易「繻有衣」，則「讀若」二字爲衍也。又如引書栞讀若刊，圛讀若驛，而今本尚書即爲刊字、驛字。引春秋喦讀若聶，而今本春秋即爲聶字。此類或由後人改易，相沿至今，或古文傳授異本。

一、説文引經之字，重文者有古文、籀文、篆文或字，諸體並附載。

一、小學之書，説文、廣雅最與爾雅相輔，詁訓名物，敷證極博，輒依部居，逐字甄采。玉篇以下，頗經竄亂，必擇明引經句者録之旁。至漢、魏碑銘，釋藏音義，文字異同，靡不搜討。

一、漢儒傳注，有古學今學之分，必先考其家法，然後異同可辨。鄭司農先事京兆第五君，通京氏易、公羊春秋；又從東郡張恭祖受周官、禮記、左氏春秋、韓詩、古文尚書；（北堂書鈔引續漢書，與後漢書同。）又因涿郡盧植事扶風馬融。其自序云：「遭黨錮之事，逃難注禮。黨錮事解，注古文尚書、毛詩、論語。爲袁譚所逼，來至元城，乃注周易。鄭志炅模問坊記注，以燕燕爲定姜之詩，答云：「爲記注時執就盧君、先師亦然，後得毛公傳而爲詩注，更從毛本。」故鄭君注禮、易用京氏，詩用韓、魯，公羊春秋用顏氏，此其證也。典午以後，家法遂亡，河、洛之間，尚遵古學，迄于唐初，得失參半。今自見存兩漢傳注以下，唐人義疏，以前及諸散佚古注，凡釋此經而引彼經者並采，所以博存異義，補綴闕遺。

一、羣經佚注，近多編緝成書，並雅材好博，收拾闕遺。今所纂經説，係取諸諸家章句之外，凡諸佚注，不盡複録。然采獲浩博，篇牘牽連，即莫不貫弗其中，闕漏亦尠矣。

一、經典釋文所載諸本異字、諸家異讀並采。

一、僞書如家語、孔叢子之類亦采者，如讞獄之當具兩造。

一、周、秦諸子，未遭燔經，漢儒先師，荀卿最近；賈、傅、董生，絶學如綫；淮南、劉向，雜家博收；論衡以下，條緒可尋；訖于家訓，辨難頗覈；它如弘景藥録，多通雅詁，甄鸞算術，專釋五經。今並肴覈百家，滂洄六學，例諸介純夏幠，廣徵尸子之大名，槐檀柞楢，旁援鄒書之改火。

一、史部起史記，訖唐書，稽討志傳，鉤提疏議，二京經業可一字而千金，五代儒林孰重南而輕北？至于通典之淹貫禮説，水經注之研覈地理，闡助經義，是爲閎博。

一、子注、史注有涉經義者，並采以資證明。其爲訓釋本書，使文義易曉者，稍擇最要，附綴每條。

一、逸緯及唐以前逸子、逸史、别傳、記，有涉經義者悉采。

一、六朝以前通人纂著史傳而外，文集間存，苟於經術有裨，不廢采求散佚。

一、采書悉仍原文，寧詳毋略，每書必標某卷某篇，以明所徵有據。善本訂誤者，附注其下。

一、卷首仿經典釋文之法，爲序録若干卷，以稽家法，考廢興。

一、總經編纂之例，凡鴻章鉅典，衆論如林，及閎説眇恉，綜括經解，皆提挈綱領，不宜破碎，取劉向別録之法，爲通論若干卷，取班固白虎通義、杜佑通典之法，爲目若干條。

一、分經編纂之例，逐條排比，離析章句，各依漢儒家法。其古學今學，焯然可知者，循其義類，按次緝綴。有所闕疑，以類附當篇末。

一、編纂之例，每條先揭本經篇名，次録所采之書。易上下經題某卦，書、詩、儀禮、禮記、爾雅，題某篇，周禮題某職，春秋三傳題某公某年，論語、孝經、孟子題某章。文字異者，悉標經句，以便循省。其爲傳注證明者，並列傳注本文於章句下。

答臧拜經論鄭學書

前蒙手教，言鄭司農詩箋、禮注多用魯詩，誠覈誠確。壽祺曩所爲經郛例議，固已及之矣。顧謂鄭君本習魯詩，斥范史本傳没其實，而曰通韓爲不可據，猶若有所未盡也。何者？北堂書鈔引續漢書亦云受韓詩，范史固本之司馬彪書，非能虚造，其疏漏則有之矣。蓋鄭君先受韓詩，實已兼通三家，後乃治毛氏。禮注所據，未嘗專守一師也。禮記緇衣引都人士首章注曰：「此詩毛氏有之，三家則亡。」此鄭參稽四家之驗。儀禮士喪禮既夕注引「竹柲緄縢」，周禮弓人注又爲「竹䩉緄縢」；儀禮士虞禮注引「吉圭爲饎」，周禮蜡氏注又爲「吉圭惟饎」，宫人注又爲「吉蠲爲饎」；候人注引「何戈與祋」，禮記樂記注又爲「何戈與綴」，此鄭博採三家之驗。故賈公彥、孔穎達、王應麟諸人以爲鄭唯據韓，誠攷之不審。執事以爲鄭惟習魯，必欲廢通韓之説，則亦矯枉而過其正也。鄭學博大，網羅衆家，擇善而從，豈容偏廢？且儒林傳言鄭傳小戴禮，而三禮目録每稱大戴；本傳言鄭先通京氏易、公羊春秋，後受古文尚書，而所宗者，易乃費氏，春秋乃左氏，尚書之外，又注伏生大傳，三禮注往往引京易，公羊、穀梁春秋傳，歐陽、夏侯尚書。大氐史家之辭，撮述顛末，不暇詳綜異同，觀其會通，存乎其人。今必以言韓詩者爲不可信，則其餘亦將訾范氏之悉舛，而示鄭君以不宏乎？執事謂鄭用韓義無可攷，今案禮記經解注明引韓詩内傳，樂記注「商，宋詩也」，與史記宋世家索隱引韓詩説合。孔子閒居注「詩讀湯齊爲湯躋」，與韓詩外傳第三合。儀禮士虞禮注引「飲餞于泥」，周禮射人注引「宜豻宜獄」，與陸德明經典釋文引韓詩合。釋文泥爲坭，豻爲犴，豻犴一字。儀禮注泥从水者，傳寫誤耳。衛風「邦之媛也」，箋曰：「邦人所依倚以爲援助。」釋文曰：「韓詩媛作援，云援取也。」取乃助字之誤。陳風「可以樂飢」，箋讀樂爲藥，韓詩外傳第二作療，藥療同字。然則箋毛亦間從韓義，安得云無攷乎？不寧惟是，鄭志云：「初注記時執就盧君、先師亦然。」盧君謂盧植，先師謂馬融。盧君説詩，今不可見。馬雖治毛詩，而「南有樛木」，馬與韓詩本「樛」並作「朻」，見釋文。其所作廣成頌一篇，尤多用韓詩。曰「詩咏圃草」，本於韓詩之「東有圃草」；曰「駓騃譟讙」，本於韓詩之「駓駓騃騃」；曰「鏦特肩」，本於韓詩之「並驅從兩肩兮」。今後漢書「圃草」之「圃」，譌「囿」，「駓騃」之「駓」，譌「鄙」，注又譌「騃」爲「俟」，當以文選東都、西京兩賦注正之。由此觀之，馬亦先習韓詩也。廣成頌又曰：「蟋蟀、山樞之人，並刺國君，諷以太康馳驅之節。」

案：石經魯詩「山樞」作「蓲」，今頌不作「蓲」，則馬所據非魯詩明矣。鄭言先師亦然，此亦習韓之一證也。爾雅釋畜「騋牝驪牝」，經義雜記依釋文更定如此，執事復以雪窗書院舊鋟爾疋證之，甚善。但陸德明所見郭本爾雅，終竟乖繆。攷鄭注周禮廋人、禮記檀弓，並引爾雅曰：「騋牡驪牝玄。」周禮釋文云：「牡驪絶句，牝玄頻忍反絶句。」今周禮、禮記注疏上牡下牝皆互誤，是鄭所見爾雅不作「騋牡驪牝」也。釋文云「孫炎改上騋牝爲牡，讀與郭異」，是孫所見爾雅不作「騋牝驪牝」也。説文「騋」字引詩曰：「騋牝驪牡」，即爾雅之文，上牝下牡，又與鄭、孫讀異，恐是下脱玄字。然許君所見尒疋亦不作「騋牝驪牝」也。毛詩「騋牝三千」，傳曰：「騋，馬也。」毛傳故訓皆本之尒疋，若爾疋釋詩以騋牝連文，傳不宜分而爲二，是毛公所見爾疋，亦不作「騋牝驪牝」也。周禮廋人疏尒疋之意，以詩人美衛文公直牝有三千，其實兼有牡，故云「騋中所有牡則驪色，牝則玄色」，是賈公彦所見爾疋不作「騋牝驪牝」也。釋獸：「麋，牡麔牝麎；鹿，牡麚牝麀；麕，牡麌牝麜；狼，牡貛牝狼。」鄭、孫讀「騋，牡驪牝玄」，與此文例符，一無復可疑。儻如郭讀，直以驪釋騋可矣，連牝於驪，抑何贅也？今雖依釋文，謂宜附正其後，俾學者得郭本之真，又以識郭本之踳，庶無迷誤，惟執事裁之。

與王伯申詹事論古韻書

壽祺白：近觀諸家論音韻書，私疑顧亭林、江愼修四聲通押及詩、易參用方音之説，未可厚非。何者？魏、晉以前本無四聲之別，高下清濁，取其同類而已。至於閭巷謳謡，發於婦孺，往往矢口成歌，自協聲調，輶軒所採，未必更加潤色。糾以韻書，間不盡諧，至今猶然，何疑於古也？且齊人言「殷」如「衣」，禮記中庸鄭注。稱「裂」爲「殈」，樂記注疏。謂「萌」爲「蒙」，易序卦傳鄭注。謂「得來」爲「登來」。公羊傳何注。秦人謂「抗」爲「挑」，少牢饋食禮註。謂「搖」爲「猶」，禮記檀弓注。周人謂「蹞」爲「申」，檀弓。楚人謂「陳」爲「陵」，檀弓注。齊、魯謂「居」爲「姬」，檀弓注。陳、宋言「桓」如「和」，漢書傳六十如淳注；水經注引古文尚書「和夷底績」。鄭注。周、秦讀「至」爲「實」，禮記雜記注。南陽名「穿地」爲「竁」，周禮鄭注。秦人呼「卷」爲「委」，齊人呼「卷」爲「武」，雜記注。其文皆見易、詩、禮、春秋傳。然則方音之字，施於經典，安在不可？施於三百篇之詩，蓋一聲之轉，即可交通，不必其同部也。方語之近，即成流變，不必其悉諧古韻也。古韻有一字一音，百見不易者，有一字數音，屢遷不拘者。設古詩三千篇盡存於今，則其源流同異必瞭然可稽。今既僅存三百，末由考其歧互，安知當時非太史採之列國，不能不存其方音可通之字乎？詩賓之初筵以呶與僛、郵韻，共與筵、反、幡、遷、僊韻，奏與鼓、祖韻；抑以紹與酒韻，秩與筵韻，行與言韻，疾與戾韻；桑柔以矜與旬、民、填韻，熱與毖、恤韻，東與慇、辰、痻韻，寇與可、詈、歌韻，瞻與相、臧、狂韻；楚茨以奏與祿韻，孫與熯、愆韻；大田以螣與賊韻，興與林、心韻；小戎以驂與中韻，苑與羣、錞韻，驅與續、轂、馵、玉、曲韻，音與膺、弓、滕、興韻；思齊以入與瑕韻，業與作韻。此一篇之中用韻屢乖者也。竹竿以儺與左、瑳韻，隰桑以儺與阿、何韻，桑扈以那與難韻，東門之枌以原與差、麻、娑韻，蝃蝀以母與雨韻，旄丘以葛與節、口韻，碩人以倩與盼韻，北門以敦與遺、摧韻，七月以陰與沖韻，鴟鴞以子與室韻，車舝以岡與薪韻，杕杜以近與邇韻，常棣以戎與務韻，車攻以調與同韻，斯干以裼與地、瓦、儀、議、罹韻，節南山以領與騁韻，小宛以令與鳴、征、生韻，桑扈以飲與屏韻，正月以鄰與云、慇韻，巷伯以謀與者、虎韻，無將大車以疷與塵韻，文王以躬與天韻，緜以生與𤢜韻，公劉以飲與宗韻，蕩以諶與終韻，雲漢以臨與蟲、宫、宗、躬韻，常武以士與祖、父、戎韻，瞻卬以鞏與後韻，烈文以福與保韻，殷武以遑與監、嚴、濫韻。此百篇之中，用韻前後隔異者也。凡斯之類，求之古韻本音，反覆而不得其條理之合，則安知非經師失其讀，與方音之偶存而不廢者乎？又有本係古音，而傳本字異者，如韓詩小旻「民雖靡腜」，緜「周原腜腜」，腜竝不作「膴」；小旻「是用不就」，就不作「集」；漢書引「聽言則對」，對不作「答」；韋玄成傳引「戎車推推」，推不作「焞」；王吉傳引「中心慹兮」，慹不作「怛」；説文引「或舂或舀」，舀不作「揄」；引「求福不儺」，儺不作「那」；韓奕之「幭」，禮記、公羊傳皆作「幦」；「良耜之趙」，考工記注引作「[illegible]」。鄭君三禮注引詩皆出三家，時未見毛詩也。見鄭志。此皆正合本韻。則三家是而毛詩非，古本是而今本非矣。韓詩之「維禹嗽之甸」爲「嗽以我隆」，衝臨爲隆，此則轉借之字，猶與古音相符。鄭康成所謂「漢承秦焚書，口相傳授，受之者非一邦之人。人用其鄉，同言異字，同字異言，於兹遂生。故一經之學，數家競爽」。是言足以盡古今文字聲音之變矣。然即是推之，知古音之變因乎時，方音之轉因乎地，雖聖人不能强之使同。要之在古人未嘗不可通，近於音韻使其不相通，近豈能筆之於書，傳之其人哉？今之專講字母者，固不可以六朝以後之音讀，上繩周、秦古書，而專謚三百篇以定古音部分者，亦恐隘而不能盡通。不知所謂古音在某部者，誠三代之韻書乎？抑亦一家之言乎？部分不能盡通，則歸之合韻，合韻有以異於唐以來之言叶韻乎？又以三百篇後孔子贊易，老子言道德用韻，即不必皆同。夫同在一代，何以音之變轉若是？果如所云，是周人未嘗斷斷於十七部之分，明矣。今之捌此，無乃固與？四聲起於齊、梁，言古音即不必言四聲，既取四聲而更張之，何以知古必無去聲？以支、佳一部，脂、微、齊、灰、皆一部，之、哈一部，是矣。然謂自古不通用。而金壇段君自舉詩、楚詞、老子等，固已支、脂相通。請更稽之，左氏傳讒鼎之銘以「怠」韻「世」，荀子賦以「佩」韻「異」、「媒」、「喜」，揚雄解嘲以「規」、「隨」韻「奇」、「隤」，知爲皆、支、脂通用之證。尚書：「帝庸作歌曰：勑天之命，惟時惟幾。」天、命爲韻，時、幾亦韻。莊子在宥篇：「如是乎喜怒相疑，愚知相欺，善否相非，誕信相譏，而天下衰矣。」百里奚妻歌以奚、皮、扅、雌、時、爲爲韻，揚雄甘泉賦以芝、虯、緌、纚、開、旎、旗爲韻，皆支、脂、之三部同用之證。此又何説以處此？蓋古之音韻失其傳久矣，諸家之論迄不能無少罅隙，不如第守説文諧聲之法，通其所可通，其所不可通者闕之，而不必仿韻書設部分，復設合韻，紛紛改易，自爲矛盾，徒滋學者之惑也。閣下以爲然否，幸教之。

附録

阮文達纂羣經古義爲經郛，先生撰條例一篇，明所以原本訓辭，會通典禮，存家法而析異同之意，一時傳誦徧兩浙云。錢儀吉撰別傳。

先生閎覽精識，賅貫本末，無是同非異之見，故游先生之門者，有專肄，無偏呰也。若仙游王捷南之詩、禮、春秋、諸史，晉江杜彦士之小學，惠安陳金城之漢易，將樂梁文之性理，建安丁汝恭、德化賴其煐、建陽張際亮之詩古文辭，皆足名家。而惠安孫經世學成早世，列通志儒林傳中。同上。

先生在館職七年，方直淵雅，重於朝列。聞父喪奔歸，以不得視含斂，終身爲大慼。服除，遂乞養母，教授生徒，以供朝夕。曰：「吾惟不屑不潔，不以不廉之財奉甘旨，不以不義之行欺晨昏，差告無罪耳。」母殁終喪，年五十有三，遂不復出。同上。

先生主鼇峯書院，舉張清恪之言，以爲士子奔競成俗，宜嚴加別擇，以品行賢否爲去留，則教易施，而得人之效速。乃請先察學行，而後考文藝。又爲規約，教以正心術，廣學問，慎交游，肅禮儀。悉發藏書，使博觀而精擇之，經史文筆，因所長而裁成之，不爲一格。同上。

先生家居與諸當事書，於桑梓利弊，蒿目痗心，雖觸忌諱，無所隱。自撰隱屏山人傳。

明儒黄道周孤忠絶學，先生輯遺文爲之刊行。又具呈大吏，疏請從祀文廟。議上，得如所請。重刊漳浦遺集序。

左海家學

陳先生喬樅

陳喬樅字樸園，左海子。道光乙酉舉人。官江西分宜、弋陽、德化、南城知縣，署袁州、臨江、撫州知府。以經術飾吏治，居官有聲。同治七年卒，年六十一。先生少承家學，於詩、書、禮致力尤勤。左海晚年嘗以鄭注禮記多所改讀，又魯、齊、韓三家詩佚文佚義與毛氏亦多異同，又今文尚書共二十九篇，其傳者有伏氏、歐陽氏、大、小夏侯氏三家，今除大傳外，餘皆失傳，每欲鉤考成書，未竟而卒。病革時，猶以此事相勗。先生乃搜討羣籍，旁徵博引，爲禮記鄭讀考六卷，魯詩遺説考二十卷，敍録一卷，齊詩遺説考十二卷，敍録一卷，韓詩遺説考十八卷，敍録一卷，附韓詩内外傳補逸一卷，今文尚書經説考三十四卷，敍録一卷，尚書歐陽夏侯遺説考一卷，皆秉承遺訓，先後卒業，遂成完書。其他著述，齊詩翼氏學疏證二卷，詩緯集證四卷，詩經四家異文考五卷，毛詩鄭箋改字説四卷，禮堂經説二卷，亦皆實事求是，恪守師承。説者謂清代經學家自元和惠氏、高郵王氏外，惟陳氏能修世業，張大其家法云。參史傳。

魯詩遺説攷自序

漢書藝文志云：詩三百五篇，遭秦而全者，以其諷誦不獨在竹帛故也。詩經二十八卷，魯、齊、韓三家，魯故二十五卷，魯説二十八卷。楚元王傳云：「元王少時嘗與魯穆生、白生、申公俱受詩於浮丘伯。文帝時，聞申公爲詩最精，以爲博士，申公始爲詩傳，號魯詩。」然則志載魯故、魯説，蓋即申公所爲之詩傳矣。史記儒林傳言：「漢高祖過魯，申公以弟子從師入謁於魯南宮。」又言：「申公以詩教授弟子，自遠方至受業者千餘人。」是三家之學，魯最先出，其傳亦最廣，有張、唐、褚氏之學，又有韋氏學、許氏學，皆家世傳業，守其師法。終漢之世，三家竝立學官，而魯學爲極盛焉。魏、晉改代，屢經兵燹，學官失業，齊詩既亡，而魯詩不過江東，其學遂以寖微。然而馬、班、范三史所載，漢百家箸述所稱，亦未嘗無緒論之存，足以資攷證佚文，而采摭異義，失在學者因陋就簡，不能修學好古，實事求是耳。宋王厚甫詩攷，據鄭君儀禮士昏禮注引魯詩説，何休公羊傳注引魯詩傳，及漢書文三王傳、杜欽、谷永傳注、續漢書輿服志注、後漢書班固傳注所引魯訓、魯傳，採爲魯詩，疏漏尚多。其餘石經魯詩殘碑，惟取與毛氏異者，餘皆棄而不録。顧魯詩今不傳，祇此殘碑所有，其文雖與毛氏同，亦當備載之，俾得據以考證，不宜取此而棄彼也。喬樅幼承庭訓，稍長治三家詩，先大夫因出所撰三家詩遺説，命卒其業。案：魯詩授受源流，漢書章章可攷，申公受詩於浮丘伯，伯者荀卿門人也。劉向校録孫卿書，亦云浮丘伯受業於孫卿，爲名儒。是申公之學出自荀子，凡荀子書中説詩者，大都爲魯訓所本，今故綴之列於魯詩，原其所自始也。孔安國從申公受詩爲博士，至臨淮太守，見史記儒林傳。太史公嘗從孔安國問業，所習當爲魯詩。觀其傳儒林首列申公，敍申公弟子首數孔安國，此太史公尊其師傳，故特先之。劉向父子世習魯詩，高郵王氏經義述聞以向爲治韓詩，未足徵信。攷楚元王傳言元王好詩，諸子皆讀詩，王子郢客與申公俱卒學，申公爲詩傳，元王亦次之詩傳，號元王詩。向爲元王子休侯富曾孫。漢人傳經，最重家學，知向世修其業。著説苑、新序、列女傳諸書，其所稱述，必出於魯詩無疑矣。後漢建初四年，下太常將大夫、博士、議郎、郎中及諸生、諸儒會白虎觀，講議五經同異，使五官中郎將魏應承制問，侍中淳于恭奏帝親制臨決，如孝宣石渠故事，作白虎議奏。今於白虎通引詩，皆定爲魯説，以當時會議諸儒，如魯恭、魏應皆習魯詩，而承制專掌問難，又出於魏應也。爾雅亦魯詩之學。漢儒謂爾雅爲叔孫通所傳，叔孫通魯人也。臧鏞堂拜經日記以爾雅所釋詩字訓義皆爲魯詩，允而有徵。郭璞不見魯詩，其注爾雅，多襲漢人舊義。若犍爲舍人、劉歆、樊光、李巡諸家注解，徵引詩經，皆魯家今文，往往與毛氏殊。郭璞沿用其語，如釋詁〔一〕「陽，予也」，注引魯詩「陽如之何」。釋草蘆荎注引詩山有蘆文，與石經魯詩同，尤其確證。熹平石經以魯詩爲主，間有齊、韓字，蓋敍二家異同之説，此蔡邕、楊賜所奉詔同定者也。若夫張衡東京賦「改奢即儉，制美斯干」之語，與劉向傳説詩義合。王逸楚詞注「繁鳥萃棘，負子肆情」之解，與列女傳歌詩事同，至如「佩玉晏鳴，關雎歎之」，臣瓚謂事見魯詩，而王充論衡、揚雄法言亦並以關雎爲康王之時。仁義陵遲，鹿鳴刺焉，史遷蓋語本魯説，而王符潛夫論，高誘淮南注，亦均以鹿鳴爲刺上之作。互證而參觀之，夫固可以攷見家法矣。喬樅敬承先志，次第補緝，成魯詩遺説攷六卷，其齊、韓二家，采綴粗就，尚當細加稽覈，别爲篇帙。然距先大夫棄養之日，於今五年，每撫昔時所授遺編，手澤猶存，音容已邈，掩卷愴然，不勝風木之感云。

齊詩遺説攷自序

漢置五經博士，詩魯、齊、韓三家竝立學官，所以扶微學，廣異義也。漢書藝文志載詩經齊家二十

〔一〕「詁」，原作「故」，據爾雅改。

八卷，齊后氏故二十卷，孫氏故二十七卷，齊后氏傳三十九卷，孫氏傳二十八〔一〕卷，齊雜記十八卷。

隋書經籍志云：齊詩魏已亡。是三家詩之失傳，齊爲最早，魏、晉以來，學者尟有肄業及之者矣。宋王厚甫所撰詩攷，其於齊詩僅據漢書地理志及匡衡、蕭望之傳，與後漢書伏湛傳中語，録入數事，寥寥寡證。間摭晁説之、董彦遠説，往往持論不根，難以徵信。近世余蕭客、范家相、盧文弨、王謨、馮登府諸君，皆續有採輯，然擇焉不精，語焉不詳，於齊詩專家之學，究未能尋其端緒也。先大夫曩蒐討三家遺説與毛氏異同者，爲之參互攷證，緝而未成，命喬樅卒業焉。竊攷漢時經師以齊、魯爲兩大宗，文、景之際，言詩者魯有申培公，齊有轅固生，春秋、論語亦皆有齊、魯之學，此其大較也。先大夫嘗言，漢儒治經，最重家法，學官所立，經生遞傳，專門命氏，咸自名家，三百餘年，顯於儒林。雖詩分爲四，春秋分爲五，文字或異，訓義固殊，要皆各守師法，持之弗失，寧固而不肯少變，斯亦古人之質厚，賢於季俗之逐波而靡也。喬樅比補緝齊詩佚文佚義，於經徵之儀禮、大、小戴禮記；於史徵之班固漢書、荀悦漢紀；於諸子百家徵之董仲舒春秋繁露、焦贛易林、桓寬鹽鐵論、荀悦申鑒諸書，皆碻有證據，不逞私臆之見，不爲附會之語，蘄於實事求是而已。夫轅生以治詩爲博士，諸齊以詩貴顯者，皆固之弟子，而昌邑太傅夏侯始昌最明。始昌通五經，后蒼事始昌，亦通詩、禮爲博士。訖孝、宣世，禮學后蒼最明，戴德、戴聖、慶普皆其弟子，三家立于學官。詩、禮師傳既同出自后氏，則儀禮及二戴禮記中所引佚詩，皆當爲齊詩

〔一〕「八」，原無，據藝文志補。

之文矣。鄭君本治小戴禮，注禮在箋詩之前，未得毛傳，禮家師説，均用齊詩，鄭君據以爲解，知其所述，多本齊詩之義。故鄭志答炅模云：「坊記注以燕燕爲夫人定姜之詩，先師亦然。」先師者，謂禮家師説也。齊詩有翼、匡、師、伏之學，班固之從祖伯，少受詩於師丹，誦説有法，故叔皮父子世傳家學。漢書地理志引「子之營兮」，及「自杜沮、漆，」並據齊詩之文。又云「陳俗巫鬼，晉俗儉陋」，其語亦與匡衡説詩合，是其驗已。荀悦叔父爽，師事陳寔，寔子紀傳齊詩，見陸德明經典釋文。後漢書言荀爽嘗著詩傳，爽之詩學，太丘所授，其爲齊學明矣。轅固生作詩内外傳，荀悦特著於漢紀，尤足證荀氏家學皆治齊詩，故言之獨詳耳。至如公羊氏本齊學，治公羊春秋者，其於詩皆偁齊，猶之穀梁氏爲魯學，治穀梁春秋者，其於詩亦偁魯也。董仲舒通五經，治公羊春秋，與齊人胡毋生同業，則習齊可知。易有孟、京卦氣之候，詩有翼奉五際之要，尚書有夏侯洪範之説，春秋有公羊災異之條，皆明於象數，善推禍福，以著天人之應，淵源所自，同一師承，確然無疑。孟喜從田王孫受易，得易家候陰陽災變書，喜即東海孟卿子，焦延壽所從問易者，是亦齊學也。故焦氏易林皆主齊詩説，豈僅「甲戌己庚，達性任情」之語與翼氏齊詩言「五性六情」合，「亥午相錯，敗亂緒業」之辭與詩氾曆樞言「午亥之際爲革命」合已哉？若夫桓寬鹽鐵論，以周南之罝兔爲刺義與魯、韓、毛迴異，以邶風之鳴雁爲稚文與魯、韓、毛竝殊，又其顯然易見者耳。夫以二千餘年湮没無傳之絶學，墜緒茫茫，苟能獲其單詞隻義，已不啻吉光片羽，良可寶貴，況乎沿流溯源，尚有涯涘之可尋？則雖未足以盡梗概，而其佚時時見於他説者，猶存什一於千百，抑不可謂非幸也？喬樅敬承先訓，成齊詩遺説攷四卷，爰識大略，以就正博聞君子，惟匡其不逮焉。

韓詩遺説攷自序

詩之有魯、齊、韓、毛，猶春秋之有公、穀、鄒、夾也。鄒氏無師，夾氏未有書，故其傳不顯於世。詩則魯、齊、韓三家竝立學官，家誦户習，終兩漢之世，經師稱極盛矣。顧自魏、晉改代，毛、鄭詩行，而三家之學始微。韓詩雖最後亡，持其業者蓋寡。惟杜瓊著韓詩章句十餘萬言，見於蜀志，張紘從濮陽闓受韓詩，見於吴書，崔季珪少讀韓詩，就鄭氏學，見於魏志，晉大康中，何隨治韓詩，研精文緯，見於華陽國志外，此恒不數覯焉。夫去聖久遠，學不厭博，漢世褒顯儒術，建立五經，爲置博士。一經之學，數家競爽，凡别名家者，皆增置博士，各以家法教授，所以扶進微學，尊廣道藝也。後之人因陋就簡，安其所習，毁所不見，師法既失，家學就湮，豈非學士大夫之過歟？稽之漢書藝文志，韓詩經二十八卷，韓故三十六卷，内傳四卷，外傳六卷，韓説四十一卷。而隋書經籍志祇載韓詩二十二卷，薛氏章句。唐書藝文志則載韓詩卜商序韓嬰注二十二卷，又外傳十卷，然觀唐人經義及類書所引，韓詩要皆薛氏章句爲多，至於内傳，僅散見一二焉。據後漢書儒林傳言，薛漢世習韓詩，父子以章句著名。又言杜橅少受業於薛漢，定韓詩章句。其所作詩題約義通，學者傳之，曰杜君注。疑唐書藝文志所載，當即此種，故卷數與漢志不同，雖題爲韓嬰注，知非太傅之舊本。蓋韓故、韓説二書，其亡佚固已久矣。他如趙長君詩細，世雖不傳，然韓詩譜二卷，詩歷神淵一卷，侯包韓詩翼要十卷，具列隋志，是其書猶未盡佚。惜當時定五經正義，專主毛詩鄭箋，獨立國學，韓詩雖在，世所不用，課士不取，人無能明之者。陸元朗經典釋文間採毛、韓異同，而罣漏尚多，斯亦稽古者之大憾也。宋、元以後，毛、鄭詩亦復罕有專門，而韓詩之傳遂絶，其廲有存者，外傳十篇而已。說者因班志有「取春秋，采雜説，咸非其本義」之語，遂訾其不合詩意。不知董仲舒有言「詩無達詁」，劉向亦言「詩無通故」，讀詩之法，亦貴善以意逆志耳。太史公儒林傳稱「韓生推詩人之意，而爲内、外傳數萬言，其語頗與齊、魯間殊，然其歸一也」。夫詩三百篇中，邇之事父，遠之事君，興觀羣怨之旨，於斯焉備。其主文而譎諫也，言者無罪，聞之者足以戒，善惡美刺，蓋不可不察焉。孟子曰：「王者之迹熄而詩亡，詩亡然後春秋作。」然則詩之與春秋，固相爲維持世道也。子夏序詩，言國史明乎得失之迹，傷人倫之廢，哀刑政之苛，吟詠情性，以諷其上，達於事變，而懷其舊俗者也。今觀外傳之文，記夫子之緒論，與春秋雜説，或引詩以證事，或引事以明詩，使爲法者彰顯，爲戒者著明，雖非專於解經之作，要其觸類引伸，斷章取義，皆有合於聖門商、賜言詩之意也。況夫微言大義，往往而有，上推天人性理，明皆有仁義禮智順善之心，下究萬物情狀，多識於鳥獸草木之名。考風、雅之正變，知王道之興衰，夫固天命性道之藴，而古今得失之林耶？先大夫曩撰三家詩遺説，未卒其業，喬樅敬承先志，於韓詩詁訓，凡羣籍所徵引者，旁搜博採，薈萃成帙，釐爲五卷。細加考證，其各家所述韓詩佚説，有與毛氏文異而義仍同，乃文同而義或異，與夫文義並同者，咸備採之，以資參考。至外傳中引詩者，皆散附各篇。其於詩文無所附者，别爲一卷，著録於末。凡以存韓氏專家之學云爾。

今文尚書經説攷自序

書之所起遠矣，至孔子篹焉，上斷自堯典，下訖於秦誓，凡百篇，而爲之序。斯固唐、虞、夏、商、周歷代之典，而百王之大經大法，所昭垂於萬世者也。秦燔書禁學，伏生獨抱遺編壁藏之。漢定，求其書，亡數十篇，僅得二十九篇，以教於齊、魯之間。孝文帝時欲求治尚書者，天下無有，乃聞伏生能治，欲召之，是時伏生年九十餘矣，不能行，於是詔太常使掌故鼂錯往受之，學者由是頗能言尚書，諸山東大師無不涉尚書以教矣。伏生授泲南張生及歐陽生，歐陽生世世相傳，謂之歐陽氏學。夏侯都尉從張生受尚書，以傳族子始昌，始昌傳勝，是爲大夏侯學。勝又傳從兄子建，是爲小夏侯學。三家之學，皆伏生今文尚書也。武帝褒顯儒術，建立五經，置爲博士。始尚書惟有歐陽，其後學者精進，雖曰承師，亦別名家。宣帝以爲去聖久遠，學不厭博，故遂立大、小夏侯博士，所以扶進微學，尊廣道藝也。三家竝立，迄漢東京相傳不絶。初漢武帝時，魯恭王壞孔子宅，得古文尚書於壁中，孔安國以今文讀之，因以起其家，逸書得多十六篇。天漢之後，獻之，遭巫蠱倉卒之難，未及施行。平帝立古文尚書，不久旋廢。後漢扶風杜林傳古文尚書，同郡賈逵爲之作訓，馬融作傳，鄭玄亦爲之注。晉世祕府所存，尚有古文尚書經，及永嘉之亂，遂與歐陽、大、小夏侯尚書並亡。夫歐陽、夏侯立學四五百年，忽遭蕩滅，故牛弘歷陳古今書籍之厄，以劉、石憑陵，京華覆滅，爲書之四厄。然攷新、舊唐書藝文志，均載馬、鄭所注尚書之本，是宋南渡以前，馬、鄭本固存也。如使當日有信而好古者，網羅散佚，列之國學，俾學者肄業及之，則馬、鄭所注之古文二十九篇，即伏生所傳今文二十九篇，雖文字不無異同，訓詁不無殊別，然參觀互證，猶可得其緒餘，則三家之學雖亡，而不至盡亡也。何意僞傳一出，江左崇尚於前，唐人尊信於後，馬、鄭之注遂即湮没，而歐陽、夏侯之學乃絶無可尋矣。我朝崇儒重道，經學昌明，士之稽古者，皆知旁搜遠紹，扶微學而尋墜緒，不以譾陋自安，而漢儒之經學遂隆於時。近儒如閻徵士若璩之古文尚書疏證，惠徵士棟之古文尚書攷，王光禄鳴盛之尚書後案，江處士聲之尚書集注音疏證，以叔重説文輔以季長傳詁，皆以鄭學爲宗，取僞孔之傳辭而闢之，黜其贋而存其真，古文尚書之學藉以不絶於一綫。孫觀察星衍尚書古今文注疏，段大令玉裁古文尚書撰異，間緝今文與古文異同，然於歐陽、大、小夏侯顓門之學，三家師説之異同者，又不暇致詳也。曩者先大夫傷古經之淆亂，閔今學之淪亡，撰伏生尚書大傳定本，稽覈羣書，揭所據依，而爲之案三卷，首爲序録一卷，其所芟除，别爲訂誤一卷，又載漢書五行志綴以他書所引劉氏五行傳論三卷，總爲八卷，序而行之。又欲著歐陽、夏侯經説攷，而未果爲也。嘗謂喬樅曰：「孔安國得壁中古文，多逸書十六篇，絶無師説，終漢之世，獨傳二十九篇而已。何則？二十九篇今文具存，文字異者，不過數百，其餘與古文大恉略均，足相推據。逸十六篇，既無今文可攷，遂莫能盡通其義。凡古文易、書、詩、禮、論語、孝經所以傳，悉由今文爲之先驅，今文所無，輒廢古。春秋左氏傳賴張蒼先修其業，故傳禮古經五十六卷，傳士禮十七篇，與后、戴同，而三十九篇逸禮竟亡。書亦猶是也，向微伏生，則唐、虞、三代典謨誥命之經煙消灰滅，萬古長夜。夫天爲斯文篤生名德期頤之壽，以昌大道，豈偶然哉？尚書三家今文，名守師法，皆傳伏生之業者，苟能鉤攷佚文，得其單辭片義，以尋三家今文千數百年不傳之緒，使百世之下猶知當日幸有三家今文，賴以維持聖經於不墜，則豈徒足以延絶學而廣異義云爾哉？」喬樅敬承庭訓，識之勿敢忘。曩嘗搜討羣書，稽求佚義，綴緝頗具，梗概麤陳。顧以宦海浮沈，日月逾邁，恒以不克繼志爲懼。今春免官，遂杜門下帷，迺録舊藁，重復研尋，成歐陽夏侯經説攷一卷，今文尚書序録一卷，今文尚書經説攷三十三卷。凡所采摭，經史傳注及諸子百家之説，實事以求是，必溯師承，沿流以討源，務隨家法，而參詳考校則亦有取於馬、鄭之傳注，爲之旁證而引伸之。前後屢更寒暑而後卒業焉，庶求無負昔日趨庭之訓焉爾。是爲序。

左海弟子

林先生昌彝

林昌彝字蕙谿，侯官人。道光己亥舉人。受學於左海之門，博學多通，尤邃於三禮，著三禮通釋二百八十卷。因禮書制度、儀文，諸儒所辨證者，參合比引，究其旨歸。書例略依陳氏禮書，而持論各别。爲圖者五十卷，兼取宋以來圖説，使與經相考訂。於清代諸儒所著録，凡於禮有發明，廣爲採摭。一以鄭學爲義，參考諸儒之説，糾正其失，歷三十年始成。咸豐三年，自賫書詣禮部呈請進上。詔嘉其留心經術，徵引詳明，賜官教授，歸部選用。先生留心時務，兼諳韜略，著有破夷志四卷，平夷十六策、平賊論二卷，又有軍務備採十六篇。王侍郎茂蔭奏獻其書，亦被旨採納焉。參毛鴻賓、郭嵩燾三禮通釋序、王茂蔭進呈軍務備採奏疏。

三禮通釋

論略

禮本於天，殽於地，達於人倫日用，行於君臣、父子、兄弟、夫婦、朋友，斯須不可去者，禮之本也。其制度、品節、服物、采章，隨時損益，屢變以適其宜者，禮之文也。三代去今已遠，先王制作之舊，得什一於千百，所當鄭重愛惜。由制度損益，推之人倫日用，以究夫道之源也。六經惟三禮最爲奧博，唐儒賈公彦、孔穎達三禮疏頗稱該洽，其於禮之節文制度，不無錯謬。書中多所辨正，不憚窮年累月，竭慮殫思，以備芻蕘之一得焉。

荀氏況曰：「禮者，羣類之綱紀也，故學至於禮而止矣，是之謂道德之極。」宋儒周氏謂曰：「禮者，性命之成體者也，道德仁義同出於性命，而所謂禮者，又出於道德仁義而爲之節文者也。」朱子曰：「禮學是一大事，不可不講，然亦須看得義理分明後及之，方有補於學問之實也。」

朱子作儀禮經傳通解，以儀禮爲主，而取周官、禮記及他經傳記之言禮者，以類相從。其門人楊氏幹、楊氏復續成喪、祭二禮，誠考禮之大觀也。茲則通釋制度文物，以經注經，亦踵成朱子之意云爾。

六經之道同歸，而皆以明禮。周官一書，禮之綱領，至其儀法度數，則儀禮乃其本經，而禮記郊特牲、冠義等篇，乃其義疏耳。朱子謂儀禮是經，禮記是解儀禮。今按儀禮有冠禮，禮記便有冠義以釋之；儀禮有昏禮，禮記便有昏義以釋之；儀禮有鄉飲酒禮，禮記則有鄉飲酒義以釋之；儀禮有聘禮，禮記則有聘義以釋之；以至燕禮之類，莫不皆然。儀禮爲禮之綱本，而禮記乃其枝葉也。今專釋三禮大旨，以周禮、儀禮爲綱領，以禮記及各經之言禮有可互證者，亦博引以爲義疏焉。

宋儒司馬氏光曰：「禮之爲用大矣，用之於身，則動靜有法，而百行備焉；用之於家，則内外有別，而九族睦焉；用之於鄉，則長幼有倫，而俗化美焉；用之於國，則君臣有敘，而政治成焉；用之於天下，則諸侯順服，而紀綱正焉。豈直几席之上，户庭之間，得之而不亂哉？」此司馬氏最善言禮者也。

經國治人，莫善於禮。漢儒掇拾古經，搜羅散佚，淹中、曲臺，淵源授受。康成始合三禮，論撰極博。王肅聖證，語多杜撰。自漢而後，叔孫通、曹褒以下，無慮數十百人，所論各有得失。江左五禮，梁氏爲備。唐、宋以來，若開元、政和等書，及通典、會要，皆資攷證矣。

宋儒陳祥道曰：「先王之治，以禮爲本，其宫室、衣服、車旗、械用有等，其冠、昏、喪、祭、朝聘、射御有儀，即器以觀理，無非法象之所寓；即文以觀義，無非道義之所存。使人思之而知所以教，守之而知所以禁，奢者不得騁無度之心，儉者不得就苟難之節，奇者不得以亂常，衺者不得以害正，此上下所以辨，而民志所以定也。晚周而下，先王之制浸以掃地，天下學者亦失其傳，故隨武子不知殽烝，孟僖子不知相禮，范獻子不知問諱，曾子不知奠，方魯不知尚，羔衛不知立市，則時之知禮者蓋鮮矣。漢興，叔孫通之綿蕝禮儀，徒規當時之近功，而其瀀失於大卑。魯二生之論禮樂，必期百年然後興，而其言失於大高。賈誼有修禮之志，而困於絳、灌；曹褒有定禮之議，而沮於酺、敏。傅咸極論於晉，而誚於流俗；劉蕡發策於唐，而棄於一時。」然則據陳氏之論，由漢以來，禮之道不明，禮之事不行，百年後興，是在盛世矣。

周官、儀禮，一代之書也。禮記曰：「禮以時爲大。」此一言也，以蔽萬世制禮之法可矣。夫周官、儀禮固作於聖人，乃亦惟周之時用之。設令周公生宇文周，斷不爲蘇綽、盧辯之建官；設令周公生趙宋，必不爲王安石之理財。何也？時爲大也。且夫所謂時者，豈一代爲一時哉？開國之君，審其時之所宜而損之益之，以成一代之典章度數，而所以維持此典章度數者，猶必時時變化之，以救民之偏，而息民之詐。夫上古之世，民苦於不知其害在愚；中古以來，民不患不知，而其害轉在智。伏羲之時，道在折民之患，故通其神明，使知夫婦、父子、君臣之倫；開其謀慮，使知樹蓺、貿易之事。生羲、農之後者，知識既啟，詐僞百出，其黠者往往窺長上之好惡以行其奸，假軍國之禁令以濟其賊。惟聰明睿知，有以鼓舞而消息之。故黄帝、堯、舜氏作，通其變，使民不倦；化而神之，使民宜之。通其變而又神而化所爲，民可使由之，不可使知之，殺之而不怨，利之而不庸，民日遷善而不知所以爲之者，治之極也，禮之經也。

漢儒劉向考校經籍，得禮一百三十篇，即七十子所傳，而河間獻王之所得者也。向又得明堂陰陽記三十三篇，孔子三朝記七篇，王氏史氏記二十一篇，樂記二十三篇，凡五種，共二百十四篇。戴德删其煩重，合而記之，爲八十五篇，謂之大戴記；而戴聖又删大戴之書爲四十六篇，謂之小戴記。漢末，扶風馬融傳小戴之學，融又足月令一篇，明堂位一篇，樂記一篇，合四十九篇。而康成因涿郡盧植事馬融，其自序云：「遭黨錮之事，逃難注禮。」即今周官六篇，古經十七篇，小戴記四十九篇，凡三種。惟鄭注立於國學。其大戴記有盧辯注，今說禮者並資攷證焉。

禮經名物度數，尤當精審極究，辯是非而證異同，如璿機玉衡之制，渾天之度，冕瑬之數，宗彝黼黻之文，軍賦之制，玄端、素端、皮弁、韋弁、爵弁、深衣、羔裘、麛裘、宵衣、袗玄衣之同異，王、諸侯城郭及王城、王畿之廣，都鄙之制，尺步廛廬、五溝、五涂之辯，千乘出車、賦税徵斂之別，中星中氣、土規測景、十日十二風之法，六服朝覲、諸侯朝天子之禮，辟雍泮宮、養老養孤之典，天子及諸侯廟制門制，天子及諸侯、大夫、士寢廟夾室之制，宗法饋食之禮，大宗、小宗、冠昏、喪祭之文，明堂、禘祫、祀天、祀地之禮，祭日、祭月、祭山、祭川之禮，社祭、五祀、四望，釋奠、釋菜之儀，祼禮之義，一獻、三酬、一豆之別，射儀、擽儀之節，五聲、八音、六律、十二管之義，五兵、戈盾之用，肆夏、采齊之文，圭璋、六幣之儀，鉶柶、醴柶之異，車制之度，皆再三攷證，研核至當，實事必求其是。其有去古既遠，類不可以强通者，則從闕疑，庶免於漢儒所譏。國家將有大事，若立辟雍、封禪、巡守之儀，幽冥而莫知其原者矣。

書中如周禮、儀禮、禮記以外，凡十四經有涉於禮制者，皆列其目而詳攷之，不必拘於周禮、儀禮、大、小戴記也。

禮古經五十六篇，已佚。今其篇名見於他書中，如學禮見賈誼傳，天子巡狩禮見內宰注，朝見禮見聘禮注，朝事儀見覲禮注，烝嘗禮見射人疏，中霤禮見月令注疏及詩泉水疏，王居明堂禮見月令禮器注，古大明堂禮昭穆篇見蔡邕論，本命篇見通典，聘禮志見荀子。又有奔喪、遷廟、釁禮、弟子職諸篇，見大、小戴記注及管子。又按河閒獻王得仲尼弟子及後學者所記一百三十一篇，獻之，今逸篇之名有三正記、别名記、親屬記、名堂記、曾子記、禮運、五帝記見白虎通，王度記亦見白虎通及禮記注、後漢輿服志、周禮疏，王霸記見夏官疏，瑞明記見論衡及文選注，辯名記見春秋疏，孔子三朝記見大戴禮及史記、漢書注，月令記、大學志見蔡邕論。凡諸遺禮，書中皆採擇，以爲證據焉。

春秋時周官在魯，左氏魯人而善於禮，傳中援禮最詳，所稱先王之制，先王之令，皆是物也。故發凡起例，或周公之禮經；三聘五朝，乃文、襄之霸制。今於左氏一書有裨於禮學者，亦採録焉。

公羊傳言禮多殷制，可爲殷禮之證。董仲舒春秋繁露一書，多發明公羊之學，言殷禮者藉爲确證焉。

以經注經，爲解經之先河。六藝指歸，具見爾雅；博文明事，首推孟子；坊、表二記，動引詩、書；燕、聘諸義，本詮儀禮。春秋左氏傳説經尤夥，元亨利貞之辨，黄裳元吉之解，夏后之九功九歌，文、武之九德七德。卷耳能官人，則大戴記、逸周書見之，虞書數舜功，則四凶十六相詳之。豈獨王應麟所舉外傳。叔向、單穆公、閔馬父、左史、倚相、觀射父、白公、子張諸人，其言有功聖學哉！今書中並緝録以資討源，用徵禮經之包羅廣博。

白虎通義、春秋繁露、五經異義多禮經逸説，伏勝尚書大傳，尤多三代遺禮。伏勝之學最善於禮，其言巡狩、朝覲、郊尸、迎日、廟祭、族燕、門塾、學校、養老、擇射、貢士、攷績、郊遂、采地、房堂、路寢之制、后夫人入御、太子迎問、諸侯之法、三正之統、五服之色，皆唐、虞、三代遺文，往往六經所不備，諸子百家所不詳，書中咸攟摭焉。又六朝人最善說禮，其遺說存於隋書及周禮、儀禮二疏，徐堅初學記，唐類函，藝文類聚，北堂書鈔，山堂攷索，杜佑通典，太平御覽，玉海諸書者，今皆詳録而條辯之。

通經者必先明小學，小學者，六書也。許氏說文爲六書之權輿，六書明而後經義明。凡說文解經有涉三禮，足資考鏡者，如示篇祡字引虞書，下文禷字即釋「類於上帝」；珇字引周禮，上文珽、瓛、瑒字即並舉玉人之文；酏字引賈侍中說，爲周禮解詁中釋酒正之文。辵篇造字引譚長說，即釋禮記王制「造士」之文。凡如此類，有裨禮經，足資考鏡焉。

小學之書，說文而外，廣雅可與爾雅相輔，詁訓名物，敷證極博。玉篇以下，頗經後人竄改，必擇明引經句者，録以證經。至於漢、魏碑銘，有可互證者，亦採擇焉。周、秦諸子，未遭燔經，漢儒先師，首推荀況；賈、傅、董生，絶學如綫；淮南、劉向，雜家博收；論衡以下，條緒可尋；訖於顏氏家訓，封氏見聞記，辯難頗覈，今並肴核百家，溯洄六學，以爲禮經之證。

史部起史記，訖唐書，稽討志傳，鉤提疏議，二京經義，六代經郛，至通典之淹貫禮意，唐類函之條列禮儀，極爲宏博，皆資徵引。

子注、史注、文選注，有涉經義者，書中並採，以資證明。其所訓釋文義，多爲易曉，亦兼採焉。

賈公彥周禮、儀禮二疏，孔穎達禮記疏，其先乃與朱子奢、李善信、柳士宣、范義頵、張權諸人取皇甫侃、熊安生二家義疏而刪定之，至周元達、趙君贊、王士雄等更爲詳覈，是三禮疏非獨出於孔、賈二人之手也。

六朝、晉、宋以下，精於禮學者，南人有賀循、賀瑒、庾蔚、崔靈恩、沈重、范宣、皇甫侃等，北人有徐道明、李業興、李寶鼎、侯聰、熊安生等，何止十數人。今讀三禮，但知孔、賈二氏之書尚嫌遺漏，書中凡有諸家佚説見於他書者，咸採摭焉。

國朝經學昌明，精於漢易者，則元和惠氏棟，江都江氏藩，南海曾氏釗；精於虞氏一家易者，則武進張氏惠言，江氏承之；精於宋易者，則德清胡氏渭，光山胡氏煦，江都焦氏循，婺源徐氏子陵；精於今文尚書者，則太原閻氏若璩，上元程氏廷祚，元和宋氏鑒，金壇段氏玉裁；精於詩經者，則吴江陳氏啟源，高郵王氏引之，吴縣陳氏奂；精於春秋三傳者，左氏則崑山顧氏炎武，四明萬氏斯大，江都汪氏中，元和惠氏士奇，江都劉氏文淇；公羊則曲阜孔氏廣森，武進劉氏逢禄，江都凌氏曙；穀梁則鎮江柳氏興恩，海州鄦氏桂林；精於爾雅者，則餘姚邵氏晉涵，棲霞郝氏懿行；精於廣雅者，則高郵王氏念孫；精於説文者，則曲阜桂氏馥，金壇段氏玉裁；而精於三禮者，則四明萬氏斯同，濟南張氏爾岐，婺源江氏永，歙凌氏廷堪，程氏瑶田，金氏榜，吴江沈氏彤，宜興任氏啟運，興化任氏大椿，閩縣陳氏壽祺，侯官林氏一桂，德清許氏宗彦諸家，或專解周官，或專解儀禮，或專解禮記，或發明異義，或闡明經文，皆博而能精，書中於諸家説多所折衷，旁通互證，分類一千餘門，俾觀者瞭然矣。

五禮之目，吉禮則圜丘、方丘、南郊、北郊、六宗、大雩、大禜、明堂、饗帝、祭日、祭月、祭星辰、祭司中、司命、風師、雨師、祭社稷、四望、山川、五祀、祭四方、蜡祭、臘祭、釁禮、祭酺、廟祧、昭穆、時享、犆祫、親耕、親蠶、禘祫、釋奠、釋菜；嘉禮則朝禮、朝服、聽朔、士冠、士昏、饗禮、燕禮、大射、鄉射、賓射、燕射、鄉飲酒禮、天子五學、門闈小學、鄉學、遂學、諸侯鄉學、養老、巡狩、觀象、授時、體國經野；賓禮則朝覲、宗遇、會同、告祭、聘問、禮賓、士相見禮；軍禮則軍制、出師、類上帝、命將、告廟、禡祭、車戰、田獵、蒐苗、獮狩、校閱、馬政；凶禮則備荒、薄徵、緩刑、舍禁、去幾、救月、除暴賊、喪禮、喪服、斬衰、齊衰、既夕、士虞是也。周禮春官小宗伯之職，掌五禮之禁令，吉凶賓軍嘉有別，所以佐大宗伯掌國之大禮。三代以上，伏羲以儷皮爲禮，作瑟以爲樂，可爲嘉禮；神農播種，始諸飲食，致敬鬼神，蜡爲田祭，可爲吉禮；黄帝與蚩尤戰於涿鹿，可爲軍禮；九牧倡教，可爲賓禮；易稱古者葬於中野，可爲凶禮。又修贄類帝，則吉禮也；征於有苗，則軍禮也；遏密八音，則凶禮也。故自伏羲以來，五禮始彰，堯、舜之時，五禮咸備，而所謂「典朕三禮」者，據事天事地事人爲三耳，其實天地惟吉禮也，其餘四禮並人事兼之矣。

九經禮居其三，其文繁，其器博，其制度今古殊，學者求其辭而不得，必爲圖以象之，而其義始顯；即書以求之，不若索象於圖之易也。禮之有圖，自鄭康成始，而漢侍中阮諶受禮於綦毋君，取其説爲圖。又有梁晉、夏侯伏明、張鎰三家，而今皆失傳。周世宗釐正典禮，太常博士乃考證三禮舊圖，其圖專圖名物器用；楊氏復儀禮圖，則圖行禮之節次，而名物器用不與焉。二圖不可偏廢，故卷帙差多。一又朱子嘗斥聶氏禮圖醜怪不經，非復古制，而楊氏圖成於朱子之後，未經朱子點勘，不能無所譌謬。茲按據經文，並參陳祥道禮書圖及近儒説經諸圖，折衷於欽定三禮圖焉。

採擇諸書，周禮：漢儒則鄭康成周官禮注；隋儒崔靈恩集注；唐儒賈公彦周禮疏，王元度周禮義決；宋儒林之奇周禮講義、攷工記圖說，俞廷椿周禮復古編，魏了翁周禮折衷，王與之周禮訂義，王昭禹周禮詳解，陳祥道禮書，陳暘樂書；明儒何喬新周禮集注，陳深周禮訓注，李如玉周禮會注，施天麟周禮通義，焦竑攷工記解，郭良翰周禮古本訂注，張采周禮合解，林兆珂考工記述注，王志長周禮注疏删翼，郎兆玉古周禮注釋，沈羽明周禮彙編，鄭世子樂譜；近代則盛龍里周禮注，江永周禮疑義舉要，惠士奇周禮說，惠棟周官補注、周禮古義，沈彤周官禄田攷，金榜禮箋，程瑶田通藝録，戴震攷工記補注，任大椿弁服釋例，林一桂周官私記，阮元攷工記車制攷，謝震禮按，金鶚求是編。儀禮採擇者：漢儒鄭康成儀禮注；唐儒袁準儀禮注，賈公彦儀禮疏；宋儒周燔儀禮詳解，李如圭儀禮集釋、儀禮釋宫，朱子儀禮經傳通解，黄榦續儀禮經傳通解，楊復儀禮圖解，黄士毅儀禮類注，葉味道儀禮解，高斯得儀禮合鈔增損，敖繼公儀禮集說；明儒何喬新儀禮敘録，湛若水儀禮補逸注傳測，王廷相昏禮圖、鄉射禮圖，聞人銓飲射圖，胡纘宗儀禮鄭注附逸禮，王志長儀禮注疏删翼；近代則張爾岐儀禮鄭注句讀，吴廷華儀禮章句，王士讓儀禮紃解，江永禮經綱目，惠棟儀禮古義，凌廷堪禮經釋例，段玉裁儀禮鄭讀攷，張惠言儀禮圖，任啟運儀禮宫室攷，褚寅亮儀禮管見。禮記採擇者：漢儒鄭康成小戴禮記；隋儒皇侃禮記義疏，劉芳禮記義證；唐儒孔穎達禮記正義；宋儒陸佃禮記解，葉時禮經會元，方慤禮記解義，馬希孟禮記解，胡銓禮記傳，衛湜禮記集說，魏了翁禮記要義，岳珂小戴記集解，鄭伯謙太平經國之書，徐畸戴記心法，繆主一禮記通攷；元儒熊朋來經說；明儒連伯聰禮記集傳，張孚敬禮記章句，聞人德潤禮記要旨補，丘㮾禮記摘訓，姚舜牧禮記疑問，沈一中禮記述注，王荳禮記纂注，郝敬禮記通解，劉宗周禮記考次，樊良樞禮測，陳有元禮記約述，楊鼎熙禮記敬業；近代則萬斯大禮記偶箋，江永禮記訓義擇言，焦循禮記補疏，惠棟禮記古義，任啟運禮記章句，林喬蔭三禮陳數求義，陳壽祺禮記鄭讀攷、五經異義疏證、左海經辨，王引之經義述聞，任大椿深衣釋例，吴寶謨禮記補義，孔廣森經學卮言，蔡德晉禮記注，徐乾學讀禮通攷，秦蕙田五禮通攷，許宗彦鑑止水齋集，萬斯同羣經疑辨。凡於諸家多所採擇，而折衷於欽定三禮焉。

天下不可以意治也，故有其事，有其文，意著於事而敬行，事皃以文而儀立，敬與儀合而禮成。六經之籍，唯禮獨繁，固聖學之樞，百王之軌也。世降民迷，論者以爲有其事而無其意，不若事不足而意有餘也。而疏佐、驪連之紀，摶人鍊石之年，民氣醇矣。君子謂之榛狉惡夫，蔽皮而露後，飲血而茹毛，逸居而無教也。夫先王之制至詳且盡也，學古者猶不能無疑。飲食冠常禮所生也，而古之王者，一食也必百二十品，一醯也必百二十甕，一冕也必二百八十玉。廟庭之内，主賓百拜，猶且几不倚而爵不飲。朝會之行，君師卿旅必使賓授館，而人致餼文矣。而遠於人情，誠若是，則禮經何爲而作？今試相率而游於叢祠之宇，土階苫蓋，桃梗葛帷，烏啾鼠穴，曰此赤熛、玄冥之化，則漠然過之，且逌然而笑。及夫雲甍峻峙，複廟宏深，冕璧者鬌張而怒視，則爲之屏息。故負薪者捷足而趨，懷寶者曳踵而徐，生人之情簡則易，易則慢心生；反是則嚴，嚴則畏心生，固其常也。而謂委曲繁重之數，皆桎梏戕賊之具，將率天下羣趨於苟且便利，如是者，國必不治。蓋禮制之行，以文治亦以已亂，以誘賢亦以範不肖，故曰出於禮者入於刑，刑與禮之數各三千，有陰陽之道焉，相爲倚伏者也。納諸軌物則二氣均，上下平，禮明而刑措，自然之符也。昔者秦陋於禮而國日强，魯昭習儀而不終位；漢高厭禮法而濟大業，公孫述鸞旗陛戟而見譏于俑形。縣度之西，嶺海之南，兆離而膜拜，或傳國數十世不見兵革。豈禮有時而不效哉？彼其所謂禮者非禮，而非禮之中禮意存焉也。當宋藝祖之興，南唐李氏遣使致書緩師，具言：「天朝覆幬之宏，我小國之事大，猶子之父，父罔僭於禮。」藝祖曰：「安有父子而異國者乎？」其詞遂塞。可謂一言而得禮意之大者矣。周之盛也，或疆以戎索，其故何哉？天澤之分明，而從宜之制異也。故苟得其本，晏然言笑，而禮意昭然；不然者，稠文縟節，雖動則古昔，日述先王，無當也。漢之爲治，不在叔孫之禮儀，而在高帝三章之約；周公制禮未成，未之盡行也，其要在丹書而已。故曰爲治之道，不在多言。說禮之家，有如聚訟，然亦有其時焉，世質則濟以文，世文則返諸質。累治之世，其禮備；積亂之後，其禮簡。此天地自然之數，存乎權而已。夫禮之用，無有窮也，修身者，所以治人也；修意者，所以修身也。天下未嘗不可以意治，意與事相周，事與文相足，敬與儀一者昌，意與治反者亡。信斯言也，雖百世不變禮可也。

孫先生經世

孫經世字濟侯，惠安人。道光辛卯優貢生。少喜讀近思録，後沈研經義，謂「不通經學，無以爲理學；不明訓詁，無以通經；不知聲音文字之原，無以明訓詁。」著説文會通十六卷，爾雅音疏六卷，釋文辨證十四卷，韻學淵源四卷，十三經正讀定本八十卷，經傳釋詞續編八卷。其他説經諸書，則有周易本義發明十二卷，四書集解十二卷，春秋例辨八卷，孝經説二卷，夏小正説一卷，詩韻訂三卷，惕齋經説六卷，讀經校語四卷。又謂「治經當體之身心，用之家國」。嘗欲編定經義，纂集古今之言學言治者以證明之，名曰通經略書，未竟。道光十二年，以優貢應廷試，卒於京邸，年五十。參史傳。

王先生捷南

王捷南字口口，仙游人。受業於左海，治詩、禮、春秋諸經。左海撰五經異義疏證成，久未付梓，先生商諸甌寧萬世美，爲校刻行世，並自爲後序曰：「漢承秦火之後，諸經始出，多古文，辭義艱晦，師説異同，傳經者各守其家法，訓故援受，莫敢移易。西京儒者，自韓嬰、申培、后蒼、孟卿、庸生、江翁而外，學士大都專治一經，兼經者蓋不多得而見。至東漢而兼者漸多，然惟許叔重、鄭康成二大儒最著。許作五經異義，而鄭駮之，各尊所聞，體大物博，與樹朋分爭者異。魯丕謂『説經者傳先師之言，相讓則道不明，若規矩權衡之不可枉』，驗之許、鄭，良爲不誣。昔王應麟譏劉向五經通義，乃諸儒之筌蹄，而又以明經變爲帖誦，惜通義之不傳於今。矧許以五經傳説臧否不同，撰爲此書，鄭博稽六藝，義據通深，異於課試之學以明經爲利禄之階梯者，嗜古之士，彌當奉爲科律矣。自宋以來，傳本散佚，吾師福州陳恭甫先生條列許義鄭駮，以類相從，采取經疏、諸史、志傳、説文、通典諸書，及近儒辨論，而以己意參訂貫通，成疏證三卷。於戲！備矣。許、鄭去今千餘載，攷是書者恒憾其缺，得先生此編，雖略而不啻獲其全，所以嘉惠來學者甚篤，不特爲許、鄭功臣云。」參史傳、五經異義疏證後序。

左海交游

張先生惠言

別爲茗柯學案。

王先生引之

別見石臞學案。

許先生宗彦

別見儀徵學案。

方先生履籛

別見方立學案。

謝先生震

謝震字甸男，侯官人。乾隆己酉舉人。嘗約閩縣林芳春等十人，倡爲經會，號會所曰殖榭。篤學嗜古，熟精三禮，於史傳百家旁逮篆隸金石，靡不通曉。治經斷斷持漢學，好排擊宋儒鑿空逃虛之說，左海視爲畏友。初懷經世志，數往來河、雒、關、隴、荆、益間，周覽古來用兵形勢。酒酣輒覼舉天下山川阨塞，口講指畫，意氣激昂。顧不遇於時，以大挑就教職，補順昌縣教諭。卒年四十。弟子輯其遺著，爲禮案一卷，四書小箋一卷，四聖年譜一卷，謝氏家譜一卷，詩集一卷。參陳壽祺撰傳、史傳。

何先生治運

何治運字郊海，閩縣人。嘉慶丁卯舉人，大挑教諭。洽聞彊識，篤嗜漢學。阮文達督兩廣時，嘗聘纂廣東通志。後游浙中，巡撫陳若霖爲刻其經解及論辨文字四卷，名何氏學。其他所著尚有公羊精義、論語解詁、孟子通義、周書後定、傅子後定、太玄經補注等書。其東越志、姓苑鉤沈、纂文捃逸數種，則皆撰而未成。道光元年卒，年四十有七。參陳壽祺撰墓志銘、史傳。